“스스로 창조성을 발휘할 수 있는 프로그래머이기를 바라며”

“윈도우즈 API 정복”이라는 이름으로 이 책의 초판을 출판한지 벌써 5년이 지났습니다. 지난 5년 동안 이 부족한 책을 성원해 주시고 열심히 읽어주신 독자 여러분들께 진심으로 감사드립니다. 강산의 절반이 바뀌는 동안 IT 환경도 숱한 변화를 겪어 새로운 API와 기술들이 쏟아져 나왔으며 드디어 궁극의 64비트 환경이 도래하고 있습니다. 이런 환경의 변화에 맞추기 위하여 이 책도 꾸준히 업데이트되어 드디어 2판을 출판합니다.

기본적인 구성과 논리 전개 방식은 1판과 같으나 많은 새로운 내용을 추가했으며 예제들도 더욱 직관적이고 이해하기 쉽도록 수정했습니다. 다년간의 강의를 통해 독자들이 어려워하는 부분들을 파악하여 더욱 쉽게 이해할 수 있도록 설명과 예제를 보강하여 친절한 자습서로서의 소임을 다하고 실무 프로젝트에 필요한 문법들을 엄선하여 레퍼런스로도 손색이 없도록 꾸몄습니다.

격변하는 IT 환경은 진정한 파워 프로그래머를 요구합니다. 파워 프로그래머란 충실한 기본기를 바탕으로 어떤 문제든지 스스로 해결할 수 있는 순발력이 있는 탁월한 개발자입니다. 프로그래밍의 기본은 알고리즘과 논리력을 제공하는 C 언어이며 윈도우즈의 기본은 운영체제 그 자체라고 할 수 있는 API입니다. 아무리 편리하고 강력한 고급 개발툴을 사용하더라도 프로그램은 결국 개발자의 노력에 의한 결과물입니다. 프로그래머는 툴의 틀 안에 갇힌 노예여서는 안 되며 스스로 창조성을 발휘할 수 있어야 합니다.

이 책은 이런 관점에서 API와 운영체제를 연구하며 이를 통해 알고리즘과 논리력을 키울 수 있도록 쓰여졌습니다. 초급 프로그래머는 그래픽 환경에 쉽게 적응하여 탄탄한 기본기를 다질 수 있으며 중급 프로그래머는 운영체제의 내부 구조와 동작을 이해함으로써 진정한 응용력을 키울 수 있습니다. 이 작은 책으로 인해 단 한 분이라도 프로그래밍의 묘미를 느끼길 바라며 이 책이 조국의 IT 발전에 미력이나마 이바지하기를 바랍니다.

이 책을 출판하는데 참으로 많은 분들이 도움을 주셨습니다. 부족한 자식을 항상 믿어주시는 부모님과 사랑하는 가족, 늘 좋은 책을 위해 노력을 아끼지 않는 한빛미디어 직원 여러분들, 정예 프로그래머 양성에 여념이 없는 LPA 캠퍼스 동료들께 감사합니다. 특히 초판의 오류는 물론 부족한 점과 추가할 내용, 더 나은 집필 방향까지 제시해 주신 독자 여러분들께 깊이 감사합니다.

2006년 6월

저자 김상형

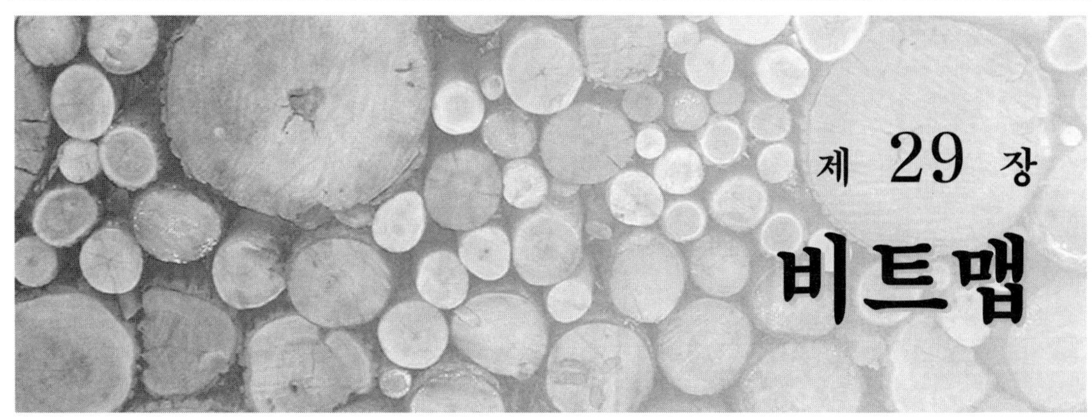

29-1 DDB

29-1-가. 비트맵의 종류

비트맵(Bitmap)이란 이미지를 저장하고 있는 그래픽 오브젝트이다. 미리 그려진 그림의 각 픽셀 색상과 기타 이미지의 크기, 해상도 등의 정보를 가지고 있는 이미지 데이터의 덩어리라고 할 수 있다. LineTo, Ellipse 등의 작도 함수로는 도저히 그릴 수 없는 복잡한 그림도 비트맵을 이용하면 간단하게 표현할 수 있으며 복잡한 계산없이 미리 그려져 있는 그림을 단순히 복사하는 것이기 때문에 출력 속도도 무척이나 빠르다. 하지만 데이터 양이 많기 때문에 실행 파일이 커지며 메모리를 많이 소모한다는 단점이 있기도 하다.

윈도우즈에서 비트맵은 여러 가지 용도로 사용된다. 화려한 인터페이스를 디자인하고자 할 때 비트맵은 장식을 위한 훌륭한 도구가 된다. 뿐만 아니라 비트맵은 프로그램 내부적인 화면 처리에도 종종 사용되며 깔끔하고 빠른 출력을 위해서도 사용된다. 브러시나 커스텀 컨트롤을 만들 때도 비트맵이 필요하고 비트맵 메뉴나 각종 오너 드로우 컨트롤 제작에도 활용된다.

윈도우즈가 지원하는 비트맵 포맷은 두 가지 종류가 있다. 첫째는 3.0 이전 버전에 사용하던 DDB(Device Dependent Bitmap) 인데 이 비트맵은 출력 장치에 많이 의존되며 몇 가지 제한이 있다. DDB는 이미지의 크기와 색상에 관한 기본적인 정보와 그리고 이미지 데이터만으로 구성되어 있기 때문에 다양한 해상도의 장치에 광범위하게 사용되지 못하며 만들어진 장치 외의 다른 장치에서 제대로 출력되지 못하는 경우가 있다. 예를 들어 256색으로 만들어진 DDB는 다른 장치나 다른 화면 모드에서 색상을 제대로 표현하지 못한다. 쉽게 말해 흑백 비트맵은 흑백 장치로만 출력할 수 있고 컬러 비트맵은 컬러 장치에만 출력할 수 있다.

윈도우즈가 지원하는 또 다른 비트맵 포맷은 DIB(Device Independent Bitmap)이다. OS/2 2.0의 프리젠테이션 메니저에서 처음 소개된 비트맵 포맷이며 윈도우즈는 3.0버전부터 이 포맷을 지원하기 시작했다. 이름이 의미하는 바대로 이 포맷은 장치에 독립적이기 때문에 어디에서나 제 모양대로 출력될 수 있다. DIB는 DDB에 비해 색상 테이블과 해상도 정보 등의 추가 정보를 가지므로 장치에 종속되지 않으며 활용 용도가 훨씬 더 광범위하고 호환성이 뛰어나다. 컬러 비트맵을 흑백 프린터로 출력할 수도 있고 색상 수가 조금 틀린 장치로도 출력할 수 있다. 확장자 BMP를 가지는 비트맵 파일들은 모두 DIB 포맷으로 저장된 파일이며 리소스 에디터에서 만드는 비트맵들도 모두 DIB이다.

DIB가 DDB보다는 훨씬 더 최신의 포맷이며 다양한 기능을 가지고 있기 때문에 Win32 환경에서 비트맵을 사용하려면 당연히 DDB보다는 DIB를 사용하는 것이 훨씬 더 유리할 것이다. 그러나 다음 몇 가지 이유로 DDB는 여전히 그 존재 가치를 가지고 있으며 장래에도 DIB와 마찬가지로 많이 사용될 전망이다.

① 하위 호환성을 위해 Win32는 여전히 DDB를 지원한다. 최근까지도 DDB는 많이 사용되고 있기 때문에 마이크로소프트는 이 포맷을 계속 지원할 것이다.

② DC에 선택될 수 있는 비트맵은 DDB뿐이다. DC의 색상 포맷이 고정되어 있으므로 DIB는 직접 DC에 선택될 수 없으며 일단 DDB로 변환해야 출력할 수 있다.

③ 프로그램 내부에서 만들어지고 파괴되는 비트맵은 DDB가 훨씬 더 효율적이다. DIB는 많은 기능을 가지고 있지만 그만큼 복잡하기 때문에 내부적이고 임시적인 사용에는 적합하지 않다.

그래픽 파일을 직접 다루는 프로그램이 아닌 경우 내부적인 비트맵 처리에는 오히려 DDB가 더 많이 사용되며 사용하기도 쉽다. 그래서 여러분들은 DIB는 물론 DDB도 같이 알아야 하며 두 포맷의 차이점과 상호 변환방법에 대해서도 잘 알고 있어야 한다.

29-1-나. DDB의 구조

Win32에서 HBITMAP으로 지칭되는 비트맵 오브젝트는 DDB를 말하며 DDB만이 DC에 선택될 수 있다. 비록 리소스 에디터에 의해 만들어지는 비트맵 리소스들은 모두 DIB이지만 이 리소스는 LoadBitmap 함수에 의해 읽혀지면서 현재 비디오 모드와 호환되는 DDB로 변경된다. DDB 포맷은 다음과 같은 구조체 하나로 표현된다. 이 구조체 자체가 DDB 포맷인데 DIB에 비한다면 정말 간단한 구조를 가지고 있다.

```
typedef struct tagBITMAP {   // bm
    LONG    bmType;
    LONG    bmWidth;
    LONG    bmHeight;
    LONG    bmWidthBytes;
    WORD    bmPlanes;
    WORD    bmBitsPixel;
    LPVOID bmBits;
} BITMAP;
```

bmType 멤버는 비트맵의 타입을 지정하되 0으로 고정되어 있다. bmWidth, bmHeight는 이름 그대로 비트맵의 폭과 높이를 픽셀 단위로 지정한다. bmWidthBytes는 한 줄(Scan line)의 바이트 수, 즉 한 행의 이미지 정보를 저장하기 위해 몇 바이트가 필요한지를 나타내는데 비트맵은 WORD단위로 정렬되기 때문에 이 값은 반드시 짝수여야만 한다. bmPlanes는 색상면의 수를, bmBitsPixel은 한 픽셀을 표현하기 위해 필요한 비트수이다. 이 두 멤버에 의해 비트맵의 색상 수가 결정된다. bmPlanes는 보통 1이며 bmBitsPixel이 1이면 흑백 비트맵, 4면 16색, 8이면 256색 비트맵이 되고 24면 트루컬러 비트맵이 된다.

마지막으로 bmBits멤버는 비트맵의 실제 데이터, 즉 비트맵의 이미지 모양을 가지는 래스터 데이터(Raster Data)에 대한 포인터이다. 이 메모리에 기억된 데이터가 어떠한가에 따라 비트맵의 실제 모양, 즉 그림이 달라진다. LoadBitmap 으로 읽은 비트맵 핸들을 가지고 있으면 GetObject 함수로 이 비트맵의 구조를 조사할 수 있다.

> 비트맵의 구조를 연구하다 보면 색상면(Plane)이라는 용어를 종종 접할 수 있는데 색상면은 표준 VGA의 비디오 메모리 구조에서 유래되었다. VGA는 640*480해상도에서 16색상을 출력할 수 있는데 이때 필요한 메모리가 비디오 램으로 할당된 영역을 초과하기 때문에 메모리를 선형 배치하지 못하고 입체적으로 겹쳐서 배치하게 되었다. 이때 각각의 겹쳐진 메모리를 플레인이라고 하고 이 개수에 따라 한 픽셀의 색상수가 결정된다. 예를 들어 플레인이 4겹으로 겹쳐 있으면 16색상을 표현할 수 있고 8겹이면 256색상까지 표현할 수 있다. 그러나 요즘 발표되는 그래픽 카드는 이런 불합리한 플레인 구조를 전혀 사용하지 않는다. 즉, 플레인이란 어떤 장점이 있어서 도입되었다기보다는 하드웨어적인 한계를 극복하기 위한 일종의 임시방편이었으나 현재까지 여러 군데에 그 잔재가 남아 있는 것이다.

29-1-다. DDB의 생성

그럼 간단하게 DDB 비트맵을 만들어 보면서 DDB의 구조에 대해 실습을 해 보자. DDB 비트맵을 만드는 기본적인 함수는 다음 두 가지가 있는데 인수를 취하는 방식만 다를 뿐 근본적으로 같은 함수라 할 수 있다.

HBITMAP CreateBitmap(int nWidth, int nHeight, UINT cPlanes, UINT cBitsPerPel, CONST VOID *lpvBits);
HBITMAP CreateBitmapIndirect(CONST BITMAP *lpbm);

nWidth, nHeight로 만들고자 하는 비트맵의 크기를 지정하며 cPlanes, cBitsPerPel 인수로 만들고자 하는 비트맵의 색상 정보를 준다. 그리고 lpvBits에 비트맵의 래스터 데이터 포인터를 넘겨주되 이 때 래스터 데이터는 반드시 워드 단위로 정렬되어 있어야 한다. 즉, 한 줄당 바이트 수가 짝수여야지 홀수여서는 안 된다. 만약 홀수 바이트의 폭이면(8픽셀이나 24픽셀이면) 워드 단위로 늘린 후 나머지 비트를 미사용으로 남겨둔다. 이 함수로 만들어진 비트맵은 DDB이기 때문에 같은 포맷의 DC에 곧바로 선택될 수 있으며 화면으로 출력할 수 있다.

실습을 위해 다음과 같이 8*8 크기의 흑백 비트맵 모양을 디자인해 보자. 연습지에 대충 바둑판 모양을 그려놓고 디자인하거나 아니면 모눈종이를 사용하여 그림을 그린다. 실습을 간단하게 하기 위해 작은 그림을 그렸는데 똑같은 방법으로 얼마든지 더 크고 복잡한 그림을 그릴 수도 있다. 그려진 그림의 흰 부분은 1이 되며 검정색 부분은 0으로 하여 2진수로 바꾸고 다시 이 수를 16진수로 변환하여 래스터 데이터를 준비해 둔다.

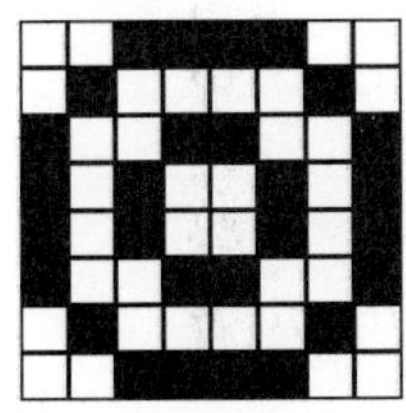

11000011 = 0xc3
10111101 = 0xbd
01100110 = 0x66
01011010 = 0x5a
01011010 = 0x5a
01100110 = 0x66
10111101 = 0xbd
11000011 = 0xc3

0xc3, 0xbd 등의 16진수가 비트맵의 실제 모양을 표현하는 래스터 데이터이다. 이 래스터 데이터를 배열로 만든 후 CreateBitmap의 lpvBits인수로 넘기면 원하는 비트맵이 만들어진다. 단 비트맵 데이터는 한 줄(Scan line)에 대해 워드 단위로 정렬되어야 하므로 매 줄마다 0xff를 넣어 남는 바이트를 흰색으로 채웠다.

예 제 : MakeDDB

```
LRESULT CALLBACK WndProc(HWND hWnd,UINT iMessage,WPARAM wParam,LPARAM lParam)
{
    HDC hdc,hMemDC;
    PAINTSTRUCT ps;
    BYTE Bits[]={0xc3,0xff,0xbd,0xff,0x66,0xff,0x5a,0xff,
        0x5a,0xff,0x66,0xff,0xbd,0xff,0xc3,0xff};
    HBITMAP hBitmap,hOldBitmap;

    switch (iMessage) {
    case WM_PAINT:
        hdc=BeginPaint(hWnd,&ps);
        hMemDC=CreateCompatibleDC(hdc);
        hBitmap=CreateBitmap(8,8,1,1,Bits);
        hOldBitmap=(HBITMAP)SelectObject(hMemDC,hBitmap);
        BitBlt(hdc,2,2,8,8,hMemDC,0,0,SRCCOPY);
        SelectObject(hMemDC,hOldBitmap);
        DeleteDC(hMemDC);
        DeleteObject(hBitmap);
        EndPaint(hWnd,&ps);
        return 0;
    case WM_DESTROY:
        PostQuitMessage(0);
        return 0;
    }
    return(DefWindowProc(hWnd,iMessage,wParam,lParam));
}
```

Bits배열에 래스터 데이터를 저장해 두고 CreateBitmap으로 8*8 크기의 흑백 비트맵을 만들어 hBitmap에 대입하였다. 이제 만들어진 비트맵을 메모리 DC에 선택한 후 화면 DC로 전송하기만 하면 화면으로 출력된다. 메모리 DC와 비트맵 출력 방법에 대해서는 6장에서 이미 실습해 보았다. 실행 결과는 Ma... 이렇다. 워낙 작은 비트맵이라 눈에 보일동 말동 한다. CreateBitmap 함수 대신 CreateBitmapIndirect 함수로도 동일한 비트맵을 만들 수 있다.

```
BITMAP bit;
....
bit.bmType=0;
bit.bmWidth=8;
bit.bmHeight=8;
bit.bmWidthBytes=2;
bit.bmBitsPixel=1;
bit.bmPlanes=1;
bit.bmBits=Bits;
hBitmap=CreateBitmapIndirect(&bit);
```

BITMAP 구조체 변수 bit를 선언한 후 이 구조체에 만들고자 하는 비트맵의 특성을 설정하고 구조체의 포인터를 CreateBitmapIndirect 함수로 전달하면 된다. 또는 일단 비트맵부터 생성한 후 래스터 데이터를 별도의 함수로 설정할 수도 있다.

```
hBitmap=CreateBitmap(8,8,1,1,NULL);
SetBitmapBits(hBitmap,16,Bits);
```

CreateBitmap 함수의 마지막 인수를 NULL로 주면 래스터 데이터가 초기화되지 않은 비트맵이 생성된다. 이 비트맵의 래스터 데이터는 SetBitmapBits 함수로 따로 설정할 수 있다. CreateBitmap 함수로 컬러 비트맵을 만드는 것도 가능하지만 컬러 비트맵은 흑백보다 비트맵 데이터가 복잡하여 수작업으로 만들기가 어렵다. 또 컬러 비트맵은 반드시 현재 화면의 색상 포맷과 호환되어야만 출력할 수 있으므로 임의의 색상수로 비트맵을 만들어서는 안 되며 반드시 GetDeviceCaps 함수로 색상면의 수와 픽셀당 비트수를 조사하여 호환 비트맵을 만들어야 한다. 이 작업을 대신하는 함수가 바로 다음 함수이다.

HBITMAP CreateCompatibleBitmap(HDC hdc,int nWidth,int nHeight);

이 함수는 hdc와 호환되는 포맷의 비트맵을 nWidth, nHeight 크기로 만든다. 여기서 "호환된다"는 말은 색상 포맷이 같다는 뜻이며 더 정확하게 표현하자면 색상면과 픽셀당 비트수가 같다는 뜻이다. 즉 화면이 256모드면 비트맵도 256비트맵이 되고 트루 컬러 화면이면 비트맵도 트루 컬러로 만들어진다는 뜻이다. 이 함수는 비트맵을 만들기만 하며 래스터 데이터는 초기화하지 않으므로 내부 표면에 그림은 아직 없다. 컬러 비트맵은 직접 손으로 만드는 것보다는 CreateCompatibleBitmap 함수로 만드는 것이 보통이며 CreateBitmap은 흑백 비트맵을 만들 때만 사용하는 편이다.

29-2 비트맵 출력

29-2-가. BitBlt

프로그램에서 비트맵을 사용하는 가장 일반적인 방법은 비트맵을 리소스로 정의한 후 LoadBitmap으로 읽어와 출력하는 것이다. 리소스에 작성되는 비트맵은 DIB이지만 LoadBitmap 함수에 의해 화면과 호환되는 DDB로 변환된다. 그래서 이 비트맵을 메모리 DC에 선택하여 곧바로 출력할 수 있다. 비트맵을 출력하는 함수는 여러 종류가 있지만 가장 기본이 되는 함수는 BitBlt(빗 블릿이라고 읽는다) 함수이다.

BOOL BitBlt(HDC hdcDest, int nXDest, int nYDest, int nWidth, int nHeight, HDC hdcSrc, int nXSrc, int nYSrc, DWORD dwRop);

이 함수에 대해서는 6장에서 이미 실습까지 해본 적이 있다. 메모리 DC에 리소스의 비트맵을 선택해 놓고 화면 DC로 전송하면 비트맵이 출력된다. 다음은 비트맵을 출력하는 가장 일반적인 예제인데 이 예제를 통해 BitBlt 함수의 여러 가지 사용예를 연구해 보자.

예제 : BitBlt

```
#include "resource.h"
LRESULT CALLBACK WndProc(HWND hWnd,UINT iMessage,WPARAM wParam,LPARAM lParam)
{
    HDC hdc;
    PAINTSTRUCT ps;
    HDC MemDC;
    HBITMAP MyBitmap, OldBitmap;
    int bx,by;
    BITMAP bit;

    switch (iMessage) {
    case WM_PAINT:
        hdc=BeginPaint(hWnd, &ps);
        MemDC=CreateCompatibleDC(hdc);
        MyBitmap=LoadBitmap(g_hInst, MAKEINTRESOURCE(IDB_BITMAP1));
        OldBitmap=(HBITMAP)SelectObject(MemDC, MyBitmap);

        GetObject(MyBitmap,sizeof(BITMAP),&bit);
        bx=bit.bmWidth;
        by=bit.bmHeight;

        // 전체 출력
        BitBlt(hdc,0,0,bx,by,MemDC,0,0,SRCCOPY);

        SelectObject(MemDC,OldBitmap);
        DeleteObject(MyBitmap);
        DeleteDC(MemDC);
        EndPaint(hWnd, &ps);
        return 0;
    case WM_DESTROY:
        PostQuitMessage(0);
        return 0;
    }
    return(DefWindowProc(hWnd,iMessage,wParam,lParam));
}
```

리소스에 작성되어 있는 IDB_BITMAP1 비트맵을 읽어와 메모리 DC에 선택하였다. 그리고 이 비트맵의 크기를 GetObject 함수로 조사한 후 BitBlt으로 화면에 비트맵 크기대로 출력하였다. 비트맵의 크기를 조사할 때는 GetObject 함수를 사용한다. 출력 결과는 다음과 같다.

조사된 비트맵 크기대로 hdc에 비트맵을 출력하였다. 비트맵의 일부만 출력할 수도 있는데 이때도 BitBlt 함수를 사용하되 출력 좌표만 잘 조정하면 된다. 다음 출력문은 비트맵의 아래 왼쪽 부분만 출력한다.

```
BitBlt(hdc,0,0,bx/2,by/2,MemDC,0,by/2,SRCCOPY);
```

MemDC의 0,by/2가 출력 시작점이므로 수직으로 절반쯤 되는 부분에서부터 출력을 시작하고 hdc의 bx/2, by/2까지만 출력하므로 비트맵의 3/4분면만 출력되었다.

BitBlt은 주로 메모리 DC와 화면 DC간의 비트맵 전송에 사용되지만 같은 DC끼리도 비트맵을 전송할 수 있다. 이때 두 DC는 반드시 호환되는 DC이거나 아니면 한쪽이 흑백이어야 한다. 완전히 다른 색상 포맷을 가지는 DC끼리는 이미지를 전송할 수 없되 흑백은 예외적으로 임의의 DC로 전송할 수 있다. 다음 출력문은 MemDC의 비트맵을 일단 화면으로 출력한 후 화면에 출력된 비트맵의 아래쪽 부분을 다시 화면에 복사한 것이다.

```
BitBlt(hdc,0,0,bx,by,MemDC,0,0,SRCCOPY);
BitBlt(hdc,0,by+10,bx,by/2,hdc,0,by/2,SRCCOPY);
```

출력 결과는 다음과 같다. 아래쪽의 비트맵은 메모리 DC에서 전송된 것이 아니고 화면에 이미 출력된 이미지를 복사하여 다시 출력한 것이다.

BitBlt 함수는 비교적 사용하기 쉽지만 비트맵 출력을 위해 메모리 DC를 만들어야 하고 비트맵 크기를 조사해야 한다는 점에 있어 번거로운 면이 있다. 전체 비트맵을 화면의 특정 위치로 출력하고 싶다면 별도의 비트맵 출력 유틸리티 함수를 만들어 사용하는 것이 편리하다. 6장에서 이런 용도로 DrawBitmap 이라는 함수를 소개했으므로 전체 비트맵을 출력할 때는 이 함수를 활용하는 것이 편리하다.

ROP 모드

BitBlt의 마지막 인수인 dwRop는 출력하고자 하는 비트맵의 비트와 화면에 이미 출력되어 있는 비트, 그리고 현재 DC에 선택된 브러시의 비트를 논리 조합하는 연산을 지정한다. SRCCOPY로 지정하면 비트맵의 이미지가 그대로 화면 DC로 전송되지만 이 값을 바꾸면 다양한 효과로 비트맵을 출력할 수 있다. 가능한 dwRop값은 256가지나 있지만 자주 사용되는 것은 다음 16가지뿐이다. 이 표는 설명을 보는 것보다는 연산식을 보는 것이 더 이해하기 빠를 것이다. 연산식의 S는 비트맵, D는 화면, P는 브러시이다.

값	연산식	설명
BLACKNESS	0	무조건 검정색으로 칠한다.
DSTINVERT	~D	화면색을 반전시킨다.
MERGECOPY	S&P	브러시와 비트맵 색을 AND 연산한다.
MERGEPAINT	~S|D	비트맵을 반전한 후 화면색과 OR 연산한다.
NOTSRCCOPY	~S	비트맵을 반전시킨다.
NOTSRCERASE	~(S|D)	화면색과 비트맵 색을 OR 연산한 후 반전시킨다.
PATCOPY	P	현재 선택된 브러시로 칠한다.
PATINVERT	P^D	브러시와 화면색을 XOR 연산한다.
PATPAINT	P|~(S|D)	NOTSRCERASE의 결과를 브러시와 OR 연산한다.
SRCAND	S&D	비트맵과 화면색을 AND 연산한다.
SRCCOPY	S	비트맵을 그대로 화면으로 출력한다.
SRCERASE	S&~D	비트맵과 화면의 반전색을 AND 연산한다.
SRCINVERT	S^D	비트맵과 화면을 XOR 연산한다.
SRCPAINT	S|D	비트맵과 화면을 OR 연산한다.
WHITENESS	1	무조건 흰색으로 칠한다.

이 중 실제로 가장 많이 사용되는 연산 방법은 SRCCOPY이며 그 외에 자주 사용되는 것은 몇 가지 되지 않는다. 다음 BitmapRop 예제는 ROP 모드를 테스트해 보기 위해 의도적으로 만들어 본 것이다. 비트맵 출력 후에 원래 화면이 어떻게 변하는가를 보기 위해 회색 브러시로 화면에 타원을 하나 그려 두었다. BitBlt의 마지막 인수를 다양하게 바꾸어 보며 어떤 효과가 있는지 직접 살펴보기 바란다.

예 제 : BitmapRop

```
#include "resource.h"
LRESULT CALLBACK WndProc(HWND hWnd,UINT iMessage,WPARAM wParam,LPARAM lParam)
{
    HDC hdc,MemDC;
    PAINTSTRUCT ps;
    HBITMAP MyBitmap, OldBitmap;
    switch (iMessage) {
    case WM_PAINT:
        hdc = BeginPaint(hWnd, &ps);
        SelectObject(hdc,GetStockObject(DKGRAY_BRUSH));
        Ellipse(hdc,10,10,150,100);
        MemDC=CreateCompatibleDC(hdc);
        MyBitmap=LoadBitmap(g_hInst, MAKEINTRESOURCE(IDB_BITMAP1));
        OldBitmap=(HBITMAP)SelectObject(MemDC, MyBitmap);
        BitBlt(hdc, 0,0,123,160,MemDC,0,0,SRCCOPY);
        SelectObject(MemDC,OldBitmap);
        DeleteObject(MyBitmap);
        EndPaint(hWnd, &ps);
        return 0;
    case WM_DESTROY:
        PostQuitMessage(0);
```

```
        return 0;
    }
    return(DefWindowProc(hWnd,iMessage,wParam,lParam));
}
```

다음은 자주 사용되는 ROP 모드에 대한 실행 예이다.

SRCINVERT

SRCPAINT

SRCAND

SRCERASE

어째서 저런 출력이 나오는지 얼른 이해가 안되겠지만 ROP 모드의 연산식대로 화면과 비트맵의 각 비트를 이진수 차원에서 연산해 보면 이해할 수 있다.

PatBlt

다음 함수는 직접적으로 비트맵을 출력하는 함수는 아니며 패턴을 출력한다.

BOOL PatBlt(HDC hdc, int nXLeft, int nYLeft, int nWidth, int nHeight, DWORD dwRop);

여기서 말하는 패턴이란 쉽게 말해서 브러시인데 지정한 사각영역을 현재 DC에 선택된 브러시로 채운다. 채색할 영역을 지정하는 4개의 인수들은 LTRB가 아니라 XYWH방식임을 유의하자. 브러시에 비트맵을 적용할 수 있으므로 이 함수를 사용하면 간접적으로 비트맵을 출력할 수 있다. FillRect 함수와 형식만 다를 뿐이지 동작은 같다고 할 수 있다. 단 FillRect는 사각영역을 무조건 브러시로 채우지만 PatBlt는 마지막 인수 dwRop로 브러시 색상과 화면 색상의 논리 연산방법을 지정할 수 있다. 간단하게 예제를 만들어 보았다.

예 제 : PatBlt

```
LRESULT CALLBACK WndProc(HWND hWnd,UINT iMessage,WPARAM wParam,LPARAM lParam)
{
    HDC hdc;
    PAINTSTRUCT ps;
    HBRUSH hBrush;
    switch (iMessage) {
    case WM_PAINT:
        hdc=BeginPaint(hWnd, &ps);
        hBrush=CreateSolidBrush(RGB(0,0,255));
        SelectObject(hdc,hBrush);
        Ellipse(hdc,100,50,300,200);
        SelectObject(hdc,GetStockObject(LTGRAY_BRUSH));
        PatBlt(hdc,10,10,200,150,PATINVERT);
        DeleteObject(hBrush);

        PatBlt(hdc,310,10,50,200,BLACKNESS);
        EndPaint(hWnd, &ps);
        return 0;
    case WM_DESTROY:
```

```
        PostQuitMessage(0);
        return 0;
    }
    return(DefWindowProc(hWnd,iMessage,wParam,lParam));
}
```

파란색 타원을 하나 그리고 그 위에 회색으로 패턴을 칠하되 ROP 모드를 PATINVERT로 지정하여 화면 색상과 브러시 색상이 OR 연산되도록 하였다. 또 오른쪽에는 검정색 사각형도 하나 그려 보았다. 실행 결과는 다음과 같다.

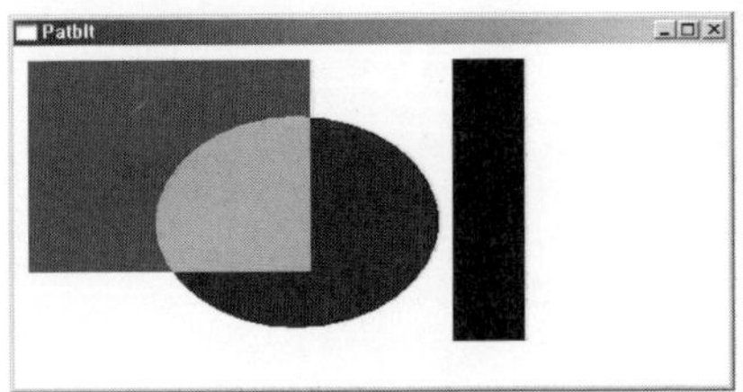

이 외에 dwRop 인수에 쓸 수 있는 값에는 무조건 복사하는 PATCOPY와 BLACKNESS, WHITENESS가 있고 화면 색상을 반전시키는 DSTINVERT가 있다. 아주 간단한 출력 함수인데 사각영역을 흰색이나 검정색으로 채울 때는 이 함수가 가장 간편하다. 좌표와 폭, 높이를 인수로 직접 전달받으므로 RECT 구조체를 선언할 필요가 없으며 브러시를 생성, 선택, 파괴하는 처리도 할 필요없이 단 한 줄로 원하는 영역을 흰색이나 검정색으로 채울 수 있다.

29-2-나. 확대 및 축소

BitBlt은 비트맵의 전체나 일부를 다양한 ROP 모드로 전송하되 이때 복사원과 복사 대상간의 픽셀끼리는 1:1로 대응된다. 즉 복사원의 픽셀 하나가 복사 대상의 픽셀 하나로 복사되기 때문에 일부분만 복사할 수는 있어도 확대나 축소를 할 수는 없다. 반면 다음 함수는 BitBlt과 유사하되 비트맵을 확대하거나 축소하여 출력할 수 있다.

BOOL StretchBlt(HDC hdcDest, int nXOriginDest, int nYOriginDest, int nWidthDest, int nHeightDest, HDC hdcSrc, int nXOriginSrc, int nYOriginSrc, int nWidthSrc, int nHeightSrc, DWORD dwRop);

원형은 BitBlt과 유사하되 복사원의 넓이와 높이를 추가로 지정할 수 있다는 점이 다르다. 그래서 두 DC간의 면적비에 따라 이미지가 확대되거나 축소된다. 예를 들어 복사원은 100,200의 크기를 가지되 복사대상은 200,400의 크기를 가진다면 이미지는 두 배로 확대되며 복사대상이 50,100의 크기를 가진다면 절반으로 축소된다. 또한 만약 복사 대상의 높이, 넓이 부호가 음수일 경우 이미지를 반사된 모양으로 출력할 수도 있는데 이런 기능을 미러링(mirroring)이라고 한다. 마치 거울에 반사된 것처럼 이미지를 출력한다.

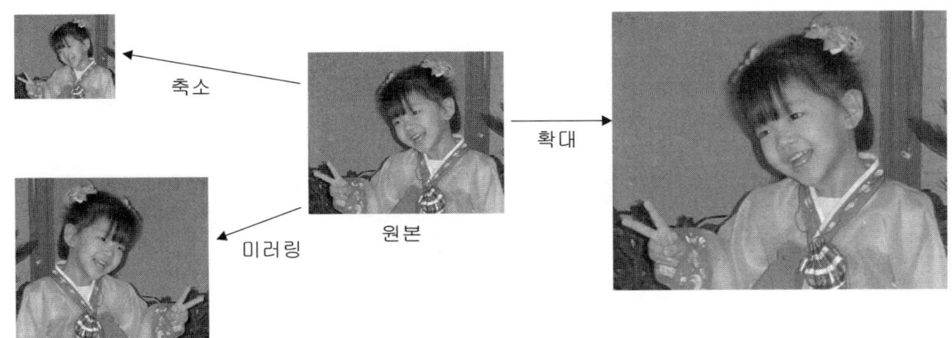

확대/축소 과정은 이미지의 픽셀끼리 1:1로 대응되는 것이 아니기 때문에 추가로 픽셀이 삽입되기도 하고 또는 픽셀이 생략되거나 합쳐지기도 한다. 아주 작은 흑백 이미지를 가정하고 확대, 축소시의 이미지 변화를 상상해 보자.

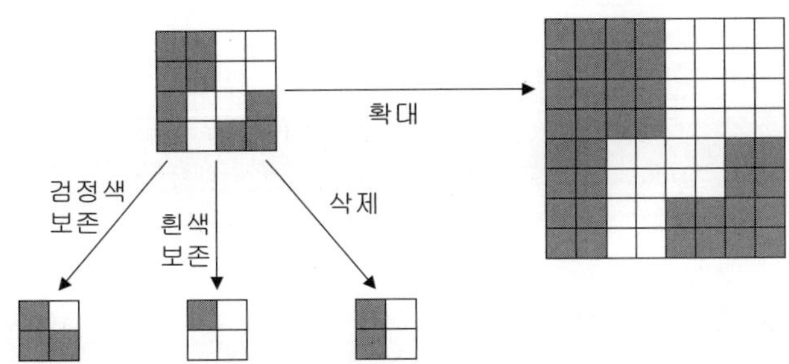

확대될 때는 원본의 픽셀을 여러 번 반복하면 되므로 별 문제가 없다. 하지만 축소될 때는 불가피하게 원본의 픽셀중 일부를 생략해야 하는데 이때 어떤 픽셀이 삽입되고 어떤 픽셀이 생략될 것인가를 계산하는 방법을 스트레칭 모드라고 하며 합쳐질 픽셀들의 논리 연산 방법을 지정한다.

int SetStretchBltMode(HDC hdc, int iStretchMode);

스트레칭 모드는 DC의 속성 중 하나이므로 DC핸들과 모드값을 전달한다. 가능한 스트레칭 모드는 다음과 같다.

모드	설명
BLACKONWHITE = STRETCH_ANDSCANS	AND 논리 연산을 사용한다. 흰색을 생략하고 검정색을 보존한다. 검정색이 우선 보존된다.
WHITEONBLACK = STRETCH_ORSCANS	OR 논리 연산을 사용한다. 검정색을 생략하고 흰색을 보존한다. 흰색이 우선 보존된다.
COLORONCOLOR = STRETCH_DELETESCANS	생략되는 픽셀을 별도의 논리 연산없이 삭제한다.
HALFTONE = STRETCH_HALFTONE	복사대상과 복사원의 사각 블록끼리 픽셀을 대입하여 평균 색상을 구한다. 95/98에서 이 모드는 지원되지 않는다.

디폴트 스트레칭 모드는 BLACKONWHITE이며 흰바탕에 검정색으로 이미지가 그려진 경우 이 스트레칭 모드가 적합하다. 그러나 반대인 경우 즉, 검정색 바탕에 흰색 이미지가 그려져 있는 경우는 스트레칭 모드를 WHITEONBLACK으로 바꿔야 가급적 흰색을 보존하므로 축소된 모양이 제대로 보

인다. 다음 예제는 StretchBlt 함수로 모드를 바꿔가며 여러 번 출력해 본 것이다.

예 제 : StretchBlt

```
#include "resource.h"
LRESULT CALLBACK WndProc(HWND hWnd,UINT iMessage,WPARAM wParam,LPARAM lParam)
{
    HDC hdc;
    PAINTSTRUCT ps;
    HDC MemDC;
    HBITMAP MyBitmap, OldBitmap;
    int bx,by;
    BITMAP bit;

    switch (iMessage) {
    case WM_PAINT:
        hdc=BeginPaint(hWnd, &ps);
        MemDC=CreateCompatibleDC(hdc);
        MyBitmap=LoadBitmap(g_hInst, MAKEINTRESOURCE(IDB_BITMAP1));
        OldBitmap=(HBITMAP)SelectObject(MemDC, MyBitmap);

        GetObject(MyBitmap,sizeof(BITMAP),&bit);
        bx=bit.bmWidth;
        by=bit.bmHeight;

        // 소스와 같은 비율로 출력
        StretchBlt(hdc,0,0,bx,by,MemDC,0,0,bx,by,SRCCOPY);

        // 미러링
        StretchBlt(hdc,100,105,-bx,by,MemDC,0,0,bx,by,SRCCOPY);

        // 2배 확대
        StretchBlt(hdc,200,0,bx*2,by*2,MemDC,0,0,bx,by,SRCCOPY);

        // 절반으로 축소
        SetStretchBltMode(hdc,BLACKONWHITE);
        StretchBlt(hdc,0,210,bx/2,by/2,MemDC,0,0,bx,by,SRCCOPY);

        SetStretchBltMode(hdc,WHITEONBLACK);
        StretchBlt(hdc,100,210,bx/2,by/2,MemDC,0,0,bx,by,SRCCOPY);

        SetStretchBltMode(hdc,COLORONCOLOR);
        StretchBlt(hdc,200,210,bx/2,by/2,MemDC,0,0,bx,by,SRCCOPY);

        SetStretchBltMode(hdc,HALFTONE);
        StretchBlt(hdc,300,210,bx/2,by/2,MemDC,0,0,bx,by,SRCCOPY);

        SelectObject(MemDC,OldBitmap);
        DeleteObject(MyBitmap);
        DeleteDC(MemDC);
        EndPaint(hWnd, &ps);
        return 0;
    case WM_DESTROY:
        PostQuitMessage(0);
        return 0;
```

```
    }
    return(DefWindowProc(hWnd,iMessage,wParam,lParam));
}
```

리소스에는 IDB_BITMAP1이라는 흑백 비트맵을 그려놓았다. 스트레칭 모드의 효과를 명확하게 살펴보기 위해서는 흑백 비트맵이 이해하기 쉽기 때문이다. 실행 결과를 보고 각 함수 호출문이 어떻게 이미지를 출력하는지 보자.

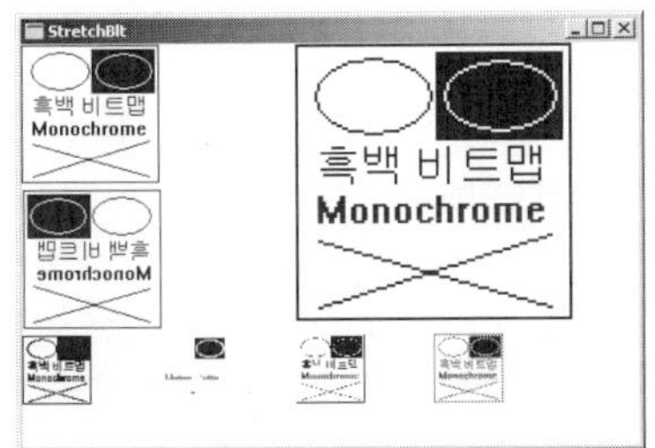

첫 번째 호출문은 소스와 같은 비율로 비트맵을 출력하였다. 조사된 비트맵의 높이 bx, by를 복사대상과 복사원에 동일하게 지정함으로써 비트맵의 크기대로 출력했는데 이 호출문은 BitBlt호출문과 동일하다. 두 번째 호출문은 복사 대상의 넓이인 bx의 부호를 음수로 바꿈으로써 좌우가 바뀐 모양으로 이미지를 출력한다. by의 부호도 바꾸면 상하가 바뀐 모양으로도 출력할 수 있다.

세 번째 호출문은 복사대상의 높이와 폭을 복사원의 두 배로 지정함으로써 2배로 확대하였다. bx, by크기의 이미지를 bx*2, by*2크기에 출력하기 때문에 비트맵이 2배 확대된다. 4배나 8배 또는 실수배로도 확대할 수 있으며 가로, 세로 종횡비가 틀려도 상관없다. 어쨌든 StretchBlt 함수는 복사원의 이미지를 복사 대상 면적에 맞게 출력한다.

아래쪽 4개의 이미지는 스트레칭 모드를 바꿔가며 이미지를 축소해서 출력해 본 것인데 이미지의 위쪽에 있는 두 개의 원이 어떻게 출력되는지 잘 살펴보아라. 디폴트 스트레칭 모드인 BLACKONWHITE로 이미지를 출력하면 가급적 검정색을 보존하며 그래서 흰 바탕에 검정색으로 그려진 원은 축소해도 제 모양으로 보이지만 검정 바탕에 흰색 원은 획이 생략되어 버리기 때문에 보이지 않는다. 반대로 WHITEONBLACK으로 출력하면 가급적 흰색을 보존하기 때문에 검정 바탕에 흰색 원은 보이지만 흰 바탕에 검정색 원은 보이지 않는다. 이미지가 검정색 위주인지 흰색 위주인지에 따라 적당한 스트레칭 모드를 선택해야 하는 이유가 바로 여기에 있다.

COLORONCOLOR로 출력하면 특정 색상을 보존하지 않고 축소 비율에 따라 생략되는 줄이나 열 전체를 지워버리기 때문에 전체적으로 이미지가 많이 찌그러진다. 예를 들어 절반으로 축소한다면 매 짝수줄을 모조리 생략해 버리는 식이다. HALFTONE은 내부적으로 복잡한 연산에 의해 이미지의 어떤 부분이 획인지를 자동으로 판단하여 가장 좋은 축소 결과를 만들어낸다. 블록 단위의 이미지 판별을 하기 때문에 실행 속도가 다소 느리며 95/98은 이 모드를 지원하지 않아 호환성에 불리하다.

29-2-다. 투명 비트맵 출력

비트맵은 예외없이 사각형 모양을 가진다. 타원 모양이나 다각형 모양의 비트맵은 존재하지 않는다. 비트맵 안의 그림은 어떤 모양이든지 가능하지만 비트맵 자체는 꼭 사각형이어야만 하며 출력할 때도 화면상의 사각영역에만 출력된다. 그런데 경우에 따라서는 사각형이 아닌 형태로 비트맵을 출력해야 할 경우가 있는데 특히 게임의 경우 캐릭터들이 사각형이 아닌 경우가 많다. 이때는 비트맵의 일부를 투명하게 처리하여 투명색 부분은 출력에서 제외하는 방법을 사용한다.

BOOL TransparentBlt(HDC hdcDest, ..., UINT crTransparent);

이 함수가 투명 비트맵을 출력하는데 원형은 StretchBlt와 거의 유사하되 제일 마지막의 인수가 ROP 모드를 지정하지 않고 투명색으로 사용할 마스크 색상을 지정한다는 점이 다르다. 이 함수를 사용하려면 먼저 출력할 비트맵부터 만들어야 한다. 비트맵을 처음 만들 때부터 투명하게 처리할 부분은 특별한 다른 색(마스크 색상)으로 주어 그림 자체와는 구분되게 처리한다. 그리고 마스크 색은 출력되지 않도록 하면 원하는 효과를 달성할 수 있다. 이때 마스크로 사용할 색상은 이미지 내에는 존재하지 않는 특수한 색상이어야 하는데 주로 분홍색이 많이 사용된다. 다음은 투명 비트맵 처리를 위해 만든 이미지인데 바깥쪽을 온통 빨간색으로 칠해 놓았다. 이 빨간색 영역이 투명색으로 처리된다.

준비한 이미지를 리소스에 임포트해 넣고 TransparentBlt 함수를 호출하되 마스크 색상을 빨간색인 RGB(255,0,0)로 지정하면 바깥쪽 부분이 투명하게 출력된다.

예 제 : TransparentBlt

```
#include "resource.h"
LRESULT CALLBACK WndProc(HWND hWnd,UINT iMessage,WPARAM wParam,LPARAM lParam)
{
    HDC hdc;
    PAINTSTRUCT ps;
    HDC MemDC;
    HBITMAP MyBitmap, OldBitmap;
    int i;
    BITMAP bit;
    int bx,by;

    switch (iMessage) {
    case WM_PAINT:
        hdc=BeginPaint(hWnd, &ps);
        for (i=0;i<500;i+=10) {
            MoveToEx(hdc,0,i,NULL);
            LineTo(hdc,800,i);
        }
        MemDC=CreateCompatibleDC(hdc);
        MyBitmap=LoadBitmap(g_hInst, MAKEINTRESOURCE(IDB_BITMAP1));
        OldBitmap=(HBITMAP)SelectObject(MemDC, MyBitmap);

        GetObject(MyBitmap, sizeof(BITMAP), &bit);
        bx=bit.bmWidth;
```

```
        by=bit.bmHeight;
        TransparentBlt(hdc,0,0,bx,by,MemDC,0,0,bx,by,RGB(255,0,0));
        SelectObject(MemDC,OldBitmap);
        DeleteObject(MyBitmap);
        DeleteDC(MemDC);
        EndPaint(hWnd, &ps);
        return 0;
    case WM_DESTROY:
        PostQuitMessage(0);
        return 0;
    }
    return(DefWindowProc(hWnd,iMessage,wParam,lParam));
}
```

투명 효과를 확실하게 볼 수 있도록 하기 위해 가로로 여러 줄의 수평선을 그어두었다. 실행 결과는 다음과 같다.

과연 빨간색 부분이 투명하게 처리되었으며 자동차 바깥쪽 부분의 수평선은 지워지지 않고 그대로 유지된다. StretchBlt 함수와 마찬가지로 확대나 축소를 할 수도 있지만 미러링은 지원하지 않는다. 이 함수는 윈도우즈 95에서는 사용할 수 없으며 Msimg32.dll에 정의된 함수이므로 프로젝트에 Msimg32.lib를 링크해야만 사용할 수 있다. 이후 몇 가지 예제에 대해서도 Msimg32.lib를 링크하는 예제가 있는데 주로 98이후에 추가된 함수들이 이 DLL에 의해 제공된다.

이 함수는 별로 어렵지도 않고 잘 동작하기는 하지만 속도가 무척 느린 편인데 이 함수 외에 마스크 비트맵으로 투명 비트맵을 출력하는 함수를 만들어 사용할 수도 있다. 예제 소스의 아래쪽에 TransBlt라는 함수를 정의하고 있는데 이 함수를 사용해도 똑같은 투명 비트맵을 출력할 수 있다. 윈도우즈 95에서도 사용할 수 있고 별도의 라이브러리도 필요없으며 속도도 오히려 더 빠르다. 실제 프로젝트에서 여러 번 사용해본 적이 있는데 별로 말썽도 없고 잘 동작하므로 관심있는 사람은 이 함수를 사용해 보기 바란다.

이 외에 투명 비트맵을 출력하는 또 다른 방법들이 있다. 마스크 비트맵과 이미지 비트맵 두 장을 준비하여 ROP 모드를 바꿔 가며 두 번 출력하는 고전적인 방법도 흔히 사용되는데 디자인시에 미리 투명 영역을 지정하므로 속도상으로는 가장 빠르다. 크기가 작고 종류가 많은 비트맵을 출력할 때는 비트맵을 직접 사용하는 것보다 이미지 리스트 컨트롤을 쓰는 것이 유리하다. 게임의 캐릭터들은 보통 크기가 작은데 이미지 리스트에 이런 이미지들을 미리 디자인해 놓고 인덱스로 이미지를 관리하면 여러 모로 편리하다.

29-3 DIB

29-3-가. DIB의 구조

DDB는 구조가 간단하기 때문에 하나의 구조체로 구성되어 있지만 DIB는 DDB보다 훨씬 더 복잡하다. DIB는 다양한 장치에 사용하기 위해 비트맵 출력에 대한 상세 정보를 포함하고 있다. 사실 단순한 사용을 위해서라면 DIB의 내부구조까지는 몰라도 상관없다. 요즘같은 객체 지향 프로그래밍 환경에서는 DIB에 대한 모든 처리가 클래스 내부로 캡슐화되므로 다음 두 줄로 DIB를 화면으로 출력할 수 있다.

```
CBmp B("C:\\Image\\Baby.jpg");
B.Draw(hdc,10,10);
```

고수준 라이브러리를 쓸 계획이라면 이 절의 내용은 사실상 몰라도 상관없으며 또는 학습의 우선순위를 조금 늦게 설정하는 것이 좋다. 그러나 비트맵을 제대로 활용해 보고 그래픽 파일의 구조에 대해 깊이있게 탐구해 보고 싶다면 어쩔 수 없이 DIB의 구조를 익혀야 한다. DIB비트맵 파일은 다음과 같이 여러 개의 구조체들로 구성되어 있으며 각 구조체에는 비트맵의 특성에 대해 기술된 멤버가 들어 있다.

BITMAPFILEHEADER 구조체

DIB 파일의 제일 선두에 있는 구조체이며 비트맵 파일 자체에 관한 정보를 가진다. 다음과 같이 정의되어 있다.

```
typedef struct tagBITMAPFILEHEADER { // bmfh
        WORD    bfType;
        DWORD   bfSize;
        WORD    bfReserved1;
        WORD    bfReserved2;
        DWORD   bfOffBits;
} BITMAPFILEHEADER;
```

멤버	설명
bfType	파일의 형태를 지정하는 매직 넘버이며 반드시 BM이어야 한다.(0x42, 0x4d)
bfSize	비트맵 파일의 크기를 바이트 단위로 지정한다.
bfReserved1	예약. 0으로 설정한다. 비트맵도 커서와 마찬가지로 핫 스팟을 가질 수 있는데 예약 멤버는

	핫스팟 저장용으로 설계되었으나 실제로는 사용되지 않는다. 같은 포맷으로 커서도 저장하는데 이 때는 다음 멤버와 함께 핫스팟을 지정하는 용도로 사용된다.
bfReserved2	예약. 0으로 설정한다.
bfOffBits	이 구조체와 실제 비트맵 데이터와의 오프셋 값을 가진다. 이 값은 BITMAPFILEHEADER의 크기+BITMAPINFOHEADER의 크기+RGBQUAD 구조체 배열의 크기이다.

이 구조체는 DIB가 디스크의 파일로 저장될 때만 사용되며 비트맵을 출력할 때는 사용되지 않는다. 즉 파일로 저장된 BMP파일에만 이 구조체가 있고 메모리상의 DIB에는 이 구조체가 없다.

BITMAPINFOHEADER 구조체

이 구조체는 BITMAPFILEHEADER구조체 바로 뒤에 위치한다. DIB의 크기(가로 폭, 세로 높이)와 색상 포맷에 관한 정보, 그리고 기타 장치 독립성을 보장하는 몇 가지 정보들을 가지는 구조체이다.

```
typedef struct tagBITMAPINFOHEADER{ // bmih
    DWORD   biSize;
    LONG    biWidth;
    LONG    biHeight;
    WORD    biPlanes;
    WORD    biBitCount
    DWORD   biCompression;
    DWORD   biSizeImage;
    LONG    biXPelsPerMeter;
    LONG    biYPelsPerMeter;
    DWORD   biClrUsed;
    DWORD   biClrImportant;
} BITMAPINFOHEADER;
```

비트맵의 실제 구성 정보가 이 구조체에 기록되어 있다. 각 멤버의 의미는 다음과 같다.

멤버	설명
biSize	이 구조체의 크기이며 구조체 버전 확인에 사용된다. 이 구조체의 시작 번지에 biSize를 더하면 색상 테이블의 위치를 구할 수 있다.
biWidth	비트맵의 가로 픽셀수
biHeight	비트맵의 세로 픽셀수. 이 값이 양수이면 DIB는 아래에서 위로 구성(바텀업)되며 원점은 아래 왼쪽이 된다. 이 값이 음수이면 DIB는 위에서 아래로 구성(탑다운)되며 원점은 위 왼쪽이 된다. 현존하는 대부분의 비트맵 파일은 바텀업이다.
biPlanes	플레인 개수를 나타내는 멤버이되 이 값은 1로 고정되어 있으며 반드시 1이어야 한다.
biBitCount	한 픽셀이 몇 개의 비트로 이루어지는가를 나타내며 이 값에 따라 픽셀이 가질 수 있는 색상수가 결정된다. 1이면 흑백이며 4면 16색, 8이면 256색, 16이면 2^{15}색, 24 또는 32이면 2^{24}색의 색상을 가질 수 있다. 특수한 경우로 0이면 JPG이나 PNG파일 포맷의 색상 구성 정보를 따른다.
biCompression	압축 방법을 지정한다. 아래에서 위로의 비트맵일 경우만 압축이 가능하며 위에서 아래로의 비트맵은 압축할 수 없다. 이 값이 BI_RGB이면 압축되지 않은 비트맵이며 BI_RLE8이면 8비트 압축, BI_RLE4이면 4비트 압축 방법으로 압축되어 있는 것이다.
biSizeImage	이미지의 크기를 바이트 단위로 나타내며 BI_RGB(압축되어 있지 않음) 비트맵에서는 0이다. 이 경우 이미지 크기는 폭*높이*픽셀당 바이트 수로 계산할 수 있다.
biXPelsPerMeter	미터당 가로 픽셀수, 즉 가로 해상도를 지정한다. 시스템은 이 해상도 정보를 사용하지 않으며 응용 프로그램에서 필요할 경우 사용할 수 있다.
biYPelsPerMeter	미터당 세로 픽셀수, 즉 세로 해상도를 지정한다.

biClrUsed	색상 테이블의 색상중 실제로 비트맵에서 사용되는 색상수를 나타낸다. 이 값이 0이면 비트맵은 사용 가능한 모든 색상을 다 사용한다. 이 값이 0이 아닐 경우 RGBQUAD 구조체 배열의 크기는 이 멤버값만큼이 된다.
biClrImportant	비트맵을 출력하는데 필수적인 색상수를 나타내며 이 값이 0이면 모든 색상이 다 사용되어야 한다.

확장 DIB

DIB는 운영체제가 업그레이드될 때마다 그 포맷이 확장되어 왔다. DIB는 원래 OS/2의 이미지 포맷인데 이 포맷의 비트맵 정보 구조체는 BITMAPCOREHEADER였었다. 이를 윈도우즈로 이식하면서 약간 확장하여 BITMAPINFOHEADER가 정의되었으며 biCompression 이후의 멤버는 이때 추가된 것들이다.

윈도우즈 95가 발표되면서 DIB 포맷이 한 번 더 확장되어 BITMAPV4HEADER 구조체가 정의되었으며 윈도우즈 2000이 발표되면서 BITMAPV5HEADER로 다시 한 번 확장되었다. 물론 이전 포맷이 가지고 있던 구조체 뒤에 멤버를 계속 추가하는 식으로 DIB 포맷이 확장되었기 때문에 확장 이전의 포맷도 지원할 수 있다. 다음은 현재까지 발표된 가장 복잡한 DIB 포맷인 BITMAPV5HEADER 구조체와 그 이전 포맷의 멤버 구성을 보인 것이다.

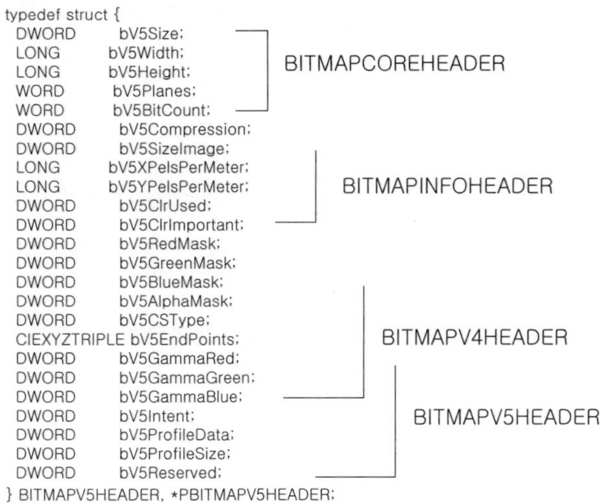

```
typedef struct {
  DWORD        bV5Size;
  LONG         bV5Width;
  LONG         bV5Height;
  WORD         bV5Planes;
  WORD         bV5BitCount;
  DWORD        bV5Compression;
  DWORD        bV5SizeImage;
  LONG         bV5XPelsPerMeter;
  LONG         bV5YPelsPerMeter;
  DWORD        bV5ClrUsed;
  DWORD        bV5ClrImportant;
  DWORD        bV5RedMask;
  DWORD        bV5GreenMask;
  DWORD        bV5BlueMask;
  DWORD        bV5AlphaMask;
  DWORD        bV5CSType;
  CIEXYZTRIPLE bV5EndPoints;
  DWORD        bV5GammaRed;
  DWORD        bV5GammaGreen;
  DWORD        bV5GammaBlue;
  DWORD        bV5Intent;
  DWORD        bV5ProfileData;
  DWORD        bV5ProfileSize;
  DWORD        bV5Reserved;
} BITMAPV5HEADER, *PBITMAPV5HEADER;
```


버전별로 멤버의 이름이 조금씩 다르지만 구조체의 멤버는 어차피 이름으로 구분되는 것이 아니고 오프셋으로 구분되는 것으므로 멤버의 이름은 별로 의미가 없다. V4와 V5 버전에서 확장된 점은 장치가 바뀌더라도 비트맵이 최대한 원색을 표현하기 위한 정보들인데 이에 대한 논의는 이 책에서 다루기에는 너무 복잡하므로 생략한다. 색상에 대한 전문적인 지식이 있어야 이해할 수 있는 내용들인데 V4와 V5 구조체의 멤버들에 대해서는 별도의 자료를 구해보기 바라며 여기서는 BITMAPINFOHEADER에 대해서만 다룬다.

V4나 V5 포맷은 정의만 되어 있지 실제로 최신 그래픽 툴도 이 포맷을 지원하지 않으며 윈도우즈에 포함된 비트맵들도 BITMAPINFOHEADER 포맷이다. 비트맵의 버전은 이 구조체의 첫 번째 멤버인 biSize로 판별하는데 0x28(40)이면 BITMAPINFOHEADER 포맷이며 현재 구경할 수 있는 포맷도 이 포맷뿐이다. 물론 언젠가는 최신의 비트맵 포맷이 대중화될지도 모르겠지만 현재까지는 요원한 일인 것 같다.

RGBQUAD 구조체 배열

RGBQUAD 구조체는 비트맵에서 사용되는 색상 테이블을 정의하며 다음과 같이 정의되어 있다.

```
typedef struct tagRGBQUAD { // rgbq
    BYTE    rgbBlue;
    BYTE    rgbGreen;
    BYTE    rgbRed;
    BYTE    rgbReserved;
} RGBQUAD;
```

팔레트 테이블의 각 항목은 R,G,B값의 절대적인 강도로 표현되며 이런 항목이 배열을 이룸으로써 색상 테이블을 구성한다. 색상 테이블의 항목수는 비트맵이 사용하는 색상수에 따라 다르다. 즉, 16색상의 비트맵이면 16개의 팔레트를 가지고 256색이면 256개의 팔레트 항목을 가진다. 또 256색상의 비트맵이라도 256개의 팔레트를 다 사용하지 않고 꼭 필요한 만큼만 사용하는 경우도 있다. 256 이상의 색상을 사용하는 비트맵은 팔레트를 사용하지 않는다. 이 구조체의 실제 크기는 BITMAPINFOHEADER의 biClrUsed 멤버값을 조사하면 알 수 있다. 이 값이 0이 아니라면 이 값이 바로 RGBQUAD 구조체의 크기가 되며 0이면 2의 biBitCount승으로 계산된다.

BITMAPINFOHEADER와 RGBQUAD 배열에 의해 비트맵의 실질적인 특성들이 정의된다. 그래서 이 두 구조체를 묶어 BITMAPINFO라는 구조체 하나로 관리하기도 한다. 두 구조체가 BITMAPINFO 구조체의 멤버로 포함되어 있을 뿐이다.

```
typedef struct tagBITMAPINFO { // bmi
   BITMAPINFOHEADER bmiHeader;
   RGBQUAD          bmiColors[1];
} BITMAPINFO;
```

RGBQUAD 구조체 배열 다음에는 실제 비트맵의 비트 정보, 즉 그림의 모양을 정의하는 데이터들이 온다.

비트맵의 예

그럼 가장 간단한 비트맵 파일을 예로 들어 어떤 구조로 이루어져 있는지 살펴보자. 되도록이면 간단한 비트맵 파일을 살펴보기 위해 윈도우즈 95에 포함되어 있는 삼각형.bmp 파일을 살펴보자. 이 비트맵은 16*16의 크기를 가지며 사용하는 색상도 16색뿐이다. 다음은 이 비트맵 파일을 16진수로 덤프해 본 것이다. biSize 멤버가 0x28(=sizeof(BITMAPINFOHEADER))로 되어 있음을 확인할 수 있다.

00: 42 4D C6 00 00 00 00 00-00 00 46 00 00 00 ***28 00***
10: ***00 00 10 00 00 00 10 00-00 00 01 00 04 00 00 00***
20: ***00 00 80 00 00 00 13 0B-00 00 13 0B 00 00 04 00***
30: ***00 00 04 00 00 00*** 00 00-00 00 80 00 00 00 FF 00
40: 00 00 FF FF 00 00 20 10-10 10 10 10 10 10 22 01
50: 01 01 01 01 01 01 22 20-10 10 10 10 11 22 22
60: 01 01 01 01 01 11 22 22-20 10 10 10 11 11 22 22
70: 22 01 01 01 11 11 22 22-22 20 10 11 11 11 22 22
80: 22 22 01 11 11 11 22 22-22 22 21 11 11 11 22 22
90: 22 22 32 11 11 11 22 22-22 23 23 21 11 11 22 22
A0: 22 32 32 32 11 11 22 22-23 23 23 23 21 11 22 22
B0: 32 32 32 32 32 11 22 23-23 23 23 23 23 21 22 32
C0: 32 32 32 32 32 32

구조체별 위치는 다음과 같으며 덤프에 폰트를 각각 다르게 설정하여 쉽게 구분할 수 있도록 하였다.

구조체	오프셋
BITMAPFILEHEADER	0x00 ~ 0x0d
BITMAPINFOHEADER	0x0e ~ 0x35
RGBQUAD 배열	0x36 ~ 0x45
비트 정보	0x46 ~ 0xc6

BITMAPFILEHEADER 구조체를 보면 비트맵 파일의 크기는 0x00c6 바이트이며 비트 정보는 0x46 번지부터 시작된다. BITMAPINFOHEADER 구조체를 보면 비트맵의 크기는 가로 세로 0x10(16*16)이며 biBitCount가 4이므로 16색상의 비트맵인 것을 알 수 있다. biClrUsed가 4로 되어 있으므로 이 비트맵에서 실제로 사용하는 색상은 4가지뿐이며 따라서 RGBQUAD 구조체의 크기는 4가 되어 4가지 색상에 대해서만 색상값을 정의한다.

RGBQUAD 구조체에는 4가지 색상에 대한 색상값을 정의하고 있는데 각각 검정색, 옅은 파랑색, 파랑색, 짙은 파랑색이다. RGBQUAD 구조체 이후(0x46~)에는 비트맵의 실제 비트 정보, 즉 이미지가 기록되어 있다. 이 이미지를 역으로 모눈종이에 직접 그려보면 어떤 모양의 비트맵인지를 알 수 있을 것이다.

다음은 좀 더 복잡한 256색상의 숲.bmp이다. 보다시피 사용하는 색상수가 좀 많으며 비트맵 모양도 그리 간단하지가 않다. 이 파일을 16진수로 덤프하여 각 구조체별로 구분을 해 보았다.

```
00:  42 4D 62 02 01 00 00 00-00 00 62 02 00 00 28 00
10:  00 00 00 01 00 00 00 01-00 00 01 00 08 00 00 00
20:  00 00 00 00 01 00 13 0B-00 00 13 0B 00 00 8B 00
30:  00 00 8B 00 00 00 18 68-9B 00 29 64 41 00 18 78
40:  B3 00 21 53 31 00 52 84-5A 00 41 7D 5A 00 4A 73
50:  4A 00 31 5A 31 00 18 68-AB 00 21 91 CC 00 63 94
60:  6E 00 42 63 39 00 39 63-4A 00 29 6E 4E 00 11 89
70:  C4 00 39 74 4A 00 5B 77-51 00 10 57 92 00 29 52
==============  이하 생략  =============
```

비트맵 파일의 크기가 0x10262바이트이며 실제 비트맵 데이터는 0x262번지부터 기록되어 있으며 팔레트의 크기는 0x8b이다. 사용하는 색상이 많다 보니 팔레트의 크기가 무척 크다. 다음은 흑백의 검정쐐기.bmp이다.

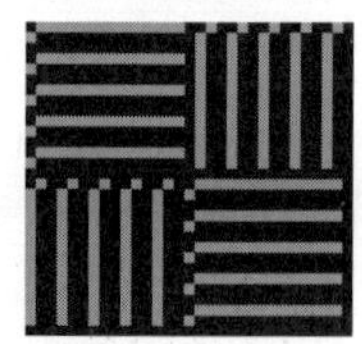

```
00:  42 4D B6 00 00 00 00 00-00 00 3E 00 00 00 28 00
10:  00 00 1F 00 00 00 1E 00-00 00 01 00 01 00 00 00
20:  00 00 78 00 00 00 13 0B-00 00 13 0B 00 00 02 00
30:  00 00 02 00 00 00 00 00-00 00 80 80 80 00 00 00
40:  00 00 92 49 00 00 92 48-FF FC 92 48 00 00 92 49
==============  이하 생략  ==============
```

biBitCount가 1이므로 흑백 비트맵이며 따라서 팔레트의 크기는 2에 불과하다. 색상 테이블에는 검정색과 회색 두 가지 색상만 정의되어 있으며 그 뒤에는 래스터 데이터가 따라온다.

29-3-나. DIB 출력

그럼 이제 복잡한 DIB 포맷을 화면으로 출력하는 방법에 대해 알아보자. DIB는 메모리상에 있을 수도 있지만 주로 파일 형태로 보관되어 있으며 또는 리소스 형태로 실행 파일에 같이 포함된다. 그러나 리소스 형태의 DIB는 LoadBitmap이나 LoadImage 함수로 읽어들일 때 DDB로 변환되므로 DIB 출력과는 무관하다. 여기서는 파일로 된, 즉 BMP 파일을 읽어서 출력하는 방법에 대해서만 논한다. DIB를 출력하는 기본 함수는 다음 함수이다.

int SetDIBitsToDevice(HDC hdc, int XDest, int YDest, DWORD dwWidth, DWORD dwHeight, int XSrc, int YSrc, UINT uStartScan, UINT cScanLines, CONST VOID *lpvBits, CONST BITMAPINFO *lpbmi, UINT fuColorUse);

인수가 정말 많다. 첫 번째 인수는 출력대상 DC이며 2~5번째까지는 비트맵이 출력될 영역이다. XSrc, YSrc는 DIB의 출력 시작점인데 이 두 값이 모두 0이면 처음부터 출력되고 적당한 오프셋을 주면 비트맵의 왼쪽 아래를 원점으로 한 좌표부터 출력된다. DIB는 첫 번째 스캔 라인이 비트맵의 제일 아래쪽인 바텀 업(Bottom Up) 구조로 되어 있기 때문에 y좌표 100은 위에서부터 100이 아니라 아래로부터 100임을 유의하자.

uStartScan은 출력을 시작할 스캔 라인이며 uScanLines는 출력할 스캔 라인의 개수이다. 비트맵 전체를 출력한다면 시작 스캔은 0이고 라인 수는 비트맵 높이와 같아야 하는데 이 두 인수를 잘 활용하면 비트맵을 조금씩 나누어 여러 번에 출력할 수 있다. 네트워크를 통해 들어오는 비트맵 데이터나 플로피 디스크같이 느린 장치에서 비트맵을 읽을 때 들어온 만큼만이라도 비트맵을 점진적으로 출력할 때 이 인수를 활용할 수 있는데 잘 사용되지는 않는다.

lpvBits는 비트맵의 실제 모양인 래스터 데이터의 포인터이며 이 값은 파일 헤더의 bfOffBits 멤버로부터 구할 수 있다. lpbmi는 비트맵의 구성 정보인 BITMAPINFO 구조체의 포인터이다. DIB 파일에서 이 두 인수로 전달할 포인터를 미리 구해 놓아야 한다. 마지막 인수인 fuColorUse는 색상 테이블의 값이 색상값(DIB_RGB_COLORS)인지 팔레트에 대한 인덱스(DIB_PAL_COLORS)인지를 지정한다. 화면 모드가 256이면 팔레트를 생성한 후 DC에 선택해야 하며 그 외의 경우는 팔레트없이 DIB_RGB_COLORS 플래그를 사용하면 된다.

함수의 인수가 많기는 하지만 이 중 몇 가지는 값이 거의 정해져 있고 또 중복되는 값들도 많이 있다. 이 함수가 요구하는 모든 인수는 DIB 파일을 읽어 헤더를 분석한 후 구해내야 한다. 인수가 많고 복잡하기 때문에 이 함수를 직접 사용하는 경우는 무척 드물며 보통 좀 더 고수준의 함수나 클래스로 래핑해서 사용한다. 다음 예제는 디스크상의 BMP파일을 읽어 화면으로 출력한다.

예 제 : ReadDIB

```
BITMAPFILEHEADER *fh=NULL;
BITMAPINFOHEADER *ih;
int bx,by;
BYTE *pRaster;
void LoadDIB(LPCTSTR Path)
{
    HANDLE hFile;
    DWORD FileSize, dwRead;

    hFile=CreateFile(Path,GENERIC_READ,0,NULL,
        OPEN_EXISTING,FILE_ATTRIBUTE_NORMAL,NULL);
```

```
    if (hFile==INVALID_HANDLE_VALUE) {
        return;
    }

    if (fh) {
        free(fh);
        fh=NULL;
    }
    FileSize=GetFileSize(hFile,NULL);
    fh=(BITMAPFILEHEADER *)malloc(FileSize);
    ReadFile(hFile,fh,FileSize,&dwRead,NULL);
    CloseHandle(hFile);

    pRaster=(PBYTE)fh+fh->bfOffBits;
    ih=(BITMAPINFOHEADER *)((PBYTE)fh+sizeof(BITMAPFILEHEADER));
    bx=ih->biWidth;
    by=ih->biHeight;
}

LRESULT CALLBACK WndProc(HWND hWnd,UINT iMessage,WPARAM wParam,LPARAM lParam)
{
    HDC hdc;
    PAINTSTRUCT ps;
    OPENFILENAME OFN;
    TCHAR lpstrFile[MAX_PATH]="";

    switch (iMessage) {
    case WM_LBUTTONDOWN:
        memset(&OFN, 0, sizeof(OPENFILENAME));
        OFN.lStructSize = sizeof(OPENFILENAME);
        OFN.hwndOwner=hWnd;
        OFN.lpstrFilter="Bitmap File(*.bmp)\0*.bmp\0";
        OFN.lpstrFile=lpstrFile;
        OFN.nMaxFile=MAX_PATH;
        if (GetOpenFileName(&OFN)!=0) {
            LoadDIB(lpstrFile);
            InvalidateRect(hWnd, NULL, TRUE);
        }
        return 0;
    case WM_PAINT:
        hdc=BeginPaint(hWnd, &ps);
        if (fh) {
            SetDIBitsToDevice(hdc,0,0,bx,by,0,0,0,by,
                pRaster,(BITMAPINFO *)ih,DIB_RGB_COLORS);
            //StretchDIBits(hdc,0,0,bx*2,by*2,0,0,bx,by,pRaster,
            //    (BITMAPINFO *)ih,DIB_RGB_COLORS,SRCCOPY);
        }
        EndPaint(hWnd, &ps);
        return 0;
    case WM_DESTROY:
        if (fh)
            free(fh);
        PostQuitMessage(0);
        return 0;
    }
```

```
    return(DefWindowProc(hWnd,iMessage,wParam,lParam));
}
```

편의상 몇 개의 전역변수들을 정의하였다. fh는 DIB 파일 자체를 읽어들일 버퍼의 포인터이며 ih는 정보 헤더, bx, by는 비트맵의 크기, pRaster는 래스터 데이터에 대한 포인터를 기억한다. fh버퍼 외에는 모두 실시간으로 구할 수 있으나 편의상 전역변수로 선언하고 한 번만 구하도록 했다. 마우스 왼쪽 버튼을 누르면 파일 열기 대화상자로 출력 대상 비트맵 파일을 입력받는다. 파일이 선택되면 LoadDIB 함수에서 이 파일을 읽어들이고 헤더를 분석하여 출력에 필요한 준비를 한다. LoadDIB 함수는 WM_PAINT가 최대한 신속하게 그리기를 할 수 있도록 SetDIBitsToDevice 함수가 요구하는 정보들을 미리 구해 놓는 역할을 한다.

DIB 파일도 일단은 단순한 파일이므로 두말 할 필요 없이 ReadFile 함수로 읽으면 된다. 파일 크기만한 fh버퍼를 할당하고 이 버퍼에 비트맵 전체를 읽어들였다. 이때 래스터 데이터는 fh의 포인터에 biOffBits 오프셋을 더하면 간단하게 구할 수 있고 ih는 fh에 BITMAPFILEHEADER 구조체 길이를 더하면 구할 수 있다. 그리고 비트맵의 크기는 정보 헤더의 biWidth, biHeight로부터 구한다.

이렇게 읽혀진 DIB는 WM_PAINT에서 출력하는데 SetDIBitsToDevice 함수를 호출하였다. 비트맵의 원점인 (0,0) 좌표에서 시작하여 첫 스캔 라인에서 높이만큼 비트맵 전체를 다 출력했다. 가장 기본적인 DIB 출력 형태인데 인수를 바꿈에 따라 다양한 변형을 줄 수 있음은 물론이다. 직접 실행해 보고 확장자가 BMP인 파일을 선택해 보자.

SetDIBitsToDevice 함수는 비트맵의 정보 헤더로부터 비트맵의 구조를 파악하며 현재 화면의 모드에 맞게 DIB의 래스터 데이터를 적절히 변환하여 화면으로 출력한다. 따라서 DIB의 포맷에 상관없이 모든 BMP 파일을 제대로 출력할 것이다. 단 화면 모드가 256색상 모드인 경우는 팔레트에 대한 처리를 추가해야 하는데 이는 33장에서 다시 알아볼 것이다. SetDIBitsToDevice 함수가 DDB의 BitBlt에 해당한다면 다음 함수는 StretchBlt 함수에 해당한다. 즉 DIB를 확대 및 축소하여 출력할 수 있는 함수이다.

int StretchDIBits(HDC hdc, int XDest, int YDest, int nDestWidth, int nDestHeight, int XSrc, int YSrc, int nSrcWidth, int nSrcHeight, CONST VOID *lpBits, CONST BITMAPINFO *lpBitsInfo, UINT iUsage, DWORD dwRop);

인수 구조가 조금 다르다. 확대를 위해 복사원의 크기를 지정할 수 있는 인수가 추가되어 있는 대신 스캔 라인 인수가 빠져 이미지를 조금씩 출력하는 기능은 제외되었다. 그리고 ROP모드를 지정할 수 있는 인수가 추가되어 다양한 래스터 연산 방법을 지정할 수 있다. 앞 예제의 비트맵 출력문을 다음과 같이 변경해 보아라.

```
StretchDIBits(hdc,0,0,bx*2,by*2,0,0,bx,by,pRaster,
    (BITMAPINFO *)ih,DIB_RGB_COLORS,SRCCOPY);
```

선택한 비트맵이 2배로 확대되어 출력될 것이다. 이 함수는 일반적으로 화면 출력에는 잘 사용되지 않으며 화면보다 해상도가 훨씬 높은 프린터로 DIB를 출력할 때 사용된다.

29-3-다. DDB로 변환

DIB를 출력하는 것도 DDB를 출력하는 것처럼 별로 어렵지는 않다. 파일을 읽어 정보를 구한 후 SetDIBitsToDevice 함수만 한 번 호출하면 된다. 이 함수가 비트맵 포맷을 분석하여 내부적인 변환을 모두 해 주기 때문에 복잡한 DIB 포맷에 대해 굳이 상세하게 몰라도 DIB를 출력할 수 있다. 그러나 이 경우 속도상의 불이익을 감수해야 하는데 SetDIBitsToDevice는 많은 서비스를 하는 대신 무척 느리기 때문이다.

왜 이 함수가 느릴 수밖에 없는가 하면 DIB는 장치에 독립적인 포맷인데 화면 DC는 고정된 포맷을 가지기 때문이다. DIB가 24비트 포맷으로 저장되어 있고 화면도 24비트 색상 모드로 설정되어 있다면 별다른 조작을 할 필요없이 래스터 데이터를 비디오 램의 대응되는 위치로 그대로 전송하면 그만이다. 그러나 포맷이 틀리면 그대로 전송만 해서는 그림이 나올 수 없으므로 화면 색상에 맞게 변환을 해야 한다. 만약 화면이 16비트 모드로 설정되어 있다면 각 픽셀에 대해 다음과 같이 색상 변환 과정을 거쳐야 한다.

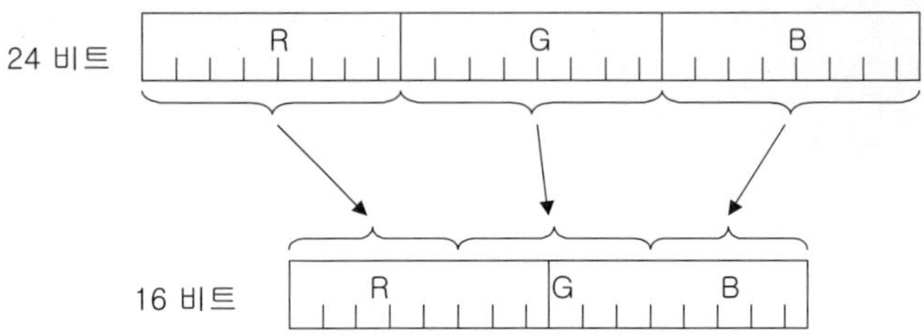

24비트 포맷은 R, G, B 각 색상 요소가 한 바이트씩을 차지하지만 16비트 포맷은 R, G, B가 각각 5, 6, 5 비트를 차지한다. 따라서 16비트 색상 포맷에 맞추려면 R 8비트를 5비트로 줄여 상위 비트에 대입하고 G 8비트는 6비트로 줄여 중간에 끼워 넣고 B 8비트는 5비트로 줄여 끝에 붙이는 연산을 해야 하는데 이 연산을 위해 비트 쉬프트와 비트 논리 연산이 다량으로 필요하다. 게다가 비트맵에는 이런 픽셀이 작아도 수만 개, 많으면 수백만 개나 되므로 픽셀 수만큼 변환 연산을 반복해야 한다. 반대의 경우도 마찬가지인데 비트맵이 16비트이고 화면이 24비트이면 이 경우도 비슷한 연산이 일어날 것이다. 가장 최악의 경우는 팔레트가 개입될 때인데 빈도가 높은 색상의 통계를 내서 비슷한 색상을 합쳐야 하므로 그야말로 끔찍해진다.

내부에서 이런 엄청난 변환 연산이 일어나므로 SetDIBitsToDevice 함수는 본질적으로 느릴 수밖에 없다. DIB는 저장된 형태 그대로 DC로 전송할 수 없으므로 반드시 변환을 통해 DC와 색상 포맷을 맞추어야 출력할 수 있다. 리소스의 비트맵도 마찬가지로 DIB이므로 출력하려면 DDB로 변환하는 과정을 거쳐야 하는데 이 처리는 LoadBitmap 함수가 한다. 리소스에서 비트맵을 읽을 때 화면 포맷에 맞게 변환을 미리 해 놓는 것이다. LoadBitmap 함수도 무척이나 느리며 그래서 WM_PAINT에서 이 함수를 호출하지 말라고 하는 것이다.

장치에 독립적인 DIB의 특성상 어차피 변환은 피할 수 없다. 그런데 앞의 예제를 보면 WM_PAINT에서 이 변환을 매번 출력할 때마다 한다는 점이 문제다. 만약 DIB를 계속 사용한다면 화면과 호환되는, 즉 포맷 변환이 필요없는 DDB로 일단 바꾸어 놓고 이 후 출력에는 BitBlt을 사용하는 것이 훨씬 더 유리하다. 왜냐하면 DDB를 출력하는 BitBlt은 어떠한 변환없이 빠른 속도로 비트맵을 전송하며 하드웨어의 지원도 받을 수 있기 때문이다.

DIB를 DDB로 변환하는 것은 원론적으로 무척 쉽다. DIB와 똑같은 크기를 가지는 호환 메모리 DC를 만들고 이 DC에 호환 비트맵(DDB)를 선택해 놓고 DIB를 한 번 출력하기만 하면 된다. 메모리 DC로 보내는 모든 출력은 비트맵으로 보내지므로 이때 호환 비트맵은 DIB가 화면으로 출력된 모양과 동일하기 때문이다. 이 정도 처리는 직접 코드를 작성해도 어렵지 않게 만들 수 있는데 다행히 이 처리를 대신하는 함수가 제공된다.

HBITMAP CreateDIBitmap(HDC hdc, CONST BITMAPINFOHEADER *lpbmih, DWORD fdwInit, CONST VOID *lpbInit, CONST BITMAPINFO *lpbmi, UINT fuUsage);

이 함수가 DIB를 DDB로 변환하는 일을 하는데 내부적으로 앞에서 설명한 방법대로 메모리 DC를 만들고 호환 비트맵에 DIB를 출력하는 일을 한다. 함수 이름이 CreateDIBitmap이지만 실제로는 DIB로부터 DDB를 만들어 DDB의 핸들을 리턴한다. 첫 번째 인수 hdc는 출력 대상 DC핸들인데 이 DC와 호환되는 DDB를 만들어야 하므로 반드시 필요하다. lpbmih는 DIB의 정보 헤더이며 fdwInit는 래스터 데이터까지 초기화할 것인가를 지정한다. fdwInit가 CBM_INIT이면 lpbInit의 래스터 데이터로 비트맵의 래스터 데이터를 초기화한다. fuUsage는 색상 테이블을 해석할 방법을 지정한다. 다음 예제는 ReadDIB와 동일한 동작을 하는데 속도는 훨씬 더 빠르다.

예 제 : DIB2DDB

```
HBITMAP MakeDDBFromDIB(HDC hdc,TCHAR *Path)
{
    HANDLE hFile;
    DWORD FileSize, dwRead;
    BITMAPFILEHEADER *fh;
    HBITMAP hBit;
    PVOID ih;
    BITMAP bit;

    hFile=CreateFile(Path,GENERIC_READ,0,NULL,
        OPEN_EXISTING,FILE_ATTRIBUTE_NORMAL,NULL);
    if (hFile==INVALID_HANDLE_VALUE) {
        return NULL;
    }

    FileSize=GetFileSize(hFile,NULL);

    fh=(BITMAPFILEHEADER *)malloc(FileSize);
    ReadFile(hFile,fh,FileSize,&dwRead,NULL);
    CloseHandle(hFile);

    ih=((PBYTE)fh+sizeof(BITMAPFILEHEADER));
    // DDB로 변환한다.
    hBit=CreateDIBitmap(hdc,(BITMAPINFOHEADER *)ih,CBM_INIT,
```

```
        (PBYTE)fh+fh->bfOffBits,(BITMAPINFO *)ih,DIB_RGB_COLORS);

    // DDB로 변환한 후 래스터 데이터는 따로 설정한다.
    //hBit=CreateDIBitmap(hdc,(BITMAPINFOHEADER *)ih,0,NULL,NULL,0);
    //GetObject(hBit,sizeof(BITMAP),&bit);
    //SetDIBits(NULL,hBit,0,bit.bmHeight,(PBYTE)fh+fh->bfOffBits,(BITMAPINFO
*)ih,DIB_RGB_COLORS);
    free(fh);
    return hBit;
}

LRESULT CALLBACK WndProc(HWND hWnd,UINT iMessage,WPARAM wParam,LPARAM lParam)
{
    HDC hdc;
    PAINTSTRUCT ps;
    static HBITMAP hBit;
    TCHAR Path[MAX_PATH];

    switch (iMessage) {
    case WM_CREATE:
        GetCurrentDirectory(MAX_PATH,Path);
        lstrcat(Path,"\\..\\hansl.bmp");
        hdc=GetDC(hWnd);
        hBit=MakeDDBFromDIB(hdc,Path);
        ReleaseDC(hWnd,hdc);
        return 0;
    case WM_PAINT:
        hdc=BeginPaint(hWnd, &ps);
        DrawBitmap(hdc,0,0,hBit);
        EndPaint(hWnd, &ps);
        return 0;
    case WM_DESTROY:
        DeleteObject(hBit);
        PostQuitMessage(0);
        return 0;
    }
    return(DefWindowProc(hWnd,iMessage,wParam,lParam));
}
```

상위 디렉토리의 이미지 파일을 읽어서 작업영역에 출력했다.

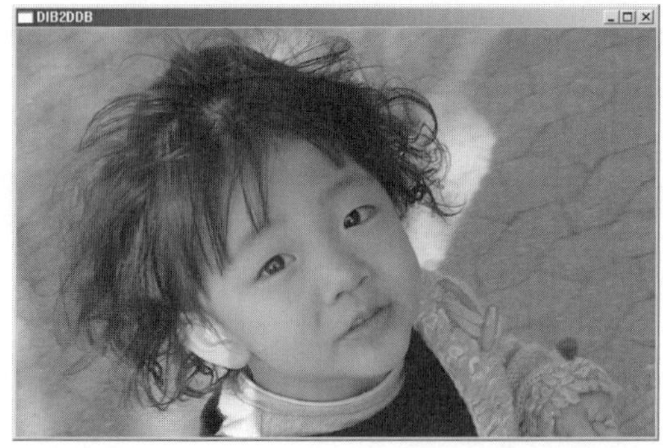

MakeDDBFromDIB 함수가 DIB를 읽어 DDB로 변환하는데 함수 원형을 보면 알겠지만 파일명을 인수로 전달받아 HBITMAP을 리턴한다. 단순히 파일을 읽고 정보 헤더와 래스터 데이터 포인터를 구해 CreateDIBitmap 함수를 호출했다. 일단 DDB로 변환되면 DIB의 모든 데이터가 DDB로 변환되었으므로 DIB 버퍼인 fh는 해제해도 상관없다. hBit 핸들에 비트맵 출력에 필요한 모든 정보가 들어 있다. 일단 비트맵을 먼저 만들고 래스터 데이터를 별도로 초기화하는 방법을 쓸 수도 있다.

```
hBit=CreateDIBitmap(hdc,(BITMAPINFOHEADER *)ih,0,NULL,NULL,0);
GetObject(hBit,sizeof(BITMAP),&bit);
SetDIBits(NULL,hBit,0,bit.bmHeight,(PBYTE)fh+fh->bfOffBits,
(BITMAPINFO *)ih,DIB_RGB_COLORS);
```

CreateBitmap 함수를 호출할 때는 정보 헤더 포인터만 주고 CBM_INIT와 래스터 데이터 등은 전달하지 않았다. 이렇게 만들어진 비트맵의 래스터 데이터는 SetDIBits 함수로 초기화하면 된다. 변환된 DDB는 DrawBitmap 함수로 간단하게 출력할 수 있다. 실행해 보면 ReadDIB 예제와 완전히 동일하게 동작하지만 화면을 그릴 때마다 변환을 하는 것이 아니라 딱 한번만 변환해 놓고 변환 결과를 계속 사용한다. 크기가 아주 큰 비트맵을 읽어놓고 윈도우의 크기를 변경해 보면 두 프로그램의 속도가 확연히 차이가 남을 알 수 있다.

WM_PAINT는 굉장히 자주 전달되는 메시지이므로 가급적 신속하게 그리기를 완료해야 한다. 그러기 위해서는 그리기에 필요한 모든 예비 동작을 외부에서 다 해 놓을 필요가 있다. DIB를 DDB로 변환하는 느린 연산을 WM_PAINT 실행중에 하는 것은 효율상의 낭비가 너무 심한 무식한 방법이다. DIB를 출력할 때는 파일을 여는 즉시 DDB로 변환해 놓고 WM_PAINT에서는 DDB를 출력해야 한다.

29-3-라. DIB 섹션

DIB는 장치에 독립적인 비트맵이지만 일단 화면이나 프린터로 출력되면 장치에 호환되는 포맷으로 변환된다. 가지고 있는 정보는 장치에 독립적이더라도 출력할 때는 장치의 색상 포맷에 맞출 수밖에 없으므로 포맷 변환은 피할 수 없다. 단 이 포맷 변환이 SetDIBitsToDevice 함수에 의해 내부적으로 처리되기 때문에 우리가 직접 신경써야 할 필요는 없다. 하지만 DDB에 비해 출력할 때마다 포맷 변환 과정을 거쳐야 하므로 속도가 느리다. 그래서 DIB2DDB예제에서는 최초 DDB로 바꾼 후 출력을 하는데 이 경우도 CreateDIBitmap 함수가 장치에 호환되게 포맷 변환을 하되 단 한 번만 변환을 해 놓고 여러 번 출력하므로 속도를 많이 향상시켰다. 결국 DIB는 최소한 한 번은 장치에 맞게 포맷을 변환해야만 출력을 할 수 있다.

DIB섹션은 DIB이되 HBITMAP으로 표현되는 DIB와 DDB의 중간쯤 되는 포맷이다. 내부적으로 포맷은 DIB이므로 장치에 독립적이지만 HBITMAP형이므로 BitBlt이나 StretchBlt 함수로 곧바로 출력할 수 있다. 이 경우 포맷 변환은 출력할 때 발생한다. 래스터 데이터를 직접 조작할 수 있다는 장점이 있기는 하지만 그럴 경우는 사실 별로 없다. 또한 파일 맵핑 오브젝트와 함께 사용하면 크기가 큰 파일을 다루기가 편리하다는 이점도 있다. DIB 섹션을 만들 때는 다음 함수를 사용한다.

HBITMAP CreateDIBSection(HDC hdc, CONST BITMAPINFO *pbmi, UINT iUsage, VOID **ppvBits, HANDLE hSection, DWORD dwOffset);

세 번째 인수 iUsage는 색상 테이블을 해석하는 방법을 지정하는데 DIB_RGB_COLORS 또는 DIB_PAL_COLORS 둘 중 하나의 값을 가진다. iUsage가 DIB_PAL_COLORS인 경우 첫 번째 인수인 hdc의 논리 팔레트가 사용되며 그 외의 경우 hdc는 무시되며 불필요하다. 두 번째 인수 pbmi는 DIB

의 정보 구조체 포인터이며 이 정보를 참조하여 DIB 섹션이 생성된다. 네 번째 인수 ppvBits는 래스터 데이터 버퍼의 포인터 변수이며 출력용이다. CreateDIBSection 함수는 래스터 데이터 크기를 조사하여 이 크기만큼 메모리를 할당하고 그 포인터를 ppvBits로 리턴한다. 그래서 포인터 변수를 선언한 후 포인터의 포인터를 인수로 전달하면 할당된 메모리를 얻을 수 있다.

hSection은 래스터 데이터를 저장할 파일 맵핑 오브젝트이며 dwOffset은 래스터 데이터를 저장할 파일 맵핑 오브젝트의 오프셋을 지정한다. 이 두 인수가 주어지면 CreateDIBSection 함수는 파일 맵핑 오브젝트의 지정한 오프셋에 래스터 데이터를 읽는데 파일 맵핑은 디스크상에 있더라도 포인터로 직접 읽을 수 있으므로 대용량의 비트맵을 읽을 때 메모리를 절약할 수 있다. 비트맵을 사용한 후 파일 맵핑 오브젝트는 직접 해제해야 한다. 파일 맵핑이 NULL일 경우는 ppvBits에 래스터 데이터 크기만큼의 메모리만 할당하며 래스터 데이터는 직접 읽어들여야 한다. 이 버퍼는 시스템이 소유하므로 일부러 해제할 필요가 없으며 DeleteObject 함수로 비트맵을 삭제할 때 시스템이 같이 해제한다.

함수의 동작이 무척 복잡해 보이는데 팔레트와 파일맵핑을 쓰지 않는 단순한 경우만 생각해 보자. DIB의 정보 구조체를 두 번째 인수로 전달하면 래스터 데이터를 읽을 수 있는 버퍼를 할당하고 DIB 정보를 포함하는 HBITMAP 핸들을 리턴한다. 리턴된 버퍼로 래스터 데이터만 읽어주면 DIB 섹션이 생성되며 이렇게 만든 DIB 섹션은 DIB 포맷이지만 BitBlt 함수로 직접 출력할 수 있다. BitBlt은 메모리 DC의 DDB를 전송하는 함수이되 DIB 섹션인 경우 포맷 변환을 직접 한다. DIB 섹션을 만들고 출력하는 예제를 작성해 보자.

예제 : DIBSection

```
// DIB 섹션을 만들어 핸들을 리턴한다.
HBITMAP MakeDIBSection(LPCTSTR Path)
{
    HANDLE hFile;
    DWORD FileSize, dwRead;
    BITMAPFILEHEADER fh;
    HBITMAP hBit;
    BITMAPINFO *ih;
    PVOID pRaster;

    // 파일을 연다
    hFile=CreateFile(Path,GENERIC_READ,0,NULL,
        OPEN_EXISTING,FILE_ATTRIBUTE_NORMAL,NULL);
    if (hFile==INVALID_HANDLE_VALUE) {
        return NULL;
    }

    // 파일 헤더와 정보 구조체(색상 테이블 포함)를 읽어들인다.
    ReadFile(hFile,&fh,sizeof(BITMAPFILEHEADER),&dwRead,NULL);
    FileSize=fh.bfOffBits-sizeof(BITMAPFILEHEADER);
    ih=(BITMAPINFO *)malloc(FileSize);
    ReadFile(hFile,ih,FileSize,&dwRead,NULL);

    // DIB 섹션을 만들고 버퍼 메모리를 할당한다.
    hBit=CreateDIBSection(NULL,ih,DIB_RGB_COLORS,&pRaster,NULL,0);

    // 래스터 데이터를 읽어들인다.
    ReadFile(hFile,pRaster,fh.bfSize-fh.bfOffBits,&dwRead,NULL);
    free(ih);
    CloseHandle(hFile);
```

```
    return hBit;
}

LRESULT CALLBACK WndProc(HWND hWnd,UINT iMessage,WPARAM wParam,LPARAM lParam)
{
    HDC hdc;
    PAINTSTRUCT ps;
    static HBITMAP hBit;
    TCHAR Path[MAX_PATH];

    switch (iMessage) {
    case WM_CREATE:
        GetCurrentDirectory(MAX_PATH,Path);
        lstrcat(Path,"\\apache24.bmp");
        hBit=MakeDIBSection(Path);
        return 0;
    case WM_PAINT:
        hdc=BeginPaint(hWnd, &ps);
        DrawBitmap(hdc,0,0,hBit);
        EndPaint(hWnd, &ps);
        return 0;
    case WM_DESTROY:
        DeleteObject(hBit);
        PostQuitMessage(0);
        return 0;
    }
    return(DefWindowProc(hWnd,iMessage,wParam,lParam));
}
```

MakeDIBSection 함수로 DIB 섹션을 만들고 이렇게 만들어진 DIB 섹션은 WM_PAINT에서 BitBlt 함수로 출력된다. 우선 DIB 파일에서 BITMAPINFO 구조체를 읽는데 이 구조체에는 색상 테이블까지 포함되어 있다. 즉 래스터 데이터를 제외한 모든 정보를 읽는다. 그리고 포인터 변수 pRaster를 선언하고 CreateDIBSection함수로 정보 구조체와 &pRaster를 전달한다. CreateDIBSection 함수는 정보 구조체를 참조하여 HBITMAP을 만들고 pRaster에 래스터 데이터 길이만큼 메모리를 할당한다. 할당된 버퍼에 ReadFile 함수로 래스터 데이터를 읽어들이기만 하면 만들어진 hBit는 BitBlt으로 직접 출력할 수 있는 DIB 섹션이 된다.

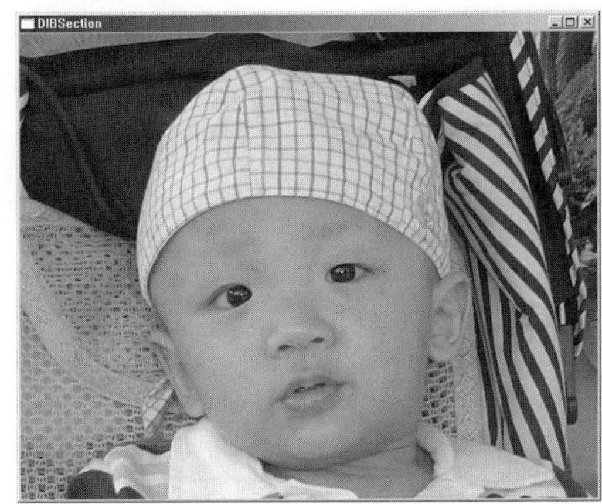

DIB 섹션은 DDB와 마찬가지로 HBITMAP형이지만 이 두 비트맵의 내부적인 포맷은 완전히 다르다. DIB 섹션의 정보를 GetObject 함수로 조사할 때는 BITMAP 구조체 대신 다음과 같이 선언된 DIBSECTION 구조체를 사용해야 한다.

```
typedef struct tagDIBSECTION {
    BITMAP              dsBm;
    BITMAPINFOHEADER    dsBmih;
    DWORD               dsBitfields[3];
    HANDLE              dshSection;
    DWORD               dsOffset;
} DIBSECTION, *PDIBSECTION;
```

보다시피 이 구조체의 첫 번째 멤버는 BITMAP이므로 DDB와 동일하게 취급될 수 있으며 정보 구조체, 파일 맵핑 오브젝트 등의 정보를 추가로 가지고 있다.

29-3-마. DIB로 변환

이번에는 반대로 DDB를 DIB로 변환해 보자. DDB는 주로 프로그램 실행중에 CreateBitmap(Indirect)나 CreateCompatibleBitmap 함수로 만들어지는데 실행중에 만들어지므로 화면과는 항상 호환되며 변환을 할 필요가 없으므로 출력 속도도 빠르다. 그러나 이 포맷 그대로는 파일로 저장할 수 없으며 반드시 장치에 독립적인 DIB로 변환해야만 BMP 파일로 만들 수 있다. 실행중에 생성한 비트맵을 저장하려면 DDB를 DIB로 변환하는데 변환 방법은 아주 원론적이다. DDB와 현재 DC의 모든 정보를 참고하여 DIB 포맷에 맞게 데이터를 조립하면 되는데 메모리상에서 필요한 정보를 수집하여 구조체를 작성하는 정도만 할 수 있으면 된다.

그러나 과정이 다소 복잡하므로 일단 예제를 보고 예제의 함수를 분석해 보면서 변환 절차를 연구해 보자. 이 책에서 지금까지 만든 예제중 실행중에 비트맵을 만드는 좋은 예제로 14장에서 만들었던 Mouse3예제가 있다. 이 예제는 가상 화면의 비트맵에 그림을 그리는데 이 그림을 파일로 저장하는 기능을 추가해 Mouse5예제를 만들어 보자. 소스가 굉장히 복잡해 보이지만 결국은 구조체를 조립하는 코드들뿐이다.

예 제 : Mouse5

```
// DDB를 DIB로 바꾸어 파일로 저장한다.
void DDB2DIB(HBITMAP hbit,LPCTSTR Path)
{
    BITMAPFILEHEADER fh;
    BITMAPINFOHEADER ih;
    BITMAP bit;
    BITMAPINFO *pih;
    int PalSize;
    HANDLE hFile;
    DWORD dwWritten,Size;
    HDC hdc;

    // 전체 화면에 대한 DC를 구한다.
    hdc=GetDC(NULL);
```

```
    // 비트맵 정보로부터 정보 구조체를 초기화한다.
    GetObject(hbit,sizeof(BITMAP),&bit);
    ih.biSize=sizeof(BITMAPINFOHEADER);
    ih.biWidth=bit.bmWidth;
    ih.biHeight=bit.bmHeight;
    ih.biPlanes=1;
    ih.biBitCount=bit.bmPlanes*bit.bmBitsPixel;
    ih.biCompression=BI_RGB;
    ih.biSizeImage=0;
    ih.biXPelsPerMeter=0;
    ih.biYPelsPerMeter=0;
    ih.biClrUsed=0;
    ih.biClrImportant=0;

    // 정보 구조체 + 팔레트 크기만큼 메모리를 할당하고 이 버퍼에
    // 정보 구조체를 복사한다.
    PalSize=(ih.biBitCount > 8 ? 0:1 << ih.biBitCount)*sizeof(RGBQUAD);
    pih=(BITMAPINFO *)malloc(ih.biSize+PalSize);
    pih->bmiHeader=ih;

    // 비트맵의 크기를 구한다.
    GetDIBits(hdc,hbit,0,bit.bmHeight,NULL,pih,DIB_RGB_COLORS);
    ih=pih->bmiHeader;

    // 비트맵 크기가 구해지지 않았을 경우 수작업으로 직접 계산한다.
    if (ih.biSizeImage == 0) {
        ih.biSizeImage=((((ih.biWidth*ih.biBitCount)+31) & ~31) >> 3) * ih.biHeight;
    }

    // 래스터 데이터를 읽기위해 메모를 재할당한다.
    Size=ih.biSize+PalSize+ih.biSizeImage;
    pih=(BITMAPINFO *)realloc(pih,Size);

    // 래스터 데이터를 읽어들인다.
    GetDIBits(hdc,hbit,0,bit.bmHeight,(PBYTE)pih+ih.biSize+PalSize,pih,DIB_RGB_COLORS);

    // 파일 헤더를 만든다.
    fh.bfOffBits=sizeof(BITMAPFILEHEADER)+sizeof(BITMAPINFOHEADER)+PalSize;
    fh.bfReserved1=0;
    fh.bfReserved2=0;
    fh.bfSize=Size+sizeof(BITMAPFILEHEADER);
    fh.bfType=0x4d42;

    // 파일을 생성하고 파일 헤더와 정보 구조체, 팔레트, 래스터 데이터를 출력한다.
    hFile=CreateFile(Path,GENERIC_WRITE,0,NULL,
        CREATE_ALWAYS,FILE_ATTRIBUTE_NORMAL,NULL);
    WriteFile(hFile,&fh,sizeof(fh),&dwWritten,NULL);
    WriteFile(hFile,pih,Size,&dwWritten,NULL);

    free(pih);
    ReleaseDC(NULL,hdc);
    CloseHandle(hFile);
}
```

```
LRESULT CALLBACK WndProc(HWND hWnd,UINT iMessage,WPARAM wParam,LPARAM lParam)
{
    ================ 중간 생략 ===========
    case WM_RBUTTONDOWN:
        DDB2DIB(hbit,"test.bmp");
        MessageBox(hWnd,"그림 파일을 test.bmp로 저장했습니다.","알림",MB_OK);
        return 0;
```

대부분의 소스는 Mouse3예제와 같으며 DDB를 DIB로 변환하는 DDB2DIB 함수가 추가되었고 WndProc에 마우스 오른쪽 버튼을 누르면 이 함수를 호출하여 그림을 파일로 저장했다. DDB2DIB 함수는 변환 대상인 HBITMAP의 핸들과 저장할 파일 이름을 입력받아 DDB를 DIB로 바꾼 후 파일로 저장한다. 단 팔레트에 대한 처리는 하지 않았으므로 256색 모드에서 이 함수를 사용하려면 비트맵의 팔레트를 읽어와 DC에 선택하는 추가 코드가 필요하다.

DDB2DIB 함수에서 첫 번째로 하는 일은 BITMAPINFOHEADER 정보 구조체를 작성하는 것이다. 비트맵의 넓이와 높이, 색상수를 조사해 대입하고 나머지 멤버는 모두 0으로 채운다. 기본 정보를 조사한 후 정보 구조체와 팔레트 크기(BITMAPINFO 크기)만큼 메모리를 할당하고 정보 구조체를 복사한다. 예제에서는 pih 포인터 변수에 메모리를 할당하였다. 그리고 다음 함수를 호출한다.

int GetDIBits(HDC hdc, HBITMAP hbmp, UINT uStartScan, UINT cScanLines, LPVOID lpvBits, LPBITMAPINFO lpbi, UINT uUsage);

이 함수는 hbmp 비트맵의 래스터 데이터를 지정한 포맷대로 조사하여 lpvBits에 복사한다. lpbi인수에는 비트맵의 포맷을 지정하는 BITMAPINFO구조체를 전달하는데 이 구조체는 앞에서 이미 작성해 두었다. uStartScan, cScanLines에는 읽을 대상 스캔 라인의 시작점과 개수를 지정할 수 있는데 0, 비트맵 높이를 주면 모든 래스터 데이터를 읽는다. lpvBits에는 래스터 데이터를 저장할 충분한 메모리를 할당한 후 그 포인터를 전달하되 만약 이 인수가 NULL이면 GetDIBits는 래스터 데이터를 복사하는 대신 이미지의 크기를 계산한다. 계산된 크기는 lpbi 구조체의 biSizeImage로 리턴된다.

그래서 래스터 데이터를 구하기 전에 일단 lpvBits를 NULL로 전달하여 이미지의 크기를 먼저 조사한다. 이 크기는 장치에 따라 조사되지 않을 수도 있는데 이 경우는 수작업으로 직접 이미지 크기를 계산해야 한다. 래스터 데이터는 DWORD단위로 정렬됨을 고려하여 비트맵 높이, 넓이, 색상을 참고하면 비트맵 크기를 직접 구할 수도 있는데 예제의 계산식을 참고하기 바란다.

이미지 크기를 구했으면 정보 구조체의 포인터인 pih를 재할당하여 래스터 데이터를 저장할 수 있는 공간을 확보한다. realloc 등의 함수로 메모리를 늘리면 된다. 그리고 다시 GetDIBits를 호출하되 이번에는 lpvBits에 래스터 데이터 저장 번지를 전달해 실제 이미지 데이터를 읽어들인다. 이렇게 조립된 pih 메모리 블록이 곧 디스크의 파일로 저장될 DIB가 된다. 비트맵 파일 헤더인 BITMAPFILEHEADER 구조체를 조립하고 이 구조체를 먼저 파일로 출력한 후 pih 블록을 출력하면 비트맵 파일이 완성된다.

예제를 실행해 보고 마우스로 그림을 그린 후 오른쪽 마우스 버튼을 눌러 파일을 저장해 보자. 마우스로 그린 그림이 test.bmp로 저장되어 있을 것이다. 물론 저장한 비트맵을 읽어와서 계속 편집하는 기능도 얼마든지 넣을 수 있다. 이 예제에서 보인 DDB2DIB는 팔레트 크기에 대한 계산은 하지만 팔레트 정보를 DIB에 저장하지는 않는다. 팔레트가 있을 경우 hdc에 SelectPalette, RealizePalette만 호출하면 나머지 작업은 GetDIBits 함수가 알아서 처리한다. 또, DDB2DIB 함수는 16비트, 32비트 포맷의 DIB로 저장하는 기능은 가지고 있지 않으며 비트맵을 압축하는 기능도 지원하지 않는다.

29-4 비트맵의 활용

29-4-가. 가상 화면

비트맵으로 할 수 있는 일에는 여러 가지가 있다. 그 중에서 가장 간단하고 빈도가 잦은 일은 비트맵 리소스를 화면으로 출력하여 장식에 사용하는 것이겠지만 이는 너무나도 간단한 일이기 때문에 비트맵 활용이라고 할 만한 것이 못된다. 단순한 출력 외에 비트맵을 제대로 활용하는 가장 좋은 예는 비트맵을 사용한 가상 화면(Virtual Screen)이다.

가상 화면이란 실제 모니터상에 보이는 화면이 아니라 메모리에 구현된 가짜 화면을 말한다. 화면 DC와 호환되는 메모리 DC를 만들고 메모리 DC에 비트맵을 선택하면 이 메모리 DC가 바로 가상 화면이 되는 것이다. 가상 화면도 진짜 화면과 마찬가지로 모든 그래픽 출력을 할 수 있는데 이 때 출력은 화면으로 보내지는 것이 아니라 메모리 DC에 선택된 비트맵으로 보내진다. 마치 비트맵이 모니터처럼 그리기 표면이 되기 때문에 이런 용도로 사용되는 비트맵을 Off Screen Bitmap이라고 한다.

가상 화면을 사용하는 가장 큰 이유는 그림을 그리는 중간 과정을 사용자에게 보여주지 않기 위해서이다. 중간 과정을 보이면 깔끔하지도 못할 뿐만 아니라 화면이 계속 깜박거리기 때문에 무척 답답해 보이기도 한다. 그래서 가상 화면에 미리 그림을 준비해 두었다가 한꺼번에 고속 출력하는 방법이 많이 사용된다. 이렇게 만들어진 예제를 보자. 주석을 많이 달아놓았으므로 쉽게 분석될 것이다.

예 제 : MemBit

```
// 전역 변수
HBITMAP MemBit;          // 가상 메모리 비트맵

// 가상 메모리 비트맵에 그림을 미리 그려 둔다.
void Ready(HWND hWnd)
{
    int i;
    HBITMAP hOldBmp;
    HDC hdc, MemDC;
    hdc=GetDC(hWnd);
    HBRUSH MyBrush, OldBrush;
    int x,y;

    // 이미 비트맵이 만들어져 있으면 지운다.
    if (MemBit)
        DeleteObject(MemBit);
    // 메모리 비트맵을 만들고 메모리 DC에 선택한다.
    MemBit=CreateCompatibleBitmap(hdc, 800,600);
    MemDC=CreateCompatibleDC(hdc);
    hOldBmp=(HBITMAP)SelectObject(MemDC, MemBit);

    // 메모리 비트맵을 흰색으로 채운 후 무작위로 타원 5000개를 그린다.
    PatBlt(MemDC,0,0,800,600,WHITENESS);
    for (i=0;i<5000;i++) {
        MyBrush=CreateSolidBrush(RGB(rand()%256, rand()%256, rand()%256));
        OldBrush=(HBRUSH)SelectObject(MemDC,MyBrush);
```

```
        x=rand()%720;
        y=rand()%520;
        Ellipse(MemDC,x,y,x+rand()%50+30,y+rand()%50+30);
        SelectObject(MemDC,OldBrush);
        DeleteObject(MyBrush);
    }

    // 마무리를 한다.
    SelectObject(MemDC, hOldBmp);
    DeleteDC(MemDC);
    ReleaseDC(hWnd, hdc);
}

LRESULT CALLBACK WndProc(HWND hWnd,UINT iMessage,WPARAM wParam,LPARAM lParam)
{
    HDC hdc;
    PAINTSTRUCT ps;
    switch (iMessage) {
    case WM_PAINT:
        hdc=BeginPaint(hWnd, &ps);
        DrawBitmap(hdc,0,0,MemBit);
        EndPaint(hWnd, &ps);
        return 0;
    case WM_LBUTTONDOWN:
        Ready(hWnd);
        InvalidateRect(hWnd, NULL, FALSE);
        return 0;
    case WM_DESTROY:
        if (MemBit)
            DeleteObject(MemBit);
        PostQuitMessage(0);
        return 0;
    }
    return(DefWindowProc(hWnd,iMessage,wParam,lParam));
}
```

마우스 왼쪽 버튼을 누르면 다음과 같은 그림이 출력될 것이다. 출력되는데 시간이 좀 걸리기는 하지만 최소한 화면이 깜박거리지는 않으며 또한 실시간으로 다시 그리기를 할 수 있다.

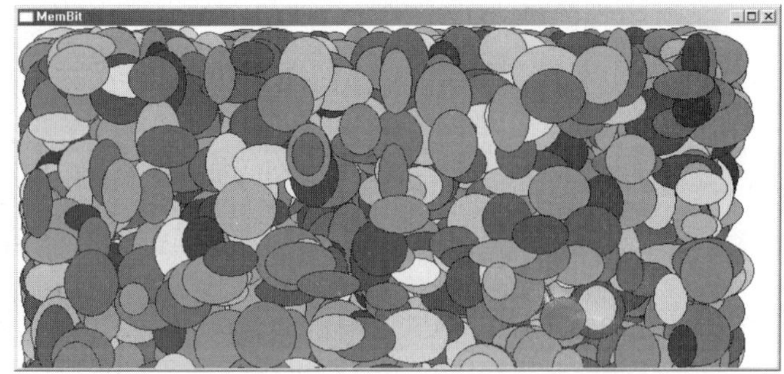

마우스 왼쪽 버튼을 누르면 Ready 함수가 호출되어 화면을 다시 준비하며 WM_PAINT에서는 MemBit비트맵을 화면으로 복사하기만 한다. 그림을 실제로 그리는 작업은 Ready 함수에서 하는데 그려지는 목적지는 화면이 아니라 가상 화면인 MemBit이다. 우선 CreateCompatibleBitmap 함수로 현재 화면 DC와 호환되는 비트맵을 하나 만든다. 이 함수가 만드는 비트맵은 CreateBitmap과 마찬가지로 DDB 포맷이되 단 비트맵의 실제 그림인 비트맵 데이터는 초기화되지 않는다. 비트맵을 만든 후에는 화면 DC와 호환되는 메모리 DC인 MemDC를 만들고 이 DC로 비트맵을 선택하였다.

이렇게 되면 MemDC로 보내지는 모든 출력은 MemBit의 표면에 그려진다. 비트맵의 래스터 데이터가 초기화되지 않았으므로 먼저 PatBlt 함수로 비트맵 표면을 흰색으로 채워 지운다. 그리고 흰 바탕에 5000개의 타원을 무작위 좌표에 무작위 색상으로 그렸다. MemBit의 표면에는 원하는 그림이 그려져 있을 것이고 WM_PAINT에서는 이 비트맵만 화면으로 전송하면 그만이다. 비트맵을 화면으로 전송하는 데는 웬만큼 느린 컴퓨터라도 1/100초도 걸리지 않을 뿐만 아니라 다시 그리기를 해도 항상 같은 그림을 보여줄 수 있다.

복잡한 그림을 그리는데 가상 화면을 쓰지 않고 직접 화면으로 출력하면 어떻게 되는지 테스트 코드를 작성해 보자. 다음 코드는 타원 5000개를 화면에 직접 그리며 마우스 왼쪽 버튼을 누를 때마다 다시 그리기를 한다.

```
LRESULT CALLBACK WndProc(HWND hWnd,UINT iMessage,WPARAM wParam,LPARAM lParam)
{
    HDC hdc;
    PAINTSTRUCT ps;
    int i;
    HBRUSH MyBrush, OldBrush;
    int x,y;
    switch (iMessage) {
    case WM_PAINT:
        hdc=BeginPaint(hWnd, &ps);
        for (i=0;i<5000;i++) {
            MyBrush=CreateSolidBrush(RGB(rand()%256, rand()%256, rand()%256));
            OldBrush=(HBRUSH)SelectObject(hdc,MyBrush);
            x=rand()%720;
            y=rand()%520;
            Ellipse(hdc,x,y,x+rand()%50+30,y+rand()%50+30);
            SelectObject(hdc,OldBrush);
            DeleteObject(MyBrush);
        }
        EndPaint(hWnd, &ps);
        return 0;
    case WM_LBUTTONDOWN:
        InvalidateRect(hWnd, NULL, FALSE);
        return 0;
    case WM_DESTROY:
        PostQuitMessage(0);
        return 0;
    }
    return(DefWindowProc(hWnd,iMessage,wParam,lParam));
}
```

이 정도 코드면 컴퓨터가 아무리 빨라도 그리는 과정이 보이므로 눈에 아주 거슬린다. 또한 다시 그려져야 할 때마다 이 루프를 돌아야 하므로 다시 그리기도 형편없이 느린 데다 이 경우 다시 그려질 때마다 난수가 달라져 일부만 다시 그려지면 그림이 아주 엉망이 되어버릴 것이다. 메모장으로 이 윈도우를 언커버해 보면 어떤 문제가 있는지 생생하게 확인할 수 있다.

이 예제에서는 타원을 그리는 것으로 했지만 실전에서는 시간이 걸릴 만한 다른 작업을 하면 될 것이다. 예를 들어 CAD나 3D 벡터 프로그램의 경우 그리는 시간이 오래 걸리는 것은 어쩔 수 없지만 다시 그리는 시간까지 오래 걸려서는 안된다. 그래서 메모리 비트맵에 미리 그림을 그려 두고 화면에 그릴 때는 이 비트맵만 가져온다. 이런 가상 화면 테크닉은 화면 처리가 복잡한 게임에 많이 활용된다. 캐릭터의 움직임을 가상 화면에 미리 그린 후 화면으로 보내므로 깜박임이 전혀 보이지 않고 화면도 훨씬 더 부드럽게 움직이기 때문이다.

게임 외에도 가상 화면을 활용할 수 있는 예는 아주 많으므로 원리와 구현방법에 대해 잘 알아두자. 그림 보기 프로그램들은 다음 그림을 가상 화면에 미리 준비해 놓음으로써 페이지 전환 속도를 획기적으로 개선한다. 14장의 Mouse3 예제도 가상 화면을 활용하여 그려진 그림을 비트맵에 저장한 예이다. 가상 화면에 그림을 미리 준비하여 화면 DC로 전송하는 과정을 주기적으로 반복하는 기법을 더블 버퍼링이라고 하는데 비교적 큰 주제이므로 별도로 연구해 볼 것이다.

29-4-나. 돋보기

다음에 만들 돋보기 예제는 화면의 일부분을 확대해서 보여준다. 고해상도의 모니터에서 작은 그림을 상세하게 보고자 할 때 아주 실용적으로 사용할 만한 예제이다. 우선 실행 결과부터 보고 난 후 소스를 분석해 보자. 다음은 탐색기의 툴바 부분을 확대해 본 것이다.

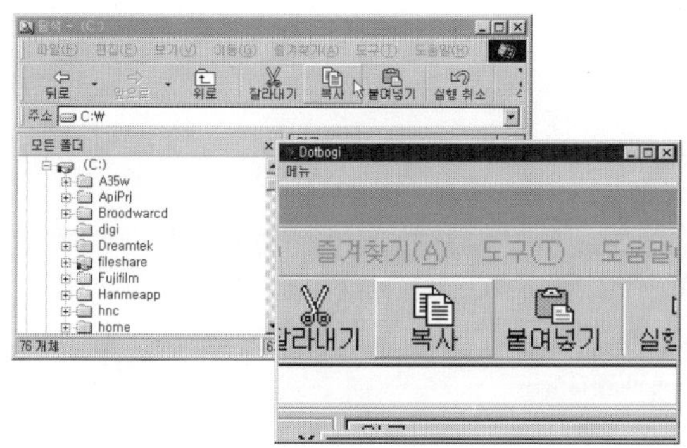

마우스 커서를 움직이면 커서 위치의 그림을 지정한 배율만큼 확대해서 돋보기의 작업영역에 보여준다. 보고자 하는 부분에 마우스 커서만 갖다대면 바로 확대해 보여주므로 사용하기도 아주 쉬운 편이다. 메뉴에서 확대 배율을 최대 10배까지 지정할 수 있는 것 외에는 별다른 부가 기능은 가지고 있지 않다. 전체 소스는 다음과 같다. 좀 길어 보이지만 핵심 부분은 WM_TIMER 메시지뿐이다. 나머지 부분은 소스의 주석을 직접 참고하여 분석해 보기 바란다.

예 제 : Dotbogi

```
LRESULT CALLBACK WndProc(HWND hWnd,UINT iMessage,WPARAM wParam,LPARAM lParam)
{
    HDC hdc;                    // 화면 DC
    POINT pt;                   // 마우스 위치
    static POINT oldpt;         // 이전 마우스 위치
    static int ratio=4;         // 확대 배율
    RECT drt;                   // 작업영역의 크기
    POINT spt;                  // 캡처할 부분의 좌상단 좌표
    int ScrX, ScrY;             // 화면의 크기
    int sWidth, sHeight;        // 캡처할 부분의 폭과 높이
```

```
int i;
HMENU hPopup;

switch (iMessage) {
// 타이머를 설치한다.
case WM_CREATE:
    hWndMain=hWnd;
    SetTimer(hWnd,0,200,NULL);
    return 0;
case WM_TIMER:
    // 화면 크기를 구한다. 해상도가 바뀔 수 있으므로 매번 조사한다.
    ScrX=GetSystemMetrics(SM_CXSCREEN);
    ScrY=GetSystemMetrics(SM_CYSCREEN);
    GetClientRect(hWnd,&drt);

    // 커서가 있는 위치를 구한후 클라이언트 좌표로 변환한다.
    // 마우스 커서가 움직이지 않았으면 다시 그리지 않는다.
    GetCursorPos(&pt);
    if (oldpt.x == pt.x && oldpt.y == pt.y)
        return 0;
    oldpt.x=pt.x;
    oldpt.y=pt.y;
    ScreenToClient(hWnd,&pt);

    hdc=GetDC(hWnd);

    // 캡처할 소스 영역의 폭과 높이를 구한다.
    sWidth=drt.right/ratio;
    sHeight=drt.bottom/ratio;

    // 캡처할 소스 영역의 좌상단 좌표를 구한다. 마우스 위치가 중앙이
    // 되도록 하기 위해 폭,높이 절반만큼 좌상으로 이동시킨다.
    spt.x=pt.x-sWidth/2;
    spt.y=pt.y-sHeight/2;

    // 화면 영역을 벗어나지 않도록 한다.
    ClientToScreen(hWnd,&spt);
    if (spt.x < 0) spt.x=0;
    if (spt.y < 0) spt.y=0;
    if (spt.x + sWidth > ScrX) spt.x=ScrX-sWidth;
    if (spt.y + sHeight > ScrY) spt.y=ScrY-sHeight;
    ScreenToClient(hWnd,&spt);

    // 커서 위치의 화면을 작업영역으로 확대 복사한다.
    StretchBlt(hdc,0,0,drt.right,drt.bottom,
        hdc,spt.x,spt.y,sWidth,sHeight,SRCCOPY);
    ReleaseDC(hWnd, hdc);
    return 0;
// 메뉴 항목이 선택되면 확대 비율을 조정한다.
case WM_COMMAND:
    switch (LOWORD(wParam)) {
    case ID_MENU_1X:
        ratio=1;
        break;
```

```
        case ID_MENU_2X:
            ratio=2;
            break;
        case ID_MENU_3X:
            ratio=3;
            break;
        case ID_MENU_4X:
            ratio=4;
            break;
        case ID_MENU_5X:
            ratio=5;
            break;
        case ID_MENU_10X:
            ratio=10;
            break;
        case ID_MENU_HELP:
            MessageBox(hWnd,
                "커서가 있는 화면의 일부분을 확대해서 보여줍니다.\n"
                "메뉴를 사용해서 확대 배율을 조정할 수 있습니다.\n"
                "김 상형 만듬", "프로그램 소개", MB_OK);
            break;
        case ID_MENU_EXIT:
            DestroyWindow(hWnd);
            break;
        }
        return 0;
    case WM_INITMENU:
        hPopup=GetSubMenu((HMENU)wParam,0);
        for (i=0;i<6;i++) {
            CheckMenuItem(hPopup,i,MF_BYPOSITION | MF_UNCHECKED);
        }
        CheckMenuItem(hPopup,ratio==10 ? 5:ratio-1,MF_BYPOSITION | MF_CHECKED);
        return 0;
    case WM_DESTROY:
        KillTimer(hWnd,0);
        PostQuitMessage(0);
        return 0;
    }
    return(DefWindowProc(hWnd,iMessage,wParam,lParam));
}
```

마우스 이동 메시지인 WM_MOUSEMOVE 메시지가 전달될 때마다 확대를 하면 될 것 같지만 이 메시지는 마우스가 작업영역에 있을 때만 전달되기 때문에 이 프로그램에는 적합하지 않다. 돋보기는 자신의 작업영역이 아닌 다른 윈도우의 작업영역을 확대해야 하기 때문이다. 윈도우 외부에서의 마우스 이동 시점을 정확하게 전달 받을 수 있는 방법이 없기 때문에 타이머를 사용한다. 매 초마다 마우스의 위치를 조사해 보고 커서 위치의 그림을 가져와 확대하였다. 이를 위해 WM_CREATE에서는 0.2초 간격으로 타이머를 설치한다.

그림을 확대하는 실질적인 작업은 WM_TIMER에서 하고 있다. 그림을 확대하는 방법은 생각보다 간단한데 StretchBlt 함수를 호출하면 된다. 이 함수는 현재 DC의 영역뿐만 아니라 음수 좌표를 주어 다른 윈도우의 작업영역 그림까지도 읽어올 수 있다는 점에 착안하였다. 예를 들어 다음과 같이 돋보기 윈도우의 왼쪽 위에 커서가 있을 경우 돋보기 윈도우의 작업영역을 기준으로 하여 이 좌표를 구한 후(이 경우 음수 좌표가 된다) 다음과 같이 작업영역으로 복사하기만 하면 자연스럽게 확대된다.

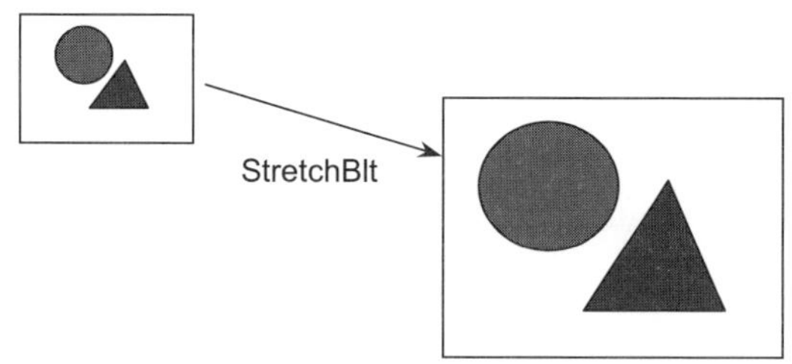

WM_TIMER의 나머지 부분은 StretchBlt의 소스 영역, 즉 확대 영역의 좌표를 구하는 코드들로 구성되어 있다. 다음 세 가지 사항에 유의하면서 이 코드를 살펴보자.

① 마우스 커서 위치가 확대 소스 영역의 중앙이 되게 한다. 먼저 소스 영역의 폭과 높이를 돋보기 윈도우의 작업영역/ratio로 구해놓고 소스 영역을 마우스 좌표 ± 소스 영역의 폭, 높이의 절반 영역으로 설정하였다.

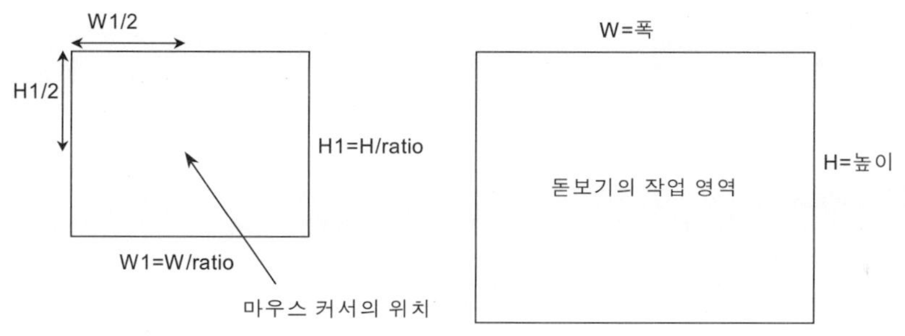

② 소스 영역이 화면 바깥을 벗어나지 않도록 좌표를 조정한다. 이 처리는 소스 영역을 구한 후 좌표를 비교해 보고 조정하면 된다. 소스 영역의 좌상단을 화면 좌표로 바꾼 후 이 좌표가 음수이면 강제로 0으로 만든다. 또한 소스 영역의 우하단을 화면 좌표로 바꾼 후 이 좌표가 화면 우하단보다 크면 강제로 화면 우하단과 같도록 했다.

③ 최대한 CPU 시간을 절약하기 위해 마우스 좌표를 점검한다. 이전에 확대했던 마우스 좌표를 oldpt에 저장해 두고 새로 구한 마우스 좌표가 이 좌표와 같으면 더 이상 그리기를 할 필요가 없으므로 그냥 리턴하였다. 만약 동영상이나 움직이는 그림을 계속 확대해 보고자 한다면 이 처리를 빼버리고 타이머 간격을 조밀하게 설정하면 된다.

WM_TIMER이외의 부분은 메뉴를 사용하여 확대 비율인 ratio를 조정하는 부분이다. 코드의 양이 많아 보이지만 기본적인 메뉴 처리 코드이므로 그냥 읽어보기만 하면 쉽게 이해가 갈 것이다. 이 예제는 실용적 용도가 있어 완성도를 높이기 위해 아이콘까지 만들어 두었으므로 하드 디스크 한 구석에 모셔두고 종종 사용해 보기 바란다.

29-4-다. 화면 캡처

캡처란 화면의 일부분을 잡아서 비트맵으로 만드는 것이다. 윈도우즈도 운영체제 차원에서 PrtSc 키를 지원하며 많은 캡처 툴들이 발표되어 있다. 캡처의 원리는 무척 단순한다. 캡처하고자 하는 윈도우의 화면 DC를 구하고 캡처할 좌표를 조사한 후 비트맵으로 복사하기만 하면 된다. 물론 제대로 된 캡처 프로그램이라면 캡처된 비트맵의 크기를 바꾸거나 일부를 잘라내는 기능과 파일로 저장하고 클립보드를 통해 다른 프로그램으로 전송하는 부가적인 기능까지 가지고 있어야 한다.

캡처 자체는 별로 어려운 기법이 아니지만 문제는 캡처 명령을 캡처 프로그램으로 어떻게 전달하는가 하는 점이다. 캡처 프로그램이 자기 자신을 캡처하지 않는 한은 포커스를 가지지 않은 상태에서 캡처 명령을 받아들일 수 있어야 하기 때문이다. 캡처 명령을 보내는 방법에는 여러 가지가 있는데 일정 시간이 경과한 후에 캡처하는 타이머 방법과 특정한 키 입력이 있을 때 캡처하는 핫키 방법이 제일 쉽다. 좀 어려운 방법으로는 마우스 액션을 가로채서 캡처할 부분을 직접 선택하게 하는 방법도 있다. 다음 예제는 타이머와 핫키를 사용하여 포커스를 가진 윈도우를 통째로 캡처하여 작업영역에 그린다. 최대한 짧게 핵심만 포함하도록 작성했다.

예 제 : Capture

```
HBITMAP hBit=NULL;      // 캡처된 비트맵
LRESULT CALLBACK WndProc(HWND hWnd,UINT iMessage,WPARAM wParam,LPARAM lParam)
{
    HDC hdc;
    PAINTSTRUCT ps;
    RECT rt;
    HBITMAP hOldBitmap;
    HDC hMemDC,hScrDC;
    TCHAR *Mes="핫키 F5를 사용하거나 타이머로 원하는 화면을 캡처하십시오";
    OPENFILENAME OFN;
    TCHAR lpstrFile[MAX_PATH]="";

    switch (iMessage) {
    case WM_COMMAND:
        switch (LOWORD(wParam)) {
        // 핫키로 캡처하기:핫키를 등록한다.
        case IDM_FILE_HOTKEY:
            RegisterHotKey(hWnd,0x0000,0,VK_F5);
            ShowWindow(hWnd,SW_MINIMIZE);
            break;
        // 타이머로 캡처하기:타이머를 설치한다.
        case IDM_FILE_TIMER:
            SetTimer(hWnd,0,5000,NULL);
            ShowWindow(hWnd,SW_MINIMIZE);
            break;
        // 캡처된 그림을 파일로 저장하기
        case IDM_FILE_SAVE:
            if (hBit==NULL)
                break;
            memset(&OFN, 0, sizeof(OPENFILENAME));
            OFN.lStructSize = sizeof(OPENFILENAME);
            OFN.hwndOwner=hWnd;
            OFN.lpstrFilter="Bmp File(*.Bmp)\0";
            OFN.lpstrFile=lpstrFile;
            OFN.nMaxFile=MAX_PATH;
            OFN.lpstrDefExt="bmp";
            OFN.lpstrTitle="저장할 파일 이름을 입력하시오";
            if (GetSaveFileName(&OFN)!=0) {
                DDB2DIB(hBit,lpstrFile);
```

```
        }
        break;
    }
    return 0;
// 핫키를 누르거나 지정한 시간이 경과했을 때 화면을 캡처한다.
case WM_HOTKEY:
case WM_TIMER:
    // 포커스를 가진 윈도우의 좌표를 조사한다.
    GetWindowRect(GetForegroundWindow(),&rt);

    // 캡처 대상이 화면 영역밖이 되지 않도록 한다.
    rt.left=max(0,rt.left);
    rt.top=max(0,rt.top);
    rt.right=min(rt.right,GetSystemMetrics(SM_CXSCREEN));
    rt.bottom=min(rt.bottom,GetSystemMetrics(SM_CYSCREEN));

    // 전체 화면 DC와 메모리 DC를 만들고 메모리 비트맵을 선택한다.
    hScrDC=CreateDC("DISPLAY",NULL,NULL,NULL);
    hMemDC=CreateCompatibleDC(hScrDC);
    hBit=CreateCompatibleBitmap(hScrDC,
        rt.right-rt.left,rt.bottom-rt.top);
    hOldBitmap=(HBITMAP)SelectObject(hMemDC,hBit);

    // 화면을 메모리 비트맵으로 복사한다.
    BitBlt(hMemDC,0,0,rt.right-rt.left,rt.bottom-rt.top,
        hScrDC,rt.left,rt.top,SRCCOPY);
    SelectObject(hMemDC,hOldBitmap);
    DeleteDC(hMemDC);
    DeleteDC(hScrDC);

    // 핫키를 해제하고 타이머를 없앤다.
    if (iMessage == WM_HOTKEY) {
        UnregisterHotKey(hWnd,0);
    } else {
        KillTimer(hWnd,0);
    }

    ShowWindow(hWnd,SW_RESTORE);
    return 0;
// 캡처된 비트맵을 작업영역에 출력한다.
case WM_PAINT:
    hdc=BeginPaint(hWnd,&ps);
    if (hBit != NULL) {
        DrawBitmap(hdc,0,0,hBit);
    } else {
        TextOut(hdc,50,50,Mes,lstrlen(Mes));
    }
    EndPaint(hWnd,&ps);
    return 0;

// 비트맵을 파괴하고 핫키를 등록해제한다.
case WM_DESTROY:
    if (hBit != NULL)
        DeleteObject(hBit);
```

```
            UnregisterHotKey(hWnd,0);
            PostQuitMessage(0);
            return 0;
        }
        return(DefWindowProc(hWnd,iMessage,wParam,lParam));
}
```

메뉴에는 Capture by Hotkey, Capture by Timer 항목을 만들어 두었으며 각각 F5 핫키와 5초 간격의 타이머로 캡처 명령을 내린다. Save명령은 캡처한 그림을 디스크상의 BMP 파일로 저장한다. 다음은 이 프로그램을 사용하여 탐색기를 캡처해 본 것이다. 탐색기 윈도우가 그대로 비트맵이 되어 작업영역에 나타난다.

WM_COMMAND에서 캡처 명령을 처리하는데 우선 핫키를 사용하는 경우를 보자. 예제에서는 F5 키를 ID 0번의 핫키로 지정하였다. 캡처 프로그램은 특성상 다른 윈도우가 포커스를 가진 상태에서 동작해야 하므로 핫키를 사용하는 것이 적절하다. 핫키가 눌러지면 WM_HOTKEY 메시지가 전달된다 WM_COMMAND에서 핫키를 등록한 후 캡처 프로그램은 최소화하여 숨긴다. 캡처 프로그램 자신이 캡처를 하는데 방해가 되어서는 안 되기 때문이다. 실제로 캡처를 하는 코드는 사용자가 F5키를 눌렀을 때인 WM_HOTKEY 메시지에 있다.

캡처를 하는 코드는 조금 복잡해 보이기는 하지만 쉽게 분석된다. 포그라운드 윈도우의 DC와 좌표를 구한 후 메모리 비트맵으로 복사하기만 하면 된다. 타이머를 사용하는 방법도 핫키와 유사하다. 핫키를 등록하는 코드 대신 SetTimer 함수로 5초 간격의 타이머를 설치하였다. 캡처 코드는 WM_TIMER에 있는데 이 코드는 WM_HOTKEY와 공유된다. 캡처가 끝난 후에는 핫키와 타이머를 해제하고 캡처 프로그램을 복구하여 캡처한 그림을 작업영역에 출력했다. 캡처된 결과가 메모리 비트맵에 있으므로 WM_PAINT에서는 캡처된 비트맵을 단순히 화면에 출력하기만 하면 된다. 캡처된 비트맵은 고정된 모양이므로 이 경우 윈도우 클래스의 CS_H(V)REDRAW 스타일은 삭제하는 것이 좋다.

캡처된 비트맵은 파일로 저장할 수 있는데 앞서 Mouse5 예제에서 작성했던 DDB2DIB 함수를 호출하여 파일로 저장한다. 공통 대화상자로 저장할 파일 이름을 입력받고 이 함수만 호출하면 파일로 저장된다. 원한다면 캡처된 비트맵을 프린터로 출력하거나 캡처된 일부를 선택하여 클립보드로 밀어 넣을 수도 있다.

되도록 간단하게 만들려고 하다 보니 팔레트에 대한 고려를 하지 않아 256모드에서 팔레트를 사용하는 윈도우는 제대로 캡처되지 않을 수도 있다. 참고로 캡처 프로그램중에 커서를 같이 캡처하는 프로그램이 있는데 어떤 방법을 쓰더라도 커서를 캡처할 수는 없다. BitBlt 함수가 호출될 때 운영체제가 커서를 숨겨 버리기 때문이다. 꼭 커서를 캡처하려면 일단 화면을 캡처한 후 커서 위치를 조사하여 그 위치에 커서를 그려 캡처된 것처럼 보이게 만들어야 한다. 반면 캐럿은 쉽게 캡처할 수 있다.

29-4-라. 그래픽 라이브러리

앞에서 우리는 임의의 비트맵 파일을 읽어와 화면에 출력하는 ReadDIB라는 예제를 만들어 보았다. 또한 비트맵을 파일로 저장하는 예제도 만들어 보았다. 단순히 파일을 읽어 출력만 하는 예제인데도 그다지 간단하지 않은데 비트맵 파일의 포맷을 이해하기에는 그럭저럭 부족함이 없을 것이다. 하지만 이 예제들은 아직 팔레트 제어에서 완벽하지 못하며 신뢰성이나 호환성 면에서는 성능을 보장할 수 없다. 비트맵도 색상수에 따라 여러 가지 종류가 있고 현재 화면 모드에 따라 팔레트를 제어하는 방법이 달라야 하며 압축된 비트맵의 경우는 단순한 파일 입출력 수준 이상을 요구하기 때문이다.

비트맵 하나만도 이렇게 제어하기 어려운데 세상에는 비트맵외에도 다른 포맷들이 얼마든지 많이 있다. 인터넷의 표준 포맷인 GIF도 있고 압축률이 탁월한 JPG도 많이 사용되며 그외 TIF, PCX, PNG 등등 이루 헤아릴 수 없다. 그래픽 프로그램을 만들려면 이 포맷들에 대해서도 상세하게 알아야 하는데 비트맵 따위는 감히 명함도 못 내밀 정도로 어렵고 복잡하다. GIF 파일은 ZIP 압축 파일에서 사용하는 LZW라는 비손실 압축 방식을 사용하는데 어셈블리 코드로 되어 있다. JPG는 손실 압축 방법을 사용하는데 복잡한 수학 공식까지 알아야 하며 포맷을 분석해 놓은 어지간한 두께의 책도 있을 정도다. 포맷을 이해하고 파일을 읽는 것도 어렵지만 직접 그래픽 파일을 압축해서 이런 파일을 만드는 것은 말 안 해도 얼마나 어려울지 감이 잡힐 것이다.

그래픽 프로그램이 갖추어야 할 기능에는 여러 가지가 있다. 확대, 축소, 회전, 반전, 뒤집기 등의 기본 기능은 물론이고 밝기조정, 필터적용, 포맷 변환 등 아주 많은 기능을 요한다. 이런 기능을 실무에 종사하는 우리같은 사람들이 일일이 프로그래밍한다는 것은 현실적으로 불가능하다. 그래픽 전문 프로그램을 만들어야 하는 경우가 아닌 한 대부분의 사람들은 그래픽 파일을 단순히 사용하는 정도면 충분하다.

이런 용도라면 확실하게 좋은 방법이 있는데 바로 그래픽 라이브러리를 활용하는 것이다. 이미 짜여진 신뢰성있는 코드를 가져와 사용하기만 하면 된다. 인터넷이나 대중 통신망을 뒤져보면 공개된 그래픽 라이브러리들이 많이 있고 어떤 것은 소스도 공개되어 있어 원하면 수정해서 쓸 수도 있다. 이런 라이브러리 중 용도에 적합한 것을 찾아 사용하면 된다. 그러나 무료 라이브러리는 아무래도 성능이 좋지 못하며 신뢰성이나 호환성도 부족하고 무엇보다 지속적인 업그레이드를 기대할 수 없어 실무 프로젝트에 쓸 때는 정밀한 테스트가 필요하다.

이런 문제가 걱정된다면 상업적으로 판매되는 그래픽 라이브러리를 구입해서 사용하는 방법도 있다. 상용 라이브러리는 돈을 받고 파는 것인만큼 성능이 우수하고 버그나 문제 발생시 신속한 기술지원도 받을 수 있다. 그래픽 라이브러리 중 Lead Technology라는 회사에서 만든 LeadTools가 가장 쓸만하며 대부분의 그래픽 프로그램은 이 라이브러리를 사용한다. 우리가 알 만한 웬만한 그래픽 파일은 문제없이 읽을 수 있으며 출력 효과, 변환, 필터 적용 등 필요하다고 생각되는 기능들 대부분을 제공한다.

비용을 치르기 힘든 개인 사용자는 GDI+같은 공개 라이브러리도 꽤 쓸만하다. 어떤 라이브러리를 구해 사용할 것인가는 독자들의 필요와 기호에 따라 달라질 것이다. 아무튼 나는 그래픽 프로그램을 제대로 만들고 싶다면 처음부터 MDH로 만들 생각하지 말고 라이브러리를 활용하는 좋은 방법이 있다는 것을 알려주고 싶은 것이다. 참고로 나는 Lead Technology사와는 아무런 이해 관계가 없다.

30-1 화면 깜박임

30-1-가. 깜박임의 원인

윈도우에 무엇인가를 반복적으로 출력하면 깜박임(Flickering)이 발생한다. 특히 반복적으로 그림이 교체되는 애니메이션이나 게임같은 경우 깜박임이 무척 심한데 이런 깜박임은 프로그램의 질을 현격하게 떨어뜨린다. 이런 프로그램을 오래 쓰다 보면 눈이 피로해질 뿐만 아니라 심지어 머리까지 아파올 지경이다. 그렇다면 왜 깜박임이 발생하는지 원인을 분석해 보고 그 해결책을 모색해 보자.

다음 Bounce 예제는 배경 화면에 바둑판 모양의 무늬를 그려 두고 이 무늬 위에서 공을 이동시킨다. 공은 윈도우의 벽에 부딪치면 입사각과 같은 각도로 반사되어 사각의 폐쇄된 공간에서 반복적인 반사 운동을 한다. 게임이든 애니메이션이든 화면에서 무엇인가 움직이는 프로그램이라고 가정하자. 문제를 정형화하기 위해 메인 윈도우의 크기는 640*350의 고정 크기를 갖도록 했는데 가변 크기라도 해결 방법은 비슷하게 적용할 수 있다.

예 제 : Bounce

```
#define R 20
int x,y;
int xi,yi;
void OnTimer()
{
    RECT crt;

    GetClientRect(hWndMain,&crt);
    if (x <= R || x >= crt.right-R) {
        xi*=-1;
    }
    if (y <= R || y >= crt.bottom-R) {
        yi*=-1;
    }
    x+=xi;
    y+=yi;
```

```
    InvalidateRect(hWndMain,NULL,TRUE);
}

LRESULT CALLBACK WndProc(HWND hWnd,UINT iMessage,WPARAM wParam,LPARAM lParam)
{
    HDC hdc;
    PAINTSTRUCT ps;
    HPEN hPen,OldPen;
    HBRUSH hBrush,OldBrush;
    RECT crt;
    int i;

    switch (iMessage) {
    case WM_CREATE:
        x=50;
        y=50;
        xi=4;
        yi=5;
        SetTimer(hWnd,1,25,NULL);
        return 0;
    case WM_TIMER:
        OnTimer();
        return 0;
    case WM_PAINT:
        hdc=BeginPaint(hWnd, &ps);
        GetClientRect(hWnd,&crt);
        for (i=0;i<crt.right;i+=10) {
            MoveToEx(hdc,i,0,NULL);
            LineTo(hdc,i,crt.bottom);
        }

        for (i=0;i<crt.bottom;i+=10) {
            MoveToEx(hdc,0,i,NULL);
            LineTo(hdc,crt.right,i);
        }

        hPen=CreatePen(PS_INSIDEFRAME,5,RGB(255,0,0));
        OldPen=(HPEN)SelectObject(hdc,hPen);
        hBrush=CreateSolidBrush(RGB(0,0,255));
        OldBrush=(HBRUSH)SelectObject(hdc,hBrush);
        Ellipse(hdc,x-R,y-R,x+R,y+R);
        DeleteObject(SelectObject(hdc,OldPen));
        DeleteObject(SelectObject(hdc,OldBrush));
        EndPaint(hWnd, &ps);
        return 0;
    case WM_DESTROY:
        PostQuitMessage(0);
        KillTimer(hWnd,1);
        return 0;
    }
    return(DefWindowProc(hWnd,iMessage,wParam,lParam));
}
```

코드 자체는 무척 간단하다. 네 개의 전역 변수와 한 개의 매크로 상수가 정의되어 있는데 x,y는 공의 현재 좌표이며 R은 공의 반지름, xi, yi는 각각 공의 수평, 수직 이동 증분이다. 공의 반지름은 20으로 정의되어 있으며 최초 공은 (50,50)에 위치하여 매 0.025초마다 x쪽으로 4픽셀씩 움직이며 y쪽으로 5픽셀씩 움직인다.

WM_CREATE에서 타이머를 설치하고 OnTimer에서 x,y좌표를 xi, yi만큼 증가시키되 벽에 부딪치면 xi, yi의 부호를 바꾼다. 즉 아래로 내려가다가 바닥에 닿으면 다시 위로 올라가며 오른쪽 벽에 부딪히면 왼쪽으로 이동한다. OnPaint에서는 바둑판의 격자 무늬를 출력하고 x,y좌표에 공을 출력하였다. 실행 모습은 다음과 같다.

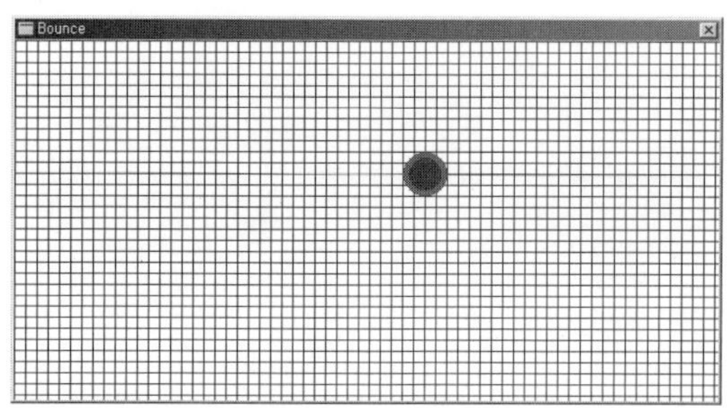

실제로 실행해 보면 공이 잘 움직이기는 하지만 화면 깜박임이 아주 심하게 느껴질 것이며 컴퓨터가 느리면 느릴수록 깜박임이 더욱 심해진다. 컴퓨터가 아주 빠르다면 깜박임의 정도가 덜하겠지만 그렇다고 해서 깜박임이 없어지는 것은 아니며 다만 깜박임의 주파수만 높아질 뿐이다. 그렇다면 왜 이런 깜박임이 생기는 것일까? 그 이유는 InvalidateRect 함수의 마지막 인수에 있는데 이 값이 TRUE이면 화면 전체를 지운 후 다시 그리기 때문이다.

화면을 지우면 WM_ERASEBKGND 메시지가 발생하며 이 메시지에서 윈도우 클래스에 등록된 배경 브러시로 작업영역 전체를 완전히 지운다. 그리고 WM_PAINT에서 깨끗하게 지워진 작업영역에 격자와 공을 다시 그리기 때문에 완전히 지워진 상황과 그림이 그려진 상황이 반복적으로 눈에 보이게 되므로 깜박임이 느껴지는 것이다.

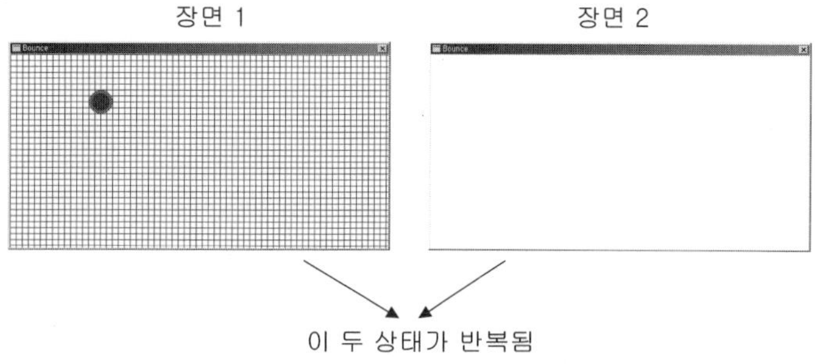

격자가 촘촘히 그려진 화면과 흰색으로 깨끗하게 지워진 화면이 계속 교체되므로 화면이 떨리는 것처럼 느껴진다. 이때 깜박임의 정도는 화면이 지워진 후 얼마나 빨리 다시 그리기를 하는가, 즉 빈 화면인 상태가 얼마나 오래 지속되는가에 따라 달라진다. 격자 무늬와 공을 최대한 빨리 그리면 깜박임의 정도가 덜해지기는 하지만 그래도 흰 화면이 아예 없어지지 않는 한 깜박임이 사라지지는 않는다.

깜박임의 원인이 화면을 지우는 것 때문이라면 화면을 지우지 않음으로써 깜박임을 없앨 수 있을 것이다. 과연 그런지 InvalidateRect 함수의 마지막 인수를 FALSE로 바꾼 후 테스트해 보자. 또는

WM_ERASEBKGND 메시지를 막아 버리든가 아니면 윈도우 클래스의 배경 브러시를 NULL로 지정해도 된다. 결과는 다음과 같다.

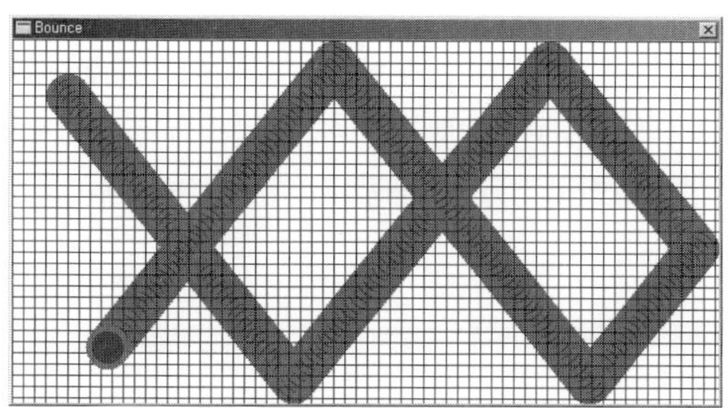

실행해 보면 과연 화면은 전혀 깜박이지 않는다. 원래 그려져 있던 그림을 지우지 않기 때문에 빈 화면이 눈에 보이지 않으므로 깜박임이 없는 것이다. 그렇지만 지금 이 결과가 원하는 바는 아니다. 공이 움직이기는 하지만 잔상이 지워지지 않기 때문에 원래 그려져 있던 공이 그 자리에 계속 남아 있으며 장면 전환이 제대로 되지 않았다. 결국 애니메이션을 제대로 처리하려면 원래 그려져 있던 그림을 지우고 새 그림을 다시 그려야 한다. 그래서 InvalidateRect 함수의 마지막 인수를 TRUE로 해 주거나 아니면 잔상을 지우는 코드를 따로 작성해야 한다. 애니메이션을 제대로 하면서 깜박임을 없애려면 여러 가지 방법을 동원할 수 있다.

우선 가장 쉬운 방법은 무효영역을 최소화하여 깜박임을 거의 느낄 수 없도록 만드는 것이다. 위 예제의 경우 움직이는 물체는 공 뿐이고 이 공은 최대 5픽셀 이상 움직이지 않으므로 현재 공의 위치 x,y에서 반지름 R과 최대 이동거리 5만큼의 영역만 무효화하면 공 주변만 다시 그려지고 나머지는 그대로 있게 되므로 그리는 속도가 빨라지고 깜박임을 거의 느낄 수 없을 것이다. OnTimer 함수의 끝 부분을 다음과 같이 수정해 보자.

```
void OnTimer()
{
    ....
    RECT rt;
    SetRect(&rt,x-R-5,y-R-5,x+R+5,y+R+5);
    InvalidateRect(hWndMain,&rt,TRUE);
}
```

이 방법은 속도가 아주 빠른 장점이 있으며 실제로 거의 깜박임을 느낄 수 없을 정도로 효율이 좋기는 하다. 하지만 애니메이션 영역이 좁아야 한다는 제약이 있어 일반적인 해법이라 할 수 없다. 게임의 경우 동시에 움직이는 물체가 거의 화면 전영역에 걸쳐 있어 이런 단순한 기법을 쓸 수 없다. 슈팅 게임은 여기저기서 총알과 캐릭터가 움직이며 스크롤을 하는 게임은 매 순간마다 화면 전체가 변한다. 스타크래프트라는 게임을 관찰해 봐라. 한쪽에서는 SCV들이 미네랄을 캐기 위해 떼지어 왔다 갔다 하고 중앙에는 마린과 히드라가 아웅다웅 전투를 하며 가만히 있는 것처럼 보이는 터렛같은 건물도 끊임없이 움직이고 있다. 이런 상황에서 무효영역을 좁게 설정하는 기법은 아무 효과가 없다.

두 번째 방법은 원래 그림을 지우지는 않되 새로 그려지는 그림으로 덮어 쓰는 것이다. 그러면 적어도 빈 화면이 보이지는 않기 때문에 깜박임은 눈에 보이지 않는다. 예를 들어 흰 바탕에 "ABC" 문자열이 출력되어 있는 상황에서 "de"로 교체한다고 해 보자. 이때 이전 문자를 지우지 않고 "de"만 출력하면 "deC"라고 출력될 것이다. 이때 "de" 뒤에 공백을 넣어 "de   "를 출력하면 이전 문자를 완전히 깔끔하게 덮어 버릴 수 있다. 이 방법은 배경과 그려지는 그림이 단순할 때만 적용할 수 있으며 위 예제는 격자가 있기 때문에 적용하기 어렵다.

이외에 깜박임을 최소화할 수 있는 여러 가지 방법들이 있는데 프로그램의 상황에 따라 적용할 수 있는 기법에 제약이 아주 많다. 움직이는 물체가 많거나 서로 겹치지 않아야 한다면 이런 간단한 방법들을 쓰기는 어렵다. 더구나 게임같은 복잡한 프로그램은 물체가 스스로 애니메이션까지 되어야 하므로 보통의 방법으로는 깜박임을 제거하기 어렵다. 깜박임을 없애기 어려운 근본적인 이유는 원래 그림을 지워야만 새로운 그림을 출력할 수 있기 때문이다.

30-1-나. 더블 버퍼링

화면 출력의 깜박임을 해결할 수 있는 근본적이고도 완전한 방법은 더블 버퍼링(Double Buffering) 뿐이다. 더블 버퍼링이란 용어 그대로 버퍼를 두 개(또는 그 이상) 사용하는 방식인데 화면에 보여줄 버퍼와 내부 작업에 사용할 버퍼를 따로 유지한다. 내부 버퍼에 미리 그림을 그린 후 화면 버퍼로 고속 전송하며 그리는 중간 과정을 숨겨진 내부 버퍼에서 처리함으로써 사용자는 최종 결과만 볼 수 있는 기법이다.

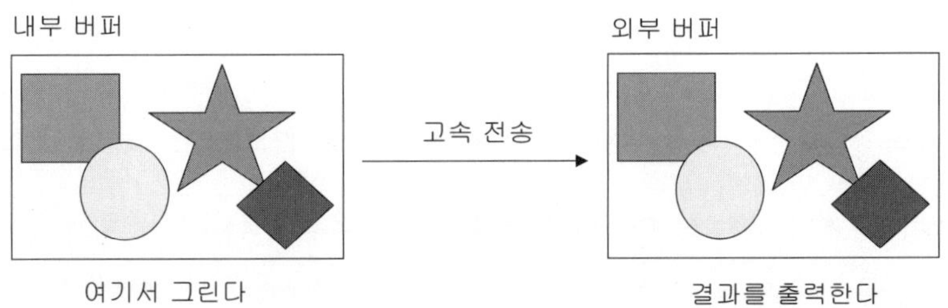

내부 버퍼에서 일어나는 일은 사용자에게 보이지 않기 때문에 그림이 아무리 복잡해도, 화면을 다 지운 후 다시 그리더라도 깜박임을 전혀 목격할 수 없다. 뿐만 아니라 그리는 순서에 따라 이미지간의 수직적인 아래 위를 지정할 수 있으며 여러 개의 이미지를 동시에 움직이는 것도 아주 부드럽게 처리할 수 있다.

더블 버퍼링에 사용되는 내부 버퍼는 구체적으로 메모리 영역인데 이 메모리 영역은 외부 버퍼, 즉 화면의 포맷과 호환되어야 한다. 그래야 내부 버퍼에 그린 그림을 별도의 조작없이 외부 버퍼로 고속 전송할 수 있다. 과거 DOS 시절에는 페이지라고 불리는 내부 버퍼를 비디오 램의 물리적인 포맷대로 작성한 후 비디오 램으로 곧바로 전송하는 방식을 사용했었다. 또는 아예 비디오 카드가 하드웨어적으로 여러 개의 페이지를 제공하여 홀짝 페이지를 빠르게 교체하는 방식을 사용하기도 했다.

윈도우즈에서는 내부 버퍼를 메모리에 직접 작성할 필요가 없는데 왜냐하면 비트맵이 내부 버퍼 역할을 멋지게 대신할 수 있기 때문이다. 화면 DC와 호환되는, 즉 색상 포맷이 같고 크기가 동일한 비트맵을 생성한 후 이 비트맵에 그림을 그리면 비트맵 자체가 내부 버퍼 역할을 한다. 비트맵에 그려진 그림을 화면으로 전송할 때는 물론 BitBlt 함수를 사용한다. 앞에서 만든 Bounce 예제를 더블 버퍼링으로 다시 작성해 보자.

예 제 : Bounce2

```
#define R 20
int x,y;
int xi,yi;
HBITMAP hBit;
void OnTimer()
{
    RECT crt;
    HDC hdc,hMemDC;
    HBITMAP OldBit;
    HPEN hPen,OldPen;
    HBRUSH hBrush,OldBrush;
    int i;

    GetClientRect(hWndMain,&crt);
    hdc=GetDC(hWndMain);

    if (hBit==NULL) {
        hBit=CreateCompatibleBitmap(hdc,crt.right,crt.bottom);
    }
    hMemDC=CreateCompatibleDC(hdc);
    OldBit=(HBITMAP)SelectObject(hMemDC,hBit);

    FillRect(hMemDC,&crt,GetSysColorBrush(COLOR_WINDOW));

    if (x <= R || x >= crt.right-R) {
        xi*=-1;
    }
    if (y <= R || y >= crt.bottom-R) {
        yi*=-1;
    }
    x+=xi;
    y+=yi;

    for (i=0;i<crt.right;i+=10) {
        MoveToEx(hMemDC,i,0,NULL);
        LineTo(hMemDC,i,crt.bottom);
    }

    for (i=0;i<crt.bottom;i+=10) {
        MoveToEx(hMemDC,0,i,NULL);
        LineTo(hMemDC,crt.right,i);
    }

    hPen=CreatePen(PS_INSIDEFRAME,5,RGB(255,0,0));
    OldPen=(HPEN)SelectObject(hMemDC,hPen);
    hBrush=CreateSolidBrush(RGB(0,0,255));
    OldBrush=(HBRUSH)SelectObject(hMemDC,hBrush);
    Ellipse(hMemDC,x-R,y-R,x+R,y+R);
    DeleteObject(SelectObject(hMemDC,OldPen));
    DeleteObject(SelectObject(hMemDC,OldBrush));

    SelectObject(hMemDC,OldBit);
    DeleteDC(hMemDC);
```

```
    ReleaseDC(hWndMain,hdc);
    InvalidateRect(hWndMain,NULL,FALSE);
}

LRESULT CALLBACK WndProc(HWND hWnd,UINT iMessage,WPARAM wParam,LPARAM lParam)
{
    HDC hdc;
    PAINTSTRUCT ps;

    switch (iMessage) {
    case WM_CREATE:
        x=50;
        y=50;
        xi=4;
        yi=5;
        SetTimer(hWnd,1,25,NULL);
        return 0;
    case WM_TIMER:
        OnTimer();
        return 0;
    case WM_PAINT:
        hdc=BeginPaint(hWnd, &ps);
        if (hBit) DrawBitmap(hdc,0,0,hBit);
        EndPaint(hWnd, &ps);
        return 0;
    case WM_DESTROY:
        if (hBit) {
            DeleteObject(hBit);
        }
        PostQuitMessage(0);
        KillTimer(hWnd,1);
        return 0;
    }
    return(DefWindowProc(hWnd,iMessage,wParam,lParam));
}
```

전역 비트맵 핸들 hBit가 선언되어 있으며 이 비트맵은 작업영역과 동일한 크기대로 생성된다. OnTimer에서 메모리 DC를 생성하고 이 DC에 비트맵을 선택한 후 메모리 DC에 그림을 출력하면 모든 출력이 비트맵에 작성될 것이다. Bounce 예제의 WM_PAINT에 있던 그리기 코드들이 모두 OnTimer로 이동되었다. OnTimer는 비트맵에 그림을 그린 후 InvalidateRect 함수를 호출하여 작업영역을 무효화하기만 한다. 이때 비트맵으로 화면을 완전히 덮을 수 있으므로 작업영역은 따로 지울 필요가 없으며 마지막 인수는 FALSE로 주면 된다.

이 예제에서 OnTimer 함수는 내부 버퍼에 미리 그림을 그려 두는 작업을 하는데 이 함수가 더블 버퍼링의 핵심이다. OnTimer의 직접적이고 최종적인 결과물은 hBit에 그려진 그림뿐이며 이 비트맵에 그림을 그리는 과정은 아무래도 상관없다. 모두 지운 후 그리든, 조각 조각 끼워 맞추든 엎어서 그리든 어차피 사용자에게는 보이지 않는다.

이 코드에서 흔히 오해하기 쉬운 것이 있는데 메모리 비트맵인 hBit와 메모리 DC인 hMemDC와의 관계이다. GDI 출력 함수들은 반드시 DC 핸들을 요구하며 비트맵에 출력하기 위해서는 이 비트맵을 선택하고 있는 메모리 DC의 핸들이 필요하다. 그래서 화면 DC와 호환되는(=비트맵과 호환되는) hMemDC를 생성하고 여기에 비트맵을 선택한 후 출력했다. 이 DC는 어디까지나 비트맵 출력을 위한 임시 DC이므로 비트맵을 다 작성하고 난 다음에는 해제되어야 한다.

더블 버퍼링에서 내부 버퍼라고 칭하는 것은 비트맵이지 메모리 DC가 아니다. 메모리 DC는 비트맵을 선택하기 위해 잠시만 사용되는 DC일 뿐인데 알다시피 비트맵을 선택할 수 있는 DC는 메모리 DC밖에 없기 때문이다. 그래서 전역으로 저장해야 할 대상은 hBit 비트맵이지 hMemDC가 아니다. 물론 둘 다 저장해도 상관없지만 일반적으로 그렇게는 하지 않는데 메모리 DC는 빠른 속도로 생성, 파괴할 수 있으므로 전역으로 유지해 봐야 속도 증가의 이점이 별로 없다.

WM_PAINT에서는 DrawBitmap 함수를 호출하여 OnTimer가 작성해 놓은 비트맵을 화면으로 전송하기만 한다. 즉, 이미 그려져 있는 그림(내부 버퍼)을 화면(외부 버퍼)으로 복사만 하는 것이다. 단, 최초 실행시 발생하는 WM_PAINT에서는 아직 비트맵이 없으므로 그리지 않았는데 극히 짧은 시간이므로 무시해도 큰 지장이 없다. 실행 결과는 다음과 같다. 지면으로 보기에는 결과가 동일하지만 실제로 실행해 보면 깜박임을 전혀 느낄 수 없을 것이다. 애니메이션이 아주 부드럽게 실행된다.

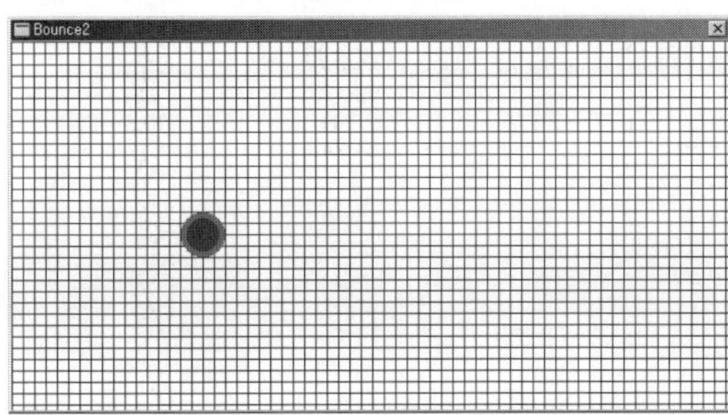

이 경우도 OnTimer에서 FillRect 함수를 호출하여 이전 그림을 지우기는 하는데 내부 버퍼에서 일어나는 일이기 때문에 화면을 지운 상태는 사용자 눈에 보이지 않으며 따라서 깜박임이 전혀 없는 것이다. 이런 방식대로라면 여러 개의 공을 한꺼번에 움직이더라도 전혀 무리가 없다. Bounce3 예제는 한꺼번에 10개의 공을 움직인다.

예 제 : Bounce3

```
#define R 20
int x[10],y[10];
int xi[10],yi[10];
HBITMAP hBit;
void OnTimer()
{
    RECT crt;
    HDC hdc,hMemDC;
    HBITMAP OldBit;
    HPEN hPen,OldPen;
    HBRUSH hBrush,OldBrush;
    int i,ball;

    GetClientRect(hWndMain,&crt);
    hdc=GetDC(hWndMain);

    if (hBit==NULL) {
        hBit=CreateCompatibleBitmap(hdc,crt.right,crt.bottom);
    }
    hMemDC=CreateCompatibleDC(hdc);
```

```
    OldBit=(HBITMAP)SelectObject(hMemDC,hBit);

    FillRect(hMemDC,&crt,GetSysColorBrush(COLOR_WINDOW));
    for (i=0;i<crt.right;i+=10) {
        MoveToEx(hMemDC,i,0,NULL);
        LineTo(hMemDC,i,crt.bottom);
    }

    for (i=0;i<crt.bottom;i+=10) {
        MoveToEx(hMemDC,0,i,NULL);
        LineTo(hMemDC,crt.right,i);
    }

    hPen=CreatePen(PS_INSIDEFRAME,5,RGB(255,0,0));
    OldPen=(HPEN)SelectObject(hMemDC,hPen);
    hBrush=CreateSolidBrush(RGB(0,0,255));
    OldBrush=(HBRUSH)SelectObject(hMemDC,hBrush);

    for (ball=0;ball<10;ball++) {
        if (x[ball] <= R || x[ball] >= crt.right-R) {
            xi[ball]*=-1;
        }
        if (y[ball] <= R || y[ball] >= crt.bottom-R) {
            yi[ball]*=-1;
        }
        x[ball]+=xi[ball];
        y[ball]+=yi[ball];

        Ellipse(hMemDC,x[ball]-R,y[ball]-R,x[ball]+R,y[ball]+R);
    }


    DeleteObject(SelectObject(hMemDC,OldPen));
    DeleteObject(SelectObject(hMemDC,OldBrush));

    SelectObject(hMemDC,OldBit);
    DeleteDC(hMemDC);
    ReleaseDC(hWndMain,hdc);
    InvalidateRect(hWndMain,NULL,FALSE);
}

LRESULT CALLBACK WndProc(HWND hWnd,UINT iMessage,WPARAM wParam,LPARAM lParam)
{
    HDC hdc;
    PAINTSTRUCT ps;
    int ball;

    switch (iMessage) {
    case WM_CREATE:
        for (ball=0;ball<10;ball++) {
            x[ball]=50;
            y[ball]=50;
        }
        xi[0]=4;yi[0]=5;
```

```
        xi[1]=5;yi[1]=4;
        xi[2]=3;yi[2]=4;
        xi[3]=8;yi[3]=3;
        xi[4]=3;yi[4]=8;
        xi[5]=2;yi[5]=1;
        xi[6]=10;yi[6]=12;
        xi[7]=12;yi[7]=16;
        xi[8]=3;yi[8]=3;
        xi[9]=6;yi[9]=7;
        SetTimer(hWnd,1,25,NULL);
        return 0;
    case WM_TIMER:
        OnTimer();
        return 0;
    case WM_PAINT:
        hdc=BeginPaint(hWnd, &ps);
        if (hBit) DrawBitmap(hdc,0,0,hBit);
        EndPaint(hWnd, &ps);
        return 0;
    case WM_DESTROY:
        if (hBit) {
            DeleteObject(hBit);
        }
        PostQuitMessage(0);
        KillTimer(hWnd,1);
        return 0;
    }
    return(DefWindowProc(hWnd,iMessage,wParam,lParam));
}
```

공의 좌표를 기억하는 x,y와 좌표의 증분값인 xi, yi를 크기 10의 배열로 정의했으며 OnTimer에서 10번 루프를 돌면서 공 10개를 한꺼번에 이동시킨다. 각 공의 이동 증분을 다르게 주어 이동 속도를 다양하게 처리해 보았다. 직접 실행해 보면 알겠지만 한꺼번에 10개의 물체가 복잡하게 움직이더라도 전혀 깜박거리지 않으며 속도가 심하게 느려지는 것도 아니다.

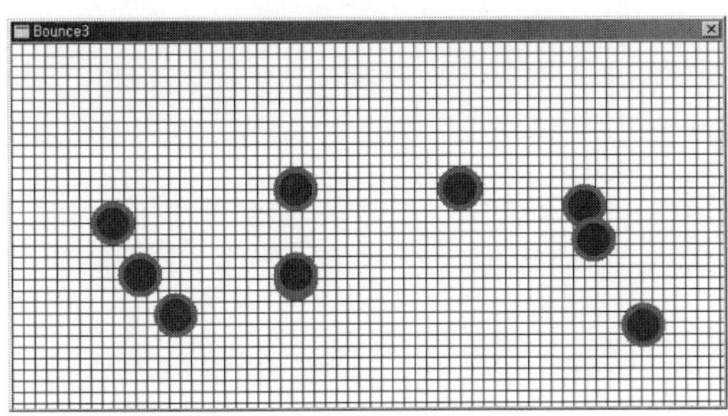

더블 버퍼링의 단점이라면 일단 내부 버퍼에 그림을 그린 후 다시 외부 버퍼로 전송하기 때문에 직접 그리는 것보다 전체적인 속도가 느려질 수 있다는 점이다. 이때 1초에 몇 번씩 전송할 수 있는가를 프레임 레이트(Frame Rate)라고 하는데 내부 버퍼에 그림을 준비하는 과정이 복잡할수록 프레임 수가 떨어진다. 다행히 보통 사람의 눈은 1초에 16번 이상의 변화를 감지하지 못하기 때문에 16프레임 이상만 되면 부드러운 움직임을 구현할 수 있다. 물론 그보다 프레임 수가 더 높으면 애니메이션의 품질은 더욱 섬세해질 것이다.

이 예제의 CPU 점유율을 측정해 보면 2% 정도에 불과하므로 CPU가 아주 느리지만 않다면 더블 버퍼링으로 인한 속도 감소는 걱정할 필요가 없다. 오히려 일정한 속도가 보장되고 화면 처리가 단순해짐으로 내부적인 자료 처리 코드가 깔끔해지는 긍정적인 효과가 더 크다. 깜박임을 신경쓸 필요없이 내부 버퍼에 무조건 그려 놓기만 하면 되는 것이다.

30-1-다. 스크롤 처리

화면 깜박임이 발생하는 원인에 대해 연구해 보았고 그 해결책으로 더블 버퍼링이라는 멋진 방법을 소개했다. 그렇다면 더블 버퍼링을 과연 언제 어떻게 사용해야 잘 활용했다고 소문이 날까? 더블 버퍼링의 용도는 꼭 화면 깜박임을 제거하는데만 있는 것은 아니다. 내부 버퍼에서 틈틈이 작업을 할 수 있으므로 아이들(Idle) 시간을 활용하기 위해서 사용할 수도 있고 내부 버퍼를 외부 버퍼보다 더 크게 만들어 스크롤에 활용할 수도 있다.

주로 화면 처리가 복잡한 게임같은 프로그램에서 사용되지만 일반적인 응용 프로그램에도 더블 버퍼링이 사용된다. 화면에 무엇인가 출력하는 대부분의 프로그램들이 더블 버퍼링을 사용하므로 특수한 고급 기술이라기보다는 오히려 일반적인 기법이라고 봐야 한다. 가장 흔한 프로그램인 워드 프로세서도 마찬가지로 문서의 일부분이 변하면 아래쪽 문단을 모두 다시 그려야 하는데 이때도 깜박임을 제거하기 위해 더블 버퍼링이 사용된다.

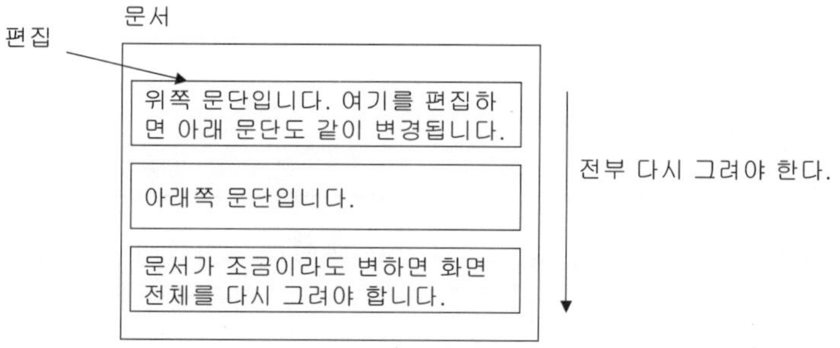

워드 프로세서의 문서는 문단들로 구성되는데 문단의 일부가 삽입 또는 삭제되면 아래쪽의 문단들도 영향을 받으므로 전부 다시 그려야 한다. 이때 지우고 그리면 깜박임이 심해 편집하기 불편하므로 메모리 비트맵에 먼저 그린 후 화면으로 전송한다. 문서 전체를 한꺼번에 더블 버퍼링하면 느리므로 보통 문단 단위로 더블 버퍼링을 하는 것이 보통이다.

실무를 할 때 더블 버퍼링을 쓰면 좋겠다는 생각이 들면 적극적으로 활용해 보기 바라고 여기서는 더블 버퍼링을 활용하는 몇가지 예제를 구경해 보자. 다음 예제는 더블 버퍼링을 활용한 갱 화면이다. 갱(Gang) 화면이란 프로그램 제작자를 소개하는 용도를 가지며 일반적으로 숨겨져 있지만 제작자 자신을 표현한다는 면에 있어 다소 멋을 좀 부리는 경향이 있다. 이 예제는 배경 비트맵을 깔고 그 위에서 제작자 목록을 위로 스크롤하는 예를 보여준다.

예 제 : Gang

```
#include "resource.h"
HBITMAP hBit, hBaby;
TCHAR szGang[]="Gang Version 1.0\r\n\r\n총 감독 : 김 정수\r\n"
    "개발자 : 김 상형\r\n사진 모델 : 김 한슬\r\n협찬 : 박 미영";
```

```
int my;

void OnTimer()
{
     RECT crt;
     HDC hdc,hMemDC;
     HBITMAP OldBit;
     HFONT font, oldfont;
     RECT grt;
     int i,j;

     GetClientRect(hWndMain,&crt);
     hdc=GetDC(hWndMain);

     if (hBit==NULL) {
          hBit=CreateCompatibleBitmap(hdc,crt.right,crt.bottom);
     }
     hMemDC=CreateCompatibleDC(hdc);
     OldBit=(HBITMAP)SelectObject(hMemDC,hBit);

     DrawBitmap(hMemDC,0,0,hBaby);
     SetBkMode(hMemDC,TRANSPARENT);

     font=CreateFont(30,0,0,0,0,0,0,0,HANGEUL_CHARSET,3,2,1,
          VARIABLE_PITCH | FF_ROMAN,"궁서");
     oldfont=(HFONT)SelectObject(hMemDC,font);

     my--;
     if (my==20) {
          KillTimer(hWndMain,1);
     }

     SetTextColor(hMemDC,RGB(192,192,192));
     for (i=-1;i<=1;i++) {
          for (j=-1;j<=1;j++) {
               SetRect(&grt,10+i,my+j,400+i,my+300+j);
               DrawText(hMemDC,szGang,-1,&grt,DT_WORDBREAK);
          }
     }

     SetTextColor(hMemDC,RGB(32,32,32));
     SetRect(&grt,10,my,400,my+300);
     DrawText(hMemDC,szGang,-1,&grt,DT_WORDBREAK);

     SelectObject(hMemDC,oldfont);
     DeleteObject(font);

     SelectObject(hMemDC,OldBit);
     DeleteDC(hMemDC);
     ReleaseDC(hWndMain,hdc);
     InvalidateRect(hWndMain,NULL,FALSE);
}

LRESULT CALLBACK WndProc(HWND hWnd,UINT iMessage,WPARAM wParam,LPARAM lParam)
```

```
{
    HDC hdc;
    PAINTSTRUCT ps;

    switch (iMessage) {
    case WM_CREATE:
        hBaby=LoadBitmap(g_hInst,MAKEINTRESOURCE(IDB_BABY));
    case WM_LBUTTONDOWN:
        SetTimer(hWnd,1,50,NULL);
        my=310;
        return 0;
    case WM_TIMER:
        OnTimer();
        return 0;
    case WM_PAINT:
        hdc=BeginPaint(hWnd, &ps);
        if (hBit) DrawBitmap(hdc,0,0,hBit);
        EndPaint(hWnd, &ps);
        return 0;
    case WM_DESTROY:
        if (hBit) {
            DeleteObject(hBit);
        }
        DeleteObject(hBaby);
        PostQuitMessage(0);
        KillTimer(hWnd,1);
        return 0;
    }
    return(DefWindowProc(hWnd,iMessage,wParam,lParam));
}
```

실행 결과는 다음과 같다. 움직이는 화면이므로 직접 실행해 봐야 결과를 볼 수 있다. 예쁜 아기 그림이 있고 아래에서 문자열이 천천히 위로 올라오는 동작을 한다.

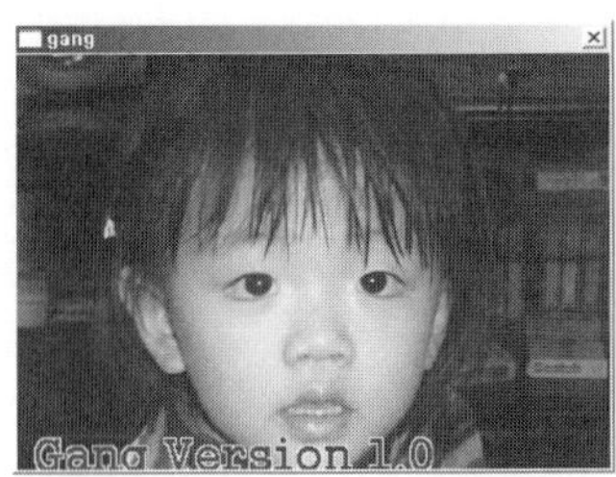

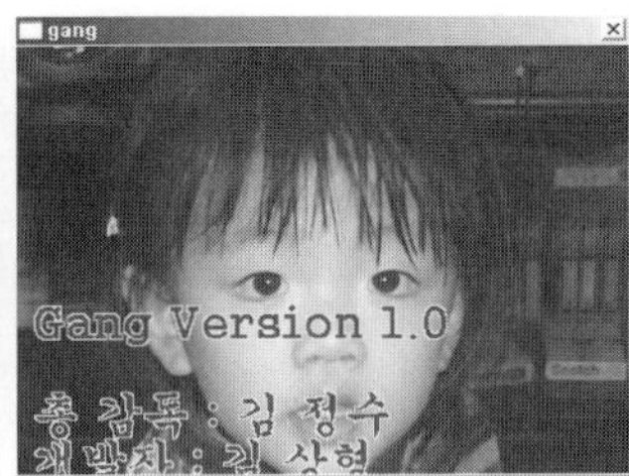

문자열은 바깥쪽에 회색 테두리를 가지며 보기 편하게 큼직한 폰트를 사용했다. 비트맵 위에서 글자가 움직이지만 깜박임은 전혀 없으며 아주 부드럽게 스크롤되는 것을 볼 수 있다. 만약 이런 화면을 더블 버퍼링으로 처리하지 않는다면 배경 비트맵과 글자가 계속 반복적으로 화면에 나타나기 때문에 깜박임이 심해지고 갱 화면으로서의 가치가 떨어질 것이다.

좀 더 코드를 작성한다면 글자들이 오른쪽에서 왼쪽으로 한 줄씩 날라 오도록 할 수도 있고 점점 확대되는 모양으로 만들 수도 있다. 또는 약간의 애니메이션을 첨가한다거나 글자의 색상을 조작하여 Fade In, Fade Out 등의 장면 전환 효과를 낼 수도 있다. 아무튼 더블 버퍼링을 쓰기만 하면 어떠한 모양도 깔끔하게 화면으로 구현할 수 있으므로 기발한 상상력을 발휘해 볼만하다.

다음 예제는 흔히 게임에서 많이 사용되는 기법인데 수평으로 스크롤되는 배경 위에서 캐릭터를 움직인다. 스크롤은 화면 전체에 대한 갱신이기 때문에 지우지 않고 덮어 쓴다거나 일부만 무효화하는 기법을 쓸 수 없으며 더블 버퍼링을 해야만 깔끔하게 화면을 처리할 수 있다.

예 제 : FieldScroll

```
HBITMAP hField, hBaby, hToilet;
int x=0;
int bx=100,by=100,tx=-1,ty;
LRESULT CALLBACK WndProc(HWND hWnd,UINT iMessage,WPARAM wParam,LPARAM lParam)
{
    HDC hdc;
    PAINTSTRUCT ps;
    int w;
    HDC hMemDC,hMemDC2;
    HBITMAP hBackBit,hOldBitmap;

    switch (iMessage) {
    case WM_CREATE:
        hField=LoadBitmap(g_hInst,MAKEINTRESOURCE(IDB_FIELD));
        hBaby=LoadBitmap(g_hInst,MAKEINTRESOURCE(IDB_BABY));
        hToilet=LoadBitmap(g_hInst,MAKEINTRESOURCE(IDB_TOILET));
        hWndMain=hWnd;
        SetTimer(hWnd,1,50,NULL);
        return 0;
    case WM_TIMER:
        x++;
        if (x>2048) x=0;
        if (tx!= -1) {
            tx+=10;
            if (tx > 1000) {
                tx=-1;
            }
        }
        InvalidateRect(hWnd,NULL,FALSE);
        return 0;
    case WM_KEYDOWN:
        switch (wParam) {
        case VK_LEFT:
            bx-=5;
            break;
        case VK_RIGHT:
            bx+=5;
            break;
        case VK_UP:
            by-=5;
            break;
        case VK_DOWN:
            by+=5;
            break;
        case VK_SPACE:
            if (tx == -1) {
                tx=bx+100;
                ty=by;
```

```
            }
            break;
        }
        return 0;
    case WM_PAINT:
        hdc=BeginPaint(hWnd, &ps);
        hMemDC=CreateCompatibleDC(hdc);
        hBackBit=CreateCompatibleBitmap(hdc,1000,480);
        hOldBitmap=(HBITMAP)SelectObject(hMemDC,hBackBit);

        // 배경 그림
        hMemDC2=CreateCompatibleDC(hdc);
        SelectObject(hMemDC2,hField);
        w=min(2048-x,1000);
        BitBlt(hMemDC,0,0,w,480,hMemDC2,x,0,SRCCOPY);
        if (w < 1000) {
            BitBlt(hMemDC,w,0,1000-w,480,hMemDC2,0,0,SRCCOPY);
        }
        DeleteDC(hMemDC2);

        // 아기 그림
        TransBlt(hMemDC,bx,by,hBaby,RGB(255,0,255));

        // 총알 그림
        if (tx!= -1) {
            TransBlt(hMemDC,tx,ty,hToilet,RGB(255,0,255));
        }

        // 완성된 그림 전송
        BitBlt(hdc,0,0,1000,480,hMemDC,0,0,SRCCOPY);

        SelectObject(hMemDC,hOldBitmap);
        DeleteObject(hBackBit);
        DeleteDC(hMemDC);
        EndPaint(hWnd, &ps);
        return 0;
    case WM_DESTROY:
        DeleteObject(hField);
        DeleteObject(hBaby);
        DeleteObject(hToilet);
        PostQuitMessage(0);
        return 0;
    }
    return(DefWindowProc(hWnd,iMessage,wParam,lParam));
}
```

실행 결과는 다음과 같다. 배경에 들판 모양이 왼쪽으로 계속 스크롤되며 귀여운 아기 캐릭터가 날라다니며 총알에 해당하는 변기를 쏜다. 배경에 사용된 들판은 서산 간척지의 가을 풍경이며 내가 직접 찍은 것이다. 멋있는 배경 그림을 구해 쓰고 싶지만 사진에도 저작권이 있어 좀 부족하지만 직접 찍은 사진을 사용했다. 적군은 만들지 않았는데 적군을 많이 만들더라도 움직임이 느려지거나 깜박거림이 발생하지는 않을 것이다.

프로젝트에는 배경, 아가, 변기 세 개의 비트맵이 준비되어 있는데 배경 이미지는 윈도우의 폭보다 훨씬 더 큰 2048의 폭을 가지고 있다. 이 넓은 이미지의 일부를 화면으로 전송하되 매 전송시마다 x좌표를 1씩 증가시키면 스크롤되는 것처럼 보인다. WM_TIMER에서 x를 계속 1씩 증가시키고 WM_PAINT에서는 x위치의 배경 이미지를 화면으로 전송한다. 마치 화면이라는 창을 통해 배경 이미지의 일부를 보되 창이 계속 오른쪽으로 움직이는 것과 같다.

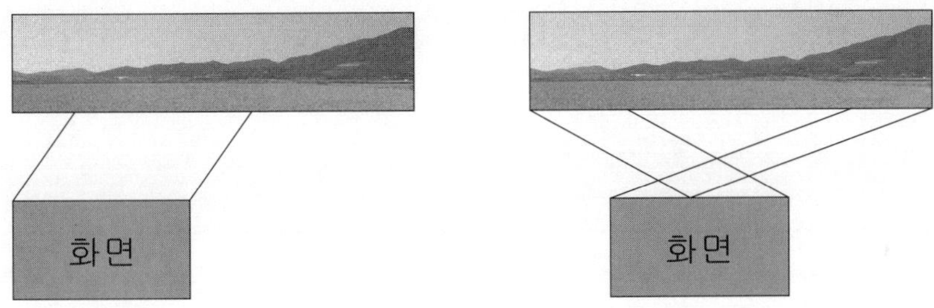

배경 이미지의 끝에 걸렸을 때는 끝에 남은 부분만큼을 화면의 왼쪽에 전송하고 나머지는 이미지의 앞 부분을 전송하여 이미지가 화면에 연속적으로 보이게 한다. 이런 연속적인 스크롤이 부드러우려면 이미지의 양끝이 이어지는 모양을 가지도록 디자인해야 하는데 사진을 배경으로 쓰다 보니 그렇게까지는 하지 못했다. 두 개 이상의 배경을 다른 속도로 스크롤하면 좀 더 현실감있는 스크롤 애니메이션을 만들 수 있을 것이다.

30-2 게임 제작

30-2-가. 자연스러운 움직임

더블 버퍼링은 일반적인 응용 프로그램에도 종종 사용되지만 게임에는 필수적인 기술이다. 게임은 움직임이 워낙 많아 화면 전체가 초당 수십번씩 바뀌어야 하므로 다른 방법으로는 깜박임을 완전하게 제거하기 어렵다. 물체들간의 상하가 있어 그리는 순서도 항상 일정해야 하며 캐릭터를 깔끔하게 출력하려면 투명 처리도 해야 한다. 또한 가만히 있어도 움직이는 물체가 있어 애니메이션도 필요하다. 이 모든 요구 조건을 완벽하게 만족하는 기술이 바로 더블 버퍼링이며 타이머와 함께 쓰면 일정한 간격으로 화면을 깔끔하게 갱신할 수 있다.

다음 예제는 형형 색색의 공이 바닥에 떨어지는 모양을 시뮬레이션하는데 동시에 수십개의 물체가 움직이는 게임의 상황과도 비슷하다. 중력과 공기 저항 등의 물리 법칙을 적용하여 부드러운 낙하 곡선을 만들며 이런 운동을 하는 공이 동시에 수십개가 움직여도 화면 처리가 깔끔하다. 솔직히 물리학에 대한 지식이 부족해서 사용한 공식은 좀 엉터리이기는 하지만 말이다.

예 제 : BallDrop

```
#define MAXBALL 1000            // 공의 최대 개수
const double A=0.15;         // 중력 가속도
const double G=0.05;         // 중력
const double AR=0.003;          // 공기의 저항
struct tag_Ball
{
     BOOL Exist;                // 공의 존재 유무
     double x,y;             // 현재 위치
     int r;                  // 반지름
     double dx,dy;           // 델타값
     COLORREF col;              // 색상
};
tag_Ball arBall[MAXBALL];
HBITMAP hBit;

void MoveBall();
void NewBall(BOOL bLeft);

LRESULT CALLBACK WndProc(HWND hWnd,UINT iMessage,WPARAM wParam,LPARAM lParam)
{
     HDC hdc;
     PAINTSTRUCT ps;
     static TCHAR *Mes="좌우클릭:공 생성, Space:중지, 상하:속도, E:삭제, A:자동";
     static BOOL bPause;
     static BOOL bAuto;
     static int Freq;
     int i;
     HBRUSH hBrush,hOldBrush;
     RECT crt;
     HDC hMemDC;
     HBITMAP OldBit;

     switch (iMessage) {
     case WM_CREATE:
          srand(GetTickCount());
          Freq=20;
          SetTimer(hWnd,1,Freq,NULL);
          SendMessage(hWnd,WM_TIMER,1,NULL);
          bPause=FALSE;
          return 0;
     case WM_KEYDOWN:
          switch (wParam) {
          case VK_UP:
               Freq=max(10,Freq-5);
               SetTimer(hWnd,1,Freq,NULL);
```

```
            break;
        case VK_DOWN:
            Freq=min(200,Freq+5);
            SetTimer(hWnd,1,Freq,NULL);
            break;
        case ' ':
            if (bPause) {
                SetTimer(hWnd,1,Freq,NULL);
            } else {
                KillTimer(hWnd,1);
            }
            bPause=!bPause;
            break;
        case 'E':
            for (i=0;i<MAXBALL;i++) {
                arBall[i].Exist=FALSE;
            }
            InvalidateRect(hWnd,NULL,TRUE);
            break;
        case 'A':
            bAuto=!bAuto;
            break;
        }
        return 0;
    case WM_TIMER:
        if (bAuto) {
            if (rand()%8==0) NewBall(TRUE);
            if (rand()%9==0) NewBall(FALSE);
        }
        MoveBall();
        hdc=GetDC(hWnd);
        GetClientRect(hWnd,&crt);
        if (hBit==NULL) {
            hBit=CreateCompatibleBitmap(hdc,crt.right,crt.bottom);
        }
        hMemDC=CreateCompatibleDC(hdc);
        OldBit=(HBITMAP)SelectObject(hMemDC,hBit);
        FillRect(hMemDC,&crt,GetSysColorBrush(COLOR_WINDOW));
        SelectObject(hMemDC,GetStockObject(NULL_PEN));

        for (i=0;i<MAXBALL;i++) {
            if (arBall[i].Exist) {
                hBrush=CreateSolidBrush(arBall[i].col);
                hOldBrush=(HBRUSH)SelectObject(hMemDC,hBrush);
                Ellipse(hMemDC,int(arBall[i].x-arBall[i].r),int(arBall[i].y-arBall[i].r),
                    int(arBall[i].x+arBall[i].r),int(arBall[i].y+arBall[i].r));
                DeleteObject(SelectObject(hMemDC,hOldBrush));
            }
        }
        SetTextAlign(hMemDC,TA_CENTER);
        TextOut(hMemDC,300,10,Mes,lstrlen(Mes));
        SelectObject(hMemDC,OldBit);
        DeleteDC(hMemDC);
        ReleaseDC(hWnd,hdc);
```

```
        InvalidateRect(hWnd,NULL,FALSE);
        return 0;
    case WM_LBUTTONDOWN:
        if (!bPause) NewBall(TRUE);
        return 0;
    case WM_RBUTTONDOWN:
        if (!bPause) NewBall(FALSE);
        return 0;
    case WM_PAINT:
        hdc=BeginPaint(hWnd, &ps);
        DrawBitmap(hdc,0,0,hBit);
        EndPaint(hWnd, &ps);
        return 0;
    case WM_DESTROY:
        KillTimer(hWnd,1);
        DeleteObject(hBit);
        PostQuitMessage(0);
        return 0;
    }
    return(DefWindowProc(hWnd,iMessage,wParam,lParam));
}

void MoveBall()
{
    int i;
    tag_Ball B;
    RECT crt;

    GetClientRect(hWndMain,&crt);
    for (i=0;i<MAXBALL;i++) {
        if (arBall[i].Exist) {
            B=arBall[i];

            // X축의 이동 - dx는 공기저항만큼 감소하되 0의 경계를 넘지 않는다.
            if (B.dx >= 0) {
                B.dx = max(0,B.dx-AR);
            } else {
                B.dx = min(0,B.dx+AR);
            }
            B.x += B.dx;

            // 오른쪽 벽에 닿음 - 반지름을 고려하여 벗어난만큼 왼쪽으로 반사
            if (B.x+B.r >= crt.right) {
                B.x = crt.right-(B.x+B.r-crt.right)-B.r;
                B.dx *= -1;
            }
            // 왼쪽 벽에 닿음
            if (B.x-B.r <= 0) {
                B.x = 0-(B.x-B.r)+B.r;
                B.dx *= -1;
            }

            // Y축의 이동
            // 하강할 때 - dy가 가속도만큼 계속 증가한다.
```

```
            if (B.dy >= 0) {
                B.dy += A;
            // 상승할 때 - 가속도 A는 탄성에 의해 반발력이 되며 중력의 영향을 받는다.
            } else {
                B.dy += A+G;
            }
            B.y += B.dy;

            // 바닥에 닿은 경우 - dy의 부호를 바꾸어 위로 튀어 오르도록 한다.
            if (B.y+B.r >= crt.bottom) {
                B.y = crt.bottom-(B.y+B.r-crt.bottom)-B.r;
                B.dy *= -1;
                // 수직 움직임이 둔해지면 공을 제거한다.
                if (fabs(B.dy) < 1.0) {
                    B.Exist = FALSE;
                }
            }

            // 수평 움직임이 둔해지면 공을 제거한다.
            if (fabs(B.dx) < 0.1) {
                B.Exist = FALSE;
            }
            arBall[i]=B;
        }
    }

}

void NewBall(BOOL bLeft)
{
    int i;
    for (i=0;i<MAXBALL;i++) {
        if (arBall[i].Exist == FALSE) {
            break;
        }
    };

    if (i != MAXBALL) {
        arBall[i].dx=2.0+(rand()%20)/10.0;
        if (bLeft) {
            arBall[i].x=30;
        } else {
            arBall[i].x=570;
            arBall[i].dx *= -1;
        }
        arBall[i].y=20;
        arBall[i].dy=(rand()%10)/10.0;
        arBall[i].r = rand()%8+8;
        arBall[i].col=RGB(rand()%256,rand()%256,rand()%256);
        arBall[i].Exist=TRUE;
    }
}
```

좌우 마우스 버튼을 누르면 왼쪽 위와 오른쪽 위에서 공이 생성되어 낙하 운동을 시작하며 바닥에 닿으면 튕겨 오르고 벽에 부딪치면 반대 방향으로 움직인다. 최대 1000개까지의 공을 만들 수 있는데 이렇게 많은 공이 동시에 움직이더라도 생각보다 CPU를 많이 차지하지 않으며 화면 깜박임은 전혀 느낄 수 없을 것이다. 더블 버퍼링의 위력을 실감할 수 있는 예제이다.

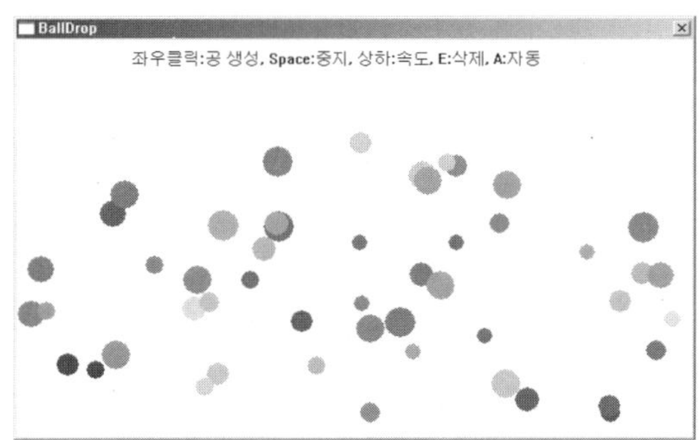

뿐만 아니라 공끼리 생성된 순서에 따라 상하 관계가 있어 먼저 생성된 공이 나중에 생성된 공보다 더 뒤쪽에 있는 것처럼 보인다. 메모리 비트맵에는 항상 최후 장면이 그려져 있으므로 언커버되더라도 화면을 복구하는데는 별 문제가 없다. 개발자는 화면 처리를 더블 버퍼링에 맡기고 물체의 이동이나 물체간의 관계만 프로그래밍하면 된다.

공의 움직임에 영향을 주는 A, G, AR 상수들이 정의되어 있는데 자유 낙하를 하는 물체는 가속도와 중력의 영향을 받아 아래쪽으로 움직이며 수평 이동시에는 약간의 공기 저항을 받는다. 공들은 이런 물리 상수의 영향을 받아 움직이는데 이 값을 변경하면 공의 이동 궤적에 영향을 미칠 수 있다. 물론 실제 물체의 이동에는 이보다 더 많은 요소들이 영향을 미치겠지만 중요한 값들만 적용했으며 상수를 여러 번 바꿔가며 이동이 가장 자연스러운 값을 경험적으로 찾았다.

tag_Ball 구조체는 이동중인 공 하나의 정보를 저장하는데 현재 위치와 이동 증분값 등을 가지며 반지름이나 색상처럼 외형을 결정하는 값도 있다. x, y는 공의 현재 위치이고 dx, dy는 공이 다음 장면에서 얼마만큼 이동할 것인가를 결정하는 델타값이다. 최대 1000개의 공을 만들 수 있으므로 tag_Ball 구조체 배열 arBall을 크기 1000으로 선언했다.

공의 생성과 이동은 NewBall, MoveBall 함수가 담당한다. NewBall은 새로운 공을 생성하는데 델타인 dx, dy에 약간의 난수를 적용하여 각각의 공이 처음 나올 때부터 조금씩 다르게 움직이도록 했다. 모든 공이 똑같은 값으로 초기화되면 이동 경로가 같아지므로 별로 재미가 없을 것이다. 색상과 반지름도 난수로 선택하여 각각 다른 모양의 공을 그렸다. 생성된 공은 arBall 구조체의 빈 자리에 배치되며 MoveBall은 이 구조체의 정보를 참조하여 공을 이동한다.

MoveBall 함수는 생성된 모든 공의 움직임을 구현한다. x에 dx를 더하고 y에 dy를 더하여 증분만큼 공을 다음 위치로 이동하며 dx, dy에 여러 가지 물리 상수를 적용하여 공의 움직임을 제어한다. 수평쪽인 dx의 이동은 비교적 간단한데 한번 이동할 때마다 공기 저항값 AR을 빼 dx가 점점 0에 가까워지도록 한다. 그래서 처음에는 빨리 움직이다가 공기 저항을 받아 점점 느리게 움직인다.

공이 좌우벽에 닿으면 dx의 부호를 바꾸어 반대 방향으로 움직이게 한다. 벽과 공의 충돌 판정을 할 때는 공의 중심 좌표와 벽의 좌표를 비교해서는 안되며 여기에 공의 반지름을 계산하여 공의 가장자리와 벽이 부딪치는지를 보아야 한다. 이동방향에 따라 공의 가장자리 좌표가 달라지는데 왼쪽으로 이동중일 때는 중심 좌표에서 반지름을 빼야 하고 오른쪽으로 이동중일 때는 반지름을 더해야 한다.

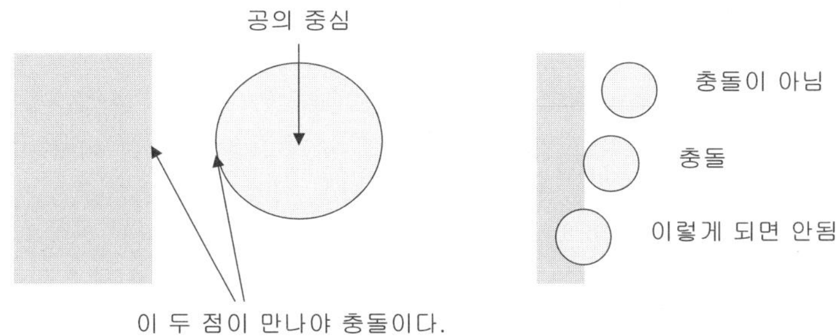

충돌했을 때 방향만 바꾸는 것이 아니라 x도 조정하여 경계를 벗어난 부분만큼 더 안쪽으로 이동시켜야 실제 이동과 비슷해 보인다. 방향만 바꾸고 좌표를 조정하지 않으면 공이 벽속으로 들어갔다가 튕겨 나오는 모양을 보게 될 것이다. 충돌이 발생했을 때 공의 다음 위치를 정확하게 계산해야 자연스럽다. 공이 왼쪽벽에 부딪친 경우를 예로 들어 보자.

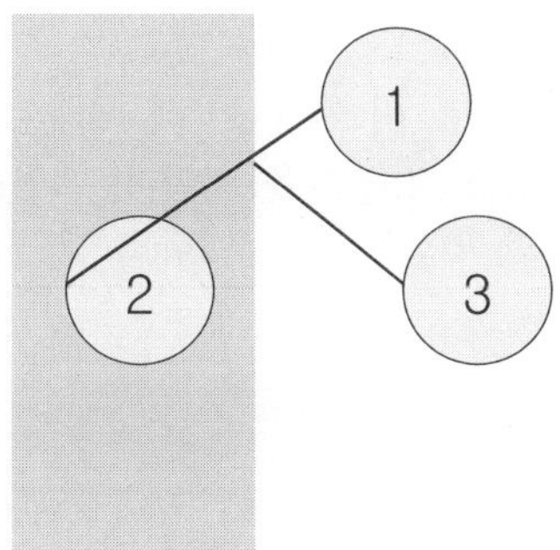

1번 위치에 있던 공이 dx만큼 이동하여 2번 좌표로 이동했다. 공의 왼쪽 가장자리가 벽보다 더 안쪽에 있으므로 공이 이미 벽에 부딪친 것이다. 공의 실제 다음 좌표는 2번 공이 벽안으로 들어간만큼 튕겨나온 좌표이며 이 좌표는 왼쪽 가장자리 좌표의 부호를 바꾼 후 반지름을 더하면 된다. 공의 x는 중심점의 좌표이므로 가장자리 좌표에 반지름을 더해야 구할 수 있다.

y축 이동은 조금 더 복잡한데 하강할 때 dy를 가속도 A만큼 더 증가시켜 점점 더 빨리 떨어지도록 한다. 바닥에 닿으면 dy의 부호를 변경하여 위쪽으로 반사하되 수평의 경우와 마찬가지로 반사 직후 벽에 들어간만큼 위쪽으로 y좌표를 이동해야 한다. 하강하던 공이 바닥에 부딪쳐 반사되면 내려오던 속도 그대로 위로 튕겨 올라갈 것이다.

상승할 때는 가속도와 함께 중력이 작용하여 dy를 하강할 때보다 더 많이 증가시킨다. dy는 반사에 의해 음수가 되어 공이 위쪽으로 움직이며 dy가 0이 될 때 공은 최대점에 도달하여 다시 내려가기 시작한다. 그래서 항상 떨어지기 시작한 위치보다는 덜 올라가며 여러 번 반사되면 결국 더 이상 움직이지 않게 되는 것이다. 수평으로나 수직으로나 움직임이 둔해진 공은 제거된다.

WndProc에는 공을 관리하는 코드는 없고 타이머 설치, 더블 버퍼링, 키 입력 처리 등을 하는 기본적인 코드만 작성되어 있다. 타이머 발생 주기인 Freq의 초기값이 20이므로 초당 50프레임의 속도로 화면을 다시 그린다. WM_TIMER는 arBall 배열의 정보를 참조하여 메모리 비트맵에 공을 그리기만 하며 WM_PAINT는 이렇게 만들어진 비트맵을 화면으로 전송한다. 공을 관리하는 NewBall, MoveBall은 화면 출력에 전혀 신경쓰지 않으며 WM_PAINT는 공의 이동에 전혀 상관하지 않는다. 더블버퍼링에 의해 내부적인 자료 관리와 화면 처리가 완전히 분리된 것이다.

30-2-나. 팡팡 게임

팡팡은 위에서 떨어지는 큰 공을 아래쪽의 사람이 좌우로 움직이며 총알로 맞추는 게임이다. 떨어지는 공은 잘 피해 다녀야 하며 총알로 맞추는 공이 작은 공 두 개로 쪼개진다. 공이 더 이상 쪼개지지 않을 때까지 쏴서 모든 공을 다 없애면 한 판이 끝난다. 게임 규칙이 아주 간단하고 공의 운동이 예측 가능해 쉬워 보이지만 공의 개수가 늘어나면 쪼개질 때마다 피해 다녀야 할 공이 많아져 생각처럼 그렇게 쉽지가 않다.

캐논볼이라는 이름으로 발표되었다가 팡팡이라는 이름으로 오락실 기계에 이식되었는데 이 간단한 게임도 아이템을 추가하고 화려한 그래픽으로 장식하면 꽤 재미가 있다. 자유 낙하하는 공은 이미 BallDrop에서 만들어 보았으므로 공식은 큰 수정없이 그대로 사용할 수 있으며 사람과 총알만 추가하고 공이 둘로 갈라지는 처리와 충돌 판정만 하면 된다. 소스가 다소 길므로 전체 리스트는 생략한다.

예 제 : PangPang

소스 생략

프로젝트를 열어 놓고 분석해 보자. BallDrop 예제의 자유 낙하 공식을 이해했다면 이 예제도 어렵지 않게 분석될 것이다. 이왕이면 분석을 하기 전에 직접 만들어 보는 것도 좋을 것이다. 게임을 충분히 실행해 보고 규칙을 파악한 후 논리를 스스로 만들어 보면 좋은 연습이 될 것이다. 다음은 게임 실행중의 모습이다.

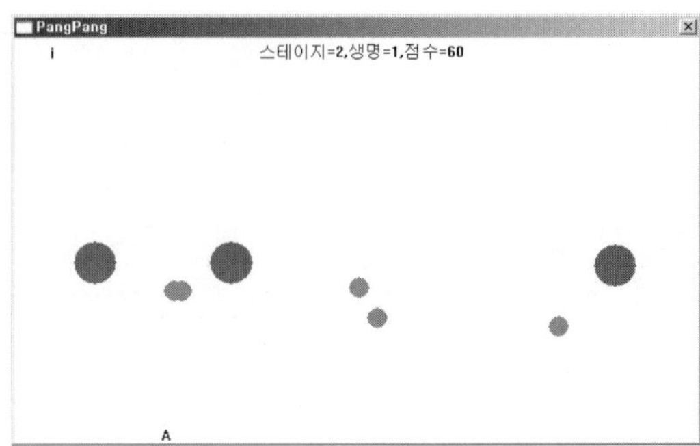

게임의 난이도 조정을 위해 공을 생성하고 움직이는 코드가 약간 수정되었다. 공기의 저항은 0으로 변경하여 수평 속도를 일정하게 유지했으며 중력도 대폭 줄여 바닥에 닿을 때 더 많이 튀어 오르도록 했다. 공의 탄력이 작아 너무 빨리 떨어지면 그만큼 피하기 어렵고 공을 빨리 없애야 하므로 게임이 더 어려워진다.

NewBall 함수는 공의 반지름을 최초 40으로 생성하며 공을 맞추면 30,20,10으로 줄어들었다가 반지름 10의 작은 공을 맞추면 사라진다. 그러니까 큰 공 하나가 8개로 쪼개지는 것이다. 공의 색상이 너무 밝거나 어둡지 않도록 난수의 범위를 적당히 조정했는데 바탕색과 같은 흰색 공이 나와서는 안된다. 낙하하는 공외에 사람과 총알이라는 캐릭터가 더 필요하므로 이 캐릭터를 저장할 자료 구조를 다음과 같이 설계했다.

```
struct tag_Bullet
{
    BOOL Exist;
    int x,y;
};
tag_Bullet arBullet[MAXBULLET];
int cx;
const int cy=360;
```

총알은 색상이나 반지름같은 정보는 필요없고 존재 여부와 좌표만 가진다. 한꺼번에 최대 MAXBULLET개만큼 생성할 수 있으므로 배열을 구성해야 한다. 사람은 하나밖에 없으므로 단순 변수로 위치를 기억할 수 있되 아래쪽에서 좌우로만 이동하므로 cy는 화면 하단에 해당하는 상수 360으로 정의했다. 이외에 게임의 현재 상태와 스테이지, 생명, 점수를 저장하는 전역 변수가 추가되었다.

소스의 전체 구조는 비교적 단순한 편이며 WndProc은 별로 하는 일이 없다. 타이머로 게임을 진행하므로 실질적인 게임의 메인 루틴은 타이머 핸들러인 OnTimer 함수이다. OnTimer에서 캐릭터 이동, 충돌 판정 등을 하여 메모리 비트맵에 현재 화면을 그리고 WM_PAINT에서는 이 비트맵을 화면으로 출력하기만 한다. WM_CREATE에서는 난수 발생기를 초기화하며 WM_KEYDOWN에서는 엔터키 입력시 게임을 시작하고 WM_DESTROY는 타이머와 비트맵을 해제하는 정도의 일만 한다.

게임의 시작

게임의 현재 상태를 나타내는 Status 열거형은 STOP, RUN 둘 중 하나인데 최초 STOP 상태로 초기화되며 이때 WM_PAINT는 엔터키를 누르라는 짧은 메시지만 보여 준다. 게임 시작 코드는 WM_KEYDOWN에 있는데 엔터키가 눌려지면 게임을 시작한다. Status를 RUN으로 변경하고 스테이지는 1, 생명은 5, 점수는 0점으로 초기화하며 StartStage 함수를 호출하여 게임 운영에 사용할 변수를 초기화한다.

StartStage는 이전 게임에서 사용하던 모든 공과 총알을 제거한다. 그리고 nStage수만큼 새로운 큰 공을 생성하는데 좌우로 골고루 공을 분배했다. 스테이지 1에서는 왼쪽에서 하나, 스테이지 2에서는 좌우에 각각 하나의 공이 나온다. 사람의 위치인 cx는 화면 중앙인 320으로 초기화하되 StartStage의 인수 bReset이 FALSE일 때는 이 값을 변경하지 않는다. 스테이지가 종료되고 다음 스테이지로 넘어갈 때는 사람이 그 자리에 있도록 하기 위해서이다.

변수들을 초기화한 후 최종적으로 SetTimer를 호출하여 초당 50번씩 타이머 메시지가 발생하도록 한다. 타이머가 설치되면 게임 진행이 시작된다. WM_TIMER에서는 OnTimer 함수를 호출하며 이 함수가 매 프레임마다 물체를 이동시키고 키 입력을 받아들이고 충돌 판정을 한다. 이 게임의 핵심 코드는 거의 대부분 OnTimer에 작성되어 있다.

화면 출력

이 게임이 화면 출력에 사용하는 기본적인 기술은 더블 버퍼링이다. OnTimer 선두에서 메모리 비트맵을 만들어 메모리 DC에 선택해 놓는다. 그리고 모든 출력을 hMemDC로 보냄으로써 메모리 비트맵에 그리며 화면으로 직접 출력하지 않는다. 한 장면을 완성한 후 InvalidateRect로 화면을 무효화해 놓기만 하면 WM_PAINT에서 메모리 비트맵을 화면으로 출력할 것이다.

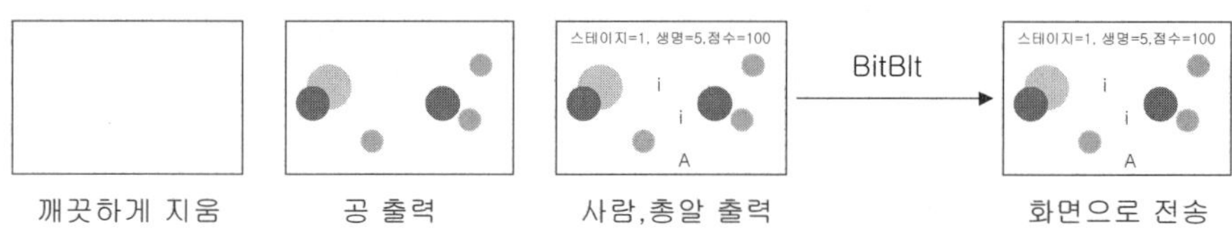

모든 출력이 메모리 내부에서 이루어지므로 사용자는 공을 이동하는 장면이나 지웠다가 다시 그리는 모습을 볼 수 없다. 매 프레임마다 완성된 화면만 보기 때문에 화면 움직임이 아주 부드럽다. 더블 버퍼링을 쓰기 때문에 충돌 판정이나 이동 등의 함수들은 화면에는 전혀 신경쓸 필요가 없고 변수들만 잘 관리하면 된다.

OnTimer의 출력문들은 비교적 평이하다. 공에 대한 모든 정보는 arBall 배열에 기록되어 있으므로 이 배열을 조사하여 존재하는 모든 공을 그리면 된다. Ellipse로 출력하되 각 공의 색상과 반지름을 적용했다. 사람과 총알은 알파벳 A와 i자로 그리는데 지정한 좌표의 중앙에 문자가 오도록 정렬했다. 이 정렬은 상당히 중요한 의미를 가지는데 사용자는 사람의 중앙 부분을 보며 공을 피해 다니기 때문이다.

캐릭터 이동

이 게임에는 세 개의 움직이는 물체가 있는데 사람은 사용자가 직접 조정해야 움직이는 것이고 공과 총알은 생성되면 자동으로 움직여야 한다. 공의 이동은 MoveBall 함수에서 처리하는데 BallDrop 예제의 함수를 거의 그대로 사용했다. 존재하는 모든 공에 대해 다음 위치를 결정하며 벽에 부딪치면 반사시킨다.

총알의 이동은 MoveBullet 함수가 처리하는데 아주 간단하다. 존재하는 모든 총알의 y 좌표를 BULSPPED만큼 감소하여 조금 위쪽으로 이동시킨다. BULSPEED는 6으로 정의되어 있는데 이 값을 변경하면 총알의 속도를 조정할 수 있다. 총알의 y 좌표가 0 이하가 되면, 즉 천장에 닿으면 이 총알은 제거한다. OnTimer에서는 매 프레임마다 이 두 함수를 호출하여 공과 총알의 다음 좌표를 계산하고 변경된 위치에 공과 총알을 다시 출력한다.

키입력 처리

게임이 시작되면 사용자는 좌우 커서 이동키로 사람을 움직이며 스페이스 키로 총알을 발사한다. 키를 입력받는 처리는 당연히 WM_KEYDOWN에서 해야 할 것 같지만 동시에 두 개 이상의 키를 입력받아야 하는 게임의 경우는 키 메시지를 쓸 수 없다. 키 메시지는 최후로 눌러진 키에 대한 신호만 올 뿐 키를 누르고 있는지에 대한 정보는 오지 않기 때문이다. 그래서 키 메시지로는 사람을 움직이면서 동시에 총알을 발사할 수 없다.

동시 키 입력을 처리하려면 GetKeyState 함수를 호출하여 키의 상태를 조사해야 한다. 좌우 이동키가 눌러져 있으면 사람의 cx 좌표를 MANSPEED만큼 증감하되 단 좌우측 벽 바깥으로 나가지 않도록 한다. cx 좌표만 변경해 놓으면 출력문의 좌표가 변경되므로 화면상의 사람 위치도 변경될 것이다. GetKeyState 함수는 사실 포커스 여부에 상관없이 동작하므로 이 프로그램이 활성 상태가 아니어도 게임이 진행된다는 문제가 있는데 게임하다 다른 일을 하지는 않으므로 큰 문제가 되지는 않아 처리하지 않았다.

총알 발사

스페이스 키를 누르면 총알을 발사하는데 이 코드는 조금 복잡하다. 총알은 개수에 제한(MAXBULLET)이 있고 총알끼리 일정한 간격(BULGAP)을 유지해야 한다. 총알이 무한정 발사된다면 게임이 너무 쉬워지고 하나씩만 발사된다면 너무 답답하므로 이 게임은 최대 3발까지 발사할 수 있도록 했다. 매 프레임마다 총알 발사 여부를 키 상태로 판별하므로 간격을 두지 않으면 스페이스키를 잠시만 누르고 있어도 세 발이 연속으로 발사되어 버릴 것이다.

스페이스 키가 눌려져 있으면 먼저 maxy에 존재하는 총알의 최대 y좌표를 찾는다. 즉 최후 발사된 총알의 y좌표가 어디쯤 있는지를 보는 것이다. 그리고 세 개의 총알이 모두 발사되었는지를 조사하는데 세 개가 이미 이동중이라면 이때는 더 이상 총알을 발사할 수 없다. arBullet에 새로운 총알을 저장할 수 있는 빈 공간이 있어야 한다. 총알 발사의 조건은 남은 총알이 있고 최후 발사된 총알과 BULGAP의 간격이 있어야 한다.

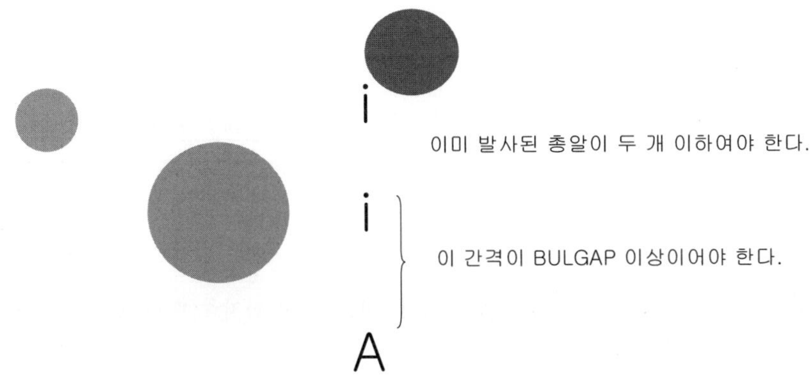

총알을 쏠 수 있는 조건이 되면 찾아 놓은 빈칸 i에 새 총알을 생성한다. Exist 멤버를 TRUE로 변경하고 총알의 x 좌표는 사람의 좌표 cx와 같고 y좌표는 사람보다 조금 위쪽으로 초기화한다. arBullet에 이렇게 총알을 생성해 놓기만 하면 출력문에서 이 총알을 그릴 것이며 MoveBullet 함수가 총알을 주기적으로 이동한다.

공과 총알의 충돌

공과 총알의 충돌 판정은 약간의 기술이 필요하다. 둘 다 단순값이 아닌 영역이므로 변수값을 비교하는 것으로는 충분하지 않으며 영역의 일부라도 겹치면 충돌로 판정해야 한다. 존재하는 모든 공과 존재하는 모든 총알이 부딪칠 가능성이 있으므로 이중 루프를 구성하여 모든 경우를 다 검사해봐야 한다. 총알이 3개고 공이 20개라면 충돌 판정을 총 60번 해야 하므로 상당한 시간이 걸리는 셈이다.

공과 총알이 충돌하려면 일단 두 물체의 사각영역의 일부가 겹쳐 있어야 한다. ballrt에 공의 영역을 구하고 bulrt에 총알의 영역을 구한 후 두 사각영역의 교집합 irt를 IntersectRect 함수로 계산한다. 그리고 IsRectEmpty 함수로 irt를 점검하여 이 영역이 공집합이 아니면 두 영역이 겹친 것이다. 이때 좀 더 정밀한 판정을 위해 공의 둥근 영역에 대해 리전을 만들어야 하는데 공은 원모양이므로 사각영역이 겹쳤다고 해서 총알과 충돌했다고 볼 수 없기 때문이다.

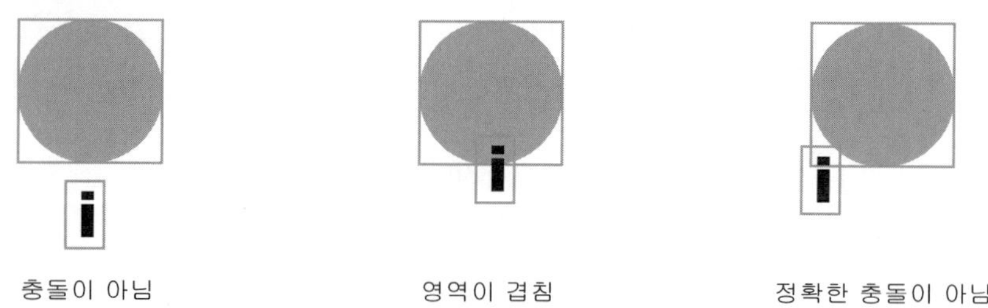

사각영역이 겹쳐 있으면 공의 영역에 대해 리전을 만들고 총알의 사각형과 리전의 영역이 겹친 부분이 있는지 검사한다. 리전만으로도 완전한 충돌 판정이 가능하지만 사각영역의 일부 겹침을 먼저 검사한 후 리전으로 정밀 판정을 하는 이유는 리전이 사각영역에 비해 훨씬 더 비싸기 때문이다. 사각영역은 단순한 구조체이지만 리전은 GDI 오브젝트인데 모든 공에 대해 일일이 리전을 만들었다가 해제하면 너무 느려진다. 그래서 대충 판별해 보고 충돌 가능성이 있을 때만 리전을 만들어 정확하게 다시 한번 더 점검하는 것이다.

공의 분리

공과 총알이 부딪치면 충돌 처리한다. 총알은 사라지면 되므로 Exist만 FALSE로 변경하면 되지만 공은 둘로 쪼개야 하는데 이 처리는 SplitBall 함수가 담당한다. 원본 공의 첨자를 인수로 전달하면 이 공을 작은 공 두 개로 나눈다. 원본 공을 작게 축소하고 새로운 빈 칸에 똑같은 크기의 공을 하나 더 만든다.

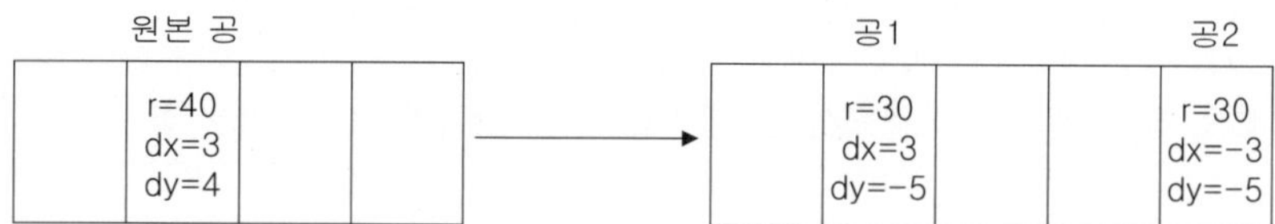

쪼개진 공은 원본 공보다 반지름이 10 더 작으며 색상이나 좌표는 원본 공의 것을 그대로 복사받는다. dx는 한쪽은 그대로이지만 새로 생성된 공은 부호를 반대로 바꾸어 양쪽으로 공이 쪼개지게 했다. dy는 상수 -5로 대입하는데 쪼개지면서 이동 방향을 위쪽으로 바꾸어 마치 총알에 부딪쳐 위쪽으로 튀어 오르는 듯 보인다.

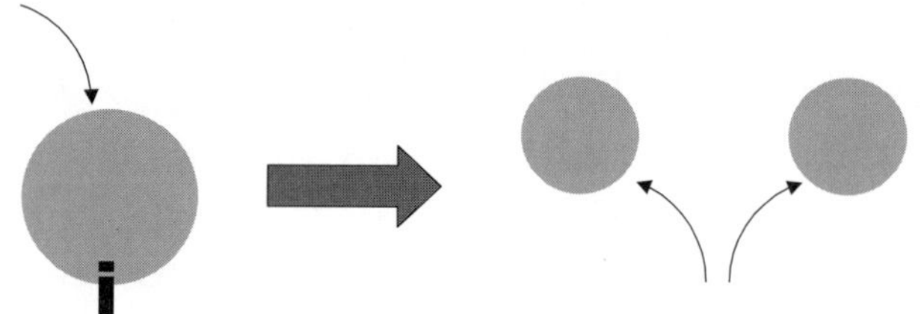

충돌한 공이 위쪽으로 튀지 않으면 사람과 공이 아주 인접해 있을 때 쪼개진 공을 피하기가 너무 어려워질 것이다. 충돌한 공의 반지름이 10이면 더 이상 쪼개질 수 없으므로 이때는 공을 제거하는데 arBall 배열의 정보만 삭제하면 된다. arBall 배열에 새로 만들어진 공의 정보를 기록하거나 제거된 공을 삭제해 놓기만 하면 이 공을 그리거나 이동하는 처리는 다른 루틴에서 책임진다.

SplitBall 함수는 공을 쪼개기도 하고 제거하기도 하는데 공이 제거될 때 두 가지 처리를 해야 한다. 첫 번째로 점수를 증가시켜야 하며 두 번째로 스테이지 끝 판정을 해야 한다. 공이 사라질 때 남은 공의 개수를 세어 보고 하나도 남은 것이 없다면 이때가 스테이지를 끝낼 때이다. nStage를 증가시켜 새 공의 개수를 하나 증가시키고 StartStage를 호출하되 이때 사람은 현재 위치를 계속 유지한다.

SplitBall은 OnTimer가 호출했으므로 처리 후 OnTimer로 리턴할 것이다. SplitBall에서 스테이지를 완전히 다시 시작했다 하더라도 OnTimer에서는 별도의 처리를 더 할 필요가 없다. 왜냐하면 arBall, arBullet 등이 완전히 초기화되어 버렸기 때문에 다음번 타이머 메시지를 받았을 때 자연스럽게 화면을 다음 스테이지로 깨끗하게 다시 그리기 때문이다.

공과 사람의 충돌

공과 사람의 충돌을 판정하는 방법도 총알과의 충돌을 판정하는 방법과 기본적으로 동일하다. 다만 사람은 하나밖에 없으므로 이중 루프를 돌리지 않아도 된다는 차이가 있다. 사람의 영역인 mrt와 공의 리전이 충돌했는지를 검사하는데 이때 사람의 영역인 mrt가 실제 사람의 영역보다 조금 더 낮게 설정되어 있다. 폭은 12로 하고 높이는 cy에서 5보다 아래쪽으로 설정하는데 이렇게 하는 이유는 게임에 약간의 여유를 주기 위해서이다. 실제로는 부딪쳤더라도 대충 피했으면 안 죽은 것으로 인정하는데 너무 정확하면 재미가 없다.

위쪽은 충돌 검사에서 제외한다.

이 영역이 공과 충돌했는지 본다.

충돌했을 경우 생명을 하나 감소하고 현재 스테이지를 다시 시작한다. 이때 UpdateWindow로 화면을 즉시 갱신하고 1초간 대기하는데 이는 왜 죽었는지를 확실하게 보여주기 위해서이다. 바로 게임을 재개하는 것보다 어떤 공에 충돌해서 죽었는지 확인을 해야 사실감이 있다. 그냥 1초를 대기하는 것보다 사람이 쓰러지는 애니메이션을 출력한다면 더 좋을 것 같다. 생명이 0이 되면 게임을 끝낸다. Status를 STOP으로 변경하고 타이머를 해제하여 게임 진행을 멈춘다. 그리고 화면을 완전히 지우고 다시 그려 엔터키를 눌러라는 메시지가 보이도록 한다.

개작

이 프로그램은 개작의 여지가 아주 많은 게임이다. 공의 움직임이나 충돌 판정 등의 내부 계산 루틴은 비교적 완벽하게 만들었지만 외부 장식은 아주 대충이다. 사람은 A, 총알은 i 따위로 표시하는데 조금 더 정성을 들인다면 당연히 비트맵을 사용해야 한다. 비트맵 여러 장을 준비해 놓고 사람이 움직일 때 걸어가는 모양을 보인다거나 총알이 날아갈 때 뱅글 뱅글 돌아간다면 더 예쁠 것이다.

사운드도 MessageBeep로 삑하는 소리 정도만 내는데 그럴듯한 충돌음을 연주하면 게임이 훨씬 더 통쾌해질 것이다. 이외에 총알 발사 속도 증가, 연속 발사 개수 증가, 사람의 이동 속도 증가 등의 아이템을 만들어 넣으면 더 긴장감 있는 게임을 할 수 있다. 소스의 STRESS 매크로를 정의하면 총알 속도와 개수가 증가하여 난이도가 굉장히 낮아진다.

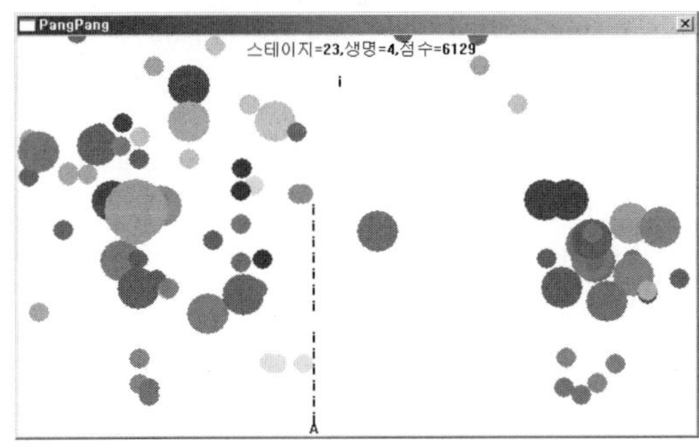

총알을 피할 필요없이 무조건 갈기면 공이 마구 쪼개져 스트레스 해소용으로 효과가 있다. 그런데 이렇게 만들어도 공이 한꺼번에 너무 많이 나오면 쉽지가 않다. 팡팡은 아주 간단한 규칙을 가지고 있지만 작은 아이디어로도 재미를 배가할 수 있는 훌륭한 실습 예제이다. 화면 장식과 사운드부터 개조해 보고 좀 더 완성도 높은 게임을 만들어 보기 바란다.

30-2-다. 벽돌 깨기

앞에서 만든 Bounce 예제를 잘 응용하면 공이 벽에 튕기는 단순한 물리 현상만으로도 게임을 만들 수 있다. 반사를 이용하는 아주 고전 게임인 벽돌 깨기가 바로 그것인데 CD-ROM에 Alkanoid 예제로 작성해 놓았다. 공의 이동을 관리하는 기본 원리는 Bounce 예제와 유사하되 공의 좌표를 관리하는 방법이 조금 더 복잡하고 움직임에 영향을 줄 수 있는 요인이 훨씬 더 많다는 정도만 다르다.

예제 : Alkanoid

소스 생략

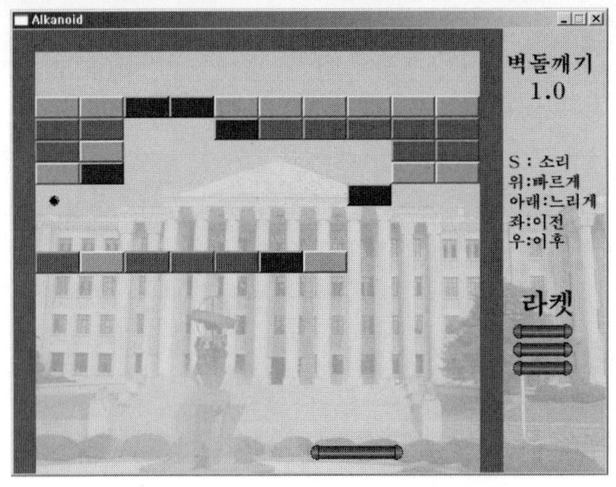

비트맵과 사운드 처리에 마우스 제어 코드까지 들어 있어 소스가 다소 긴 편인데 주요 핵심 부분만 분석해 보기로 하자. 가장 중요한 것은 역시 공의 움직임을 섬세하게 제어하는 것인데 공의 이동과 관련된 주요 변수는 다음과 같다.

변수	초기값	설명
bx, by	라켓 중앙	공의 현재 좌표.
dx, dy	1, -1	공의 이동 방향. 1 또는 -1의 값을 가지며 방향만 지시한다.
distance	3.0	한 프레임에 이동할 거리
angle	50	공의 이동 각도. 10~80의 범위를 가진다.

공의 움직임을 정밀하게 제어하기 위해 위치나 거리, 각도 등의 주요 변수들이 실수로 선언되어 있다. 정수는 미세한 움직임을 저장할 수 없으므로 내부적인 값은 실수로 유지하되 단, 화면에 출력할 때는 어쩔 수 없이 정수로 변환해야 한다. 화면은 정수의 공간이므로 최종 결과 좌표는 정수이지만 중간 좌표를 실수로 저장하는 것이다. 공을 실제로 움직이는 핵심 코드는 OnTimer의 선두에 있다.

```
mx=cos(angle*3.14/180)*distance*dx;
my=sin(angle*3.14/180)*distance*dy;
bx+=mx;
by+=my;
```

각도와 이동 거리, 방향에 따라 현재 위치에서 공이 얼마나 이동할지를 계산하여 bx, by에 더한다. 이 공식과 변수와의 관계를 그림으로 설명해 보면 다음과 같다.

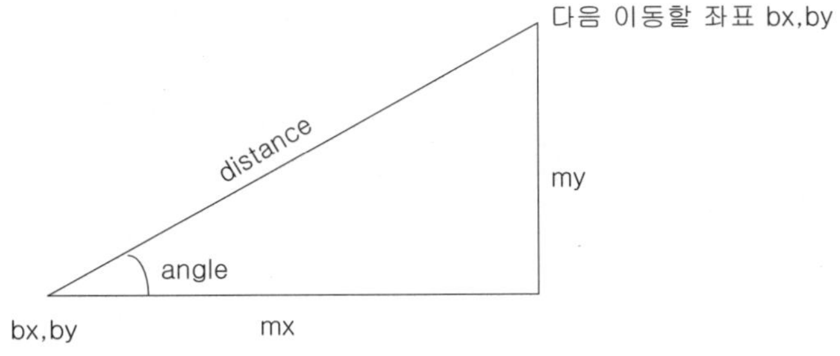

빗변이 distance이고 각도가 angle인 직각 삼각형을 그리면 bx, by에서 distance만큼 떨어진 좌표까지의 거리 mx, my를 구할 수 있으며 이 값을 bx, by에 더하면 여기가 공의 다음 좌표가 된다. 표준 삼각함수는 각도가 아닌 라디안을 요구하므로 angle은 라디안으로 변환해 사용해야 한다. 이 공식은 수학 좌표계의 1/4분면에 대해서만 적용되는데 그래서 dx, dy로 이동 방향을 따로 관리하고 있다. dx, dy가 둘 다 1이면 우하단으로 이동하는 중이고 dx가 1, dy가 -1이면 우상단으로 이동하는 중이다.

공의 이동에 수평, 수직 증분을 사용하지 않고 각도와 거리라는 개념을 사용하는 이유는 이동 방향에 상관없이 일정한 속도를 유지해야 하기 때문이다. 증분을 관리하면 증분은 일정하지만 두 증분값을 비율에 따라 이동 속도의 편차가 심해진다. 반면 각도와 거리를 관리하면 프레임당 항상 일정한 거리만큼 이동하도록 쉽게 제어할 수 있고 라켓에 부딪쳤을 때 출사각에 변화를 주기 쉽다.

OnTimer에서는 여러 가지 충돌을 처리한다. 벽과의 충돌은 dx, dy의 부호만 변경하면 되는데 각도나 이동 거리는 그대로 유지하고 방향만 바뀌므로 입사각과 출사각이 동일하다. 벽에 부딪치기 전의 각도 그대로 튕겨 나가므로 아주 상식적이다. 라켓과 충돌했을 때는 입사각과는 상관없이 공이 라켓의 어느 부위에 떨어졌는가에 따라 출사각을 인위로 조정한다. 수식이 조금 복잡해 보이는데 그림으로 설명해 보면 다음과 같다.

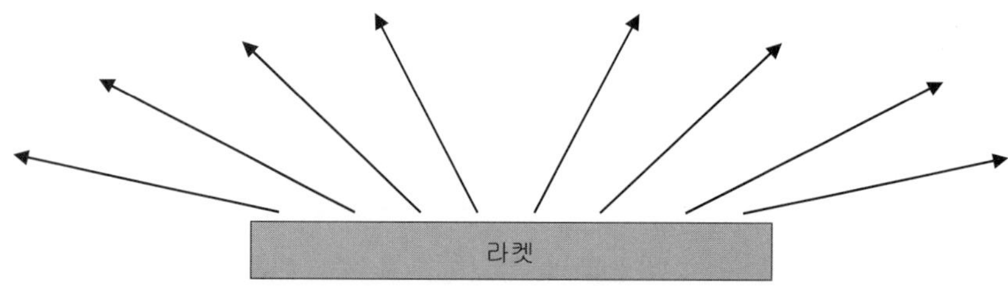

공이 라켓에 맞은 부분과 라켓 중심과의 거리를 구해 중심일 때 80, 중심에서 멀어질수록 점점 작아져 라켓 끝에 맞았을 때는 10으로 각도를 결정한다. 공의 출사각을 예측 할 수 있어야 사용자가 원하는 곳으로 공을 보낼 수 있다. 만약 벽에 반사될 때처럼 입사각과 출사각이 항상 같고 사용자가 공을 제어할 수단이 없다면 공이 튀는대로 라켓을 갖다대기만 해야 하므로 재미가 전혀 없을 것이다. 게임이란 사용자의 의지대로 진행될 수 있어야 한다.

공과 벽돌의 충돌은 충돌할 수 있는 면이 많기 때문에 훨씬 더 복잡하다. CheckStrike 함수는 인수로 주어진 좌표와 벽돌의 겹침 여부를 체크하는데 주어진 위치에 벽돌이 있다면 dx, dy에 mx, my를 곱하여 방향을 변경한다. 인수로 주어진 공의 좌표는 화면 좌표이지만 벽돌의 존재는 ns 배열에 있으므로 화면 좌표를 배열 좌표로 변경한 후 이 위치의 배열값을 읽어보면 벽돌과 공이 충돌했는지를 알 수 있다.

공과 벽돌이 충돌했으면 배열의 해당칸을 1감소하는데 한 번 맞아서 파괴되는 벽돌은 제거되고 두 번 맞아서 파괴되는 벽돌은 다음 번에 파괴된다. 게임판 배열에는 0~3까지의 숫자가 배치되어 있는데 이 값은 벽돌이 몇 번만에 파괴될 것인가를 지정하며 0은 벽돌이 없는 빈 공간이다. OnTimer에서는 공의 이동 방향에 따라 CheckStrike 함수를 네 번 호출하는데 점검 순서는 다음과 같다. 벽돌이 4개의 면을 가지므로 4방향을 모두 점검해야 한다.

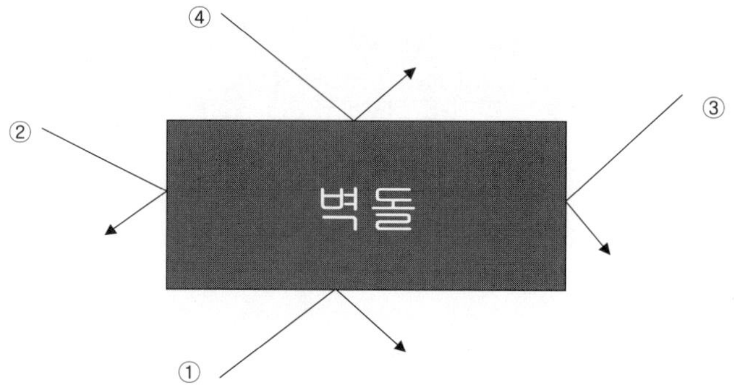

하좌우상순으로 점검하는데 사실 순서 자체가 큰 의미가 있는 것은 아니다. 중요한 것은 이 순서대로 충돌 판정을 해 보고 한쪽이 충돌했으면 나머지는 더 이상 판정을 하지 않는다는 점이다. 공은 한번 이동시 벽돌과 단 한번만 충돌하며 여러번 충돌하지 않는데 이런 처리가 왜 필요한가하면 공과 벽돌이 일단 충돌하면 4방향 모두 조건이 맞기 때문이다. 4방향으로 동시에 반사되면 결국 공은 가던 길을 계속 가 버릴 것이다.

OnTimer에는 라켓 아래쪽으로 공이 떨어지면 라켓 하나를 감소하는 처리, 라켓이 더 없으면 게임을 끝내는 처리, 모든 벽돌이 제거되었으면 다음 스테이지로 넘어가는 처리도 있다. 결국 OnTimer는 라켓이 공을 놓치거나 벽돌을 완전히 제거할 때까지 공과 벽, 라켓, 벽돌의 충돌 처리를 계속 반복하면서 게임을 진행하는 것이다.

OnTimer에서 또 하나 눈여겨 볼 것이 있는데 매 프레임마다 공의 이동 처리를 16번으로 나누어 처리한다는 점이다. 한번에 distance만큼 이동하는 것이 아니라 이 값을 16으로 나눈 dist16만큼 이동하기를 16번 반복한다. 왜 이렇게 잘게 반복 처리하는가 하면 공의 이동 거리가 최대 20픽셀만큼 커질 수 있기 때문이다. 공이 프레임당 이렇게 먼 거리를 움직이면 공이 아예 벽돌속에 묻혀 버릴 수도 있다. 다음 그림을 보자.

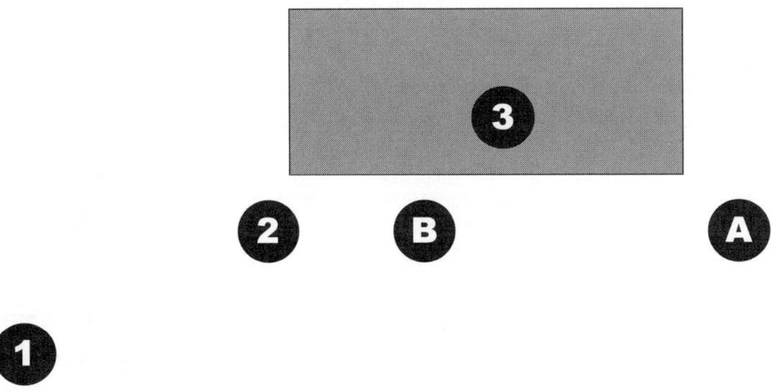

공이 왼쪽 아래에서 벽돌을 향해 빠른 속도로 돌진해 오고 있는데 2번 프레임에서는 아직 벽돌과 충돌하지 않았다. 3번 프레임에서 공이 벽돌과 충돌했는데 이렇게 갑자기 벽돌 안으로 들어와 버리면 도대체 왼쪽 변과 충돌한 것인지 아래쪽 변과 충돌한 것인지 판별하기가 굉장히 어렵다. 3번 프레임까지 진행된 상태에서 공이 어느쪽 변에 맞았는지를 알아 내려면 2번과 3번을 잇는 선분이 벽돌의 어느 선분과 교차했는지를 판별해야 하는데 불가능하지는 않지만 다량의 수학 계산이 필요하다.

또, 설사 알아낸다 하더라도 공의 다음 위치를 결정하는 것도 참 어려운데 벽돌의 아래쪽에 맞았다고 했을 때 공의 다음 위치는 A, B중 어디가 되어야하겠는가? 이 그림대로라면 3번 다음은 A의 위치가 맞지만 2번에서 A로의 이동은 결코 자연스러워 보이지 않는다. 이 경우 공이 벽돌과 최초로 부딪힌 위치에서 반사되어 B로 이동해야 옳다.

그래서 OnTimer는 distance만큼 공을 한번에 이동하지 않고 이동 거리를 16번 나누어 공의 움직임을 정밀하게 관리하는 것이다. 단, 변경된 좌표가 정수 차원에서 이전 좌표와 동일하다면 이 좌표는 충돌 처리에서 제외함으로써 불필요한 판정은 하지 않는다. 이 계산은 어디까지나 내부적인 처리일 뿐이므로 화면 출력과는 상관이 없으며 화면에는 최종적으로 결정된 좌표만 보인다.

이상으로 벽돌 게임의 핵심부분만 간단하게 분석해 보았다. 나머지 사운드 처리나 마우스 커서 관리 등은 직접 분석해 보기 바란다. 스테이지 구성이 단순하고 게임 운영이 조금 허술하지만 기본 골격은 완성되어 있으므로 살만 잘 붙여도 얼마든지 훌륭한 게임이 될 수 있다. 벽돌에 아이템을 숨겨놓는다든가 네트워크를 이용한 2인용 전투 게임으로 만드는 등의 개작을 해 볼 수 있다.

과제 Fighter2

더블 버퍼링을 활용하면 움직임이 많은 슈팅 게임을 작성할 수 있다. 콘솔 버전으로 만들어진 Fighter 예제의 소스를 먼저 분석하고 이 프로그램을 그래픽 버전으로 다시 작성해 보아라. 꼭 Fighter가 아니더라도 갤러그나 인베이더 정도의 게임은 얼마든지 만들 수 있을 것이다. 콘솔에서는 수평으로만 이동할 수 있지만 그래픽 환경에서는 수직으로도 이동할 수 있으며 픽셀 단위로 이동하므로 좀 더 섬세한 표현이 가능하다.

31-1 메타 파일

31-1-가. 메타 파일

그림을 저장하는 방식에는 일반적으로 래스터와 벡터 두 가지 방법이 있으며 윈도우즈는 두 방법을 모두 지원한다. 그 중 하나는 바로 앞장에서 알아본 비트맵이며 나머지 하나는 여기서 알아볼 메타 파일이다. 메타 파일을 한마디로 정의하자면 GDI 함수 호출을 부호화하여 모아놓은 파일이다. 비트맵이 그림 자체를 저장하고 있는데 비해 메타 파일은 그림을 그리는 명령을 저장하고 있기 때문에 장치 독립적이라는 장점을 가지며 비트맵보다는 크기가 작다.

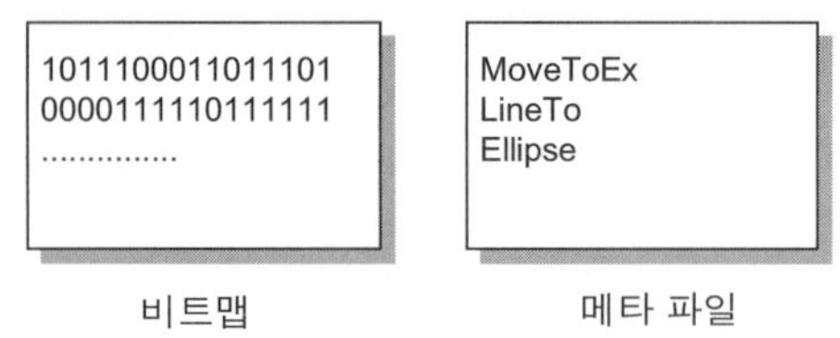

반면 메타 파일은 일일이 부호화된 명령을 꺼내와 해석하고 다시 실행해야 하기 때문에 속도에 있어서는 비트맵에 비해 훨씬 더 불리하다. 속도가 지극히 중요하다거나 일반적인 목적으로 그림을 출력할 때는 비트맵을 사용하는 것이 좋지만 장치 독립성이 중요할 때는 메타 파일을 사용하는 것이 적당하다.

비트맵이 그래픽을 저장하는 방식을 래스터(Raster) 방식이라고 하며 메타 파일이 그래픽을 저장하는 방식을 벡터(Vector)라고 한다. 그래픽 프로그램중 코렐 드로우, 일러스트레이터, CAD 프로그램은 벡터 위주이며 포토샵이나 그림판은 래스터 위주인데 이 두 부류의 프로그램 차이가 메타 파일과 비트맵의 차이라고 할 수 있다. 벡터 그래픽은 일정한 크기의 비트맵으로 변환(래스터라이징)할 수 있으며 모니터나 프린터 등의 장비가 래스터 방식이기 때문에 변환을 해야만 출력할 수 있다. 반면 그 반대는 어느 정도는 가능하지만 일반적으로 불가능하다고 할 수 있다.

벡터 그래픽은 선이나 면 등의 그래픽 개체에 대한 정보를 가지고 있기 때문에 다른 개체에 영향을 주지 않고 그래픽 개체를 자유롭게 편집할 수 있고 크기 변경이 용이하다. 래스터와 벡터의 차이를 확인해 보고 싶으면 파워포인트와 그림판을 비교해 보면 된다.

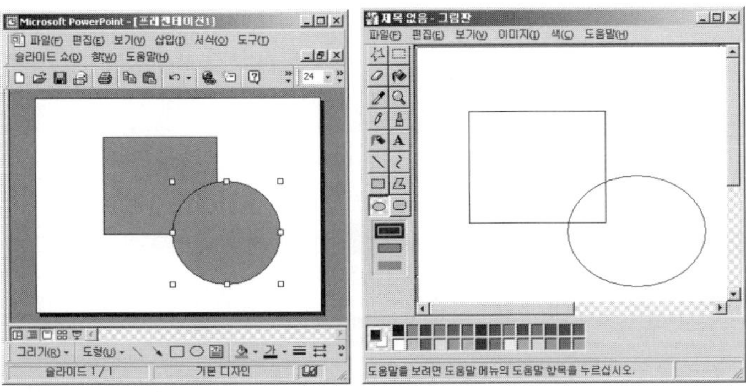

똑같이 네모 하나와 동그라미 하나를 그려놓았다. 파워포인트는 이 도형을 벡터로 저장하기 때문에 네모의 모양이나 위치에 상관없이 동그라미를 어느 위치로나 이동시킬 수 있으며 핸들을 드래그해서 크기를 조절할 수 있다. 또한 만들어진 전체 그림을 어떤 크기로라도 출력할 수 있으며 인쇄를 해도 모양이 깔끔하다. 반면 그림판의 도형은 이미지에 새겨진 것이기 때문에 개별적으로 이동이 불가능하다. 네모는 그대로 두고 동그라미만 이동하는 등의 작업을 할 수가 없으며 이미 그려진 도형의 크기를 바꾸는 것도 불가능하다. 뿐만 아니라 만들 때의 크기 이외로 확대하거나 축소할 수도 없으며 인쇄하면 그림에 계단 현상이 생긴다.

31-1-나. 32비트 메타 파일

윈도우즈가 지원하는 메타 파일은 두 가지 종류가 있다. 16비트 메타 파일인 윈도우즈 포맷과 32비트 메타 파일인 Enhanced Metafile 포맷(번역하자면 향상된 메타 파일)이 그것이다. 32비트 메타 파일은 이름 그대로 16비트 메타 파일에 비해 훨씬 더 향상된 기능을 가지고 있다. Win32에서 새로 추가된 많은 GDI 함수를 사용할 수 있으며 16비트 메타 파일에 비해 완전한 장치 독립적인 구조를 가지고 있다. 다음 예제는 32비트 메타 파일을 생성하고 재생한다.

예 제 : Meta

```
LRESULT CALLBACK WndProc(HWND hWnd,UINT iMessage,WPARAM wParam,LPARAM lParam)
{
    HDC hdc;
    HDC hdcMeta;
    HENHMETAFILE hMFile;
    RECT rt;
    switch (iMessage) {
    case WM_LBUTTONDOWN:
        hdc=GetDC(hWnd);
        hdcMeta=CreateEnhMetaFile(hdc,"TestEnh.emf",NULL,
            "my program\0Test Enh Meta File\0");
        Ellipse(hdcMeta,10,10,100,100);
        Rectangle(hdcMeta,5,105,105,120);
        hMFile=CloseEnhMetaFile(hdcMeta);
        DeleteEnhMetaFile(hMFile);
        ReleaseDC(hWnd, hdc);
```

```
        MessageBox(hWnd, "Meta File Created","Meta",MB_OK);
        return 0;
    case WM_RBUTTONDOWN:
        hdc=GetDC(hWnd);
        hMFile=GetEnhMetaFile("TestEnh.emf");
        if (hMFile == NULL) {
            MessageBox(hWnd, "File Not Found", "Meta", MB_OK);
        } else {
            rt.left=LOWORD(lParam);
            rt.right=rt.left+100;
            rt.top=HIWORD(lParam);
            rt.bottom=rt.top+100;
            PlayEnhMetaFile(hdc,hMFile,&rt);
        }
        DeleteEnhMetaFile(hMFile);
        ReleaseDC(hWnd,hdc);
        return 0;
    case WM_DESTROY:
        PostQuitMessage(0);
        return 0;
    }
    return(DefWindowProc(hWnd,iMessage,wParam,lParam));
}
```

마우스 왼쪽 버튼을 누르면 메타 파일을 만들고 오른쪽 버튼을 누르면 누른 위치에 메타 파일을 출력한다. 실행 결과는 다음과 같다.

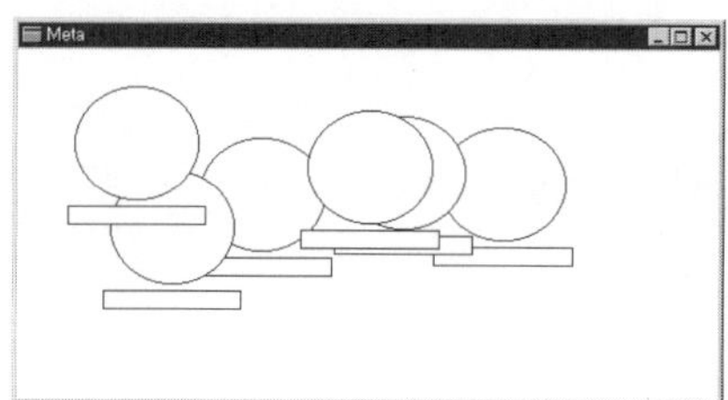

프로젝트 디렉토리를 보면 TestEnh.emf라는 파일이 생성되어 있을 것이다. 그럼 이 소스를 차근히 분석해 보면서 메타 파일을 만드는 방법과 만들어진 메타 파일을 재생하는 방법에 대해 알아보자. 우선 WM_LBUTTONDOWN에 작성되어 있는 메타 파일을 만드는 코드를 분석해 보자. 메타 파일을 만들려면 우선 다음 함수를 사용하여 메타 DC를 만들어야 한다.

HDC CreateEnhMetaFile(HDC hdcRef, LPCTSTR lpFilename, CONST RECT *lpRect, LPCTSTR lpDescription);

이 함수는 4개의 인수를 취한다. 각 인수의 의미는 다음과 같다.

hdcRef

메타 DC를 만들 때 참조하는 DC이며 이 DC의 해상도와 사용단위를 참조하여 메타 DC를 만든다. NULL을 지정하면 현재 사용중인 디스플레이 DC를 참조한다.

lpFileName

만들어질 메타 파일의 이름이다. 32비트 메타 파일은 확장자 emf를 사용하므로 emf 확장자를 가진 파일 이름을 주면 된다. 파일명을 지정하지 않을 경우 즉 이 인수에 NULL을 넘기면 메타 파일은 디스크상에 작성되지 않으며 메모리상에 만들어진다. 메모리상에 만든 메타 파일은 DeleteEnhMetaFile 함수를 호출할 때 같이 삭제된다.

lpRect

메타 파일의 크기를 0.01밀리미터 단위로 지정한다. NULL일 경우 GDI는 그림 전체를 포함하는 크기를 계산해 사용한다. 보통 NULL로 지정한다.

lpDescription

메타 파일에 대한 설명 문자열을 기입하며 불필요할 경우 NULL을 지정한다. 여러 개의 문자열을 널 문자로 구분하여 넣을 수 있으며 전체 문자열은 두 개의 널 문자로 끝나야 한다. 보통 "프로그램명\0그림명\0" 형식으로 설명을 달거나 아니면 그림이나 저작자에 대한 정보를 붙인다. 이 정보는 파일 열기 대화상자 등에서 그림에 대한 간략한 정보를 표시하고자 할 때 사용된다.

이 함수가 리턴하는 값은 메타 DC의 핸들이며 에러 발생시 NULL을 리턴한다. 메타 DC를 만들었으면 이제 이 DC를 사용하여 극히 특수한 함수 몇 가지를 제외하고 대부분의 GDI 함수를 호출할 수 있다. 메타 DC로 보내지는 그래픽은 차곡차곡 메타 파일에 부호화되어 저장되며 이렇게 저장된 정보는 언제든지 다시 재생할 수 있다. 어떤 식으로 부호화되는지는 잠시 후에 연구해 볼 것이다.

예제에서는 Testenh.emf라는 이름으로 메타 파일을 만들고 메타 DC를 hdcMeta에 대입한 후 이 DC를 사용하여 타원 하나, 사각형 하나를 그렸다. 예제를 짧게 만들기 위해 두 개의 함수만 호출해 봤지만 GDI 오브젝트도 자유롭게 사용할 수 있으므로 얼마든지 복잡한 도형도 그릴 수 있다. 메타 DC에 그렸으므로 당장 화면에 타원과 도형이 그려지지는 않으며 메타 파일에 함수 호출문이 저장되기만 할 뿐이다. 메타 DC에 그림을 다 그린 후 다음 함수를 호출한다.

HENHMETAFILE CloseEnhMetaFile(HDC hdc);

이 함수는 메타 DC를 닫고 메타 파일의 핸들을 돌려준다. 즉 메타 파일에 그리기를 종료하는 함수이다. 이 함수가 리턴하는 메타 파일 핸들만 있다면 언제든지 그림을 다시 출력할 수 있다. 메타 파일을 만든 후 다음 함수를 호출한다.

BOOL DeleteEnhMetaFile(HENHMETAFILE hemf);

이 함수는 메타 파일의 핸들을 지운다. 함수명과는 달리 삭제되는 것은 메타 파일의 핸들이지 디스크에 이미 저장된 메타 파일 그 자체가 아니다. 파일을 삭제하고 싶으면 DeleteFile 함수를 사용해야 한다. 메타 파일 핸들이 메모리를 차지하고 있으므로 이 함수를 호출하여 메타 파일 핸들을 삭제해야 한다. 이상으로 메타 파일을 만드는 절차를 알아보았다. 간단하게 그림으로 정리해 보자.

만약 디스크상에 메타 파일을 만들지 않고 메모리상으로만 메타 파일을 만들었다면 CloseEnhMetaFile 함수가 리턴한 파일 핸들을 사용하여 메타 파일을 재생할 수 있다. 단 영구히 보존되지 않으므로 이 정보들은 DeleteEnhMetaFile에 의해 파괴된다.

그럼 이번에는 만들어진 메타 파일을 재생하는 방법을 알아보자. 예제에서 메타 파일을 재생하는 코드는 WM_RBUTTONDOWN에 있다. 우선 다음 함수를 호출하여 메타 파일을 읽고 메타 파일 핸들을 얻는다.

HENHMETAFILE GetEnhMetaFile(LPCTSTR lpszMetaFile);

인수로는 읽고자 하는 메타 파일명을 주며 메타 파일의 핸들을 리턴하되 에러가 발생했을 경우 NULL을 리턴한다. 메타 파일 핸들을 얻었으면 다음 함수로 메타 파일을 재생한다.

BOOL PlayEnhMetaFile(HDC hdc, HENHMETAFILE hemf, CONST RECT *lpRect);

hdc는 메타 파일을 출력할 DC이며 hemf는 출력 대상이 되는 메타 파일의 핸들이며 lpRect는 메타 파일이 출력될 영역이다. 예제에서는 마우스 버튼을 누른 위치에 폭, 높이를 100으로 하여 메타 파일을 출력했는데 위치와 크기는 언제든지 변경할 수 있다. 예제의 +100을 +200으로 수정하면 재생되는 메타 파일이 두 배로 커진다. 메타 파일 핸들만 있다면 어떠한 복잡한 모양이라도 반복 재생할 수 있다. 출력이 종료된 후에는 반드시 DeleteEnhMetaFile 함수를 호출하여 사용한 메타 파일 핸들을 제거해야 한다.

31-1-다. 16비트 메타 파일

16비트 메타 파일은 윈도우즈 3.1버전과의 호환성을 위해 제공할 뿐이며 지금은 훨씬 더 좋은 32비트 포맷이 나옴으로 해서 거의 사용되지 않는다. 그러나 16비트 포맷으로 작성되어 있는 클립 아트들이 굉장히 많기 때문에 이 파일들을 활용하기 위해서는 16비트 포맷도 쓸 수 있어야 한다. 16비트 메타 파일을 만들고 재생하는 예제를 만들어 보면 다음과 같다.

예 제 : Meta16

```
LRESULT CALLBACK WndProc(HWND hWnd,UINT iMessage,WPARAM wParam,LPARAM lParam)
{
    HDC hdc;
    HDC hdcMeta;
    HMETAFILE hMFile;
```

```
    switch (iMessage) {
    case WM_LBUTTONDOWN:
        hdcMeta=CreateMetaFile("Test.wmf");
        Ellipse(hdcMeta,10,10,100,100);
        Rectangle(hdcMeta,5,105,105,120);
        hMFile=CloseMetaFile(hdcMeta);
        DeleteMetaFile(hMFile);
        MessageBox(hWnd, "Meta File Created","Meta",MB_OK);
        return 0;
    case WM_RBUTTONDOWN:
        hdc=GetDC(hWnd);
        hMFile=GetMetaFile("Test.wmf");
        if (hMFile == NULL) {
            MessageBox(hWnd, "File Not Found", "Meta", MB_OK);
        } else {
            PlayMetaFile(hdc,hMFile);
        }
        DeleteMetaFile(hMFile);
        ReleaseDC(hWnd,hdc);
        return 0;
    case WM_DESTROY:
        PostQuitMessage(0);
        return 0;
    }
    return(DefWindowProc(hWnd,iMessage,wParam,lParam));
}
```

32비트 예제와 마찬가지로 마우스 왼쪽 버튼을 누르면 test.wmf라는 이름으로 메타 파일을 만들고 오른쪽 버튼을 누르면 메타 파일을 읽어와 재생한다. 메타 파일 안에는 원 하나와 사각형 하나를 그려 보았다. 실행 결과는 다음과 같다.

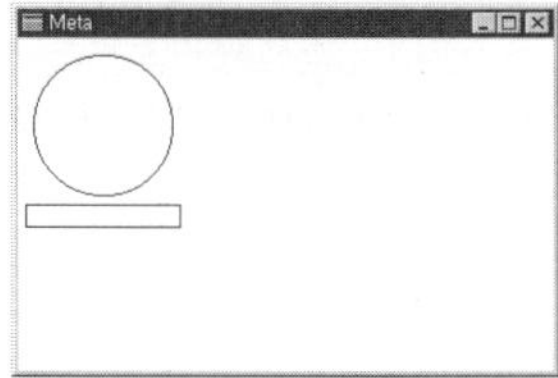

예제 실행 후에 프로젝트 디렉토리에 Test.wmf라는 파일이 생성되어 있을 것이다. 소스를 대충 훑어보면 32비트 메타 파일을 만드는 방법과 거의 같은 방법을 사용하되 함수명에 Enh가 빠져있고 인수가 좀 적다는 차이가 있다. PlayMetaFile 함수를 예로 들면 DC 핸들과 메타 파일 핸들만을 인수로 취할 뿐이지 재생할 위치를 지정하는 인수가 없기 때문에 무조건 DC의 좌상단에만 출력할 수 있다. 위치와 크기를 변경해서 출력하려면 맵핑 모드를 바꾸고 원점과 확장을 적당히 조정하는 번거로운 과정을 거쳐야 한다.

31-2 메타 파일의 구조

31-2-가. 16비트 메타 파일 분석

먼저 상대적으로 간단한 16비트 메타 파일부터 분석해 보자. 16비트 메타 파일은 선두에 METAHEADER라는 구조체로 시작되며 헤더 바로 다음에 메타 레코드들이 이어진다. 헤더에는 메타 파일에 대한 여러 가지 정보들이 들어 있다.

```
typedef struct tagMETAHEADER {   // mh
    WORD   mtType;
    WORD   mtHeaderSize;
    WORD   mtVersion;
    DWORD  mtSize;
    WORD   mtNoObjects;
    DWORD  mtMaxRecord;
    WORD   mtNoParameters;
} METAHEADER;
```

각 멤버의 의미는 다음과 같다.

멤버	설명
mtType	메모리 상의 메타 파일인가 디스크상의 메타 파일인가를 나타내며 이 멤버가 1이면 메모리상의 메타 파일이며 2면 디스크상의 메타 파일이다.
mtHeaderSize	워드 단위의 헤더 크기
mtVersion	메타 파일의 버전을 나타낸다. 0x300이면 DIB를 지원하며 0x100이면 DIB를 지원하지 않는다. 32비트의 구조체들은 구조체 크기로 버전을 표시하나 구형 구조체는 별도의 버전 멤버를 가진다.
mtSize	워드 단위의 파일 크기
mtNoObjects	메타 파일에 동시에 존재할 수 있는 오브젝트의 최대 개수
mtMaxRecord	가장 큰 레코드의 크기를 워드 단위로 나타낸다.
mtNoParameters	예약 멤버

다음은 앞에서 만들었던 Test.wmf 파일을 덤프한 결과이다. 오프셋 0x12까지가 헤더이다. 각 멤버가 실제로 어떤 값을 가지는가를 살펴보기 바란다.

```
00:  01 00 09 00 00 03 1A 00-00 00 00 00 07 00 00 00
10:  00 00 07 00 00 00 18 04-64 00 64 00 0A 00 0A 00
20:  07 00 00 00 1B 04 78 00-69 00 69 00 05 00 03 00
30:  00 00 00 00
```

헤더 이후에는 다음과 같이 정의된 구조체가 연속적으로 이어지며 구조체 하나가 GDI 함수 호출 하나에 대응된다.

```
typedef struct tagMETARECORD {    // mr
      DWORD rdSize;
      WORD   rdFunction;
      WORD   rdParm[1];
} METARECORD;
```

rdSize 멤버는 이 레코드의 크기를 워드 단위로 나타낸다. 어떤 함수 호출문인가에 따라 사용되는 인수의 개수가 다르기 때문에 레코드의 크기가 가변적이며 그래서 고정된 위치인 맨 앞에 구조체의 크기가 있어야 한다. fdFunction 멤버는 이 레코드가 어떤 GDI 함수 호출을 부호화한 것인가를 나타내며 Wingdi.h에 GDI 함수 호출을 부호로 정의해둔 매크로들이 있다.

```
/* Metafile Functions */
#define META_SETBKCOLOR                 0x0201
#define META_SETBKMODE                  0x0102
#define META_SETMAPMODE                 0x0103
=============== 중간 생략 =================
#define META_LINETO                     0x0213
#define META_MOVETO                     0x0214
#define META_ELLIPSE                    0x0418
#define META_FLOODFILL                  0x0419
#define META_PIE                        0x081A
#define META_RECTANGLE                  0x041B
#define META_ROUNDRECT                  0x061C
#define META_PATBLT                     0x061D
=============== 이후 생략 =================
```

GDI 함수 하나에 대해 하나씩의 부호가 정의되어 있음을 알 수 있다. rdParam 멤버는 GDI 함수로 전달되는 인수들의 배열이며 함수로 전달되는 순서의 역순으로 배열화되어 있다. GDI 함수에 따라 필요한 인수의 개수가 다르므로 이 멤버의 크기는 가변적이다. Test.wmf의 첫 번째 레코드를 해석해 보자.

```
07 00 00 00 18 04-64 00 64 00 0A 00 0A 00
```

레코드의 크기는 7워드, 즉 14바이트이며 호출되는 함수는 0x418즉 META_ELLIPSE이다. 그리고 인수는 역순으로 10,10,100,100이다. 즉 이 레코드가 의미하는 바는 Ellipse(hdc, 10,10,100,100)이 되며 메타 파일을 재생할 때 이 함수가 호출된다. 두 번째 레코드를 이런 식으로 분석해 보면 Rectangle(hdc, 5,105,105,120)이 된다. 마지막 레코드는 길이가 3이며 rdFunction이 0인데 이 레코드는 메타 파일의 끝을 나타낸다. 메타DC로 보내지는 그래픽 함수 호출문은 이런 식으로 메타 파일에 부호화되며 메타파일을 재생하는 함수는 메타 파일에서 메타 레코드를 순서대로 꺼내 대응되는 GDI 함수를 호출함으로써 원래의 그림을 복원해 낸다. 16비트 메타 파일의 구조는 비교적 간단하다.

31-2-나. 32비트 메타 파일 분석

이번에는 좀 더 복잡한 32비트 메타 파일을 분석해 보자. 32비트 메타 파일도 16비트 메타 파일과 마찬가지로 한 개의 헤더와 복수 개의 메타 레코드로 구성되어 있지만 구조는 더욱 복잡하다. 우선 헤더부터 보자. 16비트 메타 파일의 헤더에 비해 훨씬 더 많은 멤버를 가지고 있으며 메타 파일의 크기, 해상도, 레코드의 개수 등의 추가 정보가 포함되어 있다. 각 멤버의 의미는 다음 도표와 같다.

```
typedef struct tagENHMETAHEADER { // enmh
    DWORD iType;
    DWORD nSize;
    RECTL rclBounds;
    RECTL rclFrame;
    DWORD dSignature;
    DWORD nVersion;
    DWORD nBytes;
    DWORD nRecords;
    WORD  nHandles;
    WORD  sReserved;
    DWORD nDescription;
    DWORD offDescription;
    DWORD nPalEntries;
    SIZEL szlDevice;
    SIZEL szlMillimeters;
    DWORD cbPixelFormat;
    DWORD offPixelFormat;
    DWORD bOpenGL;
} ENHMETAHEADER;
```

멤버	설명
iType	레코드의 형태를 지정하되 헤더의 경우 EMR_HEADER, 즉 상수 1로 표기된다.
nSize	이 구조체의 크기를 바이트 단위로 나타낸다. 일종의 버전 정보이다.
rclBounds	메타 파일에 저장된 그림을 둘러싸는 사각영역을 장치 단위로 지정한다.
rclFrame	메타 파일에 저장된 그림을 둘러싸는 사각영역을 0.01밀리미터 단위로 나타낸다.
dSignature	32비트 메타 파일임을 나타내는 표식이며 0x464d4520값을 가진다. 이 값을 문자열로 나타내면 "EMF"이며 프로그램에서 이 멤버값을 읽어 32비트 메타 파일인가를 구분한다.
nVersion	메타 파일의 버전을 나타내며 현재 버전은 0x10000이다.
nBytes	메타 파일의 크기를 바이트 단위로 나타낸다.
nRecords	메타 파일에 기록되어 있는 레코드의 개수
nHandles	핸들 테이블에 저장된 핸들의 개수
sReserved	예약. 0으로 고정되어 있다.
nDescription	메타 파일에 대한 설명 문자열이다. 설명이 없을 경우 이 멤버는 0의 값을 가진다.
offDescription	설명 문자열이 있는 오프셋 번지이다. 설명이 없을 경우 이 멤버는 0의 값을 가진다.
nPalEntries	팔레트의 개수
szlDevice	참조 디바이스의 해상도를 픽셀 단위로 가진다.
szMillimeters	참조 디바이스의 해상도를 밀리미터 단위로 가진다.
cbPixelFormat	픽셀 포맷의 크기
offPixelFormat	픽셀 포맷의 오프셋
bOpenGL	OpenGL을 사용하는 레코드가 있는지의 여부를 가지며 이 멤버가 TRUE이면 OpenGL 레코드가 있다는 뜻이다.

다음은 앞서 만든 Testenh.emf 파일을 덤프한 것이다.

```
00:  01 00 00 00 98 00 00 00-05 00 00 00 0A 00 00 00
10:  68 00 00 00 77 00 00 00-84 00 00 00 07 01 00 00
20:  B7 0A 00 00 3E 0C 00 00-20 45 4D 46 00 00 01 00
30:  DC 00 00 00 04 00 00 00-01 00 00 00 1F 00 00 00
40:  58 00 00 00 00 00 00 00-20 03 00 00 58 02 00 00
50:  D3 00 00 00 9E 00 00 00-6D 00 79 00 20 00 70 00
60:  72 00 6F 00 67 00 72 00-61 00 6D 00 00 00 54 00
70:  65 00 73 00 74 00 20 00-45 00 6E 00 68 00 20 00
80:  4D 00 65 00 74 00 61 00-20 00 46 00 69 00 6C 00
90:  65 00 00 00 00 00 00 00-2A 00 00 00 18 00 00 00
A0:  0A 00 00 00 0A 00 00 00-63 00 00 00 63 00 00 00
B0:  2B 00 00 00 18 00 00 00-05 00 00 00 69 00 00 00
C0:  68 00 00 00 77 00 00 00-0E 00 00 00 14 00 00 00
D0:  00 00 00 00 10 00 00 00-14 00 00 00
```

헤더의 크기가 98로 되어 있으므로 0x98이전이 헤더이며 0x98부터가 GDI 함수 호출과 대응되는 메타 레코드들이다. 헤더의 각 멤버가 실제로는 어떻게 정의되어 있는지를 살펴보기 바란다. 32비트 메타 파일의 메타 레코드도 16비트의 메타 레코드와 유사하다.

```
typedef struct tagENHMETARECORD { // enmr
    DWORD iType;
    DWORD nSize;
    DWORD dParm[1];
} ENHMETARECORD;
```

비트맵 출력 등의 긴 함수를 지원하기 위해 레코드의 크기가 WORD에서 DWORD로 확장되었으며 레코드의 타입 멤버와 크기 멤버의 순서가 바뀌었을 뿐이다. 크기 멤버가 두 번째로 이동되었지만 그래도 위치는 여전히 고정되어 있다. iType 멤버는 어떤 GDI 함수와 대응되는 레코드인가를 나타내며 Wingdi.h에 다음과 같이 매크로가 정의되어 있다.

```
#define EMR_HEADER                        1
#define EMR_POLYBEZIER                    2
#define EMR_POLYGON                       3
=============== 중간 생략 =================
#define EMR_ANGLEARC                      41
#define EMR_ELLIPSE                       42
#define EMR_RECTANGLE                     43
#define EMR_ROUNDRECT                     44
#define EMR_ARC                           45
#define EMR_CHORD                         46
#define EMR_PIE                           47
=============== 이후 생략 =================
```

nSize 멤버는 메타 레코드의 크기이며 dParm은 GDI 함수로 전달되는 인수들의 배열이다. Testenh.emf의 덤프 결과를 분석해 보면 Ellipse 함수와 Rectangle 함수에 대한 호출문이 부호화되어 있음을 알 수 있다. 덤프의 굵게 표시된 0x2A와 0x2B가 바로 이 함수들에 대한 기록이며 그 뒤쪽에는 함수로 전달되는 인수들이 따라온다.

보다시피 메타 파일의 구조는 무척이나 단순해서 누구나 한 번 파일을 덤프해 보기만 하면 쉽게 그 구조를 알 수 있으며 상식의 수준에서 쉽게 이해가 될 것이다. 사실 이런 포맷은 누가 만들어도 비슷한 모양이 나올 수밖에 없다. 그나마 펜이나 브러시 생성문이 들어가면 조금 복잡해지며 비트맵이 들어가면 래스터 데이터가 메타 파일에 포함되기 때문에 크기가 대폭 늘어나는 정도에 불과하다.

31-2-다. 플레이스블 메타 파일

앞서 메타 파일의 종류에는 16비트와 32비트 메타 파일 두 종류가 있다고 했다. 이 두 종류는 마이크로소프트사에서 만든 포맷이며 윈도우즈 API가 직접 지원하는 메타 파일은 이 두 종류뿐이다. 그런데 이 외에도 한 가지 포맷이 더 사용되고 있는데 이 포맷을 플레이스블 메타 파일(Placeable MetaFile)이라고 한다. 플레이스블 메타 파일은 32비트 메타 파일이 나오기 전에 16비트 메타 파일의 장치 종속성을 극복하고자 앨더스사에서 만든 포맷이며 16비트 메타 파일에 22바이트의 추가 정보를 붙여 만든 것이다.

윈도우즈의 메타 파일은(16비트나 32비트나) 대체로 프로그램에서 내부적인 자료 교환을 위해 사용되는데 비해 플레이스블 메타 파일은 그림을 벡터 형식으로 저장하기 위한 용도로 많이 사용된다. 흔히 WMF 확장자를 가지는 메타 파일들은 모두 플레이스블 메타 파일이며 각종 프로그램의 클립아트 등으로 제공된다. 역설적이지만 마이크로소프트에서 만든 오피스 프로그램에 포함된 메타 파일들도 자신들이 만든 포맷이 아닌 앨더스에서 만든 플레이스블 메타 파일이다. 플레이스블 메타 파일은 16비트 메타 파일 포맷의 선두 부분에 다음과 같은 추가적인 헤더가 위치한다.

```
typedef struct
{
    DWORD       dwKey;
    WORD        hmf;
    SMALL_RECT  bbox;
    WORD        wInch;
    DWORD       dwReserved;
    WORD        wCheckSum;
} APMHEADER, *PAPMHEADER;
```

dwKey는 이 파일이 플레이스블 메타 파일이라는 표식(매직 넘버)이며 0x9ac6cdd7값을 가진다. bbox는 메타 파일을 둘러싸는 사각영역이며 wInch는 인치수이다. 그런데 플레이스블 메타 파일은 윈도우즈 API가 직접 지원하는 포맷이 아니므로 이 포맷의 메타 파일을 재생하는 API 함수는 제공되지 않는다. 그래서 직접 재생은 하지 못하며 16비트나 32비트의 메타 파일로 변환한 후 재생하여야 한다. 이에 대해서는 잠시 후에 알아본다.

31-3 메타 파일간의 전환

31-3-가. 16비트 메타 파일 전환

32비트 메타 파일은 16비트 메타 파일의 확장이므로 16비트 메타 파일을 32비트 메타 파일로 전환할 수 있다. 반대로 32비트 메타 파일은 16비트 메타 파일로 전환할 수 없다. 왜냐하면 32비트 메타 파일이 지원하는 기능중에 16비트 메타 파일은 지원하지 못하는 기능들이 있기 때문이다. 예를 들어 Win32에서 추가된 GDI 함수를 호출하는 레코드가 있다면 이 메타 파일은 16비트 메타 파일로 전환될 수 없다. 다음 예제는 16비트 메타 파일을 읽어 32비트 메타 파일로 전환한 후 화면에 재생해 보이는 예제이다.

예 제 : WinToEnh

```
// 16비트 메타 파일을 32비트 메타 파일로 변환하여 메타 파일 핸들을 리턴한다.
// 에러 발생시 NULL을 리턴한다.
HENHMETAFILE ConvertWinToEnh(LPTSTR wmf)
{
    HENHMETAFILE hEnh;
    HMETAFILE wfile;
    DWORD dwSize;
    LPBYTE pBits;
    METAFILEPICT mp;
    HDC hdc;

    // 16비트 메타 파일을 읽고 메타 파일 크기만큼 메모리를 할당한다.
    wfile=GetMetaFile(wmf);
    if (wmf==NULL)
        return NULL;
    dwSize=GetMetaFileBitsEx(wfile, 0,NULL);
    if (dwSize==0) {
        DeleteMetaFile(wfile);
        return NULL;
    }
    pBits=(LPBYTE)malloc(dwSize);

    // 메타 파일의 내용을 버퍼로 읽어들인다.
    GetMetaFileBitsEx(wfile, dwSize, pBits);
    mp.mm=MM_ANISOTROPIC;
    mp.xExt=1000;
    mp.yExt=1000;
    mp.hMF=NULL;

    // 32비트 메타 파일을 만든다.
    hdc=GetDC(NULL);
    hEnh=SetWinMetaFileBits(dwSize, pBits, hdc, &mp);
    ReleaseDC(NULL, hdc);
    DeleteMetaFile(wfile);
    free(pBits);
    return hEnh;
}

LRESULT CALLBACK WndProc(HWND hWnd,UINT iMessage,WPARAM wParam,LPARAM lParam)
{
    HDC hdc;
    HENHMETAFILE hEnh;
    RECT rt;
    switch (iMessage) {
    case WM_LBUTTONDOWN:
        hdc=GetDC(hWnd);
        hEnh=ConvertWinToEnh("Test.wmf");
        if (hEnh==NULL) {
            MessageBox(hWnd, "변환할 수 없습니다.","에러",MB_OK);
        } else {
```

```
            SetRect(&rt, LOWORD(lParam), HIWORD(lParam),
                LOWORD(lParam)+100, HIWORD(lParam)+100);
            PlayEnhMetaFile(hdc, hEnh, &rt);
            DeleteEnhMetaFile(hEnh);
        }
        ReleaseDC(hWnd, hdc);
        return 0;
    case WM_DESTROY:
        PostQuitMessage(0);
        return 0;
    }
    return(DefWindowProc(hWnd,iMessage,wParam,lParam));
}
```

WM_LBUTTONDOWN에서 ConvertWinToEnh 함수를 호출하여 16비트 메타 파일인 Test.wmf를 32비트 메타 파일로 전환한 후 PlayEnhMetaFile 함수로 재생하였다. 마우스를 클릭한 위치에 100, 100 크기로 16비트 메타 파일을 출력한다.

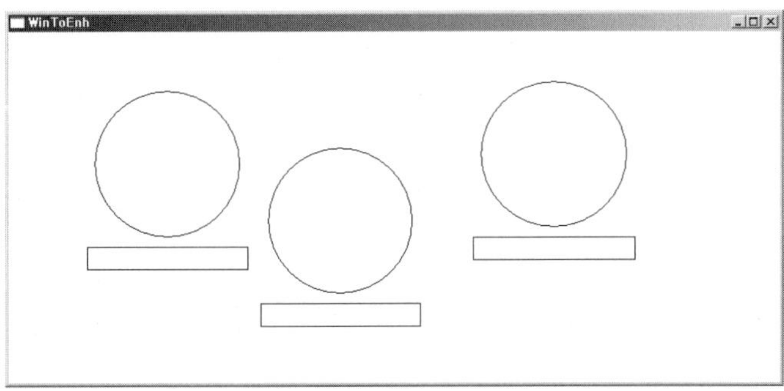

분석대상인 ConvertWinToEnh 함수를 보자. 우선 GetMetaFile 함수로 16비트 메타 파일을 읽어들이고 그 핸들을 wfile에 대입한다. 그리고 GetMetaFileBitsEx 함수를 호출하여 메타 파일의 크기를 먼저 구하고 그 크기만큼 메모리를 동적으로 할당한 후 메타 파일의 내용을 버퍼로 읽어들인다. 메타 파일의 크기를 구하고 메타 파일의 내용을 읽어들이는데는 다음 함수가 사용되었다.

UINT GetMetaFileBitsEx(HMETAFILE hmf, UINT nSize, LPVOID lpvData);

이 함수는 16비트 메타 파일을 지정한 버퍼로 읽어들인다. 첫 번째 인수 hmf가 읽어들일 메타 파일이며 nSize는 버퍼의 크기, lpvData는 읽어들인 데이터를 저장할 버퍼이며 읽어들인 바이트 수를 리턴한다. 단 버퍼를 지정하는 lpvData가 NULL일 경우는 메타 파일의 내용을 읽는 것이 아니라 메타 파일의 크기를 조사해 리턴한다. 가변 길이를 다루는 함수들은 이런 식으로 특이값을 전달함으로써 길이를 먼저 조사하는 방법을 제공한다.

그래서 GetMetaFileBitsEx 함수를 두 번 호출하되 첫 번째는 버퍼(세 번째 인수)에 NULL을 넘겨 메타 파일의 크기를 먼저 조사하고 조사된 크기만큼 pBits 버퍼를 할당한 후 이 버퍼에 메타 파일의 내용을 읽어들인다. 여기까지 진행하면 pBits 배열에 16비트 메타 파일이 읽혀져 있을 것이다. 이렇게 버퍼로 읽혀진 16비트 메타 파일은 SetWinMetaFileBits 함수에 의해 32비트 메타 파일로 변환되는데 그 전에 METAFILEPICT라는 구조체를 만들어야 한다.

```
typedef struct tagMETAFILEPICT { // mfp
```

```
    LONG        mm;
    LONG        xExt;
    LONG        yExt;
    HMETAFILE hMF;
} METAFILEPICT;
```

이 구조체는 원래 클립보드로 메타 파일을 교환할 때 사용하며 메타 파일에 대한 추가적인 정보를 제공하는 용도로 사용되지만 SetWinMetaFileBits 함수에 의해 16비트 메타 파일에 추가적인 정보를 제공하는 용도로도 사용된다. 각 멤버의 의미는 다음과 같다.

멤버	설명
mm	메타 파일을 그릴 맵핑 모드
xExt	그림의 가로 크기를 지정한다.
yExt	그림의 세로 크기를 지정한다.
hMF	메모리 메타 파일의 핸들. SetWinMetaFileBits 함수는 이 멤버를 사용하지 않는다.

그림의 크기를 지정하는 xExt, yExt 멤버에 사용되는 단위는 맵핑 모드에 따라 다르다. 단 MM_ANISOTROPIC 맵핑 모드의 경우 그림의 크기가 가변적이므로 xExt, yExt는 권장 크기에 불과하며 권장 크기를 지정하지 않고자 할 경우는 0으로 설정하면 된다. MM_ISOTROPIC 맵핑 모드일 경우에도 마찬가지로 xExt, yExt가 지정하는 크기는 권장 크기이지만 이 두 값의 비가 종횡비로 사용된다. 이 경우 비율만 사용되므로 절대값은 의미가 없다. 만약 권장 크기는 지정하지 않고 비율만 지정하고자 할 경우 xExt, yExt를 음수로 주면 된다. 16비트 메타 파일을 32비트 메타 파일로 변환하는 함수는 다음 함수이다.

HENHMETAFILE SetWinMetaFileBits(UINT cbBuffer, CONST BYTE *lpbBuffer, HDC hdcRef, CONST METAFILEPICT *lpmfp);

두 번째 인수가 16비트 메타 파일이 저장된 버퍼 포인터이며 첫 번째 인수가 버퍼의 크기이다. hdcRef는 32비트 메타 파일을 만들기 위해 참조할 DC이며 이 DC로부터 해상도를 알아낸다. hdcRef가 NULL이면 현재 화면 DC를 참조한다. 네 번째 인수 lpmfp는 그림의 맵핑 모드와 권장 크기를 가지는 METAFILEPICT 구조체이며 NULL일 경우 MM_ANISOTROPIC 맵핑 모드가 사용된다. 참조 DC와 METAFILEPICT 구조체의 정보를 참조하여 lpbBuffer의 16비트 메타 파일은 메모리상에서 32비트 메타 파일로 전환되며 그 핸들을 리턴한다. 일단 변환되면 32비트 메타 재생 함수에 의해 임의 위치에 임의 크기로 재생할 수 있다.

31-3-나. 플레이스블 메타 파일 전환

이번에는 플레이스블 메타 파일을 32비트 메타 파일로 전환하는 예제를 만들어 보자. 앞서 언급했듯이 플레이스블 메타 파일은 Win32 API가 직접 지원하지 않으므로 재생을 위해 32비트 메타 파일로 전환되어야 한다. 소스를 보자.

예 제 : PlaToEnh

```
#pragma pack(push)
#pragma pack(2)
typedef struct
{
    DWORD       dwKey;
    WORD    hmf;
    SMALL_RECT bbox;
    WORD    wInch;
    DWORD       dwReserved;
    WORD    wCheckSum;
} APMHEADER, *PAPMHEADER;
#pragma pack(pop)

// 플레이스블 메타 파일을 32비트 메타 파일로 변경해 준다.
// 에러 발생시 NULL을 리턴한다.
HENHMETAFILE ConvertPlaToEnh(LPTSTR szFileName)
{
    HENHMETAFILE  hEnh;
    DWORD         dwSize;
    LPBYTE        pBits;
    METAFILEPICT  mp;
    HDC           hdc;
    HANDLE        hFile;

    // 32비트 메타 파일이 아니면 플레이스블 메타 파일로 읽는다.
    // 파일 크기만큼 메모리를 할당하고 메타 파일을 읽어들인다.
    hFile = CreateFile( szFileName, GENERIC_READ, 0, NULL, OPEN_EXISTING,
        FILE_ATTRIBUTE_NORMAL, NULL );
    if( hFile == INVALID_HANDLE_VALUE )
        return NULL;
    dwSize = GetFileSize( hFile, NULL );
    pBits = (LPBYTE)malloc( dwSize );
    ReadFile( hFile, pBits, dwSize, &dwSize, NULL );
    CloseHandle( hFile );
    // 플레이스블 메타 파일이 맞는지 확인한다.
    if( ((PAPMHEADER)pBits)->dwKey != 0x9ac6cdd7l ) {
        free( pBits );
        return NULL;
    }

    // 구조체를 채운다.
    mp.mm = MM_ANISOTROPIC;
    mp.xExt = ((PAPMHEADER)pBits)->bbox.Right - ((PAPMHEADER)pBits)->bbox.Left;
    mp.xExt = ( mp.xExt * 2540l ) / (DWORD)(((PAPMHEADER)pBits)->wInch);
    mp.yExt = ((PAPMHEADER)pBits)->bbox.Bottom - ((PAPMHEADER)pBits)->bbox.Top;
    mp.yExt = ( mp.yExt * 2540l ) / (DWORD)(((PAPMHEADER)pBits)->wInch);
    mp.hMF = NULL;
    // 메타 파일을 만든다.
    hdc = GetDC( NULL );
    hEnh = SetWinMetaFileBits( dwSize, &(pBits[sizeof(APMHEADER)]), hdc, &mp );
    ReleaseDC( NULL, hdc );
    free( pBits );
    return hEnh;
```

```
}

LRESULT CALLBACK WndProc(HWND hWnd,UINT iMessage,WPARAM wParam,LPARAM lParam)
{
    HDC hdc;
    PAINTSTRUCT ps;
    HENHMETAFILE wmf;
    RECT rt;
    switch (iMessage) {
    case WM_PAINT:
        hdc=BeginPaint(hWnd,&ps);
        GetClientRect(hWnd, &rt);
        wmf=ConvertPlaToEnh("buttrfly.wmf");
        PlayEnhMetaFile(hdc, wmf, &rt);
        EndPaint(hWnd,&ps);
        return 0;
    case WM_DESTROY:
        PostQuitMessage(0);
        return 0;
    }
    return(DefWindowProc(hWnd,iMessage,wParam,lParam));
}
```

butterfly.wmf라는 메타 파일을 읽어 32비트 메타 파일로 전환한 후 작업영역 크기에 맞게 재생하였다. 윈도우 크기를 변경하면 나비 그림의 크기도 바뀌는데 커지거나 작아지더라도 찌그러지거나 계단 현상이 생기지 않는다.

이 외에 클립아트로 제공되는 다른 메타 파일도 이 예제대로 재생하면 된다. 플레이스블 메타 파일은 16비트 메타 파일에 약간의 정보가 더 추가된 것이므로 16비트 메타 파일을 32비트로 전환하는 방법과 유사하다. 우선 메타 파일을 열고 그 크기만큼 pBits 버퍼를 할당한 후 이 버퍼에 메타 파일 데이터를 읽어들인다. 그리고 플레이스블 메타 파일 헤더의 정보를 참조하여 METAFILEPICT 구조체를 만들고 SetWinMetaFileBits 함수를 호출하여 32비트 메타 파일로 전환하였다.

31-3-다. ReadMeta

16비트 메타 파일을 32비트 메타 파일로 전환하는 방법과 플레이스블 메타 파일을 32비트 메타 파일로 전환하는 방법을 알아보았으므로 이제 범용적으로 메타 파일을 읽어들이는 함수를 제작할 수 있게 되었다. 소스는 다음과 같다.

예 제 : ReadMeta

```
// 32비트 메타 파일의 핸들을 리턴한다. 16비트 메타 파일이나 플레이스블 메타 파일
// 일 경우 32비트 메타 파일로 변환해준다.
HENHMETAFILE ReadMeta(LPTSTR FileName)
{
    HENHMETAFILE hEnh;
    // 32비트 메타 파일의 핸들을 구해 리턴한다.
    hEnh=GetEnhMetaFile(FileName);
    if (hEnh != NULL)
        return hEnh;
    // 32비트 메타 파일이 아닐 경우 16비트 포맷으로 읽어보고 32비트 전환한다.
    hEnh=ConvertWinToEnh(FileName);
    if (hEnh != NULL)
        return hEnh;
    // 16비트 메타 파일도 아닐 경우 플레이스블 메타 파일을 32비트로 전환한다.
    hEnh=ConvertPlaToEnh(FileName);
    if (hEnh != NULL)
        return hEnh;
    // 세 경우 다 해당하지 않을 경우 NULL을 리턴한다.
    return NULL;
}

LRESULT CALLBACK WndProc(HWND hWnd,UINT iMessage,WPARAM wParam,LPARAM lParam)
{
    HDC hdc;
    PAINTSTRUCT ps;
    OPENFILENAME ofn;
    TCHAR szFileName[MAX_PATH];
    static HENHMETAFILE hEnh;
    RECT rt;
    switch (iMessage) {
    case WM_LBUTTONDOWN:
        // 출력하고자 하는 메타 파일의 핸들을 구한다.
        szFileName[0]=0;
        memset(&ofn, 0, sizeof(OPENFILENAME));
        ofn.lStructSize=sizeof(OPENFILENAME);
        ofn.hwndOwner=hWnd;
        ofn.lpstrFilter="Meta File\0*.?MF\0";
        ofn.nFilterIndex=1;
        ofn.lpstrFile=szFileName;
        ofn.nMaxFile=MAX_PATH;
        if (GetOpenFileName(&ofn)) {
            if (hEnh) DeleteEnhMetaFile(hEnh);
            hEnh=ReadMeta(szFileName);
            if (hEnh) {
                InvalidateRect(hWnd,NULL,TRUE);
            }
        }
        return 0;
    case WM_PAINT:
        hdc=BeginPaint(hWnd,&ps);
        if (hEnh) {
            GetClientRect(hWnd, &rt);
```

```
            PlayEnhMetaFile(hdc, hEnh, &rt);
        }
        EndPaint(hWnd,&ps);
        return 0;
    case WM_DESTROY:
        if (hEnh) DeleteEnhMetaFile(hEnh);
        PostQuitMessage(0);
        return 0;
    }
    return(DefWindowProc(hWnd,iMessage,wParam,lParam));
}
```

WM_LBUTTONDOWN에서 파일 열기 대화상자를 열어 메타 파일의 이름을 입력받고 ReadMeta 함수를 호출한다. ReadMeta 함수는 먼저 이 파일을 32비트 메타 파일로 읽어보고 성공하면 그 핸들을 곧바로 리턴한다. 만약 32비트 메타 파일이 아닐 경우 16비트 메타 파일로 간주하고 ConvertWinToEnh 함수를 호출하여 32비트 메타 파일로 변환한 후 그 핸들을 리턴한다. 16비트 메타 파일도 아닐 경우는 플레이스블 메타 파일로 간주하고 ConvertPlaToEnh 함수를 호출하여 32비트 메타 파일로 변환한다.

결국 ReadMeta 함수는 어떤 형태의 메타 파일이든지 API가 직접 출력할 수 있는 32비트 메타 파일로 변환하여 그 핸들을 리턴하므로 이 함수로 메타 파일의 핸들을 구하고 PlayEnhMetaFile 함수를 호출하면 메타 파일의 형태에 상관없이 재생할 수 있다. 만약 이 함수가 읽지 못하는 메타 파일이 있다면 이는 32비트 메타 파일 이후에 확장된 버전이거나 아니면 특수한 벡터 편집툴로 만들어진 포맷이다. 실제로 더 확장된 메타 포맷도 존재하는데 이런 메타 파일 출력에 대해서도 별도의 문서를 참조해야 한다.

31-4 메타 레코드

31-4-가. 메타 레코드 열거

앞에서 메타 파일의 구조에 대해 간략하게 알아 보았는데 다시 한번 더 정리하자면 메타 파일은 단순한 GDI 함수 호출의 집합일 뿐이다. 즉 LineTo, SelectObject, CreatePen 따위의 함수 호출문이 부호화되어 저장되어 있는 것이 메타 파일이다. 그렇다면 메타 파일을 읽어 해석해 보면 어떤 함수들이 호출되는지를 역으로 알아낼 수도 있다는 얘기인데 과연 그렇다. 그러나 부호화된 GDI 함수 호출문을 일일이 해독해낸다는 것은 무척 번거롭고 귀찮은 작업인데 다음 함수를 사용하면 메타 파일에 포함된 각각의 메타 레코드를 순서대로 얻을 수 있다.

BOOL EnumEnhMetaFile(HDC hdc, HENHMETAFILE hemf, ENHMFENUMPROC lpEnhMetaFunc, LPVOID lpData, CONST RECT *lpRect);

이 함수는 메타 파일에 포함된 메타 레코드를 순서대로 열거하여 콜백함수로 전달한다. 첫번째 인수 hdc는 메타 레코드가 열거될 DC의 핸들이며 마지막 인수 lpRect는 메타 파일을 출력할 사각영역에 대한 논리적인 좌표이다. 메타는 크기 변경이 가능하고 맵핑 모드나 좌표 변환 체계의 영향을 받기 때문에 열거중에 메타 레코드를 출력해 보려면 이런 값들을 읽을 수 있는 DC의 핸들과 출력 영역을 지정해야 한다. 그러나 만약 메타 레코드를 출력하지 않고 순수하게 메타 레코드만 보고 싶다면 hdc와 lpRect는 지정하지 않아도 상관없다. hdc는 그대로 콜백함수로 전달되며 lpRect는 헤더 레코드에 포함되는데 이 값은 PlayEnhMetaRecord 함수에 의해 메타 레코드를 출력할 때 사용된다.

두번째 인수는 두말할 필요없이 열거 대상이 되는 메타 파일이며 세번째 인수는 열거중에 호출될 콜백함수이다. 네번째 인수 lpData는 콜백함수로 전달될 사용자 정의 데이터이되 필요하지 않으면 NULL로 지정하면 된다. 콜백함수는 다음과 같은 원형을 가지며 메타 파일내의 모든 레코드를 전달받는다. 함수의 이름은 물론 원하는대로 변경할 수 있다.

int CALLBACK EnhMetaFileProc(HDC hDC, HANDLETABLE *lpHTable, CONST ENHMETARECORD *lpEMFR, int nObj, LPARAM lpData);

hDC, lpData는 EnumEnhMetaFile함수로부터 전달받은 것이고 나머지 세 인수는 메타 레코드에 대한 정보를 가진다. lpHTable은 메타 파일내의 그래픽 오브젝트에 대한 핸들 배열이며 nObj는 이 배열의 크기이되 이 배열은 분석에 사용된다기보다 PlayEnhMetaRecord 함수로 전달되어 재생에 사용된다. 세번째 인수 lpEMFR이 메타 레코드인데 이 레코드는 앞에서도 살펴 보았다시피 다음과 같은 가변 길이의 구조체이다.

```
typedef struct tagENHMETARECORD { // enmr
    DWORD iType;
    DWORD nSize;
    DWORD dParm[1];
} ENHMETARECORD;
```

iType을 읽으면 어떤 GDI 함수 호출인지 알 수 있으며 nSize는 메타 레코드의 크기를 바이트 단위로 조사할 수 있다. 단 nSize에는 iType과 nSize 자체의 크기도 포함되므로 실제 인수의 길이는 이 값이 지정하는 값보다 8 더 작다. dParm 배열은 GDI 함수의 인수에 대한 정보를 가지고 있는데 GDI 함수의 인수는 대부분 정수형이므로 DWORD형에 대한 배열로 정의되어 있다. 이렇게 전달받는 메타 레코드는 임의대로 분석해 볼 수 있지만 직접 변경은 할 수 없으며 꼭 변경해야 한다면 사본을 만든 후 변경해야 한다. 메타 레코드를 단순히 출력해 보기만 하려면 다음 함수를 호출한다.

BOOL PlayEnhMetaFileRecord(HDC hdc, LPHANDLETABLE lpHandletable, CONST ENHMETARECORD *lpEnhMetaRecord, UINT nHandles);

dc, 핸들 테이블 그리고 메타 레코드를 전달하면 이 레코드의 GDI 함수 호출문이 실행될 것이다. 메타 레코드 열거 중에 모든 레코드에 대해 이 함수를 호출하면 메타 파일 전체를 재생하는 것과 같다. 물론 그 중 일부 레코드는 출력에서 제외한다거나 약간 변형하는 것도 가능하다.

31-4-나. MetaEnum

메타 레코드를 열거하는 방법에 대해 알아 보았는데 이 함수들을 응용하면 메타 파일의 구조를 상세히 살펴볼 수 있는 유틸리티 정도는 쉽게 만들 수 있다. 다음 예제는 메타 파일의 레코드를 순서대로 열거하면서 하나씩 출력해 보인다.

예 제 : MetaEnum

```
HWND hList;
int delay;
int count;
TCHAR *arMetaRecord[]={"","Header", "PolyBezier","Polygon","PolyLine","PolyBezierTo",           // 0
    "PolyLineTo","PolyPolyLine","PolyPolygon","SetWindowExtEx","SetWindowOrgEx",              // 6
    "SetViewPortExtEx","SetViewportOrgEx","SetBrushOrgEx","EOF","SetPixelV",                 // 11
    "SetMapperFlags","SetMapMode","SetBkMode","SetPolyFillMode","SetRop2",                    // 16
    "SetStretchBltMode","SetTextAlign","SetColorAdjustment","SetTextColor","SetBkColor",      // 21
    "OffsetClipRgn","MoveToEx","SetMetaRgn","ExcldueClipRect","IntersectClipRect",           // 26
    "ScaleViewportExtEx","ScaleWindowExtEx","SaveDC","ResotreDC","SetWorldTransform",         // 31
    "ModifyWorldTransForm","SelectObject","CreatePen","CreateBrushIndirect","DeleteObject",   // 36
    "AngleArc","Ellipse","Rectangle","RoundRect","Arc",                                        // 41
    "Chord","Pie","SelectPalette","CreatePalette","SetPaletteEntries",                         // 46
    "ResizePalette","RealizePalette","ExtFloodFill","LineTo","ArcTo",                          // 51
    "PolyDraw","SetArcDirection","SetMiterLimit","BeginPath","EndPath",                        // 56
    "CloseFigure","FillPath","StrokeAndFillPath","StrokePath","FlattenPath",                   // 61
    "WidenPath","SelectClipPath","AboartPath","EMPTY","GdiComment",                            // 66
    "FillRgn","FrameRgn","InvertRgn","PaintRgn","ExtSelectClipRgn",                            // 71
    "BitBlt","StretchBlt","MaskBlt","PlgBlt","SetDibitsToDevice",                              // 76
    "StretchDIBits","ExtCreateFontIndirectW","ExtTextOutA","ExtTextOutW","PolyBezier16",       // 81
    "Polygon16","PolyLine16","PolyBezierTo16","PolyLineTo16","PolyPolyLine16",                 // 86
    "PolyPolygon16","PolyDraw16","CreateMonoBrush","CreateDINPatternBrushPt","ExtCreatePen",   // 91
    "PolyTextOutA","PolyTextOutW","SetICMMode","CreateColorSpace","SetColorSpace",             // 96
    "DeleteColorSpace","GLSRecord","GLSBoundedRecord","PixelFormat","DrawEscape",              // 101
    "ExtEscape","StartDoc","SmallTextOut","ForceUfiMapping","NamedEscape",                     // 106
    "ColorCorrectPalette","SetICMProfileA","SetICMProfileW","AlphaBlend","AlphaDibBlend",      // 111
    "TransparentBlt","TransparentDIB","GradientFill","SetLinkedUfis","SetTextjustification"    // 116
};

int CALLBACK EnhMetaFileProc(HDC hDC, HANDLETABLE *lpHTable, CONST ENHMETARECORD
*lpEMFR, int nObj, LPARAM lpData)
{
    TCHAR str[255], sParm[128];
    POINT pt;
    int idx, i;

    // 메타 레코드 출력
    wsprintf(str,"%d-%s(%d), 인수=",
        count,arMetaRecord[lpEMFR->iType], lpEMFR->nSize);

    // 인수를 조사하되 최대 6개까지만 조사한다.
    // nSize가 DWORD 단위이므로 4로 나누고 iType,nSize의 길이도 포함되므로 2를 뺐다.
    for (i=0;i<int(lpEMFR->nSize)/4-2;i++) {
        if (i == 6)
            break;
        wsprintf(sParm,"%d,",lpEMFR->dParm[i]);
        strcat(str,sParm);
    }
    str[lstrlen(str)-1]=0;

    // 리스트 박스에 메타 레코드 출력
    idx=SendMessage(hList,LB_ADDSTRING,0,(LPARAM)str);
    SendMessage(hList,LB_SETCURSEL,idx,0);
```

```
    UpdateWindow(hList);
    count++;

    // 메타 레코드 재생
    PlayEnhMetaFileRecord(hDC,lpHTable,lpEMFR,nObj);
    Sleep(delay);

    // 커서가 0,0으로 이동하면 중지한다.
    GetCursorPos(&pt);
    if (pt.x==0 && pt.y==0) {
        if (MessageBox(hWndMain,"메타 파일 열거를 중지하시겠습니까?",
            "질문",MB_YESNO) == IDYES) {
            return 0;
        } else {
            return 1;
        }
    } else {
        return 1;
    }
}

LRESULT CALLBACK WndProc(HWND hWnd,UINT iMessage,WPARAM wParam,LPARAM lParam)
{
    HDC hdc;
    OPENFILENAME ofn;
    TCHAR szFileName[MAX_PATH];
    HENHMETAFILE hEnh;
    RECT rt;

    switch (iMessage) {
    case WM_CREATE:
        hList=CreateWindow("listbox",NULL,WS_CHILD | WS_VISIBLE | WS_BORDER |
            LBS_NOTIFY | WS_VSCROLL,10,50,400,600,hWnd,(HMENU)0,g_hInst,NULL);
        CreateWindow("button","파일 열기",WS_CHILD | WS_VISIBLE | BS_PUSHBUTTON,
            20,10,100,25,hWnd,(HMENU)1,g_hInst,NULL);
        CreateWindow("static","지연시간",WS_CHILD | WS_VISIBLE,
            140,13,100,25,hWnd,(HMENU)-1,g_hInst,NULL);
        CreateWindow("edit",NULL,WS_CHILD | WS_VISIBLE | WS_BORDER | ES_NUMBER,
            220,10,100,25,hWnd,(HMENU)2,g_hInst,NULL);
        SetDlgItemInt(hWnd,2,1,FALSE);
        return 0;
    case WM_COMMAND:
        switch (LOWORD(wParam)) {
        case 1:
            hdc=GetDC(hWnd);
            // 출력하고자 하는 메타 파일의 핸들을 구한다.
            szFileName[0]=0;
            memset(&ofn, 0, sizeof(OPENFILENAME));
            ofn.lStructSize=sizeof(OPENFILENAME);
            ofn.hwndOwner=hWnd;
            ofn.lpstrFilter="Meta File\0*.?MF\0";
            ofn.nFilterIndex=1;
            ofn.lpstrFile=szFileName;
            ofn.nMaxFile=MAX_PATH;
```

```
        if (GetOpenFileName(&ofn) != 0) {
            // 32비트 메타 파일의 핸들을 구해 재생한다.
            hEnh=ReadMeta(szFileName);
            if (hEnh==NULL)
                return 0;
            GetClientRect(hWnd, &rt);
            rt.left += 420;
            SendMessage(hList,LB_RESETCONTENT,0,0);
            count=1;
            delay=GetDlgItemInt(hWnd,2,NULL,FALSE);
            InvalidateRect(hWnd,NULL,TRUE);
            UpdateWindow(hWnd);
            //PlayEnhMetaFile(hdc, hEnh, &rt);
            EnumEnhMetaFile(hdc,hEnh,EnhMetaFileProc,NULL,&rt);
            DeleteEnhMetaFile(hEnh);
        }
        ReleaseDC(hWnd, hdc);
        break;
    }
    return 0;
case WM_DESTROY:
    PostQuitMessage(0);
    return 0;
}
return(DefWindowProc(hWnd,iMessage,wParam,lParam));
}
```

앞에서 작성한 ReadMeta 함수와 포맷 변경 함수들이 포함되어 있으며 arMetaRecord 배열에는 메타 레코드의 목록을 문자열로 작성해 놓았다. WndProc에서는 메타 열거에 필요한 컨트롤을 생성하고 파일 열기 버튼을 눌렀을 때 메타 파일을 열어 열거를 시작한다. 이때 메타 레코드를 출력할 영역은 리스트 박스의 오른쪽 영역으로 지정하였다.

콜백함수에서는 메타 레코드를 분석하여 문자열 형태로 바꾼 후 그 인수와 함께 리스트 박스로 출력한다. 단, 인수의 수가 무한정 많을 수 있으므로 인수는 최대 6개까지만 조사한다. 그리고 PlayEnhMetaRecord 함수로 방금 읽은 메타 레코드를 출력하되 Sleep문으로 적당히 시간을 끌어 개별 레코드가 출력되는 모양을 천천히 살펴볼 수 있게 하였다. 실행중의 모습은 다음과 같다.

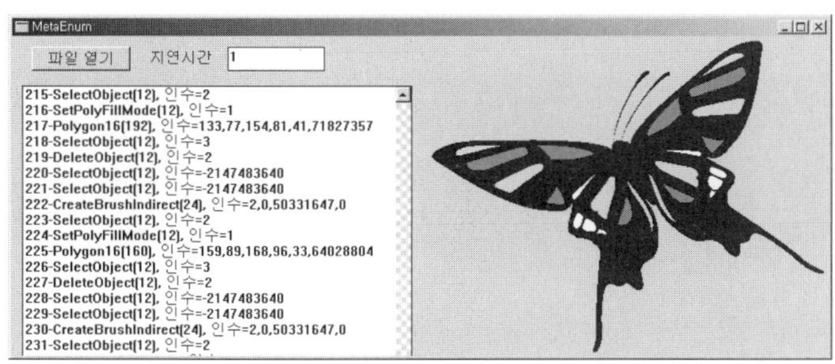

특별히 어려운 기술이 포함된 예제는 아니므로 분석하거나 응용하기에 큰 무리는 없을 것이다. 메타 레코드 재생중에 레코드의 사본을 만들어 살짝 변경한 후 출력한다거나 특정한 타입의 레코드만 제외하는 것도 물론 가능하다. 그러나 이 예제는 그런 용도보다는 단순히 메타 파일의 구조를 좀 더 비주얼하게 살펴볼 수 있다는 데 의미가 있다. 메타 파일의 구조를 좀 더 상세하게 보고 싶다면 일러스트레이터같은 전문 그래픽 툴의 도움을 받을 수도 있다.

이상 메타 파일에 대해 간단하게 알아보았는데 메타 파일을 제대로 조작해 보고 싶다면 메타 파일 편집기를 만들어 보면 될 것 같다. 메타 파일을 화면에 출력한 후 각 그래픽 오브젝트를 마우스로 조작하도록 하여 변경된 좌표와 크기를 메타 레코드로 다시 출력하면 된다. 이론적으로는 간단하지만 실제로 만들기는 만만치 않을 것이다.

32-1 폰트

32-1-가. 폰트의 정의 및 요소

폰트(font 또는 fount) 라는 단어를 영한사전에서 찾아보면 "자체나 크기가 같은 활자 한 벌"이라고 되어 있다. 윈도우즈에서 문자열 출력에 사용하는 폰트도 이와 거의 같은 뜻을 가진다. 정확한 정의를 내려보면 같은 디자인을 사용하는 문자와 기호의 집합(A collection of characters and symbols that share a common design)이다. 우리말로 번역할 때는 글꼴이라고 하는데 쉽게 말해서 글자의 꼬라지가 어떤 모양인가를 나타내는 말이다.

폰트를 구별하는 3요소는 타입페이스, 스타일, 크기이다. 타입페이스(typeface)는 획의 굵기 차이와 세리프의 유무에 따라 붙여진 폰트의 고유한 이름이며 고유의 저작권이 있기 때문에 어느 시스템에서나 동일한 모양을 가진다. "Times New Roman", "Courier", "굴림체", "바탕체" 등과 같이 문자열 형태로 표기하며 이 이름은 폰트의 전반적인 특징을 대표한다. 다음에 보다시피 타입페이스에 따라 문자의 모양이 독특하며 다른 폰트와 구분된다.

Times New Roman

Courier

Playbill

desdemona

Times New Roman 폰트는 수평 획보다 수직 획이 더 굵은 반면 Courier 폰트는 수평, 수직 획의 굵기가 일정하다. 세리프(Serif)란 문자 획 끝 부분의 장식을 말하며 폰트를 구분하는 중요한 외형중 하나이다. Times New Roman은 세리프가 있는 대표적인 폰트이며 Arial은 세리프가 없는 대표적인 폰트이다. 한글 폰트의 경우 바탕체(명조체)는 세리프가 있으며 돋움체(고딕체)는 세리프가 없다.

Times - TS　　Arial - TS

획 끝 부분에 장식이 있다　　획 끝 부분에 장식이 없다

스타일은 획의 굵기와 기울임을 말한다. 획의 굵기에는 아홉 가지가 있는데 일반적으로 아홉 가지 굵기를 다 지원하는 경우보다는 Bold 스타일 하나로만 굵은 폰트를 표현한다. 기울임은 폰트의 아래쪽 부분이 왼쪽으로 약간 기울어진 것을 말하는데 기울임의 정도에 따라 세 가지 경우가 있다. 전혀 기울어지지 않은 폰트를 roman이라고 하며 약간 기울어진 것을 oblique라고 하고 많이 기울어진 것을 Italic이라고 한다. 그리고 밑줄이 그어진 스타일도 있고 한글 환경에서는 잘 사용되지 않지만 취소선이라는 스타일도 있다.

Normal Font

Bold Font

Italic Font

<u>Underline Font</u>

~~StrikeOut~~

크기 또한 폰트를 구분하는 중요한 요소이다. 윈도우즈의 트루타입 폰트는 크기를 자유롭게 변경할 수 있는 가변 크기(Scaleable) 폰트이다. 폰트의 크기는 폭보다는 높이로 나타내는데 사각형 모양의 한글에서는 높이가 일정하지만 문자별로 크기가 다른 영문자는 소문자 g의 바닥과 대문자 M의 천정까지의 거리를 높이로 측정한다. 한글의 경우 폭도 일부 장식체를 제외하고 대부분 일정하지만 영문자는 글자마다 폭이 제각각이다. 윈도우즈에서 폰트의 크기는 포인트(Point)라는 단위로 나타내는데 1 포인트는 대략 1/72인치이며 좀 더 정확한 값은 0.013837 인치이다.

32-1-나. 폰트의 종류

폰트는 글꼴을 기억하는 방식에 따라 여러 가지 종류가 있는데 윈도우즈가 지원하는 폰트 종류는 다음과 같은 세 가지가 있다.

래스터 폰트

이른 바 비트맵 폰트라고 하며 글자의 크기가 미리 정해져 있는 것이 가장 큰 특징이다. 파일 크기가 작고 출력 속도가 빠르며 특정 크기에 가장 보기 좋게 디자인되어 있는 것이 장점이다. 도스에서 주로 사용하던 방식이며 아래한글 1.5버전 이하에서 사용하던 폰트가 래스터 폰트이다. 하지만 조금만 확대를 해도 모양이 찌그러지는 현상이 있으며 축소는 아예 불가능해서 일반적인 용도로는 사용되지 않는다. 특정 장치 전용으로만 사용된다.

벡터 폰트

선분의 집합으로 만들어진 폰트이다. 글자의 모양을 벡터로 기억하기 때문에 확대해도 모양이 유

지된다는 장점이 있다. 래스터 폰트에 비해 훨씬 더 장치 독립적이다. 과거 볼랜드 터보 파스칼이나 터보 C에서 사용하던 BGI 폰트가 바로 이 방식으로 만들어진 폰트이다.

트루타입 폰트

선분과 곡선 그리고 힌트 정보로 구성된 폰트이다. 곡선 정보를 가지고 있기 때문에 확대를 해도 미려한 모양을 유지하며 힌트 정보에 의해 축소를 해도 가독성이 떨어지지 않는다. 속도도 벡터 폰트에 비해 오히려 더 빠르다. 벡터는 축소할 경우 작은 획이 생략되는 경우가 있어 가독성이 떨어지지만 트루타입은 힌트 정보에 의해 축소시에도 획이 생략되는 경우가 거의 없다. 예를 들어 "황"이나 "꽉" 같은 글자를 작게 축소하면 "횡"이나 "괵" 등으로 보일 수도 있는데 힌트 정보는 아무리 작은 획이라도 최소한 일정 길이를 가지도록 보장한다. 또한 힌트에 의해 "보", "H" 처럼 대칭되는 획이 있는 글자들은 항상 같은 굵기로 그려진다.

윈도우즈가 직접 지원하지는 않지만 이 외에도 글꼴의 형태와 특성을 정의하는 방식의 인공지능적인 폰트도 있다. 윈도우즈에서 사용하는 폰트는 거의 대부분 트루타입 폰트이다. 과거에는 속도 문제로 인해 래스터 폰트를 많이 사용했으나 요즘은 시스템이 빨라져 특수한 경우에만 래스터 폰트를 사용할 뿐이다.

폰트는 폰트 리소스 파일에 저장되는 일종의 라이브러리(DLL) 파일이다. 단 폰트 리소스 파일에는 글꼴의 모양에 해당되는 데이터만 들어있을 뿐이며 일체의 코드는 들어 있지 않다. 래스터 폰트와 벡터 폰트는 FON 확장자를 가지며 트루타입 폰트는 헤더 정보를 가지는 FOT 파일과 실제 글꼴 정보를 가지는 TTF 등 두 개의 폰트 리소스 파일을 가진다. 윈도우즈의 Fonts 디렉토리를 보면 FON, TTF 등의 파일들이 많이 있을 것이다.

32-1-다. 패밀리와 문자셋

윈도우즈는 폰트 구분을 위해 패밀리(Family)라는 용어를 사용한다. 패밀리는 획의 굵기와 세리프 특성이 같은 폰트의 모임이다. 다섯 가지의 패밀리가 있다. 윈도우즈의 모든 폰트들은 이 다섯 가지 패밀리 중 하나에 속하며 같은 패밀리 내에서의 폰트끼리는 크기와 스타일로 구분된다.

패밀리	설명
Roman	세리프가 있고 가변폭이다.
Modern	고정폭이며 세리프는 있을 수도 있고 없을 수도 있다.
Script	손으로 쓴 듯한 필기체 형식의 폰트
Swiss	세리프가 없고 고정폭이다.
Decorative	장식체
Dontcare	어떤 패밀리에도 속하지 않는 패밀리. 실제로 존재하는 패밀리가 아니라 임의의 패밀리를 지칭하는 용어이다.

문자셋(Character Set)이란 코드와 문자와의 대응관계에 의해 정의된 문자들의 집합이다. 문자는 캐릭터 코드라는 정수값으로 식별되는데 예를 들어 0x20은 스페이스를 나타내고 0x31은 숫자 1, 0x53은 대문자 S를 나타내는 코드이다. 어떤 코드에 어떤 문자가 대응될 것인가는 문자셋에 따라 달라진다. 대부분의 문자셋에서 32~127번까지의 코드는 표준 ASCII 코드와 동일하지만 그 외의 부분, 즉 0~31, 128이상의 코드에는 문자셋에 따라 다른 문자가 대응된다.

문자 셋에는 ANSI, OEM, Unicode, Hangul 등 여러 가지 종류가 있다. 문자셋에 따라 코드에 대응되는 문자가 어떻게 달라지는지 직접 테스트해 보기 위해 간단한 예제를 하나 만들어 보았다. 윈도우즈에 기본적으로 포함되어 있는 charmap.exe 유틸리티로도 문자셋을 확인할 수 있다.

예 제 : CharSet

```
LRESULT CALLBACK WndProc(HWND hWnd,UINT iMessage,WPARAM wParam,LPARAM lParam)
{
    HDC hdc;
    PAINTSTRUCT ps;
    HFONT font, oldfont;
    static TCHAR str[257];
    int i,j;
    switch (iMessage) {
    case WM_CREATE:
        for (i=0;i<256;i++) {
            str[i]=i;
        }
        return 0;
    case WM_PAINT:
        hdc=BeginPaint(hWnd, &ps);
        font=CreateFont(16,0,0,0,0,0,0,0,ANSI_CHARSET,3,2,1,
            VARIABLE_PITCH | FF_ROMAN,"Times New Roman");
//      font=CreateFont(16,0,0,0,0,0,0,0,OEM_CHARSET,3,2,1,
//          VARIABLE_PITCH | FF_MODERN,"Modern");
//      font=CreateFont(16,0,0,0,0,0,0,0,SYMBOL_CHARSET,3,2,1,
//          VARIABLE_PITCH | FF_DONTCARE,"Wingdings");
//      font=CreateFont(16,0,0,0,0,0,0,0,SYMBOL_CHARSET,1,2,1,
//          VARIABLE_PITCH | FF_ROMAN,"Symbol");
        oldfont=(HFONT)SelectObject(hdc,font);
        for (i=0;i<16;i++)
            for (j=0;j<16;j++)
                TextOut(hdc, j*20,i*20,str+(i*16+j),1);
        SelectObject(hdc,oldfont);
        DeleteObject(font);
        EndPaint(hWnd, &ps);
        return 0;
    case WM_DESTROY:
        PostQuitMessage(0);
        return 0;
    }
    return(DefWindowProc(hWnd,iMessage,wParam,lParam));
}
```

문자 배열 str에 0~255까지의 문자를 넣어두고 이 배열의 문자들을 순서대로 꺼내 화면으로 출력하였다. 일단 ANSI 문자셋인 Times New Roman 폰트를 만들어 이 폰트의 문자셋을 조사해 보았는데 실행결과는 다음 왼쪽 그림과 같다. 오른쪽 그림은 폰트를 만들지 않고 시스템 폰트를 사용하여 출력한 것이다. 한글 윈도우즈에서 시스템 폰트는 Hangul 문자셋을 사용한다.

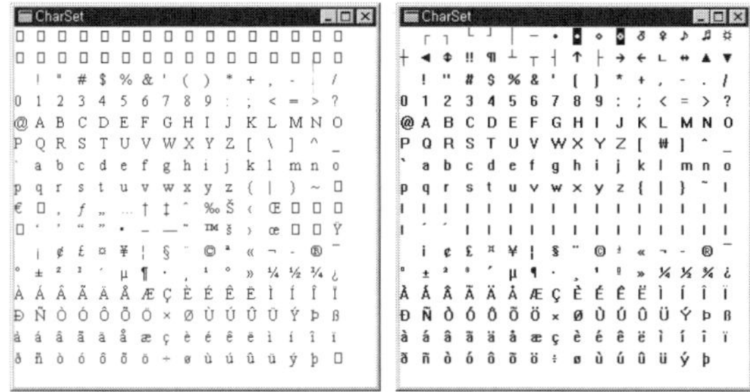

0~255까지의 문자가 나열되어 있는데 같은 코드를 출력한 것이지만 ANSI 문자셋과 Hangul 문자셋의 문자가 서로 조금씩 다르다는 것을 알 수 있다. ANSI 문자셋은 0~31까지의 코드에 문자가 할당되어 있지 않지만 Hangul 문자셋에는 이 코드에도 문자들이 할당되어 있다. 다음 그림은 폰트를 각각 Symbol과 Wingding으로 바꾼 후 문자셋을 출력한 것인데 이 두 폰트는 Symbol 문자셋을 사용한다.

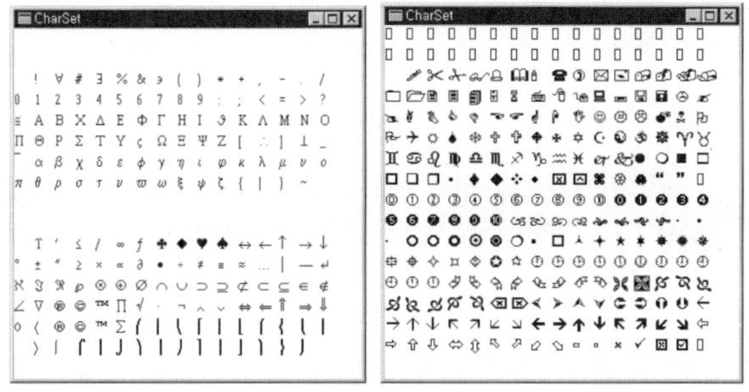

Symbol 문자셋은 ASCII 코드와도 완전히 다른 문자들로 구성되어 있다. 폰트를 바꿔가며 테스트해 보면 문자셋에 따라 나타나는 문자들이 서로 다른 것을 알 수 있을 것이다. charmap으로 필요할 때마다 조사할 수 있으므로 각 문자셋의 코드에 어떤 문자가 대응되어 있는지까지 알고 있어야 할 필요는 없다. 중요한 것은 문자셋에 따라 특정 코드의 문자가 다를 수도 있다는 것을 이해하는 것이다.

32-2 논리 폰트

32-2-가. 폰트 만들기

폰트를 만들 때는 CreateFont 함수를 사용한다. 이 함수의 사용 예는 6장에서 이미 살펴본 적이 있다. 다음 예제는 50픽셀 높이의 궁서체 폰트를 만들어 문자열을 출력한다.

예 제 : MkFont

```
LRESULT CALLBACK WndProc(HWND hWnd,UINT iMessage,WPARAM wParam,LPARAM lParam)
{
    HDC hdc;
    PAINTSTRUCT ps;
```

```
    HFONT font, oldfont;
    TCHAR *str="폰트 Test 1234";
    switch (iMessage) {
    case WM_PAINT:
        hdc=BeginPaint(hWnd, &ps);
        font=CreateFont(50,0,0,0,0,0,0,0,HANGEUL_CHARSET,3,2,1,
            VARIABLE_PITCH | FF_ROMAN,"궁서");
        oldfont=(HFONT)SelectObject(hdc,font);
        TextOut(hdc, 100,200,str,lstrlen(str));
        SelectObject(hdc,oldfont);
        DeleteObject(font);
        EndPaint(hWnd, &ps);
        return 0;
    case WM_DESTROY:
        PostQuitMessage(0);
        return 0;
    }
    return(DefWindowProc(hWnd,iMessage,wParam,lParam));
}
```

CreateFont 함수는 14개의 인수를 가지며 이 인수로 만들고자 하는 폰트의 특성을 지정한다. 6장에서 이미 실습해본 내용이다. 일일이 특성을 지정하는 방법 외에 폰트 특성을 LOGFONT 구조체에 설정하고 CreateFontIndirect 함수로 폰트를 만들 수도 있다.

```
typedef struct tagLOGFONT { // lf
    LONG lfHeight;
    LONG lfWidth;
    LONG lfEscapement;
    LONG lfOrientation;
    LONG lfWeight;
    BYTE lfItalic;
    BYTE lfUnderline;
    BYTE lfStrikeOut;
    BYTE lfCharSet;
    BYTE lfOutPrecision;
    BYTE lfClipPrecision;
    BYTE lfQuality;
    BYTE lfPitchAndFamily;
    TCHAR lfFaceName[LF_FACESIZE];
} LOGFONT;
```

LOGFONT 구조체는 만들고자 하는 폰트의 특성을 정의하는 구조체이며 각 멤버는 CreateFont 함수의 인수와 동일한 의미를 가진다. 폰트를 잘 쓰고 싶다면 이 구조체에 대해 깊이있게 연구해 보아야 한다. 각 멤버의 의미에 대해서는 6장에서도 간단하게 설명한 바 있으나 여기서는 좀 더 자세한 설명과 함께 사용 예를 알아보자.

타입페이스

LOGFONT 구조체의 제일 끝에 있는 lfFaceName멤버로 지정한다. 사용하고자 하는 폰트의 이름을 "궁서", "Times New Roman" 등과 같이 문자열로 지정한다. 폰트 정보 중 문자셋, 피치 정보 등과 함께 폰트를 선택하는 가장 중요한 정보이다. 이 멤버가 NULL이거나 이 멤버가 지정하는 폰트가 없을 경우 GDI는 나머지 특성들에 가장 잘 어울리는 폰트를 찾아준다. 널 종료 문자열이며 최대 길이는 널 문자를 포함하여 32자까지이다. 컴퓨터 시스템에 따라 설치되어 있는 폰트의 구성이 다를 수도 있기 때문에 이 멤버가 지정하는 폰트가 반드시 있다고 보장할 수는 없다. 폰트가 없을 경우 최대한 비슷한 글꼴을 찾아야 하기 때문에 나머지 정보들도 중요하다.

문자의 크기

문자의 크기는 lfHeight, lfWidth 멤버로 지정하되 주로 lfWidth는 0으로 주어 디폴트 폭을 사용하고 lfHeight에 높이를 주는 방법으로 크기를 설정한다. 왜냐하면 문자의 폭은 문자에 따라 가변적(예를 들어 소문자 i와 대문자 W의 폭)인데 비해 높이는 일정하기 때문에 고정 폭을 지정하는 것은 별 의미가 없기 때문이다. 장평이 100%가 아닌 폰트를 만들 때만 lfWidth를 지정하며 나머지 경우는 0으로 주면 된다. 폭이 높이의 절반일 때 장평이 100%이며 폭과 높이가 같으면 장평은 200%가 된다. lfHeight가 사용하는 단위는 논리 단위이다. 디폴트 맵핑 모드인MM_TEXT 맵핑 모드를 사용한다면 이 단위는 픽셀이라고 생각하면 된다. lfHeight는 부호에 따라 약간씩 해석하는 의미가 달라진다.

부호	설명
양수	폰트의 셀 높이에 맞춘다.
0	폰트의 디폴트 높이를 사용한다.
음수	폰트의 높이에 맞춘다.

각도 및 방향

lfEscapement 멤버는 장치의 X축과의 각도를 1/10도 단위로 지정한다. 이 멤버를 사용하면 기울어진 모양의 문자열을 출력할 수 있다. 다음과 같이 폰트를 만든 후 문자열을 출력해 보자.

```
font=CreateFont(50,0,200,0,0,0,0,0,HANGUL_CHARSET,3,2,1,
    VARIABLE_PITCH | FF_ROMAN,"궁서");
```

lfEscapement에 200을 주었으므로 20도 기울어진 폰트가 만들어진다. 출력 결과는 다음과 같다.

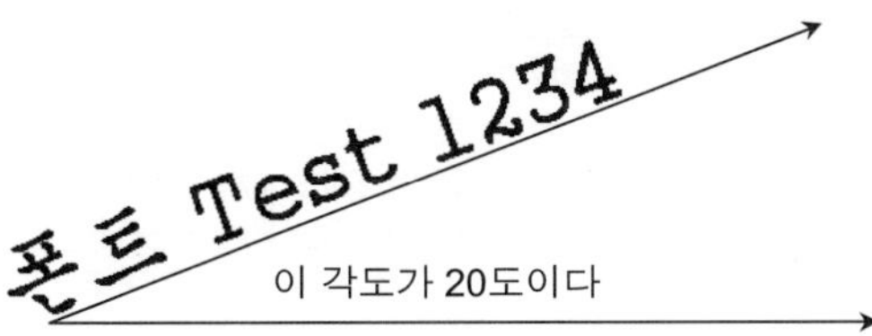

lfOrientation은 개별 문자의 각도이다. 그러나 이 멤버는 Win98에서는 무시되며 lfEscapement에서 지정한 각도가 적용된다. NT에서 그래픽 모드가 GM_ADVANCED이고 트루타입 폰트인 경우에만 개별 문자의 각도를 지정할 수 있다. 다음과 같이 소스를 수정해 보자.

```
SetGraphicsMode(hdc,GM_ADVANCED);
font=CreateFont(50,0,0,150,0,0,0,0,HANGUL_CHARSET,3,2,1,
    VARIABLE_PITCH | FF_ROMAN,"궁서");
```

폰트Test 1234 요런 식으로 개별 문자들이 15도 기울어진 채로 출력된다. 두 멤버를 동시에 지정할 수도 있는데 둘 다 900으로 주면 위쪽으로 글자들이 출력된다.

문자의 굵기

lfWeight 멤버는 문자의 굵기를 지정한다. 0~1000까지의 값을 가질 수 있으며 특수한 경우로 0이면 디폴트 굵기가 사용된다. 다음과 같은 매크로 상수가 정의되어 있다. 0~1000까지의 임의의 값을 가질 수 있지만 실제로는 400(FW_NORMAL)과 700(FW_BOLD)만 사용되며 나머지는 사용되지 않는다.

값	굵기
FW_DONTCARE	0
FW_THIN	100
FW_EXTRALIGHT, FW_ULTRALIGHT	200
FW_LIGHT	300
FW_NORMAL, FW_REGULAR	400
FW_MEDIUM	500
FW_SEMIBOLD, FW_DEMIBOLD	600
FW_BOLD	700
FW_EXTRABOLD, FW_ULTRABOLD	800
FW_HEAVY, FW_BLACK	900

스타일

lfItalic, lfUnderline, lfStrikeOut 멤버는 기울임 문자, 밑줄 문자, 취소선 문자 스타일을 지정한다. 해당 스타일을 줄 경우 TRUE를 지정하고 그렇지 않을 경우 FALSE로 지정한다. 비교적 직관적으로 이해하기 쉬운 멤버들이다.

문자 셋

lfCharSet 멤버는 폰트가 사용하는 문자 셋을 지정한다. 다음과 같은 문자 셋이 미리 정의되어 있으며 이 외에도 다른 문자 셋이 존재할 수 있고 운영체제가 업그레이드되면 더 많은 문자셋이 만들어질 수도 있다.

ANSI_CHARSET	GB2312_CHARSET	RUSSIAN_CHARSET
BALTIC_CHARSET	GREEK_CHARSET	SHIFTJIS_CHARSET
CHINESEBIG5_CHARSET	HANGUL_CHARSET	SYMBOL_CHARSET
DEFAULT_CHARSET	MAC_CHARSET	TURKISH_CHARSET
EASTEUROPE_CHARSET	OEM_CHARSET	JOHAB_CHARSET

지정한 타입페이스가 존재하지 않을 경우 운영체제는 이 멤버가 지정하는 문자 셋의 폰트 중 하나를 찾는다. 정확하게 일관된 결과를 얻기 위해서는 사용하고자 하는 타입페이스의 문자 셋을 조사하여 이 멤버에 대입해야 한다. 예를 들어 궁서 폰트를 만들고자 할 때는 반드시 HANGUL_CHARSET을 지정해야 하는데 만약 궁서 폰트가 시스템에 없더라도 적어도 문자 셋은 같은 폰트가 만들어질 것이다. 문자 셋은 운영체제가 폰트를 선택하기 위해 가장 우선적으로 고려하는 중요한 요소이므로 정확한 값을 지정해야 한다. 참고로 한글 문자셋인 HANGUL_CHARSET은 HANGEUL_CHARSET으로도 중복 정의되어 있으므로 둘 중 편한대로 사용하면 된다.

피치와 패밀리

lfPitchAndFamily 멤버는 폰트의 피치와 패밀리를 지정한다. 하위 두 비트가 피치를 지정하는데 피치란 개별 글자들의 폭이 일정한가 아니면 글자마다 다른가를 의미한다. 한글의 경우는 글자의 폭이 대체로 일정해 피치의 영향을 덜 받지만 영문은 피치에 따라 전체 문자열의 모양이 상당히 달라진다.

가변 피치 BMWij A font is a collection of characters

고정 피치 `BMWij A font is a collection...`

이 값도 폰트 선택에서 아주 중요하게 고려된다. 가변폭 폰트와 고정폭의 폰트는 사용 용도가 분명히 다르기 때문에 운영체제는 피치값을 타입페이스보다 더 우선적으로 일치시킨다. 일반적으로 도표나 소스 덤프처럼 형식이 중요한 문자열은 들여쓰기가 꼭 맞아야 하므로 고정폭이 더 좋고 소설이나 신문처럼 형식보다는 내용이 중요한 문자열은 가독성이 좋아야 하므로 가변폭이 더 유리하다.

값	설명
DEFAULT_PITCH	디폴트 피치
FIXED_PITCH	개별 문자의 폭이 동일하다.
VARIABLE_PITCH	문자별로 폭이 다르다.

비트4~비트7까지는 폰트의 패밀리를 지정한다. 지정한 타입페이스를 사용할 수 없을 경우 이 멤버가 지정하는 패밀리 내에서 가장 근접하는 폰트를 찾는다.

값	설명
FF_DECORATIVE	장식체 중에서만 찾는다.
FF_DONTCARE	패밀리에 상관없이 찾는다.
FF_MODERN	Modern 패밀리 내에서만 찾는다.
FF_ROMAN	Roman 패밀리 내에서만 찾는다.
FF_SCRIPT	Script 패밀리 내에서만 찾는다.
FF_SWISS	Swiss 패밀리 내에서만 찾는다.

이 멤버에 두 값을 "피치 | 패밀리" 형식으로 OR 연산자로 연결하여 지정한다.

기타

나머지 멤버들은 폰트 선택에서는 거의 영향을 미치지 않는다. lfOutPrecision 멤버는 출력 정확도를 지정하는데 요구한 폰트의 높이, 폭, 피치 등에 얼마나 근접한 폰트를 찾아낼 것인가를 지정한다. 이 멤버는 같은 타입페이스 이름으로 여러 개의 폰트가 있을 경우에 어떤 폰트를 선택할 것인가의 기준이 된다.

값	설명
OUT_CHARACTER_PRECIS	사용되지 않는다.
OUT_DEFAULT_PRECIS	디폴트 동작대로 한다.
OUT_DEVICE_PRECIS	디바이스 폰트 중 하나를 고른다.
OUT_OUTLINE_PRECIS	트루타입, 또는 다른 외곽선 형태의 폰트 중에서 하나 고른다. Win95에서 이 값은 사용되지 않는다.
OUT_RASTER_PRECIS	래스터 폰트 중에 하나를 고른다.
OUT_STRING_PRECIS	폰트를 고를 때는 사용되지 않으며 열거할 때 리턴되는 값이다.
OUT_STROKE_PRECIS	NT:폰트를 고를 때는 사용되지 않으며 열거중에 트루타입, 외곽선, 벡터 폰트가 발견되면 리턴되는 값이다.

	Win95:폰트를 고를 때는 사용되지 않으며 열거중에 트루타입, 벡터 폰트가 발견되면 리턴되는 값이다.
OUT_TT_ONLY_PRECIS	트루타입 폰트 중에서만 고른다. 트루타입이 없으면 디폴트 동작대로 한다.
OUT_TT_PRECIS	트루타입 폰트 중에 하나를 고른다.

lfClipPrecision 은 글자의 일부분이 클리핑 영역을 벗어날 때의 처리방법을 지정한다. 다음 값 중 하나 또는 여러 개의 값을 가진다.

값	설명
CLIP_DEFAULT_PRECIS	디폴트 동작대로 한다.
CLIP_CHARACTER_PRECIS	사용되지 않는다.
CLIP_STROKE_PRECIS	폰트를 고를 때는 사용되지 않으며 열거할 때 리턴되는 값이다.
CLIP_MASK	사용되지 않는다.
CLIP_EMBEDDED	포함된 읽기 전용의 폰트를 사용할 때 이 값을 지정한다.
CLIP_LH_ANGLES	이 값이 사용되면 모든 폰트의 회전은 좌표 시스템의 방향에 따라 달라진다. 이 값이 지정되지 않으면 회전은 항상 반시계 방향이다.
CLIP_TT_ALWAYS	사용되지 않는다.

lfQuality 멤버는 출력 품질을 지정한다. 논리 폰트를 물리 폰트에 대응시킬 때 GDI가 품질을 얼마나 고려할 것인가를 지정하는데 트루타입에서는 이 멤버를 사용하지 않으며 래스터 폰트에만 사용된다.

값	설명
DEFAULT_QUALITY	글꼴의 외형을 문제삼지 않는다.
DRAFT_QUALITY	폰트의 외형을 중요시한다.
PROOF_QUALITY	폰트의 외형을 아주 중요시한다.

32-2-나. 논리 폰트

LOGFONT 구조체로부터 만들어지는 폰트와 CreateFont 함수에 의해 만들어지는 폰트를 논리 폰트(logical font)라고 한다. 논리 폰트는 응용 프로그램이 사용하고자 하는 폰트에 대한 정의일 뿐이다. 어떤 모양의 어떤 특성을 가진 폰트를 원한다는 것을 운영체제에 알려주는 것이 논리 폰트이다. 실제로 그런 폰트가 시스템에 존재하는지는 알 수 없다. 다만 프로그램은 자신이 원하는 폰트의 특징을 LOGFONT 구조체에 설정하고 CreateFontIndirect 함수를 호출하여 논리 폰트의 핸들만을 받을 뿐이다.

물리 폰트(Physical font)는 운영체제나 장치에 실재로 존재하는 폰트를 말한다. 운영체제는 응용 프로그램이 요청한 논리 폰트에 가장 적합한 물리 폰트를 찾아준다. 논리 폰트의 특성에 가장 근접한 폰트를 찾는 과정을 폰트 매핑(font Mapping)이라고 하며 폰트 매핑 알고리즘을 폰트 매퍼(Font Mapper)라고 한다. 폰트 매핑이 일어나는 시점은 사용자가 논리 폰트의 핸들로 SelectObject 함수를 호출했을 때이다. 이때 운영체제는 논리 폰트가 가지는 특징을 보고 요구에 가장 적합한 물리 폰트를 찾는다.

대부분의 경우 타입페이스만 제대로 지정해도 원하는 폰트를 만들 수 있다. 그러나 이런 식으로 폰트를 다루는 것은 아주 위험하다. 왜냐하면 폰트 구성은 시스템 사정에 따라 얼마든지 변경될 수 있기 때문이다. Times New Roman 폰트를 사용하겠다고 해서 타입페이스만 "Times New Roman"으로 지정하여 폰트를 만들었다고 해 보자. 만약 이 프로그램이 실행되는 시스템에 Times New Roman 폰트가 설치되어 있지 않다면 어떻게 되겠는가? 폰트는 사용자 취향에 따라 얼마든지 설치 및 제거가 가능하기 때문에 이런 상황이 얼마든지 발생할 수 있다.

이런 상황에서 타입페이스만 지정했다면 운영체제가 골라주는 폰트는 원하는 폰트와 완전히 딴판일 수 있다. 만약 Symbol이나 특수문자 폰트가 선택되었다면 모양은 둘째치고 아예 읽을 수도 없게 될 것이다. MkFont 예제에서 문자셋을 SYMBOL로 바꾸면 궁서체가 아닌 엉뚱한 폰트가 선택되어 무슨 내용인지 알아 보지도 못하는 내용이 출력된다. 적어도 문자셋과 피치값은 원하는 폰트와 일치해야 폰트가 설치되어 있지 않아도 비슷한 모양으로 출력된다. 그래서 타입페이스뿐만 아니라 사용하고자 하는 폰트에 대해 가급적이면 상세한 정보를 제공해야 하며 그래서 논리 폰트를 정의하는 LOGFONT 구조체가 그렇게 복잡한 것이다.

폰트의 이름인 타입페이스가 물리 폰트를 선택하는 최우선 고려 대상이 아니라는 점이 상식과 조금 틀린데 타입페이스보다 문자셋과 피치를 더 우선적으로 고려한다. 이렇게 되어 있는 이유는 원하는 폰트가 시스템에 설치되어 있지 않을 경우 모양이 조금 틀리더라도 최소한 문자셋이 같은 폰트를 골라 읽을 수는 있어야 하며 다음으로 피치가 같은 폰트를 골라 전체 문서 모양이 원본과 가급적 비슷하게 나올 수 있어야 하기 때문이다.

가령, 보고서를 작성할 때 자신의 시스템에 깔린 이런 저런 폰트로 문서를 멋지게 만들어서 재출했다고 해 보자. 이 폰트가 교수님 시스템에도 설치되어 있다면 아무런 문제가 없겠지만 그렇지 않을 수도 있다. 이럴 경우 최소한 교수님이 보고서를 제 모양대로는 보지 못하더라도 내용을 읽을 수는 있어야 하며 문서의 전체적인 모양도 학생이 의도한대로여야 한다. 다른 사람이 작성한 문서를 다운로드 받거나 복사해서 볼 때도 똑같은 상황이 발생한다.

폰트를 생성하는 과정은 흔히 전자 상가에서 노트북을 주문하는 방식에 비유된다. 노트북을 구입하려는 사람은 자신이 원하는 사양을 가게 주인에게 가급적 상세하게 얘기해야 하며 가게 주인은 요구 사항에 맞는 적절한 노트북을 추천해줄 것이다. CPU 속도는 2G 이상, 하드는 160G 이상, 메모리는 작아도 무관하되 LCD는 반드시 1280 해상도 이상이어야 한다는 상세한 정보를 주면 마음에 드는 노트북을 만날 확률이 높아진다. 때려 죽여도 샘송 쎈쑤 SN-128 처럼 모델명만 얘기했다가는 가게에 재고가 없어 노트북을 구입할 수 없을 것이다.

폰트 매퍼는 일종의 점수제로 시스템의 모든 폰트에 점수를 매겨 가장 높은 점수를 받은 폰트를 선택한다. 요구 정보가 정확할수록 선택되는 폰트도 정확해질 것이다. 운영체제가 폰트를 선택하는 알고리즘이 이런 식이기 때문에 CreateFont 함수는 절대로 실패하지 않는다. 시스템에 폰트가 단 하나뿐이더라도 어쨌든 폰트는 선택된다. 워드 프로세서의 글꼴 콤보 박스에 글꼴 이름을 직접 입력할 수 있는데 이렇게 되어 있는 이유는 시스템에 당장 없는 폰트라도 지정은 할 수 있어야 하기 때문이다.

32-2-다. 스톡 폰트

윈도우즈는 여섯 개의 스톡 폰트를 제공한다. 운영체제에 의해 제공되는 폰트이므로 CreateFont로 만들 필요없이 GetStockObject 함수로 바로 핸들을 얻을 수 있다.

스톡 폰트	설명
ANSI_FIXED_FONT	윈도우즈 문자 셋을 가지는 고정 피치의 폰트를 사용한다. 보통 Courier 폰트가 사용된다.
ANSI_VAR_FONT	윈도우즈 문자 셋을 가지는 가변 피치의 폰트를 사용한다. 보통 MS Sans Serif 폰트가 사용된다.
DEVICE_DEFAULT_FONT	주어진 디바이스에서 가장 잘 어울리는 폰트이다. 디스플레이에서는 보통 시스템 폰트를 사용하지만 도트 메트릭스 프린터 등에서는 장치에 내장된 폰트가 사용된다.
OEM_FIXED_FONT	고정 피치의 OEM 문자 셋을 가진 폰트가 사용된다.
SYSTEM_FONT	윈도우즈 문자 셋을 가지는 가변 피치의 폰트이다. 이 폰트를 시스템 폰트라고 하며 타이틀 바, 메뉴, 대화상자의 텍스트 등을 출력할 때 사용된다. 또한 DC에 디폴트로 선택되는 폰트이다.
SYSTEM_FIXED_FONT	윈도우즈 3.0이하의 버전에서 사용하던 고정 피치의 폰트이다.

문자셋과 피치에 따라 다양한 시스템 폰트가 제공된다. 다음 예제는 여섯 개의 스톡 폰트 모양을 보여준다.

예 제 : StockFont

```
LRESULT CALLBACK WndProc(HWND hWnd,UINT iMessage,WPARAM wParam,LPARAM lParam)
{
    PAINTSTRUCT ps;
    HDC hdc;
    TCHAR str[128];
    switch (iMessage) {
    case WM_PAINT:
        hdc=BeginPaint(hWnd, &ps);
        lstrcpy(str, "Korea is my Home Contury, 1234!@#$ iWiWiWiW 나 너 대한민국");
        SelectObject(hdc,GetStockObject(ANSI_FIXED_FONT));
        TextOut(hdc,50,50,str,lstrlen(str));
        SelectObject(hdc,GetStockObject(ANSI_VAR_FONT));
        TextOut(hdc,50,100,str,lstrlen(str));
        SelectObject(hdc,GetStockObject(DEVICE_DEFAULT_FONT));
        TextOut(hdc,50,150,str,lstrlen(str));
        SelectObject(hdc,GetStockObject(OEM_FIXED_FONT));
        TextOut(hdc,50,200,str,lstrlen(str));
        SelectObject(hdc,GetStockObject(SYSTEM_FONT));
        TextOut(hdc,50,250,str,lstrlen(str));
        SelectObject(hdc,GetStockObject(SYSTEM_FIXED_FONT));
        TextOut(hdc,50,300,str,lstrlen(str));
        EndPaint(hWnd, &ps);
        return 0;
    case WM_DESTROY:
        PostQuitMessage(0);
        return 0;
    }
    return(DefWindowProc(hWnd,iMessage,wParam,lParam));
}
```

스톡 폰트로 문자열을 하나씩 출력해 보았다. 다음 출력 결과는 시스템에 따라 달라질 수도 있다. 디스플레이 디바이스의 종류, 사용자의 설정 상태에 따라 스톡 폰트는 달라진다.

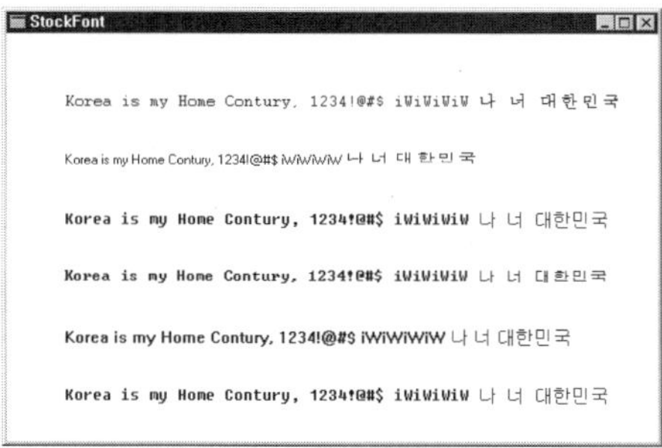

32-3 여러 가지 폰트 정보

32-3-가. 폰트 열거

시스템에 어떤 폰트들이 설치되어 있는지를 조사해 봐야 할 경우가 있다. 사용자로부터 폰트를 선택받기 위해 설치되어 있는 목록을 먼저 보여준 후 그 중 하나를 고르도록 해야 할 경우가 가장 대표적이다. 워드나 워드패드, 엑셀 등 문자를 사용하는 대부분의 프로그램이 툴바에 폰트를 선택받는 콤보 박스를 가진다.

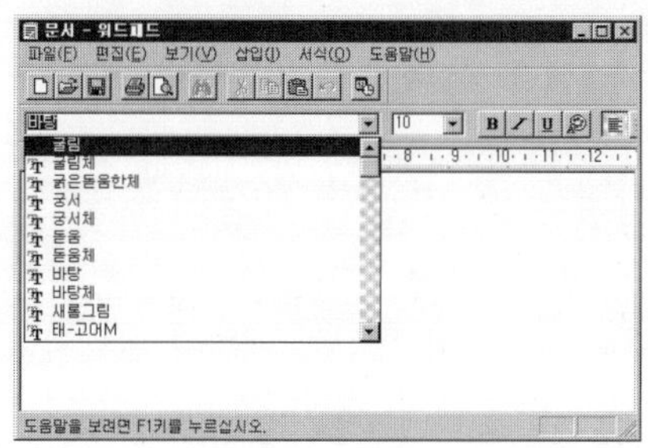

이 콤보 박스에 나타나는 폰트들은 모두 시스템에 설치되어 있는 폰트, 즉 사용자가 원하면 언제든지 쓸 수 있는 폰트들이다. 이 목록을 표시하기 위해서는 먼저 어떤 폰트가 설치되어 있는지를 조사해 봐야 할 것이다. 설치된 폰트의 목록을 조사하는 과정을 폰트 열거(Enumeration)라고 한다. 즉 어떤 폰트가 사용 가능한지 목록을 파악하는 동작이다. 폰트 열거를 하는 함수는 다음 함수이다.

int EnumFontFamilies(HDC hdc, LPCTSTR lpszFamily, FONTENUMPROC lpEnumFontFamProc, LPARAM lParam);

hdc는 조사하고자 하는 장치의 DC 핸들이다. 화면 폰트를 조사하려면 GetDC로 DC핸들을 얻은 후 전달하면 되고 프린터의 폰트를 조사하려면 프린터 DC 핸들을 얻어 넘기면 된다. 두 번째 인수 lpszFamily는 조사하고자 하는 폰트 패밀리를 지정하되 이 값이 NULL이면 모든 패밀리를 다 조사한다. 이 함수는 폰트가 발견될 때마다 세 번째 인수 lpEnumFontFamProc이 지정하는 콜백함수를 호출하여 발견된 폰트의 특성을 알려 준다. 4번째 인수는 콜백함수로 전달되는 32비트값이되 사용자가 임의로 의미를 정해 사용할 수 있으며 사용하지 않을 경우 NULL값을 주면 된다.

이 함수는 실제로 열거를 담당하는 함수이지만 우리에게 더 중요한 의미를 가지는 함수는 콜백함수이다. 조사된 폰트의 정보가 콜백함수로 전달되므로 콜백함수에서 우리가 하고자 하는 작업을 하면 된다. 콜백함수는 다음과 같은 원형으로 작성한다. 물론 함수이므로 이름은 사용자가 마음대로 줄 수 있다.

int CALLBACK EnumFontFamProc(ENUMLOGFONT FAR *lpelf, NEWTEXTMETRIC FAR *lpntm, int FontType, LPARAM lParam);

첫 번째 인수 lpelf는 다음과 같이 정의된 구조체이다.

```
typedef struct tagENUMLOGFONT { // elf
    LOGFONT elfLogFont;
    BCHAR      elfFullName[LF_FULLFACESIZE];
    BCHAR      elfStyle[LF_FACESIZE];
} ENUMLOGFONT;
```

첫 번째 멤버 elfLogFont가 조사된 폰트의 모든 특성을 담고 있는 LOGFONT 구조체이다. 우리가 가장 관심을 가질 만한 멤버이며 이 구조체를 CreateFontIndirect 함수로 넘겨 바로 폰트를 만들 수도 있다. 두 번째 인수는 폰트의 타입페이스 문자열, 즉 폰트의 이름이며 세 번째 인수는 폰트의 스타일을 나타내는 문자열이다. 두 번째 인수 lpntm은 NEWTEXTMETRIC이라는 구조체이며 역시 폰트의 여러 가지 특성값들을 가진다. 이 구조체에 대해서는 다음 항에서 따로 알아볼 것이다. 세 번째 인수 FontType은 폰트의 종류를 나타내며 다음 세 가지 값 중 한 값을 가진다.

값	설명
DEVICE_FONTTYPE	장치 폰트
RASTER_FONTTYPE	래스터 폰트
TRUETYPE_FONTTYPE	트루타입 폰트

마지막 인수 lParam은 EnumFontFamilies 함수의 4번째 인수로 전달된 lParam값이다. EnumFontFamilies 함수는 폰트 목록을 조사하다가 지정한 패밀리의 폰트가 발견될 때마다 콜백함수를 호출한다. 이 과정은 전체 폰트가 모두 검색되거나 콜백함수가 FALSE를 리턴(중간에 검색을 취소하라)할 때까지 계속된다. 그래서 열거중에 시스템에 설치된 모든 폰트에 대해 콜백함수가 한 번씩 호출된다.

폰트 열거는 목록 조사를 위해서도 사용되지만 폰트의 특성을 정확하게 알기 위해서도 자주 이용된다. 다음에 만들 예제는 이런 목적에 사용하기에 충분하게끔 제작되었다. 프로젝트 이름은 EnumFont이며 리소스에는 메뉴와 간단한 아이콘이 포함되어 있다. 메뉴의 ReEnum 항목은 열거를 다시 한다.

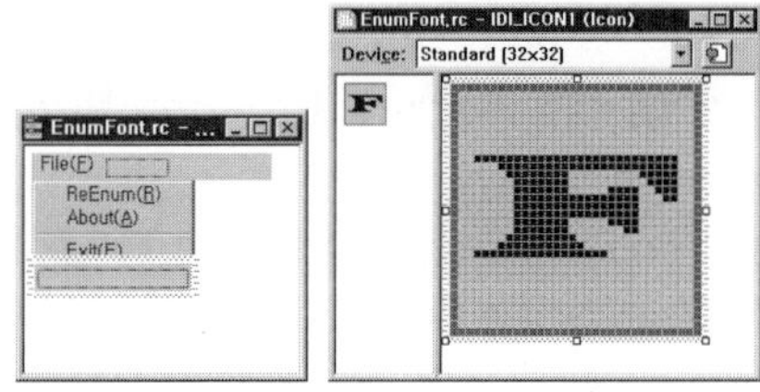

소스의 길이가 꽤 긴데 지면 관계상 소스 리스트는 생략한다. 그다지 어렵지 않은 소스이므로 직

접 분석해 보기 바란다.

예 제 : EnumFont

소스 생략

실행해보면 리스트 박스에 조사된 폰트의 목록이 나타나며 이중 한 폰트를 선택하면 해당 폰트의 LOGFONT 구조체 내용이 오른쪽에 출력된다. 또한 선택한 폰트의 사용 예와 발견된 폰트 수를 알려 준다.

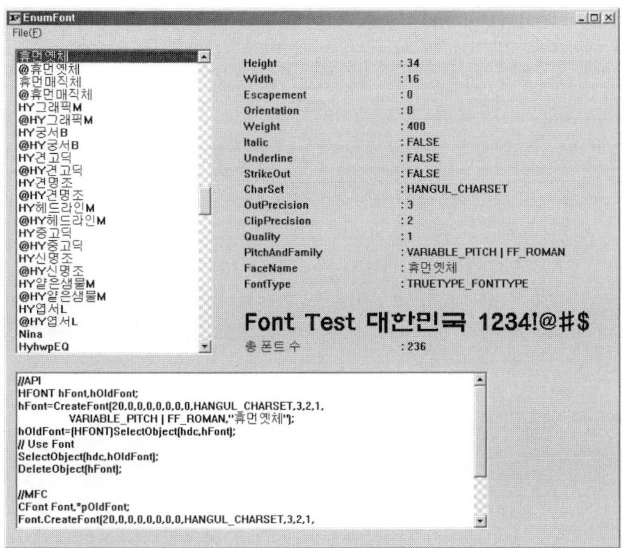

열거를 시작하는 함수는 ReEnum이며 이 함수는 WM_CREATE에서 한 번 호출되고 또한 ReEnum 메뉴 항목이 선택되었을 때도 호출된다. 함수 선두에서 발견된 총 폰트 수인 num을 0으로 리셋하고 현재 선택된 폰트인 NowFont를 -1로 하여 선택된 폰트가 없도록 한다. 그리고 화면 DC를 구해 EnumFontFamilies 함수를 호출하되 모든 패밀리에 대해 조사했다.

콜백함수는 바로 위에 있는 EnumFamCallBack이다. 이 함수에서는 발견된 폰트의 LOGFONT 구조체를 logfont 전역 배열에 차곡차곡 복사해 모아 두며 FontType도 같이 저장한다. NEWTEXTMETRIC 구조체의 정보도 필요하다면 물론 저장해 놓을 수 있다. 이 예제는 폰트를 조사하는 것이 목적이므로 정보를 모아 두는 것 외에는 특별히 콜백함수에서 할 일이 없다.

열거가 끝나면 전역 배열 logfont에는 발견된 모든 폰트의 특성들이 저장되어 있을 것이다. WM_PAINT에서 이 특성들을 문자열화하여 사용자에게 표시하고 폰트를 사용한 출력 예를 보여준다. WM_COMMAND에서는 리스트 박스의 항목이 변경되었을 때의 처리와 메뉴 항목 세 개의 처리를 하고 있다. 사용자가 리스트 박스에서 다른 폰트를 선택하면 NowFont 변수를 선택된 폰트의 인덱스로 바꾸고 화면을 다시 그린다.

이 예제를 사용하면 원하는 폰트의 정확한 특성을 알 수 있으며 이렇게 조사된 정보로 안전하게 논리 폰트를 만들어 사용할 수 있다. “궁서” 폰트를 사용하고 싶다고 해서 CreateFont(....“궁서”);라고만 하면 되는 것이 아니다. 적어도 문자 셋, 피치, 패밀리 등의 정보는 제대로 조사해서 전달해야 원하는 폰트가 만들어진다. 뿐만 아니라 지정한 타입페이스의 폰트가 없는 시스템에서도 정보를 자세히 주면 가장 근접한 논리 폰트를 얻을 수 있다. 이쪽 컴퓨터에 폰트가 설치되어 있다고 해서 모든 시스템에 그 폰트가 설치되어 있다고는 장담할 수 없기 때문에 가급적이면 정확한 정보를 주어야 하며 정확한 정보를 찾는 가장 정확한 방법이 바로 폰트 열거이다.

이 예제는 예제로서 뿐만 아니라 프로그래밍중에 종종 참고할 만한 유틸리티로서도 충분히 쓸 만하다. 개발자마다 이런 목적으로 쓰기 위해 자신만을 폰트 열거 유틸리티를 만들어 사용하기도 하며 공개 자료실을 뒤져 보면 정성껏 만든 폰트 열거툴을 쉽게 구할 수 있다. 이 예제도 활용성을 높이기 위해 선택한 글꼴을 생성하고 DC에 선택하는 코드를 아래쪽의 에디트 박스에 작성하여 복사해서 바로 쓸 수 있는 기능을 제공한다.

폰트를 안전하게 만드는 또 하나의 방법은 열거중에 콜백함수에서 폰트를 만드는 것이다. 즉, 원하는 타입페이스의 폰트가 발견되었을 때 콜백함수로 전달된 LOGFONT 구조체로 폰트를 만들면 가장 안전하다. 운영체제가 조사해 준 확실한 정보를 사용하였으므로 정확하게 원하는 폰트가 만들어진다. 그러나 단순한 선택이 목적이라면 열거보다는 폰트 선택 대화상자를 사용하는 것이 가장 합리적이다. 시스템은 이 대화상자에 실제로 존재하는 폰트만 보여주며 그 특성을 정확하게 리턴하므로 안전하고 사용하기도 무척 쉽다. 폰트 선택 대화상자에 대해서는 15장을 참고하기 바란다.

32-3-나. TextMetric

다음 함수는 hdc에 현재 선택된 물리 폰트에 대한 여러 가지 정보를 얻는다. 문자열을 출력하기 전에 이 함수로 문자의 크기에 관한 정보를 구한 후 간격을 적당히 띄우고자 할 때 사용한다.

BOOL GetTextMetrics(HDC hdc, LPTEXTMETRIC lptm);

hdc는 조사하고자 하는 폰트를 가진 DC의 핸들이며 lptm은 조사된 정보를 돌려받기 위한 구조체이다. TEXTMETRIC 구조체는 다음 도표와 같이 많은 멤버를 가지고 있는데 주로 폰트의 크기에 관련된 멤버들이다.

멤버	설명
tmHeight	문자의 높이다. tmAscent와 tmDescent를 더한 값이다.
tmAscent	기준 선의 윗쪽 높이이다.
tmDecent	기준 선의 아래쪽 높이이다.
tmInternalLeading	tmHeight 안쪽의 여백 공간이다. 이 부분은 여백이며 실제 폰트가 그려지는 부분이 아니므로 문자열 출력에 의해 변경되지 않는 영역이다. 폰트 디자이너는 이 값을 0으로 설정해야 한다.
tmExternalLeading	tmHeight에는 포함되지 않는 여백이며 문자열간의 줄간을 띄울 때 사용하는 부분이다. 실제 폰트가 그려지는 부분이 아니므로 문자열 출력에 의해 변경되지 않는다.
tmAveCharWidth	문자들의 평균 폭이다.
tmMaxCharWidth	최대 문자 폭이다.
tmWeight	폰트의 두께
tmOverhang	볼드, 이탤릭 등의 강조에 의해 추가되는 여분의 폭이다. GDI는 이탤릭체 등과 같이 좌우로 좀 더 큰 폭을 가져야 하는 문자열을 출력할 때 원래 문자폭에 약간의 여분을 더 준다. 이 여분의 폭을 Overhang이라 한다.
tmDigitizedAspectX	폰트가 만들어진 장치의 수평 종횡비 값
tmDigitizedAspectY	폰트가 만들어진 장치의 수직 종횡비 값. 수평, 수직 종횡비 값의 비가 종횡비이다.

tmFirstChar	폰트에 정의된 첫 번째 문자
tmLastChar	폰트에 정의된 마지막 문자
tmDefaultChar	폰트에 정의되지 않은 문자를 출력할 때 사용되는 디폴트 문자. 보통 마침표나 사각박스가 사용된다.
tmBreakChar	자동 개행과 justification에 사용되는 구분 문자. 보통 스페이스이다.
tmItalic	이탤릭 스타일이 있으면 0이 아닌 값을 가진다.
tmUnderlined	밑줄 스타일이 있으면 0이 아닌 값을 가진다.
tmStrikeOut	취소선 스타일이 있으면 0이 아닌 값을 가진다.
tmPitchAndFamily	피치와 패밀리
tmCharSet	문자 셋

영문자의 경우 o,e 등과 같이 높이가 낮은 글자도 있고 f,b,d등과 같이 위로 약간씩 올라가는 글자가 있고 g,q,p등과 같이 아래로 약간씩 내려가는 글자가 있다. 이 글자들이 공통으로 정렬되는 선을 기준선이라고 하며 기준선을 경계로 다음과 같이 높이를 정의한다.

tmAscent, tmDecent 등의 크기 개념은 완전한 사각형 문자인 한글에는 잘 어울리지 않는다. TEXTMETRIC 의 멤버값 중 주로 참조하게 되는 값은 문자 높이값인 tmHeight, 평균폭인 tmAveCharWidth 정도이다. 이 값을 사용하면 문자의 폭, 높이만큼 간격을 적당히 띄울 수 있다. 다음 예제는 문자열 세 줄을 출력하되 문자열 높이만큼 줄간을 띄운다.

예 제 : TextMetric

```
int CharHeight;
TCHAR *str[3] ={"First Line", "Second Line", "Third Line"};
LRESULT CALLBACK WndProc(HWND hWnd,UINT iMessage,WPARAM wParam,LPARAM lParam)
{
    PAINTSTRUCT ps;
    HDC hdc;
    TEXTMETRIC tm;
    int i;
    switch (iMessage) {
    case WM_CREATE:
        hdc=GetDC(hWnd);
        GetTextMetrics(hdc, &tm);
        CharHeight=tm.tmHeight;
        ReleaseDC(hWnd, hdc);
        return 0;
    case WM_PAINT:
        hdc=BeginPaint(hWnd, &ps);
        for (i=0;i<3;i++) {
            TextOut(hdc,0,i*CharHeight,str[i],lstrlen(str[i]));
        }
```

```
        EndPaint(hWnd, &ps);
        return 0;
    case WM_DESTROY:
        PostQuitMessage(0);
        return 0;
    }
    return(DefWindowProc(hWnd,iMessage,wParam,lParam));
}
```

WM_CREATE에서 DC에 선택된 폰트(이 경우 시스템 폰트이다)의 높이를 미리 조사해 둔다. 그리고 WM_PAINT에서는 이 높이만큼 줄간을 띄우면서 세 개의 문자열을 출력했다. 실행 결과를 보면 폰트 높이만큼 정확하게 줄간이 띄워져 있다.

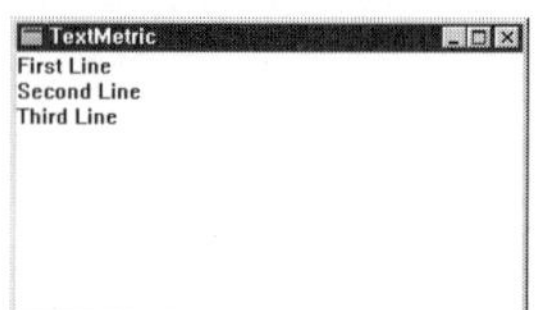

현재까지 발표된 모든 윈도우즈에서 디폴트 시스템 폰트로 tmHeight를 조사해 보면 16픽셀이다. 그렇다고 이 값을 바로 상수로 사용한다거나 경험적으로 적당한 간격을 구해 사용하면 안 된다. 왜냐하면 사용자는 자신의 취향에 따라 시스템 폰트 크기를 마음대로 바꿀 수 있기 때문에 항상 높이가 16픽셀이라는 보장이 없기 때문이다. 정확한 높이를 알려면 GetTextMetrics 함수로 높이를 조사해서 사용해야 한다.

32-3-다. 문자열의 폭

개별 문자의 폭이나 높이를 구할 때는 GetTextMetrics 함수로 조사하지만 문자열의 크기를 조사할 때는 GetTextExtentPoint32 함수를 사용한다. 개별 문자의 폭이 가변적이기 때문에 GetTextMetrics 함수로 구한 평균 문자 폭에 문자수를 단순히 곱하기만 해서는 문자열의 폭을 정확하게 구할 수 없다. "ijl"과 "BMW"는 같은 세 문자이지만 전체 폭은 상당한 차이를 보인다. 그래서 문자열의 폭을 구할 때는 이 함수를 사용해야 한다. 이 함수는 폰트의 크기, 스타일, 자간까지 고려하여 정확하게 문자열의 실제 길이를 계산한다.

BOOL GetTextExtentPoint32(HDC hdc, LPCTSTR lpString, int cbString, LPSIZE lpSize);

hdc는 조사하고자 하는 폰트가 선택되어 있는 DC의 핸들이다. lpString은 조사할 문자열이며 cbString은 문자열의 길이를 지정한다. 조사된 크기는 참조인수로 전달되는 lpSize로 리턴된다. 이 함수를 사용하면 각각 다른 폰트로 된 문자열을 연속적으로 출력할 수 있다. 소스를 보고 사용방법을 익혀보자.

예 제 : TextExtent

```
TCHAR *str[3] = {"Times New Roman", "Arial Black-Italic", "Wide Latin"};
COLORREF col[3]={RGB(255,0,0), RGB(0,255,0), RGB(0,0,255)};
HFONT hFont[3];
LRESULT CALLBACK WndProc(HWND hWnd,UINT iMessage,WPARAM wParam,LPARAM lParam)
```

```
{
    PAINTSTRUCT ps;
    HDC hdc;
    int x;
    SIZE sz;
    int i;
    switch (iMessage) {
    case WM_CREATE:
        hFont[0]=CreateFont(20,0,0,0,0,0,0,0,ANSI_CHARSET,3,2,1,
            VARIABLE_PITCH | FF_ROMAN,"Times New Roman");
        hFont[1]=CreateFont(25,0,0,0,0,TRUE,0,0,ANSI_CHARSET,3,2,1,
            VARIABLE_PITCH | FF_SWISS,"Arial Black");
        hFont[2]=CreateFont(30,0,0,0,0,0,0,0,ANSI_CHARSET,3,2,1,
            VARIABLE_PITCH | FF_ROMAN,"Wide Latin");
        return 0;
    case WM_PAINT:
        hdc=BeginPaint(hWnd, &ps);
        x=0;
        SetTextAlign(hdc, TA_BASELINE | TA_LEFT);

        for (i=0;i<3;i++) {
            SelectObject(hdc, hFont[i]);
            SetTextColor(hdc, col[i]);
            TextOut(hdc,x,50,str[i],lstrlen(str[i]));
            GetTextExtentPoint32(hdc,str[i],lstrlen(str[i]),&sz);
            x+=sz.cx;
        }

        SelectObject(hdc, GetStockObject(SYSTEM_FONT));
        EndPaint(hWnd, &ps);
        return 0;
    case WM_DESTROY:
        DeleteObject(hFont[0]);
        DeleteObject(hFont[1]);
        DeleteObject(hFont[2]);
        PostQuitMessage(0);
        return 0;
    }
    return(DefWindowProc(hWnd,iMessage,wParam,lParam));
}
```

폰트 이름을 가지는 크기 3의 문자열 배열과 색상 배열이 선언되어 있다. WM_CREATE에서는 세 가지 폰트를 다양한 크기와 타입페이스, 스타일로 만들어 두었다. WM_PAINT에서 각 폰트를 선택하면서 문자열을 출력하며 출력 후에 문자열의 길이를 계산하여 다음 문자열이 출력될 위치를 구한다. 실행 결과는 다음과 같다.

Times New Roman 폰트로 문자열을 출력한 후 그 길이만큼 정확하게 간격을 띄우고 Arial 폰트로 문자를 출력하면 두 번째 문자열이 첫 번째 문자열 바로 다음에 이어진다. 두 번째 문자열은 Italic 스타일을 가지고 있지만 GetTextExtentPoint32 함수는 이 스타일까지도 고려하여 폭을 계산하므로 세 번

째 문자열도 두 번째 문자열 바로 다음에 이어진다.

워드 프로세서나 기타 다양한 폰트를 사용하는 프로그램들은 모두 이 함수를 사용하여 문자열의 폭을 계산한다. 심지어 메모장같은 간단한 프로그램도 자동 개행 기능을 구현하기 위해 문자열을 어디서 개행할지를 결정해야 하는데 이때도 이 함수가 필요하다. 문자열의 폭을 구하는 기능은 정렬을 위한 기본 기능이라 할 수 있다. 단, 이 함수는 개별 문자의 폭을 일일이 조사해서 더하므로 속도가 굉장히 느리며 그래서 매번 문자폭을 구하지 않고 큰 배열에 모든 문자의 폭을 미리 구해 놓는 기법을 많이 사용한다.

32-3-라. 폰트의 설치

대부분의 프로그램은 시스템의 폰트 설치 상황에 상관없이 동작하지만 어떤 프로그램은 꼭 특정 폰트가 설치되어 있어야만 정상동작이 가능한 경우도 있다. 예를 든다면 영한사전이나 일한사전, 수식 편집기 등의 프로그램을 들 수 있는데 이런 프로그램은 발음기호나 특수 문자 표현을 위해 필요한 폰트가 반드시 설치되어 있어야 한다. 그래서 설치 프로그램이 프로그램과 함께 폰트를 시스템에 설치해야 한다. 일반 응용 프로그램이 폰트를 설치하거나 제거해야 하는 경우는 사실 무척 드물며 설치 프로그램 정도나 되어야 이런 작업이 필요할 것이다. 폰트 설치 및 제거를 하는 함수는 다음 두 함수이다.

```
int AddFontResource( LPCTSTR lpszFilename );
BOOL RemoveFontResource( LPCTSTR lpFileName );
```

AddFontResource 함수는 인수로 지정한 폰트 리소스 파일을 시스템에 설치한다. 인수로 FON, FNT 또는 TTF 확장자를 가지는 폰트 리소스 파일을 지정한다. 운영체제는 폰트를 시스템 폰트 테이블이라는 일종의 배열로 관리하는데 이 함수 호출에 의해 새 폰트가 폰트 테이블에 등록되며 일단 시스템에 폰트가 설치되면 모든 응용 프로그램은 이 폰트를 사용할 수 있다. 단 폰트가 설치된 직후에 현재 실행중인 프로그램에게 폰트가 추가되었다는 사실을 알려야 하는데 이때는 WM_FONTCHANGE 메시지를 모든 최상위 윈도우에게 보내야 한다. SendMessage의 첫 번째 인수로 HWND_BROADCAST를 지정하면 실행중인 모든 윈도우에게 메시지가 전달된다.

AddFontResource 함수에 의해 등록되는 폰트는 하드 디스크의 어느 위치에 있더라도 설치 가능하다. 그러나 윈도우즈는 폰트 파일을 Fonts 폴더에 통합 관리하므로 가급적이면 이 폴더 안으로 폰트 파일을 복사하는 것이 좋다. 임의 위치에 폰트를 복사해 놓고 등록하는 것도 가능하기는 하지만 여러 가지 이유로 바람직하지 않다. 폰트 파일을 복사하고 등록하면 곧바로 폰트를 사용할 수 있어야 한다. 그러나 이 방법만으로는 폰트를 곧바로 사용할 수 없으며 재부팅을 해야만 폰트가 완전히 설치되는데 폰트가 설치되었다는 사실을 레지스트리에 직접 기록하면 재부팅을 하지 않아도 된다. 설치된 폰트의 목록이 보관되는 레지스트리 위치는 운영체제 버전에 따라 다르다.

```
95/98: HKeyLocalMachine\Software\Microsoft\Windows\CurrentVersion\Fonts
NT/2000: HKeyLocalMachine\Software\Microsoft\Windows NT\CurrentVersion\Fonts
```

자신의 시스템에 어떤 글꼴이 설치되어 있는지를 보고 싶으면 레지스트리 편집기에서 직접 확인할 수 있다. 글꼴의 이름이 값으로 등록되어 있으며 글꼴 파일 이름이 데이터로 기록되어 있다. 새로 설치되는 글꼴도 같은 형식으로 레지스트리에 기록해야 한다.

결국 완벽한 폰트 설치를 위해서는 조금 귀찮더라도 다음 과정을 순서대로 거쳐야 한다.

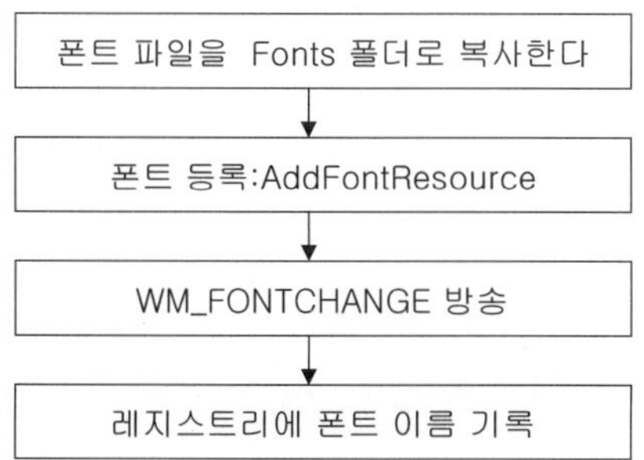

이미 설치되어 있는 폰트를 제거할 때는 설치의 역순으로 작업하면 된다. RemoveFontResource 함수로 폰트 등록을 취소하고 폰트 파일을 삭제한 후 레지스트리에도 폰트 이름을 제거 한다. 삭제의 경우도 폰트 구성에 변화가 생겼으므로 WM_FONTCHANGE 메시지를 방송해야 한다. 다음 예제는 실행중에 응용 프로그램이 직접 폰트를 설치, 제거하는 시범을 보인다.

예 제 : AddFont

```
TCHAR Stat[255];
BOOL g_bExist;
// 폰트를 설치한다.
BOOL InstallFont()
{
    TCHAR FontPath[MAX_PATH];
    TCHAR FilePath[MAX_PATH];

    // 폰트 파일의 경로를 구한다.
    GetCurrentDirectory(MAX_PATH,FilePath);
    if (lstrlen(FilePath) == 3) {
        lstrcat(FilePath,"SF Balloons.ttf");
    } else {
        lstrcat(FilePath,"\\SF Balloons.ttf");
    }

    // 폰트를 설치할 경로를 구한다. 윈도우즈 디렉토리 아래의 Fonts 폴더
    GetWindowsDirectory(FontPath, MAX_PATH);
    lstrcat(FontPath, "\\Fonts\\SF Balloons.ttf");

    // 폰트 파일을 복사한다. 단 이미 있는 경우는 복사할 필요없다.
    if (_access(FontPath,0) != 0) {
```

```
        if (CopyFile(FilePath,FontPath,FALSE) == FALSE) {
            lstrcpy(Stat,"폰트 복사에 실패함. 설치를 취소합니다.");
            return FALSE;
        }
    }

    // 폰트를 등록한다.
    if (AddFontResource(FontPath) == FALSE) {
        lstrcpy(Stat,"폰트 등록에 실패함. 설치를 취소합니다.");
        return FALSE;
    }
    SendMessage(HWND_BROADCAST,WM_FONTCHANGE,0,0);

    // 레지스트리에 값을 써 넣는다.
    OSVERSIONINFO vi;
    vi.dwOSVersionInfoSize = sizeof(OSVERSIONINFO);
    TCHAR szKey[255];
    GetVersionEx(&vi);
    if (vi.dwPlatformId == VER_PLATFORM_WIN32_NT) {
        lstrcpy(szKey,"Software\\Microsoft\\Windows NT\\CurrentVersion\\Fonts");
    } else {
        lstrcpy(szKey,"Software\\Microsoft\\Windows\\CurrentVersion\\Fonts");
    }
    SHRegWriteString(HKEY_LOCAL_MACHINE,szKey,"SF Balloons (TrueType)","SF Balloons.ttf");

    lstrcpy(Stat,"폰트를 설치했습니다.");
    return TRUE;
}

// 폰트를 삭제한다.
BOOL UnInstallFont()
{
    TCHAR FontPath[MAX_PATH];

    // 삭제할 폰트의 위치를 구한다.
    GetWindowsDirectory(FontPath, MAX_PATH);
    lstrcat(FontPath, "\\Fonts\\SF Balloons.ttf");

    // 폰트 등록을 취소한다.
    if (RemoveFontResource(FontPath) == FALSE) {
        lstrcpy(Stat,"폰트 등록 해제 실패함.");
        return FALSE;
    }
    SendMessage(HWND_BROADCAST,WM_FONTCHANGE,0,0);

    // 레지스트리의 값을 지운다.
    OSVERSIONINFO vi;
    vi.dwOSVersionInfoSize = sizeof(OSVERSIONINFO);
    TCHAR szKey[255];
    GetVersionEx(&vi);
    if (vi.dwPlatformId == VER_PLATFORM_WIN32_NT) {
        lstrcpy(szKey,"Software\\Microsoft\\Windows NT\\CurrentVersion\\Fonts");
    } else {
        lstrcpy(szKey,"Software\\Microsoft\\Windows\\CurrentVersion\\Fonts");
```

```
    }

    HKEY key;
    DWORD dwDisp;
    RegCreateKeyEx(HKEY_LOCAL_MACHINE,szKey,0,NULL,
        REG_OPTION_NON_VOLATILE, KEY_ALL_ACCESS,NULL,&key,&dwDisp);
    RegDeleteValue(key,"SF Balloons (TrueType)");
    RegCloseKey(key);

    // 폰트 파일을 삭제한다.
    if (DeleteFile(FontPath) == FALSE) {
        lstrcpy(Stat,"폰트 파일 삭제에 실패함.");
        return FALSE;
    }

    lstrcpy(Stat,"폰트를 제거했습니다.");
    return TRUE;
}

// SF Balloons 폰트가 발견되면 g_bExist를 TRUE로 변경한다.
int CALLBACK EnumFamCallBack(ENUMLOGFONT FAR *lpelf, NEWTEXTMETRIC FAR *lpntm,
                              int FontType, LPARAM lParam)
{
    if (stricmp(lpelf->elfLogFont.lfFaceName, "SF Balloons")==0)
        g_bExist=TRUE;
    return TRUE;
}

// 이뉴머레이션을 하면서 폰트 설치 여부를 조사한다.
void ReEnum()
{
    HDC hdc;

    hdc=GetDC(hWndMain);
    EnumFontFamilies(hdc, NULL, (FONTENUMPROC)EnumFamCallBack, (LPARAM)NULL);
    ReleaseDC(hWndMain, hdc);
}

LRESULT CALLBACK WndProc(HWND hWnd,UINT iMessage,WPARAM wParam,LPARAM lParam)
{
    HDC hdc;
    PAINTSTRUCT ps;
    HFONT font,oldfont;
    TCHAR *str="폰트를 설치, 또는 제거합니다. 왼쪽 마우스 버튼=설치, 오른쪽 마우스 버튼=제거";
    TCHAR *Sample="SF Baloons Font Test";

    switch (iMessage) {
    case WM_CREATE:
        hWndMain=hWnd;
        ReEnum();
        if (g_bExist==TRUE) {
            lstrcpy(Stat,"폰트가 설치되어 있습니다.");
        } else {
            lstrcpy(Stat,"폰트가 설치되어 있지 않습니다.");
```

```
        }
        return 0;
    case WM_LBUTTONDOWN:
        SetCursor(LoadCursor(NULL,IDC_WAIT));
        InstallFont();
        InvalidateRect(hWnd, NULL, TRUE);
        SetCursor(LoadCursor(NULL,IDC_ARROW));
        return 0;
    case WM_RBUTTONDOWN:
        SetCursor(LoadCursor(NULL,IDC_WAIT));
        UnInstallFont();
        InvalidateRect(hWnd, NULL, TRUE);
        SetCursor(LoadCursor(NULL,IDC_ARROW));
        return 0;
    case WM_FONTCHANGE:
        InvalidateRect(hWnd,NULL,TRUE);
        return 0;
    case WM_PAINT:
        hdc=BeginPaint(hWnd, &ps);
        TextOut(hdc,10,10,Stat,lstrlen(Stat));
        TextOut(hdc,10,30,str,lstrlen(str));
        font=CreateFont(50,0,0,0,0,0,0,0,ANSI_CHARSET,3,2,1,
            VARIABLE_PITCH | FF_DONTCARE,"SF Balloons");
        oldfont=(HFONT)SelectObject(hdc,font);
        TextOut(hdc,10,100,Sample,lstrlen(Sample));
        SelectObject(hdc,oldfont);
        DeleteObject(font);
        EndPaint(hWnd, &ps);
        return 0;
    case WM_DESTROY:
        PostQuitMessage(0);
        return 0;
    }
    return(DefWindowProc(hWnd,iMessage,wParam,lParam));
}
```

프로젝트 디렉토리에 있는 SF Balloons.ttf라는 공개 폰트를 설치및 제거한다. 작업영역에 이 폰트로 50픽셀 크기의 "SF Baloons Font Test"문자열을 출력해 놓았으며 마우스 왼쪽 버튼을 누르면 이 폰트를 시스템에 설치하고 오른쪽 버튼을 누르면 폰트를 제거한다. 배포상의 문제로 인해 공개 폰트를 사용했는데 한글 폰트나 어떠한 종류의 폰트라도 설치하는 방법은 동일하다.

WM_CREATE에서는 폰트 열거를 해 보고 이 폰트가 설치되어 있는지 아닌지를 조사해 화면에 출력했다. 설치 및 제거는 WndProc에서 직접 하지 않고 InstallFont, UnInstallFont라는 함수에서 수행한다. InstallFont 함수가 하는 일은 앞에서 설명한대로 파일 복사, 폰트 등록, 레지스트리 기록 작업을 하는데 운영체제 버전에 따라 레지스트리 위치가 달라지므로 GetVersionEx 함수로 운영체제의 버전을 먼저 조사해야 한다. 다음 그림은 폰트를 설치한 상황과 그렇지 않은 상황을 캡처한 것이다.

폰트가 설치되었을 때는 제 모양대로 출력되지만 그렇지 않은 경우는 제일 비슷한 모양의 폰트인 Arial이 대신 사용된다. 오른쪽, 왼쪽 마우스 버튼을 교대로 눌러보면 폰트가 설치되고 제거되는 것을 확인할 수 있다. 뿐만 아니라 폰트가 설치되거나 제거될 때 다른 응용 프로그램에게도 폰트 테이블의 변경 사실을 통보하므로 다른 프로그램도 추가된 폰트에 반응할 것이다.

예를 들어 워드로 "SF Balloons" 글꼴의 문장을 입력해 놓고 이 프로그램을 실행해 보면 워드는 폰트가 설치/제거되는 상황에 맞게 작업영역을 다시 그리는 것을 확인할 수 있다. 워드가 WM_FONTCHANGE 메시지를 제대로 처리하고 있기 때문인데 아마도 폰트 열거를 다시 하고 작업영역을 갱신하는 코드가 작성되어 있을 것으로 생각된다.

마이크로소프트에서 제공한 문서상으로는 AddFont예제가 한 방법대로 폰트를 설치/제거하면 된다. 그러나 실제로는 이 방법대로 해도 폰트가 완벽하게 설치되지 못하는 경우도 있는데 폰트의 버전이 맞지 않거나 또는 이미 캐시된 정보가 제대로 갱신되지 못해서 그런 경우도 있고 사용중인 폰트는 곧바로 제거하지 못하는 문제도 있다. 폰트를 설치하는 가장 완벽한 방법은 설치 후 재부팅을 하는 것이다. 물론 이는 대부분의 사람들이 원하지 않는 것이지만 말이다.

32-4 문자열 출력

32-4-가. 출력함수

문자열을 출력하는 함수에는 여러 가지가 있는데 다음 두 함수가 가장 기본적이다. 한 줄 또는 여러 줄을 한꺼번에 출력한다.

```
BOOL TextOut( HDC hdc, int nXStart, int nYStart, LPCTSTR lpString, int cbString );
int DrawText( HDC hDC, LPCTSTR lpString, int nCount, LPRECT lpRect, UINT uFormat );
```

두 함수 모두 지금까지 많이 사용해 왔던 함수이므로 여기서는 더 이상 설명하지 않기로 한다. 참고로 DrawText 함수에 약간의 옵션을 더 줄 수 있는 DrawTextEx라는 함수가 있으므로 관심있는 사람은 도움말에서 찾아보기 바란다. 다음 함수는 문자열 내에 탭이 있으면 지정한 탭 위치에 맞추어 출력한다.

```
LONG TabbedTextOut( HDC hDC, int X, int Y, LPCTSTR lpString, int nCount, int nTabPositions,
    LPINT lpnTabStopPositions, int nTabOrigin );
```

앞쪽 다섯 개의 인수는 TextOut 함수와 동일하며 뒤에 세 개의 인수가 추가되어 있다. nTabPositions는 탭의 개수를 지정하며 lpnTabStopPositions는 탭 위치를 가지는 배열이다. nTabPositions가 0이면 탭 위치는 평균 문자폭의 8배로 맞추어지며 nTabPositions가 1이면 탭 위치는 모두 배열상의 첫 번째 요소값으로 설정된다. 2이상이면 탭 배열이 지정하는 탭 위치가 사용된다. nTabOrigin은 모든 탭의 X축 좌표에 더해지는 일종의 오프셋이며 사용하지 않을 경우는 0으로 지정한다. 간단한 함수이므로 예제만 보면 쉽게 이해할 수 있을 것이다.

예 제 : Tabbed

```
TCHAR *str[6] ={
     "\t음악\t미술\t실과\t도덕",
     "최승림\t98\t92\t100\t96",
     "이상문\t56\t67\t62\t78",
     "김은철\t76\t73\t79\t80",
     "장달상\t88\t89\t90\t84",
     "정윤미\t88\t89\t90\t84"
};
int TabStops[]={100,150,200,250};
LRESULT CALLBACK WndProc(HWND hWnd,UINT iMessage,WPARAM wParam,LPARAM lParam)
{
     PAINTSTRUCT ps;
     HDC hdc;
     int i;
     switch (iMessage) {
     case WM_PAINT:
          hdc=BeginPaint(hWnd, &ps);
          for (i=0;i<6;i++) {
               TabbedTextOut(hdc,0,i*20,str[i],lstrlen(str[i]),4,TabStops,0);
          }
          EndPaint(hWnd, &ps);
          return 0;
     case WM_DESTROY:
          PostQuitMessage(0);
          return 0;
     }
     return(DefWindowProc(hWnd,iMessage,wParam,lParam));
}
```

TabStops 배열에는 탭 문자의 위치가 저장되어 있다. 문자열 안의 탭 문자(\t)는 순서대로 탭 배열상의 위치로 확장된다. 첫 번째 \t는 TabStop[0]=100, 두 번째 \t는 TabStop[1]=150이 될 것이다. 실행해보자.

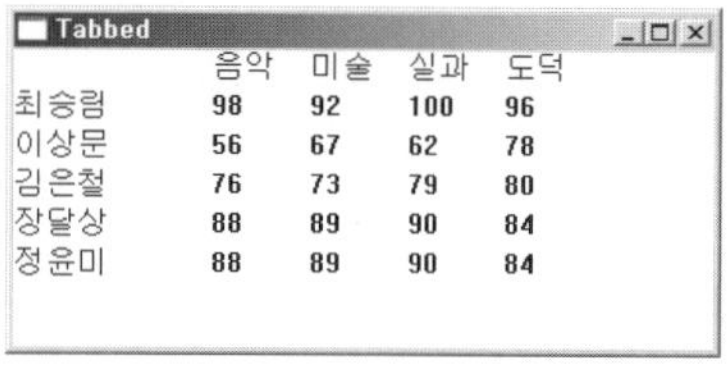

Tabbed

	음악	미술	실과	도덕
최승림	98	92	100	96
이상문	56	67	62	78
김은철	76	73	79	80
장달상	88	89	90	84
정윤미	88	89	90	84

탭 배열이 지정하는 위치에 아주 보기 좋게 정렬되었다. 참고로 탭이 포함된 문자열의 길이는 GetTabbedTextExtent 함수로 얻을 수 있다. 다음 함수는 TextOut 함수의 확장판인데 몇 가지 추가 기능을 더 가지며 워드 프로세서가 문장 출력을 위해 사용하는 함수이다. 사실 이 함수가 텍스트를 출력하는 가장 기본적인 함수이다.

BOOL ExtTextOut(HDC hdc, int X, int Y, UINT fuOptions, CONST RECT *lprc, LPCTSTR lpString, UINT cbCount, CONST INT *lpDx);

hdc, X, Y, lpString, cbCount 인수는 TextOut 함수의 것과 동일하다. lprc는 문자열 클리핑에 사용될 사각영역이되 지정하지 않을 경우 NULL로 주면 된다. fuOption은 두 가지 플래그를 가지는데

ETO_CLIPPED를 주면 사각영역 밖으로 나간 문자열을 자르며 ETO_OPAQUE를 주면 사각영역을 현재 설정된 배경 색상으로 채운다. 제일 마지막 인수 lpDX는 개별 문자들의 자간을 가지는 정수형 배열이다. lpDX[i]는 i번째 문자와 바로 오른쪽 문자와의 간격을 지정한다. 이 배열을 사용하여 개별 문자간의 간격을 섬세하게 조절할 수 있다.

예 제 : ExtTextOut

```
LRESULT CALLBACK WndProc(HWND hWnd,UINT iMessage,WPARAM wParam,LPARAM lParam)
{
    HDC hdc;
    PAINTSTRUCT ps;
    TCHAR *str="ExtTextOut Test";
    RECT rt;
    int lpDx[]={5,6,7,8,9,10,11,12,13,14,15,16,17,18,19};

    switch (iMessage) {
    case WM_PAINT:
        hdc=BeginPaint(hWnd, &ps);

        // TextOut과 동일
        ExtTextOut(hdc,10,10,0,NULL,str,lstrlen(str),NULL);

        // 개별 자간 지정
        ExtTextOut(hdc,10,30,0,NULL,str,lstrlen(str),lpDx);

        // 클리핑 영역 지정
        SetRect(&rt,15,50,90,60);
        ExtTextOut(hdc,10,50,ETO_CLIPPED,&rt,str,lstrlen(str),NULL);

        // 불투명 영역 지정
        SetBkColor(hdc,RGB(255,0,0));
        SetBkMode(hdc,TRANSPARENT);
        SetRect(&rt,15,70,90,80);
        ExtTextOut(hdc,10,70,ETO_OPAQUE,&rt,str,lstrlen(str),NULL);

        EndPaint(hWnd, &ps);
        return 0;
    case WM_DESTROY:
        PostQuitMessage(0);
        return 0;
    }
    return(DefWindowProc(hWnd,iMessage,wParam,lParam));
}
```

출력 결과는 다음과 같다. ExtTextOut 함수가 가진 모든 기능을 보여준다.

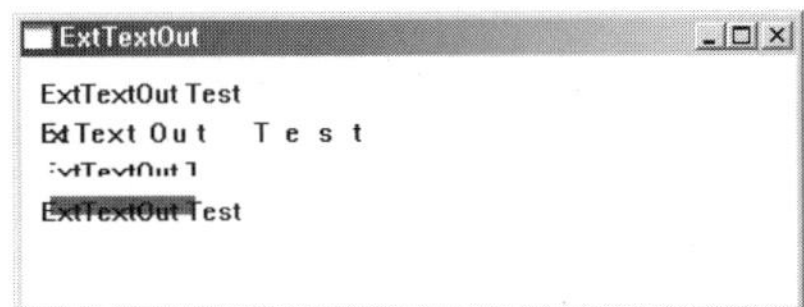

옵션을 주지 않고 클리핑 영역도 지정하지 않고 lpDx 배열도 지정하지 않으면 TextOut과 동일하다.

사실 TextOut은 이 형식대로 ExtTextOut을 호출하는 중계 함수에 불과하다. 그래서 속도도 TextOut보다 오히려 ExtTextOut이 조금 더 빠르다. 윈도우즈 환경에서 텍스트를 출력하는 가장 기본적인 함수가 바로 ExtTextOut이다.

마지막 인수 lpDx 배열을 사용하면 개별 문자간의 간격을 지정할 수 있는데 배열의 첫 요소가 첫 번째 문자와 두 번째 문자의 간격을 지정하며 두 번째 요소가 두 번째 문자와 세 번째 문자의 간격을 지정한다. 예제에서는 앞 부분은 간격을 좁게 하고 뒷 부분은 간격을 점점 넓혀 문자열을 출력했다. 배열에 미리 각 문자간이 간격을 작성해 놓고 한 번에 문자들을 원하는 위치에 출력한다.

ExtTextOut의 이 기능은 문장을 양쪽 정렬하고자 할 때 흔히 사용된다. 양쪽 정렬은 오른쪽 끝에 문장 끝을 가지런하게 맞추어야 하는데 그러기 위해서는 남는 공백을 단어 사이나 문자 사이에 균일하게 배분해야 한다. 배분된 결과대로 일일이 TextOut 함수를 호출하지 말고 배열에 정렬 상태를 미리 작성하고 ExtTextOut 함수를 한 번만 호출하면 빠르게 문자열을 정렬된 상태로 출력할 수 있다.

세 번째 호출문은 클리핑 영역을 지정하는데 ETO_CLIPPED 옵션을 주고 클리핑 영역을 지정하면 이 영역 안쪽에만 문자열이 출력된다. TextOut은 클리핑 기능이 없기 때문에 문자열 전체가 무조건 출력되지만 ExtTextOut은 문자의 일부분만 출력할 수도 있다. 별로 대단한 기능이 아닌 것 같지만 편집기의 왼쪽 마진 영역이나 각종 객체와 인접한 문자열을 출력할 때는 텍스트가 이런 영역을 침범하지 않아야 하며 그러기 위해서는 클리핑 기능이 반드시 필요하다. 마지막 호출문은 지정한 사각영역만 배경색으로 채운다.

32-4-나. 속성 설정 함수

문자열 출력 함수는 DC에 현재 설정되어 있는 여러 가지 속성의 영향을 받는다. 선택되어 있는 폰트가 무엇인가에 따라 글꼴의 모양이 달라지며 또한 전경색, 배경색, 배경 모드, 정렬 상태 등에도 영향을 받는다. 문자열 출력 함수에 영향을 주는 속성들은 여러 가지가 있으며 각각의 속성은 설정하는 함수와 설정상태를 얻는 함수가 있다.

속성	설정함수	조사함수
배경색	SetBkColor	GetBkColor
전경색	SetTextColor	GetTextColor
배경모드	SetBkMode	GetBkMode
정렬상태	SetTextAlign	GetTextAlign
자간	SetTextCharacterExtra	GetTextCharacterExtra
단어정렬	SetTextJustification	없다.

위 표에서 SetBkColor, SetTextColor, SetBkMode는 6장에서 이미 실습해 본 바 있고 SetTextAlign은 3장에서 살펴보았다. 나머지 두 개의 함수에 대해 알아보자.

자간 설정

SetTextCharacterExtra 함수는 개별 문자 사이의 간격 즉, 자간을 설정한다. 디폴트로 자간은 0으로 설정되어 있어 문자간에 전혀 간격이 없다. 이 함수로 자간을 설정하면 이후부터 출력되는 문자열 사이에는 지정한 자간이 삽입된다.

int SetTextCharacterExtra(HDC hdc, int nCharExtra);

두 번째 인수 nCharExtra로 자간을 설정하되 이 단위는 논리 단위이며 음수도 가능하다. MM_TEXT 매핑 모드에서 자간의 단위는 픽셀이다. 다음 예제는 자간을 -3~5까지로 적용하여 문자열을 출력한다.

예 제 : CharExtra

```
TCHAR *str="Beautiful Korea is my home country";
LRESULT CALLBACK WndProc(HWND hWnd,UINT iMessage,WPARAM wParam,LPARAM lParam)
{
    PAINTSTRUCT ps;
    HDC hdc;
    int i;
    switch (iMessage) {
    case WM_PAINT:
        hdc=BeginPaint(hWnd, &ps);
        for (i=-3;i<5;i++) {
            SetTextCharacterExtra(hdc, i);
            TextOut(hdc, 0, (i+3)*20, str, lstrlen(str));
        }
        EndPaint(hWnd, &ps);
        return 0;
    case WM_DESTROY:
        PostQuitMessage(0);
        return 0;
    }
    return(DefWindowProc(hWnd,iMessage,wParam,lParam));
}
```

똑같은 문자열을 출력했지만 자간에 따라 출력되는 길이가 다르다.

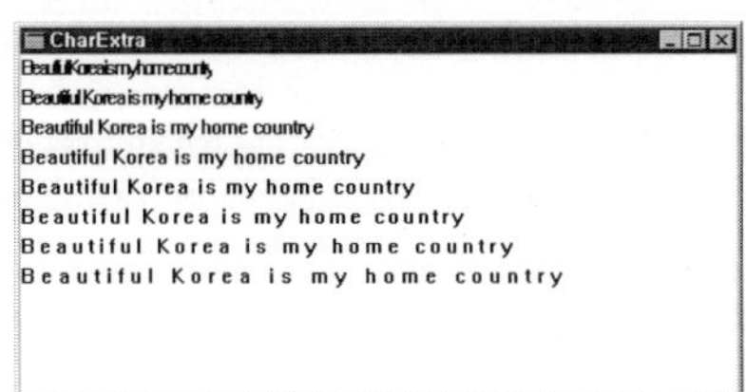

자간을 좁히고자 할 때는 -1, 넓히고자 할 때는 1정도의 자간을 주는 것이 보기에 좋으며 너무 넓거나 좁은 자간은 별로 눈에 잘 들어오지 않는다. 문자열의 폭을 계산하는 GetTextExtentPoint32 함수는 현재 설정된 자간까지도 고려하여 문자열 폭을 계산한다.

단어 사이에 공백 넣기

Justification이란 단어 사이에 공백을 넣어 주어진 폭에 문자열을 꼭 맞추는 것을 말한다. 이때 공백으로 인정되는 단어를 브레이크 문자(Break Character)라고 하고 GetTextMetrics 함수로 구할 수 있다. 보통 스페이스(아스키 코드 32)가 브레이크 문자이다. Justification 은 다음 함수에 의해 지원된다.

BOOL SetTextJustification(HDC hdc, int nBreakExtra, int nBreakCount);

nBreakExtra는 남는 여백의 크기이며 논리 단위로 지정한다. nBreakCount는 문자열 내의 브레이크 문자 개수이다. TextOut 함수는 남는 여백을 브레이크 문자 개수로 나누어 적당하게 분배함으로써 문자열을 주어진 공간에 맞추어 넣게 된다. 아쉽게도 이 함수는 한글 윈도우즈에서는 제대로 동작하지 않다. 왜냐하면 한글 윈도우즈의 디폴트 폰트에 브레이크 문자가 정의되어 있지 않기 때문이다.

한글 환경에서는 공백을 분배하는 작업을 직접 해야 한다. 이 작업을 하려면 GetTextExtentPoint32 함수로 개별 문자들의 누적 폭을 구하고 어디쯤에서 자를지 결정한 후 남는 여백을 공백이나 문자 개수에 맞게 분배해야 한다. 이 계산 결과를 정수형 배열에 작성하고 최종적으로 ExtTextOut으로 출력하면 정렬이 완료된다. 사실 텍스트 정렬은 생각보다 훨씬 더 복잡하고 정렬에 영향을 주는 요소들이 많기 때문에 영문 환경에서도 이 함수는 거의 사용되지 않는다.

32-4-다. 글자 장식하기

단순한 문자열이라도 예쁘게 장식하면 얼마든지 그림 못지않은 효과를 낼 수 있다. 포토샵에 좀 관심있는 사람이라면 문자 장식의 종류가 얼마나 다양하고 기상천외한지 알 것이다. 웹 페이지를 돌아다니다 보면 정말 예쁘게 디자인한 문자들을 많이 만날 수 있다. 그런 화려한 그래픽적인 문자가 아니더라도 프로그램에서 문자를 잘 디자인하면 훨씬 더 격조높은 분위기를 낼 수 있다. 다음은 그 간단한 예이다.

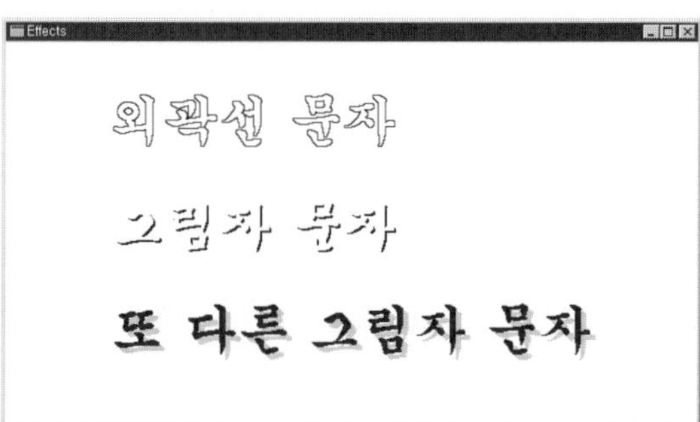

디자인과는 담 쌓고 사는 내가 만든 글자들이지만 그래도 꽤 멋있어 보인다(적어도 내가 보기엔). 앗! 저런 문자열을 출력하는 함수는 뭘까? 또 어떤 함수들이 있을까 하고 궁금해 하겠지만 별다른 함수가 있는 것은 아니다. 이 예제의 소스는 다음과 같다.

예 제 : Effects

```
LRESULT CALLBACK WndProc(HWND hWnd,UINT iMessage,WPARAM wParam,LPARAM lParam)
{
    HDC hdc;
    PAINTSTRUCT ps;
    HFONT font, oldfont;
    int i,j;
    TCHAR str[128];
    switch (iMessage) {
    case WM_PAINT:
        hdc=BeginPaint(hWnd, &ps);
        font=CreateFont(50,0,0,0,FW_BOLD,0,0,0,HANGUL_CHARSET,3,2,1,
            VARIABLE_PITCH | FF_ROMAN,"궁서");
        oldfont=(HFONT)SelectObject(hdc,font);

        SetBkMode(hdc,TRANSPARENT);
```

```
        lstrcpy(str,"외곽선 문자");
        for (i=-1;i<=1;i++) {
            for (j=-1;j<=1;j++) {
                TextOut(hdc,100+i,50+j,str,lstrlen(str));
            }
        }
        SetTextColor(hdc,RGB(255,255,255));
        TextOut(hdc,100,50,str,lstrlen(str));

        lstrcpy(str,"그림자 문자");
        SetTextColor(hdc,RGB(0,0,0));
        TextOut(hdc,100+2,150+2,str,lstrlen(str));
        SetTextColor(hdc,RGB(255,255,255));
        TextOut(hdc,100,150,str,lstrlen(str));

        lstrcpy(str,"또 다른 그림자 문자");
        SetTextColor(hdc,RGB(192,192,192));
        TextOut(hdc,100+5,250+5,str,lstrlen(str));
        SetTextColor(hdc,RGB(0,0,0));
        TextOut(hdc,100,250,str,lstrlen(str));

        SelectObject(hdc,oldfont);
        DeleteObject(font);
        EndPaint(hWnd, &ps);
        return 0;
    case WM_DESTROY:
        PostQuitMessage(0);
        return 0;
    }
    return(DefWindowProc(hWnd,iMessage,wParam,lParam));
};
```

소스를 보여주는 것 이상의 설명은 잔소리가 될 것 같으니 직접 소스를 분석해 보기 바란다. 정말 아무것도 아니다. 이 소스를 조금만 변경하면 그림자의 색깔이나 외곽선의 굵기를 변경하는 따위는 식은 죽 먹기이며 창의력을 발휘하기에 따라 다양한 모양의 문자를 만들 수도 있을 것이다. 또한 클리핑이나 패스같은 그래픽 오브젝트를 응용하면 그야 말로 무궁무진한 장식을 할 수 있는데 이런 게 바로 프로그래밍의 매력이다. 기본 함수들을 조금만 응용해도 얼마든지 좋은 출력을 만들 수 있다.

6장에서 이미 그래픽 출력에 대한 여러 가지 사항에 대해 알아보았으며 또한 14장에서 DC와 WM_PAINT 메시지에 대해 자세하게 고찰해 본 바 있다. 그러나 6장에서 논한 내용은 어디까지나 기본적인 그래픽 출력에 관한 내용일 뿐이다. 좀 더 고급하고 상세한 그래픽 프로그램을 작성하려면 이 장의 내용을 읽어보기 바란다. Win32는 전문 그래픽 소프트웨어 제작을 위한 광범위하고도 고성능의 그래픽 출력을 지원한다.

33-1 브러시

33-1-가. LOGBRUSH

브러시는 면을 채색하는 GDI 오브젝트이다. Rectangle, Ellipse 등의 면을 출력하는 함수들은 현재 DC에 선택되어 있는 브러시의 속성대로 면을 채색하므로 채색 색상이나 무늬를 변경하려면 적절한 브러시를 만들어 선택해야 한다. 운영체제가 제공하는 스톡 브러시로 흰색, 검정색, 회색 브러시 등이 있는데 이 브러시는 GDI가 제공하므로 생성할 필요없이 GetStockObject 함수로 핸들을 구해 사용하기만 하면 된다. 또한 User 모듈이 제공하는 21개의 스톡 브러시가 있는데 시스템 색상으로 채색할 경우는 GetSysColorBrush 함수로 그 핸들을 구할 수 있다. 그 외의 브러시는 직접 만들어 사용해야 한다. 다음 두 함수가 브러시를 만드는 가장 기본적인 함수이다.

HBRUSH CreateSolidBrush(COLORREF crColor);
HBRUSH CreateHatchBrush(int fnStyle, COLORREF clrref);

하나는 단색의 브러시를 만들고 하나는 무늬가 있는 브러시를 만든다. 이 외에 기능적으로는 거의 동일하지만 다음 함수로도 브러시를 만들 수 있다.

HBRUSH CreateBrushIndirect(CONST LOGBRUSH *lplb);

LOGBRUSH라는 구조체 하나만을 인수로 취하는데 이 구조체로 만들고자 하는 브러시의 속성을 설정한다. 이 함수의 이름 뒤에 붙은 Indirect의 의미는 인수로 직접 정보를 받지 않고 구조체로 정보를 받아들인다는 의미이며 Win32에는 이런 류의 함수들이 다수 존재한다. 인수 대신 구조체를 사용하면 구조체를 조금씩 바꾸어 가며 다른 종류의 오브젝트를 만들 수도 있고 구조체를 저장할 수도 있어 편리하다. 이 함수의 유일한 인수인 LOGBRUSH는 다음과 같이 정의되어 있다.

```
typedef struct tagLOGBRUSH { // lb
    UINT        lbStyle;
    COLORREF lbColor;
    LONG        lbHatch;
} LOGBRUSH;
```

lbStyle은 브러시의 스타일을 지정하며 lbColor는 브러시의 색상을 지정한다. lbHatch는 무늬를 가지는 브러시일 경우 무늬의 모양을 지정한다. 이 구조체를 사용하면 단색, 무늬 브러시뿐만 아니라 비트맵 브러시도 만들 수 있다. 다음 예제는 이 함수를 사용하여 브러시를 만들어 본 것이다.

예 제 : LogBrush

```
LRESULT CALLBACK WndProc(HWND hWnd,UINT iMessage,WPARAM wParam,LPARAM lParam)
{
    PAINTSTRUCT ps;
    HDC hdc;
    HBRUSH hMyBrush, hOldBrush;
    LOGBRUSH logbrush;
    switch (iMessage) {
    case WM_PAINT:
        hdc=BeginPaint(hWnd, &ps);
        logbrush.lbStyle=BS_SOLID;
        logbrush.lbColor=RGB(0,0,255);
        logbrush.lbHatch=0;
        hMyBrush=CreateBrushIndirect(&logbrush);
        hOldBrush=(HBRUSH)SelectObject(hdc,hMyBrush);
        Ellipse(hdc,50,50,200,200);
        SelectObject(hdc,hOldBrush);
        DeleteObject(hMyBrush);
        EndPaint(hWnd, &ps);
        return 0;
    case WM_DESTROY:
        PostQuitMessage(0);
        return 0;
    }
    return(DefWindowProc(hWnd,iMessage,wParam,lParam));
}
```

파란색의 단색 브러시를 만들고 타원의 내부를 이 브러시로 채색했다.

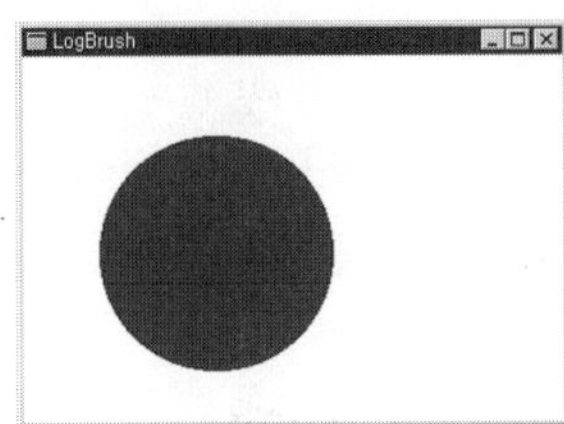

브러시를 생성하는 방법이 조금 다르기는 하지만 CreateSolidBrush(RGB(0,0,255))로 브러시를 만든 것과 결과는 동일하다.

33-1-나. 비트맵 브러시

브러시의 내부는 단색이나 무늬로 채워질 수도 있지만 비트맵으로 채워질 수도 있다. 가로, 세로 8픽셀의 비트맵으로 브러시를 만들면 이 비트맵이 면의 내부에 연속적으로 채색된다. 다음 함수가 비트맵 브러시를 만드는 함수이다.

HBRUSH CreatePatternBrush(HBITMAP hbmp);

무늬에 사용될 비트맵을 리소스에 미리 만들어 두고 그 핸들을 인수로 넘긴다. 또는 CreateDIBSection 함수로 만든 DIB 섹션도 사용할 수 있는데 비트맵을 만들 때 DDB로 변환된다. 아무튼 HBITMAP 형태로 표현되는 비트맵으로 패턴 브러시를 만들 수 있다. 다음 예제는 V자 모양의 비트맵 브러시를 만든다.

예 제 : PatBrush

```
#include "resource.h"
LRESULT CALLBACK WndProc(HWND hWnd,UINT iMessage,WPARAM wParam,LPARAM lParam)
{
    PAINTSTRUCT ps;
    HDC hdc;
    HBRUSH hMyBrush, hOldBrush;
    static HBITMAP bit;
    switch (iMessage) {
    case WM_CREATE:
        bit=LoadBitmap(g_hInst, MAKEINTRESOURCE(IDB_BITMAP1));
        return 0;
    case WM_PAINT:
        hdc=BeginPaint(hWnd, &ps);
        hMyBrush=CreatePatternBrush(bit);
        hOldBrush=(HBRUSH)SelectObject(hdc,hMyBrush);
        Ellipse(hdc,50,50,200,200);
        SelectObject(hdc,hOldBrush);
        DeleteObject(hMyBrush);
        EndPaint(hWnd, &ps);
        return 0;
    case WM_DESTROY:
        DeleteObject(bit);
        PostQuitMessage(0);
        return 0;
    }
    return(DefWindowProc(hWnd,iMessage,wParam,lParam));
}
```

IDB_BITMAP1은 리소스에 다음과 같이 디자인되어 있으며 크기는 가로 세로 8픽셀이고 흑백 포맷으로 되어 있다. 실행 결과는 다음과 같다. 도형 내부에 비트맵이 연속적으로 채색된다.

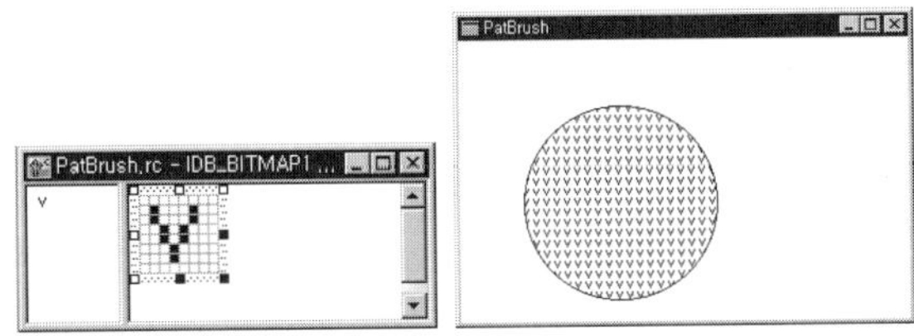

흑백 비트맵으로 브러시를 만들 경우 비트맵은 DC에 설정되어 있는 전경색과 배경색의 영향을 받는다. 비트맵의 검정색인 부분은 전경색으로 채색되며 흰색인 부분은 배경색으로 채색되므로 SetTextColor 등의 함수로 브러시의 색상을 변경할 수도 있다. Ellipse 호출전에 전경색과 배경색을 변경하면 패턴 브러시의 색상이 영향을 받는다. 다음 코드를 추가하면 노란색 바탕에 파란색으로 V표시가 출력될 것이다.

```
SetTextColor(hdc,RGB(0,0,255));
SetBkColor(hdc,RGB(255,255,0));
Ellipse(hdc,50,50,200,200);
```

95에서 브러시에 사용되는 비트맵의 크기는 8*8로 고정되어 있어 8*8이상의 비트맵을 사용하면 일부만 사용된다. 98/NT/2000에서는 8*8이상의 비트맵도 사용할 수 있다. 같은 프로젝트에 물방울 모양의 IDB_BITMAP2 비트맵이 포함되어 있으므로 이 비트맵으로 채색해 보자.

비트맵이 연속적으로 채색됨을 감안해서 연속 무늬에 맞게 디자인하면 다양한 모양으로 도형 내부를 채색할 수 있다. 무늬만 잘 디자인하면 얼마든지 예쁜 모양으로 만들 수 있으며 꽃 모양이나 직물등의 사진 비트맵을 임포트해서 사용하면 색다른 모양으로 채색할 수 있다. DIB로부터 비트맵 브러시를 만들 때는 다음 함수를 사용한다.

HBRUSH CreateDIBPatternBrushPt(CONST VOID *lpPackedDIB, UINT iUsage);

첫 번째 인수로 BITMAPINFO 구조체를 주고 두 번째 인수로 팔레트 사용 여부를 지정한다. DIB_PAL_COLORS이면 팔레트가 있는 것이고 DIB_RGB_COLORS이면 팔레트없이 RGB값이 저장되어 있는 것이다. 패턴 브러시와 마찬가지로 95에서는 8*8 크기로 제한되며 98이상에서는 크기의 제한이 없다. 다음 예제는 리소스의 비트맵과 파일로 저장된 비트맵으로부터 브러시를 생성한다.

예 제 : DibBrush

```
#include "resource.h"
HBRUSH DibBrush;
LRESULT CALLBACK WndProc(HWND hWnd,UINT iMessage,WPARAM wParam,LPARAM lParam)
{
    HDC hdc;
    PAINTSTRUCT ps;
```

```
RECT crt;
HRSRC hRes;
HGLOBAL hData,hLock;
OPENFILENAME OFN;
TCHAR lpstrFile[MAX_PATH]="";
HANDLE hFile;
DWORD FileSize, dwRead;
PBYTE BmpFile;

switch (iMessage) {
case WM_CREATE:
    hWndMain=hWnd;
    hRes=FindResource(g_hInst,MAKEINTRESOURCE(IDB_BITMAP1),RT_BITMAP);
    hData=LoadResource(g_hInst,hRes);
    hLock=LockResource(hData);
    DibBrush=CreateDIBPatternBrushPt(hLock,DIB_RGB_COLORS);
    return 0;
case WM_PAINT:
    hdc=BeginPaint(hWnd, &ps);
    GetClientRect(hWnd,&crt);
    FillRect(hdc,&crt,DibBrush);
    EndPaint(hWnd, &ps);
    return 0;
case WM_LBUTTONDOWN:
    memset(&OFN, 0, sizeof(OPENFILENAME));
    OFN.lStructSize = sizeof(OPENFILENAME);
    OFN.hwndOwner=hWnd;
    OFN.lpstrFilter="Bitmap File(*.bmp)\0*.bmp\0";
    OFN.lpstrFile=lpstrFile;
    OFN.nMaxFile=MAX_PATH;
    if (GetOpenFileName(&OFN)!=0) {
        hFile=CreateFile(lpstrFile,GENERIC_READ,0,NULL,
            OPEN_EXISTING,FILE_ATTRIBUTE_NORMAL,NULL);
        if (hFile==INVALID_HANDLE_VALUE) {
            return 0;
        }

        FileSize=GetFileSize(hFile,NULL);
        BmpFile=(PBYTE)malloc(FileSize);
        ReadFile(hFile,BmpFile,FileSize,&dwRead,NULL);
        CloseHandle(hFile);
        if (DibBrush) {
            DeleteObject(DibBrush);
        }
        DibBrush=CreateDIBPatternBrushPt(BmpFile+sizeof(BITMAPFILEHEADER),
            DIB_RGB_COLORS);
        free(BmpFile);
    }
    InvalidateRect(hWnd, NULL, TRUE);
    return 0;
case WM_DESTROY:
    DeleteObject(DibBrush);
    PostQuitMessage(0);
    return 0;
```

```
    }
    return(DefWindowProc(hWnd,iMessage,wParam,lParam));
}
```

WM_CREATE에서 비트맵을 커스텀 리소스로 읽어 BITMAPINFO 구조체를 구해 브러시를 생성했다. 사실 리소스에 들어 있는 비트맵은 LoadBitmap으로 읽어 브러시로 쓸 수 있으므로 굳이 이렇게 해야 할 이유는 없는 셈이다. 왼쪽 마우스 버튼을 누르면 디스크의 BMP 파일로부터 브러시를 생성한다. 프로젝트 디렉토리에 꽃 그림이 몇 개 있으므로 선택해 보자.

비트맵 파일을 연 후 그 크기만큼 메모리를 할당하여 읽었다. 파일 버퍼에서 헤더크기만큼만 건너뛰면 BITMAPINFO 구조체가 있으므로 이 번지를 전달하면 브러시가 만들어진다. DIB로부터 브러시를 만드는 기능은 실행중에 사용자가 선택한 그림 파일을 반복적으로 채색할 때 아주 유용하다. 다 사용한 비트맵은 물론 DeleteObject 함수로 해제해야 한다.

33-1-다. 브러시의 원점

사실 브러시는 일종의 비트맵이다. 8*8의 고정된 크기를 가지며 채색될 때 브러시의 비트맵이 가로, 세로로 계속 반복되는 것이다. 브러시의 무늬 하나는 8*8=64개의 점으로 구성되어 있는데 이 중 어떤 점이 기준이 될 것인가는 브러시의 원점에 따라 달라진다. 즉 브러시의 원점은 채색의 시작점이라고 할 수 있으며 커서의 핫 스팟과 유사한 개념이다.

디폴트 원점은 작업영역의 좌상단점인 (0,0)이므로 작업영역 전체를 칠할 경우 (0,0)좌표에 비트맵이 놓이기 시작하여 (8,0), (16,0), (24,0) 이런 식으로 비트맵이 반복된다. 물론 수직으로는 (0,8), (0,16), (0,24)식으로 반복될 것이다. 사용자가 일일이 브러시의 무늬까지 살펴보지 않으므로 대개의 경우 브러시의 원점은 중요하지 않다. 그래서 브러시의 원점은 디폴트 상태로 사용되는 것이 일반적이지만 때로는 디폴트 원점이 부적절한 경우도 있다. 일부러 이런 예를 만들어 보자면 다음과 같은 경우이다. PatBrush의 예제를 조금 수정했다.

```
case WM_PAINT:
    hdc=BeginPaint(hWnd, &ps);
    hMyBrush=CreatePatternBrush(bit);
    hOldBrush=SelectObject(hdc,hMyBrush);

    Rectangle(hdc,40,40,300,100);
    Rectangle(hdc,42,122,300,180);

    SelectObject(hdc,hOldBrush);
    DeleteObject(hMyBrush);
```

```
EndPaint(hWnd, &ps);
return 0;
```

V모양의 비트맵을 사용하여 패턴 브러시를 하나 만들고 두 개의 사각형을 그렸다. 하나는 (40,40)의 좌표에서 시작하는 사각형이고 하나는 (42,122)의 좌표에서 시작하는 사각형이다. 그런데 결과를 보면 두 사각형의 채색 상태가 조금 다르다.

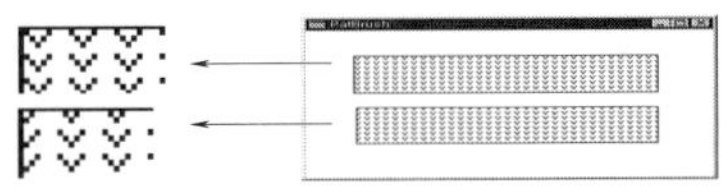

위의 사각형은 시작좌표의 X,Y 좌표가 둘 다 8의 배수이기 때문에 사각형의 좌상단부터 브러시의 패턴이 시작되어 보기에 아주 잘 어울린다. 그런데 아래쪽 사각형은 시작 좌표가 8의 배수가 아니기 때문에 패턴이 처음부터 반복되는 것이 아니라 약간씩 잘려서 시작된다. 브러시의 디폴트 원점이 (0,0)으로 되어 있어 8의 배수가 아니면 이런 현상이 나타나는데 대충 보면 큰 문제가 아닌 것 같지만 눈썰미 있는 사람의 눈에는 분명 어색해 보일 것이다.

게다가 이 브러시에 사용된 비트맵의 무늬가 눈에 띌 정도로 크기 때문에 더 눈에 거슬려 보인다. 단순한 무늬기에 망정이지 사람 얼굴로 비트맵을 만들었다면 위쪽 눈이 잘리고 코부터 시작되는 끔찍한 모양으로 채색될 것이다. 이런 현상을 없애려면 브러시의 원점을 조정하여 원하는 시작 위치에서 패턴이 반복을 시작하도록 해야 한다. 원점을 조정하거나 설정된 원점을 조사할 때는 다음 두 함수를 사용한다.

```
BOOL SetBrushOrgEx( HDC hdc, int nXOrg, int nYOrg, LPPOINT lppt );
BOOL GetBrushOrgEx( HDC hdc, LPPOINT lppt );
```

hdc는 원점 조정의 대상이 되는 DC핸들이며 nXOrg, nYOrg는 X축, Y축의 새 원점 좌표이다. 원점의 좌표는 브러시 비트맵의 크기인 8*8내에 있어야 하는데 만약 이 값보다 큰 좌표가 원점으로 지정되면 나머지 연산(%)으로 8보다 작은 값을 만들어 사용하므로 원하는 원점 좌표를 그냥 넘겨도 무방하다. 예를 들어 42,43을 원점 좌표로 주면 8로 나눈 나머지인 2,3이 원점으로 지정된다. 마지막 인수 lppt는 이전에 설정된 원점값을 돌려받기 위한 출력용 인수인데 원하지 않을 경우 NULL을 넘기면 된다. 두 번째 Rectangle 호출문 전에 원점을 조정하면 문제가 해결된다.

```
Rectangle(hdc,40,40,300,100);
SetBrushOrgEx(hdc,2,2,NULL);
Rectangle(hdc,42,122,300,180);
```

X 좌표의 시작 위치가 다르지만 두 사각형 모두 무늬가 제대로 나타난다.

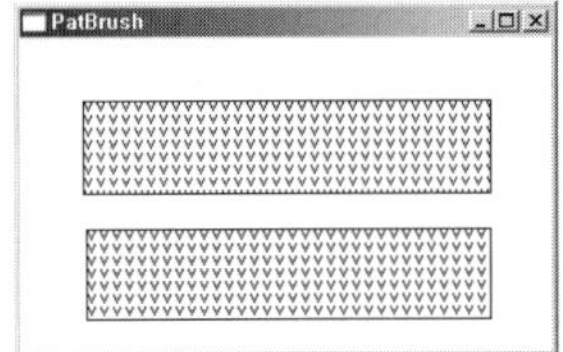

33-1-라. 채우기

브러시로 면을 채울 때는 다음 함수를 사용한다. 이 함수는 일정한 조건에 맞는 영역을 현재 DC에 선택된 브러시로 채색한다. 이 영역은 조건에만 맞으면 얼마든지 복잡한 모양을 가질 수도 있다.

BOOL ExtFloodFill(HDC hdc, int nXStart, int nYStart, COLORREF crColor, UINT fuFillType);

16비트 윈도우즈에서는 FloodFill이라는 함수가 있었는데 지금은 ExtFloodFill 함수로 모든 채우기를 다 할 수 있으므로 FloodFill은 더 이상 사용되지 않는다. hdc는 DC의 핸들이며 (nXStart, nYStart)는 채색을 시작할 시작점이다. crColor는 채색할 영역의 색상이며 이 값의 의미는 fuFillType에 따라 달라진다. crColor가 새로 채색될 색상이 아님을 주의하기 바란다. 채색될 색상은 항상 현재 DC에 선택되어 있는 브러시이며 crColor는 채울 영역의 구분을 지정할 뿐이다. fuFillType은 두 가지가 있다.

값	설명
FLOODFILLBORDER	crColor 경계선으로 둘러싸인 영역을 채색한다. crColor 경계선 내부가 모두 채색된다. 16비트의 FloodFill 함수는 이 방식으로만 채색을 한다.
FLOODFILLSURFACE	crColor 색상으로 되어 있는 영역을 채색한다. 경계선과 상관없이 crColor로 된 영역을 모두 채색한다.

설명만으로는 두 채우기 방식이 어떻게 다른지 쉽게 이해하기 어려운데 다음 그림을 보면 명확하게 구분할 수 있을 것이다.

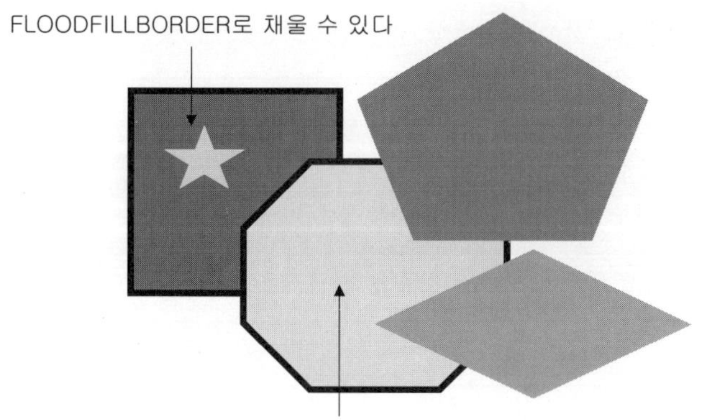

여러 가지 도형이 다양한 색상으로 채색되어 있는 상태인데 이 상황에서 파란색 사각형의 내부를 모두 다른 색으로 바꾸고자 할 때는 FLOODFILLBORDER 플래그를 사용해야 한다. 사각형의 외부가 검정색으로 테두리가 쳐져 있기 때문에 crColor에 검정색을 지정하면 검정색 테두리 내의 모든 색상을 브러시에 선택된 색상으로 변경할 수 있다. 사각형 가운데에 있는 별 모양도 같이 채워진다. 만약 이 상태에서 파란색 표면만 변경하면 별 모양은 채우기에서 제외된다.

팔각형의 노란색은 검정색으로만 둘러싸여 있는 것이 아니라 주변의 마름모와 오각형 색상으로도 둘러싸여 있으므로 한 가지 경계선만으로 노란색 영역을 채색할 수 없다. 이럴 때는 일정한 색상을 다른 색으로 바꾸는 FLOODFILLSURFACE 플래그로 채색해야 한다. 원하는 색상을 DC에 선택해 놓고 crColor에 노란색을 지정하면 된다. 다음 예제는 위 그림의 상황을 실제 예제로 만들어 본 것이다.

예 제 : FloodFill

```
LRESULT CALLBACK WndProc(HWND hWnd,UINT iMessage,WPARAM wParam,LPARAM lParam)
{
    HDC hdc;
    PAINTSTRUCT ps;
    HBRUSH hRed, hBlue, hGreen,hYellow, hOldBrush;
    HPEN hPen;

    switch (iMessage) {
    case WM_PAINT:
        hdc=BeginPaint(hWnd, &ps);
        hPen=CreatePen(PS_SOLID,5,RGB(0,0,0));
        SelectObject(hdc,hPen);
        hRed=CreateSolidBrush(RGB(255,0,0));
        hGreen=CreateSolidBrush(RGB(0,255,0));
        hBlue=CreateSolidBrush(RGB(0,0,255));
        SelectObject(hdc,hRed);
        Rectangle(hdc,10,10,200,200);

        SelectObject(hdc,hGreen);
        Ellipse(hdc,100,50,300,250);

        SelectObject(hdc,GetStockObject(NULL_PEN));
        SelectObject(hdc,hBlue);
        Ellipse(hdc,200,50,400,250);
        SelectObject(hdc,GetStockObject(GRAY_BRUSH));
        Ellipse(hdc,30,30,100,100);

        DeleteObject(hBlue);
        DeleteObject(hGreen);
        DeleteObject(hRed);
        DeleteObject(hPen);
        EndPaint(hWnd, &ps);
        return 0;
    // 사각형을 노란색으로 채우기
    case WM_LBUTTONDOWN:
        hdc=GetDC(hWnd);
        hYellow=CreateSolidBrush(RGB(255,255,0));
        hOldBrush=(HBRUSH)SelectObject(hdc,hYellow);

        ExtFloodFill(hdc,20,20,RGB(0,0,0),FLOODFILLBORDER);
        //ExtFloodFill(hdc,20,20,RGB(255,0,0),FLOODFILLSURFACE);

        DeleteObject(SelectObject(hdc,hOldBrush));
        ReleaseDC(hWnd,hdc);
        return 0;
    // 가운데 원을 노란색으로 채우기
    case WM_RBUTTONDOWN:
        hdc=GetDC(hWnd);
        hYellow=CreateSolidBrush(RGB(255,255,0));
        hOldBrush=(HBRUSH)SelectObject(hdc,hYellow);

        ExtFloodFill(hdc,150,150,RGB(0,255,0),FLOODFILLSURFACE);
        //ExtFloodFill(hdc,150,150,RGB(0,0,0),FLOODFILLBORDER);
```

```
        DeleteObject(SelectObject(hdc,hOldBrush));
        ReleaseDC(hWnd,hdc);
        return 0;
    case WM_DESTROY:
        PostQuitMessage(0);
        return 0;
    }
    return(DefWindowProc(hWnd,iMessage,wParam,lParam));
}
```

WM_PAINT의 그리기 코드가 양이 좀 많은데 중요한 코드는 아니므로 그려진 결과만 보자. 사각형 하나와 원 세 개를 각각 다른 색으로 그려 두었다.

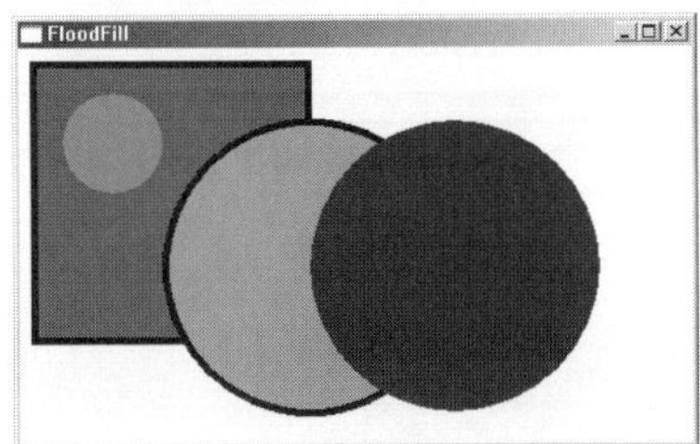

왼쪽 마우스 버튼을 누르면 빨간색 사각형을 노란색으로 채우는데 이때는 검정색 경계 내부를 채워야 한다. 주석의 코드대로 표면 채우기를 하면 안쪽의 회색 타원은 그대로 남을 것이다. 오른쪽 마우스 버튼을 누르면 가운데 초록색 원을 노라색으로 채우는데 검정색으로만 둘러싸여 있는 것이 아니라 오른쪽의 파란색과 인접해 있으므로 경계선 채우기를 할 수 없고 반드시 표면 채우기를 해야 한다.

좌우 마우스 버튼 클릭 처리 코드의 주석 부분을 풀어서 채우기 모드를 반대로 지정하면 어떤 부작용이 있는지 직접 실험해 볼 수 있을 것이다. 이 예제의 동작을 잘 관찰해 보고 왜 저렇게 되는지를 이해할 수 있다면 상황에 맞는 채우기 함수를 선택할 수 있을 것이다.

다음 함수는 채우기 함수 중에는 비교적 고급 함수에 속하며 사각영역, 또는 삼각 영역에 대해 두 세가지 색상으로 그라디언트 효과를 낼 수 있다. 그라디언트(Gradient) 는 양 끝쪽에 두 색상을 배치하고 중간 과정은 두 색상이 점점 섞이는 것처럼 채색하는 방법인데 흔히 설치 프로그램의 배경 화면에서 이런 채색 방법을 볼 수 있다.

BOOL GradientFill(HDC hdc, PTRIVERTEX pVertex, ULONG dwNumVertex, PVOID pMesh, ULONG dwNumMesh, ULONG dwMode);

두 번째 인수 pVertex는 채색 영역의 정점 배열인데 사각형일 경우 좌상단, 우하단 두 점의 좌표가 정점이 되고 삼각형일 경우 삼각형의 각 꼭지점이 정점이 된다. 정점은 다음과 같이 선언된 구조체로 표현되며 좌표와 색상값을 정의한다. 세 번째 인수는 이 정점 배열에 정의된 정점의 개수이다.

```
typedef struct _TRIVERTEX {
    LONG          x;
    Long          y;
    COLOR16       Red;
    COLOR16       Green;
    COLOR16       Blue;
```

```
    COLOR16        Alpha;
}TRIVERTEX, *PTRIVERTEX;
```

네 번째 인수 pMesh는 채색 방법에 따라 삼각형 또는 사각형 구조체의 배열로 구성되며 dwNumMesh는 이 배열의 크기를 지정한다.

```
typedef struct _GRADIENT_TRIANGLE {
    ULONG      Vertex1;
    ULONG      Vertex2;
    ULONG      Vertex3;
}GRADIENT_TRIANGLE,
*PGRADIENT_TRIANGLE;
```

```
typedef struct _GRADIENT_RECT {
    ULONG      UpperLeft;
    ULONG      LowerRight;
}GRADIENT_RECT, *PGRADIENT_RECT;
```

이런 배열을 여러 개 전달할 수 있으므로 두 개 이상의 영역을 한 번에 채색하는 것도 가능하다. 마지막 인수 dwMode는 채색 방법을 지정하는 다음 세 플래그 중 하나를 지정한다.

플래그	설명
GRADIENT_FILL_RECT_H	사각영역을 수평으로 채색한다.
GRADIENT_FILL_RECT_V	사각영역을 수직으로 채색한다.
GRADIENT_FILL_TRANGLE	삼각 영역을 채색한다.

다음 예제는 이 함수로 작업영역을 채색해 본 것이다. 사각 및 삼각형으로 채색하기 코드가 모두 작성되어 있다.

예 제 : Gradient

```
LRESULT CALLBACK WndProc(HWND hWnd,UINT iMessage,WPARAM wParam,LPARAM lParam)
{
    HDC hdc;
    PAINTSTRUCT ps;
    RECT crt;
    TRIVERTEX vert[4];
    GRADIENT_RECT grt;
    GRADIENT_TRIANGLE gtr;

    switch (iMessage) {
    case WM_PAINT:
        hdc=BeginPaint(hWnd, &ps);
        GetClientRect(hWnd,&crt);

//* 사각형으로 칠하기
        vert[0].x=vert[0].y=0;
        vert[0].Red=vert[0].Green=vert[0].Blue=vert[0].Alpha=0;
        vert[1].x=crt.right;vert[1].y=crt.bottom;
        vert[1].Red=vert[1].Green=vert[1].Alpha=0;vert[1].Blue=0xff00;
        grt.UpperLeft=0;
        grt.LowerRight=1;
        GradientFill(hdc,vert,2,&grt,1,GRADIENT_FILL_RECT_H);
//*/
/* 삼각형으로 칠하기
        vert[0].x=crt.right/2;vert[0].y=0;
```

```
        vert[0].Red=0;vert[0].Green=0xff00;vert[0].Blue=0;vert[0].Alpha=0;
        vert[1].x=0;vert[1].y=crt.bottom;
        vert[1].Red=0;vert[1].Green=0;vert[1].Alpha=0;vert[1].Blue=0xff00;
        vert[2].x=crt.right;vert[2].y=crt.bottom;
        vert[2].Red=0xff00;vert[2].Green=0;vert[2].Alpha=0;vert[2].Blue=0;
        gtr.Vertex1=0;
        gtr.Vertex2=1;
        gtr.Vertex3=2;
        GradientFill(hdc,vert,3,&gtr,1,GRADIENT_FILL_TRIANGLE);
//*/

        EndPaint(hWnd, &ps);
        return 0;
    case WM_DESTROY:
        PostQuitMessage(0);
        return 0;
    }
    return(DefWindowProc(hWnd,iMessage,wParam,lParam));
}
```

다음은 모드를 바꾸어가며 채색해 본 것이다. 일부 코드가 주석 처리되어 있으므로 프로젝트를 열어 직접 실행해 보기 바란다.

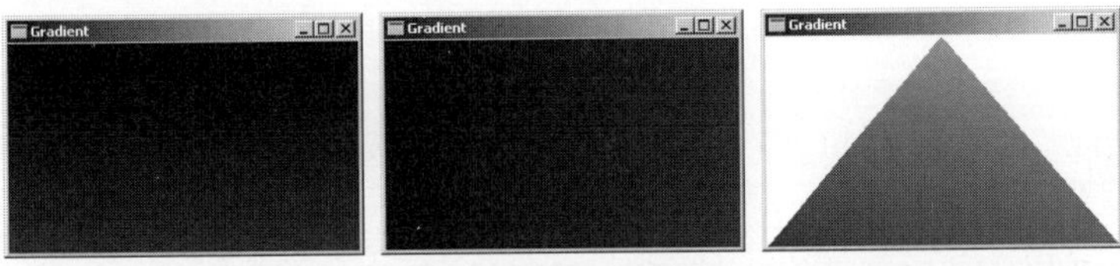

실제로 실행해 보면 색상이 대단히 화려해 멋있어 보이기는 한다. 그러나 이 함수는 95에서는 제공되지 않으면 98이상에서만 실행할 수 있고 msimg32.lib도 링크해야 사용할 수 있어 당분간은 호환성 문제로 쓰기 어렵다. 또한 이 정도 그라디언트 효과는 GDI+가 더 훌륭하게 제공하므로 가급적이면 GDI+를 사용하는 것이 유리하다.

33-2 펜

33-2-가. LOGPEN

펜은 선을 그릴 때 사용하는 GDI 오브젝트이다. LineTo 함수로 그리는 선은 물론이고 Ellipse나 Rectangle 함수가 그리는 도형의 외각선, Arc, Chord 등의 함수가 그리는 원주 등도 모두 펜으로 그려진다. Win32가 지원하는 펜은 두 가지 종류가 있다.

■ 코스메틱 펜 : 고정된 폭의 선에 사용되며 선모양이 단순하기 때문에 그리는 속도가 빠르다. Win16에서부터 지원하던 펜이다. 모양, 색상, 굵기 등의 세 가지 속성을 가지며 장치 단위를 사용하므로 맵핑 모드에 상관없이 항상 굵기가 일정하다.

■ 지오메트릭 펜 : 논리 단위를 사용하므로 폭 조정이 가능하며 선의 끝부분 처리나 연결 부분의 처리에 대한 섬세한 옵션들이 존재한다. 단점으로는 선의 모양이 복잡하기 때문에 그만큼 속도가 느리다. Win32에서부터 지원되며 Win95에서는 일부 기능만 지원된다.

일반적인 용도라면 코스메틱 펜이면 충분하겠지만 전문적인 그래픽 프로그램이라면 지오메트릭 펜이 필요할 것이다. 일반적으로 펜을 만들 때는 CreatePen을 사용한다. 이 함수와 대체성이 있는 함수로 다음 함수가 있다.

HPEN CreatePenIndirect(CONST LOGPEN *lplgpn);

LOGPEN 구조체 하나를 인수로 취하는데 이 구조체에 만들고자 하는 펜에 대한 정보를 전달한다.

```
typedef struct tagLOGPEN { // lgpn
    UINT       lopnStyle;
    POINT      lopnWidth;
    COLORREF lopnColor;
} LOGPEN;
```

세 멤버가 차례대로 CreatePen의 각 인수와 대응된다. 즉 lopnStyle은 펜의 모양, lopnWidth는 펜의 굵기, lopnColor는 펜의 색상이다. 단 펜의 폭은 POINT 구조체의 x 멤버로 지정하며 y멤버는 사용되지 않는데 이는 아마 차후에 펜의 굵기를 가로, 세로 각각 지정할 수 있도록 하기 위해서인 것 같다. 굵기 2일 때 실선만 표현할 수 있는 것은 CreatePen의 경우와 동일하다. 다음은 이 함수를 사용하여 펜을 만들어 본 것이다.

예 제 : LogPen

```
LRESULT CALLBACK WndProc(HWND hWnd,UINT iMessage,WPARAM wParam,LPARAM lParam)
{
    PAINTSTRUCT ps;
    HDC hdc;
    HPEN hMyPen, hOldPen;
    LOGPEN logpen;
    POINT pt;
    switch (iMessage) {
    case WM_PAINT:
        hdc=BeginPaint(hWnd, &ps);
        logpen.lopnStyle=PS_SOLID;
        pt.x=3;
        logpen.lopnWidth=pt;
        logpen.lopnColor=RGB(0,0,255);
        hMyPen=CreatePenIndirect(&logpen);
        hOldPen=(HPEN)SelectObject(hdc, hMyPen);
        MoveToEx(hdc,100,100,NULL);
        LineTo(hdc,300,100);
        SelectObject(hdc,hOldPen);
        DeleteObject(hMyPen);
        EndPaint(hWnd, &ps);
        return 0;
    case WM_DESTROY:
        PostQuitMessage(0);
        return 0;
```

```
    }
    return(DefWindowProc(hWnd,iMessage,wParam,lParam));
}
```

CreatePen(PS_SOLID, 3, RGB(0,0,255))로 펜을 만든 것과 결과는 동일하다. 실행해 보면 굵기 3의 파란색 선이 그어진다.

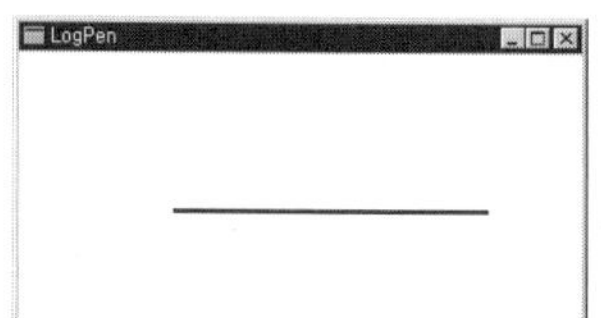

33-2-나. 지오메트릭 펜

지오메트릭 펜은 코스메틱 펜에 비해 더 다양한 모양을 가질 수 있는 펜이다. NT/2000에서만 제대로 사용할 수 있으며 윈95와 윈98에서는 모든 옵션을 다 사용할 수 없다. 지오메트릭 펜을 만들 때는 다음 함수를 사용한다. 인수가 많아 좀 복잡하다.

HPEN ExtCreatePen(DWORD dwPenStyle, DWORD dwWidth, CONST LOGBRUSH *lplb, DWORD dwStyleCount, CONST DWORD *lpStyle);

모두 다섯 개의 인수를 가지는데 이중 dwPenStyle은 펜의 여러 가지 속성을 한꺼번에 OR연산자로 묶어서 지정한다. dwPenStyle 인수가 지정하는 펜의 속성은 펜 타입, 스타일, 끝처리, 연결부분 처리 네 가지나 된다. 우선 펜의 타입을 지정하는데 PS_GEOMETRIC, PS_COSMETIC 중 하나의 타입을 지정한다. 그리고 다음과 같은 펜 스타일을 지정한다.

스타일	설명
PS_ALTERNATE	한 점씩 건너뛰면서 점을 찍는다. 단 이 스타일은 NT의 코스메틱 펜의 경우만 적용되며 Win95에서는 적용되지 않는다.
PS_SOLID	단색의 펜을 만든다.
PS_DASH	대시 선을 만든다.
PS_DOT	점선을 만든다.
PS_DASHDOT	일점 쇄선을 만든다.
PS_DASHDOTDOT	이점 쇄선을 만든다.
PS_NULL	투명한 선을 만든다.
PS_USERTYPE	사용자가 제공한 스타일 배열을 사용하여 펜을 만든다.
PS_INSIDEFRAME	지정한 도형의 안쪽을 칠하는 펜을 만든다.

플랫폼에 따라 지원되지 않는 스타일이 많아 결국 지오메트릭 펜을 제대로 사용하려면 NT여야만 한다. 어떤 옵션을 지원하는가는 윈95와 윈98의 경우에도 각각 달라 신중하게 사용해야 한다.

끝부분 처리는 선의 끝부분 모양을 지정하는데 다음 세 가지 종류가 있다. 끝이 둥근 모양, 사각형 모양이 있으며 펜의 굵기가 굵을 경우 정확하게 시작점, 끝점에서 선을 그만 그릴 것인가 선의 굵기만큼 더 그릴 것인가의 차이가 있다. 연결부분 처리는 두 개의 선이 만나는 각진 부분의 처리를 지정하는데 세 종류가 있다.

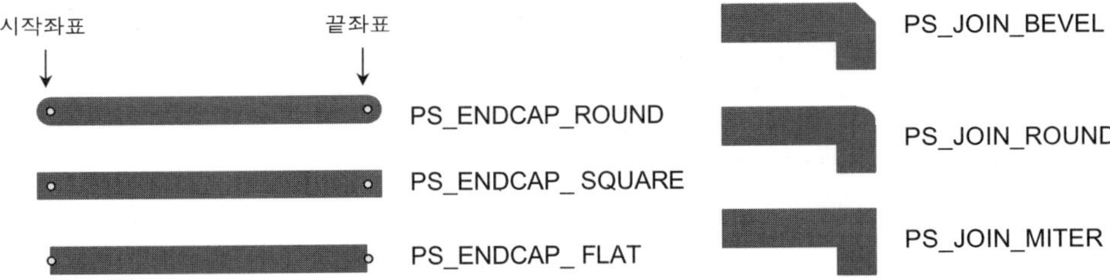

끝 부분과 연결부분 처리는 지오메트릭 펜일 경우만 할 수 있으며 그것도 NT에서만 가능하다. Win98에서도 가능하기는 하지만 그냥 선을 그을 때는 안 되며 패스를 사용할 때만 제대로 동작한다. dwPenStyle인수에 이 네 가지 종류의 플래그를 OR연산자로 묶어주면 된다.

ExtCreatePen(PS_GEOMETRIC | PS_SOLID | PS_ENDCAP_ROUND | PS_JOIN_BEVEL,.....);

두 번째 인수 dwWidth 인수는 선의 굵기를 지정하되 코스메틱 펜일 경우는 이 인수가 무시되며 무조건 선의 굵기가 1로 지정된다. 세 번째 인수 lplb는 LOGBRUSH 구조체의 포인터인데 선이 굵을 경우 마치 브러시인 것처럼 선의 무늬, 스타일 등을 지정할 수 있다. 단 지오메트릭 펜일 경우만 이 구조체의 모든 멤버를 다 사용할 수 있으며 코스메틱 펜일 경우 lbStyle은 반드시 PS_SOLID여야 하며 lpColor만 원하는 색상으로 지정할 수 있다.

ExtCreatePen 함수는 전달된 인수를 참조하여 펜을 만들며 만들어진 펜의 핸들을 리턴한다. 리턴된 펜의 핸들은 다른 GDI 오브젝트와 마찬가지로 SelectObject 함수로 DC에 선택하여 사용하며 사용한 후에 DeleteObject 함수로 지운다. 다음 예제는 지오메트릭 펜을 만들고 사용하는 간단한 예제이다.

예 제 : GeoPen

```
LRESULT CALLBACK WndProc(HWND hWnd,UINT iMessage,WPARAM wParam,LPARAM lParam)
{
    PAINTSTRUCT ps;
    HDC hdc;
    HPEN hGeo, hOldPen;
    LOGBRUSH logbrush;
    switch (iMessage) {
    case WM_PAINT:
        hdc=BeginPaint(hWnd, &ps);

        logbrush.lbStyle=BS_HATCHED;
        logbrush.lbColor=RGB(0,0,255);
        logbrush.lbHatch=HS_DIAGCROSS;
        hGeo=ExtCreatePen(PS_GEOMETRIC | PS_SOLID | PS_ENDCAP_ROUND |
            PS_JOIN_ROUND,20,&logbrush,0,NULL);

        hOldPen=(HPEN)SelectObject(hdc, hGeo);
        MoveToEx(hdc,50,50,NULL);
        LineTo(hdc,200,50);
        LineTo(hdc,200,200);
        SelectObject(hdc, hOldPen);
        DeleteObject(hGeo);
```

```
        EndPaint(hWnd, &ps);
        return 0;
    case WM_DESTROY:
        PostQuitMessage(0);
        return 0;
    }
    return(DefWindowProc(hWnd,iMessage,wParam,lParam));
}
```

지오메트릭 펜을 만들되 효과를 확실하게 관찰하기 위해 파란색의 20픽셀 펜을 만들었다. 끝부분과 연결부분은 모두 ROUND로 처리하였다. 실행 결과는 다음과 같은데 왼쪽이 NT에서 실행한 것이고 오른쪽은 윈98에서 실행한 것이다.

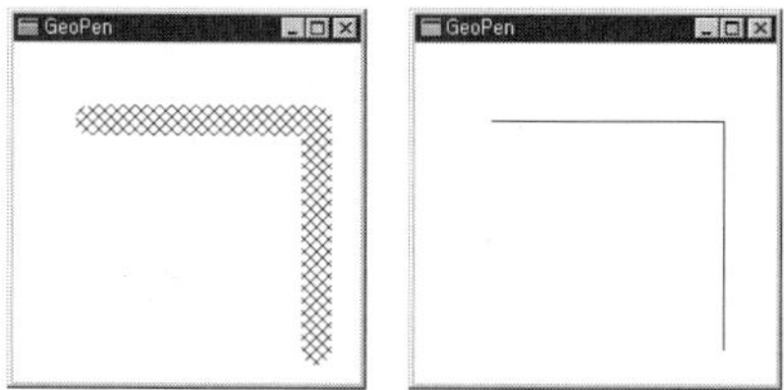

NT에서는 지정한 브러시 모양대로 선의 내부에 무늬가 칠해지며 굵기가 제대로 표현되지만 윈98에서는 색상도, 굵기도 전혀 지원되지 않는다. dwStyleCount, lpStyle 인수는 dwPenStyle이 PS_USERSTYLE일 경우에만 사용할 수 있으며 사용자 정의 선을 만들 때 사용한다. lpStyle은 DWORD배열이며 이 배열의 첫 번째 요소는 선의 길이를 지정하고 두 번째 요소는 여백의 길이를 지정하는 식으로 선의 모양을 정의한다. dwStyleCount는 lpStyle 배열의 크기를 지정한다. 다음은 이 스타일을 사용하여 사용자 정의 선을 긋는 간단한 예이다.

```
DWORD Style[]={5,5,4,4,3,3,2,2,1,1};
...............
    logbrush.lbStyle=BS_SOLID;
    logbrush.lbColor=RGB(255,0,0);
    logbrush.lbHatch=0;
    hGeo=ExtCreatePen(PS_GEOMETRIC | PS_USERSTYLE,
        1,&logbrush,10,Style);
```

크기 10의 Style 배열이 정의되어 있는데 이 배열 요소값에 따라 처음 5픽셀은 점을 찍고 다음 5픽셀은 점을 찍지 않는다. 이런 식으로 5, 4, 3, 2, 1 픽셀짜리 점을 차례대로 반복해서 찍었다. PS_USERSTYLE 스타일을 사용하지 않을 경우 이 두 인수는 0, NULL로 주면 된다. 실행 결과는 다음과 같다.

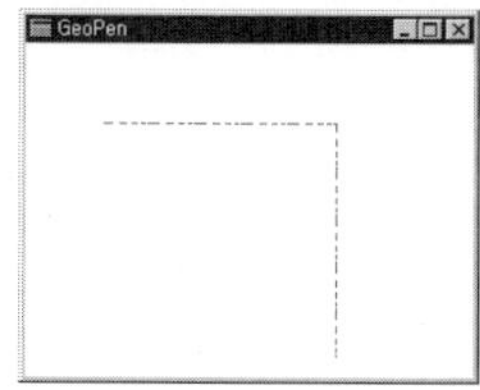

물론 이 코드도 NT에서만 동작하며 윈98에서는 밋밋한 선만 그어질 것이다. 지오메트릭 펜이 코스메틱 펜보다 기능적으로 우월하기는 하지만 운영체제 버전에 따라 지원되지 않는 기능이 많아 호

환성에 불리하다. 고급 그래픽을 위해 새로 추가된 기능이기는 하지만 이보다 시기적으로 늦게 나온 GDI+의 펜이 훨씬 더 다양한 기능을 제공하므로 가급적 지오메트릭 펜은 쓰지 않는 것이 좋다. 다만 이미 이 펜을 쓰는 소스를 읽어야 할 경우도 있으므로 존재는 알고 있어야 할 것이다.

33-3 도형

33-3-가. 선

GDI는 다양한 그리기 함수를 제공한다. 가장 기본적인 도형은 두말할 필요없이 점이며 SetPixel 함수로 원하는 좌표에 원하는 색상으로 출력할 수 있다. 그러나 점은 너무 단순해서 거의 쓸 일이 없다. 직선을 그리는 기본적인 함수는 LineTo, MoveToEx이다. 워낙 간단한 함수이고 이때까지 많이 사용해 왔기 때문에 더 이상 설명할 필요가 없을 것이다. 단 선에 대해 참고로 알아둘 것은 Win32는 선의 시작점은 그리되 끝점은 그리지 않는다는 것이다. 예를 들어 다음과 같은 명령을 내렸다고 하자.

```
MoveToEx(hdc, 10,10,NULL);
LineTo(hdc,100,100);
```

이 두 함수의 호출은 (10,10)을 시작점으로 해서 (100,100)까지 선을 그으라는 명령이다. 이 때 시작점인 (10,10)에는 점이 찍히지만 끝점인 (100,100)에는 점이 찍히지 않고 마지막 점인 (99,99)까지만 점이 찍힌다. 이는 연속적으로 선을 출력할 때 점을 중복해서 찍지 않기 위해서이며 논리적으로 이것은 옳은 방법이다. 시작점은 포함되지만 끝점은 제외되는 이런 원칙을 범위의 원칙이라고 하며 그래픽 뿐만 아니라 배열이나 검색 등 모든 알고리즘에 일반적으로 적용된다. 범위의 원칙은 선뿐만 아니라 사각형이나 타원에도 적용되어 시작점은 그리기에 포함되지만 끝점은 제외된다.

MoveToEx 함수의 원형에 대해 잠시 생각해 보자. 이 함수의 원형은 BOOL MoveToEx(HDC hdc, int X, int Y, LPPOINT lpPoint); 인데 이 중 네 번째 인수 lpPoint는 위치를 옮기기 전의 현재 위치를 대입받을 POINT 구조체의 포인터이다. 이전의 CP값이 꼭 필요하다면 POINT 구조체를 만든 후 MoveToEx 함수의 인수로 넘기면 되는데 실제로 이 인수를 사용하는 경우는 거의 없으며 대부분 NULL이다. 잘 쓰지도 않는 이 인수가 반드시 필요한 이유는 Win16의 MoveTo 함수와의 호환성을 유지하기 위해서이다. Win16의 MoveTo 함수는 이전 CP인 DWORD값을 리턴했으며 이 값의 상, 하위 워드에 이전 CP의 Y, X값을 가지고 있었다. 그래서 호환 유지를 위해 Win32에서도 이전 CP값을 어떤 방법으로든 리턴해야만 했는데 문제는 Win16에서 좌표는 16비트 값이었으나 Win32에서는 32비트가 됨으로써 DWORD값 하나로는 X,Y값을 한꺼번에 리턴할 방법이 없어진 것이다. MoveToEx의 네 번째 인수 lpPoint는 Win16의 MoveTo 함수의 리턴값 대용으로 어쩔 수 없이 급조된 인수일 뿐이며 우리는 이 인수에 대해 그다지 신경쓰지 않아도 된다.

선은 연속된 점들의 집합이다. Win32의 GDI는 선을 그릴 때 시작점과 끝점 사이의 점들을 결정하는 알고리즘으로 DDA(Digital Differential Analyzer)를 사용한다. DDA는 내부적인 알고리즘이기 때문에 우리는 시작점, 끝점만을 주고 그 사이의 중간점은 DDA가 알아서 계산한다. 만약 DDA를 직접 이용하여 선분상의 모든 점들에 대해 특별한 처리를 하고 싶다면 다음 함수를 사용한다.

BOOL LineDDA(int nXStart, int nYStart, int nXEnd, int nYEnd, LINEDDAPROC lpLineFunc, LPARAM lpData);

이 함수는 직선이 지나는 좌표만 계산할 뿐 화면에 그리기를 하지는 않으므로 DC는 인수로 전달받지 않는다. 처음 4개의 인수로 그리고자 하는 선의 시작점과 끝점을 준다. 그러면 이 함수는 선분을 구성하는 각 점에 대해 다섯 번째 인수로 지정된 lpLineFunc 콜백함수를 호출하며 우리는 이 함수에서 각 점에 대해 원하는 작업을 할 수 있다. 여섯 번째 인수인 lpData는 사용자가 정의해서 사용하는 인수이며 lpLineFunc 함수로 전달된다. lpLineFunc 함수의 원형은 다음과 같다.

VOID CALLBACK LineDDAProc(int X, int Y, LPARAM lpData);

인수로 선분을 구성하는 점의 좌표와 사용자 정의 데이터를 받아들인다. 이 함수는 선분을 구성하는 모든 점에 대해 호출되며 각 점에 대해 원하는 작업을 할 수 있다. 다음 예제는 LineDDA 함수를 사용하여 선분을 구성하는 각 점의 매 10픽셀마다 원을 그려본 것이다.

예 제 : LineDDA

```
void CALLBACK LineDDAProc(int x, int y, LPARAM lpData)
{
    if (x % 10 == 0) {
        Ellipse((HDC)lpData,x-5,y-5,x+5,y+5);
    }
}

LRESULT CALLBACK WndProc(HWND hWnd,UINT iMessage,WPARAM wParam,LPARAM lParam)
{
    PAINTSTRUCT ps;
    HDC hdc;
    switch (iMessage) {
    case WM_CREATE:
        hWndMain=hWnd;
        return 0;
    case WM_PAINT:
        hdc=BeginPaint(hWnd, &ps);
        LineDDA(20,200,500,50,(LINEDDAPROC)LineDDAProc,(LPARAM)hdc);
        EndPaint(hWnd, &ps);
        return 0;
    case WM_DESTROY:
        PostQuitMessage(0);
        return 0;
    }
    return(DefWindowProc(hWnd,iMessage,wParam,lParam));
}
```

각 점에 대해 호출되는 콜백함수를 미리 만들어 두고 LineDDA 함수로 매 점마다 콜백함수를 호출했으며 콜백함수는 x좌표가 10의 배수일 경우에 한해 조그만 원을 그렸다. 이 과정은 선의 시작점에서 시작하여 선의 끝점에 이를 때까지 반복된다. 사용자 정의 데이터로는 그리기를 할 DC를 전달한다. 실행 결과는 다음과 같다.

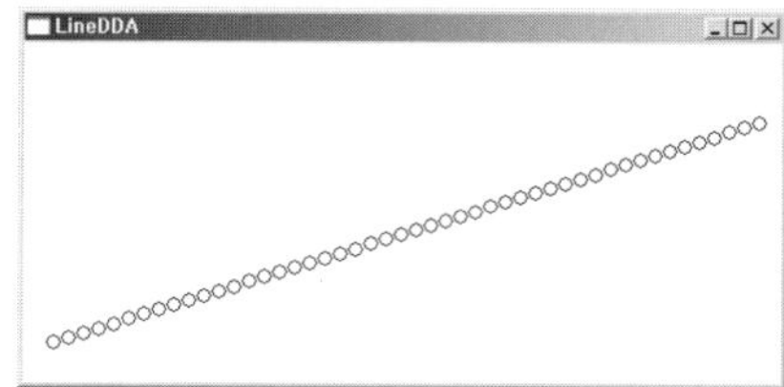

LineDDA는 (20,200) ~ (500,50) 좌표를 잇는 모든 점의 좌표를 콜백함수를 통해 전달한다. 콜백함수에서 전달되는 모든 좌표에 대해 점을 찍으면 직선만 그어질 것이다.

```
void CALLBACK LineDDAProc(int x, int y, LPARAM lpData)
{
    SetPixel((HDC)lpData,x,y,RGB(0,0,0));
}
```

직선을 구성하는 좌표의 집합이 대충 계산되는 것 같지만 단순히 루프를 돌리면서 SetPixel을 호출하는 식으로 해서는 이런 깔끔한 결과를 얻을 수 없다. 실제로 직선을 긋는 루프를 만들어 보면 선이 뚝뚝 끊어지거나 굵기가 제각각인 선이 그려진다. DDA 알고리즘은 중복되거나 생략되는 점 없이 또한 실수 연산을 하지 않고 고속으로 직선의 경과점을 효율적으로 구한다.

이 함수를 잘 활용하면 직선 구간을 움직이는 애니메이션을 쉽게 만들 수 있다. 다음 예제는 탱크가 클릭한 지점으로 포탄을 쏘는 시늉을 하는데 응용하면 비슷한 류의 움직임을 구현하는 모든 예제에 적용할 수 있다.

예 제 : ShootBullet

```
#define R 7
int tx,ty;
POINT pts[2048];
int num,idx;
void CALLBACK LineDDAProc(int x, int y, LPARAM lpData)
{
    pts[num].x=x;
    pts[num].y=y;
    num++;
}

LRESULT CALLBACK WndProc(HWND hWnd,UINT iMessage,WPARAM wParam,LPARAM lParam)
{
    HDC hdc;
    PAINTSTRUCT ps;
    switch (iMessage) {
    case WM_CREATE:
        hWndMain=hWnd;
        tx=300;
        ty=200;
        return 0;
    case WM_LBUTTONDOWN:
        num=0;
        LineDDA(tx,ty,LOWORD(lParam),HIWORD(lParam),LineDDAProc,NULL);
        idx=0;
        SetTimer(hWnd,1,10,NULL);
```

```
        return 0;
    case WM_RBUTTONDOWN:
        tx=LOWORD(lParam);
        ty=HIWORD(lParam);
        InvalidateRect(hWnd,NULL,TRUE);
        return 0;
    case WM_TIMER:
        if (idx < num) {
            hdc=GetDC(hWnd);
            SelectObject(hdc,GetStockObject(GRAY_BRUSH));
            Ellipse(hdc,pts[idx].x-R,pts[idx].y-R,pts[idx].x+R,pts[idx].y+R);
            ReleaseDC(hWnd,hdc);
            idx+=30;
        } else {
            idx=-1;
            KillTimer(hWnd,1);
        }
        return 0;
    case WM_PAINT:
        hdc=BeginPaint(hWnd, &ps);
        SetTextAlign(hdc,TA_CENTER);
        TextOut(hdc,tx,ty,"Tank",4);
        EndPaint(hWnd, &ps);
        return 0;
    case WM_DESTROY:
        PostQuitMessage(0);
        return 0;
    }
    return(DefWindowProc(hWnd,iMessage,wParam,lParam));
}
```

탱크는 tx, ty 좌표에 있으며 마우스 왼쪽 버튼을 누르면 포탄을 발사한다. 탱크 위치와 포탄 목적지까지의 모든 경과점을 LineDDA 함수로 pts 배열에 일단 수집했다. 클릭한 지점으로 포탄을 바로 날릴 수도 있지만 이렇게 되면 포탄이 클릭한 지점으로 순간 이동할 뿐 애니메이션을 보일 수가 없어 일단 배열에 좌표만 기록해 둔 것이다. 그리고 타이머를 돌리면서 pts 배열에 저장된 좌표를 순서대로 꺼내 이 좌표에 포탄을 그리며 포탄이 끝 지점에 도달했으면 애니메이션을 중지한다.

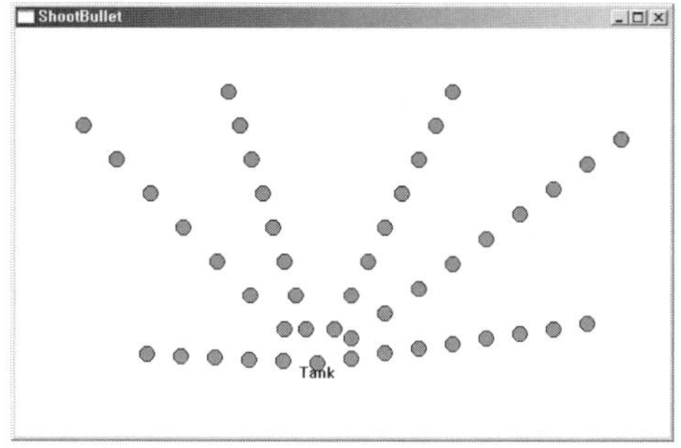

왼쪽 버튼을 누른 지점으로 포탄이 발사될 것이다. 마우스 오른쪽 버튼을 누르면 탱크의 위치를 옮길 수도 있다. 이 예제는 좌표 배열이 하나밖에 없어 포탄을 한발만 발사 할 수 있지만 포탄의 배열을 만든다면 여러 개의 포탄이 동시에 천천히 이동하게 만들 수도 있다.

33-3-나. 곡선

불규칙한 곡선을 그릴 때는 베지어 곡선 함수를 사용한다. 베지어 곡선이란 피에르 베지어라는 프랑스 사람이 자동차의 곡면을 수학적인 식으로 표현하기 위해 고안한 것인데 내부적인 구현은 무척 복잡하지만 Win32에서는 다음 함수로 간단하게 그릴 수 있다.

BOOL PolyBezier(HDC hdc, CONST POINT *lppt, DWORD cPoints);

곡선의 시작점과 끝점 그리고 두 개의 조절점으로 구성된 배열을 두 번째 인수로 지정하고 세 번째 인수 cPoints에 점의 개수를 주면 베지어 곡선을 그린다. 다음 예제는 PolyBezier 함수를 사용하여 간단한 곡선을 하나 그린다.

예제 : Bezier

```
LRESULT CALLBACK WndProc(HWND hWnd,UINT iMessage,WPARAM wParam,LPARAM lParam)
{
    PAINTSTRUCT ps;
    HDC hdc;
    POINT pts[]={{10,10},{300,10},{10,300},{400,300}};
    switch (iMessage) {
    case WM_PAINT:
        hdc=BeginPaint(hWnd, &ps);
        PolyBezier(hdc, pts,4);
        EndPaint(hWnd, &ps);
        return 0;
    case WM_DESTROY:
        PostQuitMessage(0);
        return 0;
    }
    return(DefWindowProc(hWnd,iMessage,wParam,lParam));
}
```

(10,10)이 시작점이고 (400,300)이 끝점이며 (300,10), (10,300)이 조절점이다. PolyBezier 함수로 이 배열의 포인터와 배열 내 점의 개수를 전달하여 곡선을 그린다.

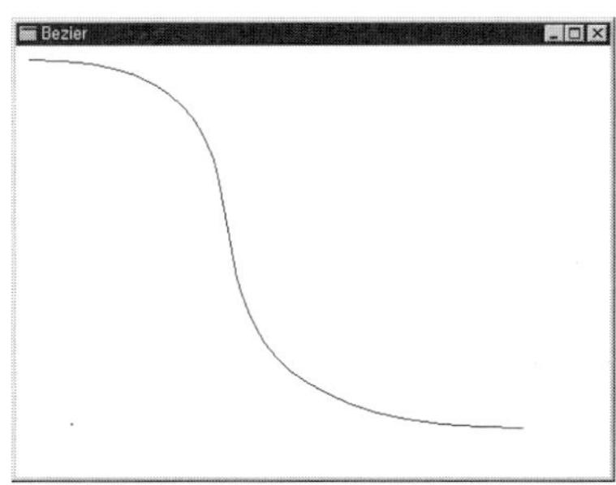

곡선 하나를 그리는데는 4개의 점이 필요하지만 두 개 이상의 곡선을 그릴 때는 다음 공식만큼의 점이 필요하다.

필요한 점=그려질 곡선 수*3+1

왜 이런 공식이 성립하는가 하면 두 개 이상의 곡선이 그려질 때 두 번째 곡선은 첫 번째 곡선의 끝점을 시작점으로 중복해서 사용하기 때문이다. 그래서 하나의 곡선을 그리려면 점이 4개 필요하며 두 개면 7개, 세 개면 10개가 필요하다. 예제를 다음과 같이 수정해 보자.

```
POINT pts[]={{10,10},{300,10},{10,300},{400,300},{400,10},{600,10},{600,100}};
........
    PolyBezier(hdc, pts,7);
```

점의 수를 늘리고 두 개의 곡선을 연속적으로 그렸다. 결과는 다음과 같다.

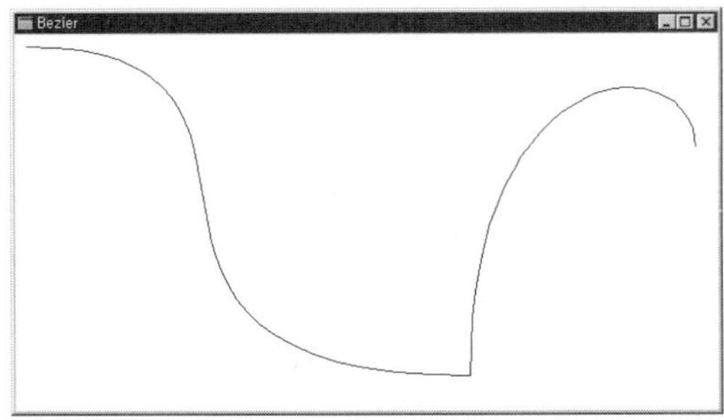

처음 네 개의 점으로 곡선을 하나 그리고 나머지 세 개의 점으로 다시 곡선을 이어서 그렸다. 이때 네 번째 점인 pts[3]은 첫 번째 곡선의 끝점임과 동시에 두 번째 곡선의 시작점이 된다. 곡선을 계속 연결해서 그릴 때는 다음 함수를 사용할 수도 있다.

BOOL PolyBezierTo(HDC hdc, CONST POINT *lppt, DWORD cCount);

이 함수는 PolyBezier 함수와 개념적으로 동일하되 다만 시작점이 현재 좌표(CP)라는 것만 다르다. 따라서 이 함수가 필요로 하는 점은 그리고자 하는 곡선의 정확히 세 배가 된다. 다음과 같이 예제를 바꾸어도 결과는 동일하다.

```
POINT pts[]={{10,10},{300,10},{10,300},{400,300}};
POINT pts2[]={{400,10},{600,10},{600,100}};
.........
    PolyBezier(hdc, pts,4);
    MoveToEx(hdc,400,300,NULL);
    PolyBezierTo(hdc,pts2,3);
```

먼저 4개의 점으로 곡선을 그리고 CP를 이동시킨 후에 PolyBezierTo 함수로 곡선을 이어 그렸다. PolyBezierTo 함수는 곡선을 그린 후 CP를 곡선의 끝점으로 이동시키므로 이 함수를 계속해서 호출하면 연속적인 곡선이 그려질 것이다. 반면 PolyBezier 함수는 곡선을 그리기만 할 뿐 CP를 이동시키지는 않는다.

33-3-다. 다각형

사각형을 그리는 함수에는 다음 여섯 개 정도가 있다.

BOOL Rectangle(HDC hdc, int nLeftRect, int nTopRect, int nRightRect, int nBottomRect);
BOOL RoundRect(HDC hdc, int nLeftRect, int nTopRect, int nRightRect, int nBottomRect, int nWidth, int nHeight);
int FillRect(HDC hDC, CONST RECT *lprc, HBRUSH hbr);
BOOL InvertRect(HDC hDC, CONST RECT *lprc);
int FrameRect(HDC hDC, CONST RECT *lprc, HBRUSH hbr);
BOOL DrawFocusRect(HDC hDC, CONST RECT* lprc);

가장 기본이 되는 함수가 Rectangle 함수인데 이 함수는 현재 선택된 펜으로 사각형을 그리고 현재 선택된 브러시로 내부를 채운다. 만약 사각형만 그리고 내부는 채우고 싶지 않다면 브러시를 NULL_BRUSH로 선택한 후 그려야 한다. Rectangle 함수가 그릴 수 있는 사각형은 변이 수평, 수직인 직사각형뿐이다. 마름모나 평행 사변형같은 특수한 사각형을 그리려면 Polygon 함수를 사용해야 한다.

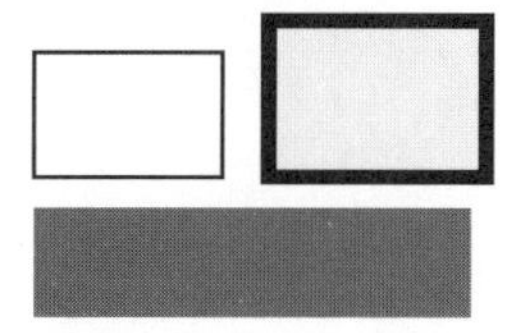

Rectangle로 그릴 수 있는 사각형

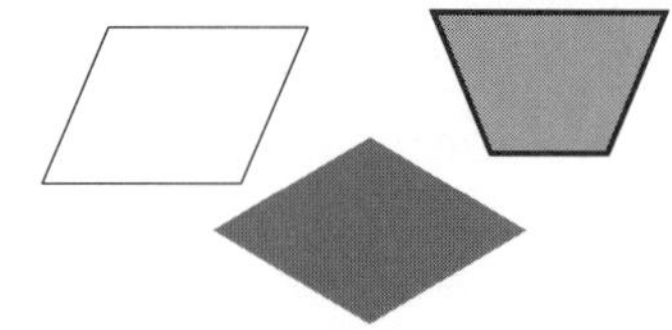

Rectangle로 못 그리는 사각형

RoundRect는 모서리가 둥근 사각형을 그린다. 모서리의 둥근 정도는 nWidth, nHeight 인수로 지정하는데 이 인수는 사각형의 모서리에 내접하는 타원의 가로, 세로 지름을 지정한다. 내접 타원이 클수록 모서리의 곡률이 높아진다.

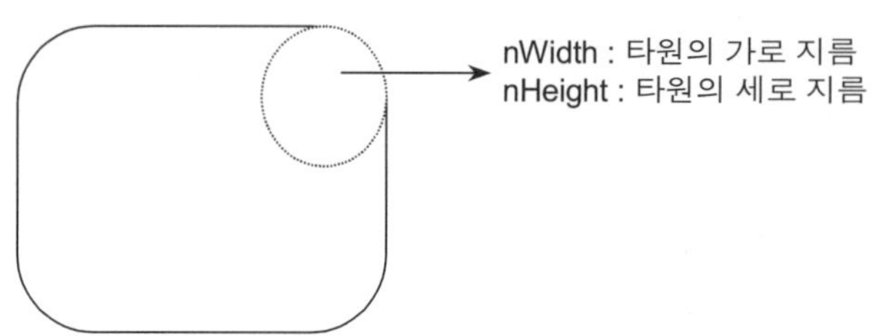

FillRect는 lprc 구조체가 지정하는 영역의 hbr 브러시를 사용하여 채우되 경계선을 그리지는 않는다. 사각영역을 인수로 직접 주지 않고 RECT 구조체를 사용한다는 것이 특징이다. 브러시는 GetStockObject, CreateSolidBrush 등의 브러시 함수로 만들어서 그 핸들을 지정하되 표준 시스템 색상에 1을 더하여 사용할 수도 있다. 예를 들어 FillRect(hdc, &rt, (HBRUSH) (COLOR_BTNFACE +1)); 은 rt영역을 현재 설정된 버튼의 표면 색상으로 채운다. InvertRect 함수는 lprc 영역을 반전시킨다. 이 두 함수는 내부적으로 PatBlt 함수를 호출하는데 FillRect는 브러시 선택해 놓고 PATCOPY로 그리는 것과 같고 InvertRect는 DSTINVERT로 그리는 것과 같다.

FrameRect는 RECT 구조체가 지정하는 사각영역의 경계선만 현재 지정한 브러시로 그린다. 이때 경계선의 폭은 브러시에 상관없이 1논리 단위이다. DrawFocusRect는 점선으로 된 포커스 사각형을 그리는데 버튼이 포커스를 가질 때 캡션 주위에 그려지는 사각형을 생각하면 된다. 커스텀 컨트롤의 포커스 표시를 할 때나 선택 영역을 표시할 때는 이 사각형이 가장 무난하다. 사각형을 그리는 함수는 모두 비교적 간단하므로 한꺼번에 예제를 만들어 보았다.

예 제 : DrawRect

```
LRESULT CALLBACK WndProc(HWND hWnd,UINT iMessage,WPARAM wParam,LPARAM lParam)
{
    PAINTSTRUCT ps;
    HDC hdc;
    RECT rt1={210,10,400,80};
    RECT rt2={210,100,400,180};
    RECT rt3={100,50,300,150};
    RECT rt4={10,210,400,250};
    switch (iMessage) {
    case WM_PAINT:
        hdc=BeginPaint(hWnd, &ps);
        Rectangle(hdc,10,10,200,80);
        RoundRect(hdc,10,100,200,180,32,32);
        FrameRect(hdc,&rt1,(HBRUSH)GetStockObject(GRAY_BRUSH));
        FillRect(hdc,&rt2,(HBRUSH)GetStockObject(LTGRAY_BRUSH));
        InvertRect(hdc,&rt3);
        DrawFocusRect(hdc,&rt4);
        EndPaint(hWnd, &ps);
        return 0;
    case WM_DESTROY:
        PostQuitMessage(0);
        return 0;
    }
    return(DefWindowProc(hWnd,iMessage,wParam,lParam));
}
```

여섯 개의 사각형을 각각의 함수로 그려본 것이다. 소스 코드와 결과를 비교해 보고 각 함수에 의해 어떤 사각형이 그려지는지 확인해 보자. 그리고 인수를 바꾸어가며 다양한 모양의 사각형을 직접 그려 보아라.

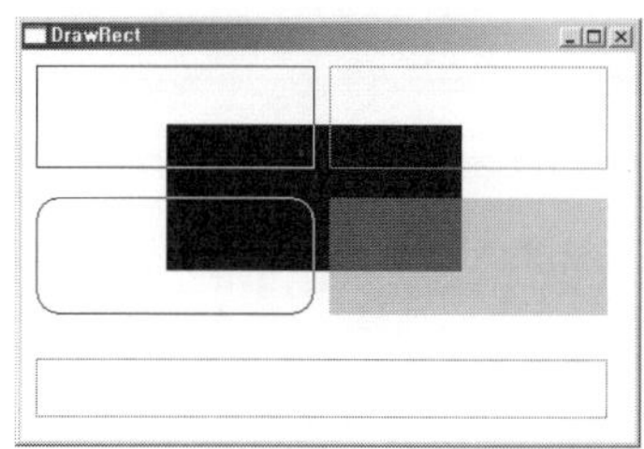

오각형이나 육각형같이 좀 더 복잡한 모양을 그리고 싶을 때는 여러 개의 직선을 연결하여 직접 그려야 한다. 정다각형을 그리는 별도의 함수는 제공되지 않는다. 어차피 다각형은 연결된 선분들의 집합이므로 꼭지점을 연결해서 그리는 방식으로 모두 그릴 수 있다. 이때는 다음 함수들이 사용된다.

BOOL Polyline(HDC hdc, CONST POINT *lppt, int cPoints);
BOOL PolylineTo(HDC hdc, CONST POINT *lppt, DWORD cCount);
BOOL PolyPolyline(HDC hdc, CONST POINT *lppt, CONST DWORD *lpdwPolyPoints, DWORD cCount);
BOOL Polygon(HDC hdc, CONST POINT *lpPoints, int nCount);
BOOL PolyPolygon(HDC hdc, CONST POINT *lpPoints, CONST INT *lpPolyCounts, int nCount);

이중 Polyline 함수가 대표격이므로 이 함수만 이해하면 나머지 함수도 비슷한 방법으로 사용할 수 있다. Polyline 함수는 lppt의 POINT 요소를 하나씩 꺼내 연결하는 방식으로 여러 개의 선분을 그려 나간다. 이때 사용되는 펜은 현재 DC에 선택된 펜이므로 선의 모양을 바꾸고 싶으면 먼저 펜을 만든 후 DC에 선택해야 한다. 모눈종이에 미리 도형을 그려보고 각 점의 좌표를 구한 후 이 좌표를 lppt 배열에 입력해 놓고 Polyline 함수를 호출하면 된다. 또는 그래픽 편집 프로그램으로 그림을 그린 후 좌표를 따야 한다. 마지막 인수 cPoints는 lppt 배열의 요소 개수, 즉 꼭지점의 개수이다. 다음 예제는 Polyline 함수를 사용하여 오각형을 하나 그린다.

예 제 : DrawPoly

```
LRESULT CALLBACK WndProc(HWND hWnd,UINT iMessage,WPARAM wParam,LPARAM lParam)
{
    PAINTSTRUCT ps;
    HDC hdc;
    static POINT pts[]={{200,10},{300,90},{250,200},{150,200},{100,90},{200,10}};
    switch (iMessage) {
    case WM_PAINT:
        hdc=BeginPaint(hWnd, &ps);
        Polyline(hdc, pts, 6);
        EndPaint(hWnd, &ps);
        return 0;
    case WM_DESTROY:
        PostQuitMessage(0);
        return 0;
    }
    return(DefWindowProc(hWnd,iMessage,wParam,lParam));
}
```

pts 배열에 오각형의 각 꼭지점에 해당되는 점들의 좌표가 입력되어 있다. Polyline 함수는 이 배열의 좌표를 순서대로 꺼내 연결함으로써 오각형을 그릴 것이다. pts 배열에 좌표만 잘 작성하면 어떤 복잡한 도형이든지 그릴 수 있는 셈이다. 실행 결과는 다음과 같다.

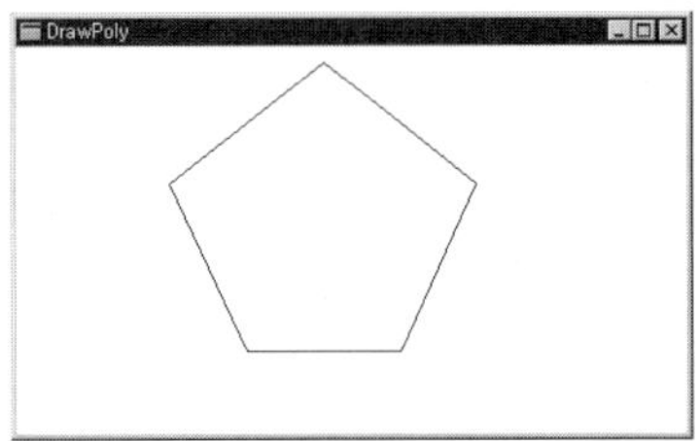

이 때 주의할 것은 폐곡선의 경우 다시 출발점으로 돌아와야 하므로 출발점이 끝에 한 번 더 반복되어야 하며 점의 수가 다각형의 꼭지점 개수보다 하나가 더 많다는 것이다. 오각형을 그린다고 해서 점을 다섯 개만 주면 꼭지점을 모두 돌기는 하지만 출발점과 끝점이 연결되지 않아 한 쪽이 터진 오각형이 될 것이다. 극단적으로 간단한 삼각형을 생각해 보자. 삼각형을 그리려면 4개의 점을 돌아와야 하므로 필요한 점의 개수는 4개가 된다. 물론 개곡선을 그리고자 하는 의도라면 그럴 필요가 없겠지만 말이다.

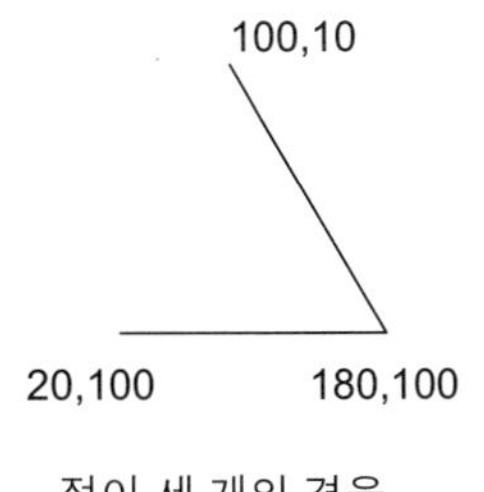

점이 세 개인 경우

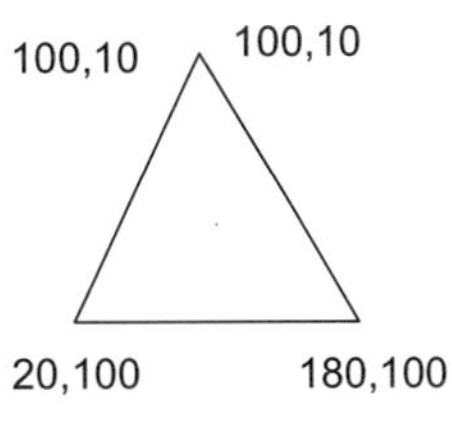

점이 네 개인 경우

PolylineTo 함수는 Polyline 함수와 동일하되 현재 좌표(CP)에서 그리기를 시작한다는 것과 그리기를 한 후에 현재 좌표를 마지막 점으로 옮겨 놓는다는 점이 다르다. 이 함수를 계속 연결해서 호출하면 복수 개의 선분을 이어서 계속 그릴 수 있겠지만 이 함수를 쓸 바에야 LineTo 함수를 쓰는 것이 훨씬 더 간편할 것 같다. PolyPolyline은 여러 개의 선분을 연결한 선분을 또 여러 개 그리는 함수이다. 분리된 폐곡선(개곡선도 물론 가능하다) 여러 개를 한꺼번에 그리고자 할 때 이 함수를 사용한다. lpdwPolyPoints 인수로 각 선분을 이루는 점의 개수를 담은 배열을 넘기면 된다.

Polygon 함수는 Polyline 함수와 동일하되 시작점과 끝점을 강제로 연결하여 닫힌 폐곡선을 만든다는 점과 내부를 현재 선택된 브러시로 채운다는 점이 다르다. 복잡한 도형을 그리는 메타 파일과 벡터 그래픽에서 가장 흔하게 호출되는 함수인데 그만큼 이 함수로 그릴 수 있는 도형이 다양하다는 얘기다. 예제를 다음과 같이 변경해 보자.

```
case WM_PAINT:
    hdc=BeginPaint(hWnd, &ps);
    SelectObject(hdc,GetStockObject(LTGRAY_BRUSH));
    Polygon(hdc, pts, 5);
    EndPaint(hWnd, &ps);
    return 0;
```

점의 개수가 여섯 개에서 다섯 개로 줄었지만 그래도 강제로 끝점과 시작점을 연결하므로 폐곡선이 만들어진다. 물론 여섯 개를 다 주어도 폐곡선이 만들어진다. 그리고 현재 DC에 선택된 브러시로 도형의 내부를 채운다.

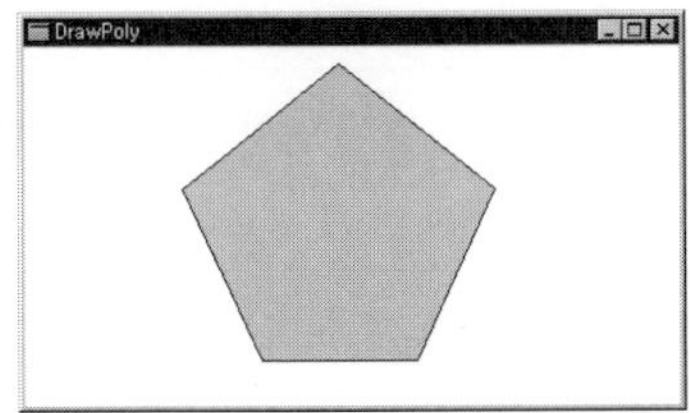

그런데 폐곡선이 오각형이나 육각형처럼 내부가 하나밖에 없으면 채우는데 선택사항이 없겠지만 다음과 같이 폐곡선을 이루는 선분끼리 겹쳐져 있어 내부가 여러 개인 경우는 두 가지 채우는 방법이 존재한다.

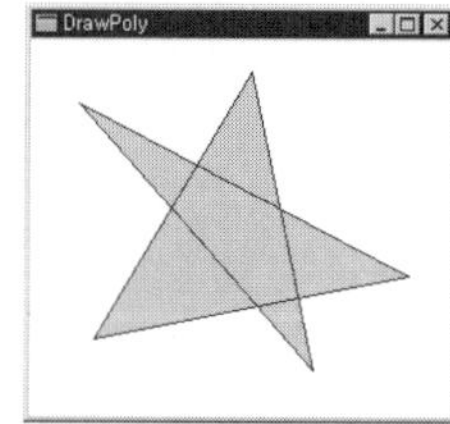
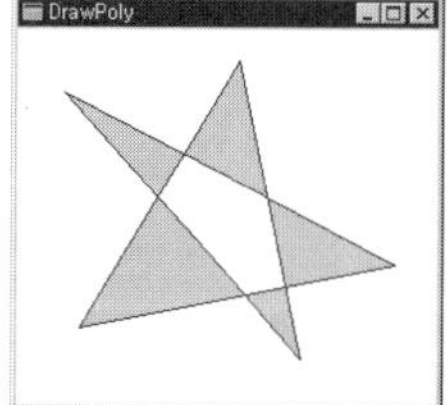

이런 채우기 모드는 다음 함수로 설정, 또는 조사한다.

int SetPolyFillMode(HDC hdc, int iPolyFillMode);
int GetPolyFillMode(HDC hdc);

채우기 모드에는 ALTERNATE와 WINDING 두 가지가 있다. ALTERNATE는 다각형의 외부로부터 가상의 수평선을 그으면서 홀수 개의 선을 지났을 때 만난 면만 채으며 내부 영역은 제외된다. 반면 WINDING은 내부와 외부를 구분하는 방법이 훨씬 더 복잡한데 자세한 건 레퍼런스를 참조하되 대체로 모든 면을 다 채운다고 생각하면 된다. 위 그림에서 왼쪽은 WINDING 모드로 채우기를 한 것이고 오른쪽은 ALTERNATE로 채우기를 한 것이다. 위 예의 소스는 다음과 같다.

```
static POINT star[]={{30,40},{240,150},{40,190},{140,20},{180,210}};
switch (iMessage) {
case WM_PAINT:
    hdc=BeginPaint(hWnd, &ps);
    SelectObject(hdc,GetStockObject(LTGRAY_BRUSH));
    SetPolyFillMode(hdc,ALTERNATE);
    Polygon(hdc, star, 5);
    EndPaint(hWnd, &ps);
    return 0;
```

디폴트 채우기 모드는 ALTERNATE이므로 바깥쪽만 채워진다. SetPolyFillMode의 인수를 WINDING으로 변경하면 별의 모든 면이 다 채워질 것이다.

33-3-라. 원

원을 그리는 함수도 종류가 아주 많다. 타원, 정원은 물론이고 원주, 부채꼴, 반달모양 등을 그리는 함수들이다.

BOOL Ellipse(HDC hdc, int nLeftRect, int nTopRect, int nRightRect, int nBottomRect);
BOOL Arc(HDC hdc, int nLeftRect, int nTopRect, int nRightRect, int nBottomRect, int nXStartArc, int nYStartArc, int nXEndArc, int nYEndArc);
BOOL ArcTo(HDC hdc, int nLeftRect, int nTopRect, int nRightRect, int nBottomRect, int nXRadial1, int nYRadial1, int nXRadial2, int nYRadial2);
BOOL Pie(HDC hdc, int nLeftRect, int nTopRect, int nRightRect, int nBottomRect, int nXRadial1, int nYRadial1, int nXRadial2, int nYRadial2);
BOOL Chord(HDC hdc, int nLeftRect, int nTopRect, int nRightRect, int nBottomRect, int nXRadial1, int nYRadial1, int nXRadial2, int nYRadial2);
BOOL AngleArc(HDC hdc, int X, int Y, DWORD dwRadius, FLOAT eStartAngle, FLOAT eSweepAngle);

다음 예제는 이 함수들을 모두 사용하여 다양한 원을 그려본 것이다. 출력 결과만 봐도 대충 어떤 도형을 그리는지 직관적으로 알 수 있다.

예 제 : DrawCircle

```
LRESULT CALLBACK WndProc(HWND hWnd,UINT iMessage,WPARAM wParam,LPARAM lParam)
{
    PAINTSTRUCT ps;
    HDC hdc;
    switch (iMessage) {
    case WM_PAINT:
        hdc=BeginPaint(hWnd, &ps);
        Ellipse(hdc,10,10,100,100);
        Arc(hdc,10,10,200,100,200,100,200,10);
        MoveToEx(hdc,250,100,NULL);
        AngleArc(hdc,250,100,90,10,45);

        Pie(hdc,10,110,200,280,200,280,200,110);
        Chord(hdc,210,110,400,280,400,280,400,110);
        EndPaint(hWnd, &ps);
        return 0;
    case WM_DESTROY:
        PostQuitMessage(0);
        return 0;
    }
    return(DefWindowProc(hWnd,iMessage,wParam,lParam));
}
```

한 화면에 타원을 모두 그려 보았다.

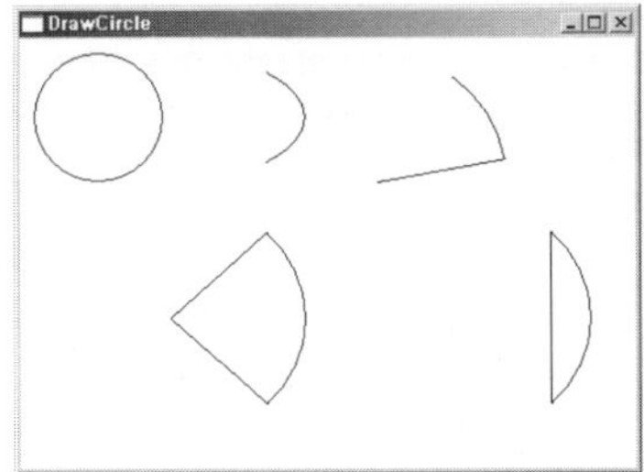

이중 대표되는 함수는 닫힌 원을 그리는 Ellipse 함수이다. Win32 원 함수들의 인수는 가급적이면 비주얼 편집을 쉽게 할 수 있도록 구성되어 있다. 원은 중심점과 반지름이라는 요소로 되어 있지만 Ellipse 함수의 인수는 그리고자 하는 원의 외접 사각형을 지정하는데 이는 마우스로 드래그하여 원을 그리기 쉽도록 하기 위한 것이다. 마우스 액션으로 중심점과 반지름을 지정하는 것보다는 외접 사각형을 지정하기가 더 쉽기 때문이다. 또한 원호의 경우도 시작점과 끝점을 각도로 표현하지 않고 원의 중심으로부터의 선과의 교점으로 표현하고 있는데 이 또한 같은 의도이다.

Ellipse 함수는 더 이상 예를 들 필요가 없을 것 같고 원호를 그리는 Arc 함수의 예부터 살펴보자. 원호는 원주상의 곡선 일부분이며 시작점과 끝점을 가진다. Arc 함수의 2~5번째 인수는 Ellipse 함수와 마찬가지로 외접 사각형을 지정하며 6,7번째 인수는 시작점을, 그리고 8,9번째 인수는 끝점을 지정한다. 시작점을 예로 든다면 6,7번째 인수가 지정하는 점을 원의 중심과 연결한 후 이 선이 원주와 만나는 점이 시작점이 된다. 예제의 호출문을 분석해 보면 (10,10)-(200,100)의 사각형에 내접하는 원호를 그리되 (200,100)까지의 선과 원주가 만나는 지점이 시작점이 되며 (200,10)까지의 선과 원주가 만나는 지점이 끝점이 된다.

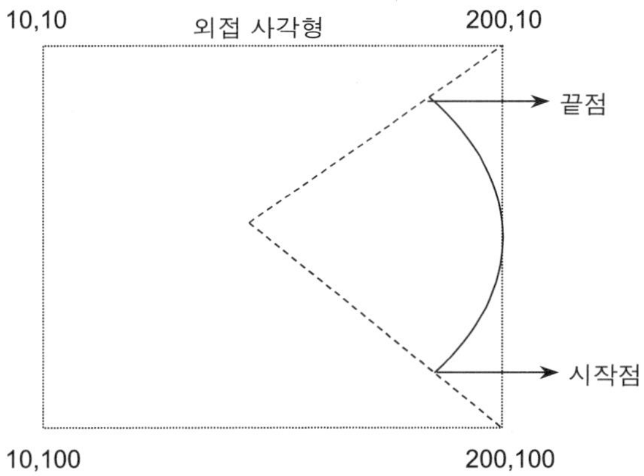

ArcTo 함수는 Arc 함수와 유사하되 CP를 원호의 끝점으로 이동시킨다는 점만 다르다. 원호를 그릴 때 시작점과 끝점이 같더라도 원호의 방향에 따라 그려지는 부분이 다르다. 예를 들어 방향을 바꾸어 위의 원호를 그려보면 다음과 같이 될 것이다.

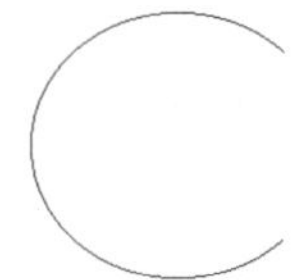

디폴트로 원호는 시계 반대 방향으로 그려지는데 방향을 바꾸어 시계 방향으로 그리면 원호가 반대쪽으로 그려진다. 원호가 그려지는 방향은 다음 함수로 설정하거나 조사한다.

```
int SetArcDirection( HDC hdc, int ArcDirection );
int GetArcDirection( HDC hdc );
```

시계 방향일 경우 AD_CLOCKWISE로 설정하고 시계 반대 방향일 경우 AD_COUNTCLOCKWISE로 설정한다. 단 이 기능은 윈95에서는 쓸 수 없으며 NT와 윈98에서만 제대로 동작한다. AngleArc 함수는 원 그리기 함수중에서 인수를 해석하는 방법이 좀 특이하다. 다른 함수들은 외접 사각형으로 인수를 전달받지만 이 함수는 중심점과 반지름을 사용한다. X,Y 인수가 원의 중심점이며 dwRadius가 원의 반지름이다. 이 함수는 X,Y중심에서 dwRadius 반지름만큼 원을 그리되 eStartAngle 인수가 지정하는 각도에서 eSweepAngle 각도분만큼 원주를 그린다. 그리고 현재 위치(CP)에서 시작점까지 직선을 긋고 끝점으로 CP를 옮겨놓는다.

다른 함수들은 외접 사각형을 사용하기 때문에 비주얼 편집에 편리한 반면 이 함수는 중심, 반지름, 360분법의 각도를 사용하므로 내부적 계산에 유리하다. 그래서 이 함수는 파이 차트를 그릴 때 아주 유용하게 사용할 수 있다. 예제에서는 반지름 90으로 10도에서 45도분만큼만 그렸는데 이런 도형을 비율만큼 여러 개 그리면 꽤 그럴듯한 파이 차트가 된다. 아쉽게도 이 함수는 NT에서만 지원되며 윈98에서는 지원하지 않는다.

Pie 함수는 부채꼴을 그리는데 피자 한조각의 모양과 유사하다. 부채꼴은 원호를 그리고 원호의 끝점을 원의 중심과 연결한 도형이다. 인수의 의미는 Arc 함수와 완전히 동일하다. 부채꼴 함수를 잘 사용해도 파이 그래프를 그릴 수 있다. Chord 함수는 반달 모양의 원을 그린다. 원호를 그리고 원호의 두 끝점을 서로 연결한 모양이 된다. 인수의 의미는 역시 Arc 함수와 동일하다.

> 지금까지 펜, 브러시, 작도 함수 등을 공부해봤는데 이 중 NT에서만 사용할 수 있는 기능들이 꽤 많이 있다. 이런 함수는 사실 기능은 있지만 쓸 수 없는 함수나 다름없다. 왜냐하면 아직까지도 NT 전용의 프로그램을 만드는 경우가 드물기 때문이다. 혼자서 쓸 프로그램이 아닌 한은 시장에 팔아야 하고 그러기 위해서는 윈95와 윈98을 푸대접할 수가 없다. 조만간 대부분의 사람들이 최소한 XP 이상을 쓰게 될 거니까 상관없을 것도 같지만 실제로는 그렇지 않다. 사용자들의 업그레이드는 굉장히 느린 편이라 함부로 속단했다가는 차칫 시장을 스스로 포기하는 결과를 초래하기도 한다. 아직까지도 어쩔 수 없이 윈도우즈 3.1 프로그램을 짜는 사람들도 많이 있다.

33-4 리전

33-4-가. 사각형

윈도우즈에서 사각형은 아주 많은 용도로 사용된다. 일단 기능적으로는 화면상의 사각영역을 표현하기 위해 많은 함수들이 사각형을 사용하는데 윈도우가 네모로 생겼기 때문에 사각영역을 다룰 일이 아주 많다. 작업영역을 무효화하는 InvalidateRect, 작업영역의 크기를 구하는 GetClientRect 와 같이 함수명에 Rect가 포함된 함수들이 직접 사각형을 사용하며 이 외에도 스크롤 영역을 계산하기 위해, 클리핑 영역을 지정하기 위해서도 사용된다. 사각형은 다음과 같이 정의된 비교적 단순한 구조체로 표현한다.

```
typedef struct _RECT {
    LONG left;
    LONG top;
    LONG right;
    LONG bottom;
} RECT;
```

사각형의 좌상단 좌표인 (left, top)과 우하단 좌표인 (right, bottom)이 멤버로 포함되어 있다. 지금까지 이 구조체는 많이 사용해왔고 비교적 이해하기 쉬우므로 구조체 자체에 대해서는 별다른 설명을 할 필요가 없을 것이고 이 구조체를 관리하는 몇 가지 함수에 대해 알아보자. 우선 이 구조체를 초기화하는 함수가 세 가지 있다.

```
BOOL SetRect( LPRECT lprc, int xLeft, int yTop, int xRight, int yBottom);
BOOL SetRectEmpty( LPRECT lprc);
BOOL CopyRect( LPRECT lprcDst, CONST RECT *lprcSrc );
```

SetRect 함수는 첫 번째 인수인 lprc 구조체의 각 멤버를 이어지는 인수값으로 초기화하며 SetRectEmpty 함수는 모든 멤버를 0으로 초기화한다. CopyRect 함수는 lprcDst 구조체를 lprcSrc값으로 복사한다. 아주 쉬운 함수들인데 이 함수들은 모두 일반 코드로도 풀어 쓸 수 있다. 예를 들어 SetRect(&rt, 1,2,3,4)는 다음 코드와 완전히 동일하다.

```
rt.left=1;
rt.top=2;
rt.right=3;
rt.bottom=4;
```

4줄로 써야 할 코드를 한 줄로 쓸 수 있다는 차이점밖에는 없다. SetRectEmpty도 모든 멤버의 0을 대입하면 그만이고 CopyRect는 함수를 호출하는 것보다 구조체끼리 바로 대입하는 것이 더 간편하다. 하지만 아주 작은 차이같아도 코드를 직접 작성하는 것보다 함수를 호출하는 것이 가독성에는 유리하다. 사각형의 값을 테스트하는 함수는 다음 세 함수이다.

```
BOOL EqualRect( CONST RECT *lprc1, CONST RECT *lprc2 );
BOOL IsRectEmpty( CONST RECT *lprc );
BOOL PtInRect( CONST RECT *lprc, POINT pt );
```

EqualRect는 두 사각형의 영역이 일치하는지 검사하는 함수이고 IsRectEmpty는 사각형의 면적이 0인지 조사하는 함수이다. 사각형의 면적이 0인 경우는 왼쪽과 오른쪽의 좌표가 같아 폭이 0이거나 위쪽과 아래쪽의 좌표가 같아 높이가 0인 경우이다. PtInRect는 lprc 사각영역 안에 pt좌표가 포함되어 있는지를 검사한다. 특정한 영역에 마우스가 있는지 검사하고자 할 때 이 함수가 사용되는데 사용 빈도가 아주 높다.

단, 이 함수들은 정규화되지 않은 사각형에 대해서는 제대로 동작하지 않는다. 정규화된 사각형이란 left보다 right가 크고 top보다 bottom이 더 큰 사각형, 즉 좌상단점과 우하단으로 구성된 사각형을 의미한다. 정규화되지 않은 사각형은 left가 right보다 더 오른쪽에 있어 이 함수들이 제대로 동작하지 않으므로 정규화를 한 후 사용해야 한다. 이 함수들도 if 조건문으로 풀어쓸 수 있지만 직접 코드를 작성하기에는 굉장히 피곤하므로 가급적이면 함수를 사용하는 것이 좋다. 다음 두 함수는 사각영역의 값을 변경한다.

```
BOOL OffsetRect( LPRECT lprc, int dx, int dy );
BOOL InflateRect( LPRECT lprc, int dx, int dy );
```

OffsetRect는 사각형을 수평으로 dx만큼, 수직으로 dy만큼 이동시킨다. dx, dy값이 음수일 경우는 사각형이 왼쪽, 위쪽으로 움직일 것이다. InflateRect는 사각형을 수평으로 dx, 수직으로 dy만큼 확장하는데 dx, dy가 음수일 경우는 사각형이 축소될 것이다. 다음 함수들은 두 사각형의 영역으로부터 새로운 사각형을 만든다.

```
BOOL IntersectRect( LPRECT lprcDst, CONST RECT *lprcSrc1, CONST RECT *lprcSrc2 );
BOOL UnionRect( LPRECT lprcDst, CONST RECT *lprcSrc1, CONST RECT *lprcSrc2 );
BOOL SubtractRect( LPRECT lprcDst, CONST RECT *lprcSrc1, CONST RECT *lprcSrc2 );
```

세 함수 모두 인수의 구조는 같다. lprcSrc1, lprcSrc2 사각영역으로부터 새로운 사각영역을 계산하여 lprcDst 사각영역에 대입한다. IntersectRect함수는 두 사각형의 교집합 영역을 계산하며 UnionRect 함수는 두 사각영역을 모두 포함하는 더 넓은 영역을 계산하여 새로운 사각형을 만든다. 그림으로 이 함수들의 동작을 설명해 보면 아주 쉽게 이해될 것이다.

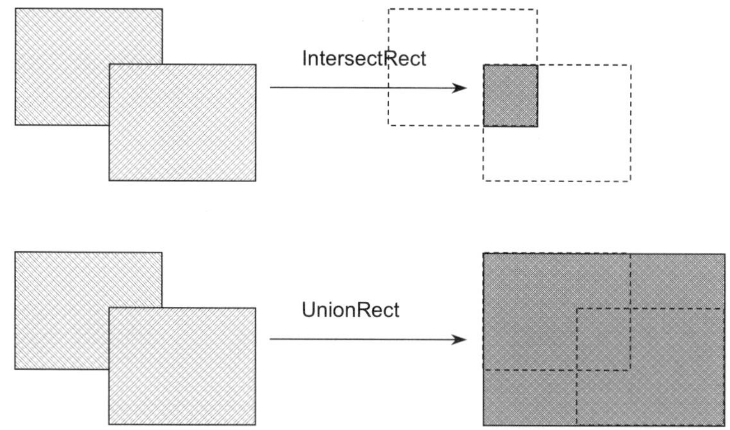

SubtractRect 함수는 lprcSrc1에서 lprcSrc2 사각영역을 제외한 영역으로 새로운 사각형을 만든다. 단 두 영역의 수평, 또는 수직으로 완전히 겹쳐진 부분만 제외되며 일부만 겹쳐진 부분은 제외되지 않는다.

이상으로 사각형을 정의하는 구조체와 사각형을 관리하는 몇 가지 함수들에 대해 알아보았다. 함수의 수만 많을 뿐이지 정말 Win32 함수중에 손에 꼽을 만큼 쉬운 함수들이다. 그러나 함수는 쉽지만 이 함수들을 적재적소에 제대로 응용하는 것은 또 별개의 문제이다.

33-4-나. 리전

리전(Region)이란 영문 뜻 그대로 해석하면 지역, 영역이라는 뜻이다. Win32에서 리전은 사각형, 타원형, 다각형 등의 각종 도형으로 구성된 영역을 말한다. 화면상의 일정한 영역에 대해 핸들을 붙인 것이 리전이며 일단 만들어지면 채우기, 그리기, 반전, 히트 테스트 등에 다양하게 사용할 수 있다. 리전은 화면상의 일정 영역에 대한 모양과 위치에 대한 정보일 뿐이므로 만든다고 해서 곧바로 화면에 보이는 것은 아니며 내부적인 처리에만 사용될 뿐이다.

리전을 만들면 리전에 대한 핸들을 리턴하며 이후 이 핸들을 통해 리전을 사용한다. 리전은 GDI 오브젝트의 일종이므로 SelectObject 함수로 DC에 선택할 수 있으며 다 사용하고 난 후에는 DeleteObject로 반드시 지워야 한다. 리전의 의미가 당장 와 닿지 않겠지만 간단하게 예제를 만들어 보면 쉽게 이해가 될 것이다. 리전은 간단하게는 사각형, 타원 등의 모양으로 만들어지며 좀 더 복잡하게는 다각형이나 둥근 사각형 등의 모양으로 만들어진다. 리전을 만드는 함수는 다음과 같이 여러 가지가 있다.

```
HRGN CreateRectRgn( int nLeftRect, int nTopRect, int nRightRect, int nBottomRect );
HRGN CreateRectRgnIndirect( CONST RECT *lprc );
HRGN CreateRoundRectRgn( int nLeftRect, int nTopRect, int nRightRect, int nBottomRect,
                         int nWidthEllipse, int nHeightEllipse );
HRGN CreateEllipticRgn( int nLeftRect, int nTopRect, int nRightRect, int nBottomRect );
HRGN CreateEllipticRgnIndirect( CONST RECT *lprc );
HRGN CreatePolygonRgn( CONST POINT *lppt, int cPoints, int fnPolyFillMode );
HRGN CreatePolyPolygonRgn( CONST POINT *lppt, CONST INT *lpPolyCounts, int nCount,
   int fnPolyFillMode );
```

함수나 인수의 의미는 그 이름만으로도 쉽게 알 수 있을 것이다. 대표적으로 CreateRectRgn 함수는 사각영역의 리전을 만드는 함수이며 4개의 인수는 사각형의 좌상단점과 우하단점을 지정한다. CreateEllipticRgn 함수는 타원형의 리전을 만드는데 사각형 리전과 인수는 같다. 다음 코드는 타원 리전을 생성하고 그 내부를 회색 브러시로 채운다.

```
HRGN hRgn1;
hRgn1=CreateEllipticRgn(10,10,300,200);
FillRgn(hdc, hRgn1, (HBRUSH)GetStockObject(GRAY_BRUSH));
DeleteObject(hRgn1);
```

리전 핸들을 저장할 변수 hRgn1을 선언하고 CreateEllipticRgn 함수로 타원형의 리전을 만들어 hRgn1에 대입하였다. 이렇게 만들어진 리전은 여러 가지 용도로 사용될 수 있지만 일단은 리전의 모양을 확인하기 위해 FillRgn 함수로 리전 내부를 회색 브러시로 채색해 보았다.

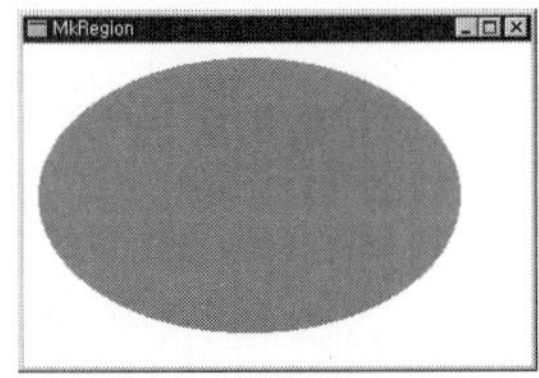

타원형의 리전이 그려졌다. 리전은 별도의 메모리를 사용하므로 다 사용하고 난 후 반드시 DeleteObject 함수로 지워야 한다. 이런 식으로 리전을 만드는 함수를 사용하며 타원, 사각형, 둥근 사각형, 다각형 등의 다양한 모양으로 리전을 만들 수 있다. 리전을 만드는 더 강력한 방법은 두 개 이상의 리전을 만들어 합치는 것이다. 이 때는 다음 함수를 사용한다.

int CombineRgn(HRGN hrgnDest, HRGN hrgnSrc1, HRGN hrgnSrc2, int fnCombineMode);

이 함수는 hrgnSrc1, hrgnSrc2 두 개의 리전을 합쳐 새로운 리전 hrgnDest를 만든다. fnCombineMode 인수는 두 리전을 결합하는 방법을 지정한다.

값	설명
RGN_AND	두 리전의 교집합 영역으로 이루어진 리전을 만든다.
RGN_COPY	hrgnSrc1과 같은 리전을 만든다.
RGN_DIFF	hrgnSrc1의 영역중 hrgnSrc2의 영역을 뺀 부분으로 새로운 리전을 만든다. 두 리전의 차집합에 해당된다.
RGN_OR	두 리전의 합집합으로 새로운 리전을 만든다.
RGN_XOR	배타적 합집합으로 새로운 리전을 만든다. 합집합 영역에서 교집합 영역을 뺀 부분이다.

단 이때 hrgnDest는 이미 만들어져 있는 리전이어야 한다. CombineRgn 함수는 두 리전으로부터 새로운 리전을 생성하지는 않으므로 hrgnDest는 단순히 핸들만 선언한 후 사용할 수 없으며 빈 리전이라도 일단은 생성해 두어야 한다. 또한 hrgnDest와 소스 리전은 굳이 달라야 할 필요는 없다. 예를 들어 hrgnSrc2가 굳이 보존되어야 할 필요가 없다면 다음과 같이 호출할 수도 있다.

CombineRgn(hrgnSrc2, hrgnSrc1, hrgnSrc2,RGN_OR);

hrgnSrc1과 hrgnSrc2 리전을 OR연산으로 합쳐 hrgnSrc2에 다시 대입하는 코드이다. 이 함수는 결합에 의해 새 리전을 만든 후 다음과 같이 새로 만들어진 리전에 대한 결과를 알려준다.

리턴값	설명
NULLREGION	비어 있다.
SIMPLEREGION	하나의 사각형으로 구성된 리전이다.
COMPLEXREGION	복수 개의 사각형 또는 곡선으로 구성된 리전이다.
ERROR	에러 발생. 리전이 만들어지지 않았다.

CombineRgn 함수를 여러 번 사용하면 두 개 이상의 리전을 합칠 수도 있다. 다음 예제는 타원과 사각형의 리전을 만들고 두 리전을 XOR연산으로 결합하여 새로운 리전을 만드는 예이다.

예 제 : MkRegion

```
LRESULT CALLBACK WndProc(HWND hWnd,UINT iMessage,WPARAM wParam,LPARAM lParam)
{
    HDC hdc;
    PAINTSTRUCT ps;
    HRGN hRgn1, hRgn2, hRgn3;

    switch (iMessage) {
    case WM_PAINT:
        hdc=BeginPaint(hWnd, &ps);
        hRgn1=CreateEllipticRgn(10,10,300,200);
        hRgn2=CreateRectRgn(100,100,400,250);
        hRgn3=CreateRectRgn(0,0,0,0);
        CombineRgn(hRgn3, hRgn1, hRgn2, RGN_XOR);
        FillRgn(hdc, hRgn3, (HBRUSH)GetStockObject(GRAY_BRUSH));
        DeleteObject(hRgn1);
        DeleteObject(hRgn2);
        DeleteObject(hRgn3);
        EndPaint(hWnd, &ps);
        return 0;
    case WM_DESTROY:
        PostQuitMessage(0);
        return 0;
    }
    return(DefWindowProc(hWnd,iMessage,wParam,lParam));
}
```

리전 결합을 위해서는 세 개의 리전이 필요하므로 hRgn1, hRgn2, hRgn3 세 개의 핸들이 선언되었다. 그리고 타원, 사각형의 리전을 만들어 각각 hRgn1, hRgn2에 대입하였다. 그리고 이 두 리전을 결합하여 새로 리전을 만들되 CombineRgn이 새로 리전을 만들지는 않으므로 hRgn3를 미리 만들어 놓았다. 설사 빈 리전이더라도 말이다. 두 리전을 RGN_XOR로 결합한 후 hRgn3를 회색 브러시로 채색한다. 결과는 다음과 같다.

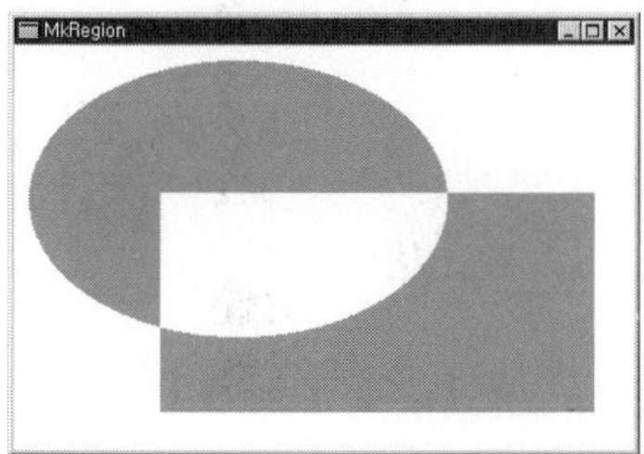

타원 리전과 사각형 리전의 배타적 합집합에 해당하는 리전이 만들어졌다. 리전을 사용하고 난 후에는 DeleteObject로 지운다. 위 예제를 변형하여 다각형, 둥근 사각형의 리전도 만들어 보고 리전을 결합하는 방법도 바꾸어 가며 실습을 해 보기 바란다. 조금만 실습해 보면 어떤 모양의 리전이든지 만들 수 있을 것이다. 12장의 SoraHall 예제에는 다소 복잡한 리전 생성문이 있는데 분석해 보면 다각형 리전과 타원 리전을 조합한 것임을 알 수 있다.

33-4-다. 리전 활용

그럼 만들어진 리전을 활용하는 함수들에 대해 알아보자. 여러 가지가 있지만 일단 기본적으로 다음 네 가지 함수를 들 수 있다.

BOOL FillRgn(HDC hdc, HRGN hrgn, HBRUSH hbr);
BOOL PaintRgn(HDC hdc, HRGN hrgn);
BOOL FrameRgn(HDC hdc, HRGN hrgn, HBRUSH hbr, int nWidth, int nHeight);
BOOL InvertRgn(HDC hdc, HRGN hrgn);

FillRgn은 앞에서도 간단히 사용해 보았지만 hrgn리전의 내부를 hbr브러시로 가득 채운다. PaintRgn은 현재 DC에 선택된 브러시를 사용한다는 것만 빼고는 FillRgn과 동일하다. FrameRgn은 hrgn 리전의 외곽선을 폭 nWidth, 높이 nHeight로 hbr브러시를 사용하여 그리는 함수이다.

```
FrameRgn(hdc, hRgn3,(HBRUSH)GetStockObject(BLACK_BRUSH),3,3);
```

이렇게 하면 검정색 브러시로 폭, 높이 각각 3의 외곽선을 그린다. 결과는 다음과 같다.

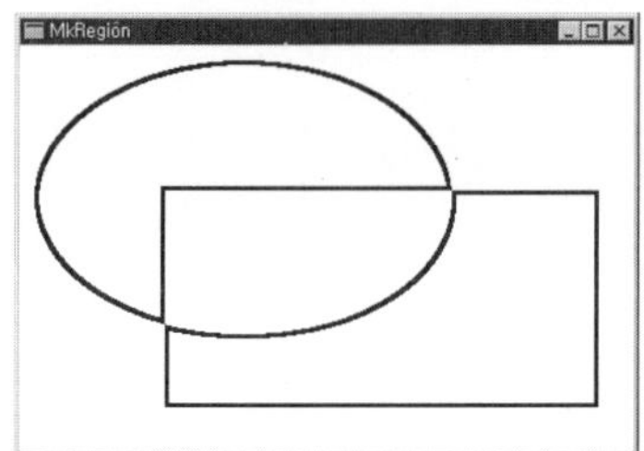

뭐 이정도 그리는 거야 단순한 작도 함수로도 가능할 것 같아 보인다. 하지만 리전이 얼마든지 복잡해질 수 있기 때문에 작도 함수보다 더 다양한 모양의 외곽선을 그릴 수 있다. InvertRgn 함수는 리전 영역을 반전시킨다. 간단한 예제 하나만 보이면 쉽게 이해가 갈 것이다.

예제 : InvertRgn

```
LRESULT CALLBACK WndProc(HWND hWnd,UINT iMessage,WPARAM wParam,LPARAM lParam)
{
	PAINTSTRUCT ps;
	HDC hdc;
	HRGN hRgn1;
	TCHAR *str="나는 자랑스런 태극기 앞에 조국과 민족의 무궁한 영광을 위하여 "
		"몸과 마음을 바쳐 충성을 다 할 것을 굳게 다짐합니다";
	RECT rt={30,30,220,150};
	switch (iMessage) {
```

```
    case WM_PAINT:
        hdc=BeginPaint(hWnd, &ps);
        DrawText(hdc,str,-1,&rt,DT_WORDBREAK);
        hRgn1=CreateEllipticRgn(30,30,200,100);
        InvertRgn(hdc,hRgn1);
        DeleteObject(hRgn1);
        EndPaint(hWnd, &ps);
        return 0;
    case WM_DESTROY:
        PostQuitMessage(0);
        return 0;
    }
    return(DefWindowProc(hWnd,iMessage,wParam,lParam));
}
```

문자열을 출력하고 그 위에 타원의 리전을 만든 후 반전시켰다. 리전이 아니면 이런 출력은 쉽지 않을 것이다.

InvertRgn 함수는 특히 워드 프로세서 등의 프로그램에서 블록 선택에 많이 사용되는데 새로 선택한 블록을 리전으로 만들어 반전시키면 된다. 이 알고리즘은 한꺼번에 여러 줄이 선택되어도 동작하며 선택 영역이 축소될 때도 잘 동작하는데 선택이 해제되는 것도 반전으로 처리할 수 있기 때문이다. 이번에는 리전을 히트 테스트(Hit Test)에 사용하는 예제를 보자. 화면상에 타원 하나가 그려져 있다.

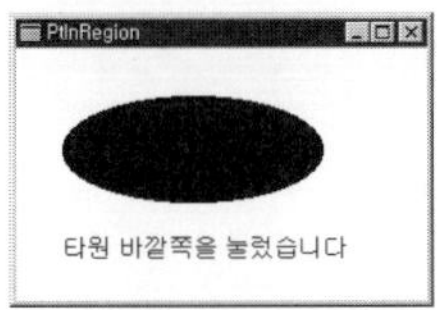

이 상태에서 마우스로 작업영역을 클릭하면 클릭한 지점이 타원의 내부인지 외부인지를 조사하고자 한다. 즉 한 점이 타원 영역 내부에 있는지를 조사하고자 하는 것이다. 이 문제를 해결하는 방법은 여러 가지가 있겠지만 일단 다음 세 가지 정도를 생각할 수 있다.

① 마우스로 클릭한 좌표를 조사하여 타원 공식에 대입해 보면 타원의 내부인지 아닌지를 정확하게 알 수 있다. 문제는 타원 공식이 그렇게 적용하기 쉽지 않다는 점이며 모양이 불규칙하면 적용하기 어렵다. 예를 들어 우리나라 지도에서 경기도, 충청도, 강원도 등을 선택한다고 할 때 땅 모양에 대해 공식을 적용할 수는 없다.

② 마우스를 클릭한 점의 색상을 조사하여 검정색이면 타원 내부이고 그렇지 않으면 외부라고 판단한다. 아주 간단한 방법이기는 하지만 주변에 또 다른 검정색이 있거나 256 모드에서 팔레트가 수시로 변하면 사용하기 힘든 방법이다.

③ 화면에 그려진 타원과 같은 모양의 리전을 만들어 리전 내부에 있는지 조사한다. 아예 도형을

그릴 때부터 리전을 사용했다면 어떤 복잡한 모양도 그릴 수 있고 히트 테스트도 쉽게 할 수 있다.

세 가지 다 가능한 방법이기는 하지만 첫 번째 두 번째는 이 예제의 경우에 한해 특수하게 적용될 뿐 일반적이지 못하다. 타원이기 망정이지 좀 더 복잡한 모양이라면 좌표 점검은 불가능하며 색상이 얼룩덜룩하면 색상을 조사하는 방법도 제대로 동작하지 않는다. 결국 확실한 해결방법은 리전을 사용하는 것이다.

BOOL PtInRegion(HRGN hrgn, int X, int Y);
BOOL RectInRegion(HRGN hrgn, CONST RECT *lprc);

PtInRegion 함수를 사용하면 특정 점이 리전 내부의 점인지 조사할 수 있다. (X,Y)좌표가 hrgn리전 내부에 있으면 TRUE를 리턴하고 그렇지 않으면 FALSE를 리턴한다. RectInRegion은 사각영역의 어느 한부분이라도 리전과 겹쳐져 있는지 조사한다. 타원 내부인지를 조사하는 문제를 리전을 사용해서 풀어보았다.

예 제 : PtInRegion

```
HRGN hRgn1;
TCHAR str[128];
LRESULT CALLBACK WndProc(HWND hWnd,UINT iMessage,WPARAM wParam,LPARAM lParam)
{
    PAINTSTRUCT ps;
    HDC hdc;
    switch (iMessage) {
    case WM_CREATE:
        hRgn1=CreateEllipticRgn(30,30,200,100);
        lstrcpy(str, "타원을 누르십시오");
        return 0;
    case WM_LBUTTONDOWN:
        if (PtInRegion(hRgn1,LOWORD(lParam),HIWORD(lParam))) {
            lstrcpy(str, "타원 안쪽을 눌렀습니다");
        } else {
            lstrcpy(str, "타원 바깥쪽을 눌렀습니다");
        }
        InvalidateRect(hWnd, NULL, TRUE);
        return 0;
    case WM_PAINT:
        hdc=BeginPaint(hWnd, &ps);
        FillRgn(hdc, hRgn1,(HBRUSH)GetStockObject(BLACK_BRUSH));
        TextOut(hdc,30,120,str,lstrlen(str));
        EndPaint(hWnd, &ps);
        return 0;
    case WM_DESTROY:
        DeleteObject(hRgn1);
        PostQuitMessage(0);
        return 0;
    }
    return(DefWindowProc(hWnd,iMessage,wParam,lParam));
}
```

리전 핸들을 전역으로 선언하고 WM_CREATE에서 타원형의 리전을 만들었다. WM_PAINT에서는 리전 영역을 검정색으로 칠한다. WM_LBUTTONDOWN에서는 클릭된 좌표가 리전 안에 있는 좌표인지 조사해 보고 str 메시지를 변경하였다. 이 예제에서는 간단하게 타원 모양을 사용했지만 리전의 모양은 얼마든지 복잡해질 수 있으므로 어떠한 불규칙적인 모양에 대해서도 히트 테스트를 정확하게 할 수 있다. 다음 세 함수는 리전을 활용하는 함수라기보다는 리전을 관리하는 함수이다.

int OffsetRgn(HRGN hrgn, int nXOffset, int nYOffset);
BOOL EqualRgn(HRGN hSrcRgn1, HRGN hSrcRgn2);
int GetRgnBox(HRGN hrgn, LPRECT lprc);

OffsetRgn은 리전을 가로로 nXOffset, 세로로 nYOffset만큼 옮긴다. EqualRgn은 두 리전을 비교해 보고 같은 리전이면(모양과 크기가 같으면) TRUE를 리턴한다. GetRgnBox는 리전을 둘러싸는 외접 사각형을 구한다. 이 외에도 리전과 관련된 함수에는 다음 두 함수가 더 있다.

DWORD GetRegionData(HRGN hRgn, DWORD dwCount, LPRGNDATA lpRgnData);
HRGN ExtCreateRegion(CONST XFORM *lpXform, DWORD nCount, CONST RGNDATA *lpRgnData);

이 함수들은 내부적인 데이터를 직접 조작하여 리전을 만들거나 리전의 정보를 얻는 대단히 고급한 리전 함수이다. 이 함수들에 대한 자세한 사항은 레퍼런스를 참고하되 아주 특별한 경우가 아니면 이 함수들을 쓸 일은 드물 것이다.

33-4-라. 클리핑 영역

클리핑 영역(Clipping Region)에 대해서는 14장에서 자세하게 공부해 본 적이 있는데 다시 한 번 더 정리하자면 무효영역과 가시 영역의 교집합이며 그리기의 대상이 되는 영역이다. 일반적으로 클리핑 영역은 사각형인 경우가 많지만 더 복잡한 모양의 리전일 수도 있다. 클리핑 영역의 설정은 운영체제가 직접 관리한다. WM_PAINT에서 BeginPaint를 호출하면 무효영역과 가시 영역의 교집합 영역이 클리핑 영역으로 설정된다. GetDC 호출시는 클리핑 영역을 별도로 설정하지 않으므로 작업영역의 어디에든지 그릴 수 있다.

클리핑 영역은 DC에 선택할 수 있는 그래픽 오브젝트이며 DC는 자신에게 선택된 클리핑 영역으로 출력을 제한한다. 클리핑 영역을 만들고 선택하는 일은 통상 운영체제의 일이며 사용자가 관여할 필요는 없지만 특수한 목적으로 클리핑 영역을 의도적으로 만들어 선택할 수 있다. 일단 리전을 만든 후 이 리전을 다음 함수로 DC에 선택하면 된다.

int SelectClipRgn(HDC hdc, HRGN hrgn);

이 함수를 호출하면 hrgn이 클리핑 영역으로 강제 설정되며 이 영역 밖으로는 어떠한 출력도 할 수 없다. 다음 예제를 실행해 보면 클리핑 영역을 어떻게 사용하는지 감을 잡을 수 있을 것이다.

예 제 : ClipRgn

```
LRESULT CALLBACK WndProc(HWND hWnd,UINT iMessage,WPARAM wParam,LPARAM lParam)
{
    HDC hdc;
    PAINTSTRUCT ps;
    HRGN hRgn1, hRgn2, hRgn3;
```

수로 문자 모양의 패스를 만들고 외곽선을 그린다.

예 제 : MkPath

```
LRESULT CALLBACK WndProc(HWND hWnd,UINT iMessage,WPARAM wParam,LPARAM lParam)
{
    PAINTSTRUCT ps;
    HDC hdc;
    HFONT font,oldfont;
    switch (iMessage) {
    case WM_PAINT:
        hdc=BeginPaint(hWnd,&ps);
        font=CreateFont(100,0,0,0,0,0,0,0,HANGEUL_CHARSET,3,2,1,
            VARIABLE_PITCH | FF_ROMAN,"궁서");
        oldfont=(HFONT)SelectObject(hdc,font);

        BeginPath(hdc);
        TextOut(hdc,50,50,"KOREA",5);
        EndPath(hdc);
        StrokePath(hdc);

        SelectObject(hdc,oldfont);
        DeleteObject(font);
        EndPaint(hWnd,&ps);
        return 0;
    case WM_DESTROY:
        PostQuitMessage(0);
        return 0;
    }
    return(DefWindowProc(hWnd,iMessage,wParam,lParam));
}
```

BeginPath와 EndPath 사이의 패스 괄호에 TextOut문이 있다. 결과를 쉽게 확인할 수 있도록 일부러 큰 폰트를 사용하였다. 패스를 만든 후 외곽선을 그리기 위해 StrokePath 함수를 호출하였다. 실행 결과는 다음과 같다.

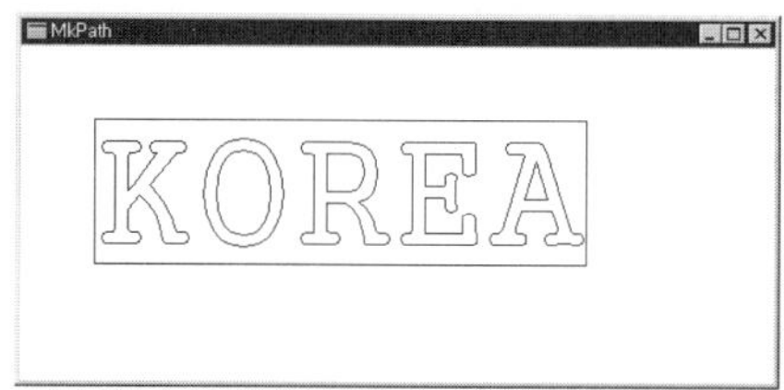

문자 모양의 패스에 외곽선이 그려졌다. 이번에는 FillPath 함수로 내부를 채워보자.

```
SelectObject(hdc,(HBRUSH)GetStockObject(GRAY_BRUSH));
FillPath(hdc);
```

회색 브러시를 선택한 후 내부만 채웠다.

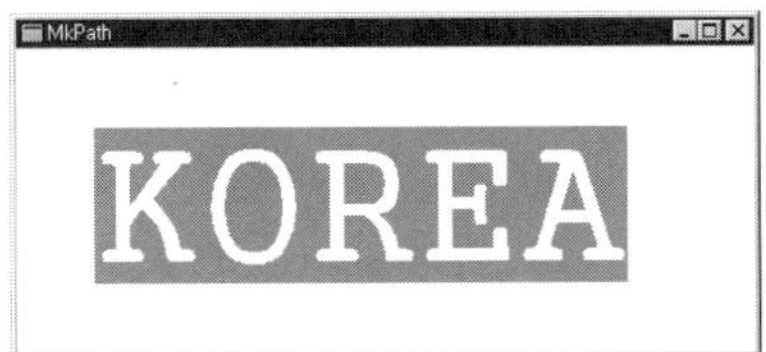

다음 코드는 외곽선도 그리고 내부도 채운다.

```
SelectObject(hdc,(HBRUSH)GetStockObject(LTGRAY_BRUSH));
StrokeAndFillPath(hdc);
```

결과를 좀 더 분명히 보기 위해 옅은 회색 브러시를 선택하였다.

33-5-나. 클립 패스

패스도 리전처럼 클리핑 영역으로 사용될 수 있는데 다음 함수를 사용한다.

BOOL SelectClipPath(HDC hdc, int iMode);

이 함수는 현재 DC에 선택되어 있는 패스를 클리핑 영역으로 만들되 두 번째 인수로 기존의 클리핑 영역과 패스와의 혼합 방법을 지정한다. 다음과 같은 플래그를 사용할 수 있다.

플래그	설명
RGN_AND	기존 클리핑 영역과 패스의 교집합
RGN_COPY	현재 패스가 새 클리핑 영역이 된다.
RGN_DIFF	기존 클리핑 영역과 패스의 차집합
RGN_OR	기존 클리핑 영역과 패스의 합집합
RGN_XOR	기존 클리핑 영역과 패스의 배타적 합집합

다음 코드는 문자 모양의 패스를 만들고 이 패스를 클리핑 영역으로 설정한 후 클리핑 영역에 동심원을 출력해 본 것이다.

```
SelectClipPath(hdc, RGN_COPY);
SelectObject(hdc,(HBRUSH)GetStockObject(NULL_BRUSH));
for (i=0;i<200;i+=3) {
    Ellipse(hdc,200-i,100-i,200+i,100+i);
}
```

패스가 클리핑 영역으로 지정되었으므로 패스 외부로는 어떠한 출력도 나갈 수 없다. 다음 그림과 같이 패스 내부에만 동심원이 그려진다. 비트맵을 출력할 수도 있다.

패스를 리전으로 바꿀 때는 다음 함수를 사용한다.

HRGN PathToRegion(HDC hdc);

리전으로 변환한 후 히트 테스트에 사용할 수 있다.

33-6 맵핑 모드

33-6-가. 윈도우즈의 좌표체계

윈도우즈는 그래픽 기반의 GUI운영체제이며 모든 출력은 점 단위로 이루어진다. 픽셀(Picture Element)이란 그래픽을 이루는 최소 단위이며 우리말로 번역하면 화소이다. 윈도우의 위치를 지정하거나 문자열을 출력하거나 반드시 출력 위치를 지정하는 좌표가 있어야 하며 좌표는 X,Y 두 축의 오프셋, 즉 원점으로부터의 거리로 구성된다.

예를 들어 화면의 (100,100)에 문자열을 출력한다면 이는 윈도우의 작업영역 좌상단에서 X축으로나 Y축으로 100픽셀 만큼 떨어진 거리에 문자열이 출력된다는 뜻이며 원점과 출력된 문자열 사이에는 100개의 픽셀이 있다. 윈도우즈의 좌표체계는 픽셀 단위를 사용하며 이는 실수 단위가 아닌 정수 단위로 계산이 이루어지는 디지털 컴퓨터의 특성상 불가피한 일이다.

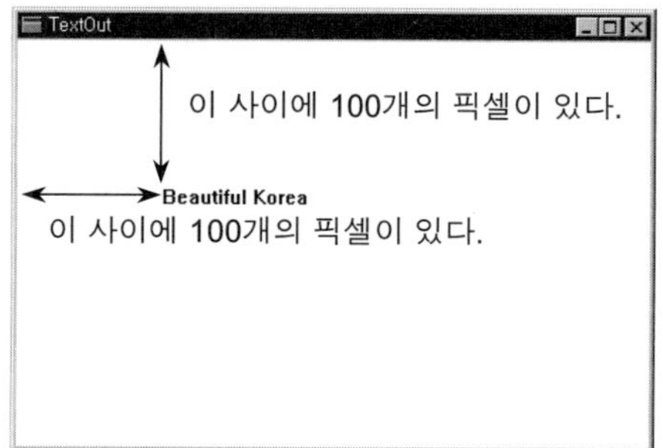

그러나 때로는 이런 픽셀 단위의 좌표 체계가 프로그램에서 응용하기에 부적합할 수도 있다. 대표적으로 프린터로 출력을 보낼 때가 이에 해당한다. 화면은 72dpi의 낮은 저해상도를 가지지만 프린터는 보편적으로 600dpi이상의 높은 고해상도를 사용하며 어떤 프린터는 4800dpi까지 지원하기도 한다. 이런 해상도의 차이에 의해 두 장치의 출력 결과가 엄청나게 달라진다.

화면에 반지름 100픽셀의 원을 그렸을 때는 탁구공만한데 이 원을 똑같은 반지름 100을 사용하여 프린터로 출력하면 콩알만하게 보일 것이다. 같은 100픽셀이라도 해상도가 낮은 화면에서는 크기가 크고 거칠게 그려지지만 해상도가 높은 프린터에서는 작고 섬세하게 그려지기 때문이다. 쉽게 이해가 가지 않으면 모눈종이를 생각해 보면 된다. 눈이 큰 모눈종이 10칸과 눈이 작은 모눈종이 10칸의 크기가 같을 수 없지 않은가?

좌표의 증가 방향도 문제가 있다. 모니터의 좌표 체계는 좌상단이 (0,0)의 좌표가 되어 원점으로 사용되며 X축 좌표는 오른쪽으로 갈수록 증가하고 Y축 좌표는 아래쪽으로 갈수록 증가한다. 즉 모니터의 좌표계는 4/4분면에 위치하며 Y축의 증가 방향이 우리가 학교 다닐 때 배웠던 직교 좌표계와 반대로 되어 있다.

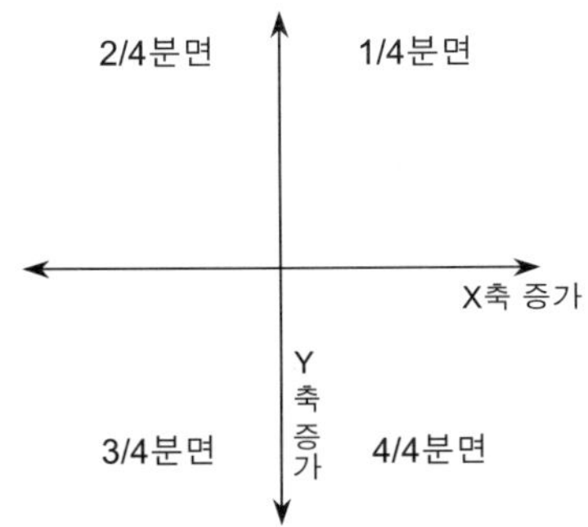

왜 이렇게 되어 있는지 굳이 이유를 댄다면 사람들은 오랫동안 글을 읽을 때 왼쪽에서 오른쪽으로, 위에서 아래로 읽는 습관을 가지고 있었기 때문에 여기에 맞추다 보니 그렇게 된 것이다. 이런 좌표계가 아주 자연스러워 보이겠지만 경우에 따라서는 4/4분면의 좌표 공간이 적합하지 못한 경우가 있는데 예를 들어 수학적인 그래프를 화면으로 출력하고자 할 경우가 이에 해당한다. 수학 좌표계는 대개 1/4분면에 그려지며 좌하단이 (0,0)의 원점이 되고 X축은 오른쪽으로 갈수록 증가하지만 Y축은 위쪽으로 갈수록 증가한다. 즉 모니터상의 좌표계와 수학 좌표계는 원점과 Y축 증가 방향이 다르다.

모니터에서의 좌표 단위와 좌표 공간이 실생활에서의 그것들과 차이가 있음으로 인해 좌표 체계를 변경해야 할 경우가 있다. 이럴 때는 보통 출력 함수에서 Y축 좌표에 -1을 곱해 증가 방향을 바꾸거나 원점에 일정한 값을 더해 평행 이동시켜 인위적으로 옮기는 방법을 사용했다. 하지만 윈도우즈는 이런 차이점을 맵핑 모드라는 메커니즘을 통해 쉽게 해결할 수 있도록 한다. 즉 좌표 체계를 바꾸는 방법을 운영체제가 제공함으로써 프로그래머의 부담을 덜어 주는 것이다. 맵핑 모드를 꼭 변경해야 할 경우는 그다지 흔하지 않지만 윈도우즈 시스템의 중요한 부분이므로 잘 알아두자.

33-6-나. 맵핑 모드

맵핑 모드(mapping mode)란 주어진 좌표가 화면상의 실제 어디에 해당하는지를 결정하는 방법을 말한다. 윈도우즈에서 사용하는 좌표는 논리 좌표와 물리 좌표 두 가지가 있다.

■ 논리 좌표 : 윈도우즈 내부에서 사용되는 좌표를 말한다. TextOut (100,100,...)에서 지정한 (100,100)이 곧 논리 좌표이며 논리 좌표의 실제 위치는 경우에 따라 달라진다. 그래픽 함수들이 사용하는 모든 좌표는 논리 좌표이며 좀 더 쉽게 얘기한다면 DC핸들을 인수로 받아들이는 모든

함수는 논리 좌표를 사용한다.

- 물리 좌표 : 실제 화면에 출력되는 좌표이며 픽셀 단위를 사용한다. 모니터의 물리적인 픽셀 단위를 사용하므로 물리 좌표 (100,100)은 그 위치가 정해져 있다. 윈도우를 관리하는 함수(또는 메시지) 에서 사용하는 좌표는 물리 좌표이다.

이 두 가지 좌표의 관계를 정의하는 것이 맵핑 모드이다. 맵핑(Mapping)이란 용어는 두 가지 사물의 일대일 대응 관계를 정의하는 공식 내지는 함수라고 할 수 있으며 윈도우즈에서의 맵핑 모드는 논리 좌표를 물리 좌표로 변환하는 방법을 의미한다. 어떠한 맵핑 모드가 사용되는가에 따라 (100,100)의 논리 좌표는 물리적으로 (10,10)이 될 수도 있고 (20,30)이 될 수도 있다.

그러나 우리는 이때까지 프로그래밍을 하면서 이런 대응관계를 전혀 느끼지 못했다. TextOut(100,100,...)하면 화면에 출력되는 위치는 어김없이 X축으로 100픽셀만큼 떨어지고 Y축으로 100픽셀만큼 떨어진 위치였다. 왜 그런가 하면 윈도우즈가 디폴트로 사용하는 맵핑 모드에서는 논리 좌표와 물리 좌표가 일치되어 있으며 어떠한 변환도 일어나지 않기 때문이다. 물론 맵핑 모드를 변경하면 화면에 출력되는 실제 좌표는 달라진다. 윈도우즈에서 사용되는 맵핑 모드에는 다음과 같은 것들이 있다.

맵핑 모드	단위	X축 증가	Y축 증가
MM_TEXT	픽셀	오른쪽	아래쪽
MM_LOMETRIC	0.1mm	오른쪽	위쪽
MM_HIMETRIC	0.01mm	오른쪽	위쪽
MM_LOENGLISH	0.01인치	오른쪽	위쪽
MM_HIENGLISH	0.001인치	오른쪽	위쪽
MM_TWIPS	1/1440인치	오른쪽	위쪽
MM_ISOTROPIC	가변	가변	가변
MM_ANISOTROPIC	가변	가변	가변

디폴트 맵핑 모드는 픽셀 단위인 MM_TEXT이며 나머지 맵핑 모드는 밀리미터나 인치 등의 논리적인 단위를 사용한다. 끝에 있는 두 개의 맵핑 모드는 약간 특수한 맵핑 모드이며 별도로 연구해 볼 것이다. 맵핑 모드를 변경할 때는 SetMapMode 함수를 사용하며 현재 설정된 맵핑 모드를 알고 싶을 때는 GetMapMode함수를 사용한다.

```
int SetMapMode( HDC hdc, int fnMapMode );
int GetMapMode( HDC hdc );
```

첫 번째 인수는 DC의 핸들이며 SetMapMode의 인수 fnMapMode로 변경하고자 하는 맵핑 모드를 지정한다. GetMapMode 함수는 DC에 설정되어 있는 맵핑 모드를 조사한다. 맵핑 모드를 어떻게 설정하는가에 따라 논리 좌표가 실제 물리 좌표 어디쯤인지가 결정된다. 다음 두 함수는 두 좌표간을 변환한다.

```
BOOL DPtoLP(HDC hdc, LPPOINT lpPoints, int nCount);
BOOL LPtoDP(HDC hdc, LPPOINT lpPoints, int nCount);
```

좌표의 배열과 개수를 전달하면 DC의 맵핑 모드를 참조하여 두 좌표간을 변환한다. 모든 그리기 함수들이 내부에서 이 함수를 호출하여 좌표를 변환하므로 우리가 직접적으로 이 함수를 호출하는 경우는 별로 없다.

33-6-다. 윈도우와 뷰포트

맵핑 모드를 제대로 이해하려면 몇 가지 용어에 대해 이해해야 한다. 우선 윈도우와 뷰포트에 대해 알아야 하며 원점과 확장에 대해서도 알아야 한다. 윈도우(Window)는 논리 좌표가 사용되는 표면을 말하며 그래픽 출력 함수는 윈도우에 그래픽을 출력한다. 뷰포트(Viewport)는 물리 좌표가 사용되는 영역을 말하며 실제로 사용자의 눈에 보이는 좌표 영역이다. TextOut(100,100,...) 함수는 윈도우 영역의 (100,100)에 문자열을 출력하며 이렇게 출력된 문자열은 뷰포트를 통해 우리 눈에 보이게 된다. 물론 뷰포트에서의 좌표는 맵핑 모드에 따라 달라진다. 요컨데 윈도우는 논리 좌표를 사용하는 영역이며 뷰포트는 물리 좌표를 사용하는 영역을 말한다.

원점(Origin)이란 좌표의 기준이 되는 점, 즉 (0,0)의 좌표를 말한다. 디폴트로 원점은 맵핑 모드에 상관없이 화면의 좌상단에 위치하고 있다. 그러나 수학 좌표계를 표현하고자 할 경우는 원점이 화면의 좌상단에 있는 것보다 중앙에 있는 것이 더 적합하다. 그래서 필요에 따라 원점을 변경할 수 있는 다음 두 함수를 제공한다.

```
BOOL SetViewportOrgEx( HDC hdc, int X, int Y, LPPOINT lpPoint );
BOOL SetWindowOrgEx( HDC hdc, int X, int Y, LPPOINT lpPoint );
```

각각 뷰포트와 윈도우의 원점을 인수로 지정한 좌표 (X,Y)로 이동시킨다. 4번째 인수 lpPoint는 변경하기 전의 원래 원점값을 돌려받기 위해 사용하는데 필요없을 경우는 NULL로 준다. 두 원점을 동시에 이동시킬 필요는 없으며 둘 중 하나의 원점만을 옮겨도 원하는 결과를 얻을 수 있지만 보통 뷰포트의 원점을 이동시키는 것이 더 편리하다. 왜냐하면 윈도우의 원점은 논리 단위로 지정되며 뷰포트의 원점은 픽셀 단위로 표현되기 때문이다. 아무래도 논리 단위보다는 픽셀 단위가 더 사용하기는 쉽다. 원점을 이동시켜 수학 좌표계와 완전히 동일한 좌표계를 가지도록 만들어 보고 여기에 부드러운 사인 곡선을 그려 보자. Sine.cpp의 소스는 다음과 같다.

예 제 : Sine

```
#include <math.h>
LRESULT CALLBACK WndProc(HWND hWnd,UINT iMessage,WPARAM wParam,LPARAM lParam)
{
    HDC hdc;
    PAINTSTRUCT ps;
    double f;
    int y;
    switch (iMessage) {
    case WM_DESTROY:
        PostQuitMessage(0);
        return 0;
    case WM_PAINT:
        hdc=BeginPaint(hWnd,&ps);
        SetMapMode(hdc,MM_LOENGLISH);
        SetViewportOrgEx(hdc,200,150,NULL);
        MoveToEx(hdc, -2000, 0,NULL);
        LineTo(hdc, 2000, 0);
        MoveToEx(hdc,0,-2000,NULL);
        LineTo(hdc,0,2000);
        for (f=-500;f<1000;f++) {
            y=(int)(sin(f*3.14/180)*100);
            SetPixel(hdc, (int)f, y,RGB(0,0,0));
```

```
        }
        EndPaint(hWnd, &ps);
        return 0;
    }
    return(DefWindowProc(hWnd,iMessage,wParam,lParam));
}
```

사인값을 구하는 수학 함수를 사용하므로 math.h를 포함시켰다. 두 개의 변수 f와 y를 가지고 f를 -500도에서 1000도까지 변화시키며 y좌표를 구한 후 이 좌표에 점을 찍어 사인 곡선을 만든다. 출력 결과는 다음과 같다.

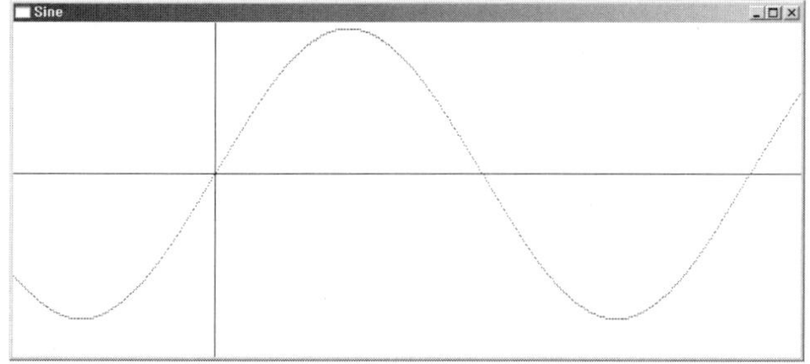

모든 일은 WM_PAINT 안에서 일어나므로 WM_PAINT 메시지만 분석해 보면 된다. 우선 WM_PAINT의 선두에서 맵핑 모드를 MM_LOENGLISH로 변경하였다. 그래서 그래픽 출력 함수에서 지정하는 단위는 모두 0.01인치가 되며 Y축이 위로 증가하므로 수학 좌표계와 같은 증가방향을 가지게 된다. 바로 아래에서 뷰포트의 원점을 (200,150)으로 변경하였다. 그래서 우리가 보는 화면은 (200,150)이 원점이 되는 수학 좌표계와 동일한 공간이 된다. 맵핑 모드를 변경한 후 선을 두 개 그어 수학 좌표계의 축을 표시하였다. 좌표값에 음수가 사용되는 것이 이상하게 보일지도 모르겠지만 맵핑 모드와 원점이 변경되면 공간 자체가 실수 공간이기 때문에 음수도 당연히 사용될 수 있다.

축을 그린 후 사인 함수의 입력값인 f를 -500에서 1000까지 루프를 돌며 각 값의 사인값을 구해 점을 찍는다. sin 함수가 받아들이는 값이 라디안이므로 이 값을 각도로 바꾸기 위해 3.14를 곱하고 180으로 나누었다. 간단한 수학 공식인데 혹시 이 식이 이해되지 않으면 책꽂이에 꽂아둔 정석이나 해법 등의 수학 참고서를 보기 바란다. 아무튼 우리는 이 예제를 통해 수학 좌표계를 만들었고 사인 곡선을 그렸다. 그럼 이제 이 예제를 조금씩 수정해 가면서 결과가 어떻게 달라지는지 보자. 먼저 맵핑 모드를 MM_HIENGLISH로 변경해 보자. 그러면 단위가 0.001인치로 더 작아지며 따라서 그림이 훨씬 더 작게 그려진다. 정확하게 10배 더 작아질 것이다.

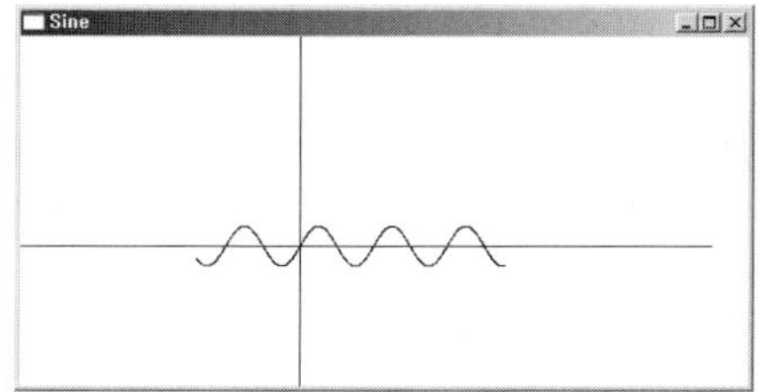

MM_TEXT나 MM_LOMETRIC 등의 맵핑 모드로도 바꾸어 보면 각 맵핑 모드별로 그림의 크기가 달라진다는 것을 알 수 있다. 이번에는 원점을 변경해 보아라. SetViewportOrg 함수의 인수를 변경하면 원점이 변경한 곳으로 가 있게 될 것이다. 이때 원점이 변경되었다고 해서 축의 좌표가 달라지거나 점의 좌표가 달라져야 할 필요는 전혀 없다. 왜냐하면 모든 그래픽 함수들은 변경된 원점의 영향을 받기 때문이다. sin 함수를 cos이나 tan 함수로도 변경해 보면 삼각함수 그래프들을 볼 수 있을 것이다. 다음 그림은 MM_LOMETRIC 맵핑 모드에서 그린 것이다.

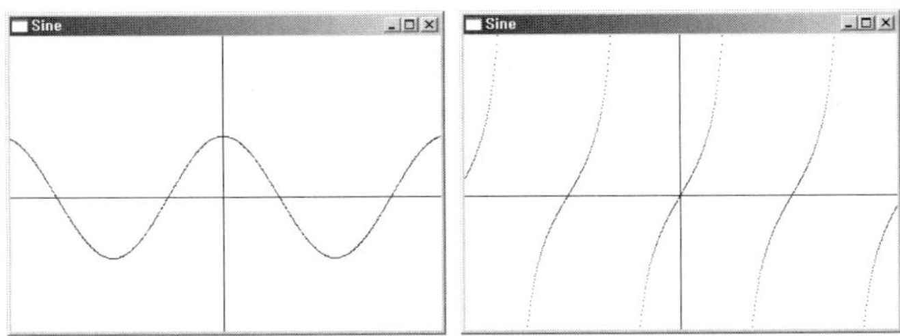

이렇게 수학 그래프를 화면에 그려보니 뭔가 프로그래밍을 하는 듯한 느낌이 들어 약간 뿌듯한 기분마저 든다. 맵핑 모드의 개념에 대해 알아보았는데 지금까지 배운 내용들에 비해서는 다소 어렵다는 생각이 들 것이다. 오래 전에 잊어버린 수학 얘기도 나오고 새로운 용어도 여러 개 등장해서 약간 혼란스럽다. 학교 다닐 때 공부 제대로 안 한 사람들은 4/4분면, 라디안, 삼각 함수 등의 용어에 극도의 거부감을 느끼지나 않았는지 모르겠다.

아마 대부분의 사람들이 "대충은 알겠는데... 글쎄" 하는 반응을 보일 것 같은데 그 정도면 충분하다. 다행히 맵핑 모드는 자주 사용되지 않으므로 당장 몰라도 되며 그다지 상세하게 알 필요도 없으므로 대충 읽어보고 다음에 필요할 때 더 공부해 보기 바란다. 윈도우즈가 자랑하는 기능의 하나이기는 하지만 실무에서는 거의 사용하지 않는다. 웬만큼 하는 사람들도 MM_TEXT가 가장 편하고 원점이나 확장 변환은 직접 만드는 것이 더 효율적이라고 한다.

맵핑 모드를 잘 활용하면 확대, 축소를 할 수 있는 줌 기능을 쉽게 구현할 수 있을 것 같지만 안타깝게도 이것은 불가능하다. 왜냐하면 맵핑 모드는 좌표에 대한 변환만 할 뿐이지 출력되는 대상의 크기까지 계산하는 것은 아니기 때문이다. TextOut이 출력하는 글꼴은 맵핑 모드에 무관하며 항상 픽셀 단위이므로 글꼴까지 확대, 축소 하기 위해서는 별도의 공식을 만들어 사용해야 한다.

33-6-라. 가변 비율

윈도우즈에 포함된 시계 프로그램(아쉽게도 98, 2000에서는 없어져 버렸으며 트레이로 내려갔다)을 보면 윈도우의 크기에 비해 항상 일정한 비율을 유지하며 윈도우의 크기가 변경되면 시계의 크기도 같이 변경되어 항상 윈도우의 일정 영역을 차지한다. 상당히 재미있는 프로그램이기는 하지만 사용자들에게 혼란을 준다는 이유로 요즘은 이런 식의 프로그램이 권장되지 않으며 이렇게 동작하는 프로그램을 찾아 보기도 힘들다. 한마디로 말해 유행이 지나간 방식이라고 할 수 있다.

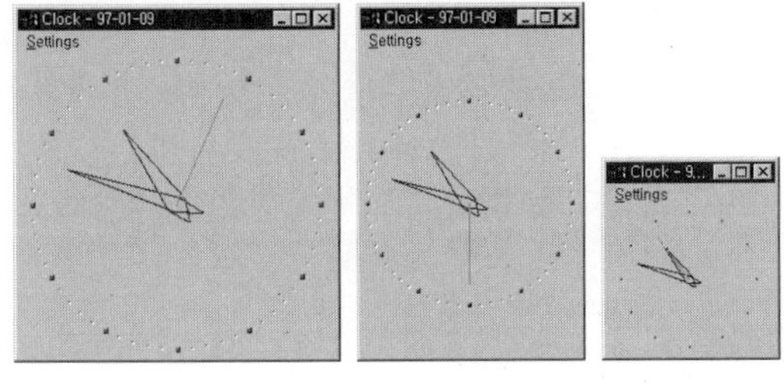

이런 프로그램은 도대체 어떤 방법으로 작업영역에 그려지는 크기를 일정하게 유지하는 것일까?

윈도우의 크기가 변할 때마다 그림을 그리는 코드를 바꾸거나 좌표를 일정 비율로 곱하는 것이 아닐까 하고 추측되겠지만 그렇지는 않다. 그림을 그리는 코드나 좌표는 항상 일정하지만 윈도우 확장을 변경함으로써 전체 좌표계의 범위를 조성하는 방법을 사용한다.

윈도우 확장을 조정할 수 있는 맵핑 모드에는 MM_ISOTROPIC과 MM_ANISOTROPIC 두 가지가 있으며 나머지 맵핑 모드에서는 윈도우 확장을 변경할 수 없다. 시계 프로그램과 똑같은 원리로 항상 일정한 크기를 유지하는 프로젝트를 AnIso라는 이름으로 만들고 WndProc에 다음 코드를 작성해 보자.

예 제 : AnIso

```
LRESULT CALLBACK WndProc(HWND hWnd,UINT iMessage,WPARAM wParam,LPARAM lParam)
{
    HDC hdc;
    PAINTSTRUCT ps;
    POINT ar[]={25,10,125,10,140,30,10,30,25,10};
    HBRUSH BrR, BrB, BrY, OldBr;
    RECT rect;

    switch (iMessage) {
    case WM_PAINT:
        hdc=BeginPaint(hWnd, &ps);
        BrR=CreateSolidBrush(RGB(255,0,0));
        BrB=CreateSolidBrush(RGB(0,0,255));
        BrY=CreateSolidBrush(RGB(255,255,0));

        SetMapMode(hdc,MM_ANISOTROPIC);
        SetWindowExtEx(hdc,160,100,NULL);
        GetClientRect(hWnd, &rect);
        SetViewportExtEx(hdc,rect.right,rect.bottom,NULL);

        OldBr=(HBRUSH)SelectObject(hdc,BrR);
        Rectangle(hdc,20,30,130,90);
        SelectObject(hdc,BrB);
        Polygon(hdc,ar,5);

        SelectObject(hdc,BrY);
        Rectangle(hdc,30,40,60,70);
        Rectangle(hdc,90,40,120,70);
        Ellipse(hdc,135,5,155,25);

        SelectObject(hdc,OldBr);
        DeleteObject(BrR);
        DeleteObject(BrB);
        DeleteObject(BrY);
        EndPaint(hWnd, &ps);
        return 0;
    case WM_DESTROY:
        PostQuitMessage(0);
        return 0;
    }
    return(DefWindowProc(hWnd,iMessage,wParam,lParam));
}
```

프로그램을 컴파일한 후 실행해 보면 이 프로그램도 과연 시계 프로그램과 마찬가지로 윈도우 크기를 변경함에 따라 그림의 크기도 변경된다. 프로그램 실행중의 모습은 다음과 같다.

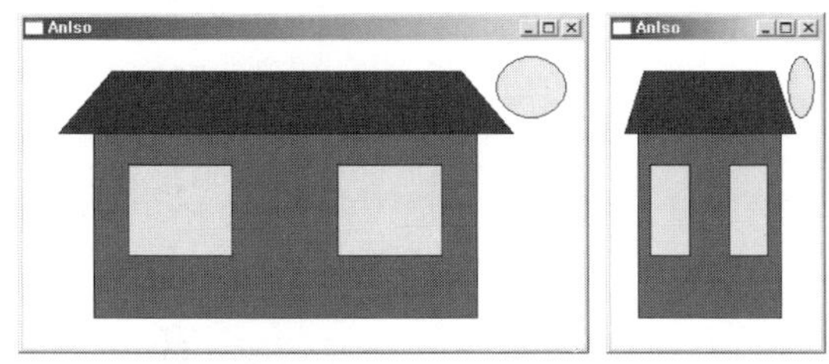

이렇게 정말 작게 만들어도 그림의 크기는 윈도우의 크기에 비해 항상 일정하다. 그림이 좀 유치하긴 하지만 정성스럽게 그렸다. 코드를 살펴보면 맵핑 모드는 MM_ANISOTROPIC으로 되어 있으며 다음 두 함수를 사용하여 윈도우와 뷰포트의 확장을 설정한다.

```
BOOL SetWindowExtEx( HDC hdc, int nXExtent, int nYExtent, LPSIZE lpSize );
BOOL SetViewportExtEx( HDC hdc, int nXExtent, int nYExtent, LPSIZE lpSize );
```

윈도우 확장은 논리적인 좌표 범위를 지정하며 이 프로그램의 경우 (160,100)으로 설정하였다. 그래서 그림을 그리는 함수들은 모두 (160,100) 안쪽의 좌표를 사용하며 (160,100)이 우하단의 좌표가 된다. 뷰포트의 확장은 그림이 화면으로 출력되는 좌표 범위를 말한다. 이 프로그램에서는 뷰포트 확장을 작업영역의 우하단 점까지로 확장한다. 뷰포트의 우하단이 윈도우의 우하단과 맵핑되므로 윈도우의 (160,100)은 항상 뷰포트의 우하단과 대응되며 그 중간 점들은 적당한 비율의 좌표와 맵핑되어 윈도우의 크기에 상관없이 항상 일정한 비율의 크기를 유지하는 것이다.

MM_ANISOTROPIC 맵핑 모드는 이런 식으로 X,Y 어느 방향으로나 확장을 임의 설정할 수 있는 맵핑 모드이다. 이에 비해 MM_ISOTROPIC은 확장을 마음대로 변경할 수 있되 항상 가로, 세로 종횡비를 일정하게 유지한다. 그래서 확장에 따라 그림이 작아지거나 커지기는 하지만 찌그러지지는 않는다. 위 코드에서 맵핑 모드를 MM_ISOTROPIC으로 변경해 보면 무슨 말인지 쉽게 이해할 것이다. 윈도우즈의 시계 프로그램도 사실은 MM_ISOTROPIC 맵핑 모드를 사용하기 때문에 시계의 크기가 변할지라도 항상 원모양을 유지하며 타원이 되지는 않는다.

33-6-마. 좌표 공간과 변환

그래픽 모드

여기서 살펴볼 내용은 좌표 공간과 공간 내에서의 좌표 변환에 관한 것들이다. 이 기능은 윈도우즈 NT/2000에서만 가능하며 그것도 그래픽 모드를 특별하게 설정해야만 한다. 대단히 고급한 기법이며 수학 공식이 많이 나와 어려울 수도 있으므로 관심없는 사람은 읽지 않아도 좋다. 윈도우즈의 그래픽 모드는 다음 두 가지가 있다.

- 호환 모드(Compatible Mode) : 16비트 윈도우즈와 호환되는 그래픽 모드이며 이 모드에서 16비트 그래픽 함수는 윈도우즈 3.1과 동일한 동작을 한다. 구식 방식이기는 하지만 윈98이나 NT도 디폴트 모드는 호환 모드이다. 즉 특별히 변경하지 않는 한은 호환 모드이며 지금까지 우리는 계속 이 모드만 사용해 왔다.

■ 확장 모드(Advanced Mode) : 윈98과 NT에서만 지원하는 향상된 그래픽 모드이며 이 모드에서는 좌표 변환이 가능하다. 좌표 변환이 가능하다는 것 외에 텍스트 출력, 사각형의 우하단 좌표 포함 여부, 원호를 그리는 방향이 호환 모드와 아주 약간의 차이가 있다. 윈95는 이 모드를 지원하지 않는다.

그래픽 모드를 변경할 때는 다음 함수를 사용한다.

int SetGraphicsMode(HDC hdc, int iMode);

hdc는 모드를 변경할 대상 DC 핸들이며 iMode는 변경할 모드이되 GM_COMPATIBLE, GM_ADVANCED 둘 중 하나를 지정한다.

좌표 공간

좌표 공간이란 점들이 배치되는 2차원 평면 공간이다. 보통 X,Y로 불리우는 두 개의 직교축이 있고 두 축이 교차하는 지점을 원점이라고 하며 원점에서 떨어진 거리의 쌍으로 한 지점을 나타낸다. 좌표 공간의 개념 자체는 중학교 때(초등학교 때?) 배운 것과 전혀 다르지 않다. Win32 API는 4가지 종류의 좌표 공간을 제공하는데 각각 월드, 페이지, 디바이스, 물리 디바이스 좌표 공간이다. 이 중 비교적 쉽게 이해할 수 있는 좌표 공간은 페이지와 디바이스이다. 페이지는 GDI 함수들이 지정하는 논리 좌표의 공간이며 디바이스는 실제 화면(또는 프린터)의 좌표이다. 이 두 좌표간의 변환 공식을 맵핑 모드라고 하며 맵핑 모드에 따라 페이지 좌표 공간의 한 점이 디바이스 좌표 공간의 어디쯤이 될 것인가가 계산된다. 또한 윈도우 원점과 확장 등도 이 두 좌표 공간의 변환에 영향을 미친다.

물리 디바이스 좌표는 디바이스 좌표를 실제 모니터에 출력할 때의 좌표인데 이 변환은 운영체제가 직접 관리하므로 프로그래밍 대상이 아니다. 물리 디바이스 좌표를 변경하거나 조작하는 어떤 함수도 제공되지 않으므로 이 좌표 공간에 대해서는 전혀 신경쓰지 않아도 된다. 마지막 남은 월드 좌표 공간은 페이지 좌표 공간보다 한 단계 더 이전의 좌표 공간이다. 둘 다 가로 세로 2^{32} 크기의 큰 공간이며 논리 좌표를 사용한다.

월드 좌표 공간의 한 점은 일정한 변환 공식에 의해 페이지 좌표 공간의 한 점이 되며 페이지 좌표는 맵핑 모드에 의해 디바이스 좌표 공간의 한 점이 되고 이 점은 결국 운영체제에 의해 모니터나 프린터로 출력된다. 즉 한 점이 출력되기 위해서는 4가지 좌표 공간에서 3번의 좌표 변환이 일어나는 셈이다.

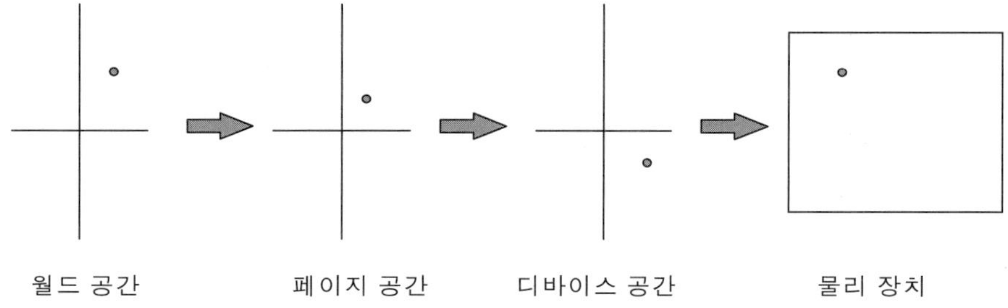

이 중 페이지 공간에서 디바이스 공간으로의 좌표 변환인 맵핑 모드에 대해서는 앞 항에서 자세히 알아본 바 있고 16비트 윈도우즈에서도 지원했던 것이므로 여기서는 더 이상 논할 필요가 없다. 관심의 대상은 월드 공간에서 페이지 공간으로의 좌표 변환이다. 이 변환 과정은 특별한 지정이 없는 한은 생략된다. 즉 월드 공간은 디폴트로 전혀 사용되지 않는 공간이다. 따라서 LineTo(hdc,100,200)이라는 호출문에서 지정한 100,200이라는 좌표는 페이지 공간상의 좌표이며 이 좌표는 맵핑 모드에 따라 디바이스 공간에 출력되며 다시 물리적인 장치로 출력된다. 이런 평상적인 좌표 변환 과정에 월드 좌표 공간을 추가하면 위 그림의 변환 과정이 생략없이 전부 진행된다.

그럼 월드 공간은 왜 사용하는 것일까? 페이지 공간에서 디바이스 공간으로의 좌표 변환만 사용해도 논리 단위를 쓸 수 있고 그래픽의 확장이나 축소, 원점의 이동 등이 얼마든지 가능하다. 그런데 여기에 월드 공간을 한 단계 더 집어넣으면 그 이상의 좌표 변환이 가능하다. 예를 들면 뒤집기나 회전까지도 가능해진다. 월드 좌표 공간을 사용하려면 GM_ADVANCED로 그래픽 모드가 설정되어 있어야 하며 다음 함수를 호출해야 한다.

BOOL SetWorldTransform(HDC hdc, CONST XFORM *lpXform);

이 함수는 GM_ADVANCED 모드에서만 동작하며 게다가 NT에서만 호출할 수 있으므로 결국 월드 좌표 공간은 NT 이상에서만 사용할 수 있다.

변환 공식

SetWorldTransform 함수의 첫 번째 인수 hdc는 변환 공식을 적용할 DC의 핸들이며 두 번째 인수 lpXform은 다음과 같이 선언된 구조체이다.

```
typedef struct   _XFORM {   // xfrm
    FLOAT eM11;
    FLOAT eM12;
    FLOAT eM21;
    FLOAT eM22;
    FLOAT eDx;
    FLOAT eDy;
} XFORM;
```

이 구조체의 각 멤버에 어떤 값을 주느냐에 따라 다양한 변환 공식이 만들어진다. 월드 공간의 x는 변환 공식에 의해 페이지 공간의 새로운 x좌표인 x'가 되며 y좌표도 마찬가지다. 그렇다면 변환 공식이란 x와 x', y와 y'의 관계를 정의한 등식이라고 할 수 있다. 이 등식은 다음과 같은 행렬의 곱으로 정의된다.

$$[x' \quad y' \quad 1] = [x \quad y \quad 1] * \begin{bmatrix} eM11 & eM12 & 0 \\ eM21 & eM22 & 0 \\ eDx & eDy & 1 \end{bmatrix}$$

이 행렬식을 풀어 방정식으로 정리해 보면 다음과 같아진다.

```
x' = x * eM11 + y * eM21 + eDx
y' = x * eM12 + y * eM22 + eDy
1=1
```

이 공식에 의해 페이지 공간의 새로운 좌표 (x', y')는 월드 공간의 좌표 (x,y)와 행렬의 요소인 eM11, eM12, eM21, eM22, eDx, eDy에 따라 달라진다. 행렬의 3열인 0, 0, 1은 변환 공식에 직접 적용되지는 않으며 이 열은 1=1이라는 당연한 등식을 만들 뿐이다. SetWorldTransform 함수의 두 번째 인수인 XFORM 구조체는 이 행렬의 1열과 2열을 멤버로 가지며 이 구조체의 멤버가 곧 행렬식에 따라 변환 공식이 되는 것이다. 지루한 이론은 이쯤 하고 이제 간단하나마 예제를 만들어 보자. 다음 예제는 아주 간단한 모양의 그래픽을 그린다.

예 제 : Transform

```
LRESULT CALLBACK WndProc(HWND hWnd,UINT iMessage,WPARAM wParam,LPARAM lParam)
{
    HDC hdc;
    PAINTSTRUCT ps;
    switch (iMessage) {
    case WM_PAINT:
        hdc=BeginPaint(hWnd, &ps);

        // 사람 얼굴 모양을 그린다.
        Ellipse(hdc,10,10,150,150);
        Ellipse(hdc,40,35,65,60);
        Ellipse(hdc,95,35,120,60);
        Rectangle(hdc,70,70,90,90);
        Rectangle(hdc,40,110,120,120);
        EndPaint(hWnd, &ps);
        return 0;
    case WM_DESTROY:
        PostQuitMessage(0);
        return 0;
    }
    return(DefWindowProc(hWnd,iMessage,wParam,lParam));
}
```

순수하게 작도함수만으로 그림을 그렸는데 실행해 보자. 예쁜 얼굴 모양의 그림이 그려진다. 무척 어렵게 그린 그림이다.

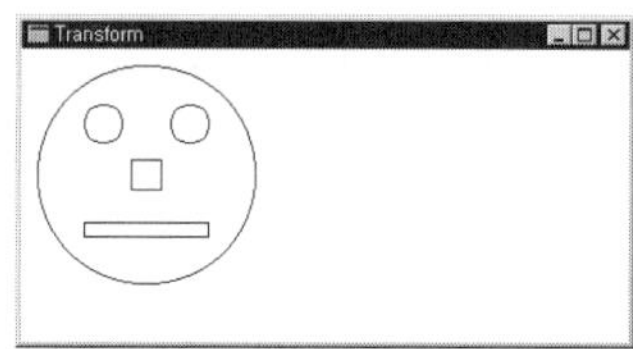

이 예제는 월드 공간을 사용하지 않으므로 여기서 지정한 좌표는 논리 공간인 페이지 공간의 좌표가 되고 디폴트 맵핑 모드인 MM_TEXT이므로 페이지 공간의 좌표는 그대로 디바이스 공간으로 옮겨진다. 그래서 이 상태에서는 어떠한 좌표 변환도 일어나지 않았다.

이동

이제 이 예제에 월드 공간에서 변환을 해 보자. 코드를 다음과 같이 수정한다.

```
XFORM XForm={1,0,0,1,50,50};
switch (iMessage) {
case WM_PAINT:
    hdc=BeginPaint(hWnd, &ps);
    SetGraphicsMode(hdc,GM_ADVANCED);
    SetWorldTransform(hdc,&XForm);

    // 사람 얼굴 모양을 그린다.
```

....

그래픽을 출력하기 전에 그래픽 모드를 GM_ADVANCED로 변경하였고 월드 공간을 사용하였다. 예제를 다시 컴파일한 후 실행해 보자.

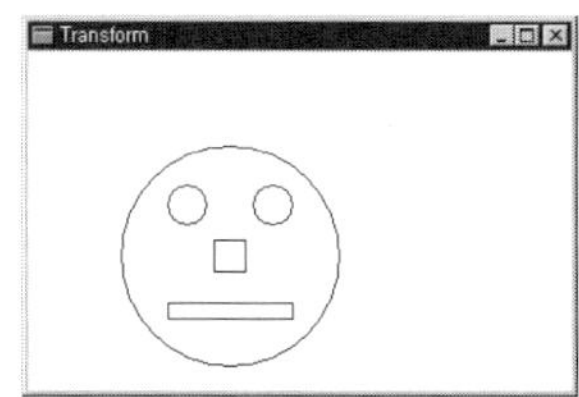

그래픽이 50픽셀씩 우하단으로 이동하였다. 똑같은 좌표를 사용했는데 좌표 변환에 의해 실제 그래픽이 출력되는 위치가 달라진 것이다. 단 이 예제는 NT에서만 실행될 뿐 윈98에서는 어떠한 좌표 변환도 일어나지 않는다. XFORM 구조체로부터 행렬식을 구성한 후 변환공식을 만들어 보자.

$$[x' \quad y' \quad 1] = [x \quad y \quad 1] * \begin{bmatrix} 1 & 0 & 0 \\ 0 & 1 & 0 \\ 50 & 50 & 1 \end{bmatrix}$$

이 행렬식을 방정식으로 풀어보면 다음과 같다.

```
x' = x + 50
y' = y + 50
```

그래서 월드 공간의 좌표가 페이지 공간에서 50픽셀씩 이동하는 것이다. 이 예를 통해 eDx, eDy 멤버는 각각 수평, 수직으로의 평행 이동 거리를 결정한다는 것을 쉽게 이해할 수 있을 것이다. 만약 eDx, eDy가 모두 0이라면 이때 행렬은 단위 행렬이 될 것이고 어떠한 좌표 변환도 일어나지 않는다.

확대

이번에는 확대를 해 보자. XForm의 초기값을 다음과 같이 변경한다.

```
XFORM XForm={2,0,0,2,0,0};
```

이제 행렬식을 다시 만들어 풀어보면 다음과 같은 방정식이 도출될 것이다.

```
x' = 2x
y' = 2y
```

새로운 좌표를 기존 좌표의 2배로 뻥튀기를 했다. 그래서 그래픽은 가로 세로로 각각 두 배씩 확장된다.

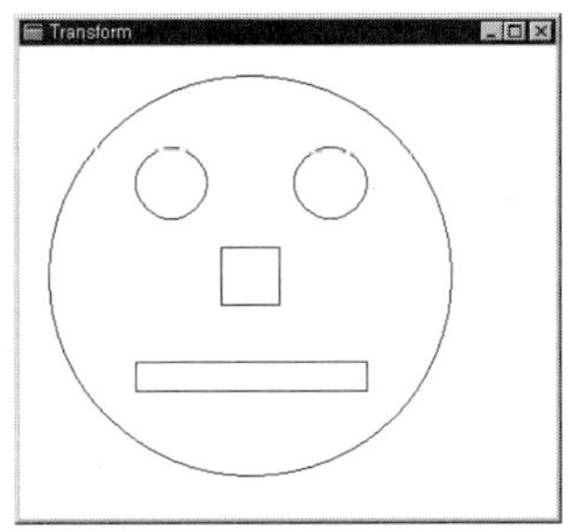

공식만 이해했다면 이 정도는 정말 쉽다. 이 예제를 통해 eM11, eM22는 확장될 배수를 결정한다는 것을 알 수 있다. XFORM의 모든 멤버는 실수이므로 1보다 작은 값을 주면 축소도 물론 가능하다.

기울이기

이번에는 XForm을 다음과 같이 변경해 보자.

```
XFORM XForm={1,0,1,1,0,0};
```

암산으로도 x'=x+y, y'=y라는 방정식이 나온다. y좌표는 전혀 변환되지 않고 x좌표에만 y좌표가 더해지므로 y좌표가 증가할수록 x값이 우측으로 기울어지는 것이다.

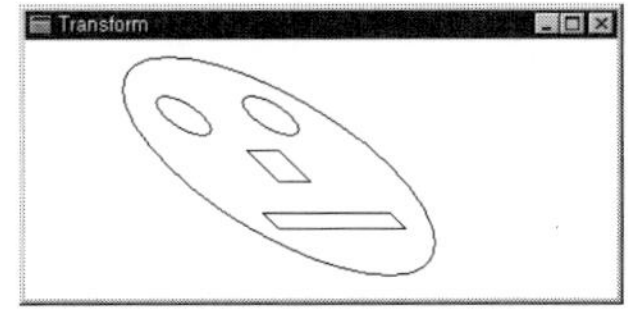

기울어지는 정도를 조정하고 싶다면 eM21의 값을 1보다 더 작은 값으로 주고 기울어지는 방향을 바꾸고 싶다면 eM21의 값을 음수로 주면 된다. 물론 y축으로 기울어지게 하는 것도 별로 어렵지 않다.

뒤집기

그림을 뒤집으려면 뒤집으려는 방향의 부호를 바꾸면 된다.

```
XFORM XForm={1,0,0,-1,0,200};
```

이렇게 바꾸면 y'=-y가 되므로 상하로 뒤집어진 그림이 만들어질 것이다. 단 MM_TEXT에서는 음수 좌표의 그림이 보이지 않으므로 200만큼 수직으로 평행 이동하였다. 결과는 다음과 같다.

회전

이번에는 다소 복잡한 회전을 해보자. 변환 공식을 사용하면 임의 각도로 그림을 회전시킬 수도 있다. 단 이 공식도 중학 수학 2학년 과정 정도면 충분히 이해할 수 있는 수준이기는 하나 이 책은 수학책이 아니므로 공식의 증명 따위는 하지 않고 결과만을 보인다. 다음 코드는 그래픽을 45도로 회전시킨다.

```
#include <math.h>
#define DEGREE 45
LRESULT CALLBACK WndProc(HWND hWnd,UINT iMessage,WPARAM wParam,LPARAM lParam)
{
    HDC hdc;
    PAINTSTRUCT ps;
    XFORM XForm={1,0,0,1,0,0};      // 디폴트 변환
    switch (iMessage) {
    case WM_PAINT:
        hdc=BeginPaint(hWnd, &ps);
        SetGraphicsMode(hdc,GM_ADVANCED);
        XForm.eM11=(float)cos(DEGREE*3.14/180);
        XForm.eM12=(float)sin(DEGREE*3.14/180);
        XForm.eM21=(float)-sin(DEGREE*3.14/180);
        XForm.eM22=(float)cos(DEGREE*3.14/180);
        XForm.eDx=100;
        XForm.eDy=0;
        SetWorldTransform(hdc,&XForm);

        // 사람 얼굴 모양을 그린다.
        ....
```

회전은 각도의 개념이 들어가므로 sin, cos 등의 삼각함수가 필요하다. 이 코드에서 DEGREE 매크로 상수에 회전하고자 하는 각도만 대입하면 원하는 각도대로 회전될 것이다. 예제에서는 45도만큼 그림을 회전시켰다.

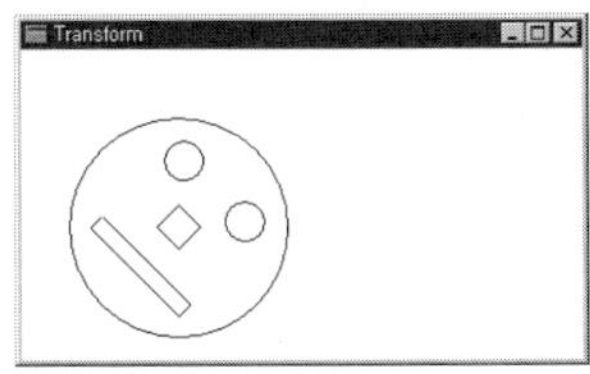

이상으로 다소 복잡한 좌표 공간에 대해 알아보았다. 행렬이 나오고 방정식이 나오고 삼각함수까지 등장하니 괜히 피하고 싶어지겠지만 사실 하나도 어려운 내용은 없다. 이런 걸 보면 학교 다닐 때 공부 안 한 사람들은 프로그래머 하기도 힘들 것 같다는 생각이 드는데 실제로 사실이다. 특히 영어, 수학의 중요성은 아무리 강조해도 지나치지 않을 정도다.

33-7 팔레트

33-7-가. 시스템 팔레트

원형 IBM-PC에 장착된 비디오 카드는 문자열만 출력할 수 있었으나 얼마 있지 않아 그래픽을 출력할 수 있는 비디오 카드가 등장했다. 초기의 그래픽 카드는 기껏해야 4색~16색상만 사용할 수 있었으나 곧이어 256색상까지 지원하는 슈퍼 VGA가 발표되었으며 더 많은 색상을 사용하고자 하는 노력은 현재에 와서 1600만 가지 색상을 한 화면에 동시에 출력할 수 있을 정도로까지 발전되었다. 동시에 출력할 수 있는 색상의 수는 비디오 메모리의 제약을 받게 되는데 이 제약을 극복하려는 노력의 결과 팔레트라는 것을 만들어 쓰게 되었다.

팔레트는 화면에 출력된 점들의 실제 색상을 가지는 일종의 색상 테이블이다. 비디오 메모리는 256가지 종류의 색상밖에 기억하지 못하더라도 팔레트의 색상을 바꿈으로써 실제 화면에 나타나는 색상을 바꿀 수 있다. 이 방법은 아주 효율적이어서 적은 비디오 메모리로도 섬세한 그림을 볼 수 있도록 해 줄 뿐만 아니라 속도도 만족할 만했으며 더불어 몇 가지 새로운 기법까지 파생시켰지만 다른 한 편으로는 많은 말썽을 야기하기도 하였다. 윈도우즈도 물론 팔레트를 지원한다. 단 256색상 모드 이하에서만 팔레트를 지원하며 그 이상의 모드에서는 팔레트를 쓰지 않고 색상값을 곧바로 비디오 메모리에 기록한다. 16색상 모드에서도 팔레트를 사용할 수는 있지만 요즘 나오는 그래픽 카드의 최소 모드가 256모드이므로 현실적으로 팔레트는 256색상 모드에서만 사용된다고 할 수 있다.

시스템 팔레트란 화면에 동시에 출력할 수 있는 색상들의 테이블이며 이 팔레트의 색상이 실제 화면에 나타난다. 물리적인 팔레트는 비디오 카드가 소유하며 시스템을 통틀어 하나밖에 없으므로 시스템 팔레트는 윈도우즈에서 실행되는 모든 프로그램이 공유한다. 비디오 카드가 팔레트를 지원하는지 조사해 보려면 GetDeviceCaps 함수의 두 번째 인수로 RASTERCAPS 값을 준 후 리턴되는 값에 RC_PALETTE 비트가 세트되어 있는지 조사해 보면 된다. 물리 팔레트의 크기는 GetDeviceCaps 함수의 PALETTESIZE 인수로 조사하며 시스템 팔레트의 크기는 NUMCOLORS 인수로 조사한다.

시스템 팔레트가 표현할 수 있는 색상은 최대 256색상에 불과하다. 복수 개의 프로그램이 실행중일 때 두 프로그램이 사용하는 색상수의 합이 256개가 넘는다면 이때는 불가피하게 백그라운드 윈도우의 색상이 깨질 수밖에 없다. 이 문제는 하드웨어적인 한계이므로 어찌할 도리가 없다. 하지만 두 프로그램이 팔레트의 엔트리를 공평하게 나누어 쓰고 서로 비슷한 색상은 합친다면 문제를 최소화할 수는 있다. 이런 문제를 해결하기 위해 윈도우즈는 논리 팔레트와 팔레트 관련 메시지를 제공한다.

윈도우즈가 제공하는 팔레트 관리 기능은 아주 탁월하지만 아무리 좋게 말해도 팔레트는 하드웨어적인 한계를 극복하기 위한 소프트웨어 장치에 불과하다. 색상에 관련된 이론은 무척 어렵기도 하고 또한 코드를 무척 지저분하고 복잡하게 만든다. 물론 좋은 프로그램을 작성하려면 이런 팔레트 처리를 무시할 수는 없겠지만 요즘은 팔레트의 중요성이 예전보다 많이 격감되었다. 왜냐하면 비디오 카드 성능이 워낙 좋아져 웬만하면 트루 컬러를 지원하고 256모드를 쓰는 사람이 거의 없기 때문이다. 최신 그래픽 카드는 아예 256색상 모드 자체를 지원하지 않는 경우도 있다.

속도가 중요한 관심거리인 게임 정도에서나 256모드가 사용되지만 게임은 전체 화면을 다 사용하며 혼자 팔레트를 독점하므로 이 경우도 별 문제가 되지 않는다. 요즘 발표되는 그래픽 툴이나 CD-ROM타이틀은 최소 화면 모드를 16비트 이상으로 요구하며 사용자들은 이런 요구를 전혀 무리하게 생각하지 않는 분위기다. 팔레트는 투자한 시간에 비해 별로 소득이 없는 과목이므로 대충 구경만 하고 꼭 필요한 사람은 따로 상세하게 연구해 보기 바란다.

33-7-나. 논리 팔레트

논리 팔레트는 응용 프로그램이 자신의 작업영역을 그리기 위해 가지고 있는 색상표이며 DC에 선택할 수 있는 GDI 오브젝트의 일종이다. 각 프로그램은 자신의 논리 팔레트를 가지고 있으며 자신이 액티브될 때 논리 팔레트를 시스템 팔레트에 실현(Realize)함으로써 자신이 사용할 색상을 시스템 팔레트에 설정한다. 논리 팔레트를 만들 때는 다음 함수를 사용한다.

HPALETTE CreatePalette(CONST LOGPALETTE *lplgpl);

LOGPALETTE 구조체를 만든 후 이 구조체의 포인터를 넘기면 논리 팔레트를 만들어 그 핸들을 리턴한다. LOGPALETTE 구조체는 다음과 같이 선언되어 있다.

```
typedef struct tagLOGPALETTE { // lgpl
    WORD            palVersion;
    WORD            palNumEntries;
    PALETTEENTRY palPalEntry[1];
} LOGPALETTE;
```

palVersion은 시스템의 버전 번호이며 0x300으로 고정되어 있다. 윈도우즈 3.0이후에 팔레트의 포맷이 한 번도 바뀌지 않았기 때문이다. palNumEntries는 논리 팔레트에 포함된 엔트리의 수이다. 각 엔트리의 실제 색상값은 다음과 같이 선언된 palPalEntry 구조체 배열에 기록된다.

```
typedef struct tagPALETTEENTRY { // pe
    BYTE peRed;
    BYTE peGreen;
    BYTE peBlue;
    BYTE peFlags;
} PALETTEENTRY;
```

peRed, peGreen, peBlue는 각각 빨강, 초록, 파랑색의 강도이며 peFlags는 팔레트 엔트리 사용 방법에 대한 옵션이되 통상 0으로 주면 된다. CreatePalette 함수로 만든 팔레트 핸들은 DC에 직접 선택할 수 있다. 팔레트는 다른 GDI 오브젝트와는 달리 DC에 선택할 때 SelectObject 함수를 사용하지 않고 별도의 함수를 사용한다.

HPALETTE SelectPalette(HDC hdc, HPALETTE hpal, BOOL bForceBackground);

세 번째 인수 bForceBackground는 이 팔레트를 백그라운드 팔레트로 사용할 것인가를 지정한다. 이 값이 FALSE일 경우, 즉 백그라운드 팔레트가 아닐 경우는 팔레트가 실현될 때 논리 팔레트의 엔트리를 그대로 시스템 팔레트로 복사하여 최대한 응용 프로그램이 요구하는대로 팔레트를 설정한다. 하지만 시스템 팔레트의 용량은 제한적이므로 이렇게 되면 다른 응용 프로그램이 사용할 팔레트 엔트리가 고갈되어 버린다.

이 값이 TRUE일 경우는 기존 시스템 팔레트에 비슷한 색상이 있을 경우 최대한 이 엔트리를 재활용하여 다른 프로그램과 시스템 팔레트를 공유할 수 있도록 한다. 이 값을 TRUE로 주면 색상이 다소 정확하지 못할 수는 있지만 그렇다고 무조건 FALSE로 주는 것은 또한 너무 이기적이다. 상황에 맞게 적절한 값을 지정해야 한다. 논리 팔레트를 만든 후에는 이 팔레트를 시스템 팔레트에 맵핑시키는데 이때는 다음 함수를 사용한다.

UINT RealizePalette(HDC hdc);

이 함수는 hdc에 선택되어 있는 논리 팔레트를 시스템 팔레트에 맵핑시킨다. 논리 팔레트의 값에 따라 물리 팔레트의 엔트리가 변경되기도 하며 물리 팔레트에 이미 비슷한 색상이 있을 경우에는 그 반대일 수도 있다. 어쨌든 이 함수는 최대한 물리 팔레트의 엔트리를 응용 프로그램이 요구하는대로 실현한다.

33-7-다. MkPalette

다음 예제는 논리 팔레트를 만들고 실현시키는 예이다. 단 이 예제는 팔레트가 있는 256모드에서만 동작하며 그 이상의 비디오 모드에서는 아예 실행조차도 안된다.

예 제 : MkPalette

```
LRESULT CALLBACK WndProc(HWND hWnd,UINT iMessage,WPARAM wParam,LPARAM lParam)
{
    HDC hdc;
    PAINTSTRUCT ps;
    HBRUSH hBrush, hOldBrush;
    static LOGPALETTE *pPal;
    static HPALETTE hPal;
    static int nFree;
    int i;
    RECT rt;

    switch (iMessage) {
    case WM_CREATE:
        hdc=GetDC(hWnd);
        if ((GetDeviceCaps(hdc,RASTERCAPS) & RC_PALETTE)==0) {
            MessageBox(hWnd,"현재 화면 모드는 팔레트를 지원하지 않습니다",
                "알림",MB_OK);
            return -1;
        }
        nFree=GetDeviceCaps(hdc,SIZEPALETTE)-GetDeviceCaps(hdc,NUMRESERVED);
        ReleaseDC(hWnd,hdc);
        pPal=(LOGPALETTE *)GlobalAlloc(GPTR,sizeof(LOGPALETTE)+
            nFree*sizeof(PALETTEENTRY));
        pPal->palVersion=0x300;
        pPal->palNumEntries=nFree;
        for (i=0;i<nFree;i++) {
            pPal->palPalEntry[i].peRed=0;
            pPal->palPalEntry[i].peGreen=0;
            pPal->palPalEntry[i].peBlue=i;
            pPal->palPalEntry[i].peFlags=NULL;
        }
        hPal=CreatePalette(pPal);
        return 0;
    case WM_PAINT:
        hdc=BeginPaint(hWnd, &ps);
        SelectPalette(hdc,hPal,FALSE);
        RealizePalette(hdc);
        for (i=0;i<nFree;i++) {
```

```
            hBrush=CreateSolidBrush(PALETTEINDEX(i));
            hOldBrush=(HBRUSH)SelectObject(hdc,hBrush);
            SetRect(&rt,i*3,0,i*3+3,600);
            FillRect(hdc,&rt,hBrush);
            SelectObject(hdc,hOldBrush);
            DeleteObject(hBrush);
        }
        EndPaint(hWnd, &ps);
        return 0;
    case WM_DESTROY:
        DeleteObject(hPal);
        GlobalFree((HGLOBAL)pPal);
        PostQuitMessage(0);
        return 0;
    }
    return(DefWindowProc(hWnd,iMessage,wParam,lParam));
}
```

WM_CREATE에서 파란색의 강도를 점점 높여가며 사용가능한 팔레트 엔트리 수만큼의 크기로 논리 팔레트를 만든다. WM_PAINT에서는 이 논리 팔레트를 시스템 팔레트에 실현시키며 팔레트 엔트리값으로 3픽셀 굵기의 수직선을 연속해서 그었다.

검정색이 점점 파란색으로 변하는 일종의 그라데이션 화면을 그렸는데 이때 시스템 팔레트에는 파란색 계통의 엔트리로 가득 차 있을 것이다. 단 이 팔레트는 이 프로그램이 포커스를 가지고 있을 때만 유효하며 다른 그래픽 프로그램이 포커스를 가지게 되면 팔레트가 깨진다.

33-7-라. 팔레트 메시지

팔레트와 관련된 메시지는 세 가지가 있다. 포커스를 가진 윈도우가 팔레트를 변경하면 백그라운드 윈도우들은 이 변경에 영향을 받는데 아무런 조치도 취하지 않으면 작업영역의 색상이 엉망이 되고 말 것이다. 또한 자신이 포커스를 받게 될 때 즉 백그라운드 윈도우에서 포그라운드 윈도우가 될 때 자신의 논리 팔레트를 실현할 기회를 가져야 한다.

위 예제를 실행한 상태에서 다른 그래픽 프로그램을 실행하여 256색상의 그림 파일을 읽으면 팔레트가 깨지는 것을 확인할 수 있다. 그래픽 프로그램이 시스템 팔레트를 자신의 논리 팔레트로 실현시켰기 때문이다. 이 상태에서 MkPalette와 그래픽 프로그램이 서로 겹치지 않도록 해 놓고 MkPalette로 다시 포커스를 주어도 MkPalette는 다시 제대로 그려지지 않는다. 왜냐하면 포커스를 다시 받더라도 작업영역을 그리지는 않으므로 논리 팔레트를 실현하지 않기 때문이다. 운영체제는 응용 프로그램이 포커스를 받을 때 WM_QUERYNEWPALETTE 메시지를 보내 준다. 응용 프로그램은 이 메시지를 받았을 때 자신의 논리 팔레트를 실현할 기회를 가진다. 논리 팔레트를 실현했으면 TRUE를 리턴하고 그렇지 않으면 FALSE를 리턴하면 된다. 앞에서 만든 예제에 다음 코드를 추가해 보자.

```
case WM_QUERYNEWPALETTE:
    if (hPal==NULL)
        return FALSE;
    hdc=GetDC(hWnd);
    SelectPalette(hdc,hPal,FALSE);
    RealizePalette(hdc);
    ReleaseDC(hWnd,hdc);
    InvalidateRect(hWnd,NULL,TRUE);
    return TRUE;
case WM_PALETTECHANGED:
    if ((hPal==NULL) && ((HWND)wParam==hWnd))
        break;
    hdc=GetDC(hWnd);
    SelectPalette(hdc,hPal,FALSE);
    RealizePalette(hdc);
    UpdateColors(hdc);
    ReleaseDC(hWnd,hdc);
    return TRUE;
```

WM_QUERYNEWPALETTE 메시지를 받았을 때 자신의 팔레트를 다시 실현(Realize)시켰다. 이제 이 프로그램은 자신이 포커스를 받을 때 항상 자신의 팔레트를 시스템 팔레트에 실현하게 되며 적어도 포커스를 가지고 있는 동안은 작업영역에 그림이 제대로 출력된다.

한 응용 프로그램이 시스템 팔레트를 변경하기 전에 모든 최상위 윈도우에게 WM_PALETTECHANGING 메시지가 전달되며 시스템 팔레트가 변경된 후에 모든 최상위 윈도우에게 WM_PALETTECHANGED 메시지가 보내진다. 이 메시지는 팔레트를 사용하는 백그라운드 윈도우에게 자신의 논리 팔레트를 실현하고 작업영역을 갱신할 기회를 준다. 이 메시지의 wParam으로는 시스템 팔레트를 변경한 윈도우의 핸들이 전달되는데 자신이 팔레트를 변경한 경우를 제외하고는 팔레트를 다시 실현해야 한다.

33-7-마. 256색 비트맵 출력

29장에서 BMP 파일을 읽어 화면으로 출력하는 ReadDIB라는 예제를 만들었는데 이 예제는 팔레트에 대한 처리를 하지 않기 때문에 256모드에서는 제대로 이미지를 보여주지 못한다. 256모드에서 팔레트를 가지는 비트맵을 읽어오면 비트맵의 색상이 엉망으로 출력되는데 왜냐하면 이 비트맵의 래스터 데이터는 실제 색상값이 아닌 팔레트 인덱스를 가지고 있기 때문에 DIB의 팔레트를 시스템 팔레트에 실현하지 않은 상태에서는 색상값이 제대로 출력되지 않기 때문이다.

이 예제에 팔레트 기능을 추가해서 256모드에서 256비트맵을 제대로 출력하도록 ReadDIB2 예제를 작성해 보자. 대부분의 소스는 동일하되 LoadDIB 함수에서 팔레트를 생성하는 코드를 추가하고 WM_PAINT에서 팔레트를 실현하는 코드를 작성하면 된다. 전체 소스를 다 보일 필요없이 수정된 부분만 보인다.

예 제 : ReadDIB2

```
HPALETTE hPal;
void LoadDIB(LPCTSTR Path)
{
    HANDLE hFile;
    DWORD FileSize, dwRead;
    int nCol,i;
    LOGPALETTE *pPal;
    RGBQUAD *pRgb;

============== 중간 생략 ==============

    // 팔레트가 이미 정의되어 있으면 해제한다.
    if (hPal) {
        DeleteObject(hPal);
    }

    // 비트맵의 색상수를 구한다.
    nCol=(ih->biBitCount==24 ? 0:1 << ih->biBitCount);
    // 트루컬러인 경우는 팔레트가 없다.
    if (nCol != 256) {
        hPal=NULL;
    } else {
        // 비트맵의 색상 테이블 포인터를 구한다.
        pRgb=(RGBQUAD *)((PBYTE)ih+sizeof(ih));

        // 팔레트 생성을 위한 메모리를 할당한다.
        pPal=(LOGPALETTE *)malloc(sizeof(LOGPALETTE)+nCol*sizeof(PALETTEENTRY));
        pPal->palNumEntries=nCol;
        pPal->palVersion=0x300;

        // 비트맵의 색상 정보를 팔레트로 읽어들인다.
        for (i=0;i<nCol;i++) {
            pPal->palPalEntry[i].peRed=pRgb[i].rgbRed;
            pPal->palPalEntry[i].peGreen=pRgb[i].rgbGreen;
            pPal->palPalEntry[i].peBlue=pRgb[i].rgbBlue;
            pPal->palPalEntry[i].peFlags=0;
        }

        // 팔레트를 생성한다.
        hPal=CreatePalette(pPal);
        free(pPal);
    }
}

LRESULT CALLBACK WndProc(HWND hWnd,UINT iMessage,WPARAM wParam,LPARAM lParam)
{
============== 중간 생략 ==============
    case WM_PAINT:
        hdc=BeginPaint(hWnd, &ps);
        if (fh) {
            // 팔레트가 정의되어 있으면 선택해 준다.
            if (hPal && (GetDeviceCaps(hdc,RASTERCAPS) & RC_PALETTE)) {
                SelectPalette(hdc,hPal,FALSE);
```

```
            RealizePalette(hdc);
        }
        SetDIBitsToDevice(hdc,0,0,bx,by,0,0,0,by,pRaster,
            (BITMAPINFO *)ih,DIB_RGB_COLORS);
    }
    EndPaint(hWnd, &ps);
    return 0;
```

팔레트 핸들을 저장하기 위해 전역변수 hPal이 추가되었다. LoadDIB 함수에서 비트맵의 색상수를 조사해 보고 256색상의 비트맵이면 팔레트를 만든다. 팔레트는 비트맵 정보 구조체 다음에 위치하므로 이 포인터를 구해 팔레트에 채우기만 하면 된다. WM_PAINT에서는 팔레트를 DC에 실현함으로써 시스템 팔레트에 비트맵이 요구하는 색상을 설정한 후 비트맵을 출력했다. 이 코드들 외에 팔레트 메시지를 처리하는 코드가 더 추가되어 있다.

이제 256색상의 비트맵을 읽어도 제대로 색상을 보여줄 것이다. 그러나 팔레트를 사용하는 다른 프로그램으로 포커스가 이동되면 잠시 이미지가 깨지는 현상을 목격할 수 있으며 팔레트를 과도하게 사용하는 프로그램이 있으면 이미지 색상이 원색에서 점점 멀어지게 된다. 이는 하드웨어적인 한계이므로 극복할 수 있는 방법이 전혀 없다.

34-1 시스템 정보

34-1-가. 시스템 정보 조사

윈도우즈 운영체제에서 실행되는 프로그램들은 통일된 API를 사용하기 때문에 한 번 컴파일해 놓으면 같은 실행 파일로 어떤 윈도우즈에서나 동일하게 실행된다. 이 책에 있는 대부분의 예제들은 순수한 API로만 작성되었기 때문에 98에서나 NT에서나 또는 빠른 시스템에서나 느린 시스템에서나 가리지 않고 실행될 것이다. 대부분의 경우 이것은 진실이지만 실제로는 그렇지 않은 경우도 있으며 또한 상황과 환경에 따라 의도적으로 다르게 동작해야 하는 경우도 있다.

프로그램은 자신이 실행되는 환경을 조사한 후 환경에 맞게 실행해야 한다. 극단적인 예를 든다면 사운드 카드가 없는 시스템에서는 당연히 소리를 낼 수 없기 때문에 음악 프로그램은 실행을 거부하는 것이 마땅하며 흑백 모니터에서 색상을 표현할 수 없으므로 그래픽 편집 소프트웨어를 실행하기에는 부적당하다. 이런 정보도 조사하지 않고 무조건 실행된다면 이 프로그램은 무척 멍청한 프로그램이 될 것이다. 시중의 상용 소프트웨어들은 자신이 실행될 수 있는 적절한 환경인지 조사한 후 실행하거나 아니면 시스템의 능력에 맞게 적절한 방법을 선택한다.

응용 프로그램이 제대로 실행되기 위해서, 그리고 다른 프로그램이나 운영체제와 매끄러운 조화를 이루기 위해서는 여러 가지 다양한 시스템 정보들이 필요하다. 또한 시스템이 제공하는 성능을 최대한으로 활용하기 위해서도 정확한 시스템 정보가 필요하다. 이 장에서는 시스템 정보를 조사하여 정보에 따라 적절히 동작하는 호환성 높은 프로그램을 작성하는 방법에 대해 다룬다. 시스템 정보에는 어떤 것들이 있으며 어떻게 조사하고 바꾸는지를 살펴볼 것이다. 가장 쉬운 예부터 시작해 보자. 시스템의 정보를 조사하는 함수들 중 가장 기본이 되는 함수는 다음 함수이다.

VOID GetSystemInfo(LPSYSTEM_INFO lpSystemInfo);

이 함수는 시스템의 구성 정보를 조사하여 인수로 전달된 구조체에 채워 리턴한다. 출력용 구조체이므로 초기화할 필요는 없다. 시스템 정보 구조체는 다음과 같이 선언되어 있는데 솔직히 그다지 유용한 정보는 없는 셈이다.

```
typedef struct _SYSTEM_INFO {
  union {
    DWORD   dwOemId;
    struct {
      WORD wProcessorArchitecture;
      WORD wReserved;
    };
  };
  DWORD   dwPageSize;
  LPVOID lpMinimumApplicationAddress;
  LPVOID lpMaximumApplicationAddress;
  DWORD_PTR dwActiveProcessorMask;
  DWORD dwNumberOfProcessors;
  DWORD dwProcessorType;
  DWORD dwAllocationGranularity;
  WORD wProcessorLevel;
  WORD wProcessorRevision;
} SYSTEM_INFO;
```

주로 CPU와 메모리에 관련된 정보인데 메모리 관련 정보에 대해서는 메모리 관련 내용을 다룰 때 자세하게 다시 알아본다. 이 구조체의 정보를 참조하면 CPU는 몇 개이고 어떤 종류의 CPU인지를 알아낼 수 있다. 윈도우즈 NT는 인텔 계열의 CPU뿐만 아니라 MIPS나 ALPHA같은 다른 종류의 CPU에서도 실행되는 버전이 따로 제공되고 있으며 복수 개의 CPU를 지원한다. 다음 함수는 키보드의 종류와 펑션키 개수를 조사하는 함수이다.

int GetKeyboardType(int nTypeFlag);

nTypeFlag에 0을 주면 키보드 종류를 조사하며 1을 주면 키보드의 서브 타입을, 2를 주면 펑션키의 개수를 조사한다. 이 함수가 리턴하는 키보드 종류에 관련된 정보들은 다음 예제의 소스를 직접 참고하기 바란다.

예 제 : GetSystemInfo

```
LRESULT CALLBACK WndProc(HWND hWnd,UINT iMessage,WPARAM wParam,LPARAM lParam)
{
    HDC hdc;
    PAINTSTRUCT ps;
    SYSTEM_INFO si;
    TCHAR str[128];
    TCHAR Arch[100], Level[100];
    TCHAR KeyType[100];
    static int arFunc[]={0,10,12,10,12,10,24,7,8,9,10,11,12};

    switch (iMessage) {
    case WM_PAINT:
        hdc=BeginPaint(hWnd, &ps);
        GetSystemInfo(&si);
        wsprintf(str, "프로세서의 개수는 %d개 입니다", si.dwNumberOfProcessors);
        TextOut(hdc,10,10,str,lstrlen(str));
        switch (si.wProcessorArchitecture) {
            case PROCESSOR_ARCHITECTURE_INTEL:lstrcpy(Arch, "Intel");break;
            case PROCESSOR_ARCHITECTURE_MIPS:lstrcpy(Arch, "MIPS");break;
            case PROCESSOR_ARCHITECTURE_ALPHA:lstrcpy(Arch, "Alpha");break;
```

```
            case PROCESSOR_ARCHITECTURE_PPC:lstrcpy(Arch, "Power PC");break;
            case PROCESSOR_ARCHITECTURE_UNKNOWN:lstrcpy(Arch, "알수없음");break;
        }
        switch (si.wProcessorLevel) {
            case 3:lstrcpy(Level,"80386");break;
            case 4:lstrcpy(Level,"80486");break;
            case 5:lstrcpy(Level,"Pentium");break;
            case 6:lstrcpy(Level,"Pentium Pro or Pentium II");break;
            default:lstrcpy(Level,"기타");break;
        }
        wsprintf(str, "CPU 종류는 %s이며 레벨은 %s, 리비전은 %x입니다",
            Arch, Level, si.wProcessorRevision);
        TextOut(hdc,10,30,str,lstrlen(str));

        switch (GetKeyboardType(0)) {
            case 1:lstrcpy(KeyType, "IBM PC/XT or compatible(83 key)");break;
            case 2:lstrcpy(KeyType, "Olivetti ICO(102 key)");break;
            case 3:lstrcpy(KeyType, "IBM PC/AT (84 key)");break;
            case 4:lstrcpy(KeyType, "IBM enhanced(101 or 102 key)");break;
            case 5:lstrcpy(KeyType, "Nokia 1050");break;
            case 6:lstrcpy(KeyType, "Nokia 9140");break;
            case 7:lstrcpy(KeyType, "일본 키보드");break;
            default:lstrcpy(KeyType, "기타 키보드");break;
        }
        wsprintf(str,"키보드 타입은 %s이며 서브 타입은 %d, 펑션키는 %d개입니다",
            KeyType, GetKeyboardType(1), arFunc[GetKeyboardType(2)]);
        TextOut(hdc,10,50,str,lstrlen(str));
        EndPaint(hWnd, &ps);
        return 0;
    case WM_DESTROY:
        PostQuitMessage(0);
        return 0;
    }
    return(DefWindowProc(hWnd,iMessage,wParam,lParam));
}
```

WM_PAINT에서 두 함수를 차례대로 호출하여 관심 있는 정보를 조사해 화면으로 출력하는 간단한 구조로 되어 있다. 조사된 정보를 어떻게 해석하는지는 소스를 보면 쉽게 알 수 있을 것이다. 실행 모습은 다음과 같다.

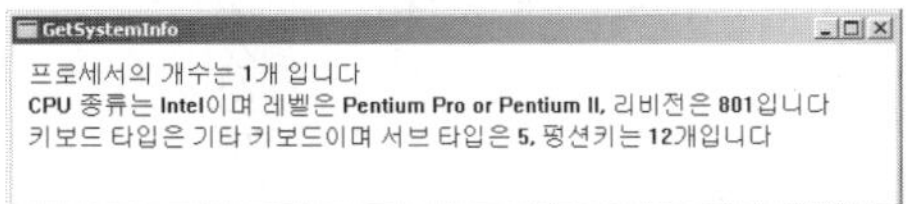

실시간으로 시스템 정보를 조사하므로 어떤 컴퓨터에서 실행하는가에 따라 결과는 달라진다. 최근 출시된 하이퍼 스레딩 지원 CPU나 듀얼 코어 CPU는 물리적인 CPU는 하나지만 논리적인 CPU가 두 개 이상이므로 이 개수대로 조사된다. 조사된 정보를 활용하는 용도는 프로그램에 따라 다양하다. CPU가 꼭 2개 있는 시스템을 원한다든가, 펑션키가 12개가 되는 키보드인지 조사해야 한다면 이런 함수들을 사용할 수 있다.

34-1-나. 컴퓨터 이름 조사

윈도우즈에서 각 컴퓨터는 고유의 이름을 가지고 있다. 특히 네트워크 환경에서 컴퓨터의 이름은 무척 중요한 의미를 갖는다. 또한 현재 로긴한 사용자의 ID가 필요한 경우도 있다. 이 두 가지 기본적인 정보는 다음 두 함수로 간단하게 조사할 수 있다.

BOOL GetComputerName(LPTSTR lpBuffer, LPDWORD lpnSize);
BOOL GetUserName(LPTSTR lpBuffer, LPDWORD nSize);

두 함수 모두 이름과 원형이 아주 직관적이다. 이름을 리턴받기 위한 버퍼의 주소를 첫 번째 인수로 넘겨주고 두 번째 인수에는 이 버퍼의 길이를 담은 정수형 변수를 넘겨주면 된다. 두 번째 인수에 참조 호출을 사용하는 이유는 버퍼 길이가 부족할 경우 필요한 길이를 리턴하기 위해서인데 원칙상 이 인수로 NULL을 전달하여 필요한 길이를 조사한 후 메모리를 할당하고 다시 한 번 더 호출하는 것이 옳다.

가변 길이를 입력받는 함수들이 흔히 이런 구조를 가지고 있는데 길이를 예측할 수 없기 때문에 참조 호출로 필요한 길이를 리턴하는 식이다. 그러나 컴퓨터 이름이나 사용자 이름은 기껏해야 십여자에 불가하므로 굳이 두 번 호출할 필요없이 버퍼 길이를 충분하게 제공하면 별 문제가 없다. 간단한 함수들이므로 예제도 무척 쉽다.

예 제 : SysInfo

```
LRESULT CALLBACK WndProc(HWND hWnd,UINT iMessage,WPARAM wParam,LPARAM lParam)
{
    TCHAR szComName[255];
    TCHAR szUserName[255];
    TCHAR str[255];
    DWORD len;
    HDC hdc;
    PAINTSTRUCT ps;

    switch (iMessage) {
    case WM_PAINT:
        hdc=BeginPaint(hWnd, &ps);
        len=255;
        GetComputerName(szComName,&len);
        len=255;
        GetUserName(szUserName,&len);
        wsprintf(str,"컴퓨터 이름=%s, 사용자 이름=%s",szComName, szUserName);
        TextOut(hdc,50,50,str,lstrlen(str));
        EndPaint(hWnd, &ps);
        return 0;
    case WM_DESTROY:
        PostQuitMessage(0);
        return 0;
    }
    return(DefWindowProc(hWnd,iMessage,wParam,lParam));
}
```

버퍼 길이는 255자로 아주 충분하게 잡아 주었으며 이 길이를 길이 변수인 len에 대입해 두 번째 인수로 전달하였다. 실행 결과는 컴퓨터마다 달라질 것이다.

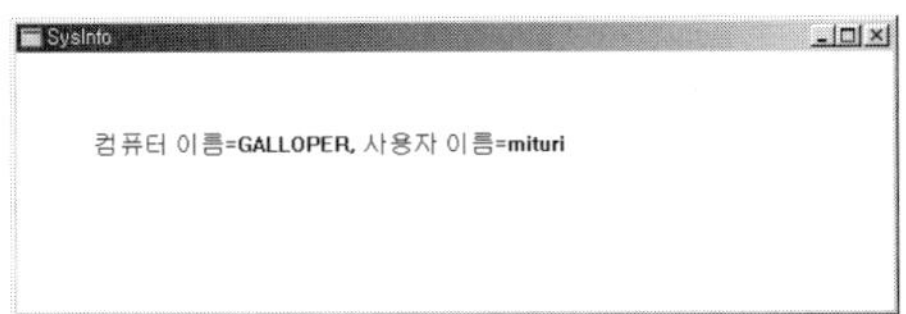

설치 프로그램들은 제품 등록 페이지에서 이 정보를 읽어 사용자 이름을 미리 에디트 박스에 입력해 주기도 한다. 다음 함수를 사용하면 컴퓨터의 이름을 즉시 바꿀 수도 있다.

```
BOOL SetComputerName( LPCTSTR lpComputerName );
```

변경된 컴퓨터의 이름은 레지스트리에 저장되며 이 변경은 컴퓨터를 다시 부팅할 때 적용된다. 그러나 컴퓨터 이름을 함부로 바꾸게 되면 잘 돌아가던 컴퓨터의 설정이 초기화되어 여기저기서 말썽이 생길 수도 있으므로 함부로 바꾸어서는 안 된다. 이 함수들 외에 2000이상에서만 지원되는 GetComputerNameEx, GetUserNameEx 등의 함수들도 있는데 원하는 정보를 다양한 포맷으로 조사하기는 하지만 2000 이하의 운영체제에서는 사용할 수 없다.

34-1-다. 시스템 색상 조사

시스템 색상이란 운영체제가 등록해 놓고 사용하는 색상을 말한다. 운영체제는 고정된 색상을 사용하지 않고 시스템 색상을 항상 참조하여 화면 출력을 하는데 예를 들어 활성화된 제목 표시줄은 파란색으로 그리고 버튼은 밝은 회색으로, 윈도우 작업영역은 흰색으로 그린다. 시스템 색상을 사용하면 항상 통일된 색상으로 화면 출력을 할 수 있다. 바탕화면 등록 정보의 화면 배색 페이지에서 시스템 색상은 언제든지 변경할 수 있다.

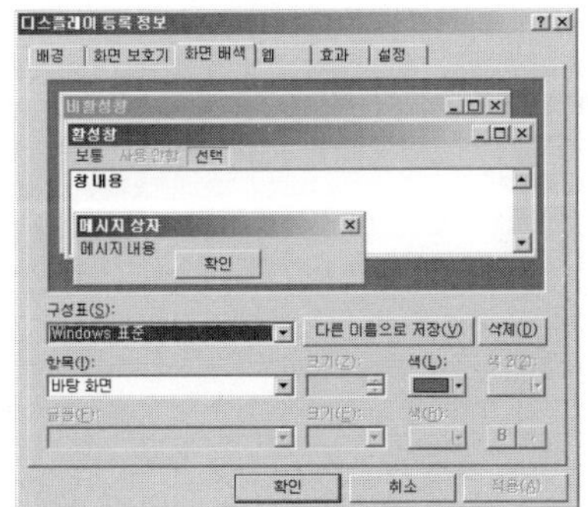

운영체제는 이 대화상자에서 지정한 색상대로 윈도우를 그리기 때문에 사용자의 취향이 모든 윈도우에 제대로 반영된다. 응용 프로그램도 항상 시스템 색상을 조사해서 화면 출력을 해야만 사용자가 지정한 색상을 제대로 표현할 수 있다. 예를 들어 타이틀 바를 디폴트로 사용하지 않고 직접 그려서 표현하는 프로그램이 있는데 보통 타이틀 바는 파란색이므로 RGB(0,0,255) 색상으로 타이틀 바를 그렸다고 해 보자. 대부분의 경우 이 설정이 별 말썽이 되지 않지만 타이틀 바를 빨간색으로 설정한 시스템에서는 혼자만 파란색으로 나타나 별로 보기 좋지 않다. 12장의 MiniSpy2 예제는 이 문제를 제대로 처리하고 있다.

또한 윈도우의 작업영역도 대부분의 경우 흰색이지만 반드시 흰색인 것은 아니다. 눈이 부신 사람은 작업영역을 옅은 회색으로 바꿔서 사용할 수도 있으므로 메인 윈도우의 배경 브러시도 이 색상으로 맞추는 것이 바람직하다. 이 책의 초반부 예제들은 배경 브러시 지정을 다음과 같이 흰색으로 고정해 놓았다.

```
WndClass.hbrBackground=(HBRUSH)GetStockObject(WHITE_BRUSH);
```

이렇게 한 이유는 API를 처음 배우는 사람에게 조금이라도 부담을 주지 않기 위해서일 뿐이다. 2장의 First 예제는 안 그래도 복잡해서 머리가 빙빙 돌 지경인데 이 단계에서 시스템 색상에 대한 얘기를 하는 것은 적당하지 않기 때문이다. 원칙대로 하자면 다음과 같이 시스템 색상을 사용하는 것이 바람직하다.

```
WndClass.hbrBackground=(HBRUSH)(COLOR_WINDOW+1);
```

이렇게 해 두면 사용자가 지정한 윈도우 배경색이 그대로 적용되어 다른 윈도우들과 조화를 이룰 수 있다. 5장에서 시작 파일로 작성한 ApiStart.txt는 이 코드대로 작성되어 있으며 6장 이후의 모든 예제는 시스템 색상을 사용한다. 시스템 색상을 조사할 때는 다음 함수를 사용한다.

DWORD GetSysColor(int nIndex);

nIndex에 알고자 하는 색상 요소를 지정하면 해당 요소의 시스템 색상을 조사해 리턴한다. nIndex는 COLOR_로 시작되는 매크로 상수가 정의되어 있는데 이 인수의 완전한 목록은 다음 예제의 소스를 참고하기 바란다. COLOR_ACTIVECAPTION은 활성 윈도우의 제목 표시줄, COLOR_BTNTEXT는 버튼의 텍스트 색상 등과 같이 매크로 상수만 봐도 그 의미를 바로 알 수 있도록 작성되어 있다. 시스템 색상을 변경할 때는 다음 함수를 사용한다.

BOOL WINAPI SetSysColors(int cElements, CONST INT *lpaElements, CONST COLORREF *lpaRgbValues);

이 함수는 한꺼번에 여러 요소의 색상을 변경할 수 있다. cElements에 변경하고자 하는 요소의 개수를 지정하고 변경 대상 요소와 각 요소의 색상을 배열로 정의한 후 그 배열 포인터를 각각 두 번째, 세 번째 인수로 전달하면 된다. 다음 예제는 현재의 시스템 색상 설정 상태를 덤프해 보여준다.

예 제 : SysColor

```
struct tag_SysColor {
    int nIndex;
    TCHAR *Name;
}arSC[]={
    {COLOR_3DDKSHADOW,"COLOR_3DDKSHADOW"},
    {COLOR_3DFACE,"COLOR_3DFACE"},
    ============= 목록 생략 ===============
    {COLOR_WINDOWFRAME,"COLOR_WINDOWFRAME"},
    {COLOR_WINDOWTEXT,"COLOR_WINDOWTEXT"},
};

void PrintSysColor(HDC hdc)
{
    int i;
    TCHAR str[255];
    HBRUSH hSys,hOld;

    for (i=0;i<sizeof(arSC)/sizeof(arSC[0]);i++) {
        wsprintf(str,"%s=%X",arSC[i].Name,GetSysColor(arSC[i].nIndex));
```

```
        TextOut(hdc,0,i*20+20,str,lstrlen(str));
        hSys=GetSysColorBrush(arSC[i].nIndex);
        hOld=(HBRUSH)SelectObject(hdc,hSys);
        Rectangle(hdc,300,i*20+20,400,i*20+38);
        SelectObject(hdc,hOld);
    }
}

LRESULT CALLBACK WndProc(HWND hWnd,UINT iMessage,WPARAM wParam,LPARAM lParam)
{
    HDC hdc;
    PAINTSTRUCT ps;
    int arSysIndex[3]={COLOR_ACTIVECAPTION, COLOR_BACKGROUND, COLOR_WINDOW};
    COLORREF arSysColor[3]={RGB(255,0,0),RGB(0,255,0),RGB(128,128,128)};
    TCHAR *Mes="오른쪽 버튼을 누르면 제목 표시줄, 바탕화면, 윈도우 색상을 변경합니다";

    switch (iMessage) {
    case WM_RBUTTONDOWN:
        SetSysColors(3,arSysIndex,arSysColor);
        return 0;
    case WM_PAINT:
        hdc=BeginPaint(hWnd, &ps);
        PrintSysColor(hdc);
        TextOut(hdc,0,2,Mes,lstrlen(Mes));
        EndPaint(hWnd, &ps);
        return 0;
    case WM_DESTROY:
        PostQuitMessage(0);
        return 0;
    }
    return(DefWindowProc(hWnd,iMessage,wParam,lParam));
}
```

시스템 색상 매크로 상수를 arSC 배열로 선언하고 각 시스템 색상의 이름과 실제 색상을 화면으로 출력하였다. 이중 COLOR_HOTLIGHT 등 몇 가지는 2000에서 추가된 것이어서 WINVER을 0x500으로 정의했다. 98에서 컴파일해 보려면 이 배열 요소를 주석 처리해야 한다. 실행 결과는 다음과 같다.

PrintSysColor 함수에서 각 색상 요소의 이름과 색상값을 16진수로 출력하였으며 해당 색상으로 사각형을 그려 직접 색상을 확인하였다. 조사된 시스템 색상으로 브러시를 만들 때는 다음 함수를 사용하면 된다.

HBRUSH GetSysColorBrush(int nIndex);

이 함수는 nIndex 시스템 색상으로 브러시를 만들어 그 핸들을 리턴하는데 다음 함수 호출문과 동일하다.

```
CreateSolidBrush(GetSysColor(nIndex));
```

시스템 색상을 조사한 후 조사된 색으로 단색의 브러시를 직접 만드는 코드이다. 그러나 GetSysColorBrush는 단순히 함수 호출 횟수를 줄이는 것뿐만 아니라 캐시된 브러시를 사용하기 때문에 속도가 훨씬 더 빠르다는 장점이 있다. 이 함수가 리턴하는 브러시는 User 모듈이 제공하는 일종의 스톡 오브젝트이므로 생성 속도가 훨씬 더 빠르며 파괴할 필요도 없다. CreateSolidBrush로 브러시를 생성했으면 사용후 반드시 파괴해야 하는 번거로움이 있다.

이 예제는 또한 시스템 색상 변경 방법을 보여주기 위해 마우스 오른쪽 버튼을 누르면 세 가지 주요 시스템 색상을 변경하는 코드를 가지고 있다. 세 가지 색상 요소 배열과 각 요소의 색상값을 가지는 배열을 선언한 후 SetSysColors 함수를 호출해 색상을 변경한다.

변경하고자 하는 색상 요소를 모두 배열에 넣어 두고 대응되는 색상값을 또 다른 배열에 정의하고 SetSysColors 함수만 호출하면 된다. 이 함수는 시스템 색상을 변경한 후 모든 윈도우에게 WM_SYSCOLORCHANGE 메시지를 보내 변경된 시스템 색상을 즉시 적용하도록 한다. 학습용 예제라 시스템 색상을 변경해 봤는데 일반적인 응용 프로그램들은 사용자의 고유 취향인 시스템 색상을 함부로 변경해서는 안된다.

34-1-라. 운영체제의 버전 조사

윈도우즈 운영체제도 여러 버전이 존재하는데 16비트용의 3.1버전은 일단 제외하고 크게 95/98/SE/ME 계열이 있고 NT/2000 계열이 있다. 두 계열은 기본적인 구조가 다르기 때문에 기능상 확연한 차이가 있다. 그래서 두 운영체제에서 모두 실행되려면 현재 운영체제의 버전에 따라 다른 코드를 실행해야 할 필요가 있으며 또는 적어도 버전 차이로 인해 실행할 수 없다는 친절한 경고라도 출력해야 한다.

예를 들어 95계열은 보안에 대한 프로그래밍을 할 수 없으며 NT는 USB를 지원하지 못한다. 이런 차이를 구분하지 않고 프로그래밍한다면 98에서는 잘 실행되는데 2000에서는 실행되지 않는다거나 또는 반대의 경우가 발생할 것이다. 이 외에도 운영체제의 버전은 여러 가지 목적으로 조사해야 할 필요가 있다. 심지어 같은 버전의 운영체제에서도 서비스 팩이나 옵션 팩 등의 부가 설치 요소에 따라 기능이 달라지는 경우도 있다.

운영체제의 버전을 조사하는 함수는 GetVersion이라는 함수가 있는데 이 함수는 알려진 버그가 너무 많고 함수 원형이 헷갈리게 디자인되어 많은 실수를 유발했다. 초기 버그를 수정한 함수에 또 다른 버그가 보고되는 등 한마디로 유명한 버그 투성이였으며 게다가 조사하는 정보도 오로지 버전 뿐이라 실용성도 크게 떨어졌다. 그래서 이 함수는 지금은 사용이 금지되었다. 다음 함수를 사용하면 더 자세하고 정확한 정보를 조사할 수 있다.

BOOL GetVersionEx(LPOSVERSIONINFO lpVersionInfo);

조사된 버전 정보를 OSVERSIONINFO(EX)라는 구조체에 리턴한다. 이 구조체는 다음과 같이 선언되어 있다.

```
typedef struct _OSVERSIONINFOEX {
  DWORD dwOSVersionInfoSize;
  DWORD dwMajorVersion;
  DWORD dwMinorVersion;
  DWORD dwBuildNumber;
  DWORD dwPlatformId;
  TCHAR szCSDVersion[128];
  WORD wServicePackMajor;
  WORD wServicePackMinor;
  WORD wSuiteMask;
  BYTE wProductType;
  BYTE wReserved;
} OSVERSIONINFOEX;
```

원래의 OSVERSIONINFO 구조체는 szCSDVersion까지밖에 없었으나 NT 4.0 서비스팩 6 이후에 제품 유형, 서비스팩 버전, 구성 요소 등 몇 개의 멤버가 더 추가되었다. 2000이상의 버전에서는 EX 구조체를 사용하는 것이 좋겠으나 호환성을 위해서라면 아직까지도 EX는 자재하는 것이 바람직하다. dwOSVersionInfoSize는 이 구조체의 크기를 지정하는 버전 확인용 멤버인데 함수 호출 전에 sizeof(OSVERSIONINFO) 값을 대입해 두면 이전 구조체 멤버만 조사하며 EX 구조체의 크기를 대입해 두면 확장된 구조체의 모든 정보를 조사한다.

dwMajorVersion에는 버전의 정수부가 대입되며 dwMinorVersion에는 소수부가 대입된다. 예를 들어 NT 3.51이라면 Major에 3이 대입되며 Minor에 51이 대입될 것이다. 2000은 5.0이며 XP는 5.1, 윈도우즈 서버 2003은 5.2이다. dwBuildNumber는 이름 그대로 빌드 번호이다. dwPlatformId는 운영체제의 계열을 나타내며 다음 세 가지 중 하나의 값을 가진다.

값	설명
VER_PLATFORM_WIN32S	윈도우즈 3.1에서 실행되는 Win32s
VER_PLATFORM_WIN32_WINDOWS	윈도우즈 95/98
VER_PLATFORM_WIN32_NT	윈도우즈 NT/2000

이 값은 운영체제의 기능을 판가름할 수 있는 아주 중요한 정보로 활용된다. szCSDVersion은 버전에 대한 추가 정보를 가지는 문자열인데 설치된 서비스 팩, 옵션 팩, 플러스 등에 대한 정보가 기록되어 있다. 문자열이기 때문에 파싱해야 서비스 팩의 정확한 버전을 구할 수 있다. 반면 확장 구조체를 사용하면 정수로 된 서비스 팩 번호를 쉽게 구할 수 있다. 다음 예제는 운영체제의 버전을 조사해 화면으로 출력한다.

예 제 : OSVersion

```
LRESULT CALLBACK WndProc(HWND hWnd,UINT iMessage,WPARAM wParam,LPARAM lParam)
{
    HDC hdc;
    PAINTSTRUCT ps;
    OSVERSIONINFO osv;
    TCHAR str[255];
    TCHAR Plat[255];
    switch (iMessage) {
    case WM_PAINT:
        hdc=BeginPaint(hWnd, &ps);
        osv.dwOSVersionInfoSize=sizeof(OSVERSIONINFO);
        GetVersionEx(&osv);
        wsprintf(str,"운영체제 버전 = %d.%d, 빌더 넘버=%d",
            osv.dwMajorVersion, osv.dwMinorVersion, osv.dwBuildNumber);
        TextOut(hdc,50,50,str,lstrlen(str));
        switch (osv.dwPlatformId) {
        case VER_PLATFORM_WIN32s:
            lstrcpy(Plat,"윈도우즈 3.1의 Win32s");
            break;
        case VER_PLATFORM_WIN32_WINDOWS:
            lstrcpy(Plat,"윈도우즈 95/98");
            break;
        case VER_PLATFORM_WIN32_NT:
            lstrcpy(Plat,"윈도우즈 NT, 2000");
            break;
        }

        wsprintf(str,"플랫폼=%s, 서비스팩=%s",Plat,osv.szCSDVersion);
        TextOut(hdc,50,70,str,lstrlen(str));
        EndPaint(hWnd, &ps);
        return 0;
    case WM_DESTROY:
        PostQuitMessage(0);
        return 0;
    }
    return(DefWindowProc(hWnd,iMessage,wParam,lParam));
}
```

GetVersionEx 함수를 호출해서 버전을 조사한 후 osv 구조체의 내용을 화면으로 출력하기만 한다. 실행 결과는 물론 시스템에 따라 달라질 것이다.

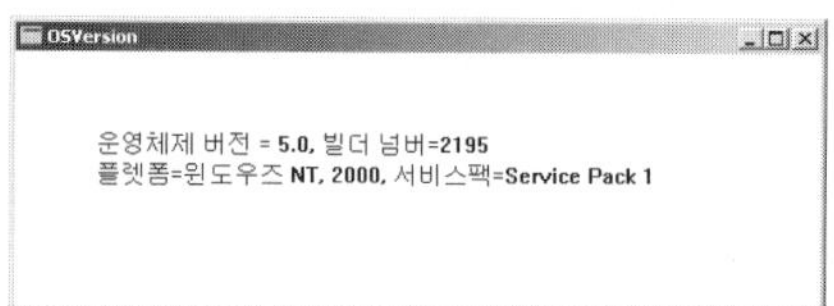

운영체제의 버전을 조사해야 할 경우는 많이 있지만 가장 흔한 경우는 특정 문제에 대한 해결 방법이 운영체제에 따라 달라지는 경우이다. 이 때는 실행중에 운영체제의 버전을 조사하여 적절한 방법을 사용하도록 코드를 작성해야 한다. 특히 95계열과 NT계열의 운영체제는 많은 부분 다른 점이 있어 이런 경우가 종종 발생하는데 각 운영체제 버전별로 프로그램을 따로 컴파일하지 않는 한 실행중에 버전을 조사하는 수밖에 없다. 대개의 경우는 하위 호환성이 있어 95/98에서 가능한 방법은 NT

이상에서도 가능하지만 파일 교체와 프로세스 열거 등은 완전히 달라 운영체제 버전을 조사해야 한다.

여기서는 실행중인 모듈을 다른 파일로 변경하는 방법에 대해 알아보자. 실행중인 모듈(DLL, EXE, OCX 등)은 쓰기 공유가 안 되기 때문에 프로그램을 종료하기 전에는 파일을 삭제하거나 다른 파일로 덮어쓸 수 없으며 이름을 바꿀 수도 없다. 그래서 프로세스간에 공유하는 DLL을 업데이트하고자 할 때 보통의 방법으로는 업데이트가 불가능하다. 이럴 때는 다음 부팅할 때 파일을 교체해야 하는데 이 방법이 NT의 경우와 98의 경우 각각 다르다.

먼저 NT의 경우 MoveFileEx 함수를 사용하되 MOVEFILE_DELAY_ UNTIL_REBOOT 플래그를 지정한다. 그러면 레지스트리에 이 파일이 교체되어야 함을 등록하고 운영체제는 다음 부팅할 때 파일을 지정한 파일로 대체한다. 만약 이 함수의 두 번째 인수가 NULL이면 해당 파일은 다음 부팅할 때 삭제된다. 95/98에서는 MoveFileEx라는 함수가 지원되지 않는다. 그래서 다른 방법을 사용해야 하는데 방법은 NT의 경우와 유사하다. 레지스트리에 교체할 파일을 적는 대신 WinInit.ini라는 파일에 교체 또는 삭제할 파일명을 적어 놓는다. 이 파일의 [rename] 섹션에 다음 방법대로 교체 대상 파일명과 새 파일명을 적어준다.

```
교체 파일 경로 = 새 파일 경로
```

운영체제는 부팅 직후에 WinInit.ini라는 파일을 읽고 이 파일에 기록된 명령에 따라 파일을 교체하거나 삭제한다. 그리고 다음번 부팅 때는 이 처리를 하지 않기 위해 WinInit.ini를 WinInit.bak로 변경한다. 주의할 것은 시스템이 이 파일을 처리하는 시점은 보호모드로 들어가기 전이기 때문에 파일명은 반드시 8.3 포맷의 짧은 이름으로 적어야 한다는 점이다. 파일 시스템이 로드되기 전이므로 긴 파일명은 인식하지 못한다. 긴 파일명을 짧은 파일명으로 바꿀 때는 GetShortPathName이라는 함수를 사용한다.

만약 파일을 지우고자 한다면 "NUL=지울파일" 이라고 적는다. 삭제할 파일이 여러 개라면 NUL= 명령을 여러 개 적는데 이 경우 WritePrivateProfileString 함수는 사용할 수 없으며 파일 입출력 함수로 직접 WinInit.ini 파일을 작성해야 한다. 왜냐하면 INI 함수는 같은 키를 두 개 이상 허용하지 않기 때문이다. WinInit.ini를 사용하는 방법은 NT에서는 전혀 동작하지 않는다.

파일을 교체, 삭제하는 방법과 그 주의점에 대해 더 자세히 알고 싶으면 MoveFileEx 함수의 도움말을 참조하기 바란다. 아무튼 이 두 방법은 버전에 따라 상호 배타적이기 때문에 모든 환경에서 파일을 제대로 교체하기 위해서는 버전을 조사한 후 두 방법중 적당한 코드를 실행하는 수 밖에 없다. 다음 예제는 운영체제 버전에 상관없이 파일을 교체한다.

예 제 : ReplaceFile

```
// 다음 부팅시에 파일을 교체한다.
void ReplaceFile(TCHAR *Src, TCHAR *Dest)
{
    TCHAR Src2[MAX_PATH];
    TCHAR Dest2[MAX_PATH];
    OSVERSIONINFO vi;
    vi.dwOSVersionInfoSize = sizeof(OSVERSIONINFO);
    GetVersionEx(&vi);
    if (vi.dwPlatformId == VER_PLATFORM_WIN32_NT) {
        MoveFileEx(Src, Dest, MOVEFILE_DELAY_UNTIL_REBOOT |
            MOVEFILE_REPLACE_EXISTING);
```

```
    } else {
        GetShortPathName(Src, Src2, MAX_PATH);
        GetShortPathName(Dest, Dest2, MAX_PATH);
        WritePrivateProfileString("rename",Dest2,Src2,"Wininit.ini");
    }
}

LRESULT CALLBACK WndProc(HWND hWnd,UINT iMessage,WPARAM wParam,LPARAM lParam)
{
    HDC hdc;
    PAINTSTRUCT ps;
    TCHAR *Mes="마우스 왼쪽 버튼을 누르면 다음 부팅할 때 FileOld.txt를 "
        "FileNew.Txt로 변경합니다.";

    switch (iMessage) {
    case WM_LBUTTONDOWN:
        ReplaceFile("c:\\FileNew.txt", "c:\\FileOld.txt");
        MessageBox(hWnd,"작업을 완료하였습니다. 다음 부팅할 때 파일이 교체됩니다",
            "알림",MB_OK);
        return 0;
    case WM_PAINT:
        hdc=BeginPaint(hWnd, &ps);
        TextOut(hdc,50,50,Mes,lstrlen(Mes));
        EndPaint(hWnd, &ps);
        return 0;
    case WM_DESTROY:
        PostQuitMessage(0);
        return 0;
    }
    return(DefWindowProc(hWnd,iMessage,wParam,lParam));
}
```

ReplaceFile이라는 유틸리티 함수가 작성되어 있는데 이 함수는 스스로 운영체제의 버전을 판별하여 동작하므로 재사용 가능하다. Src에 새 파일 이름을 주고 Dest에 교체할 파일 이름을 주면 MoveFileEx를 부르든지 아니면 INI 파일에 기록하든지 하여 파일을 교체할 것이다. 나머지 코드는 이 함수가 제대로 동작하는지 테스트하기 위한 코드이다. 프로젝트 디렉토리에 FileNew.txt 파일과 FileOld.txt 파일이 포함되어 있는데 이 파일을 C:\로 복사한 후 예제를 실행해 보자. NT에서는 레지스트리에 파일 교체 정보가 기록되며 98에서는 윈도우즈 디렉토리에 다음과 같은 WinInit.ini파일이 생성되어 있을 것이다.

```
[rename]
c:\FileOld.txt=c:\FileNew.txt
```

당장은 아무런 변화가 없지만 시스템을 재부팅해 보면 FileOld.txt가 FileNew.txt 파일로 변경되어 있을 것이다. 실행중에 있는 DLL 파일을 부득이하게 교체해야 할 필요가 있다면 이 함수로 교체한 후 시스템을 재부팅하면 된다.

운영체제 버전을 조사해야 할 또 다른 경우는 시스템의 성능을 최대한으로 활용해야 할 때이다. 예를 들어 스트레칭 모드 중 가장 품질이 좋은 HALFTONE은 NT 이상에서만 제공되는데 이 플래그를 쓰면 95/98에서는 제대로 실행되지 않을 것이다. 이럴 때 다음과 같이 운영체제 버전을 판별하여 해당 운영체제가 제공하는 최상의 플래그를 선택하면 된다.

```
if (NT계열) {
    HALFTONE 모드 사용
} else {
    COLORONCOLOR 모드 사용
}
```

이렇게 하면 양쪽 운영체제에서 모두 이상없이 잘 실행될 뿐만 아니라 실행 시스템의 모든 능력을 최대한 활용할 수 있어서 좋다. 이런 예는 아주 많은데 비트맵 브러시의 경우도 9x 계열은 8*8 크기만 가능하지만 NT는 더 큰 비트맵을 쓸 수 있고 2000 이상은 반투명한 윈도우를 만들 수도 있다. 지원 가능한 모든 기능을 다 사용하면서도 더 낮은 시스템에서도 큰 문제없이 실행되는 프로그램을 만들고 싶다면 자신이 실행되는 환경에 대한 정보가 필요하다. 다음 함수는 현재 운영체제가 원하는 조건에 맞는지를 검사한다.

BOOL VerifyVersionInfo(LPOSVERSIONINFOEX lpVersionInfo, DWORD dwTypeMask, DWORDLONG dwlConditionMask);

원하는 조건을 첫 번째 구조체에 기술하고 이 중 어떤 조건을 테스트할 지를 두 번째 마스크에 지정한다. 세번째 인수는 테스트 방식을 기술하는데 지정한 조건보다 이상인지 이하인지 완전히 같아야 하는지 등을 지정한다. 이 함수는 현재 운영체제가 지정한 조건에 맞는지를 리턴하는데 예를 들어 윈도우즈 XP의 서비스팩 2 이상이 설치되어 있는지를 조사할 수 있다.

34-1-마. DLL의 버전 조사

운영체제의 버전 정보만으로 모든 기능의 유무를 파악하는 것은 부족하다. 마이크로소프트는 운영체제 자체의 기능과는 별도로 공통 컨트롤과 쉘을 꾸준히 업데이트해 왔는데 주로 인터넷 익스플로러(IE)와 함께 이 컨트롤들을 배포해 왔다. 배포 대상 DLL은 Comctl32.dll, Shell32.dll, Shlwapi.dll 세 가지이며 어떤 DLL이 설치되었는가에 따라 공통 컨트롤과 쉘의 기능에 많은 차이가 발생한다. 그래서 IE 4.0이 설치된 윈도우즈 98보다 IE 5.0이 설치된 윈도우즈 95가 더 많은 기능을 제공하기도 한다. IE 버전에 따라 배포된 DLL의 버전은 대충 다음과 같이 요약할 수 있다.

버전	대상	운영체제, IE
4.00	모두	윈도우즈 95, NT 4.0
4.70	모두	IE 3.0
4.71	모두	IE. 4.0
4.72	모두	윈도우즈 98, IE 4.01
5.00	Shlwapi.dll	IE 5.0
5.00	Shell32.dll	윈도우즈 2000
5.80	Comctl32.dll	IE 5.0
5.81	Comctl32.dll	윈도우즈 2000
5.82	Comctl32.dll	윈도우즈 XP

공통 컨트롤들의 속성이나 메시지들은 버전에 따라 지원 여부가 달라지기 때문에 특정 기능을 사용하려면 반드시 공통 컨트롤의 버전을 조사해 보고 현재 시스템이 해당 기능을 지원하는지 알아본 후 사용해야 한다. 예를 들어 리스트 뷰의 ListView_SortItemsEx 함수(실제로는 메시지)는 5.80이상에

서만 제공되며 LVS_EX_UNDERLINEHOT 확장 스타일은 4.71이상에서만 사용할 수 있다. 이런 버전을 전혀 고려하지 않고 프로그램을 작성하면 상위 버전에서는 잘 실행되던 프로그램이 하위 버전에서는 선혀 실행되시 않거나 이상 동작을 하는 경우가 아주 빈번하다.

문제는 이 DLL의 버전이 위 표에 보인 것처럼 운영체제의 버전이나 IE의 버전과 반드시 일치하지 않는다는 점이다. 운영체제와 상관없이 IE는 사용자가 직접 설치할 수 있으며 IE와 함께 배포되었지만 커스텀 설치에서 공통 컨트롤의 업데이트를 하지 않을 수도 있기 때문이다. 그래서 이 DLL들의 버전 정보는 운영체제의 버전과는 별도로 개별 DLL의 버전을 따로따로 조사해야만 한다. 공통 컨트롤과 쉘의 기능을 제공하는 세 DLL은 버전 확인을 위해 스스로 DllGetVersion이라는 함수를 제공하고 있다. 즉 이 DLL 버전 정보를 가장 정확하게 알기 위해서는 DLL자신이 제공하는 정보를 조사하는 방법을 사용해야 한다.

HRESULT CALLBACK DllGetVersion(DLLVERSIONINFO *pdvi);

이 함수는 pdvi인수가 지정하는 DLL의 버전을 조사하여 다음 구조체에 채운다.

```
typedef struct _DllVersionInfo
{
    DWORD cbSize;
    DWORD dwMajorVersion;
    DWORD dwMinorVersion;
    DWORD dwBuildNumber;
    DWORD dwPlatformID;
}DLLVERSIONINFO;
```

DLL의 버전, 빌드 넘버, 플랫폼 ID 등의 정보가 조사된다. 이 함수는 DLL이 스스로 자신의 버전을 밝히기 위해 제공하도록 권장되는 함수이나 모든 DLL이 의무적으로 이 함수를 제공해야 하는 것은 아니다. 따라서 이 함수는 정적으로 링크될 수 없으며 실행중에 GetProcAddress로 번지를 조사해서 명시적으로 호출해야 한다. 다음 예제는 공통 컨트롤의 버전을 조사하여 화면으로 출력한다.

예 제 : ComCtlVer

```
DWORD MyDllGetVersion(LPCTSTR dll)
{
    HINSTANCE hInst;
    DLLVERSIONINFO dvi;
    DWORD Ver=0;
    DLLGETVERSIONPROC pFunc;
    HRESULT hr;

    hInst=LoadLibrary(dll);
    if (hInst == NULL)
        return Ver;

    pFunc=(DLLGETVERSIONPROC)GetProcAddress(hInst,"DllGetVersion");
    if (pFunc != NULL) {
        memset(&dvi,0,sizeof(DLLVERSIONINFO));
        dvi.cbSize=sizeof(DLLVERSIONINFO);

        hr=(*pFunc)(&dvi);
        if (SUCCEEDED(hr)) {
```

```
            Ver=MAKELONG(dvi.dwMinorVersion, dvi.dwMajorVersion);
        }
    }
    FreeLibrary(hInst);
    return Ver;
}

LRESULT CALLBACK WndProc(HWND hWnd,UINT iMessage,WPARAM wParam,LPARAM lParam)
{
    HDC hdc;
    PAINTSTRUCT ps;
    DWORD Ver;
    TCHAR str[255];

    switch (iMessage) {
    case WM_PAINT:
        hdc=BeginPaint(hWnd, &ps);
        Ver=MyDllGetVersion("ComCtl32.dll");
        wsprintf(str,"공통 컨트롤 버전 = %d.%d",HIWORD(Ver), LOWORD(Ver));
        TextOut(hdc,50,50,str,lstrlen(str));
        EndPaint(hWnd, &ps);
        return 0;
    case WM_DESTROY:
        PostQuitMessage(0);
        return 0;
    }
    return(DefWindowProc(hWnd,iMessage,wParam,lParam));
}
```

예제의 MyDllGetVersion 함수는 조사하고자 하는 DLL의 이름을 전달하면 이 DLL의 DllGetVersion 함수를 호출하여 버전을 조사하고 상위 워드에 정수부, 하위 워드에 실수부를 리턴한다. 이 함수는 아주 일반적으로 작성했으므로 다른 프로젝트에 쉽게 재사용할 수 있다. 이 함수 내부의 코드는 DLL의 함수를 명시적으로 호출하는 코드인데 관련 코드에 대해서는 DLL편을 참고하기 바란다. 쉘의 버전을 조사하려면 Shell32.dll이나 Shlwapi.dll을 인수로 넘겨주면 된다. 예제에서는 Comctl32.dll의 버전을 조사했는데 실행 결과는 시스템에 따라 달라질 것이다.

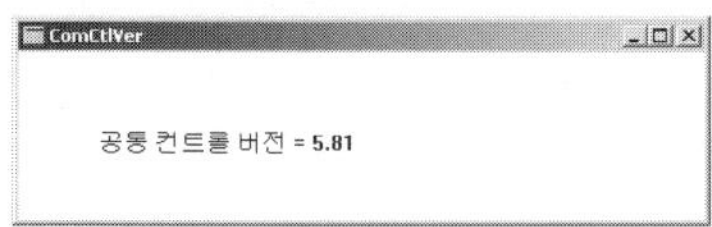

공통 컨트롤 버전 4.0 이상의 기능을 하나라도 사용하는 프로그램은 이 함수로 설치된 공통 컨트롤의 버전을 반드시 점검해 보고 지원하지 않는 기능은 사용하지 말아야 한다. 또는 사용자에게 기능이 제공되지 않음을 알리거나 업그레이드를 하라는 메시지라도 보여주어야 한다. 대부분의 시스템에 IE 4.0이상이 설치되어 있고 공통 컨트롤이나 쉘의 기능들은 대부분 4.71이하의 버전에서 제공되기 때문에 별 문제가 없어 보이나 속단하다가는 별로 크지도 않은 코를 심하게 다칠 수도 있으므로 주의하기 바란다.

34-2 설정 정보

34-2-가. 메트릭스

윈도우즈의 화면 구성을 보면 모든 윈도우가 거의 동일한 모양을 가지고 있다. 타이틀 바의 높이, 경계선의 두께, 타이틀 바의 버튼 크기 등등이 모두 균일하다. 윈도우즈의 화면 구성이나 설정 상태에 대한 이런 수치값들을 메트릭스라고 하는데 이 값들은 다음 함수로 구할 수 있다.

int GetSystemMetrics(int nIndex);

nIndex에 알고자 하는 요소값을 주면 결과값을 정수로 리턴한다. 이 함수가 조사하는 값의 대부분은 픽셀 단위이며 자주 사용하는 nIndex를 다음 표에 요약 정리하였다.

값	설명
SM_CMOUSEBUTTONS	마우스 버튼의 개수
SM_CX(Y)CURSOR	마우스 커서의 크기
SM_CX(Y)FRAME	크기 조정이 가능한 경계선의 높이와 폭
SM_CX(Y)BORDER	3차원 효과 윈도우의 경계선 높이와 폭
SM_CX(Y)SCREEN	화면의 수평, 수직 해상도
SM_CYCAPTION	타이틀바의 높이
SM_CYMENU	메뉴 바의 높이
SM_SWAPBUTTON	마우스의 좌우 버튼이 교체 상태이면 TRUE

모두 예외없이 SM_로 시작되며 화면 요소의 가로, 세로 크기를 각각 리턴하므로 CX, CY 두 쌍이 존재하는 경우가 많다. 많이 쓰이는 것들만 표로 요약했는데 더 자세한 정보는 레퍼런스나 다음 예제의 출력 결과를 참조하기 바란다. 이 함수로 윈도우즈의 현재 메트릭스 설정을 언제든지 조사할 수 있다. 다음 예제는 이 함수로 조사할 수 있는 모든 값들을 조사해 화면으로 출력한다.

예 제 : SysMetrics

```
struct tag_Metrics {
    int nIndex;
    TCHAR *Name;
}arSM[]={
    {SM_ARRANGE,"SM_ARRANGE"},
    {SM_CLEANBOOT,"SM_CLEANBOOT"},
    ============= 목록 생략 ===============
//  {SM_XVIRTUALSCREEN,"SM_XVIRTUALSCREEN"},
//  {SM_YVIRTUALSCREEN,"SM_YVIRTUALSCREEN"}
};

LRESULT CALLBACK WndProc(HWND hWnd,UINT iMessage,WPARAM wParam,LPARAM lParam)
{
    HDC hdc;
    PAINTSTRUCT ps;
    int i;
    TCHAR str[255];
    switch (iMessage) {
```

```
    case WM_CREATE:
        return 0;
    case WM_PAINT:
        hdc=BeginPaint(hWnd, &ps);
        for (i=0;i<sizeof(arSM)/sizeof(arSM[0]);i++) {
            wsprintf(str,"%s=%d",arSM[i].Name,GetSystemMetrics(arSM[i].nIndex));
            TextOut(hdc,(i/30)*250,(i % 30)*16,str,lstrlen(str));
        }
        EndPaint(hWnd, &ps);
        return 0;
    case WM_DESTROY:
        PostQuitMessage(0);
        return 0;
    }
    return(DefWindowProc(hWnd,iMessage,wParam,lParam));
}
```

arSM 배열에 모든 인덱스들을 정의했으며 WM_PAINT에서 이 배열 요소에 포함된 모든 메트릭스 값을 조사해 한 열에 30개씩 화면으로 출력하였다. 배열에 주석으로 처리된 인덱스는 비주얼 C++ 6.0이 아직 지원하지 않는 것들이다. 플랫폼 SDK를 설치하고 #define WINVER 0x500을 넣어주면 이 값들도 조사할 수 있다. 실행 결과는 다음과 같다.

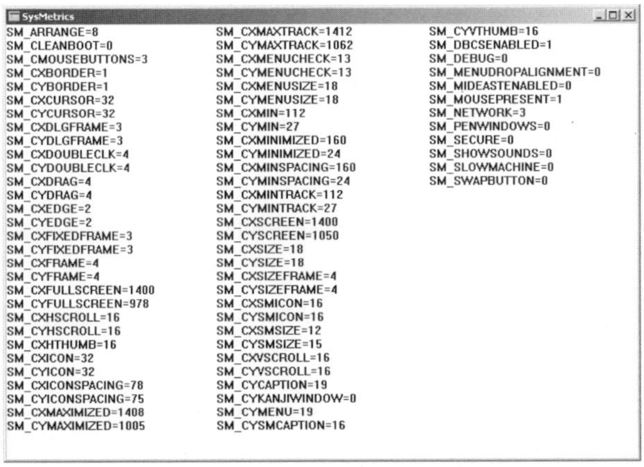

```
SysMetrics
SM_ARRANGE=8                SM_CXMAXTRACK=1412          SM_CYVTHUMB=16
SM_CLEANBOOT=0              SM_CYMAXTRACK=1062          SM_DBCSENABLED=1
SM_CMOUSEBUTTONS=3          SM_CXMENUCHECK=13           SM_DEBUG=0
SM_CXBORDER=1               SM_CYMENUCHECK=13           SM_MENUDROPALIGNMENT=0
SM_CYBORDER=1               SM_CXMENUSIZE=18            SM_MIDEASTENABLED=0
SM_CXCURSOR=32              SM_CYMENUSIZE=18            SM_MOUSEPRESENT=1
SM_CYCURSOR=32              SM_CXMIN=112                SM_NETWORK=3
SM_CXDLGFRAME=3             SM_CYMIN=27                 SM_PENWINDOWS=0
SM_CYDLGFRAME=3             SM_CXMINIMIZED=160          SM_SECURE=0
SM_CXDOUBLECLK=4            SM_CYMINIMIZED=24           SM_SHOWSOUNDS=0
SM_CYDOUBLECLK=4            SM_CXMINSPACING=160         SM_SLOWMACHINE=0
SM_CXDRAG=4                 SM_CYMINSPACING=24          SM_SWAPBUTTON=0
SM_CYDRAG=4                 SM_CXMINTRACK=112
SM_CXEDGE=2                 SM_CYMINTRACK=27
SM_CYEDGE=2                 SM_CXSCREEN=1400
SM_CXFIXEDFRAME=3           SM_CYSCREEN=1050
SM_CYFIXEDFRAME=3           SM_CXSIZE=18
SM_CXFRAME=4                SM_CYSIZE=18
SM_CYFRAME=4                SM_CXSIZEFRAME=4
SM_CXFULLSCREEN=1400        SM_CYSIZEFRAME=4
SM_CYFULLSCREEN=978         SM_CXSMICON=16
SM_CXHSCROLL=16             SM_CYSMICON=16
SM_CYHSCROLL=16             SM_CXSMSIZE=12
SM_CXHTHUMB=16              SM_CYSMSIZE=15
SM_CXICON=32                SM_CXVSCROLL=16
SM_CYICON=32                SM_CYVSCROLL=16
SM_CXICONSPACING=78         SM_CYCAPTION=19
SM_CYICONSPACING=75         SM_CYKANJIWINDOW=0
SM_CXMAXIMIZED=1408         SM_CYMENU=19
SM_CYMAXIMIZED=1005         SM_CYSMCAPTION=16
```

윈도우를 제어하는 프로그램은 항상 이 값들을 참조해야 한다. 예를 들어 타이틀 바를 직접 그린다면 타이틀 바의 높이 설정이 어떻게 되어 있는지 SM_CYCAPTION 매트릭스를 조사한 후 설정된 높이대로 그려야 한다. 타이틀 바의 높이는 고정되어 있는 것이 아니라 사용자의 설정에 따라 언제든지 달라질 수 있기 때문이다. 마찬가지로 커스텀 스크롤 바를 만든다면 SM_CX(Y)H(V)SCROLL 매트릭스로 조사한 값을 기준으로 해야 한다. 이 책의 예제도(예:돋보기) 메트릭스 정보를 참조하는 예가 많다.

메트릭스 정보중에 가장 자주 사용되는 정보는 현재 화면 크기를 조사하는 SM_CX(Y)SCREEN값이다. 화면을 가득 채우는 설치 프로그램이나 또는 화면의 특정 부분 좌표를 알아야 할 경우에도 이 값이 사용되며 윈도우가 화면 밖을 벗어났는지 조사하기 위해서도 필요하다. 예를 들어 윈도우를 화면 정중앙에 배치하고 싶다면 화면 크기를 구한 후 절반이 되는 좌표로 이동해야 한다. 화면 크기는 해상도에 따라 달라지므로 실행중에 조사해야만 정확한 크기를 알 수 있다.

34-2-나. 파라미터

GetSystemMetrics 함수는 16비트 윈도우즈부터 지원되는 함수였다. 그런데 32비트 윈도우즈에서는 설정 사항들이 더 많아지고 복잡해져서 이 함수만으로 모든 설정 사항을 조사할 수 없게 되었다. 더구나 이 함수는 정수형을 리턴하기 때문에 좀 더 복잡한 형태의 정보는 리턴할 수 없으며 설정 정보를 변경하는 기능도 가지고 있지 않다. 그래서 95부터는 좀 더 많은 설정 정보를 다룰 수 있는 다음 함수가 소개되었다.

BOOL SystemParametersInfo(UINT uiAction, UINT uiParam, PVOID pvParam, UINT fWinIni);

이 함수는 uiAction이 지정하는 동작을 하는데 대부분 값을 조사하거나 설정하는 동작들이다. uiAction의 종류는 무려 140여 개나 되는데 그만큼 이 함수가 할 수 있는 일의 종류가 많다. 함수의 이름도 길지만 MSDN의 문서 길이도 이 함수가 제일 길다. 두 번째 인수와 세 번째 인수는 uiAction에 따라 의미가 달라지는데 설정 정보를 돌려받기 위한 용도나 또는 설정 정보를 전달하기 위한 용도로 사용된다. 세 번째 인수 pvParam이 PVOID형이기 때문에 모든 형태의 정보를 다 다룰 수 있다.

마지막 인수 fWinIni는 이 함수가 설정을 변경했을 때 WM_SETTINGCHANGE 메시지를 모든 탑 레벨 윈도우에게 보낼 것인가 아닌가를 지정한다. 이 메시지를 보내면 다른 윈도우들이 즉시 변화를 감지할 수 있으며 또한 변경된 설정이 레지스트리에도 저장된다. 다음 세 플래그의 조합을 지정하거나 아니면 플래그없이 0을 지정할 수도 있다.

플래그	설명
SPIF_UPDATEINIFILE	사용자 프로필에 변경 사항을 기록한다.
SPIF_SENDCHANGE= SPIF_SENDWININICHANGE	모든 탑 레벨 윈도우에게 WM_SETTINGCHAGE 메시지를 보낸다.

uiAction값의 종류가 너무 많아 본문에서 다 살펴볼 수는 없고 이해하기 쉬운 간단한 사용예만 작성해 보자. 바탕 화면의 등록 정보중 효과 탭을 보면 "마우스로 끄는 동안 창 내용 표시"라는 옵션이 있다. 이 옵션을 선택하면 드래그중에도 윈도우가 다시 그리기를 계속하기 때문에 내용을 즉시 확인할 수 있다. 이 옵션 설정 상태는 SPI_G(S)ETDRAGFULLWINDOWS로 조사하거나 설정한다. 조사할 때는 BOOL형의 변수를 선언한 후 그 번지를 pvParam에 전달하면 결과를 이 변수에 대입하여 리턴하며 설정할 때는 uiParam에 BOOL형 값을 대입하여 전달한다.

다른 액션들도 기본적인 사용방법은 이와 동일하다. 알고자 하는 정보가 있을 때 액션을 먼저 선택한 후 해당 액션이 요구하는 버퍼나 정보를 uiParam, pvParam에 제공하며 정보를 설정할 때도 마찬가지로 두 인수에 설정 상태를 전달하면 된다. 다음 예제는 SystemPaprametersInfo 함수로 "드래그 중 내용표시" 효과를 토글한다.

예 제 : SysPara

```
LRESULT CALLBACK WndProc(HWND hWnd,UINT iMessage,WPARAM wParam,LPARAM lParam)
{
    HDC hdc;
    PAINTSTRUCT ps;
    BOOL bDrag;
    static TCHAR Mes[255]="마우스 버튼을 누르면 '마우스로 끄는 동안 창 내용 표시'"
        "효과를 토글합니다.";

    switch (iMessage) {
```

```
    case WM_LBUTTONDOWN:
        SystemParametersInfo(SPI_GETDRAGFULLWINDOWS,0,&bDrag,0);
        SystemParametersInfo(SPI_SETDRAGFULLWINDOWS,!bDrag,NULL,0);
        if (!bDrag==TRUE) {
            lstrcpy(Mes,"마우스로 끄는 동안 창 내용 표시함");
        } else {
            lstrcpy(Mes,"마우스로 끄는 동안 창 경계선만 표시함");
        }
        InvalidateRect(hWnd,NULL,TRUE);
        return 0;
    case WM_PAINT:
        hdc=BeginPaint(hWnd, &ps);
        TextOut(hdc,50,50,Mes,lstrlen(Mes));
        EndPaint(hWnd, &ps);
        return 0;
    case WM_DESTROY:
        PostQuitMessage(0);
        return 0;
    }
    return(DefWindowProc(hWnd,iMessage,wParam,lParam));
}
```

WM_LBUTTONDOWN에서 현재 설정 상태를 bDrag에 조사하였다. 그리고 조사된 값의 반대값으로 다시 설정을 변경함으로써 효과를 토글했으며 결과를 화면에 문자열로 보여준다. 예제를 직접 실행해 가며 테스트해 보기 바란다. 클릭할 때마다 옵션이 토글될 것이다.

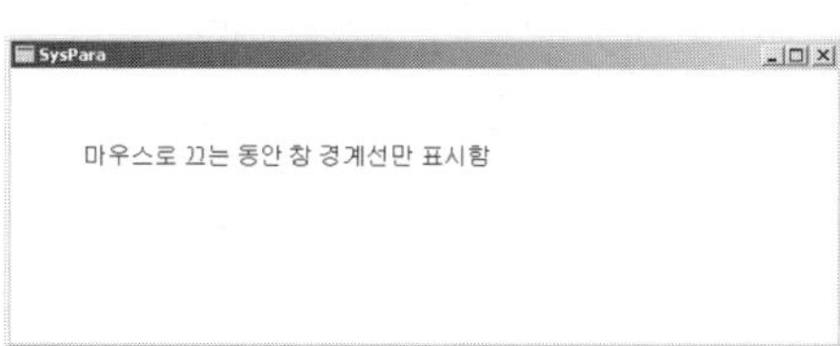

SystemParametersInfo 함수는 이 외에도 아주 많은 액션들을 정의하고 있으므로 레퍼런스에서 쓸만한 액션이 있는지 한 번쯤 훑어보기 바란다. 재미있는 기능을 굉장히 많이 가지고 있는 함수다.

34-2-다. 배경 벽지 바꾸기

윈도우즈의 바탕 화면에는 비트맵 파일로 배경 벽지를 깔아놓을 수 있다. 예쁜 벽지 그림이 바탕 화면에 있으면 컴퓨터를 사용하는 기분이 좋아진다고 하는데 관심있는 연예인이나 가족 사진, 애인 사진, 애완 동물 그림 등 취향에 따라 다양한 벽지를 사용한다. 그러나 아무리 좋은 그림이라도 계속 보고 있으면 싫증이 나게 마련이다. 하지만 윈도우즈는 벽지를 자동으로 교체하는 기능은 제공하지 않는데 SystemParametersInfo 함수를 사용하여 일정한 주기로 벽지를 교체하는 유틸리티를 만들어 보자.

이 함수의 SPI_SETDESKWALLPAPER 액션은 바탕 화면의 벽지를 변경한다. pvParam으로 교체할 벽지의 경로만 전달하면 해당 파일로 벽지가 즉시 변경된다. pvParam이 ""이면 벽지가 제거되며 NULL이거나 SETWALLPAPER_DEFAULT이면 디폴트 벽지로 바뀐다. 벽지 바꾸는 방법을 알았으므로 이제 파일 목록을 조사해 정해진 시간 주기동안 원하는 벽지 파일과 함께 이 함수를 호출하기만 하면 된다. 소스는 다음과 같다.

예 제 : ChagWallPaper

```
#include <windows.h>
#include "resource.h"

BOOL CALLBACK MainDlgProc(HWND hDlg,UINT iMessage,WPARAM wParam,LPARAM lParam);
HINSTANCE g_hInst;
HWND hDlgMain;

int APIENTRY WinMain(HINSTANCE hInstance,HINSTANCE hPrevInstance
    ,LPSTR lpszCmdParam,int nCmdShow)
{
    g_hInst=hInstance;
    DialogBox(g_hInst, MAKEINTRESOURCE(IDD_DIALOG1), HWND_DESKTOP, MainDlgProc);
    return 0;
}

int idx=0;
BOOL CALLBACK MainDlgProc(HWND hDlg,UINT iMessage,WPARAM wParam,LPARAM lParam)
{
    TCHAR CurPath[MAX_PATH];
    TCHAR Path[MAX_PATH];
    int i;

    switch (iMessage) {
    case WM_INITDIALOG:
        hDlgMain = hDlg;
        GetCurrentDirectory(MAX_PATH,CurPath);
        for (i=1;i<=5;i++) {
            wsprintf(Path,"%s\\flower%d.bmp",CurPath,i);
            SendDlgItemMessage(hDlg,IDC_BMPLIST,LB_ADDSTRING,idx,(LPARAM)Path);
        }
        SetTimer(hDlg,1,5000,NULL);
        SendMessage(hDlg,WM_TIMER,1,0);
        return TRUE;
    case WM_COMMAND:
        switch (LOWORD(wParam)) {
        case IDOK:
        case IDCANCEL:
            EndDialog(hDlgMain,0);
            return TRUE;
        case ID_BTNCHANGE:
            SendMessage(hDlg,WM_TIMER,1,0);
            SetTimer(hDlg,1,5000,NULL);
            return TRUE;
        }
        return FALSE;
    case WM_TIMER:
        SendDlgItemMessage(hDlg,IDC_BMPLIST,LB_GETTEXT,idx,(LPARAM)Path);
        if (lstrlen(Path) != 0) {
            SystemParametersInfo(SPI_SETDESKWALLPAPER,0,Path,SPIF_UPDATEINIFILE);
        }
        idx++;
        if (idx >= SendDlgItemMessage(hDlg,IDC_BMPLIST,LB_GETCOUNT,0,0)) {
            idx=0;
```

```
            }
            return TRUE;
        case WM_DESTROY:
            KillTimer(hDlg,1);
            return TRUE;
        }
        return FALSE;
}
```

간단한 유틸리티이므로 대화상자 기반으로 작성했다. 전역변수 idx는 몇 번째 벽지를 사용하고 있는지를 기억한다. WM_INITDIALOG에서 5초 간격으로 타이머를 설치했으며 같은 디렉토리에 있는 꽃 그림 파일의 목록을 리스트 박스에 작성하였다. 프로젝트 디렉토리에는 다음과 같은 BMP 파일을 준비해 두었다. 벽지로 곧바로 사용할 수 있는 파일은 BMP 파일뿐이므로 JPG 파일은 미리 BMP로 변환해 두어야 한다.

WM_TIMER에서는 5초 간격으로 이 비트맵 파일들을 벽지로 지정함으로써 5개의 그림이 계속 교체된다. 실행 결과는 지면으로 보여줄 수 없으니 직접 실행하여 확인해 보기 바란다. 아주 간단한 원리지만 좀 더 응용해서 편리하게 만들면 꽤 쓸 만한 유틸리티가 될 것이다. 원하는 파일 목록을 작성할 수 있게 하고 시간 주기를 변경하는 기능도 추가하고 트레이에 쏙 들어가는 작은 크기로 만들어 두면 애용할 만한 프로그램이 된다. 그림 파일이 있는 디렉토리를 지정하면 디렉토리내의 파일로 목록을 작성하고 JPG나 GIF도 BMP로 변환한 후 벽지로 사용하면 셰어웨어로 배포해도 될 정도다.

34-3 시간

34-3-가. SYSTEMTIME

시간과 날짜 정보도 응용 프로그램이 실행을 위해 자주 참조해야 하는 시스템 정보의 일종이다. 컴퓨터에는 시계가 내장되어 있고 항상 정확한 시간을 유지하고 있기 때문에 시간은 언제든지 조사할 수 있다. 그러나 일상 생활에서도 늘상 사용하는 시간 정보는 컴퓨터로 다루기에 그리 간단한 형태가 아니다. 왜냐하면 시간은 년월일시분초의 6차원으로 이루어진 복잡한 포맷을 가지고 있으며 각 요소는 60, 24, 12, 10진법 등 각각 다른 수체계를 사용한다. 게다가 일요소는 월에 따라 날짜수가 달라지고 그것도 윤년인가 아닌가의 영향을 받으며 요일이라는 추가 요소까지 있다. 즉 시간 포맷은 전혀 컴퓨터적이지 않은 인간적인 포맷이다.

시간을 조사해서 출력하는 것은 아주 간단하지만 두 시간의 차를 구하거나 시간에 일정 간격을 더하는 것은 별로 간단하지 않다. 임의 날짜의 다음 날을 정확하게 알기 위해서는 다량의 복잡한 코드가 요구된다. 윈도우즈는 다섯 가지나 되는 시간 포맷을 지원하며 각 포맷간의 변환이 가능하다. 운영체제 차원에서 기본이 되는 시간 포맷은 다음 구조체로 표현되는 시스템 타임이다.

```
typedef struct _SYSTEMTIME {
    WORD wYear;
    WORD wMonth;
    WORD wDayOfWeek;
    WORD wDay;
    WORD wHour;
    WORD wMinute;
    WORD wSecond;
    WORD wMilliseconds;
} SYSTEMTIME, *PSYSTEMTIME;
```

시간 요소들이 이 구조체의 각 멤버에 기록되기 때문에 개별 요소를 다루기는 무척 편리하다. 운영체제가 내부적으로 유지하는 시간을 시스템 시간이라고 하는데 다음 함수로 조사한다.

VOID GetSystemTime(LPSYSTEMTIME lpSystemTime);

이 함수는 시스템 시간을 조사하여 구조체의 각 멤버에 채운다. 그러나 이 함수가 조사하는 시스템 시간은 UTC시간이기 때문에 실제로는 거의 쓸모가 없다. UTC(Universal time Coordinated)란 세계 표준시간이라는 것인데 영국의 그리니치 천문대의 시간을 기준으로 하며 우리나라의 시간보다 9시간 느리다. 국제적인 프로그램을 작성하는 경우가 아니라면 시스템 시간을 사용할 일은 별로 없을 것이고 실제 자주 사용되는 것은 다음 함수로 조사된 로컬 시간이다.

VOID GetLocalTime(LPSYSTEMTIME lpSystemTime);

로컬 시간은 UTC 시간에 현재 시스템에 설정된 시간대(Time Zone)와 일광절약시간(daylight saving) 설정을 참고하여 현지의 시간으로 바꾼 것이다. 실제 프로그래밍에서는 로컬 시간이 더 자주 사용된다. 다음 예제는 왼쪽 마우스 버튼을 누를 때 로컬 시간을 조사해 화면으로 출력한다.

예 제 : GetTime

```
LRESULT CALLBACK WndProc(HWND hWnd,UINT iMessage,WPARAM wParam,LPARAM lParam)
{
    HDC hdc;
    PAINTSTRUCT ps;
    static TCHAR Mes[255]="마우스 왼쪽 버튼을 누르면 현재 시간을 조사합니다";
    SYSTEMTIME st;

    switch (iMessage) {
    case WM_LBUTTONDOWN:
        GetLocalTime(&st);
        wsprintf(Mes,"현재 시간은 %d시 %d분 %d초입니다",
            st.wHour, st.wMinute, st.wSecond);
        InvalidateRect(hWnd,NULL,TRUE);
        return 0;
    case WM_PAINT:
        hdc=BeginPaint(hWnd, &ps);
        TextOut(hdc,50,50,Mes,lstrlen(Mes));
```

```
            EndPaint(hWnd, &ps);
            return 0;
      case WM_DESTROY:
            PostQuitMessage(0);
            return 0;
      }
      return(DefWindowProc(hWnd,iMessage,wParam,lParam));
}
```

SYSTEMTIME 구조체를 선언하고 이 구조체의 포인터를 GetLocalTime의 인수로 넘기면 로컬 타임이 구조체로 리턴된다. 이 구조체에 각 시간 요소값들이 보관되어 있으므로 문자열로 적절히 조립해서 출력했다.

이 방법이 현재 시간을 조사해 출력하는 가장 일반화된 방법이다. 다음 두 함수는 시간을 설정한다.

```
BOOL SetSystemTime( CONST SYSTEMTIME *lpSystemTime );
BOOL SetLocalTime( CONST SYSTEMTIME *lpSystemTime );
```

각각 시스템 시간과 로컬 시간으로 새로 설정할 시간을 전달하면 된다. NT의 경우 시스템 시간을 변경하기 위해서는 특권(Privilege)이 필요한데 이 함수들은 특권을 먼저 설정한 후 시간을 변경하기 때문에 별도로 보안 코드를 작성할 필요는 없다. 두 함수중 당연히 로컬 시간을 설정하는 SetLocalTime을 사용하는 것이 편리하다. 원하는 로컬 시간값을 시스템 시간으로 바꾸기는 생각보다 무척 어렵기 때문이다. 시간을 변경한 후 WM_TIMECHANGE 메시지를 모든 탑 레벨 윈도우에게 방송해야 한다. 컴퓨터의 시간은 여러 프로그램이 참조하는 아주 중요한 정보이므로 일반 응용 프로그램이 함부로 수정해서는 안된다.

34-3-나. FILETIME

윈도우즈가 지원하는 또 다른 시간 포맷은 파일의 날짜를 기록하는데 사용하는 FILETIME 포맷이다. 이 시간 포맷은 SYSTEMTIME에 비해 훨씬 더 구조가 간단하다.

```
typedef struct _FILETIME {
      DWORD dwLowDateTime;
      DWORD dwHighDateTime;
} FILETIME, *PFILETIME;
```

상,하위 32비트 값으로 구성되어 있는데 결국 64비트의 정수 하나로 표현될 수 있는 값이다. 이 함수를 만들 당시만 해도 64비트의 정수가 없었기 때문에 구조체로 64비트 정수를 표현한다. 이 값은 1601년 1월 1일 자정을 기준으로 경과한 시간으로 표현되는데 단위는 1000만분의 1초이다. 64비트라는 정수가 어마어마하게 크기 때문에 해상도가 굉장히 높지만 실제로 1000만분의 1초 단위까지 정확하게 기록하는 것은 물론 아니다. 이 단위대로라면 하루는 무려 8640억이라는 큰 값으로 표현되며

2000년 1월 1일은 0x1BF53EB256D4000이라는 큰 값이 되는데 이걸 10진수로 표현하면 무려 12경 5911조 5840억이라는 우리의 수 개념을 뛰어넘는 무지막지한 수가 된다.

SYSTEMTIME은 다차원적으로 시간을 표현하기 때문에 출력하기 편리하지만 각 요소들이 분리되어 있어 계산하기는 아주 불편하다. 주어진 날짜의 바로 다음 날짜를 구하는 것 조차도 그리 간단하지가 않다. m월 d일 다음이 m월 d+1일이라고 단정할 수 없으며 주어진 m의 날 수를 일일이 구해야 하는 불편함이 있다. 반면 FILETIME은 경과한 시간으로 표현되는 일차원의 포맷이기 때문에 계산에는 아주 유리하지만 이 값으로 실제 시간을 알기는 대단히 어렵다. 다행히 두 포맷끼리 상호 변환이 자유롭기 때문에 서로 보완적으로 사용된다.

윈도우즈는 디스크상의 각 파일에 대해 생성 시간, 최후 액세스한 시간, 최후 수정된 시간을 FILETIME 포맷으로 기록하는데 기록하는 방식은 파일 시스템에 따라 약간씩 다르다. FAT32 디스크에서는 로컬 시간으로 기록되는 반면 NTFS 디스크에서는 UTC 시간으로 기록되며 각 시간의 해상도도 서로 다르다. FAT32에서는 액세스 시간을 하루 단위로 기록하고 NTFS에서는 한시간 단위로 기록한다. 특정 파일의 파일 시간을 조사하거나 설정할 때는 다음 두 함수를 사용한다.

```
BOOL GetFileTime( HANDLE hFile, LPFILETIME lpCreationTime, LPFILETIME lpLastAccessTime, LPFILETIME lpLastWriteTime );
BOOL SetFileTime( HANDLE hFile, CONST FILETIME *lpCreationTime, CONST FILETIME *lpLastAccessTime, CONST FILETIME *lpLastWriteTime );
```

각 파일당 세 개의 시간이 있으므로 세 개의 FILETIME 구조체를 선언한 후 그 포인터를 전달하되 단 조사 또는 설정의 대상이 아닌 시간은 NULL로 줄 수도 있다. GetFileTime 함수로 조사한 시간은 일정 시점을 기준으로 한 경과 시간이기 때문에 곧바로 문자열로 출력하는 것은 불가능하며 SYSTEMTIME 포맷으로 바꾸어야만 출력할 수 있다. FILETIME과 SYSTEMTIME 포맷을 상호 변환할 때는 다음 두 함수를 사용한다.

```
BOOL FileTimeToSystemTime( CONST FILETIME *lpFileTime, LPSYSTEMTIME lpSystemTime );
BOOL SystemTimeToFileTime( CONST SYSTEMTIME *lpSystemTime, LPFILETIME lpFileTime );
```

NTFS의 경우 GetFileTime 함수에 의해 조사된 시간은 UTC 시간이기 때문에 먼저 로컬 시간으로 바꾸어야 한다. FILETIME을 UTC 시간과 로컬 시간으로 상호 변환하는 함수는 다음 두 함수이다.

```
BOOL FileTimeToLocalFileTime( CONST FILETIME *lpFileTime, LPFILETIME lpLocalFileTime );
BOOL LocalFileTimeToFileTime( CONST FILETIME *lpLocalFileTime, LPFILETIME lpFileTime );
```

결국 NTFS 디스크의 파일 시간을 조사해서 문자열 형태로 출력하려면 다음과 같이 다소 복잡한 과정을 거쳐 시간 포맷을 여러 번 변경해야 한다.

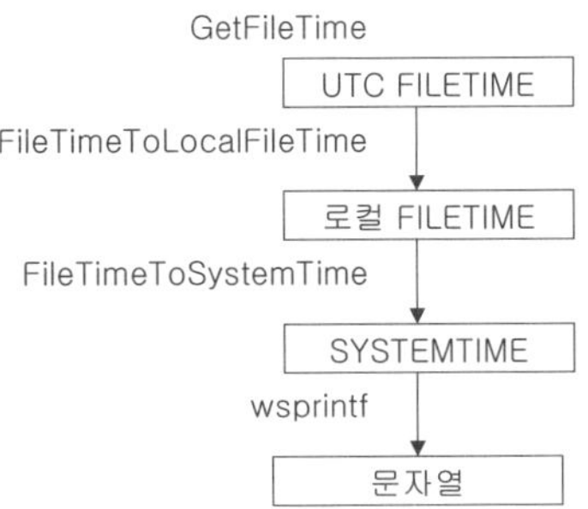

다음 예제는 이 방법대로 파일의 시간을 조사해서 화면으로 출력한다. 세 가지 종류의 시간을 모두 조사하기 때문에 다소 복잡해 보인다.

예 제 : GetFileTime

```
LRESULT CALLBACK WndProc(HWND hWnd,UINT iMessage,WPARAM wParam,LPARAM lParam)
{
    HDC hdc;
    PAINTSTRUCT ps;
    TCHAR Path[MAX_PATH];
    HANDLE hFile;
    FILETIME Cr,Ac,Wr;
    FILETIME lCr,lAc,lWr;
    SYSTEMTIME sCr,sAc,sWr;
    static TCHAR Mes[255]="마우스 왼쪽 버튼을 누르면 파일의 시간을 조사해 줍니다.";
    switch (iMessage) {
    case WM_LBUTTONDOWN:
        GetCurrentDirectory(MAX_PATH,Path);
        lstrcat(Path,"\\Test.txt");
        hFile=CreateFile(Path,GENERIC_READ,0,NULL,
            OPEN_EXISTING,FILE_ATTRIBUTE_NORMAL,NULL);
        if (hFile == INVALID_HANDLE_VALUE) return 0;
        GetFileTime(hFile,&Cr,&Ac,&Wr);
        FileTimeToLocalFileTime(&Cr,&lCr);
        FileTimeToLocalFileTime(&Ac,&lAc);
        FileTimeToLocalFileTime(&Wr,&lWr);
        FileTimeToSystemTime(&lCr,&sCr);
        FileTimeToSystemTime(&lAc,&sAc);
        FileTimeToSystemTime(&lWr,&sWr);
        wsprintf(Mes,"생성날짜=%4d-%02d-%02d일 %d시 %d분 %d초,"
            "읽은날짜=%4d-%02d-%02d일 %d시 %d분 %d초,"
            "수정날짜=%4d-%02d-%02d일 %d시 %d분 %d초",
            sCr.wYear, sCr.wMonth, sCr.wDay, sCr.wHour, sCr.wMinute, sCr.wSecond,
            sAc.wYear, sAc.wMonth, sAc.wDay, sAc.wHour, sAc.wMinute, sAc.wSecond,
            sWr.wYear, sWr.wMonth, sWr.wDay, sWr.wHour, sWr.wMinute, sWr.wSecond
            );
        InvalidateRect(hWnd,NULL,TRUE);
        CloseHandle(hFile);
        return 0;
    case WM_PAINT:
        hdc=BeginPaint(hWnd, &ps);
        TextOut(hdc,0,50,Mes,lstrlen(Mes));
        EndPaint(hWnd, &ps);
```

```
            return 0;
        case WM_DESTROY:
            PostQuitMessage(0);
            return 0;
        }
        return(DefWindowProc(hWnd,iMessage,wParam,lParam));
}
```

현재 디렉토리에 있는 Test.txt 파일의 시간을 조사하는데 이 파일이 있는 디스크가 NTFS 디스크라고 가정하고 있다. GetFileTime으로 세 종류의 시간을 조사한 후 로컬 시간으로 바꾸고 다시 SYSTEMTIME 포맷으로 바꾼 후 최종적으로 문자열로 조립하여 화면으로 출력하였다.

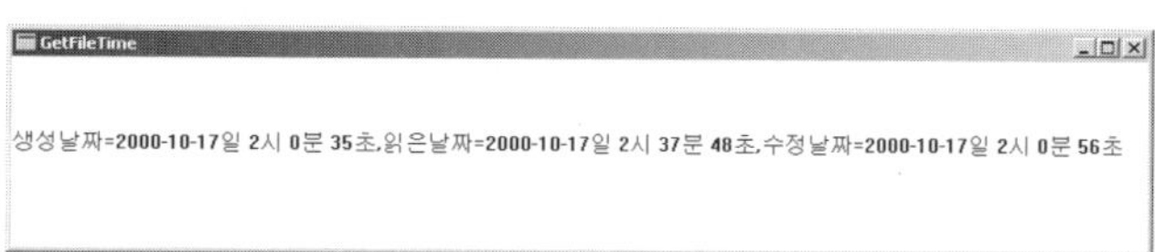

FILETIME 포맷이 가지는 최대 장점은 시간끼리의 연산이 편리하다는 점인데 특정 시간에 얼마를 더하거나 두 시간간의 간격을 구하는데도 사용할 수 있다. 특히 두 시간의 대소를 비교하는 일이 잦은데 이 때는 다음 API 함수를 사용한다.

LONG CompareFileTime(CONST FILETIME *lpFileTime1, CONST FILETIME *lpFileTime2);

이 함수는 인수로 주어진 두 시간을 비교한 후 첫 번째 시간이 더 크면 1을 리턴하고 두 번째 시간이 더 크면 -1을 리턴하며 두 시간이 같으면 0을 리턴한다. SYSTEMTIME 포맷으로 된 시간의 대소를 비교할 때도 FILETIME 포맷으로 바꾼 후 이 함수로 비교하면 편리하다.

34-3-다. DiffDay

사용자로부터 날짜를 입력받을 때는 DateTimePicker 컨트롤만큼 편리한 게 없다. 이 컨트롤은 달력 모양을 보여주고 마치 달력에서 선택하는 것처럼 마우스로 편리하게 날짜를 선택할 수 있으며 선택된 결과를 SYSTEMTIME 구조체로 리턴한다. SYSTEMTIME 포맷은 입출력에는 더할 나위 없이 편리하지만 계산에는 무척이나 불편한 포맷이다. 그래서 계산이 필요한 경우 이 포맷을 FILETIME으로 변환한 후 사용하는 게 보통인데 두 포맷간의 변환이 자유롭기 때문에 별 문제는 없다.

그러나 FILETIME의 단위가 너무 크고 64비트 정수형으로 되어 있기 때문에 직접 다루기는 무척 불편한 면이 있다. MFC에서는 날짜간의 계산을 위해 CTimeSpan이라는 편리한 클래스가 있는데 Win32 API에는 이런 편리한 방법이 존재하지 않으므로 나름대로 자신만의 유틸티리 함수를 만들어 사용해야 한다. 다음 두 함수는 내가 만들어 놓고 종종 애용하는 함수인데 비교적 편리하게 잘 써먹고 있다.

예 제 : DiffDay

```
#include <windows.h>
#include <commctrl.h>
#include "resource.h"
```

```
BOOL CALLBACK MainDlgProc(HWND hDlg,UINT iMessage,WPARAM wParam,LPARAM lParam);
HINSTANCE g_hInst;
HWND hDlgMain;

int APIENTRY WinMain(HINSTANCE hInstance,HINSTANCE hPrevInstance
          ,LPSTR lpszCmdParam,int nCmdShow)
{
    g_hInst=hInstance;
    INITCOMMONCONTROLSEX icex;

    icex.dwSize=sizeof(icex);
    icex.dwICC=ICC_DATE_CLASSES;
    InitCommonControlsEx(&icex);

    DialogBox(g_hInst, MAKEINTRESOURCE(IDD_DIALOG1), HWND_DESKTOP, MainDlgProc);

     return 0;
}

// st 날짜의 절대 날짜를 구한다. 1601년 1월 1일을 기준(0일)으로 경과한 날짜 수를 세 준다.
DWORD MyGetAbsDay(SYSTEMTIME st)
{
    INT64 i64;
    FILETIME fst;

    st.wHour=st.wMinute=st.wSecond=st.wMilliseconds=st.wDayOfWeek=0;
    SystemTimeToFileTime(&st,&fst);
    i64=(((INT64)fst.dwHighDateTime) << 32) + fst.dwLowDateTime;
    i64 = i64 / 864000000000;
    return (DWORD)i64;
}

// 절대 날짜를 시스템 타임으로 바꾼다.
void MyAbsToSystem(DWORD Abs, SYSTEMTIME &st)
{
    INT64 i64;
    FILETIME fst;

    i64=Abs * 864000000000;
    fst.dwHighDateTime = (DWORD)(i64 >> 32);
    fst.dwLowDateTime = (DWORD)(i64 & 0xffffffff);
    FileTimeToSystemTime(&fst, &st);
}

void CalcDate()
{
    HWND hStart, hEnd, hResult;
    SYSTEMTIME sStart, sEnd;
    DWORD dStart, dEnd,dEllipse;
    TCHAR str[255];

    hStart=GetDlgItem(hDlgMain,IDC_DTPSTART);
    hEnd=GetDlgItem(hDlgMain,IDC_DTPEND);
```

```
    hResult=GetDlgItem(hDlgMain,IDC_RESULT);

    DateTime_GetSystemtime(hStart,&sStart);
    DateTime_GetSystemtime(hEnd,&sEnd);
    dStart=MyGetAbsDay(sStart);
    dEnd=MyGetAbsDay(sEnd);
    dEllipse=dEnd-dStart;

    wsprintf(str,"경과일은 총 %d일입니다.",dEllipse);
    SetWindowText(hResult,str);
}

BOOL CALLBACK MainDlgProc(HWND hDlg,UINT iMessage,WPARAM wParam,LPARAM lParam)
{
     switch (iMessage) {
     case WM_INITDIALOG:
          hDlgMain = hDlg;
          return TRUE;
     case WM_COMMAND:
          switch (LOWORD(wParam)) {
          case IDOK:
             CalcDate();
             return TRUE;
          case IDCANCEL:
               EndDialog(hDlgMain,0);
               return TRUE;
          }
          return FALSE;
     }
     return FALSE;
}
```

MyGetAbsDay 함수는 SYSTEMTIME 포맷으로 된 시간 정보를 전달받아 절대 날짜, 즉 1601년 1월 1일을 기준일로 하여 몇 일이 경과했는지를 리턴한다. 예를 들어 2000년 1월 1일을 절대 날짜로 바꾸면 145731일이다. 이를 위해 MyGetAbsDay 함수에서는 SYSTEMTIME을 FILETIME 포맷으로 변환하여 64비트 정수로 만든다. 그리고 FILETIME에서 하루인 8640억으로 나누면 절대 날짜를 구할 수 있다. 구조체를 64비트 정수로 바꾸고 단위가 높은 연산을 하기 때문에 함수가 다소 복잡해 보일 뿐 사실 별로 어려운 코드도 아니다.

반대 함수인 MyAbsToSystem은 절대 날짜를 SYSTEMTIME 포맷으로 변경한다. 하루 단위인 절대 날짜에 8640억을 곱해 1000만분의 1초 단위인 FILETIME 포맷으로 변경하고 이를 다시 SYSTEMTIME으로 변환하였다. 두 함수 모두 절대 날짜만을 다루기 때문에 SYSTEMTIME에 포함된 시분초 멤버는 철저하게 무시한다.

이 두 함수를 사용하여 절대 날짜를 구하면 여러 가지 복잡한 날짜 계산을 할 수 있다. 우선 두 날짜의 대소 관계를 비교하는 것은 <, >연산자로 간단하게 할 수 있으며 두 날짜간의 날 수도 절대 날짜간의 차를 구함으로써 쉽게 알 수 있다. 또한 특정 날짜의 몇 일 후는 언제가 되는가도 쉽게 구할 수 있는데 절대 날짜에 원하는 날 수를 더하고 다시 SYSTEMTIME으로 변환하면 된다. 이런 간단한 방법으로 오늘 만난 여자 친구와 100일 잔치를 언제 할 것인가를 계산할 수 있다. 마찬가지로 특정 날짜의 몇 일 전을 계산하는 것도 무척 쉽다.

이런 연산들 중에 가장 실용적인 것은 두 날짜간의 날 수를 계산하는 것인데 실무에서도 이런 연산은 종종 필요하다. 설치 후 30일간만 실행할 수 있는 셰어웨어를 작성한다거나 고객의 반품 요구가 60일 이내인지를 계산하고자할 때 이런 연산이 필요하다. 그래서 이 함수들을 활용하여 날 수를 계산하는 간단한 유틸리티를 작성해 보았다. 대화상자에 DTP 컨트롤 두 개를 배치하고 이 컨트롤에 시작날짜와 끝 날짜를 입력 받은 후 계산 버튼을 누르면 두 날짜의 거리를 구해 보여준다.

계산 버튼을 누르면 CalcDate 함수가 계산을 수행한다. 컨트롤로부터 날짜를 얻고 SYSTEMTIME 포맷의 날짜로부터 dStart, dEnd 절대 날짜를 각각 구하면 경과일은 dEnd-dStart 라는 간단한 연산으로 쉽게 계산할 수 있다. 만약 여기에 당일까지 포함하려면 1을 더하면 된다. 이 함수들을 활용하지 않고 DateTimePicker로부터 입력받은 SYSTEMTIME 구조체로부터 경과일 수를 직접 계산하는 것은 생각보다 훨씬 더 끔찍한 작업이다. 이 두 함수는 재활용성을 고려하여 작성했으므로 필요하면 복사해서 사용할 수 있다.

34-3-라. 틱 카운트

윈도우즈가 지원하는 또 하나의 시간 포맷은 윈도우즈 타임(Windows Time)으로 불리는 틱 카운트이다. 이 포맷은 16비트 윈도우즈와의 하위 호환성을 위해 지원되고 있지만 앞으로도 계속 지원될 것으로 예상된다. 틱 카운트란 운영체제가 부팅한 이후의 경과한 시간을 나타내는데 1000분의 1초 단위로 기록된다. 그러나 실제로 1000분의 1초나 되는 해상도를 가지지는 않으며 NT에서는 10ms, 95/98에서는 55ms의 해상도를 가진다. 틱 카운트는 32비트의 정수로 표현되기 때문에 최대 49.7일 밖에는 표현할 수가 없다. 즉 틱 카운트는 부팅 후 1초에 1000씩 증가하다가 49.7일이 되면 다시 0이 된다. 틱 카운트는 다음 함수로 언제든지 구할 수 있다.

DWORD GetTickCount(VOID);

취하는 인수도 없고 32비트의 틱 카운트만 리턴한다. 틱 카운트를 사용하면 두 사건간의 경과 시간을 계산할 수도 있고 시스템이 부팅한 시간을 조사할 수도 있다. 부팅 시간을 조사하려면 현재 시간을 먼저 구하고 현재 시간에서 틱 카운트만큼 빼면 된다. 이 작업을 위해 두 개의 유틸리티 함수를 추가로 작성했다.

```
// st 날짜의 절대 초를 구한다. 2000년 1월 1일 자정 기준
DWORD MyGetAbsSecond(SYSTEMTIME st)
{
    INT64 i64;
    FILETIME fst;

    SystemTimeToFileTime(&st,&fst);
    i64=(((INT64)fst.dwHighDateTime) << 32) + fst.dwLowDateTime;
    // 초단위로 환산하고 2000년 1월 1일 자정 기준으로 바꾼다.
    i64 = i64 / 10000000 - (INT64)145731 * 86400;

    return (DWORD)i64;
}
```

```
// 절대초를 시스템 타임으로 바꾼다.
void MyAbsSecondToSystem(DWORD Abs, SYSTEMTIME &st)
{
     INT64 i64;
     FILETIME fst;

     i64=(Abs + (INT64)145731 * 86400)*10000000;
     fst.dwHighDateTime = (DWORD)(i64 >> 32);
     fst.dwLowDateTime = (DWORD)(i64 & 0xffffffff);
     FileTimeToSystemTime(&fst, &st);
}
```

이 함수들은 SYSTEMTIME 포맷의 날짜를 입력받아 2000년 1월 1일을 기준으로 한 절대 초를 계산하고 또한 절대 초를 다시 SYSTEMTIME 포맷으로 변환한다. 앞에서 만든 MyGetAbsDay 함수가 절대 날짜를 계산하는 데 비해 이 함수는 좀 더 정밀하게 초단위로 절대 시간을 구함으로써 날짜가 아닌 시간 계산에 유용하게 사용할 수 있다. 32비트 정수로 절대 초를 표현하기 때문에 표현 가능한 년수가 136년밖에 되지 않아 부득이하게 기준 날짜를 FILETIME의 1601년으로 잡지 못하고 2000년 1월 1일로 잡았다.

따라서 이 함수들은 2136년까지는 잘 써먹을 수 있을 것이다. 이 말은 곧 2137년부터는 틀린 연산을 한다는 얘기인데 그때 내 나이는 168살이 되므로 설사 문제가 생겨도 나는 아무 책임도 질 수 없다. 설마 그럴리는 없겠지만 168살까지 살아 있다 한들 기력도 없는 어르신에게 "왜 함수를 저딴 식으로 만드셨어요?"라는 험한 말을 할 것 같지도 않으니 대충 이 정도면 쓸만하다.

다음 예제는 이 함수들을 활용하여 시스템이 부팅한 시간과 현재까지 경과한 시간을 보여준다. 노트북 사용자들은 배터리를 얼마나 사용했는지 측정할 수 있으며 서버 관리자는 서버가 몇 일 동안 안 죽고 잘 버티고 있는지를 살펴볼 수 있다. 그래서 이 예제는 가급적이면 작은 화면을 차지하도록 초소형의 대화상자로 디자인하였다.

예 제 : CheckRunningTime

```
void CheckBootTime()
{
     TCHAR str[255];
     int Sec, Min, Hour, Day;
     SYSTEMTIME st,boot;
     DWORD abs;

     DWORD Count=GetTickCount();
     Sec=Count/1000;
     Day=Sec/86400;
     Hour=(Sec % 86400)/3600;
     Min=(Sec % 3600)/60;

     GetLocalTime(&st);
     abs=MyGetAbsSecond(st);
     MyAbsSecondToSystem(abs-Sec,boot);

     wsprintf(str, "부팅시간:%d월 %d일 %d시 %d분",
          boot.wMonth, boot.wDay, boot.wHour, boot.wMinute);
     SetDlgItemText(hDlgMain,IDC_BOOT,str);
     wsprintf(str, "경과시간:%d일 %d시 %d분 %d초",
```

```
        Day, Hour, Min, Sec % 60);
    SetDlgItemText(hDlgMain,IDC_TIME,str);
}

BOOL CALLBACK MainDlgProc(HWND hDlg,UINT iMessage,WPARAM wParam,LPARAM lParam)
{
    switch (iMessage) {
    case WM_INITDIALOG:
        SetTimer(hDlg,1,5000,NULL);
        hDlgMain = hDlg;
        CheckBootTime();
        return TRUE;
    case WM_LBUTTONDOWN:
        return DefWindowProc(hDlg, WM_NCLBUTTONDOWN, HTCAPTION, lParam);
    case WM_TIMER:
        CheckBootTime();
        return TRUE;
    case WM_COMMAND:
        switch (LOWORD(wParam)) {
        case IDCANCEL:
            KillTimer(hDlg,1);
            EndDialog(hDlg,0);
            return TRUE;
        }
        return FALSE;
    }
    return FALSE;
}
```

CheckBootTime 함수에서 모든 처리를 다 하는데 이 함수에서 GetTickCount로 부팅 후 경과 시간을 구한다. 틱 카운트가 1000분의 1초 단위이므로 이 함수의 리턴값을 1000으로 나누면 부팅 후 몇 초(Sec 변수)가 지났는지를 알 수 있다. 부팅 시간은 현재 시간을 절대 초로 바꾼 후 Sec만큼 빼고 다시 SYSTEMTIME으로 변환하면 간단하게 구해지며 경과 시간은 Sec초를 일시분 단위로 각각 변환하여 보여주면 된다. 실행 모습은 다음과 같다.

부팅시간:11월 27일 23시 57분
경과시간:0일 3시 24분 11초

아주 깜찍한 모양을 하고 있는데 서버 운영자라면 화면 한 귀퉁이에 모셔놓을만도 하다. 경과한 시간은 타이머에 의해 5초에 한 번씩 업데이트된다. 자주 사용될 것 같은 예감이 들어 좀처럼 잘 만들지 않는 아이콘까지 만들어 두었으므로 많이 애용해 주기 바란다.

34-3-마. 고해상도 타이머

틱 카운트는 여러 모로 유용하지만 해상도가 너무 낮고 카운팅할 수 있는 날짜도 제한적이다. 1/1000초 단위(실제로는 그보다도 훨씬 낮다)는 정밀한 계산에 쓰기에는 부족하며 32비트 정수로는 고작 49일밖에 카운팅을 할 수가 없다. 좀 더 높은 고해상도를 요구할 경우는 고해상도 타이머(High Resolution Timer)를 사용한다.

대부분의 시스템이 지원하지만 모든 시스템이 고해상도 타이머를 지원하는 것은 아니므로 먼저 지원 여부를 조사해 보고 사용해야 한다. 고해상도 타이머는 틱 카운트와 마찬가지로 부팅 후 카운팅을 시작해서 일정 주기로 계속 증가한다. 이때 1초에 증가하는 값을 주파수라고 하며 다음 함수로 조사할 수 있다.

BOOL QueryPerformanceFrequency(LARGE_INTEGER *lpFrequency);

64비트의 정수 포인터를 넘기면 주파수를 이 변수에 대입하여 리턴한다. 1초에 이 함수가 리턴하는 주파수만큼 카운트가 증가하는데 시스템 속도에 따라 다르며 어떤 시스템에서는 CPU의 클럭수가 주파수로 사용되기도 한다. 주파수는 대략 백만 ~ 수백만 정도 되므로 해상도가 아주 정밀하다. 시스템이 고해상도 타이머를 지원하지 않을 경우 주파수는 0으로 조사되며 이 경우는 고해상도 타이머를 사용할 수 없다. 주파수는 부팅 후에는 절대 변하지 않으므로 카운트는 단위 시간당 일정한 양만큼만 증가한다. 특정 시간의 카운트를 조사할 때는 다음 함수가 사용된다.

BOOL QueryPerformanceCounter(LARGE_INTEGER *lpPerformanceCount);

64비트로 카운트를 조사하므로 최대 18446744073709551616(1844경)이라는 어마어마한 수까지 카운팅할 수 있다. 주파수가 120만이라고 했을 때 하루는 3784조가 되며 64비트 정수로 최대 4873년 동안 카운팅을 할 수 있다. 즉 단군 할아버지가 부팅해 놓은 컴퓨터가 아직까지도 카운팅을 하고 있을 수 있다는 얘기다.

고해상도 타이머를 사용하면 특정 작업을 하는데 걸리는 시간을 정확하게 측정할 수 있다. 작업 시작전의 카운트를 조사해 놓고 작업이 끝난 후 다시 카운트를 조사해 두 값의 차를 구하고 이 차를 주파수로 나누면 정확하게 몇 초가 걸렸는지 계산 가능하다. 다음 예제는 덧셈 5억 번을 하는데 걸리는 시간을 고해상도 타이머를 사용해 측정해 본 것이다.

예 제 : HighCounter

```
#include <stdio.h>
LRESULT CALLBACK WndProc(HWND hWnd,UINT iMessage,WPARAM wParam,LPARAM lParam)
{
    HDC hdc;
    PAINTSTRUCT ps;
    LARGE_INTEGER st,ed,freq;
    int i;
    int a,b=123,c=456;
    double gap;
    static TCHAR Mes[128]="마우스 왼쪽 버튼을 누르면 카운트를 시작합니다";
    static TCHAR Result[128];

    switch (iMessage) {
    case WM_CREATE:
        QueryPerformanceCounter(&st);
        if (st.QuadPart == 0) {
            MessageBox(hWnd, "이 시스템은 고해상도 타이머를 지원하지 않습니다",
                "알림",MB_OK);
            DestroyWindow(hWnd);
        }
        return 0;
    case WM_LBUTTONDOWN:
        SetCursor(LoadCursor(NULL,IDC_WAIT));
        QueryPerformanceCounter(&st);
```

```
        // 덧셈 5억번 하기
        for (i=0;i<500000000;i++) {
            a=b+c;
        }

        QueryPerformanceCounter(&ed);
        QueryPerformanceFrequency(&freq);
        gap=((double)(ed.QuadPart-st.QuadPart))/((double)freq.QuadPart);
        sprintf(Mes, "덧셈 5억번에 총 %.4f초가 걸렸습니다.",gap);
        wsprintf(Result, "Frequency = %d", freq.QuadPart);
        InvalidateRect(hWnd,NULL,TRUE);
        SetCursor(LoadCursor(NULL,IDC_ARROW));
        return 0;
    case WM_PAINT:
        hdc=BeginPaint(hWnd, &ps);
        TextOut(hdc,50,50,Mes,lstrlen(Mes));
        TextOut(hdc,50,70,Result,lstrlen(Result));
        EndPaint(hWnd, &ps);
        return 0;
    case WM_DESTROY:
        PostQuitMessage(0);
        return 0;
    }
    return(DefWindowProc(hWnd,iMessage,wParam,lParam));
}
```

마우스 왼쪽 버튼을 누르면 덧셈 5억 번을 하면서 카운팅을 하고 그 결과를 출력한다. 계산 방법은 "시간차/주파수"라는 극히 간단한 공식이므로 쉽게 이해할 수 있을 것이다. 다음 왼쪽은 이 예제를 나의 옛날 노트북(P III-600)에서 실행해 본 것이며 오른쪽은 업그레이드한 새 노트북(P4-1.6G)에서 실행해 본 것이다.

외부 입출력없이 덧셈 속도만을 계산(실제로는 루프를 도는 연산도 포함된다)했으므로 순수한 CPU시간을 측정하기에 적절한 유틸리티다. 테스트해 본 결과 팬티엄 90에서는58.25초,166에서는 30.88초, 팬티엄 II-400에서는 9.29초, 팬티엄 III-700에서는 5.29초가 걸렸다. 더 최신의 시스템에서는 2초도 채 걸리지 않는데 확실히 CPU는 빨라지고 있다. 이 예제의 루틴은 특정 작업을 하는데 걸리는 시간을 측정할 때 유용하게 사용할 수 있다.

참고로 이 예제는 속도 테스트를 위해 덧셈을 괜히 5억 번 함으로써 CPU를 혹사시키는데 이런 연산문을 그냥 릴리즈 모드로 컴파일하면 최적화 과정에서 덧셈문을 무시해 버리기 때문에 제대로 테스트가 안 된다. 덧셈의 결과를 전혀 사용하지 않기 때문에 루프 자체가 무시되어 버린다. 릴리즈로 컴파일하더라도 최적화 옵션을 해제한 후 컴파일해야 제대로 된 실행 파일을 얻을 수 있다. 이왕 고해상도 타이머를 사용한 김에 앞에서 만들었던 틱 카운트 예제도 만들어 보자. CheckBootTime 함수만 다음과 같이 변경하면 된다.

예제 : CheckRunningTime2

```
void CheckBootTime()
{
    TCHAR str[255];
    LARGE_INTEGER now, freq;
    SYSTEMTIME st,boot;
    int Sec, Min, Hour, Day;
    DWORD abs;

    // 부팅 후 경과한 시간을 초 단위로 구한다.
    QueryPerformanceCounter(&now);
    QueryPerformanceFrequency(&freq);
    Sec=(int)(now.QuadPart / freq.QuadPart);
    Day=Sec/86400;
    Hour=(Sec % 86400)/3600;
    Min=(Sec % 3600)/60;

    // 현재 시간에서 경과 시간을 빼서 부팅한 시간을 구한다.
    GetLocalTime(&st);
    abs=MyGetAbsSecond(st);
    MyAbsSecondToSystem(abs-Sec,boot);

    // 부팅 시간 출력
    wsprintf(str, "부팅시간:%d월 %d일 %d시 %d분",
        boot.wMonth, boot.wDay, boot.wHour, boot.wMinute);
    SetDlgItemText(hDlgMain,IDC_BOOT,str);

    // 경과 시간 출력
    wsprintf(str, "경과시간:%d일 %d시 %d분 %d초",
        Day, Hour, Min, Sec % 60);
    SetDlgItemText(hDlgMain,IDC_TIME,str);
}
```

고해상도 타이머를 사용했으므로 49일 이상도 카운팅이 가능할 것이다. 나머지 기능은 앞에서 만든 예제와 동일하다. 웹 서버나 DB 서버가 얼마나 잘 버티는지 테스트하기에 적절한 유틸리티이다. 돈받고 팔아볼까 했었는데 주변 사람들이 말리길레 관두기로 했다.

과제 Calendar

1년치 달력을 한꺼번에 출력하는 연력을 만들어라. 시스템 트레이에 달력이 있기는 하지만 1개월 단위로만 볼 수 있어 장기 계획을 잡을 때는 불편한 면이 있는데 연력을 만들면 편리할 것이다. 상하 이동키로 3개월 단위로 이동하고 PgUp, PgDn키로 1년 단위로 스크롤한다. 이동시 더블 버퍼링을 하고 휠 마우스도 지원해 보자. 오늘 날짜는 특별한 표식을 해서 강조한다. 다음 두 함수는 이 과제를 푸는데 필요한 유틸리티 함수이다.

```
int GetYoil(int year,int month,int day)
{
     SYSTEMTIME st;
     FILETIME ft;

     memset(&st,0,sizeof(st));
     st.wYear=year;
     st.wMonth=month;
     st.wDay=day;
     SystemTimeToFileTime(&st,&ft);
     FileTimeToSystemTime(&ft,&st);
     return st.wDayOfWeek;
}

int GetMonthEnd(int year,int month)
{
     static int days[]={0,31,28,31,30,31,30,31,31,30,31,30,31};
     int lastday;

     lastday=days[month];
     if (month == 2 && ((year%4 == 0 && year%100!=0) || year%400==0)) {
          lastday=29;
     }
     return lastday;
}
```

날짜를 주면 요일을 구하는 함수와 년월을 주면 날 수를 구하는 함수이다. 함수 내용은 읽어 보면 이해가 될 정도로 쉬우므로 직접 분석해 보아라.

34-4 다중 모니터

34-4-가. 다중 모니터

다중 모니터(Multiple Monitor) 시스템이란 하나의 컴퓨터에 두 대 이상의 모니터를 연결하여 사용할 수 있는 시스템이다. 초기에는 두 개의 그래픽 카드를 장착해야 다중 모니터를 사용할 수 있었지만 요즘은 하나의 그래픽 카드가 두 개의 모니터를 지원하는데다 운영체제가 이를 시스템 차원에서 지원하기 때문에 훨씬 더 손쉽게 다중 모니터 환경을 사용할 수 있게 되었다. 98/2000이후의 시스템은 다중 모니터를 지원하며 95/NT는 다중 모니터를 지원하지 않는다.

윈도우즈 환경에서 다중 모니터를 사용하면 데스크탑이 확장되어 작업영역이 훨씬 더 넓어진다. 많은 정보를 한꺼번에 볼 수 있기 때문에 전자 출판, CAD, 동영상 편집 등의 작업에 아주 유용하다. 특히 개발자들은 한쪽에서 프로그램을 실행하면서 다른쪽 모니터에서 디버깅을 할 수 있기 때문에 디버깅의 효율을 많이 높일 수 있다. 다음은 노트북의 LCD와 일반 모니터를 사용하여 3520*1200의 넓은 해상도를 사용하고 있는 다소 부티나는 작업 환경의 모습이다.

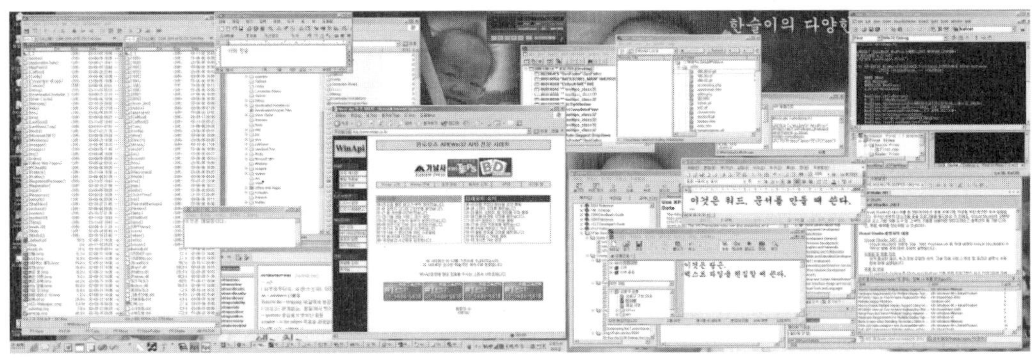

다중 모니터 환경은 하나의 주 모니터(Primary Monitor)와 여러 개의 추가 모니터들로 구성되는데 추가 모니터는 원하는 만큼 붙일 수 있지만 통상 그래픽 카드가 두 개의 모니터를 지원하는 것들이 많기 때문에 이중 모니터(Dual Monitor) 시스템이 가장 일반적이다. 추가 모니터는 바탕 화면 등록 정보 페이지에서 주 모니터의 좌우 또는 상하 어느쪽으로나 자유롭게 배치할 수 있고 각 모니터들은 독립적으로 해상도와 색상수를 선택할 수 있다.

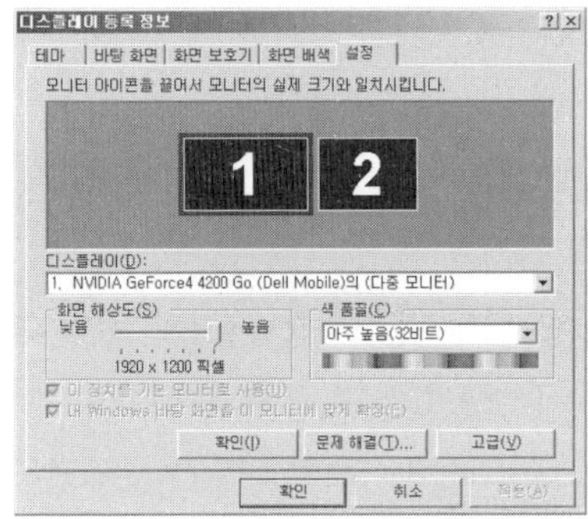

화면 중앙의 모니터 아이콘을 드래그해서 원하는 곳에 놓기만 하면 된다. 보통 모니터 두 대를 나란히 놓고 주 모니터의 왼쪽이나 오른쪽에 배치하여 넓게 보는 방식을 많이 사용하는데 아래 위로 배치하는 것도 물론 가능하다. 이때 각 모니터들은 최소한 한변이나 꼭지점이라도 인접해 있어야 하며 멀리 떨어져 있어서는 안된다.

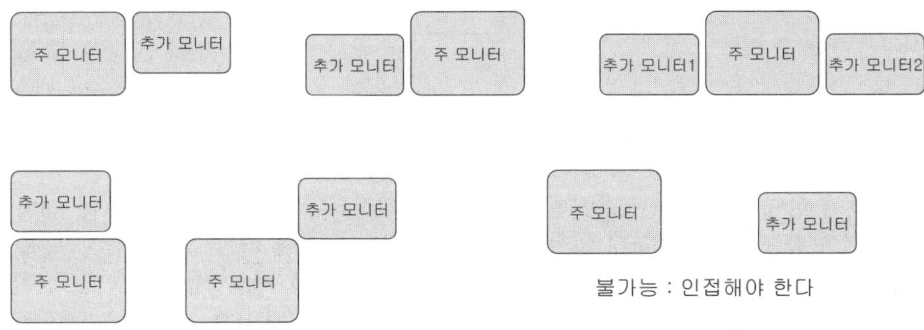

시스템에 장착된 모든 모니터의 영역을 감싸는 큰 외접 사각영역을 가상 화면(Virtual Screen)이라고 하는데 데스크탑은 이 가상 화면에 배치된다. 다음 그림은 세 개의 모니터를 수평으로 배치했을 때의 가상 화면 모습이다.

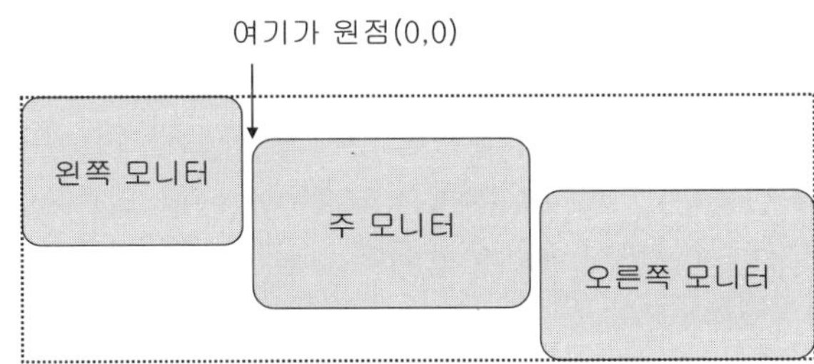

가상 화면의 원점인 (0,0) 좌표를 가지는 모니터를 주 모니터라고 한다. 98에서는 부팅할 때 최초로 인식된 모니터만 주 모니터가 될 수 있지만 2000/XP 이후부터는 어떤 모니터든지 주 모니터가 될 수 있다. 다중 모니터 시스템을 지원하지 않는 응용 프로그램들은 데스크탑의 원점을 (0,0)으로 인식하기 때문에 호환성 유지를 위해 주 모니터가 항상 원점을 가지도록 되어 있다.

주 모니터의 왼쪽이나 위쪽에 추가 모니터를 배치할 수 있기 때문에 주 모니터가 가상 화면의 좌상단 좌표를 가지지 않을 수도 있다. 또한 주 모니터의 왼쪽이나 위쪽에 있는 모니터들은 음수 좌표를 가지게 된다. 윈도우즈 환경의 좌표들은 부호있는 16비트 정수 크기를 가지므로 가상 화면의 범위는 -32768 ~ 32767까지이다. 운영체제는 32비트이지만 메시지들이 하나의 32비트값의 상하위에 X,Y 좌표를 전달하는 경우가 많기 때문에 좌표계는 아직도 16비트이다.

34-4-나. 시스템의 지원

운영체제의 다중 모니터 지원 정책은 아주 잘 작성되어 있다. 응용 프로그램이 특별히 다중 모니터 환경을 고려하지 않더라도 대부분의 경우에 있어 동작하는데 큰 무리가 없기 때문에 응용 프로그램 개발자는 다중 모니터 환경에 대해 크게 신경쓸 필요가 없다. 시스템의 다중 모니터 지원이 어떤 식인지 살펴 보자.

윈도우나 아이콘 등의 개체는 가상 화면의 어느 곳으로나 드래그할 수 있다. 이쪽 모니터에서 드래그하여 저쪽 모니터로 옮기기만 하면 된다. 윈도우의 경우 두 모니터의 경계에 걸쳐 있을 수도 있는데 이렇게 하더라도 DC가 각 모니터의 특성들을 고려하여 그리기를 하기 때문에 내용 출력에는 아무 문제가 없고 성능상의 불이익도 거의 없는 편이다. 응용 프로그램은 모니터에 직접 출력을 보내는 것이 아니라 DC라는 표면에 출력을 보내기 때문에 기존의 그리기 코드는 그대로 쓸 수 있다.

오브젝트가 두 모니터의 경계에 걸쳐 있을 때는 시스템이 미리 정한 규칙에 따라 오브젝트를 배치한다. 경계에 걸친 윈도우를 최대화할 때는 많이 걸쳐 있는 쪽 모니터로 최대화되며 메시지 박스나 대화상자는 부모 윈도우가 있는 쪽에 열린다. 메뉴도 윈도우와 마찬가지로 많이 걸친 쪽에 열리며 팝업 메뉴는 오른쪽 버튼을 누른 지점에 열린다. 바로 가기를 더블클릭하여 프로그램을 실행할 때는 바로가기 아이콘이 있는 모니터에서 실행된다.

보다시피 운영체제의 다중 모니터 지원 정책은 지극히 상식적이기 때문에 사용자 입장에서나 개발자 입장에서나 특별히 주의할만한 사항은 없는 셈이다. 다만 하드웨어적인 한계에 의해 VGA 호환 장비는 하나만 가능하다는 한계점이 있다. VGA는 물리적인 절대 주소 공간을 요구하기 때문에 두 개의 모니터가 동시에 VGA 호환 모드로 동작할 수는 없다.

시스템이 다중 모니터 환경을 단순한 데스크탑의 확장으로 다룰 수 있도록 하므로 API 함수들도 거의 변경없이 그대로 사용할 수 있다. 다만 시스템의 정보를 조사하는 몇가지 함수의 플래그들에 약간씩의 변화가 있고 다중 모니터 지원을 위한 함수들이 추가되었다는 점 정도만 다르다. 시스템 메트릭스 정보를 조사하는 GetSystemMetrics 함수의 경우 모든 메트릭스값들은 호환성 유지를 위해 항상 주 모니터를 기준으로 한다. 커서의 크기, 아이콘의 크기, 인치당 픽셀 수 등은 어느 모니터를 기준으로 하나 동일할 수 밖에 없다. 화면 크기를 조사하는 SM_CXSCREEN, SM_CYSCREEN 메트릭스는 항상 주 모니터의 크기만 조사한다. 이 값들이 가상 화면의 크기를 조사하도록 변경되어 버린다면 다중 모니터를 인식하지 못하는 프로그램들과의 호환성이 사라지기 때문이다.

유일하게 달라지는 메트릭스는 SM_CXMAXTRACK, SM_CYMAXTRACK뿐인데 이 값들은 항상 가상 화면을 기준으로 한다. 따라서 다중 모니터 환경에서 윈도우의 경계를 드래그해서 조정할 수 있는 최대 크기는 가상 화면으로 자연스럽게 확장된다. 이 메트릭스가 가상 화면의 정보를 조사하기 때문에 다중 모니터를 지원하지 않는 응용 프로그램이라도 주 모니터보다 더 큰 크기로 만들 수 있는 것이다. 다음은 가상 모니터 지원을 위해 추가된 메트릭스들이다.

값	설명
SM_CMONITORS	시스템에 장착된 모니터 개수를 조사한다. 95/NT에서는 0으로 조사된다.
SM_SAMEDISPLAYFORMAT	모든 모니터들의 색상 포맷이 같은지 조사한다
SM_XVIRTUALSCREEN SM_XVIRTUALSCREEN	가상 화면의 좌상단 좌표이다. 주모니터의 왼쪽이나 위쪽에 추가 모니터가 있으면 음수값을 가질 수도 있다.
SM_CXVIRTUALSCREEN SM_CXVIRTUALSCREEN	가상 화면의 폭과 높이다.

윈도우와 작업영역 크기를 구하는 GetWindowRect, GetClientRect 함수도 호환성 유지를 위해 항상 주 모니터를 기준으로 동작한다. GetWindowRect(hWnd, &rc) 호출에 의해 조사되는 rc는 주 모니터의 원점에서 얼마만큼 떨어져 있는가를 나타내며 이 윈도우가 주 모니터의 왼쪽 모니터에 있다면 음수 좌표를 가질 수도 있다. 다중 모니터 환경에 따른 API 함수의 변화도 거의 없는 셈이며 응용 프로그램 개발자들은 과거에 하던 방식대로 큰 변화없이 코드를 작성할 수 있다. 하지만 다음과 같은 사항에 대해서는 고려를 해야 한다.

① 음수 좌표의 존재 가능성 인식 : 과거 특정 윈도우를 잠시 숨기고 싶다거나 또는 시작중에 윈도우 생성 모습을 보이지 않기 위해 음수 좌표나 아주 큰 좌표로 윈도우를 잠시 이동시키는 기법을 종종 사용하곤 했는데 이제 이런 기법들이 더 이상 통하지 않는다. 음수 좌표가 실제 존재하기 때문에 이런 기법을 섣불리 사용하다가는 왼쪽 모니터로 윈도우가 잠시 이동하는 꼴사나운 현상을 사용자가 목격할 수도 있다.

② 저장한 좌표의 유효성을 점검하는 방법 변화 : 모니터가 하나뿐일 때는 GetSystemMetrics 함수로 조사한 SM_CX(Y)SCREEN 좌표 밖은 모두 무효한 좌표였다. 최후 실행 위치를 레지스트리에 저장한 후 다시 실행할 때 이 위치를 복구하는 기법은 아주 일반적인데 해상도가 변화되면 저장된 좌표가 무효해질 수 있다. 이럴 경우 아예 윈도우가 보이지 않기 때문에 다시 화면 안쪽으로 넣어 주었는데 이제부터는 다중 모니터 환경을 고려하여 주 모니터의 좌표가 아니더라도 오른쪽 모니터의 좌표인지도 같이 점검해 보아야 한다.

③ 다중 모니터를 구성하는 각 모니터는 해상도와 색상 포맷을 자유롭게 변경할 수 있다. 두 모니터의 색상 포맷이 다를 경우 그리기를 하는 방식이 모니터별로 달라지기 때문에 경계에 걸쳤을 때 그리기 성능이 다소 저하되는 경향이 있다. 이럴 때는 시스템의 지원을 받지 말고 직접 그리기 루틴을 최적화해야 한다.

34-4-다. 모니터 정보 조사

응용 프로그램이 다중 모니터 환경을 직접 다루거나 다중 모니터로 인한 문제점을 해결하려면 먼저 시스템에 장착된 모니터에 대한 정보를 조사해야 한다. 다음 함수는 시스템의 모든 모니터 또는 특정 DC와 관련된 모니터를 열거한다.

BOOL EnumDisplayMonitors(HDC hdc, LPCRECT lprcClip, MONITORENUMPROC lpfnEnum, LPARAM dwData);

hdc와 lprcClip 인수에 대해서는 잠시 후 따로 정리해 보기로 하되 이 값이 둘 다 NULL이면 모든 모니터가 열거된다. lpfnEnum 인수는 모니터가 발견될 때마다 호출될 콜백함수이며 dwData는 이 함수로 전달될 사용자 정의값이다. 콜백함수는 다음과 같은 원형을 가진다.

BOOL CALLBACK MonitorEnumProc(HMONITOR hMonitor, HDC hdcMonitor, LPRECT lprcMonitor, LPARAM dwData);

첫 번째 인수 hMonitor는 발견된 모니터의 핸들인데 이 핸들로부터 모니터의 상세한 정보를 조사할 수 있다. hdcMonitor는 이 모니터 영역에 그리기를 할 때 사용할 DC 핸들이며 lprcMonitor는 모니터의 좌표값인데 잠시 후 따로 정리하자. 열거를 계속하려면 TRUE를 리턴하고 열거를 중지하려면 FALSE를 리턴한다. 원하는 모니터를 찾았을 때 FALSE를 리턴하면 모니터 열거가 끝난다. 모니터의 핸들로부터 모니터의 정보를 조사할 때는 다음 함수를 사용한다.

BOOL GetMonitorInfo(HMONITOR hMonitor, LPMONITORINFO lpmi);

MONITORINFO(EX) 구조체를 선언한 후 이 구조체의 포인터를 전달하면 모니터 관련 정보를 구조체에 채워준다. 이 구조체는 다음과 같이 선언되어 있다.

```
typedef struct tagMONITORINFOEX {
   DWORD   cbSize;
   RECT    rcMonitor;
   RECT    rcWork;
   DWORD   dwFlags;
   TCHAR   szDevice[CCHDEVICENAME];
} MONITORINFOEX, *LPMONITORINFOEX;
```

각 멤버의 의미는 다음과 같다.

멤버	설명
cbSize	이 구조체의 크기이며 구조체 버전 확인에 사용된다. GetMonitorInfo 함수를 호출하기 전에 이 멤버에 구조체의 크기를 반드시 대입해야 한다.
rcMonitor	가상 화면상의 모니터 좌표이다. 왼쪽이나 위쪽에 있는 모니터는 음수 좌표를 가질 것이다.
rcWork	가상 화면상의 워크 에리어 좌표이다. rcMonitor 영역에서 앱바 영역을 제외한 영역이다.
dwFlags	주 모니터일 경우 MONITORINFOF_PRIMARY가 전달된다.
szDevice	모니터의 이름이다.

다음 예제는 시스템에 장착된 모든 모니터의 정보를 조사한다.

예 제 : MonitorInfo

```
#define WINVER 0x0500
#include <windows.h>
....
int y;
BOOL CALLBACK MonitorEnumProc(HMONITOR hMonitor,HDC hdcMonitor,LPRECT lprcMonitor,LPARAM dwData)
{
    TCHAR sInfo[256];
    MONITORINFOEX mi;

    mi.cbSize=sizeof(MONITORINFOEX);
    GetMonitorInfo(hMonitor,&mi);
    wsprintf(sInfo,"모니터 핸들 = %x, 좌표=(%d,%d)-(%d,%d) %s",hMonitor,
        lprcMonitor->left,lprcMonitor->top,lprcMonitor->right,lprcMonitor->bottom,
        (mi.dwFlags & MONITORINFOF_PRIMARY)==0 ? "":"주 모니터");
    TextOut((HDC)dwData,10,y,sInfo,lstrlen(sInfo));
    y+=20;
    return TRUE;
}

LRESULT CALLBACK WndProc(HWND hWnd,UINT iMessage,WPARAM wParam,LPARAM lParam)
{
    HDC hdc;
    PAINTSTRUCT ps;
    TCHAR Mes[256];
    int cMon;
    RECT rcVirt;

    switch (iMessage) {
    case WM_LBUTTONDOWN:
    case WM_DISPLAYCHANGE:
        InvalidateRect(hWnd,NULL,TRUE);
        UpdateWindow(hWnd);
        return 0;
    case WM_PAINT:
        hdc=BeginPaint(hWnd, &ps);
        cMon=GetSystemMetrics(SM_CMONITORS);
        if (cMon == 0) {
            lstrcpy(Mes,"다중 모니터를 지원하지 않는 시스템입니다");
            TextOut(hdc,10,10,Mes,lstrlen(Mes));
        } else {
            wsprintf(Mes,"모니터 개수 = %d, 색상 포맷=%s",cMon,
                GetSystemMetrics(SM_SAMEDISPLAYFORMAT) ? "모두 동일":"다름");
            TextOut(hdc,10,10,Mes,lstrlen(Mes));

            rcVirt.left=GetSystemMetrics(SM_XVIRTUALSCREEN);
            rcVirt.top=GetSystemMetrics(SM_YVIRTUALSCREEN);
            rcVirt.right=rcVirt.left+GetSystemMetrics(SM_CXVIRTUALSCREEN);
            rcVirt.bottom=rcVirt.top+GetSystemMetrics(SM_CYVIRTUALSCREEN);
            wsprintf(Mes,"가상 화면=(%d,%d)-(%d,%d)",rcVirt.left,rcVirt.top,
                rcVirt.right,rcVirt.bottom);
            TextOut(hdc,10,30,Mes,lstrlen(Mes));
```

```
            y=50;
            EnumDisplayMonitors(NULL,NULL,MonitorEnumProc,(LPARAM)hdc);
        }
        EndPaint(hWnd, &ps);
        return 0;
    case WM_DESTROY:
        PostQuitMessage(0);
        return 0;
    }
    return(DefWindowProc(hWnd,iMessage,wParam,lParam));
}
```

다중 모니터 시스템은 98이후 2000이후에서만 지원된다. 즉 윈도우즈 95와 NT는 다중 모니터 환경을 지원하지 않으며 비주얼 C++ 6.0의 기본 컴파일 환경이 윈도우즈 95로 맞추어져 있기 때문에 다중 모니터 관련 함수를 호출하려면 windows.h를 인클루드하기 전에 WINVER 매크로를 0x500 이상으로 정의해야 한다. 두 개의 모니터가 장착된 시스템에서 이 예제를 실행한 결과는 다음과 같다.

MonitorInfo
모니터 개수 = 2, 색상 포맷=다름
가상 화면=(0,0)-(3520,1200)
모니터 핸들 = 64a01f1, 좌표=(0,0)-(1920,1200) 주 모니터
모니터 핸들 = 1bf03c7, 좌표=(1920,0)-(3520,1200)

모니터의 개수는 SM_CMONITORS 메트릭스로 간단하게 조사할 수 있는데 만약 이 값이 0이라면 아예 다중 모니터를 지원하지 않는 95/NT 시스템이다. 이 값이 1이라면 주 모니터 하나만 있는 상태이고 2이상이면 다중 모니터 환경이라고 할 수 있다. 95/NT 환경에서는 다중 모니터 관련 함수를 호출해서는 안되며 SM_CMONITORS가 0을 리턴한다고 해서 장착된 모니터가 없다고 판단해서도 안된다.

모니터들의 색상 포맷 동일성 여부나 가상 화면의 범위는 메트릭스값으로 간단히 조사할 수 있다. 각각의 모니터에 대한 정보를 조사하려면 EnumDisplayMonitor 함수로 모니터 열거를 한 후 콜백함수에서 조사되는 모니터 핸들에 대해 GetMonitorInfo 함수를 호출해 보면 된다. 예제의 실행 결과를 보면 주 모니터가 왼쪽에 있고 추가 모니터가 오른쪽에 있음을 알 수 있다.

이런 식으로 모니터를 열거해 보면 시스템에 장착된 모니터의 목록과 각 모니터의 특성을 조사할 수 있으므로 이 정보를 바탕으로 자신의 위치나 좌표의 유효성을 점검하면 된다. 다음은 잠시 설명을 보류해 두었던 EnumDisplayMonitors 함수의 두 인수에 대해 정리해 보자. hdc 인수가 전달되면 이 DC 영역이 걸쳐 있는 모니터에 대해서만 조사되며 콜백함수의 첫 번째 인수로 해당 모니터에 출력할 수 있는 DC 핸들이 전달된다. 이 DC 핸들로 그리기를 하면 해당 모니터의 특성에 맞는 커스텀 그리기를 할 수 있다.

EnumDisplayMonitors 함수의 두번째 인수 lprcClip은 클리핑 영역을 지정하는데 이 영역이 걸쳐 있는 모니터에 대해서만 조사된다. 작업영역의 일부만 그리기를 할 때 클리핑 영역을 지정하면 콜백함수의 lprcMonitor 인수로 클리핑 영역과 겹쳐지는 모니터 영역이 전달되므로 이 영역에 대해서만 그리기를 하면 된다. 이 두 인수가 모두 NULL이면 장착된 모든 모니터에 대한 정보가 조사되며 이 두 인수중 하나 또는 전부가 전달될 경우 조사되는 정보가 달라진다. 다음 도표는 EnumDisplayMonitors 함수의 두 인수값의 조합과 조사되는 정보들을 정리한 것이다.

hdc	lprcClip	정보
NULL	NULL	모든 모니터의 정보를 조사하며 콜백함수로는 NULL DC가 전달된다.
NULL	안NULL	클리핑 영역과 교차되는 모니터 영역이 조사된다. 이때 클리핑 영역과 콜백함수가 전달받는 좌표값은 모두 가상 화면 좌표이다.
안NULL	NULL	DC와 교차되는 모니터 영역이 조사된다. 콜백함수는 각 모니터 영역에 해당하는 DC값을 받는다.
안NULL	안NULL	DC의 클리핑 영역과 교차되는 모니터 영역이 조사된다. 이때 클리핑 영역과 콜백함수가 전달받는 좌표값은 모두 윈도우 좌표이다. 콜백함수는 각 모니터 영역에 해당하는 DC값을 받는다.

MonitorInfo 예제에서 이 두 인수값을 변경해 가며 테스트해 보면 어떤 정보가 조사되는지 알 수 있을 것이다. 이 정보들을 사용하는 예제는 바로 다음 항에서 작성해 볼 것이다.

다중 모니터 환경은 시스템을 부팅할 때 결정되는 것이 아니라 사용자에 의해 언제든지 변경될 수 있다. 이때마다 시스템은 모든 탑 레벨 윈도우에게 WM_DISPLAYCHANGE 메시지를 보내 주는데 모니터 구성에 따라 동작이 달라져야 한다면 이 메시지를 처리해야 한다. 시스템은 모니터 구성이 바뀔 때 주 모니터에 있지 않은 윈도우를 주 모니터 안으로 강제 이동시키므로 이 메시지를 꼭 처리해야 할 필요는 거의 없다.

34-4-라. 다중 모니터 출력

윈도우가 두 개의 모니터 중간에 걸쳐 있는 상황이더라도 응용 프로그램의 그리기 코드가 특별한 영향을 받을 필요는 없다. WM_PAINT 메시지에서 하나의 DC를 발급받고 이 DC의 표면에 그리기만 하면 나머지 작업은 시스템이 알아서 한다. 그리기 표면이 두 모니터에 걸쳐 있더라도 응용 프로그램은 하나의 논리적인 윈도우에 그리기만 하면 되는 것이다.

두 모니터에 걸쳐 있는 윈도우의 경우 그리기 속도가 조금 저하되기는 하겠지만 그것도 무시할만한 수준이다. 다만 두 모니터의 색상 포맷이 다른 경우는 속도 저하가 다소 심할 수도 있고 시스템의 출력이 최적이 아닐 수도 있다. 예를 들어 주 모니터는 24비트 색상으로 맞추어져 있고 추가 모니터는16비트 색상으로 설정되어 있을 경우 시스템이 최적의 출력 결과를 맞추기가 다소 어려울 것이다. 이때도 시스템은 최대한 비슷한 출력을 하지만 최적의 성능과는 다소 거리가 멀 수도 있다.

그래픽 편집 프로그램이나 전자 출판 프로그램 등 출력 결과가 아주 중요한 경우나 CAD같이 그리기 속도가 아주 중요한 경우는 이런 상황을 직접 처리할 수도 있다. 다음 예제는 다중 모니터 상황에서 각 모니터의 색상 포맷에 따라 최적의 출력을 만들어내는 예를 보여준다.

예 제 : PaintMulti

```
BOOL CALLBACK MonitorEnumProc(HMONITOR hMonitor,HDC hdcMonitor,LPRECT lprcMonitor,LPARAM dwData)
{
    HBRUSH Brush,OldBrush;
    HPEN Pen,OldPen;
    RECT rtRect,rtPaint;

    if (GetDeviceCaps(hdcMonitor,BITSPIXEL) == 16) {
        Brush=CreateSolidBrush(RGB(0,0,255));
        Pen=CreatePen(PS_SOLID,1,RGB(0,0,255));
    } else {
```

```
        Brush=CreateSolidBrush(RGB(255,0,0));
        Pen=CreatePen(PS_SOLID,1,RGB(255,0,0));
    }
    SetRect(&rtRect,10,50,1000,150);
    IntersectRect(&rtPaint,&rtRect,lprcMonitor);
    OldBrush=(HBRUSH)SelectObject(hdcMonitor,Brush);
    OldPen=(HPEN)SelectObject(hdcMonitor,Pen);
    Rectangle(hdcMonitor,rtPaint.left,rtPaint.top,rtPaint.right,rtPaint.bottom);
    DeleteObject(SelectObject(hdcMonitor,OldBrush));
    DeleteObject(SelectObject(hdcMonitor,OldPen));
    return TRUE;
}

LRESULT CALLBACK WndProc(HWND hWnd,UINT iMessage,WPARAM wParam,LPARAM lParam)
{
    HDC hdc;
    PAINTSTRUCT ps;
    TCHAR *Mes="16비트 색상 모니터에서는 파란색, 그외의 모니터에서는 빨간색";

    switch (iMessage) {
    case WM_PAINT:
        hdc=BeginPaint(hWnd, &ps);
        TextOut(hdc,10,10,Mes,lstrlen(Mes));
        EnumDisplayMonitors(hdc,NULL,MonitorEnumProc,NULL);
        EndPaint(hWnd, &ps);
        return 0;
    case WM_DESTROY:
        PostQuitMessage(0);
        return 0;
    }
    return(DefWindowProc(hWnd,iMessage,wParam,lParam));
}
```

WM_PAINT에서는 간단한 메시지 출력 외에 특별한 그리기 코드를 가지지 않으며 모니터 열거 함수만 호출한다. 이때 EnumDisplayMonitors 함수의 첫 번째 인수로 hdc를 넘겨 이 DC의 영역에 걸쳐 있는 모니터에 대해서만 조사했다. 그리기를 위해 모니터 열거를 하는 것이므로 hdc와 겹쳐 있지 않은 모니터에 대해서는 열거할 필요가 없다.

콜백함수는 인수로 전달된 hdcMonitor DC에 그리기를 하되 이 DC의 색상 포맷이 16비트이면 파란색으로, 그 외의 색상 포맷이면 빨간색으로 그리기를 한다. lprcMonitor 인수로는 hdc와 교차되는 모니터 영역의 좌표가 전달되므로 이 영역안에만 그리기를 하면 된다. 실행해 보면 두 모니터의 중간에 걸쳤을 때 16비트 모니터에서는 파란색, 24비트 모니터에서는 빨간색 사각형이 그려질 것이다.

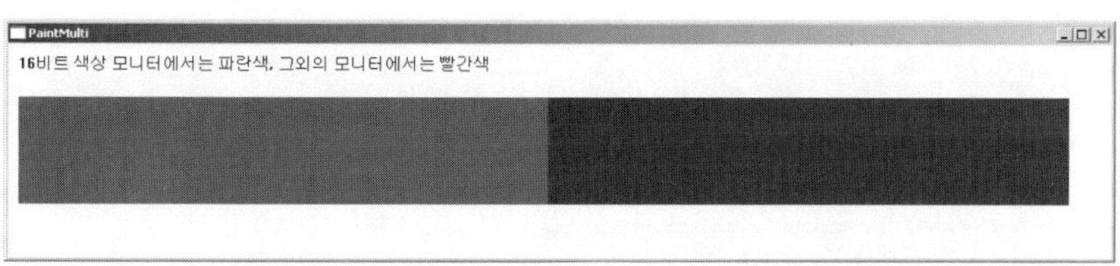

이 예제는 색상 포맷이 다른 모니터의 경계에 있을 때 각 영역에 대해 다른 방식으로 그릴 수도 있다는 것을 보여줄 뿐 실용적인 가치는 없다. 하지만 아무리 복잡한 출력이라도 기본 원리는 이 예제와 동일하다. WM_PAINT에서는 모니터 열거만 하고 실제 그리기 코드는 모니터 열거 함수로 전달되는 DC의 lprcMonitor 영역을 참조하면 된다.

34-4-마. 모니터 위치 조사

다음 세 함수는 특정 오브젝트가 어떤 모니터위에 있는지 조사한다. 한 점에 대해, 사각영역에 대해, 윈도우에 대해 조사할 수 있으며 이 오브젝트가 있는 모니터의 핸들이 리턴된다.

HMONITOR MonitorFromPoint(POINT pt, DWORD dwFlags);
HMONITOR MonitorFromRect(LPCRECT lprc, DWORD dwFlags);
HMONITOR MonitorFromWindow(HWND hwnd, DWORD dwFlags);

dwFlags는 오브젝트가 어떤 모니터 위에도 있지 않을 때, 예를 들어 수평으로 배치된 상태에서 모니터의 위쪽 좌표나 대각선으로 배치된 상태에서 오른쪽 좌표에 있을 때 어떤 값을 리턴할 것인가를 지정한다. 다음 셋 중 하나를 선택할 수 있다.

플래그	설명
MONITOR_DEFAULTTONEAREST	가장 가까운 모니터
MONITOR_DEFAULTTONULL	NULL
MONITOR_DEFAULTTOPRIMARY	주 모니터

점의 경우는 어느 모니터위에 있는지 또는 모니터 밖인지를 명확하게 판단할 수 있지만 사각영역이나 윈도우의 경우는 두 모니터의 경계에 걸칠 수도 있는데 이런 경우는 많이 속해있는 쪽 모니터가 선택된다. 다음 예제는 윈도우가 있는 모니터에 대한 정보를 보여 준다.

예 제 : WinMonitor

```
LRESULT CALLBACK WndProc(HWND hWnd,UINT iMessage,WPARAM wParam,LPARAM lParam)
{
    HDC hdc;
    PAINTSTRUCT ps;
    TCHAR Mes[256];
    HMONITOR hMonitor;
    MONITORINFOEX mi;

    switch (iMessage) {
    case WM_MOVE:
        InvalidateRect(hWnd,NULL,TRUE);
        UpdateWindow(hWnd);
        return 0;
    case WM_PAINT:
        hdc=BeginPaint(hWnd, &ps);
        hMonitor=MonitorFromWindow(hWnd,MONITOR_DEFAULTTONEAREST);

        mi.cbSize=sizeof(MONITORINFOEX);
        GetMonitorInfo(hMonitor,&mi);
        wsprintf(Mes,"이 윈도우가 있는 모니터:%x%s, 가상 좌표=(%d,%d)-(%d,%d)",
            hMonitor,(mi.dwFlags & MONITORINFOF_PRIMARY)==0 ? "":"(주 모니터)",
            mi.rcMonitor.left,mi.rcMonitor.top,mi.rcMonitor.right,mi.rcMonitor.bottom);
        TextOut(hdc,10,10,Mes,lstrlen(Mes));
        EndPaint(hWnd, &ps);
```

```
        return 0;
    case WM_DESTROY:
        PostQuitMessage(0);
        return 0;
    }
    return(DefWindowProc(hWnd,iMessage,wParam,lParam));
}
```

모니터의 핸들을 구한 후 이 모니터가 주 모니터인지, 가상 화면상의 좌표는 어디쯤인지를 조사해 작업영역으로 출력했다. 사용자는 윈도우를 원하는 모니터로 자유롭게 이동시킬 수 있고 윈도우의 입장에서 자신이 어떤 모니터위에 있는지는 그다지 중요한 사항이 아니다. 왜냐하면 윈도우는 모니터라는 물리적인 장치보다는 데스크탑이라는 논리적인 영역에 자신이 속해있다고 생각하기 때문이다. 그래서 사실 자신이 위치해 있는 모니터를 조사해야 할 경우는 그리 흔하지 않다.

다음 예제는 다중 모니터 시스템일 경우 윈도우를 배치할 모니터를 선택하는 방법을 보여준다. 그래픽 편집 프로그램의 정보 팔레트, 디버깅중의 와치 정보, 주식 프로그램의 주식 시황같이 사용자의 조작은 필요없고 정보를 보여주기만 하는 윈도우라면 주 모니터보다 보조 모니터에 열리는 것이 더 좋을 것이다. 참고 정보를 보조 모니터에 보여줌으로써 주 모니터의 공간을 더 많이 쓸 수 있도록 한다는 점에서 실용적이다. 메인 윈도우 하나와 시간을 보여 주는 차일드 윈도우를 만드는데 차일드는 보조 모니터에 열린다. 물론 다중 모니터 시스템일 때만 이렇게 윈도우를 배치하고 모니터가 하나뿐이라면 두 윈도우 모두 주 모니터에 열려야 한다.

예 제 : UseDual

```
#define WINVER 0x0500
#include <windows.h>

LRESULT CALLBACK WndProc(HWND,UINT,WPARAM,LPARAM);
LRESULT CALLBACK ChildProc(HWND,UINT,WPARAM,LPARAM);
HINSTANCE g_hInst;
HWND hWndMain;
LPCTSTR lpszClass=TEXT("UseDual");

int APIENTRY WinMain(HINSTANCE hInstance,HINSTANCE hPrevInstance
      ,LPSTR lpszCmdParam,int nCmdShow)
{
    HWND hWnd;
    MSG Message;
    WNDCLASS WndClass;
    g_hInst=hInstance;

    WndClass.cbClsExtra=0;
    WndClass.cbWndExtra=0;
    WndClass.hbrBackground=(HBRUSH)(COLOR_WINDOW+1);
    WndClass.hCursor=LoadCursor(NULL,IDC_ARROW);
    WndClass.hIcon=LoadIcon(NULL,IDI_APPLICATION);
    WndClass.hInstance=hInstance;
    WndClass.lpfnWndProc=WndProc;
    WndClass.lpszClassName=lpszClass;
    WndClass.lpszMenuName=NULL;
    WndClass.style=CS_HREDRAW | CS_VREDRAW;
```

```
    RegisterClass(&WndClass);

    WndClass.hbrBackground=(HBRUSH)(COLOR_BTNFACE+1);
    WndClass.lpfnWndProc=ChildProc;
    WndClass.lpszClassName="ChildWnd";
    RegisterClass(&WndClass);

    hWnd=CreateWindow(lpszClass,lpszClass,WS_OVERLAPPEDWINDOW,
        CW_USEDEFAULT,CW_USEDEFAULT,CW_USEDEFAULT,CW_USEDEFAULT,
        NULL,(HMENU)NULL,hInstance,NULL);
    ShowWindow(hWnd,nCmdShow);
    hWndMain=hWnd;

    while (GetMessage(&Message,NULL,0,0)) {
        TranslateMessage(&Message);
        DispatchMessage(&Message);
    }
    return (int)Message.wParam;
}

LRESULT CALLBACK WndProc(HWND hWnd,UINT iMessage,WPARAM wParam,LPARAM lParam)
{
    HDC hdc;
    PAINTSTRUCT ps;
    TCHAR *Mes="메인 윈도우, 주 모니터에 나타납니다.";

    switch (iMessage) {
    case WM_CREATE:
        CreateWindow("ChildWnd","ChildWnd",WS_OVERLAPPEDWINDOW,
            CW_USEDEFAULT,CW_USEDEFAULT,CW_USEDEFAULT,CW_USEDEFAULT,
            NULL,(HMENU)NULL,g_hInst,NULL);
        return 0;
    case WM_PAINT:
        hdc=BeginPaint(hWnd, &ps);
        TextOut(hdc,10,10,Mes,lstrlen(Mes));
        EndPaint(hWnd, &ps);
        return 0;
    case WM_DESTROY:
        PostQuitMessage(0);
        return 0;
    }
    return(DefWindowProc(hWnd,iMessage,wParam,lParam));
}

BOOL CALLBACK MonitorEnumProc(HMONITOR hMonitor,HDC hdcMonitor,LPRECT
lprcMonitor,LPARAM dwData)
{
    MONITORINFOEX mi;

    mi.cbSize=sizeof(MONITORINFOEX);
    GetMonitorInfo(hMonitor,&mi);
    if ((mi.dwFlags & MONITORINFOF_PRIMARY)==0) {
        (*(LPRECT)dwData)=*lprcMonitor;
        return FALSE;
```

```
	} else {
		return TRUE;
	}
}

LRESULT CALLBACK ChildProc(HWND hWnd,UINT iMessage,WPARAM wParam,LPARAM lParam)
{
	HDC hdc;
	PAINTSTRUCT ps;
	TCHAR *Mes="보조 윈도우, 추가 모니터에 나타납니다.";
	TCHAR szTime[32];
	SYSTEMTIME st;
	RECT rt;

	switch (iMessage) {
	case WM_CREATE:
		if (GetSystemMetrics(SM_CMONITORS) > 1) {
			EnumDisplayMonitors(NULL,NULL,MonitorEnumProc,(LPARAM)&rt);
			MoveWindow(hWnd,rt.left,rt.top,500,300,FALSE);
		}
		ShowWindow(hWnd,SW_SHOW);
		SetTimer(hWnd,1,1000,NULL);
		return 0;
	case WM_TIMER:
		InvalidateRect(hWnd,NULL,TRUE);
		return 0;
	case WM_PAINT:
		hdc=BeginPaint(hWnd, &ps);
		SetBkMode(hdc,TRANSPARENT);
		TextOut(hdc,10,10,Mes,lstrlen(Mes));
		GetLocalTime(&st);
		wsprintf(szTime,"현재 시간 = %d:%d:%d",st.wHour,st.wMinute,st.wSecond);
		TextOut(hdc,10,30,szTime,lstrlen(szTime));
		EndPaint(hWnd, &ps);
		return 0;
	case WM_DESTROY:
		KillTimer(hWnd,1);
		PostQuitMessage(0);
		return 0;
	}
	return(DefWindowProc(hWnd,iMessage,wParam,lParam));
}
```

WinMain에서 차일드를 위한 윈도우 클래스를 추가로 등록하되 배경색상을 회색으로 설정하여 메인 윈도우와 구분되도록 했다. 메인 윈도우의 WM_CREATE에서 차일드를 생성하되 특별히 모니터를 지정하거나 하지는 않았다. 여기까지는 일반적인 차일드 생성 과정과 같으며 차일드 스스로가 보조 모니터를 찾아가도록 하였다.

차일드는 WM_CREATE에서 모니터를 열거하되 사용자 정의 데이터로 RECT형 포인터 변수 rt를 넘겼다. 열거 함수에서는 주 모니터가 아닌 보조 모니터가 발견되면 이 모니터의 영역을 사용자 정의 데이터에 복사하고 FALSE를 리턴하여 열거를 중지한다. 열거가 끝난 후 차일드는 MoveWindow 함수로 보조 모니터의 좌상단에 폭 500, 높이 300의 크기로 이동한다. 실행 결과는 다음과 같다.

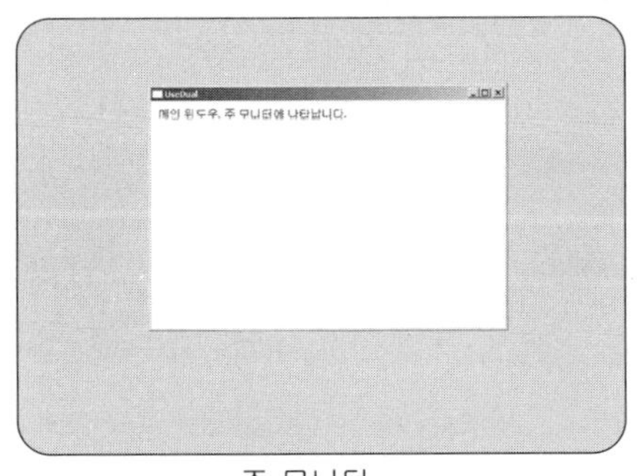

주 모니터

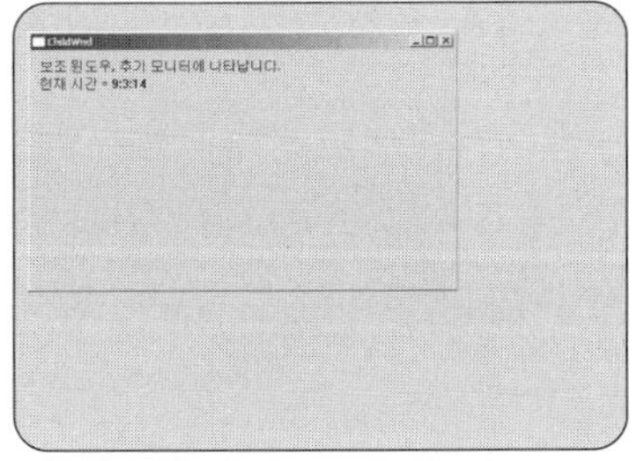

보조 모니터

이런 모니터 배치는 어디까지나 프로그램을 시작할 때의 초기 배치일 뿐이며 프로그램이 실행된 후 사용자는 보조 모니터에 있는 차일드를 주 모니터로 가져오거나 메인 윈도우를 보조 모니터로 보낼 수도 있다. 어디까지나 서비스 차원에서 윈도우의 초기 배치를 사용자가 쓰기 편하게 맞춰 줄 뿐이다. 윈도우가 자신이 실행될 모니터를 선택하는 간단한 예를 보였는데 좀 더 코드를 추가하면 훨씬 더 지능적으로 동작하도록 만들 수도 있다.

만약 보조 모니터가 오른쪽이 아닌 왼쪽에 있다면 차일드를 좌상단에 열지 않고 우상단에 열 수도 있으며 보조 모니터가 여러 개일 경우 그 중 한 모니터를 선택할 수도 있다. 이때는 보조 모니터의 가상 좌표를 비교해 보고 주 모니터와 가장 가까운 모니터를 선택하는 것이 합리적일 것이다. 정보창이 많을 경우 어떤 차일드를 어떤 모니터에 열 것인지 사용자가 미리 지정할 수 있도록 옵션을 제공하는 것도 가능하다.

물론 이런 모든 서비스들은 다중 모니터 환경일 때에만 동작해야 한다. 모니터가 하나뿐이면 모니터를 선택할 여지가 없으므로 모든 윈도우는 주 모니터에 열릴 수밖에 없다. 그래서 차일드의 WM_CREATE에서 시스템에 장착된 모니터가 1보다 큰지를 먼저 점검한 후 열거를 시작한다.

35-1 INI 파일

35-1-가. 정보의 저장

프로그램은 실행중에 사용자가 입력한 옵션 설정이나 프로그램 스스로 만들어낸 정보들을 다음 실행을 위해 저장해 두어야 하며 이런 정보를 저장할 필요가 있을 때는 디스크를 사용한다. 메모리는 아무리 빠르고 정확해도 전기가 없으면 정보를 기억할 수 없으므로 정보를 영구 보관하는 현실적인 방법은 아직까지도 하드 디스크의 파일밖에 없는 셈이다. 적어도 현재까지는 파일 외의 대안이 전혀 없으며 아마 이런 상황은 당분간 계속될 것이다.

프로그램의 설정 정보를 저장하는 방법에는 INI 파일을 쓰는 방법과 레지스트리를 쓰는 방법이 있다. 응용 프로그램은 이런 장치를 통해 자신의 고유 정보를 저장해 놓고 다음 실행할 때 이 정보를 복원해 계속 사용한다. 저장 대상 정보는 사용자 신상, 위치, 크기, 옵션, 사용자의 설정, 최근 연 파일 목록, 설치 관련 정보 및 기타 동작에 필요한 모든 정보들이다. 사용중인 프로그램의 동작을 잘 관찰해 보면 한 번 설정해 놓은 정보가 다음 실행시에도 계속 유효하다는 것을 확인할 수 있다.

단, 이런 설정 정보는 프로그램 자신의 정보일 뿐이지 사용자의 정보는 아니다. 사용자가 편집한 문서나 그래픽, 소스 등의 데이터 파일은 사용자의 것이므로 분리된 파일로 저장해야지 레지스트리에 이런 정보를 저장하는 것은 얼토당토 않다. 사용자의 정보는 사용자가 선택한 경로에 지정한 이름의 파일로 저장해야 하며 이렇게 해야 사용자는 자신의 파일을 복사하거나 지우거나 백업받을 수 있다. INI 파일이나 레지스트리에 저장되는 정보는 어디까지나 프로그램 자신이 동작을 위해 유지하는 정보에 국한된다.

정보를 저장하는 두 가지 방법 중 역사적으로 먼저 사용된 INI 파일부터 알아보자. Windows 디렉토리를 보면 Win.ini, System.ini 등과 같이 확장자가 INI인 파일들을 많이 볼 수 있는데 이 파일들이 프로그램의 설정 상태를 저장하는 파일들이다. INI 파일은 섹션, 키, 키값으로 구성되어 있는 단순한 텍스트 파일이며 메모장으로 열어 보면 쉽게 그 내용을 확인할 수 있고 편집도 가능하다. 다음은 Win.ini 파일의 일부분이다.

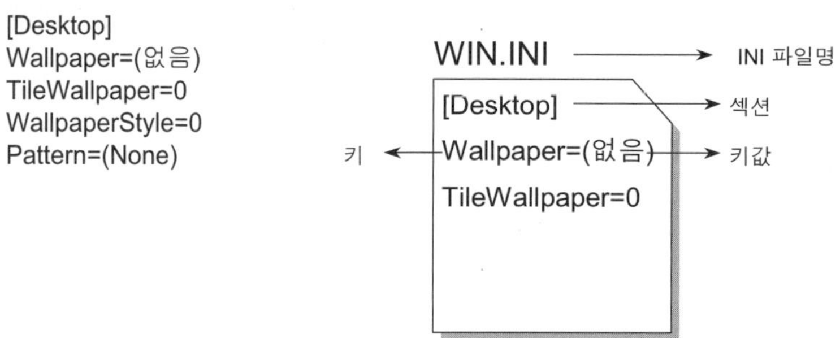

격쇠 괄호로 표시된 부분이 섹션이며 = 기호의 좌측에 키가 있고 우측에 키값이 있다. 키는 저장할 정보의 이름이며 키값은 저장된 데이터이다. 섹션은 정보의 종류에 따라 나누어 놓은 키의 그룹이라고 할 수 있는데 필요한만큼 섹션은 얼마든지 나눌 수 있다. 위치 정보는 [Pos] 섹션에 프로그램의 설정 상태는 [Setting] 에 그룹별로 정보를 나누어 저장하는 것이 편리하다.

35-1-나. INI 파일

CreateWindow 함수의 인수중에 윈도우의 최초 위치를 지정하는 인수가 있어 고정된 위치에 윈도우를 만들 수 있다. 그런데 어떤 프로그램을 실행해 보면 항상 끝낸 위치에서 다시 시작하기도 하는데 워드나 탐색기를 여러 번 실행해 보면 자기 위치를 기억한다는 것을 확인할 수 있다. 어떻게 하는가 하면 프로그램을 종료할 때 INI 파일에 그 위치를 저장해 두고 다음 번에 시작할 때 INI 파일에 있는 위치 정보를 읽어 그 위치에서 시작하는 것이다. 다음 예제는 이 방법대로 자신의 위치를 INI 파일에 저장한다.

예 제 : IniFile

```
LRESULT CALLBACK WndProc(HWND hWnd,UINT iMessage,WPARAM wParam,LPARAM lParam)
{
    RECT rt;
    TCHAR buf[10];
    switch (iMessage) {
    case WM_CREATE:
        rt.left=GetPrivateProfileInt("Position", "Left", 0, "IniFile.ini");
        rt.top=GetPrivateProfileInt("Position", "Top", 0, "IniFile.ini");
        rt.right=GetPrivateProfileInt("Position", "Right", 100, "IniFile.ini");
        rt.bottom=GetPrivateProfileInt("Position", "Bottom", 100, "IniFile.ini");
        MoveWindow(hWnd, rt.left, rt.top, rt.right-rt.left,
            rt.bottom-rt.top, TRUE);
        return 0;
    case WM_DESTROY:
        GetWindowRect(hWnd, &rt);
        itoa(rt.left, buf, 10);
        WritePrivateProfileString("Position", "Left", buf, "IniFile.ini");
        itoa(rt.top, buf, 10);
        WritePrivateProfileString("Position", "Top", buf, "IniFile.ini");
        itoa(rt.right, buf, 10);
        WritePrivateProfileString("Position", "Right", buf, "IniFile.ini");
        itoa(rt.bottom, buf, 10);
        WritePrivateProfileString("Position", "Bottom", buf, "IniFile.ini");
```

```
        PostQuitMessage(0);
        return 0;
    }
    return(DefWindowProc(hWnd,iMessage,wParam,lParam));
}
```

실행해 보면 아무 것도 없는 보통 윈도우가 생성될 것이다. 최초 실행시에는 (0,0)-(100,100)의 위치에 조그만 크기로 생성되지만 크기와 위치를 변경한 후 프로그램을 종료하고 다시 시작하면 종료하기 직전의 위치에 생성될 것이다. 이후 계속 종료와 실행을 반복해 보면 항상 끝낸 자리에서 다시 시작한다. 마지막 실행 중인 위치를 기억하기 위해 프로그램이 종료되는 시점인 WM_DESTROY 에서 종료 직전에 윈도우의 위치를 INI 파일에 저장해 두는데 INI 파일에 정보를 쓸 때는 다음 함수를 사용한다.

BOOL WritePrivateProfileString(LPCTSTR lpAppName, LPCTSTR lpKeyName, LPCTSTR lpString, LPCTSTR lpFileName);

네 개의 인수를 가지는데 각 인수의 의미는 다음과 같다.

lpAppName

정보를 기록할 섹션 이름을 지정한다. 만약 섹션이 없으면 만든다. 널 종료 문자열이며 대소문자는 구분하지 않는다.

lpKeyName

정보를 기록할 키 이름을 지정하며 없을 경우 만든다. 특수한 경우로 이 인수가 NULL이면 섹션 내의 모든 정보를 삭제한다.

lpString

키값을 정의하는 문자열이다. 정수나 실수 등의 값을 기록하고자 할 경우는 먼저 문자열로 바꾼 후에 기록해야 한다. 특수한 경우로 이 인수가 NULL이면 해당 키를 삭제한다.

lpFileName

INI 파일명을 지정한다. 경로명을 지정할 수 있으나 보통 경로명은 지정하지 않는다. 경로명 없이 파일명만 주어졌을 때는 이 파일이 윈도우즈 디렉토리에 있는 것으로 간주한다. 파일이 없으면 직접 만든 후 정보를 기록한다.

WM_DESTROY의 코드를 보면 윈도우가 파괴되기 직전에 GetWindowRect 함수로 윈도우의 위치와 크기를 구해 RECT 구조체 rt에 대입한다. 그리고 rt의 각 멤버값을 IniFile.ini 파일의 Position 섹션에 Left, Top, Right, Bottom이라는 키값으로 저장하되 정수를 문자열로 바꾼 후 기록해야 한다. INI 파일에 기록되는 텍스트 자체가 문자열이므로 모든 정보는 일단 문자열로 바꾼 후 저장해야 한다. 프로그램 종료 후 윈도우즈 디렉토리를 보면 IniFile.ini가 생성되어 있으며 다음과 같은 내용을 가지고 있다.

```
[Position]
Left=372
Top=317
Right=691
Bottom=525
```

물론 실제 기록된 키값은 종료 직전의 윈도우 위치에 따라 달라진다. 프로그램이 다시 실행되는 시점인 WM_CREATE에서는 INI파일에서 정보를 읽어와 윈도우의 위치를 종료 전의 위치로 이동시킨다. INI 파일에서 정보를 읽어오는 함수는 다음 함수이다.

UINT GetPrivateProfileInt(LPCTSTR lpAppName, LPCTSTR lpKeyName, INT nDefault, LPCTSTR lpFileName);

첫 번째, 두 번째, 네 번째 인수는 WritePrivateProfileString 함수와 동일하며 지정한 키값을 읽어 리턴한다. 단 INI 파일이 없거나 섹션, 키 등이 없어 값을 읽을 수 없을 때는 세 번째 인수 nDefault로 지정한 디폴트값이 읽혀진다. 최초 실행시에는 INI 파일이 없으므로 적절하고도 합리적인 디폴트값을 반드시 지정해야 한다. 그렇지 않으면 윈도우가 엉뚱한 곳에 나타날 수도 있는데 경우에 따라서는 디폴트를 잘못 설정해서 프로그램이 죽는 경우도 있으므로 아주 신중하게 잘 결정해야 한다.

WM_CREATE 메시지를 받았을 때, 즉 윈도우가 만들어질 때 IniFile.ini 파일의 Position 섹션에서 Left, Top, Right, Bottom키값을 읽어 rt 구조체에 채운 후 MoveWindow로 윈도우 위치를 옮긴다. 즉 종료 전에 저장된 위치로 복구함으로써 항상 끝낸 위치에서 시작한다. 단 최초 실행시 또는 그외의 이유로 INI 파일이 없을 경우는 디폴트 값인 (0,0)-(100,100)의 위치에 윈도우가 생성된다. 위치값이나 좌표값 등의 정수를 읽을 때는 위의 함수를 사용하며 문자열을 읽을 때는 다음 함수를 사용한다.

DWORD GetPrivateProfileString(LPCTSTR lpAppName, LPCTSTR lpKeyName, LPCTSTR lpDefault, LPTSTR lpReturnedString, DWORD nSize, LPCTSTR lpFileName);

lpReturnedString, nSize 인수가 추가되었는데 lpReturnedString은 읽은 문자열을 대입받을 버퍼이며 nSize는 버퍼의 크기이다. 충분한 길이의 문자열 버퍼를 미리 준비한 후 이 함수를 호출하면 INI 파일에서 문자열을 읽어 버퍼에 복사한다.

INI 파일에 저장할 수 있는 데이터의 종류는 문자열과 정수 두 가지이되 파일에 저장할 때는 결국은 문자열로 저장된다. 그러나 어떤 데이터든지 문자열로 가공할 수 있으므로 좀 불편하기는 해도 임의 포맷의 정보를 저장할 수 있는 셈이다. 위 예제에서는 윈도우의 위치만 INI 파일에 저장했으나 필요하다면 사용자가 선택한 옵션이나 기타 실행에 꼭 필요한 여러 정보들을 INI 파일에 섹션별로 기록해 놓을 수 있다.

WIN.INI는 윈도우즈가 운영체제의 설정 상태를 저장하는 아주 중요한 파일이며 운영체제 설치시에 같이 생성된다. 보통 개별 프로그램들은 고유의 INI 파일을 만들어서 사용하지만 저장하는 정보가 적을 경우는 WIN.INI에 자신만의 섹션을 만들어 정보를 저장할 수도 있다. WIN.INI에 정보를 저장하거나 WIN.INI의 정보를 읽을 때는 다음 함수들을 사용한다.

UINT GetProfileInt(LPCTSTR lpAppName, LPCTSTR lpKeyName, INT nDefault);
BOOL WriteProfileString(LPCTSTR lpAppName, LPCTSTR lpKeyName, LPCTSTR lpString);
DWORD GetProfileString(LPCTSTR lpAppName, LPCTSTR lpKeyName, LPCTSTR lpDefault, LPTSTR lpReturnedString, DWORD nSize);

함수명에서 Private가 빠졌으며 제일 마지막 인수인 IniFile 이 없다는 점을 제외하고는 앞에서 배운 함수들과 동일하다. 이 함수들은 IniFile인수가 WIN.INI로 고정되어 있다고 생각하면 쉽다. IniFile 예제를 다음과 같이 수정해 보자.

```
LRESULT CALLBACK WndProc(HWND hWnd,UINT iMessage,WPARAM wParam,LPARAM lParam)
{
    RECT rt;
    TCHAR buf[10];
    switch (iMessage) {
    case WM_CREATE:
        rt.left=GetProfileInt("Position", "Left", 0);
        rt.top=GetProfileInt("Position", "Top", 0);
        rt.right=GetProfileInt("Position", "Right", 100);
        rt.bottom=GetProfileInt("Position", "Bottom", 100);
        MoveWindow(hWnd, rt.left, rt.top, rt.right-rt.left,
            rt.bottom-rt.top, TRUE);
        return 0;
    case WM_DESTROY:
        GetWindowRect(hWnd, &rt);
        itoa(rt.left, buf, 10);
        WriteProfileString("Position", "Left", buf);
        itoa(rt.top, buf, 10);
        WriteProfileString("Position", "Top", buf);
        itoa(rt.right, buf, 10);
        WriteProfileString("Position", "Right", buf);
        itoa(rt.bottom, buf, 10);
        WriteProfileString("Position", "Bottom", buf);
        PostQuitMessage(0);
        return 0;
    }
    return(DefWindowProc(hWnd,iMessage,wParam,lParam));
}
```

앞에서 만든 코드와 동일한 동작을 하되 별도의 INI 파일을 사용하지 않고 Win.ini 파일을 사용한다는 점만 다르다. 이 예제를 실행한 후 윈도우즈 디렉토리의 Win.ini 파일의 끝부분을 보면 [POSITION] 섹션이 생성되어 있고 이 섹션에 프로그램의 위치값이 기록되어 있을 것이다. 별도의 INI 파일을 만들지 않아 윈도우즈 디렉토리가 깔끔해지기는 하겠지만 시스템이 사용하는 중요한 파일에 정보를 저장하는 것은 별로 바람직하지 않다.

35-1-다. INI 파일의 단점

INI 파일만으로도 정보를 저장하는 기능 자체에는 별 문제가 없다. 하지만 사람들은 항상 더 좋은 것들을 원하고 이전에 사용하던 방법의 단점들을 찾아내어 그 단점을 극복한 새로운 대안을 마련한다. Win32에서 그 대안으로 주로 사용되는 것이 레지스트리(Registry)이다. 레지스트리는 Win16 API에도 있기는 했었으나 아주 특수한 용도로만 제한적으로 사용되었었다. Win32에 와서 기능이 대폭 보강되었고 지금은 일반적인 정보 저장 용도로도 많이 사용된다. INI 파일의 단점에는 다음과 같은 것들이 있으며 이 단점들의 역은 곧 레지스트리의 장점이 된다.

① INI 파일은 텍스트 파일 포맷으로 저장되므로 사용자가 임의로 조작할 수 있다. 따라서 사용자가 실수로 INI 파일의 중요한 정보를 잘못 조작하면 프로그램이 오동작할 가능성이 있다. 레지스트리도 물론 사용자가 편집할 수 있지만 꼭 필요할 경우 사용자가 편집하지 못하게 권한을 설정할 수 있으므로 비교적 안전하다. 시스템 운영에 필수적인 정보는 함부로 건드리지 못하게 되어 있다.

② 프로그램당 하나 이상의 INI파일을 생성하므로 하드 디스크에는 무수한 INI 파일들로 꽉 차게 되고 결과적으로 하드 디스크 공간을 낭비한다. 특히 클러스터의 크기가 큰 하드 디스크에서의 공간 낭비는 더욱 심하다. 또한 파일들이 너무 많으므로 해서 전체적으로 시스템 속도가 떨어지기도 하는데 윈도우즈 디렉토리가 커지면 시스템이 전반적으로 느려진다. 레지스트리는 정보를 한 곳에 집결시켜 저장하기 때문에 이런 문제가 없다.

③ INI 파일은 복수 사용자를 지원하지 않으므로 사용자별로 설정한 정보를 별도로 저장할 수 없다. 또한 한 프로그램에 대해서도 복수 버전에 대한 정보를 분리 저장하기 어렵다. 꼭 복수 정보를 저장하려면 로긴한 사용자별로 파일을 따로 사용하도록 코드를 작성해야 하는 번거로움이 있다. 반면 레지스트리는 로긴한 사용자를 자동으로 인식한다.

④ INI 파일이 손상되었을 경우에 복구할 수 있는 방법이 없다. 일반적으로 INI 파일에 저장되는 정보들은 프로그램 실행에 꼭 필요한 정보들이기 때문에 최악의 경우는 프로그램을 다시 설치해야 하는 경우도 있다. 반면 레지스트리는 항상 백업본을 작성하기 때문에 불의의 사고로부터 정보를 보호한다. 레지스트리 손상시 운영체제는 자동으로 안전모드로 부팅된다.

⑤ INI 파일은 실제 디스크상에 존재하는 텍스트 파일이므로 정보를 읽고 쓸 때마다 하드 디스크를 액세스해야 한다. 그래서 속도가 무척 느리다. 레지스트리도 물론 결국에는 하드 디스크에 파일의 형태로 저장되지만 시스템은 레지스트리 캐시를 위해 시스템 메모리를 할당하므로 매번 디스크를 액세스하지는 않으며 따라서 INI 파일에 비해 속도가 월등히 빠르다.

이런 몇 가지 장점 외에도 레지스트리는 다양한 데이터 타입 지원, 신뢰성 있는 보안 기능, 네트워크 지원 등 INI 파일에 비해 여러 가지 우수한 특징들을 가지고 있다. Win32에서도 하위 호환성을 위해 INI 파일을 지원하기는 하지만 가급적이면 레지스트리를 사용하는 것이 좋다. 레지스트리의 유일한 단점이라면 INI 파일보다는 사용방법이 다소 번거롭다는 점이다. 값 하나를 액세스할 때도 여러 단계를 거쳐야 하는데 이런 단점은 래핑으로 해결 가능하다.

INI 파일이 단점 투성이고 Win32 환경에서 정보 저장용으로 권장되는 방법은 아니지만 그렇다고 해서 전혀 쓸모가 없는 것은 아니다. 아직도 특수한 목적으로 활용할 수 있는 곳이 많다. 간단한 스크립트나 설치 옵션 등은 INI 파일 포맷으로 저장하면 편리할 때가 많은데 파일 입출력 함수보다는 INI 파일 함수가 훨씬 더 간편하고 쉽기 때문이다. 파일을 열고 닫을 필요없이 곧바로 호출할 수 있고 줄단위의 삽입 삭제가 용이하며 중복된 키를 관리하는 기능도 제공한다.

또한 INI 파일은 분리된 파일이므로 시스템간에 복사가 쉬우며 직접 편집 가능하다는 것이 때로는 장점이 되기도 한다. INI 파일에 프로그램 설정 정보를 저장해 놓으면 시스템 재설치시 INI 파일만 다시 복사하면 원래 사용하던 설정을 깜쪽같이 복원할 수 있다. 어떤 프로그램은 레지스트리를 쓰지 않는다는 것을 오히려 장점으로 내세우기도 하는데 INI 파일은 레지스트리에 비해 시스템에 무해하며 고급 사용자는 이 파일을 조작해 고난도의 커스터마이징도 가능하다. 파일 관리 프로그램으로 알려진 토탈 커맨더라는 유틸리티는 옵션 저장을 위해 wincmd.ini라는 파일을 사용한다.

35-2 레지스트리

35-2-가. 레지스트리의 구조

레지스트리는 디렉토리 구조와 유사한 계층적 구조로 구성되어 있다. 루트로부터 복수 개의 가지가 갈라져 나오는 트리 구조이며 트리의 각 노드를 키(Key)라고 한다. 키 안에 또 다른 서브키가 포함될 수 있으며 서브키 안에 또 다른 서브키가 포함될 수 있다. 레지스트리의 키는 파일 시스템의 디렉토리에 비유될 수 있다. 즉 디렉토리 안에 서브 디렉토리가 있는 것처럼 키 안에 서브키가 존재하는 것이다. 키와 서브키의 개념은 디렉토리와 서브 디렉토리의 개념처럼 상대적인 것이어서 한 키가 다른 키의 서브키임과 동시에 또 다른 서브키를 가지는 부모키가 되기도 한다.

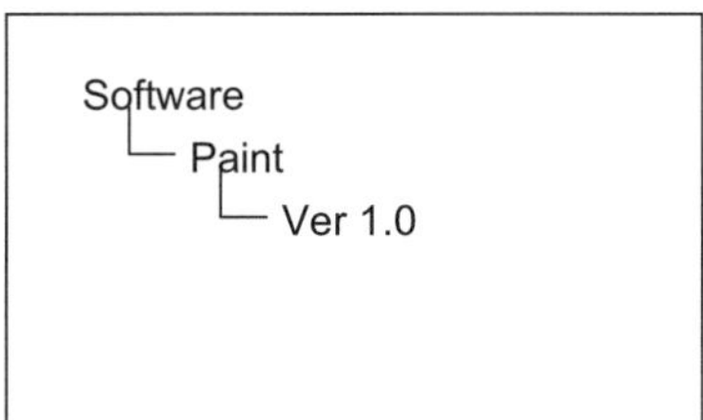

위 그림에서 Paint는 Software키의 서브키이면서 동시에 Ver 1.0 서브키를 가지는 부모키이다. 파일 시스템과 마찬가지로 키간의 중첩 깊이나 개수에는 별다른 제한이 없으며 같은 레벨에서는 유일한 이름을 가져야 한다. 즉 한 부모키에 속한 형제 서브키가 같은 이름을 가질 수 없다. 키는 다음 다섯 가지 구성요소로 이루어진다.

요소	설명
이름	키의 이름을 지정하는 문자열이다. 숫자, 영문자 등을 사용할 수 있으며 백슬레시(\) 문자는 사용할 수 없다. 최대 길이는 512문자(유니코드인 경우 256문자)이다.
클래스	오브젝트 클래스의 이름이다. 응용 프로그램에서는 잘 사용되지 않는다.
보안 속성	NT의 보안 속성과 동일한 표준 보안 속성이다.
액세스 시간	키가 최후로 수정된 시간이다.
값	키 안에 포함되는 정보이며 여러 개가 존재할 수도 있고 없을 수도 있다.

이름을 가지는 키 안에 실제 정보에 해당하는 값(Value)이 보관된다. 키가 디렉토리에 비유된다면 값은 디렉토리에 저장되는 파일에 비유될 수 있을 것이다. 키 안에 보관되는 값은 다음 세 가지 구성요소로 이루어진다.

요소	설명
이름	값의 이름을 지정하는 문자열이며 유니코드로 저장된다.
타입	값의 형태이다. Win16에서는 문자열만 가능했으나 Win32에서는 정수, 문자열, 이진 데이터 등 어떤 형태의 타입도 가능하다.
데이터	값의 실제값이다. 최대 길이는 32767 문자(유니코드인 경우 16383문자)이다.

레지스트리의 구조를 살펴보거나 수정할 때는 레지스트리 편집기가 사용되며 레지스트리 편집기는 윈도우즈 디렉토리에 RegEdit.exe 또는 RegEdt32.exe라는 실행파일로 존재한다. 다음은 레지스트리 편집기로 레지스트리를 살펴본 것이다.

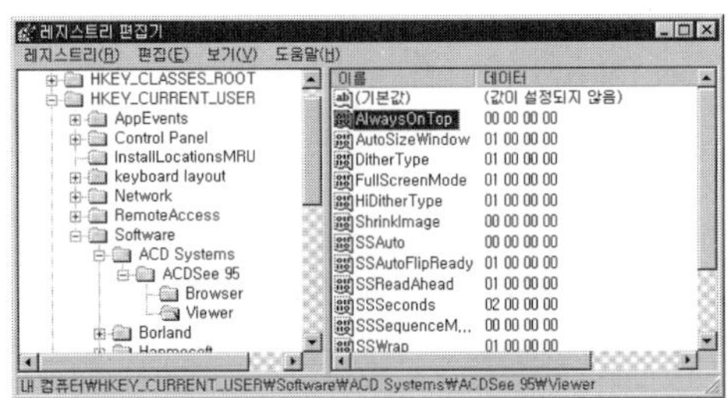

편집기의 왼쪽에는 키의 계층적 구조를 보여주며 오른쪽에는 선택된 키에 포함된 값의 목록과 각 값의 데이터들을 표시한다. 예를 들어 Viewer 키에 AlwaysOnTop이라는 값이 있고 이 값의 데이터는 00 00 00 00으로 되어 있음을 알 수 있다. 레지스트리 편집기를 사용하면 대부분의 레지스트리 값을 변경하거나 삭제할 수 있으며 새로운 키를 만들 수도 있다. 그러나 이는 무척 위험하므로 구조를 잘 모르는 부분은 함부로 건드리지 않는 것이 좋으며 레지스트리 편집기는 확인을 위해서만 사용하는 것이 바람직하다.

여기서 잠깐 용어에 대한 부연설명을 해야겠다. 이 책에서 사용하는 용어중 "값"이라는 말은 영어의 Value를 번역한 것이며 데이터는 영어의 Data이되 편집기의 우측창에서 Value가 좌변에 해당하며 Data가 우변에 해당한다. 좀 더 정확하게 번역을 한다면 Value를 "값 이름", Data를 "값"이라고 해야겠으나 편의상 단어 뜻대로 일대일 번역을 하였으니 책을 읽는데 착오가 없기 바란다. 영어나 한글이나 복잡한 프로그래밍 요소를 표현하기에 꼭 맞는 단어가 부족하기는 마찬가지인 것 같다. 사실 영어의 Value-Data라는 용어도 썩 적절한 명명법이라 할 수 없으며 직관적이지 못하다.

35-2-나. Registry 프로젝트

자, 그럼 이제 레지스트리를 사용하여 정보를 저장하는 예제를 만들어 보자. 앞에서 만들었던 IniFile 예제와 마찬가지로 프로그램의 종료 위치를 저장하는 예제이되 이번에는 INI 파일이 아닌 레지스트리에 정보를 저장한다는 점이 다르다. 소스는 다음과 같은데 이론적인 의미만 있을 뿐 실전에서는 래핑된 함수를 사용하므로 너무 깊게 볼 필요는 없다.

예 제 : Registry

```
LRESULT CALLBACK WndProc(HWND hWnd,UINT iMessage,WPARAM wParam,LPARAM lParam)
{
    RECT rt;
    HKEY key;
    DWORD dwDisp;
    DWORD Size;
    switch (iMessage) {
    case WM_CREATE:
        RegCreateKeyEx(HKEY_CURRENT_USER,
            "Software\\MiyoungSoft\\RegiTest\\Position",0,NULL,
            REG_OPTION_NON_VOLATILE, KEY_ALL_ACCESS,NULL,&key,&dwDisp);
        Size=sizeof(LONG);
```

```
        if (RegQueryValueEx(key, "Left", 0, NULL,(LPBYTE)&rt.left, &Size)
            !=ERROR_SUCCESS)
            rt.left=0;
        Size=sizeof(LONG);
        if (RegQueryValueEx(key, "Top", 0, NULL,(LPBYTE)&rt.top, &Size)
            !=ERROR_SUCCESS)
            rt.top=0;
        Size=sizeof(LONG);
        if (RegQueryValueEx(key, "Right", 0, NULL,(LPBYTE)&rt.right, &Size)
            !=ERROR_SUCCESS)
            rt.right=100;
        Size=sizeof(LONG);
        if (RegQueryValueEx(key, "Bottom", 0, NULL,(LPBYTE)&rt.bottom, &Size)
            !=ERROR_SUCCESS)
            rt.bottom=100;;
        RegCloseKey(key);
        MoveWindow(hWnd, rt.left, rt.top, rt.right-rt.left,
            rt.bottom-rt.top, TRUE);
        return 0;
    case WM_DESTROY:
        RegCreateKeyEx(HKEY_CURRENT_USER,
            "Software\\MiyoungSoft\\RegiTest\\Position",0,NULL,
            REG_OPTION_NON_VOLATILE, KEY_ALL_ACCESS,NULL,&key,&dwDisp);
        GetWindowRect(hWnd, &rt);
        RegSetValueEx(key, "Left",0,REG_DWORD,(LPBYTE)&rt.left,sizeof(LONG));
        RegSetValueEx(key, "Top",0,REG_DWORD,(LPBYTE)&rt.top,sizeof(LONG));
        RegSetValueEx(key, "Right",0,REG_DWORD,(LPBYTE)&rt.right,sizeof(LONG));
        RegSetValueEx(key, "Bottom",0,REG_DWORD,(LPBYTE)&rt.bottom,sizeof(LONG));
        RegCloseKey(key);
        PostQuitMessage(0);
        return 0;
    }
    return(DefWindowProc(hWnd,iMessage,wParam,lParam));
}
```

IniFile 프로젝트와 마찬가지로 WM_DESTROY에서 윈도우의 위치를 저장하고 WM_CREATE에서 다시 정보를 읽어온다. 정보를 저장하는 곳이 레지스트리일 뿐 두 프로그램은 사실상 동일하게 동작한다고 할 수 있다. INI 파일을 사용하나 레지스트리를 사용하나 방법은 원론적으로 똑같다. 종료하기 전에 위치를 저장하고 다시 실행할 때 저장한 위치를 읽어오되 저장하는 장소만 다를 뿐이다. 실행결과를 보일 필요는 없을 것 같고 대신 이 프로그램을 실행한 후에 레지스트리가 어떻게 변했는가만 보자.

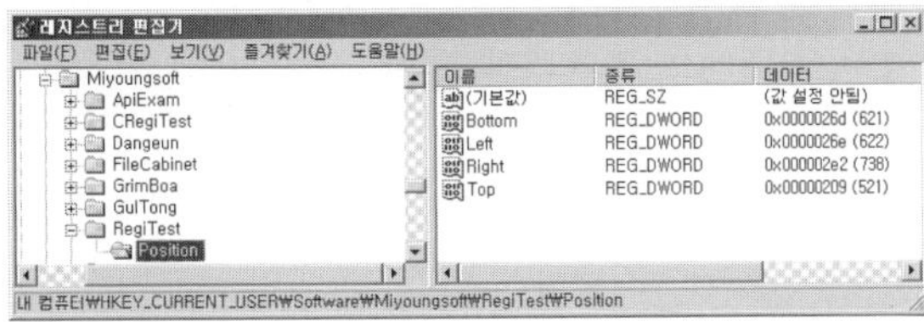

MiyoungSoft키 안에 RegiTest 키가 있고 RegiTest키 안에 Position 키가 있다. 그리고 Position키 안에 Left, Top, Right, Bottom 등의 값들과 각 값의 데이터들이 보관되어 있는 것이 보인다. 이런 식으로 프로그램 경로명으로 적당히 키를 생성하고 저장하고자 하는 정보의 성격에 따라 서브키로 그룹을 나눈 후 키를 저장해 놓으면 된다.

이 예제에서 사용하는 레지스트리 관련 함수는 4개밖에 없다. 이 네 개의 함수만 제대로 쓸 수 있으면 레지스트리를 당장 사용하는 데 큰 불편함은 없을 것이다. 프로그램이 종료되는 시점인 WM_DESTROY에서 키를 생성(또는 오픈)하고 종료 직전의 윈도우 위치를 레지스트리에 저장하였다. 우선 레지스트리 키를 생성하는 함수를 보자. 보안을 지원하기 때문에 인수가 좀 많다.

LONG RegCreateKeyEx(HKEY hKey, LPCTSTR lpSubKey, DWORD Reserved, LPTSTR lpClass, DWORD dwOptions, REGSAM samDesired, LPSECURITY_ATTRIBUTES lpSecurityAttributes, PHKEY phkResult, LPDWORD lpdwDisposition);

이 함수는 레지스트리 키를 생성하되 이미 키가 생성되어 있으면 해당 키를 열기만 한다. 이 예제의 경우 처음 프로그램이 실행되었을 때는 키를 만들어야 하고 키가 만들어진 후부터는 만들어진 키를 열기만 하면 되는데 굳이 키를 생성하는 함수와 오픈하는 함수를 따로 쓸 필요없이 이 함수를 사용하면 된다. 그래서 키를 오픈하는 RegOpenKeyEx라는 별도의 함수가 있지만 잘 사용되지 않는다. 아홉 개나 되는 인수를 가지고 있는데 대부분 디폴트가 적용되므로 처음 공부할 때는 앞쪽의 hKey, lpSubKey와 끝에서 두 번째의 phkResult 인수만 파악하면 된다.

hKey

새로 만들어지는 키의 부모키를 지정한다. 이미 열려져 있는 다른 키를 부모키로 사용할 수도 있고 아니면 미리 정의되어 있는 다음 값들을 부모키로 사용할 수도 있다. 다음 키들은 운영체제에 의해 항상 열려있으므로 언제든지 사용할 수 있다.

```
HKEY_CLASSES_ROOT
HKEY_CURRENT_USER
HKEY_LOCAL_MACHINE
HKEY_USERS
HEKY_CURRENT_CONFIG
HKEY_PERFORMANCE_DATA(NT 전용)
HKEY_DYN_DATA(윈95, 윈98)
```

응용 프로그램들이 정보 보관을 위해 주로 사용하는 키는 HKEY_CURRENT_USER키이며 이 키 아래의 Software 서브키에 자신의 서브키를 생성한다. 이 함수에 의해 만들어지는 키는 hKey의 서브키가 된다.

lpSubKey

만들고자 하는(또는 열고자 하는) 서브키를 지정하는 널 종료 문자열이며 반드시 지정해야 한다. hKey 아래에 이 서브키가 생성된다. 서브키가 여러 단계를 거칠 경우 디렉토리 경로를 구분하는 것과 마찬가지로 \ 문자로 구분한다. 다 알겠지만 문자열 내에서 백슬레시는 "\\" 요렇게 두 번 써야 한다.

Reserved

예약된 인수이다. 사용하지 않으므로 0으로 지정한다.

lpClass

생성되는 키의 클래스를 지정하는 문자열이다. 이미 존재하는 키를 오픈할 때는 이 인수는 무시되며 클래스를 지정하지 않을 때는 NULL을 지정한다.

dwOptions

생성하는 키의 옵션을 지정하며 다음 세 가지가 있다. 키를 생성할 때만 적용되므로 이미 존재하는 키를 오픈할 때는 이 인수가 사용되지 않는다.

옵션	설명
REG_OPTION_NON_VOLATILE	레지스트리에 저장되는 정보는 파일에 영구 저장되므로 시스템을 재부팅해도 정보가 유지된다. 이 옵션이 디폴트다.
REG_OPTION_VOLATILE	레지스트리에 저장되는 정보는 메모리에 저장된다. 즉 영구 보존되지 않으므로 시스템을 다시 시작하면 정보가 지워진다. 윈95에서는 이 옵션을 사용할 수 없으며 NT에서 정보를 임시로 저장하고자 할 때 사용하는 옵션이다.
REG_OPTION_BACKUP_RESTORE	이 옵션이 설정되어 있으면 samDesired 인수가 무시된다. 윈95에서는 이 옵션을 사용할 수 없다.

예제에서는 윈도우의 위치를 영구 보존해야 하므로 REG_OPTION_NON_VOLATILE 옵션을 사용하였으며 대부분의 경우 이 옵션을 사용할 것이다.

samDesired

새로 만들어지는 키의 보안 속성을 설정한다. 다음 값을 조합하여 보안 속성을 설정한다.

속성	설명
KEY_ALL_ACCESS	아래 여섯 가지 속성의 조합
KEY_CREATE_LINK	심볼릭 링크 생성 허가
KEY_CREATE_SUB_KEY	서브 키 생성 허가
KEY_ENUMERATE_SUB_KEY	서브 키 열거 허가
KEY_NOTIFY	통지 변경 허가
KEY_QUERY_VALUE	값을 읽을 수 있다.
KEY_SET_VALUE	값을 쓸 수 있다.
KEY_READ	KEY_QUERY_VALUE | KEY_ENUMERATE_SUB_KEY | KEY_NOTIFY
KEY_WRITE	KEY_SET_VALUE | KEY_CREATE_SUB_KEY
KEY_EXECUTE	읽기를 허가한다.

이 인수를 사용하여 읽기 전용의 키나 쓰기 전용의 키를 생성할 수 있다. 읽을 때와 쓸 때에 따라 적절한 보안 속성을 지정하되 특별히 보안이 필요치 않고 읽기 쓰기를 다 한다면 KEY_ALL_ACCESS 플래그를 지정하면 된다.

lpSecurityAttributes

생성된 키값이 차일드 프로세스로도 상속될 것인가 그렇지 않은가를 지정하는 SECURITY_ATTRIBUTE 구조체의 포인터이다. 이 인수가 NULL이면 상속되지 않는다.

phkResult

만들어지거나 열려진 키값이 대입되는 변수의 포인터이다. 즉 이 인수가 지정한 변수에 생성된(또는 열려진) 키값을 리턴한다. 이 함수에 의해 열리는 키를 리턴받기 위한 결과값이므로 HKEY형의 변수를 선언하고 그 포인터를 전달해야 한다.

lpdwDisposition

키가 새로 생성되었는지 기존의 키가 오픈된 것인지를 리턴받기 위한 출력용 변수이다. 리턴 후에 이 값이 REG_CREATED_NEW_KEY이면 키가 생성된 것이고 REG_OPENED_EXISTING_KEY이면 기존의 키가 오픈된 것이다. 없던 키가 생성된 경우와 기존에 있던 키가 열린 경우를 굳이 구분해야 한다면 이 인수가 리턴하는 값을 참조하면 된다.

키를 생성 또는 오픈한 후 에러가 없으면 ERROR_SUCCESS를 리턴하며 에러가 발생했으면 0이 아닌 에러 코드를 리턴한다. 보다시피 이 함수는 참조호출을 사용하며 에러 유무를 나타내는 리턴값 외에도 키 핸들과 키 생성여부를 리턴하므로 이 함수를 호출하기 전에 최소한 두 개의 변수를 선언해야 한다. 예제에서는 key 변수와 dwDisp 변수를 이런 목적으로 선언하여 사용하고 있다.

```
RegCreateKeyEx(HKEY_CURRENT_USER, "Software\\MiyoungSoft\\RegiTest\\Position",0,NULL,
    REG_OPTION_NON_VOLATILE, KEY_ALL_ACCESS,NULL,&key,&dwDisp);
```

HKEY_CURRENT_USER키 아래 "Software\MiyoungSoft\RegiTest\Position"이라는 서브키를 만들고 있다. 서브키의 충돌을 막기 위해 관습적으로 응용 프로그램은 자신의 레지스트리 키를 Software 아래에 "회사명\프로그램명\버전"으로 구성하므로 여러분들도 되도록이면 이 관습을 따르기 바란다. 예제에서는 편의상 버전은 제외했다. 옵션에 의해 이 키의 정보는 영구 보존되며 모든 액세스를 허용한다. 생성된 키의 핸들이 key변수에 대입되어 리턴될 것이다. 이 키 핸들은 이후의 레지스트리 조작에 사용된다. 이렇게 열려진 키에 값을 저장하는 함수는 다음 함수이다.

LONG RegSetValueEx(HKEY hKey, LPCTSTR lpValueName, DWORD Reserved, DWORD dwType, CONST BYTE *lpData, DWORD cbData);

첫 번째 인수 hKey는 값을 저장하고자 하는 키 핸들이며 lpValueName은 값의 이름(즉, 좌변)을 지정하는 문자열이다. 해당 키에 값이 없을 경우는 직접 생성해서 데이터를 저장한다. 예를 들어 정렬 순서에 1을 저장하고 싶다면 "SortOrder" 따위의 이름을 붙인다. 만약 값 이름이 NULL이면 키의 기본값을 기록하는데 레지스트리 편집기를 열어 보면 각 서브키마다 (기본값)이라고 표시되어 있다. 기본값이란 이름이 없는 값을 의미하는데 잘 사용되지는 않지만 시스템이 정의하는 특정 서브키는 기본값이 중요한 의미를 가지기도 한다.

세 번째 인수는 사용하지 않으며 네 번째 인수 dwType은 값의 데이터 타입을 지정한다. 다음 도표처럼 다양한 타입을 레지스트리에 저장할 수 있다. 정수형(REG_DWORD)과 문자열(REG_SZ)형만 사용해도 원하는 대부분의 정보를 저장할 수 있는데 덩치가 큰 이진 데이터를 저장하는 것도 가능하다.

타입	설명
REG_BINARY	이진 데이터
REG_DWORD	32비트의 정수
REG_DWORD_LITTLE_ENDIAN	하위 바이트부터 저장되는 정수
REG_DWORD_BIG_ENDIAN	상위 바이트부터 저장되는 정수
REG_EXPAND_SZ	환경변수에 대한 참조식이 있는 널 종료 문자열
REG_LINK	심볼릭 링크
REG_MULTI_SZ	두 개의 널 문자로 끝나는 널 문자열의 배열
REG_NONE	타입에 대한 정의가 없음
REG_RESOURCE_LIST	디바이스 드라이버의 리소스 리스트
REG_SZ	널 종료 문자열

다섯 번째 인수 lpData는 저장하고자 하는 데이터의 포인터이며 여섯 번째 인수는 데이터의 크기값이다. 다양한 타입의 데이터를 저장할 수 있기 때문에 데이터를 전달하는 인수인 lpData가 BYTE의 포인터형으로 되어 있다. 그래서 정수형이나 문자열을 저장할 때는 저장할 변수를 (LPBYTE)로 캐스팅해야 한다. lpData에는 32K 정도 되는 큰 데이터를 넣을 수 있으며 이 정도 길이면 거의 한계가 없는 것이다. 그러나 레지스트리는 모든 응용 프로그램이 사용하는 공동의 저장장소이므로 너무 큰 데이터는 집어넣지 않는 것이 좋다. 레지스트리가 지나치게 커지면 시스템의 전반적인 성능이 떨어진다. 만약 1K바이트 이상의 정보를 저장해야 한다면 별도의 파일로 저장하고 파일명만 레지스트리에 저장하는 것이 바람직하다.

예제의 코드를 보면 윈도우의 위치를 rt구조체에 조사한 후 이 구조체의 각 멤버를 Left, Top, Right, Bottom 값에 저장하고 있다. 이렇게 저장된 정보는 다음번 실행시에 WM_CREATE에서 읽혀진다. WM_CREATE에서 RegCreateKeyEx로 키를 오픈한 후 다음 함수를 사용하여 종료 전에 저장한 위치값을 레지스트리로부터 읽어온다.

LONG RegQueryValueEx(HKEY hKey, LPTSTR lpValueName, LPDWORD lpReserved, LPDWORD lpType, LPBYTE lpData, LPDWORD lpcbData);

세 번째 인수까지는 RegSetValueEx 함수와 동일하다. 네 번째 인수 lpType은 읽은 값의 타입을 대입받을 변수의 포인터이다. 타입을 꼭 알아야 할 필요가 있다면 DWORD형의 변수를 하나 선언하고 이 변수의 번지를 넘기되 타입이 불필요할 경우는 NULL값을 주면 된다. lpData는 읽혀진 값을 대입받을 변수의 번지이며 lpcbData는 이 변수의 크기값을 가지는 변수의 번지이다. lpcbData는 실제 복사된 데이터의 크기를 리턴하는 용도로도 사용되므로 반드시 DWORD형의 변수를 선언하고 번지를 넘겨야 한다. 즉 lpcbData 인수는 값을 대입받을 lpData의 크기를 전달하여 메모리 범위를 넘지 않도록 함과 동시에 실제 읽은 값의 크기를 리턴받는 두 가지 기능을 가지고 있으며 그래서 참조 인수로 선언되어 있다.

리턴값으로는 값을 제대로 읽었는지를 알려주는데 제대로 읽었으면 ERROR_SUCCESS가 리턴되고 그렇지 않을 경우 0이 아닌 에러 코드를 리턴한다. 참조 인수가 있어 이 함수를 호출하기 위해서는 데이터를 받을 버퍼와 버퍼의 크기값을 전달하고 리턴받는 변수를 반드시 선언해야 한다. 예제에서는 rt 구조체의 각 멤버에 값을 대입받으며 크기를 리턴받기 위해 Size라는 변수를 선언하였다.

```
Size=sizeof(LONG);
if (RegQueryValueEx(key, "Left", 0, NULL,(LPBYTE)&rt.left, &Size)!=ERROR_SUCCESS)
    rt.left=0;
```

Size에 rt.left 멤버의 크기를 대입하여 이 함수를 호출하면 Size로 실제 읽은 데이터의 크기가 대입된다. 만약 이 함수가 ERROR_SUCCESS를 리턴하지 않으면 디폴트값을 취하도록 했다. 레지스트리 함수는 INI 파일 함수에 비해 디폴트 처리를 하지 않으므로 에러 코드를 보고 직접 디폴트 값을 대입해야 한다. 프로그램이 처음 실행될 때는 키조차 만들어져 있지 않으므로 이 디폴트 처리는 절대로 생략할 수 없다. 다음 함수는 열려진 레지스트리 키를 닫는다.

LONG RegCloseKey(HKEY hKey);

레지스트리 키도 메모리를 소모하므로 사용하고 난 후에는 이 함수로 해제해야 한다. 이 예제에서 직접 사용하지는 않았지만 다음 함수에 대해서도 알아두자.

LONG RegOpenKeyEx(HKEY hKey, LPCTSTR lpSubKey, DWORD ulOptions, PHKEY phkResult);

이 함수는 지정한 레지스트리를 열기만 하는데 RegCreateKeyEx 함수는 키가 없을 경우 만들어 주지만 이 함수는 없으면 에러 코드를 반환한다는 점이 다르다. 키를 열되 없을 경우 만들 필요까지는 없을 때 이 함수를 사용하면 되는데 실전에서는 별로 사용할 일이 없다. 인수는 RegCreateKeyEx함수의 부분집합이므로 따로 설명할 필요가 없을 것 같다.

35-2-다. 래퍼 함수

레지스트리는 어떤 면으로 보나 INI 파일에 비해서는 우월한 존재임에 틀림없지만 쓰기는 굉장히 불편하다. 예약된 인수도 있고 잘 사용되지도 않는 보안 속성도 포함되어 있고 게다가 참조 호출을 많이 사용하기 때문에 함수 호출 전에 변수도 미리 선언해 두어야 한다. 원형도 복잡해서 외우기 어렵고 쓸 때마다 도움말을 참조해야 하니 이만저만 불편한 것이 아니다. 불필요한 인수는 없지만 적어도 비직관적인 것은 사실이다.

기능이 많다 보니 인수도 자연히 많아지게 되는데 자주 쓰는 기능이 값을 읽고 쓰는 것에 불과하다면 복잡하게 쓸 필요없이 간단한 함수로 한 번만 정리해 두면 두고두고 편하게 쓸 수 있다. 그래서 나는 레지스트리에 정수와 문자열만 입출력을 할 수 있는 비교적 간단한 함수 네 개를 만들어 놓고 레지스트리 입출력이 필요할 때 이 함수들을 사용한다. ShReg.cpp 파일에 이 4개의 함수를 정의해 놓았다.

예 제 : ShReg.cpp

```
#include <windows.h>

// 정수값을 읽는다.
UINT SHRegReadInt(HKEY hKey, LPCTSTR lpKey, LPCTSTR lpValue, INT nDefault)
{
    HKEY key;
    DWORD dwDisp;
    UINT Result;
    DWORD Size;
    if (RegCreateKeyEx(hKey, lpKey,0,NULL,
        REG_OPTION_NON_VOLATILE, KEY_READ,NULL,&key,&dwDisp)
        !=ERROR_SUCCESS)
        return 0;
```

```
    Size=sizeof(LONG);
    if (RegQueryValueEx(key, lpValue, 0, NULL,(LPBYTE)&Result, &Size)
        !=ERROR_SUCCESS)
        Result=nDefault;
    RegCloseKey(key);
    return Result;
}

// 문자열을 읽는다.
BOOL SHRegReadString(HKEY hKey, LPCTSTR lpKey, LPCTSTR lpValue, LPCTSTR lpDefault,
   LPTSTR lpRet, DWORD nSize)
{
    HKEY key;
    DWORD dwDisp;
    DWORD Size;
    if (RegCreateKeyEx(hKey, lpKey,0,NULL,
        REG_OPTION_NON_VOLATILE, KEY_READ,NULL,&key,&dwDisp)
        !=ERROR_SUCCESS)
        return FALSE;
    Size=nSize;
    if (RegQueryValueEx(key, lpValue, 0, NULL,(LPBYTE)lpRet, &Size)
        !=ERROR_SUCCESS) {
        lstrcpy(lpRet, lpDefault);
        return FALSE;
    }
    RegCloseKey(key);
    return TRUE;
}

// 정수값을 쓴다.
BOOL SHRegWriteInt(HKEY hKey, LPCTSTR lpKey, LPCTSTR lpValue, UINT nData)
{
    HKEY key;
    DWORD dwDisp;
    if (RegCreateKeyEx(hKey, lpKey,0,NULL,
        REG_OPTION_NON_VOLATILE, KEY_WRITE,NULL,&key,&dwDisp)
        !=ERROR_SUCCESS) {
        return FALSE;
    }
    if (RegSetValueEx(key, lpValue,0,REG_DWORD,(LPBYTE)&nData,sizeof(UINT))
        !=ERROR_SUCCESS)
        return FALSE;
    RegCloseKey(key);
    return TRUE;
}

// 문자열을 쓴다.
BOOL SHRegWriteString(HKEY hKey, LPCTSTR lpKey, LPCTSTR lpValue, LPCTSTR lpData)
{
    HKEY key;
    DWORD dwDisp;
    if (RegCreateKeyEx(hKey, lpKey,0,NULL,
        REG_OPTION_NON_VOLATILE, KEY_WRITE,NULL,&key,&dwDisp)
        !=ERROR_SUCCESS)
```

```
        return FALSE;
    if (RegSetValueEx(key, lpValue,0,REG_SZ,(LPBYTE)lpData,lstrlen(lpData)+1)
        !=ERROR_SUCCESS)
        return FALSE;
    RegCloseKey(key);
    return TRUE;
}
```

정수와 문자열을 읽고 쓰는 SHRegRead(Write)Int(String) 함수 네 개가 정의되어 있다. 원형이 아주 설명적이므로 예제 코드를 보면 쉽게 이해할 수 있을 것이다. INI 파일 함수와 유사한 원형으로 작성했으며 키가 없을 경우 디폴트값을 리턴하는 기능도 추가했다. 이 함수의 원형들은 ShReg.h에 선언해 두었는데 ShReg.* 파일만 가져다 프로젝트에 포함하기만 하면 쉽게 재사용할 수 있다.

```
#define SHLM HKEY_LOCAL_MACHINE
#define SHCU HKEY_CURRENT_USER
#define SHCR HKEY_CLASSES_ROOT

UINT SHRegReadInt(HKEY hKey, LPCTSTR lpKey, LPCTSTR lpValue, INT nDefault);
BOOL SHRegReadString(HKEY hKey, LPCTSTR lpKey, LPCTSTR lpValue, LPCTSTR lpDefault,
    LPTSTR lpRet, DWORD nSize);
BOOL SHRegWriteInt(HKEY hKey, LPCTSTR lpKey, LPCTSTR lpValue, UINT nData);
BOOL SHRegWriteString(HKEY hKey, LPCTSTR lpKey, LPCTSTR lpValue, LPCTSTR lpData);
```

헤더 파일에는 함수의 원형과 함께 자주 사용하는 루트키에 대한 짧은 매크로 상수를 정의해 두었다. 다음 예제는 윈도우의 현재 위치와 에디트에 입력한 문자열을 보관하는 시범을 보이되 직접 만든 래퍼 함수를 사용하였다.

예 제 : ShRegTest

```
#include "ShReg.h"
#define KEY "Software\\Miyoung\\ShRegiTest\\"
LRESULT CALLBACK WndProc(HWND hWnd,UINT iMessage,WPARAM wParam,LPARAM lParam)
{
    RECT rt;
    static HWND hEdit;
    TCHAR str[256];
    switch (iMessage) {
    case WM_CREATE:
        rt.left=SHRegReadInt(SHCU,KEY"Position","Left",0);
        rt.top=SHRegReadInt(SHCU,KEY"Position","Top",0);
        rt.right=SHRegReadInt(SHCU,KEY"Position","Right",300);
        rt.bottom=SHRegReadInt(SHCU,KEY"Position","Bottom",200);
        MoveWindow(hWnd, rt.left, rt.top, rt.right-rt.left,
            rt.bottom-rt.top, TRUE);
        hEdit=CreateWindow("edit",NULL,WS_CHILD | WS_VISIBLE | WS_BORDER |
            ES_AUTOHSCROLL,10,10,200,25,hWnd,(HMENU)100,g_hInst,NULL);
        SHRegReadString(SHCU,KEY"Edit","Str","문자열",str,256);
        SetWindowText(hEdit,str);
        return 0;
    case WM_DESTROY:
```

```
        GetWindowRect(hWnd, &rt);
        SHRegWriteInt(SHCU,KEY"Position","Left",rt.left);
        SHRegWriteInt(SHCU,KEY"Position","Top",rt.top);
        SHRegWriteInt(SHCU,KEY"Position","Right",rt.right);
        SHRegWriteInt(SHCU,KEY"Position","Bottom",rt.bottom);
        GetWindowText(hEdit,str,256);
        SHRegWriteString(SHCU,KEY"Edit","Str",str);
        PostQuitMessage(0);
        return 0;
    }
    return(DefWindowProc(hWnd,iMessage,wParam,lParam));
}
```

ShReg.h파일을 포함하여 원형을 선언했으며 WndProc에서는 이 함수를 불러서 사용하였다. 앞에서 만든 Registry예제에 비해 훨씬 더 쓰기 편하고 읽기도 편한 모양이 되었다. 실행중의 모습은 다음과 같다.

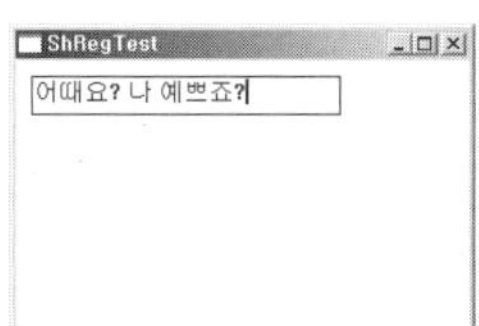

각 함수의 인수는 키, 값, 데이터, 디폴트값 순으로 되어 있는데 인수명을 설명적으로 작성해 두었으므로 쉽게 이해할 수 있을 것이다. 단, 두 번째 인수인 lpKey의 길이가 지나치게 길어질 수 있으므로 공통된 부분은 KEY라는 매크로 상수를 정의해 놓고 사용하였다. 혹시 KEY“Position”이라는 문장이 무척 이상해 보이는 사람도 있을지 모르겠는데 C 컴파일러는 연속된 문자열을 하나로 합치는 기능을 가지고 있어 이런 문구가 가능하다. 즉 TextOut(hdc, 0, 0, “One”“ String”...)은 TextOut(hdc, 0, 0, “One String”...)과 같은 문장이다.

이 래퍼 함수가 마음에 든다면 ShReg.* 파일들만 프로젝트에 포함시켜 사용하면 되겠다. 만약 마음에 안 들거나 더 편리하게 만들 수 있다면, 또는 정수, 문자열 외의 데이터를 입출력해야 한다거나 보안 프로그래밍이 필요하다면 자신만의 레지스트리 함수를 만들어 보기 바란다. 래퍼 함수는 네이티브 함수보다 편리하기는 하지만 이 간편함을 위해 잘 쓰지 않는 기능을 제거할 수밖에 없다. 1%의 복잡한 기능을 포기하는 대가로 간결함을 취하는 작전이다. 어쨌든 Win32의 레지스트리 함수를 그대로 사용하는 것은 너무 비효율적인 것 같다. 이 책의 다른 몇몇 예제에서도 ShReg 함수를 사용하는 예를 보게 될 것이다.

SHReg* 함수를 보면 레지스트리에서 읽을 때는 KEY_READ 보안 속성을 지정하고 쓸 때는 KEY_WRITE 보안 속성을 지정하였다. 둘 다 KEY_ALL_ACCESS로 지정해도 동작에는 큰 영향이 없지만 보안 요소를 다룰 때는 가급적이면 꼭 필요한 권한만 요청하는 것이 원칙이다. 파일을 열 때도 읽기만 할 목적이라면 읽기 권한만 요청하는 것이 좋다. 만약 무턱대고 모든 권한을 다 요청하면 읽기 전용 파일을 읽지 못해 에러가 발생할 수도 있는데 이것은 바람직하지 않다. 이것을 "최소 권한 요청의 원칙"이라고 하는데 당장 피부에 와닿지 않겠지만 한 번 당해보면 원칙은 역시 지켜야 한다는 교훈을 얻을 수 있을 것이다.

35-2-라. 레지스트리 클래스

앞에서 만든 레시스트리 래퍼 함수들은 운영체제가 제공하는 함수에 비해 훨씬 더 쓰기 편하며 외우기도 쉬워 한번씩만 써 보면 쉽게 익숙해질 수 있다. 간편하다는 것은 에러가 발생할 소지가 적다는 뜻이기도 하며 이는 곧 생산성과 직결되므로 가급적이면 이런 편리한 함수를 많이 작성해 놓고 활용해야 한다. 또는 남이 만든 함수라도 사용법을 정확하게 숙지하면 자기가 만든 것만큼이나 능숙하게 사용할 수 있다. 아무튼 조금이라도 불편하면 편리하게 만들어 쓸 수 있어야 한다.

그런데 재활용성을 논하면서 C++의 클래스를 빼 놓을 수 없다. 클래스는 필요한 모든 정보를 내부에 캡슐화하고 최종 사용자가 꼭 알아야 할 내용만 외부로 공개하므로 쓰기 편하고 숨겨진 부분은 클라이언트의 동의없이 수정할 수 있으므로 유지 보수에도 아주 유리한 문법적 장치이다. 레지스트리 입출력 함수들을 C++ 클래스로 한번만 작성해 놓으면 이후부터는 아주 편리하게 재활용할 수 있다. CRegi 클래스는 이런 목적으로 작성된 클래스이다.

```
#define SHLM HKEY_LOCAL_MACHINE
#define SHCU HKEY_CURRENT_USER
#define SHCR HKEY_CLASSES_ROOT

class CRegi
{
private:
    HKEY HiveKey;
    TCHAR Root[MAX_PATH];

public:
    CRegi(LPCTSTR aRoot,HKEY aHive=SHCU) {
        HiveKey=aHive;
        lstrcpy(Root,aRoot);
        if (Root[lstrlen(Root)] == '\\') {
            Root[lstrlen(Root)]=0;
        }
    }

    static int ReadInt(HKEY hKey, LPCTSTR lpKey, LPCTSTR lpValue, INT nDefault);
    static bool ReadString(HKEY hKey, LPCTSTR lpKey, LPCTSTR lpValue, LPCTSTR lpDefault,
LPTSTR lpRet, DWORD nSize);
    static bool WriteInt(HKEY hKey, LPCTSTR lpKey, LPCTSTR lpValue, UINT nData);
    static bool WriteString(HKEY hKey, LPCTSTR lpKey, LPCTSTR lpValue, LPCTSTR lpData);
    static bool DeleteKey(HKEY hKey, LPCTSTR lpKey);

    int ReadInt(LPCTSTR lpKey, LPCTSTR lpValue, INT nDefault);
    bool ReadString(LPCTSTR lpKey, LPCTSTR lpValue, LPCTSTR lpDefault, LPTSTR lpRet, DWORD
nSize);
    bool WriteInt(LPCTSTR lpKey, LPCTSTR lpValue, UINT nData);
    bool WriteString(LPCTSTR lpKey, LPCTSTR lpValue, LPCTSTR lpData);
};
```

멤버로 하이브와 루트키 문자열을 가지며 이 아래에 서브키를 생성하고 정보를 저장한다. 생성자는 루트키와 하이브를 인수로 전달받되 하이브는 특별한 경우가 아닌 한 HKEY_CURRENT_USER이므로 이 키를 디폴트 인수로 지정했다. 따라서 루트키 문자열만 지정하면 이 객체로 루트키 아래의 서브키를 마음대로 액세스할 수 있다.

멤버 함수들은 ShReg 함수들과 마찬가지로 정수, 실수에 대해 읽고 쓰는 4개의 함수가 제공된다. 하이브와 루트키까지 클래스의 멤버로 캡슐화되어 있으므로 입출력 함수는 루트키 아래의 서브키 경로만 지정하면 된다. 이 외에 CRegi 클래스는 5개의 정적 멤버 함수들을 제공하는데 이 함수들은 객체가 기억하고 있는 루트키 바깥의 임의 위치를 액세스하고자 할 때 사용한다. 즉, 좀 더 일반적인 레지스트리 액세스 함수라고 할 수 있다. DeleteKey 정적 함수는 지정한 경로의 레지스트리 키를 삭제한다.

이 클래스의 구현 코드는 CRegi.cpp 파일에 작성되어 있는데 코드 내용은 앞에서 만든 ShReg와도 크게 틀리지 않으므로 소스 덤프는 생략한다. 직접 열어서 읽어 보면 구조를 어렵지 않게 짐작할 수 있을 것이다. 일반적인 입출력 기능을 정의하는 정적 멤버 함수들은 ShReg 모듈과 유사한 코드를 가지며 멤버 함수들은 이 함수를 호출하되 생성자로 전달된 하이브와 루트키를 대상으로 한다는 점만 다르다. 이 클래스가 제대로 동작하는지 예제를 만들어 보자.

예제 : CRegiTest

```
#include "CRegi.h"
CRegi R("Software\\MiyoungSoft\\CRegiTest");
LRESULT CALLBACK WndProc(HWND hWnd,UINT iMessage,WPARAM wParam,LPARAM lParam)
{
    HDC hdc;
    PAINTSTRUCT ps;
    RECT rt;
    static HWND hEdit;
    TCHAR str[256],temp[256];
    switch (iMessage) {
    case WM_CREATE:
        rt.left=R.ReadInt("Position","Left",0);
        rt.top=R.ReadInt("Position","Top",0);
        rt.right=R.ReadInt("Position","Right",300);
        rt.bottom=R.ReadInt("Position","Bottom",200);
        MoveWindow(hWnd, rt.left, rt.top, rt.right-rt.left,
            rt.bottom-rt.top, TRUE);
        hEdit=CreateWindow("edit",NULL,WS_CHILD | WS_VISIBLE | WS_BORDER |
            ES_AUTOHSCROLL,10,10,200,25,hWnd,(HMENU)100,g_hInst,NULL);
        R.ReadString("Edit","Str","문자열",str,256);
        SetWindowText(hEdit,str);
        return 0;
    case WM_PAINT:
        hdc=BeginPaint(hWnd, &ps);
        R.ReadString(SHCR,".jpg",NULL,"",temp,256);
        wsprintf(str,"JPG 확장자의 기본값 = %s",temp);
        TextOut(hdc,10,50,str,lstrlen(str));
        EndPaint(hWnd, &ps);
        return 0;
    case WM_LBUTTONDOWN:
        if (R.DeleteKey(SHCU,"Software\\MiyoungSoft\\CRegiTest")) {
            MessageBox(hWnd,"이 프로그램의 레지스트리 정보를 삭제했습니다.",
                "알림",MB_OK);
        }
        return 0;
```

```
		case WM_DESTROY:
			GetWindowRect(hWnd, &rt);
			R.WriteInt("Position","Left",rt.left);
			R.WriteInt("Position","Top",rt.top);
			R.WriteInt("Position","Right",rt.right);
			R.WriteInt("Position","Bottom",rt.bottom);
			GetWindowText(hEdit,str,256);
			R.WriteString("Edit","Str",str);
			PostQuitMessage(0);
			return 0;
		}
		return(DefWindowProc(hWnd,iMessage,wParam,lParam));
}
```

CRegi 클래스의 모든 기능이 제대로 동작하는지 가진 재주를 모두 시험해 보았다. 윈도우의 최후 위치와 문자열을 저장하며 이 외에 시스템 레지스트리를 조사하여 JPG 확장자와 연결된 프로그램을 조사하는 기능과 왼쪽 마우스 버튼을 누를 때 키를 삭제하는 기능도 작성했다.

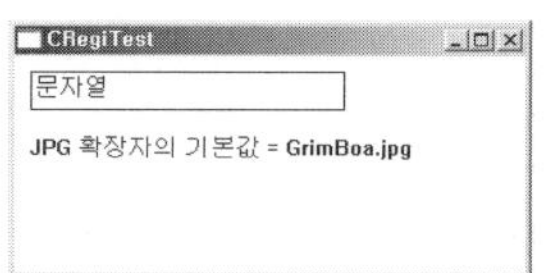

아주 잘 동작한다. CRegi 타입의 전역 객체 R을 선언하되 생성자로 루트키를 전달했다. 이후 이 루트키 아래를 액세스할 때는 R.ReadInt(Write) 멤버 함수로 키와 값, 디폴트 값 등 최소한의 인수만 전달하면 된다. C 버전의 래퍼 함수에 비해 기능적으로도 우수하지만 객체만 생성하면 바로 쓸 수 있으므로 재활용성도 훨씬 더 탁월하다.

C 버전의 래퍼 함수에 배해서 C++ 버전의 클래스가 훨씬 더 사용하기 편리하고 모든 면에서 우수하므로 레지스트리 입출력이 필요하면 이 클래스를 활용해 보자. 또는 이 클래스가 아니더라도 MFC 같은 고급툴도 유사한 클래스를 이미 제공하며 사용 방법도 비슷하다. C++ 클래스만으로도 재활용의 목적을 충분히 달성할 수 있지만 이 책에서 C래퍼 함수를 굳이 먼저 소개한 이유는 API를 배우는 단계에서는 아직 C++을 모르는 사람도 있기 때문이다. 또한 C 수준에서 레지스트리를 액세스할 일도 여전히 있으므로 ShReg* 함수들도 필요하다.

과제 SimplePaint7

SimplePaint는 선의 색상과 굵기를 사용자가 선택할 수 있는데 매번 시작할 때마다 디폴트 옵션인 검정색의 가는 선으로 리셋된다. 이 설정값을 레지스트리에 저장하여 한번 설정한 옵션이 영구적으로(Persistent)유지되도록 해 보아라. 앞에서 만든 래퍼 함수나 클래스를 활용하는 것이 편리하다.

35-3 레지스트리 관리

35-3-가. 미리 정의된 키

레지스트리에 값을 쓰거나 읽기 위해서는 먼저 키를 열어야 하며 키를 열기 위해서는 RegCreateKeyEx 등의 함수에 이미 열려져 있는 부모 키의 핸들을 제공해야 한다. 윈도우즈는 미리 열려져 있는 부모 키에 대한 핸들을 제공하는데 이 핸들은 모든 프로그램에서 항상 사용 가능하다. 윈도우즈는 HKEY_USERS와 HKEY_LOCAL_MACHINE등 두 개의 미리 열려진 루트 키에 대한 핸들을 제공하며 또한 HKEY_CURRENT_USER 등의 몇 가지 맵된 핸들을 더 제공한다.

각 키에는 어떤 정보들이 저장되는지 그 구조를 간략하게 살펴보되 더 상세한 구조를 알고 싶다면 별도의 관련 서적을 참고하기 바란다. 윈도우즈의 레지스트리 구조를 속속들이 파헤쳐 놓은 자료들이 많이 공개되어 있으며 시중에 서적으로 출판된 바도 있다. 이 자료를 보면 윈도우즈의 전반적인 구조와 옵션들을 알 수 있으며 또한 운영체제를 마음에 드는대로 튜닝할 수도 있다.

HKEY_USERS

이 키에는 새로운 사용자를 위한 디폴트 설정 정보와 현재 사용자에 대한 정보가 보관된다. 사용자별로 정보를 보관할 때는 여기에 정보를 보관하는 것이 원칙이나 이 키를 직접 사용하지는 않으며 이 키에 맵 되어 있는 HKEY_CURRENT_USER키를 사용한다. 이 키의 .DEFAULT 서브키 아래에 디폴트 사용자를 위한 정보가 있으며 또한 시스템에 등록된 각 사용자의 보안 ID(SID)를 서브키로 가진다. SID키에 각 사용자의 고유한 설정정보가 있다.

HKEY_LOCAL_MACHINE

컴퓨터의 물리적인 구성 정보가 저장된다. 버스의 타입, 시스템 메모리, 설치된 하드웨어와 소프트웨어에 대한 정보 등 컴퓨터 전반에 대한 정보들이 이 키에 보관되어 있다. 또한 플러그 앤 플레이, 네트워크 로그온 설정, 보안 정보 등의 현재 하드웨어 구성 정보도 저장된다. 시스템 전반에 대한 정보들은 이 키에 저장해야 한다.

HKEY_CURRENT_USER

현재 로긴한 사용자의 설정 정보를 가진다. 환경 변수, 프로그램 그룹 구성, 시스템 색상, 프린터 설정, 네트워크 연결 등의 정보는 물론이고 각 프로그램의 설정 상태도 이 키에 저장된다. 이 키는 실제 레지스트리에 존재하는 키가 아니라 HKEY_USERS아래에 존재하는 사용자의 SID로 작성되어 있는 서브키이다. 운영체제는 로긴한 사용자의 ID를 참고하여 이 서브키를 HCU(=HKEY_CURRENT_USER)에 맵한다. 응용 프로그램은 이 키 아래에 사용자별로 고유한 설정 정보를 저장해야 하며 일반적으로 가장 많이 사용되는 키이다.

HKEY_CLASSES_ROOT

이 키에는 파일 확장자에 대한 속성과 COM 오브젝트에 대한 설정 정보가 저장되어 있다. TXT 확장자는 텍스트 파일이며 더블클릭할 경우 메모장으로 읽어야 한다는 것, 그리고 이 확장자에 대한 설명과 아이콘 등에 대한 정보가 이 키에 저장되어 있다. 탐색기나 쉘 프로그램은 이 정보를 바탕으로 파일을 관리한다. 이 키도 실제로 존재하는 키가 아니라 HCU와 HLM 아래의 Software\Classes 키를 조합(Merge)한 키이다. HLM\Software\Classes에는 모든 사용자에게 적용되는 디폴트 설정이 있고 HCU\Software\Classes에는 현재 로긴한 사용자에게만 적용되는 설정이 있는데 HCR은 이 두 키의 값을 합쳐서 표시한다. 두 키에 같은 이름의 서브키가 있으면 사용자 설정이 우선적으로 적용된다.

HKEY_CURRENT_CONFIG

현재 하드웨어의 설정 상태를 저장한다. HLM의 Software와 System키에 정의되어 있는 표준 설정 정보에 비해 달라진 정보만 가지고 있으며 HLM\System\CurrentControlSet\Hardware Profiles\Current키에 대한 앨리어스에 불과하다.

일반적인 정보 저장 용도라면 HCU를 사용하는 것이 가장 적합하다. 이 키는 로긴한 사용자별로 생성되므로 사용자별로 다른 설정이 저장될 수 있다. 그래서 2000에서 두 명의 사용자 ID가 있을 때 각각의 ID로 로긴하면 바탕화면, 툴바, 시스템 색상 등의 설정이 각각 따로따로 유지된다. 설치 프로그램은 소프트웨어 동작에 필수적인 구성 정보만 HLM에 기록하고 프로그램 자체는 정보 저장 목적으로 HCU만 사용해야 한다. HLM은 로긴한 사용자에 상관없이 정보를 저장하기는 하지만 관리자가 아니면 이 키에 값을 쓸 수 없기 때문에 일반적인 목적으로 사용할 수 없다.

35-3-나. 비우기

레지스트리도 결국은 하드 디스크에 파일 형태로 저장된다. 다만 운영체제가 가동중인 동안에는 메모리의 버퍼로 읽혀지며 이 버퍼를 대상으로 레지스트리를 읽고 쓰므로 하드 디스크에 직접 입출력을 하는 것보다 훨씬 더 빠르다. 레지스트리로 기록되는 정보가 하드 디스크로 전송되는 시점은 키를 닫을 때인 RegCloseKey 함수가 호출될 때이다. 버퍼에 게기고 있는 데이터를 하드 디스크로 보내 버퍼를 비우는 동작을 플러시(Flush)라고 한다.

운영체제는 아이들 타임(Idle Time), 즉 특별히 할 일이 없을 때 버퍼를 비우는데 만약 시스템이 어떤 이유로 무척 바쁘다면 RegCloseKey 함수를 호출하는 즉시 버퍼가 비워지지 않을 수도 있다. 바쁜 일이 끝나고 난 후 버퍼를 플러시해도 별 상관이 없기 때문이다. 만약 버퍼를 지금 당장 비우고 싶다면 다음 함수를 호출한다.

```
LONG RegFlushKey( HKEY hKey );
```

이 함수는 hKey 레지스트리를 즉각 비워 하드 디스크로 보낸다. 그러나 운영체제가 적당한 때에 버퍼를 비워주고 셧다운 전에 반드시 레지스트리를 저장하므로 굳이 이 함수를 호출할 필요가 없으며 또한 이 함수를 남용하는 것은 바람직하지 않다. 이 함수는 굉장히 많은 시스템 자원을 소모하며 응용 프로그램의 속도를 눈에 띄게 떨어뜨리기 때문이다. 극도의 신뢰성을 요할 필요가 있을 경우에만 이 함수를 호출하는 것이 좋다.

이미 만들어 놓은 레지스트리 키나 값을 삭제할 때는 다음 두 함수를 사용한다. 일반적으로 응용 프로그램이 키를 삭제해야 하는 경우는 무척 드물며 언인스톨 프로그램, 시스템 최적화 유틸리티 정도에서나 이 함수가 사용된다.

```
LONG RegDeleteKey( HKEY hKey, LPCTSTR lpSubKey );
LONG RegDeleteValue( HKEY hKey, LPCTSTR lpValueName );
```

hKey에 기존의 열려진 키 핸들 또는 HKEY_CURRENT_USER 등의 미리 정의된 핸들값을 주고 lpSubKey나 lpValueName에 삭제하고자 하는 서브 키나 값이름을 문자열로 주면 된다. RegDeleteKey

함수는 지정한 키뿐만 아니라 키에 포함된 모든 값들을 삭제한다. 그러나 서브키까지 같이 삭제할 것인가는 운영체제에 따라 다르다. 윈95에서는 서브키까지 같이 삭제하지만 NT에서는 서브키가 있을 경우 삭제를 거부하므로 서브키부터 먼저 삭제해야 한다.

명령행에서 서브 디렉토리가 있는 디렉토리는 직접 RD 명령으로 지울 수 없는 것과 마찬가지인데 잘못 건드리면 시스템이 바보가 될 수도 있기 때문이다. 특정 키 아래를 삭제하려면 디렉토리를 지우는 것과 마찬가지로 제일 안쪽부터 차례대로 삭제해 와야 한다. 물론 재귀 호출이 필요하고 무척 번거롭다. 만약 꼭 한번에 지우고 싶다면 이 함수 대신 SHDeleteKey 함수를 사용하자. 이 함수는 운영체제가 제공하는 함수가 아니라 쉘, 즉 탐색기가 제공하는 함수인데 운영체제 버전에 상관없이 지정한 키를 몽땅 깡그리 삭제한다. 이 함수를 쓰려면 shlwapi.h를 인클루드하고 shlwapi.lib를 링크해야 한다. 앞에서 만든 CRegi 클래스는 이 함수로 레지스트리를 삭제한다.

35-3-다. 정보 조사

레지스트리 키의 정보를 조사하는 함수는 다음과 같다. 조사하는 정보의 수가 많다 보니 인수도 정말 징그럽게 많다. 뿐만 아니라 대부분의 인수들이 참조 인수이다 보니 이 함수를 호출하기 전에 변수를 무더기로 선언해야 한다.

LONG RegQueryInfoKey(HKEY hKey, LPTSTR lpClass, LPDWORD lpcbClass, LPDWORD lpReserved, LPDWORD lpcSubKeys, LPDWORD lpcbMaxSubKeyLen, LPDWORD lpcbMaxClassLen, LPDWORD lpcValues, LPDWORD lpcbMaxValueNameLen, LPDWORD lpcbMaxValueLen, LPDWORD lpcbSecurityDescriptor, PFILETIME lpftLastWriteTime);

개인적으로 차라리 구조체를 하나 만들어 쓰는 것이 더 좋지 않았나 생각된다. 각 인수를 통해 조사되는 값은 다음과 같다.

인수	설명
hKey	조사하고자 하는 키의 핸들
lpClass	클래스 스트링
lpchClass	클래스 스트링 버퍼의 크기
lpReserved	예약
lpcSubKeys	서브키의 개수
lpchMaxSubKeyLen	가장 긴 이름의 서브키 길이
lpchMaxClassLen	가장 긴 이름의 클래스 길이
lpcValues	값의 개수
lpchMaxValuesNameLen	가장 긴 이름의 값 길이
lpchMaxValueLen	가장 긴 데이터의 길이
lpchSecurityDescriptor	보안 속성의 길이
lpftLastWriteTime	최후 수정 시간

조사 대상 키인 hKey는 반드시 KEY_QUERY_VALUE 액세스 속성으로 열려야 한다. 대부분 DWORD 형 변수의 포인터인데 조사하고자 하는 값을 담을 변수를 미리 선언한 후 그 포인터를 넘기면 결과를 변수에 대입한다. 조사 대상 이외의 인수에는 NULL을 대입하면 되므로 꼭 필요한 만큼만 변수를 선언하면 된다.

35-3-라. 열거

특정 키에 어떤 서브 키들이 있는지, 또는 어떤 값들이 있는지 목록을 조사할 때는 다음 함수들을 사용하여 열거(Enumerate)해 보면 된다. 폰트나 윈도우의 목록을 조사하는 여타의 열거 함수들과는 달리 특이하게도 콜백함수를 사용하지 않는다.

LONG RegEnumKeyEx(HKEY hKey, DWORD dwIndex, LPTSTR lpName, LPDWORD lpcbName, LPDWORD lpReserved, LPTSTR lpClass, LPDWORD lpcbClass, PFILETIME lpftLastWriteTime);
LONG RegEnumValue(HKEY hKey, DWORD dwIndex, LPTSTR lpValueName, LPDWORD lpcbValueName, LPDWORD lpReserved, LPDWORD lpType, LPBYTE lpData, LPDWORD lpcbData);

RegEnumKeyEx 함수는 hKey에 속한 서브 키의 목록을 조사하는데 두 번째 인수 dwIndex로 조사할 서브 키의 번호를 지정한다. 최초 dwIndex에 0을 대입한 후 이 값을 차례로 증가시키면서 이 함수를 반복적으로 호출하면 모든 서브키의 목록을 파악할 수 있다. 이 함수는 서브키를 발견하면 ERROR_SUCCESS를 리턴하고 더 이상 서브키가 없으면 ERROR_NO_MORE_ITEMS를 리턴하므로 ERROR_SUCCESS를 리턴하는 동안 계속 호출하면 모든 서브키를 얻을 수 있다.

세 번째 이후의 인수는 열거중에 발견된 서브키의 여러 가지 속성들을 대입받기 위한 출력용 인수인데 각각 서브키의 이름, 이름의 길이, 예약, 클래스명, 클래스명의 길이, 최후 수정시간이다. 조사하고 싶지 않은 속성에 대해서는 NULL을 넘기면 된다.

RegEnumValue 함수는 RegEnumKeyEx 함수와 유사하다. 첫 번째 인수로 키 핸들을 주고 두 번째 인수로 조사할 값의 인덱스를 준다. 최초 dwIndex에 0을 대입하고 ERROR_SUCCESS를 리턴하는 동안 계속 호출하면 hKey에 속한 값의 목록을 파악할 수 있다. 실무에서 레지스트리를 열거해 볼 일은 드물겠지만 어쨌든 함수들을 배웠으니 한 번 사용해 보자. 다음 예제는 레지스트리 열거 함수와 정보 조사 함수, 읽기 함수 등을 사용하여 레지스트리값을 살펴볼 수 있도록 만든 간단한 유틸리티이다.

예 제 : RegEnum

소스 생략

실행중의 모습은 다음과 같다. 모양이 좀 촌스럽기는 하지만 레지스트리 편집기의 일부 기능을 가지고 있다.

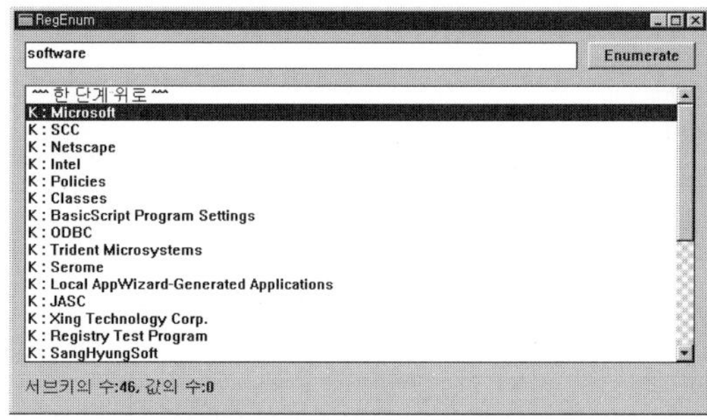

위쪽의 에디트에 현재 레지스트리 경로가 나타나는데 디폴트는 HKEY_CURRENT_USER아래의 Software키이다. 이 키 아래의 서브키에는 시스템에 설치된 각종 응용 프로그램의 설정 상태가 보관

되어 있다. 에디트에 보고자 하는 경로를 직접 입력한 후 Enumerate 버튼을 눌러도 되고 아니면 리스트 박스에서 서브키를 더블클릭하여 다른 경로로 이동할 수도 있다. 현재 키에 속한 모든 서브키와 값의 목록이 아래쪽의 리스트 박스에 나타난다.

키 항목에는 K표시를 해 두었고 값 항목에는 V 표시를 해 두었는데 키를 더블클릭하면 해당 키로 이동한다. 아래쪽에는 현재 선택된 항목에 대한 간략한 정보를 표시하는데 키 항목인 경우는 서브키와 값의 개수를, 값 항목인 경우는 데이터 타입과 데이터를 보여준다. 사용자 정의 함수도 몇 개 있고 코드의 양도 많지만 앞에서 다 설명한 함수들이므로 여러분들이 직접 분석해 보기 바란다. 분석에 도움이 될 만한 주석을 좀 달아 두었다.

35-4 레지스트리 활용

35-4-가. 윈도우 위치 저장

이 장에서는 INI 파일과 레지스트리를 활용하여 응용 프로그램의 정보를 저장하는 방법에 대해 설명했는데 첫 번째 예제부터 윈도우의 위치와 크기 정보라는 정보를 저장했다. 예제 수준에서 가변적이고도 저장했다가 다시 복구했을 때 가시적으로 그 효과를 확인하기에 위치와 크기만큼 좋은 대상이 없기 때문이었다. 어디까지나 예제이기 때문에 구하기 쉬운 값을 사용했을 뿐 실제 예에서는 응용 프로그램의 고유한 설정값들이 저장되어야 할 것이다.

그런데 Registry 예제의 윈도우 위치 저장 방식은 실제로는 틀린 것이며 여러가지 문제가 있다. 윈도우의 위치는 단순히 좌표만으로 표현되는 것이 아니라 최대, 최소화 상태까지 같이 저장해야 한다. Registry 예제를 최대화해놓고 종료했다가 다시 실행해 보면 최대화 상태로 재시작하는 것이 아니라 윈도우 크기만 최대화된 크기로 맞춰질 뿐이다. 또한 최소화하면 레지스트리에 폭과 높이를 0으로 기록하기 때문에 정상적으로 복구되지도 않으며 다중 모니터 환경도 제대로 지원하지 못한다.

이 책의 초판 예제를 그대로 따라하는 경우가 가끔 있는 것 같은데 이 방식은 정확하지 않으며 윈도우의 위치나 크기를 저장할 때는 12장에서 말한대로 Get(Set)WindowPlacement 함수를 사용해야 한다. 이 함수는 위치, 크기뿐만 아니라 윈도우의 상태까지도 같이 조사하고 설정하므로 세션간의 윈도우 위치 조사 및 설정에 적합하며 사실 이런 목적으로 이 함수들이 제공된다. 다음 예제는 이 두 함수로 윈도우의 위치와 크기를 저장하고 복구하는 두 개의 유틸리티 함수를 소개한다.

예 제 : SavePosition

```
#include "ShReg.h"
#define KEY "Software\\MiyoungSoft\\SavePosition\\"
void SavePosition(HWND hWnd, TCHAR *Key);
void LoadPosition(HWND hWnd, TCHAR *Key, RECT *Def=NULL);

void SavePosition(HWND hWnd, TCHAR *Key)
{
    WINDOWPLACEMENT wndpl;

    wndpl.length=sizeof(WINDOWPLACEMENT);
    GetWindowPlacement(hWnd,&wndpl);
```

```
    SHRegWriteInt(SHCU,Key,"showCmd", wndpl.showCmd);
    SHRegWriteInt(SHCU,Key,"left", wndpl.rcNormalPosition.left);
    SHRegWriteInt(SHCU,Key,"top", wndpl.rcNormalPosition.top);
    SHRegWriteInt(SHCU,Key,"right", wndpl.rcNormalPosition.right);
    SHRegWriteInt(SHCU,Key,"bottom",wndpl.rcNormalPosition.bottom);
}

void LoadPosition(HWND hWnd, TCHAR *Key, RECT *Def/*=NULL*/)
{
    WINDOWPLACEMENT wndpl;
    RECT drt;

    if (Def==NULL) {
        SetRect(&drt,10,10,600,400);
    } else {
        CopyRect(&drt,Def);
    }
    wndpl.length=sizeof(WINDOWPLACEMENT);
    wndpl.flags=0;
    wndpl.rcNormalPosition.left=SHRegReadInt(SHCU,Key,"left",drt.left);
    wndpl.rcNormalPosition.top=SHRegReadInt(SHCU,Key,"top",drt.top);
    wndpl.rcNormalPosition.right=SHRegReadInt(SHCU,Key,"right",drt.right);
    wndpl.rcNormalPosition.bottom=SHRegReadInt(SHCU,Key,"bottom",drt.bottom);
    wndpl.showCmd=SHRegReadInt(SHCU,Key,"showCmd",drt.bottom);

    if (wndpl.showCmd == SW_SHOWMINIMIZED) {
        wndpl.showCmd=SW_RESTORE;
    }

    wndpl.ptMinPosition.x=wndpl.ptMinPosition.y=0;
    wndpl.ptMaxPosition.x=wndpl.ptMaxPosition.y=0;
    SetWindowPlacement(hWnd,&wndpl);
}

LRESULT CALLBACK WndProc(HWND hWnd,UINT iMessage,WPARAM wParam,LPARAM lParam)
{
    HDC hdc;
    PAINTSTRUCT ps;
    TCHAR *Mes="이 프로그램은 최후 실행 위치와 상태를 기억합니다";
    static bFirstActivate=TRUE;

    switch (iMessage) {
    case WM_ACTIVATEAPP:
        if (wParam == TRUE) {
            if (bFirstActivate) {
                bFirstActivate=FALSE;
                LoadPosition(hWnd,KEY"Position");
            }
        }
        return 0;
    case WM_PAINT:
        hdc=BeginPaint(hWnd, &ps);
        TextOut(hdc,10,10,Mes,lstrlen(Mes));
```

```
        EndPaint(hWnd, &ps);
        return 0;
    case WM_DESTROY:
        SavePosition(hWnd,KEY"Position");
        PostQuitMessage(0);
        return 0;
    }
    return(DefWindowProc(hWnd,iMessage,wParam,lParam));
}
```

SavePosition 함수는 GetWindowPlacement 함수로 구한 위치, 상태 구조체를 인수로 전달된 Key 레지스트리에 저장한다. 응용 프로그램 고유의 키값을 전달하면 여기에 정보가 저장될 것이다. 노멀영역의 좌표와 최대, 최소 상태 정도만 저장하면 된다. LoadPosition 함수는 레지스트리에서 이 구조체를 다시 읽어오되 처음 호출인 경우는 디폴트 영역에 윈도우를 배치한다. 만약 디폴트조차도 주어지지 않았다면 (10,10)-(600,400)이라는 함수 내부의 디폴트를 적용한다.

이 두 함수는 쌍으로 사용하는데 종료 직전에 저장하고 다시 시작할 때 복구하면 원래 위치와 상태대로 깜쪽같이 복구된다. 이때 만약 해상도의 변화나 듀얼 모니터 구성의 변화로 인해 저장해 두었던 좌표가 무효해졌다면 운영체제가 이 윈도우를 주 윈도우의 적당한 위치로 알아서 이동시키므로 별도의 예외 처리를 할 필요는 없다. 단, 최소화 상태로 종료된 경우는 윈도우가 보이지 않으므로 강제로 노멀 영역으로 열리도록 했다. 원한다면 최소화 상태로 시작할 수도 있으나 최소화 상태로 시작하는 옵션은 쉘에 별도로 있으므로 함수들이 이를 지원할 필요는 없는 것 같다.

WndProc에서는 윈도우가 파괴될 때 SavePosition을 호출하고 다시 실행될 때 LoadPosition을 호출하여 원래 자리로 돌아간다. 이때 LoadPosition을 호출하는 시점을 잘 선택해야 하는데 WM_CREATE에서 이 작업을 할 수는 없다. 왜냐하면 WM_CREATE는 윈도우가 만들어지고 있는 중이며 이 메시지 처리 후에 WinMain에서 다시 ShowWindow를 호출하기 때문에 최대화 상태로는 복구되지 못한다. 일회용 타이머를 쓰는 방법도 있는데 일단 윈도우가 보인 후 이동한다는 점에서 깔끔하지 못하다.

LoadPosition을 부르기에 가장 적합한 장소는 윈도우의 초기화가 완전히 끝난 시점인데 이 시점은 상황에 따라 달라질 수 있다. 예제에서는 최초로 WM_ACTIVATEAPP 메시지를 받았을 때를 선택했는데 이 메시지는 윈도우가 보이기 직전에 최초 활성화될 때 보내지므로 윈도우의 노멀 좌표와 최대화 상태를 화면 깜박임없이 복구할 수 있다. 딱 한번만 복구해야 하므로 정적 변수로 이 메시지가 최초 전달되는 시점을 점검해야 한다.

이 두 함수는 재활용성을 고려하여 쓰기 쉽도록 디자인했다. 레지스트리 래퍼 함수와 이 두 함수를 프로젝트에 복사해 놓고 응용 프로그램의 서브키와 함께 적절한 시점에 두 함수를 호출하기만 하면 윈도우 상태에 대한 저장 및 복구 서비스를 받을 수 있다. 위 예제는 C 버전의 래퍼 함수를 사용했는데 소스 파일의 아래쪽에는 C++ 버전도 작성되어 있으므로 프로젝트 형태에 맞는 함수를 골라서 쓰기 바란다.

35-4-나. 돋보기2

비트맵 관련 장에서 StretchBlt 함수를 활용하여 화면을 확대해 볼 수 있는 돋보기를 만들어 본 적이 있다. 화면 확대에만 초점을 맞추다 보니 편의성이 떨어지는데 윈도우가 너무 작아 불편하고 매번 실행할 때마다 배율을 선택해야 하므로 번거롭기도 하다. 기능적으로도 조금 떨어지는데 커서가 같은 자리에 있을 때는 화면을 다시 복사하지 않아 쓸데없는 작업을 하지 않는데 움직이는 그림을 볼 때는 이 기능이 오히려 방해가 된다.

주기적으로 똑같은 그림을 계속 복사해 대면 CPU 시간이 너무 낭비되고 그렇다고 같은 자리에 있을 때 복사를 하지 않으면 움직이는 화면을 확대할 수 없다. 이런 애매한 경우는 옵션을 두고 사용자가 필요에 따라 프로그램의 동작을 선택할 수 있도록 해야 한다. 이외에도 타이머의 주기를 변경하거나 잠시 중지하는 기능도 필요하다. 이런 여러 가지 기능이 추가되면 사용자가 선택한 옵션을 다음 실행할 때도 그대로 복구하는 것이 좋은데 이런 용도로 레지스트리가 사용된다.

앞에서 만들었던 돋보기 예제를 확장하여 실용적으로도 쓸만한 예제를 만들어 보자. 레지스트리 입출력 함수, 위치 저장 및 복구 함수, 비트맵 출력 함수, 라디오 버튼 조사 함수 등은 앞에서 만들었던 것을 재활용하기로 한다. 화면을 확대하는 논리도 기존 예제의 것을 그대로 사용할 것이다. Dotbogi 프로젝트 디렉토리를 복사하여 Dotobogi2를 만들고 코드를 다음과 같이 수정했다.

예 제 : Dotobogi2

```
#include "ShReg.h"
#define KEY "Software\\MiyoungSoft\\Dotbogi\\"

....

// 전역 변수들
int ratio;
int freq;
BOOL OnlyMove;
BOOL Pause;
BOOL StopInClient;
HBITMAP hBit;

// 옵션 대화상자
BOOL CALLBACK OptionDlgProc(HWND hDlg,UINT iMessage,WPARAM wParam,LPARAM lParam)
{
    static int arRatio[]={1,2,4,8,10,20};
    static int arFreq[]={1,2,4,8,10,20};
    int idx;

    switch (iMessage) {
    case WM_INITDIALOG:
        for (idx=0;idx<sizeof(arRatio)/sizeof(arRatio[0]);idx++) {
            if (arRatio[idx]==ratio) break;
        }
        CheckRadioButton(hDlg,IDC_RADIO1,IDC_RADIO6,IDC_RADIO1+idx);
        for (idx=0;idx<sizeof(arFreq)/sizeof(arFreq[0]);idx++) {
            if (arFreq[idx]==freq) break;
        }
        CheckRadioButton(hDlg,IDC_RADIO7,IDC_RADIO12,IDC_RADIO7+idx);
        CheckDlgButton(hDlg,IDC_CHKONLYMOVE,OnlyMove ? BST_CHECKED:BST_UNCHECKED);
        CheckDlgButton(hDlg,IDC_CHKSTOPINCLIENT,StopInClient ? BST_CHECKED:BST_UNCHECKED);
        return TRUE;
    case WM_COMMAND:
        switch (LOWORD(wParam)) {
        case IDOK:
            idx=GetCheckedRadioButton(hDlg,IDC_RADIO1,IDC_RADIO6)-IDC_RADIO1;
            ratio=arRatio[idx];
            idx=GetCheckedRadioButton(hDlg,IDC_RADIO7,IDC_RADIO12)-IDC_RADIO7;
```

```
			freq=arFreq[idx];
			OnlyMove=(IsDlgButtonChecked(hDlg,IDC_CHKONLYMOVE)==BST_CHECKED);
			StopInClient=(IsDlgButtonChecked(hDlg,IDC_CHKSTOPINCLIENT)==BST_CHECKED);
			EndDialog(hDlg,IDOK);
			return TRUE;
		case IDCANCEL:
			EndDialog(hDlg,IDCANCEL);
			return TRUE;
		}
		break;
	}
	return FALSE;
}

LRESULT CALLBACK WndProc(HWND hWnd,UINT iMessage,WPARAM wParam,LPARAM lParam)
{
	HDC hdc,MemDC;			// 화면 DC
	PAINTSTRUCT ps;
	HBITMAP OldBit;
	POINT pt;			// 마우스 위치
	static POINT oldpt;		// 이전 마우스 위치
	RECT drt;			// 작업영역의 크기
	POINT spt;			// 캡처할 부분의 좌상단 좌표
	int ScrX, ScrY;			// 화면의 크기
	int sWidth, sHeight;		// 캡처할 부분의 폭과 높이
	HMENU hPopup;
	static bFirstActivate=TRUE;

	switch (iMessage) {
	// 옵션을 읽어오고 타이머를 설치한다.
	case WM_CREATE:
		hWndMain=hWnd;
		ratio=SHRegReadInt(SHCU,KEY"Option","ratio",4);
		freq=SHRegReadInt(SHCU,KEY"Option","freq",10);
		OnlyMove=SHRegReadInt(SHCU,KEY"Option","OnlyMove",TRUE);;
		StopInClient=SHRegReadInt(SHCU,KEY"Option","StopInClient",TRUE);;
		Pause=FALSE;
		SetTimer(hWnd,0,1000/freq,NULL);
		hBit=NULL;
		return 0;
	case WM_SIZE:
		if (wParam != SIZE_MINIMIZED) {
			DeleteObject(hBit);
			hBit=NULL;
		}
		return 0;
	case WM_ACTIVATEAPP:
		if (wParam == TRUE) {
			if (bFirstActivate) {
				bFirstActivate=FALSE;
				LoadPosition(hWnd,KEY"Position");
			}
		}
		return 0;
```

```
case WM_TIMER:
    // 화면 크기를 구한다. 해상도가 바뀔 수 있으므로 매번 조사한다.
    ScrX=GetSystemMetrics(SM_CXSCREEN);
    ScrY=GetSystemMetrics(SM_CYSCREEN);
    GetClientRect(hWnd,&drt);

    // 마우스 커서가 움직이지 않았으면 다시 그리지 않는다.
    GetCursorPos(&pt);
    if (OnlyMove==TRUE && oldpt.x == pt.x && oldpt.y == pt.y) {
        return 0;
    }
    oldpt.x=pt.x;
    oldpt.y=pt.y;
    ScreenToClient(hWnd,&pt);

    // 자신의 작업영역에서는 확대하지 않는다.
    if (StopInClient && PtInRect(&drt,pt)) {
        return 0;
    }

    hdc=GetDC(hWnd);
    MemDC=CreateCompatibleDC(hdc);
    if (hBit == NULL) {
        hBit=CreateCompatibleBitmap(hdc,drt.right,drt.bottom);
    }
    OldBit=(HBITMAP)SelectObject(MemDC, hBit);

    // 캡처할 소스 영역의 폭과 높이를 구한다.
    sWidth=drt.right/ratio;
    sHeight=drt.bottom/ratio;

    // 캡처할 소스 영역의 좌상단 좌표를 구한다. 마우스 위치가 중앙이
    // 되도록 하기 위해 폭,높이 절반만큼 좌상으로 이동시킨다.
    spt.x=pt.x-sWidth/2;
    spt.y=pt.y-sHeight/2;

    // 화면 영역을 벗어나지 않도록 한다.
    ClientToScreen(hWnd,&spt);
    if (spt.x < 0) spt.x=0;
    if (spt.y < 0) spt.y=0;
    if (spt.x + sWidth > ScrX) spt.x=ScrX-sWidth;
    if (spt.y + sHeight > ScrY) spt.y=ScrY-sHeight;
    ScreenToClient(hWnd,&spt);

    // 커서 위치의 화면을 작업영역으로 확대 복사한다.
    StretchBlt(MemDC,0,0,drt.right,drt.bottom,
        hdc,spt.x,spt.y,sWidth,sHeight,SRCCOPY);
    ReleaseDC(hWnd, hdc);
    SelectObject(MemDC,OldBit);
    DeleteDC(MemDC);
    InvalidateRect(hWnd,NULL,FALSE);
    return 0;
case WM_COMMAND:
    switch (LOWORD(wParam)) {
```

```
        case IDM_MENU_OPTION:
            if (DialogBox(g_hInst,MAKEINTRESOURCE(IDD_DIALOG1),
                hWnd,OptionDlgProc)==IDOK) {
                if (!Pause) {
                    SetTimer(hWnd,0,1000/freq,NULL);
                    SendMessage(hWnd,WM_TIMER,0,0);
                }
            }
            break;
        case IDM_MENU_PAUSE:
            Pause=!Pause;
            if (Pause) {
                KillTimer(hWnd,0);
            } else {
                SetTimer(hWnd,0,1000/freq,NULL);
            }
            break;
        case ID_MENU_EXIT:
            DestroyWindow(hWnd);
            break;
        }
        return 0;
    case WM_INITMENU:
        hPopup=GetSubMenu((HMENU)wParam,0);
        CheckMenuItem(hPopup,IDM_MENU_PAUSE,MF_BYCOMMAND |
            Pause ? MF_CHECKED:MF_UNCHECKED);
        return 0;
    case WM_PAINT:
        hdc = BeginPaint(hWnd, &ps);
        if (hBit) {
            DrawBitmap(hdc,0,0,hBit);
        }
        EndPaint(hWnd, &ps);
        return 0;
    case WM_DESTROY:
        SHRegWriteInt(SHCU,KEY"Option","ratio", ratio);
        SHRegWriteInt(SHCU,KEY"Option","freq", freq);
        SHRegWriteInt(SHCU,KEY"Option","OnlyMove", OnlyMove);
        SHRegWriteInt(SHCU,KEY"Option","StopInClient", StopInClient);
        SavePosition(hWnd,KEY"Position");
        DeleteObject(hBit);
        KillTimer(hWnd,0);
        PostQuitMessage(0);
        return 0;
    }
    return(DefWindowProc(hWnd,iMessage,wParam,lParam));
}
```

선두에 전역 변수 몇 개를 선언했는데 ratio는 확대 배율, freq는 초당 복사 회수이다. OnlyMove는 마우스가 이동할 때만 복사할 것인지 아니면 주기적으로 계속 복사할 것인지를 지정하며 Pause는 잠시 중지, StopInClient는 작업영역안에 있을 때 캡처를 하지 않도록 하는 옵션이다. 이 옵션은 다음 대화상자를 통해 입력받으며 한번 선택한 옵션은 다음번 실행할 때 다시 읽어온다.

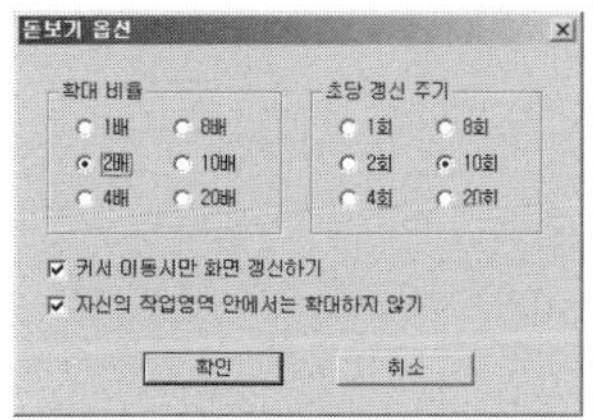

전역 변수의 상태를 대화상자를 통해 보여주며 이 대화상자에서 사용자가 실행중에 원하는 값을 바꿀 수 있다. 대화상자를 통해 배율을 선택하므로 배율 선택 메뉴 항목은 제거되었다. 프로그램은 WM_CREATE에서 이 변수들의 초기값을 레지스트리에서 읽어오고 WM_DESTROY에서 저장함으로써 사용자가 설정한 옵션을 영구적으로 기억한다. 그래서 한번 8배율로 변경해 놓으면 일부러 바꾸지 않은 한 항상 8배율로 확대한다.

이 외에 작업영역 내부일 때는 캡처하지 않는 옵션을 두어 이미 확대된 화면을 재확대하지 않도록 했다. WM_TIMER에서 커서 위치를 판별해서 작업영역 안이면 리턴해 버리기만 하면 된다. 공백키를 누르면 확대를 잠시 중지하여 특정 시점의 확대 이미지를 그대로 유지하는데 이 기능을 위해 WM_TIMER에서 곧바로 작업영역으로 복사하지 않고 메모리 비트맵에 일단 복사한 후 WM_PAINT에서는 복구만 한다. 원본 이미지가 다른 윈도우에 가려지더라도 계속 표시할 수 있어야 하므로 비트맵에 복사본을 작성할 필요가 있다.

메모리 비트맵은 WM_TIMER에서 생성하며 작업영역 크기가 바뀌는 WM_SIZE에서 무효화되었다가 다음번 확대시에 변경된 크기로 재생성되어 이 비트맵에 확대 이미지를 저장한다. WM_PAINT에서는 물론 이 비트맵을 자신의 작업영역에 그대로 그리기만 하면 된다. 확대 코드가 WM_TIMER에 있으므로 잠시 중지할 때는 타이머만 해제하면 되고 재개할 때는 타이머를 다시 설치한다.

이 프로그램을 사용해 보면 기능이 추가된만큼 편의성이 향상되었다는 것을 느낄 수 있으며 훨씬 더 실용성이 높아졌다. 조금 더 기능을 추가한다면 확대된 이미지를 파일로 저장하거나 클립보드로 복사하기, 커서도 같이 캡처하기도 가능할 것이다. 이 예제 외에 이 책에서 만든 많은 예제들도 레지스트리에 최후 설정 상태를 기억해 놓을 만한 것들이 다수 있으며 그렇게 하면 확실히 편의성은 높아진다.

35-4-다. 시간 제한

공개용과 상업용 소프트웨어의 중간쯤에 해당하는 셰어웨어(ShareWare)는 여러 가지 방법으로 사용자에게 셰어웨어임을 알린다. 보통 일정 정도의 평가 기간을 주고 이 기간에는 제약없이 사용하도록 허가하지만 평가 기간이 끝나면 실행을 거부한다거나 평가가 끝났음을 적극적으로 알린다. 이런 것이 가능하려면 자신이 언제 설치되었는지를 어딘가에 기억해 두었다가 매 실행시마다 평가 기간인지를 점검해야 하는데 설치 시점을 기억할 때도 레지스트리를 사용한다.

다음 예제는 이런 셰어웨어의 시간 제한 기법을 간단하게 구현해 본 것인데 별도의 설치 프로그램이 없으므로 최초 실행시의 시간을 설치 시간으로 기록한다. 평가 기간은 25로 주었는데 왜 하필 25일인가하면 테스트의 편의를 위해서이다. 테스트를 위해 평가 기간이 끝나기를 기다릴 수는 없으므로 시계를 잠시 한달 뒤로 조정하든가 레지스트리에 기록된 날짜의 월을 한달 전으로만 옮겨 테스트할 수 있도록 했다.

예 제 : TimeLock

```
#include "ShReg.h"
#define KEY "Software\\MiyoungSoft\\TimeLock\\"
LRESULT CALLBACK WndProc(HWND hWnd,UINT iMessage,WPARAM wParam,LPARAM lParam)
{
    HDC hdc;
    PAINTSTRUCT ps;
    SYSTEMTIME st;
    TCHAR *Mes = "이 프로그램은 25일동안만 사용할 수 있습니다";
    WORD y,m,d;
    int elapse;
    switch (iMessage) {
    case WM_CREATE:
        // 처음 실행할 때 오늘 날짜를 레지스트리에 기록한다.
        y = SHRegReadInt(SHCU, KEY"Time", "Year", 0);
        if (y == 0) {
            GetSystemTime(&st);
            SHRegWriteInt(SHCU, KEY"Time", "Year", st.wYear);
            SHRegWriteInt(SHCU, KEY"Time", "Month", st.wMonth);
            SHRegWriteInt(SHCU, KEY"Time", "Day", st.wDay);
        } else {
            GetSystemTime(&st);
            m = SHRegReadInt(SHCU, KEY"Time", "Month", 0);
            d = SHRegReadInt(SHCU, KEY"Time", "Day", 0);
            elapse = (y-st.wYear)*365 + (m-st.wMonth)*30+(d-st.wDay);
            if ((elapse > 25) || (elapse < 0)) {
                MessageBox(hWnd, "25일간의 평가 기간이 종료되었습니다.",
                    "돈 내고 써!",MB_OK);
                return -1;
            }
        }
        return 0;
    case WM_PAINT:
        hdc=BeginPaint(hWnd, &ps);
        TextOut(hdc,10,10,Mes,lstrlen(Mes));
        EndPaint(hWnd, &ps);
        return 0;
    case WM_DESTROY:
        PostQuitMessage(0);
        return 0;
    }
    return(DefWindowProc(hWnd,iMessage,wParam,lParam));
}
```

핵심 코드는 WM_CREATE에 작성되어 있는데 길이도 짧고 직선적이어서 읽기만 해도 쉽게 이해할 수 있을 것이다. 최초 설치된 년도를 읽되 디폴트를 0으로 지정했다. 디폴트인 0이 그대로 리턴되었다면 이 프로그램이 처음 실행된 것으로 간주할 수 있다. 이때 오늘 날짜를 구해 레지스트리에 년, 월, 일을 기록해 놓는다. 두 번째 실행할 때는 최초 실행한 년도가 기록되어 있을 것이므로 이 코드는 딱 한 번만 실행된다.

두 번째부터는 오늘 날짜를 구해 레지스트리에 기록된 날짜와 비교해 보고 평가 기간내에 있는지를 점검한다. 평가 기간내에 있다면 별다른 일없이 초기화를 완료하되 평가 기간인 25일이 지났으면 다음과 같은 메시지를 출력하고 -1을 리턴하여 메인 윈도우 생성을 거부한다. 이렇게 되면 프로그램은 그대로 종료된다.

예제에서는 아주 간단한 산술식으로 경과 날짜를 구했는데 사실 한달이 항상 30일이 아니므로 이 비교식은 좀 더 정교해져야 한다. 절대 날짜를 구해 비교하는 방법 정도만 사용해도 날짜 비교는 정확하게 할 수 있다. 어려운 코드가 아니며 논리가 아주 간단하므로 이 예제 자체는 금방 이해할 수 있을 것이다. 셰어웨어들이 이런 기술로 시간 제한을 걸기는 하지만 실제 예에서는 이보다 훨씬 더 많은 것들을 고려해야 한다. 어떤 기술이 더 필요한지 보자.

① 이 예제는 최초 설치 날짜를 레지스트리에 저장하는데 이 정보는 누구나 쉽게 찾을 수 있다. 게다가 Year, Month, Day같이 키 이름도 너무 쉬워 "나 여기 있소"라고 알리는 꼴이니 조작할 가능성이 있으며 이렇게 되면 시간 제한을 거는 의미가 없다. 반드시 자신의 레지스트리에만 저장해야 하는 것은 아니므로 이 위치와 키 이름을 적당히 숨길 필요가 있다. 예를 들어 Microsoft/Device/HAL 따위의 서브 키에 NUMA, MPSync, ChipSet 따위의 무시무시한 이름으로 숨겨 두면 감히 찾지 못할 것이며 건드릴 생각을 못할 것이다.

② 레지스트리는 공개된 기억 장소이므로 위치만 숨겨서는 완전한 비밀을 보장할 수 없다. 날짜 포맷을 아예 암호화하여 저장해야 설사 위치를 안다 하더라도 함부로 조작할 수 없을 것이다. 암호화의 수준이 낮더라도 날짜처럼 보이게 기록해서는 안된다. 좀 더 완벽하게 숨길려면 레지스트리가 아닌 파일이나 다른 장치를 사용할 수도 있다.

③ 이렇게 암호화를 하더라도 공짜를 향한 사용자들의 욕구는 끊임없어서 다양한 편법들이 동원될 수도 있다. 예를 들자면 시계를 1년 뒤로 돌려 놓고 설치한 후 원래대로 바꾸어 놓으면 1년 25일동안 쓸 수 있을 것이다. 그래서 이런 부정을 방지하기 위해 사용 기간이 25일이 지났는지만 보지 않고 혹시 음수가 되지 않았는지도 같이 봐야 한다. 정상적이라면 사용 기간이 음수가 될 수 없다.

④ 평가 기간이 끝나면 그냥 종료하는데 이렇게 하면 평가의 목적을 달성하기 어렵다. 매정하게 종료하기 보다는 계속 쓰도록 하되 기능 제한을 둔다거나 메시지 박스를 주기적으로 열어 평가 기간이 끝났음을 알린다. 평가 기간중에도 몇 일 남았는지를 타이틀 바 등의 잘 보이는 곳에 계속 표시하기도 한다. 아무튼 사용자를 끊임없이 귀찮게 함으로써 구입을 유도해야 한다.

셰어웨어는 소위 말하는 공짜 소프트웨어가 아니다. 자신의 존재를 알려야 하고 그러기 위해서는 평가 기간동안에는 사용을 허가해야 하며 기간이 끝나면 어떤 식으로든 정품 사용자와는 차별을 둘 수밖에 없다. 이왕 차별을 두기로 했다면 확실하게 딴 생각이 들지 않게끔 기술을 걸어야 한다. 물론 공짜의 매력앞에 해킹이라는 강력한 기법으로 실행 파일 자체를 뜯어 고치는 사람도 있다. 헥사 편집기로 return -1의 -1을 찾아 0으로만 고치면 시간 제한이 쉽게 무효가 되어 버린다.

35-4-라. 확장자 연결

확장자 연결(File Extension Association)이란 특정 확장자를 가지는 파일을 더블클릭할 때 어떤 프로그램을 실행할 것인가를 지정하는 기능이다. 탐색기는 파일의 확장자에 따라 파일 클래스를 분류하여 각 클래스별로 아이콘과 동작, 특성 등을 지정하며 더블클릭이나 팝업 메뉴 선택시 이 클래스에 지정된 동작들을 적용한다. 쉘이 파일 클래스를 관리하는 방법은 굉장히 복잡한데 여기서는 더블클릭했을 때 실행할 프로그램을 지정하는 방법에 대해 연구해 보자.

탐색기에서 확장자 txt를 가지는 텍스트 파일을 더블클릭하면 연결된 프로그램이 실행되면서 텍스트 파일이 열리는데 디폴트 연결은 메모장이다. 이런 동작이 가능한 이유는 txt 확장자와 메모장이 연결되어 있기 때문이다. 이런 연결 정보는 레지스트리의 HKEY_CLASSES_ROOT에 저장되어 있다. 텍스트 파일의 경우 어떤 식으로 연결되어 있는지 보자. 레지스트리 편집기로 확인해 보면 이런 연결 관계를 직접 볼 수 있으며 편집하는 것도 물론 가능하다.

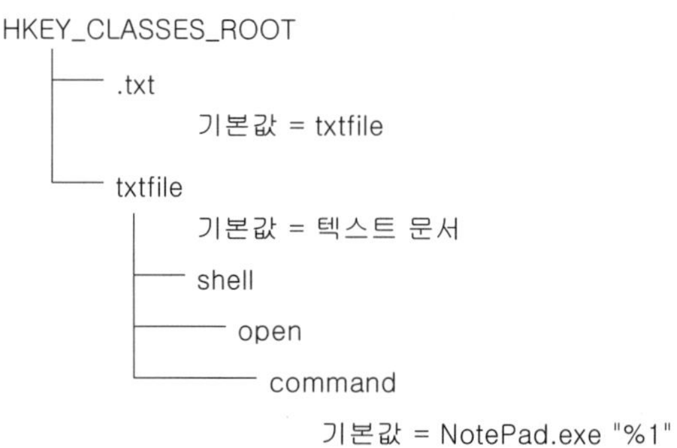

HKEY_CLASSES_ROOT에는 각 확장자별로 기본값에 ProgID라는 문자열이 기록되어 있고 ProgID 키에는 확장자에 대한 여러 가지 동작들이 지정되어 있다. .txt 서브키의 기본값에는 txtfile이라고 되어 있는데 이 확장자에 대한 쉘 정보가 txtfile이라는 서브키에 있다는 뜻이다. txtfile 서브키를 보면 기본값에 이 확장자에 대한 간단한 설명이 작성되어 있고 shell\open\command의 기본값에는 이 확장자와 연결된 실행 파일의 경로와 명령행 인수가 저장되어 있다.

ProgID에는 파일을 열 때 뿐만 아니라 편집이나 인쇄, 검색 등의 여러 가지 동작에 대한 프로그램을 각각 지정할 수 있고 탐색기에서 표시할 아이콘도 지정할 수 있다. ProgID 키의 완전한 구조와 각 서브키의 의미에 대해서는 레퍼런스를 참조하기 바란다. 탐색기는 이 파일이 더블클릭될 경우 NotePad.exe를 실행하면서 더블클릭된 파일명을 메모장의 첫 번째 명령행 인수로 전달한다.

확장자 연결 정보의 구조를 알게 되면 특정확장자를 원하는 실행 파일과 연결할 수 있다. 직접 만든 프로그램을 텍스트 파일과 연결한다거나 HTML 파일을 원하는 웹 브라우저와 연결하는 것도 가능한데 이렇게 연결해 놓으면 탐색기에서 파일을 더블클릭하여 프로그램을 실행할 수 있어 편리하다. 고유의 데이터 파일을 가지는 프로그램은 이 확장자를 자신과 연결해 놓는 것이 좋다. 다음 예제는 텍스트 파일을 대상으로 연결 및 해제하는 기본적인 방법을 보여준다.

예 제 : AssoTest

```
// ext 확장자가 RegName과 연결되어 있는지 조사한다.
BOOL TestAssociate(LPCTSTR ext, LPCTSTR RegName)
{
    TCHAR OldProgID[MAX_PATH];
    TCHAR NewProgID[MAX_PATH];

    SHRegReadString(SHCR,ext,NULL,"",OldProgID,MAX_PATH);
    wsprintf(NewProgID,"%s%s",RegName,ext);
```

```
    return (lstrcmpi(OldProgID,NewProgID)==0);
}

// ext 확장자를 exe 실행 파일과 연결한다. RegName은 레지스트리 키, desc는 설명
void MakeAssociate(LPCTSTR ext, LPCTSTR RegName, LPCTSTR exe, LPCTSTR desc)
{
    TCHAR OldProgID[64];
    TCHAR OldDesc[64];
    TCHAR NewProgID[64];
    TCHAR NewDesc[64];
    TCHAR szKey[MAX_PATH];
    TCHAR Path[MAX_PATH];

    // 이전 ID와 설명을 미리 구해 놓는다.
    SHRegReadString(SHCR,ext,NULL,"",OldProgID,64);
    SHRegReadString(SHCR,OldProgID,NULL,"",OldDesc,64);

    // 새 ID와 설명을 작성한다. 설명이 없으면 이전 설명을 취한다.
    wsprintf(NewProgID,"%s%s",RegName,ext);
    lstrcpy(NewDesc,desc ? OldDesc:desc);

    // 새 ID로 열기 명령에 대한 레지스트리 키를 작성한다.
    SHRegWriteString(SHCR,NewProgID,NULL,NewDesc);
    wsprintf(szKey,"%s\\shell\\open\\command",NewProgID);
    wsprintf(Path, "\"%s\" \"%%1\"",exe);
    SHRegWriteString(SHCR,szKey,NULL,Path);

    // 아이콘 지정
    wsprintf(szKey,"%s\\DefaultIcon",NewProgID);
    wsprintf(Path, "\"%s\",0",exe);
    SHRegWriteString(SHCR,szKey,NULL,Path);

    // 새 ID와 연결한다.
    SHRegWriteString(SHCR,ext,NULL,NewProgID);

    // 이전 ID를 저장해 놓는다. 단, 중복 변경하지는 않는다.
    if (lstrcmp(OldProgID, NewProgID)!=0) {
        wsprintf(szKey,"%sOld",RegName);
        SHRegWriteString(SHCR,NewProgID,szKey,OldProgID);
    }

    SHChangeNotify(SHCNE_ASSOCCHANGED,SHCNF_IDLIST,NULL,NULL);
}

// ext 확장자와의 연결을 해제한다.
void UnAssociate(LPCTSTR ext, LPCTSTR RegName)
{
    TCHAR OldProgID[64];
    TCHAR NewProgID[64];
    TCHAR szKey[MAX_PATH];

    if (TestAssociate(ext,RegName)) {
        wsprintf(NewProgID,"%s%s",RegName,ext);
        wsprintf(szKey,"%sOld",RegName);
```

```
        SHRegReadString(SHCR,NewProgID,szKey,"",OldProgID,64);
        SHRegWriteString(SHCR,ext,NULL,OldProgID);
        SHDeleteKey(SHCR,NewProgID);
        SHChangeNotify(SHCNE_ASSOCCHANGED,SHCNF_IDLIST,NULL,NULL);
    }
}

// 확장자와 연결된 실행 파일의 경로를 변경한다.
void ModifyAssociate(LPCTSTR ext, LPCTSTR RegName, LPCTSTR exe)
{
    TCHAR szKey[MAX_PATH];
    TCHAR Path[MAX_PATH];

    // 연결되어 있으면 경로와 아이콘을 수정한다.
    if (TestAssociate(ext,RegName)) {
        wsprintf(szKey,"%s%s\\shell\\open\\command",RegName,ext);
        wsprintf(Path, "\"%s\" \"%%1\"",exe);
        SHRegWriteString(SHCR,szKey,NULL,Path);

        wsprintf(szKey,"%s%s\\DefaultIcon",RegName,ext);
        wsprintf(Path, "\"%s\",0",exe);
        SHRegWriteString(SHCR,szKey,NULL,Path);
    }
}

LRESULT CALLBACK WndProc(HWND hWnd,UINT iMessage,WPARAM wParam,LPARAM lParam)
{
    HDC hdc;
    PAINTSTRUCT ps;
    TCHAR *Mes="왼쪽 클릭:txt 파일과 연결, 오른쪽 클릭:txt 파일 연결 해제";
    static HWND hEdit;
    HANDLE hFile;
    DWORD Size,dwRead;
    TCHAR *buf;
    TCHAR exe[MAX_PATH];
    TCHAR Status[128];

    switch (iMessage) {
    case WM_CREATE:
        hWndMain=hWnd;
        hEdit=CreateWindow("edit",NULL,WS_CHILD | WS_VISIBLE | WS_BORDER |
            WS_VSCROLL | ES_MULTILINE | ES_AUTOVSCROLL,
            0,0,0,0,hWnd,(HMENU)0,g_hInst,NULL);
        if (__argc >= 2) {
            hFile=CreateFile(__argv[1],GENERIC_READ,0,NULL,
                OPEN_EXISTING,FILE_ATTRIBUTE_NORMAL,NULL);
            if (hFile!=INVALID_HANDLE_VALUE) {
                Size=GetFileSize(hFile,NULL);
                buf=(TCHAR *)malloc(Size+1);
                ReadFile(hFile,buf,Size,&dwRead,NULL);
                buf[dwRead]=0;
                SetWindowText(hEdit,buf);
                free(buf);
                CloseHandle(hFile);
```

```
            }
        }
        return 0;
    case WM_SIZE:
        if (wParam != SIZE_MINIMIZED) {
            MoveWindow(hEdit,0,50,LOWORD(lParam),HIWORD(lParam)-50,TRUE);
        }
        return 0;
    case WM_LBUTTONDOWN:
        GetModuleFileName(g_hInst,exe,MAX_PATH);
        MakeAssociate(".txt","AssoTest",exe,"텍스트 파일");
        InvalidateRect(hWnd,NULL,TRUE);
        return 0;
    case WM_RBUTTONDOWN:
        UnAssociate(".txt","AssoTest");
        InvalidateRect(hWnd,NULL,TRUE);
        return 0;
    case WM_PAINT:
        hdc=BeginPaint(hWnd, &ps);
        TextOut(hdc,10,10,Mes,lstrlen(Mes));
        if (TestAssociate(".txt","AssoTest")) {
            lstrcpy(Status,"txt 확장자와 연결되어 있습니다.");
        } else {
            lstrcpy(Status,"txt 확장자와 연결되어 있지 않습니다.");
        }
        TextOut(hdc,10,30,Status,lstrlen(Status));
        EndPaint(hWnd, &ps);
        return 0;
    case WM_DESTROY:
        PostQuitMessage(0);
        return 0;
    }
    return(DefWindowProc(hWnd,iMessage,wParam,lParam));
}
```

확장자 연결과 관련된 4개의 함수가 작성되어 있고 WndProc에서는 이 함수들을 호출하여 .txt 확장자를 AssoTest 자신과 연결하거나 해제한다. 레지스트리의 여러 곳을 수정해야 하므로 코드가 다소 복잡하다. 왼쪽 버튼을 누르면 txt를 이 프로그램과 연결하여 이후 탐색기에서 텍스트 파일을 더블클릭하면 AssoTest가 실행된다. 이때 탐색기는 더블클릭된 텍스트 파일을 명령행 인수로 전달하므로 연결된 프로그램은 반드시 명령행 인수를 받아들여야 한다.

WndProc에서는 에디트 하나를 생성하고 WM_CREATE에서 인수로 전달된 파일을 읽어 에디트에 출력했다. 인수로 전달된 파일이 없다면 단독으로 실행된 것이므로 물론 아무 것도 할 필요가 없다. WM_PAINT에서는 현재 연결 상태를 출력한다. 마우스 좌우 버튼을 눌러서 연결 및 해제를 반복하면서 탐색기에서 텍스트 파일을 더블클릭해 보자.

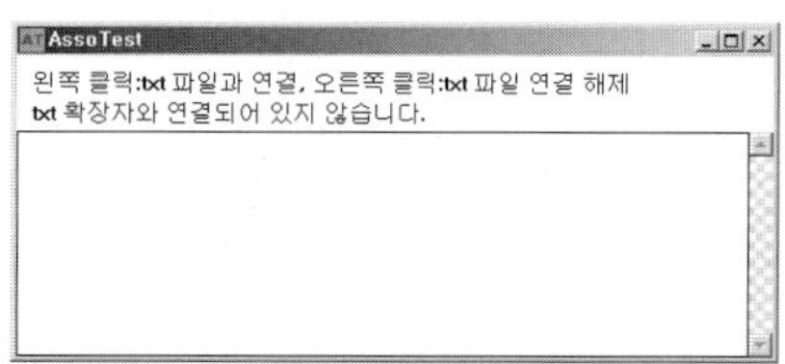

MakeAssociate 함수는 인수로 전달된 확장자와 실행 파일을 연결하는데 ProgID로 사용할 레지스트리명과 설명 문자열도 같이 전달한다. 이 함수가 하는 일은 앞에서 설명한 레지스트리 구조대로 확장자에 대한 ProgID를 작성하고 이 안에 연결 프로그램의 경로를 기록해 놓는 것이다. 단순한 레지스트리 출력문임에도 불구하고 이 함수가 복잡한 이유는 연결전의 원래 상태로 돌아갈 수 있어야 하기 때문이다.

확장자 연결은 사용자가 임의로 수정할 수 있으며 txt나 jpg같은 범용적인 파일들은 다른 프로그램들과도 연결될 수 있다. AssoTest가 txt를 자신과 연결한다고 해서 레지스트리를 자신의 정보로 덮어써 버린다면 연결을 해제할 때 원래의 설정대로 복구할 수 없을 것이다. 그래서 이전 연결 상태를 어딘가에 따로 저장해 두어야 한다. 변경하기 전의 ProgID를 조사해 새 ProgID아래 RegName+Old라는 이름으로 이전 ProgID를 저장해 두었다.

단 연결할 때마다 이전 ProgID를 무조건 기록해서는 안되며 중복 기록하지 않도록 주의해야 한다. AssoTest가 txt를 처음 연결할 때 이전에 메모장과 연결되어 있었다고 기록해 놓는데 이 상태에서 txt 파일을 자신과 한 번 더 연결하면 이전 연결 프로그램도 자신이 되어 버리므로 정상적인 복구를 할 수 없을 것이다. 중복 연결할 때는 이전 연결 정보를 덮어 쓰지 말고 그대로 유지해야 한다.

연결 프로그램의 경로 외에도 아이콘과 설명을 편집하는 코드도 작성되어 있다. 설명은 ProgID의 기본값으로 지정하는데 인수로 전달된 desc를 사용하거나 NULL이 전달되었을 경우 이전 설명인 OldDesc를 사용한다. 설명은 탐색기에 나타날 단순한 문자열일뿐이며 연결과는 직접적인 상관이 없다. 확장자 연결을 변경한 프로그램은 SHChangeNotify 함수를 호출하여 변경 사실을 방송해야 한다. SHCNE_ASSOCCHANGED 방송을 들은 탐색기와 기타 파일 관리 프로그램은 아이콘이나 설명을 갱신할 것이다. 이 함수에 의해 레지스트리는 다음과 같이 수정된다.

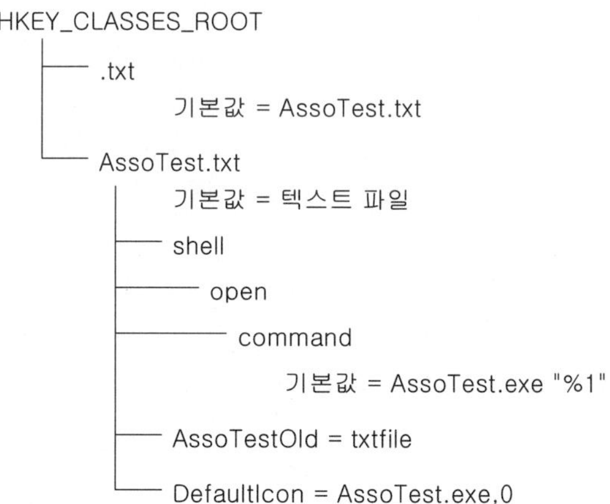

탐색기는 텍스트 파일이 더블클릭되었을 때 .txt 키에서 ProgID를 찾고 다시 ProgID키에서 연결된 프로그램을 찾아 이 프로그램으로 문서를 전달할 것이다. 아이콘과 설명은 탐색기에 파일 목록을 출력할 때 사용된다. UnAssociate 함수는 연결을 해제하는데 연결전의 ProgID를 찾아 복구하고 자신의 ProgID는 삭제한다. 이전 연결 프로그램으로 복구할 때도 쉘에게 변경 사실을 방송해야 한다.

나머지 두 함수는 연결 상태를 조사하고 수정한다. TestAssociate는 지정한 확장자 ext가 RegName이 지정하는 ProgID와 연결되어 있는지만 조사하는데 대화상자의 컨트롤 등에 연결 상태를 출력할 때 사용한다. ModifyAssociate는 연결 상태는 그대로 유지한 채로 연결 프로그램의 경로와 아이콘만 수정한다. 연결된 프로그램의 경로가 다른 위치로 변경되었다면 이 함수로 레지스트리의 경로도 수정해야 탐색기가 이 프로그램을 찾을 수 있을 것이다.

이상으로 확장자 연결에 대한 예제를 소개했는데 이 예제에서 만든 함수들은 어디까지나 원론적인 방법을 보여줄 뿐 재활용 대상이 아님을 분명히 해야겠다. 쉘은 더블클릭에 의한 연결 뿐만 아니라 편집, 인쇄, 전송, 압축, 등 훨씬 더 다양한 동작을 지정할 수 있으며 탐색기의 팝업 메뉴를 통해 복수 개의 연결을 지원하기도 한다.

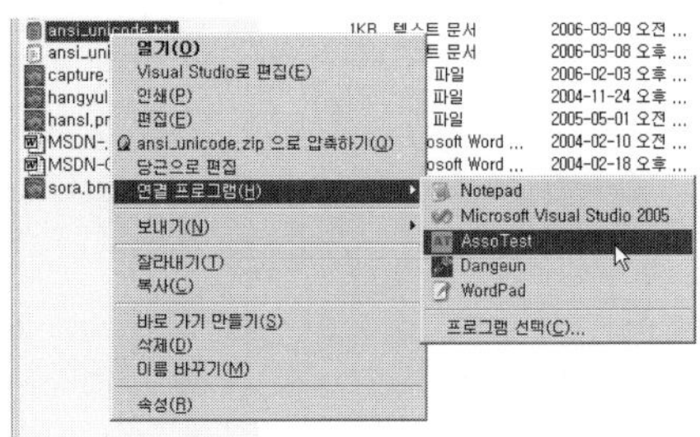

이런 정보는 탐색기의 레지스트리에 저장되는데 연결 프로그램끼리의 우선 순위를 관리하는 방법이 굉장히 복잡하다. 또한 파일 클래스를 관리하는 방법과 레지스트리 경로는 운영체제 버전마다 조금씩 달라져 일반적인 연결 코드를 작성하는 것은 생각보다 훨씬 더 어렵다.

35-4-마. 자동 실행

자동 실행 기능은 사용자가 로긴할 때 특정 프로그램을 자동으로 실행하는 기능이다. 바이러스 체크 프로그램이나 업데이트 관리 프로그램처럼 백그라운드에서 항상 실행되어야 하는 프로그램들이 자동 실행에 자신을 등록하여 부팅될 때마다 실행된다. 자동 실행하려면 레지스트리의 약속된 곳에 자신의 이름과 경로를 기록해 놓으면 된다.

운영체제는 사용자가 로긴할 때 이 경로의 프로그램들을 읽어 실행하므로 한번만 경로를 등록해 놓으면 매번 실행할 수 있다. 레지스트리에 값만 써 넣으면 되므로 아주 쉬운 기법이라 할 수 있는데 다음 예제는 자기 자신을 자동 실행으로 등록한다. 최초 실행할 때는 자동 실행으로 등록되어 있지 않으며 마우스 좌우 버튼을 눌러 등록 및 해제를 한다.

예제 : AutoRun

```
#define RunReg "Software\\Microsoft\\Windows\\CurrentVersion\\Run"
LRESULT CALLBACK WndProc(HWND hWnd,UINT iMessage,WPARAM wParam,LPARAM lParam)
{
    HDC hdc;
    PAINTSTRUCT ps;
    TCHAR *Mes="왼쪽 클릭:자동 실행, 오른쪽 클릭:자동 실행 해제";
    TCHAR Status[128];
    TCHAR Path[MAX_PATH];
    HKEY key;
    DWORD dwDisp;

    switch (iMessage) {
    case WM_LBUTTONDOWN:
        GetModuleFileName(NULL,Path,MAX_PATH);
```

```
            SHRegWriteString(SHCU,RunReg,"AutoRun",Path);
            InvalidateRect(hWnd,NULL,TRUE);
            return 0;
        case WM_RBUTTONDOWN:
            RegCreateKeyEx(SHCU,RunReg,0,NULL,REG_OPTION_NON_VOLATILE,
                KEY_SET_VALUE,NULL,&key,&dwDisp);
            RegDeleteValue(key,"AutoRun");
            RegCloseKey(key);
            InvalidateRect(hWnd,NULL,TRUE);
            return 0;
        case WM_PAINT:
            hdc=BeginPaint(hWnd, &ps);
            TextOut(hdc,10,10,Mes,lstrlen(Mes));
            SHRegReadString(SHCU,RunReg,"AutoRun","None",Path,MAX_PATH);
            if (lstrcmp(Path,"None") != 0) {
                lstrcpy(Status,"자동 실행상태입니다.");
            } else {
                lstrcpy(Status,"자동 실행상태가 아닙니다.");
            }
            TextOut(hdc,10,30,Status,lstrlen(Status));
            EndPaint(hWnd, &ps);
            return 0;
        case WM_DESTROY:
            PostQuitMessage(0);
            return 0;
        }
        return(DefWindowProc(hWnd,iMessage,wParam,lParam));
}
```

선두의 RunReg 매크로 상수가 지정하는 레지스트리 경로가 바로 자동 실행 프로그램을 등록하는 곳이다. 이 곳에 "이름=경로" 식으로 이름을 키로, 경로를 값으로 등록해 놓으면 된다. 예를 들어 c:\prg\abcd.exe를 자동 실행으로 등록하고 싶다면 abcd=c:\prg\abcd.exe라는 값만 써 넣으면 되는 것이다.

왼쪽 버튼을 누르면 실행 파일의 경로를 구해 AutoRun이라는 이름으로 경로를 등록하고 오른쪽 버튼을 누르면 이 키를 삭제함으로써 자동 실행을 취소한다. WM_PAINT에서는 자동 실행으로 등록되어 있는지를 조사하여 출력하는데 키가 있는지만 확인해 보면 된다. 테스트를 위해서는 재부팅하거나 아니면 로그오프한 후 다시 로긴해야 한다.

자동 실행되는 프로그램은 정확하게 부팅할 때 실행되는 것이 아니라 사용자가 로긴할 때 실행된다. HKEY_CURRENT_USER는 사용자별로 레지스트리가 구성되어 있으므로 여기에 등록한 프로그램은 해당 사용자가 로긴할 때만 실행된다. 만약 로긴하는 사용자에 상관없이 실행하고 싶다면 HKEY_LOCAL_MACHINE에 등록하면 된다. 지금 레지스트리 편집기를 열어 이 경로를 확인해 보면 적어도 대여섯개의 프로그램이 자동 실행으로 등록되어 있을 것이다. 원한다면 직접 편집하여 목록을 관리할 수도 있다.

레지스트리를 사용하는 방법외에 시작 프로그램 그룹에 쇼트컷을 등록하는 방법도 있다. 레지스트리의 자동 실행은 운영체제가 관리하지만 시작 프로그램 그룹은 쉘이 관리한다는 차이점이 있기는 하지만 효과는 사실상 동일하다. 단, 시작 프로그램은 그룹은 사용자가 쉽게 편집할 수 있다는 면에서 차이가 있다. 이외에 좀 더 발전된 방법으로 백그라운드 전용의 서비스라는 것도 있는데 일반 응용 프로그램과 제작 방법이 많이 틀려 별도의 학습이 필요하다.

제 36 장 클립보드

36-1 텍스트와 비트맵

36-1-가. 자료 교환

동시에 여러 개의 프로그램이 실행되는 멀티 태스킹 운영체제의 장점 중의 하나가 프로그램간에 데이터 교환 및 공유가 가능하다는 점이다. 그것도 파일을 경유하지 않고 실행중에 실시간으로 교환할 수 있다. 한 프로그램에서 이것저것 데이터를 다 만들어 내는 것이 아니라 전문적으로 한 가지 일만 하는 여러 개의 프로그램들이 협력하여 복잡한 데이터를 만들어 낸다. 예를 들어 워드 프로세서는 오로지 문장만 입력받게끔 만들고 그림이나 수식, 도표 등은 별도의 프로그램을 사용한다. 이렇게 함으로써 전문성을 높이고 개별 프로그램이 단순해짐으로써 안전성을 확보하는데 쉽게 말해서 프로그램간에 분업이 가능하다.

프로그램간에 데이터를 공유하는 방법에는 DDE, 복합 문서, COM, 메모리 맵 파일 등 여러 가지가 있지만 가장 기초적이고도 쉬운 방법이 클립보드(Clipboard)를 사용하는 것이다. 클립보드는 프로그램간에 또는 프로그램 내부적으로 교환할 데이터를 잠시 저장해 두는 곳이다. 데이터를 제공하는 프로그램이 클립보드에 데이터를 넣어놓으면 이 데이터를 사용하는 프로그램은 필요할 때 데이터를 꺼내간다. 공동의 저장 장소를 마련하고 정해진 약속에 따라 데이터를 입출력하므로 불특정한 다수의 프로그램이 데이터를 공유할 수 있다.

클립보드는 시스템이 관리하며 시스템 전체를 통틀어 하나밖에 없는 유일한 자원이므로 개별 프로그램들은 꼭 필요할 때에 한해 정해진 절차를 따라 클립보드를 사용해야 한다. 클립보드가 실용적인 자료 교환 수단이 될 수 있는 이유는 하나밖에 없기 때문인데 약속된 한 곳에 데이터를 넣고 빼기 때문에 교환이 가능해지는 것이다. 응용 프로그램 수준에서는 복수 개의 클립보드를 지원하는 경우도 있으나 사실 클립보드가 많아지면 단축키도 여러 개를 외워야 하고 데이터를 넣은 클립보드 번호를 기억해야 하므로 오히려 불편해진다.

클립보드는 사용자가 직접 사용하는 장치이기 때문에 프로그램이 임의로 그 내용을 변경해서는 안 된다. 반드시 사용자의 명시적인 명령이나 또는 최소한 암묵적인 동의가 있을 때만 클립보드에 데이터를 넣거나 가져와야 한다. 사용자는 자신이 클립보드에 밀어넣은 데이터는 자신이 직접 파괴하지 않는 한은 그대로 있다고 믿는다. 클립보드는 대량의 데이터를 저장할 수 있지만 이 장치를 프로그램의 임시적인 기억 장소로 활용한다거나 프로그램간의 내부적인 통신에 사용해서는 안된다. 만약 사용자가 넣은 데이터를 임의로 파괴한다면 이 프로그램은 곧 숙청(UnInstall)될 것이다.

대부분의 사람들이 클립보드의 정의와 동작 방식, 그리고 사용하는 방법에 대해서는 알고 있을 것이므로 구차한 부연 설명은 생략하고 클립보드를 프로그래밍하는 방법을 예제를 통해 연구해 보자. 사용하기도 무척 쉽고 간단한 편인데 프로그래밍하는 방법도 그리 어렵지 않다. 클립보드에 데이터를 넣거나 빼내오는 동작은 거의 정형화되어 있으며 이 말은 미리 프로그래밍되어 제공될 수도 있다는 뜻이다.

에디트나, 콤보 박스, 리치 에디트 등의 컨트롤에는 클립보드를 제어하는 기능이 이미 완벽하게 프로그래밍되어 있다. 그래서 간단한 클립보드 조작이라면 컨트롤에 명령을 내리는 것만으로도 원하는 동작을 할 수 있다. 17장의 EditClipboard 예제를 보면 에디트로 WM_CUT, WM_COPY, WM_PASTE 메시지를 보내는 것만으로도 클립보드 기능이 동작함을 확인할 수 있다. 뿐만 아니라 팝업 메뉴까지 내장하고 있어 마우스로도 클립보드 기능을 쓸 수 있다.

에디트뿐만 아니라 콤보 박스, 리치 에디트 등 텍스트를 다루는 컨트롤들은 모두 클립보드를 직접 지원한다. 그래서 이런 컨트롤을 사용할 때는 별도로 클립보드 관련 코드를 작성할 필요가 없다. 하지만 이런 방법은 컨트롤에 이미 내장되어 있는 클립보드 지원 기능을 호출하는 메시지를 사용하는 방법일 뿐이며 클립보드 프로그래밍 방법이라고 보기는 어렵다.

36-1-나. 텍스트

사용자가 만든 데이터를 클립보드에 넣는 방법을 연구해 보자. 클립보드에 들어갈 수 있는 데이터에는 여러 가지 종류가 있는데 가장 간단한 텍스트가 있고 비트맵이나 RTF, 메타 파일 등도 가능하며 사용자가 직접 데이터 포맷을 정의한 후 교환할 수도 있다.

ClipText예제

우선 텍스트를 클립보드에 넣고 빼오는 예제를 만들어 보고 클립보드를 제어하는 기본 함수들에 대해 알아보자. ClipText 예제는 짧은 텍스트 문자열을 클립보드에 넣었다가 다시 에디트 컨트롤에 붙여넣는 시범을 보인다. 먼저 소스를 보자.

예 제 : ClipText

```
#define ID_BTN_COPY 100
#define ID_BTN_PASTE 101
HWND Edit1;
TCHAR *str="Clipboard Test String";
LRESULT CALLBACK WndProc(HWND hWnd,UINT iMessage,WPARAM wParam,LPARAM lParam)
{
    HDC hdc;
    PAINTSTRUCT ps;
    HGLOBAL hmem;
    TCHAR *ptr;
    switch (iMessage) {
    case WM_CREATE:
        CreateWindow("button","Copy",WS_CHILD | WS_VISIBLE | BS_PUSHBUTTON,
            10,50,100,25,hWnd,(HMENU)ID_BTN_COPY,g_hInst,NULL);
        CreateWindow("button","Paste",WS_CHILD | WS_VISIBLE | BS_PUSHBUTTON,
            10,90,100,25,hWnd,(HMENU)ID_BTN_PASTE,g_hInst,NULL);
        Edit1=CreateWindow("edit","",WS_CHILD | WS_VISIBLE | WS_BORDER |
            ES_MULTILINE,
            10,130,200,200,hWnd,(HMENU)3,g_hInst,NULL);
        return 0;
    case WM_COMMAND:
        switch (LOWORD(wParam)) {
        case ID_BTN_COPY:                // Copy
            hmem=GlobalAlloc(GHND, lstrlen(str)+1);
            ptr=(TCHAR *)GlobalLock(hmem);
            memcpy(ptr,str,lstrlen(str)+1);
            GlobalUnlock(hmem);
            if (OpenClipboard(hWnd)) {
                EmptyClipboard();
                SetClipboardData(CF_TEXT,hmem);
                CloseClipboard();
            } else {
                GlobalFree(hmem);
            }
            break;
        case ID_BTN_PASTE:               // Paste
            if (IsClipboardFormatAvailable(CF_TEXT)) {
                OpenClipboard(hWnd);
                hmem=GetClipboardData(CF_TEXT);
                ptr=(TCHAR *)GlobalLock(hmem);
                SetWindowText(Edit1, ptr);
                GlobalUnlock(hmem);
                CloseClipboard();
            }
            break;
        }
        return 0;
    case WM_PAINT:
        hdc=BeginPaint(hWnd,&ps);
        TextOut(hdc, 10, 10, str, lstrlen(str));
        EndPaint(hWnd,&ps);
        return 0;
    case WM_DESTROY:
```

```
        PostQuitMessage(0);
        return 0;
    }
    return(DefWindowProc(hWnd,iMessage,wParam,lParam));
}
```

실행하면 다음과 같은 화면이 나타난다.

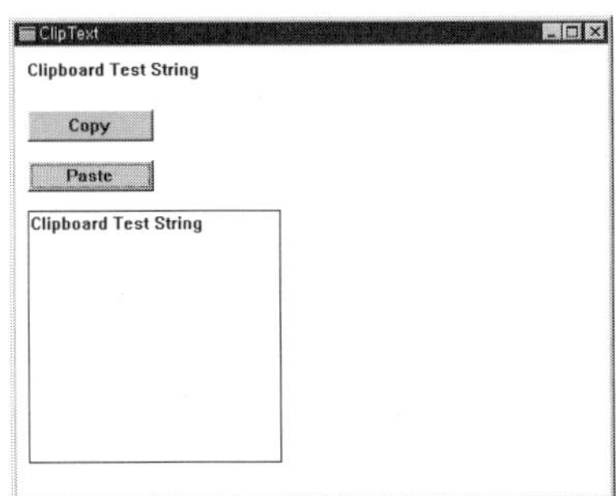

Copy 버튼을 누르면 “Clipboard Test String”이라는 문자열을 클립보드에 복사하고 Paste 버튼을 누르면 클립보드에 보관된 데이터를 아래쪽 에디터에 붙여넣는다. 제대로 클립보드를 사용하는지 메모장을 열어 서로 복사하고 붙여넣기를 해 보자. WM_CREATE에서 버튼 두 개와 에디트 하나를 만들고 WM_COMMAND에서는 Copy버튼과 Paste 버튼이 눌러졌을 때를 처리한다.

복사하기

순서상 클립보드에 데이터를 넣는 절차부터 알아보자. 이 코드는 WM_COMMAND의 Case ID_BTN_COPY: 이하에 있다. 클립보드에 데이터를 넣을 때는 전역 메모리를 할당하여 이 메모리에 데이터를 넣어 두고 메모리 핸들을 클립보드로 넘긴다. 한줄 한줄 단계를 따라가보자. 먼저 GlobalAlloc으로 전역 메모리를 할당하였다. 클립보드 복사에 사용할 메모리는 반드시 GMEM_MOVEABLE 플래그를 지정하여 포인터가 아닌 메모리 핸들을 발급받아야 하며 문자열을 복사할 것이므로 GMEM_ZEROINIT 플래그로 메모리를 모두 0으로 초기화해야 한다. GHND 플래그를 지정하면 이 두 플래그가 같이 지정된다.

할당할 메모리의 크기는 복사할 데이터양만큼이면 되는데 문자열의 경우 문자열 자체의 길이뿐만 아니라 문자열 끝 표시인 널 문자분까지 같이 계산해야 한다. 할당 후 메모리를 Lock하여 포인터를 받으며 이 포인터가 가리키는 메모리에 Str문자열을 복사한 후 메모리의 Lock을 다시 해제하였다. 클립보드로 넘길 메모리를 할당하는 방식이 다소 독특한데 이는 16비트의 메모리 관리 방식과의 호환성을 유지하기 위해서이다. 32비트에서는 메모리를 굳이 핸들로 할당할 필요가 없지만 역호환성을 위해 여전히 16비트의 메모리 할당 방식을 사용한다. 16비트 프로그램과도 클립보드를 통한 자료 교환을 할 수 있어야 하기 때문이다.

자세한 내용은 메모리 관련 부분을 참고하되 클립보드를 위한 메모리를 준비하는 절차는 거의 정형화되어 있으므로 위 예제의 코드를 따라하면 된다. 여기까지 실행되면 hmem이 가리키는 전역 메모리에 클립보드로 복사할 데이터가 저장되어 있다. 이제 이 메모리 핸들을 클립보드로 전달하기만 하면 된다. 먼저 다음 함수를 호출하여 클립보드를 연다.

BOOL OpenClipboard(HWND hWndNewOwner);

인수로는 클립보드를 연 윈도우의 핸들이 전달되며 다른 윈도우에서 클립보드 내용을 변경하지 못하게 금지하여 이 윈도우가 클립보드를 잠시 독점하도록 한다. 클립보드는 복수의 프로그램이 자료 교환을 위해 사용하는 장치지만 한번에 하나의 프로그램만 열 수 있다. 만약 다른 윈도우가 이미 클립보드를 사용하고 있다면 이 윈도우는 클립보드를 열 수 없으며 OpenClipboard는 FALSE를 리턴한다. 이 경우는 물론 클립보드를 변경하지 말아야 한다.

클립보드를 열었으면 EmptyClipboard 함수를 호출하여 클립보드를 비워야 한다. 이 함수 호출에 의해 클립보드는 클립보드를 연 윈도우의 소유가 되며 이전에 클립보드를 사용했던 윈도우가 할당해 놓은 모든 자원이 해제된다. 즉 이전에 넣어 놓은 데이터는 파괴된다. 이제 클립보드는 깨끗하게 비워져 있을 것이며 새로운 데이터를 받아들일 준비가 되었다. 다음 함수를 사용하여 클립보드에 데이터를 넣는다.

HANDLE SetClipboardData(UINT uFormat, HANDLE hMem);

첫 번째 인수 uFormat은 클립보드에 들어갈 데이터의 형태를 지정하며 다음과 같은 값들 중 하나가 온다.

값	설명
CF_BITMAP	비트맵
CF_DIB	장치 독립 비트맵
CF_ENHMETAFILE	메타 파일
CF_TEXT	널 종료 문자열
CF_WAVE	오디오 데이터

이런 기본 포맷 외에도 사용자가 정의한 고유 포맷도 가능하다. 두 번째 인수는 실제 데이터가 보관되어 있는 메모리의 핸들이다. 이 인수에 NULL을 지정하고 요구가 있을 때 데이터를 주는 방법도 있는데 이 방법에 관해서는 천천히 알아보기로 하자. SetClipboardData 함수가 호출되면 hMem 데이터가 uFormat 포맷으로 클립보드에 복사된다.

이후부터 hMem 메모리는 시스템이 관리하므로 응용 프로그램에서는 더 이상 이 메모리에 대해서는 어떤 변경도 해서는 안 된다. 메모리를 읽을 수는 있지만 해제하거나 Lock하는 동작은 할 필요도 없고 해서도 안 된다. 이 메모리에 대한 소유권은 클립보드가 가지며 다음번에 다른 윈도우에 의해 클립보드가 비워질 때 해제된다. 메모리를 시스템이 소유하는 이유는 클립보드에 데이터를 넣은 프로그램이 종료되어도 이 데이터는 클립보드에 여전히 남아 있어야 하기 때문이다.

그래서 클립보드에 넣을 데이터는 할당만 하고 해제하는 코드는 작성하지 않는다. 단, 아주 특수한 경우로 OpenClipboard가 실패한 경우는 클립보드로 소유권을 이전하지 못하므로 이 메모리를 여전히 응용 프로그램이 소유하며 이때는 할당한 메모리를 직접 해제해야 한다. 그러나 이런 경우는 사실 발생 빈도가 극히 희박하여 종종 생략하기도 한다.

클립보드에 데이터를 넣은 후 CloseClipboard 함수를 호출하여 클립보드를 닫는다. 이 함수 호출을 생략해 버리면 이후부터 다른 윈도우에서 클립보드를 사용할 수 없다. 이상으로 클립보드에 데이터를 복사하는 과정을 살펴보았다. 다소 복잡한 감이 있기는 하지만 상식적으로 꼭 거쳐야 할 절차들뿐이므로 쉽게 이해가 갈 것이다. 자르기(Cut)는 복사한 후 지우는 것과 같으므로 복사를 조금만 응용하면 된다.

붙여넣기

클립보드의 데이터를 붙여넣는 코드는 WM_COMMAND의 Case ID_BTN_PASTE:에 있다. 먼저 다음 함수를 호출하여 클립보드에 원하는 포맷의 데이터가 있는지 확인해 본다. 이 함수는 클립보드를 열지 않아도 언제든지 사용할 수 있다.

BOOL IsClipboardFormatAvailable(UINT format);

이 함수는 format 인수가 지정하는 포맷으로 된 데이터가 클립보드에 들어있는지 조사한다. 응용 프로그램에서 인식할 수 있는 포맷이 한 가지뿐이라면 엉뚱한 포맷의 데이터를 붙여넣지 않기 위해 원하는 포맷의 데이터가 클립보드에 있는지부터 점검해 보는 것이 순서에 맞다. 만약 점검도 하지 않고 데이터를 그대로 붙여버린다면 엉뚱한 데이터가 붙여질 수도 있다. 예를 들어 클립보드에 비트맵이 복사되어 있는데 텍스트로 붙이기를 하면 비트맵의 그림 정보가 텍스트인양 붙여질 것이다. 이 함수는 format이 지정하는 데이터가 클립보드에 있으면 TRUE를 리턴하며 없으면 FALSE를 리턴한다.

또한 이 함수는 실행중에 메뉴 항목을 관리할 때도 사용된다. Paste 메뉴 항목은 클립보드에 붙여넣을 수 있는 데이터가 있을 때만 활성화되어야 하므로 붙여넣기가 가능한가를 점검해 본 후 그 결과에 따라 Paste 메뉴 항목의 상태를 변경해야 한다. 원하는 포맷의 데이터가 클립보드에 있으면 OpenClipboard 함수를 호출하여 클립보드를 연다. 그리고 다음 함수를 호출하여 데이터가 보관된 메모리 핸들을 얻어온다.

HANDLE GetClipboardData(UINT uFormat);

uFormat은 읽고자 하는 데이터의 포맷이다. 한꺼번에 여러 개의 포맷이 들어있을 수도 있으므로 읽고자 하는 포맷을 인수로 명시해야 한다. 이 예제의 경우 에디트에 붙여넣기를 하므로 당연히 CF_TEXT 포맷의 데이터를 읽어야 한다. 텍스트가 있는 메모리 핸들을 hmem에 대입받은 후 이 메모리를 Lock하여 포인터를 얻고 이 포인터로 에디트의 내용을 변경하였다. 물론 메모리를 사용한 후는 다시 UnLock해야 시스템이 이 메모리를 자유롭게 관리할 수 있다. 붙여넣기를 한 후에 CloseClipboard 함수를 호출하여 다른 프로그램이 클립보드를 사용할 수 있도록 해야 한다.

클립보드의 소유권

클립보드에 데이터를 넣고 빼는 과정을 그림으로 정리해 보면 다음과 같다.

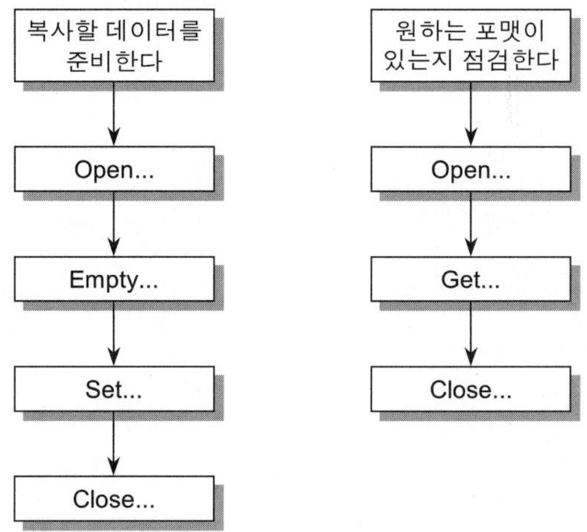

클립보드를 사용하는 과정 자체는 직관적으로 이해하기 쉬우므로 이 과정을 그대로 따라하면 된다. 그런데 클립보드 프로그래밍에서 실제로 복잡한 것은 클립보드 그 자체를 관리하는 것이 아니라 클립보드에 들어가는 데이터를 관리하는 것이다. 위 예제야 단순한 텍스트이므로 복사하기만 하면 되지만 좀 복잡한 데이터일 경우는 데이터를 준비하는 코드와 읽어온 데이터를 자신의 도큐멘트에 통합하는 코드가 굉장히 길어질 것이다.

클립보드는 운영체제가 직접 관리하며 응용 프로그램은 클립보드를 액세스하는 시점에서 소유권만 잠시 가진다. 윈도우가 클립보드에 대한 배타적인 독점권을 갖게 되는 시점은 OpenClipboard 함수가 호출된 때부터 CloseClipboard 함수가 호출되기 직전까지이다. 이 블록 내에서 클립보드에 데이터를 넣고 빼야 하는데 주의할 것은 가급적이면 이 블록은 신속하게 처리해야 한다는 점이다. 클립보드는 한 번에 한 윈도우만 사용할 수 있으며 따라서 OpenClipboard 함수가 호출된 시점에서는 어떤 프로그램도 클립보드를 사용할 수 없다.

다행히 응용 프로그램이 클립보드를 액세스하는 시간이 사용자의 손동작보다 충분히 빠르기 때문에 이는 별로 큰 문제가 아니나 만약 무척 큰 데이터 덩어리를 클립보드에 넣어야 한다면 가급적이면 데이터를 먼저 준비한 후 클립보드를 열어야 한다. 클립보드를 열어놓고 데이터를 준비하는 것은 무척 위험하다. 또 다음과 같은 코드도 절대 작성해서는 안 된다.

```
OpenClipboard(hWnd)
데이터 준비 중 에러 발생시
    MessageBox(....)
```

메시지 박스는 모달 대화상자이며 실행 흐름을 블록하는 특성이 있다. 이렇게 되면 클립보드를 열어놓은 채로 프로그램이 멈추어 버리므로 클립보드가 완전히 묶여버려 어느 누구도 클립보드를 사용할 수 없다. 또한 OpenClipboard 함수 호출 후 CloseClipboard 함수 호출을 절대로 생략해서도 안 된다. 클립보드는 시스템에 하나뿐인 귀중한 자원이다.

36-1-다. 비트맵

이번에는 클립보드로 비트맵을 복사하고 붙이는 예제를 만들어 보자. 텍스트를 복사하는 것과 원론적인 방법은 완전히 동일하며 다만 데이터를 준비하는 방법과 클립보드로부터 읽어온 데이터를 표시하는 방법만 다를 뿐이다. 리소스에는 테스트를 위한 비트맵이 하나 준비되어 있으며 소스는 다음과 같다.

예 제 : ClipBit

```
#include "resource.h"
LRESULT CALLBACK WndProc(HWND hWnd,UINT iMessage,WPARAM wParam,LPARAM lParam)
{
    HDC hdc;
    PAINTSTRUCT ps;
    TCHAR *Mes="왼쪽 버튼은 비트맵 복사, 오른쪽 버튼은 비트맵 붙이기";
    HBITMAP hBit;
    switch (iMessage) {
    case WM_LBUTTONDOWN:
        hBit=LoadBitmap(g_hInst, MAKEINTRESOURCE(IDB_BITMAP1));
        if (OpenClipboard(hWnd)) {
            EmptyClipboard();
```

```
            SetClipboardData(CF_BITMAP,hBit);
            CloseClipboard();
        }
        return 0;
    case WM_RBUTTONDOWN:
        if (IsClipboardFormatAvailable(CF_BITMAP)) {
            if (OpenClipboard(hWnd)) {
                hBit=(HBITMAP)GetClipboardData(CF_BITMAP);
                CloseClipboard();
                hdc=GetDC(hWnd);
                DrawBitmap(hdc,LOWORD(lParam),HIWORD(lParam),hBit);
                ReleaseDC(hWnd,hdc);
            }
        }
        return 0;
    case WM_PAINT:
        hdc=BeginPaint(hWnd, &ps);
        TextOut(hdc,100,100,Mes,lstrlen(Mes));
        EndPaint(hWnd, &ps);
        return 0;
    case WM_DESTROY:
        PostQuitMessage(0);
        return 0;
    }
    return(DefWindowProc(hWnd,iMessage,wParam,lParam));
}
```

마우스 왼쪽 버튼을 누르면 리소스에 있는 비트맵을 클립보드로 복사하고 오른쪽 버튼을 누르면 클립보드에 있는 비트맵을 읽어와 작업영역에 그린다. 왼쪽, 오른쪽 버튼을 차례대로 누르면 자신의 비트맵을 클립보드로 복사하고 읽어와 작업영역에 그릴 것이다.

다른 그래픽 프로그램을 실행해 놓고 서로 비트맵을 주고받아도 제대로 동작한다. 아니면 아무 윈도우나 Alt+PrtSc키로 캡처해서 이 윈도우에 붙여넣어 보아라. 캡처된 윈도우가 작업영역에 나타날 것이다. 비트맵을 복사하는 WM_LBUTTONDOWN을 보면 텍스트를 복사하는 코드와 거의 동일하다. 다만 별도의 메모리에 텍스트를 복사하는 대신 LoadBitmap 함수로 비트맵 핸들을 읽어왔을 뿐이다. 이렇게 읽어온 비트맵 핸들은 SetClipboardData 함수로 클립보드에 넣어진다. 비트맵에 대한 소유권이 클립보드로 넘어갔으므로 응용 프로그램은 DeleteObject로 비트맵을 지울 필요가 없다.

비트맵을 읽어오는 WM_RBUTTONDOWN도 별로 어렵지 않다. GetClipboardData 함수로 CF_BITMAP 포맷의 데이터를 읽으면 클립보드에 보관된 비트맵 핸들이 읽혀진다. 비트맵 핸들을 얻었으면 이 핸들로 비트맵을 곧바로 출력할 수 있다. 비트맵은 아직까지도 클립보드 소유이므로 출력만 해야지 삭제해서는 안된다. 만약 클립보드에서 가져온 데이터를 변경하고 싶다면 사본을 만든 후 변경해야 한다.

36-2 클립보드 포맷

36-2-가. 표준 포맷

클립보드 포맷(Clipboard Format)이란 클립보드에 저장되는 데이터의 형태를 식별하는 정수값이며 입출력시에 데이터의 종류를 알리거나 판별하는 역할을 한다. 원칙적으로 클립보드에는 임의의 데이터가 들어갈 수 있으므로 데이터의 포맷을 구분할 수 있는 식별자가 필요하다. 앞에서 사용해 본 바대로 CF_TEXT, CF_BITMAP 등의 매크로 상수가 정의되어 있으며 이외에 윈도우즈가 지원하는 표준 클립보드 포맷은 다음과 같다.

CF_BITMAP	CF_DIB	CF_DIBV5	CF_DIF
CF_DSPBITMAP	CF_DSPENHMETAFILE	CF_DSPMETAFILEPICT	CF_DISPTEXT
CF_ENHMETAFILE	CF_GDIOBJFIRST	CF_GDIOBJLAST	CF_HDROP
CF_LOCALE	CF_METAFILEPICT	CF_OEMTEXT	CF_OWNERDISPLAY
CF_PALETTE	CF_PENDATA	CF_PRIVATEFIRST	CF_PRIVATELAST
CF_RIFF	CF_SYLK	CF_TEXT	CF_WAVE
CF_TIFF	CF_UNICODE		

종류가 굉장히 많은데 CF_ENHMETAFILE, CF_WAVE 등과 같이 이름만 봐도 포맷의 종류가 쉽게 구분되는 것이 있는가 하면 아주 생소한 것들도 있다. 클립보드는 불특정 다수의 프로그램이 공동으로 사용하므로 반드시 교환하고자 하는 데이터에 맞는 포맷을 사용해야 한다. 비트맵을 넣으면서 CF_TEXT 포맷을 쓴다거나 텍스트를 넣으면서 CF_WAVE 포맷을 쓰면 데이터 교환이 제대로 될 리가 없다.

운영체제가 지원하는 표준 클립보드 포맷의 종류가 많기는 하지만 응용 프로그램의 특수성을 감안한다면 이 정도 포맷으로는 원활한 데이터 교환에는 부족하다. 일반적으로 응용 프로그램들은 나름대로의 데이터 파일을 만들고 저장한다. 이 포맷들은 아주 특수하기 때문에 데이터를 만드는 프로그램만이 그 구조를 이해할 수 있다. 예를 들어 워드 프로세서라면 글꼴에 대한 정보, 문단에 대한 정보, 도표, 틀, 그림 등 여러 개체에 대한 정보가 고유의 포맷으로 기록될 것이며 그래픽 프로그램이나 PIMS 프로그램들도 자신만의 고유 포맷을 가질 것이다. 이런 고유 포맷들도 클립보드로 교환이 가능해야 하며 실제로 가능하다.

물론 다른 프로그램들은 고유 포맷을 이해하지 못하므로 데이터 교환이 제한적이기는 하지만 적어도 같은 프로그램 내에서는 또는 같은 프로그램의 다른 인스턴스끼리는 데이터를 교환할 수 있다. 당장 아래 한글로 문장을 작성하여 클립보드로 넣고 또 아래 한글에 붙여넣어 보아라. 모든 서식들이 제대로 복사될 것이다. 운영체제가 이런 고유 포맷까지 지원할 리는 만무하지만 대신 응용 프로그램이 새로운 클립보드 포맷을 등록하도록 허락한다.

UINT RegisterClipboardFormat(LPCTSTR lpszFormat);

이 함수는 클립보드에 새로운 포맷을 등록한다. lpszFormat 인수에 새로 등록하고자 하는 클립보드 포맷의 이름을 문자열로 주면 새로 등록된 클립보드 포맷의 ID가 리턴된다. 이때 리턴되는 포맷 ID는 0xc000~0xffff까지의 범위를 가지며 이미 등록되어 있는 ID와는 중복되지 않게 관리된다. 클립보드 포맷 문자열은 다른 것들과 중복되지 않는 한 임의로 작성할 수 있으며 대소문자는 구분하지 않는다. 혹시라도 문자열이 중복될 수도 있으므로 가급적이면 긴 이름을 사용하는 것이 좋다.

이렇게 발급받은 ID는 표준 클립보드 포맷과 같은 자격을 가지므로 G(S)etClipboardData 등의 함수에 곧바로 사용할 수 있다. 만약 등록하고자 하는 포맷이 이미 등록되어 있다면 이 함수는 새로운 포맷을 등록하지 않고 기존에 등록되어 있는 포맷 ID를 리턴한다. 그래서 두 프로그램이(또는 같은 프로그램의 두 인스턴스가) 같은 이름으로 클립보드 포맷을 등록할 경우 같은 ID를 공유하며 이 포맷으로 데이터를 교환할 수 있는 것이다. 문자열로 유일한 ID를 발급받아 사용하는 식인데 사용자 정의 메시지를 등록하는 것과 동일하다.

새로운 포맷을 등록하고 사용하는 그럴싸한 예제를 만들어 보이고 싶으나 이는 간단한 예제 수준을 훨씬 넘어선다. 포맷 등록 자체는 어렵지 않지만 고유한 포맷을 만들어야 하고 이런 데이터를 보여주고 선택하는 기능까지 필요하기 때문이다. 그래서 포맷을 등록하고 복사, 붙이기를 하는 데까지만 예제를 만들어 보았다.

예제 : RegFormat

```
UINT MyFormat;
struct tag_Movie {
    TCHAR Name[32];
    int MinuteLength;
    unsigned Year;
    TCHAR Star[16];
};
tag_Movie Movie[]={
    {"Mr.소크라테스",120,2005,"김래운"},
    {"웰컴 투 동막골",110,2005,"마을 사람들"},
    {"투캅스",120,2005,"박중훈,안송기"},
};
LRESULT CALLBACK WndProc(HWND hWnd,UINT iMessage,WPARAM wParam,LPARAM lParam)
{
    HDC hdc;
    PAINTSTRUCT ps;
    HGLOBAL hmem;
    tag_Movie *pMovie;
    TCHAR *Mes="1~3 : 영화 정보 복사, 마우스 클릭 : 포맷 붙여넣기";
    static TCHAR str[256];

    switch (iMessage) {
    case WM_CREATE:
        MyFormat=RegisterClipboardFormat("MOVIEINFO_BYWINAPI");
        if (MyFormat==0) {
            // 등록 실패시의 에러 처리
        }
        return 0;
```

```
	case WM_CHAR:
		if (wParam >= '1' && wParam <= '3') {
			hmem=GlobalAlloc(GHND,sizeof(tag_Movie));
			pMovie=(tag_Movie *)GlobalLock(hmem);
			memcpy(pMovie,&Movie[wParam-'1'],sizeof(tag_Movie));
			GlobalUnlock(hmem);
			if (OpenClipboard(hWnd)) {
				EmptyClipboard();
				SetClipboardData(MyFormat,hmem);
				CloseClipboard();
			}
		}
		return 0;
	case WM_LBUTTONDOWN:
		if (IsClipboardFormatAvailable(MyFormat)) {
			OpenClipboard(hWnd);
			hmem=GetClipboardData(MyFormat);
			pMovie=(tag_Movie *)GlobalLock(hmem);
			wsprintf(str, "제목 = %s, 상영시간 = %d분, 개봉년도 = %d, 주연 = %s",
				pMovie->Name, pMovie->MinuteLength, pMovie->Year, pMovie->Star);
			GlobalUnlock(hmem);
			CloseClipboard();
		} else {
			lstrcpy(str,"클립보드에 영화 정보가 없습니다.");
		}
		InvalidateRect(hWnd,NULL,TRUE);
		return 0;
	case WM_PAINT:
		hdc=BeginPaint(hWnd, &ps);
		TextOut(hdc,10,10,Mes,lstrlen(Mes));
		TextOut(hdc,10,30,str,lstrlen(str));
		EndPaint(hWnd, &ps);
		return 0;
	case WM_DESTROY:
		PostQuitMessage(0);
		return 0;
	}
	return(DefWindowProc(hWnd,iMessage,wParam,lParam));
}
```

이 예제는 영화 정보를 관리하는데 Movie 배열에 여러 가지 영화에 대한 정보가 저장되어 있다. 이 배열에 영화 정보를 추가, 삭제, 편집하는 코드를 작성하면 영화에 대한 정보를 관리하는 멋진 프로그램이 될 것이다. 영화에 대한 정보가 클립보드를 통해 교환될 데이터라고 가정하자. 어차피 모든 데이터는 바이트의 스트림으로 표현될 수 있으므로 구조체나 배열이나 교환대상이 될 수 있다.

영화 정보에 대한 포맷의 이름을 "MOVIEINFO_BYWINAPI"라고 붙였는데 가급적이면 설명적이고 길게 작성하는 것이 좋다. WM_CREATE에서 새로운 클립보드 포맷을 등록하고 MyFormat에 포맷 ID를 대입받았다. 에러가 발생할 경우 0이 리턴되므로 에러 처리를 해야 한다. 이제 클립보드는 MyFormat이라는 클립보드 포맷을 다른 포맷들과 구분할 수 있게 되었다. MyFormat형의 데이터를 클립보드로 복사하고 붙이는 코드는 텍스트나 비트맵의 경우와 별로 틀리지 않다. 다만 특수한 포맷이므로 이 데이터를 메모리에 준비하는 과정과 읽어온 데이터를 자신의 도큐멘트에 결합하는 과정만 프로그램에 따라 달라질 뿐이다.

키보드로 1~3 사이의 키를 누르면 Movie 배열의 요소 중 하나를 클립보드로 복사한다. 실제예에서는 복사 대상을 선택하는 기능이 작성되어야 하며 선택된 대상을 복사해야 할 것이다. 구조체 크기만큼 메모리를 할당하고 복사할 정보를 이 메모리에 넣어 클립보드로 넘기면 된다. 마우스 왼쪽 버튼을 누르면 클립보드에 MyFormat이 들어 있는지 점검해 보고 클립보드의 정보를 읽어와 자신의 문서에 붙여넣는다. 예제에서는 잘 읽어왔음을 확인하기 위해 작업영역에 출력해 보았다. 복사 후 붙여 넣기를 해 보면 복사한 영화 정보가 화면에 나타날 것이다.

물론 이 포맷은 현재 이 프로그램만 인식하며 이 포맷을 알지 못하는 다른 프로그램과는 정보를 교환할 수 없다. 하지만 적어도 같은 프로그램의 두 인스턴스가 클립보드를 통해 데이터를 교환할 수는 있다. RegFormat 예제를 두 번 실행해 놓고 한쪽에서 복사해서 다른쪽에 붙여 넣어보면 복사한 정보가 화면에 잘 나타날 것이다.

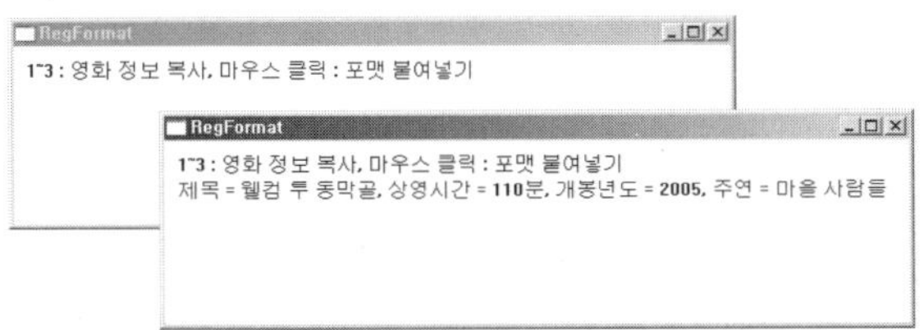

이렇게 되는 이유는 둘 다 "MOVIEINFO_BYWINAPI"라는 이름으로 새 포맷을 등록했으므로 같은 포맷 ID를 발급받기 때문이다. 만약 RegFormat 프로그램이 대 히트를 쳐서 아주 많은 사람들이 사용하게 된다면 다른 프로그램들도 이 포맷을 지원하게 될 것이다. 등록한 클립보드 포맷도 별도의 메모리를 사용하겠지만 일부러 해제할 필요는 없고 해제하는 함수도 없다. 운영체제가 셧다운될 때 자동으로 해제된다.

36-2-나. 복수 포맷 복사

클립보드의 동작을 좀 더 상세하게 이해하기 위해 한 가지 실험을 해 보자. 워드나 아래 한글 등의 전문 워드 프로세서를 사용하여 다소 복잡한 모양의 문서를 만들어 보자. 다음은 워드의 이런 저런 기능을 사용하여 만든 비교적 복잡한 모양의 문서이다.

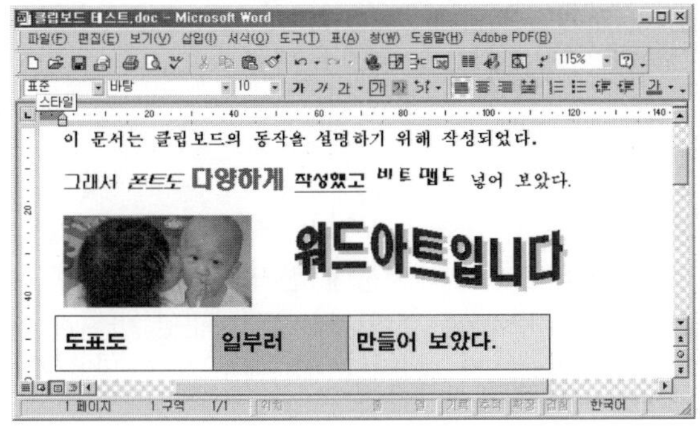

이 문서를 전부 선택한 후 클립보드로 복사한다. 그리고 워드의 문서 아래쪽에서 붙여넣기를 해보면 제대로 붙여넣어진다. 또는 새로운 워드 문서를 만든 후 붙여 넣어도 잘 동작한다. 같은 프로그램끼리 복사를 했으니 당연히 붙여넣기가 되며 모든 서식이 그대로 보존된다. 워드의 문서 포맷은 워드의 고유 포맷이며 윈도우즈의 표준 포맷은 아니지만 워드가 자신의 포맷을 등록함으로써 클립보드로 워드 문서를 교환할 수 있다.

다음은 워드 패드를 실행한 후 문서 작성기에 붙여넣어 보자. 글꼴 모양이나 크기, 색상 등 워드에서 설정한 서식들이 대부분 워드 패드에 그대로 전달되지만 도표나 틀같은 복잡한 것은 전달되지 않는다. 아래한글이나 훈민정음 등의 워드 프로세서에 붙여 넣어도 비슷한 현상을 목격할 수 있다. 이번에는 메모장을 열어서 붙여넣기를 해 보자. 메모장에는 단순한 텍스트만 복사될 뿐 글꼴이나 서식, 비트맵, 개체 등은 전혀 복사되지 않는다.

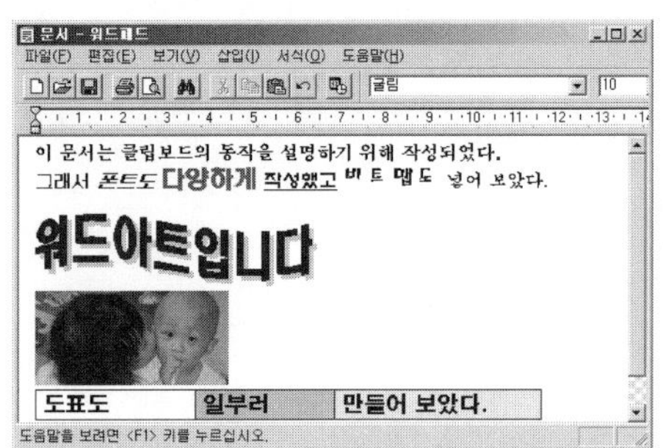

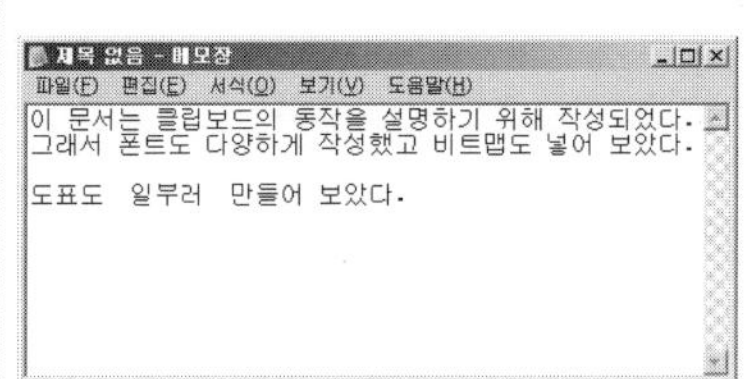

이 실험에서 우리는 무척 많은 의문을 제기할 수 있다. 우선 워드가 클립보드에 복사해 놓는 포맷은 무엇일까? 워드끼리 복사가 된 걸로 봐서는 아마 워드 고유의 포맷일 것이다. 그렇지 않고서야 도표나 그래픽 따위의 복잡한 서식이 그대로 전달될 리가 없다. 그렇다면 워드 패드나 메모장은 워드의 포맷을 알고 있다는 말인가? 그렇다면 워드 패드는 워드의 기능중 자신이 표시할 수 있는 것만 추려낼 수 있어야 하고 메모장은 워드 포맷중 문자열만 뽑아내는 능력이 있어야 하는데 그게 과연 가능한 얘기인가? 또 다음의 경우를 보자.

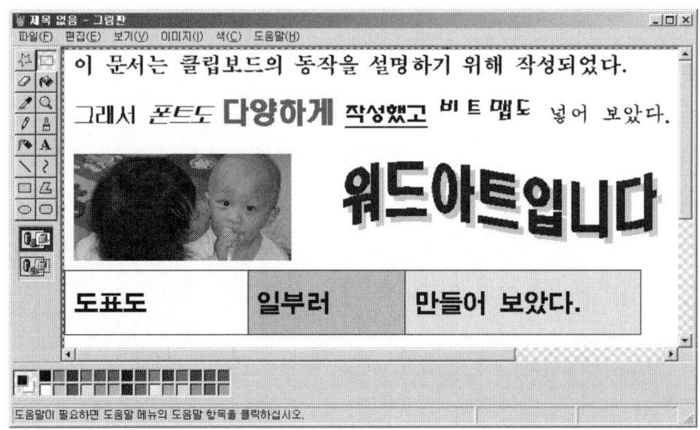

이번에는 그래픽 편집 프로그램인 그림판에 붙여넣기를 해 보았다. 문장을 복사했는데 비트맵으로 붙여 넣어진다. 모양은 워드에서 편집한 그대로이지만 비트맵이기 때문에 편집은 불가능하다. 그럼 그림판은 워드 포맷을 비트맵으로 바꾸는 놀라운 능력을 가졌다는 말인가? 그림판뿐만 아니라 페인터나 포토샵에 붙여넣어도 결과는 동일하며 심지어 좀 전에 만든 ClipBit 예제에도 붙여 넣을 수 있다.

이 모든 의문에 대한 해답은 비교적 간단하다. 워드는 복사 명령을 받았을 때 특정한 한 포맷으로 클립보드에 데이터를 넣는 것이 아니라 자신이 알고 있는 모든 포맷으로 변환하여 복수 개의 포맷을 클립보드에 넣어 둔다. 단 가장 상세한 서식을 가지는 포맷을 우선적으로 넣고 점차 단순한 포맷을 넣는다. 즉 워드 고유 포맷이 가장 먼저 클립보드에 들어가고 다음으로 RTF 포맷, 텍스트 포맷, 비트맵 포맷 등등이 차례대로 클립보드에 들어간다. 코드로 표현하면 다음과 같다.

```
if (OpenClipboard(hWnd)) {
    EmptyClipboard();
    SetClipboardData(워드 포맷 ID, 워드 포맷 데이터);
    SetClipboardData(RTF 포맷 ID, RTF 포맷 데이터);
    SetClipboardData(CF_TEXT, 텍스트 데이터);
    SetClipboardData(CF_BITMAP, 비트맵 핸들);
    ======  그 외의 포맷들 ========
  CloseClipboard();
}
```

SetClipboardData 함수는 필요한 만큼 얼마든지 호출할 수 있다. 워드가 어떤 포맷으로 몇 개의 데이터를 클립보드에 어떤 순서로 넣는지는 정확하게 알 수 없지만 어쨌든 분명한 것은 가능한 많은 포맷으로 클립보드에 데이터를 넣는다는 점이다. 이때의 클립보드 상황은 아마도 다음과 같을 것이다.

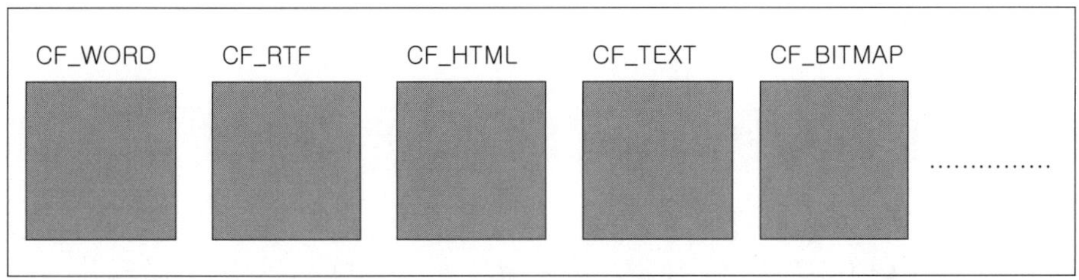

자신이 알고 있는 모든 포맷을 클립보드에 등록한다. 왜 이렇게 해야 하는가 하면 클립보드에 넣은 데이터를 누가 가져갈지 복사하는 시점에서는 알 수 없기 때문이다. 워드로 복사해 넣은 문장을 워드가 가져갈 수도 있고 메모장이 가져갈 수도 있고 또는 알지도 못하는 미래의 프로그램이 이 데이터를 요구할 수도 있기 때문에 가능한 많은 포맷을 등록해야 한다. 버전에 따라 조금 다르겠지만 조사해 보면 워드 2000은 한번에 무려 18개의 포맷을 등록한다. 위 코드 이전에는 클립보드에 넣을 데이터들을 준비하는 꽤 복잡한 코드가 위치할 것이다.

클립보드에서 붙여넣기를 할 때는 자신이 원하는 포맷이 있는지 먼저 살펴보는데 이때 가장 상세한 포맷부터 점검해 본다. 그러다가 가장 먼저 발견되는 포맷의 데이터를 가져와 붙여넣기를 하며 만약 클립보드에 자신이 이해하는 포맷중 아무 것도 없다면 붙여넣기를 할 수 없다. 워드의 경우 제일 먼저 자신의 고유 포맷, RTF, 텍스트, 비트맵 순으로 데이터를 찾을 것이다.

```
if (워드 포맷 있니) {
  워드 포맷으로 붙임
} else if (RTF 있니) {
  RTF 포맷으로 붙임
} else if (그럼 텍스트라도 있니) {
  텍스트 붙임
} else if ( ) {
......
} else
붙이기를 할 수 없음.
```

워드와 아래 한글이 클립보드를 통해 서로 데이터를 주고받을 수 있는 것도 이런 원리에 의해서이다. 상호 서로의 고유 포맷은 이해하지 못하지만 공통의 포맷인 RTF(또는 HTML)를 이해함으로써 기본적인 데이터 교환을 할 수 있다. 그러나 RTF 포맷으로 변환 가능한 만큼만 교환되며 모든 서식까지 완벽하게 교환되지는 않는다. 워드의 고유 포맷중 RTF로 변환되지 않는 것이 있고 아래 한글도 마찬가지기 때문이다.

우리가 프로그램을 작성할 때도 이 원칙에 따라 가급적 많은 포맷을 클립보드에 넣어야 하고 붙이기를 할 때도 자신이 이해하는 포맷을 최대한 많이 찾아보아야 한다. MyFormat만 이해한다고 해서 이 포맷만 넣고 읽어오고 한다면 이 프로그램은 그다지 잘 만든 프로그램이 아니다. 최소한 텍스트 형식이라도 데이터를 교환할 수 있게 하는 것이 좋다. 다음 함수들은 클립보드 포맷을 관리하는 함수들이다.

```
int CountClipboardFormats(VOID);
UINT EnumClipboardFormats( UINT format );
int GetClipboardFormatName( UINT format, LPTSTR lpszFormatName, int cchMaxCount );
```

현재 클립보드에 등록된 포맷의 개수를 구하고 각 포맷을 열거하고 포맷의 등록 이름을 구하는 함수들이다. 함수 이름 자체가 무척 설명적이므로 상세한 예제까지는 들 필요가 없을 것 같다. 잠시 후 클립보드 뷰어 예제에서 이 함수들이 사용되는 예를 볼 수 있다.

36-2-다. 포맷 자동 변환

클립보드 포맷중에 상호 호환되는 포맷들이 몇 가지 있다. 예를 든다면 CF_TEXT와 CF_OEMTEXT, CF_UNICODETEXT 이 세 가지는 문자 코드가 조금 다를 뿐이지 텍스트라는 점에서는 동일하다. 또한 CF_BITMAP 포맷과 CF_DIB 포맷도 형식이 조금 다를 뿐 비트맵이라는 점에서 동일하며 2000에 추가된 CF_DIB5 포맷도 마찬가지다. 메타 파일도 16비트와 32비트 포맷이 상호 호환성이 있으며 이런 포맷들끼리는 운영체제가 자체적으로 변환을 할 수 있다.

그래서 응용 프로그램은 이런 포맷들간에는 별다른 처리를 하지 않고도 데이터 교환을 자유롭게 할 수 있다. 예를 들어 어떤 프로그램이 CF_BITMAP 포맷으로 클립보드에 데이터를 넣어놓았다고 하자. 이때 CF_BITMAP 포맷의 데이터를 요청하는 프로그램은 이 데이터를 당연히 받을 수 있고 이 포맷과 호환되는 CF_DIB나 CF_DIB5 포맷을 요청하는 프로그램도 이 데이터를 받을 수 있다. 두 포맷간의 데이터 변환은 클립보드가 알아서 한다. 즉 CF_BITMAP 형태로 보관되어 있는 데이터를 다른 프로그램이 꺼내갈때 CF_DIB로 바꿔준다는 얘기다. 텍스트간에도 마찬가지로 ANSI 텍스트를 유니코드로 바꿔주고 그 반대도 가능하다.

그래서 호환되는 포맷에 대해서는 굳이 복수 개의 포맷을 클립보드에 넣을 필요가 없다. CF_BITMAP 포맷으로 데이터를 넣어야 한다면 CF_DIB로는 굳이 넣지 않아도 상관이 없으며 그래봐야 괜히 메모리만 낭비하는 꼴이 된다. 클립보드는 CF_BITMAP 포맷이 들어오면 이 데이터를 즉시 CF_DIB로도 바꿔서 같이 저장해 놓는다. 왜냐하면 DDB의 현재 팔레트 상태를 최대한 반영해서 DIB를 미리 생성해 놓기 위해서이다. 클립보드는 이렇게 충분히 지능적으로 동작한다.

36-2-라. 지연된 그리기

클립보드에 복사되는 데이터의 크기에 대해서는 특별한 한계가 없다. 그러다 보니 데이터가 커지면 클립보드가 사용하는 메모리양이 무시못할 정도로 커질 수도 있는데 심할경우 수백메가가 넘을 수도 있다. 게다가 한 번에 복수 개의 포맷이 클립보드에 들어갈 수도 있으므로 필요한 메모리양은 더욱 커진다. 이 메모리는 다른 데이터가 클립보드에 들어오기 전에 계속 유지되어야 하는데 이렇게 되면 시스템 전반의 메모리 효율이 떨어질 뿐만 아니라 복사 시간도 오래 걸린다.

지연된 그리기(Delayed Rendering)란 클립보드에 데이터를 바로 넣지 않고 다른 프로그램이 요구할 때 그때 데이터를 제공하는 기법이다. 어차피 클립보드의 데이터는 붙여넣는 프로그램이 요구할 때에만 필요하기 때문에 복사 시점에서 굳이 완벽한 데이터를 제공해야 할 필요는 없다. 지연된 그리기를 하려면 클립보드에 데이터를 넣는 시점인 SetClipboardData 함수에서 두 번째 인수에 메모리 핸들 대신 NULL을 지정하면 된다. 포맷만 등록하고 메모리는 등록하지 않는 것이다.

복수 개의 포맷을 클립보드에 넣을 때는 원하는 항목에 대해서만 지연된 그리기를 할 수도 있다. 이렇게 되면 클립보드는 CF_SOMEFORMAT의 데이터를 hWnd 윈도우가 넣어놓았다는 것을 알게 되고 실제 데이터는 NULL이므로 지연된 그리기를 한다는 것을 판단할 수 있다. 이 상태에서 어떤 프로그램이 CF_SOMEFORMAT의 데이터를 요구하면 운영체제는 클립보드 소유자인 hWnd에게 실제 데이터를 요구하는 WM_RENDERFORMAT 메시지를 보낸다. 이 메시지는 등록만 해 놓은 포맷의 데이터를 지금 넣어달라는 요청이다. hWnd는 이 메시지를 받았을 때 요청받은 데이터를 가공하여 클립보드에 넣어주면 된다. 단 이때는 클립보드를 다시 열 필요없이 SetClipboardData 함수를 바로 호출할 수 있다.

WM_DESTROYCLIPBOARD 메시지는 다른 프로그램이 EmptyClipboard 함수를 호출하여 클립보드를 비울 때 보내지는 메시지이다. 이 메시지에서 클립보드에 넣으려고 준비해 두었던 메모리나 자원을 해제하면 된다. 지연된 그리기를 할 때는 보통 사본을 준비해 두는데 사본도 이 시점에서 해제한다. 단 메모리 양이 별로 크지 않을 경우나 별도로 준비해 놓은 것이 없을 때는 굳이 이 메시지를 처리하지 않아도 상관없다. 다음 예제는 ClipText 예제를 약간 변경하여 텍스트 포맷으로 지연된 그리기를 한다.

예제 : DelayRender

```
#define ID_BTN_COPY 100
#define ID_BTN_PASTE 101
HWND Edit1;
TCHAR *str="Clipboard Test String";
LRESULT CALLBACK WndProc(HWND hWnd,UINT iMessage,WPARAM wParam,LPARAM lParam)
{
    HDC hdc;
    PAINTSTRUCT ps;
    static HGLOBAL hmem;
    TCHAR *ptr;
    switch (iMessage) {
    case WM_CREATE:
        CreateWindow("button","Copy",WS_CHILD | WS_VISIBLE | BS_PUSHBUTTON,
            10,50,100,25,hWnd,(HMENU)ID_BTN_COPY,g_hInst,NULL);
        CreateWindow("button","Paste",WS_CHILD | WS_VISIBLE | BS_PUSHBUTTON,
            10,90,100,25,hWnd,(HMENU)ID_BTN_PASTE,g_hInst,NULL);
        Edit1=CreateWindow("edit","",WS_CHILD | WS_VISIBLE | WS_BORDER |
            ES_MULTILINE,
            10,130,200,200,hWnd,(HMENU)3,g_hInst,NULL);
        return 0;
    case WM_COMMAND:
        switch (LOWORD(wParam)) {
        case ID_BTN_COPY:
```

```
            if (OpenClipboard(hWnd)) {
                EmptyClipboard();
                SetClipboardData(CF_TEXT,NULL);
                CloseClipboard();
            }
            break;
        case ID_BTN_PASTE:
            if (IsClipboardFormatAvailable(CF_TEXT)) {
                OpenClipboard(hWnd);
                hmem=GetClipboardData(CF_TEXT);
                ptr=(TCHAR *)GlobalLock(hmem);
                SetWindowText(Edit1, ptr);
                GlobalUnlock(hmem);
                CloseClipboard();
            }
            break;
        }
        return 0;
    case WM_RENDERFORMAT:
        if (wParam==CF_TEXT) {
            hmem=GlobalAlloc(GHND, lstrlen(str)+1);
            ptr=(TCHAR *)GlobalLock(hmem);
            memcpy(ptr,str,lstrlen(str)+1);
            GlobalUnlock(hmem);
            SetClipboardData(CF_TEXT,hmem);
        }
        return 0;
    case WM_DESTROYCLIPBOARD:
        return 0;
    case WM_RENDERALLFORMATS:
        hmem=GlobalAlloc(GHND, lstrlen(str)+1);
        ptr=(TCHAR *)GlobalLock(hmem);
        memcpy(ptr,str,lstrlen(str)+1);
        GlobalUnlock(hmem);
        if (OpenClipboard(hWnd)) {
            EmptyClipboard();
            SetClipboardData(CF_TEXT,hmem);
            CloseClipboard();
        }
        return 0;
    case WM_PAINT:
        hdc=BeginPaint(hWnd,&ps);
        TextOut(hdc, 10, 10, str, lstrlen(str));
        EndPaint(hWnd,&ps);
        return 0;
    case WM_DESTROY:
        PostQuitMessage(0);
        return 0;
    }
    return(DefWindowProc(hWnd,iMessage,wParam,lParam));
}
```

실행해 보면 ClipText 예제와 완전히 똑같이 동작한다. 다만 데이터를 필요할 때 제공한다는 차이가 있다. 복사할 때 데이터를 준비하지는 않고 CF_TEXT 포맷을 NULL로 등록만 해 놓았다. 누군가가 이 데이터를 붙여 넣으면 WM_RENDERFORAMT 메시지가 전달되는데 이 시점에서 실제 데이터를 제공하면 된다. 단, 지연된 그리기를 할 때는 데이터를 바로 넣지는 않더라도 사본을 떠 두는 것이 중요하다. 선택 영역을 지연된 그리기로 복사해 놓고 편집할 수도 있으므로 복사 대상 데이터를 따로 저장해 두어야 요청이 있을 때 복사 시점의(요청을 받았을 때가 아니라) 정확한 데이터를 제공할 수 있다.

이 예제의 경우 짧은 텍스트이므로 성능의 차이를 느낄 수 없지만 데이터가 무척 크다면 이 방법을 쓰는 것이 더 좋다. 어느 정도의 데이터를 크다고 판단할지는 정해진 규정이 없으며 프로그램이 나름대로 임계치를 정할 수 있지만 일반적으로 아주 작은 크기가 아닌 한 지연된 그기를 하는 것이 유리하며 메가 단위를 넘어가면 반드시 지연된 그리기를 해야 한다. 데이터의 크기도 문제가 되지만 많은 포맷을 등록하는 프로그램은 데이터를 변환하는 데도 상당한 시간을 소비해야 하기 때문이다.

지연된 그리기에 관련된 마지막 메시지는 WM_RENDERALLFORMATS 메시지이다. 이 메시지는 지연된 그리기를 한 프로그램이 종료되기 직전에 보내진다. 지연된 그리기는 클립보드가 실제 데이터를 가지고 있지 않기 때문에 해당 프로그램이 데이터를 제공해야 할 의무가 있다. 그런데 데이터 포맷만 등록해 놓고 “난 몰라”하고 종료해 버리면 어떤 프로그램도 그 데이터를 사용할 수 없게 된다. 그래서 클립보드는 지연된 그리기를 한 프로그램이 종료되기 직전에 이 메시지를 보내 “니가 주겠다고 한 건 다 주고 가”라고 명령하게 된다. 메시지의 의미상 일종의 협박에 해당된다. 프로그램은 이 메시지를 받았을 때 자신이 주기로 약속한 모든 포맷에 대한 데이터를 제공하거나 아니면 아예 클립보드를 비워버려야 한다. 워드를 쓰다 보면 종종 다음 메시지를 볼 수 있다.

많은 데이터를 클립보드에 복사한 후 그냥 종료하고자 할 때 클립보드의 데이터를 어떻게 할 것인가를 물어보는 것이다. 지연된 그리기를 했기 때문에 클립보드에는 데이터를 넣어놓지 않았다. 이때 워드가 종료되기 직전에 WM_RENDERALLFORMATS 메시지를 받게 되는데 이 메시지를 받았을 때 데이터를 주고 갈까, 그냥 갈까를 사용자에게 물어보는 것이다.

사용자들은 이것 저것 많은 질문을 하는 프로그램을 좋아하지 않으며 알아서 잘 동작하는 프로그램을 좋아한다. 사용자에게 이런 귀찮은 질문을 하는 것은 별로 바람직하지 않지만 이 경우는 어쩔 도리가 없다. 주고 가자니 메모리가 낭비되고 종료 시간이 오려 걸려 문제가 되고 그냥 가자니 사용자의 요구를 묵살하는 셈이 된다. 사용자는 Ctrl+C로 복사해 넣은 것은 자신이 특별히 건드리지 않는 한은 그대로 있다고 믿는데 지연된 그리기를 한 프로그램이 무책임하게 종료되어 버리면 차칫 대형 사고가 날 수도 있다. 그래서 어쩔 수 없이 사용자에게 귀찮게 질문을 할 수밖에 없다.

36-2-마. 클립보드 뷰어

클립보드 뷰어란 클립보드의 내용을 표시하는 프로그램이며 운영체제가 기본적으로 제공하는 뷰어는 clipbrd.exe이다. 이 프로그램을 실행해 놓고 클립보드로 뭔가를 복사해 넣으면 작업영역에 현재 클립보드에 들어 있는 내용을 보여 준다. 클립보드 뷰어는 기본적으로 텍스트, 비트맵, 메타 파일을 표시하도록 되어 있으며 그 외의 사용자 정의 데이터(CF_OWNERDISPLAY)는 별도의 메시지를 처리해야 표시할 수 있다.

클립보드 뷰어는 여러 개 존재할 수 있으며 뷰어들끼리 체인을 구성한다. 체인의 선두에는 최근에 설치된 뷰어가 있으며 그 뒤로 여러 개의 뷰어들이 더 존재할 수 있다. 앞쪽의 뷰어는 메시지를 받았을 때 체인 뒤쪽의 뷰어에게도 이 메시지를 전달하여 모든 뷰어가 클립보드의 변화나 체인의 변화를 알 수 있게 해야 한다. 다음 두 함수는 클립보드 체인에 새로운 윈도우를 추가 및 제거한다.

```
HWND SetClipboardViewer(HWND hWndNewViewer);
BOOL ChangeClipboardChain(HWND hWndRemove, HWND hWndNewNext);
```

뷰어 체인에 추가할 윈도우 핸들을 인수로 전달하면 이 윈도우를 체인의 선두에 놓고 체인의 다음 차례 윈도우 핸들을 리턴한다. 만약 설치된 클립보드 뷰어가 하나도 없다면, 즉 이 윈도우가 최초의 뷰어라면 리턴값은 NULL이 될 것이다. 이미 설치된 뷰어도 클립보드 변화 메시지를 받아야 하므로 새 클립보드 뷰어는 이 핸들을 별도의 변수에 잘 저장해 두었다가 메시지를 중계해야 한다. 운영체제는 선두의 클립보드 뷰어 핸들만 알며 이 윈도우로만 클립보드 변화를 알리지만 체인내의 뷰어들끼리의 상호 협조에 의해 모든 뷰어가 메시지를 받는다.

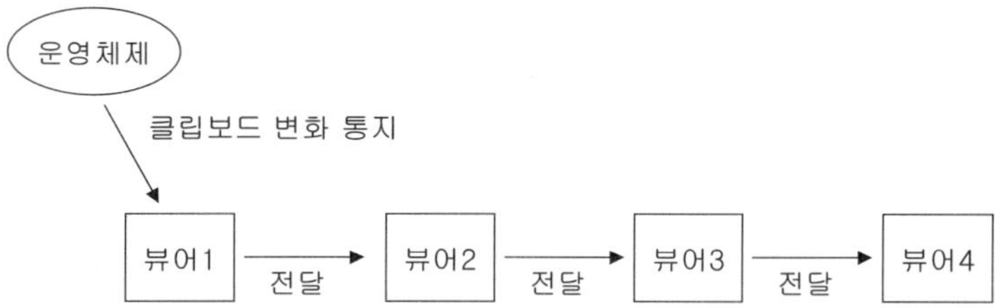

체인에서 탈퇴할 때는 자신의 핸들과 자기 다음의 뷰어 핸들을 인수로 전달한다. 체인에 속한 윈도우 하나가 빠지면 앞뒤의 뷰어들이 서로를 알 수 있어야 하므로 다음 뷰어의 핸들이 필요하다. 이 함수가 호출되면 체인의 제일 앞쪽에 있는 윈도우에게 WM_CHANGECBCHAIN 메시지가 전달되며 뷰어들은 체인을 따라 이 메시지를 다음 뷰어로 보내 모든 뷰어가 이 메시지를 받게 된다. wParam으로는 제거되는 윈도우의 핸들이 전달되며 lParam으로는 제거되는 윈도우 다음 윈도우의 핸들이 전달된다.

만약 제거되는 윈도우가 자신이 알고 있는 다음 윈도우라면 그 다음 윈도우를 새로운 다음 윈도우로 갱신해야 한다. 예를 들어 A, B, C, D 네 개의 뷰어가 설치되어 있을 때 B가 뷰어에서 제거된다면 A 의 다음 뷰어는 B가 아닌 C가 되어야 한다. 그래야 체인이 계속 연속적인 순서를 유지할 수 있으며 체인 내의 모든 윈도우가 클립보드의 변화를 알 수 있다. 그래서 제거되는 윈도우가 ChangeClipboardChain 함수로 자신과 다음 윈도우의 핸들을 전달하며 운영체제는 이 두 윈도우를 메시지의 인수로 다시 전달한다.

클립보드의 내용이 조금이라도 변경되면 뷰어 체인의 가장 선두에 있는 윈도우에게 WM_DRAWCLIPBOARD 메시지가 전달되며 선두의 뷰어는 다음 뷰어에게도 이 메시지를 보내므로 결국 모든 뷰어들이 클립보드가 변경되었다는 사실을 알 수 있다. 이 메시지의 wParam, lParam은 별도의 정보를 가지지 않으므로 클립보드가 어떻게 변경되었는지는 직접 조사해야 한다. 클립보드 뷰어는 통상 이 메시지를 받았을 때 클립보드의 내용을 화면에 출력하거나 특별한 조작을 할 수 있다.

다음 예제는 클립보드의 내용을 감시하다가 텍스트가 복사되면 텍스트 포맷만 남기고 나머지는 모두 삭제한다. 즉 복수 포맷이 등록되었을 때 텍스트 외의 데이터를 모두 제거하고 순수한 문자열만 얻을 수 있다. 도대체 이런 기능이 왜 필요할까 싶겠지만 이 프로그램은 현실적으로 꽤 실용성이 높으며 특히 나처럼 책을 집필하는 사람에게 아주 유용하다. 거의 생필품에 가까워서 이게 없으면 일을 못할 정도다. 개인적인 필요에 의해 만든 프로그램인데 아주 유용해서 여러분들에게도 저렴하게 제공하고자 한다.

비주얼 C++ 소스창에서 소스를 복사하여 워드로 붙이면 신택스 컬러링이 된 채로 붙여지는데 흑백으로 인쇄되는 원고에 컬러는 불필요하다. 그래서 매번 메모장으로 붙여 넣은 후 다시 복사해 와야 하므로 아주 귀찮은데 이 프로그램을 사용하면 아주 쉽게 순수한 소스만 복사할 수 있다. 또한 MSDN에서 함수 원형을 복사해 붙여 넣을 때도 편리하며 웹 브라우저에서 서식없이 텍스트만 가져오고 싶을 때도 유용하다.

예 제 : TextOnly

```
HWND hNext;
BOOL bAuto=FALSE;
int Count;
void TextOnly()
{
    HGLOBAL hmem;
    TCHAR *ptr, *ptr2;
    UINT Format=0;
    BOOL bOther=FALSE;

    // 일단 텍스트가 들어 있어야 한다.
    if (!IsClipboardFormatAvailable(CF_TEXT)) {
        return;
    }

    // 텍스트외에 다른 포맷도 들어 있어야 한다.
    for (;;) {
        OpenClipboard(hWndMain);
        Format=EnumClipboardFormats(Format);
        if (Format==0) break;
        if (Format!=CF_TEXT && Format!=CF_OEMTEXT &&
            Format!=CF_UNICODETEXT && Format!=CF_LOCALE) {
            bOther=TRUE;
            break;
        }
    }
    CloseClipboard();

    // 텍스트만 있다면 변환할 필요가 없다.
    if (bOther==FALSE) {
        return;
    }

    OpenClipboard(hWndMain);
    hmem=GetClipboardData(CF_TEXT);
    ptr=(TCHAR *)GlobalLock(hmem);
    ptr2=(TCHAR *)calloc(lstrlen(ptr)+1,1);
    lstrcpy(ptr2,ptr);
    GlobalUnlock(hmem);
    CloseClipboard();

    hmem=GlobalAlloc(GHND, lstrlen(ptr2)+1);
    ptr=(TCHAR *)GlobalLock(hmem);
    memcpy(ptr,ptr2,lstrlen(ptr2)+1);
    GlobalUnlock(hmem);
```

```
    free(ptr2);
    if (OpenClipboard(hWndMain)) {
        EmptyClipboard();
        SetClipboardData(CF_TEXT,hmem);
        CloseClipboard();
    }
    Count++;
    InvalidateRect(hWndMain,NULL,TRUE);
}

LRESULT CALLBACK WndProc(HWND hWnd,UINT iMessage,WPARAM wParam,LPARAM lParam)
{
    HDC hdc;
    PAINTSTRUCT ps;
    TCHAR *Mes="클립보드의 데이터 중 텍스트만 남기고 모두 삭제한다.";
    TCHAR *Mes2="자동 변환 토글 : A, 수동 변환 단축키 : Ctrl+Shift+C";
    TCHAR str[256];

    switch (iMessage) {
    case WM_CREATE:
        hWndMain=hWnd;
        RegisterHotKey(hWnd,0x0000,MOD_SHIFT | MOD_CONTROL,'C');
        hNext=SetClipboardViewer(hWnd);
        return 0;
    case WM_CHANGECBCHAIN:
        if ((HWND)wParam==hNext) {
            hNext=(HWND)lParam;
        }
        if (hNext) {
            SendMessage(hNext,WM_CHANGECBCHAIN,wParam,lParam);
        }
        return 0;
    case WM_DRAWCLIPBOARD:
        if (hNext) {
            SendMessage(hNext,WM_DRAWCLIPBOARD,wParam,lParam);
        }
        if (!bAuto) return 0;
    case WM_HOTKEY:
        TextOnly();
        return 0;
    case WM_KEYDOWN:
        if (wParam == 'A') {
            bAuto=!bAuto;
            InvalidateRect(hWnd,NULL,TRUE);
        }
        return 0;
    case WM_PAINT:
        hdc=BeginPaint(hWnd, &ps);
        TextOut(hdc,5,5,Mes,lstrlen(Mes));
        TextOut(hdc,5,25,Mes2,lstrlen(Mes2));
        wsprintf(str,"%s동 변환 상태. 총 처리 회수 = %d",
            (bAuto ? "자":"수"),Count);
        TextOut(hdc,5,45,str,lstrlen(str));
        EndPaint(hWnd, &ps);
```

```
        return 0;
    case WM_DESTROY:
        UnregisterHotKey(hWnd,0);
        ChangeClipboardChain(hWnd,hNext);
        PostQuitMessage(0);
        return 0;
    }
    return(DefWindowProc(hWnd,iMessage,wParam,lParam));
}
```

이 프로그램은 자동, 수동 두 가지 모드로 동작하는데 자동 모드는 클립보드에 뭔가 복사되기만 하면 알아서 텍스트 추출을 하므로 쓰기에 편리하다. 복사한 후 붙이기만 하면 서식없는 텍스트만 삽입된다. 단, 이 기능이 동작하면 텍스트외의 포맷을 복사할 수 없기 때문에 핫키에 의해서 변환하는 수동 모드도 만들어 두었다. 자동, 수동 모드는 A키로 쉽게 토글할 수 있으며 수동 모드에서는 복사 후 명시적인 명령으로 텍스트 추출을 하므로 별 말썽이 없다.

WM_CREATE에서 클립보드 뷰어에 자신을 추가하고 Ctrl+Shift+C 핫키를 등록했다. 이때 다음 뷰어의 핸들은 반드시 전역 변수에 따로 저장해 두어야 뒤쪽의 뷰어에게도 메시지를 보낼 수 있다. WM_DESTROY에서는 물론 반대의 동작을 한다. WM_CHANGECBCHAIN 메시지는 권고대로 작성했는데 다음 뷰어가 제거되면 다음 다음 뷰어를 새로운 다음 뷰어로 기억하고 뒤쪽 뷰어에게도 이 메시지를 전달했다.

WM_HOTKEY 메시지를 받으면 텍스트 추출을 위해 TextOnly 함수를 호출한다. WM_DRAWCLIPBOARD 메시지를 받았을 때 다음 뷰어에게 이 메시지를 먼저 보내고 자동 모드이면 break없이 WM_HOTKEY의 코드를 그대로 수행한다. 이 프로그램의 핵심 코드는 클립보드에서 텍스트만 남기고 모두 제거하는 TextOnly 함수이다. 방법은 원론적인데 클립보드에서 텍스트만 꺼낸 후 깨끗하게 비우고 방금 꺼낸 텍스트를 다시 집어 넣는 것이다. 워드가 HTML, RTF, TEXT, BITMAP 등의 다양한 포맷을 넣었을 때 TEXT만 잠시 빼 놓았다가 다 지우고 다시 TEXT를 복원해 놓는 것이다.

단, 좀 더 편리한 사용을 위해 몇 가지 조건이 필요하다. 이 기능은 텍스트의 서식을 제거하는 것이 주된 목적이므로 클립보드에 텍스트가 없다면 이 동작을 할 필요가 전혀 없고 해서도 안된다. 예를 들어 비트맵만 들어 있다면 비트맵을 제거한 후 집어 넣을 텍스트가 없으므로 괜한 짓을 하게 되는 것이다. 이때는 비트맵을 그냥 내 버려 두어야 한다. 또한 텍스트외의 다른 포맷 즉, 제거할 포맷이 있을 때만 동작해야 한다. 텍스트만 있는데 클립보드를 괜히 비웠다가 다시 텍스트를 넣을 필요는 없는 것이다. 텍스트외의 다른 포맷이 있는지를 확인하기 위해서는 열거를 해야 하는데 순수 텍스트로 인정되는 4가지 포맷외에 하나라도 있다면 텍스트 추출을 해야 한다.

다음 예제도 클립보드 뷰어를 응용한 것인데 클립보드에 새로운 텍스트가 복사되는 족족 에디트의 뒤에 추가한다. 이 예제도 꽤 실용성이 있는데 일종의 갈무리 툴로 활용할 수 있다. 예를 들어 웹에서 관심있는 뉴스나 기사를 모은다고 할 때 일일이 필요한 부분을 복사해서 붙여넣을 필요없이 복사만 하면 자동으로 텍스트를 모아 놓을 수 있다.

예 제 : TextCollector

```
HWND hNext;
HWND hEdit;
LRESULT CALLBACK WndProc(HWND hWnd,UINT iMessage,WPARAM wParam,LPARAM lParam)
{
        ....
```

```
case WM_DRAWCLIPBOARD:
    if (hNext) {
        SendMessage(hNext,WM_DRAWCLIPBOARD,wParam,lParam);
    }
    if (!IsClipboardFormatAvailable(CF_TEXT)) return 0;
    if (!IsWindowVisible(hWnd)) return 0;
    OpenClipboard(hWnd);
    hmem=GetClipboardData(CF_TEXT);
    ptr=(TCHAR *)GlobalLock(hmem);
    len=GetWindowTextLength(hEdit);
    SendMessage(hEdit,EM_SETSEL,len,len);
    SendMessage(hEdit,EM_REPLACESEL,(WPARAM)TRUE,(LPARAM)ptr);
    SendMessage(hEdit,EM_REPLACESEL,(WPARAM)TRUE,(LPARAM)"\r\n");
    GlobalUnlock(hmem);
    CloseClipboard();
    return 0;
case WM_PAINT:
    ....
```

클립보드 뷰어를 관리하는 코드는 앞 예제와 동일하며 WM_CREATE에서 에디트를 하나 생성하고 WM_SIZE에서 에디트를 작업영역에 가득 채웠다. 이 프로그램을 띄워 놓고 아무 프로그램에서나 블록을 선택해서 복사하면 별도로 붙이기 명령을 내리지 않아도 에디트 뒤쪽에 텍스트가 자동으로 추가된다. 단 메인 윈도우가 완전히 초기화되기 전의 텍스트는 추가하지 않는데 이 처리를 생략하면 실행되자 마자 클립보드 내용이 붙여진다.

핵심 코드는 WM_DRAWCLIPBOARD에 있는데 뷰어로 등록되었으므로 클립보드의 내용이 바뀔 때마다 이 메시지가 자동으로 전달될 것이다. 여기서 텍스트를 추출하여 에디트 뒤쪽에 추가하기만 하면 된다. 텍스트끼리 구분되어야 하므로 개행 코드를 추가로 더 삽입하는데 이 구분자는 필요에 따라 콤마나 탭으로 변경할 수도 있다. 프로그램을 한번 실행해 보면 어떤 용도로 사용할 수 있는지 감이 올 것이다.

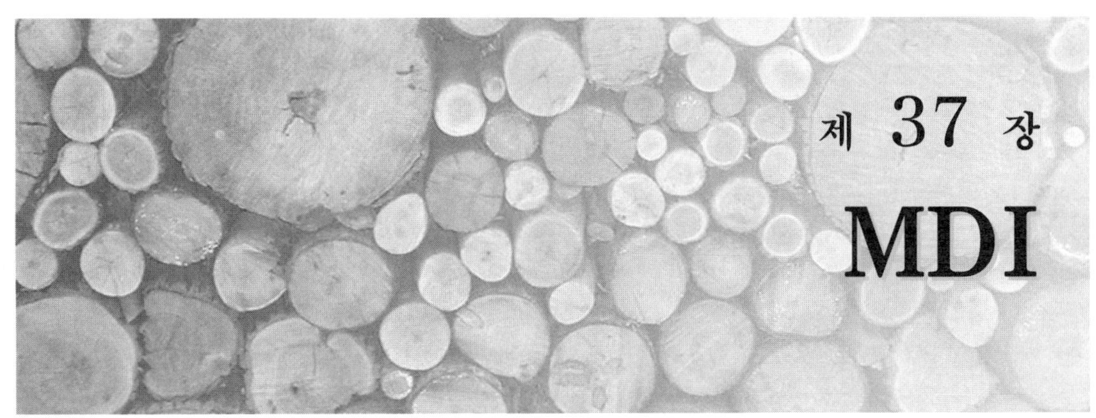

제 37 장 MDI

37-1 MDI

37-1-가. 정의

MDI(Multiple Document Interface)란 동시에 여러 개의 문서를 열 수 있는 프로그램 형태(또는 그런 프로그램을 만들 수 있는 규약)를 의미한다. 여기서 문서(Document)라 함은 응용 프로그램의 목적이 되는 데이터를 의미하되 간단하게 하나의 차일드 윈도우라고 생각해도 무방하다. 즉 MDI는 동시에 여러 개의 윈도우를 열어놓고 작업할 수 있는 프로그램이며 대표적으로 MS 워드, 엑셀 등을 들 수 있고 비주얼 C++의 개발 환경인 비주얼 스튜디오 6.0도 MDI 프로그램이다. MS 워드 95나 97을 보면 동시에 여러 개의 문서를 열어 놓고 편집할 수 있으므로 MDI 프로그램이다. 반면 메모장은 한 번에 하나의 텍스트 파일(=문서)만 편집할 수 있기 때문에 MDI가 아닌 SDI(Single Document Interface) 프로그램이다.

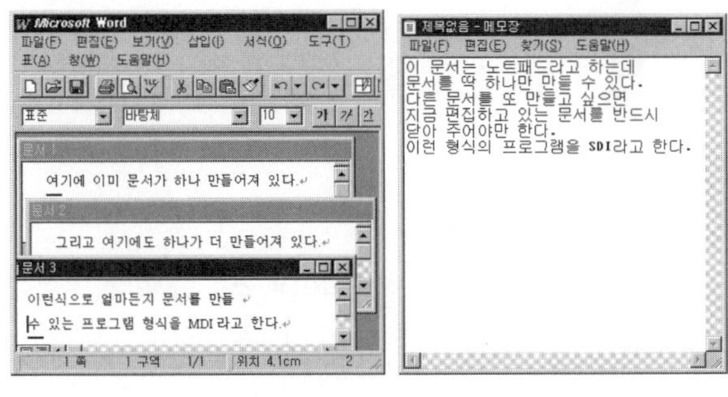

주요 시스템 파일을 한꺼번에 편집할 수 있는 Sysedit(시스템 구성 편집기) 프로그램이 전형적인 MDI 프로그램이다. 요즘은 잘 사용되지 않지만 최신 윈도우즈에도 이 프로그램이 여전히 포함되어 있다. 이 프로그램을 잘 관찰해 보면 MDI의 구조와 기능에 대해 쉽게 파악할 수 있을 것이다.

Sysedit를 조금만 관찰해 보면 굉장히 복잡하다는 것을 느낄 수 있다. 여러 개의 차일드 윈도우를 만들 수 있는 구조를 가져야 하며 메인 윈도우 바깥쪽으로 차일드가 나가지 않도록 해야 하며 차일드를 정렬할 수 있어야 한다. 또한 열려진 차일드의 목록을 관리해야 하며 차일드간의 전환을 할 수 있어야 한다. 뭐 그 정도가 복잡하냐고 할지 모르겠지만 직접 이런 프로그램을 만들려고 하면 보통의 노력으로는 힘들 것이다.

다행히 윈도우즈는 이렇게 복잡한 MDI를 쉽게 만들 수 있도록 여러 가지 지원을 하기 때문에 비교적 어렵지 않게 MDI 프로그램을 만들 수 있다. MDI의 많은 기능들이 이미 운영체제에 프로그래밍되어 있기 때문에 불러다 쓰기만 하면 된다. 그러나 시스템이 MDI를 위해 많은 서비스를 해줌에도 불구하고 SDI에 비해서는 지켜야 할 규칙이 많아 마냥 쉽지만은 않을 것이다.

참고로 요즘은 프로그램을 MDI로 작성하는 것은 별로 권장되지 않는다. 전문가들에게는 무척 편리한 인터페이스이며 여전히 꼭 필요한 경우가 있지만 초보자들에게 혼란을 준다는 이유에서이다. 윈도우즈를 처음 대하는 사람에게 MDI는 굉장히 당황스러운 구조라고 한다. 대신 요즘은 문서 하나당 하나의 윈도우를 여는 DOI(Document Oriented Interface)를 더 권장하고 있다. 아래 한글은 32비트 버전부터 DOI로 작성되었으며 워드도 2000버전부터는 MDI 형식을 탈피하여 DOI형태로 바뀌었다. 비주얼 스튜디오도 7.0 이후 버전부터는 MDI가 아닌 독특한 구조를 사용한다.

37-1-나. MDI 프로그램의 구조

SDI 프로그램은 하나의 메인 윈도우만으로 만들 수 있는데 비해 MDI 프로그램은 세 가지 종류의 윈도우로 구성된다. 최소한 세 개의 구성요소는 있어야만 MDI 프로그램을 만들 수 있다. Sysedit 프로그램을 예로 들어 어떤 구조로 이루어져 있는지 보자.

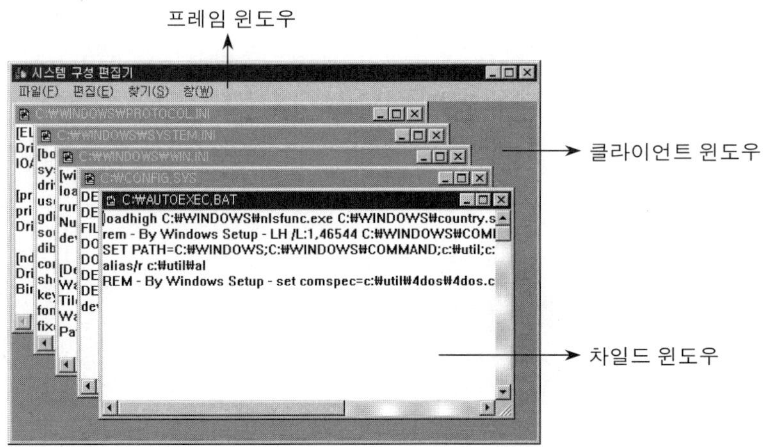

우선 제일 바깥쪽의 껍데기를 프레임 윈도우(Frame Window)라고 하며 MDI 프로그램의 형식적인 메인 윈도우이다. 크기 조절이 가능한 경계선, 타이틀 바, 시스템 메뉴 등을 가지는 극히 일반적인 모양을 하고 있다. 프레임 윈도우의 작업영역 전체는 MDI 클라이언트 윈도우(MDI Client Window)가 가득 메우고 있다. 그래서 프레임 윈도우는 작업영역에 그리기를 할 필요가 전혀 없으며 일반적으로 아무 것도 그리지 않는다. 클라이언트 윈도우는 보통 짙은 회색(COLOR_APPWORKSPACE 시스템 색상을 사용한다)이며 이 윈도우의 내부에는 차일드 윈도우들이 배치된다. 차일드 윈도우가 실제로 사용자로부터 입력을 받아 문서 작업을 하는 주체이다.

MDI 구조의 핵심은 바로 클라이언트 윈도우이다. 짙은 회색의 단순해 보이는 윈도우(차라리 그냥 사각형이라고 해야 할 것 같다)지만 MDI 기능의 대부분이 이 윈도우에 내장되어 있다. 메인 프레임은 어차피 껍데기에 불과하며 메인 프레임의 작업영역은 클라이언트 윈도우로 가득 채워져 있다. 또한 실제 작업 윈도우인 차일드 윈도우는 클라이언트 윈도우 위에서만 움직일 수 있으며 차일드는 클라이언트 윈도우의 바깥으로 나갈 수 없다. 뿐만 아니라 차일드 윈도우를 만들고 파괴하고 정렬하는 기능들이 모두 클라이언트 윈도우의 몫이다. MDI 프로그램을 이루는 세 윈도우의 수직적인 계층 관계를 그려보면 다음과 같다.

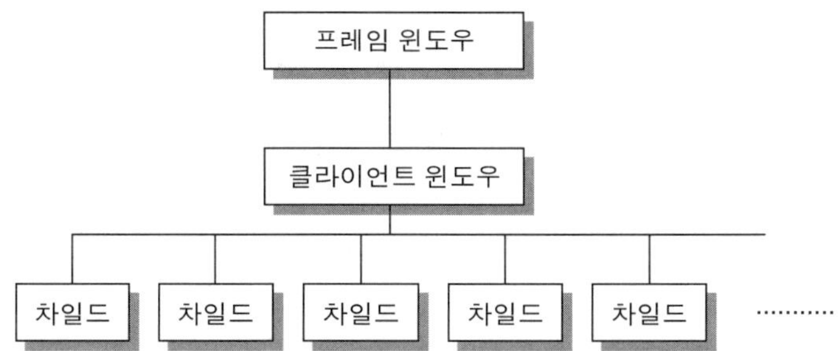

프레임 윈도우가 메인 윈도우이며 그 차일드로 클라이언트 윈도우가 있고 나머지 차일드 윈도우는 모두 클라이언트 윈도우의 자식들이다. 차일드 윈도우는 실행중에라도 개수에 상관없이 얼마든지 만들고 파괴할 수 있다.

MDI 프로그램을 만들기 위해서는 이 세 가지 구성 요소를 모두 만들어야 한다. 특수한 경우 두 가지 이상의 문서 형태를 지원하는 MDI 프로그램을 만들 수도 있는데 이 때는 차일드 윈도우를 두 종류로 만들면 된다. 예를 들어 그림을 그리는 작업도 할 수 있고 텍스트 파일도 편집할 수 있는 프로그램이 있다면 그림 편집에 사용되는 차일드 윈도우를 하나 만들고 텍스트 파일 편집에 사용되는 차일드 윈도우도 하나 만들면 된다.

37-1-다. 시스템의 MDI 지원

운영체제가 MDI를 위해 지원하는 기능들에는 어떤 것이 있는지 보자. 어디까지 지원받을 수 있고 어디부터 사용자가 직접 작성해야 하는지를 알아야 프로그래밍을 할 수 있을 것이다. 일단 운영체제의 지원 중 가장 중요한 부분은 클라이언트 윈도우가 미리 만들어져 있다는 것이다. MDICLIENT라는 미리 정의된 윈도우 클래스로 윈도우를 만들기만 하면 클라이언트 윈도우가 만들어지며 이 윈도우 안에 MDI의 여러 가지 기능들이 프로그래밍되어 있다.

Sysedit를 실행하면 다섯 개의 차일드 윈도우가 열리는데(물론 더 열 수도 있다) 차일드들은 모두 클라이언트 윈도우 안에만 위치할 수 있으며 클라이언트 바깥쪽으로 나가면 잘린다. 또한 클라이언트 윈도우는 차일드의 일부분이 바깥으로 벗어났을 경우 스크롤 바를 만들어 클라이언트 영역을 스크롤할 수 있도록 한다. 프레임의 메뉴를 보면 "창"(영문의 경우 Window)이라는 메뉴가 있는데 이 메뉴 아래에는 차일드 윈도우를 정렬할 수 있는 "바둑판식", "계단식" 등의 메뉴 항목이 있다. 이 항목을 선택하면 차일드 윈도우의 크기와 위치가 일제히 변경되어 정렬된다. 또한 그 아래쪽에는 열려 있는 차일드 윈도우의 목록이 나타나며 목록중 하나를 선택하면 선택한 차일드 윈도우로 포커스를 옮긴다.

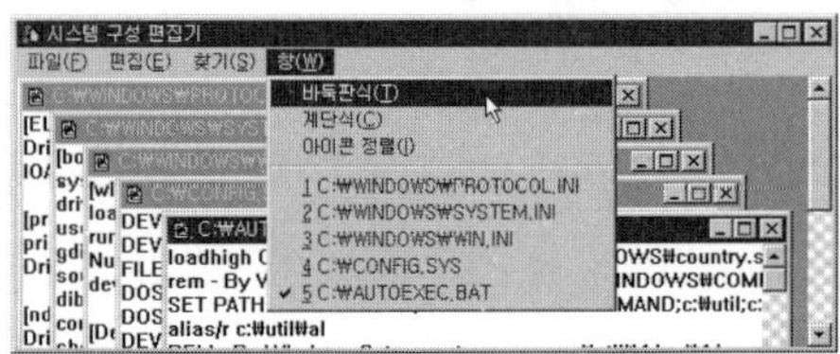

이런 기능들도 모두 클라이언트 윈도우에 내장되어 있는 것이므로 클라이언트 윈도우만 만들고 창 메뉴(Window 메뉴)의 ID만 알려주면 모든 것이 자동으로 처리된다. 차일드 윈도우가 만들어질 때 메뉴에 새로 만들어진 차일드의 이름 항목이 추가되며 차일드 윈도우가 파괴될 때 메뉴 항목도 같이 삭제된다. 내부적으로 차일드가 추가될 때 AppendMenu, 파괴될 때 DeleteMenu를 호출할 것이다. 메뉴 항목을 선택하면 차일드로 포커스를 옮기는 것도 시스템이 자동으로 처리한다.

또한 MDI 프로그램의 키보드 단축키도 공짜로 지원된다. Alt+-는 차일드 윈도우의 시스템 메뉴를 열어주며 Ctrl+F4는 차일드 윈도우를 닫고 Ctrl+F6은 다음 차일드 윈도우로 포커스를 옮긴다. 이런 단축키 지원은 TranslateMDISysAccel함수에 의해 제공된다. 이 외에도 MDI를 위해 제공되는 메시지와 함수 몇 개가 준비되어 있다.

37-2 MDIExam

37-2-가. 간단한 MDI 예제

그럼 간단하게 MDI 예제를 만들어 보고 분석해 보자. MDI에 꼭 필요한 코드만 넣었으므로 분석하기에 용이하겠지만 몇 가지 주의깊게 봐두어야 할 부분이 있다. 예제의 이름은 MDIExam이다. 우선 리소스에는 다음과 같이 메뉴를 작성해 둔다. File메뉴 아래에는 New 항목(ID_FILENEW)이 있으며 Window 메뉴 아래에는 보다시피 차일드의 정렬에 사용되는 세 개의 항목이 있다. 각 항목의 ID는 ID_WIN_TILE, ID_WIN_CASCADE, ID_WIN_ARRANGE이다.

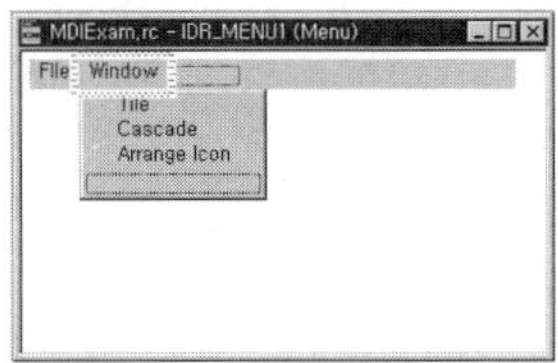

전체 소스는 다음과 같다. 직접 입력하기가 부담스러우면 배포 CD의 예제를 읽어와 분석해 보기 바란다.

예 제 : MDIExam

```
// 간단한 MDI 예제
#include <windows.h>
#include "resource.h"

// 함수 원형 및 전역 변수
```

```
LRESULT CALLBACK MDIWndProc(HWND,UINT,WPARAM,LPARAM);
LRESULT CALLBACK MDIChildProc(HWND,UINT,WPARAM,LPARAM);
HINSTANCE g_hInst;                  // 인스턴스 핸들
HWND g_hFrameWnd;                    // 메인 프레임 윈도우 핸들
HWND g_hMDIClient;                  // 클라이언트 윈도우 핸들
LPSTR lpszClass=TEXT("MDIExam");    // 메인 윈도우의 윈도우 클래스
int ChildNum=1;

int APIENTRY WinMain(HINSTANCE hInstance,HINSTANCE hPrevInstance
        ,LPSTR lpszCmdParam,int nCmdShow)
{
    HWND hWnd;
    MSG Message;
    WNDCLASS WndClass;
    g_hInst=hInstance;

    // MDI Frame 윈도우 클래스 등록
    WndClass.cbClsExtra=0;
    WndClass.cbWndExtra=0;
    WndClass.hbrBackground=(HBRUSH)(COLOR_WINDOW+1);
    WndClass.hCursor=LoadCursor(NULL,IDC_ARROW);
    WndClass.hIcon=LoadIcon(NULL,IDI_APPLICATION);
    WndClass.hInstance=hInstance;
    WndClass.lpfnWndProc=MDIWndProc;
    WndClass.lpszClassName=lpszClass;
    WndClass.lpszMenuName=MAKEINTRESOURCE(IDR_MENU1);
    WndClass.style=0;
    RegisterClass(&WndClass);

    // MDI Frame 윈도우 만듬
    hWnd=CreateWindow(lpszClass,lpszClass,WS_OVERLAPPEDWINDOW,
        CW_USEDEFAULT,CW_USEDEFAULT,CW_USEDEFAULT,CW_USEDEFAULT,
        NULL,(HMENU)NULL,hInstance,NULL);
    ShowWindow(hWnd,nCmdShow);
    g_hFrameWnd=hWnd;

    // MDI Child 윈도우 클래스 등록
    WndClass.lpszClassName="MDIExamChild";
    WndClass.lpfnWndProc=MDIChildProc;
    WndClass.hIcon=LoadIcon(NULL,IDI_ASTERISK);
    WndClass.lpszMenuName=NULL;
    WndClass.cbWndExtra=sizeof(DWORD);          // 여분의 메모리
    RegisterClass(&WndClass);

    // MDI의 메시지 루프
    while (GetMessage(&Message,NULL,0,0)) {
        if (!TranslateMDISysAccel(g_hMDIClient, &Message)) {
            TranslateMessage(&Message);
            DispatchMessage(&Message);
        }
    }
    return (int)Message.wParam;
}

// 프레임 윈도우의 메시지 프로시저
```

```
LRESULT CALLBACK MDIWndProc(HWND hWnd,UINT iMessage,WPARAM wParam,LPARAM lParam)
{
    CLIENTCREATESTRUCT ccs;
    MDICREATESTRUCT mcs;
    switch (iMessage) {
    case WM_CREATE:
        // MDI Client 윈도우 만듬
        ccs.hWindowMenu=GetSubMenu(GetMenu(hWnd), 1);
        ccs.idFirstChild=IDM_WINDOWCHILD;
        g_hMDIClient=CreateWindow("MDICLIENT", NULL, WS_CHILD | WS_VSCROLL |
            WS_HSCROLL | WS_CLIPCHILDREN,
            0,0,0,0,hWnd,(HMENU)NULL, g_hInst, (LPSTR)&ccs);
        ShowWindow(g_hMDIClient, SW_SHOW);
        return 0;
    case WM_COMMAND:
        switch (LOWORD(wParam)) {
        // 새로운 차일드 윈도우를 만든다.
        case ID_FILENEW:
            mcs.szClass="MDIExamChild";
            mcs.szTitle="Child";
            mcs.hOwner=g_hInst;
            mcs.x=mcs.y=CW_USEDEFAULT;
            mcs.cx=mcs.cy=CW_USEDEFAULT;
            mcs.style=MDIS_ALLCHILDSTYLES;
            SendMessage(g_hMDIClient, WM_MDICREATE, 0,
                (LPARAM)(LPMDICREATESTRUCT)&mcs);
            break;
        // 바둑판식 정렬
        case ID_WIN_TILE:
            SendMessage(g_hMDIClient, WM_MDITILE,
                (WPARAM)MDITILE_HORIZONTAL, 0);
            break;
        // 계단식 정렬
        case ID_WIN_CASCADE:
            SendMessage(g_hMDIClient, WM_MDICASCADE,
                (WPARAM)MDITILE_SKIPDISABLED, 0);
            break;
        // 아이콘 정렬
        case ID_WIN_ARRANGE:
            SendMessage(g_hMDIClient, WM_MDIICONARRANGE, 0, 0);
            break;
        }
        break;      // 여기서 "return 0"하면 안된다. 반드시 break;
    case WM_DESTROY:
        PostQuitMessage(0);
        return 0;
    }
    return(DefFrameProc(hWnd,g_hMDIClient,iMessage,wParam,lParam));
}

// 차일드 윈도우의 메시지 프로시저
LRESULT CALLBACK MDIChildProc(HWND hWnd,UINT iMessage,WPARAM wParam,LPARAM
lParam)
{
```

```
    PAINTSTRUCT ps;
    HDC hdc;
    TCHAR str[128];
    switch (iMessage) {
    case WM_CREATE:
        wsprintf(str, "Child %d", ChildNum);
        SetWindowLong(hWnd, 0, ChildNum);
        ChildNum++;
        SetWindowText(hWnd, str);
        return 0;
    case WM_PAINT:
        hdc=BeginPaint(hWnd, &ps);
        wsprintf(str,"This is a MDI %dth Child window", GetWindowLong(hWnd, 0));
        TextOut(hdc,0,0,str,lstrlen(str));
        EndPaint(hWnd, &ps);
        return 0;
    // WM_DESTROY 메시지를 처리하지 않아도 된다.
    }
    return(DefMDIChildProc(hWnd,iMessage,wParam,lParam));
}
```

보다시피 그렇게 짧지 않으며 이때까지 봐오던 예제에 비해 다소 복잡해 보인다. 실행하면 회색의 클라이언트 윈도우만으로 된 프로그램이 나타날 것이다. 이 상태에서 File/New 항목을 선택하면 새로운 차일드 윈도우가 만들어진다. 다음은 네 개의 차일드를 만든 모습이다.

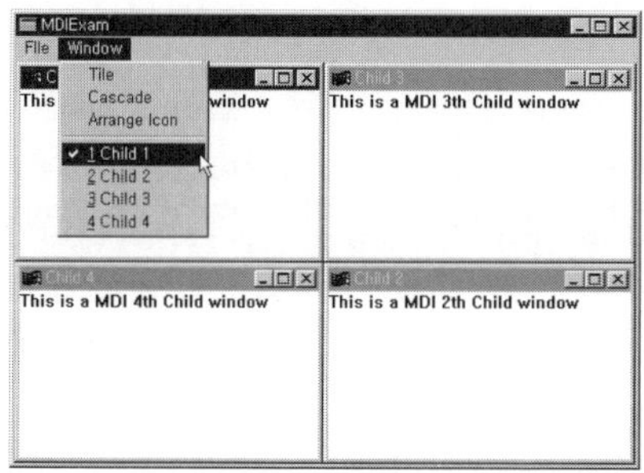

File/New 항목을 선택하여 새로운 차일드 윈도우를 얼마든지 만들 수 있으며 Window 메뉴의 Tile, Cascade 항목을 선택하여 차일드를 정렬할 수 있다. 또한 Window 메뉴의 하단에 있는 차일드 윈도우의 목록을 선택하여 포커스를 옮기는 것도 가능하며 차일드 윈도우의 수가 많아지면 메뉴 항목 아래 "추가 창"이라는 항목이 나타나고 이 항목을 선택하면 다음과 같은 대화상자까지 보여준다.

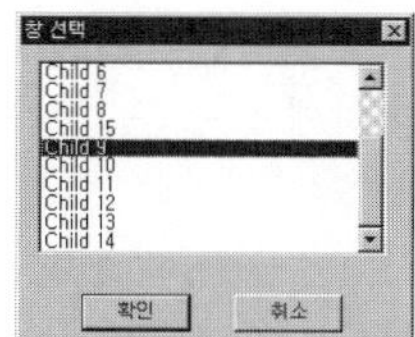

이 대화상자에서 활성화하고자 하는 차일드 윈도우를 선택하면 즉각 포커스가 이동될 것이다. 또한 Ctrl+F4, Alt+- 등의 단축키도 제대로 동작한다. 모든 MDI 기능이 제대로 동작하고 있는지 확인해 본 후 소스를 분석해 보자.

37-2-나. 구성요소 만들기

앞에서도 말했듯이 MDI 프로그램을 만들기 위해서는 프레임, 클라이언트, 차일드 이렇게 세 요소를 모두 만들어야 한다. 가장 먼저 만들어야 할 것은 껍데기에 해당하는 프레임 윈도우인데 WinMain의 선두에서 이 윈도우를 만든다. 윈도우 클래스를 등록하고 CreateWindow 함수를 호출하여 메인 윈도우를 만들었다. 윈도우 클래스에 IDR_MENU1 메뉴가 등록되어 있는 것 외에는 특별히 눈여겨 볼 것도 없을 정도로 지극히 평범한 코드들이다.

클라이언트 윈도우는 프레임 윈도우가 만들어질 때 같이 만들어져야 하므로 프레임 윈도우의 메시지 처리함수인 MDIWndProc의 WM_CREATE에서 이 작업을 하고 있다. 즉 클라이언트 윈도우는 프레임 윈도우가 만들어질 때 같이 만들어진다. 코드를 보자.

```
CLIENTCREATESTRUCT ccs;
..........
case WM_CREATE:
    ccs.hWindowMenu=GetSubMenu(GetMenu(hWnd), 1);
    ccs.idFirstChild=IDM_WINDOWCHILD;
    g_hMDIClient=CreateWindow("MDICLIENT", NULL, WS_CHILD | WS_VSCROLL |
        WS_HSCROLL | WS_CLIPCHILDREN,
        0,0,0,0,hWnd,(HMENU)NULL, g_hInst, (LPSTR)&ccs);
    ShowWindow(g_hMDIClient, SW_SHOW);
```

클라이언트 윈도우도 일반 윈도우를 만들듯이 CreateWindow 함수를 호출하여 만들되 다음 세 가지 면에서 일반 윈도우와는 다르다.

첫 번째로 윈도우 클래스가 MDICLIENT로 고정되어 있다. 클라이언트 윈도우는 운영체제에 미리 정의되어 있으므로 윈도우 클래스를 등록할 필요가 없다. 두 번째로 다음과 같은 구조체를 만든 후 CreateWindow의 마지막 인수 lpParam으로 그 포인터를 전달해야 한다. 두 정보를 하나의 파라미터의 묶어서(Pack) 전달하기 위한 구조체이다.

```
typedef struct tagCLIENTCREATESTRUCT { // ccs
    HANDLE hWindowMenu;
    UINT    idFirstChild;
} CLIENTCREATESTRUCT;
```

이 구조체는 차일드 윈도우 관리에 사용될 메뉴 ID에 대한 정보를 클라이언트 윈도우에게 제공한다. 클라이언트 윈도우는 차일드 윈도우가 만들어지거나 파괴될 때 차일드의 목록을 메뉴 항목으로 써 관리하는데 이런 자동화된 서비스를 받으려면 목록을 작성하고 관리할 위치를 알려주어야 한다. hWindowMenu는 MDI 프로그램의 윈도우 관리 메뉴의 핸들을 전달하는데 보통 이 메뉴는 "Window" 또는 한글 윈도우의 경우 "창"이라는 캡션을 가지는 메뉴이다. idFirstChild는 첫 번째 차일드 목록이 표시될 메뉴 항목의 ID를 전달한다.

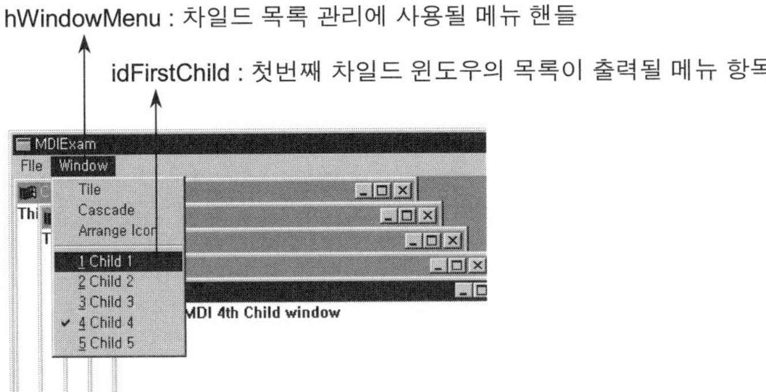

클라이언트 윈도우를 만들 때 이렇게 메뉴 위치만 가르쳐주면 메뉴를 관리하는 것은 클라이언트 윈도우가 알아서 처리한다. 예제에서는 hWindowMenu에 Window 메뉴의 핸들을, idFirstChild에는 IDM_WINDOWCHILD 메뉴 항목의 핸들을 대입했으며 그래서 클라이언트 윈도우는 Window 메뉴의 아래쪽에 IDM_WINDOWCHILD 이후의 ID에 차일드의 목록을 나타내는 메뉴 항목을 작성하고 관리한다.

그런데 IDM_WINDOWCHILD라는 ID는 어디에 만들어져 있을까? 이 ID를 가지는 메뉴 항목은 리소스에 작성되어 있지 않으며 resource.h 파일에 ID만 만들어져 있다.

```
//{{NO_DEPENDENCIES}}
// Microsoft Developer Studio generated include file.
// Used by MDIExam.rc
//
#define IDR_MENU1                       101
#define ID_FILENEW                      40004
#define ID_WIN_TILE                     40005
#define ID_WIN_CASCADE                  40006
#define ID_WIN_ARRANGE                  40007
#define IDM_WINDOWCHILD                 41000
```

이 ID는 직접 resource.h 파일을 열어서 매크로 상수로 정의한 것이다. resource.h는 리소스 편집기가 직접 관리하지만 이 경우는 수작업으로 ID를 정의해야 한다. 왜냐하면 차일드 목록은 최대 9개까지 가능하므로 첫 차일드 항목 이후 9개의 ID가 연속적으로 비어있어야 한다는 제약이 있기 때문이다. 그래서 ccs 구조체의 idFirstChild 이후에 충분한 공간을 두어 다른 메뉴 항목이 이 공간에 끼어들지 않아야 하는데 일부러 공간을 만드는 것보다는 이 값을 충분히 크게 정의하는 것이 훨씬 더 편리하다. 그래서 다른 메뉴 항목의 ID보다 월등히 큰 값인 41000을 주었다.

세 번째로 클라이언트 윈도우에는 특별한 스타일이 필요하다. 일단 클라이언트 윈도우는 프레임 윈도우의 차일드이므로 WS_CHILD 스타일을 주는 것은 당연하다. 그리고 차일드 윈도우가 클라이언트 윈도우 영역 바깥쪽으로 숨을 수도 있으므로 WS_HSCROLL, WS_VSCROLL 스타일을 주어 클라이언트 윈도우 자체를 스크롤할 수 있어야 한다. 의도적으로 스크롤 바를 두지 않으려면 이 스타일을 빼 버리면 되는데 참고로 MFC는 이 스타일을 주지 않는다. 마지막으로 제일 중요한 것은 WS_CLIPCHILDREN 스타일을 반드시 지정해야 한다는 점이다. 그렇지 않으면 클라이언트 윈도우가 다시 그려질 때 차일드까지도 같이 그려져야 하므로 효율상, 미관상 좋지 않다.

여기까지 진행되면 프레임 윈도우와 클라이언트 윈도우는 만들어진다. 마지막으로 세 번째 구성요소인 차일드 윈도우는 실행중에 사용자가 File/New 항목을 선택하면 만든다. WinMain에서는 차일드 윈도우의 윈도우 클래스만을 등록해 놓았다. 이 때 차일드의 윈도우 클래스는 다음 세 가지에 유의해서 만들어야 한다.

① MDI의 차일드 윈도우는 메뉴를 가질 수 없으므로 lpszMenuName은 반드시 NULL이어야 한다. 차일드는 원래 메뉴를 가질 수 없으며 MDI 차일드 윈도우는 프레임 윈도우의 메뉴를 공유한다.

② 별도의 아이콘을 지정하는 것이 좋다. 차일드 윈도우도 최소화될 수 있으며 시스템 메뉴를 가지기 때문에 구분을 위해 고유의 아이콘을 주어야 한다. 예제에서는 아이콘을 만들지 않고 대신 프레임 윈도우와는 다른 스톡 아이콘을 사용하였다.

③ 윈도우 클래스에 여분의 메모리를 남겨두어야 한다. 이 메모리는 차일드 윈도우의 고유 정보를 기록하는데 사용된다. 예를 들어 차일드 윈도우가 편집중인 파일의 이름이라든가 일련 번호 따위가 이 메모리에 저장된다. 만약 이 메모리에 고유 정보를 저장하지 않는다면 모든 차일드 윈도우는 같은 모양이 되고 행동도 똑같아질 것이다. 예제에서는 차일드의 일련 번호를 유지하므로 일련 번호에 사용될 메모리 4바이트(sizeof(DWORD))를 예약하였다. 만약 차일드별로 더 많은 정보들이 필요하다면 구조체를 정의한 후 그 포인터를 여분 메모리에 저장해야 한다.

이렇게 등록된 차일드 윈도우는 File/New메뉴 항목의 핸들러인 프레임 윈도우의 WM_COMMAND에서 만들어진다. 코드는 다음과 같다.

```
MDICREATESTRUCT mcs;
................
case WM_COMMAND:
    switch (LOWORD(wParam)) {
    // 새로운 차일드 윈도우를 만든다.
    case ID_FILENEW:
        mcs.szClass="MDIExamChild";
        mcs.szTitle="Child";
        mcs.hOwner=g_hInst;
        mcs.x=mcs.y=CW_USEDEFAULT;
        mcs.cx=mcs.cy=CW_USEDEFAULT;
        mcs.style=MDIS_ALLCHILDSTYLES;
        SendMessage(g_hMDIClient, WM_MDICREATE, 0,
            (LPARAM)(LPMDICREATESTRUCT)&mcs);
        break;
```

차일드 윈도우를 만들 때는 클라이언트 윈도우로 WM_MDICREATE 메시지를 보내면 된다. MDI 차일드는 클라이언트의 자식이므로 생성도 클라이언트가 직접 해야 한다. 그래서 프레임 윈도우는 메뉴 명령만 입력받고 차일드에 생성에 필요한 모든 정보를 클라이언트에게 전달한다. 이때 lParam으로 다음과 같이 정의된 구조체의 포인터를 넘겨 만들고자 하는 차일드 윈도우에 대한 정보를 제공해야 한다.

```
typedef struct tagMDICREATESTRUCT { // mdic
    LPCTSTR szClass;
    LPCTSTR szTitle;
    HANDLE  hOwner;
    int     x;
    int     y;
    int     cx;
```

```
    int        cy;
    DWORD    style;
    LPARAM   lParam;
} MDICREATESTRUCT;
```

구조체의 멤버들이 CreateWindow의 인수와 거의 비슷하다. 하긴 차일드 윈도우도 분명히 윈도우니까 그럴 수밖에 없을 것이다. 대부분의 멤버들이 CreateWindow의 인수와 같은 의미를 가지고 있으므로 별도로 설명할 필요도 없겠지만 잘 모른다면 도움말을 직접 참고하기 바란다. style 멤버에 MDIS_ALLCHILDSTYLES 스타일을 주면 WS_MINIMIZE, WS_MAXIMIZE, WS_HSCROLL, WS_VSCROLL 스타일을 모두 준 것과 같다. 참고로 차일드 윈도우를 만들 때는 WM_MDICREATE 메시지를 보내는 대신 다음 함수를 호출해도 된다.

HWND CreateMDIWindow(LPTSTR lpClassName, LPTSTR lpWindowName, DWORD dwStyle, int X, int Y, int nWidth, int nHeight, HWND hWndParent, HINSTANCE hInstance, LPARAM lParam);

구조체를 만드는 대신 인수로 만들고자 하는 차일드 윈도우에 대한 정보를 전달할 뿐 결과는 동일하다. 차이점이라면 WM_MDICREATE는 다른 스레드끼리 사용할 수 없지만 CreateMDIWindow 함수는 다른 스레드에서도 사용할 수 있다는 점이다. 또는 CreateWindowEx 함수로 WS_EX_MDICHILD 확장 스타일을 지정하여 직접 차일드 윈도우를 만들 수도 있다.

37-2-다. MDI의 메시지 처리

알다시피 윈도우즈는 메시지 기반의 운영체제이다. 복잡한 MDI처리도 모두 메시지를 통해 이루어진다. 앞에서 이미 MDICREATE 메시지를 사용해 보았고 앞으로도 몇 개의 MDI 관련 메시지를 더 사용해 볼 것이다. MDI 프로그래밍에 사용되는 메시지를 간략하게 정리해 보면 다음과 같다. 모두 예외없이 클라이언트 윈도우로 전달되는 메시지들이다.

메시지	설명
WM_MDIACTIVATE	클라이언트 윈도우로 이 메시지를 보내면 다른 차일드 윈도우를 활성화한다. 클라이언트 윈도우는 이 메시지를 다시 활성화되는 윈도우와 포커스를 잃는 윈도우로 또 보낸다. 클라이언트 윈도우로 이 메시지를 보낼 때 wParam으로 활성화시킬 차일드 윈도우의 핸들을 보내며 클라이언트 윈도우에서 차일드 윈도우로 이 메시지가 전달될 때는 wParam에 비활성화되는 차일드의 핸들을, lParam에 활성화되는 차일드의 핸들을 전달한다.
WM_MDICASCADE	계단식으로 차일드를 정렬한다. wPraram에 MDITILE_SKIPDISABLED 플래그를 주면 사용금지된 차일드는 정렬대상에서 제외한다.
WM_MDICREATE	차일드 윈도우를 만든다. lParam으로 차일드 윈도우 생성에 필요한 MDICREATESTRUCT 구조체의 포인터를 전달한다.
WM_MDIDESTROY	wParam으로 전달된 차일드 윈도우를 파괴한다.
WM_MDIGETACTIVE	현재 활성화된 차일드의 핸들을 리턴한다. 선택적으로 lParam에 BOOL형 변수의 포인터를 전달하면 이 변수에 차일드의 최대화 여부를 조사한다. lParam이 NULL이면 이 인수는 무시된다.
WM_MDIICONARRANGE	최소화된 아이콘을 정렬한다.
WM_MDIMAXIMIZE	wParam으로 지정한 차일드 윈도우를 최대화한다. 차일드가 최대화되면 클라이언트 윈도우의 전 작업영역에 가득 채워지며 타이틀 바는 사라진다.
WM_MDINEXT	지정한 차일드 윈도우의 앞 또는 뒤쪽 차일드 윈도우를 활성화시킨다.

	wParam으로는 기준이 될 차일드 윈도우의 핸들을 넘기되 NULL이면 현재 활성화되어 있는 차일드 윈도우가 기준이 된다. lParam이 0이면 지정한 차일드 다음의 차일드가 활성화되며 1이면(0이외의 값이면) 앞쪽 차일드가 활성화된다.
WM_MDIREFRESHMENU	Window 메뉴를 리프레시시킨다. 이 메시지를 보낸 후 DrawMenuBar 함수를 호출하여 메뉴를 갱신해야 한다.
WM_MDIRESTORE	최대화, 또는 최소화된 윈도우를 원래 크기대로 복구한다. wParam으로 대상 차일드 윈도우의 핸들을 전달한다.
WM_MDISETMENU	메뉴를 변경한다. 프레임 윈도우의 메뉴 전체를 변경할 수도 있고 Window 메뉴만을 변경할 수도 있다. wParam으로 프레임 윈도우의 메뉴 핸들을, lParam으로 Window 메뉴 핸들을 전달하되 둘 중 하나가 NULL이면 해당 메뉴는 변경되지 않는다. 이 메시지를 보낸 후 DrawMenuBar 함수를 호출하여 메뉴를 갱신해야 한다.
WM_MDITILE	차일드 윈도우를 바둑판식으로 재정렬한다. wParam으로 정렬 옵션을 전달하는데 이 값이 MDITILE_HORIZONTAL이면 수평으로 정렬하며 MDITILE_VERTICAL이면 수직으로 정렬하며 MDITILE_SKIPDISABLED이면 사용금지된 차일드 윈도우는 정렬에서 제외된다.

MDI 프로그램의 메시지 루프는 SDI 프로그램에 비해 하나의 요소가 더 추가된다. 전형적인 모양은 다음과 같다.

```
while (GetMessage(&Message,NULL,0,0)) {
    if (!TranslateMDISysAccel(g_hMDIClient, &Message)) {
        TranslateMessage(&Message);
        DispatchMessage(&Message);
    }
}
```

GetMessage에서 메시지를 가져온 후 TranslateMessage로 전달되기 전에 먼저 TranslateMDISysAccel 함수를 먼저 호출한다.

BOOL TranslateMDISysAccel(HWND hWndClient, LPMSG lpMsg);

이 함수는 WM_KEYDOWN 메시지를 WM_SYSCOMMAND 메시지로 변경하여 MDI 차일드 윈도우로 보내는 역할을 한다. 예를 들어 Alt+-, Ctrl+F4 등의 키가 눌러지면 이 키를 WM_SYSCOMMAND로 바꾸어 차일드 윈도우로 보낸다. 만약 MDI 단축키가 아니라면 FALSE를 리턴하고 TranslateMessage 함수로 처리를 넘긴다. 요약하자면 이 함수는 MDI 액셀러레이터를 지원하는 함수이다. 만약 이 프로그램이 고유의 액셀러레이터까지 가지고 있다면 다음과 같이 작성해야 한다.

```
while (GetMessage(&Message,NULL,0,0)) {
    if (!TranslateMDISysAccel(g_hMDIClient, &Message) &&
        !TranslateAccelerator(hWhdn, hAccel, &Message)) {
.....
```

큐에서 메시지를 꺼낸 후 먼저 MDI 단축키인가 보고, 아니면 다음으로 리소스의 액셀러레이터 테이블에 정의된 단축키인지 본다. 그것도 아니면 일반 메시지이므로 메시지 처리 함수로 보내진다.

여러 번 말하다시피 MDI 프로그램은 최소 세 개의 윈도우로 구성된다. 이중 클라이언트 윈도우는 운영체제에 포함된 윈도우이며 운영체제에서 메시지를 처리하므로 윈도우 프로시저를 만들 필요가 없으며 나머지 두 개의 윈도우인 프레임 윈도우와 차일드 윈도우는 윈도우 프로시저를 만들어야 한다. MDI의 윈도우 프로시저도 SDI의 윈도우 프로시저와 크게 틀리지 않지만 약간 다른 점이 있다.

우선 프레임 윈도우의 메시지 처리 함수인 MDIWndProc을 보자. 일반적인 메시지 처리 함수와 비슷하게 생겼지만 자세히 보면 차이점이 있다. 우선 MDIWndProc에서 처리하지 않은 메시지를 DefWindowProc이 아닌 DefFrameProc으로 전달한다는 점이 다르다.

LRESULT DefFrameProc(HWND hWnd, HWND hWndMDIClient, UINT uMsg, WPARAM wParam, LPARAM lParam);

이 함수는 처리되지 않은 메시지를 MDI에 맞게 디폴트 처리한다. DefWindowProc이 네 개의 인수를 가지는데 비해 이 함수는 클라이언트 윈도우의 핸들을 추가로 가진다는 점이 다르다. 클라이언트 윈도우가 MDI의 핵심이므로 메시지의 디폴트 처리를 위해서 이 윈도우의 핸들이 반드시 필요하다.

또 하나의 큰 차이점은 DefFrameProc은 다음과 같은 메시지를 반드시 처리해야 한다는 점이다. 이 메시지는 MDI를 운영하는데 있어 반드시 필요하다.

메시지	DefFrameProc의 처리
WM_COMMAND	사용자가 메뉴 목록을 선택하면 해당 차일드 윈도우를 활성화한다.
WM_MENUCHAR	사용자가 Alt+-키를 눌렀을 때 시스템 메뉴를 연다.
WM_SETFOCUS	키보드 포커스를 클라이언트 윈도우로 넘기고 클라이언트 윈도우는 다시 활성화된 차일드 윈도우로 넘긴다.
WM_SIZE	프레임 윈도우의 크기가 변경되면 클라이언트 윈도우의 크기를 재조정한다. 클라이언트 윈도우의 크기를 사용자가 직접 조정하고자 할 때는 이 메시지를 DefFrameProc으로 보내지 않아야 한다.

설사 MDIWndProc에서 이 메시지 중 한 가지를 처리했다고 하더라도 반드시 DefFrameProc으로 전달하는 것이 좋다. SDI 프로그램에서는 사용자가 처리한 메시지를 DefWindowProc으로 보내지 않고 바로 리턴해도 되지만 MDI 프로그램은 그렇지 않다. MDIExam 예제에서는 WM_COMMAND 메시지를 처리하고 있는데 이 메시지를 처리한 후에 return 0하지 않고 break문으로 switch 문을 빠져 나가도록 되어 있다. 그래서 사용자가 WM_COMMAND를 처리한 후에라도 DefFrameProc이 이 메시지를 받아 해당 차일드를 활성화시킬 수 있어야 한다. WM_COMMAND에서 곧바로 리턴할 수 있는 경우는 이 메시지가 MDI와 전혀 상관없는 메시지라는 확신이 있을 때 뿐인데 이런 것을 신경쓰고 싶지 않다면 무조건 DefFrameProc으로 이 메시지를 전달하면 된다. DefFrameProc은 전달된 메시지가 MDI 관련 메시지가 아니면 알아서 무시하기 때문이다.

소스에서 WM_COMMAND 처리 루틴의 제일 아래에 있는 break문을 return 0로 변경해 본 후 실행해 보아라. 그러면 Window 메뉴의 목록을 선택해도 포커스가 이동되지 않으며 차일드를 최대화하면 원래 크기로 복구가 되지 않는 등 여러 가지 기능이 제대로 동작하지 않음을 알 수 있을 것이다. WM_COMMAND 메시지 뿐만 아니라 위 표의 4개 메시지들은 모두 반드시 DefFrameProc으로 전달해야 한다.

차일드 윈도우의 메시지 처리 함수도 프레임 윈도우의 메시지 처리 함수와 유사하다. 디폴트 메시지 처리 함수가 DefMDIChildProc이므로 처리되지 않은 메시지는 반드시 이 함수로 보내야 한다. 또한 다음 메시지들은 반드시 DefMDIChildProc으로 전달되어야 한다. 이유는 프레임 윈도우의 경우와 동일하다.

메시지	DefMDIChildProc의 처리
WM_CHILDACTIVATE	이동, 크기 변경, 숨겨졌다가 나타난 경우 등에 활성화 처리를 한다.
WM_GETMINMAXINFO	클라이언트 윈도우의 크기로부터 최대화되었을 때의 차일드 윈도우 크기를 계산한다.
WM_MENUCHAR	이 메시지는 프레임 윈도우로 전달된다.
WM_MOVE	차일드의 위치를 변경할 때 클라이언트 윈도우의 스크롤 바를 갱신 한다.
WM_SETFOCUS	차일드 윈도우를 활성화시킨다.
WM_SIZE	차일드 윈도우의 크기를 변경하는데 필요한 계산을 한다. 특히 최대화할 때와 복구할 때는 이 처리가 반드시 필요하다. 만약 이 메시지를 DefMDIChildProc으로 보내지 않으면 아주 심각한 결과가 초래될 것이다.
WM_SYSCOMMAND	차일드 윈도우의 시스템 메뉴를 처리한다.

또한 차일드 윈도우는 메인 윈도우가 아니기 때문에 WM_DESTROY 메시지를 반드시 처리할 필요가 없다. 물론 필요하다면, 예를 들어 WM_CREATE에서 별도의 초기화를 했다면 이 메시지에서 종료 처리를 할 수도 있다. 예제의 차일드 윈도우 프로시저인 MDIChildProc은 WM_CREATE에서 타이틀을 갱신하고 WM_PAINT에서 작업영역에 자신의 이름을 출력하는 정도의 일만 하고 있다. 물론 실제 예제에서는 각 차일드 윈도우의 고유한 작업을 해야 한다.

37-2-라. 차일드 윈도우의 정렬

Window 메뉴에 보면 차일드 윈도우를 정렬하는 Tile, Cascade 등의 메뉴 항목이 있다. 이 메뉴 항목을 선택하면 차일드 윈도우를 바둑판식, 계단식으로 정렬한다. 차일드를 정렬하려면 모든 열려진 차일드 윈도우의 위치를 다시 계산해서 일일이 옮겨야 하겠지만 이런 기능들이 모두 클라이언트 윈도우에 프로그램되어 있으므로 클라이언트 윈도우에게 정렬을 요청하기만 하면 된다. 정렬 요청은 물론 메시지를 사용한다. 우선 바둑판식으로 정렬할 때는 클라이언트 윈도우로 WM_MDITILE 메시지를 보낸다. 이 때 wParam으로는 정렬 방식을 나타내는 다음 세 가지 값 중 하나를 전달한다.

값	설명
MDITILE_HORIZONTAL	수평으로 정렬한다.
MDITILE_SKIPDISABLED	사용금지된 차일드 윈도우는 정렬에서 제외한다.
MDITILE_VERTICAL	수직으로 정렬한다.

예제에서는 수직으로 윈도우를 정렬하는데 wParam을 바꾸면 수평으로 정렬하게 할 수도 있다. 또는 수직정렬, 수평정렬 메뉴를 각각 만들어도 된다. 다음은 세 개의 차일드 윈도우를 열고 각각 수직, 수평 정렬을 해본 것이다.

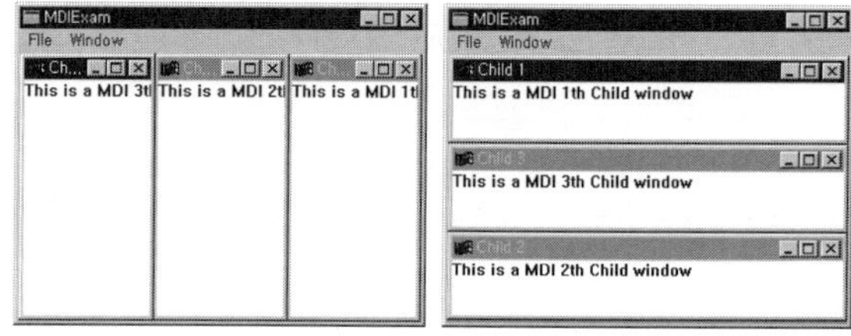

계단식 정렬을 할 때는 WM_MDICASCADE 메시지를 클라이언트 윈도우로 보낸다. wParam으로는 정렬 방식을 지정하는 값을 전달할 수 있는데 가능한 값은 MDITILE_SKIPDISABLED뿐이다. 다음은 세 개의 차일드 윈도우를 열어놓고 계단식 정렬을 한 것이다. 모든 차일드 윈도우의 타이틀 바가 보이게끔 정렬할 것이다.

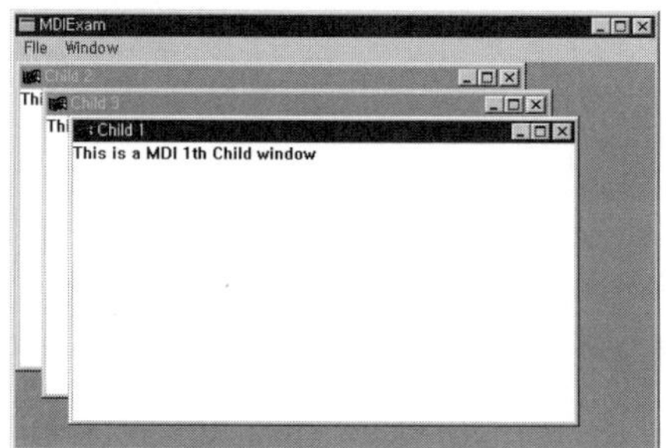

최소화된 차일드 윈도우의 아이콘을 정렬할 때는 WM_MDIICONARRANGE 메시지를 클라이언트 윈도우로 보내면 된다. wParam, lParam은 모두 0으로 넘긴다. 정렬이 아주 복잡해 보이지만 메시지만 보내면 나머지는 클라이언트 윈도우가 알아서 처리하므로 사실 아주 쉬운 편이다.

37-2-마. 여분의 메모리

MDI는 여러 개의 차일드 윈도우를 열 수 있다. 각 차일드 윈도우는 일반적으로 같은 윈도우 프로시저를 공유하기 때문에 동작이 동일할 수밖에 없다. 하지만 완전히 같을 수는 없으며 차일드 윈도우마다 다른 특성들이 있게 마련이다. 예를 들어 MS 워드 프로그램의 경우 열려진 모든 차일드 윈도우는 문서를 편집한다는 기능 면에서 동일하지만 편집하는 문서는 모두 다르다. 차일드마다 다른 이런 고유값은 차일드 윈도우 클래스의 여분 메모리에 저장된다. 고유값은 프로그램에서 정의하기 나름이지만 보통 편집중인 파일의 이름이 고유값이 된다.

이런 고유 정보들을 전역변수나 정적 변수로 사용하는 것은 무리다. 왜냐하면 차일드가 몇 개나 열릴지 알 수 없으며 또한 어떤 변수와 어떤 차일드가 한 쌍인지 찾기도 힘들기 때문이다. 또는 WndProc에 선언되는 정적 변수는 모든 차일드가 공유하기 때문에 차일드별 정보를 저장하는 용도로는 부적합하다. 전통적인 방법대로 여분 메모리를 사용하든가 아니면 Win32에서 새로 도입된 윈도우 프로퍼티를 사용하는 것이 적당하다. MDIExam 예제에서는 차일드의 윈도우 클래스에 4바이트의 여유 메모리를 두고 이 메모리에 차일드의 고유번호를 주었다. 그리고 차일드 윈도우가 만들어질 때인 WM_CREATE에서 이 값을 읽어 타이틀 바에 자신의 이름을 쓰며 WM_PAINT에서는 자신의 이름을 출력하였다.

여분의 메모리를 사용하는 기본은 이 예제와 크게 다르지 않지만 실전에서는 좀 더 복잡할 것이다. 문서 이름이나 경로명, 현재의 보기 상태, 확대 배율 등등의 정보들이 차일드마다 다를 수 있으므로 훨씬 더 큰 여유 메모리가 필요할 것이다. 이 때는 여유 메모리에 직접 고유 정보를 넣기보다는 차일드별로 다른 정보를 가지는 하나의 큰 구조체를 만들어 두고 여유 메모리에는 구조체의 포인터를 두는 것이 합리적이고 일반적인 방법이다.

37-3 MDI 고급

37-3-가. MDI 프레임의 작업영역

MDI 프레임 윈도우의 작업영역에는 통상 MDI 클라이언트 윈도우가 가득차게 배치되며 MDI 클라이언트의 작업영역에는 차일드들이 배치된다. DefFrameProc은 WM_SIZE 메시지를 아마도 다음과 같이 처리할 것이다.

```
case WM_SIZE:
    MoveWindow(클라이언트,0,0,폭,높이,TRUE);
    return 0;
```

그래서 클라이언트가 프레임을 항상 가득 채우며 프레임의 작업영역은 전혀 보이지 않는 것이다. 우리가 직접 이 처리를 하지 않아도 DefFrameProc이 클라이언트의 크기를 프레임의 크기에 맞게 관리하므로 우리는 그저 WM_SIZE를 이 함수로 보내기만 하면 된다. 그런데 어떤 프로그램을 보면 프레임에 클라이언트외에 다른 윈도우가 배치되는 경우를 볼 수 있는데 비주얼 C++이 바로 그렇다. 워크 스페이스와 출력창 등이 있고 그 나머지 영역에 소스창이 열리는 것이다.

이런 식으로 작업영역을 분할하는 MDI 프로그램을 만들고 싶다면 WM_SIZE 메시지를 DefFrameProc으로 보내지 말고 직접 처리하여 원하는대로 차일드를 배치해야 한다. MDIExam 예제의 사본을 만든 후 프레임의 작업영역에 리스트 박스와 에디트를 왼쪽, 아래쪽에 배치하고 나머지 영역을 클라이언트가 채우도록 해 보자.

예 제 : MDIFrame

```
HWND hList,hEdit;
LRESULT CALLBACK MDIWndProc(HWND hWnd,UINT iMessage,WPARAM wParam,LPARAM lParam)
{
    CLIENTCREATESTRUCT ccs;
    MDICREATESTRUCT mcs;
    switch (iMessage) {
    case WM_CREATE:
        // MDI Client 윈도우 만듬
        ccs.hWindowMenu=GetSubMenu(GetMenu(hWnd), 1);
        ccs.idFirstChild=IDM_WINDOWCHILD;
        g_hMDIClient=CreateWindow("MDICLIENT", NULL, WS_CHILD | WS_VSCROLL |
            WS_HSCROLL | WS_CLIPCHILDREN,
            0,0,0,0,hWnd,(HMENU)NULL, g_hInst, (LPSTR)&ccs);
        ShowWindow(g_hMDIClient, SW_SHOW);
        hList=CreateWindow("listbox",NULL,WS_CHILD | WS_VISIBLE | WS_BORDER |
            LBS_NOINTEGRALHEIGHT,0,0,0,0,hWnd,(HMENU)1,g_hInst,NULL);
        hEdit=CreateWindow("edit",NULL,WS_CHILD | WS_VISIBLE | WS_BORDER |
            ES_MULTILINE,10,10,200,25,hWnd,(HMENU)2,g_hInst,NULL);
        SendMessage(hList,LB_ADDSTRING,0,(LPARAM)"리스트 박스입니다.");
        SetWindowText(hEdit,"에디트 박스입니다.");
        return 0;
    case WM_SIZE:
        if (wParam != SIZE_MINIMIZED) {
```

```
            MoveWindow(hList,0,0,200,HIWORD(lParam),TRUE);
            MoveWindow(hEdit,200,HIWORD(lParam)-100,LOWORD(lParam)-200,100,TRUE);
            MoveWindow(g_hMDIClient,200,0,LOWORD(lParam)-200,HIWORD(lParam)-100,TRUE);
        }
        return 0;
    ....
```

WM_CREATE에서 리스트 박스와 에디트 컨트롤을 생성했다. 표준 컨트롤외에 사용자가 직접 만든 윈도우도 물론 배치할 수 있다. 그리고 WM_SIZE에서 이 두 컨트롤을 프레임 작업영역의 왼쪽, 아래쪽에 폭 200, 높이 100으로 각각 배치하고 나머지 영역에 클라이언트를 배치했다. 세 개의 형제 윈도우가 프레임 영역을 사이좋게 분할하고 있는 것이다.

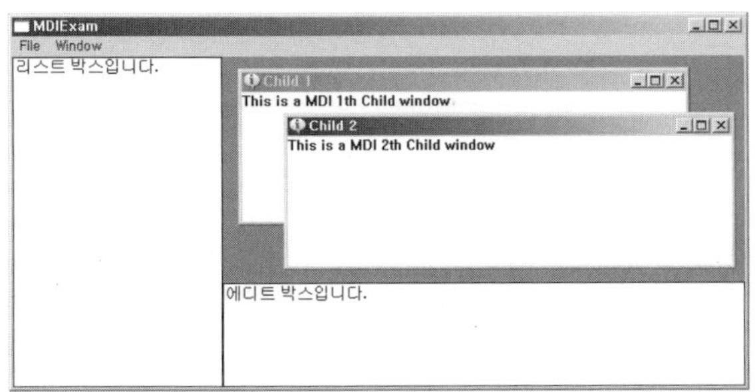

클라이언트의 차일드들은 클라이언트의 작업영역을 다시 분할할 것이다. 시스템에 MDI 프로그램을 지원하기 위해 반드시 받아야 하는 메시지들이 있으며 우리는 권고대로 관련 메시지를 시스템으로 보내야 한다. 그러나 특수한 효과를 구현하려면 시스템의 요구를 무시하고 원하는대로 메시지를 처리할 수도 있다. 물론 그러기 위해서는 시스템이 이 메시지를 어떻게 처리하는지에 대해 대충이라도 짐작할 수 있어야하며 그 효과에 대해서는 책임질 수 있어야 할 것이다.

37-3-나. 복수 개의 차일드

MDI는 여러 개의 차일드 윈도우를 열 수 있는 구조인데 보통 차일드들의 종류는 같다. 워드의 경우 여러 개의 문서창을 열 수 있지만 모두 문서를 편집하는 같은 종류의 차일드 윈도우들이다. 그런데 때로는 종류가 다른 여러 개의 차일드를 열 수 있는 MDI 프로그램도 있다. 흔하지는 않지만 문서를 편집하는 차일드 윈도우와 그림을 그리는 차일드 윈도우를 동시에 열 수 있는 그런 프로그램도 있다. 아주 규모가 큰 프로그램이 아닌 한은 이런 구조를 보기 힘들지만 다행히 그 예는 아주 가까운 곳에 있다. 지금 여러분들이 이 책과 함께 열심히 애용하고 있는 비주얼 스튜디오가 바로 그런 프로그램의 대표적인 예다.

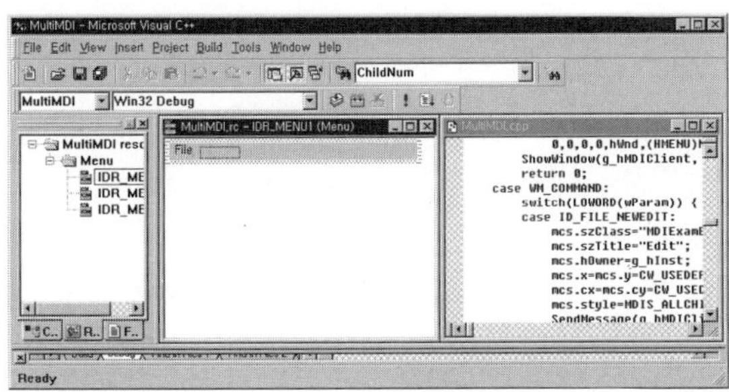

이 프로그램은 여러 개의 소스 창을 열 수 있음은 물론이고 각종 리소스 편집기 윈도우도 열 수 있다. 소스를 편집하는 윈도우와 메뉴를 편집하는 윈도우는 그 모양도 다르고 기능도 상이한 분명히 다른 종류의 차일드 윈도우들이다. 리소스 윈도우도 비트맵, 메뉴, 액셀러레이터, 아이콘 등등 리소스 종류에 따라 편집기의 종류가 다양하다.

이런 류의 프로그램을 만들려면 필요한 만큼 차일드 윈도우 클래스를 등록해 놓고 사용자가 원하는 차일드 윈도우를 만들면 된다. 기본만 알고 있으면 별 어려움 없이 이런 프로그램을 만들 수 있다. 다음 예제는 텍스트 에디터와 그래픽 에디터, 두 종류의 차일드 윈도우를 만들 수 있는 프로그램이다. 가급적 짧게 작성했는데도 불구하고 길이가 그다지 짧지 않다. 소스 중간중간에 주석을 좀 달아두었으며 소스 리스트는 생략한다.

예 제 : MultiMDI

소스 생략

실행시의 모습은 다음과 같다. 두 종류의 차일드를 각각 두 개씩 총 4개의 차일드를 열었다.

텍스트 에디터에서는 문장을 편집할 수 있고 드로우 윈도우에서는 마우스로 자유곡선을 그릴 수 있다. 어떤 차일드가 포커스를 가지는가에 따라 메인 메뉴의 구조도 달라질 것이다. 텍스트 에디터가 포커스를 가지고 있을 때는 Edit 메뉴가 나타나고 드로우 윈도우가 포커스를 가지고 있을 때는 Draw 메뉴가 나타난다. 단, 이 예제는 MDI가 주제이므로 그려진 그림을 저장하거나 입력한 문장을 파일로 저장하는 기능과 클립보드 지원, 그리기 종류 선택 등의 기능은 넣지 않았다.

WinMain을 보면 세 개의 윈도우 클래스를 등록하고 있는데 이 중 하나는 프레임 윈도우의 클래스이고 나머지 둘은 차일드 윈도우의 클래스이다. 더 많은 종류의 차일드를 만들고 싶다면 원하는 만큼 윈도우 클래스를 등록해 놓으면 된다. 만들 수 있는 차일드의 종류가 하나가 아니므로 새로운 차일드를 만드는 메뉴 항목도 File/New 하나만 있어서는 안 된다. 차일드 종류별로 메뉴 항목이 각각 하나씩 있어야 하므로 초기 메뉴를 다음과 같이 디자인하였다.

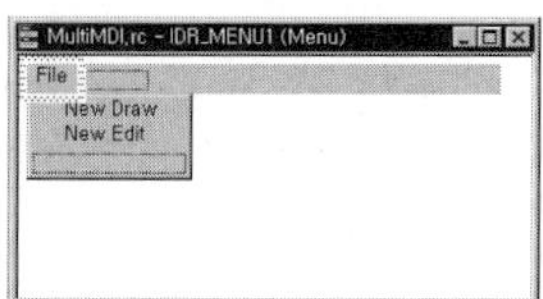

New Draw는 새로운 그래픽 에디터를 만드는 명령이고 New Edit는 새로운 텍스트 에디터를 만드는

명령이다. 이런 방법 외에 File/New 항목 하나만 만들어 두고 별도의 대화상자로 어떤 종류의 차일드를 만들 것인지를 물어보는 방법도 있는데 개발자 스튜디오는 이 방법을 사용한다. 어찌나 만들 수 있는 문서 종류가 많은지 탭 대화상자로 차일드 종류를 선택받는다.

복수 개의 차일드를 지원하려면 메뉴도 그 수만큼 있어야 한다. 각 차일드의 작업이 질적으로 서로 다르기 때문에 필요한 메뉴의 모양도 서로 다르기 때문이다. 텍스트 에디터에는 텍스트 편집에 사용되는 메뉴 항목이 필요하고 그래픽 에디터에는 그래픽 편집과 관련된 메뉴 항목이 필요하다. 또한 둘 중 어떤 차일드도 열려있지 않을 때에 보여줄 초기 메뉴도 있어야 한다. 그래서 이 예제는 총 3개의 메뉴를 정의하고 있다.

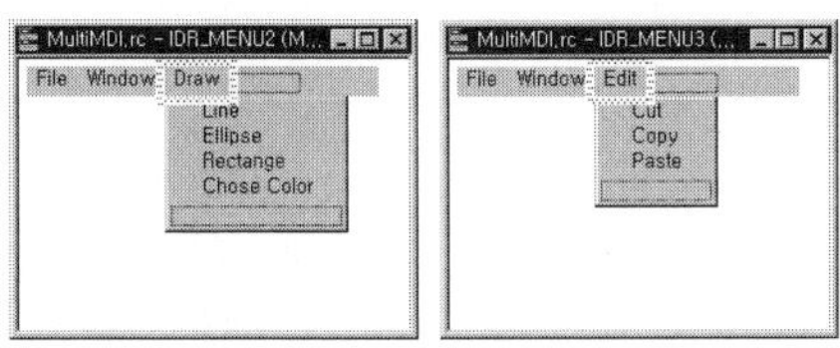

활성화되는 차일드 윈도우의 종류에 따라 적절한 메뉴를 선택한다. 프레임 윈도우의 WM_CREATE에서 필요한 메뉴들을 읽어오고 초기 메뉴를 선택한다.

```
case WM_CREATE:
    hMenu1=LoadMenu(g_hInst,MAKEINTRESOURCE(IDR_MENU1));
    hMenu2=LoadMenu(g_hInst,MAKEINTRESOURCE(IDR_MENU2));
    hMenu3=LoadMenu(g_hInst,MAKEINTRESOURCE(IDR_MENU3));
    hMenu1W=GetSubMenu(hMenu1,0);
    hMenu2W=GetSubMenu(hMenu2,1);
    hMenu3W=GetSubMenu(hMenu3,1);

    SetMenu(hWnd,hMenu1);
    .........
```

메뉴를 변경하는 시점은 차일드 윈도우 내에서 포커스가 이동할 때인 WM_MDIACTIVATE 메시지가 발생했을 때이다. 이 메시지는 클라이언트 윈도우로 먼저 전달된 후 활성화되는 윈도우와 비활성화되는 윈도우로 다시 보내진다. 텍스트 에디터는 이 메시지를 다음과 같이 처리하고 있다.

```
case WM_MDIACTIVATE:
    if (lParam==(LPARAM)hWnd)
        SendMessage(g_hMDIClient,WM_MDISETMENU,
        (WPARAM)hMenu3,(LPARAM)hMenu3W);
    else
        SendMessage(g_hMDIClient,WM_MDISETMENU,
        (WPARAM)hMenu1,(LPARAM)hMenu1W);
    DrawMenuBar(g_hFrameWnd);
    return 0;
```

WM_MDIACTIVATE 메시지는 활성화되는 윈도우의 핸들을 lParam으로 전달하고 비활성화되는 윈도우의 핸들을 wParam으로 전달하는데 만약 lParam이 자신의 윈도우 핸들과 같으면, 즉 지금 포커스를 받았으면 자신이 필요로 하는 메뉴로 변경한다. 이때는 SetMenu 함수 대신 WM_MDISETMENU 메시지를 클라이언트 윈도우로 전달하는데 이 메시지는 메인 메뉴뿐만 아니라 윈도우 메뉴까지 같이 지정할 수 있다. 메인 메뉴가 변경되면 관리해야 할 창 메뉴도 같이 바뀌어야 한다.

메뉴를 변경한 후에는 반드시 DrawMenuBar 함수를 호출하여 메뉴를 다시 그린다. 드로우 차일드의 메뉴 변경도 이 코드와 동일하되 변경되는 메뉴만 다를 뿐이다. 자세히 관찰해 보면 개발자 스튜디오도 소스를 편집할 때, 비트맵 에디터가 열릴 때, 대화상자를 편집할 때 메뉴 모양이 조금씩 달리진다는 것을 알 수 있다. 이 예제에서 텍스트 에디터는 여분 메모리에 다음과 같이 정의된 구조체의 포인터를 보관한다.

```
struct tagEditData {
    int Num;
    HWND hEdit;
};
```

차일드의 번호와 에디트 컨트롤의 윈도우 핸들을 같이 저장하기 위해 이 구조체를 만들었다. 만약 파일 입출력까지 지원하고자 한다면 이 구조체에 파일 경로를 저장하는 멤버를 같이 선언하면 될 것이다. 물론 이 멤버들을 모두 각각의 여분 메모리에 저장하는 방법을 쓸 수도 있지만 여분 메모리가 너무 커지는 것은 별로 바람직하지 않으며 프로그래밍하기도 더 까다롭다. 텍스트 에디터의 WM_CREATE에서 이 구조체를 동적으로 만들고 값을 대입한 후 여분 메모리에 그 포인터를 저장하였다.

```
pED=(tagEditData *)malloc(sizeof(tagEditData));
pED->hEdit=hEdit;
pED->Num=EditNum;
SetWindowLongPtr(hWnd,0,(LONG)pED);
```

구조체를 할당한 후 그 포인터를 저장하는 것이 여분 메모리를 활용하는 가장 일반적인 방법이다. MDIExam 예제는 정수형의 일련번호를 여분 메모리에 저장했으므로 SetWindowLong 함수를 쓸 수 있지만 이 예제는 포인터를 저장하므로 반드시 SetWindowLongPtr 함수를 사용해야 한다. 이렇게 저장된 포인터는 WM_SIZE, WM_SETFOCUS 등의 메시지에서 에디터 컨트롤의 핸들을 얻기 위해 사용된다. 물론 이 구조체는 차일드 윈도우가 파괴될 때인 WM_DESTROY에서 해제되어야 한다.

```
case WM_SIZE:
    pED=(tagEditData *)GetWindowLongPtr(hWnd,0);
    MoveWindow(pED->hEdit, 0, 0, LOWORD(lParam), HIWORD(lParam),TRUE);
    return 0;
case WM_SETFOCUS:
    pED=(tagEditData *)GetWindowLongPtr(hWnd,0);
    SetFocus(pED->hEdit);
    return 0;
case WM_DESTROY:
    pED=(tagEditData *)GetWindowLongPtr(hWnd,0);
    free(pED);
    break;
```

차일드가 만들어질 때 여분 메모리를 할당했으므로 이 윈도우가 살아 있는 동안에는 여분 메모리가 항상 유효하며 각 메시지에서 언제든지 GetWindowLong으로 여분 메모리를 사용할 수 있다. 또한 자신이 파괴되기 직전에 여분 메모리를 정확하게 정리하므로 메모리가 샐 걱정은 하지 않아도 된다.

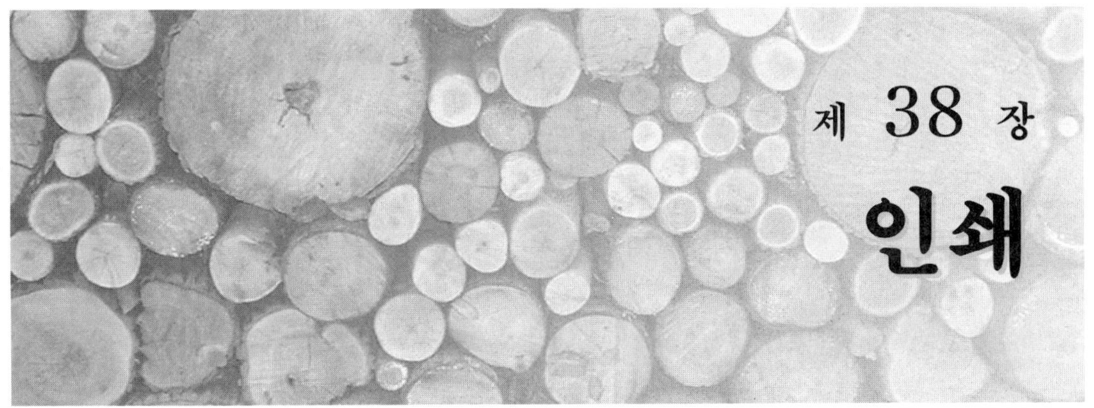

38-1 인쇄

38-1-가. 윈도우즈에서의 인쇄

대부분의 윈도우즈 프로그램은 자신이 만들어낸 데이터를 용지에 인쇄하는 기능을 가지고 있다. 모니터의 해상도가 아무리 높아져도 종이보다 섬세할 수는 없으며 아직까지 사람들은 모니터의 글을 읽는 것보다는 용지에 깔끔하게 인쇄된 글을 더 좋아하기 때문이다. 종이란 만들어진 지 한참되었지만 아직도 이를 능가할 만한 미디어는 없다. 종이없는 사무실이니 하는 소리는 그야말로 택도 없는 소리다. 인쇄란 프린터라는 또 다른 컴퓨터와 복잡한 언어로 상호 통신해야 하는 굉장히 어려운 기술이지만 다행히 윈도우즈에서는 그다지 어렵지 않게 인쇄 기능을 구현할 수 있다. 정말이지 도스에서의 인쇄와 비교한다면 공짜나 다름없다.

화면 출력을 하려면 먼저 DC를 만든 후 이 DC를 사용하여 출력을 행한다. 프린터로 출력을 보낼 때도 마찬가지로 프린터 DC를 먼저 만들고 이 DC를 사용하여 인쇄한다. 똑같이 DC를 사용하기 때문에 화면 출력 함수를 그대로 사용하여 프린터로도 출력할 수 있다. 논리적으로 용지나 모니터나 똑같은 표면일 뿐이므로 모니터로 출력하는 방법과 용지에 인쇄하는 방법이 같을 수밖에 없다. 즉 화면에 문자열을 출력할 때 TextOut 함수를 사용하는 것처럼 프린터에 문자열을 인쇄할 때도 TextOut 함수를 사용한다. 다만 TextOut의 첫 번째 인수인 DC가 화면 DC인가 프린터 DC인가에 따라 어디로 출력될 것인가만 다를 뿐이지 출력문 자체는 동일하다. TextOut 뿐만 아니라 Ellipse, Rectangle 등의 그래픽 함수, SelectObject, SetTextColor 등의 모든 GDI 함수들도 프린터 DC에 그대로 사용할 수 있다.

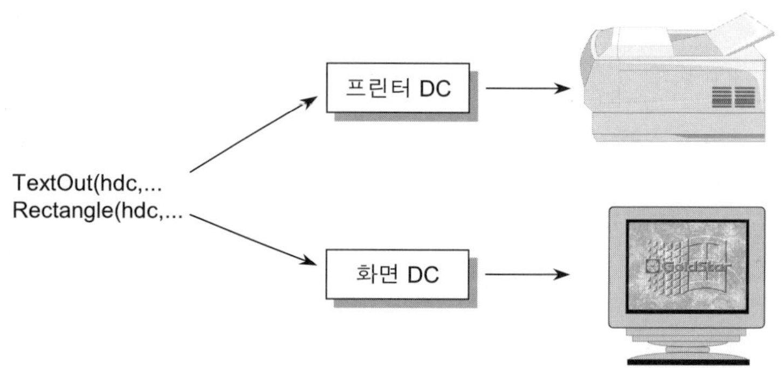

윈도우즈는 DC가 중간 매개 역할을 하여 화면과 프린터를 논리적으로 동질의 장치로 취급하기 때문에 도스에 비해 훨씬 더 인쇄하기가 편리하다. 그러나 실제로 프린터와 화면은 많은 차이점이 있으므로 화면 출력에 비해 프린터 출력은 다음과 같은 면을 더 신경써야 한다. 두 장치의 차이점을 이해한다면 상식적인 수준에서 쉽게 이해할 수 있는 내용이다.

① 프린터에서 할 수 있는 일이 있고 할 수 없는 일이 있다. 화면으로 가능한 출력이라고 해서 프린터로도 다 가능한 것은 아니다. 프린터 기종에 따라서는 그래픽을 인쇄하지 못하는 것도 있으며 플로터처럼 벡터 그래픽만 출력할 수 있는 기종도 있다. 또한 아직까지도 색상을 전혀 표현하지 못하는 흑백 프린터들이 많이 있으므로 색상을 화면처럼 출력하는 것은 불가능하다. 화면에서 가능하다고 하여 프린터로 무작정 출력을 내 보내서는 안 되며 반드시 먼저 가능한 출력인지를 점검해 보아야 한다.

② 프린터는 화면보다 훨씬 더 높은 해상도를 가지고 있다. 그래서 화면으로 보내는 출력보다는 더 크게 출력해야 비슷한 크기로 보인다. 가장 대표적인 예로 폰트의 경우 화면으로 출력하는 폰트 크기대로 인쇄했다가는 제대로 보이지 않을 정도로 작게 인쇄된다.

③ 속도의 차이가 있다. 화면 출력은 실시간으로 이루어지지만 인쇄는 그렇지 못하다. 그래서 인쇄가 끝날 때까지 적당히 기다려야 하며 또한 사용자가 인쇄를 중간에 멈출 수 있는 방법도 제공해야 한다.

④ 섬세한 에러 처리가 필요하다. 화면에 비해 프린터는 에러 가능성이 무척 높다. 용지가 떨어졌다거나 잉크가 떨어진 경우도 흔히 발생하며 케이블 연결이 잘못되었을 가능성도 항상 존재한다. 그래서 인쇄 중에 끊임없이 에러가 발생하는지를 점검해 보고 적절하게 처리해야 한다.

38-1-나. 인쇄 과정

한 장의 용지에 결과물이 인쇄되어 나오기까지는 상상을 초월할 정도로 복잡한 과정을 거친다. 다행히 대부분의 과정은 윈도우즈 내부에서 일어나므로 프로그래머가 직접 신경쓰지 않아도 되지만 이 과정은 상식적으로 이해해 두는 것이 좋다.

인쇄는 사용자의 명령으로부터 시작되어 프로그램과 중간의 여러 과정을 거쳐 최종적으로 프린터가 인쇄를 한다. 프로그램은 적절한 프린터 DC를 만들어 GDI에게 출력 명령을 내리며 GDI는 이 출

력문들을 스풀러에게 보낸다. 스풀러는 인쇄 작업을 관리하는 프로그램으로서 운영체제가 시작될 때 같이 시작되어 운영체제가 셧다운될 때까지 계속 작동하며 인쇄에 관련된 모든 작업을 지휘한다. 우선 적절한 프린터 디바이스 드라이버를 찾아 메모리로 읽어오고 고수준의 출력 명령을 저널 레코드(Journal Record)로 변환하여 디스크의 파일로 저장한다. 또한 이렇게 저장된 출력 명령들을 백그라운드에서 인쇄함으로써 응용 프로그램은 스풀러에게 인쇄 작업을 넘기고 계속 다른 일을 할 수 있다.

스풀러는 한꺼번에 복수 개의 인쇄 작업을 가질 수도 있으며 각 작업은 또한 각각 다른 프린터를 대상으로 할 수도 있다. 스풀러는 순서대로 인쇄 작업을 처리하며 순서가 된 인쇄 작업에 대해 적절한 인쇄 프로세스(Print Process)를 호출한다. 인쇄 프로세스는 저널 레코드를 디바이스 드라이버가 직접 알아들을 수 있는 DDI(Device Driver Interface)로 변환하는데 이 과정에 그래픽 엔진이 개입한다. 변환된 DDI 명령은 다시 스풀러에게 보내지며 스풀러는 모니터라는 DLL을 호출하여 DDI명령을 실제 물리적인 프린터로 전송한다. 이때 전송되는 경로는 병렬, 직렬, USB 포트일 수도 있지만 복잡하게는 원격지의 네트워크일 수도 있다. DDI 명령을 받은 프린터는 이 명령을 해석하여 인쇄 작업을 하고 결국 용지에 출력물이 그려진다.

인쇄가 되는 중간 과정을 다 이해하기는 무척 어렵고 알면 좋기야 하겠지만 너무 상세하게 알려고 할 필요는 없다. 어쨌든 프로그램에서는 스풀러니 DDI니 하는 것들에 대해서는 직접적으로 신경쓸 필요없이 DC에 원하는 출력만 내보내면 된다. 인쇄 과정에 관심이 있는 사람은 다른 상세한 참고자료를 구해 보기 바란다.

38-2 간단한 인쇄

38-2-가. Print 프로젝트

아주 간단한 인쇄 프로그램을 만들어 본 후 분석해 보자. 인쇄 용지에 가득차게 사각형 하나를 출력하고 용지의 중앙에 간단한 문자열을 출력한다. 그래픽과 텍스트를 모두 출력해 보는 것이다. 절차가 조금 복잡하지만 간단하게 만들어 보았다.

예제 : Print

```
void Print()
{
    HDC hPrtdc;
    int xpage, ypage;
    DOCINFO doc;
    int Result;
    PRINTDLG pd;

    // 프린터에 관한 정보를 구하고 DC를 만든다.
    memset(&pd,0,sizeof(PRINTDLG));
    pd.lStructSize=sizeof(PRINTDLG);
    pd.Flags=PD_RETURNDC;
    pd.hwndOwner=hWndMain;
    pd.nFromPage=1;
    pd.nToPage=1;
```

```
    pd.nMinPage=1;
    pd.nMaxPage=1;
    pd.nCopies=1;
    PrintDlg(&pd);
    hPrtdc=pd.hDC;
    if (hPrtdc == NULL) return;

    // 인쇄 작업을 시작한다.
    doc.cbSize=sizeof(DOCINFO);
    doc.lpszDocName="Test Document";
    doc.lpszOutput=NULL;
    doc.lpszDatatype=NULL;
    doc.fwType=0;
    Result=StartDoc(hPrtdc, &doc);
    if (Result <= 0) goto end;
    Result=StartPage(hPrtdc);
    if (Result <= 0) goto end;

    // 출력을 보낸다.
    xpage = GetDeviceCaps(hPrtdc, HORZRES);
    ypage = GetDeviceCaps(hPrtdc, VERTRES);
    Rectangle(hPrtdc,0,0,xpage,ypage);
    SetTextAlign(hPrtdc,TA_CENTER);
    TextOut(hPrtdc,xpage/2,ypage/2,"Test String 대한민국",20);

    // 출력을 종료한다.
    Result=EndPage(hPrtdc);
    if (Result <= 0) goto end;

    // 인쇄 작업을 끝낸다.
    Result=EndDoc(hPrtdc);
    if (Result <= 0) goto end;
end:
    if (pd.hDevMode) GlobalFree(pd.hDevMode);
    if (pd.hDevNames) GlobalFree(pd.hDevNames);
    DeleteDC(hPrtdc);
    return;
}
```

WM_LBUTTONDOWN 메시지가 인쇄 명령이라고 가정하고 사용자가 왼쪽 마우스 버튼을 누르면 Print 함수를 호출하여 인쇄했다. Print 함수에서는 PrintDlg 함수를 호출하여 프린터 DC를 구한 후 이 DC로 그래픽과 문자열을 보내 인쇄한다. 인쇄 대화상자의 모양은 운영체제 버전에 따라 조금씩 달라질 수도 있다. 실행중의 모습은 표준적인 윈도우일 뿐이며 용지에 인쇄되어 나온 결과는 다음과 같다.

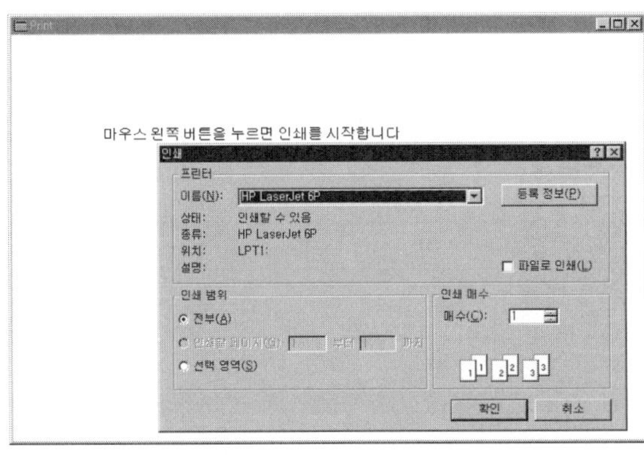

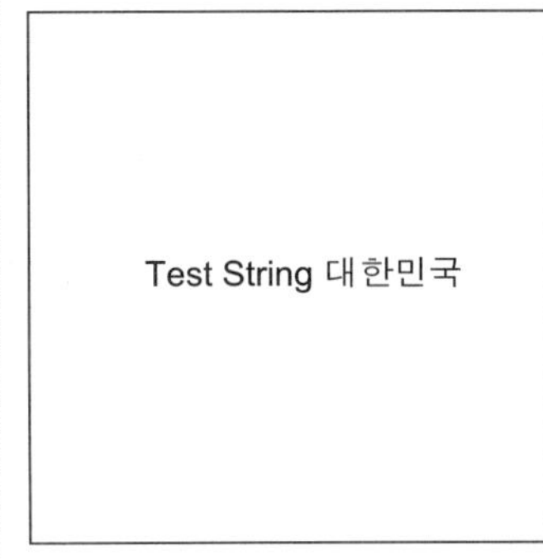

프린터 관련 프로그램을 짤 때는 일일이 종이에 찍어봐야 제대로 나왔는지 확인을 할 수 있는데 매번 용지를 낭비하지 말고 프린터 결과를 화면으로 미리 보여주는 유틸리티를 사용하면 굳이 찍어 보지 않아도 결과를 확인할 수 있다. 이런 목적으로 사용할 수 있는 공개 내지는 셰어웨어들이 많이 있으므로 활용해 보기 바란다. 그 중에 파인 프린트(Fine Print)라는 유틸리티가 특히 쓸 만한 것 같다.

38-2-나. 프린터 DC

화면으로 출력을 하려면 DC가 필요한 것처럼 프린터로 출력을 보내려면 프린터 DC가 필요하다. 프린터 DC를 얻는 방법에는 여러 가지가 있지만 그 중에서 가장 쉬운 방법은 인쇄 공통 대화상자를 사용하는 것이다. 이 대화상자를 호출하면 인쇄에 필요한 모든 옵션을 사용자로부터 입력받고 또한 프린터 DC까지 구해 준다. 인쇄 대화상자를 호출하는 함수는 PrintDlg이다.

BOOL PrintDlg(LPPRINTDLG lppd);

다른 공통 대화상자와 마찬가지로 이 함수 자체보다는 이 함수의 인수로 사용되는 PRINTDLG 구조체가 복잡하다.

```
typedef struct tagPD {   // pd
    DWORD        lStructSize;
    HWND         hwndOwner;
    HANDLE       hDevMode;
    HANDLE       hDevNames;
    HDC          hDC;
    DWORD        Flags;
    WORD         nFromPage;
    WORD         nToPage;
    WORD         nMinPage;
    WORD         nMaxPage;
    WORD         nCopies;
    HINSTANCE hInstance;
    DWORD        lCustData;
    LPPRINTHOOKPROC lpfnPrintHook;
    LPSETUPHOOKPROC lpfnSetupHook;
    LPCTSTR      lpPrintTemplateName;
    LPCTSTR      lpSetupTemplateName;
    HANDLE       hPrintTemplate;
    HANDLE       hSetupTemplate;
} PRINTDLG;
```

멤버가 무려 19개나 되는데 이 중 대부분은 사용자가 입력한 옵션값을 돌려받기 위한 것들이며 실질적으로 사용되는 것은 몇 가지 되지 않는다. 일단 각 멤버의 의미를 도표로 정리해 보았다. 각 멤버는 입력용으로도 사용되며 출력용으로도 사용된다.

멤버	설명
lStructSize	이 구조체의 크기를 바이트 단위로 나타낸다.
hwndOwner	이 대화상자를 소유한 윈도우의 핸들이다. 이 값이 NULL일 경우 대화상자는 어떤 윈도우에도 소유되지 않는다.
hDevMode	DEVMODE 구조체를 가지는 전역 메모리 핸들이다.
hDevNames	DEVNAMES 구조체를 가지는 전역 메모리 핸들이다.
hDC	프린터 디바이스 컨텍스트 핸들을 리턴한다.
Flags	인쇄 대화상자의 초기화에 사용될 플래그들을 지정한다.
nFromPage	인쇄 시작 페이지를 입력받는 에디트의 초기값을 지정하며 또한 사용자가 지정한 인쇄 시작 페이지를 리턴하기도 한다.
nToPage	인쇄 끝 페이지를 입력받는 에디트의 초기값을 지정하며 또한 사용자가 지정한 인쇄 끝 페이지를 리턴하기도 한다.
nMinPage	시작, 끝 페이지를 입력받는 From, To 에디트의 최소값을 지정한다.
nMaxPage	시작, 끝 페이지를 입력받는 From, To 에디트의 최대값을 지정한다.
nCopies	인쇄할 매수를 지정한다.
hInstance	별도의 대화상자 템플릿이나 셋업 템플릿을 사용할 경우 이 리소스를 가진 인스턴스의 핸들이다.
lCustData	훅 프로시저로 전달될 응용 프로그램 고유의 데이터이다.
lpfnPrintHook	훅 프로시저를 지정한다.
lpfnSetupHook	셋업 훅 프로시저를 지정한다.
lpPrintTemplateName	별도의 대화상자 템플릿을 사용할 경우 템플릿으로 사용될 대화상자 템플릿 리소스를 지정한다.
lpSetupTemplateName	별도의 셋업 템플릿을 사용할 경우 템플릿으로 사용될 대화상자 템플릿 리소스를 지정한다.
hPrintTemplate	인쇄 대화상자 템플릿을 가지는 메모리 오브젝트의 핸들
hSetupTemplate	셋업 대화상자 템플릿을 가지는 메모리 오브젝트의 핸들

Flags 멤버의 플래그들을 다음과 같다.

플래그	설명
PD_ALLPAGES	모든 페이지를 선택했다.
PD_COLLATE	Collate 체크 박스가 선택되었다.
PD_DISABLEPRINTTOFILE	파일로 인쇄 체크 박스를 금지시킨다.
PD_ENABLEPRINTHOOK	훅 프로시저를 사용가능하게 만든다.
PD_ENABLEPRINTTEMPLATE	인쇄 대화상자를 별도의 리소스로 지정한다.
PD_ENABLEPRINTTEMPLATEHANDLE	인쇄 대화상자를 별도의 리소스를 가진 메모리 오브젝트로 지정한다.
PD_ENABLESETUPHOOK	셋업 훅 프로시저를 사용가능하게 만든다.
PD_ENABLESETUPTEMPLATE	셋업 대화상자를 별도의 리소스로 지정한다.
PD_ENABLESETUPTEMPLATEHANDLE	셋업 대화상자를 별도의 리소스를 가진 메모리 오브젝트로 지

	정한다.
PD_HIDEPRINTTOFILE	파일로 인쇄 체크 박스를 숨긴다.
PD_NONETWORKBUTTON	네트워크 버튼을 숨기고 사용금지시킨다.
PD_NOPAGENUMS	Pages 라디오 버튼과 관련 에디트 컨트롤을 사용금지시킨다.
PD_NOSELECTION	Selection 라디오 버튼을 사용금지시킨다.
PD_NOWARNING	디폴트 프린터가 지정되어 있지 않을 때 출력되는 경고 메시지를 금지시킨다.
PD_PAGENUMS	Pages 라디오 버튼을 선택한다. 리턴 후에 이 플래그가 설정되어 있으면 nFromPage, nToPage 멤버는 사용자가 설정한 인쇄 범위를 지정한다.
PD_PRINTSETUP	인쇄 대화상자 대신 프린터 설정 대화상자를 보인다.
PD_PRINTTOFILE	파일로 인쇄(Print to File) 체크 박스를 선택한다.
PD_RETURNDC	hDC 멤버에 프린터 DC를 대입한다.
PD_RETURNDEFAULT	인쇄 대화상자를 출력하지 않고 디폴트 프린터 설정을 따른다.
PD_RETURNIC	프린터 DC 대신 정보 DC를 리턴한다.
PD_SELECTION	Selection 라디오 버튼을 선택한다.
PD_SHOWHELP	도움말(Help) 버튼을 보여준다.
PD_USEDEVMODECOPIES	응용 프로그램이 여러 장 인쇄를 지원하는지를 지정한다.
PD_USEDEVMODECOPIESANDCOLLATE	=PD_USEDEVMODECOPIES

출력할 프린터를 선택하거나 프린터의 설정을 변경하는 것, 인쇄 범위를 입력받는 동작 등은 모두 대화상자내에서 처리한다. Flags멤버에 PD_RETURNDC값을 대입하면 프린터 DC를 구한 후 hDC멤버에 대입하므로 우리는 이 값을 사용하여 인쇄하면 된다. Print 함수의 선두에서 프린터 대화상자를 호출한 후 pd.hDC값으로부터 프린터 DC를 구해 hPrtDC에 대입하였다. 이 DC를 사용하여 프린터로 출력을 내 보내게 된다. 만약 설치된 프린터가 없다거나 사용자가 취소를 했을 때 등의 이유로 DC를 구하지 못했으면 인쇄를 할 수 없으므로 종료해야 한다.

프린터 DC를 구하는 가장 일반적이고도 신뢰성 있는 방법은 인쇄 공통 대화상자를 사용하는 것이지만 이 대화상자를 보여주지 않고 무조건 기본 프린터에 출력하고자 할 때는 CreateDC 함수로 직접 프린터 DC를 구하는 방법을 쓸 수도 있다. 이 함수는 디바이스 드라이버의 이름과 장치의 이름 등을 인수로 요구하는데 이 정보는 Win.ini에서 구할 수도 있고 2000이상에서는 GetDefaultPrinter 함수로도 구할 수 있다. 또한 EnumPrinters 함수로도 구할 수 있는데 이 함수는 운영체제 버전에 따라 사용법이 달라지므로 일반적인 용도로 사용하기는 힘들다. Print예제에 각 방법을 사용하는 코드가 주석 처리되어 있으니 필요하면 참고하기 바란다.

38-2-다. 인쇄 절차

프린터 DC를 얻은 후에는 다음 절차에 따라 인쇄한다. 우선 다음 함수를 호출하여 인쇄의 시작을 알린다.

int StartDoc(HDC hdc, CONST DOCINFO *lpdi);

이 함수는 여러 페이지로 구성된 문서를 인쇄할 때 다른 인쇄 작업이 중간에 끼어들지 못하도록 하며 인쇄할 문서와 기타 인쇄에 대한 정보를 DOCINFO라는 구조체를 통해 제공한다.

```
typedef struct {    // di
    int        cbSize;
    LPCTSTR lpszDocName;
    LPCTSTR lpszOutput;
    LPCTSTR lpszDatatype;    // Windows 95 only; ignored on Windows NT
    DWORD    fwType;             // Windows 95 only; ignored on Windows NT
} DOCINFO;
```

각 멤버의 의미는 다음과 같다. 문서의 이름 정도만 설정하면 된다. 여기서 설정한 문서 이름은 인쇄 중 대화상자에 나타난다.

멤버	의미
cbSize	구조체의 크기
lpszDocName	인쇄할 문서의 이름. 이 이름이 인쇄 관리자에 나타난다.
lpszOutput	출력 파일의 이름, NULL일 경우 프린터 DC로 출력된다.
lpszDatatype	프린트 잡을 기록하는 데이터의 타입. NT에서는 무시된다.
fwType	프린트 잡의 추가정보, 밴딩을 사용할 경우 DI_APPBANDING을 지정해 주며 그렇지 않을 경우 0을 지정한다. NT에서는 무시된다.

인쇄 시작을 알린 후 다음 함수를 호출하여 프린터 드라이버에게 데이터를 받아들이도록 준비시킨다.

int StartPage(HDC hDC);

이 함수가 호출된 후부터 EndPage 함수가 호출될 때까지는 ResetDC 함수를 사용할 수 없도록 하여 디바이스 모드 변경을 금지한다. 이 함수와 EndPage 함수 사이에 실질적인 인쇄 출력문들이 위치한다. 소스에서는 TextOut 함수와 Rectangle 함수를 사용하여 사각형과 문자열을 출력하였다. 용지의 크기를 구하기 위해 GetDeviceCaps함수로 가로, 세로 크기를 조사했는데 이 크기는 인쇄 가능한 영역의 크기이므로 실제 용지 크기보다는 조금 작다. 한 페이지 인쇄가 종료된 후에는 다음 함수를 호출하여 새로운 페이지로 넘어간다.

int EndPage(HDC hdc);

이 함수가 호출되면 한 페이지의 출력을 마치고 새 용지를 로드한다. 만약 여러 페이지를 인쇄한다면 StartPage 함수와 EndPage 함수를 계속 반복해야 한다. 최종적으로 인쇄가 마무리되면 다음 함수를 호출한다.

int EndDoc(HDC hdc);

마지막으로 DeleteDC 함수를 호출하여 프린터 DC를 지운다. 인쇄 중간에 호출되는 각 함수들은 성공하면 양수를 리턴하고 실패하면 0또는 0보다 더 작은 값을 리턴한다. 만약 중간의 어느 과정에서나 에러가 발생했다면 즉시 인쇄를 중지하되 인쇄를 위해 할당한 메모리나 열어놓은 파일이 있다면 해제 또는 닫아야 한다. Print 예제에서는 생성한 프린터 DC만 삭제하고 리턴했다.

38-3 폰트 및 비트맵 출력

38-3-가. 폰트 변경

Print 예제에서 출력한 문자열은 별도의 폰트를 선택하지 않았으므로 시스템 폰트가 사용되었을 것이다. 시스템 폰트는 장치에 상관없이 고정된 포인트 크기를 가지므로 그냥 출력해도 화면에서나 프린터에서나 거의 똑같은 크기로 보인다. 그러나 시스템 폰트 이외의 폰트를 사용할 경우는 프린터의 해상도에 따라 같은 크기라 해도 화면의 크기와는 달라지므로 해상도에 따라 폰트의 크기를 조정해야 한다.

예 제 : PrintFont

Print 프로젝트를 약간 변형하여 20포인트의 궁서체 폰트로 인쇄를 해 보자. 포인트는 논리적인 단위이므로 픽셀을 바로 사용해서는 안되며 해상도에 맞게 크기를 계산해야 한다. PrintFont 프로젝트를 만들고 Print.cpp를 복사한 후 PrintFont.cpp로 이름을 변경한다. 그리고 Print 함수의 선두에 다음 변수들을 선언한다. 그리고 StartPage와 EndPage사이의 소스를 다음과 같이 수정한다. 나머지는 Print 프로젝트와 동일하다.

```
HFONT MyFont, OldFont;
int dpiX, dpiY;
..........
Result=StartPage(hPrtdc);
if (Result <= 0) goto end;
xpage = GetDeviceCaps(hPrtdc, HORZRES);
ypage = GetDeviceCaps(hPrtdc, VERTRES);
Rectangle(hPrtdc,0,0,xpage,ypage);

// 프린터의 해상도를 구한다.
dpiX = GetDeviceCaps(hPrtdc, LOGPIXELSX);
dpiY = GetDeviceCaps(hPrtdc, LOGPIXELSY);
SetTextAlign(hPrtdc,TA_CENTER);

// 1인치=1/72포인트. 그러므로 n포인트 크기=n*1/72*dpi가 된다.
MyFont=CreateFont(20*dpiY/72,0,0,0,FW_NORMAL, FALSE, FALSE, FALSE,
    HANGEUL_CHARSET, 3,2,1,VARIABLE_PITCH | FF_ROMAN, "궁서");
OldFont=(HFONT)SelectObject(hPrtdc, MyFont);
TextOut(hPrtdc,xpage/2,ypage/2,"Test String 대한민국",20);
SelectObject(hPrtdc, OldFont);
DeleteObject(MyFont);

// 출력을 종료한다.
Result=EndPage(hPrtdc);
....
```

컴파일한 후 인쇄해 보면 과연 20포인트의 궁서체로 문자열이 인쇄될 것이다. 이 소스에서 주의해서 볼 것은 CreateFont 함수의 첫 번째 인수(nHeight)인 20*dpiY/72라는 식이다. 화면에서 20픽셀 크기의 폰트를 사용하려면 nHeight에 20이라는 상수를 넘기면 되지만 인쇄시에는 상수를 사용할 수 없다.

왜냐하면 프린터는 화면보다 해상도가 훨씬 높기 때문에 20픽셀 크기의 폰트는 그야말로 좁쌀만하기 때문이다. 또한 프린터에 따라 해상도가 다르기 때문에 같은 값을 주더라도 출력되는 결과는 프린터별로 달라진다. 그래서 폰트의 크기를 지정할 때 프린터의 해상도를 반드시 계산에 포함하는 것이다. 프린터의 해상도는 GetDeviceCaps 함수로 쉽게 구할 수 있다.

그렇다면 이 프로그램에서 사용한 20*dpiY/72라는 식은 어떤 의미를 가지는가 보자. 1포인트는 1/72인치로 정의되어 있다. 즉 바꾸어 말하면 72포인트 크기의 글꼴을 만들어 인쇄하면 1인치 크기가 된다는 뜻이다. 프린터에서 1인치당 점의 수(=해상도)를 dpiY에 구한다. 그러면 이 프린터에서 1포인트는 dpiY/72가 되며 n포인트 크기의 폰트를 만들려면 다음 공식에 따라 폰트의 높이를 계산하면 된다.

$$n\text{포인트} = n * \frac{1}{72} * dpiY$$

소스에 사용된 20*dpiY/72는 20포인트의 크기를 의미한다. 실수 절사 방지를 위해 가급적이면 곱셈을 먼저한 후 나눗셈을 해야 한다. 만약 600dpi 프린터라면 이 값은 166정도가 되며 그 보다 해상도가 높은 1200dpi 프린터라면 이 값은 333정도가 된다. 실제 폰트의 크기가 달라지더라도 인쇄되는 글자 크기는 프린터의 해상도에 상관없이 동일하게 보일 것이다.

38-3-나. 비트맵 출력

비트맵을 출력하는 방법도 문자열을 출력하는 방법과 마찬가지로 DC에 비트맵을 전송하기만 하면 된다. 단 BitBlt이나 SetDIBitsToDevice 와 같이 확대를 하지 않는 함수로 프린터에 비트맵을 출력하면 너무 작게 출력되므로 일반적으로 비트맵 출력은 StretchBlt 함수로 확대해서 출력한다. 프린터의 해상도에 따라 비트맵을 적당하게 확대하면 거의 정확한 크기대로 출력할 수 있다. 다음 예제는 리소스에 정의되어 있는 IDB_BITMAP1 비트맵을 프린터로 출력한다.

예 제 : PrintBitmap

```
#include "resource.h"
void Print()
{
    ....
    HDC MemDC;
    HBITMAP hbit,OldBitmap;
    BITMAP bit;
    int bx,by;

    ============ 프린터 시작 코드 생략 ==============

    // 비트맵을 출력한다.
    Result=GetDeviceCaps(hPrtdc, RASTERCAPS) & RC_BITBLT;
    if (!Result) goto end;
    hbit=(HBITMAP)LoadImage(g_hInst, MAKEINTRESOURCE(IDB_BITMAP1),
        IMAGE_BITMAP,0,0,LR_CREATEDIBSECTION);
    GetObject(hbit,sizeof(BITMAP),&bit);
    bx=bit.bmWidth;
    by=bit.bmHeight;
```

```
    MemDC=CreateCompatibleDC(hPrtdc);
    OldBitmap=(HBITMAP)SelectObject(MemDC, hbit);
    StretchBlt(hPrtdc,dpiX,dpiY,4*dpiX,4*by/bx*dpiY,MemDC,0,0,bx,by,SRCCOPY);
    SelectObject(MemDC, OldBitmap);
    DeleteObject(hbit);
    DeleteDC(MemDC);

    // 출력을 종료한다.
    Result=EndPage(hPrtdc);
    ....
}
```

WM_PAINT 메시지에서는 리소스의 비트맵을 화면으로 출력하고 마우스 왼쪽 버튼을 누르면 Print 함수에서 비트맵을 프린터로 인쇄한다. 텍스트 인쇄에 비해 특별히 어려운 점은 없는데 두 가지 사항만 주의하자.

첫째, 비트맵 출력은 모든 프린터에서 다 가능한 것이 아니므로 반드시 비트맵 출력이 가능한지 조사해 보아야 한다. 프린터가 기능이 좀 모자라더라도 다른 기능은 GDI가 에뮬레이션을 할 수 있지만 비트맵 출력은 그렇지가 못하다. 그래서 GetDeviceCaps 함수로 프린터 DC가 RC_BITBLT를 지원하는지를 반드시 점검해 보아야 한다.

둘째, 프린터로 비트맵을 인쇄할 때는 LoadBitmap 함수로 읽어서는 안 되며 반드시 LoadImage 함수로 LR_CREATEDIBSECTION플래그와 함께 읽어야 한다. LoadBitmap 함수는 리소스의 DIB를 화면과 호환되는 DDB로 바꾸어 읽으며 프린터 DC와 호환되는 메모리 DC는 보통 흑백이기 때문에 이 DDB를 선택할 수 없다. 그래서 반드시 장치에 독립적인 DIB 섹션 포맷으로 읽어야만 한다. DIB 섹션은 출력되는 장치의 포맷에 맞게 실시간 변환된다.

실행해 보면 위쪽과 왼쪽으로 각각 1인치씩 여백을 두고 비트맵이 인쇄될 것이다. 인쇄되는 비트맵의 폭은 4인치로 설정했으며 높이는 비트맵 원래의 종횡비에 맞추었다. 비트맵 폭을 4인치로 지정하기 위해 프린터의 가로 해상도를 구하고 이 해상도에 4를 곱했다.

38-4 여러 페이지 출력

38-4-가. PrintMulti

이때까지의 예제는 한 페이지만 인쇄했지만 이번에는 여러 페이지를 인쇄하는 예제를 만들어 보자. 개념적으로는 StartPage 함수와 EndPage 함수 사이를 필요한 페이지수만큼 루프로 회전하기만 하면 여러 페이지를 인쇄할 수 있다.

예 제 : PrintMulti

```
void Print()
{
    ....
```

```
TCHAR str[128];
int i;
SIZE sz;
int nPage;
int nFirstPage,nFinalPage;

....

// 사용자의 옵션 선택에 따라 마지막 페이지를 계산한다.
if (pd.Flags & PD_PAGENUMS) {
    nFirstPage=pd.nFromPage;
    nFinalPage=pd.nToPage;
} else {
    nFirstPage=pd.nMinPage;
    nFinalPage=pd.nMaxPage;
}
for (nPage=nFirstPage;nPage<=nFinalPage;nPage++) {
    Result=StartPage(hPrtdc);
    if (Result <= 0) goto end;
    Rectangle(hPrtdc,0,0,xpage,ypage);
    MyFont=CreateFont(10*dpiY/72,0,0,0,FW_NORMAL, FALSE, FALSE, FALSE,
        HANGEUL_CHARSET, 3,2,1,VARIABLE_PITCH | FF_ROMAN, "궁서");
    OldFont=(HFONT)SelectObject(hPrtdc, MyFont);
    GetTextExtentPoint32(hPrtdc,"한",2,&sz);
    for (i=0;i<=30;i++) {
        wsprintf(str,"%d번째 페이지의 %d번째 줄입니다. ABCDEFGHIJKLMNOPQRSTUVWXYZ "
            "1234567 대한민국",nPage,i);
        TextOut(hPrtdc,10,int(sz.cy*1.5)*i+10,str,lstrlen(str));
    }
    SelectObject(hPrtdc, OldFont);
    DeleteObject(MyFont);
    Result=EndPage(hPrtdc);
    if (Result <= 0) goto end;
}
Result=EndDoc(hPrtdc);
....
```

실행해 보면 다섯 페이지가 연속적으로 인쇄될 것이다. 텍스트만 출력하는 Print나 PrintFont 예제와 어떤 차이점이 있는지 보자.

① 우선 Print 함수의 선두에 여섯 개의 변수가 추가되어 있다.

변수	설명
i	한 페이지당 30줄의 문자열을 출력하는 루프의 제어변수이다.
sz	문자열의 높이를 계산하기 위해 사용하며 이 변수의 1.5배만큼 줄간을 띄운다.
nPage	현재 페이지값을 가지는 루프변수이다.
nFirstPage	시작 페이지
nFinalPage	끝 페이지
str	출력할 문자열의 버퍼

② 인쇄 대화상자로 전달되는 인수에 약간의 변화가 생겼다. nMaxPage와 nToPage가 모두 5로 설정되어 있는데 nMaxPage는 이 문서가 5페이지로 구성되어 있다는 뜻이며 nToPage는 인쇄 대화상자의

~까지 에디트에 초기 입력될 값이다. 이 두 값은 인쇄 대화상자에 다음과 같이 나타난다.

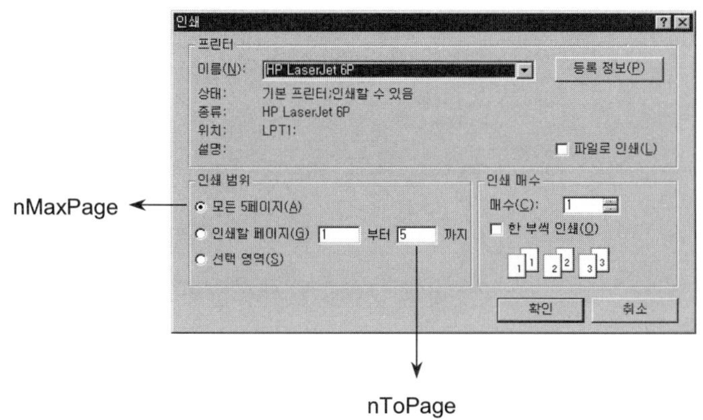

사용자는 대화상자를 통해 이 문서가 총 5페이지로 구성되어 있다는 것을 알 수 있으며 인쇄할 범위를 지정할 수도 있다. 사용자가 선택한 옵션들은 PRINTDLG 구조체에 그대로 대입되며 우리는 이 구조체의 값을 읽어 시작 페이지와 끝 페이지를 결정하게 된다.

단 이 예제에서는 복잡한 계산을 피하기 위해 문서가 5페이지로 구성되어 있다고 가정했다. 하지만 실제 프로그래밍에서는 문서의 길이를 계산을 통해 알아내야 할 것이며 어떤 경우는 실제로 인쇄를 해 보기 전에는 문서의 길이를 계산할 수 없는 경우도 있다. 이때는 무한 루프를 돌며 인쇄를 하다가 모든 내용이 인쇄되있을 때 출력을 중지해야 한다.

③ 사용자가 선택한 옵션값을 읽어 시작 페이지와 끝 페이지를 구해 낸다. 소스중 다음 문장이 이 일을 하고 있다.

```
if (pd.Flags & PD_PAGENUMS) {
    nFirstPage=pd.nFromPage;
    nFinalPage=pd.nToPage;
} else {
    nFirstPage=pd.nMinPage;
    nFinalPage=pd.nMaxPage;
}
```

사용자는 모두 인쇄, 또는 범위 인쇄, 또는 선택 영역 중 한 가지를 선택할 수 있는데 이 예제에서는 선택 영역을 모두 인쇄와 동일하게 취급하고 있다. 인쇄 대화상자는 사용자가 선택한 옵션을 nFlags에 대입하는데 만약 범위 인쇄를 선택했다면 nFlags의 PD_PAGENUMS 비트가 세트된다. 이 경우는 nFromPage가 시작 페이지가 되며 nToPage가 끝 페이지가 되며 모두 인쇄를 선택했을 경우 nMinPage~nMaxPage가 인쇄되어야 한다.

④ StartPage 함수와 EndPage 함수 사이를 For루프가 감싸고 있으며 이 루프는 시작 페이지에서 끝 페이지까지 출력한다. 출력문 내부에서는 폰트 크기를 10으로 줄였으며 각 줄 사이의 줄간은 폰트의 높이를 계산한 후 높이의 1.5배를 사용하였다. 단 이 예제의 경우는 한 페이지당 30줄을 인쇄하였지만 실제 프로그래밍에서는 한 페이지에 들어갈 수 있는 줄 수도 계산을 통해 알아내야 한다. 사용자가 용지 크기를 변경하거나 여백을 줄 수도 있기 때문이다.

이상으로 여러 페이지 인쇄에 대해 알아보았다. 만약 각 페이지에 머리말이나 꼬리말을 달고 싶다면 StartPage와 EndPage사이의 어디든지 출력문을 넣기만 하면 될 것이다.

38-4-나. 꼬리말 인쇄

PrintMulti 예제를 조금 확장하여 꼬리말을 출력하고 페이지 길이에 맞게 줄 수를 계산해 보자. 둘 다 용지 크기에 맞추어 위치와 줄 수를 계산하기만 하면 된다. 소스를 다음과 같이 변경하였다.

```
int LinePerPage;
..............
    // 한 페이지에 들어가는 줄 수 계산
    LinePerPage=(int)((ypage-dpiY)/(sz.cy*1.5));
    for (i=0;i<=LinePerPage;i++) {
        wsprintf(str,"%d번째 페이지의 %d번째 줄입니다. ABCDEFGHIJKLMNOPQRSTUVWXYZ "
            "1234567 대한민국",nPage,i);
        TextOut(hPrtdc,10,int(sz.cy*1.5)*i+10,str,lstrlen(str));
    }

    // 꼬리말 출력
    MoveToEx(hPrtdc,0,ypage-dpiY/2,NULL);
    LineTo(hPrtdc,dpiY*5,ypage-dpiY/2);
    wsprintf(str,"인쇄 테스트 - %d 페이지",nPage);
    TextOut(hPrtdc,0,int(ypage-dpiY/2*0.9),str,lstrlen(str));
```

LinePerPage라는 변수를 하나 선언하고 이 변수에 한 페이지당 몇 줄이 들어갈 수 있는지 계산하였다. 용지의 세로 길이가 ypage 변수에 이미 계산되어 있으므로 이 길이를 줄간으로 나누기만 하면 된다. 단 아래쪽에 꼬리말이 들어갈 길이만큼인 1인치는 빼주었다. 계산된 줄 수만큼 문자열을 출력하고 꼬리말을 그 아래쪽에 출력했는데 좌표가 조금 어려워 보일지 모르겠지만 아주 단순한 출력문일 뿐이다. 꼬리말을 구분하는 가로선을 용지 하단에서 0.5인치 위쪽에 5인치 길이로 그었고 꼬리말은 용지 하단에서 0.45인치 위치에 출력하였다. 만약 여기에 여백을 계산에 넣고 싶다면 문자열과 꼬리말 출력 좌표를 여백만큼 띄우기만 하면 된다. 머리말을 출력하고 싶다면 마찬가지로 용지 상단에 여백을 만들고 적절한 출력문으로 출력하면 그만이다.

38-4-다. 취소 프로시저

인쇄는 사실 굉장히 느리다. Print.exe와 같은 간단한 인쇄 프로그램이라면 금방 인쇄가 끝나겠지만 PrintMulti.exe와 같이 여러 페이지의 긴 문서를 인쇄하는 프로그램의 경우라면 지금 어디쯤 인쇄하고 있다는 진행상황을 사용자에게 표시해야 할 필요가 있다. 또한 인쇄 중간에 취소할 수 있어야 한다. 인쇄 취소를 위해서는 취소 프로시저(Abort Procedure)와 취소 대화상자 두 가지가 필요하다. 취소 프로시저는 인쇄중에 계속적으로 호출되며 이 함수가 TRUE를 리턴하면 인쇄를 계속하고 FALSE를 리턴하면 인쇄를 멈춘다. 취소 대화상자는 보통 문서가 인쇄중임을 나타내는 안내문과 인쇄 취소 명령을 내릴 수 있는 버튼 하나로 구성된다. 사용자가 Cancel 버튼을 누르면 취소 프로시저가 FALSE를 리턴해야 한다.

취소 대화상자와 취소 프로시저간의 상호작용을 위해서 전역변수가 필요하며 인쇄시 이 전역변수를 TRUE로 설정하고 취소 프로시저는 이 전역변수를 계속 리턴함으로써 인쇄가 계속되게 한다. 취소 대화상자는 사용자가 Cancel 버튼을 누르면 전역변수를 FALSE로 변경함으로써 취소 프로시저가 FALSE를 리턴하게 하고 결국 인쇄를 멈추게 한다. 예제를 보자.

예 제 : PrintAbort

```
#include "resource.h"
BOOL g_bPrint;
HWND g_hDlgCancel;

LRESULT CALLBACK AbortDlgProc(HWND hdlg, UINT message, WPARAM wParam, LPARAM lParam)
{
    switch (message) {
    case WM_INITDIALOG:
        return TRUE;
    case WM_COMMAND:
        g_bPrint=FALSE;
        EnableWindow(hWndMain, TRUE);
        DestroyWindow(g_hDlgCancel);
        g_hDlgCancel=NULL;
        return TRUE;
    }
    return FALSE;
}

// 최소 프로시저. 이 함수에서 TRUE를 리턴하면 인쇄를 계속하고 FALSE를 리턴하면 인쇄를 취소
한다.
BOOL CALLBACK AbortProc(HDC hPrtdc, int iError)
{
    MSG msg;
    while (g_bPrint && PeekMessage(&msg, NULL,0,0,PM_REMOVE)) {
        if (!IsDialogMessage(g_hDlgCancel, &msg)) {
            TranslateMessage(&msg);
            DispatchMessage(&msg);
        }
    }
    return g_bPrint;
}

void Print()
{
    ....
    pd.nFromPage=1;
    pd.nToPage=50;
    pd.nMinPage=1;
    pd.nMaxPage=50;
    pd.nCopies=1;
    PrintDlg(&pd);
    hPrtdc=pd.hDC;
    if (hPrtdc == NULL) return;

    // 취소 프로시저 만듬, 대화상자 표시, 메인 윈도우 사용 금지
    g_bPrint=TRUE;
    g_hDlgCancel=CreateDialog(g_hInst, MAKEINTRESOURCE(IDD_DIALOG1),
        hWndMain, (DLGPROC)AbortDlgProc);
    SetAbortProc(hPrtdc, (ABORTPROC)AbortProc);
    EnableWindow(hWndMain, FALSE);
    ....
    for (nPage=nFirstPage;nPage<=nFinalPage;nPage++) {
```

```
        ....
        Sleep(200);
        TCHAR str[128];
        wsprintf(str,"%d 페이지 인쇄중입니다.",nPage);
        SetDlgItemText(g_hDlgCancel,IDC_PRINT,str);

        SelectObject(hPrtdc, OldFont);
        DeleteObject(MyFont);
        Result=EndPage(hPrtdc);
        if (Result <= 0) goto end;
    }
    Result=EndDoc(hPrtdc);
end:
    if (pd.hDevMode) GlobalFree(pd.hDevMode);
    if (pd.hDevNames) GlobalFree(pd.hDevNames);
    DeleteDC(hPrtdc);
    if (g_bPrint==TRUE) {
        EnableWindow(hWndMain, TRUE);
        DestroyWindow(g_hDlgCancel);
        g_hDlgCancel=NULL;
    }
    return;
}
```

결과를 좀 더 천천히 살펴보기 위해 페이지를 50으로 늘리고 각 페이지를 인쇄할 때마다 0.2초씩 쉬었다. 이렇게 시간을 끌지 않으면 인쇄 속도가 너무 빨라 취소 버튼을 누르기도 전에 인쇄 완료되어 버리므로 정확한 테스트를 할 수가 없다. 리소스에는 IDD_DIALOG1이라는 ID를 가지는 취소 대화상자가 작성되어 있다.

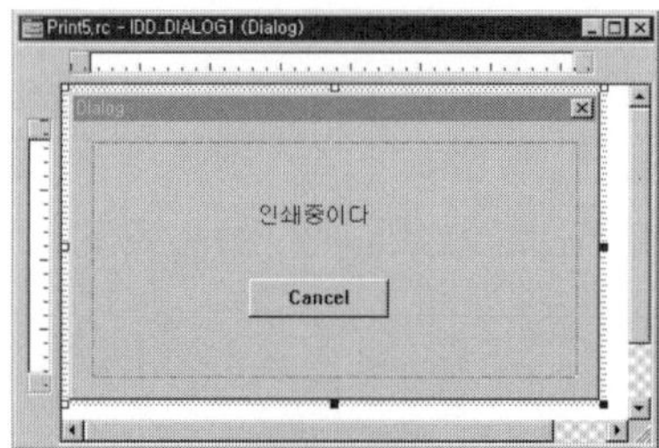

인쇄중임을 나타내는 스태틱 컨트롤과 취소 명령을 받을 수 있는 Cancel 버튼 한 개만 배치하였다. 대화상자의 속성중 Visible 속성을 선택하여 대화상자를 만드는 즉시 화면에 나타나게 했다. 두 개의 전역 변수가 선언되어 있는데 취소 대화상자가 모델리스로 열려야 하므로 이 대화상자의 핸들을 저장할 g_hDlgCancel 전역 변수가 필요하다. g_bPrint 는 인쇄 계속 여부를 지정하는데 이 변수가 TRUE인 동안은 인쇄가 계속된다.

Print 함수에서 인쇄가 시작되는 시점인 StartDoc 함수 이전에 전역변수 g_bPrint에 TRUE를 대입하여 취소 대화상자에서 이 값을 FALSE로 변경하기 전에는 인쇄가 계속되도록 하였다. CreateDialog 함수를 호출하여 취소 대화상자를 모델리스형으로 생성하고 다음 함수를 사용하여 취소 프로시저를 등록한다.

int SetAbortProc(HDC hdc, ABORTPROC lpAbortProc);

이 함수의 두 번째 인수로 취소 프로시저의 함수명을 준다. 취소 프로시저는 보통 AbortProc이라는 이름을 가지며 다음과 같은 원형을 가진다.

```
BOOL CALLBACK AbortProc( HDC hdc, int iError );
```

그리고 메인 윈도우를 사용금지하여 인쇄중에 사용자가 다른 명령을 내리지 못하게 한다. 만약 이렇게 하지 않으면 인쇄중에 또 다른 인쇄 명령을 내릴 수 있어 프로그램이 엉망이 될 수도 있다. 취소 프로시저는 인쇄 중에도 메인 윈도우가 자신을 그릴 수 있도록 메시지 펌핑을 하며 g_bPrint를 계속 리턴한다. 이 변수는 외부에서 변경할 수 있는데 취소 대화상자 프로시저에서 Cancel 버튼을 누를 때 TRUE가 된다. 이 변수가 FALSE가 되면 취소 프로시저가 즉각적으로 FALSE를 리턴할 것이고 인쇄가 취소된다. 인쇄중에는 대화상자의 스태틱 컨트롤에 어디쯤 인쇄하고 있는지 정보를 출력했다.

마지막으로 인쇄가 끝난 후의 뒷처리를 하는데 이 코드는 Print 함수의 뒷부분에 작성되어 있다. 인쇄가 끝난 후에도 g_bPrint가 TRUE이면 즉, 사용자가 인쇄중에 취소를 하지 않았다면 메인 윈도우를 다시 사용할 수 있도록 허가하며 취소 대화상자를 파괴 한다. PrintAbort 예제는 인쇄에 꼭 필요한 모든 에러 처리를 비교적 완벽하게 해 내고 있으므로 인쇄 루틴을 작성할 때 종종 참고할 하다. 소스의 부분부분만 보였는데 CD-ROM의 전체 소스를 통해 다시 한 번 인쇄 절차를 정리하자.

38-5 프린터 정보

38-5-가. 프린터 열거

Win32 API의 놀라운 기능 중의 하나는 장치에 독립적이라는 것인데 인쇄할 때도 마찬가지로 프린터가 바뀐다고 해서 출력 코드가 바뀔 필요는 없다. 그래서 직접 프린터를 제어하는 것보다 훨씬 더 작은 코드로 복잡한 출력을 해 낼 수 있는 것이다. 그러나 장치 독립적이라는 것은 굉장히 멋진 개념이지만 실제로는 진실이 아닐 수도 있다. 흑백 프린터에 컬러를 출력할 수 없고 플로터에 비트맵을 출력할 수 없는 것처럼 프린터의 특성에 따라 코드가 달라져야 하는 어쩔 수 없는 경우가 존재한다.

프린터는 굉장히 복잡한 물건이고 그러다 보니 선택할 수 있는 옵션이나 설정 상태가 다양하다. 프로그램이 프린터에 독립적으로 인쇄물을 찍어 내고 또 프린터의 특성을 충분히 활용하는 호환성을 확보하기 위해서는 프린터의 여러 가지 설정 정보를 알아 내고 작업에 맞게 옵션을 강제로 변경할 수 있어야 한다. 여기서는 프린터로부터 정보를 구하는 방법과 변경하는 방법에 대해 알아 볼 예정이되 프린터 정보에 관련된 API 들은 운영체제 버전에 따라 상이한 경우가 많고 플래그의 종류도 많아 본문에서는 꼭 필요한 부분만 보인다. 모든 옵션과 플래그를 다 설명하자면 오히려 핵심이 되는 내용이 가려지므로 나머지 생략된 부분은 항상 레퍼런스를 참조하기 바란다.

먼저 시스템에 어떤 종류의 프린터가 설치되어 있는지를 조사해 보자. 윈도우즈는 한꺼번에 여러 대의 프린터를 설치할 수 있으며 인쇄를 하기 전에 사용자가 출력할 프린터를 선택할 수 있다. 그래서 인쇄를 하는 프로그램은 시스템에 설치된 프린터의 목록을 구할 수 있어야 하는데 다음 함수는 시스템에 설치된 프린터와 프린터 서버, 도메인 등의 목록을 조사한다.

```
BOOL EnumPrinters(DWORD Flags, LPTSTR Name, DWORD Level, LPBYTE pPrinterEnum,
    DWORD cbBuf, LPDWORD pcbNeeded, LPDWORD pcReturned);
```

지금까지 EnumFonts, EnumWindows 등의 여러 가지 열거 함수들을 사용해 왔는데 이 함수는 다른 열거 함수들과는 달리 콜백함수를 사용하지 않고 배열에 모든 정보를 한번에 리턴한다. 그래서 사용하는 방법이 조금 특이하다. 이 함수의 인수는 두 개의 그룹으로 나눌 수 있는데 앞쪽 세 인수는 조사할 정보의 종류를 지정하고 뒤쪽 네 개의 인수는 조사된 결과를 돌려 받기 위한 버퍼를 제공한다. 첫번째 인수 Flags는 조사할 오브젝트의 종류를 지정하며 이 인수에 따라 Name, Level 인수에 지정할 수 있는 값들이 달라진다. Flags 인수에는 다음 플래그들의 조합을 지정할 수 있다.

플래그	설명
PRINTER_ENUM_LOCAL	로컬 프린터의 이름을 조사한다. 단 95는 네트워크 프린터도 로컬과 동일하게 취급하므로 같이 조사된다.
PRINTER_ENUM_NAME	Name이 지정하는 프린터를 열거하는데 서버, 도메인, 인쇄 프로바이더 등을 열거할 수 있다. Name이 NULL이면 인쇄 프로바이더가 조사된다.
PRINTER_ENUM_SHARED	공유된 프린터만 조사된다. 이 옵션은 단독으로 사용될 수 없으며 다른 플래그와 같이 사용한다.
PRINTER_ENUM_DEFAULT	95 : 기본 프린터를 조사한다. NT에서는 이 플래그를 사용할 수 없다.
PRINTER_ENUM_CONNECTIONS	NT : 이전에 연결한 적이 있는 프린터의 목록을 조사한다.
PRINTER_ENUM_NETWORK	NT : 같은 도메인에 속한 프린터의 목록을 구한다. Level은 반드시 1이어야 한다.
PRINTER_ENUM_REMOTE	NT : 같은 도메인에 속한 네트워크 프린터와 서버의 목록을 구한다. Level은 반드시 1이어야 한다.

Name인수는 Flags와 Level에 따라 사용할 수 있는가 없는가가 결정되는데 조사 대상에 대한 추가 정보라고 생각하면 된다. 예를 들어 특정 도메인내의 프린터 목록을 조사한다면 Name에 도메인명을 전달한다. Level은 조사할 정보의 레벨을 지정하는데 이 값에 따라 조사되는 정보의 상세함이 달라지며 요구되는 버퍼도 달라진다. 95/98에서는 1,2,5중 하나의 값을 지정할 수 있고 NT에서는 4를 추가로 지정할 수 있다.

네 번째 이후의 인수는 조사한 정보를 리턴받기 위한 버퍼이다. 네번째 인수 pPrinterEnum에 열거된 정보들이 복사되는데 한꺼번에 여러 오브젝트의 정보가 리턴되므로 이 인수는 배열형이어야 한다. Level인수에 따라 이 배열은 PRINTER_INFO_*형이 된다. 여기서 *는 Level과 동일한 정수값인데 예를 들어 Level이 2라면 이 배열은 PRINTER_INFO_2 구조체 배열이어야 한다.

이 배열은 반드시 조사된 모든 정보를 다 담을 수 있을만큼 충분한 크기를 가져야 한다. cbBuf는 이 배열의 크기를 지정하는데 만약 크기가 충분하지 않을 경우 이 함수는 정보를 조사하는 대신 pcbNeeded에 필요한 버퍼의 크기를 리턴한다. 그래서 보통 처음 호출할 때는 cbBuf에 0을 전달하여 고의로 에러를 유발시키며 이때 리턴되는 pcbNeeded로 필요한 메모리 양을 알아낸다. 마지막 인수 pcReturned는 리턴된 구조체 배열의 크기를 리턴하는데 이 값은 곧 조사된 오브젝트의 개수가 된다.

다음 예제는 이 함수로 조사할 수 있는 여러 가지 인쇄 오브젝트의 목록을 조사하여 열거한 것이다. 참고로 이 예제는 네트워크에 연결된 프린터도 열거하는데 실제 네트워크에 프린터가 연결되어 있지 않으면 잠시동안 다운된 것처럼 보일 수도 있다.

예 제 : EnumPrinters

```
void EnumPrintObject()
{
    PRINTER_INFO_1 *pi1;
    PRINTER_INFO_2 *pi2;
    PRINTER_INFO_4 *pi4;
    DWORD cbNeed, cbReturn;
    UINT i;
    HDC hdc;
    int y=2;
    TCHAR Mes[256];

    hdc=GetDC(hWndMain);

    // 로컬 프린터 열거 - 레지스트리에서 얻음
    lstrcpy(Mes,"로컬 프린터 열거 - 레지스트리");
    TextOut(hdc,10,y++*20,Mes,lstrlen(Mes));
    EnumPrinters(PRINTER_ENUM_LOCAL, NULL, 4, NULL, 0, &cbNeed, &cbReturn);
    pi4=(PRINTER_INFO_4 *)malloc(cbNeed);
    EnumPrinters(PRINTER_ENUM_LOCAL, NULL, 4, (PBYTE)pi4, cbNeed, &cbNeed, &cbReturn);
    for (i=0;i<cbReturn;i++) {
        wsprintf(Mes,"프린터 이름: %s, 종류:%s ", pi4[i].pPrinterName,
            pi4[i].Attributes==PRINTER_ATTRIBUTE_LOCAL ? "로컬":"네트워크");
        TextOut(hdc,10,y++*20,Mes,lstrlen(Mes));
    }
    free(pi4);y++;

    // 로컬 프린터 열거 - 실제 프린터에서 구함
    lstrcpy(Mes,"로컬 프린터 열거 - 실제 프린터에서 구함");
    TextOut(hdc,10,y++*20,Mes,lstrlen(Mes));
    EnumPrinters(PRINTER_ENUM_LOCAL, NULL, 2, NULL, 0, &cbNeed, &cbReturn);
    pi2=(PRINTER_INFO_2 *)malloc(cbNeed);
    EnumPrinters(PRINTER_ENUM_LOCAL, NULL, 2, (PBYTE)pi2, cbNeed, &cbNeed, &cbReturn);
    for (i=0;i<cbReturn;i++) {
        wsprintf(Mes,"프린터 이름: %s, 포트:%s, 용지:%d ", pi2[i].pPrinterName,
            pi2[i].pPortName, pi2[i].pDevMode->dmPaperSize);
        TextOut(hdc,10,y++*20,Mes,lstrlen(Mes));
    }
    free(pi2);y++;

    // 인쇄 프로바이더 열거
    lstrcpy(Mes,"인쇄 프로바이더 열거");
    TextOut(hdc,10,y++*20,Mes,lstrlen(Mes));
    EnumPrinters(PRINTER_ENUM_NAME, NULL, 1, NULL, 0, &cbNeed, &cbReturn);
    pi1=(PRINTER_INFO_1 *)malloc(cbNeed);
    EnumPrinters(PRINTER_ENUM_NAME, NULL, 1, (PBYTE)pi1, cbNeed, &cbNeed, &cbReturn);
    for (i=0;i<cbReturn;i++) {
        wsprintf(Mes,"인쇄 프로바이더: %s, 설명:%s ", pi1[i].pName, pi1[i].pComment);
        TextOut(hdc,10,y++*20,Mes,lstrlen(Mes));
    }
    free(pi1);y++;

    // 도메인내의 프린터 열거
    lstrcpy(Mes,"도메인내의 프린터 열거");
```

```
    TextOut(hdc,10,y++*20,Mes,lstrlen(Mes));
    EnumPrinters(PRINTER_ENUM_REMOTE, NULL, 1, NULL, 0, &cbNeed, &cbReturn);
    pi1=(PRINTER_INFO_1 *)malloc(cbNeed);
    EnumPrinters(PRINTER_ENUM_REMOTE, NULL, 1, (PBYTE)pi1, cbNeed, &cbNeed, &cbReturn);
    for (i=0;i<cbReturn;i++) {
        wsprintf(Mes,"프린터 이름: %s ", pi1[i].pName);
        TextOut(hdc,10,y++*20,Mes,lstrlen(Mes));
    }
    free(pi1);y++;

    ReleaseDC(hWndMain,hdc);
}

LRESULT CALLBACK WndProc(HWND hWnd,UINT iMessage,WPARAM wParam,LPARAM lParam)
{
    HDC hdc;
    PAINTSTRUCT ps;
    TCHAR *Mes="마우스 왼쪽 버튼을 누르면 설치된 프린터 목록을 조사합니다.";

    switch (iMessage) {
    case WM_CREATE:
        hWndMain=hWnd;
        return 0;
    case WM_LBUTTONDOWN:
        EnumPrintObject();
        return 0;
    case WM_PAINT:
        hdc=BeginPaint(hWnd, &ps);
        TextOut(hdc,10,10,Mes,lstrlen(Mes));
        EndPaint(hWnd, &ps);
        return 0;
    case WM_DESTROY:
        PostQuitMessage(0);
        return 0;
    }
    return(DefWindowProc(hWnd,iMessage,wParam,lParam));
}
```

로컬 프린터를 열거하는 루틴만 보자. EnumPrinters 함수를 두번 호출하는데 Flags인수에 ENUM_PRINTER_LOCAL 플래그를 주었고 이 경우 Name 인수는 필요치 않으며 조사되는 정보의 레벨은 4번으로 지정하였다. 이때 pPrinterEnum에 NULL, cbBuf에 0을 전달하여 버퍼를 제공하지 않았는데 이렇게 되면 EnumPrinters 함수는 필요한 버퍼양을 cbNeed에 리턴한다. 리턴된 크기만큼 메모리를 할당하고 다시 EnumPrinters 함수를 호출하여 로컬 프린터의 목록을 조사하였다.

```
EnumPrinters(플래그, NULL, 4, NULL, 0, &cbNeed, &cbReturn);

pi4=(PRINTER_INFO_4 *)malloc(cbNeed);     조사된 크기만큼 버퍼를 할당한다

EnumPrinters(플래그, NULL, 4, (PBYTE)pi4, cbNeed, &cbNeed, &cbReturn);
```

할당한 버퍼의 포인터를 전달한다

조사된 배열 개수가 리턴된다

버퍼 크기를 0으로 전달함으로써 고의로 에러를 유발시켜 필요한 버퍼 크기를 알아낸 후 조사된 크기만큼 메모리를 할당한다. 물론 이때 필요한 캐스팅은 해야 하며 할당된 버퍼를 다시 전달함으로써 원하는 정보를 획득하였다. 이런 식으로 사용 메모리가 가변적인 함수들은 두 번 호출하는 것이 정형화되어 있는데 앞으로 이런 함수들을 몇 개 더 보게 될 것이며 보안 관련 함수들도 이런 유형이 많으므로 동작 원리와 사용 방법을 잘 익혀 두어라.

나머지 열거 루틴도 Flags와 Level만 달라질 뿐 거의 동일하다. 실행 결과는 시스템에 설치된 프린터 목록에 따라 달라지는데 내 컴퓨터에서는 다음과 같이 출력되었다. 네트워크에 물려 있기 때문에 설치된 프린터가 많다.

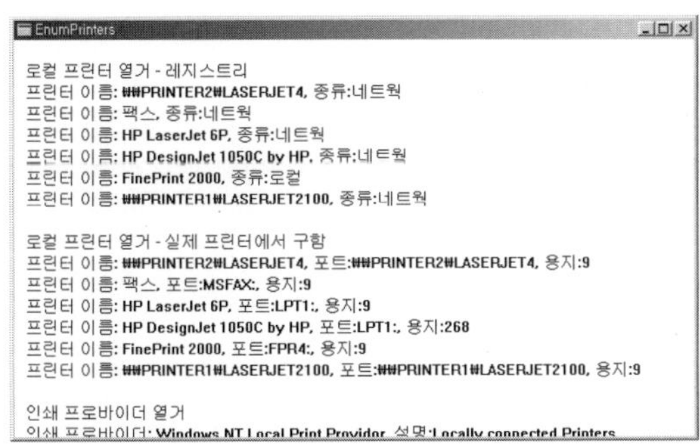

조사된 정보는 for 루프를 돌며 cbReturn, 즉 조사된 오브젝트 개수만큼 출력되는데 이때 조사된 정보의 어떤 멤버를 참조할 수 있는가는 Level인수에 따라 달라진다. 얼마나 정보를 상세하게 조사할 것인가에 따라 리턴되는 구조체가 달라지며 따라서 정보의 양도 달라지는데 이렇게 레벨을 지정할 수 있게 해 놓은 이유는 필요에 따라 원하는 정보만을 조사하기 위해서이다.

프린터 이름만 알면 되는데 굳이 프린터 설정이나 보안 속성, 현재 상태에 대한 정보까지 같이 조사할 필요는 없기 때문이다. 또한 어떤 정보는 실제로 네트워크에 접속해야만 알 수 있는 것도 있는데 이런 경우는 굉장히 시간이 많이 걸릴 수도 있다. 그래서 원하는 정보의 종류를 레벨로 선택함으로써 불필요한 시간을 낭비하지 않도록 해 놓은 것이다. 다음 도표는 Level 인수에 따라 조사되는 정보를 요약한 것이다.

레벨	설명
1	가장 기본적인 정보를 조사한다. 프린터의 이름, 설명 정도가 있다.
2	가장 상세한 정보가 조사된다. 서버명, 공유명, 포트, 드라이버, 용지 방향, 프린터의 속성, 출력 속도 등 수십가지의 정보가 한꺼번에 조사된다.
3	프린터의 보안 정보를 조사한다. SECURITY_DESCRIPTOR 구조체가 포함되어 있다.
4	프린터 이름과 종류, 서버명 등의 일반적인 프린터 정보를 조사한다.
5	상세한 프린터 정보를 조사한다. 이름, 포트, 속성, 타임아웃값 등이 포함된다.
6	용지 걸림이나 토너 부족 등 프린터의 현재 상태를 조사한다. 6번 이후의 레벨은 95/98에서는 사용할 수 없으면 NT/2000이상에서만 사용할 수 있다.
7	디렉토리 서비스와 관련된 프린터 정보를 조사한다.
8	프린터의 전역 설정에 관한 초기화 정보
9	프린터의 사용자별 설정에 관한 초기화 정보

각각의 PRINTER_INFO_* 구조체가 어떻게 선언되어 있고 각 멤버의 의미가 무엇인가는 본문에서 정리하지 않기로 한다. 멤버가 단순히 많기만 한 정도가 아니라 운영체제 버전과 상황에 따라 의미가 달라지는 것들도 있기 때문에 필요할 때 레퍼런스를 찾아보기 바란다. 여기서는 대표적으로 가장 자주 사용되는 PRINTER_INFO_2 구조체를 구경만 해 보자.

```
typedef struct _PRINTER_INFO_2 {
  LPTSTR     pServerName;
  LPTSTR     pPrinterName;
  LPTSTR     pShareName;
  LPTSTR     pPortName;
  LPTSTR     pDriverName;
  LPTSTR     pComment;
  LPTSTR     pLocation;
  LPDEVMODE pDevMode;
  LPTSTR     pSepFile;
  LPTSTR     pPrintProcessor;
  LPTSTR     pDatatype;
  LPTSTR     pParameters;
  PSECURITY_DESCRIPTOR pSecurityDescriptor;
  DWORD       Attributes;
  DWORD       Priority;
  DWORD       DefaultPriority;
  DWORD       StartTime;
  DWORD       UntilTime;
  DWORD       Status;
  DWORD       cJobs;
  DWORD       AveragePPM;
} PRINTER_INFO_2, *PPRINTER_INFO_2;
```

멤버가 참 많은데 이름만 봐도 대충 그 의미를 짐작할 수 있다. EnumPrinters 함수는 그다지 자주 사용되는 함수가 아니며 일반적인 사용예는 앞에서 보인 예제 정도만 이해하면 실무에 적용하기 충분하다.

38-5-나. 속성 조사

DevCap 예제는 특정한 한 프린터의 여러 가지 속성을 조사하여 화면으로 출력한다. 속성을 조사하는 여러 가지 방법을 보여 주는데 일단 소스를 보자.

예 제 : DevCap

```
void DevCap()
{
    PRINTDLG pd;
    HDC hPrtdc;
    DEVMODE *dm;
    TCHAR szPrinter[128];
    HANDLE hPrinter;
    PRINTER_INFO_2 *pi;
    DWORD cbNeeded;
    TCHAR Mes[256];
    HDC hdc;
    int y=2;

    hdc=GetDC(hWndMain);

    // 프린터에 관한 정보를 구하고 DC를 만든다.
    memset(&pd,0,sizeof(PRINTDLG));
    pd.lStructSize=sizeof(PRINTDLG);
    pd.Flags=PD_RETURNDC;
    pd.hwndOwner=hWndMain;
    pd.nFromPage=1;
    pd.nToPage=1;
    pd.nMinPage=1;
    pd.nMaxPage=1;
    pd.nCopies=1;
    PrintDlg(&pd);
    hPrtdc=pd.hDC;
    if (hPrtdc == NULL)
        return;

    // 프린터 이름 조사
    dm=(DEVMODE *)GlobalLock(pd.hDevMode);
    lstrcpy(szPrinter,(LPCTSTR)dm->dmDeviceName);
    GlobalUnlock(pd.hDevMode);
    wsprintf(Mes,"프린터 이름: %s ", szPrinter);
    TextOut(hdc,10,y++*20,Mes,lstrlen(Mes));

    // 화면 해상도 조사
    int xres, yres,xsize,ysize,xdpi,ydpi,numcolor,rastercap;
    xres = GetDeviceCaps(hPrtdc, HORZRES);
    yres = GetDeviceCaps(hPrtdc, VERTRES);
    xsize = GetDeviceCaps(hPrtdc, HORZSIZE);
    ysize = GetDeviceCaps(hPrtdc, VERTSIZE);
    xdpi = GetDeviceCaps(hPrtdc, LOGPIXELSX);
    ydpi = GetDeviceCaps(hPrtdc, LOGPIXELSY);
    numcolor = GetDeviceCaps(hPrtdc, NUMCOLORS);
    rastercap = GetDeviceCaps(hPrtdc, RASTERCAPS) & RC_STRETCHDIB;
```

```
    wsprintf(Mes,"X크기(픽셀)=%d, Y크기(픽셀)=%d",xres,yres);
    TextOut(hdc,10,y++*20,Mes,lstrlen(Mes));
    wsprintf(Mes,"X크기(밀리미터)=%d, Y크기(밀리미터)=%d",xsize,ysize);
    TextOut(hdc,10,y++*20,Mes,lstrlen(Mes));
    wsprintf(Mes,"X해상도=%d, Y해상도=%d",xdpi,ydpi);
    TextOut(hdc,10,y++*20,Mes,lstrlen(Mes));
    wsprintf(Mes,"색상수=%d, 비트맵 스트레칭=%s",
        numcolor,rastercap ? "가능":"불가능");
    TextOut(hdc,10,y++*20,Mes,lstrlen(Mes));

    // 여러 가지 능력을 조사한다.
    DWORD Collate, Copies, Duplex, Orientation;
    Collate=DeviceCapabilities(szPrinter,szPrinter,DC_COLLATE,NULL,NULL);
    Copies=DeviceCapabilities(szPrinter,szPrinter,DC_COPIES,NULL,NULL);
    Duplex=DeviceCapabilities(szPrinter,szPrinter,DC_DUPLEX,NULL,NULL);
    Orientation=DeviceCapabilities(szPrinter,szPrinter,DC_ORIENTATION,NULL,NULL);

    wsprintf(Mes,"Collate(한 부씩 인쇄)=%s, Copies(같은 페이지 최대 출력 매수)=%d",
        Collate ? "지원":"지원 안함",Copies);
    TextOut(hdc,10,y++*20,Mes,lstrlen(Mes));
    wsprintf(Mes,"Duplex(양면 인쇄)=%s, 가로찍기=%d도",
        Duplex ? "지원":"지원 안함",Orientation);
    TextOut(hdc,10,y++*20,Mes,lstrlen(Mes));

    // GetPrinter로 조사
    OpenPrinter(szPrinter,&hPrinter,NULL);
    GetPrinter(hPrinter,2,0,0,&cbNeeded);
    pi=(PRINTER_INFO_2 *)malloc(cbNeeded);
    GetPrinter(hPrinter,2,(LPBYTE)pi,cbNeeded,&cbNeeded);

    wsprintf(Mes,"프린터 이름: %s, 인쇄 프로세서 이름 : %s ",
        pi->pPrinterName, pi->pPrintProcessor);
    TextOut(hdc,10,y++*20,Mes,lstrlen(Mes));

    free(pi);
    ClosePrinter(hPrinter);

    if (pd.hDevMode) GlobalFree(pd.hDevMode);
    if (pd.hDevNames) GlobalFree(pd.hDevNames);
    DeleteDC(hPrtdc);
    ReleaseDC(hWndMain,hdc);
}
```

WndProc에는 코드가 거의 없으며 마우스 왼쪽 버튼을 누르면 DevCap 함수를 호출하여 프린터의 속성을 화면으로 출력한다. DevCap 함수는 먼저 인쇄 대화상자를 띄워 대상 프린터를 선택하고 사용자가 선택한 프린터에 대한 속성을 조사한다. 속성을 조사하는 함수와 조사된 속성을 문자열로 조립하여 출력하는 함수의 연속으로 되어 있을 뿐 구조는 무척 간단하다. 실행중의 모습은 다음과 같다.

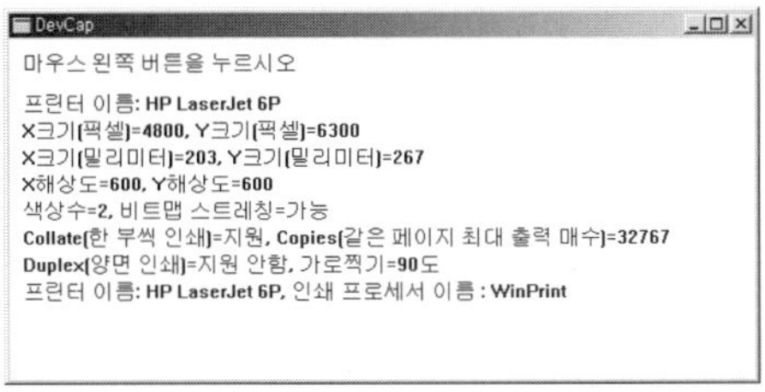

DevCap

마우스 왼쪽 버튼을 누르시오

프린터 이름: HP LaserJet 6P
X크기(픽셀)=4800, Y크기(픽셀)=6300
X크기(밀리미터)=203, Y크기(밀리미터)=267
X해상도=600, Y해상도=600
색상수=2, 비트맵 스트레칭=가능
Collate(한 부씩 인쇄)=지원, Copies(같은 페이지 최대 출력 매수)=32767
Duplex(양면 인쇄)=지원 안함, 가로찍기=90도
프린터 이름: HP LaserJet 6P, 인쇄 프로세서 이름 : WinPrint

프린터의 이름 조사

프린터의 정보는 세가지 대상으로부터 구할 수 있는데 첫 번째는 프린터 DC로부터, 두 번째는 프린터의 이름으로부터, 세 번째는 프린터 핸들로부터 구할 수 있다. 이 세가지는 상호 종속적이기 때문에 핸들을 알면 이름을 알 수 있고 반대로 이름을 알면 핸들을 구할 수 있으며 이름으로부터 DC를 만들 수도 있다. 동일한 프린터를 가리키는 다른 형식의 값들이되 정보 조사 함수들이 요구하는 종류가 각각 다르므로 상황에 따라 편리한 방법을 선택하면 된다.

DevCap 예제는 인쇄 공통 대화상자로 사용자가 프린터를 선택하도록 했고 그 결과 프린터의 DC를 구하므로 DC에 대한 정보는 곧바로 얻을 수 있다. 반면 인쇄 공통 대화상자는 프린터의 이름이나 핸들을 구해 주지 않으므로 이 값들은 직접 구해야 한다. 프린터의 이름은 "HP LaserJet 4", "Samsung Oh Myjet" 같은 친근한 이름으로 되어 있는데 시스템이 프린터를 구별하는 가장 기본적인 명칭이다. 이름은 PRINTDLG.hDevMode 메모리 블록의 DEVMODE 구조체에 들어 있으며 이 구조체의 dmDeviceName 멤버를 참조하면 구할 수 있다. 예제에서는 이 이름을 szPrinter라는 버퍼에 복사한 후 출력했다. DEVMODE는 굉장히 복잡하므로 잠시 후에 따로 알아보기로 하고 여기서는 PRINTDLG 구조체에서 프린터의 이름을 조사할 수 있다는 것만 알아 두자.

GetDeviceCaps

프린터의 능력이란 곧 프린터 DC의 능력과도 동일하다. DC로부터 정보를 구할 수 있는 기본적인 함수는 GetDeviceCaps인데 이 함수로 프린터에 선택된 용지의 크기, 해상도 따위의 정보와 비트맵 출력 능력 등을 조사한다. 아수 쉬운 함수이며 이미 익숙할 것이다. 이 함수만 제대로 사용할 수 있어도 웬만한 프린터 조작은 다 가능하다. 예제에서는 해상도, 용지 크기, 스트레칭 능력 등만 조사해 보았다.

DeviceCapabilities

다음 함수는 프린터의 이름으로부터 프린터의 여러 가지 속성이나 능력을 조사한다.

DWORD DeviceCapabilities(LPCTSTR pDevice, LPCTSTR pPort, WORD fwCapability, LPTSTR pOutput, CONST DEVMODE *pDevMode);

첫 번째 인수로 프린터 이름을, 두 번째 인수로 프린터가 설치된 포트명을 요구하며 세 번째 인수가 조사할 정보에 대한 인덱스이다. 네 번째와 다섯 번째 인수는 조사된 정보가 리턴될 버퍼인데 필요할 경우만 버퍼를 주면 된다. 조사된 정보가 정수값일 경우는 보통 리턴값으로 결과를 알 수 있으므로 조사되는 정보가 복잡한 경우만 버퍼를 제공하면 된다.

예제에서는 한부씩 인쇄 지원, 최대 복사 매수, 양면 인쇄, 가로찍기의 각도 등만 조사하였으며 모두 정수값이다. 이 함수가 어떤 능력을 조사할 수 있는지는 레퍼런스를 참고하기 바란다. 인쇄 가능한 용지 목록, 용지 공급기의 종류, 프린터의 메모리 실장량, 트루타입 폰트 인쇄 방식 따위를 알 수 있다.

GetPrinter

프린터의 이름을 알고 있으면 언제든지 프린터의 핸들을 구할 수 있는데 이때는 다음 함수를 사용한다.

BOOL OpenPrinter(LPTSTR pPrinterName, LPHANDLE phPrinter, LPPRINTER_DEFAULTS pDefault);
BOOL ClosePrinter(HANDLE hPrinter);

OpenPrinter 함수는 첫 번째 인수로 지정한 프린터 이름으로부터 프린터 핸들을 구해 두 번째 인수에 대입한다. 이렇게 구한 핸들은 프린터 핸들을 요구하는 다른 함수에 사용할 수 있으며 다 사용한 후 ClosePrinter로 닫아야 한다. 세 번째 인수는 프린터의 설정 초기값을 대입받기 위한 구조체이되 필요하지 않을 경우 NULL로 주면 된다. 다음 두 함수는 프린터 핸들로부터 정보를 구하고 설정한다.

BOOL GetPrinter(HANDLE hPrinter, DWORD Level, LPBYTE pPrinter, DWORD cbBuf, LPDWORD pcbNeeded);
BOOL SetPrinter(HANDLE hPrinter, DWORD Level, LPBYTE pPrinter, DWORD Command);

GetPrinter 함수가 정보를 조사하는 방식은 EnumPrinters 함수와 유사하다. 프린터의 핸들과 조사할 정보의 레벨을 알려 주면 pPrinter 버퍼에 정보를 채운다. pPrinter 버퍼는 조사된 정보를 충분히 담을 만한 크기여야 하는데 이 크기를 조사하는 방법도 EnumPrinters와 마찬가지로 cbBuf에 0을 넘기고 pcbNeeded에 리턴되는 값을 참조하는 것이다. 예제에서는 레벨 2의 정보를 조사했으며 PRINTER_INFO_2 구조체로부터 프린터의 이름과 인쇄 프로세서의 이름을 조사하였다. 이 함수가 어떤 정보를 조사하고 설정할 수 있는지도 역시 레퍼런스를 참고하기 바란다.

이 예제는 프린터로부터 정보를 구하는 몇가지 방법만을 보여 주었을 뿐 조사된 정보를 사용하지는 않았다. 어떤 정보가 언제 필요하며 어떻게 조작할 것인가는 실제 상황에 따라 너무나 가변적이기 때문에 정보의 종류와 그 의미에 대해서는 본문에 모두 기록하기 어렵고 여기서 기술해 봐야 별 도움이 되지도 않는다.

38-5-다. 기본 프린터

응용 프로그램에서 인쇄를 시작하기 전에 통상적으로 하는 작업은 인쇄 공통 대화상자를 열어 사용자에게 어떤 프린터에 인쇄할 것인지와 인쇄 옵션을 물어 보는 것이다. 이 대화상자에서 사용자는 인쇄할 프린터와 옵션을 마음대로 변경하고 바꿀 수 있는 기회를 가진다. 그러나 극도로 초보자인 경우, 인쇄 공통 대화상자의 컨트롤조차도 제대로 사용할 수 없는 사람들은 이런 기회가 오히려 부담스러울 수도 있는데 이럴 때는 인쇄 공통 대화상자를 띄울 필요도 없이 기본 프린터로 바로 인쇄하는 것이 좋다.

기본 프린터는 시스템에 설치되어 있는 프린터 중 별다른 지정이 없을 때 선택되는 프린터이며 쉽게 말해서 대표 프린터라고 할 수 있다. 제어판에서 기본 프린터 설정을 변경할 수 있으며 프로그램에서는 인쇄 대화상자를 띄울 필요없이 기본 프린터를 조사한 후 이 프린터로 출력을 내 보낼 수 있다. 다음 예제는 시스템에 설치되어 있는 기본 프린터를 조사하고 변경한다.

예 제 : DefPrinter

```
BOOL MyGetDefaultPrinter(LPSTR DefPrinter)
{
    OSVERSIONINFO osv;
    DWORD dwNeed;
    TCHAR Buffer[255];

    osv.dwOSVersionInfoSize=sizeof(OSVERSIONINFO);
    GetVersionEx(&osv);

    // 2000 이후
    if (osv.dwMajorVersion >= 5) {
        dwNeed=128;
        if (GetDefaultPrinter(DefPrinter,&dwNeed)==0)
            return FALSE;
    // 95/98, NT 4.0
    } else {
        if (GetProfileString("windows","device",",,,",Buffer,255) <= 0)
            return FALSE;
        strtok(Buffer,",");
        lstrcpy(DefPrinter,Buffer);
    }

    return TRUE;
}

BOOL MySetDefaultPrinter(LPSTR DefPrinter)
{
    OSVERSIONINFO osv;
    DWORD dwNeed=0, dwReturn=0;
    PRINTER_INFO_2 *pi2;
    HANDLE hPrinter=NULL;
    TCHAR Buffer[255];

    osv.dwOSVersionInfoSize=sizeof(OSVERSIONINFO);
    GetVersionEx(&osv);

    // 2000 이후
    if (osv.dwMajorVersion >= 5) {
        if (SetDefaultPrinter(DefPrinter) == 0)
            return FALSE;
    // 95/98, NT 4.0
    } else {
        if (OpenPrinter(DefPrinter,&hPrinter,NULL) == 0 || hPrinter == NULL)
            return FALSE;
        GetPrinter(hPrinter,2,0,0,&dwNeed);
        pi2=(PRINTER_INFO_2 *)malloc(dwNeed);
        GetPrinter(hPrinter,2,(LPBYTE)pi2,dwNeed,&dwNeed);

        if (osv.dwPlatformId == VER_PLATFORM_WIN32_WINDOWS) {
            pi2->Attributes |= PRINTER_ATTRIBUTE_DEFAULT;
            if (SetPrinter(hPrinter,2,(LPBYTE)pi2,0) == 0) {
                free(pi2);
                return FALSE;
```

```
            }
        } else {
            wsprintf(Buffer,"%s,%s,%s",DefPrinter,pi2->pDriverName,pi2->pPortName);
            if (WriteProfileString("windows","device",Buffer) == 0)
                return FALSE;
        }
        SendNotifyMessage(HWND_BROADCAST,WM_SETTINGCHANGE,0,(LPARAM)
            (LPCTSTR)"windows");
    }

    return TRUE;
}

LRESULT CALLBACK WndProc(HWND hWnd,UINT iMessage,WPARAM wParam,LPARAM lParam)
{
    HDC hdc;
    PAINTSTRUCT ps;
    TCHAR DefPrinter[128];
    TCHAR *Mes="왼쪽 - 기본 프린터 조사, 오른쪽 - 기본 프린터 변경";

    switch (iMessage) {
    // 기본 프린터 구하기
    case WM_LBUTTONDOWN:
        if (MyGetDefaultPrinter(DefPrinter) == TRUE) {
            MessageBox(hWnd,DefPrinter,"기본 프린터",MB_OK);
        } else {
            MessageBox(hWnd,"기본 프린터를 찾을 수 없습니다","기본 프린터",MB_OK);
        }
        return 0;
    // 기본 프린터 설정하기
    case WM_RBUTTONDOWN:
        if (MySetDefaultPrinter("HP LaserJet 6P") == TRUE) {
            MessageBox(hWnd,"기본 프린터를 변경했습니다","알림",MB_OK);
        } else {
            MessageBox(hWnd,"기본 프린터 변경에 실패했습니다.","알림",MB_OK);
        }
        return 0;
    case WM_PAINT:
        hdc=BeginPaint(hWnd, &ps);
        TextOut(hdc,10,10,Mes,lstrlen(Mes));
        EndPaint(hWnd, &ps);
        return 0;
    case WM_DESTROY:
        PostQuitMessage(0);
        return 0;
    }
    return(DefWindowProc(hWnd,iMessage,wParam,lParam));
}
```

기본 프린터를 조사하고 변경하는 함수는 다음 두 함수이다.

BOOL GetDefaultPrinter(LPTSTR pszBuffer, LPDWORD pcchBuffer);
BOOL SetDefaultPrinter(LPCTSTR pszPrinter);

이름이 아주 직관적이며 사용 방법 역시 아주 쉽다. 기본 프린터를 구할 때는 버퍼와 그 길이를 전달하면 버퍼에 기본 프린터 이름을 조사해 준다. 버퍼 크기가 가변적이므로 최초 버퍼 크기를 0으로 지정하여 조사할 수도 있으나 이 함수의 경우는 그런 방법보다는 처음부터 pszBuffer 크기를 255 정도로 충분하게 제공하는 것이 더 간편하다. 프린터의 이름이 255자를 넘는 경우는 거의 없기 때문이다. 기본 프린터를 변경할 때도 프린터 이름만 전달하면 된다.

보다시피 이 두 함수를 사용하면 기본 프린터를 조사하고 변경하는 것은 식은 죽 먹기라고 할 수 있다. 그러나 안타깝게도 이 두 함수는 윈도우즈 2000이후 버전에서만 사용할 수 있으며 그 이전 버전에서는 다른 방법을 사용해야 한다. 그래서 예제의 MyGetDefaultPrinter 함수는 운영체제 버전을 조사한 후 2000인 경우와 그렇지 않은 경우를 다르게 처리하고 있다.

2000이전 버전에서는 Win.ini의 windows 섹션의 device값을 읽어 토큰을 분리하여 기본 프린터 이름을 구한다. 그러나 이 루틴은 엄밀하게 말하면 정확하지 않다. 기본 프린터를 구하는 방법은 2000, NT 4.0, 95, 98 네가지 경우가 모두 조금씩 다르기 때문에 운영체제 버전을 정확하게 판별하여 맞는 코드를 사용해야 하나 너무 길어지기 때문에 95에 대한 코드는 작성하지 않았다.

38-5-라. 초기화 정보

DevCap 예제에서 프린터의 이름을 구할 때 잠시 DEVMODE 구조체를 참조하였는데 이 구조체에 대해 자세하게 알아 보자. 이 구조체는 프린터의 초기화 정보와 환경에 대한 정보를 가지는데 프린터에 관련된 모든 정보를 다 가지고 있는 아주 중요한 구조체이며 또한 프린터의 설정 상태를 프로그램이 강제로 바꾸는 수단으로 활용된다. 이 구조체를 정복해야 프린터를 마음대로 요리할 수 있다.

이 구조체는 여러 가지 방법으로 구할 수 있는데 EnumPrinters 함수로 프린터를 열거할 때 구해지는 PRINTER_INFO_2 구조체에도 포함되어 있으며 OpenPrinter 함수로 프린터의 핸들을 구할 때 같이 구할 수도 있다. 또한 인쇄 공통 대화상자 호출시 PRINTDLG 구조체의 hDevMode 멤버에서 이 구조체를 구할 수도 있고 GetPrinter, DocumentProperties 등과 같이 이 구조체를 다루는 전문적인 함수도 있다. 그렇다면 일단 이 구조체가 과연 어떻게 정의되어 있는지 보자.

```
typedef struct _devicemode {
  BCHAR
dmDeviceName[CCHDEVICENAME];
  WORD     dmSpecVersion;
  WORD     dmDriverVersion;
  WORD     dmSize;
  WORD     dmDriverExtra;
  DWORD    dmFields;
  union {
    struct {
      short dmOrientation;
      short dmPaperSize;
      short dmPaperLength;
      short dmPaperWidth;
    };
    POINTL dmPosition;
  };
  short   dmScale;
  short   dmCopies;
  short   dmDefaultSource;
  short   dmPrintQuality;
  BCHAR   dmFormName[CCHFORMNAME];
  WORD    dmLogPixels;
  DWORD   dmBitsPerPel;
  DWORD   dmPelsWidth;
  DWORD   dmPelsHeight;
  union {
    DWORD   dmDisplayFlags;
    DWORD   dmNup;
  }
  DWORD   dmDisplayFrequency;
#if(WINVER >= 0x0400)
  DWORD   dmICMMethod;
  DWORD   dmICMIntent;
  DWORD   dmMediaType;
  DWORD   dmDitherType;
  DWORD   dmReserved1;
  DWORD   dmReserved2;
#if (WINVER >= 0x0500) || (_WIN32_WINNT >= 0x0400)
  DWORD   dmPanningWidth;
  DWORD   dmPanningHeight;
#endif
```

```
    short  dmColor;
    short  dmDuplex;
    short  dmYResolution;
    short  dmTTOption;
    short  dmCollate;
#endif /* WINVER >= 0x0400 */
} DEVMODE;
```

보다시피 프린터라는 물건이 워낙 복잡하다 보니 그 초기화 정보의 양도 대단하다. 그러나 더 기가 막힌 것은 이 구조체가 여기서 끝나는 것이 아니라는 점이다. 이 구조체의 멤버는 대부분의 프린터나 장치에 공통적으로 적용되는 정보만 가지고 있으며 개별 프린터의 고유 정보를 추가로 더 가질 수 있다. 고유 정보는 이 구조체의 뒤쪽에 이어지는데 그 크기는 이 구조체보다 일반적으로 더 크며 프린터에 따라 고유하고 다양하다.

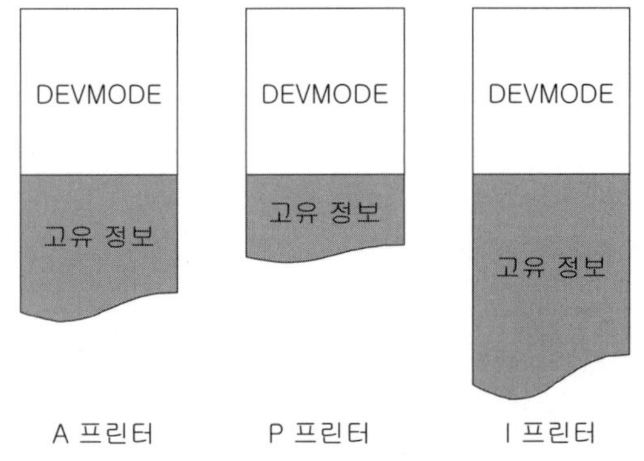

지금까지 만들어진 프린터의 종류가 수천가지는 더 될 것이고 지금 이 순간에도 새로운 프린터들이 만들어지고 있다. 도트 프린터부터, 잉크젯, 레이저, 페이지 프린터, 심지어 필름이나 섬유, 철판에 인쇄를 할 수 있는 것도 있고 플로터 방식의 프린터도 있다. 인쇄 기술은 날로 발전하고 있으며 앞으로 어떤 기상 천외한 방식의 프린터가 만들어질지 알 수가 없다. 그래서 DEVMODE를 처음 정의할 때 모든 프린터의 설정 정보를 포함하는 것 자체가 불가능하며 그래서 공통적으로 적용되는 속성만 포함시켜 놓고 나머지 고유 정보는 이 구조체 뒤쪽에 제조 업체가 덧붙일 수 있게끔 되어 있는 것이다. 다음은 두가지 특이한 프린터의 기본 설정 화면이다.

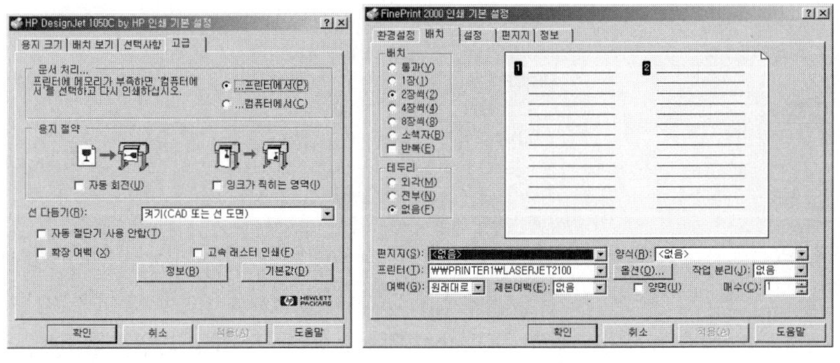

HP 1050C는 캔트지 전지에도 인쇄할 수 있는 롤 프린터인데 이 프린터가 제공하는 자동 회전, 선 다듬기, 자동 절단기 사용 등의 옵션은 전혀 일반적이지 않다. 오른쪽은 많이 사용하는 인쇄 전용 소프트웨어인 FinePrinter라는 제품의 등록 정보 화면인데 테두리 설정, 작업 분리, 제본 여백 등은 일반적인 프린터에 있는 속성이 아니다. 프린터의 고유 정보는 아주 특수하며 일반화가 불가능하다는 것을 쉽게 이해할 수 있을 것이다. 이런 고유한 설정 정보는 프린터 제조 업체가 드라이버를 만들 때 포함하며 이 정보는 DEVMODE 뒤에 덧붙여짐으로써 프로그램에서 제어할 수 있다.

DEVMODE의 크기가 가변적이지만 다행스럽게도 우리는 DEVMODE에 포함되어 있는 멤버만을 다룰 뿐 프린터의 고유 정보에 관심을 가져야 할 경우가 거의 없다. 왜냐하면 이런 설정 상태는 사용자가 직접 제어판에서 제조 업체가 제공하는 설정 대화상자를 통해 원하는 바대로 수정하는 것이 원칙이며 프로그램이란 어떤 프린터를 선택하더라도 인쇄가 가능한, 즉 프린터에 독립적이어야 하기 때문이다. 그러나 만약 특정한 프린터를 위한 프로그램을 만든다면 이때는 물론 DEVMODE 뒤쪽의 정보도 같이 프로그래밍해야 할 것이다.

DEVMODE의 멤버 중 수직 주파수처럼 프린터에는 전혀 해당되지 않는 것도 있고 프로그램에서 직접 바꾸어야 할 필요가 없는 것들도 많이 있다. 다음은 이 구조체 중 자주 사용되는 몇가지만을 정리한 것이다.

멤버	설명
dmDeviceName	프린터의 이름이며 문자열로 되어 있다. 이 이름은 시스템이 프린터를 구분하는 일종의 명칭으로 사용된다.
dmSize	이 구조체의 크기이며 버전 확인에 사용된다. sizeof(DEVMODE)와 동일한 크기를 가진다.
dmDriverExtra	드라이버의 고유 데이터 크기이다. DEVMODE 구조체 다음에 이 크기만큼의 데이터가 더 있다.
dmFields	DEVMODE 구조체로부터 초기값을 설정할 때 어떤 멤버가 초기화에 사용될 것인지를 지정한다. 예를 들어 용지의 방향을 바꾸고 싶다면 이 필드에 DM_ORIENTATION을 주고 용지 종류를 바꾸고 싶다면 DM_PAPERSIZE를 주면 된다.
dmOrientation	용지의 방향을 나타낸다. 세로 인쇄일 때는 DMORIENT_PORTRAIT가 되며 가로 인쇄일 때는 DMORIENT_LANDSCAPE가 된다.
dmPaperSize	용지의 종류를 나타낸다. DMPAPER_LETTER, DMPAPER_A4 같은 상수가 정의되어 있다. 커스텀 용지를 사용할 때는 이 멤버가 0이 되며 다음 두 멤버가 용지의 크기를 지정한다.
dmPaperLength	용지의 길이를 1/10밀리미터 단위로 지정한다.
dmPaperWidth	용지의 폭을 1/10밀리미터 단위로 지정한다.
dmScale	확대 비율을 지정하는 백분율이다.
dmCopies	인쇄 매수를 지정한다.
dmDuplex	양면 인쇄 방식을 지정한다.

각 멤버가 가질 수 있는 값의 종류나 나머지 멤버에 대해서는 레퍼런스를 참고하기 바라되 위 표에 있는 것만 이해해도 99% 충분할 것이다. 그럼 이제 프린터로부터 DEVMODE를 구해 출력하는 예제를 만들어 보자. 소스는 다음과 같다.

예 제 : DevMode

```
void DisplayDevMode2()
{
    TCHAR szPrinter[128];
    DWORD dwPrinter=128;
    HANDLE hPrinter;
    DEVMODE *dm;
    LONG ret;
```

```
    HDC hdc;
    int y=2;
    TCHAR Mes[256];

    hdc=GetDC(hWndMain);

    if (MyGetDefaultPrinter(szPrinter) == FALSE) {
        return;
    }
    OpenPrinter(szPrinter,&hPrinter,NULL);

    ret=DocumentProperties(hWndMain, hPrinter, szPrinter, NULL, NULL, 0);
    dm=(DEVMODE *)malloc(ret);
    DocumentProperties(hWndMain, hPrinter, szPrinter, dm, NULL, DM_OUT_BUFFER);

    // 초기화 정보 구함
    wsprintf(Mes,"기본 프린터 이름=%s",dm->dmDeviceName);
    TextOut(hdc,10,y++*20,Mes,lstrlen(Mes));
    wsprintf(Mes,"드라이버 버전=%d", dm->dmDriverVersion);
    TextOut(hdc,10,y++*20,Mes,lstrlen(Mes));
    wsprintf(Mes,"공용 데이터의 크기=%d, 드라이버 고유 데이터의 크기=%d",
        dm->dmSize, dm->dmDriverExtra);
    TextOut(hdc,10,y++*20,Mes,lstrlen(Mes));
    wsprintf(Mes,"용지의 종류=%d, 가로=%d, 세로=%d, 용지의 방향=%s",
        dm->dmPaperSize, dm->dmPaperWidth, dm->dmPaperLength,
        dm->dmOrientation == DMORIENT_PORTRAIT  ? "세로":"가로");
    TextOut(hdc,10,y++*20,Mes,lstrlen(Mes));
    wsprintf(Mes,"X해상도=%d, Y해상도=%d", dm->dmPrintQuality, dm->dmYResolution);
    TextOut(hdc,10,y++*20,Mes,lstrlen(Mes));

    free(dm);
    ClosePrinter(hPrinter);
    ReleaseDC(hWndMain,hdc);
}

void DisplayDevMode1()
{
    PRINTDLG pd;
    HDC hPrtdc;
    DEVMODE *dm;
    TCHAR szPrinter[128];
    TCHAR Mes[256];
    HDC hdc;
    int y=2;

    hdc=GetDC(hWndMain);

    // 프린터에 관한 정보를 구하고 DC를 만든다.
    memset(&pd,0,sizeof(PRINTDLG));
    pd.lStructSize=sizeof(PRINTDLG);
    pd.Flags=PD_RETURNDC;
    pd.hwndOwner=hWndMain;
    pd.nFromPage=1;
    pd.nToPage=1;
```

```
    pd.nMinPage=1;
    pd.nMaxPage=1;
    pd.nCopies=1;
    PrintDlg(&pd);
    hPrtdc=pd.hDC;
    if (hPrtdc == NULL)
        return;

    // DEVMODE의 번지를 구한다.
    dm=(DEVMODE *)GlobalLock(pd.hDevMode);
    lstrcpy(szPrinter,(LPCTSTR)dm->dmDeviceName);

    // 초기화 정보 구함
    wsprintf(Mes,"선택한 프린터 이름=%s",dm->dmDeviceName);
    TextOut(hdc,10,y++*20,Mes,lstrlen(Mes));
    wsprintf(Mes,"드라이버 버전=%d", dm->dmDriverVersion);
    TextOut(hdc,10,y++*20,Mes,lstrlen(Mes));
    wsprintf(Mes,"공용 데이터의 크기=%d, 드라이버 고유 데이터의 크기=%d",
        dm->dmSize, dm->dmDriverExtra);
    TextOut(hdc,10,y++*20,Mes,lstrlen(Mes));
    wsprintf(Mes,"용지의 종류=%d, 가로=%d, 세로=%d, 용지의 방향=%s",
        dm->dmPaperSize, dm->dmPaperWidth, dm->dmPaperLength,
        dm->dmOrientation == DMORIENT_PORTRAIT  ? "세로":"가로");
    TextOut(hdc,10,y++*20,Mes,lstrlen(Mes));
    wsprintf(Mes,"X해상도=%d, Y해상도=%d", dm->dmPrintQuality, dm->dmYResolution);
    TextOut(hdc,10,y++*20,Mes,lstrlen(Mes));

    GlobalUnlock(pd.hDevMode);
    ReleaseDC(hWndMain,hdc);
}

LRESULT CALLBACK WndProc(HWND hWnd,UINT iMessage,WPARAM wParam,LPARAM lParam)
{
    HDC hdc;
    PAINTSTRUCT ps;
    TCHAR *Mes="왼쪽 버튼=프린터 선택, 오른쪽 버튼=기본 프린터의 정보";

    switch (iMessage) {
    case WM_CREATE:
        hWndMain=hWnd;
        return 0;
    case WM_LBUTTONDOWN:
        InvalidateRect(hWnd,NULL,TRUE);
        UpdateWindow(hWnd);
        DisplayDevMode1();
        return 0;
    case WM_RBUTTONDOWN:
        InvalidateRect(hWnd,NULL,TRUE);
        UpdateWindow(hWnd);
        DisplayDevMode2();
        return 0;
    case WM_PAINT:
        hdc=BeginPaint(hWnd, &ps);
        TextOut(hdc,10,10,Mes,lstrlen(Mes));
```

```
            EndPaint(hWnd, &ps);
            return 0;
        case WM_DESTROY:
            PostQuitMessage(0);
            return 0;
        }
        return(DefWindowProc(hWnd,iMessage,wParam,lParam));
}
```

DEVMODE를 구하는 방법은 여러 가지가 있지만 현실적으로 두 가지 방법만 알아 두면 될 것 같다. 첫 번째 방법은 인쇄 공통 대화상자로 사용자가 선택한 프린터에 대한 설정 상태를 조사하는 방법이며 예제에서는 마우스 왼쪽 버튼을 누를 때 호출되는 DisplayDevMode1함수에서 이 방법을 보여주고 있다. 인쇄 대화상자 호출 후 PRINTDLG 구조체의 hDevMode 멤버를 읽으면 이 구조체를 구할 수 있다. 단 DEVMODE가 가변적인 크기를 가지기 때문에 hDevMode 멤버 자체가 이 구조체는 아니며 이 구조체를 포함하는 메모리의 핸들이므로 GlobalLock으로 포인터를 얻어야만 액세스할 수 있다. 일단 포인터를 얻으면 멤버는 자유롭게 읽을 수 있다. 실행 결과는 다음과 같다.

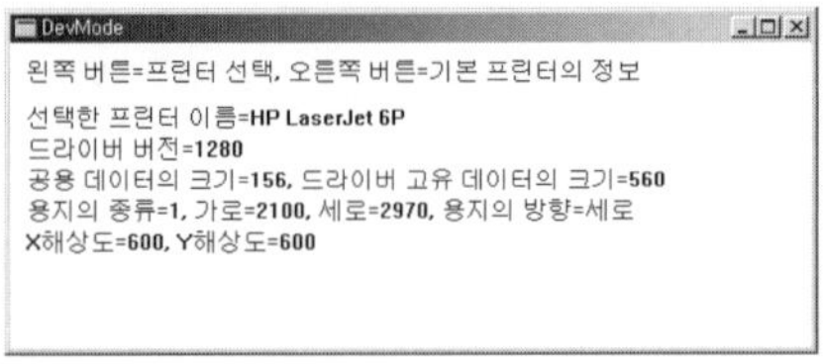

```
DevMode
왼쪽 버튼=프린터 선택, 오른쪽 버튼=기본 프린터의 정보

선택한 프린터 이름=HP LaserJet 6P
드라이버 버전=1280
공용 데이터의 크기=156, 드라이버 고유 데이터의 크기=560
용지의 종류=1, 가로=2100, 세로=2970, 용지의 방향=세로
X해상도=600, Y해상도=600
```

몇가지 간단한 정보들을 조사해 보았는데 결과를 보다시피 고유 데이터가 560바이트나 된다. 이 데이터의 포맷이나 정의에 대해서는 제조 업체가 제공하는 매뉴얼을 참조해야 알 수 있는데 구조체 형식으로 되어 있을 것이다. PrintDlg 함수는 사용자가 선택한 프린터의 초기화 정보를 조사하여 그 크기만큼 메모리를 할당하여 핸들을 hDevMode멤버에 대입한다. 따라서 이 함수를 호출한 후 인쇄가 완료되면 hDevMode를 해제해야 하며 같은 이유로 hDevNames도 같이 해제해야 한다.

DEVMODE를 구하는 두 번째 방법은 인쇄 대화상자를 통하지 않고 곧바로 기본 프린터를 조사했을 때이다. 이때는 PRINTDLG 구조체를 참조할 수 없으므로 직접 이 구조체를 구해야 한다. 프린터 이름 또는 핸들로부터 이 구조체를 구하는 함수가 몇가지 있는데 다음 함수가 가장 일반적이다.

LONG DocumentProperties(HWND hWnd, HANDLE hPrinter, LPTSTR pDeviceName, PDEVMODE pDevModeOutput, PDEVMODE pDevModeInput, DWORD fMode);

이 함수는 DEVMODE를 조사할 수도 있고 변경할 수도 있기 때문에 설정 정보를 바꿀 때 아주 편리하다. 이 함수의 마지막 인수인 fMode에 DM_IN_PROMPT 플래그가 지정되면 프린터 설정 대화상자를 보여주는데 이 대화상자를 위해 부모 윈도우 핸들과 대화상자의 캡션이 필요하다. 첫 번째 인수와 세 번째 인수가 각각 부모 윈도우의 핸들과 대화상자의 캡션이며 두 번째 인수가 조사대상 프린터의 핸들이다.

네 번째 인수와 다섯 번째 인수가 DEVMODE 구조체의 포인터인데 각각 출력용, 입력용이다. 프린터로부터 정보를 조사하고자 할 때는 네 번째의 출력용 인수를 전달하고 정보를 변경할 때는 다섯 번째의 입력용 인수를 전달한다. 마지막 인수 fMode는 이 함수가 어떤 동작을 할지 결정하는데 만약 이 값이 0이면 이 함수는 DEVMODE를 조사, 설정하는 대신 DEVMODE 구조체의 크기를 조사한다.

모드	설명
DM_IN_BUFFER	pDevModeInput으로 전달된 DEVMODE로 프린터의 설정 상태를 변경한다. 이때 어떤 정보가 변경될 것인가는 dmFields값에 지정된 플래그를 따른다.
DM_IN_PROMPT	프린터 설정 대화상자를 보여주고 이 대화상자에서 사용자가 설정한 정보대로 프린터 설정을 변경한다.
DM_OUT_BUFFER	프린터의 설정 상태를 조사하여 pDevModeOutput 구조체로 복사한다.

이 예제에서는 프린터의 설정 상태를 변경하지는 않고 조사하기만 하는데 다음 세 줄로 이 작업을 수행한다.

```
ret=DocumentProperties(hWndMain, hPrinter, szPrinter, NULL, NULL, 0);
dm=(DEVMODE *)malloc(ret);
DocumentProperties(hWndMain, hPrinter, szPrinter, dm, NULL, DM_OUT_BUFFER);
```

먼저 fMode를 0으로 전달하여 DEVMODE구조체의 크기를 조사한다. 이 구조체에는 프린터의 고유 정보가 포함되므로 미리 DEVMODE의 크기를 알 수 없기 때문에 이런 식으로 크기를 먼저 조사해야 한다. 그리고 조사된 크기만큼 메모리를 할당하고 다시 한번 이 함수를 호출하였다. fMode에 DM_OUT_BUFFER를 전달하여 정보를 조사하기만 하므로 네 번째 pDevModeOutput인수만 전달하면 되며 다섯 번째 입력용 인수는 NULL로 주어도 상관없다. 이제 dm에는 조사된 설정 정보가 복사되었으며 이 구조체값 중 관심있는 값을 보면 된다. 출력 결과는 앞에서 보인 결과와 동일하다.

38-5-마. LandPort

DEVMODE라는 아주 복잡한 구조체에 대해 알아 보았는데 이 구조체를 알면 인쇄 방식을 프로그램이 직접 변경할 수 있다. 윈도우즈에서 원칙적인 인쇄 과정은 다음과 같다. 사용자가 인쇄명령을 내리면 프로그램은 인쇄 대화상자를 보여준다. 그리고 이 대화상자에서 원하는 프린터를 선택하고 옵션을 조정한 후 확인 버튼을 누를 것이다. 프로그램은 사용자의 명령이 떨어졌을 때 사용자가 선택한 옵션대로 인쇄물을 만들어 내야 한다. 사용자가 A프린터를 선택했다면 인쇄물은 틀림없이 A프린터로 보내야 하며 A4용지를 선택했다면 이 용지에 맞게 인쇄를 할 것이고 2장 인쇄하라고 했다면 2장을 인쇄해야 한다.

이 과정은 너무 너무 당연하며 전혀 이상해 보이지 않는다. 인쇄 옵션에 대한 모든 선택권과 책임이 사용자에게 있는 것이다. 사실 모든 인쇄 과정이 이 원칙대로만 된다면 DEVMODE 따위는 몰라도 상관없을 것이나 실제로는 이런 자연스러운 방법을 사용할 수 없는 경우가 있다. 어떤 경우가 그런지 예를 들어 보자.

① 반드시 특정한 용지에만 찍어야 한다. 인쇄물이 워낙 커서 B5 따위에는 도저히 찍을 수가 없다거나 낱장으로 인쇄가 불가능한 경우인데 이런 경우는 사용자의 용지 선택을 무시하고 강제로 용지를 바꾸거나 아니면 에러 처리해야 한다.

② 인쇄물의 내용에 따라 용지 방향을 변경해야 한다. 사용자가 인쇄물을 직접 보고 용지를 결정할 수도 있지만 이렇게 되면 번거로우므로 프로그램이 알아서 용지 방향을 적절하게 결정하고 싶다. 그래픽 프로그램의 경우 "페이지에 꽉 차게 출력" 따위의 옵션을 제공하는데 이 옵션대로라면 1024*768의 그래픽 파일은 가로로 찍어야 한다.

③ 극도의 초보자들을 대상으로 하는 경우를 들 수 있다. 아동용 소프트웨어나 나이드신 어르신이

사용하는 소프트웨어는 인쇄 대화상자조차도 부담스럽다. 사용자의 합리적인 설정 변경을 기대할 수 없으므로 프로그램은 오로지 인쇄 명령만 받아 가장 최적의 결과를 낼 수 있도록 모든 설정을 알아서 선택해야 할만큼 똑똑해야 한다.

④ 여러 가지 이유로 프린터의 특정 기능을 통제할 필요가 있다. 컬러 인쇄를 못하게 한다거나 트루타입 인쇄 방식을 바꾼다거나 인쇄 품질을 제한하는 등의 예를 들 수 있는데 공용으로 사용하는 프린터라면 이런 기능이 필요할 수도 있다.

아주 특수한 경우의 예를 든 것 같지만 사실 이런 경우는 생각보다 빈번하다. 여기서는 가장 흔한 경우인 용지 방향을 변경하는 예를 들어 보고 인쇄 매수를 프로그램이 통제해 보자. 이 예제를 위한 여러 이론은 이미 앞에서 많이 공부를 했으므로 예제만 보여도 이해가 될 것이다. 예제는 인쇄 대화상자를 사용하는 경우와 기본 프린터를 사용하는 경우에 대해 두 가지를 작성하였다. 다음 예제는 인쇄 대화상자를 사용하는 버전이다.

예 제 : LandPort1

```
void Print(int Orient)
{
    PRINTDLG pd;
    HDC hPrtdc;
    DEVMODE *dm;
    int xpage, ypage;
    int dpiX, dpiY;
    HPEN hPen, OldPen;
    HFONT MyFont, OldFont;
    DOCINFO doc;
    int Result;
    TCHAR *str="프린터 테스트";

    memset(&pd,0,sizeof(PRINTDLG));
    pd.lStructSize=sizeof(PRINTDLG);
    pd.Flags=PD_RETURNDC;
    pd.hwndOwner=hWndMain;
    pd.nFromPage=1;
    pd.nToPage=1;
    pd.nMinPage=1;
    pd.nMaxPage=1;
    pd.nCopies=1;

    pd.hDevMode=GlobalAlloc(GHND,sizeof(DEVMODE));
    dm=(DEVMODE *)GlobalLock(pd.hDevMode);
    dm->dmSize=sizeof(DEVMODE);
    dm->dmFields=DM_ORIENTATION;
    dm->dmOrientation=Orient;
    GlobalUnlock(pd.hDevMode);

    PrintDlg(&pd);
    hPrtdc=pd.hDC;
    if (hPrtdc == NULL)
        return;

/*
```

```
    // 대화상자를 닫은 후에 강제로 용지 방향을 변경한다.
    dm=(DEVMODE *)GlobalLock(pd.hDevMode);
    dm->dmFields=DM_ORIENTATION;
    dm->dmOrientation=Orient;
    ResetDC(hPrtdc,dm);
    GlobalUnlock(pd.hDevMode);
//*/

    // 인쇄 작업을 시작한다.
    doc.cbSize=sizeof(DOCINFO);
    doc.lpszDocName="Test Document";
    doc.lpszOutput=NULL;
    doc.lpszDatatype=NULL;
    doc.fwType=0;
    Result=StartDoc(hPrtdc, &doc);
    if (Result <= 0) goto end;
    Result=StartPage(hPrtdc);
    if (Result <= 0) goto end;

    // 프린터의 해상도를 구한다.
    dpiX = GetDeviceCaps(hPrtdc, LOGPIXELSX);
    dpiY = GetDeviceCaps(hPrtdc, LOGPIXELSY);
    xpage = GetDeviceCaps(hPrtdc, HORZRES);
    ypage = GetDeviceCaps(hPrtdc, VERTRES);

    // 사각형을 그린다.
    hPen=CreatePen(PS_SOLID,dpiY/10,RGB(0,0,255));
    OldPen=(HPEN)SelectObject(hPrtdc,hPen);
    Rectangle(hPrtdc,200,200,xpage-200,ypage-200);
    DeleteObject(SelectObject(hPrtdc,OldPen));

    // 1인치=1/72포인트. 그러므로 n포인트 크기=n*1/72*dpi가 된다.
    MyFont=CreateFont(50*dpiY/72,0,0,0,FW_NORMAL, FALSE, FALSE, FALSE,
        HANGEUL_CHARSET, 3,2,1,VARIABLE_PITCH | FF_ROMAN, "궁서");
    OldFont=(HFONT)SelectObject(hPrtdc, MyFont);
    SetTextAlign(hPrtdc,TA_CENTER);
    TextOut(hPrtdc,xpage/2,ypage/2,str,lstrlen(str));
    SelectObject(hPrtdc, OldFont);
    DeleteObject(MyFont);

    // 출력을 종료한다.
    Result=EndPage(hPrtdc);
    if (Result <= 0) goto end;

    // 인쇄 작업을 끝낸다.
    Result=EndDoc(hPrtdc);
end:
    if (pd.hDevMode) GlobalFree(pd.hDevMode);
    if (pd.hDevNames) GlobalFree(pd.hDevNames);
    DeleteDC(hPrtdc);
    SetCursor(LoadCursor(NULL,IDC_ARROW));
    return;
}
```

```
LRESULT CALLBACK WndProc(HWND hWnd,UINT iMessage,WPARAM wParam,LPARAM lParam)
{
    HDC hdc;
    PAINTSTRUCT ps;
    TCHAR *Mes="왼쪽 = 세로 찍기, 오른쪽 = 가로찍기";

    switch (iMessage) {
    case WM_CREATE:
        hWndMain=hWnd;
        return 0;
    case WM_LBUTTONDOWN:
        Print(DMORIENT_PORTRAIT);
        return 0;
    case WM_RBUTTONDOWN:
        Print(DMORIENT_LANDSCAPE);
        return 0;
    case WM_PAINT:
        hdc=BeginPaint(hWnd, &ps);
        TextOut(hdc,10,10,Mes,lstrlen(Mes));
        EndPaint(hWnd, &ps);
        return 0;
    case WM_DESTROY:
        PostQuitMessage(0);
        return 0;
    }
    return(DefWindowProc(hWnd,iMessage,wParam,lParam));
}
```

Print 함수는 용지에 가득차게 사각형을 그리고 용지 중앙에 50포인트 크기로 문자열을 출력한다. 이때 용지의 방향은 제어판에서 설정한 것을 무시하고 이 함수의 인수로 전달된 Orient 방향을 따르는데 WndProc에서는 좌우 마우스 버튼에 대해 각각 DMORIENT_PORTRAIT 방향과 DMORIENT_LANDSCAPE 방향으로 이 함수를 호출한다.

PrintDlg 함수를 호출하기 전에 hDevMode에 원하는 초기값을 대입하면 대화상자는 이 초기값대로 설정된다. hDevMode가 메모리에 대한 핸들이므로 GlobalAlloc으로 메모리를 할당하되 만약 프린터의 고유 정보에 대한 초기값도 변경하고 싶다면 DEVMODE구조체의 크기보다 더 큰 메모리를 할당할 수도 있다. GlobalLock으로 메모리의 포인터를 받은 후 원하는 초기값을 설정한다. 예제에서는 용지의 방향만 변경하였으며 dmFields에 DM_ORIENTATION 플래그만 주었는데 다른 설정값도 얼마든지 변경할 수 있다. hDevMode 메모리 핸들에 초기값을 설정한 후 PrintDlg 함수를 호출하면 초기값이 적용된 대화상자가 열릴 것이다. 다음은 각각 마우스 왼쪽, 오른쪽 버튼을 눌렀을 때 열리는 인쇄 대화상자의 모양이다.

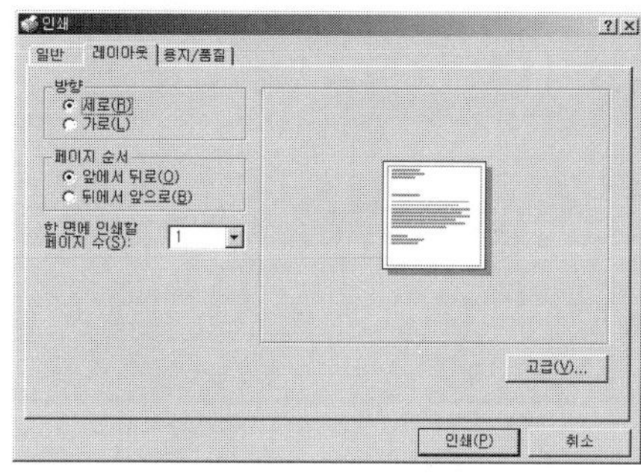

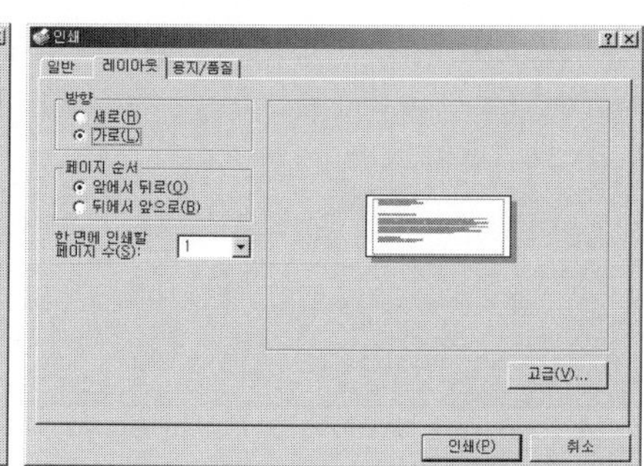

인쇄 대화상자의 용지 방향이 프로그램이 설정한대로 초기화되어 있다. 물론 이 초기값은 어디까지나 초기값일 뿐이므로 사용자가 무시하고 새로운 값으로 변경할 수는 있지만 적절한 용지 방향을 프로그램이 자동으로 맞춤으로써 사용자가 할 일을 대신 해 준다는 의미가 있다. 즉 PrintDlg 함수를 호출하기 전에 DEVMODE를 변경하는 것은 사용자에게 옵션을 권장하는 것일 뿐이지 강제하는 것은 아니다. 만약 인쇄 대화상자에서 사용자가 선택한 옵션을 무시하고 다시 한번 강제로 옵션을 바꾸고자 한다면 대화상자가 닫힌 후에 DEVMODE를 또 변경하면 된다.

```
PrintDlg(&pd);
hPrtdc=pd.hDC;
if (hPrtdc == NULL)
     return;

// 대화상자를 닫은 후에 강제로 용지 방향을 변경한다.
dm=(DEVMODE *)GlobalLock(pd.hDevMode);
dm->dmFields=DM_ORIENTATION;
dm->dmOrientation=Orient;
ResetDC(hPrtdc,dm);
GlobalUnlock(pd.hDevMode);
```

DEVMODE 구조체의 포인터를 얻은 후 다시 이 구조체의 내용을 변경하였다. 그리고 이 변경사항을 장치에 적용하기 위해 ResetDC 함수를 호출한다. ResetDC 함수는 이미 생성된 DC의 설정 정보를 재설정하는데 이 함수를 사용하면 인쇄중에도 용지의 종류나 방향을 변경할 수 있으나 단 장치의 이름이나 포트 따위를 변경하는 것은 불가능하다.

다음은 인쇄 대화상자를 보여주지 않고 기본 프린터에 대해 용지 방향과 인쇄 매수를 한꺼번에 변경하도록 초기값을 설정해 보자. 인쇄물의 성격에 따라 프로그램이 자동으로 초기값을 결정하고자 할 때 이 방법을 사용하는데 제어판에서 설정한 용지 방향을 무시하고 초기값을 변경할 수 있다. 소스는 다음과 같다.

예 제 : LandPort2

```
void Print(int Orient, int nCopy)
{
     HDC hPrtdc;
     int xpage, ypage;
     int dpiX, dpiY;
     HPEN hPen, OldPen;
     HFONT MyFont, OldFont;
     DOCINFO doc;
     int Result;
     TCHAR *str="프린터 테스트";

     TCHAR szPrinter[128];
     DWORD dwPrinter=128;
     HANDLE hPrinter;
     DEVMODE *dmo;

     SetCursor(LoadCursor(NULL,IDC_WAIT));

     // 기본 프린터의 설정을 조사한다. 방향 필드만 재설정한다.
     if (MyGetDefaultPrinter(szPrinter) == FALSE)
```

```
    return;
OpenPrinter(szPrinter,&hPrinter,NULL);
Result=DocumentProperties(hWndMain, hPrinter, szPrinter, NULL, NULL, 0);
dmo=(DEVMODE *)malloc(Result);
DocumentProperties(hWndMain, hPrinter, szPrinter, dmo, NULL, DM_OUT_BUFFER);
dmo->dmFields=DM_ORIENTATION | DM_COPIES;
dmo->dmOrientation = Orient;
dmo->dmCopies = nCopy;
DocumentProperties(hWndMain, hPrinter, szPrinter, dmo, dmo,
    DM_OUT_BUFFER | DM_IN_BUFFER);

hPrtdc=CreateDC(NULL,szPrinter,NULL,dmo);

if (hPrtdc==NULL)
    goto end;

// 인쇄 작업을 시작한다.
doc.cbSize=sizeof(DOCINFO);
doc.lpszDocName="Test Document";
doc.lpszOutput=NULL;
doc.lpszDatatype=NULL;
doc.fwType=0;
Result=StartDoc(hPrtdc, &doc);
if (Result <= 0) goto end;
Result=StartPage(hPrtdc);
if (Result <= 0) goto end;

// 프린터의 해상도를 구한다.
dpiX = GetDeviceCaps(hPrtdc, LOGPIXELSX);
dpiY = GetDeviceCaps(hPrtdc, LOGPIXELSY);
xpage = GetDeviceCaps(hPrtdc, HORZRES);
ypage = GetDeviceCaps(hPrtdc, VERTRES);

// 사각형을 그린다.
hPen=CreatePen(PS_SOLID,dpiY/10,RGB(0,0,255));
OldPen=(HPEN)SelectObject(hPrtdc,hPen);
Rectangle(hPrtdc,200,200,xpage-200,ypage-200);
DeleteObject(SelectObject(hPrtdc,OldPen));

// 1인치=1/72포인트. 그러므로 n포인트 크기=n*1/72*dpi가 된다.
MyFont=CreateFont(50*dpiY/72,0,0,0,FW_NORMAL, FALSE, FALSE, FALSE,
    HANGEUL_CHARSET, 3,2,1,VARIABLE_PITCH | FF_ROMAN, "궁서");
OldFont=(HFONT)SelectObject(hPrtdc, MyFont);
SetTextAlign(hPrtdc,TA_CENTER);
TextOut(hPrtdc,xpage/2,ypage/2,str,lstrlen(str));
SelectObject(hPrtdc, OldFont);
DeleteObject(MyFont);

// 출력을 종료한다.
Result=EndPage(hPrtdc);
if (Result <= 0) goto end;

// 인쇄 작업을 끝낸다.
Result=EndDoc(hPrtdc);
```

```
end:
    free(dmo);
    ClosePrinter(hPrinter);
    DeleteDC(hPrtdc);
    SetCursor(LoadCursor(NULL,IDC_ARROW));
    return;
}

LRESULT CALLBACK WndProc(HWND hWnd,UINT iMessage,WPARAM wParam,LPARAM lParam)
{
    HDC hdc;
    PAINTSTRUCT ps;
    TCHAR *Mes="왼쪽 = 세로 찍기, 오른쪽 = 가로찍기";

    switch (iMessage) {
    case WM_CREATE:
        hWndMain=hWnd;
        return 0;
    case WM_LBUTTONDOWN:
        Print(DMORIENT_PORTRAIT,1);
        return 0;
    case WM_RBUTTONDOWN:
        Print(DMORIENT_LANDSCAPE,2);
        return 0;
    case WM_PAINT:
        hdc=BeginPaint(hWnd, &ps);
        TextOut(hdc,10,10,Mes,lstrlen(Mes));
        EndPaint(hWnd, &ps);
        return 0;
    case WM_DESTROY:
        PostQuitMessage(0);
        return 0;
    }
    return(DefWindowProc(hWnd,iMessage,wParam,lParam));
}
```

이 예제의 Print 함수는 용지의 방향과 인쇄 매수를 전달받아 기본 프린터에 출력한다. 인쇄를 하기 전에 기본 프린터를 구하고 이 프린터의 설정을 변경하기 위해 DocumentProperties 함수를 세 번이나 호출한다. 첫 번째 호출은 DEVMODE 구조체의 크기를 조사하기 위해서이며 이 호출에서 조사된 크기만큼 dmo에 메모리를 할당하였다. 두 번째 호출은 현재 설정된 DEVMODE를 조사하기 위해서인데 무조건 초기값을 변경하는 것이 아니라 설정된 초기값을 조사한 후 원하는 부분만 변경해야 한다. 값을 조사하기 위해 dmo를 출력버퍼로 제공했으며 플래그는 DM_OUT_BUFFER로 주었다.

이렇게 조사된 초기값 dmo를 이제 원하는대로 수정한다. dmFileds에 DM_ORIENTATION과 DM_COPIES 플래그를 주어 용지의 방향과 인쇄 매수를 변경할 것임을 알리고 각 멤버에 값을 설정하였다. 용지의 방향은 인수로 전달된 Orient값을 대입하였고 인쇄 매수는 무조건 nCopy매로 변경한다. dmo에 원하는 초기값을 설정한 후 마지막으로 DocumentProperties 함수를 호출하여 dmo를 입력값으로 전달하였다. 그러면 dmo에 설정된 용지 방향과 인쇄 매수가 hPrinter 프린터에 설정된다.

이 예제는 프린터를 선택하는 대화상자를 띄우지 않고 무조건 기본 프린터로 출력을 보내기 때문에 사용자가 초기값을 변경할 기회가 없다. 따라서 마우스 버튼을 누르면 즉시 출력물이 인쇄되는데 세로 방향은 1부, 가로 방향은 2부를 인쇄한다. 다음은 좌우 마우스 버튼을 눌렀을 때의 인쇄 결과이다.

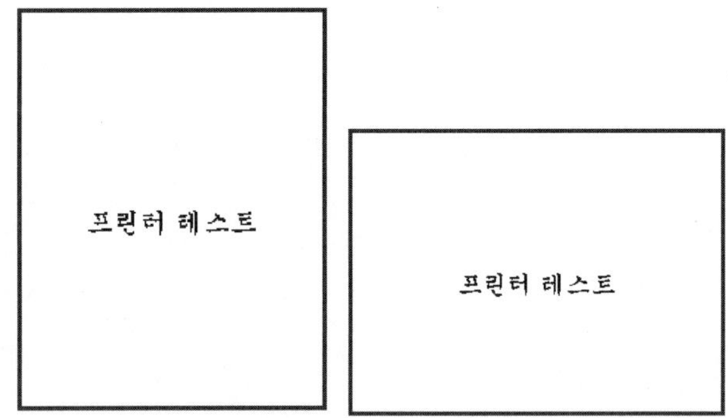

프로그램이 인쇄물의 모양을 판별하여 자동으로 출력하고자 할 때 가장 적절한 방법이며 초보자용 프로그램이나 서버용 프로그램에서 이 방법을 많이 사용한다. DEVMODE의 모든 멤버에 대해 일일이 실습해 볼 수는 없겠지만 이 방법대로라면 용지의 크기, 확대 축소 비율, 흑백 인쇄, 한면에 여러 페이지 인쇄 등의 옵션도 프로그램이 통제할 수 있다.

39-1 Win32 메모리 구조

39-1-가. 16비트 환경의 메모리 구조

응용 프로그램들은 예외없이 메모리 상에서 실행되며 또한 응용 프로그램이 다루는 데이터도 메모리에 존재한다. 메모리 관리는 운영체제의 고유 권한이자 가장 중요한 임무중 하나이다. 그래서 운영체제가 메모리를 관리하는 방법에 대한 기초적인 이해는 아주 중요하다. 물론 메모리 관리는 운영체제가 내부적으로 수행하는 것이므로 굳이 몰라도 프로그램을 작성하는 데는 큰 지장이 없는 것이 사실이다.

실제로 사용자들은 운영체제가 메모리를 어떻게 관리하는지 전혀 몰라도 컴퓨터를 사용하는데 별 불편함이 없다. 그러나 개발자는 그렇지 않은데 상세하게는 모르더라도 대충의 구조를 이해하는 것은 아주 중요하다. 물론 메모리를 이해한다고 해서 당장 눈에 띄는 실력 향상이 있는 것은 아니다. 하지만 내부를 알고 나면 훨씬 더 강력하고 융통성 있는 프로그램을 작성할 수 있으며 가끔씩 부딪히는 복잡한 문제에 대해 보다 지능적으로 대처할 수 있게 된다.

Win32의 메모리 체계는 무척 복잡한 편이지만 그래도 Win16에 비해서는 훨씬 더 깔끔해졌다. 32비트의 메모리 체계를 공부하기 전에 이전의 환경인 Win16의 메모리는 어떤 문제점이 있었는지부터 정리해 보자. Win32의 메모리 구조는 Win16의 메모리 구조의 문제점을 해결한 것이므로 이 문제점을 파악하는 것이 중요하다. 이후의 64비트 메모리 구조도 32비트와 거의 유사하다. 대표적으로 다음 세 가지 정도를 지적할 수 있다.

용량상의 문제

메모리의 용량은 전자 계산기의 발전사와 함께 지속적으로 확대되어 왔다. 최초의 컴퓨터인 에니악(ENIAC)은 20바이트의 메모리를 실장했는데 이는 메모리라기보다는 임시적인 작업 결과를 잠시 저장하는 레지스터라고 불러야 할 정도다. 1975년에 발표된 최초의 개인용 컴퓨터인 Altair 8800은 256바이트의 메모리를 가졌으며 애플2는 기본 4K에서 최대 64K까지의 용량을 지원했다. 턱없이 작아 보이는 용량이지만 이 좁은 환경에서도 별별 프로그램을 다 만들었다고 하니 지금 생각해 보면 신기할 지경이다.

초기 IBM-PC에 사용된 8088 CPU는 최대 1M 바이트의 메모리를 가질 수 있었다. 그나마도 돈이 아주 많은 갑부들이나 이 정도 용량(640K)을 소유했으며 보통은 16~256K 정도의 메모리만 실장했었다. 이 용량은 IBM-PC 이전의 CPU가 가질 수 있는 메모리 용량에 비한다면 가히 무궁무진하다고 할 정도였었다. 그러나 충분하다고 생각했던 1M 바이트의 메모리 용량은 응용 프로그램이 복잡해짐에 따라 곧 그 한계를 드러내게 되었다.

메모리 용량의 부족을 해결하기 위해 일종의 스와핑 기법인 EMS, 코드 세그먼트 오버레이 기법(VROOMM, MOVE) 등의 대안들이 제시되었으나 근본적인 해결책은 되지 못하였다. IBM-PC AT 기종에 사용된 80286 CPU는 최대 16M 바이트까지의 메모리를 사용할 수 있어 메모리 부족 문제를 많이 해소하였다. 그러나 기본 1M를 제외한 나머지 15M의 메모리는 CPU가 보호모드라는 특별한 상태일 때만 사용할 수 있었기 때문에 호환성 유지를 위해 나머지 15M를 자유롭게 사용할 수 없었다.

이런 상황은 리얼 모드에서 연장 메모리를 사용할 수 있게 하는 기법인 XMS 기법(HIMEM.SYS)이 개발되기 전까지 계속되었다. 16M의 용량은 비교적 충분해서 웬만한 규모의 프로그램들도 소화해낼 수 있었다. 아래한글 2.0이 이 환경에서 실행되었으며 16비트 윈도우즈인 3.1도 잘 실행되었다. 그러나 충분하리라고 예상했던 16M의 메모리도 곧 한계를 드러내게 되었다. 메모리가 부족하게 된 근본적인 원인은 여러 개의 프로그램을 동시에 실행하는 멀티 태스킹 환경의 도래이며 또한 멀티 미디어는 이런 상황을 더욱 가속화했다.

용량 상한을 잘못 정해서 막대한 사회적 비용을 치른 예는 비단 메모리뿐만 아니라 하드 디스크나 인터넷 IP에서도 찾아 볼 수 있다. 매번 하드 디스크 스팩을 발표할 때마다 근시안적인 상한 설정으로 인해 폭발적으로 증가하는 용량을 감당하지 못하는 시행 착오를 여러 번 겪었다. 인터넷 IP도 최초 40억개 정도면 충분하다고 생각되었지만 웹의 폭발적인 성장으로 인해 예상외의 단기간에 주소가 고갈되어 버렸다. 인터넷에 접속하는 컴퓨터의 수가 늘어났을 뿐만 아니라 최근에는 냉장고나 에어컨 따위의 가전 기기도 IP를 요구하기 때문이다. 그래서 요즘 128비트의 IPv6로 업그레이드를 진행중인데 이 과정에서 상당한 진통이 예상된다.

구조적인 문제

8088은 16비트 CPU였고 내부 레지스터가 16비트밖에 안되므로 20비트(1M)의 주소 영역을 16비트로 가리킬 수가 없었다. 그래서 두 개의 값을 조합하여 메모리의 한 지점을 가리키는 입체적인 세그먼트/오프셋 구조를 사용했는데 이 구조는 두고두고 프로그래머들의 골치를 썩히는 문젯거리였다.

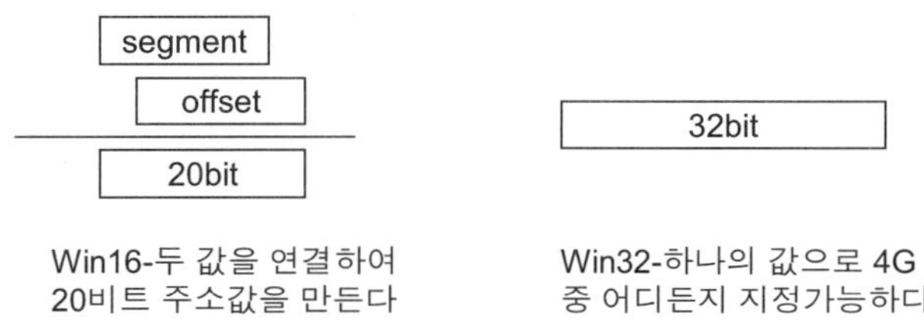

두 개의 값을 조합하여 한 주소를 나타낸다는 개념 자체를 이해하기도 어려울 뿐만 아니라 같은 주소를 가리키는 여러 가지 값의 조합이 존재해서 사용하기도 불편했다. 이 시절의 개발자들은 안그래도 헷갈리는 포인터를 근거리(near), 원거리(far) 등으로 구분해서 사용해야 했으며 포인터의 종류에 따라 메모리 모델이라는 어려운 것들도 공부해야만 했다. 물론 지금의 32비트 환경에서는 이런 것들이 없어졌으므로 이제는 몰라도 된다.

안정성의 문제

Win16 메모리 구조의 가장 심각한 문제는 구조적으로 안전성이 없다는 점이다. 모든 프로그램이 같은 주소 공간에서 실행되므로 포인터만 가지고 있으면 상호의 메모리 영역을 너무나도 쉽게 침범할 수 있었던 것이다. 응용 프로그램끼리는 물론이고 심지어 시스템 영역까지도 마음대로 건드릴 수 있어 운영체제 자체가 불안정할 수밖에 없다. 다음은 Win16 환경에서 여러 가지 프로그램이 실행될 때의 메모리 상황도이다.

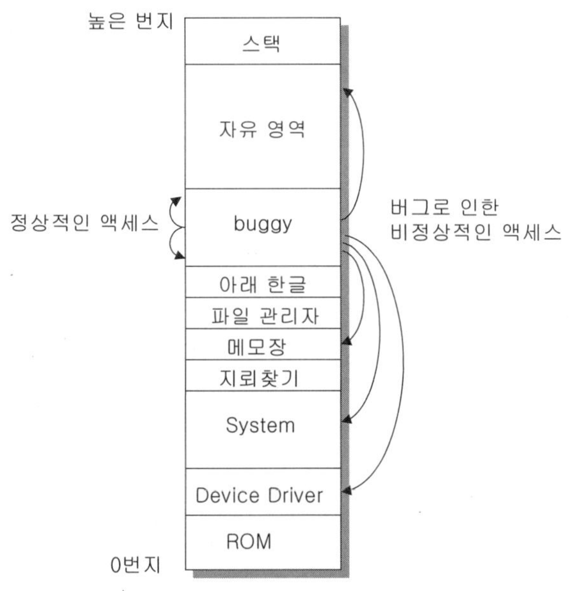

각각의 프로그램은 자신의 메모리 영역을 액세스하고 때로는 시스템의 함수를 호출하면서 실행되는데 정상적인 프로그램은 자신이 변경할 수 있는 메모리 영역만 액세스하는데 비해 잘못 만든 프로그램은 자신의 영역이 아닌 곳을 건드릴 수도 있다. 물론 고의로 이런 프로그램을 작성하지는 않겠지만 실수로 인한 버그라든가, 극단적인 예외 처리의 미숙, 불가항력적인 에러로 인해 자신의 소유가 아닌 메모리를 건드릴 위험이 항상 존재한다.

이때의 효과에 대해서는 예측이 불가능하며 일반적으로 시스템이 다운될 확률이 아주 높다. 모든 프로그램이 같은 주소 공간에서 실행된다는 근본적인 문제가 있어 버그있는 프로그램으로부터 시스템을 완벽하게 보호할 수가 없었다. 운영체제를 아무리 정교하게 잘 만들어도 프로그램이 잘못된 동작을 하면 이를 원천적으로 막을 방법이 없는 것이다. 이런 환경에서 개발을 하면 시스템을 재부팅하는 일이 아주 빈번하며 이는 생산성의 저하로 직결된다.

사용자 입장에서도 마찬가지로 예기치 않은 시스템 다운으로 인해 편집하던 문서를 잃어 버린다거나 극단적인 경우에는 운영체제를 재설치해야 하는 불편을 겪어야만 했다.

39-1-나. 4G 평면 메모리 모델

16비트의 부족한 메모리 용량과 구조적인 문제를 근본적으로 해결한 CPU는 80386이다. 386은 이전 세대의 제반 문제들을 한꺼번에 해결하고 32비트 시대를 활짝 연 역사적인 CPU라고 할 수 있다. 386이후에 486, 팬티엄, 팬티엄 II, III, IV 등의 CPU가 더 발표되었지만 386이후의 CPU들은 모두 386의 메모리 구조를 그대로 사용하고 있다. 386이상의 CPU는 질적으로 386보다 우세한 면이 별로 없거나 있어도 호환성 문제로 사용할 수 없는 기능들이 많으며 단지 386보다 처리 속도만 증가되었을 뿐이다. 그래서 메모리 구조에 관해서는 386 CPU가 메모리를 어떻게 관리하는가만 제대로 이해하면 된다.

386이 관리할 수 있는 메모리 용량은 최대 4G 바이트이다. 386은 32비트 CPU이며 범용 레지스터의 크기가 32비트이기 때문에 레지스터 하나로 지정할 수 있는 메모리 번지가 2의 32승인 4G이다. 4G바이트의 메모리 용량은 발표 당시의 가격으로 11억 정도 되며 386이전의 어떤 응용 프로그램도 다 사용하기 힘든 실로 엄청난 용량이었다.

여기서 주의할 것은 386이 지원하는 4G의 메모리는 다만 주소 공간일 뿐이라는 점이다. 주소 공간이란 물리적인 메모리와 연결될 가능성이 있는 메모리 번지일 뿐이며 실제로 값을 기억할 수 있는 메모리와는 다르다. 윈도우즈는 개별 프로세스마다 4G바이트의 주소 공간을 생성하는데 어디까지나 주소공간이 주어질 뿐이므로 물리적인 메모리가 소모되는 것은 아니다. 가상 주소 공간이 어떻게 메모리 구실을 하는지는 다음 항에서 연구해 보자.

386을 만들 때 4G 정도의 메모리 용량이면 충분하다고 생각을 했었으나 이 용량도 요즘은 점점 한계를 드러내는 것 같다. 환경이 좋아지면 향상된 환경을 십분 활용하려는 응용 프로그램이 나오기 마련이다. CPU의 속도가 빨라짐에 따라 PC에서도 동영상 편집을 할 수 있게 되었으며 메모리상에서 구동되는 데이터 베이스가 필요해져 4G도 결코 넉넉하지 않은 용량이 되었다. 그래서 요즘은 4G용량이나마 제대로 다 사용하기 위한 기법(AWE)등이 사용되는데 이런 방법들도 임시적인 대책에 불과할 뿐이며 결국 386이후의 메모리 부족 현상은 64비트 CPU에 의해서나 완전히 해결될 전망이다.

또한 16비트 CPU가 세그먼트와 오프셋값을 조합한 입체적인 주소 체계를 사용한 데 비해 386은 단 하나의 주소값으로 4G바이트 주소 공간중 한 지점을 가리킬 수 있기 때문에 평면적(Flat)이라고 표현한다. 용량상의 확대뿐만 아니라 질적 개선도 이루어졌다. 따라서 386 이후의 프로그래머들은 더 이상 포인터의 종류를 구분할 필요가 없어졌고 그런 것을 알아야 할 필요도 없이 단 하나의 포인터로 임의의 메모리를 가리킬 수 있게 되었다.

386의 가장 큰 업적은 용량상의 확대나 평면 메모리 구조보다도 안전성의 확보에 있다. 물리적인 메모리와 응용 프로그램의 주소 공간이 완전히 격리됨으로 해서 잘못된 응용 프로그램으로부터 운영체제가 스스로를 방어할 수 있게 되었다. 메모리도 일종의 하드웨어인데 운영체제가 메모리 관리를 장악함으로써 응용 프로그램의 잘못된 동작을 원천적으로 막을 수 있다.

39-1-다. 가상 메모리

386이 지원하는 메모리 크기는 4G이지만 실제로 이만큼의 메모리를 가지는 PC는 그리 흔하지 않다. 만약 물리적인 메모리(RAM)가 부족하다면 윈도우즈는 하드 디스크의 페이징 파일(Paging File)을 물리 메모리 대신 사용한다. 당장 사용되지 않는 부분은 하드 디스크의 페이징 파일에 저장하여 사용 가능한 RAM을 늘린다. 물리적인 RAM과 하드 디스크의 페이징 파일을 합해서 가상 메모리(Virtual Memory)라고 한다. Win16에서도 이런 기법이 있기는 했지만 Win32에 와서는 하드웨어에 의해 가상 메모리가 지원됨으로 해서 페이지 교체에 거의 시간을 들이지 않고도 효율적으로 페이징 파일을 관리한다.

그래서 경제적 여유가 없는 사람도 물리적인 메모리 장착량보다 훨씬 더 많은 메모리를 사용할 수 있게 되었으며 가상 메모리의 총량을 제어판에서 선택할 수 있다. 사실 페이징 파일은 물리적인 RAM과 논리적으로 동일하되 다만 속도가 좀 느린 메모리일 뿐이다. 응용 프로그램의 입장에서 볼 때 자신의 주소 공간에 연결된 가상 메모리가 물리적인 RAM인가 페이징 파일인가는 전혀 신경쓰지 않아도 된다.

가상 메모리는 더 많은 메모리를 쓸 수 있게 할 뿐만 아니라 운영체제의 안정성에도 큰 역할을 한다. 각 프로세스의 주소 공간은 상호 독립적이기 때문에 프로세스끼리 서로의 주소 영역을 침범할 수 없도록 되어 있다. 운영체제는 프로세스가 생성될 때마다 독립적인 4G바이트의 주소 공간을 생성하고 물리적인 메모리를 논리적인 주소 공간에 연결(Map)한다. 이때 물리적인 메모리와 논리적인 주소 공간의 대응관계는 페이지 테이블(Page Table)이라는 표에 작성되며 이 표는 운영체제에 의해 관리된다. 하나의 프로세스 A가 실행되고 있을 때의 모양을 그려보면 다음과 같다.

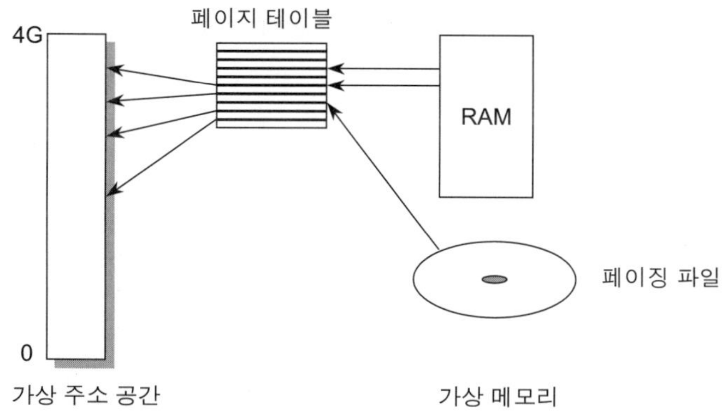

페이지 테이블에는 가상 메모리의 어디쯤이 응용 프로그램 누구의 몇 번지에 연결되어 있다는 정보가 기록되어 있으며 응용 프로그램은 오로지 자신의 주소 공간상의 번지만 다룰 수 있다. 프로세스는 자신에게 주어진 4G의 가상 주소 공간이 실제의 메모리인 것처럼 사용하며 운영체제와 CPU는 페이지 테이블을 통해 물리적인 메모리를 가상 주소 공간에 연결하여 프로세스가 물리적인 메모리를 사용할 수 있도록 한다. 주소 공간이라는 개념은 바로 이 페이지 테이블에 기록되어 있는 응용 프로그램이 참조하는 주소값이며 이 값이 32비트로 기록되므로 총 4G의 영역을 가질 수 있는 것이다.

이 상태에서 다른 프로세스 B가 또 실행되면 B에게도 4G의 가상 주소 공간이 생성되며 B가 필요로 하는 가상 메모리가 페이지 테이블을 통해 맵핑된다. 이때 A와 B프로세스는 독립적인 주소 공간상에서 실행되기 때문에 상호 간섭을 할 수 없으며 서로의 주소 공간에 대해 액세스할 수 있는 방법이 제공되지 않는다. 설사 A가 버그에 의해 엉뚱한 번지에 마구 값을 써 넣더라도 A만 영향을 받을 뿐 B는 전혀 영향을 받지 않는다. A가 0x12345678번지에 값을 써 넣어도 이 번지는 B의 0x12345678과는 물리적인 위치가 다르기 때문이다. 잠시 후 주소 공간이 분리되어 있다는 것을 예제로 실습해 보자.

가상 주소 공간은 실제로 존재하는 메모리가 아니라 다만 페이지 테이블에 기록되는 개념적인 주소일 뿐이다. 두 개의 응용 프로그램 A와 B가 실행되고 있을 때 가상 메모리에는 이 두 프로그램의 메모리들이 섞여서 존재하며 페이지 테이블에는 가상 메모리의 어떤 위치가 응용 프로그램의 주소 공간 어디쯤에 연결되어 있다는 정보가 기록되어 있다. 다음은 이해의 편의를 위해 이 상황을 그려본 모식도이되 페이지 테이블에 기록되는 정보는 간략하게 표현했다. 물론 실제 페이지 테이블의 구조는 이보다 훨씬 더 복잡하다.

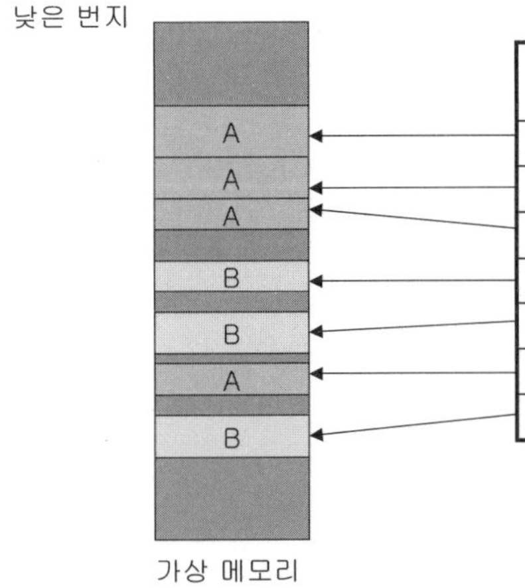

낮은 번지

A
A
A
B
B
A
B

가상 메모리

가상 메모리의 주소	응용 프로그램	응용 프로그램의 주소
0x0200	A	0x0100
0x0900	A	0x0800
0x1200	A	0x2000
0x3800	B	0x1000
0x8000	B	0x2000
0x9000	A	0x4800
0xc000	B	0x3600

이 그림에 의할 것 같으면 가상 메모리의 0x200번지는 A의 주소 공간 0x100번지에 연결되어 있다. 그래서 A가 0x100번지를 참조하면 페이지 테이블을 통해 가상 메모리의 실제 번지 0x200번지가 액세스된다. 마찬가지로 A의 주소 공간상의 번지 0x800은 가상 메모리의 0x900, 0x2000번지는 가상 메모리의 0x1200번지와 연결된다. B는 또한 가상 메모리 0x3800, 0x8000, 0xc000번지를 자신의 주소 공간상의 번지 0x1000, 0x2000, 0x3600으로 액세스할 수 있다.

이때 표의 왼쪽열의 번지는 중복될 수 없지만 오른쪽 열은 연결된 응용 프로그램이 다르다면 중복된 번지를 가질 수도 있다. 각 프로세스가 인식하는 주소 공간은 자신의 것일 뿐이므로 다른 프로세스와 우연히 같은 주소 공간을 쓴다 하더라도 실제로는 가상 메모리의 다른 지점이므로 충돌이 발생하지 않는다. 위 그림에서 A가 인식하는 0x2000번지는 가상 메모리의 0x1200번지이고 B가 인식하는 0x2000번지는 가상 메모리의 0x8000번지라 실제 주소가 다르다. 주소 공간이 분리되어 있다는 것을 확인하기 위해 다음 예제를 실행해 보자. 두 개의 프로세스가 메시지를 통해 포인터를 주고 받음으로써 문자열을 서로 교환해 본다.

예제 : VMem

```
LRESULT CALLBACK WndProc(HWND hWnd,UINT iMessage,WPARAM wParam,LPARAM lParam)
{
    HDC hdc;
    PAINTSTRUCT ps;
    TCHAR Mes[256];
    static TCHAR *str;
    HWND hB;

    switch (iMessage) {
    case WM_CREATE:
        str=(TCHAR *)malloc(128);
        lstrcpy(str,"This is a string");
        return 0;
    case WM_LBUTTONDOWN:
        hB=FindWindow("VMemB",NULL);
        if (hB) {
            PostMessage(hB,WM_USER+1,NULL,(LPARAM)str);
        }
        return 0;
    case WM_PAINT:
```

```
        hdc=BeginPaint(hWnd, &ps);
        wsprintf(Mes,"왼쪽 버튼을 누르면 %x번지의 문자열을 VMemB로 보냅니다.",str);
        TextOut(hdc,10,10,Mes,lstrlen(Mes));
        EndPaint(hWnd, &ps);
        return 0;
    case WM_DESTROY:
        free(str);
        PostQuitMessage(0);
        return 0;
    }
    return(DefWindowProc(hWnd,iMessage,wParam,lParam));
}
```

VMemA는 str버퍼에 128바이트를 동적으로 할당하고 "This is a string"이라는 문자열을 복사해 넣었다. str은 할당된 메모리의 선두 번지를 가질 것이고 이 번지에는 문자열이 저장되어 있으므로 TextOut 함수로 출력할 수 있다. 마우스 왼쪽 버튼을 누르면 VMemB 프로세스를 찾아 이 프로세스에게 str의 번지를 WM_USER+1메시지의 lParam으로 전달했다. 다음은 이 문자열을 메시지를 통해 전달받는 VMemB의 소스를 보자.

```
LRESULT CALLBACK WndProc(HWND hWnd,UINT iMessage,WPARAM wParam,LPARAM lParam)
{
    HDC hdc;
    PAINTSTRUCT ps;
    TCHAR *str;
    TCHAR Mes[256];

    switch (iMessage) {
    case WM_USER+1:
        hdc=GetDC(hWnd);
        str=(TCHAR *)lParam;
        wsprintf(Mes,"%p 번지의 문자열을 전달받았습니다",str);
        MessageBox(hWnd,Mes,"알림",MB_OK);
        TextOut(hdc,10,30,str,lstrlen(str));
        ReleaseDC(hWnd,hdc);
        return 0;
    case WM_PAINT:
        hdc=BeginPaint(hWnd, &ps);
        wsprintf(Mes,"VMemA가 보내주는 문자열을 출력합니다");
        TextOut(hdc,10,10,Mes,lstrlen(Mes));
        EndPaint(hWnd, &ps);
        return 0;
    case WM_DESTROY:
        PostQuitMessage(0);
        return 0;
    }
    return(DefWindowProc(hWnd,iMessage,wParam,lParam));
}
```

VMemB는 WM_USER+1을 받았을 때 lParam으로 전달된 번지를 메시지 박스로 확인하는데 VMemA의 작업영역에 출력되어 있는 번지와 같음을 확인할 수 있다. 그러나 이 번지의 문자열을 TextOut으로 출력해 보면 엉뚱한 쓰레기 문자열만 출력될 뿐이다. 사용자 정의 메시지를 통해 포인터를 전달받기는 했지만 이 포인터가 가리키는 곳에는 "This is a string"이라는 문자열이 들어있지 않다.

왜냐하면 두 프로세스의 주소 공간이 완전히 격리되어 있기 때문에 똑같은 번지라도 실제 참조하는 물리적인 메모리는 다르기 때문이다. 두 프로세스가 같은 주소 공간에서 실행된다면 VMemB가 전달받은 번지에는 VMemA가 복사해 놓은 문자열이 들어 있어야 하겠지만 주소 공간이 틀리기 때문에 포인터를 전달하는 방식으로 프로세스끼리 문자열을 교환할 수 없다.

분리된 주소 공간에서 포인터는 각 프로세스에 대해 지역적이다. 만약 VMemB가 전달받은 포인터 영역이 가상 메모리에 맵핑되어 있지 않다거나 사용 금지 영역이라면 VMemB는 액세스 위반으로 죽을 수도 있다.

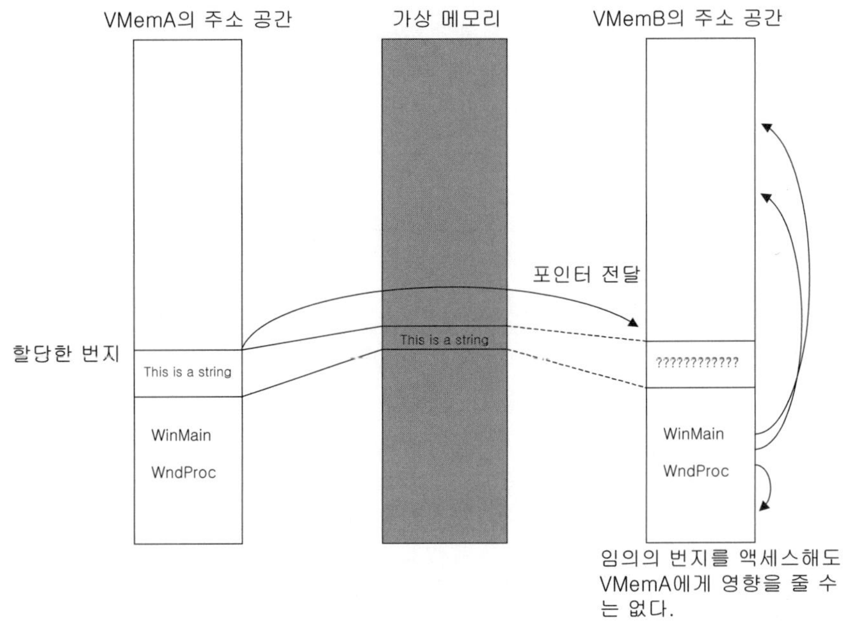

이런 주소 공간의 분리에 의해 프로세스간 악영향을 미칠 가능성이 전혀 없다. 설사 A가 심각한 버그를 가지고 있어 임의의 번지를 마구 액세스한다고 하더라도 혼자 다운될 뿐 다른 응용 프로그램이나 운영체제 자체를 손상시킬 수는 없다. 그래서 Win32 운영체제는 Win16에 비해 훨씬 더 안정적이다.

반면 주소 공간의 분리에 의해 프로세스간 데이터를 교환하기 어렵다는 단점이 있다. Win16에서는 공유하고자 하는 데이터를 메모리 번지의 어디엔가 두고 메시지를 통해 포인터만 알려주는 방식으로 프로세스끼리 데이터를 주고 받았지만 주소 공간이 분리된 Win32에서는 이것이 불가능해졌다. 그래서 메모리 맵 파일과 IPC라는 프로세스간 데이터 공유 기법이 필요해진 것이다.

39-1-라. 주소 공간 배치

Win32 환경에서 모든 프로세스는 자신만의 4G 주소 공간을 가지는데 이 넓은 주소 영역을 아무렇게나 쓰는 것이 아니라 구획(Partition)을 나누어 사용한다. 주소 공간을 배치하는 방법은 운영체제 버전에 따라 다른데 다음은 Win95의 주소 공간 배치도이다. 같은 계열인 Win98의 구조도 이와 동일하다.

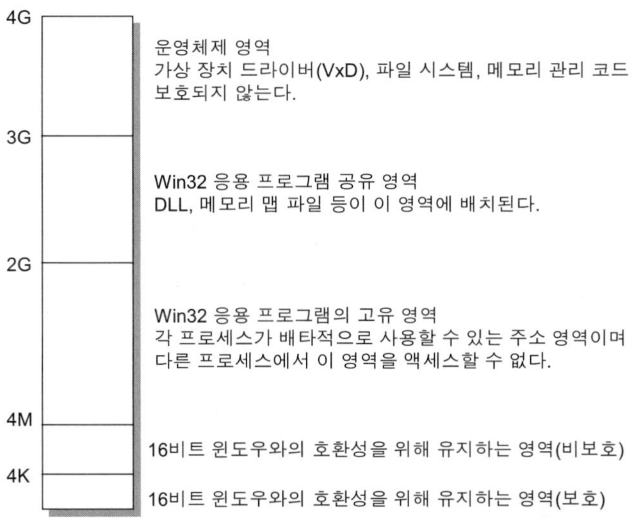

프로세스는 제일 아래쪽의 4K 주소 영역을 제외하고는 모든 부분을 액세스할 수 있다. 심지어 운영체제 영역에도 액세스가 가능하도록 되어 있기 때문에 잘못된 프로세스에 의해 운영체제가 마비될 가능성이 존재한다. Win95는 16비트 응용 프로그램과의 호환성을 고려하여 만들어진 운영체제이기 때문에 기술적인 문제로 운영체제 영역을 보호할 수 없으며 태생적으로 NT만큼의 안정성을 확보할 수가 없다.

NT 환경에서 프로세스의 주소 공간은 다음과 같이 분할된다. 물론 NT를 계승한 2000, XP의 메모리 구조도 거의 동일하다. Win95에 비해서는 좀 더 간단해 보이지만 훨씬 더 견고하다.

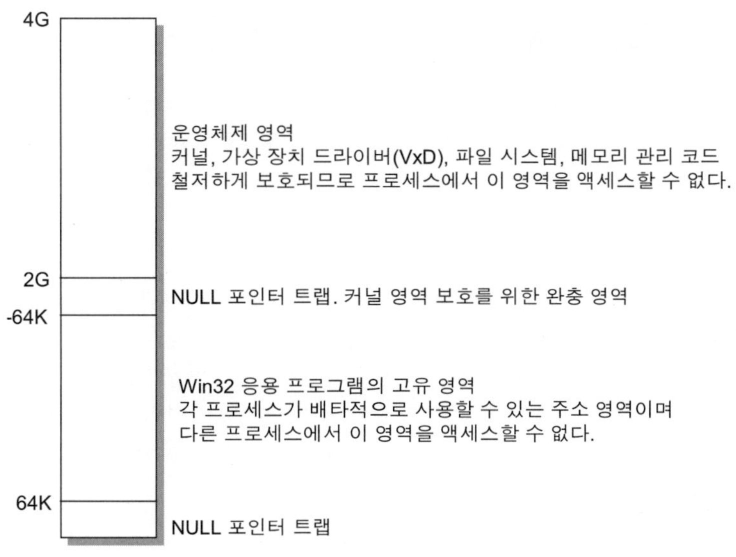

NT에서의 프로세스는 자신의 고유 영역 외에는 어떤 부분도 액세스할 수 없다. 그래서 응용 프로

그램이 운영체제를 마비시키는 불상사가 발생하지 않아 Win95에 비해 훨씬 더 견고하다. 운영체제의 영역과 응용 프로그램의 영역이 절반씩 분할되어 있는데 이는 다소 불합리해 보인다. 디바이스 드라이버나 운영체제 자체의 코드는 크지 않으므로 가급적이면 응용 프로그램의 고유 영역은 더 많이 확보하는 것이 합리적이다.

운영체제 영역이 2G나 되는 이유는 MIPS CPU와의 호환성을 위해서인데 이 CPU의 구조가 이런 메모리 배치를 요구하기 때문이다. NT 개발 당시 멀티 플랫폼을 계획했기 때문에 모든 CPU에서 말썽이 없는 구조를 채택했고 당시로서는 응용 프로그램 영역으로 2G정도면 아주 충분하다고 생각을 했었다. 그러나 요즘은 2G도 부족하게 되었고 멀티 플랫폼을 포기한 2000이후에는 BOOT.INI에 /3GB 스위치를 붙여 응용 프로그램 영역을 3G까지 쓸 수 있는 옵션이 추가되었다. 2000어드밴스드 서버 이후부터는 디폴트로 이 옵션을 채택하므로 위 그림과는 다소 다른 형태로 분할된다. 다음 그림은 2000 환경에서 4개의 프로세스가 실행중일 때의 메모리 구조도를 가상적으로 그린 것이다.

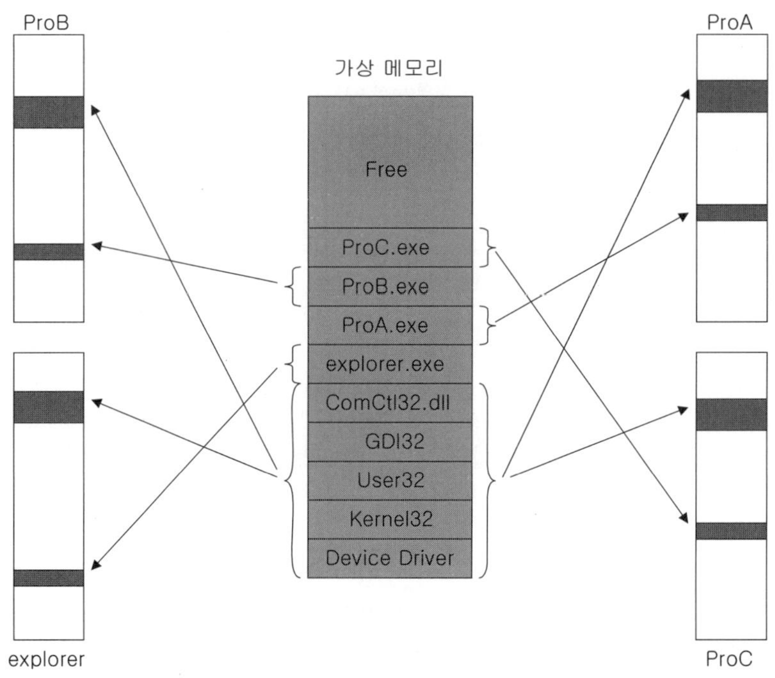

각 프로세스의 주소 공간은 모두 분리되어 있고 페이지 테이블에는 프로세스의 주소 공간과 가상 메모리의 연결 상태가 기록되어 있다. 응용 프로그램의 코드와 데이터는 가상 메모리에 로드되며 페이지 테이블에는 이 물리 주소가 응용 프로그램의 가상 주소 공간의 어디쯤에 연결되어 있다는 기록이 작성되어 있을 것이다. 이후 응용 프로그램은 자신의 주소 공간을 액세스함으로써 가상 메모리를 액세스한다. 주소 공간의 대부분은 비어 있는 상태일 것이며 응용 프로그램이 메모리를 할당하면 요구한만큼 가상 메모리가 할당되고 이 영역은 다시 자신의 주소 공간에 맵된다. 만약 가상 메모리에 연결되지 않은 빈 주소 영역을 액세스하면 이것을 액세스 위반(Access Violation)이라고 하며 이런 프로그램은 시스템에 의해 즉시 사살된다.

윈도우즈 환경에서는 비디오 카드, 사운드 카드, 네트워크 등의 하드웨어들을 운영체제가 관리하며 응용 프로그램이 하드웨어를 직접적으로 프로그래밍하지 못하게 금지되어 있다. 비디오 출력을 하고 싶으면 반드시 GDI와 비디오 디바이스 드라이브를 경유해야만 하며 이런 계층에 의해 장치 독립성이 확보된다. 메모리의 경우도 마찬가지로 응용 프로그램이 직접 물리적인 메모리를 액세스하지 못하게 금지되어 있으며 자신의 주소 공간을 통해 운영체제의 중계를 거쳐야만 하며 그 대가로 안정성을 확보한다.

39-2 가상 메모리

39-2-가. C 런타임 함수

응용 프로그램에서 메모리가 필요할 경우 운영체제에게 메모리 할당을 요청한다. 운영체제는 원칙적으로 응용 프로그램의 메모리 할당 요청을 거절하지 않으며 한 번 할당한 메모리는 해제하기 전에는 다른 할당 요청에 사용되지 않는다. Win32에서 메모리를 할당하는 방법에는 여러 가지가 있는데 그 중 가장 간단한 방법이 C 런타임 함수를 사용하는 것이다. 4G 평면 메모리 모델의 간단한 구조 덕분에 malloc, free 두 함수만 사용해도 기본적인 메모리 할당은 할 수 있다. 원형은 다음과 같다.

```
void *malloc( size_t size );
void free( void *memblock );
```

malloc의 인수로 할당하고자 하는 메모리의 크기를 바이트 단위로 밝히기만 하면 된다. 운영체제는 물리적인 메모리를 할당하여 가상 주소 공간에 맵한 후 그 번지를 리턴한다. 이 때 리턴되는 값은 void 포인터형이므로 반드시 원하는 타입으로 캐스팅해야 한다. 만약 메모리 부족으로 할당이 되지 않을 경우는 에러에 해당하는 NULL을 리턴한다. Win16에서는 malloc의 리턴값을 반드시 점검해 보아야 했으나 Win32에서는 메모리 할당이 실패하는 경우가 극히 드물기 때문에 종종 리턴값 점검을 생략한다(그렇다고 해서 생략하는 것이 반드시 좋다는 뜻은 아니다). malloc으로 할당한 메모리를 다 사용한 후 free로 해제한다.

다음은 가장 간단한 메모리 할당 예제이다. 정수형 변수 10개분의 메모리를 할당한 후 이 메모리에 정수값을 대입해 본다. 실전에서는 필요한 타입의 메모리를 필요한 양만큼 할당해 사용하면 된다. 그리고 제대로 대입되었는지 점검해 보기 위해 화면으로 정수값을 출력하고 해제한다. 한 예제로 여러 가지 할당 방법을 테스트해 볼 예정이라 이후 사용할 지역 변수들도 미리 선언해 놓았다.

예 제 : MemAlloc

```
LRESULT CALLBACK WndProc(HWND hWnd,UINT iMessage,WPARAM wParam,LPARAM lParam)
{
    HDC hdc;
    PAINTSTRUCT ps;
    int i;
    int *ptr;
    TCHAR str[128];
    HANDLE MyHeap;
    HGLOBAL hMem;
    switch (iMessage) {
    case WM_PAINT:
        hdc=BeginPaint(hWnd, &ps);
        ptr=(int *)malloc(sizeof(int)*10);
```

```
            for (i=0;i<10;i++) {
                wsprintf(str,"%d",ptr[i]=i*2);
                TextOut(hdc,10,i*20,str,lstrlen(str));
            }
            free(ptr);
            EndPaint(hWnd, &ps);
            return 0;
        case WM_DESTROY:
            PostQuitMessage(0);
            return 0;
        }
        return(DefWindowProc(hWnd,iMessage,wParam,lParam));
}
```

malloc으로 정수형 변수 10개분의 메모리를 할당한 후 그 포인터를 ptr로 받았으므로 ptr은 크기 10의 정수형 배열과 같아진다. ptr을 마치 정수형 배열과 같이 취급하여 ptr배열에 정수값을 기억시켰다. 실행 결과는 다음과 같은데 제대로 할당되었는지 확인하기 위해 for 루프로 할당된 메모리에 기억된 값을 화면으로 다시 뿌려보기만 한다.

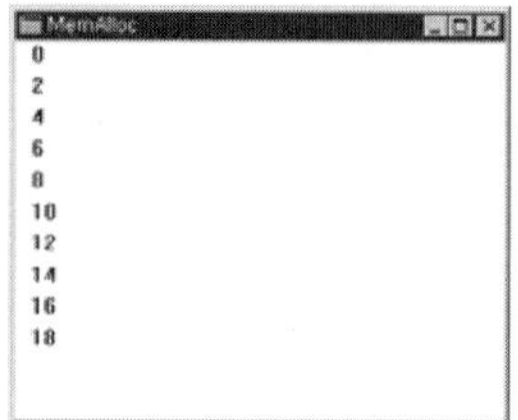

참고로 잘 사용되지는 않지만 malloc과 유사한 다음과 같은 할당 함수들이 있다.

void *calloc(size_t num, size_t size);
void *realloc(void *memblock, size_t size);

calloc은 size크기의 변수값 num개분에 해당하는 메모리를 할당한다. malloc(size*num)과 동일하되 다만 필요한 메모리 양을 좀 더 논리적으로 나타낸다는 점만 다르다. realloc은 이미 할당된 메모리의 크기를 변경하여 재할당하는 함수이다. 이미 할당한 메모리를 더 크게 할당하거나 더 작게 축소하고자 할 때 realloc 함수를 사용한다. 확장시는 연속된 공간에 재할당하기 위해 메모리의 위치가 변경될 수도 있다.

malloc, free 함수는 Win16에서는 물론이고 그 이전의 도스 프로그래밍에서도 사용하던 아주 오래된 함수이다. malloc은 절대 번지를 할당하기 때문에 운영체제가 메모리를 이동하거나 스왑할 수 없는 몇 가지 잠재적인 문제가 있어 Win16 환경에서는 잘 사용되지 않았다. 그러나 가상 주소 공간를 지원하는 Win32 환경에서는 다시 이 함수들이 사용되는데 Win32의 메모리는 원칙적으로 이동 가능(Moveable)하며 언제든지 스왑(Discardable)할 수 있기 때문이다.

운영체제가 필요에 의해 가상 메모리상의 위치를 옮기더라도 페이지 테이블을 같이 수정하면 응용 프로그램은 자신이 알고 있는 포인터로 계속 그 메모리를 사용할 수 있다. 가장 쉽고 또 무난하므로 특별한 기능 제한(메모리 보호, 액세스 지정 등)없이 메모리 할당 자체가 목적이라면 이 함수만 사용해도 무방하다.

C++의 객체를 동적으로 할당할 때는 new연산자를 사용한다. new 연산자는 피연산자로 주어진 클

래스형 객체만큼의 메모리를 할당할 뿐만 아니라 해당 클래스의 생성자를 호출하여 객체를 초기화하기까지 한다. 그리고 해당 객체의 포인터를 리턴한다. 이렇게 동적으로 생성된 객체는 delete연산자로 파괴하는데 다음이 간단한 사용 예이다.

```
MyClass *pObj;
pObj=new MyClass(1,2);
// pObj를 사용한다.
delete pObj;
```

하나의 객체뿐만 아니라 객체 배열을 할당할 수도 있다. 객체 위주로 프로그램을 작성할 때는 주로 이 연산자를 사용하여 메모리를 할당한다. C++ 언어가 제공하는 연산자이므로 자세한 문법에 대해서는 C++문법서를 참고하기 바라며 간단한 할당 예만 보자.

```
ptr=new int[10];
for (i=0;i<10;i++) {
    wsprintf(str,"%d",ptr[i]=i*2);
    TextOut(hdc,10,i*20,str,lstrlen(str));
}
delete [] ptr;
```

new 연산자로 정수 10개분의 메모리를 할당하고 사용 후 delete [] 연산자로 해제했다. 실행 결과는 malloc으로 할당한 것과 동일하다.

39-2-나. 가상 메모리 할당

응용 프로그램이 필요로 하는 메모리를 할당할 때는 앞에서 살펴본 malloc 함수, new 연산자만 써도 충분하다. Win32에서 추가된 가상 메모리 할당 함수들은 전통적인 이런 함수들에 비해 몇 가지 추가적인 이점을 제공하며 메모리에 대한 좀 더 섬세한 통제를 할 수 있다. 단순히 할당해서 사용할 목적이라면 malloc 함수를 쓰고 가상 메모리 구조의 이점을 활용하고 싶으면 가상 메모리 함수를 사용하면 된다. 가상 메모리 함수가 malloc 함수에 비해 가지는 이점은 다음 두 가지이다.

① 메모리를 예약 상태로 할당할 수 있다. 예약이란 물리적인 메모리를 소비하지 않으면서 주소 공간만을 미리 할당해 놓는 방법이다. 이렇게 예약된 페이지는 필요할 때 언제든지 필요한 부분만 확정해서 사용할 수 있으므로 realloc 회수를 줄일 수 있다.

② 할당한 메모리의 액세스 권한을 지정할 수 있다. malloc으로 할당한 메모리는 언제나 읽기/쓰기가 가능하지만 가상 메모리 함수로 할당한 메모리는 읽기 전용, 액세스 금지 속성을 가질 수 있어 실수로 인한 데이터 파괴를 막을 수 있다.

이 외에도 여러 가지 차이가 있지만 대부분이 이 두 가지 차이점으로 인해 파생되는 차이점이다. 가상 메모리 할당 함수는 일단 다음 두 가지가 있다. 할당할 때는 VirtualAlloc 함수를 사용하고 해제할 때는 VirtualFree 함수를 사용한다.

LPVOID VirtualAlloc(LPVOID lpAddress, DWORD dwSize, DWORD flAllocationType, DWORD flProtect);
BOOL VirtualFree(LPVOID lpAddress, DWORD dwSize, DWORD dwFreeType);

첫 번째 인수 lpAddress는 할당하고자 하는 메모리의 절대 번지를 지정하되 NULL이면 시스템이 알아서 할당 번지를 지정한다. 동적으로 메모리를 할당할 때 할당 위치는 별 의미가 없으므로 보통 NULL을 주되 예약된 페이지를 확정할 때는 예약되어 있는 번지를 지정해야 한다. 두 번째 인수 dwSize는 할당하고자 하는 메모리의 양을 바이트 단위로 지정한다. 세 번째 인수 flAllocationType은 할당 방법을 지정한다.

할당 방법	설명
MEM_RESERVE	물리적인 메모리의 할당없이 주소 공간만을 예약한다.
MEM_COMMIT	물리적인 메모리를 확정한다.
MEM_TOPDOWN	가급적 높은 번지에 메모리를 할당한다. NT이상에서만 쓸 수 있다.

네 번째 인수 flProtect는 할당한 페이지의 액세스 타입을 지정하며 보통 PAGE_READWRITE로 지정한다. 이에 대해서는 잠시 후에 자세하게 알아볼 것이다. 메모리 할당에 성공하면 할당된 메모리의 번지를 리턴하며 실패했을 경우 NULL을 리턴한다.

VirtualFree 함수는 할당된 페이지를 해제한다. 첫 번째 인수 lpAddress는 해제하고자 하는 메모리의 선두 번지를 지정하며 두 번째 인수 dwSize는 해제하고자 하는 메모리의 크기를 지정한다. 세 번째 인수 dwFreeType은 다음 두 값중 하나이되 둘을 같이 쓸 수는 없으며 반드시 따로 사용해야 한다. 만약 확정된 메모리를 해제하려면 확정 해제 후 예약 해제해야 한다.

값	설명
MEM_DECOMMIT	확정된 페이지를 확정 해제한다.
MEM_RELEASE	예약된 페이지를 예약 해제한다.

다음은 가상 메모리 할당 함수를 사용하여 앞에서 만든 예제를 다시 작성해 본 것이다. 가상 메모리 함수를 사용하는 가장 간단한 예라고 할 수 있다.

```
ptr=(int *)VirtualAlloc(NULL, sizeof(int)*10, MEM_RESERVE | MEM_COMMIT,
    PAGE_READWRITE);
    wsprintf(str,"%d",ptr[i]=i*2);
    TextOut(hdc,10,i*20,str,lstrlen(str));
}
VirtualFree(ptr, sizeof(int)*10, MEM_DECOMMIT);
VirtualFree(ptr, 0, MEM_RELEASE);
```

VirtualAlloc으로 정수형 변수 10개분의 메모리를 읽기, 쓰기 가능하게 예약과 동시에 확정하였다. 그리고 그 포인터를 ptr로 받아 사용하고 VirtualFree 함수로 확정해제하였다. 실행 결과는 앞에서 만든 예제와 완전히 동일하다.

39-2-다. 예약과 확정

Win32 프로세스가 가지는 4G의 가상 주소 공간은 "페이지"라는 단위로 구성된다. 한 페이지의 크기는 시스템마다 다른데 가장 많이 사용되는 인텔 계열의 CPU에서는 4K 바이트의 크기를 가진다. 윈도우즈는 페이지 단위로 주소 공간을 관리한다. 즉 할당하거나 해제하는 단위가 페이지 단위라는 뜻이다. 주소 공간을 구성하는 각 페이지는 다음 세 가지 상태 중 하나의 상태로 존재한다.

상태	설명
자유 영역(Free)	사용되지 않는 자유 영역이다. 언제든지 예약하거나 확정할 수 있다.
예약(Reserved)	장래 사용을 위해 예약만 되어 있는 페이지이며 물리적인 메모리가 할당되어 있지 않다. 주소 공간만 할당되어 있는 상태이다.
확정(Committed)	가상 메모리와 연결되어 있는 상태이며 바로 사용할 수 있다. 물리적 메모리를 소모한다.

프로세스가 처음 실행되었을 때 대부분의 주소 공간은 자유 영역일 것이며 실행 파일의 이미지와 공유 DLL등이 확정되어 사용될 것이다. 자유 영역으로 남아있는 주소 공간은 언제든지 할당해 사용할 수 있는데 할당의 수준이 예약과 확정 두 종류가 있다. 예약이란 말 그대로 주소 공간만 할당하여 이 번지가 다른 목적으로 사용되지 않도록 하는 것이며 확정은 물리적인 메모리가 실제로 필요할 때 RAM 또는 페이징 파일을 주소 공간에 연결(Map)하는 것이다.

Win16에는 없던 이런 예약과 확정이라는 것이 왜 필요하게 되었는가 하면 물리적인 메모리와 논리적인 주소 공간이 분리되었기 때문이다. 논리적인 주소 공간을 할당하는 것이 예약이고 예약된 주소 공간에 물리적인 메모리를 연결하는 것이 확정이다. 주소 공간만을 할당하는 예약은 물리적인 메모리를 전혀 소모하지 않는다. 그래서 충분한 주소 공간을 미리 예약해 두어도 전혀 손해볼 것이 없다. 일단 예약된 주소 공간은 다른 할당 요청에 의해 다시 할당되지 않으므로 필요할 때마다 물리적인 메모리를 확정해서 사용하면 된다.

예를 들어 어떤 프로그램에서 10M바이트의 연속적인 메모리가 필요하다고 하자. 그런데 당장은 이 메모리가 한꺼번에 사용되지 않지만 반드시 연속적인 메모리여야 한다면 일단 10M의 주소 공간을 예약해 둔다. 예약만 했으므로 주소 공간만 할당되었을 뿐 물리적인 메모리는 전혀 소모하지 않았다. 그리고 필요할 때마다 원하는 위치의 주소 공간을 확정하여 물리적인 메모리와 연결하여 사용하면 된다. 주소 공간이 연속되어 있으므로 예약된 주소와 연결되는 물리 메모리의 번지가 반드시 연속되지 않아도 아무 문제가 없다.

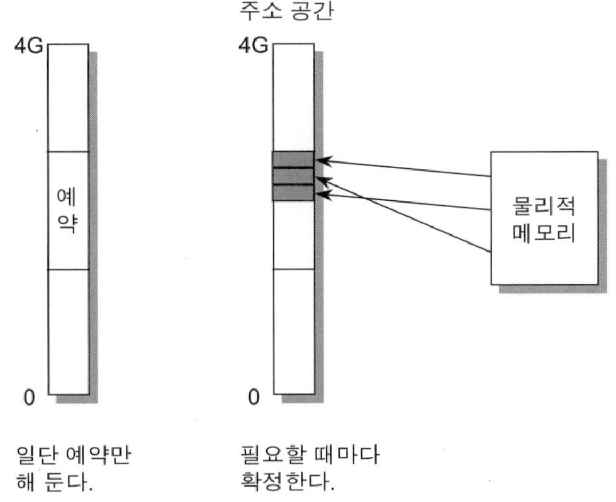

메모리를 예약할 것인가 확정할 것인가는 VirtualAlloc 함수의 세 번째 인수 flAllocationType으로 지정하는데 예약만 할 때는 MEM_RESERVE를 주고 예약된 메모리를 확정할 때는 MEM_COMMIT를 준다. 예약과 동시에 확정하려면 두 플래그를 OR로 묶어서 같이 지정한다. 예약과 확정을 따로 하고 싶다면 다음과 같이 두 번 호출한다.

```
ptr=(int *)VirtualAlloc(NULL,sizeof(int)*10,MEM_RESERVE,PAGE_READWRITE);
ptr=(int *)VirtualAlloc(ptr,sizeof(int)*10,MEM_COMMIT,PAGE_READWRITE);
```

예약에 의해 주소 공간이 임의의 번지에 먼저 할당되고 확정에 의해 이 주소 공간이 가상 메모리에 맵된다. 예약만 하고 확정은 하지 않은 상태는 주소 공간만 할당되어 있고 물리적인 메모리와 맵되어 있지 않은 상태이기 때문에 실제 메모리 구실을 할 수 없다. 따라서 다음과 같은 코드는 Access Violation 예외를 발생시킨다.

```
ptr=(int *)VirtualAlloc(NULL,sizeof(int)*10,MEM_RESERVE,PAGE_READWRITE);
ptr[0]='S';
```

메모리를 예약만 했는데 이 때 예약된 번지수가 리턴되기는 하지만 이 번지수는 가상 주소 공간의 한 지점일 뿐 실제 물리적인 메모리와 연결되지 않았다. 그러므로 이 번지에 무엇인가 값을 대입하는 것은 불법이며 읽기만 해도 불법이다.

39-2-라. 할당 단위와 페이지

VirtualAlloc 함수가 메모리를 할당할 때는 바이트 단위를 사용하지 않는다. 4G나 되는 주소 공간을 바이트 단위로 사용하는 것은 너무 비효율적이기 때문에 일정한 단위로 주소 공간을 분할한다. 마치 하드 디스크가 바이트 단위로 파일을 기록하지 않고 섹터, 클러스터 단위를 사용하는 것처럼 말이다. 클러스터 단위로 파일을 기록하면 낭비되는 디스크 공간이 생기지만 속도는 훨씬 더 빨라진다.

가상 주소 공간의 단위는 두 가지가 있다. 우선 할당의 시작점을 지정하는 할당 단위(Allocation Granualrity)가 있고 할당의 크기를 지정하는 페이지(Page)가 있다. 이런 단위를 사용하여 메모리를 관리하는 이유는 메모리가 지나치게 조각나는 것을 방지하고 좀 더 신속하게 메모리를 관리하기 위해서이다. 물론 바이트 단위로 메모리를 관리하는 것이 효율 면에서는 이상적이지만 이렇게 하면 페이지 테이블이 지나치게 커질 것이며 운영체제는 너무 너무 바빠질 것이다.

VirtualAlloc으로 메모리를 할당(예약하거나 확정)할 때 그 시작점은 반드시 할당 단위의 경계선에 정렬된다. 즉 할당 단위의 배수 위치에서 할당이 시작된다. 대부분의 플랫폼에서 할당 단위는 64K이므로 가상 메모리 공간은 64K 단위로 할당된다고 할 수 있다. 예를 들어 다음과 같이 예약 명령을 내렸다고 하자.

```
ptr=(int *)VirtualAlloc(0xb71234, sizeof(int)*10, MEM_RESERVE, PAGE_READWRITE);
```

예약의 시작점을 0xb71234번지로 강제로 지정하였다. 그러나 운영체제는 정확하게 이 번지에서 할당을 시작하지 않고 할당 단위의 배수가 되도록 번지를 내림하여 할당한다. 이 경우 실제 예약되는 번지는 0xb70000번지가 된다. 하위 2바이트를 0으로 만든 번지에서 할당된다고 생각하면 된다.

또 할당된 영역의 크기는 반드시 페이지 단위의 배수가 된다. 페이지의 크기는 플랫폼에 따라 다른데 인텔을 비롯한 대부분의 시스템에서 페이지 크기는 4K바이트이다. 예를 들어 10K의 크기만큼 할당을 요청했다면 실제로 할당되는 영역의 크기는 12K가 될 것이다. 현재 플랫폼에서 할당 단위와 페이지 크기를 조사하고 싶으면 GetSystemInfo 함수를 사용하면 된다. 다음은 이 함수를 사용하여 할당 단위와 페이지 크기를 조사하는 간단한 예제이다.

예제 : GetSysInfo

```
LRESULT CALLBACK WndProc(HWND hWnd,UINT iMessage,WPARAM wParam,LPARAM lParam)
{
    HDC hdc;
    PAINTSTRUCT ps;
    SYSTEM_INFO si;
    TCHAR str[128];

    switch (iMessage) {
    case WM_CREATE:
        hWndMain=hWnd;
        return 0;
    case WM_PAINT:
        hdc=BeginPaint(hWnd, &ps);
        GetSystemInfo(&si);
        wsprintf(str, "Page Size : %d", si.dwPageSize);
        TextOut(hdc, 10,10,str,lstrlen(str));
        wsprintf(str, "Min Addr   : %d", (int)si.lpMinimumApplicationAddress);
        TextOut(hdc, 10,30,str,lstrlen(str));
        wsprintf(str, "Max Addr   : %d", (int)si.lpMaximumApplicationAddress);
        TextOut(hdc, 10,50,str,lstrlen(str));
        wsprintf(str, "Alloc Gra : %d", si.dwAllocationGranularity);
        TextOut(hdc, 10,70,str,lstrlen(str));
        EndPaint(hWnd, &ps);
        return 0;
    case WM_DESTROY:
        PostQuitMessage(0);
        return 0;
    }
    return(DefWindowProc(hWnd,iMessage,wParam,lParam));
}
```

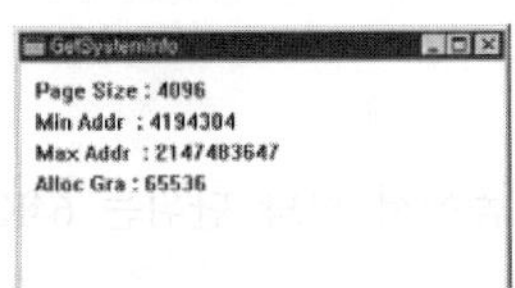

할당 단위는 Win32가 실행되는 현재까지의 모든 플랫폼에서 64K이며 페이지 크기는 Alpha 시스템만 8K이고 그 외의 CPU(Intel, MIPs, PowerPC)에서는 모두 4K이다. 모든 플랫폼에서 이상없이 돌아가는 프로그램을 만들려면 GetSystemInfo 함수로 이 값들을 잘 조사해 보아야 하나 내부적인 메모리 관리에만 사용되므로 응용 프로그램 수준에서 실제로 이 정보가 유용한 경우는 별로 없다.

39-2-마. 보호 속성

VirtualAlloc의 네 번째 인수 flProtect는 할당하고자 하는 메모리의 액세스 타입(Access Protection)을 지정한다. Win32 가상 메모리의 특징 중 하나가 메모리 페이지마다 액세스 타입을 설정하여 미연의 실수를 방지할 수 있다는 점이다. 마치 파일에 읽기 전용 속성을 주어 실수로 지워지지 않도록 하는 것과 개념적으로 동일하다. 지정 가능한 플래그는 다음과 같다. 이 중 PAGE_GUARD, PAGE_NOCACHE 플래그는 PAGE_NOACCESS 플래그를 제외한 다른 플래그와 함께 사용할 수도 있다.

액세스 권한	설명
PAGE_READONLY	읽기만 가능하다. 이 메모리에는 쓰기를 할 수 없다.
PAGE_READWRITE	읽기 쓰기를 가능하다.
PAGE_EXECUTE	실행만 가능하다. 읽기, 쓰기 모두 할 수 없다.
PAGE_EXECUTE_READ	실행 및 읽기만 가능하다.
PAGE_EXECUTE_READWRITE	실행, 읽기, 쓰기를 가능하다.
PAGE_GUARD	보호 페이지로 지정한다. 이 페이지에 읽기, 쓰기를 시도하면 STATUS_GUARD_PAGE 예외가 발생하며 보호 페이지 상태가 해제된다. 보호 페이지는 메모리의 끝을 표시하는 용도로 주로 사용된다. NT 이상만 지원한다.
PAGE_NOACCESS	어떤 액세스도 하지 못하게 한다. 읽기, 쓰기, 실행 어떤 것도 하지 못한다.
PAGE_NOCACHE	캐시를 금지시킨다. 일반적으로 응용 프로그램은 이 플래그를 사용하지 않는 것이 좋다. 디바이스 드라이버 등의 시스템 소프트웨어에서 이 플래그를 사용한다.
PAGE_EXECUTE_WRITECOPY	공유된 영역에 쓰기를 할 때 사본을 작성한다. NT 이상만 지원한다.

일반적인 용도로 읽기도 하고 쓰기도 할 메모리라면 PAGE_READWRITE로 지정하여 마음대로 읽고 쓰도록 하면 된다. 그러나 특정 목적으로 읽기만 하고 쓰지는 못하게 하려면 PAGE_READONLY 플래그를 지정한다. 이렇게 할당된 메모리는 읽을 수는 있어도 쓸 수는 없다. 만약 읽기 전용의 메모리에 쓰기를 시도하면 Access Violation 예외가 발생한다.

```
ptr=(int *)VirtualAlloc(NULL, sizeof(int)*10, MEM_RESERVE | MEM_COMMIT,
    PAGE_READONLY);
i=ptr[0];                    // 읽기 가능
ptr[0]='x';                  // 쓰기는 불가능
```

읽기 전용, 쓰기 전용의 말은 다 이해하겠는데 실행 전용이라는 말은 선뜻 이해가 되지 않을 것이다. 읽기는 해당 메모리의 데이터를 읽을 수 있다는 말이며 실행은 해당 메모리의 코드를 CPU가 실행할 수 있다는 뜻이다. 현재까지의 모든 시스템(인텔, 알파)은 읽을 수 있으면 실행도 가능하므로 사실 아직까지 읽기 전용과 실행 전용은 같은 뜻이다. Win32가 플랫폼에 독립적인 API이다 보니 미래에 읽기와 실행을 구분하는 CPU를 위해 이런 액세스 타입을 미리 준비해 두고 있을 뿐이다. 메모리의 액세스 타입은 할당할 때 지정하지만 실행중에도 다음 함수를 사용하여 변경할 수 있다.

BOOL VirtualProtect(LPVOID lpAddress, DWORD dwSize, DWORD flNewProtect, PDWORD lpflOldProtect);

하지만 응용 프로그램 수준에서 메모리의 액세스 타입을 그것도 실행중에 변경하는 경우는 지극히 드물며 예를 들기도 무척 곤란하므로 이런 함수도 있다는 것만 알아두자. 꼭 예를 든다면 아주 중요한 데이터를 특정 함수만 변경하고 싶을 때 읽기 전용으로 만들어 두고 이 함수에서만 액세스 타입을 잠시 바꾸는 정도가 있다. 시스템의 함수를 훅킹하는 고난이도의 기법을 구사할 때 이 함수를 쓴다.

가상 메모리의 보호 속성은 프로그램 로더가 사용한다. 응용 프로그램을 메모리로 읽어올 때 실행파일(PE)에 기록되어 있는 섹션 속성에 따라 쓰기가 가능한 메모리 영역과 읽을 수만 있는 메모리

영역이 구분되어 가상 메모리에 배치된다. 일반적으로 코드 영역은 읽기 전용이며 전역 변수 영역은 읽고 쓸 수 있는 영역이다. 하지만 문자열 상수는 읽기 전용 영역에 배치되므로 이 값은 실행중에 변경할 수 없다. 다음 예제를 실행해 보자.

예 제 : AccViolation

```
TCHAR *str="string";
int i;
LRESULT CALLBACK WndProc(HWND hWnd,UINT iMessage,WPARAM wParam,LPARAM lParam)
{
	HDC hdc;
	PAINTSTRUCT ps;
	TCHAR *Mes="왼쪽 버튼 : 정수값 변경, 오른쪽 버튼 : 문자열 상수 변경";

	switch (iMessage) {
	case WM_LBUTTONDOWN:
		i=1234;			// 가능
		return 0;
	case WM_RBUTTONDOWN:
		str[0]='a';		// 불가능
		return 0;
	case WM_PAINT:
		hdc=BeginPaint(hWnd, &ps);
		TextOut(hdc,10,10,Mes,lstrlen(Mes));
		EndPaint(hWnd, &ps);
		return 0;
	case WM_DESTROY:
		PostQuitMessage(0);
		return 0;
	}
	return(DefWindowProc(hWnd,iMessage,wParam,lParam));
}
```

정수형 변수 i는 언제든지 변경할 수 있지만 str이 가리키고 있는 문자열 상수 영역은 읽을 수만 있으므로 이 포인터가 가리키는 번지를 변경할 수는 없다. 마우스 오른쪽 버튼을 누르면 이 프로그램은 Access Violation 예외를 발생시키며 종료된다. 16비트의 메모리는 이런 구분이 없기 때문에 우발적인 사고로 코드 영역을 건드릴 수도 있었는데 32비트의 가상 메모리는 메모리에 속성을 부여함으로써 변경되지 말아야 할 영역을 보호할 수 있다.

PAGE_GUARD 속성은 가드 페이지를 설정함으로써 효율적인 스택 확장에 사용된다. 스택은 기본적으로 1M 예약되며 그 중 한 페이지 분량인 4K 정도만 확정된 채로 생성된다. 예약된 1M는 스택의 최대 크기이며 확정된 페이지는 당장 사용할 수 있는 영역인데 스택을 많이 사용하면 확정을 점점 늘린다. 이때 스택을 언제 확장할지를 결정하기 위해 운영체제가 사용하는 속성이 PAGE_GUARD이다. 스택이 확장되는 과정은 다음과 같은데 아래쪽이 높은 번지이며 격자 하나가 1페이지이다.

최초 제일 높은 번지의 한 페이지만 확정되어 있으며 이 안에서 함수를 호출하고 지역 변수를 생성한다. 그러다가 스택 사용량이 늘어 가드 페이지에 닿으면 예외가 발생하는데 운영체제는 이 예외가 발생했을 때 가드 페이지를 추가로 확정하고 바로 다음의 예약 페이지를 다시 가드 페이지로 설정한다. 만약 가드 페이지가 없다면 스택을 액세스할 때마다 확정 여부를 점검해야 하므로 무척 비효율적일 것이다.

이런 식으로 스택은 점차적으로 확장되는데 단, 마지막 페이지는 확정하지 않음으로써 예약된 1M 영역을 절대로 넘지는 않는다. 만약 스택 크기가 1M를 넘어서 오버플로우가 발생했다면 이는 대개의 경우 프로그램의 논리가 잘못된 것이다. 스택은 함수를 호출함에 따라 오르락 내리락거리는 것인데 이 정도로 커졌다면 재귀 호출이 잘못된 경우이므로 예외를 일으키고 죽도록 내버려 두는 편이 더 낫다. 참고로 95/98에서는 PAGE_GUARD 속성이 지원되지 않기 때문에 PAGE_NOACCESS 속성이 대신 사용된다.

39-2-바. 메모리 잠금

가상 주소 공간은 논리적으로 존재할 뿐이며 실제로 데이터나 코드가 저장되는 곳은 가상 메모리이다. 여기서 가상 메모리라고 칭하는 것은 RAM과 하드 디스크의 페이징 파일을 합쳐 부르는 말이다. 페이징 파일도 RAM보다 좀 느릴 뿐이지 분명히 메모리이다. 운영체제는 RAM과 페이징 파일 사이를 끊임없이 교체하면서 돌아간다. 당장 필요한 부분은 RAM으로 읽혀지며 당분간 사용되지 않을 부분은 페이징 파일로 이동된다.

운영체제의 이런 가상 메모리 관리는 응용 프로그램 입장에서 볼 때 완전히 투명하다. 즉 원하는 데이터가 RAM에 있든 페이징 파일에 있든 전혀 구분할 필요가 없다는 뜻이다. 다만 속도가 조금 차이가 날 뿐이다. 또한 가상 메모리의 통제는 완전히 운영체제의 고유하고 독점적인 권한이므로 응용 프로그램은 이에 대해 별로 간섭할 필요가 없다.

그러나 아주 특수한 경우, 주로 속도가 지극히 중요한 프로그램의 경우 특정 데이터가 반드시 RAM에만 있도록 할 수 있다. 즉 페이징 파일로 복사하지 못하게 금지할 수 있는데 이렇게 하면 원하는 데이터를 물리 RAM에서 바로 찾을 수 있으므로 속도가 더 빨라진다. 이 때는 다음 두 함수를 사용한다.

```
BOOL VirtualLock( LPVOID lpAddress, DWORD dwSize );
BOOL VirtualUnlock( LPVOID lpAddress, DWORD dwSize );
```

VirtualLock 함수는 lpAddress가 지정한 번지로부터 dwSize길이만큼의 메모리 페이지를 잠근다. 이렇게 되면 운영체제는 이 번지의 데이터는 페이징 파일로 보내지 않고 항상 RAM에 남아 있도록 하여 최대한 신속하게 사용할 수 있도록 보장한다. 이때 lpAddress번지는 반드시 가상 메모리가 맵되어 있는 확정 상태여야만 한다. 그렇지 않으면 잠금 동작 자체가 무의미하다. 잠금을 풀 때는 VirtualUnlock 함수를 사용한다.

잠겨진 메모리에 대해서는 페이징 파일로 스왑하지 않아 원하는 데이터가 RAM에 없는 상태(Page Fault)가 발생하지 않는다. 단 예외적으로 해당 프로세스가 액티브 상태가 아니면 이 때는 잠긴 페이지라도 페이징 파일로 이동시켜버릴 수 있다. 메모리를 잠그면 응용 프로그램은 자신이 필요로 하는 데이터를 언제나 RAM에서 읽으므로 더 빨리 실행될 수 있어서 좋겠지만 이 기능은 반드시 꼭 필요한 부분에만 신중하게 사용해야 한다. 그렇지 않고 남발하게 되면 운영체제의 시스템 관리 능력을 저해하여 자칫하면 전반적으로 속도가 느려질 수 있다.

Win32의 메모리 관리 알고리즘은 상당히 정교하며 효율적으로 작성되어 있으므로 굳이 메모리를 잠그지 않아도 큰 불편 없이 쓸 수 있다. 메모리 잠금을 반드시 사용해야 하는 프로그램은 디바이스 드라이버 정도이다. 응용 프로그램 수준에서는 거의 쓸 일이 없으며 함부로 메모리 관리에 개입해서는 안된다. 멀티 태스킹은 운영체제의 지휘 아래 응용 프로그램들의 자발적인 협조에 의해 부드럽게 돌아가는 것인데 특별한 이유없이 혼자서 자원과 시간을 독점하는 것은 금물이다.

39-2-사. 대용량 메모리

가상 메모리를 제대로 사용하는 예제를 만들어 보자. 만약 어떤 프로그램이 실행중에 데이터를 읽어들이는데 다 읽기 전에는 정확한 용량을 알 수 없으며 최대 100M까지의 용량이 필요하다고 해 보자. 이 경우 필요한 최대값인 100M를 몽땅 할당해 놓고 작업을 시작한다면 시스템의 메모리 실장량에 따라 메모리 할당이 실패할 수도 있다. 실제 필요한 용량은 그보다 훨씬 작은데 그렇다고 해서 최대값을 무시할 수도 없고, 이럴 때 바로 가상 메모리의 예약과 확정 기능을 사용한다. 다음 예제는 그 예를 보여 주는데 작업 관리자를 열어 놓고 메모리의 변화를 잘 관찰해 보아라.

예 제 : BigMemory

```
#define MEGA 1048576
PBYTE stptr=NULL;
TCHAR Status[256]="할당되지 않았습니다";

void FreeRecords()
{
    // 할당되어 있던 메모리를 해제한다.
    if (stptr != NULL) {
        if (VirtualFree(stptr, 100*MEGA, MEM_DECOMMIT)==0) {
            MessageBox(hWndMain, "메모리 확정 해제 실패","에러",MB_OK);
        }
        if (VirtualFree(stptr, 0, MEM_RELEASE)==0) {
            MessageBox(hWndMain, "메모리 예약 해제 실패","에러",MB_OK);
        }
        stptr=NULL;
    }
    wsprintf(Status,"할당되지 않았습니다");
    InvalidateRect(hWndMain,NULL,TRUE);
}

// 세 개의 포인터 변수가 필요하다.
// stptr:최초 할당된 메모리 공간의 시작 주소
// endptr:현재까지 확정된 메모리 공간의 끝 주소.
// nowptr:현재 사용중인 메모리의 주소
void ReadRecords()
{
    int i, c;
    int RecSize;
    PBYTE nowptr, endptr;

    FreeRecords();

    // 100M의 주소 공간을 예약한다.
    stptr=(PBYTE)VirtualAlloc(NULL, 100*MEGA, MEM_RESERVE, PAGE_READWRITE);
```

```
    if (stptr == NULL) {
        MessageBox(hWndMain, "메모리 예약 실패","에러",MB_OK);
        return;
    }
    nowptr=stptr;
    endptr=stptr;

    // 최대 100개의 레코드를 읽어들인다.
    c=rand() % 90 + 10;
    for (i=0;i<c;i++) {
        // 확정된 메모리가 1M 미만이면 1M를 더 확정한다.
        if (endptr-nowptr < MEGA) {
            VirtualAlloc(endptr,MEGA,MEM_COMMIT,PAGE_READWRITE);
            endptr+=MEGA;
        }

        // 10K~1M 사이의 레코드를 읽어들인다.
        RecSize=((rand() % 100)+1)*10240;
        memset(nowptr,i,RecSize);
        nowptr+=RecSize;
    }

    wsprintf(Status,"예약:100 메가, 확정:%d 메가, 사용:%d 메가",
        (endptr-stptr)/MEGA,(nowptr-stptr)/MEGA);
    InvalidateRect(hWndMain,NULL,TRUE);
}

LRESULT CALLBACK WndProc(HWND hWnd,UINT iMessage,WPARAM wParam,LPARAM lParam)
{
    HDC hdc;
    PAINTSTRUCT ps;
    TCHAR *Mes="왼쪽 마우스 버튼:메모리 할당, 오른쪽 마우스 버튼:메모리 해제";

    switch (iMessage) {
    case WM_CREATE:
        hWndMain=hWnd;
        srand(GetTickCount());
        return 0;
    case WM_LBUTTONDOWN:
        SetCursor(LoadCursor(NULL,IDC_WAIT));
        ReadRecords();
        SetCursor(LoadCursor(NULL,IDC_ARROW));
        return 0;
    case WM_RBUTTONDOWN:
        FreeRecords();
        return 0;
    case WM_PAINT:
        hdc=BeginPaint(hWnd, &ps);
        TextOut(hdc,50,50,Mes,lstrlen(Mes));
        TextOut(hdc,50,80,Status,lstrlen(Status));
        EndPaint(hWnd, &ps);
        return 0;
    case WM_DESTROY:
        FreeRecords();
        PostQuitMessage(0);
```

```
        return 0;
    }
    return(DefWindowProc(hWnd,iMessage,wParam,lParam));
}
```

ReadRecords 함수에서 네트워크 또는 DB에서 레코드를 메모리로 읽어들이는데 레코드의 개수는 정해져 있지 않지만 최대 100개까지 읽을 수도 있다. 또한 레코드 크기도 실제로 읽어봐야 알 수 있는데 작게는 10K정도 되고 큰 레코드는 1M 정도 된다. 이 경우 필요한 메모리는 레코드 개수와 크기에 따라 100K~100M에 달하는데 문제는 실시간으로 읽어들이는 레코드이기 때문에 필요한 메모리 용량을 정확하게 알 수 없다는 것이다. 미래의 일을 예측할 수 없는 이런 상황이 항상 문제가 되는데 생각보다 자주 발생한다.

그렇다고 해서 최대 용량인 100M를 다 할당하는 것은 무리고 대충 충분한 용량인 50M 정도를 할당하는 것도 꺼림직하다. 이럴 경우 100M의 주소 공간을 예약만 해 놓고 필요할 때 그때 그때 메모리를 확정해서 사용하면 된다. ReadRecords 함수에서 stptr에 100M의 주소 공간을 예약하는데 예약만 했기 때문에 실제 메모리를 소모하는 것은 아니다. 그리고 루프를 돌며 필요한 레코드들을 이 메모리로 읽어들이되 남은 메모리가 1M 미만이면 추가로 1M를 더 확정해서 사용한다. 이때 추가 확정되는 메모리가 반드시 기존의 영역과 연속적일 필요는 없는데 어차피 주소 공간에서는 연속적인 메모리로 인식되기 때문이다.

예제의 endptr은 할당된 메모리의 끝이며 nowptr은 읽어들인 레코드의 끝이다. endptr에서 nowptr을 뺀 용량, 즉 현재 남은 용량이 다음 읽을 레코드의 최대 크기인 1M보다 작을 때 1M를 더 확정하여 endptr을 1M 더 뒤쪽으로 이동시킨다. endptr과 nowptr의 간격이 항상 1M 이상이 되도록 유지하는 것이다. 이런 식으로 메모리를 예약, 확정하면 실시간으로 필요한 연속적 메모리를 시스템에 무리를 주지 않고 할당해 사용할 수 있다. FreeRecords에서는 예약 및 확정된 메모리를 해제한다. 실행중의 모습은 다음과 같다.

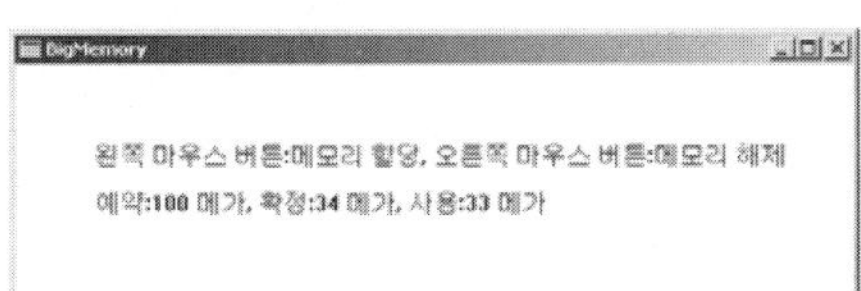

예약된 메모리 용량과 확정된 메모리 용량을 보여준다. 필요한 메모리 용량을 정확하게 계산하기 힘들 때는 이 방법대로 메모리를 할당해서 사용하면 된다. 다음은 똑같은 문제를 malloc, realloc 함수로 다시 작성해 본 것이다. 동일한 동작을 하며 필요할 때마다 메모리를 재할당한다.

예 제 : BigMemory2

```
#define MEGA 1048576
PBYTE stptr=NULL;
TCHAR Status[256]="할당되지 않았습니다";

void FreeRecords()
{
    // 할당되어 있던 메모리를 해제한다.
    if (stptr != NULL) {
        free(stptr);
        stptr=NULL;
```

```
    }
    wsprintf(Status,"할당되지 않았습니다");
    InvalidateRect(hWndMain,NULL,TRUE);
}

// 세 개의 변수가 필요하다. realloc에 의해 베이스가 바뀔 수 있으므로 포인터는 안됨
// stptr:최초 할당된 메모리 공간의 시작 주소
// AllocSize : 현재 할당된 크기
// RemainSize : 할당된 공간중 남은 공간.
void ReadRecords()
{
    int i, c;
    int RecSize;
    int AllocSize;
    int RemainSize;

    FreeRecords();

    // 최초 2M를 할당한다.
    AllocSize=RemainSize=2*MEGA;
    stptr=(PBYTE)malloc(AllocSize);
    if (stptr == NULL) {
        MessageBox(hWndMain, "메모리 할당 실패","에러",MB_OK);
        return;
    }

    // 최대 100개의 레코드를 읽어들인다.
    c=rand() % 91 + 10;
    for (i=0;i<c;i++) {
        // 남은 메모리가 1M 미만이면 1M를 더 할당한다.
        if (RemainSize < MEGA) {
            AllocSize+=MEGA;
            RemainSize+=MEGA;
            stptr=(PBYTE)realloc(stptr,AllocSize);
        }

        // 10K~1M 사이의 레코드를 읽어들인다.
        RecSize=((rand() % 100)+1)*10240;
        memset(stptr+AllocSize-RemainSize,i,RecSize);
        RemainSize-=RecSize;
    }

    wsprintf(Status,"총 할당량:%d 메가, 사용:%d 메가",
        AllocSize/MEGA,(AllocSize-RemainSize)/MEGA);
    InvalidateRect(hWndMain,NULL,TRUE);
}

LRESULT CALLBACK WndProc(HWND hWnd,UINT iMessage,WPARAM wParam,LPARAM lParam)
{
    HDC hdc;
    PAINTSTRUCT ps;
    TCHAR *Mes="왼쪽 마우스 버튼:메모리 할당, 오른쪽 마우스 버튼:메모리 해제";

    switch (iMessage) {
```

```
    case WM_CREATE:
        hWndMain=hWnd;
        srand(GetTickCount());
        return 0;
    case WM_LBUTTONDOWN:
        SetCursor(LoadCursor(NULL,IDC_WAIT));
        ReadRecords();
        SetCursor(LoadCursor(NULL,IDC_ARROW));
        return 0;
    case WM_RBUTTONDOWN:
        FreeRecords();
        return 0;
    case WM_PAINT:
        hdc=BeginPaint(hWnd, &ps);
        TextOut(hdc,50,50,Mes,lstrlen(Mes));
        TextOut(hdc,50,80,Status,lstrlen(Status));
        EndPaint(hWnd, &ps);
        return 0;
    case WM_DESTROY:
        FreeRecords();
        PostQuitMessage(0);
        return 0;
    }
    return(DefWindowProc(hWnd,iMessage,wParam,lParam));
}
```

똑같은 동작을 하기는 하지만 realloc함수가 굉장히 느리기 때문에 전체적으로 속도가 느리다는 큰 차이점이 있고 재할당할 때마다 번지가 바뀔 수 있다는 단점이 있다. 속도를 좀 높이려면 재할당할 때 여유분을 충분히 주는 방법을 사용할 수는 있지만 가상 메모리를 쓰는 것보다는 확실히 성능이 떨어진다.

대용량의 가변적인 메모리를 다룰 때는 가상 메모리의 이점을 활용하는 것이 더 좋다. 가상 메모리는 예약 후 필요한만큼만 점진적으로 확정해 가며 쓸 수 있으므로 물리적인 메모리를 낭비하지 않으면서도 한번 예약한 번지가 바뀌지도 않아 쓰기 편리하고 속도도 빠르다. 단, 가상 메모리는 할당 단위가 크므로 필요 메모리량이 클 때만 사용하는 것이 좋다. 연결 리스트의 노드처럼 작은 메모리를 할당할 때는 realloc을 쓰는 방법이 더 바람직하다.

39-3 힙

39-3-가. 힙의 정의와 장점

응용 프로그램이 필요로 하는 메모리를 얻는 또 다른 방법은 힙을 사용하는 것이다. 힙은 가상 메모리 공간상의 예약된 영역이다. 운영체제는 프로세스를 만들 때 1M 바이트 크기의 디폴트 힙을 같이 생성한다. 힙은 어디까지나 예약된 메모리일 뿐이므로 힙 자체가 물리적인 메모리를 축내지는 않는다. 즉 최초 힙이 만들어질 때는 1M 바이트 크기만큼 예약만 되어 있을 뿐 확정되어 있지는 않다. 응용 프로그램이 힙으로부터 메모리를 할당하면 운영체제는 필요한 만큼 힙의 영역을 확정하여 물리적 메모리를 할당하므로 꼭 필요한 만큼의 메모리만 사용하는 셈이다.

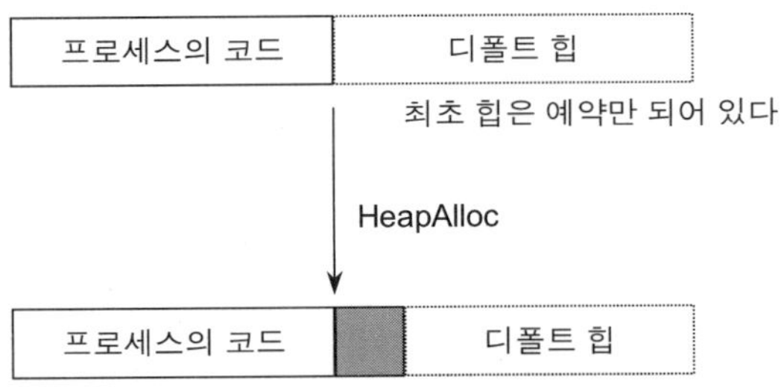

가상 메모리를 직접 할당하는 것에 비해 힙을 사용하는 방법은 작은 메모리 블록을 할당하는데 훨씬 더 유리하다. 가상 메모리는 페이지 단위로 할당되기 때문에 불과 몇 바이트를 할당하더라도 4K 바이트의 큰 메모리가 할당되는 데 비해 힙은 요구한 만큼만 할당되므로 훨씬 더 경제적이다. 예를 들어 노드의 크기가 작은(10여 바이트 정도) 연결 리스트의 노드를 계속적으로 확장할 때나 동적으로 배열의 크기를 늘려갈 때 등이 힙을 사용하는 적절한 예이다. 이런 작은 메모리를 할당할 때 가상 메모리와 힙의 차이점을 분명히 테스트해 보기 위해 다음 예제를 실행해 보자.

예 제 : AllocTest

```
#define MAXALLOC 10000
void *arHeap[MAXALLOC];
void *arVirt[MAXALLOC];

void DeallocAll()
{
    int i;

    SetCursor(LoadCursor(NULL,IDC_WAIT));
    for (i=0;i<MAXALLOC;i++) {
        if (arHeap[i]) {
            HeapFree(GetProcessHeap(),0,arHeap[i]);
            arHeap[i]=NULL;
        }
    }
    for (i=0;i<MAXALLOC;i++) {
        if (arVirt[i]) {
            VirtualFree(arVirt[i], sizeof(int), MEM_DECOMMIT);
            VirtualFree(arVirt[i], 0, MEM_RELEASE);
            arVirt[i]=NULL;
        }
    }
}

LRESULT CALLBACK WndProc(HWND hWnd,UINT iMessage,WPARAM wParam,LPARAM lParam)
{
    HDC hdc;
    PAINTSTRUCT ps;
    TCHAR *Mes="왼쪽 버튼 = 힙에서 할당, 오른쪽 버튼 = 가상 메모리에서 할당";
    int i;
```

```
    switch (iMessage) {
    case WM_LBUTTONDOWN:
        // 힙에서 할당시 : 40K만큼의 힙 소요
        DeallocAll();
        for (i=0;i<MAXALLOC;i++) {
            arHeap[i]=HeapAlloc(GetProcessHeap(),0,sizeof(int));
        }
        return 0;
    case WM_RBUTTONDOWN:
        // 가상 메모리에서 할당시 : 40M만큼의 가상 메모리 소요. 주소 공간은 660M 소요
        DeallocAll();
        for (i=0;i<MAXALLOC;i++) {
            arVirt[i]=VirtualAlloc(NULL, sizeof(int), MEM_RESERVE | MEM_COMMIT,
                PAGE_READWRITE);
        }
        return 0;
    case WM_PAINT:
        hdc=BeginPaint(hWnd, &ps);
        TextOut(hdc,10,10,Mes,lstrlen(Mes));
        EndPaint(hWnd, &ps);
        return 0;
    case WM_DESTROY:
        DeallocAll();
        PostQuitMessage(0);
        return 0;
    }
    return(DefWindowProc(hWnd,iMessage,wParam,lParam));
}
```

힙과 가상 메모리에서 정수형 변수 10000개분을 할당하는 예를 보인 것인데 힙에서 할당할 때는 sizeof(int)*10000만큼인 40K가 소요되지만 가상 메모리에서 할당할 때는 4K*10000만큼인 40M가 소요된다. 무려 1000배나 더 많은 메모리가 낭비되는 것이다. 뿐만 아니라 주소 공간은 무료 660M만큼이나 소요된다.

그래서 연결 리스트같은 자료 구조를 프로그래밍할 때는 VirtualAlloc으로 메모리를 할당해서는 안된다. 노드 하나를 만들 때마다 메모리는 4K씩 소모되며 주소 공간은 64K씩 날라가 버리므로 메모리와 주소 공간의 낭비가 너무 심하다. 마치 하드 디스크의 공간 낭비 문제와 비슷한데 1바이트짜리 파일 만개를 만들면 만 바이트만 소모하는 것이 아니라 훨씬 더 많은 디스크 공간이 낭비된다. 10바이트짜리 천개는 같은 용량이라도 낭비가 덜하며 만 바이트짜리 파일 한개는 낭비가 거의 없다. 작은 용량의 메모리를 할당할 때는 가급적이나 HeapAlloc이나 아니면 malloc같은 힙 할당 함수를 사용해야 한다.

Win32에서는 주소 공간이 분리되어 있으므로 모든 힙은 지역적(Local)이다. Win16에서는 전역/지역 구분이 있어 힙으로부터 메모리를 할당하는 함수가 Local*, Global* 두 종류였지만 Win32에서는 프로세스별로 주소 공간이 격리됨으로 해서 지역 힙만이 존재한다. 또한 Win32에서는 필요에 따라 다수개의 힙을 생성할 수 있다.

39-3-나. 힙으로부터 할당

프로세스가 처음 만들어질 때 운영체제는 프로세스의 주소 공간에 크기 1M의 힙을 만드는데 프로세스와 함께 만들어지는 이 힙을 디폴트 힙(default heap)이라고 한다. 디폴트 힙 외에 사용자가 직접 힙을 만들어 사용하는 것도 가능하다. 디폴트 힙은 프로세스와 함께 만들어지며 프로세스가 파괴될 때 같이 파괴되므로 실행중에 언제든지 사용할 수 있다. 디폴트 힙으로부터 메모리를 할당받을 때는 다음 세 함수를 사용한다.

HANDLE GetProcessHeap(VOID)
LPVOID HeapAlloc(HANDLE hHeap, DWORD dwFlags, DWORD dwBytes);
BOOL HeapFree(HANDLE hHeap, DWORD dwFlags, LPVOID lpMem);

Win32의 모든 힙 함수는 대상이 되는 힙의 핸들을 첫 번째 인수로 지정한다. 디폴트 힙을 사용할 때는 GetProcessHeap 함수로 디폴트 힙의 핸들을 먼저 얻은 후 이 핸들을 HeapAlloc 등의 함수로 넘겨 할당 대상 힙을 지정한다. HeapAlloc의 세 번째 인수 dwBytes로 할당하고자 하는 메모리 양을 지정하며 두 번째 인수 dwFlags는 힙을 할당하는 방법을 지정하는 플래그이다. 다음 세 개의 플래그가 있다.

플래그	설명
HEAP_GENERATE_EXCEPTIONS	에러 발생시 NULL을 리턴하지 않고 대신 예외를 발생시킨다. 매번 리턴값을 점검하는 것은 번거로우므로 예외 처리 구문을 쓰는 것이 더 편리하다.
HEAP_NO_SERIALIZE	힙 할당은 스레드에 안전하게 동기화되는데 이런 동기화를 하지 않는다.
HEAP_ZERO_MEMORY	할당한 힙을 0으로 초기화한다. 이 플래그를 지정하지 않으면 쓰레기값이 들어 있을 것이다.

이 플래그들 중 두 번째인 HEAP_NO_SERIALIZE 플래그는 다소 설명이 필요하다. 힙에 대한 액세스는 운영체제에 의해 기본적으로 동기화되며 두 개 이상의 스레드가 동시에 힙에서 메모리를 할당하더라도 우연히 같은 번지를 할당하지 않도록 되어 있다. 시스템이 이런 처리를 하지 않는다면 두 스레드가 같은 번지를 동시에 할당해서 서로 방해할 수 있으므로 이 처리는 꼭 필요하다. 물론 확률상으로 동시에 같은 번지가 할당될 경우는 극히 드물겠지만 멀티 스레딩 환경에서는 스레드가 동시에 실행되며 스위칭 시점을 예측할 수 없으므로 이런 가능성을 전혀 배제할 수 없다.

그래서 힙에 대한 모든 처리(할당, 해제, 조사)는 시스템에 의해 동기화된다. 단, 이런 동기화는 한 스레드가 힙을 쓰는 동안 나머지 스레드가 힙을 쓰지 못하게 대기시켜야 하므로 여분의 코드가 더 필요하며 따라서 동기화를 하지 않을 때보다 당연히 속도가 느리다. HEAP_NO_SERIALIZE 플래그는 동기화를 금지하여 더 빠른 속도를 얻고자 할 때 사용한다. 스레드가 오직 하나뿐이라면 굳이 이런 느린 처리를 할 필요가 없는 것이다. 동기화를 하지 않을 때도 다음 두 함수로 힙을 잠시 잠글 수는 있다.

BOOL HeapLock(HANDLE hHeap);
BOOL HeapUnlock(HANDLE hHeap);

스레드가 힙에 대해 락을 걸면 이 힙을 잠시 독점적으로 소유하며 다른 스레드가 건드리지 못하게 한다. HEAP_NO_SERIALIZE 플래그는 할당할 때뿐만 아니라 추가 힙을 생성할 때, 해제할 때, 힙을 조사할 때, 재할당할 때 각각 사용되는데 가급적이면 이 플래그는 쓰지 않는 것이 좋다. 당장은 스레드가 하나밖에 없어서 동기화를 할 필요가 없다 하더라도 프로그램이란 언제 확장될지 알 수 없으므로 가급적이면 동기화를 하는 것이 좋다. 그래서 dwFlags 인수는 통상 0으로 지정한다. 다음 예제는 힙으로부터 정수형 변수 10개분의 메모리를 할당하여 사용한다.

```
ptr=(int *)HeapAlloc(GetProcessHeap(), 0, sizeof(int)*10);
for (i=0;i<10;i++) {
    wsprintf(str,"%d",ptr[i]=i*2);
    TextOut(hdc,10,i*20,str,lstrlen(str));
}
HeapFree(GetProcessHeap(), 0, ptr);
```

HeapAlloc으로 메모리를 할당하되 대상이 되는 힙의 핸들을 GetProcessHeap 함수로 구해 첫 번째 인수로 넘겼다. 다 사용한 후에는 HeapFree로 해제한다. 다음 두 함수는 이미 할당된 힙의 크기를 조정하거나 힙의 크기를 구한다.

LPVOID HeapReAlloc(HANDLE hHeap, DWORD dwFlags, LPVOID lpMem, DWORD dwBytes);
DWORD HeapSize(HANDLE hHeap, DWORD dwFlags, LPCVOID lpMem);

HeapReAlloc은 C 런타임 라이브러리의 realloc과 동일하며 HeapSize는 _msize 함수와 동일하다. 대상 힙의 핸들을 항상 첫 번째 인수로 전달하고 블록의 번지와 새로운 할당 크기를 지정하면 된다. HeapSize 함수를 사용하면 할당된 힙의 크기를 실행중에 조사할 수 있으므로 특정 번지의 할당량을 일부러 기억하지 않아도 된다. 다음 세 함수는 힙을 관리하는 함수이다.

SIZE_T HeapCompact(HANDLE hHeap, DWORD dwFlags);
BOOL HeapValidate(HANDLE hHeap, DWORD dwFlags, LPCVOID lpMem);
BOOL HeapWalk(HANDLE hHeap, LPPROCESS_HEAP_ENTRY lpEntry);

힙은 언제든지 할당 및 해제를 할 수 있는 영역이며 할당과 해제를 자주 반복하다 보면 중간에 비는 공간들이 많아질 것이다. HeapCompact 함수는 힙의 빈 공간을 병합하여 좀 더 큰 여유 공간을 만들고 과다하게 확정된 영역은 확정 해제하여 시스템에 반납한다. 이런 동작을 전문 용어로 컴팩션(Compaction)이라고 하는데 하드 디스크의 조각모음과 유사한 동작을 한다고 생각하면 이해하기 쉽다.

HeapValidate 함수는 lpMem이 지정하는 블록이 유효한 블록인지를 검사한다. 제대로 할당한 블록이라면 물론 유효하겠지만 버그에 의해 이 영역이 잘못 덮여졌다면 그렇지 못할 수도 있는데 이 함수로 블록의 안전성 여부를 점검할 수 있다. lpMem이 NULL이면 힙 전체의 블록을 점검해 보고 이상이 있는지를 조사한다. 만약 이 함수가 FALSE를 리턴한다면 프로그램의 논리에 뭔가 이상이 있다고 볼 수 있다. HeapWalk 함수는 힙의 모든 블록을 열거한다. 이 함수를 반복적으로 호출하면 힙의 첫 블록부터 마지막 블록까지 순회하면서 다음 구조체에 블록에 대한 정보를 채운다.

```
typedef struct _PROCESS_HEAP_ENTRY {
  PVOID lpData;
  DWORD cbData;
  BYTE cbOverhead;
  BYTE iRegionIndex;
  WORD wFlags;
  union {
    struct {
      HANDLE hMem;
      DWORD dwReserved[3];
```

```
        } Block;
        struct {
            DWORD dwCommittedSize;
            DWORD dwUnCommittedSize;
            LPVOID lpFirstBlock;
            LPVOID lpLastBlock;
        } Region;
    };
} PROCESS_HEAP_ENTRY;
```

블록을 순회하면서 각 블록의 위치와 크기들을 점검해 보면 어디서 이상이 발생했는지 알 수 있다. 상기 두 함수는 일반적인 용도로 사용한다기보다는 일종의 디버깅용이라고 할 수 있다. 부주의한 덮어 쓰기에 의해 메모리가 깨지면 알 수 없는 곳에서 이상 동작을 할 수 있는데 이 두 함수로 힙의 이상 유무와 어떤 블록이 잘못되었는지 등을 알아낼 수 있다.

39-3-다. 새로운 힙 생성

디폴트 힙의 용량이 충분하며 부족할 경우 자동으로 늘리므로 디폴트 힙만 사용해도 웬만한 메모리 요구는 다 충족할 수 있다. 그런데 특별한 이유로 디폴트 힙이 아닌 별도의 힙을 만들고자 한다면 그렇게 할 수도 있다. 어떤 경우에 힙을 만들어 사용하는 것이 좋은지 보자.

① 동적으로 필요한 메모리가 두 종류가 있으며 두 메모리가 질적으로 다를 경우 각각의 고유 힙을 만들 수 있다. 예를 들어 두 개의 연결 리스트를 관리할 경우 각 연결 리스트별로 별도의 힙을 만들어 메모리를 할당하면 각 리스트끼리의 노드가 분리 할당됨으로써 잠재적인 문제를 방지할 수 있다. 한쪽 연결 리스트의 버그로 인해 다른 연결 리스트까지 같이 파괴되지 않을 것이다. 또한 두 리스트의 노드 크기가 다를 때 빈번하게 할당/해제되더라도 메모리의 단편화 현상(fragmentation)을 최소화할 수 있다. 왜냐하면 노드가 해제된 자리에 같은 크기의 노드를 할당하면 낭비가 전혀 없기 때문이다.

② 스레드별로 사용하는 힙을 따로 만들 경우 동기화를 하지 않아도 상관없다. 특정 스레드가 자신이 사용할 힙을 만들어서 사용하면 이 힙은 혼자서 사용하므로 다른 스레드의 방해를 받지 않고 안전하게 사용할 수 있다. 이럴 경우는 힙 생성 함수에 HEAP_NO_SERIALIZE 플래그를 지정하여 동기화를 하지 않도록 하여 속도를 더 높여도 무관하다.

③ 힙에 할당된 개별 블록을 한꺼번에 해제할 수 있다. 힙이 파괴되면 그 안의 블록들도 자동으로 파괴되므로 파괴 속도가 굉장히 빠르다. 이 특징은 상당히 유용한데 거대한 이진 트리가 있을 때 트리의 노드들이 할당한 메모리를 해제하기 위해서는 또 한번의 순회가 필요하지만 별도의 전용 힙에 트리를 구성해 놓았으면 힙만 파괴함으로써 모든 노드를 한꺼번에 해제할 수 있다.

이 외에도 논리적으로 용도가 비슷한 메모리를 각각 분리된 힙에 할당함으로써 운영체제가 페이지를 좀 덜 교체할 수 있도록 한다. 힙을 더 만들 수 있다는 것은 논리적으로 메모리의 구획을 나눔으로써 안전성과 편의성을 높이는 훌륭한 기능이다. 힙을 만들 때는 다음 함수를 사용한다.

HANDLE HeapCreate(DWORD flOptions, DWORD dwInitialSize, DWORD dwMaximumSize);
BOOL HeapDestroy(HANDLE hHeap);

첫 번째 인수 flOptions는 새로 생성되는 힙의 속성을 설정하는 플래그를 지정하는데 동기화 금지,

예외 발생 등의 플래그를 지정할 수 있지만 보통 0으로 지정한다. 두 번째 인수로 초기에 확정될 힙의 크기를 지정하며 세 번째 인수로 힙의 최대 크기를 지정한다. 운영체제는 HeapCreate가 지정한 dwMaximumSize만큼의 주소 공간을 예약하고 그 중 dwInitialSize만큼의 메모리를 확정해 둔다. 그리고 힙으로부터 메모리가 점점 할당됨에 따라 예약분을 필요한만큼 확정해 나간다.

dwMaximumSize가 0이면 상한이 없다는 뜻이며 이 경우 힙은 가상 메모리 크기만큼 커질 수 있다. 힙은 스택과는 달리 필요한만큼 얼마든지 할당해서 쓸 수 있어야 하므로 상한을 두지 않는 것이 보통이다. HeapCreate는 생성된 힙의 핸들을 리턴하며 에러 발생시 NULL을 리턴한다. 이 핸들은 HeapAlloc 등의 함수의 첫 번째 인수로 사용된다.

다 사용한 힙은 HeapDestroy 함수로 반드시 해제해야 한다. HeapDestroy는 힙에 확정된 메모리를 확정 해제하고 예약도 취소함으로써 힙을 완전히 무효화시킨다. 단 사용자가 만든 힙만 파괴해야지 프로세스의 디폴트 힙은 파괴할 수 없다. 힙이 파괴되면 힙에 할당된 모든 블록들도 자동으로 파괴되므로 HeapFree 함수로 블록을 일일이 해제하지 않아도 상관없다. 다음 코드는 힙을 만들고 힙으로부터 메모리를 할당한다.

```
MyHeap=HeapCreate(0,4096,1048576);
ptr=(int *)HeapAlloc(MyHeap, 0, sizeof(int)*10);
for (i=0;i<10;i++) {
    wsprintf(str,"%d",ptr[i]=i*2);
    TextOut(hdc,10,i*20,str,lstrlen(str));
}
HeapFree(MyHeap, 0, ptr);
HeapDestroy(MyHeap);
```

GetProcessHeap 함수로 조사한 디폴트 힙을 사용하지 않고 HeapCreate함수로 힙을 직접 만들어 사용한다는 점만 다르다.

39-3-라. Win16의 힙 함수

malloc, new 외에 메모리 할당에 사용될 수 있는 함수에는 Global* 함수군, Local* 함수군이 있다. 이 두 함수군은 각각 전역힙과 지역힙에서 메모리를 할당하는 함수들인데 Win32에서는 전역힙과 지역힙의 구분이 없어졌기 때문에 두 함수군의 역할이 동일해졌다. 그래서 Global* 함수를 쓰나 Local* 함수를 쓰나 그 결과가 완전히 동일하므로 보통 Global* 함수만 사용한다. 일단 메모리 할당에 직접적으로 사용되는 다음 네 함수를 보자.

```
HGLOBAL GlobalAlloc( UINT uFlags, DWORD dwBytes );
LPVOID GlobalLock( HGLOBAL hMem );
BOOL GlobalUnlock( HGLOBAL hMem );
HGLOBAL GlobalFree( HGLOBAL hMem );
```

GlobalAlloc 함수가 힙에서 메모리를 할당하는 함수이다. 두 번째 인수 dwBytes로 할당하고자 하는 메모리 양을 바이트 단위로 밝힌다. 첫 번째 인수 uFlags는 메모리 할당 방법을 지정하며 여러 가지 플래그가 있지만 대부분은 Win32환경에서 의미가 없고 다음 세 가지 정도의 플래그만 의미가 있다.

플래그	설명
GMEM_FIXED	메모리를 할당한 후 할당된 메모리의 포인터를 리턴한다. 이 플래그를 쓸 경우 GlobalAlloc은 malloc과 거의 유사해지며 리턴된 포인터를 바로 캐스팅해서 쓸 수 있다.
GMEM_MOVEABLE	메모리를 할당한 후 메모리 오브젝트의 핸들을 리턴한다. 운영체제의 효율적인 메모리 관리를 위해 언제든지 이 메모리를 이동시킬 수 있도록 고정된 포인터 대신 메모리 핸들을 리턴한다.
GMEM_ZEROINIT	할당된 메모리를 전부 0으로 초기화한다.
GPTR	GMEM_FIXED | GMEM_ZEROINIT
GHND	GMEM_MOVEABLE | GMEM_ZEROINIT

GMEM_MOVEABLE 플래그로 메모리를 할당하면 이 메모리는 이동 가능한 메모리가 된다. 이동 가능하다는 것은 운영체제가 메모리의 위치를 마음대로 변경할 수 있다는 뜻인데 왜 이런 속성이 필요했는지를 이해하려면 Win16의 메모리 구조에 대한 연구가 필요하다. 다음은 16비트 환경의 메모리를 그린 것이다. 메모리는 바이트 단위를 쓰지만 설명의 편의상 칸 단위로 관리된다고 하고 총 16개의 칸이 있는 모습이다.

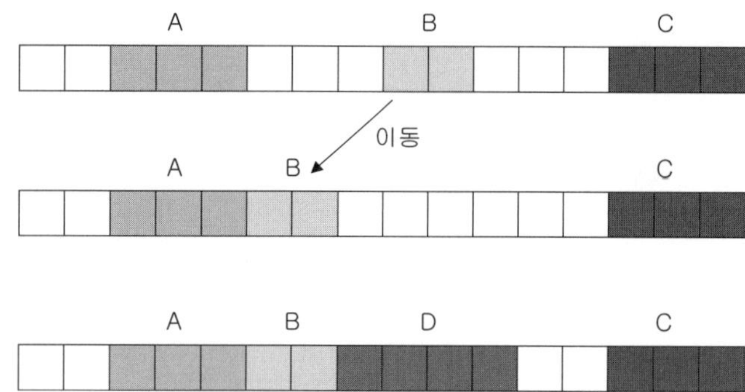

응용 프로그램 A, B, C가 각각 3, 2, 3칸의 메모리를 할당해서 사용중이며 아직 8칸만큼의 여유 공간이 남아 있다. 이 상태에서 D가 4칸 분량의 메모리 할당을 요청했다고 하자. 요청한 용량보다 남은 용량이 더 많으므로 운영체제는 D가 원하는만큼 할당해야 하나 보다시피 4칸이 연속적으로 비어 있는 곳이 없어 D의 요청을 들어줄 수가 없다. 이럴 경우 운영체제는 B가 차지하고 있는 영역을 다른 곳으로 옮김으로써 4칸이 연속적으로 비도록 만들고 D의 할당 요청을 처리한다.

이런 처리가 가능하려면 할당된 메모리를 운영체제가 재량껏 옮길 수 있어야 하며 이것을 허용하는 플래그가 바로 GMEM_MOVEABLE이다. 이동 가능한 메모리는 핸들로써 표현되기 때문에 곧바로 사용할 수 없으며 사용하기 전에 반드시 GlobalLock 함수로 메모리를 고정시키고 포인터를 받아와야 한다. GlobalLock은 운영체제가 메모리를 어디로 옮겨 놓았는지 실제 번지를 조사하고 당분간 이동시키지 않도록 하는 역할을 한다. B가 할당한 두 칸의 실제 위치가 옮겨지더라도 B가 이 메모리를 쓸 때는 옮겨진 번지를 받으므로 자신의 메모리를 쓰는데는 아무런 문제가 없다.

락된 상태에서는 이 블록이 고정된 위치에 있으므로 포인터로 안전하게 메모리를 액세스할 수 있다. 액세스가 끝난 후는 GlobalUnlock으로 다시 이동가능하게 해야 운영체제가 메모리를 다시 원하는 대로 관리할 수 있을 것이다. 물론 다시 필요해지면 언제든지 락을 걸 수 있다. 다 사용한 후에는 GlobalFree 함수로 메모리를 해제한다. 이동 가능하다는 것은 필요한 용량만큼을 할당하되 위치는 가변인 채로 내버려 두는 할당 형태이며 고정된 메모리에 비해 사용하기 불편하지만 운영체제가 메모리를 자유롭게 배치할 수 있도록 함으로써 전체 시스템 성능을 향상시킨다.

Win16에서는 왜 이런 플래그들이 필요했는가 하면 운영체제와 응용 프로그램 전체가 하나의 주소 공간에서 실행되었기 때문이다. 그러다 보니 고정된 위치를 할당할 수 없고 이동 가능하도록 해 놓고 필요할 때만 락해서 쓰는 식으로 서로 협조를 해야 했던 것이다. Win32 환경에서는 프로세스의 주소 공간이 분리되었기 때문에 이런 식으로 할당할 필요없이 자기 주소 공간의 고정된 위치를 마음대로 할당할 수 있게 되었다. 다음 코드는 앞에서 만든 예제를 GlobalAlloc으로 다시 작성해 본 것이다. 메모리 할당 방법만 다를 뿐이며 실행 결과는 동일하다.

```
hMem=GlobalAlloc(GMEM_MOVEABLE,sizeof(int)*10);
ptr=(int *)GlobalLock(hMem);
for (i=0;i<10;i++) {
    wsprintf(str,"%d",ptr[i]=i*2);
    TextOut(hdc,10,i*20,str,lstrlen(str));
}
GlobalUnlock(hMem);
GlobalFree(hMem);
```

정수형 변수 10개분의 이동 가능한 메모리를 할당한 후 GlobalLock으로 고정시켜 포인터를 얻어 ptr에 대입하였다. 이 후 ptr은 크기 10의 정수형 배열이 된다. 사용이 끝난 후 GlobalUnlock, GlobalFree 함수로 해제했다. 고정된 메모리를 할당하려면 다음과 같이 수정하면 된다.

```
ptr=(int *)GlobalAlloc(GMEM_FIXED,sizeof(int)*10);
for (i=0;i<10;i++) {
    wsprintf(str,"%d",ptr[i]=i*2);
    TextOut(hdc,10,i*20,str,lstrlen(str));
}
GlobalFree(ptr);
```

GMEM_FIXED 플래그를 사용하면 포인터가 리턴되므로 곧바로 사용할 수 있다. GlobalAlloc으로 할당한 메모리는 다음 함수로 크기를 변경하여 재할당할 수 있다.

HGLOBAL GlobalReAlloc(HGLOBAL hMem, DWORD dwBytes, UINT uFlags);

Win16의 힙 함수는 호환성 유지를 위해 아직도 여전히 사용가능 하지만 효율이 별로 좋지 못하므로 가급적이면 HeapAlloc 등의 Win32 힙 함수를 사용하는 것이 좋다. Win16의 힙 함수들은 Win32의 새로운 힙 함수들에 비해 속도도 느릴 뿐만 아니라 핸들 테이블이라는 추가적인 메모리를 소비해 비경제적이므로 사용하지 않는 것이 좋다. 하지만 기존 코드의 실행 보장과 프로그래머들의 습관 때문에 없앨 수는 없을 것이다. 아직까지도 클립보드나 DDE, 커스텀 리소스에서는 이 함수들이 여전히 사용되고 있으며 그래서 이 함수의 플래그를 알아야 할 필요가 있다.

메모리를 할당하는 여러 가지 방법에 대해 연구해 봤는데 COM 라이브러리나 각 언어별 할당 방법까지 고려하면 엄청나게 많은 할당 방법이 존재한다. 이 중 우리가 직접 사용할만한 할당 방법은 역시 malloc과 new뿐이다. 단순 메모리이면 malloc을, 객체를 생성할 때는 new 연산자를 사용하는 것이 가장 간편하다. 어차피 이 함수들이 내부에서 힙 할당 함수를 호출하고 힙 관리자는 필요할 경우 가상 메모리 할당 함수를 호출할 것이다. 메모리를 관리하는 API 함수를 직접적으로 호출하는 것은 이식성에도 불리한데 malloc, new는 UNIX나 리눅스에서도 잘 컴파일된다.

39-4 메모리 맵 파일

39-4-가. 정의

윈도우즈는 물리적인 메모리(RAM)가 부족할 경우 하드 디스크의 페이징 파일(Paging File)을 메모리 대신 사용한다. 마치 페이징 파일이 물리적인 메모리의 일부인 것처럼 프로세스의 주소 공간에 맵하여 사용하며 필요할 경우 RAM으로 읽어오므로 응용 프로그램의 입장에서 볼 때 페이징 파일은 속도가 좀 느릴 뿐 RAM과 전혀 다를 것이 없다.

운영체제가 하드 디스크의 페이징 파일을 RAM 대용으로 사용하는 것이 가능하다면 일반 파일도 RAM 대용으로 사용하여 주소 공간에 맵할 수 있을 것이다. 일반 파일도 정보를 저장하고 읽고 쓸 수 있으므로 이론적으로 전혀 문제가 없다. 메모리 맵 파일(Memory Mapped File)은 이런 이론에 기반하여 하드 디스크에 존재하는 파일의 내용을 프로세스의 주소 공간에 연결(Map)하는 기법이다. 요약하자면 파일을 마치 메모리인 것처럼 사용하는 기법이라 하겠다.

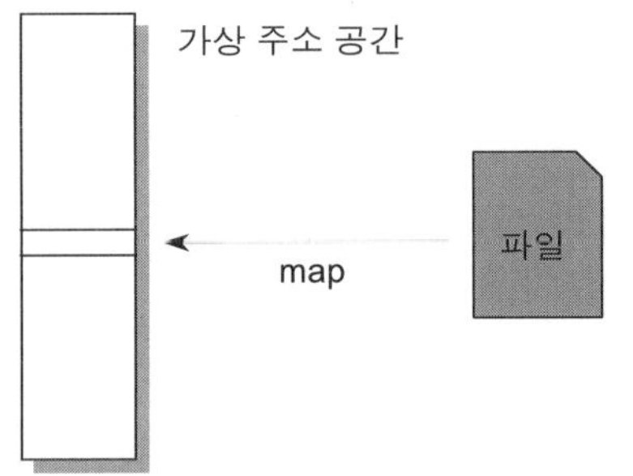

이처럼 가상 주소 공간에 파일을 맵한 후 그 포인터를 사용하면 파일의 내용을 마치 메모리 다루듯이 똑같이 사용할 수 있다. 파일을 열고 닫고 파일 포인터를 옮기고 버퍼를 유지하는 복잡한 처리를 할 필요없이 마치 메모리에 있는 데이터를 읽고 쓰듯 *ptr=data; 등과 같이 간편하게 파일 조작을 할 수 있는 것이다. 파일을 메모리처럼 사용해도 그 뒷처리는 운영체제가 철저하게 책임진다. 포인터로 파일을 액세스하면 RAM으로 스왑할 것이고 오랫동안 사용하지 않으면 다시 파일에 기록하며 파일 맵핑을 닫을 때 대기중인 모든 출력이 파일에 완전히 기록된다.

메모리 맵 파일은 편리함뿐만 아니라 아주 여러 가지 용도를 가지고 있다. 운영체제가 실행 파일을 읽어오고 실행하는 내부적인 방법도 바로 메모리 맵 파일이다. 실행 파일을 메모리로 읽어올 필요없이 디스크의 이미지를 곧바로 프로세스의 주소 공간에 맵한 후 바로 실행할 수 있다. 물론 그 배경에서 시스템은 실행 파일 이미지에서 당장 필요한 부분을 물리적인 RAM으로 읽어오고 더 이상 필요하지 않은 부분은 RAM에서 제거하는 복잡한 처리를 할 것이다.

운영체제가 이런 식으로 파일 맵핑을 통해 실행 파일을 로드하기 때문에 로딩 속도가 대단히 빠르며 가상 메모리를 절약할 수 있다. 실행 파일 이미지의 대부분은 읽기 전용이므로 파일 자체를 주소 공간에 맵해서 사용해도 별 상관이 없는 것이다. 100M가 넘는 큰 파일을 실행해도 순식간에 실행되는 이유가 바로 파일을 곧바로 맵핑하기 때문이다. 단, 플로피나 CD-ROM, 이동식 디스크같은 착탈식 미디어는 언제 제거될지 알 수 없으므로 가상 메모리로 전부 읽어들인 후에 실행한다.

또한 메모리 맵 파일은 Win32에서 프로세스간 메모리를 공유하는 유일하고 합법적인 방법이다.

두 개의 프로세스가 하나의 메모리 맵 파일을 동시에 액세스할 수 있기 때문에 메모리 맵 파일을 통해 데이터를 주고 받을 수 있고 동시에 한 메모리 영역을 액세스할 수도 있다. 프로세스간 통신에 사용되는 여러 가지 기술들도 내부적으로 모두 메모리 맵 파일을 활용한다.

39-4-나. 파일 액세스

메모리 맵 파일을 만드는 절차는 그리 간단하지 않다. 더구나 관련 함수들의 옵션이 지겨울 정도로 많기 때문에 그 옵션들의 의미까지 전부 한꺼번에 다 알기란 무척 어렵다. 그래서 일단 아주 간단한 예제를 통해 파일 맵핑 오브젝트를 만들고 사용하는 방법만 먼저 알아본다. 다음 예제는 파일 맵핑 오브젝트를 통해 디스크 상의 파일을 읽는 시범을 보이는 MMFile 예제이다. 같은 디렉토리에 Naru.txt라는 데이터 파일을 만들어 두고 이 파일을 가상 주소 공간에 맵한 후 메모리 읽듯이 파일을 읽어서 출력할 것이다.

예 제 : MemFile

```
LRESULT CALLBACK WndProc(HWND hWnd,UINT iMessage,WPARAM wParam,LPARAM lParam)
{
    HDC hdc;
    HANDLE hFile, hFMap;
    TCHAR *PtrInFile;
    RECT rt;
    switch (iMessage) {
    case WM_LBUTTONDOWN:
        hdc=GetDC(hWnd);
        // 파일을 연다
        hFile=CreateFile("NaRu.txt",GENERIC_READ, 0,
            NULL, OPEN_EXISTING, FILE_ATTRIBUTE_NORMAL, NULL);
        if (hFile == INVALID_HANDLE_VALUE) {
            MessageBox(hWnd, "파일이 없습니다", "에러", MB_OK);
        } else {
            // 파일 맵핑 오브젝트를 만든다.
            hFMap=CreateFileMapping(hFile, NULL, PAGE_READONLY, 0, 0, NULL);
            // 주소 공간에 맵한다.
            PtrInFile=(TCHAR *)MapViewOfFile(hFMap, FILE_MAP_READ,0,0,0);
            SetRect(&rt,10,10,640,400);
            DrawText(hdc,PtrInFile,GetFileSize(hFile, NULL),&rt,DT_EXPANDTABS);
            UnmapViewOfFile(PtrInFile);
            CloseHandle(hFMap);
            CloseHandle(hFile);
        }
        ReleaseDC(hWnd, hdc);
        return 0;
    case WM_RBUTTONDOWN:
        // 파일을 연다
        hFile=CreateFile("Alpha.txt",GENERIC_READ | GENERIC_WRITE, 0,
            NULL, OPEN_EXISTING, FILE_ATTRIBUTE_NORMAL, NULL);
        if (hFile == INVALID_HANDLE_VALUE) {
            MessageBox(hWnd, "파일이 없습니다", "에러", MB_OK);
        } else {
            // 파일 맵핑 오브젝트를 만든다.
            hFMap=CreateFileMapping(hFile, NULL, PAGE_READWRITE, 0, 0, NULL);
```

```
            // 주소 공간에 맵한다.
            PtrInFile=(TCHAR *)MapViewOfFile(hFMap, FILE_MAP_WRITE,0,0,0);
            strncpy(PtrInFile, "TEST", 4);
            PtrInFile[4]=' ';
            UnmapViewOfFile(PtrInFile);
            CloseHandle(hFMap);
            CloseHandle(hFile);
        }
        return 0;
    case WM_DESTROY:
        PostQuitMessage(0);
        return 0;
    }
    return(DefWindowProc(hWnd,iMessage,wParam,lParam));
}
```

마우스 왼쪽 버튼을 누르면 다음과 같은 실행 결과를 볼 수 있다. 만해 한용운의 조국 광복에 대한 신념을 그린 나룻배와 행인이라는 참 좋은 시이다.

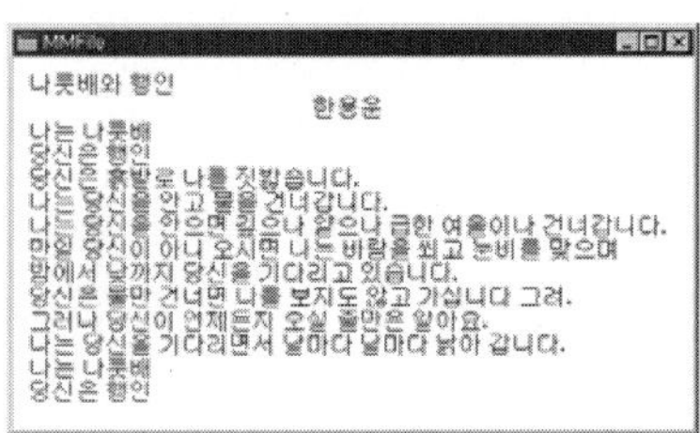

코드는 WM_LBUTTONDOWN에 있으며 파일 입출력 함수를 사용하여 파일을 읽는 것과는 질적으로 다른 방법을 사용하고 있다. 포인터로 바로 읽어들이는 것이 다소 신기해 보인다. 먼저 CreateFile 함수를 사용하여 Naru.txt 파일을 읽기 전용으로 열었다. 그리고 그 핸들을 사용하여 파일 맵핑 오브젝트를 만든다. 파일 맵핑 오브젝트(File Mapping Object)는 디스크 상의 파일을 가상 주소 공간에 맵하는데 필요한 정보를 가진다.

HANDLE CreateFileMapping(HANDLE hFile, LPSECURITY_ATTRIBUTES lpFileMappingAttributes, DWORD flProtect, DWORD dwMaximumSizeHigh, DWORD dwMaximumSizeLow, LPCTSTR lpName);

첫 번째 인수 hFile은 대상 파일의 핸들이다. 이 핸들은 CreateFile로 오픈한 핸들이거나 아니면 0xFFFFFFFF(=INVALID_HANDLE_VALUE)로 주어 페이징 파일의 일부 영역을 대신 사용할 수도 있다. 페이징 파일은 가상 메모리의 일부분이므로 하드 디스크의 파일이 아닌 가상 메모리에 파일 맵핑이 생성되며 이 방법은 두 프로세스의 메모리 공유에 사용된다. 두 번째 인수는 보안 정보를 가지는 구조체이되 대부분 NULL로 준다. flProtect는 일종의 액세스 타입을 지정하는데 다음 중 한 값을 지정한다.

값	설명
PAGE_READONLY	읽기 전용의 파일 맵핑 오브젝트를 만든다. 이렇게 만들어진 메모리 맵 파일에 쓰기를 해서는 안 된다. 이 액세스 지정을 사용할 때 hFile은 반드시 GENERIC_READ 로 열려 있어야 한다.
PAGE_READWRITE	읽고 쓸 수 있는 파일 맵핑 오브젝트를 만든다. hFile은 GENERIC_READ	GENERIC_WRITE로 열려 있어야 한다.
PAGE_WRITECOPY	읽고 쓸 수 있는 파일 맵핑 오브젝트를 만들되 쓰기 즉시 복사(Write On Copy) 기법을 사용한다. 즉 쓰기를 수행하는 시점에서 별도의 복사본이 생성된다. 95/98은 이 플래그를 지원하지 않는다.

이 외에 flProtect에 지정할 수 있는 SEC_COMMIT, SEC_IMAGE, SEC_NOCACHE, SEC_RESERVE 등의 플래그들이 더 있는데 자세한 사항은 레퍼런스를 참고하기 바란다. 이 예제에서는 파일을 읽기만 할 것이므로 PAGE_READONLY 플래그를 주었다. hFile이 디스크상의 파일일 경우 액세스 타입은 hFile의 액세스 타입과 호환되야 한다. 파일은 읽기 모드로만 열고 파일 맵핑은 읽기 쓰기 모두 가능하도록 열 수는 없다.

네 번째 인수와 다섯 번째 인수는 생성될 파일 맵핑 오브젝트의 최대 크기를 지정하는 64비트의 정수이다. Win32가 지원하는 메모리 맵 파일의 최대 크기는 64비트라는 엄청난 그야말로 무모할 정도로 큰 크기이다. 이 함수가 처음 만들어질 때만 해도 64비트 정수형이 없었기 때문에(지금은 있다) 32비트 정수 두 개를 사용하여 상위, 하위 32비트씩을 전달한다. 이 인수들이 모두 0이면 즉 파일 맵핑 오브젝트의 크기를 지정하지 않으면 hFile에서 지정한 파일의 크기가 그대로 사용된다. 파일 맵핑의 크기는 hFile이 -1일 경우, 즉 하드 디스크의 파일이 아닌 페이징 파일에 메모리 맵 파일을 생성할 때나 또는 대단히 큰 파일의 일부분만을 열고자 할 때 사용된다.

64비트라면 곧 2의 64승 크기를 의미한다. 18뒤에 0을 18개를 적은 수이며 우리나라의 단위로 하면 180만조=1800경=0.18해가 된다. 컴퓨터 용어로는 16GG(기가 기가)바이트가 되며 한 단위로는 16E(엑사)바이트라고 읽는다. 왜 Win32 설계자들은 이렇게 무지막지하게 큰 범위까지 메모리 맵 파일을 지원하도록 했는지 의아할 정도다. 32비트 크기로 할 경우 4G바이트 크기의 파일까지 처리할 수 있지만 아마도 DVD의 용량이 4.77G로 이미 32비트를 넘어섰기 때문에, 또한 그보다 더 큰 미디어가 이미 개발 완료된 상태이기 때문에 32비트로는 부족할지도 모른다고 생각했던 것 같다. 과거에 용량의 상한을 잘못 정한 댓가로 인한 엄청난 혼란을 다시 재현하지 않기 위한 노력이라고 생각하면 된다.

마지막 인수 lpName은 파일 맵핑 오브젝트의 이름이며 문자열 형태로 주므로 역슬레시 문자를 제외한 어떤 문자든지 사용할 수 있다. 필요하지 않을 경우 NULL로 주면 된다. 이 인수는 복수 개의 프로세스가 하나의 파일 맵핑 오브젝트를 공동으로 사용하고자 할 때 사용한다. 즉 서로 다른 프로세스에서 같은 파일 맵핑 오브젝트를 얻기 위해서 그 이름을 약속할 때 사용되는데 이런 예는 앞에서도 사용자 정의 메시지나 클립보드 포맷을 등록할 때 본 적이 있다. 동기화 객체의 경우도 프로세스간에 공유할 필요가 있는 것들은 구분 가능한 이름을 지정해야 한다. 이 예제는 파일 맵핑 오브젝트를 혼자서 사용하므로 이름을 줄 필요가 없다.

CreateFileMapping 함수는 인수로 주어진 정보를 참고하여 파일 맵핑 오브젝트를 만들며 그 핸들을 리턴한다. 만약 에러가 발생하면 리턴값은 NULL이 된다. 파일 맵핑 오브젝트를 만든 후에는 이 오브젝트를 프로세스의 주소 공간에 맵해야 한다. 응용 프로그램에서는 파일 맵핑 오브젝트를 곧바로 사용하는 것이 아니라 주소 공간에 맵한 후 그 주소 공간을 사용한다. 이 때 주소 공간에 맵된 파일의 일부분을 파일 뷰(View)라고 하는데 이 이름은 메모리의 특정 번지를 통해 파일의 내용을 엿볼 수 있다는 의미로 붙여졌다. 파일 맵핑 오브젝트를 주소 공간에 맵할 때는 다음 함수를 사용한다.

LPVOID MapViewOfFile(HANDLE hFileMappingObject, DWORD dwDesiredAccess, DWORD dwFileOffsetHigh, DWORD dwFileOffsetLow, DWORD dwNumberOfBytesToMap);

함수 이름 그대로 파일의(OfFile) 뷰를(View)를 주소 공간에 맵(Map)한다. 첫 번째 인수는 주소 공간에 맵하려는 파일 맵핑 오브젝트의 핸들이며 이는 CreateFileMapping 함수에 의해 생성된 핸들이거나 아니면 OpenFileMapping 함수에 의해 오픈한 핸들이다. 두 번째 인수는 액세스 지정이다. 파일 맵핑 오브젝트를 만들 때도 지정했지만 뷰를 만들 때 각 뷰에 대해서도 액세스 지정을 다르게 할 수 있다. 단 이 함수의 dwDesiredAccess 인수에서 지정한 액세스 지정은 CreateFileMapping 함수의 flProtect 인수와 적당히 호환되어야 한다. 예를 들어 여기서 FILE_MAP_WRITE 값을 주려면 맵핑 오브젝트를 만들 때도 쓰기가 가능하도록 했어야 한다는 상식적인 얘기다. dwDesiredAccess는 다음 중 한 값을 가진다.

플래그	설명
FILE_MAP_WRITE	읽고 쓸 수 있다.
FILE_MAP_READ	읽을 수 있다.
FILE_MAP_ALL_ACCESS	읽을 수도 있고 쓸 수도 있다.
FILE_MAP_COPY	읽고 쓸 수 있다. 쓰기 시도가 발생하면 데이터의 복사본을 만든 후 쓴다.

세 번째 인수와 네 번째 인수는 맵핑을 시작할 오프셋 위치를 나타내는 64비트 정수를 지정한다. 이 값이 0이면 당연히 파일의 선두부터 맵핑되겠지만 0이 아니면 파일의 중간부터 맵핑할 수도 있다. 단 이 오프셋은 반드시 시스템의 할당 단위(보통 64K)의 배수여야만 한다. 마지막 인수는 맵핑할 뷰의 크기를 지정한다. 이 값이 0이면 파일 전체가 맵되지만 일부만 맵하고자 하면 그 크기를 지정하면 된다.

MapViewOfFile 함수는 인수가 지정하는대로 맵핑 오브젝트의 일부 또는 전체를 프로세스의 주소 공간에 맵한 후 그 시작 번지를 리턴한다. 이 포인터 값을 받아 마치 메모리를 읽고 쓰듯이 파일에 읽고 쓰기를 한다. 예제의 코드를 다시 보자.

```
hFile=CreateFile("NaRu.txt",GENERIC_READ, 0,
    NULL, OPEN_EXISTING, FILE_ATTRIBUTE_NORMAL, NULL);
hFMap=CreateFileMapping(hFile, NULL, PAGE_READONLY, 0, 0, NULL);
PtrInFile=(TCHAR *)MapViewOfFile(hFMap, FILE_MAP_READ,0,0,0);
```

하드 디스크의 Naru.txt 파일을 먼저 열어 그 핸들을 구하되 읽기만 할 것이므로 GENERIC_READ 액세스 타입으로 열었다. 파일 맵핑에 사용할 파일은 다른 프로세스와 함께 공유할 수 없으므로 공유 플래그는 반드시 0으로 지정해야 한다. 메모리에 연결되어 있는 파일을 다른 프로세스가 변경하거나 지우도록 놔 둘 수는 없기 때문이다. 또한 열려진 파일의 핸들은 파일 맵핑 오브젝트가 파괴되기 전까지 계속 열려 있어야 한다.

hFile 파일로부터 파일 맵핑 오브젝트를 만들어 hFMap 핸들에 대입하되 파일과 같은 액세스 타입으로 열었다. 파일 맵핑의 크기는 0으로 지정하여 hFile과 같은 크기를 가진다. 그리고 이 핸들을 사용하여 파일 전체를 주소 공간에 맵한 후 그 포인터를 PtrInFile변수에 대입하였다. 이후의 코드는 PtrInFile을 사용하여 파일의 내용을 메모리 읽듯이 읽어내는 것이다. 예제에서는 DrawText 함수를 사용하여 PtrInFile 메모리 주소에 있는 문자열을 화면에 출력하였다.

DrawText 함수는 메모리 상의 문자열을 읽어 화면으로 출력하는 함수이지 파일을 직접 읽어 출력하는 기능을 가지고 있지 않음에도 불구하고 이 경우는 아주 훌륭히 파일의 문자열을 출력하고 있다.

왜냐하면 메모리 맵 파일에 의해 디스크 상의 파일 이미지가 이 프로그램의 가상 주소 공간에 연결되어 있고 가상 주소 공간상의 문자열 포인터를 받았기 때문이다. 이렇게 연결된 파일을 다 사용하고 난 후에는 다음 함수로 뷰를 닫는다. 뷰의 시작 번지를 인수로 넘기기만 하면 된다.

BOOL UnmapViewOfFile(LPCVOID lpBaseAddress);

그리고 파일 맵핑 오브젝트(hFMap)와 파일(hFile) 자체는 CloseHandle 함수로 제거한다. 이상이 메모리 맵 파일을 이용한 파일 읽기 시범이다. 이번에는 코드를 조금 바꾸어서 오른쪽 마우스 버튼을 누를 때 파일 쓰기를 해 보자. Alpha.txt라는 텍스트 파일을 만들고 이 파일에 a~z까지의 알파벳을 타이프해 놓은 후 마우스 오른쪽 버튼을 누르면 이 파일의 선두를 다른 문자열로 바꾼다.

절차나 사용하는 함수는 동일하되 액세스 지정이 읽기 전용에서 쓰기도 가능하도록 바뀌었다는 점이 다르다. 메모리에 Alpha.txt 파일이 직접 맵 되었으므로 이 메모리의 내용을 바꾸는 것은 곧 파일의 내용을 바꾸는 것과 동일하다. strncpy등의 함수를 사용할 수도 있고 아니면 아예 PtrInFile포인터와 첨자 연산자로 직접 변경할 수도 있다. 이 프로그램을 실행하고 마우스 오른쪽 버튼을 눌러보자. 그리고 Alpha.txt 파일을 확인해 보면 앞부분의 내용이 바뀌어 있을 것이다.

시스템은 파일 뷰의 내용이 바뀔 때마다 즉시 디스크의 파일로 출력하지는 않고 변화된 부분에 대해 캐싱을 하다가 시스템이 한가해지면 파일로 쓰기를 한다. 캐시를 하지 않으면 효율이 형편없이 떨어지고 파일 맵핑을 사용하는 의미가 없어질 것이다. 만약 즉시 캐시를 비우려면 FlushViewOfFile 함수를 호출한다.

39-4-다. 큰 파일 관리

파일 맵핑이 진정으로 위력을 발휘할 때는 엄청나게 큰 파일을 액세스할 때이다. 앞의 예제처럼 기껏해야 1K 정도밖에 안되는 파일은 메모리로 읽어들인 후 관리하는 것이 오히려 더 편리하다. 하지만 수십~수백 M에 달하는 파일을 액세스해야 한다면 통상적인 파일 액세스 함수들을 쓸 수 없다. 왜냐하면 이 정도 용량의 메모리를 한꺼번에 할당하기 어렵기 때문이다. 1기가(G)를 넘는 파일은 할당 자체가 불가능할 수도 있고 설사 가능하다 하더라도 시스템에 큰 부담이 된다.

이럴 때는 보통 약간의 메모리만 할당하여 파일의 일부부만 읽어서 사용하고 다른 부분이 필요하면 파일 포인터를 옮겨 가며 원하는 부분을 다시 액세스하는 방법을 사용한다. 메모리에 조그만 창을 만들고 이 창을 통해 파일의 필요한 부분만 가져오는 식이다. 예를 들어 500M 쯤 되는 문서 파일을 화면에 출력해야 한다고 해 보자. 파일 전체를 한꺼번에 화면에 출력할 필요는 없으므로 64K 정도의 버퍼를 마련하고 한 페이지 분량 정도만 읽어서 출력하면 사용자가 이 문서의 앞 부분을 볼 수 있다.

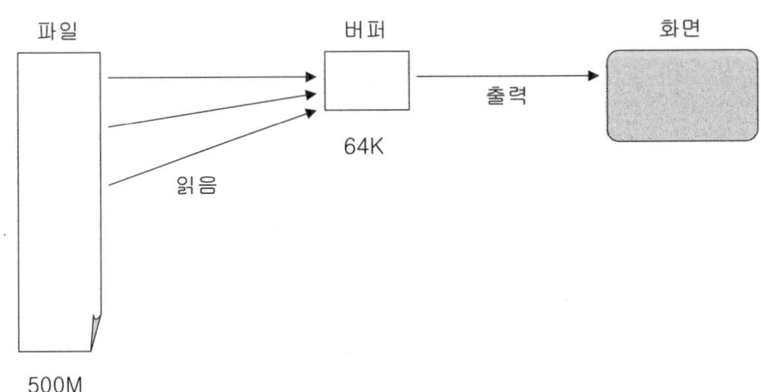

첫 페이지를 출력해 놓은 상태에서 사용자가 PgDn이나 커서 이동키로 문서의 아래쪽으로 이동하면 이동한만큼 파일 포인터를 옮겨 버퍼로 다시 읽어 들이면 된다. 파일이 아무리 커도 화면에 당장 표시할 수 분량은 얼마되지 않기 때문에 작은 버퍼로도 전체 파일의 각 부분을 번갈아가며 출력할 수 있는 것이다. 물론 이 기술이 통하기 위해서는 사용자의 요구를 정확하게 파악하여 필요한 부분을 제때 읽어 와야 하는데 이는 어렵다기 보다는 무척 성가신 일이다.

큰 파일을 액세스하는 이런 전통적인 방법은 과거 자원이 부족할 때 흔히 사용되었던 아주 상식적인 방법이다. 파일 맵핑을 사용하면 시스템이 필요한 부분을 선정하여 메모리로 올리는 작업을 대신하므로 훨씬 더 간단하게 구현할 수 있다. 다음 예제는 파일 맵핑을 사용하여 큰 텍스트 파일을 화면에 출력한다.

예 제 : ReadBigFile

```
HANDLE hFile;
HANDLE hFMap;
TCHAR *base;
int line;
#define LINE 600000
#define PAGE 50
LRESULT CALLBACK WndProc(HWND hWnd,UINT iMessage,WPARAM wParam,LPARAM lParam)
{
    HDC hdc;
    PAINTSTRUCT ps;
    TCHAR buf[256];
    DWORD dwWritten;
    int i;

    switch (iMessage) {
    case WM_CREATE:
        hWndMain=hWnd;
        hFile=CreateFile("c:\\BigFile.dat",GENERIC_WRITE,0,NULL,
            CREATE_NEW,FILE_ATTRIBUTE_NORMAL,NULL);
        if (hFile != INVALID_HANDLE_VALUE) {
            for (i=0;i<LINE;i++) {
                wsprintf(buf,"Read Very BigFile Using Memory Mapped File"
                    " - %06d Lines\r\n",i);
                WriteFile(hFile,buf,lstrlen(buf),&dwWritten,NULL);
            }
            MessageBox(hWnd,"c:\\BigFile.dat를 생성했습니다","알림",MB_OK);
            CloseHandle(hFile);
        }
        hFile=CreateFile("c:\\BigFile.dat",GENERIC_READ, 0,
            NULL, OPEN_EXISTING, FILE_ATTRIBUTE_NORMAL, NULL);
        hFMap=CreateFileMapping(hFile, NULL, PAGE_READONLY, 0, 0, NULL);
        base=(TCHAR *)MapViewOfFile(hFMap, FILE_MAP_READ,0,0,0);
        return 0;
    case WM_KEYDOWN:
        switch (wParam) {
        case VK_DOWN:
            line = min(line+1,LINE-1);
            break;
        case VK_UP:
            line = max(line-1,0);
```

```
            break;
        case VK_NEXT:
            line = min(line+PAGE,LINE-1);
            break;
        case VK_PRIOR:
            line = max(line-PAGE,0);
            break;
        }
        InvalidateRect(hWnd,NULL,FALSE);
        return 0;
    case WM_PAINT:
        hdc=BeginPaint(hWnd, &ps);
        for (i=0;i<PAGE;i++) {
            if (line+i < LINE) {
                TextOut(hdc,10,i*16,base+(line+i)*59,57);
            }
        }
        EndPaint(hWnd, &ps);
        return 0;
    case WM_DESTROY:
        UnmapViewOfFile(base);
        CloseHandle(hFMap);
        CloseHandle(hFile);
        PostQuitMessage(0);
        return 0;
    }
    return(DefWindowProc(hWnd,iMessage,wParam,lParam));
}
```

예제를 테스트하려면 일단 큰 파일이 있어야 하므로 WM_CREATE에서 직접 큰 파일을 생성했다. 문자열을 여러 번 반복해서 기록함으로써 30M가 넘는 파일을 C 드라이브의 루트에 생성해 놓았는데 LINE 상수를 늘리면 이 크기는 얼마든지 더 크게 만들 수 있다. 하드 디스크 용량을 많이 차지하므로 테스트가 끝난 후 삭제하기 바란다. 파일을 생성한 후 파일 맵핑을 파일 크기와 동일하게 생성하고 base 포인터에 맵핑해 놓았다. 이후부터 base 포인터만 읽으면 파일의 내용을 자유롭게 액세스할 수 있다.

WM_PAINT에서는 base이후 line위치의 줄부터 PAGE 분량만큼을 화면으로 출력하는데 보다시피 TextOut으로 포인터를 직접 전달했다. 파일이 프로세스의 주소 공간에 맵되어 있으므로 포인터를 사용하면 연결된 파일의 원하는 부분을 읽을 수 있다. 실제 텍스트 파일이라면 문단의 선두를 찾는 여분의 코드가 더 필요하지만 이 예제의 텍스트 파일은 줄 길이를 일정하게 만들어 간단한 산술식으로 문단 선두를 찾을 수 있도록 해 놓았다.

커서 이동키를 누르면 line을 아래 위로 이동시킴으로써 문서를 스크롤한다. 파일 포인터를 이동하거나 파일을 다시 읽거나 하는 처리는 전혀 필요치 않고 오로지 포인터만 관리하면 된다. line은 base에서부터의 거리를 기억하는 일종의 오프셋인데 이 변수값을 변경한 후 작업영역을 무효화하면 WM_PAINT가 변경된 위치를 읽어 화면으로 출력한다.

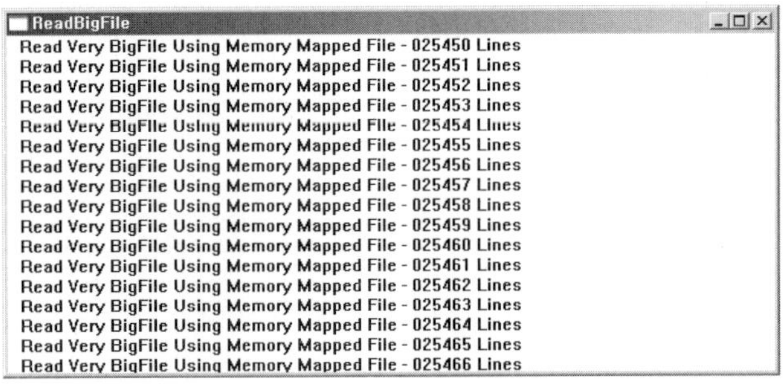

```
ReadBigFile
Read Very BigFile Using Memory Mapped File - 025450 Lines
Read Very BigFile Using Memory Mapped File - 025451 Lines
Read Very BigFile Using Memory Mapped File - 025452 Lines
Read Very BigFile Using Memory Mapped File - 025453 Lines
Read Very BigFile Using Memory Mapped File - 025454 Lines
Read Very BigFile Using Memory Mapped File - 025455 Lines
Read Very BigFile Using Memory Mapped File - 025456 Lines
Read Very BigFile Using Memory Mapped File - 025457 Lines
Read Very BigFile Using Memory Mapped File - 025458 Lines
Read Very BigFile Using Memory Mapped File - 025459 Lines
Read Very BigFile Using Memory Mapped File - 025460 Lines
Read Very BigFile Using Memory Mapped File - 025461 Lines
Read Very BigFile Using Memory Mapped File - 025462 Lines
Read Very BigFile Using Memory Mapped File - 025463 Lines
Read Very BigFile Using Memory Mapped File - 025464 Lines
Read Very BigFile Using Memory Mapped File - 025465 Lines
Read Very BigFile Using Memory Mapped File - 025466 Lines
```

물론 이 과정에서 시스템은 맵핑된 파일의 일부분을 RAM으로 스왑하고 다 읽은 부분은 버리는 처리를 자동으로 수행하는데 이런 처리는 응용 프로그램 입장에서는 투명하다. 응용 프로그램은 마치 거대한 파일이 자신의 주소 공간에 존재하는 것처럼 번지만 읽으면 된다. 이런 식이라면 주소 공간이 허락하는 한까지의 큰 파일을 얼마든지 효율적으로 관리할 수 있다. 종료하기 전에 뷰를 해제하고 파일 맵핑과 파일을 닫는다.

이런 큰 파일을 순차적으로 읽어야 하는 좋은 예는 동영상 재생기이다. 동영상 파일 하나는 보통 700M 정도이고 화질이 좋은 파일은 수G의 용량을 가질 수도 있는데 이런 큰 파일을 메모리로 모두 읽어 놓고 재생할 수는 없는 노릇이다. 동영상 파일 자체를 파일 맵핑으로 만들어 주소 공간에 연결한 후 처음부터 순서대로 포인터를 증가시키면서 재생하기만 하면 나머지는 시스템이 알아서 관리할 것이다.

파일 맵핑을 사용하면 대용량의 파일을 쉽게 읽을 수 있다는 것을 확인해 보았다. 그렇다면 같은 방식으로 편집도 가능할까? 가능하기는 하지만 굉장히 비효율적이다. 왜냐하면 파일의 앞 부분을 삽입, 삭제하면 뒷 부분을 밀거나 당겨야 하는데 이는 엄청난 메모리 이동을 초래하기 때문이다. 설사 파일 전체가 메모리에 올라와 있다 하더라도 대용량 파일 편집은 비용이 비쌀 수밖에 없다. 그래서 큰 파일을 편집할 때는 파일 자체를 편집하는 것보다 파일의 어떤 부분이 변경되었는지만을 별도로 관리하며 파일을 저장할 때 변경된 부분을 일괄 적용한다. 이런 것이 바로 기술이다.

39-4-라. 메모리 공유

파일 맵핑의 또다른 활용예로 프로세스간 메모리 공유 기법이 있다. 하나의 파일 맵핑 오브젝트에 대해 뷰는 여러 개를 열 수 있다. 큰 파일의 각각 다른 부분을 동시에 액세스하려면 두 개 이상의 뷰를 열어놓고 사용해도 상관없다. 이렇게 되면 아무리 큰 파일이라도 완전한 랜덤 액세스가 가능해진다.

프로세스간에 메모리를 공유하고자 할 때도 파일 맵핑은 아주 훌륭한 해결책이 된다. CreateFileMapping의 첫 번째 인수에 0xFFFFFFFF를 주어 페이징 파일에 파일 맵핑 오브젝트를 만들고 이 오브젝트의 이름을 주면 다른 프로세스에서 같은 이름으로 OpenFileMapping을 사용하여 이 파일 맵핑 오브젝트를 액세스할 수 있다. 한 파일(디스크상의 파일이 아니더라도)이 두 프로세스의 주소 공간으로 맵핑되었으므로 이 파일의 영역은 두 프로세스가 공유하게 된다.

다음 예제는 파일 맵핑으로 두 프로세스가 메모리를 공유하는 방법을 보여준다. MemShare 워크 스페이스 안에 MemShare1, MemShare2 프로젝트가 포함되어 있으며 두 실행 파일이 하나의 파일 맵핑 오브젝트로 메모리를 공유한다. 다음은 MemShare1의 소스인데 MemShare2의 소스도 이와 완전히 동일하되 타이틀 바의 캡션과 EN_CHANGE의 FindWindow 인수가 MemShare1인 것만 다르다.

예 제 : MemShare

```
#define WM_SYNCSHAREMEMORY WM_USER+1
#define MAXSHAREMEMORY 1024
#define ID_EDIT 100
HWND hEdit;
HANDLE hFMap;
TCHAR *PtrInFile;
LRESULT CALLBACK WndProc(HWND hWnd,UINT iMessage,WPARAM wParam,LPARAM lParam)
{
    HDC hdc;
    PAINTSTRUCT ps;
    HWND hTarget;
    TCHAR *Mes="메모리 맵 파일을 사용하여 두 프로세스가 메모리를 공유하는 예제";

    switch (iMessage) {
    case WM_CREATE:
        hEdit=CreateWindow("edit",NULL,WS_CHILD | WS_VISIBLE | WS_BORDER |
            WS_VSCROLL | ES_MULTILINE,10,10,500,200,hWnd,(HMENU)ID_EDIT,g_hInst,NULL);
        SendMessage(hEdit,EM_LIMITTEXT,MAXSHAREMEMORY,0);
        hFMap=CreateFileMapping(INVALID_HANDLE_VALUE, NULL, PAGE_READWRITE,
            0, MAXSHAREMEMORY, "MEMSHAREMAPPING");
        PtrInFile=(TCHAR                                        *)MapViewOfFile(hFMap,
FILE_MAP_ALL_ACCESS,0,0,MAXSHAREMEMORY);
        return 0;
    case WM_COMMAND:
        switch (LOWORD(wParam)) {
        case ID_EDIT:
            switch (HIWORD(wParam)) {
            case EN_CHANGE:
                GetWindowText(hEdit,PtrInFile,MAXSHAREMEMORY);
                hTarget=FindWindow(NULL,"MemShare2");
                if (hTarget)
                    SendMessage(hTarget,WM_SYNCSHAREMEMORY,0,0);
                break;
            }
        }
        return 0;
    case WM_SYNCSHAREMEMORY:
        SetWindowText(hEdit,PtrInFile);
        return 0;
    case WM_PAINT:
        hdc=BeginPaint(hWnd, &ps);
        TextOut(hdc,10,220,Mes,lstrlen(Mes));
        EndPaint(hWnd, &ps);
        return 0;
    case WM_DESTROY:
        UnmapViewOfFile(PtrInFile);
        CloseHandle(hFMap);
        PostQuitMessage(0);
        return 0;
    }
    return(DefWindowProc(hWnd,iMessage,wParam,lParam));
}
```

두 실행 파일을 실행해 보고 각 프로세스의 에디트 영역에 문자열을 입력해 보자. 에디트의 텍스트를 공유 메모리로 서로 복사하고 공유 메모리 내용을 다시 에디트에 보여주기 때문에 어느쪽에서나 문자열을 편집할 수 있다. 무척 재미있는 예제다.

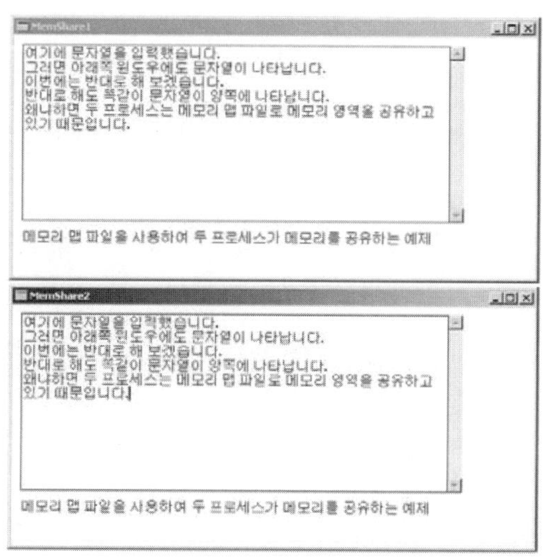

어떻게 이렇게 되는지 보자. WM_CREATE에서 hFMap 파일 맵핑을 만들되 파일 핸들을 주지 않으므로써 하드 디스크의 파일이 아닌 페이징 파일에 파일 맵핑을 만들었다. 메모리 공유가 목적이므로 파일을 사용하는 것보다는 임시적인 메모리를 사용하는 것이 더 좋다. 액세스 타입은 읽기 쓰기가 가능하도록 했으며 크기는 MAXSHAREMEMORY(1024)로 설정하였다. 공유할 메모리 크기를 더 늘리고 싶으면 이 값을 크게 지정하면 되는데 크기의 상한값이 거의 없는 셈이므로 얼마든지 큰 메모리를 공유할 수 있다.

그리고 "MEMSHAREMAPPING"이라는 이름을 주었는데 복수 개의 프로세스가 이 오브젝트를 공유하기 위해서는 약속된 이름이 있어야 한다. 커널 객체끼리는 이름 영역을 공유하므로 가급적이면 긴 이름을 지정하는 것이 좋다. 파일 맵핑을 만든 후 이 오브젝트의 전체 영역에 대해 뷰를 생성하고 그 포인터를 PtrInFile 변수에 대입하였다. 이 영역에 데이터를 기록하면 hFMap을 공유하는 다른 프로세스도 이 데이터를 읽을 수 있다.

에디트의 텍스트가 변경되면(EN_CHANGE) MemShare2윈도우를 찾아 WM_USER+1 로 정의되어 있는 WM_SYNCSHAREMEMORY메시지를 보낸다. 이 메시지는 공유 메모리 영역이 변경되었으므로 다시 읽으라는 뜻인데 MemShare2도 마찬가지로 자신의 에디트가 변경되면 이 메시지를 MemShare1으로 보낸다. 만약 변경 사실을 곧바로 화면에 출력하지 않는다면 이 통지는 보내지 않아도 상관없다. 이 메시지를 받으면 PtrInFile, 즉 공유 메모리에 기억된 텍스트를 읽어 에디트에 대입한다. 그래서 두 프로세스는 PtrInFile 공유 메모리에 에디트의 텍스트 사본을 작성하고 상호 참조함으로써 항상 동일한 문자열을 가지게 된다. 이 상황을 그림으로 그려보면 다음과 같다.

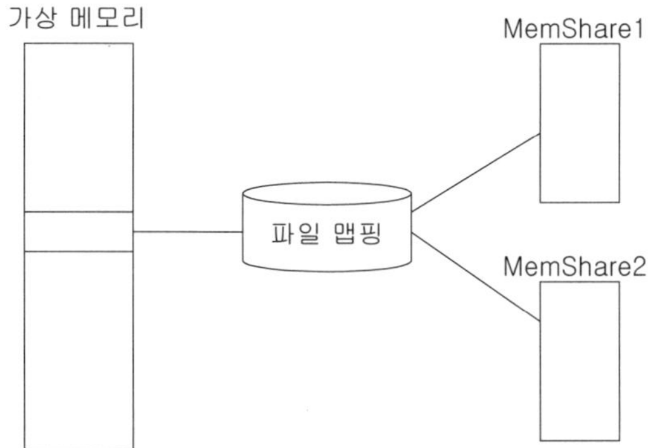

가상 메모리의 한 지점이 파일 맵핑 오브젝트와 연결되어 있고 이 오브젝트를 통해 두 프로세스가 같은 메모리 영역을 들여다 보고 있는 것이다. 각 프로세스의 주소 공간이 분리되어 있으므로 각각이 받는 포인터는 다르겠지만 이 포인터가 가리키는 실체는 동일한 가상 메모리이다. 가상 주소 공간은 포인터가 같아도 실제 가리키는 곳이 다를 수도 있고 포인터가 달라도 실제 가리키는 곳이 같을 수도 있다.

39-4-마. 메모리 맵 파일 활용

Win32의 메모리 구조는 프로세스끼리 분리된 주소 공간을 가지고 있어서 메시지를 통해 포인터를 전달하는 간단한 방법으로는 문자열같은 자료를 공유할 수 없다. 포인터가 지시하는 번지는 프로세스의 주소 공간내에 있으므로 다른 프로세스가 이 포인터를 받는다고 해서 그 번지의 내용을 액세스할 수 없으며 이는 앞에서 이미 실습을 통해 알아 본 바다.

주소 공간의 분리는 운영체제의 안정성을 극적으로 높이며 잘못된 프로세스로부터 운영체제를 방어하는 근본적인 수단이다. 그러나 모든 경우에 있어서 포인터를 통한 자료 교환이 불가능한 것은 아니다. 다음 예제를 통해 재미있는 실험을 해 보자. 이 실험은 지금까지 배웠던 Win32의 메모리 구조와는 다소 다른 결과를 보여 준다.

예 제 : SetOtherText

```
#include <commctrl.h>
LRESULT CALLBACK WndProc(HWND hWnd,UINT iMessage,WPARAM wParam,LPARAM lParam)
{
    HDC hdc;
    PAINTSTRUCT ps;
    HWND hOther,hChild;
    LVITEM LI;
    TCHAR *Mes="왼쪽:리스트 박스에 문자열 추가, 오른쪽:리스트 컨트롤에 항목 추가";

    switch (iMessage) {
    case WM_LBUTTONDOWN:
        hOther=FindWindow("MyListBox",NULL);
        SendMessage(hOther,WM_SETTEXT,0,(LPARAM)"남의 타이틀 바");
        if (hOther) {
            hChild=GetWindow(hOther,GW_CHILD);
            SendMessage(hChild,LB_ADDSTRING,0,(LPARAM)"장난꾸러기");
        }
```

```
            return 0;
        case WM_RBUTTONDOWN:
            hOther=FindWindow("ListCtrl",NULL);
            if (hOther) {
                hChild=GetWindow(hOther,GW_CHILD);
                LI.mask=LVIF_TEXT;
                LI.iSubItem=0;
                LI.iItem=0;
                LI.pszText="욕심꾸러기";
                SendMessage(hChild, LVM_INSERTITEM, 0, (LPARAM)&LI);
            }
            return 0;
        case WM_PAINT:
            hdc=BeginPaint(hWnd, &ps);
            TextOut(hdc,10,10,Mes,lstrlen(Mes));
            EndPaint(hWnd, &ps);
            return 0;
        case WM_DESTROY:
            PostQuitMessage(0);
            return 0;
        }
        return(DefWindowProc(hWnd,iMessage,wParam,lParam));
}
```

왼쪽 마우스 버튼을 누르면 MyListBox라는 윈도우를 찾아 이 윈도우의 텍스트를 변경한다. WM_SETTEXT 메시지를 hOther로 보냈는데 이 호출문은 SetWindowText 함수와 동격이다. 이때 lParam으로 "남의 타이틀 바"라는 문자열 포인터를 보냈으며 hOther는 이 문자열을 읽어 자신의 텍스트를 변경한다. 또 hOther의 첫 번째 차일드인 리스트 박스 컨트롤을 찾아 LB_ADDSTRING 메시지를 보내며 이때 lParam으로 추가할 문자열의 포인터를 보냈다. 7장에서 작성했던 ListBox 예제와 이 예제를 같이 실행해 놓고 왼쪽 마우스 버튼을 누르면 ListBox 예제의 타이틀 바가 변경되고 리스트 박스에는 문자열이 추가될 것이다. 문자열이 프로세스의 경계를 넘나든다.

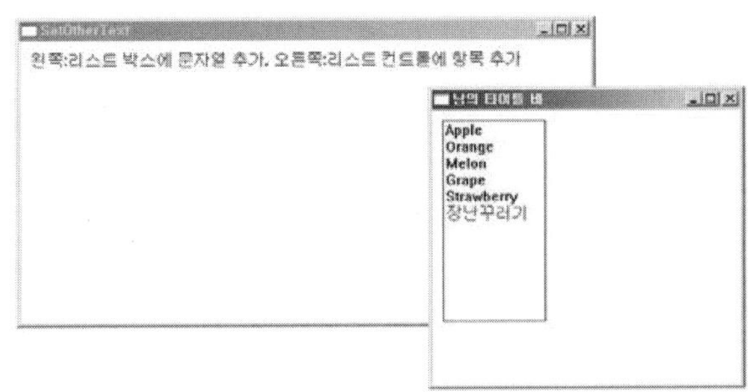

이 결과는 주소 공간이 분리되어 있어 포인터를 통해 문자열을 전달할 수 없다는 얘기와는 완전히 반대되는 현상이다. WM_SETTEXT의 lParam으로 전달된 문자열 상수는 SetOtherText 프로세스의 주소 공간에 존재하므로 ListBox 프로세스가 이 메시지를 받았을 때 lParam으로 전달된 포인터로부터 이 문자열을 읽을 수 없어야 한다. 또한 리스트 박스도 마찬가지로 LB_ADDSTRING으로 보내진 다른 프로세스의 문사열을 자신의 항목으로 추가하는 것이 불가능해야 원칙이다. 그런데 이상하게도 잘 동작한다.

이 코드가 잘 동작하는 이유는 시스템이 내부적으로 메모리 맵 파일을 생성하여 보내는 쪽의 문자열을 공유 영역에 복사하고 받는 쪽에서 이 영역을 읽을 수 있도록 조치하기 때문이다. 결국 ListBox 예제의 메인 윈도우와 리스트 박스 컨트롤은 시스템이 만든 메모리 맵 파일을 통해 문자열을 전달받는 것이다. 이 임시적인 메모리 맵 파일은 프로세스간의 통신을 위해 생성되며 SendMessage가 리턴될 때 파괴된다. 시스템이 중간에서 통신을 위한 장치를 만들고 파괴해야 하므로 상당한 시간과 자원이 소모될 것이다.

이번에는 공통 컨트롤도 메시지를 통한 자료 교환이 가능한지 ListCtrl 예제를 실행해 놓고 리스트 뷰 컨트롤에 새로운 항목을 추가해 보자. WM_RBUTTONDOWN에 이 코드가 작성되어 있는데 LVM_INSERTITEM 메시지를 리스트 뷰 컨트롤로 보내 LVITEM 구조체 포인터가 지시하는대로 항목을 추가했다. 그러나 실행해 보면 이 코드는 제대로 동작하지 않으며 때로는 위험한 결과(다운)가 초래될 수도 있다. 리스트 뷰 컨트롤이 SetOtherText 프로세스의 주소 공간에 있는 LVITEM 구조체를 읽지 못하기 때문이다.

운영체제는 필요하다고 판단될 경우 임시적인 메모리 맵 파일을 생성하여 프로세스간의 자료 교환을 돕지만 그렇지 않을 경우는 아무 조치도 취하지 않는다. 그렇다면 왜 WM_SETTEXT나 LB_ADDSTRING에 대해서는 비싼 비용을 치르고라도 이런 처리를 하는데 반해 공통 컨트롤에 대해서는 아무런 처리도 하지 않는 것일까? 그 이유는 바로 호환성이다.

오버랩드 윈도우나 리스트 박스같은 표준 컨트롤은 16비트 윈도우 시절부터 존재했었고 16비트의 메모리는 분리되어 있지 않았었다. 그래서 메시지를 통한 포인터 교환이 가능했었고 또한 유용한 기법의 하나로 널리 활용되었다. 이런 기법을 활용한 16비트 프로그램이 32비트에서도 여전히 실행 가능해야 하는데 32비트의 분리된 메모리 구조에서는 사실상 포인터를 통한 자료 교환이 불가능하다. 그래서 운영체제는 호환성 확보를 위해 무슨 수를 쓰든지 이 코드가 동작하도록 보장해야 했으며 그 방편으로 메모리 맵 파일을 활용하는 것이다. 물론 외부에서 볼 때는 이런 처리가 투명해서 전혀 눈치채지 못한다.

반면 공통 컨트롤은 32비트 윈도우즈에서 처음 만들어졌고 메시지를 통한 프로세스간의 자료 교환이 처음부터 불가능했다. 그러므로 이 컨트롤에 대해서는 시스템이 지나친 서비스를 할 필요가 없으며 동작하지 않는다 하여 문제가 되지도 않는 것이다. 그래서 표준 컨트롤은 16비트 방식대로 프로그래밍해도 동작하지만 다른 프로세스의 공통 컨트롤을 프로그래밍하려면 훅킹이라는 어려운 기법이 동원되어야 한다.

40-1 프로세스

40-1-가. 프로세스와 스레드

프로세스(Process)란 실행중인 프로그램을 말한다. 예를 들어 NotePad.exe라는 실행 파일이 있을 때 이 파일이 실행되어 메모리에 적재되면 메모장 프로세스가 된다. 직관적으로 쉽게 이해하고자 한다면 프로세스는 프로그램이라고 할 수도 있겠지만 사실 프로그램과 프로세스의 의미는 약간 다르다. 정확하게 정의한다면 프로세스는 실행중인 프로그램의 한 인스턴스이다. 예를 들어 사용자가 두 개의 메모장 프로그램을 실행시켰다면 이 둘은 같은 프로그램이지만 각각 다른 프로세스로 인식된다.

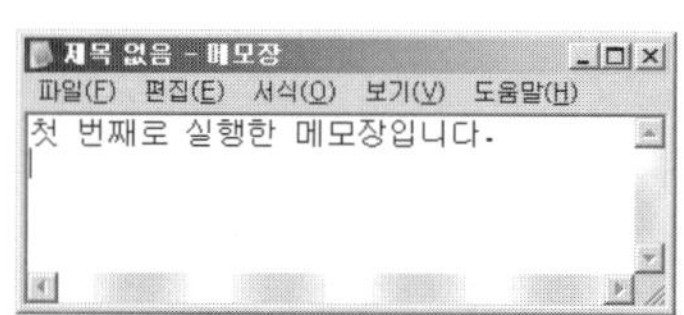

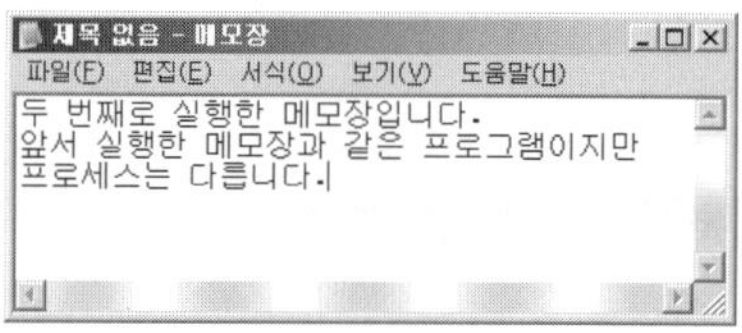

운영체제는 실행된 프로그램을 프로세스 단위로 관리한다. 프로세스는 각각 4GB의 주소 공간과 파일, 메모리, 스레드 등의 객체들을 소유하며 프로세스가 종료될 때 프로세스가 소유한 모든 자원은 운영체제에 의해 파괴된다. 모든 것은 프로세스에 의해 소유되며 스레드는 윈도우와 메시지 큐, 스택만 소유한다. 객체간의 소유 관계는 프로세스 > 스레드 > 윈도우 로 정리할 수 있다.

프로세스는 실행중인 프로그램이지만 실제로 작업을 하는 주체는 아니다. 작업은 프로세스 내의 스레드(Thread)가 담당한다. 프로세스는 단지 메모리상에 존재하기만 할 뿐이며 실행과 동시에 스레드를 하나 만들고 스레드를 호출함으로써 스레드에게 모든 작업을 맡긴다. 정리하자면 프로세스는 스레드를 담는 껍데기이며 실제 일을 하는 것은 스레드이다.

프로세스는 최소한 한 개 이상의 스레드를 가진다. 프로세스와 동시에 만들어지는 스레드를 주 스레드(Primary Thread)라 하며 이외에 필요에 따라 여러 개의 스레드를 더 만들어 사용할 수도 있다. 하나의 프로세스가 복수 개의 스레드를 가질 수 있기 때문에 멀티 스레드라고 하는 것이다. 스레드에 대한 좀 더 상세한 내용은 이 장의 후반부에서 살펴볼 것이다.

40-1-나. 프로세스의 생성

한 프로그램에서 다른 프로그램을 실행하고자 할 때는 Win32 API가 제공하는 프로세스 생성 함수를 사용한다. 그리 흔한 일은 아니지만 쉘처럼 다른 프로그램을 호출하는 프로그램이나 둘 이상의 프로그램이 협조적으로 동작하는 프로젝트에는 종종 프로세스 생성 함수가 사용된다. 프로세스를 생성하는 가장 쉽고도 간단한 함수는 WinExec이다.

UINT WinExec(LPCSTR lpCmdLine, UINT uCmdShow);

보다시피 원형도 아주 간단하다. lpCmdLine 인수로 실행하고자 하는 프로그램의 이름을 전달하되 완전 경로를 줄 수도 있다. 실행 파일명만 주어졌을 때는 다음 순서대로 실행 파일의 위치를 검색하여 발견된 실행 파일을 실행한다.

① 프로그램이 실행된 디렉토리

② 현재 디렉토리

③ 시스템 디렉토리

④ 윈도우즈 디렉토리

⑤ PATH 환경변수가 지정하는 디렉토리들

이 검색 경로에 있는 실행 파일이라면 드라이브명, 디렉토리명을 생략하고 실행 파일 이름만 지정해도 상관없다. 그렇지 않다면 실행 파일이 있는 절대 경로를 조사해서 정확한 경로를 지정해야 한다. 두 번째 인수 nCmdShow는 실행 직후에 프로그램이 어떻게 보일지를 지정하는데 ShowWindow 함수의 nCmdShow 인수와 동일한 값들을 사용할 수 있다. 보통 SW_SHOWNORMAL이면 무난하며 SW_SHOWMAXIMIZED나 SW_SHOWMINIMIZED를 지정하면 최대화 상태나 최소화 상태로 실행시킬 수도 있다. 다음 예제는 WinExec를 사용하여 메모장을 실행한다.

예 제 : CreateProcess

```
LRESULT CALLBACK WndProc(HWND hWnd,UINT iMessage,WPARAM wParam,LPARAM lParam)
{
    HDC hdc;
    PAINTSTRUCT ps;
    TCHAR *Mes="마우스 왼쪽 버튼을 누르면 메모장을 실행합니다";

    switch (iMessage) {
    case WM_LBUTTONDOWN:
        WinExec("Notepad.exe",SW_SHOWNORMAL);
        return 0;
    case WM_PAINT:
        hdc=BeginPaint(hWnd, &ps);
        TextOut(hdc,50,50,Mes,lstrlen(Mes));
        EndPaint(hWnd, &ps);
        return 0;
    case WM_DESTROY:
```

```
        PostQuitMessage(0);
        return 0;
    }
    return(DefWindowProc(hWnd,iMessage,wParam,lParam));
}
```

예제를 실행한 후 마우스 왼쪽 버튼으로 작업영역을 클릭하면 메모장(Notepad.exe)이 실행될 것이다. 메모장 프로그램은 윈도우즈 디렉토리에 있으므로 경로없이 실행 파일명만 적어도 실행 가능하다.

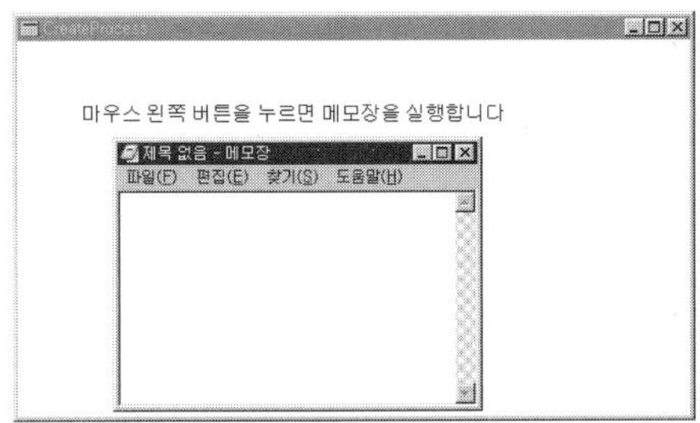

만약 실행시킬 프로그램에 명령행 인수까지 같이 전달하고 싶다면 첫 번째 인수에 명령행 인수까지 같이 적는다. 통상 실행과 동시에 읽어올 파일명을 명령행 인수로 전달한다. 다음 코드는 메모장을 실행함과 동시에 C:\Autoexec.bat 파일을 읽는다.

```
WinExec("Notepad.exe c:\\autoexec.bat",SW_SHOWNORMAL);
```

외부의 프로그램을 실행하는 일은 에러가 발생할 소지가 높으므로 이 함수의 리턴값은 항상 점검해 보아야 한다. WinExec는 프로세스를 성공적으로 생성했을 경우 31보다 큰 값을 리턴하며 에러가 발생했을 경우 다음 에러 코드를 리턴한다.

에러값	설명
0	메모리나 리소스가 부족하여 프로세스를 생성하지 못하였다.
ERROR_BAD_FORMAT	지정한 파일이 실행 파일이 아니다.
ERROR_FILE_NOT_FOUND	파일이 없다.
ERROR_PATH_NOT_FOUND	경로가 없다.

리턴값보다 더 중요한 것은 이 함수가 리턴하는 시기이다. 프로세스를 생성하는 과정은 상상을 초월할 정도로 복잡한데 주소 공간을 할당하고 주 스레드를 생성하고 관련 DLL을 모두 읽어오고 초기화 작업까지 완료해야 비로소 프로세스가 생성된다. WinExec는 생성된 프로세스가 처음으로 GetMessage 함수를 호출할 때 리턴한다. 즉 새 프로세스가 일련의 초기화 작업을 마무리하고 스스로 메시지를 처리할 수 있을 때 비로소 리턴한다. 리턴 시기는 여러 가지 면에서 아주 중요한 의미를 가지며 기억해 놓을 만한 내용이다. 메시지 구동 시스템에서는 항상 시점이 중요하다.

WinExec가 프로세스 생성 완료 후에 리턴하기 때문에 이 함수 호출 후에 에러만 없었다면 곧바로 FindWindow로 생성된 프로세스의 메인 윈도우를 찾을 수도 있고 SendMessage로 메시지를 보낼 수도 있다. 즉 프로세스 생성 직후에 두 프로세스끼리 안전하고도 완벽한 상호 작용이 가능하다는 것이다. 반면 잠시 후 알아 볼 CreateProcess 함수는 그렇지 않다.

WinExec 함수는 사용하기 편리하지만 프로세스를 제어하는 옵션이 부족하며 게다가 16비트 함수이며 안타깝게도 유니코드를 지원하지 않는다. 도움말에는 이 함수는 되도록 사용하지 말고 새로운 CreateProcess 함수를 사용하라고 권고하고 있다. 그러나 CreateProcess 함수는 지나칠 정도로 복잡하므로 단순히 프로그램을 실행하는 정도라면 WinExec를 사용하는 것이 오히려 더 편리하다. 프로세스를 생성하는 두 번째 함수는 LoadModule이다.

DWORD LoadModule(LPCSTR lpModuleName, LPVOID lpParameterBlock);

이 함수도 원형이 비교적 간단해 보이지만 실제로는 WinExec보다 훨씬 더 복잡하다. 다음 예제는 이 함수를 사용하여 메모장을 실행시킨다.

```
case WM_LBUTTONDOWN:
    {
        typedef struct tagLOADPARMS32 {
            LPSTR lpEnvAddress;    // address of environment strings
            LPSTR lpCmdLine;        // address of command line
            LPSTR lpCmdShow;        // how to show new program
            DWORD dwReserved;      // must be zero
        } LOADPARMS32;

        LOADPARMS32 lp;
        TCHAR CmdLine[2]={0,};
        WORD CmdShow[2]={2,SW_SHOWNORMAL};

        lp.lpEnvAddress = NULL;
        lp.lpCmdLine = CmdLine;
        lp.lpCmdShow = (LPSTR)&CmdShow;
        lp.dwReserved = 0;
        LoadModule("Notepad.exe",&lp);
    }
```

보다시피 이 함수를 호출하기 전에 준비해야 할 것이 아주 많다. 두 번째 인수로 구조체의 포인터를 넘겨야 하는데 특별히 필요하지도 않은 옵션임에도 구조체를 완전히 완성해야 하는데다 이 구조체는 헤더 파일에 선언조차 되어 있지 않아 직접 구조체를 선언한 후 사용해야 한다. 16비트 함수인데다 별다른 이점이 없어 요즘은 거의 사용되지 않는다. 후방 호환성을 위해 아직까지 지원될 뿐이므로 이런 함수도 있다는 정도만 알아두자.

40-1-다. CreateProcess

Win32 API에서 프로세스를 생성하는 기본 함수는 CreateProcess 다. WinExec 등의 함수도 내부적으로는 이 함수를 호출하여 프로세스를 생성한다. CreateProcess가 본 함수이므로 아무래도 기능이 더 많고 섬세한 조작이 가능하다. 원형은 다음과 같다.

BOOL CreateProcess(
LPCTSTR lpApplicationName,
LPTSTR lpCommandLine,
LPSECURITY_ATTRIBUTES lpProcessAttributes,
LPSECURITY_ATTRIBUTES lpThreadAttributes,
BOOL bInheritHandles,
DWORD dwCreationFlags,

```
    LPVOID lpEnvironment,
    LPCTSTR lpCurrentDirectory,
    LPSTARTUPINFO lpStartupInfo,
    LPPROCESS_INFORMATION lpProcessInformation
);
```

보다시피 10개나 되는 인수를 가지고 있는데 이중 반드시 필요한 인수는 4개뿐이며 나머지는 모두 NULL로 줄 수 있다. 우선 4개의 인수부터 간단하게 정리해 보자.

lpApplicationName

실행하고자 하는 프로그램의 이름을 지정한다. 완전 경로를 주거나 파일명만 지정할 수도 있는데 파일명만 지정한 경우는 현재 디렉토리에서 파일을 찾으며 검색 경로는 사용하지 않는다. 이 인수를 NULL로 주고 두 번째 인수에 실행 파일명을 지정할 수도 있다.

lpCommandLine

명령행 인수를 지정한다. 첫 번째 인수가 NULL일 경우 실행 파일명을 가질 수도 있으며 실행 파일명과 명령행 인수를 동시에 지정하는 것도 가능하다. 완전 경로를 줄 수도 있고 파일명만 줄 수도 있는데 파일명만 지정한 경우는 WinExec와 마찬가지로 검색 경로에서 파일을 찾는다. lpApplicationName이나 이 인수는 각각 NULL이 될 수 있으나 둘 다 NULL이 될 수는 없다.

lpStartupInfo

새로 만든 프로세스의 메인 윈도우가 어떻게 초기화될지를 지정하는 구조체이다. 이 구조체의 cb 멤버에는 구조체의 크기가 반드시 대입되어야 하며 구조체에 특별한 옵션을 주지 않는 한 구조체의 모든 멤버는 0으로 초기화되어야 한다. 다음 항에서 상세하게 연구해 본다.

lpProcessInformation

생성된 프로세스의 정보를 대입받기 위한 구조체이며 생략할 수 없다. 출력용 인수이므로 초기화할 필요는 없고 구조체 변수를 선언한 후 번지만 전달하면 된다.

인수들의 의미가 꽤 복잡한데다 함수를 호출하기 전에 구조체를 최소한 2개나 정의해야 하므로 사용 방법이 꽤 까다로운 편이다. 메모장을 실행하는 간단한 예제를 먼저 만들어 보자. 앞에서 만든 예제의 코드를 조금씩 수정해 보면서 이 함수를 계속 연구해 볼 것이다.

```
LRESULT CALLBACK WndProc(HWND hWnd,UINT iMessage,WPARAM wParam,LPARAM lParam)
{
    HDC hdc;
    PAINTSTRUCT ps;
    TCHAR *Mes="마우스 왼쪽 버튼을 누르면 메모장을 실행합니다";
    STARTUPINFO si={sizeof(STARTUPINFO),};
    PROCESS_INFORMATION pi;

    switch (iMessage) {
    case WM_LBUTTONDOWN:
        CreateProcess(NULL, "NotePad.exe",NULL,NULL,FALSE,0,NULL,NULL,&si,&pi);
        CloseHandle(pi.hProcess);
        CloseHandle(pi.hThread);
        return 0;
```

실행해 보면 물론 메모장 프로세스가 생성될 것이다. si, pi 두 개의 구조체가 반드시 선언되어야 하며 이 중 si 구조체의 cb멤버는 구조체의 크기로, 나머지는 모두 0으로 반드시 초기화해야 한다. 위 예에서는 두 번째 인수에 실행 파일명을 주었는데 이렇게 해도 검색경로에서 파일을 찾기 때문에 첫 번째 인수보다 사용하기 편리하다. 만약 첫 번째 인수를 사용하고자 한다면 다음과 같이 쓸 수 없다.

```
CreateProcess("NotePad.exe", NULL,NULL,NULL,FALSE,0,NULL,NULL,&si,&pi);
```

왜냐하면 첫 번째 인수는 현재 디렉토리에서만 실행 파일을 검색하기 때문이다. 꼭 첫 번째 인수로 실행 파일을 지정하려면 완전 경로를 지정해야 한다. 다음 코드는 제대로 동작한다.

```
TCHAR Path[MAX_PATH];
GetWindowsDirectory(Path, MAX_PATH);
lstrcat(Path, "\\NotePad.exe");
CreateProcess(Path, NULL,NULL,NULL,FALSE,0,NULL,NULL,&si,&pi);
```

윈도우즈 디렉토리에 있는 NotePad.exe를 찾아 실행했다. 완전 경로를 조립해야 하므로 별로 추천할 만한 방법은 아니다. 명령행 인수를 전달할 때는 두 번째 인수를 사용하는데 두 번째 인수에 실행 파일명과 인수를 공백으로 구분하여 같이 전달한다. 다음 코드는 메모장을 실행하고 C:\Autoexec.bat 파일을 읽는다.

```
CreateProcess(NULL, "NotePad.exe c:\\autoexec.bat",NULL,NULL,
    FALSE,0,NULL,NULL,&si,&pi);
```

첫 번째 인수와 함께 사용하려면 다음과 같이 코드를 작성해야 한다.

```
TCHAR Path[MAX_PATH];
GetWindowsDirectory(Path, MAX_PATH);
lstrcat(Path, "\\NotePad.exe");
CreateProcess(Path, " c:\\autoexec.bat",NULL,NULL,FALSE,0,NULL,NULL,&si,&pi);
```

첫 번째 인수로 메모장의 완전 경로를 조립하여 넘기고 두 번째 인수로 명령행 인수를 전달했다. 이때 두 번째 인수는 반드시 공백으로 시작되어야만 실행 파일과 명령행 인수가 구분된다. 다음 코드는 사용할 수 없다. 첫 번째 인수로는 명령행 인수를 전달할 수 없기 때문이다.

```
GetWindowsDirectory(Path, MAX_PATH);
lstrcat(Path, "\\NotePad.exe c:\\Autoexec.bat");
CreateProcess(Path, NULL,NULL,NULL,FALSE,0,NULL,NULL,&si,&pi);
```

그러고 보면 두 번째 인수만으로 모든 작업이 가능하며 꼭 첫 번째 인수를 사용해야 할 경우란 없는 셈이다. CreateProcess의 첫 번째 인수는 논리적으로 불필요하지만 POSIX와의 이식성을 확보하기 위해 이 인수가 필요하다. POSIX와의 호환을 고려치 않는다면 두 번째 인수만 사용하면 된다.

40-1-라. 실행정보

CreateProcess 함수는 프로세스 생성에 관한 세밀한 제어를 할 수 있는 고급 함수이다. WinExec는 단순히 프로세스를 생성하는 정도지만 CreateProcess 함수는 프로세스 생성과 동시에 프로세스의 여러 가지 속성을 지정할 수 있다. 우선 아홉 번째 인수인 lpStartupInfo에 대해 알아보자. lpStartupInfo는 비교적 크기가 큰 구조체로 정의되어 있다.

```
typedef struct _STARTUPINFO {
    DWORD    cb;
    LPTSTR   lpReserved;
    LPTSTR   lpDesktop;
    LPTSTR   lpTitle;
    DWORD    dwX;
    DWORD    dwY;
    DWORD    dwXSize;
    DWORD    dwYSize;
    DWORD    dwXCountChars;
    DWORD    dwYCountChars;
    DWORD    dwFillAttribute;
    DWORD    dwFlags;
    WORD     wShowWindow;
    WORD     cbReserved2;
    LPBYTE   lpReserved2;
    HANDLE   hStdInput;
    HANDLE   hStdOutput;
    HANDLE   hStdError;
} STARTUPINFO, *LPSTARTUPINFO;
```

이 구조체의 각 멤버들이 생성될 프로세스의 메인 윈도우 속성을 지정한다. cb멤버에는 sizeof(STARTUPINFO) 값을 대입하여 버전을 밝히고 어떤 속성을 지정할 것인가에 따라 dwFlags에 플래그를 설정하고 멤버에 적절한 값을 대입하면 된다.

플래그	설명
STARTF_FORCEONFEEDBACK	피드백 커서를 사용한다. 피드백 커서란 프로그램 초기화때 나타나는 화살표 밑에 모래 시계가 있는 커서를 말한다. 이 커서는 사용자에게 프로그램 초기화중에도 다른 일을 할 수 있다는 것을 알린다.
STARTF_FORCEOFFFEEDBACK	피드백 커서를 사용하지 않는다.
STARTF_RUNFULLSCREEN	콘솔 프로그램을 전체 화면 모드로 실행한다. GUI 프로그램에는 적용되지 않는다.
STARTF_USECOUNTCHARS	dwXCountChars 멤버로 콘솔 프로그램의 문자 폭을 지정하며 dwYCountChars 멤버로 문자 높이를 지정한다. GUI 프로그램에는 적용되지 않는다.
STARTF_USEFILLATTRIBUTE	dwFillAttribute 멤버로 콘솔 프로그램의 전경, 배경 색상을 지정한다. 다음값들의 조합으로 색상을 지정하되 각 플래그의 조합값을 사용할 수 있다. FOREGROUND_BLUE FOREGROUND_GREEN FOREGROUND_RED

	FOREGROUND_INTENSITY BACKGROUND_BLUE BACKGROUND_GREEN BACKGROUND_RED BACKGROUND_INTENSITY GUI 프로그램에는 적용되지 않는다.
STARTF_USEPOSITION	dwX, dwY 멤버가 지정하는 위치에 메인 윈도우를 배치한다.
STARTF_USESHOWWINDOW	wShowWindow 멤버가 지정하는 방식대로 메인 윈도우를 보여준다. 이 멤버에는 SW_로 시작되는 상수중 하나를 지정한다. 이 값은 최초 ShowWindow가 호출될 때 적용되며 이후부터 ShowWindow(hWnd, SW_SHOWDEFAULT)가 호출될 때도 적용된다.
STARTF_USESIZE	dwXSize, dwYSize 멤버가 지정하는 크기대로 메인 윈도우를 배치한다.
STARTF_USESTDHANDLES	표준 입력(hStdInput), 표준 출력(hStdOutput), 표준 에러(hStdError) 핸들을 지정한다. 이 핸들이 제대로 지정되려면 CreateProcess의 bInheritHandles가 TRUE로 지정되어야 한다.

콘솔 프로그램에 대한 지정이 많이 포함되어 있으나 GUI 프로그램에 대한 지정은 세 가지밖에 없다. 다음 코드는 First.exe를 (100,50) 위치에 폭 640, 높이 480으로 생성한다.

```
si.dwFlags = STARTF_USEPOSITION | STARTF_USESIZE;
si.dwX = 100;
si.dwY = 50;
si.dwXSize = 640;
si.dwYSize = 480;

CreateProcess(NULL, "First.exe",NULL,NULL,FALSE,0,NULL,NULL,&si,&pi);
```

프로세스의 메인 윈도우가 지정한 위치에 지정한 크기로 생성되는데 이런 처리는 WinExec로는 불가능하다. STARTUPINFO 구조체에서 지정한 속성이 적용되기 위해서는 메인 윈도우의 위치, 크기값이 모두 CW_USEDEFAULT로 설정되어 있어야 한다. 아무리 STARTUPINFO 구조체에서 위치, 크기를 지정하더라도 메인 윈도우의 CreateWindow 함수에서 지정한 위치와 크기가 우선 적용된다. 메모장은 스스로 자신의 최후 실행 위치를 기억하기 때문에 이 예제에 쓸 수 없어 2장에서 만든 First.exe를 실행했는데 이 코드가 제대로 동작하려면 First.exe가 검색 경로 중 하나에 복사되어 있어야 한다. 윈도우즈 디렉토리에 복사해 놓고 실행하면 된다.

위 코드에서는 사용하지 않았지만 STARTF_USESHOWWINDOW 플래그를 사용하면 최대화, 최소화 상태로도 실행시킬 수 있다. 생성된 프로세스는 다음 함수를 사용하여 자신이 어떤 초기화 정보로 생성되었는지 조사해 볼 수 있다.

VOID GetStartupInfo(LPSTARTUPINFO lpStartupInfo);

CreateProcess 함수의 마지막 인수인 lpProcessInformation은 다음과 같이 선언된 구조체이다. 이 구조체는 생성한 프로세스의 정보를 돌려받기 위한 출력용이므로 CreateProcess 호출 전에 초기화할 필요는 없으며 프로세스가 생성된 후에 이 구조체로부터 정보를 얻기만 하면 된다.

```
typedef struct _PROCESS_INFORMATION {
      HANDLE hProcess;
      HANDLE hThread;
      DWORD dwProcessId;
      DWORD dwThreadId;
} PROCESS_INFORMATION;
```

각 멤버는 프로세스 핸들, 주 스레드 핸들, 프로세스 ID, 주 스레드 ID이다. 이 값들은 생성한 프로세스나 스레드를 제어하고자 할 때 사용되는데 한 대상에 대해 핸들과 ID가 이중으로 발급되는 것이 이상하게 보일 것이다. 핸들과 ID가 이중으로 되어 있는 이유는 아주 복잡한데 이에 대해서는 잠시 후에 다시 논해 보자. 생성한 프로세스의 핸들이 필요치 않으면 CloseHandle로 즉시 닫아야 한다.

40-1-마. 나머지 인수들

여기까지 CreateProcess 함수의 인수중 앞뒤쪽으로 각각 두 개씩 네 개의 인수에 대해 알아보았다. 나머지 여섯 개의 인수들은 현실적으로 사용되는 경우가 드물며 대부분의 경우 디폴트가 무리없이 적용되므로 별로 중요하지는 않다. 간단하게 정리만 해 두자.

lpProcessAttributes, lpThreadAttributes

각각 새로 만들어지는 프로세스와 주 스레드의 보안 속성을 지정하는 SECURITY_ATTRIBUTES 구조체이다. 이 설정에 따라 리턴되는 핸들이 차일드 프로세스로 상속될 수 있는지기 결정된다. 이 인수가 NULL이면 디폴트 보안 속성이 지정되며 핸들은 상속될 수 없다.

bInheritHandles

새로 생성되는 프로세스가 페어런트로부터 핸들을 상속받을 수 있는지를 지정한다. 이 인수가 TRUE이면 상속가능한 열려진 핸들은 모두 차일드로 상속되며 상속된 핸들은 원래 핸들과 같은 값, 같은 액세스 특권을 가진다. 이 인수가 FALSE이면 핸들은 상속되지 않는다.

dwCreationFlags

새로 생성되는 프로세스의 우선 순위 클래스와 프로세스 생성 옵션을 지정한다. 여러 가지 옵션을 OR 연산자로 묶어 조합으로 지정할 수 있다. 우선 순위 클래스란 이 프로세스의 스레드가 얼마나 많은 CPU 시간을 할당받을 것인가를 지정하는 플래그이며 다음 중 하나를 지정할 수 있다.

플래그	설명
REALTIME_PRIORITY_CLASS	최상위 우선권
HIGH_PRIORITY_CLASS	상위 우선권
ABOVE_PRIORITY_CLASS	상위 우선권
NORMAL_PRIORITY_CLASS	보통 우선권
BELOW_PRIORITY_CLASS	하위 우선권
IDLE_PRIORITY_CLASS	최하위 우선권

제일 위쪽이 우선 순위가 가장 높다. 우선 순위를 지정하지 않을 경우는 보통 우선 순위가 지정되나 단 페어런트가 보통 우선 순위 이하를 가지는 경우는 생성되는 차일드도 페어런트의 우선 순위를 따라간다. 아주 특별한 프로그램이 아닌 한 이 플래그는 지정하지 않는 것이 좋으며 지정할 경우는

시스템 전반에 미치는 효과를 정밀하게 테스트해본 후 신중하게 사용해야 한다. 참고로 프로세스의 우선 순위를 구하거나 설정하는 함수는 다음과 같다.

```
DWORD GetPriorityClass( HANDLE hProcess );
BOOL SetPriorityClass( HANDLE hProcess, DWORD dwPriorityClass );
```

다음은 프로세스의 생성방법을 지정하는 플래그들이다. 대부분 콘솔 프로그램이나 디버거 등의 특수한 프로그램에나 사용되는 옵션들이며 별로 기억해 두고 쓸 만한 옵션이 없다.

플래그	설명
CREATE_BREAKAWAY_FROM_JOB	
CREATE_DEFAULT_ERROR_MODE	페어런트의 에러모드를 상속받지 않고 SetErrorMode 함수로 지정한 디폴트 에러모드가 설정된다.
CREATE_FORCE_DOS	16비트 프로그램에만 한정되는 플래그이며 OS/2 대신 DOS 모드로 프로그램을 실행되게 한다.
CREATE_NEW_CONSOLE	페어런트의 콘솔을 상속받지 않고 새로운 콘솔을 만든다.
CREATE_NEW_PROCESS_GROUP	새 프로세스가 프로세스 그룹의 루트 프로세스가 된다. 프로세스 그룹끼리는 동일한 프로세스 ID를 공유하며 CTRL+C, Ctrl+Break 신호를 그룹에 속한 모든 프로세스가 받을 필요가 있을 때 사용한다.
CREATE_NO_WINDOW	콘솔 프로그램에만 유효하며 콘솔을 만들지 않는다.
CREATE_SEPARATE_WOW_VDM	16비트 프로그램에만 사용되는 플래그이다. 디폴트로 16비트 프로그램은 하나의 VDM(Virtual Dos Machine)을 공유하는데 이 플래그를 지정하면 별도의 VDM을 생성한 후 새 프로세스를 새 VDM에서 실행시킨다. 이렇게 하면 16비트 프로그램 중 하나가 잘못되어도 다른 16비트 프로그램은 영향을 받지 않으므로 훨씬 더 안정적이나 메모리 소모가 더 많아진다.
CREATE_SHARED_WOW_VDM	WIN.INI의 DefaultSeparateVDM 스위치가 설정되어 있을 때 공유 VDM에 프로세스를 생성한다.
CREATE_SUSPENDED	프로세스를 생성한 후 주 스레드를 정지 상태로 둔다. 이 플래그는 주로 디버거에 의해 사용된다.
CREATE_UNICODE_ENVIRONMENT	환경 블록을 유니코드 문자로 작성한다. 이 플래그가 주어지지 않으면 ANSI 문자로 환경 블록이 생성된다.
DEBUG_PROCESS	새 프로세스를 디버깅 상태로 실행한다. 페어런트는 디버거로 간주되며 디버깅중에 발생하는 모든 디버거 이벤트를 받게 된다. 이 플래그를 사용한 페어런트만이 WaitForDebugEvent 함수를 호출할 수 있다.
DEBUG_ONLY_THIS_PROCESS	디버깅 대상 프로세스가 생성한 다른 프로세스는 디버그하지 않는다.
DETACHED_PROCESS	콘솔 프로그램에만 유효하며 페어런트의 콘솔을 액세스하지 못한다.

lpEnvironment

새 프로세스의 환경 블록을 지정하는 포인터이다. 이 값이 NULL이면 페어런트의 환경 블록을 사용하며 보통 NULL로 사용한다.

lpCurrentDirectory

새 프로세스의 작업 디렉토리를 지정한다. 새 프로세스는 이 인수가 지정하는 경로를 현재 디렉토리로 인식하는데 주로 쉘 프로그램에서 응용 프로그램을 실행시킬 때 이 인수가 사용된다. 작업 디렉토리로 지정할 완전 경로 문자열을 전달하되 이 인수가 NULL일 경우 페어런트의 현재 디렉토리가 새 프로세스의 작업 디렉토리로 사용된다.

이상 별 영양가도 없는 인수들에 대해 알아보았는데 마지막으로 리턴값에 대해 알아보자. CreateProcess 함수는 새 프로세스를 생성한 후 TRUE를 리턴하며 에러가 발생하면 FALSE를 리턴하는데 이때는 GetLastError 함수로 에러 코드를 점검해 보아야 한다. 새로운 프로세스를 실행하는 일은 에러가 발생할 소지가 많으므로 리턴값은 반드시 점검해 보는 것이 좋다.

40-1-바. FindProc

지금까지 CreateProcess 함수 하나에 대해 꽤 많은 내용을 살펴보았는데 보다시피 이 함수는 너무 복잡해서 사용하기에 무척 불편하다. 단순히 프로세스를 생성하기만 할 목적이라면 WinExec를 사용하는 것이 훨씬 더 편리하다. 사실 WinExec도 내부적으로는 CreateProcess 함수를 호출한다. 그러나 WinExec와 CreateProcess 함수는 중요한 차이점이 있는데 바로 리턴 시기이다. 다음 예제로 두 함수의 차이점을 비교해 보자.

예 제 : FindProc

```
LRESULT CALLBACK WndProc(HWND hWnd,UINT iMessage,WPARAM wParam,LPARAM lParam)
{
    HDC hdc;
    PAINTSTRUCT ps;
    TCHAR *Mes="왼쪽 클릭:CreateProcess로 실행, 오른쪽 클릭:WinExec로 실행";
    STARTUPINFO si={sizeof(STARTUPINFO),};
    PROCESS_INFORMATION pi;
    HWND hMemo;

    switch (iMessage) {
    case WM_LBUTTONDOWN:
        CreateProcess(NULL, "NotePad.exe",NULL,NULL,FALSE,0,NULL,NULL,&si,&pi);

        hMemo = FindWindow("NotePad", NULL);
        if (hMemo == NULL) {
            MessageBox(hWnd, "메모장 윈도우를 찾을 수 없습니다.", "알림", MB_OK);
        } else {
            MessageBox(hWnd, "메모장 윈도우를 찾았습니다.", "알림", MB_OK);
        }
        return 0;
    case WM_RBUTTONDOWN:
        WinExec("Notepad.exe",SW_SHOWNORMAL);

        hMemo = FindWindow("NotePad", NULL);
        if (hMemo == NULL) {
            MessageBox(hWnd, "메모장 윈도우를 찾을 수 없습니다.", "알림", MB_OK);
        } else {
            MessageBox(hWnd, "메모장 윈도우를 찾았습니다.", "알림", MB_OK);
        }
```

```
        return 0;
    case WM_PAINT:
        hdc=BeginPaint(hWnd, &ps);
        TextOut(hdc,50,50,Mes,lstrlen(Mes));
        EndPaint(hWnd, &ps);
        return 0;
    case WM_DESTROY:
        PostQuitMessage(0);
        return 0;
    }
    return(DefWindowProc(hWnd,iMessage,wParam,lParam));
}
```

마우스 왼쪽 버튼은 CreateProcess로, 오른쪽 버튼은 WinExec로 메모장을 실행하며 메모장 실행 후 FindWindow 함수로 메모장 윈도우를 찾아보았다. CreateProcess 함수는 프로세스를 생성한 후 곧바로 리턴하므로 이 함수가 리턴된 직후에는 메모장이 아직도 초기화중이며 메인 윈도우가 만들어져 있지 않다. 따라서 FindWindow 함수는 메모장 윈도우를 찾지 못한다.

반면 WinExec는 메모장이 초기화될 때까지 기다렸다가 리턴하므로 FindWindow에 의해 메모장 윈도우를 찾을 수 있다. 만약 프로세스를 생성한 후 메시지를 전달하거나 IPC로 데이터를 교환하고자 한다면 위와 같은 CreateProcess 함수 호출로는 원하는 결과를 얻을 수 없다. 이때는 프로세스를 생성한 직후에 다음 함수를 호출해야 한다.

DWORD WaitForInputIdle(HANDLE hProcess, DWORD dwMilliseconds);

이 함수는 hProcess가 지정하는 프로세스가 사용자의 입력을 받을 수 있을 때까지, 즉 초기화가 완료될 때까지 또는 dwMilliseconds 인수가 지정하는 시간이 경과될 때까지 대기한다. 다음과 같이 코드를 수정해 보자.

```
CreateProcess(NULL, "NotePad.exe",NULL,NULL,FALSE,0,NULL,NULL,&si,&pi);

WaitForInputIdle(pi.hProcess, INFINITE);
hMemo = FindWindow("NotePad", NULL);
```

이렇게 되면 메모장을 실행한 후 초기화 완료시까지 대기하므로 FindWindow는 메모장을 제대로 찾을 수 있을 것이다. 또는 CreateProcess 호출문 다음에 Sleep을 넣어 약간의 시간을 대기하는 방법을 쓸 수도 있겠으나 얼마만큼을 기다려야 할 지를 결정하기 어려우므로 대기 함수를 쓰는 것이 좋다. 초기화시까지 대기를 하는 WinExec는 CreateProcess 호출 후 WaitForInputIdle 함수를 호출함을 쉽게 상상할 수 있을 것이다.

CreateProcess 함수의 이런 특성을 잘 모르면 골치아픈 버그의 원인이 될 수도 있다. 왜냐하면 이 특성은 짧은 순간에만 나타나므로 디버그 과정에서는 목격되지 않기 때문이다. 단계 실행을 할 때는 디버거에 의해 호출 프로세스가 자연스럽게 대기를 하게 되므로 이런 현상을 목격할 수 없다.

40-1-사. ShellExecute

프로세스를 생성하는 또 다른 함수로 ShellExecute가 있다. 이 함수는 운영체제가 직접 제공하는 함수가 아니라 쉘이 제공하는데 탐색기는 항상 설치되므로 언제든지 사용할 수 있는 기본 함수와 마찬가지이다.

HINSTANCE ShellExecute(HWND hwnd,LPCTSTR lpOperation,LPCTSTR lpFile,LPCTSTR lpParameters,LPCTSTR lpDirectory,INT nShowCmd);

이 함수는 실행 파일 뿐만 아니라 일반 데이터 파일도 실행할 수 있다. 데이터 파일을 실행하면 보통 연결된 프로그램이 실행되면서 데이터 파일이 같이 열린다. 예를 들어 확장자가 txt인 파일을 실행하면 텍스트 파일을 편집할 수 있는 편집기가 열리는데 통상 메모장이 실행된다. 그림 파일이나 멀티 미디어 파일도 이 함수로 실행할 수 있다.

hwnd는 부모 윈도우의 핸들인데 프로세스 실행 중에 열리는 에러 메시지 박스가 이 윈도우의 차일드로 생성된다. 두 번째 인수로 해당 파일을 어떻게 열 것인가를 지정하는 동사(Verb)를 문자열 형태로 지정한다. 어떤 동사들이 제공되는가는 파일의 종류에 따라 다른데 탐색기의 팝업 메뉴에 나타나는 모든 명령들이 가능하다. 자주 사용되는 동사는 다음과 같다.

동사	설명
open	파일을 연다. 실행 파일일 경우 곧바로 실행되며 데이터 파일은 연결된 프로그램이 실행된다.
edit	편집기를 열어 편집한다. 데이터 파일만 열 수 있다.
explorer	폴더를 연다.
print	문서 파일을 인쇄한다.
NULL	디폴트 동사를 실행한다. 통상 "open" 또는 레지스트리의 첫 번째 동사가 사용된다.

모든 파일에 대해 이 동사들이 다 의미가 있는 것은 아니데 예를 들어 동영상 파일은 인쇄할 수 없다. 또한 확장자별로 고유한 동사들이 더 존재할 수도 있는데 예를 들어 압축 파일은 압축 풀기 동사를 정의하기도 한다. 대개의 경우 "open" 동사는 지원되며 대부분의 파일은 이 동사로 내용을 확인할 수 있다. lpFile은 열고자 하는 파일의 경로이다. 나머지 세 인수는 lpFile이 실행 파일일 경우 명령행 인수, 시작 디렉토리를 지정하거나 초기 보이기 상태를 지정한다.

성공적으로 파일을 열었을 경우 32보다 큰 값을 리턴하며 에러 발생시 32이하의 값을 리턴한다. 16비트와의 호환을 위해 HINSTANCE 타입을 리턴하지만 실제로는 int 타입이므로 int로 캐스팅하여 점검하면 된다. 다음 예제는 파일 열기 공통 대화상자에서 선택한 파일을 "open" 동사로 열어 본다.

예 제 : ShellExecute

```
LRESULT CALLBACK WndProc(HWND hWnd,UINT iMessage,WPARAM wParam,LPARAM lParam)
{
    HDC hdc;
    PAINTSTRUCT ps;
    OPENFILENAME OFN;
    TCHAR lpstrFile[MAX_PATH]="";
    TCHAR *Mes="마우스 왼쪽 버튼을 눌러 실행할 파일을 선택하십시오.";

    switch (iMessage) {
```

```
    case WM_LBUTTONDOWN:
        memset(&OFN, 0, sizeof(OPENFILENAME));
        OFN.lStructSize = sizeof(OPENFILENAME);
        OFN.hwndOwner=hWnd;
        OFN.lpstrFilter="모든 파일(*.*)\0*.*\0";
        OFN.lpstrFile=lpstrFile;
        OFN.nMaxFile=MAX_PATH;
        if (GetOpenFileName(&OFN)!=0) {
            ShellExecute(hWnd,"open",OFN.lpstrFile,NULL,NULL,SW_SHOWNORMAL);
        }
        return 0;
    case WM_PAINT:
        hdc=BeginPaint(hWnd, &ps);
        TextOut(hdc,10,10,Mes,lstrlen(Mes));
        EndPaint(hWnd, &ps);
        return 0;
    case WM_DESTROY:
        PostQuitMessage(0);
        return 0;
    }
    return(DefWindowProc(hWnd,iMessage,wParam,lParam));
}
```

선택한 파일의 확장자에 따라 실행되는 프로그램이 달라질 것이다. 그림 파일을 열면 그래픽 뷰어나 편집기가 실행되며 htm, html 파일을 열면 웹 브라우저가 실행된다. 좀 더 상세한 정보를 지정하고 실행된 프로세스에 대한 정보를 리턴하는 ShellExecuteEx라는 확장 함수도 제공된다.

40-2 프로세스 관리

40-2-가. 명령행 인수

명령행 인수란 프로그램이 운영체제(또는 쉘)로부터 받아들이는 일종의 인수이다. 프로그램의 작업거리를 전달받는다는 점에서 도스에서와 기능적으로 동일한 의미를 가진다. 예를 들어 메모장 프로그램은 하나의 인수를 받아들여 해당 파일을 열 수 있는데 Notepad Readme.txt라는 명령이 주어졌다면 Readme.txt가 명령행 인수가 된다.

명령행 인수는 공백으로 분리된 여러 개의 문자열로 구성되는데 MyPrg a test.txt test2.doc 등이 그 한 예이다. 이렇게 여러 개의 인수가 전달될 경우 응용 프로그램은 명령행 인수를 각 토큰별로 분리한 후 사용한다. 명령행 인수를 어떤 용도로 사용할 것인가는 프로그램이 정하기 나름이다. 첫 번째 토큰은 명령 두 번째 토큰은 목적어 세 번째 토큰은 옵션 등과 같이 의미를 정하는데 도스용 압축 프로그램인 ARJ의 예를 보이면 arj a MyArc.arj MyArc.doc 이렇다. 윈도우즈에서는 여러 개의 인수를 취하는 경우보다는 목적이 되는 파일 이름으로 하나의 인수만을 취하는 것이 보통이다.

프로그램이 자신에게 전달된 명령행 인수를 얻는 방법에는 여러 가지가 있다. 명령행 인수를 읽는 방법을 보이기 위해 CmdLine이라는 간단한 예제를 하나 만들어 보고 각각의 방법으로 명령행 인수를 읽어 보았다.

예 제 : CmdLine

```
int APIENTRY WinMain(HINSTANCE hInstance,HINSTANCE hPrevInstance
        ,LPSTR lpszCmdParam,int nCmdShow)
{
    ....
    hWnd=CreateWindow(lpszClass,lpszClass,WS_OVERLAPPEDWINDOW,
        CW_USEDEFAULT,CW_USEDEFAULT,CW_USEDEFAULT,CW_USEDEFAULT,
        NULL,(HMENU)NULL,hInstance,NULL);
    ShowWindow(hWnd,nCmdShow);

    MessageBox(hWnd, lpszCmdParam, "명령행 인수-lpszCmdParam", MB_OK);
    for (int i=0;i<__argc;i++)
        MessageBox(hWnd, __argv[i], "명령행 인수-argv", MB_OK);

    while (GetMessage(&Message,NULL,0,0)) {
        TranslateMessage(&Message);
        DispatchMessage(&Message);
    }
    return (int)Message.wParam;
}

LRESULT CALLBACK WndProc(HWND hWnd,UINT iMessage,WPARAM wParam,LPARAM lParam)
{
    HDC hdc;
    PAINTSTRUCT ps;
    LPSTR Cmd;
    TCHAR *Mes = "전달받은 명령행 인수를 보여줍니다";
    int nArg;
    LPWSTR *p;

    switch (iMessage) {
    case WM_LBUTTONDOWN:
        Cmd = GetCommandLine();
        MessageBox(hWnd, Cmd, "명령행 인수-GetCommandLine", MB_OK);
        p=CommandLineToArgvW(GetCommandLineW(),&nArg);
        MessageBoxW(hWnd,p[0],p[1],MB_OK);
        LocalFree(p);
        return 0;
    case WM_PAINT:
        hdc=BeginPaint(hWnd, &ps);
        TextOut(hdc, 50, 50, Mes, lstrlen(Mes));
        EndPaint(hWnd, &ps);
        return 0;
    case WM_DESTROY:
        PostQuitMessage(0);
        return 0;
    }
    return(DefWindowProc(hWnd,iMessage,wParam,lParam));
}
```

이 프로그램에 인수를 전달하기 위해 프로젝트 세팅을 다음과 같이 설정하였다. program arguments에 “Argument 123”이라는 두 개의 인수를 주었다.

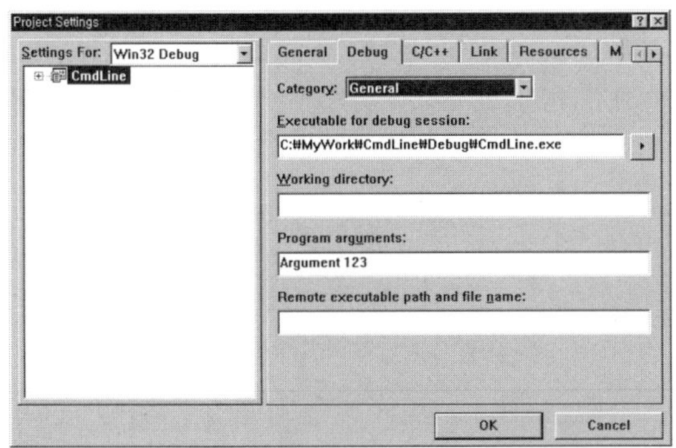

① 가장 간단한 방법으로 WinMain의 세 번째 인수인 lpszCmdParam(또는 lpszCmdLine으로 이름을 작성하기도 한다)을 읽는 방법이 있다. 운영체제가 명령행 인수를 lpszCmdParam으로 전달하므로 응용 프로그램에서는 이 인수를 읽기만 하면 된다. lpszCmdParam으로는 프로그램명은 제외하고 명령행 인수 전체가 통째로 하나의 문자열로 전달된다.

하나의 인수만을 취할 때는 이 인수만 읽으면 되므로 편리하지만 여러 개의 인수를 받아들일 때는 일일이 토큰을 분리해야 하므로 사용하기 불편하다. lpszCmdParam은 WinMain의 인수로 전달되는 지역변수이므로 프로그램의 다른 부분에서 사용하려면 전역 버퍼에 복사해 두어야 한다.

② 도스에서와 마찬가지로 __argc, __argv전역변수를 사용할 수도 있다. 이 변수들은 밑줄이 두 개 더 있을 뿐 도스에서와 이름이 동일하며 의미도 동일하므로 아주 친숙할 것이다. __argc는 전달된 인수의 개수이며 __argv는 명령행 인수 문자열 포인터 배열이므로 __argv배열을 순서대로 읽으면 명령행 인수를 토큰으로 분리하여 읽을 수 있다.

Argv[0]	Argv[1]	Argv[2]
CmdLine	Argument	123

이 두 변수로 명령행 인수를 순서대로 읽는 코드는 비교적 간단하다.

```
for (int i=0;i<__argc;i++)
    MessageBox(hWnd, __argv[i], "명령행 인수-argv", MB_OK);
```

__argc까지 루프를 돌며 __argv 배열을 순서대로 읽기만 하면 된다. 예제에서는 대화상자로 각각의 인수들을 출력해 보았다.

주의할 것은 __argv[0]에 프로그램 경로명이 전달된다는 점이며 실제 인수는 __argv[1]부터 전달된다. 프로그램 경로명은 항상 존재하므로 __argc는 항상 1이상이다. "전달된 인수가 없으면" 이란 조건 판단을 if (__argc == 0) 이라고 쓰면 틀린다는 얘기다. 인수가 전달되지 않아도 __argc는 1이라는 점을 주의하자. __argv 배열에 인수를 토큰별로 분리해 주므로 여러 개의 인수를 받아들이는 프로그램에 적합한 방법이다. 유니코드로 컴파일할 때는 __wargv를 대신 읽어야 한다.

③ 프로그램 실행중에 명령행 인수를 읽어야 할 필요가 있으면 언제든지 다음 함수를 호출한다.

LPTSTR GetCommandLine(VOID);

이 함수는 현재 프로세스의 명령행 인수를 조사해 리턴한다. 프로그램의 완전경로와 명령행 인수 전체를 하나의 문자열로 리턴하므로 사용하기는 불편하다. 그러나 이 함수는 유니코드로 전달되는 명령행 인수도 읽을 수 있고 필요할 때 언제든지 호출할 수 있다는 장점이 있다.

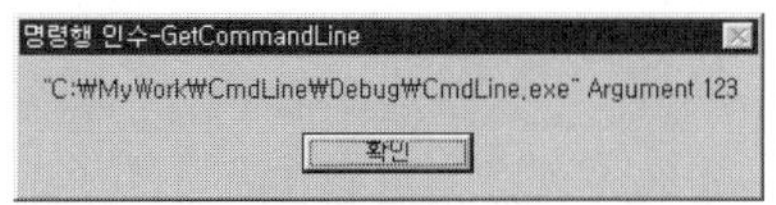

유니코드로 전달된 명령행 인수를 다음 함수를 사용하여 토큰별로 분리할 수도 있다. 이 함수는 유니코드 버전만 존재한다.

LPWSTR *CommandLineToArgvW(LPCWSTR lpCmdLine, int *pNumArgs);

GetCommandLineW 함수로 조사한 명령행 인수를 이 함수의 첫 번째 인수로 전달하고 정수형 변수의 포인터를 전달하면 내부에서 메모리를 할당하여 토큰 배열을 작성하고 그 배열의 시작 번지를 리턴한다. 이 번지를 p로 받았다면 p[0]는 프로그램의 이름이 되고 p[1], p[2]에는 인수들의 시작 번지가 전달된다. pNumArgs에는 인수의 개수가 대입된다. 이 함수가 할당한 메모리는 LocalFree로 해제해야 한다.

40-2-나. 프로세스의 종료

앞에서는 프로세스를 실행하는 방법에 대해서 알아보았는데 이번에는 프로세스를 종료하는 방법에 대해 알아보자. 프로세스가 자기 자신을 종료하는 가장 간단하고도 일반적인 방법은 WM_CLOSE 메시지를 보내거나 DestroyWindow로 메인 윈도우를 파괴하는 것인데 이때 WM_DESTROY 에서 PostQuitMessage를 호출하여 메시지 루프를 종료한다. 이런 방법들에 의해 WinMain이 리턴되면 C 런타임 코드는 다음 함수를 호출하여 정리작업을 수행한다.

VOID ExitProcess(UINT uExitCode);

이 함수가 호출되면 프로세스는 정리작업에 들어가 즉각 종료된다. 프로세스가 종료될 때는 다음 일련의 작업이 이루어진다. 프로세스를 생성하는 절차가 복잡한만큼 정리해야 할 것도 많다.

① 프로세스와 연결된 모든 DLL을 종료시키기 위해 각 DLL의 DllMain 함수가 호출되며 DLL들은 스스로 정리작업을 한다.

② 모든 열려진 핸들을 닫는다.

③ 실행중인 모든 스레드를 종료한다.

④ 프로세스 커널 객체와 스레드 객체는 신호상태가 되며 이 객체를 기다리는 다른 프로세스는 대기상태를 해제할 수 있다.

⑤ 프로세스의 종료코드는 STILL_ACTIVE에서 ExitProcess가 지정한 종료값이 된다.

다음 코드는 마우스 왼쪽 버튼을 누를 때 프로그램을 종료한다.

예 제 : ExitProc

```
LRESULT CALLBACK WndProc(HWND hWnd,UINT iMessage,WPARAM wParam,LPARAM lParam)
{
    HDC hdc;
    PAINTSTRUCT ps;
    STARTUPINFO si={sizeof(STARTUPINFO),};
    PROCESS_INFORMATION pi;
    TCHAR *Mes="왼쪽=프로세스 종료, 오른쪽=메모장 실행및 5초 후 종료";

    switch (iMessage) {
    case WM_LBUTTONDOWN:
        ExitProcess(0);
        MessageBox(hWnd, "이 프로그램은 종료됩니다", "알림", MB_OK);
        return 0;
    case WM_RBUTTONDOWN:
        CreateProcess(NULL, "NotePad.exe",NULL,NULL,FALSE,0,NULL,NULL,&si,&pi);
        Sleep(5000);
        TerminateProcess(pi.hProcess, 0);
        CloseHandle(pi.hProcess);
        CloseHandle(pi.hThread);
        return 0;
    case WM_PAINT:
        hdc=BeginPaint(hWnd, &ps);
        TextOut(hdc,10,10,Mes,lstrlen(Mes));
        EndPaint(hWnd, &ps);
        return 0;
    case WM_DESTROY:
        PostQuitMessage(0);
        return 0;
    }
    return(DefWindowProc(hWnd,iMessage,wParam,lParam));
}
```

ExitProcess가 PostQuitMessage와 다른 점은 곧바로 정리작업에 들어가 프로세스를 종료하기 때문에 ExitProcess 아래의 코드는 결코 실행되지 않는다는 점이다. 위 코드에서 메시지 박스가 사용자 눈에 보이기 전에 프로세스가 종료되어 버린다. 다음 함수도 프로세스를 종료한다.

BOOL TerminateProcess(HANDLE hProcess, UINT uExitCode);

이 함수는 ExitProcess에 비해 종료 대상이 되는 프로세스의 핸들을 인수로 가지므로 자기 자신이 아닌 다른 프로세스를 강제로 종료시킬 수도 있다. 다음 코드는 이 함수로 자기 자신을 종료한다.

```
case WM_LBUTTONDOWN:
    TerminateProcess(GetCurrentProcess(), 0);
    MessageBox(hWnd, "이 프로그램은 종료됩니다", "알림", MB_OK);
    return 0;
```

그러나 이 함수는 ExitProcess보다 훨씬 더 위험하다. TerminateProcess 함수가 호출될 때 ExitProcess

와 동일한 정리작업이 수행되나 단 연결된 DLL에게 종료사실이 통지되지 않는다. 만약 DLL에서 대량의 메모리를 할당해 놓았거나 파일을 저장하지 않은 채로 가지고 있는 상황에서 이 함수로 강제로 프로세스를 종료해 버린다면 정보를 잃어버릴 수도 있다. 대상 프로세스는 자신이 종료된다는 것을 알지 못하며 어떠한 신호도 받지 못하므로 미저장 문서는 잃어 버릴 것이다.

이 함수를 정상적인 프로세스의 종료에 사용하는 것은 바람직하지 않으며 어쩔 수 없이 강제로 종료해야 할 경우에만 사용해야 한다. 작업 관리자가 응답이 없는 프로세스를 강제 종료할 때 이 함수를 사용한다. 예제에서 마우스 오른쪽 버튼을 누르면 메모장을 실행시킨 후 5초 후에 이 메모장을 강제로 종료해 버린다. 메모장이 무엇을 하고 있든지 상관없이 강제 종료되며 미저장 문서나 모달 대화상자가 떠 있는 동안에도 종료된다.

40-2-다. 프로세스 핸들

잘 알다시피 윈도우즈는 GDI, USER, KERNEL의 세 가지 주요 DLL로 구성되어 있다. 각 모듈은 여러 종류의 객체를 관리하며 관리의 편의를 위해 핸들을 사용한다. 객체는 시스템 리소스를 나타내는 일종의 데이터 구조체이며 이 구조체들은 보통 덩치가 크기 때문에 좀 더 간단한 32비트 정수값의 핸들로 관리된다. 각 모듈별 객체에는 어떤 것들이 있고 특징은 어떤지 정리해 보자.

모듈	객체	특징
USER	윈도우, 커서, 캐럿, 아이콘	한 오브젝트에 하나의 핸들. 시스템 전역적
GDI	펜, 브러시, 비트맵, 팔레트	한 오브젝트에 하나의 핸들. 프로세스 지역적
KERNEL	파일, 프로세스, 스레드, 이벤트	보안 적용. 프로세스 한정적

USER 객체는 윈도우 관리에 사용되며 시스템 전역적이라는 특징이 있다. 예를 들어 ProcA에서 윈도우를 하나 만들면 윈도우 핸들이 주어지는데 이 핸들을 ProcB에 전달하면 ProcB는 윈도우 핸들을 사용하여 ProcA가 만든 윈도우를 마음대로 요리할 수 있다. 즉 시스템 전역적이라는 말은 어떤 프로세스든 핸들만 가지면 USER 객체를 액세스할 수 있다는 말이다. USER 객체는 한 오브젝트에 하나의 핸들만 주어진다. 즉 하나의 윈도우를 가리키는 핸들은 오직 하나뿐이다.

GDI 객체는 그래픽을 위해 사용되는데 해당 객체를 만든 프로세스 내에서만 사용할 수 있다. ProcA에서 펜을 만들고 hPen 핸들을 발급받았다고 하자. 이 핸들은 오직 ProcA에서만 의미가 있을 뿐이지 ProcB에게 핸들을 전달한다고 해서 ProcB가 이 펜을 사용할 수 있는 것은 아니다. GDI 오브젝트는 언제든지 원하는대로 생성할 수 있는데다 공유할 필요가 없기 때문에 프로세스 지역적이다.

커널 객체는 메모리 관리, 프로세스 관리, IPC, 동기화 등에 사용되는 객체인데 이 장의 주제인 프로세스와 스레드도 커널 객체이다. 커널 객체는 USER 객체나 GDI 객체와는 다른 특징들을 많이 가지고 있으며 다소 저수준이므로 이해하기도 약간 어렵다. 그러나 커널 객체는 시스템과 밀접한 연관을 가지고 있으므로 운영체제를 이해하는데 아주 중요하다.

우선 커널 객체는 보안상의 권리가 있는 프로세스만 만들 수 있다. 윈도우나 비트맵은 어떤 프로세스나 자유롭게 만들 수 있지만 프로세스나 파일 객체는 권리가 있어야만 만들거나 열 수 있다. 윈도우즈는 멀티 유저를 지원하는데 파일이나 프로그램 모두 소유자를 지정할 수 있고 소유자만 액세스하도록 권한을 설정할 수 있다. 그래서 커널 객체를 만드는 CreateProcess, CreateFile, CreateMutex 등의 함수들은 모두 보안 속성(LPSECURITY_ATTRIBUTES)을 인수로 가진다.

이런 보안상의 이유로 커널 객체는 프로세스 한정적(Process Specific)이다. 한정적이라는 말은 GDI 객체처럼 지역적(Private)이라는 것과는 의미가 다르다. 이 말의 정확한 뜻은 커널 객체를 만든 프로세스만이 자신이 받은 핸들로 해당 객체를 액세스할 수 있다는 뜻이며 핸들을 다른 프로세스로 전달하는 것은 의미가 없다. 다음 예를 보자.

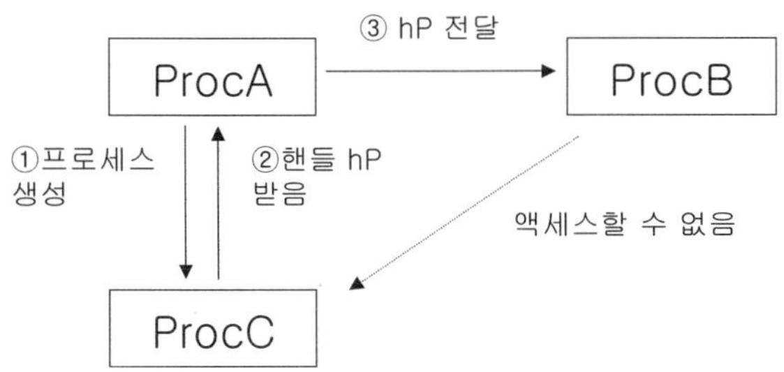

프로세스 ProcA가 새로운 프로세스 ProcC를 생성하였다. 물론 CreateProcess 함수를 사용했을 것이며 이 함수 호출 결과 ProcC의 핸들 hP가 리턴되었다고 하자. ProcA는 hP 핸들을 사용하여 ProcC의 정보를 조사하거나 우선순위를 바꾸거나 심지어 강제로 종료시킬 수도 있다. 그런데 이 핸들 hP를 ProcB로 전달할 경우 ProcB에게 전달된 hP는 더 이상 ProcC를 가리키지 못한다. 왜 이렇게 되어 있는가 하면 ProcB가 ProcC를 열 수 있는 권한이 있는지 아직 확인하지 않았기 때문이다. 만약 ProcB가 ProcC를 액세스하고 싶다면 다음 함수로 프로세스의 ID로부터 프로세스 핸들을 다시 열어야 한다. 이 경우는 핸들을 열 때 보안 속성을 다시 지정하며 프로세스의 액세스 토큰을 분석하여 권한이 있는지 확인한다.

HANDLE OpenProcess(DWORD dwDesiredAccess, BOOL bInheritHandle, DWORD dwProcessId);

핸들이 무사히 열리면 ProcB는 새로 발급받은 hP2로 ProcC를 액세스할 수 있다. 이때 두 핸들 hP와 hP2는 같은 객체를 가리키지만 서로 값은 다를 수도 있다. 즉 한 객체를 가리키는 핸들이 두 개 이상 존재할 수 있다. 이 상황을 그림으로 표현하면 다음과 같다.

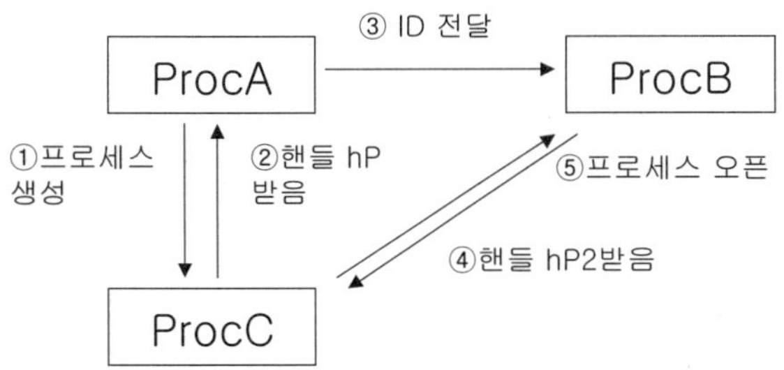

ProcA는 프로세스를 생성한 후 핸들 대신 ID를 ProcB에게 넘기며 ProcB는 이 ID값을 사용하여 프로세스를 다시 열고 다른 핸들을 발급받아 사용한다. 프로세스 한정적이라는 말은 한 프로세스가 만든 핸들은 다른 프로세스에서 곧바로 사용할 수 없되 대신 다른 프로세스가 같은 객체를 다시 오픈하여 또 다른 핸들을 사용할 수 있다는 뜻이다. 즉 위 예에서 hP는 ProcA에 한정적이고 hP2는 ProcB에 한정적이다.

그렇다면 ProcA가 어떤 프로세스를 열었는지를 알려 줄 때는 어떤 값을 전달해야 할까? 핸들은 만든 프로세스에서만 의미가 있으므로 다른 프로세스에게 전달해 봐야 쓸 수 없다. 그래서 프로세스 객체는 핸들 외에 ID라는 식별자를 추가로 가진다. CreateProcess의 마지막 인수를 다시 보자.

```
typedef struct _PROCESS_INFORMATION {
    HANDLE hProcess;
    HANDLE hThread;
    DWORD dwProcessId;
    DWORD dwThreadId;
} PROCESS_INFORMATION;
```

이 구조체에는 프로세스 핸들값인 hProcess와 ID값인 dwProcessId 두 가지가 있으며 이는 스레드도 마찬가지다. 핸들은 프로세스 내에서 해당 객체를 액세스할 때 사용하는 한정적인 값이며 이 핸들을 사용하여 객체를 마음대로 조작할 수 있다. 반면 ID는 시스템 전역적인 값이며 다른 프로세스 ID와 절대 중복되지 않는다. 그래서 프로세스끼리 ID를 전달함으로써 목적이 되는 프로세스 핸들을 다시 오픈할 수 있다. 실행중인 프로세스의 ID는 작업 관리자에서 쉽게 확인할 수 있다.

위 그림에서 PID 컬럼이 바로 프로세스의 ID값을 나타낸다. 정리하자면 프로세스 ID는 프로세스 간의 구분을 위한 중복되지 않는 식별값일 뿐이며 ID로부터 직접 프로세스를 제어할 수는 없다. ID로부터 핸들을 발급받아야만 비로소 이 객체를 제어할 수 있다.

커널 객체는 여러 프로세스에서 동시에 참조할 수 있기 때문에 참조 카운트(Usage Count)가 유지된다. 그래서 사용 후에는 반드시 CloseHandle로 핸들을 닫아야 하는데 만약 프로세스를 생성한 후 특별히 핸들을 사용하지 않는다면 다음과 같이 생성 직후에 곧바로 핸들을 닫아 버리는 것이 좋다.

```
if (CreateProcess(NULL, "NotePad.exe",NULL,NULL,FALSE,0,NULL,NULL,&si,&pi)) {
    CloseHandle(pi.hProcess);
    CloseHandle(pi.hThread);
}
```

이 코드가 무척 이상해 보일지 모르겠지만 프로세스의 핸들과 프로세스 그 자체는 다르다는 점을 잘 생각해 보기 바란다. 핸들과 대상은 일체성이 있을 수도 있고 없을 수도 있는데 대부분의 핸들은 일체성이 있다. 윈도우나 펜, 동기화 객체 등은 핸들을 닫으면 대상체도 즉시 파괴된다. 그러나 프로세스, 스레드, 파일은 핸들과 대상의 일체성이 없어서 핸들과 대상이 별개이다. 가장 쉬운 예로 파일을 열어서 액세스한 후 닫았다고 했을 때 이는 파일에 대한 액세스가 끝났다는 것이지 파일 자체를 지우라는 것은 아니다.

마찬가지로 pi.hProcess는 메모장 프로세스를 가리키는 핸들이지만 이 핸들을 닫는다고 해서 메모장이 종료되는 것은 아니다. 핸들을 닫는다는 것은 이 핸들로 대상을 더 이상 제어할 의사가 없다는 뜻일 뿐이다. 만약 쓰지도 않을 핸들을 불필요하게 가지고 있으면 핸들의 사용 카운트가 증가하여 이 오브젝트는 프로세스가 종료되어 강제 회수될 때까지 메모리를 낭비하게 될 것이다. 다음 두 함수는 현재 프로세스의 핸들과 ID를 구한다.

```
HANDLE GetCurrentProcess(VOID);
DWORD GetCurrentProcessId(VOID);
```

여기까지 커널 객체의 일반적인 특성들에 대해 얘기했는데 이 모든 것들을 실습할 수 있는 예제를 만들어 보았다. ProcA, ProcB 두 개의 프로세스를 만들고 ProcA가 메모장 프로세스를 실행한다. 그리고 메모장의 프로세스 ID를 ProcB로 전달하며 ProcB는 ID로부터 핸들을 발급받아 메모장을 종료하는 시범을 보인다. 우선 ProcA의 소스부터 보자.

예 제 : ProcA

```
LRESULT CALLBACK WndProc(HWND hWnd,UINT iMessage,WPARAM wParam,LPARAM lParam)
{
    HDC hdc;
    PAINTSTRUCT ps;
    STARTUPINFO si={sizeof(STARTUPINFO),};
    PROCESS_INFORMATION pi;
    HWND hProcB;
    TCHAR *Mes="마우스 왼쪽 버튼을 누르면 프로세스를 생성한 후 ProcB로 ID를 전달합니다";
    static TCHAR Status[256]="";

    switch (iMessage) {
    case WM_LBUTTONDOWN:
        // 프로세스 ID를 전달할 ProcB를 먼저 찾는다. 없으면 예제 테스트가 불가능하다.
        hProcB=FindWindow(NULL, "ProcB");
        if (hProcB == NULL) {
            MessageBox(hWnd, "이 예제를 테스트해 보려면 ProcB를 먼저 실행하십시오",
                "알림",MB_OK);
            return 0;
        }
        if (CreateProcess(NULL, "NotePad.exe",NULL,NULL,FALSE,0,NULL,NULL,&si,&pi)) {
            CloseHandle(pi.hProcess);
            CloseHandle(pi.hThread);
        }

        // ProcB에게 사용자 정의 메시지를 보내 프로세스 ID를 전달한다.
        SendMessage(hProcB, WM_USER+1,(WPARAM)pi.dwProcessId, 0);
        wsprintf(Status,"프로세스 핸들 %u와 ID %u를 생성했습니다.",
            pi.hProcess, pi.dwProcessId);
        InvalidateRect(hWnd, NULL, TRUE);
        return 0;
    case WM_PAINT:
        hdc=BeginPaint(hWnd, &ps);
        TextOut(hdc,50,50,Mes,lstrlen(Mes));
        TextOut(hdc,50,90,Status,lstrlen(Status));
        EndPaint(hWnd, &ps);
        return 0;
    case WM_DESTROY:
        PostQuitMessage(0);
        return 0;
    }
    return(DefWindowProc(hWnd,iMessage,wParam,lParam));
}
```

마우스 왼쪽 버튼을 누르면 메모장을 실행하고 ID를 ProcB로 전달했다. ID는 단순한 정수값이므로 사용자 정의 메시지를 사용하면 간단하게 보낼 수 있다. 그리고 ID와 핸들값을 ProcB와 비교해 보기 위해 작업영역에 출력해 놓았다. 다음은 ProcB의 소스이다.

예 제 : ProcB

```
LRESULT CALLBACK WndProc(HWND hWnd,UINT iMessage,WPARAM wParam,LPARAM lParam)
{
    HDC hdc;
    PAINTSTRUCT ps;
    static DWORD ProcID = 0;
    static HANDLE hProc = 0;
    TCHAR str[256];
    TCHAR *Mes="마우스 왼쪽 버튼을 누르면 ProcA로부터 받은 프로세스를 종료합니다";
    static TCHAR Status[256]="";
    DWORD ExitCode;

    switch (iMessage) {
    // ProcA로부터 프로세스의 ID를 전달받아 프로세스 핸들을 먼저 구해 놓는다.
    case WM_USER+1:
        ProcID = wParam;
        hProc = OpenProcess(PROCESS_ALL_ACCESS, FALSE, ProcID);
        wsprintf(Status,"프로세스 ID로 %u를 받았으며 이 ID로부터 프로세스 핸들 "
            "%u를 열었습니다",ProcID, hProc);
        InvalidateRect(hWnd, NULL, TRUE);
        return 0;
    case WM_LBUTTONDOWN:
        // 해당 프로세스가 실행중인 경우 프로세스를 강제 종료한다.
        GetExitCodeProcess(hProc, &ExitCode);
        if (ExitCode != STILL_ACTIVE) {
            MessageBox(hWnd, "프로세스 핸들이 무효합니다.","알림",MB_OK);
            return 0;
        } else {
            wsprintf(str, "%u 핸들을 가진 프로세스를 종료하겠습니다",hProc);
            MessageBox(hWnd, str, "알림", MB_OK);
            TerminateProcess(hProc, 0);
            ProcID = 0;
        }
        return 0;
    case WM_PAINT:
        hdc=BeginPaint(hWnd, &ps);
        TextOut(hdc,50,50,Mes,lstrlen(Mes));
        TextOut(hdc,50,90,Status,lstrlen(Status));
        EndPaint(hWnd, &ps);
        return 0;
    case WM_DESTROY:
        if (hProc != 0)
            CloseHandle(hProc);
        PostQuitMessage(0);
        return 0;
    }
    return(DefWindowProc(hWnd,iMessage,wParam,lParam));
}
```

사용자 정의 메시지로 메모장의 ID를 전달받으면 이 ID를 사용하여 프로세스의 핸들을 구해놓는다. 그리고 마우스 왼쪽 버튼을 누르면 메모장 프로세스를 강제로 종료한다. 메모장 프로세스의 핸들을 가지고 있으므로 어떤 조작이든지 가능하다. 실행중의 모습을 보자. 테스트하기 쉽도록 윈도우의 위치를 고정해 두었다.

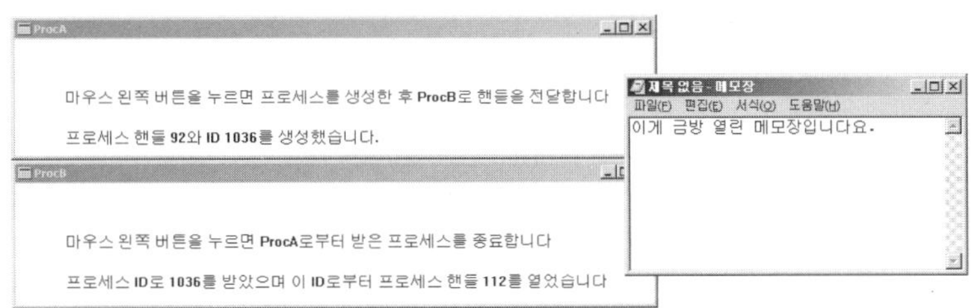

이 예제를 유심히 살펴보면 ProcA와 ProcB가 가진 ID는 동일하되 프로세스 핸들은 서로 다를 수도 있다는 것을 알 수 있다. 다시 한 번 정리하자면 프로세스 핸들은 프로세스 한정적이고 프로세스 ID는 시스템 전역적이다. 이는 스레드 핸들과 스레드 ID에도 동일하게 적용된다. 마지막으로 이 예제에서 사용된 다음 함수에 대해 알아보면서 프로세스 핸들과 프로세스 자체를 좀 더 구분해 보자.

BOOL GetExitCodeProcess(HANDLE hProcess, LPDWORD lpExitCode);

이 함수는 프로세스의 종료 상태를 구하는데 인수로 프로세스의 핸들을 주면 이 프로세스의 종료 상태를 lpExitCode에 리턴한다. 만약 프로세스가 아직 종료되지 않았다면 이 값은 STILL_ACTIVE가 되며 종료되었다면 종료 상태는 다음 중 하나가 된다.

ExitProcess나 TerminateProcess 함수의 인수
main이나 WinMain이 리턴한 값
처리되지 못한 예외값

위 예제에서는 GetExitCodeProcess로 종료 상태를 점검하여 메모장이 아직도 실행중인지를 점검해 본다. 만약 사용자가 메모장을 직접 종료해버렸다면 TerminateProcess를 할 필요가 없기 때문이다. 보다시피 메모장 프로세스가 종료되어도 메모장의 프로세스 핸들은 아직도 유효하다. 프로세스 그 자체와 프로세스 핸들은 별개이며 그래서 프로세스가 종료된 후에 핸들은 별도로 닫아야 한다. 위 예제에서는 WM_DESTROY에서 hProc을 닫는다.

참고로 위 예제는 여러 가지 위험한 함정에 잘 대처하고 있는데 그 한 가지는 프로세스 ID는 가지고 있어봐야 언제까지 유효하지 않다는 점이며 그래서 ID를 받자마자 프로세스의 핸들을 구해 핸들을 가지고 있는다. ID라는 식별자는 재활용 가능한 자원이며 메모장을 종료한 후 계산기를 실행했는데 이때 계산기가 우연히 메모장이 가졌던 ID를 재발급받을 수도 있다.

다음 두 함수는 모듈의 핸들과 경로명을 구하는데 주로 프로세스 자신의 핸들과 경로를 조사할 때 사용된다.

HMODULE GetModuleHandle(LPCTSTR lpModuleName);
DWORD GetModuleFileName(HMODULE hModule, LPTSTR lpFilename, DWORD nSize);

lpModuleName 인수에 DLL이나 실행 파일의 이름을 주면 이 모듈이 주소 공간에 맵핑되어 있을 때 그 핸들을 리턴한다. 특별한 경우로 이 인수가 NULL이면 이 함수를 호출한 프로세스, 즉 자기 자신의 핸들을 구한다. GetModuleFileName 함수는 지정한 모듈의 완전 경로를 구하는데 hModule이 NULL이면 자기 자신의 경로를 구한다.

예 제 : ModuleHandle

```
#include "resource.h"
LRESULT CALLBACK WndProc(HWND hWnd,UINT iMessage,WPARAM wParam,LPARAM lParam)
{
    HDC hdc;
    PAINTSTRUCT ps;
    TCHAR str[128];

    switch (iMessage) {
    case WM_CREATE:
        hWndMain=hWnd;
        return 0;
    case WM_PAINT:
        hdc=BeginPaint(hWnd, &ps);
        LoadString(GetModuleHandle(NULL),IDS_STRING1,str,128);
        TextOut(hdc,10,10,str,lstrlen(str));
        GetModuleFileName(NULL,str,128);
        TextOut(hdc,10,30,str,lstrlen(str));
        EndPaint(hWnd, &ps);
        return 0;
    case WM_DESTROY:
        PostQuitMessage(0);
        return 0;
    }
    return(DefWindowProc(hWnd,iMessage,wParam,lParam));
}
```

WM_PAINT에서 리소스에 정의된 문자열과 자신의 경로를 구해 출력했다. 리소스를 읽기 위해서는 자신의 인스턴스 핸들이 필요하며 이런 목적으로 g_hInst라는 전역 변수를 유지하는 것이 보통이지만 이 전역 변수가 없더라도 GetModuleHandle 함수로 인스턴스 핸들을 실시간으로 구할 수 있다. 전역 변수 하나면 충분할 것 같지만 모듈이 여러 개로 나누어져 있을 때 인스턴스 핸들을 일일이 extern 선언하는 것이 귀찮기 때문에 이 함수가 종종 사용된다.

GetModuleFileName 함수는 실행 파일의 완전 경로를 구하는데 같은 디렉토리에 있는 부속 파일을 읽거나 할 때 흔히 사용된다. 실행 파일이 있는 경로는 프로젝트의 현재 디렉토리와는 달리 항상 고정되어 있어 부속 파일을 쉽게 찾을 수 있다. 실행 파일이 있는 경로를 조사한 후 _splitpath 등으로 경로만 추출하면 실행 파일이 있는 디렉토리를 쉽게 구할 수 있다. 참고로 이 함수외에 C런타임 라이브러리가 제공하는 _pgmptr(유니코드인 경우는 _wpgmptr) 전역 변수로도 프로그램 경로를 구할 수 있다.

40-2-라. 프로세스 열거

윈도우즈 2000의 작업 관리자나 스파이같은 디버깅 툴을 보면 현재 실행중인 프로세스의 목록을 조사해 보여준다. 응용 프로그램 수준에서 이런 작업을 해야 할 경우는 그리 흔하지 않지만 원한다면 할 수도 있다. 실행중인 프로세스의 목록을 얻는 방법에는 툴 헬프(Tool Help) 라이브러리의 스냅샷을 사용하는 방법과 PSAPI.DLL에 의해 제공되는 EnumProcesses 함수를 사용하는 방법 두 가지가 있다. 전자는 95/98에서 가능하며 후자는 NT 4.0에서 가능한 방법이되 윈도우즈 2000 이후는 두 방법을 모두 지원한다.

운영체제 버전에 따라 방법이 달라지기 때문에 프로그래밍하기 무척 까다롭다. 게다가 비주얼 C++ 6.0은 PSAPI.DLL에 대한 임포트 라이브러리를 제공하지 않아 이 DLL을 묵시적으로 연결할 수 없으며 반드시 명시적으로 연결해야 한다. 만약 묵시적으로 연결한 채로 컴파일하면 95/98에서는 실행 파일을 아예 실행할 수 조차도 없다. 두 계열의 윈도우즈를 모두 지원하려면 아주 복잡한 코드가 필요한데 사실상 가장 까다로운 케이스라고 할 수 있다. 현재로서는 NT 4.0을 무시하고 스냅샷을 사용하는 것이 합리적이다.

프로세스를 열거하는 작업은 고급 기술이며 난이도가 있는 데 비해 실전에서 사용할 경우는 별로 없으므로 이 책에서는 상세히 다루지 않으며 예제만 싣기로 한다. 다음 예제의 좌우 마우스 버튼을 누르면 두 방법으로 실행중인 프로세스를 열거해 볼 수 있다.

예 제 : EnumProcess

```
// PSAPI 사용
#include "psapi.h"
HWND hListProc;
void MyEnumProcess()
{
    DWORD arProc[1024],cb;
    int nProc;
    int i;
    TCHAR str[256];
    HMODULE hModule;
    HANDLE hProcess;
    TCHAR FullPath[MAX_PATH]={0,};
    BOOL Result;

    // 프로세스의 목록을 배열에 구하고 개수를 계산한다.
    EnumProcesses(arProc,sizeof(arProc),&cb);
    nProc=cb/sizeof(DWORD);
    SendMessage(hListProc,LB_RESETCONTENT,0,0);
    for (i=0;i<nProc;i++) {
        hProcess=OpenProcess(PROCESS_QUERY_INFORMATION |
            PROCESS_VM_READ,FALSE,arProc[i]);
        if (hProcess) {
            // 첫번째 모듈(=프로세스 그 자체)의 이름을 구해 출력한다.
            Result=EnumProcessModules(hProcess,&hModule,sizeof(hModule),&cb);
            if (Result==0) {
                wsprintf(str,"EnumProcessModules - Error %d",GetLastError());
            } else {
                GetModuleBaseName(hProcess,hModule,FullPath,sizeof(FullPath));
                wsprintf(str,"%5d - %s",arProc[i],FullPath);
            }
```

```
            CloseHandle(hProcess);
        } else {
            wsprintf(str,"OpenProcess - Error %d",GetLastError());
        }
        SendMessage(hListProc,LB_ADDSTRING,0,(LPARAM)str);
    }
}

// 툴헬프 라이브러리 사용
#include "tlhelp32.h"
void MyEnumProcess98()
{
    HANDLE hSnap;
    PROCESSENTRY32 pe;
    TCHAR str[256];

    hSnap=CreateToolhelp32Snapshot(TH32CS_SNAPPROCESS,0);
    if (hSnap == (HANDLE)-1)
        return;

    pe.dwSize=sizeof(PROCESSENTRY32);
    SendMessage(hListProc,LB_RESETCONTENT,0,0);
    if (Process32First(hSnap,&pe)) {
        do {
            wsprintf(str,"%5d - %s",pe.th32ProcessID, pe.szExeFile);
            SendMessage(hListProc,LB_ADDSTRING,0,(LPARAM)str);
        } while (Process32Next(hSnap,&pe));
    }
    CloseHandle(hSnap);
}

LRESULT CALLBACK WndProc(HWND hWnd,UINT iMessage,WPARAM wParam,LPARAM lParam)
{
    HDC hdc;
    PAINTSTRUCT ps;
    TCHAR *Mes="왼쪽 버튼 : 프로세스 열거, 오른쪽 버튼 : 스냅샷 방법";

    switch (iMessage) {
    case WM_CREATE:
        hListProc=CreateWindow("listbox",NULL,WS_CHILD | WS_VISIBLE |
            WS_BORDER | WS_VSCROLL | LBS_NOTIFY,
            10,100,300,600,hWnd,(HMENU)0,g_hInst,NULL);
        hWndMain=hWnd;
        return 0;
    case WM_LBUTTONDOWN:
        MyEnumProcess();
        return 0;
    case WM_RBUTTONDOWN:
        MyEnumProcess98();
        return 0;
    case WM_PAINT:
        hdc=BeginPaint(hWnd, &ps);
        TextOut(hdc,10,10,Mes,lstrlen(Mes));
        EndPaint(hWnd, &ps);
        return 0;
```

```
    case WM_DESTROY:
        PostQuitMessage(0);
        return 0;
    }
    return(DefWindowProc(hWnd,iMessage,wParam,lParam));
}
```

스냅샷 기능을 사용하면 프로세스의 목록을 조사하는 것 뿐만 아니라 프로세스에 속한 스레드, 모듈, 힙 목록을 조사할 수도 있다. 또한 특정 모듈을 사용하는 프로세스의 목록을 조사할 수도 있다.

41-1 스레드

41-1-가. 고전적인 다중 작업

한 프로그램에서 여러 가지 작업을 동시에 수행해야 할 경우가 있다. 아주 비싼 시스템을 제외하고는 보통 CPU가 하나뿐이며 폰 노이만형 컴퓨터는 한 번에 하나의 일만 할 수 있으므로 실제로 이것은 불가능하다. 그러나 동시에 수행되는 것처럼 보이게 만들 수 있는 여러 가지 방법들이 있다. 다중 작업을 위해 어떤 방법들이 사용되었는지 아주 고전적인 방법부터 알아보고 장단점을 논해 보자.

여기서 만들 예제는 사각형을 그리되 처음에 검정색으로 시작하여 점점 파란색이 되었다가 완전히 파란색이 되면 다시 검정색으로 돌아가는 예제이다. 즉 파란색의 비율을 점점 증가시켜가며 사각형을 그리는 것인데 이 작업을 시간이 좀 걸리는 다른 작업이라고 생각하자. 가장 무식한 코드는 WM_PAINT에서 루프를 돌리며 사각형을 미친 듯이 그려대는 것이다.

```
case WM_PAINT:
    hdc=BeginPaint(hWnd,&ps);
    for (;;) {
        Blue++;
        hBrush = CreateSolidBrush(RGB(0,0,Blue));
        hOldBrush = SelectObject(hdc, hBrush);
        Rectangle(hdc,10,10,400,200);
        SelectObject(hdc, hOldBrush);
        DeleteObject(hBrush);
    }
    EndPaint(hWnd,&ps);
    return 0;
```

메시지 드리븐 환경에서 이 코드가 동작하지 않는다는 것은 이미 여러 번 강조한 바 있다. 이런 식으로 메시지 처리 함수에서 무한 루프를 돌려 버리면 이후 어떠한 메시지에도 반응할 수 없다. 다행히 32비트의 선점형 운영체제에서는 Ctrl+Alt+Del 키를 눌러 강제로 이 프로그램을 종료시킬 수 있지만 윈도우즈 3.1과 같은 비선점형 운영체제에서 이런 프로그램을 실행하면 시스템이 완전히 마비되어 버린다.

그래서 무한루프는 사용할 수 없다. 설사 무한루프가 아니더라도 시간이 오래 걸리는 작업이라면 루프를 사용하는 것 자체가 부적당하다. 왜냐하면 잠시 후 끝낼 수 있다 하더라도 작업을 하는 동안에는 다른 메시지에 반응할 수 없기 때문이다. 이런 긴 작업은 시간을 잘게 잘라서 매 시간마다 조금씩 나누어서 해야 한다. 즉 WM_TIMER 메시지를 사용해야 한다는 얘기다. 다음과 같이 프로그램을 작성해 보자.

예 제 : MultiTask

```
LRESULT CALLBACK WndProc(HWND hWnd,UINT iMessage,WPARAM wParam,LPARAM lParam)
{
    HDC hdc;
    PAINTSTRUCT ps;
    static BYTE Blue;
    HBRUSH hBrush, hOldBrush;

    switch (iMessage) {
    case WM_CREATE:
        SetTimer(hWnd, 1, 20, NULL);
        break;
    case WM_TIMER:
        Blue+=5;
        InvalidateRect(hWnd, NULL, FALSE);
        break;
    case WM_PAINT:
        hdc=BeginPaint(hWnd,&ps);
        hBrush = CreateSolidBrush(RGB(0,0,Blue));
        hOldBrush = (HBRUSH)SelectObject(hdc, hBrush);
        Rectangle(hdc,10,10,400,200);
        SelectObject(hdc, hOldBrush);
        DeleteObject(hBrush);
        EndPaint(hWnd,&ps);
        return 0;
    case WM_DESTROY:
        KillTimer(hWnd,1);
        PostQuitMessage(0);
        return 0;
    }
    return(DefWindowProc(hWnd,iMessage,wParam,lParam));
}
```

이 코드는 모든 것이 정상적으로 동작한다. WM_CREATE에서 타이머를 0.02초 간격으로 설치했으며 WM_TIMER에서 Blue를 5씩 증가하며 그 때마다 WM_PAINT 메시지를 발생시키므로 색상이 주기적으로 변한다. 타이머 메시지를 받았을 때 조금씩 작업을 해 나가므로 다른 메시지를 받을 수도 있다. 윈도우를 움직일 수도 있고 종료하는 것도 가능하며 사용자의 입력을 받거나 다른 작업을 같이 진행할 수도 있다.

동시 작업이 필요한 프로그램들은 고전적으로 이런 방법을 많이 사용했었다. 하지만 이 방법도 문제점이 있다. 우선 WM_TIMER 메시지는 1초에 최대 18.2회(NT는 100회)밖에 발생하지 않으므로 좀 더 고속 처리가 필요할 때는 사용할 수 없다. 또한 타이머 메시지에서 화면을 그리는 동안은(비록 짧은 시간이라 하더라도) 다른 메시지를 곧바로 처리할 수 없으므로 반응성이 좋지 않다. 만약 100초가 걸리는 작업을 1초씩 쪼개 100번에 나누어 한다고 할 때 최악의 경우 1초동안은 사용자가 메뉴를 선택해도 아무 반응이 없을 것이다.

그래서 이런 방법을 제대로 쓸려면 작업을 아주 잘게 쪼개야 한다는 제약이 있다. 즉 1초씩 100번 나누어 하는 것보다는 0.1초씩 1000번에 나누어 하는 것이 더 좋다. 그나마도 분할이 가능한 작업이라면 얼마든지 작업을 잘게 쪼개서 점진적으로 진행할 수 있지만 파일 저장처럼 분할하기 힘들거나 분할할 때 속도가 너무 느려지는 경우는 이 방법을 쓰기 어렵다.

타이머를 쓰는 방법 외에 작업중에 루프를 돌리면서 전달되는 메시지를 우선적으로 처리하는 메시지 펌핑과 메시지 루프를 조작하여 처리할 메시지가 없는 아이들 타임을 찾아 활용하는 방법도 있다. 메시지 펌핑은 작업을 분할하기 힘든 경우에 사용하며 주기적으로 처리해야 하는 작업에는 아이들 타임이 적합하다. 이상의 세 가지 다중 작업 방식은 다소 구식이고 효율이 떨이지기는 하지만 아직까지도 여전히 쓸만하고 실용성이 있다.

41-1-나. 스레드를 이용한 다중작업

멀티 스레드는 Win32 API의 핵심적인 부분이며 좀 어렵기는 하지만 아주 흥미로운 주제이다. 그럼 스레드란 무엇인가 정의부터 내려보자. 스레드(Thread)는 프로세스 내에 존재하는 실행 경로, 즉 일련의 실행코드이다. WinMain과 메시지 루프, WndProc, 일반 함수들을 오가며 메시지를 처리하는 일련의 코드들을 스레드라고 한다. 프로세스는 단지 존재하기만 하는 껍데기일 뿐이며 실제 작업은 스레드가 담당한다. 프로세스 생성시 하나의 주 스레드(Primary Thread)가 생성되며 대부분의 경우 주 스레드가 모든 작업을 처리하고 주 스레드가 종료되면 프로세스도 같이 종료된다.

프로세스

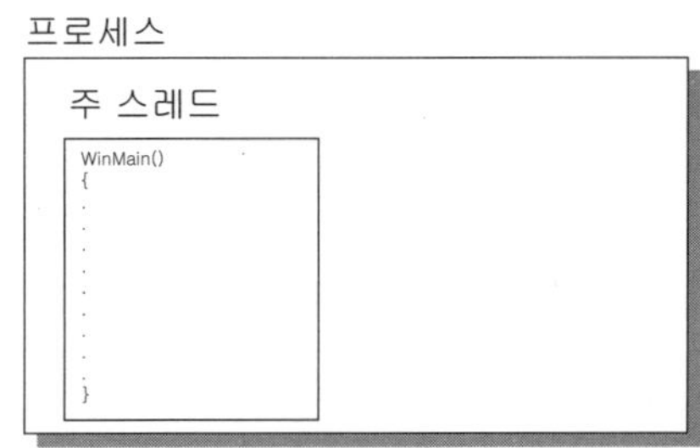

프로세스

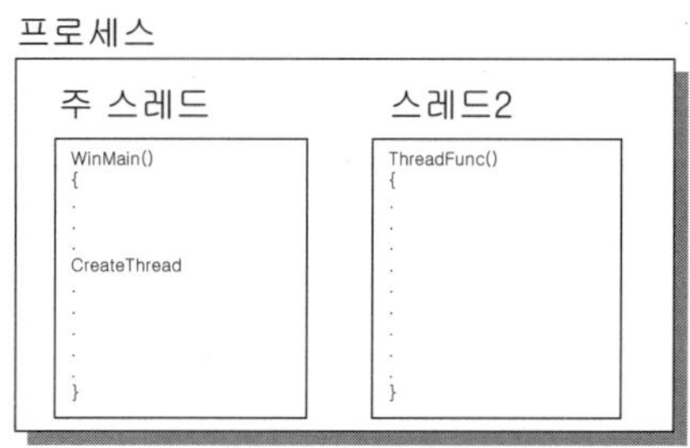

위 왼쪽 그림에서 WinMain 함수 블록이 주 스레드이다. 만약 이 프로세스가 동시에 두 가지 작업을 해야 한다면 주 스레드에서 추가로 스레드를 더 만들 수 있다. 이렇게 되면 프로세스는 두 개의 실행 흐름을 가지게 되며 주 스레드와 스레드2는 CPU 시간을 우선 순위에 따라 적절하게 분배하여 동시에 실행된다. 운영체제는 스레드별로 골고루 CPU 시간을 배분하므로 한 스레드가 시간을 지나치게 오래 끌더라도 다른 스레드가 이에 영향을 받지 않고 실행된다. 이 방법은 타이머나 PeekMessage를 사용하는 방법보다 반응성이 훨씬 좋으며 일부러 작업을 잘게 쪼갤 필요도 없다.

하나의 운영체제에 여러 개의 프로세스가 동시에 실행되는 환경을 멀티 태스킹이라고 한다. 멀티 스레드란 하나의 프로세스에서 여러 개의 스레드가 동시에 실행되는 환경을 의미한다. 운영체제 차원에서 지원되며 일부 하드웨어의 지원까지 받으므로 아주 부드럽게 실행되며 신뢰성이 있다. 그럼 이제 스레드를 사용하는 가장 간단한 프로그램을 만들어 보자. 앞에서 만든 예제를 스레드를 사용하여 다시 작성해 보았다.

예 제 : Thread

```
DWORD WINAPI ThreadFunc(LPVOID temp)
{
    HDC hdc;
    BYTE Blue;
    HBRUSH hBrush, hOldBrush;
    hdc=GetDC(hWndMain);
    for (;;) {
        Blue+=5;
        Sleep(20);
        hBrush = CreateSolidBrush(RGB(0,0,Blue));
        hOldBrush = (HBRUSH)SelectObject(hdc, hBrush);
        Rectangle(hdc,10,10,400,200);
        SelectObject(hdc, hOldBrush);
        DeleteObject(hBrush);
    }
    ReleaseDC(hWndMain, hdc);
    return 0;
}

LRESULT CALLBACK WndProc(HWND hWnd,UINT iMessage,WPARAM wParam,LPARAM lParam)
{
    DWORD ThreadID;
    HANDLE hThread;

    switch (iMessage) {
    case WM_CREATE:
        hWndMain=hWnd;
        hThread = CreateThread(NULL, 0, ThreadFunc, NULL, 0, &ThreadID);
        CloseHandle(hThread);
        return TRUE;
    case WM_DESTROY:
        PostQuitMessage(0);
        return 0;
    }
    return(DefWindowProc(hWnd,iMessage,wParam,lParam));
}
```

실행해 보면 앞에서 만든 타이머 예제와 똑같이 동작하지만 훨씬 더 부드럽다는 것을 느낄 수 있을 것이다. 주 스레드의 WM_CREATE에서 스레드를 만들기만 했으며 다른 처리는 하지 않고 있다. 스레드를 만들 때는 다음 함수를 사용한다.

HANDLE CreateThread(LPSECURITY_ATTRIBUTES lpThreadAttributes, DWORD dwStackSize, LPTHREAD_START_ROUTINE lpStartAddress, LPVOID lpParameter, DWORD dwCreationFlags, LPDWORD lpThreadId);

첫 번째 인수는 스레드의 보안 속성을 지정하는데 자식 프로세스로 핸들을 상속하지 않는 한 NULL로 지정하면 된다. 두 번째 인수는 스레드의 스택 크기를 지정하는데 스레드끼리 상호 안정된 동작을 하기 위해 스레드별로 별도의 스택이 할당된다. 스택의 초기 크기를 0으로 지정하면 주 스레드(CreateThread를 호출한 스레드) 와 같은 크기를 가진다. 기본적으로 주 스레드의 스택은 1M가 예약되며 그 중 한 페이지(보통 4K)만 확정되어 있다. 만약 재귀 호출의 깊이가 아주 깊다면 스택 크기를 더 늘릴 수도 있다. 스택 할당을 위해 스레드당 1M의 주소 공간을 사용하며 프로세스의 주소 공간은 2G이므로 생성 가능한 스레드의 최대 개수는 대략 2000개 정도 되는데 스레드를 아주 많이 만들어야 한다면 스택 크기를 더 줄일 수도 있다.

세 번째 인수 lpStartAddress는 스레드의 시작 함수(Entry Point)를 지정하며 실질적으로 가장 중요한 인수이다. 주 스레드의 WinMain 함수에 해당한다고 할 수 있으며 이 함수로부터 스레드의 실행을 시작하며 시작 함수가 종료되면 스레드도 종료된다. 스레드의 시작함수는 다음과 같은 원형을 가져야 한다.

DWORD WINAPI ThreadFunc(LPVOID lpParameter);

스레드의 시작 함수는 LPVOID형의 인수 하나만 받아들이며 이 인수는 CreateThread의 네 번째 인수인 lpParameter로 지정한다. lpParameter 인수는 스레드로 전달할 작업 내용이되 인수가 없을 경우 NULL을 전달한다. 다섯 번째 인수는 생성할 스레드의 특성을 지정하는데 0이면 물론 아무 특성없는 보통 스레드가 만들어지며 CREATE_SUSPENDED 플래그를 지정하면 스레드를 만들기만 하고 실행은 하지 않는다. 즉 일단 만들어 두고 원하는 조건이 되었을 때 실행하고자 할 경우 이 플래그를 사용하는데 중지된 스레드를 실행할 때는 ResumeThread 함수를 호출한다.

여섯 번째 인수는 CreateThread 함수가 스레드를 만든 후 스레드의 ID를 리턴하기 위한 출력용 인수이므로 DWORD형의 변수를 하나 선언한 후 그 변수의 번지를 넘기면 된다. 스레드 ID가 필요한 경우는 별로 없는데 이 경우는 NULL을 전달하되 단, NT/2000의 경우만 그렇고 9x 계열은 이 인수가 NULL이면 스레드가 생성되지 않는다. 호환성을 위해서라면 좀 귀찮아도 DWORD형의 변수를 선언한 후 번지를 넘겨야 한다.

CreateThread 함수는 스레드를 만든 후 스레드의 핸들을 리턴하며 에러가 발생했을 경우 NULL을 리턴한다. 리턴된 스레드의 핸들은 이후 이 스레드를 제어하고자 할 때 사용하는데 이 예제에서는 생성 후 스레드를 더 이상 조작하지 않으므로 곧바로 핸들을 닫았다. 스레드 핸들과 스레드 자체는 다르므로 핸들을 닫는다고 해서 스레드가 종료되는 것은 아니다. 여섯 번째 인수로 스레드 ID도 리턴되는데 핸들과 ID의 차이에 대해서는 앞서 설명한 바 있다.

이 예제의 CreateThread 함수는 ThreadFunc라는 함수를 시작 번지로 하는 스레드를 하나 만들되 인수는 전달하지 않았다. CreateThread 함수에 의해 ThreadFunc 함수를 시작번지로 하는 스레드가 생성되며 ThreadFunc 함수에서는 무한루프를 돌며 파란색을 계속 증가시켜 사각형을 그린다. 스레드는 주 스레드와 분리된 별도의 실행 흐름이므로 무한 루프를 돌아도 상관없다. 사각형을 그리는 작업이 별도의 스레드로 분리되었으므로 주 스레드는 어떤 상황에서라도 사용자의 입력을 처리할 수 있으며 심지어 윈도우가 이동중이거나 크기를 변경하는 중에도 스레드는 동작한다.

예제의 ThreadFunc는 죽을 때까지 파란색을 증가시키며 사각형을 그리는 일만 주기적으로 하고 있는 셈이다. 사실 이 함수의 끝에 있는 ReleaseDC는 결코 도달할 수 없는 부분이므로 있으나 마나한 코드인 셈이다. GetDC로 DC를 얻었으므로 대응을 이루기 위해 ReleaseDC 호출문도 같이 써 주었을 뿐이다. Thread 프로젝트는 스레드를 하나 만들어 보았는데 이번에 만들 MultiThread 예제는 4개의 스레드를 만들며 주 스레드까지 동시에 5개의 스레드가 실행된다. 그야 말로 멀티 스레드인 셈이다. 또한 이 예제에서 같은 스레드 함수를 사용하되 다른 인수를 전달하는 예도 보인다.

예 제 : MultiThread

```
DWORD WINAPI ThreadFunc(LPVOID prc)
{
    HDC hdc;
    BYTE Blue;
    HBRUSH hBrush, hOldBrush;
    RECT rc=*(LPRECT)prc;
    hdc=GetDC(hWndMain);
    for (;;) {
        Blue+=5;
        Sleep(20);
        hBrush = CreateSolidBrush(RGB(0,0,Blue));
        hOldBrush = (HBRUSH)SelectObject(hdc, hBrush);
        Rectangle(hdc,rc.left, rc.top, rc.right, rc.bottom);
        SelectObject(hdc, hOldBrush);
        DeleteObject(hBrush);
    }
    ReleaseDC(hWndMain, hdc);
    return 0;
}

LRESULT CALLBACK WndProc(HWND hWnd,UINT iMessage,WPARAM wParam,LPARAM lParam)
{
    HDC hdc;
    DWORD ThreadID;
    static RECT arRect[]={
        {100,100,200,200},{300,100,400,200},
        {100,300,200,400},{300,300,400,400},
    };
    int i;

    switch (iMessage) {
    case WM_CREATE:
        hWndMain=hWnd;
        for (i=0;i<4;i++) {
            CloseHandle(CreateThread(NULL,0,ThreadFunc,&arRect[i],0,&ThreadID));
        }
        return TRUE;
    case WM_LBUTTONDOWN:
        hdc=GetDC(hWnd);
        Ellipse(hdc,LOWORD(lParam)-10, HIWORD(lParam)-10,
            LOWORD(lParam)+10, HIWORD(lParam)+10);
        ReleaseDC(hWnd, hdc);
        return 0;
    case WM_DESTROY:
```

ExitThread도 C++객체의 파괴자가 호출되지 않고 C런타임이 만든 고유의 데이터 블록이 해제되지 않는 문제가 있다. 가장 바람직한 종료는 스레드가 작업을 무사히 마치고 return 문으로 스레드 시작 함수를 종료하는 것이다. 마치 주 스레드가 WinMain의 메시지 루프를 빠져나와 운영체제로 리턴하는 것처럼 말이다. 특별한 사정이 없는 한 가급적 return문으로 정상 종료하는 것이 가장 바람직하다. 스레드를 강제로 종료하는 방법 외에 잠시 동작을 중지시킬 수도 있는데 이때는 다음 두 함수를 사용한다.

```
DWORD SuspendThread( HANDLE hThread );
DWORD ResumeThread( HANDLE hThread );
```

SuspendThread는 스레드의 동작을 중지시키고 ResumeThread는 중지된 스레드를 다시 재개시킨다. 스레드는 내부적으로 중지 카운트를 유지하는데 이 카운트는 SuspendThread 함수가 호출되면 증가하고 ResumeThread 함수가 호출되면 감소하며 카운트가 0이 되면 스레드는 재개된다. 그래서 SuspendThread를 두 번 호출했다면 ResumeThread도 같이 두 번 호출해야 스레드가 재개된다.

41-1-라. 배너

다음 예제는 세 개의 스레드를 만들고 실행중에 각 스레드를 중지/재개할 수 있는 예제이다. 구조체를 스레드의 인수로 넘기는 방법에 대해서도 살펴보기 바란다.

예 제 : Banner

```
// 스레드로 넘겨줄 인수 구조체
struct ThreadParam {
    int x,y,w,h;
    TCHAR *Mes[3];
    int interval;
} Param[3]={
    {10,10,180,50,"지금 세 개의","배너가 동시에","실행되고 있습니다",100},
    {210,10,180,50,"각각 위치와","글자와 주기가","다릅니다",500},
    {410,10,180,50,"국민교육헌장","국기에 대한 맹세","복무신조",1000}
};

// 버튼들의 ID
#define ID_R1 101
#define ID_R2 102
#define ID_R3 103
#define ID_PAUSE 104
#define ID_RUN 105

// 스레드 시작 함수-배너를 주기적으로 교체한다.
DWORD WINAPI ThreadFunc(LPVOID Param)
{
    HDC hdc;
    ThreadParam *P = (ThreadParam *)Param;
    int Idx = 0;
    hdc=GetDC(hWndMain);
    for (;;) {
        Rectangle(hdc,P->x,P->y,P->x+P->w,P->y+P->h);
        TextOut(hdc,P->x+5,P->y+5,P->Mes[Idx % 3],lstrlen(P->Mes[Idx % 3]));
```

```
        GdiFlush();
        Sleep(P->interval);
        Idx++;
    }
    ReleaseDC(hWndMain, hdc);
    return 0;
}

LRESULT CALLBACK WndProc(HWND hWnd,UINT iMessage,WPARAM wParam,LPARAM lParam)
{
    static HANDLE hThread[3];
    static DWORD ThreadID[3];
    static int NowThread=0;
    int i;

    switch (iMessage) {
    case WM_CREATE:
        // 스레드 제어에 사용될 버튼들을 생성한다.
        hWndMain = hWnd;
        CreateWindow("button","중지",BS_PUSHBUTTON | WS_CHILD | WS_VISIBLE,
            200,100,80,25,hWnd,(HMENU)ID_PAUSE,g_hInst,NULL);
        CreateWindow("button","실행",BS_PUSHBUTTON | WS_CHILD | WS_VISIBLE,
            200,130,80,25,hWnd,(HMENU)ID_RUN,g_hInst,NULL);
        CreateWindow("button","Thread0",WS_CHILD | WS_VISIBLE |
            BS_AUTORADIOBUTTON | WS_GROUP,
            100,100,100,30,hWnd,(HMENU)ID_R1,g_hInst,NULL);
        CreateWindow("button","Thread1",WS_CHILD | WS_VISIBLE |
            BS_AUTORADIOBUTTON,
            100,120,100,30,hWnd,(HMENU)ID_R2,g_hInst,NULL);
        CreateWindow("button","Thread2",WS_CHILD | WS_VISIBLE |
            BS_AUTORADIOBUTTON,
            100,140,100,30,hWnd,(HMENU)ID_R3,g_hInst,NULL);
        CheckRadioButton(hWnd, ID_R1, ID_R3, ID_R1);

        // 세 개의 스레드를 만든다.
        for (i=0;i<3;i++) {
            hThread[i]=CreateThread(NULL,0,ThreadFunc,&Param[i],0,&ThreadID[i]);
        }
        return 0;
    case WM_COMMAND:
        switch (LOWORD(wParam)) {
        case ID_R1:
            NowThread=0;
            break;
        case ID_R2:
            NowThread=1;
            break;
        case ID_R3:
            NowThread=2;
            break;
        case ID_PAUSE:
            SuspendThread(hThread[NowThread]);
            break;
        case ID_RUN:
            ResumeThread(hThread[NowThread]);
```

```
                break;
            }
            return 0;
        case WM_DESTROY:
            for (i=0;i<3;i++) {
                CloseHandle(hThread[i]);
            }
            PostQuitMessage(0);
            return 0;
        }
        return(DefWindowProc(hWnd,iMessage,wParam,lParam));
}
```

인터넷 웹 사이트에 들어가 보면 주기적으로 그림이 바뀌는 애니메이션(GIF, 플레쉬)을 많이 볼 수 있는데 이런 애니메이션은 별도의 스레드가 담당한다. 이 예제는 그런 애니메이션을 하는 스레드를 흉내내 보았는데 예제를 간단하게 만들기 위해 비트맵 대신 텍스트를 주기적으로 교체한다.

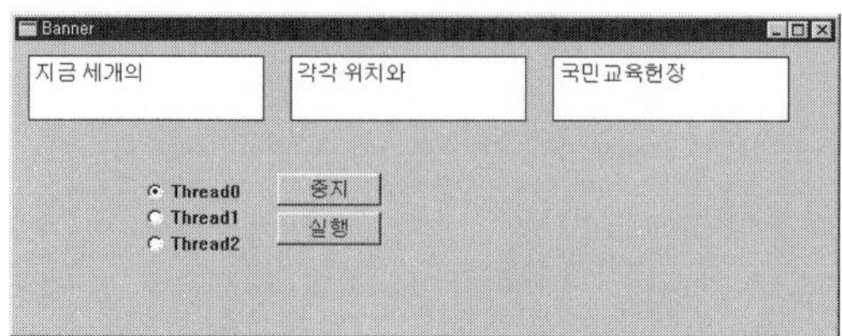

세 개의 배너가 각각 세 개의 문자열을 주기적으로 바꾸어 보여준다. 배너를 교체하는 작업은 물론 스레드가 담당하고 있으며 배너에 대한 정보는 Param 구조체에 담겨져 각 스레드에게 인수로 전달되었다. Param 구조체에는 교체할 문자열 배열, 배너 출력 위치, 배너 교체 주기 등이 정의되어 있는데 좀 더 복잡하게 만들고자 한다면 배경색, 글꼴, 글자색 등도 넘겨줄 수 있을 것이다. 중앙에 있는 라디오 버튼과 푸시 버튼으로 스레드를 잠시 중지시키거나 재개할 수 있다. 컨트롤을 만드는 코드가 좀 많아서 그렇지 어려운 코드는 전혀 없다. 이 예제를 조금만 수정하면 비트맵을 연속적으로 애니메이션하는 스레드도 쉽게 만들 수 있을 것이다.

예제의 ThreadFunc내에 GdiFlush라는 못보던 함수가 하나 있는데 이 함수는 GDI로 출력을 즉시 보내는 역할을 한다. 윈도우즈는 화면 출력 속도를 높이기 위해 GDI 호출을 모았다가 한꺼번에 실행하는 묶음 실행(Batch Processing)을 한다. 리턴값이 BOOL형인 GDI 함수들은 곧바로 실행되지 않고 묶음에 쌓여 있다가 묶음 크기가 초과되면 그때 실행된다. 이런 내부적인 처리는 좀처럼 목격되지 않지만 이 예제의 경우는 스레드가 빠른 속도로 실행되고 또 Sleep 함수가 묶음을 비우지 않기 때문에 TextOut 출력이 화면으로 보이지 않는 현상이 나타날 수도 있다.

소스에서 GdiFlush를 주석으로 묶고 실행해 보면 어떤 결과가 나타나는지 확인할 수 있을 것이되 단 운영체제에 따라서는 증상이 나타나지 않을 수도 있다. 이 경우 강제로 GdiFlush를 호출해서 플러쉬를 해야 한다. 또는 스레드별로 지정되는 묶음 크기를 1로 지정해서 묶음 실행을 금지할 수도 있는데 이 때는 스레드의 선두에서 GdiSetBatchLimit(1) 함수를 호출한다. 멀티 스레드 자체와는 무관한 내용이므로 잘 이해가 가지 않거나 신경쓰고 싶지 않으면 그냥 필요한 함수겠거니 생각하기 바란다.

41-1-마. UI 스레드

스레드는 보통 백그라운드에서 작업을 하며 사용자 눈에는 보이지 않는다. 이처럼 내부적인 계산만 하고 조용히 사라지는 스레드를 작업 스레드(Worker Thread)라고 하는데 대부분의 스레드는 작업 스레드이다. 이에 비해 UI 스레드는 윈도우를 만들고 메시지 큐와 메시지 루프를 가진다. 메시지 큐는 스레드별로 생성되는데 UI 스레드는 주 스레드와는 다른 메시지 큐를 가지는 스레드이다. 윈도우를 가지고 메시지를 처리할 수 있다는 말은 곧 사용자와 상호 작용을 할 수 있다는 뜻이다.

다음 예제는 백그라운드에서 압축을 푸는 스레드를 생성하는데 압축 해제 경과 표시와 중지, 재개를 위해 스레드가 별도의 윈도우를 만든다. 윈도우를 만들면 사용자 눈에 이 윈도우가 보일 것이고 사용자는 윈도우를 조작할 수 있다. 따라서 이 윈도우로 전달되는 메시지를 관리하기 위해 스레드가 메시지 루프를 가져야 하며 메시지 처리 함수도 만들어야 한다.

예 제 : UIThread

```
#include <windows.h>

LRESULT CALLBACK WndProc(HWND,UINT,WPARAM,LPARAM);
HINSTANCE g_hInst;
HWND hWndMain;
LPCTSTR lpszClass=TEXT("UIThread");
DWORD WINAPI ThreadFunc(LPVOID temp);
LRESULT CALLBACK DeCompProc(HWND hWnd,UINT iMessage,WPARAM wParam,LPARAM lParam);

int APIENTRY WinMain(HINSTANCE hInstance,HINSTANCE hPrevInstance
      ,LPSTR lpszCmdParam,int nCmdShow)
{
    HWND hWnd;
    MSG Message;
    WNDCLASS WndClass;
    g_hInst=hInstance;

    WndClass.cbClsExtra=0;
    WndClass.cbWndExtra=0;
    WndClass.hbrBackground=(HBRUSH)(COLOR_WINDOW+1);
    WndClass.hCursor=LoadCursor(NULL,IDC_ARROW);
    WndClass.hIcon=LoadIcon(NULL,IDI_APPLICATION);
    WndClass.hInstance=hInstance;
    WndClass.lpfnWndProc=WndProc;
    WndClass.lpszClassName=lpszClass;
    WndClass.lpszMenuName=NULL;
    WndClass.style=CS_HREDRAW | CS_VREDRAW;
    RegisterClass(&WndClass);

    WndClass.cbClsExtra=0;
    WndClass.cbWndExtra=0;
    WndClass.hbrBackground=(HBRUSH)GetStockObject(LTGRAY_BRUSH);
    WndClass.hCursor=LoadCursor(NULL,IDC_ARROW);
    WndClass.hIcon=LoadIcon(NULL,IDI_APPLICATION);
    WndClass.hInstance=g_hInst;
    WndClass.lpfnWndProc=DeCompProc;
    WndClass.lpszClassName="DecompWnd";
```

```
    WndClass.lpszMenuName=NULL;
    WndClass.style=CS_HREDRAW | CS_VREDRAW;
    RegisterClass(&WndClass);

    hWnd=CreateWindow(lpszClass,lpszClass,WS_OVERLAPPEDWINDOW,
        CW_USEDEFAULT,CW_USEDEFAULT,CW_USEDEFAULT,CW_USEDEFAULT,
        NULL,(HMENU)NULL,hInstance,NULL);
    ShowWindow(hWnd,nCmdShow);
    hWndMain=hWnd;

    while (GetMessage(&Message,NULL,0,0)) {
        TranslateMessage(&Message);
        DispatchMessage(&Message);
    }
    return (int)Message.wParam;
}

LRESULT CALLBACK WndProc(HWND hWnd,UINT iMessage,WPARAM wParam,LPARAM lParam)
{
    HDC hdc;
    PAINTSTRUCT ps;
    TCHAR *Mes="왼쪽 버튼을 누르면 압축을 해제 스레드를 생성합니다.";
    HANDLE hThread;
    DWORD ThreadID;

    switch (iMessage) {
    case WM_LBUTTONDOWN:
        hThread = CreateThread(NULL, 0, ThreadFunc, NULL, 0, &ThreadID);
        CloseHandle(hThread);
        return 0;
    case WM_PAINT:
        hdc=BeginPaint(hWnd, &ps);
        TextOut(hdc,10,10,Mes,lstrlen(Mes));
        EndPaint(hWnd, &ps);
        return 0;
    case WM_DESTROY:
        PostQuitMessage(0);
        return 0;
    }
    return(DefWindowProc(hWnd,iMessage,wParam,lParam));
}

DWORD WINAPI ThreadFunc(LPVOID temp)
{
    HWND hWnd;
    MSG Message;

    hWnd=CreateWindow("DecompWnd","압축해제중",WS_OVERLAPPEDWINDOW,
        CW_USEDEFAULT,CW_USEDEFAULT,400,150,
        hWndMain,(HMENU)NULL,g_hInst,NULL);
    ShowWindow(hWnd,SW_SHOW);

    while (GetMessage(&Message,NULL,0,0)) {
        TranslateMessage(&Message);
```

```
        DispatchMessage(&Message);
    }
    return Message.wParam;
}

LRESULT CALLBACK DeCompProc(HWND hWnd,UINT iMessage,WPARAM wParam,LPARAM lParam)
{
    TCHAR Cap[256];
    int Value;

    switch (iMessage) {
    case WM_CREATE:
        CreateWindow("button","시작",WS_CHILD | WS_VISIBLE | BS_PUSHBUTTON,
            50,80,90,25,hWnd,(HMENU)0,g_hInst,NULL);
        CreateWindow("button","닫기",WS_CHILD | WS_VISIBLE | BS_PUSHBUTTON,
            250,80,90,25,hWnd,(HMENU)1,g_hInst,NULL);
        Value=0;
        SetProp(hWnd,"VALUE",(HANDLE)Value);
        SendMessage(hWnd,WM_COMMAND,MAKEWPARAM(0,BN_CLICKED),(LPARAM)0);
        return 0;
    case WM_TIMER:
        Value=(int)GetProp(hWnd,"VALUE");
        // 여기에 압축 해제 코드가 있어야 함
        Value++;
        wsprintf(Cap,"압축 해제 중 : %d",Value);
        SetWindowText(hWnd,Cap);
        SetProp(hWnd,"VALUE",(HANDLE)Value);
        if (Value == 100) {
            SetWindowText(hWnd,"압축 해제 완료");
            KillTimer(hWnd,1);
            EnableWindow(GetDlgItem(hWnd,0),FALSE);
        }
        return 0;
    case WM_COMMAND:
        switch (LOWORD(wParam)) {
        case 0:
            GetDlgItemText(hWnd,0,Cap,256);
            if (lstrcmp(Cap,"시작")==0) {
                SetDlgItemText(hWnd,0,"중지");
                SetTimer(hWnd,1,200,NULL);
            } else {
                SetDlgItemText(hWnd,0,"시작");
                KillTimer(hWnd,1);
            }
            break;
        case 1:
            DestroyWindow(hWnd);
            break;
        }
        return 0;
    case WM_DESTROY:
        PostQuitMessage(0);
        return 0;
    }
```

```
    return(DefWindowProc(hWnd,iMessage,wParam,lParam));
}
```

주 스레드는 WndProc에서 마우스 왼쪽 버튼을 누를 때 압축 해제 스레드만 열심히 생성하고 있다. 물론 실제 프로그램이라면 압축을 해제할 대상에 대한 정보를 스레드로 전달해야 할 것이다. ThreadFunc에서는 압축 해제 경과를 표시하는 윈도우를 만들고 메시지 루프를 돌리는데 마치 WinMain이 하는 일과 비슷하며 모양도 비슷하다. 단, 윈도우 클래스는 스레드별로 중복 등록할 필요가 없으므로 WinMain에서 딱 한 번만 등록한다.

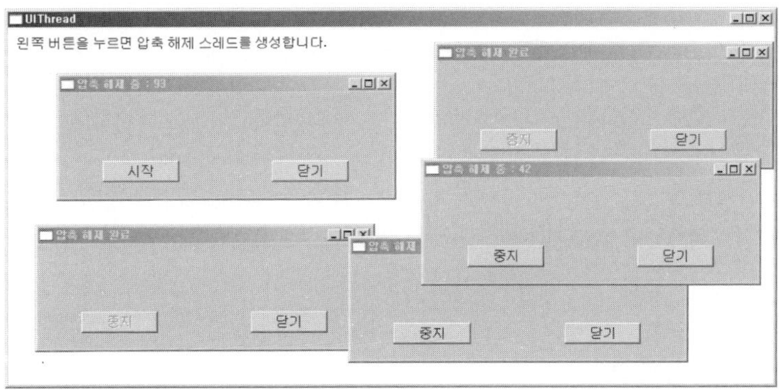

이 스레드는 메시지 큐를 따로 가지는데 운영체제는 윈도우를 생성하는 스레드에 대해 별도의 메시지 큐를 생성한다. 이 큐는 스레드에 소속된 윈도우로 전달되는 모든 메시지를 저장하며 스레드의 메시지 루프에서 큐에 있는 메시지를 꺼내 윈도우의 메시지 처리 함수로 전달한다. DeCompProc은 전달되는 메시지를 처리하며 압축 해제 작업을 시뮬레이션한다.

시작, 닫기 두 개의 차일드 버튼을 생성하고 이 버튼들의 WM_COMMAND를 처리하며 타이머를 설치하여 압축이 풀리는 것처럼 흉내를 내기도 한다. 물론 진짜 압축을 푼다면 타이머 대신 압축 해제 코드를 작성해야 할 것이다. 압축을 푸는 중에 윈도우를 움직일 수도 있고 버튼을 눌러 중지하거나 취소할 수도 있다. WM_DESTROY에서는 PostQuitMessage를 호출하여 스레드의 메시지 루프를 종료시켜 스레드 자체를 종료한다.

41-2 스케줄링

41-2-가. 스레드 컨텍스트

멀티 스레드란 복수 개의 스레드가 동시에 실행되는 시스템이다. 그렇다면 과연 모든 스레드가 동시에 실행되는 것이 가능할까? CPU가 여러 개인 비싼 시스템에서는 이것이 실제로 사실이지만 우리들 대부분은 그런 시스템을 가지고 있지 못하다. 일반적으로 기계 하나당 CPU는 하나씩 있으며 이런 시스템에서 멀티 스레드는 동시에 실행되는 것처럼 흉내내는 방법으로 구현된다. 스레드를 어떤 순서로 얼마만큼의 간격으로 실행할 것인가를 결정하는 정책을 스케줄링이라고 한다. 설사 CPU가 여러 개 있다고 하더라도 스레드는 그보다 더 많기 때문에 이런 시스템에서도 여전히 스케줄링이 필요하다.

운영체제는 CPU의 실행시간을 아주 잘게 쪼개어 스레드를 조금씩 조금씩 순서대로 실행함으로써 동시에 실행되는 것처럼 보이게 만든다. 시간을 얼마나 잘게 쪼갤 것인가는 운영체제 버전과 목적, 설정 상태에 따라 달라지는데 대략 0.02초 정도로 시간을 분할하며 이때 분할된 시간 조각 하나를 퀀텀(Quantum)이라고 한다. 멀티 스레딩은 사실 동시에 실행되는 것이 아니라 굉장히 빠른 속도로 스레드를 번갈아 가며 실행하는 것이다. 이런 방식을 라운드 로빈(Round Robin) 방식이라 하는데 다섯 개의 스레드가 실행되고 있는 상황을 간단한 그림으로 설명해 보자.

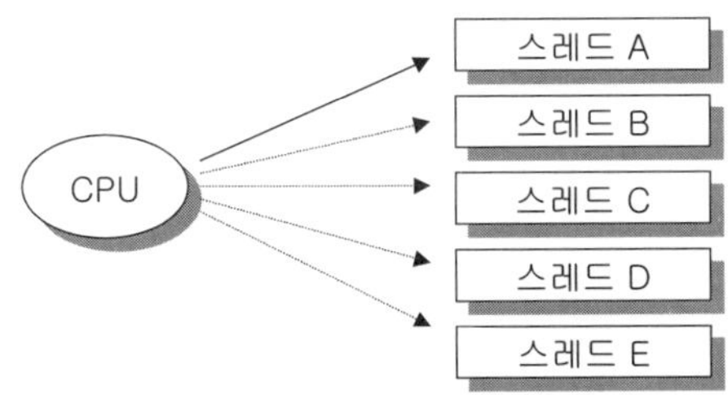

CPU는 스레드 A를 1퀀텀동안 실행한다. 1퀀텀이 경과되면 CPU는 A의 실행을 잠시 중지하고 B를 실행(스위칭)하며 이런 식으로 순서대로 C, D, E를 실행한다. 그리고 E가 CPU 시간을 다 쓰면 다시 A를 실행하는데 빠른 속도로 스레드를 순서대로 실행하면 모든 스레드가 동시에 실행되는 것처럼 보인다. 선점형 멀티 태스킹 환경에서 스위칭은 강제로 발생하며 운영체제는 언제든지 스레드로부터 제어권을 뺏어 스케줄링할 수 있다. 그래서 스케줄링이 아주 공평하게 수행된다. 이에 비해 비선점형 환경에서는 한쪽에서 양보를 하지 않으면 운영체제가 강제로 제어권을 뺏을 수 없어 멀티 태스킹이 부드럽지 못하다.

스케줄러가 관심을 가지는 대상은 코드를 가지고 있는 스레드이며 스레드를 번갈아 가며 실행한다. 즉 스케줄링 대상은 프로세스가 아니라 스레드이다. 워드 한번, 탐색기 한번, IE 한번 식으로 스케줄링되는 것이 아니라 각 프로세스에 속한 개별 스레드들이 스케줄링되는 것이다. 위 그림에서 A와 B는 한 프로세스 소속일 수도 있고 아닐 수도 있는데 스케줄러는 어떤 프로세스 소속인가 대해서는 전혀 관심을 가지지 않는다.

A에서 B로 작업이 스위칭될 때를 생각해 보자. CPU는 다음에 A를 실행시킬 때 중지한 작업을 정확한 위치에서 다시 시작하기 위해 A의 작업 상태를 어딘가에 저장해 두어야 한다. 그렇지 않으면 A가 다음번 실행될 때 어디까지 작업을 하다 말았는지 알 수 없을 것이다. 스레드 실행 상태에 대한 정보를 스레드 컨텍스트(Thread Context)라고 하는데 스레드가 하던 작업의 상태에 관한 정보는 굉장히 복잡할 것 같지만 기계 차원에서 보면 단순한 레지스터값과 기타 몇 가지 값의 집합일 뿐이다.

CPU의 레지스터에는 다음 실행될 명령의 포인터, 스택 포인터, 중간 연산 결과값 등이 모두 저장되어 있으므로 이 정보들만 다시 불러와 실행을 재개하면 된다. 일종의 구조체인데 CPU에 따라 레지스터 구성이 판이하게 다르며 작업 상태에 대한 정보들도 완전히 달라지므로 컨텍스트 정보는 CPU별로 따로 정의되어 있다. winnt.h 헤더 파일에는 윈도우즈가 지원하는 플랫폼별로 CONTEXT 구조체가 조건부로 정의되어 있는데 가장 일반적인 인텔 계열의 x86 시스템 컨텍스트는 다음과 같다.

```
typedef struct _CONTEXT {
    DWORD ContextFlags;

    // CONTEXT_DEBUG_REGISTERS
    DWORD   Dr0,Dr1,Dr2,Dr3,Dr6,Dr7;

    // CONTEXT_FLOATING_POINT.
    FLOATING_SAVE_AREA FloatSave;

    // CONTEXT_SEGMENTS.
    DWORD   SegGs, SegFs, SegEs, SegDs;

    // CONTEXT_INTEGER.
    DWORD   Edi, Esi, Ebx, Edx, Ecx, Eax;

    // CONTEXT_CONTROL.
    DWORD   Ebp, Eip, SegCs, EFlags, Esp, SegSs;

    // CONTEXT_EXTENDED_REGISTERS.
    BYTE    ExtendedRegisters[MAXIMUM_SUPPORTED_EXTENSION];
} CONTEXT;
```

레지스터 그룹에 따라 몇 개의 섹션으로 구분되는데 이진수만 다루는 CPU는 구조가 간단해서 보다시피 크기가 별로 크지 않다. 이 구조체에 스레드가 무엇을 하고 있었는지에 대한 정보가 완벽하게 저장될 수 있다. 스케줄러는 A의 작업을 중지하기 전에 A의 컨텍스트 정보를 먼저 저장한다. 그리고 B의 컨텍스트 정보를 읽어와 작업 B를 재개하며 B를 중지하기 전에 또 B의 컨텍스트 정보를 저장한다. 다음번 A가 실행될 때는 저장해둔 컨텍스트 정보를 복원하여 정확하게 중지한 지점부터 재개된다.

스레드간에 작업을 전환하는 이런 작업을 컨텍스트 스위칭이라고 하는데 정보를 일일이 저장하고 읽어오는 과정이 필요하므로 오버헤드(실행시간의 낭비)가 굉장히 심할 것 같아 보이지만 실제로는 무시해도 될 정도로 비중이 작다. 왜냐하면 CPU는 우리가 생각하는 것보다 훨씬 더 빠르며 컨텍스트 스위칭에 드는 시간은 극히 짧은 순간이기 때문이다. 스위칭이 이렇게 빠르기 때문에 다수의 스레드를 번갈아 실행해도 속도상의 불이익이 거의 없는 것이다. 다음 두 함수는 특정 스레드의 컨텍스트 정보를 구하거나 변경한다.

BOOL GetThreadContext(HANDLE hThread, LPCONTEXT lpContext);
BOOL SetThreadContext(HANDLE hThread, const CONTEXT* lpContext);

대상 스레드의 핸들을 주고 CONTEXT 구조체를 참조 호출로 전달하면 이 구조체에 값을 조사하거나 이 구조체 내용대로 컨텍스트 정보를 변경한다. 이때 구조체의 어떤 멤버가 조사 또는 변경될 것인가는 CONTEXT 구조체의 첫 번째 멤버 ContextFlags로 지정한다. 따라서 이 두 함수를 호출하기 전에 ContextFlags에 원하는 레지스터 그룹을 밝혀야 한다.

이 함수를 사용하면 스레드를 저수준에서 다룰 수 있다. 그러나 컨텍스트 정보는 단순한 레지스터 값의 집합일 뿐이고 실행 번지를 알 수 있다 하더라도 기계어 수준에서 코드를 해석해야 하므로 이 정보를 읽어 스레드가 무슨 작업을 하고 있었는지를 알기는 굉장히 어렵다. 컨텍스트 정보를 변경하여 중지된 스레드의 동작을 바꾸는 것도 가능하기는 하지만 역시 쉽지 않은 일일 것이다. 이 두 함수는 디버거를 위해 제공되며 일반 응용 프로그램이 이 함수로 스레드를 임의 조작하는 것은 바람직하지 않다.

41-2-나. 우선순위

한 시스템에서 실행되는 스레드의 개수는 적어도 몇십 개가 되며 프로그램 몇 개만 실행하면 백 개는 쉽게 넘어 버린다. 상식적으로 생각해 봐도 이 많은 스레드가 순서대로 그것도 공평하게 실행된다면 시스템은 너무 느려질 것이다. 만약 50개의 스레드가 실행중이고 모든 스레드들에게 무조건 1 퀀텀씩을 제공한다면 스레드들은 초당 한번씩 제어권을 가지게 될 것이며 이렇게 되면 스레드들의 반응성은 형편없이 떨어질 것이다.

스레드들 중에는 사용자로부터 입력을 받아 처리하는 아주 바쁜 스레드가 있는가 하면 백그라운드에서 아무것도 하지 않고 대기하고만 있는 스레드들도 있다. 시스템을 좀 더 효율적으로 운영하기 위해서는 스레드간의 우선 순위를 정해 긴급하고 사용자에 가까운 스레드에게 좀 더 많은 시간을 주는 것이 합리적이다. 예를 들어 스크린 세이버는 결코 긴급한 프로세스가 아니므로 우선 순위가 낮아도 상관이 없지만 작업 관리자는 언제든지 사용자가 호출하면 곧바로 실행되어야 하므로 우선 순위가 높아야 한다. 또한 같은 우선 순위를 가진 스레드끼리라도 백그라운드 스레드보다는 포그라운드로 실행되는, 즉 현재 사용자의 관심을 받는 스레드가 더 높은 우선 순위를 가지고 더 많은 CPU 시간을 할당받아야 한다.

스레드의 우선 순위는 우선 순위 클래스(Priority Class), 우선 순위 레벨(Priority Value) 두 가지 값의 조합으로 결정된다. 우선 순위 클래스는 스레드를 소유한 프로세스의 우선 순위이며 CreateProcess 함수로 프로세스를 생성할 때 dwCreationFlag로 지정한 값이다. 디폴트는 NORMAL_PRIORITY_CLASS로 보통 우선 순위를 가지므로 프로세스를 생성할 때 특별히 지정하지 않으면 이 우선 순위가 적용되며 대부분의 응용 프로그램이 그렇다. 우선 순위 클래스는 다음 두 함수로 조사 및 변경한다.

```
DWORD GetPriorityClass(HANDLE hProcess);
BOOL SetPriorityClass(HANDLE hProcess, DWORD dwPriorityClass);
```

프로세스를 생성할 때 우선 순위 클래스를 지정할 수 있기는 하지만 사실 프로세스의 우선 순위는 CreateProcess를 호출하는 쪽에서 결정할 수 있는 값이 아니라 프로세스 자신이 결정해야 한다. 프로그램은 쉘(보통 탐색기)이 실행하는데 탐색기가 프로세스의 우선 순위를 어찌 판단할 수 있겠는가? 그래서 쉘은 항상 보통 우선 순위로 프로세스를 띄우며 프로세스가 스스로 자신의 우선 순위를 결정한다. 우선 순위 클래스는 다음 여섯 가지가 있는데 매크로 상수 뒤의 _PRIORITY_CLASS는 생략했다.

우선 순위 클래스	설명
REALTIME	가장 높은 우선 순위이며 심지어 운영체제보다 더 높다. 극히 짧은 시간의 긴급한 프로세스에만 사용해야 한다.
HIGH	즉시 수행되어야 하는 긴급한 작업에 사용한다. 작업 관리자 정도의 프로세스가 이 클래스를 쓴다.
ABOVE_NORMAL	보통 우선 순위보다 조금 더 높은 우선 순위
NORMAL	특별한 처리가 필요없는 보통 우선 순위이다. 대개의 프로세스들은 이클래스를 사용한다.
BELOW_NORMAL	보통 우선 순위보다 조금 더 낮은 우선 순위
IDLE	시스템이 아주 한가할 때만 실행되는 클래스이다. 스크린 세이버처럼 긴급하지 않은 프로세스가 이 클래스를 사용한다.

위쪽에 있을수록 긴급한 우선 순위이다. 원래는 4가지 클래스밖에 없었으나 2000 이후부터 좀 더 유연한 우선 순위 지정을 위해 ABOVE_NORMAL, BELOW_NORMAL이 추가되었다. 작업 관리자의

팝업 메뉴에서 임의의 프로세스에 대해 사용자가 직접 우선 순위 클래스를 변경하는 것도 가능하다.

우선 순위 레벨은 프로세스 내에서 스레드의 우선 순위를 지정하며 다음 두 함수로 설정하거나 읽을 수 있다. CreateThread에는 스레드의 우선 순위 레벨을 지정하는 인수가 따로 없으므로 일단 스레드를 생성한 후 변경해야 한다. CreateThread는 항상 보통 우선 순위로 스레드를 생성한다.

```
int GetThreadPriority( HANDLE hThread );
BOOL SetThreadPriority( HANDLE hThread, int nPriority );
```

지정할 수 있는 우선 순위 레벨은 다음 일곱 가지 중 하나이며 디폴트는 보통 우선 순위인 THREAD_PRIORITY_NORMAL이다.

```
THREAD_PRIORITY_TIME_CRITICAL
THREAD_PRIORITY_HIGHEST
THREAD_PRIORITY_ABOVE_NORMAL
THREAD_PRIORITY_NORMAL
THREAD_PRIORITY_BELOW_NORMAL
THREAD_PRIORITY_LOWEST
THREAD_PRIORITY_IDLE
```

우선 순위 클래스와 우선 순위 레벨값으로부터 조합된 값을 기본 우선 순위(Base Priority)라고 하며 스레드의 실제 우선 순위를 지정하는 값이 된다. 기본 우선 순위는 0~31까지의 범위를 가지며 이 중 0은 시스템만이 가질 수 있는 가장 낮은 순위이다. 다음은 두 값의 조합에 따른 기본 우선 순위표인데 일부만 보인다.

기본	우선 순위 클래스	우선 순위 레벨
1	IDLE_PRIORITY_CLASS	THREAD_PRIORITY_IDLE
2	IDLE_PRIORITY_CLASS	THREAD_PRIORITY_LOWEST
3	IDLE_PRIORITY_CLASS	THREAD_PRIORITY_BELOW_NORMAL
4	BELOW_NORMAL_PRIORITY_CLASS	THREAD_PRIORITY_LOWEST
5	NORMAL_PRIORITY_CLASS	THREAD_PRIORITY_LOWEST
6	BELOW_NORMAL_PRIORITY_CLASS	THREAD_PRIORITY_NORMAL
7	NORMAL_PRIORITY_CLASS	THREAD_PRIORITY_NORMAL
8	ABOVE_NORMAL_PRIORITY_CLASS	THREAD_PRIORITY_LOWEST
9	ABOVE_NORMAL_PRIORITY_CLASS	THREAD_PRIORITY_BELOW_NORMAL
11	ABOVE_NORMAL_PRIORITY_CLASS	THREAD_PRIORITY_ABOVE_NORMAL
15	HIGH_PRIORITY_CLASS	THREAD_PRIORITY_HIGHEST
16	REALTIME_PRIORITY_CLASS	THREAD_PRIORITY_IDLE
26	REALTIME_PRIORITY_CLASS	THREAD_PRIORITY_HIGHEST
31	REALTIME_PRIORITY_CLASS	THREAD_PRIORITY_TIME_CRITICAL

표를 간단하게 작성했지만 실제로 두 값의 가능한 조합은 47가지나 된다. 이중 대부분은 거의 사용되지 않으며 대부분의 스레드는 7~11 사이의 기본 우선 순위에서 동작한다. 단, 이 표는 윈도우즈 2000을 기준으로 한 것이며 운영체제 버전에 따라 다소 변경되기도 한다. 어떤 조합에 의해 어떤 기본 우선 순위가 결정되는가는 중요한 내용이 아니며 스레드에게 우선 순위의 개념이 있다는 것이 중요하다.

이렇게 결정된 기본 순위는 스케줄러가 참조한다. 스케줄러는 스레드의 현재 상태와 기본 순위를 참조하여 다음 CPU 시간을 받을 스레드를 결정한다. 스케줄러의 기본 원칙은 지극히 단순하고 무식한데 무조건 순위가 높은 스레드를 우선 실행한다. 우선 순위가 높은 스레드가 메시지를 처리중이면 낮은 순위의 스레드는 CPU 시간을 전혀 받지 못한다. 높은 순위의 스레드가 메시지를 꺼내지 못할 때에 비로소 다음 순위의 스레드가 실행된다.

예를들어 순위 12의 A가 아주 바쁘다면 순위 10의 B나 순위 8의 C는 A가 작업을 끝날 때까지 스케줄링되지 않는다. 극단적인 경우 최상위 순위인 31의 스레드 하나가 실행중이라면 그 아래의 모든 스레드는 아무도 CPU 시간을 받을 수 없으며 이 상태를 기아(Starvation) 상태라고 한다. 그러나 실제로 이런 상황은 발생하지 않는데 우선 순위가 높을수록 작업 시간은 짧아서 메시지를 처리하고도 남는 시간이 많기 때문에 아래쪽 순위의 스레드에게도 시간이 골고루 돌아간다.

스케줄러의 동작은 단순하지만 그렇다고 해서 멍청하지는 않다. 우선 순위보다도 스레드의 상태를 보고 스케줄 대상을 결정하는데 서스펜드된 스레드, Sleep 중인 스레드, GetMessage가 메시지를 꺼내지 못해 처리할 메시지가 없는 스레드 등에게는 CPU가 시간을 주지 않는다. 이런 스레드는 순위가 아무리 높아도 시간을 줄 필요가 없는 것이다. 사실 실행중인 대부분의 스레드는 스케줄 대상이 아니며 사용자를 대면하는 서너 개의 스레드만 스케줄링된다.

41-2-다. 동적 우선 순위

프로세스와 스레드의 우선 순위에 의해 기본 우선 순위가 결정되더라도 실제로 적용되는 우선 순위는 실행중에 시스템에 의해 계속 변한다. 이를 동적 우선 순위(dynamic priority)라고 하며 스케줄러가 스레드를 실행할 때 실제로 적용하는 값이다. 시스템은 스레드의 반응성을 높이면서도 다른 스레드의 실행 시간을 지나치게 뺏지 않도록 가장 합리적이고 효율적인 방법으로 스레드의 우선 순위를 높이거나 낮추는데 이를 우선 순위 부스트(Priority Boost)라고 한다. 단 이 과정은 기반 우선 순위 0~15사이의 스레드에만 적용되며 16~31사이의 원래부터 우선순위가 높은 스레드에는 적용되지 않는다. 또한 부스팅은 낮은 스레드에게 우선 순위를 높이는 역할만 할 뿐이지 기본 우선 순위 이하로 내리지는 않는다.

① NORMAL_PRIORITY_CLASS 우선 순위 클래스의 프로세스가 포그라운드가 될 때(액티브될 때) 스케줄러는 이 프로세스의 우선순위 클래스를 두 단계 높인다. 따라서 이 프로세스는 같은 우선 순위 클래스를 가지는 다른 프로세스보다 더 높은 우선권을 가지므로 훨씬 더 반응성이 높아진다. 이 프로세스가 다시 백그라운드가 될 때는 원래의 우선 순위로 돌아간다. NT이상에서는 제어판에서 이 옵션을 선택할 수 있다.

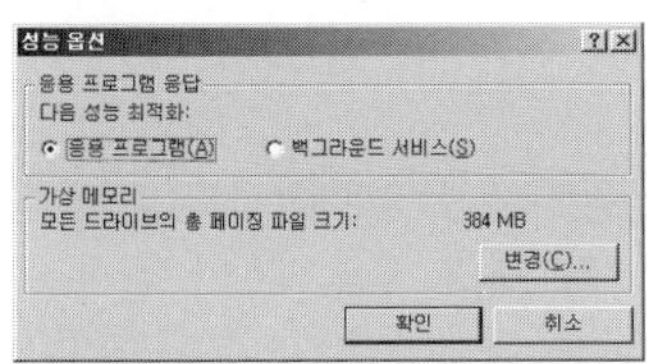

포그라운드에 있는 스레드는 사용자의 입력을 받아들여야 하므로 더 많은 CPU 시간을 받아야 한다. 대부분의 프로세스는 보통 우선 순위를 가지므로 특별히 높은 스레드가 없는 한 포그라운드 스레드가 대부분의 CPU 시간을 독점할 수 있다.

② 타이머, 키보드, 마우스 등의 사용자 입력을 받을 때 입력을 받아들이는 윈도우를 소유한 스레

드의 우선 순위를 두 단계 더 높인다. 사용자의 입력에는 최대한 빨리 반응하기 위해서이다. 메시지를 받은 직후에 우선 순위가 순간적으로 높아졌다가 다시 1씩 감소하여 원래의 기본 우선 순위로 다시 돌아온다.

③ 디스크 입출력 등의 오래 걸리는 작업이 끝나고 대기 상태가 해제될 때도 우선 순위가 순간적으로 높아진다. 대기 상태가 끝나면 곧바로 입출력된 결과로 작업을 해야 하기 때문에 더 많은 시간을 주는 것이다.

④ 높은 우선 순위를 가지는 스레드가 바쁠 경우 그보다 낮은 순위의 스레드는 대기 상태에 있는데 만약 처리할 메시지가 있음에도 불구하고 순위에 밀려 3~4초 동안 시간을 받지 못한 스레드가 있다면 이 스레드의 우선 순위를 임시적으로 15까지 높인다. 우선 순위도 중요하지만 처리할 메시지가 밀려 있다는 점을 고려하는 것이다. 그래서 포그라운드 스레드가 아무리 바빠도 백그라운드 스레드가 최소한의 시간은 가질 수 있게 배려한다.

보다시피 시스템은 부드러운 멀티 태스킹을 위해 여러 가지 면에서 지능적으로 우선 순위를 관리한다. 이외에도 몇 가지 부스팅 정책들이 존재하는데 이런 정책들은 운영체제 버전마다 조금씩 다르다. 아무튼 시스템의 이런 우선 순위 관리 정책은 충분히 상식적이므로 쉽게 이해할 수 있다. 구체적인 내용을 모르더라도 "알아서 잘 하겠거니"라고 생각해도 무방한 정도다.

그러나 때로는 이런 우선 순위 부스트 정책이 전체적인 멀티 태스킹에 좋지 않은 영향을 미칠 수도 있다. 그래서 SetThread(Process)PriorityBoost 함수로 프로세스나 스레드 개별적으로 부스팅 정책을 적용할지 안할지를 결정할 수 있다. 그러나 시스템의 스케줄링은 대단히 정교하므로 가급적이면 이런 부분은 건드리지 않는 것이 좋다. 우선 순위를 변경하거나 스케줄러의 동작을 수정하는 것보다 자신이 꼭 필요로 하는 시간만 사용하고 나머지 시간은 활성화되지 못한 다른 스레드를 위해 양보하는 것이 부드러운 멀티 태스킹에 더 도움이 된다.

다른 스레드에게 실행 시간을 양보할 때는 Sleep 함수로 일정 시간동안 대기하거나 아니면 SwitchToThread 함수를 사용한다. Sleep은 자신에게 주어진 나머지 퀀텀을 양보하는 정도의 소극적인 양보를 하지만 SwitchToThread 함수는 자신보다 우선 순위가 낮은 스레드에게도 시간을 양보한다는 면에서 양보의 정도가 더 높다.

41-3 스레드의 함정

41-3-가. 작업 복사본

스레드는 보기보다 훨씬 더 사용하기 까다로운데 한 주소 공간에 동시에 두 개 이상의 실행 흐름이 있다는 것 자체가 근본적인 문제점이다. 마치 16비트 환경에서 여러 개의 프로세스가 같은 주소 공간에서 바람직하지 못한 영향을 미칠 수 있는 것처럼 스레드끼리 공유 자원을 놓고 경쟁하거나 무한 대기하는 상태가 될 수 있다. 직감적으로 한 집안 두 살림에 어떤 문제점이 있는지 상상이 갈 것이다. 게다가 스레드간의 호출 순서를 전혀 예측할 수 없어 작성자가 원하는대로 실행되도록 만들기 쉽지 않고 디버깅이 어렵기 때문에 문제가 발생했을 때 원인을 파악하는 것조차도 아주 어렵다. 원인을 알 수 없으니 문제를 해결하는 것은 오죽 어렵겠는가?

스레드 프로그래밍은 아주 많은 경험을 필요로 하는데 그렇다고 해서 경험이 쌓일 때까지 무수한 시행 착오를 겪어 가면서 기다릴 수만은 없다. 그래서 여기서는 의도적으로 만든 예제를 통해 스레드를 사용할 때 어떤 점을 주의해야 하는지, 어떤 함정들이 도사리고 있는지 살펴 보자. 실제 유용한 예제를 만들어서 점검해 본다면 좋겠지만 멀티 스레드를 사용하는 예제들은 크고 상황이 복잡하기 때문에 예제로서의 가치가 없다.

그래서 되도록 짧고 상황 파악이 쉬운 예제를 의도적으로 만들어 보기로 한다. 연출된 상황이기 때문에 다소 부자연스럽고 억지스러운 면이 있지만 공부하는 중이므로 어쩔 수 없다. 실제 네트워크 입출력이나 데이터 베이스 조작을 하지 않고 간단한 루프와 계산식으로 이런 작업을 대신하며 Sleep 함수로 시간이 걸리는 것처럼 흉내만 내기로 한다. 다음 예제는 스레드를 사용하여 백그라운드 작업을 처리하는 프로그램을 시뮬레이션한다.

예 제 : BackThread

```
int Count;
int arData[100];
int Num;
int FileNum;

DWORD WINAPI CalcThread(LPVOID temp)
{
    int *arWork;
    arWork=(int *)temp;
    int i;
    HANDLE hFile;
    DWORD dwWritten;
    TCHAR Path[MAX_PATH],Result[100];

    // arWork를 가공한다. 예를 들어 통계, 정렬 등등
    for (i=0;i<100;i++) {
        arWork[i]*=2;
        Sleep(50);
    }

    // arWork를 파일이나 DB에 저장한다. 또는 네트워크로 전송한다.
    wsprintf(Path,"Result%d.txt",++FileNum);
    hFile=CreateFile(Path,GENERIC_WRITE,0,NULL,
        CREATE_ALWAYS,FILE_ATTRIBUTE_NORMAL,NULL);
    for (i=0;i<100;i++) {
        wsprintf(Result,"[%d]=%d\r\n",i,arWork[i]);
        WriteFile(hFile,Result,lstrlen(Result),&dwWritten,NULL);
    }
    CloseHandle(hFile);
    MessageBeep(0);

    return 0;
}

LRESULT CALLBACK WndProc(HWND hWnd,UINT iMessage,WPARAM wParam,LPARAM lParam)
{
    HDC hdc;
    PAINTSTRUCT ps;
    static TCHAR Mes[256];
```

```
    DWORD ThreadID;
    HANDLE hThread;

    switch (iMessage) {
    case WM_CREATE:
        hWndMain=hWnd;
        Num=0;
        SetTimer(hWnd,1,100,NULL);
        return 0;
    // 네트워크나 사용자에 의해 데이터가 끊임없이 입력된다.
    case WM_TIMER:
        arData[Num++]=++Count;
        if (Num == 100) {
            hThread=CreateThread(NULL,0,CalcThread,arData,0,&ThreadID);
            CloseHandle(hThread);
            wsprintf(Mes,"데이터 100개 입력 완료. 스레드 호출");
            InvalidateRect(hWnd,NULL,TRUE);
            UpdateWindow(hWnd);
            Sleep(1000);
            Num=0;
        } else {
            InvalidateRect(hWnd,NULL,TRUE);
            wsprintf(Mes,"%d번째 데이터(%d) 입력중",Num,Count);
        }
        return 0;
    case WM_PAINT:
        hdc=BeginPaint(hWnd, &ps);
        TextOut(hdc,10,10,Mes,lstrlen(Mes));
        EndPaint(hWnd, &ps);
        return 0;
    case WM_DESTROY:
        KillTimer(hWnd,1);
        PostQuitMessage(0);
        return 0;
    }
    return(DefWindowProc(hWnd,iMessage,wParam,lParam));
}
```

주 스레드에서 값을 입력받는데 이 값은 네트워크나 사용자 또는 DB 서버를 통해 주기적으로 입력된다고 가정하자. 예제에서는 타이머를 돌리면서 0.1초마다 1씩 증가하는 Count를 크기 100의 arData 배열에 집어 넣는데 이 값들이 입력되는 데이터이다. 실제 데이터라면 무작위의 값들이 입력될 것이다. 100개의 값이 입력되면 입력된 값을 처리하는데 통계나 모종의 계산을 통해 결과를 만든 후 파일로 출력하거나 네트워크 서버로 전송해야 한다고 하자.

이 작업을 주 스레드가 직접 처리하려면 시간도 오래 걸리고 계산을 하는동안 입력을 받지 못하므로 분리된 스레드를 만들기로 한다. 즉, 주 스레드는 끊임없이 입력을 받고 입력이 일정 개수 들어오면 작업 스레드에게 일을 분담시키는 작전인데 실무에서 이런 예는 아주 흔하게 찾을 수 있다. 작업 스레드인 CalcThread에게 작업거리를 전달하기 위해 주 스레드에서 입력받은 arData 배열을 스레드로 전달했다. CalcThread는 이 배열을 계산한 후 텍스트 파일로 출력한다. 원래 값을 두 배로 만드는 간단한 계산을 하고 있는데 이 계산을 정렬이나 복잡한 통계라고 생각하자. 이런 작업은 보통 시간이 오래 걸리므로 계산 루틴에서 0.005초만큼 시간을 지연시켜 실제 상황과 유사하게 만들었다.

주 스레드는 WM_TIMER에서 입력을 받아들이되 100개가 모이면 이 데이터를 처리하기 위해 계산 스레드를 만들고 입력받은 arData를 스레드에게 전달한다. 사용자에게 문자열로 입력 완료를 알린 후 타이머 메시지에서 계속 입력을 받아 들이고 새로 생성된 계산 스레드는 arData에 입력된 값을 계산만 한다. 주 스레드의 Sleep(1000)은 좀 더 결과를 분명히 살펴 보기 위해 삽입된 것인데 다음 입력을 받기위해 약간의 준비가 필요하다고 가정하자.

주 스레드는 계속 입력만 받고 작업 스레드는 계산만 하도록 업무를 분담했으므로 별 이상이 없는 것처럼 보인다. 실제로 실행해 보면 잘 동작하는 것처럼 보이지만 막상 계산된 결과인 텍스트 파일을 확인해 보면 엉망이다. 왜냐하면 두 스레드가 공유하는 arData가 계산되는 동안에도 끊임없이 바뀌고 있기 때문이다. 계산 스레드는 arData에 제대로 계산해 넣었지만 이 와중에 메인 스레드도 같은 배열인 arData에 열심히 값을 입력받고 있다.

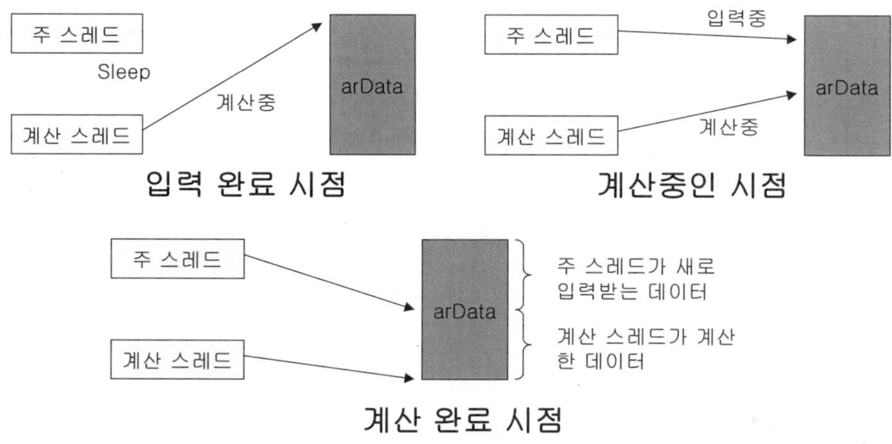

결국 계산 스레드가 파일로 출력할 때 arData의 앞쪽은 주 스레드가 새로 입력받은 값, 뒤쪽은 스레드가 계산한 값이 들어가 있을 것이다. 문제는 계산 스레드가 작업하는 배열과 주 스레드가 입력을 받아들이는 배열이 동일하다는 것이다. 문제를 해결하려면 계산 스레드는 주 스레드의 데이터를 직접 참조하지 말고 사본을 참조해야 한다. 다음과 같이 수정한다.

```
DWORD WINAPI CalcThread(LPVOID temp)
{
    ....
    MessageBeep(0);
    free(arWork);

    return 0;
}

LRESULT CALLBACK WndProc(HWND hWnd,UINT iMessage,WPARAM wParam,LPARAM lParam)
{
    int *arCopy;
    ....
    case WM_TIMER:
        arData[Num++]=rand()%100;
        if (Num == 100) {
            arCopy=(int *)malloc(sizeof(arData));
            memcpy(arCopy,arData,sizeof(arData));
```

```
hThread=CreateThread(NULL,0,CalcThread,arCopy,0,&ThreadID);
CloseHandle(hThread);
```

주 스레드는 계산 스레드에게 줄 작업거리에 대해 사본을 작성하고 이 사본을 전달한다. arCopy를 arData크기만큼 동적으로 할당하여 복사한 후 전달했다. 이렇게 하면 주 스레드는 계산 스레드가 작업을 하는동안에도 arData를 통해 데이터 입력을 계속 받을 수 있고 계산 스레드는 주 스레드의 방해를 받지 않고 arCopy로 무사히 계산을 완료할 수 있다. 텍스트 파일을 확인해 보면 제대로 계산되어 있을 것이다. 작업 스레드는 주 스레드에 대해 완전히 독립적이어야 하며 주 스레드가 어떤 동작을 하더라도 자신의 작업을 완료할 수 있어야 한다. 그러기 위해서는 작업거리도 자신만의 것을 가져야 하며 주 스레드는 작업 스레드를 위해 사본을 작성하여 전달해야 한다.

이런 상황은 워드에서 문서를 백그라운드 인쇄하는 경우에도 만날 수 있다. 프린터라는 기계가 워낙 느리기 때문에 문서 인쇄는 시간이 오래 걸리는 작업이며 사용자가 기다리지 않도록 하기 위해 인쇄 스레드를 생성하여 인쇄를 전담시키는 것이 보통이다. 이때 인쇄 스레드는 주 스레드가 편집하고 있는 문서가 아닌 별도의 사본을 가져야 하며 사본을 인쇄해야 한다. 주 스레드가 편집하는 문서를 바로 인쇄하려고 하면 문서의 뒤쪽은 사용자가 새로 편집한 내용이 인쇄될 것이며 이는 인쇄 명령을 내렸을 때의 문서와는 다른 것이므로 원하는 결과가 아니다.

인쇄 명령을 내릴 때 워드는 "백그라운드 인쇄 준비중입니다"라는 메시지를 상태란에 보여 주고 잠시 기다리도록 하는데 이 메시지가 바로 인쇄 스레드를 위해 사본을 뜨고 있다는 얘기이다. 아무리 멀티 스레드라 하더라도 사본을 작성하는 중에는 주 스레드도 잠시 대기해야 한다. 물론 사본 작성이 완료되면 인쇄 스레드와는 상관없이 주 스레드는 편집을 계속할 수 있다. 사본을 만드는 시간이 인쇄 시간보다 월등히 작으므로 멀티 스레딩의 효과가 확실히 있는 것이다.

41-3-나. 스레드의 호출 순서

스레드는 일단 생성되면 CPU에 의해 스케줄링되므로 언제 실행되고 언제 종료될지 전혀 예측할 수 없다. CPU는 시간을 쪼개 시스템의 모든 스레드에게 우선 순위별로 시간을 조금씩 나누어줄 뿐이다. 그래서 응용 프로그램은 스레드의 실행 순서나 실행 시간에 대해 어떠한 가정도 해서는 안된다.

BackThread 예제는 입력이 완료되었을 때 arCopy를 동적 할당하여 입력 데이터의 사본을 만들고 이 사본을 작업 스레드인 CalcThread에게 전달한다. CalcThread는 계산을 완료한 후 arCopy를 해제하는데 메모리를 할당하는 곳과 해제하는 곳이 분리되어 있다는 점이 다소 불안정해 보이고 마음에 안 든다. 그래서 주 스레드가 사본을 위한 할당을 하고 해제도 자신이 직접 하도록 수정해 보자.

계산 스레드가 데이터를 처리하는 시간은 건당 0.005초씩 총 100개를 계산하므로 대략 5초 정도면 계산이 완료된다. 여기에 파일 출력 시간까지 고려하면 6초 정도면 충분할 것이라고 예측할 수 있다. 그래서 주 스레드가 6초 정도를 대기한 후 arCopy를 해제하면 아무 문제가 없을 것 같다. 다음과 같이 수정해 보자.

```
case WM_TIMER:
     ....
     hThread=CreateThread(NULL,0,CalcThread,arCopy,0,&ThreadID);
     CloseHandle(hThread);
     wsprintf(Mes,"데이터 100개 입력 완료. 스레드 호출");
     InvalidateRect(hWnd,NULL,TRUE);
     UpdateWindow(hWnd);
     Sleep(6000);
```

```
free(arCopy);
Num=0;
```

대개의 경우 계산 스레드가 6초 내로 계산을 마칠 수 있으므로 이 코드를 실제로 실행해도 당장 별다른 문제를 발견할 수 없다. 그러나 100% 안전하다고 장담할 수 없는데 스레드 스케줄링은 CPU가 알아서 하는 것이고 시스템 상황에 따라 스레드 호출 순서는 달라진다. 만약 작업 스레드가 작업 중일 때 사용자가 갑자기 압축을 푼다거나 동영상 재생기를 돌린다면 이 스레드가 시간을 받지 못해 정해진 시간안에 작업을 완료하지 못할 수도 있다.

그러나 주 스레드가 대기하는 시간은 정확히 6초이며 6초 후에 arCopy는 사라지므로 데이터를 잃어버린 작업 스레드가 이후 어떻게 될 지는 전혀 장담할 수 없는 것이다. 만약 위와 같이 꼭 주 스레드가 작업 스레드의 작업 완료시점까지 대기하고 싶다면 동기화 오브젝트를 사용하여 안전하게 대기해야 한다. 사실 이 예제처럼 주 스레드가 Sleep 함수로 계산 스레드의 작업 완료를 기다릴 바에야 멀티 스레드의 이점이 없으므로 아예 스레드를 안 쓰는 것이 더 좋다.

스레드의 작업 시간이 얼마가 걸릴지는 실제로 돌려 보기 전에는 알 수 없다. 마찬가지로 두 스레드가 동시에 실행될 때 어떤 스레드가 먼저 시작하거나 끝날 것이라는 것도 가정해서는 안된다. 스레드는 완전히 독립적인 작업을 해야 하므로 순서가 있는 작업은 스레드로 분리해서는 안되며 만약 정 필요하다면 동기화해야 한다. 스레드의 작업 시간이나 실행, 종료 순서는 확률적으로 계산할 수 있다 하더라도 절대적이지는 않다.

41-3-다. 재진입 가능성

스레드는 항상 재진입 가능(ReEntrant)하다는 것을 염두에 두어야 한다. 재진입 가능성을 고려하지 않았을 때 어떤 문제가 있는지 점검해 보자. BackThread2 예제는 BackThread 예제를 조금 수정하여 계산 루틴에 단순히 2를 곱하기만 하는 것이 아니라 1000~5000까지 주기적으로 변하는 값을 더하기도 한다. 계산 방식이 조금 더 복잡해졌다고 가정하는 것이다.

예 제 : BackThread2

```
int GetAddNum()
{
    static int m=0;

    if (m == 5000) {
        m=0;
    }
    m+=1000;
    return m;
}

DWORD WINAPI CalcThread(LPVOID temp)
{
    int *arWork;
    arWork=(int *)temp;
    int i;
    HANDLE hFile;
    DWORD dwWritten;
    TCHAR Path[MAX_PATH],Result[100];

    // arWork를 가공한다. 예를 들어 통계, 정렬 등등
```

```
    for (i=0;i<100;i++) {
        arWork[i]*=2;
        arWork[i]+=GetAddNum();
        Sleep(50);
    }
```

곱해지는 수 2는 상수이므로 계산 스레드에서 바로 곱할 수 있지만 더하는 값은 매번 1000부터 5000사이를 순환하므로 이 값을 계산하는 별도의 함수 GetAddNum을 만들었다. 이 함수는 한번 호출할 때마다 1000씩 증가하는 값을 돌려주는데 이 값을 유지하기 위해 정적 변수 m을 사용하고 있다. 다음 더해질 값을 함수 스스로가 기억해야 하므로 정적 변수를 사용하는 것이 가장 적합하다. 실행결과는 다음과 같다.

```
[0]=1000
[1]=2002
[2]=3004
[3]=4006
[4]=5008
[5]=1010
[6]=2012
[7]=3014
[8]=4016
[9]=5018
[10]=1020
```

원래값을 2배한 값과 1000씩 증가되는 값을 더한 결과가 나오는데 아주 제대로 계산되었다. 위 예제의 경우 주 스레드가 입력을 받는 시간은 10초, 스레드가 이 값들을 처리하는 시간은 5초 정도이므로 다음 입력을 받는 동안 스레드가 작업을 완료할 수 있다. 물론 확률의 문제이므로 장담할 수는 없지만 대체로 다음과 같이 실행될 것이다.

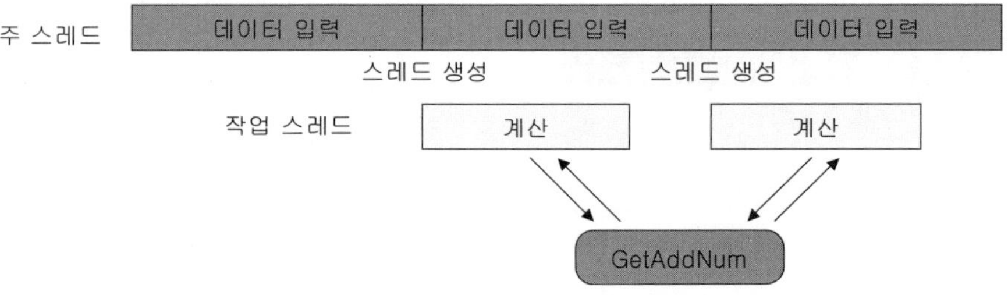

특정 시점에서 작업 스레드는 한 카피만 실행중이며 이 스레드는 GetAddNum을 혼자서 독차지할 수 있다. 이 작전이 아무 문제가 없는지 주 스레드의 입력 타이머 주기를 더 빨리 해 보자.

```
LRESULT CALLBACK WndProc(HWND hWnd,UINT iMessage,WPARAM wParam,LPARAM lParam)
{
    ....
    case WM_CREATE:
        Num=0;
        SetTimer(hWnd,1,20,NULL);
```

초당 50개씩의 데이터가 입력되므로 주 스레드가 작업 스레드를 생성하는 주기가 훨씬 더 빈번해진다. 이렇게 되면 한 시점에 작업 스레드 여러 개가 동시에 실행될 수 있는데 스레드를 여러 개 만드는 것은 원칙적으로 가능하며 매 스레드마다 사본을 전달하므로 작업 데이터에 대한 경쟁도 발생하지 않는다. 그러나 스레드 함수가 호출하는 GetAddNum은 그렇지가 못하다.

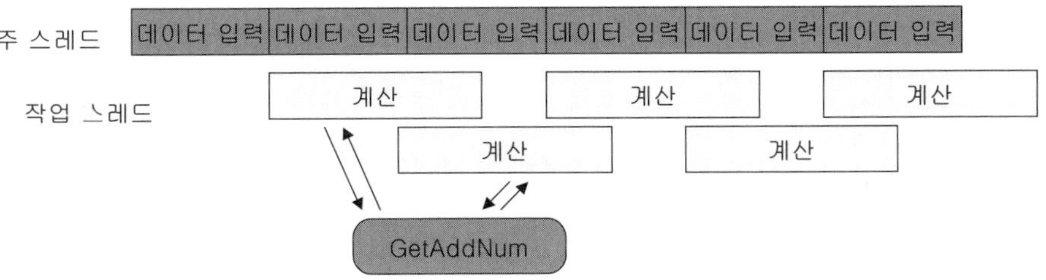

GetAddNum을 두 개 이상의 작업 스레드가 호출하면 정적 변수 m이 순차적으로 증가하는 값을 유지할 수가 없다. Result1.txt 파일을 점검해 보면 앞 부분은 정확하지만 계산 스레드가 겹치는 뒷부분은 정확한 결과가 나오지 않는다. 두 개 이상의 스레드가 GetAddNum으로부터 더해질 값을 받아가므로 이 함수가 정신을 차리지 못하는 것이다.

```
[0]=1002
[1]=2004
[2]=3006
[3]=4008
[4]=5010
....
[95]=3192
[96]=5194
[97]=2196
[98]=4198
[99]=1200
```

문제는 GetAddNum 함수가 값을 유지하기 위해 정적 변수를 썼다는 것이다. 멀티 스레드 환경이 아니라면 정적 변수를 써도 아무 문제가 없지만 여러 개의 스레드가 이 변수를 같이 사용하면 문제가 되는데 일종의 경쟁 상태가 되는 것이다. 지역 변수나 다른 방법으로 바꿔야 하는데 더해질 값을 스레드의 지역 변수로 바꿔 보자.

```
void MakeAddNum(int *m)
{
    if (*m == 5000) {
        *m=0;
    }
    *m+=1000;
}

DWORD WINAPI CalcThread(LPVOID temp)
{
    ....
    int m=0;

    // arWork를 가공한다. 예를 들어 통계, 정렬 등등
    for (i=0;i<100;i++) {
        arWork[i]*=2;
        MakeAddNum(&m);
```

```
        arWork[i]+=m;
        Sleep(50);
    }
```

CalcThread 함수가 더해질 값 m을 자신의 지역 변수로 가지고 MakeAddNum 함수는 이 지역 변수를 인수로 전달받아 다음 더해질 값으로 순환시키기만 한다. 지역 변수는 스레드별로 생성되며 MakeAddNum은 전달된 값만 바꾸므로 여러 개의 스레드로부터 호출되더라도 아무 문제가 없다. 아니면 좀 더 어려운 방법으로 TLS(Thread Local Storage)를 사용할 수 있다.

```
int GetAddNum()
{
    __declspec(thread) static int m=0;
```

TLS로 지정하고 싶은 변수앞에 __declspec(thread)를 붙이면 이 변수는 스레드별로 생성되므로 스레드의 지역 변수가 된다. TLS에 대해서는 다음 절에서 따로 상세하게 연구해 볼 것이다. 쓰기 가능한 정적 변수는 재진입이 가능한 스레드와는 잘 어울리지 않는다. 물론 읽기 전용의 룩업 테이블이라면 정적으로 선언해도 아무 문제가 없다. 이번에는 CalcThread의 arWork를 static으로 변경해 보자.

```
DWORD WINAPI CalcThread(LPVOID temp)
{
    static int *arWork;
    arWork=(int *)temp;
```

이렇게 되면 arWork정적 변수는 한 카피만 존재하며 매번 호출이 발생할 때마다 바뀌게 되므로 아직 실행을 마치지 못한 스레드의 작업 데이터가 파괴되어 버린다. 더 심각한 것은 free 함수가 강제 해제해 버리므로 다른 스레드가 열심히 참조하고 있는 arWork가 무효한 번지가 되어 버린다는 점이다. 스레드에서 전역, 정적 변수를 참조하는 것은 피해야 하는데 재진입되었을 때 똑같은 대상을 여러 개의 스레드가 참조하기 때문이다. 지역 변수나 스레드별로 생성될 수 있는 변수는 매 스레드마다 따로 생성되므로 이런 문제가 없다.

BackThread2 예제는 재진입 가능성으로 인해 정적 변수가 위험하다는 것을 보여 주는데 사실 스레드 진입 함수에서 이런 실수를 하는 경우는 무척 드물다. 왜냐하면 상식적으로 생각해 봐도 문제가 있을 것 같고 눈에 뻔히 보이기 때문이다. 그러나 스레드가 호출하는 함수에서 이런 실수를 할 가능성은 많은데 스레드가 호출하는 모든 함수들은 항상 재진입 가능성을 염두에 두고 누가 자신을 호출하더라도 문제없이 동작하도록 작성해야 한다.

41-3-라. C 런타임 라이브러리

C언어는 멀티 스레드 개념이 도입되기 이전의 언어이다. 그래서 멀티 스레드 환경과는 잘 어울리지 못하는 문제가 있는데 C 라이브러리 전체가 공유하는 전역 변수와 몇몇 함수들이 사용하는 정적 변수들이 문제가 된다. 대표적인 예가 바로 직전에 실행된 함수의 에러 코드를 가지는 전역 변수 errno이다. 다음 예제 코드를 보자.

```
void SomeFunc()
{
    CallAnyFunc();
    if (errno == ENOMEM) {
        ....
    }
}
```

어떤 함수를 호출한 후 이 함수 실행중에 에러가 발생했는지의 여부는 함수 리턴 직후 errno라는 전역 변수를 살펴 보는 식이다. 이런 코드는 도스에서 흔히 사용하던 것이며 싱글 스레드에서는 아무런 문제가 없었다. 함수 실행 중에 에러가 발생했으면 전역 변수 errno에 에러 값을 대입하고 호출부에서는 다른 함수를 호출하기 전에 errno를 읽어 문제점을 파악한다. 중간에 다른 코드가 끼어들 여지가 없으므로 아무 문제가 없으며 간편하기 때문에 즐겨 사용되었다.

그러나 멀티 스레드 환경에서는 문제가 달라지는데 CallAnyFunc 함수가 리턴한 직후에 스위칭이 발생했다고 해 보자. 다른 스레드에서 errno를 어떻게 바꿔 버릴지 알 수 없으므로 이 스레드가 다시 제어권을 받았을 때 errno는 더 이상 CallAnyFunc의 에러 상태를 제대로 가지지 못하는 것이다. 믿을 수 없는 값을 참조하는 프로그램은 당연히 신뢰성이 없다.

전역 변수 뿐만 아니라 각 함수들이 사용하는 정적 변수도 마찬가지이다. C 라이브러리 함수 중에 정적 변수를 사용하는 대표적인 예는 문자열을 토큰으로 분할하는 strtok인데 이 함수는 검색중인 토큰의 위치를 자신의 정적 변수에 저장한다. 한 스레드만 이 함수를 호출한다면 아무 문제가 없지만 여러 개의 스레드가 이 함수를 동시에 호출할 경우 정적 변수가 값을 제대로 유지하지 못하며 포인터를 잃어 버린 함수가 제대로 동작할 리가 없다. 이런 문제의 전형적인 예가 바로 앞에서 직접 실험해 본 BackThread2 예제에 있다.

이 외에 asctime같은 시간 변환 함수들도 비슷한 함수끼리 변환 문자열을 리턴하기 위해 정적 변수를 사용하는데 역시 똑같은 문제가 있다. 그렇다면 C 라이브러리는 멀티 스레드 환경에서 사용할 수 없다는 얘기인가하면 다행히 그렇지는 않다. 컴파일러 제작사는 멀티 스레드용으로 사용할 수 있는 별도의 C 라이브러리를 제공하므로 프로젝트 설정 대화상자에서 멀티 스레드용의 라이브러리로 바꾸기만 하면 된다. Project/Settings를 선택한 후 C/C++탭의 Code Generation에서 Use run-time Library 옵션을 보자.

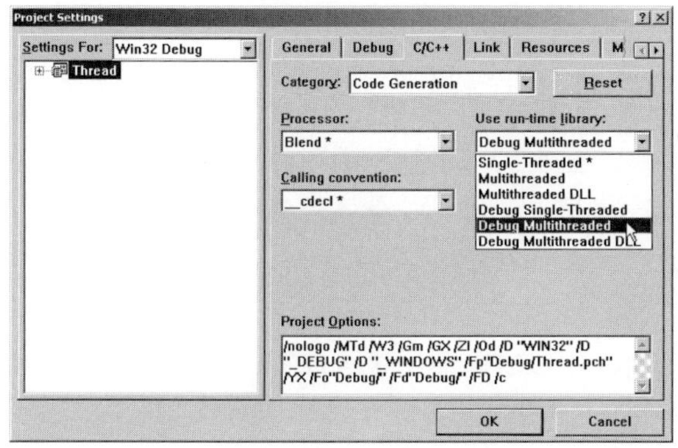

이 옵션의 디폴트값은 Single-Threaded이며 C런타임 라이브러리로 LIBC.LIB를 사용한다. 이 라이브러리에는 C함수들이 포함되어 있는데 멀티 스레드를 고려하여 만들어진 라이브러리가 아니기 때문에 문제가 발생할 수도 있다. 이 옵션을 Debug Multithreaded로 수정하고 릴리즈 모드는 Multithreaded

로 변경해야 한다. 그러면 /MT 스위치가 추가되며 멀티 스레드에서 안정적으로 동작하도록 수정된 LIBCMT.LIB가 대신 사용된다.

이 옵션의 변경에 따른 차이는 아주 미세하기 때문에 바꾸지 않는다고 해서 당장 이상 동작을 하는 것은 아니다. 이 옵션이 영향을 미치는 경우는 strtok같이 몇몇 정적 변수를 사용하는 함수를 여러 스레드에서 동시에 사용할 때 뿐인데 이유를 불문하고 일단 멀티 스레드를 사용한다면 덮어놓고 바꿔놓는 것이 안전하다. 이 옵션의 정확한 효과를 안다면 안 바꾸고 쓸 수 있겠으나 우리들 대부분은 그렇지 못하므로 차라리 좀 귀찮아도 바꾸는 것이 심리적으로 훨씬 더 안심이 될 것이다. 멀티 스레드 프로젝트를 만들 때는 이 옵션을 반드시 수정하자.

C 라이브러리의 전역, 정적 변수 문제를 완전히 해결하려면 라이브러리의 함수만 수정해서는 안되며 이 함수들이 참조할 수 있는 전역, 정적 변수를 스레드마다 생성해야 한다. 즉, 스레드를 만드는 시점에도 여분의 처리가 더 필요하다는 뜻인데 그래서 스레드 생성문인 CreateThread를 직접 사용해서는 안되며 C 라이브러리가 제공하는 다음 함수로 스레드를 생성해야 한다.

unsigned long _beginthreadex(void *security, unsigned stack_size, unsigned (__stdcall *start_address)(void *), void *arglist, unsigned initflag, unsigned *thrdaddr);

인수들은 CreateThread 함수의 인수와 대체로 대응되며 사용 방법은 비슷하다. 이 함수는 스레드를 만들기 전에 스레드가 쓸 정적 변수의 집합을 따로 할당하고 스레드에서 이 변수를 찾을 수 있도록 스레드 지역 저장소(TLS)에 이 변수들을 배치한다. 그리고 CreateThread 함수를 호출하여 스레드를 생성하는데 이후 스레드가 호출하는 C 런타임 함수들은 TLS에 저장된 자신만의 정적 변수를 참조할 것이다. 스레드가 종료되어 리턴하면 할당한 변수들을 회수한다. 이 함수의 내부 구조를 대충 상상해보면 다음과 같다.

```
_beginthreadex()
{
    TLS에 메모리 할당
    CreateThread로 스레드 생성
    TLS의 메모리 해제
}
```

이때 스레드별로 할당되는 변수에는 errno같은 에러 코드, strtok 함수가 사용할 최후 검색 포인터, 난수 발생기가 사용할 다음 난수값, asctime, gmtime 함수들이 사용할 문자열 버퍼 등이 포함된다. 멀티 스레드용으로 작성된 C 런타임 함수들은 이렇게 개별적으로 할당된 고유한 변수를 참조하므로 스레드끼리 충돌하지 않고 잘 실행될 수 있는 것이다. 스레드를 시작할 때 이런 특별한 함수가 필요한 것과 마찬가지로 종료할 때도 C 라이브러리가 제공하는 별도의 함수를 사용해야 한다.

void _endthreadex(unsigned retval);

이 함수는 스레드에 할당된 지역 저장소를 해제하고 ExitThread를 호출하여 스레드를 파괴한다. 그렇다면 C 로 프로그래밍할 때 CreateThread, ExitThread 함수는 안전하지 못한가 하면 일단은 그렇다고 할 수 있다. API 함수가 C 언어에 대해 이런 처리를 하지 않는 이유는 윈도우즈 프로그램을 반드시 C언어로 만들어야 한다는 제약이 없고 운영체제가 일개 언어의 문제점까지 책임질 필요는 없기 때문이다. 운영체제는 단지 스레드 생성에 필수적인 처리를 하는 핵심 함수만 제공하고 이 함수를 어떻게 쓸 것인가는 언어나 개발툴이 상황에 맞게 결정해야 한다.

원칙적으로 따지자면 C 언어로 스레드 프로그래밍을 할 때는 _beginthreadex 함수를 쓰는 것이 옳고 안전하다. CreateThread 함수를 쓰면 당장은 잘 돌아가는 것처럼 보여도 언제 말썽이 생길지 알 수 없으므로 이 함수를 직접 호출하지는 말아야 한다. 하지만 이 책의 예제들은 CreateThread 함수를 직접 호출하는데 예제가 단순하고 문제가 되는 C 함수를 사용하지도 않으며 또한 API 함수를 학습하는 책이기 때문이다. errno나 strtok같은 함수들을 스레드내에서 쓰지만 않는다면 별 문제는 없으며 사실 현대적인 프로그래밍 환경에서 이 함수들이 꼭 필요하지도 않다. 좀 더 솔직하게 얘기하자면 예제를 만들 때 신중하게 테스트하지 못했던 실수도 있다.

41-4 TLS

41-4-가. 스레드 지역 저장소

스레드는 개별적인 실행 흐름이므로 독자적으로 CPU 시간을 할당받는다. 또한 스택과 메시지 큐를 따로 가지므로 스레드끼리는 상호 독립적으로 동작한다. 그러나 한 프로세스에 속한 스레드들은 주소 공간과 핸들 테이블을 공유하기 때문에 한 스레드가 전역 변수를 변경하면 다른 스레드도 이 변경의 영향을 받는다. 여러 스레드가 호출하는 함수 내부에 있는 정적 변수도 마찬가지로 공유된다. 이런 스레드간의 메모리 공유에 의해 때로는 원치 않는 부작용이 발생할 수도 있다. 뭔가를 공유한다는 것은 항상 골치 아픈 문제의 원인이 되는 것이다.

이런 문제를 근본적으로 해결하기 위해서는 자신과 관련된 정보를 자기 스스로가 소유하는 것이 좋다. 윈도우의 여분 메모리나 리스트 박스같은 컨트롤의 항목 데이터 등이 이런 식으로 문제를 해결하는 좋은 예이다. 스레드도 마찬가지로 자신이 사용할 변수를 스레드 내부에 두는 것이 좋은데 이런 면에서 볼 때 스택에 생성되는 지역 변수는 아주 훌륭한 장치이다. 각 스레드는 함수를 공유하더라도 스택이 개별적으로 생성되므로 지역 변수는 온전한 스레드 소유이다.

그래서 스레드를 작성할 때는 가급적이면 지역 변수나 인수, 파라미터를 적극 활용해야 한다. 그러나 지역 변수는 치명적인 단점이 하나 있는데 정보를 영구적으로 저장하지 못한다는 점이며 그래서 불가피하게 전역 변수나 정적 변수가 필요해진다. 이럴 때 스레드 지역 기억 장소인 TLS((Thread Local Storage)를 사용해야 한다. TLS는 영구적으로 정보를 저장하는 정적인 특성을 가지면서도 스레드에 개별적으로 생성되는 지역적인 성질을 동시에 가지는 기억 부류라고 할 수 있다.

각 프로세스는 TLS 지원을 위해 일정 개수(TLS_MINIMUM_AVAILABLE)의 슬롯을 준비하는데 개수는 운영체제마다 조금씩 다르다. 최초의 멀티 스레드 운영체제인 윈도우즈 95와 NT는 고작 64개의 슬롯을 제공하며 98은 80개의 슬롯을 제공한다. 이는 복잡한 스레드를 위해서는 충분한 크기가 아니라서 2000이후부터는 1088개로 대폭 늘어났다. 하지만 아직도 호환성을 생각한다면 64개 이상의 슬롯을 쓰는 것은 바람직하지 않다. 스레드가 만들어질 때마다 시스템은 각 스레드별로 LPVOID의 배열을 할당하고 모든 배열 요소를 NULL로 초기화한다. 세 개의 스레드가 있을 때 슬롯의 모양은 다음과 같다.

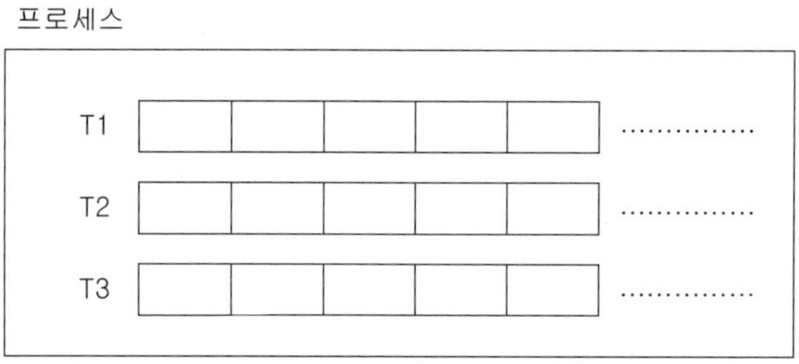

프로세스

T1						....
T2						....
T3						....

스레드가 더 생성된다면 그 수만큼 슬롯 배열도 같이 늘어날 것이다. 각 스레드는 자신만의 슬롯 배열을 가지므로 각각의 슬롯에 PVOID 크기의 값을 독점적으로 저장할 수 있다. 이 배열을 사용하려면 먼저 슬롯의 어떤 칸에 어떤 정보를 넣을 것인가를 결정해야 하는데 무질서하게 정보를 아무 곳에나 저장할 수는 없으므로 일종의 중앙 통제 센터가 필요하다. 예를 들어 0번 슬롯에 스레드의 생성 시간을 넣고 8번 슬롯에 문자열 파싱 중간 결과를 저장하고 11번 슬롯에 다음 난수 생성값이라는 정보를 저장한다면 모든 스레드가 이 약속대로 슬롯을 사용해야 한다.

모든 스레드가 동일한 위치의 슬롯에 논리적으로 동일한 값을 저장해야 하는 것이다. T1은 스레드 생성 시간을 0번에 저장했는데 T2는 5번 슬롯을 쓴다거나 해서는 서로 약속이 맞지 않으므로 혼란이 초래될 것이다. 특정 정보를 저장하는 슬롯을 결정하기 위해 프로세스는 슬롯 크기와 같은 관리 배열을 가지며 이 배열에 어떤 슬롯이 사용중인지, 사용가능한지를 관리한다. 사용 가능한 인덱스를 받으려면 다음 함수를 호출한다.

DWORD TlsAlloc(void);

이 함수는 슬롯 관리 배열을 검색하여 남아 있는 여유 슬롯을 찾고 그 인덱스를 리턴한다. 선택된 인덱스는 사용중으로 표시되어 다른 목적으로는 재할당되지 않는다. 만약 여유 슬롯이 없다면 TLS_OUT_OF_INDEXES가 리턴된다. 이 함수가 리턴하는 인덱스 번호는 프로세스내의 모든 스레드가 참조해야 하므로 보통 전역 변수로 따로 저장해야 한다. 인덱스는 스레드들이 저장할 정보의 ID라고 할 수 있다. TlsAlloc은 이름과는 달리 실제로 기억 장소를 할당하는 것이 아니라 이미 존재하는 기억 장소중 사용 가능한 첨자만 골라준다.

이 함수는 또한 할당된 인덱스의 슬롯들을 모두 0으로 리셋하는 동작도 하는데 이는 TLS 슬롯이 재사용 가능한 자원이기 때문이다. 인덱스 반납시 스레드들이 원래 사용하던 값들이 슬롯에 들어 있을 것이므로 모두 0으로 리셋하여 이전값을 지워야 한다. TlsAlloc이 배정한 인덱스의 슬롯에는 프로세스내의 모든 스레드가 자신의 고유한 정보를 저장할 수 있으며 각 스레드는 자신만의 슬롯 배열이 있으므로 서로 방해하지 않는다. 슬롯을 액세스할 때는 다음 두 함수를 사용한다.

BOOL TlsSetValue(DWORD dwTlsIndex, LPVOID lpTlsValue);
LPVOID TlsGetValue(DWORD dwTlsIndex);

값을 저장할 때는 인덱스 번호와 저장할 값을 전달하고 값을 읽을 때는 인덱스 번호만 전달하면 된다. 함수 원형에서 보다시피 두 함수는 어떤 스레드의 슬롯을 읽으라는 지시가 전혀 없는데 왜냐하면 이 함수를 호출한 스레드의 슬롯을 자동으로 찾도록 되어 있기 때문이다. 슬롯 하나는 PVOID를 저장할만큼의 크기를 가지므로 포인터와 같은 크기의 값이라면 캐스팅해서 저장할 수 있다. 만약 그보다 더 큰 정보를 저장해야 한다면 별도의 메모리를 할당한 후 그 포인터를 슬롯에 저장하면 된다.

두 함수 모두 액세스 속도를 높이기 위해 별도의 에러 점검은 하지 않는다. 변수를 읽고 쓰는데 복잡한 에러 점검 코드를 실행하면 전체적인 속도가 형편없이 떨어지기 때문이다. 만약 틀린 인덱스를 지정한다면 이 함수들은 지시한대로 엉뚱한 곳을 읽고 쓸 것이고 결과는 물론 엉망 진창이 될 것이다. 따라서 이 두 함수를 쓸 때는 인덱스를 정확하게 지정해야 한다. 인덱스를 다 사용했으면 다음 함수로 반납한다.

BOOL TlsFree(DWORD dwTlsIndex);

슬롯이 유한한 크기를 가지기 때문에 다 사용했으면 해제하는 것이 원칙이다. 반납된 인덱스는 다른 목적에 재사용될 수 있다. 인덱스 반납은 통상 정보를 사용하는 모든 스레드가 종료된 후에, 좀 더 현실적으로 얘기하자면 프로세스가 종료되기 직전에 이루어진다. 슬롯에 할당된 메모리의 포인터를 넣어 두었다면 이 포인터부터 먼저 해제해야 함은 물론이다.

TLS를 관리하고 사용하는 방식은 윈도우의 여분 메모리를 사용하는 것과 원론적으로 거의 비슷하다. 다만 여분 메모리는 한번 결정되면 바뀌지 않으므로 개발자가 오프셋을 마음대로 정해서 사용할 수 있지만 TLS는 재사용 가능한 기억 장소이므로 인덱스를 배정 받아 사용해야 한다는 것과 읽고 쓸 때 윈도우 핸들같은 걸 줄 필요없이 호출 스레드를 자동으로 판별한다는 정도의 차이가 있다.

41-4-나. TLS 예제

여기까지 TLS와 관련된 이론에 대해 정리했는데 역시 이론만으로 TLS를 이해하기는 어렵다. 간단하나마 예제를 하나 만들어 보고 TLS가 왜 필요한지, 어떤 식으로 동작하는지를 연구해 보되 단, 너무 복잡해지면 안되므로 아주 간단한 카운트 스레드를 예로 들었다. 억지로 만든 상황이다 보니 설정이 다소 인위적이다. 먼저 문제가 있는 코드부터 보자.

예 제 : TLS

```
int GetCount()
{
    static int count=0;
    return ++count;
}

DWORD WINAPI ThreadFunc(LPVOID temp)
{
    TCHAR str[128];
    HDC hdc;
    hdc=GetDC(hWndMain);
    for (;;) {
        wsprintf(str,"count=%d",GetCount());
        TextOut(hdc,10,(int)temp,str,lstrlen(str));
        Sleep(1000);
    }
    ReleaseDC(hWndMain, hdc);
    return 0;
}

LRESULT CALLBACK WndProc(HWND hWnd,UINT iMessage,WPARAM wParam,LPARAM lParam)
```

```
{
    DWORD ThreadID;

    switch (iMessage) {
    case WM_CREATE:
        hWndMain=hWnd;
        CloseHandle(CreateThread(NULL, 0, ThreadFunc, (LPVOID)50, 0, &ThreadID));
        CloseHandle(CreateThread(NULL, 0, ThreadFunc, (LPVOID)100, 0, &ThreadID));
        return 0;
    case WM_DESTROY:
        PostQuitMessage(0);
        return 0;
    }
    return(DefWindowProc(hWnd,iMessage,wParam,lParam));
}
```

ThreadFunc는 초당 한 번씩 카운트를 증가시키면서 현재 카운트를 화면으로 출력한다. GetCount 함수는 다음 카운트를 조사하여 리턴하는데 count변수는 호출시마다 값을 계속 유지해야 하므로 정적 변수로 선언했다. 그래서 매 호출시마다 이 값을 1증가시키고 그 결과를 리턴하며 다음 호출을 대비한다. 만약 하나의 스레드만 생성한다면 count는 1, 2, 3, 4 식으로 잘 증가할 것이다. WM_CREATE에서 두 개의 스레드를 생성했으며 스레드의 파라미터로 카운트를 출력할 y좌표를 전달하여 두 스레드가 다른 위치에 문자열을 출력하도록 했다. 두 개의 스레드가 번갈아가며 GetCount를 호출하므로 실행 결과는 다음과 같아진다.

위쪽 스레드는 1, 3, 5, 7로 카운트가 증가하며 아래쪽은 2, 4, 6, 8로 카운트가 증가하는데 이유는 굳이 설명하지 않아도 충분히 짐작될 것이다. 근본적인 문제는 GetCount 함수의 정적 변수 count가 오로지 하나밖에 없기 때문에 각 스레드가 고유의 카운트를 가지지 못하고 서로 방해를 하는 것이다. 문제를 해결하려면 count를 스레드 개수만큼 만들어야 하는데 그 해결책이 바로 TLS이다. 다음 코드는 문제를 해결한 것이다. 여기저기 수정해야 할 곳이 많다.

```
DWORD TlsIndex;
int GetCount()
{
    int tcount;

    tcount=(int)TlsGetValue(TlsIndex)+1;
    TlsSetValue(TlsIndex,(LPVOID)(tcount));
    return tcount;
}

DWORD WINAPI ThreadFunc(LPVOID temp)
{
    TCHAR str[128];
    HDC hdc;
```

```
    hdc=GetDC(hWndMain);
    TlsSetValue(TlsIndex,(LPVOID)0);
    for (;;) {
        wsprintf(str,"count=%d",GetCount());
        TextOut(hdc,10,(int)temp,str,lstrlen(str));
        Sleep(1000);
    }
    ReleaseDC(hWndMain, hdc);
    return 0;
}

LRESULT CALLBACK WndProc(HWND hWnd,UINT iMessage,WPARAM wParam,LPARAM lParam)
{
    DWORD ThreadID;

    switch (iMessage) {
    case WM_CREATE:
        hWndMain=hWnd;
        TlsIndex=TlsAlloc();
        CloseHandle(CreateThread(NULL, 0, ThreadFunc, (LPVOID)50, 0, &ThreadID));
        CloseHandle(CreateThread(NULL, 0, ThreadFunc, (LPVOID)100, 0, &ThreadID));
        return 0;
    case WM_DESTROY:
        TlsFree(TlsIndex);
        PostQuitMessage(0);
        return 0;
    }
    return(DefWindowProc(hWnd,iMessage,wParam,lParam));
}
```

전역 변수 TlsIndex가 선언되어 있고 주 스레드에서 TlsAlloc으로 빈 인덱스를 하나 할당하여 이 변수에 저장해 놓는다. 어떤 인덱스가 할당될 것인가는 상황에 따라 다르지만 첫 인덱스 요청이므로 적어도 슬롯이 부족해서 실패하는 일은 없을 것이다. TlsIndex의 실제값이 무엇이든간에 스레드들은 자기 슬롯의 이 칸에 카운트를 저장하면 된다. 인덱스 할당은 스레드가 생성되기 전에 해야 하므로 주 스레드가 하는 것이 적합하며 주 스레드 파괴 직전에 해제해야 한다.

각 스레드는 시작 직후에 TlsIndex 슬롯에 0을 채워 초기화하는데 사실 이 동작은 꼭 필요치 않다. 왜냐하면 TlsAlloc이 할당한 인덱스의 모든 슬롯을 0으로 초기화하기 때문이다. 만약 초기값이 0이 아니라면 스레드 시작 시점에서 원하는대로 초기화해야 한다. 저장할 정보가 카운트가 아니라 거대한 구조체라면 여기서 메모리를 할당하고 그 포인터를 슬롯에 저장해야 할 것이다.

스레드 함수의 나머지 부분은 동일하며 이 함수가 호출하는 GetCount 함수의 내부는 상당히 달라진다. 정적 변수 count는 더 이상 필요없으며 TLS의 TlsIndex에 저장된 값을 카운트로 사용한다. 이 값을 TlsGetValue로 읽어 1 더한 값을 구하고 다음 번 호출을 위해 증가된 값을 다시 TlsSetValue로 저장했다. 그리고 증가된 카운트를 리턴하면 ThreadFunc는 이 값을 화면으로 출력한다. TlsIndex가 3이라고 했을 때 실행 과정을 그림으로 그려 보자.

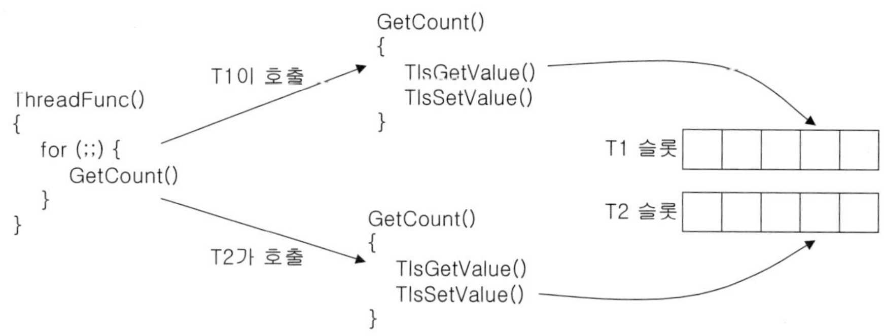

ThreadFunc는 하나뿐이며 이 함수가 호출하는 GetCount 함수도 하나뿐이지만 이 함수 내부에서 호출되는 TlsGet(Set)Value 함수는 누가 자신을 호출하는지 정확하게 판단하여 호출 스레드의 고유한 변수를 액세스한다. 그래서 두 스레드가 고유한 카운트를 유지하며 서로 방해하지 않고 잘 실행되는 것이다. 실행해 보면 두 스레드의 카운트가 똑같이 증가하는데 원한다면 카운트 증가 속도나 시작값을 별도로 지정할 수 있다.

TLS를 사용하는 좀 더 편리한 방법은 마이크로소프트가 확장한 지정자를 사용하는 것이다. 전역, 정적 변수 선언문앞에 __declspec(thread) 키워드를 붙이면 이 변수는 스레드별로 별도의 기억 장소를 할당받는다. 지역 변수나 함수, 멤버 함수를 가진 클래스에는 이 지정자를 붙일 수 없다. 첫 번째 예제의 count 선언문을 다음과 같이 수정하면 아주 정상적으로 잘 동작한다.

```
__declspec(thread) static int count=0;
```

이 키워드로 선언된 변수는 .tls라는 별도의 섹션에 저장된다. 로더는 같이 로드되는 DLL의 모든 .tls 섹션 크기를 합산하여 스레드별로 할당해야 할 기억 장소의 총량을 계산해 놓는다. 그리고 스레드가 생성될 때마다 이 양만큼의 메모리를 별도로 할당한다. 이 섹션의 변수를 참조할 때는 스레드에 할당된 고유 영역을 찾아야 하므로 별도의 코드가 추가로 더 삽입되어야 하며 그만큼 실행 파일은 커지고 속도는 느려진다. 하지만 TLS 관리에 대한 모든 작업을 컴파일러와 운영체제가 알아서 처리하므로 함수를 때맞춰 부를 필요도 없고 마치 일반 변수를 읽듯이 액세스할 수 있으므로 쓰기는 훨씬 더 편리하다.

단, 이 방법은 DLL을 명시적으로 연결할 때는 적용되지 않는다. 암시적으로 로드될 때는 로더가 모든 DLL의 .tls 섹션을 미리 볼 수 있으므로 스레드별로 할당해야 할 양을 쉽게 계산할 수 있지만 실행중에 명시적으로 연결될 때는 이미 결정된 할당량을 변경하기 어렵다. 물론 실행중인 모든 스레드의 TLS를 재할당하는 것이 기술적으로는 가능하겠지만 이것은 그야말로 너무 엄청난 작업이기 때문에 지원하지 않는다. 명시적으로 연결되는 DLL은 TlsAlloc류의 함수를 사용하는 수밖에 없다.

41-4-다. DLL과 TLS

TLS는 특히 임의 개수의 스레드를 지원해야 하는 DLL에게 적합하다. DLL의 함수는 프로세스에 속한 어떤 스레드라도 호출할 수 있는데 함수가 중간 작업 결과를 저장해야 한다면 전역 변수나 정적 변수로는 이런 요구를 충족할 수 있다. 앞에서 만든 예제처럼 1씩 증가하는 카운트를 돌려주는 함수를 DLL로 작성한다면 이전 카운트를 가지고 있어야 한다. 여기서 카운트는 함수의 작업 경과를 저장하는 정보의 대표적인 예인데 strtok 함수처럼 검색 위치를 저장해야 한다거나 최후 에러 코드를 기억해야 하는 모든 경우가 이에 해당한다.

DLL의 함수를 단 하나의 스레드만 호출한다면 전역 변수나 정적 변수 하나만 가지고도 쉽게 문제를 풀 수 있지만 클라이언트가 스레드를 몇 개 가질지를 예측하는 것은 불가능하므로 영구적으로 저장해야 할 정보는 반드시 TLS에 저장해야 한다. 다음 예제의 GetCount 함수가 이런식으로 동작한다.

예 제 : TlsDll

```
#include <windows.h>
DWORD TlsIndex;

BOOL WINAPI DllMain(HINSTANCE hInst, DWORD fdwReason, LPVOID lpRes)
{
    LPVOID data;
    switch (fdwReason) {
    case DLL_PROCESS_ATTACH:
        TlsIndex=TlsAlloc();
        break;
    case DLL_PROCESS_DETACH:
        if (data) free(data);
        TlsFree(TlsIndex);
        break;
    case DLL_THREAD_ATTACH:
        data=calloc(sizeof(int),0);
        TlsSetValue(TlsIndex,data);
        break;
    case DLL_THREAD_DETACH:
        data=TlsGetValue(TlsIndex);
        if (data) free(data);
        break;
    }
    return TRUE;
}

extern "C" __declspec(dllexport) int GetCount()
{
    int *p;

    p=(int *)TlsGetValue(TlsIndex);
    (*p)++;
    return *p;
}
```

GetCount 함수는 단순한 카운트를 관리하지만 임의 크기의 데이터도 관리할 수 있음을 보이기 위해 일부러 정수형 크기의 메모리를 할당하고 그 포인터를 TLS에 저장했다. 이런 식으로 얼마든지 큰 구조체도 할당할 수 있다. DLL이 TLS를 사용할 때는 인덱스의 할당, 해제 시점, 데이터 초기화 시점에 주의해야 하는데 최초 로딩될 때 할당하고 스레드가 실행될 때마다 초기화해야 한다.

운영체제는 이런 목적으로 DLL을 로드하거나 스레드가 생성될 때마다 DllMain 엔트리 함수를 호출하여 DLL에게 작업할 수 있는 기회를 제공한다. 이 함수 안에서 필요한 시점을 구해 원하는 작업을 할 수 있다. DLL이 프로세스 주소 공간에 로드될 때 카운트를 위한 인덱스를 할당하고 언로드될 때 인덱스를 해제하면 특정 프로세스에 붙을 때마다 프로세스의 여유 슬롯을 제대로 찾을 수 있다. 이때 검색한 여유 슬롯 번호는 DLL내의 모든 함수들이 참조해야 하므로 별도의 전역 변수에 저장해 두어야 한다. 그리고 스레드에 붙을 때 메모리를 할당하여 슬롯을 초기화하고 스레드에서 떨어질 때 이 메모리를 회수하면 된다. 더 간단하게 다음처럼 작성할 수도 있다.

```
extern "C" __declspec(dllexport) int GetCount()
{
    __declspec(thread) static int count=0;
    return ++count;
}
```

count 정적 변수를 .tls 섹션에 저장하면 클라이언트는 스레드를 만들 때 이 영역도 같이 할당한다. 단, 이 방법은 간단하기는 하지만 실행중에 DLL을 명시적으로 로드할 때는 동작하지 않는다는 약점이 있어 일반적인 해결책이라고 볼 수는 없다. 다음은 이 DLL이 과연 제대로 동작하는지 테스트하기 위한 클라이언트 프로젝트이다.

예 제 : TlsDllTest

```
extern "C" __declspec(dllimport) int GetCount();
DWORD WINAPI ThreadFunc(LPVOID temp)
{
    TCHAR str[128];
    HDC hdc;
    hdc=GetDC(hWndMain);
    for (;;) {
        wsprintf(str,"count=%d",GetCount());
        TextOut(hdc,10,(int)temp,str,lstrlen(str));
        Sleep(1000);
    }
    ReleaseDC(hWndMain, hdc);
    return 0;
}

LRESULT CALLBACK WndProc(HWND hWnd,UINT iMessage,WPARAM wParam,LPARAM lParam)
{
    DWORD ThreadID;

    switch (iMessage) {
    case WM_CREATE:
        hWndMain=hWnd;
        CloseHandle(CreateThread(NULL, 0, ThreadFunc, (LPVOID)50, 0, &ThreadID));
        CloseHandle(CreateThread(NULL, 0, ThreadFunc, (LPVOID)100, 0, &ThreadID));
```

```
            return 0;
        case WM_DESTROY:
            PostQuitMessage(0);
            return 0;
        }
        return(DefWindowProc(hWnd,iMessage,wParam,lParam));
}
```

두 개의 스레드를 만들고 카운트를 출력해 보았다. GetCount 함수가 DLL로 이동했다는 것만 제외하고는 앞 예제와 완전히 동일하며 따라서 실행 결과도 동일하다. 두 개 이상의 스레드를 얼마든지 만들더라도 각 스레드를 위한 count 변수가 따로 할당되므로 모든 스레드가 자신의 고유 카운트를 가질 것이다.

여기까지 연구해 본 결과 TLS는 사실 그다지 쉽지 않고 내부 동작도 선뜻 잘 이해되지 않아 난해하며 실제로 활용하기도 번거롭다. 스레드가 메모리를 공유하기 때문에 문제가 발생하며 이 문제를 해결하기 위해 만든 장치가 TLS이다. 그렇다면 문제가 없도록 하면 TLS를 쓰지 않아도 된다는 얘기인데 과연 그렇다. 가급적이면 전역 변수 사용을 자제하고 스택 기반의 지역 변수나 파라미터를 활용해야 하며 전역 변수없이도 얼마든지 원하는 작업을 할 수 있다.

TLS가 꼭 필요한 현실적인 이유는 바로 C라는 언어의 구시대적인 구조 때문인데 C 런타임 라이브러리는 스레드라는 개념이 생기기 전에 만들어졌다. 그러다 보니 언어가 호환성을 포기해 가며 스레드를 지원할 수는 없고 스레드가 언어의 구조에 맞출 수 밖에 없었던 것이다. C 런타임 라이브러리는 정적 변수를 많이 사용하는데 이 함수들의 인터페이스를 그대로 유지하면서 멀티 스레드를 지원하기 위한 유일한 방법이 바로 TLS였던 것이다.

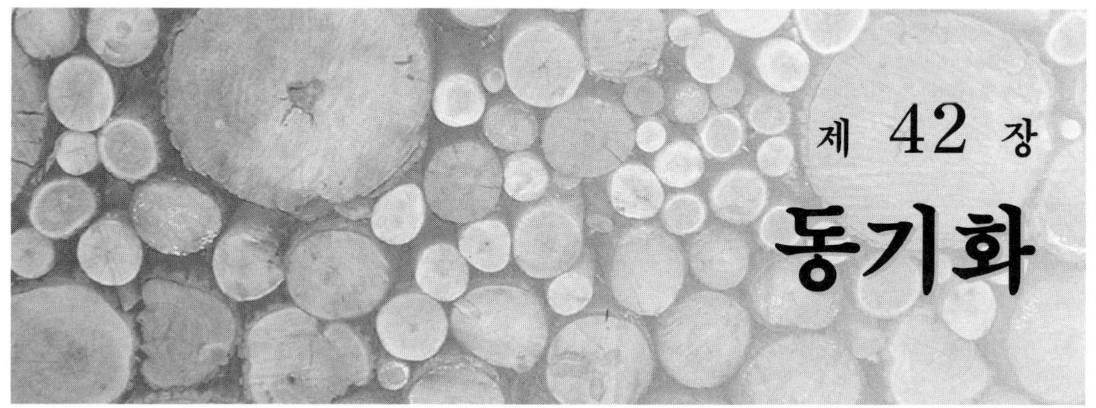

42-1 동기화

42-1-가. 멀티 스레드의 문제점

멀티 스레드는 동시에 여러 가지 작업을 매끄럽게 수행할 수 있는 아주 멋있는 메커니즘이다. 운영체제의 지원도 무척 안정적이며 우선 순위 관리가 아주 지능적이서 여타의 방법보다 훨씬 더 매끄럽게 동시 작업을 할 수 있다. 게다가 고성능 CPU 덕분에 웬만큼 스레드를 생성해도 성능상 문제가 거의 없다. 멀티 스레드를 십분 활용하여 지능적이고 성능 좋은 프로그램을 만들 수 있다는 것은 분명 아주 멋있는 일이다.

그러나 멀티 스레드만큼 잘못 사용하면 위험한 것도 드물다. 동시에 복수 개의 코드가 같은 주소 공간에서 실행됨으로써 서로 간섭하고 영향을 주는 경우가 빈번하여 주소 공간 분리의 이점이 없다. 또한 스레드간의 실행 순서를 전혀 예측할 수 없다는 점도 문제가 된다. 물론 운영체제는 이런 문제를 해결할 수 있는 방법을 제공하기는 하지만 아주 사소한 부분에서도 민감한 문제가 발생할 수 있으며 이런 문제는 디버깅하기도 아주 어렵다. 그래서 멀티 스레드 기능을 잘 활용하기 위해서는 문제점을 정확하게 파악해야 하며 해결책도 신중하게 결정해야 한다.

멀티 스레드의 가장 큰 문제점은 공유 자원을 보호하기 어렵다는 점이다. 여기서 공유 자원이란 직렬 포트, 사운드 카드 등의 하드웨어가 될 수도 있지만 주로 메모리 영역의 전역변수인 경우가 대부분이다. 동일한 프로세스에 속한 스레드는 같은 주소 공간에서 실행되며 전역변수를 공유하므로 문제가 발생할 소지가 많다. 두 스레드가 같은 전역변수에 값을 대입할 경우 앞쪽 스레드가 대입해 놓은 값은 뒤쪽 스레드가 대입한 값에 의해 지워진다. 이런 식으로 스레드가 공유 자원을 서로 사용하려는 상태를 경쟁 상태(race condition)라고 한다.

또한 스레드간의 실행 순서를 제어하는 것도 쉽지 않은 문제이다. 어떤 스레드가 언제 실행될 것인가는 순전히 CPU 마음대로이기 때문에 순서를 지켜서 실행되어야 할 코드에는 여분의 복잡한 코드가 필요하기 마련이다. A 스레드가 먼저 실행되고 난 후에 B 스레드가 실행되어야 한다면 B 스레드는 A 스레드의 실행이 끝날 때까지 기다려야 한다. 그것도 CPU 시간을 축내지 않으면서 아주 효율적으로 말이다. 경쟁 상태를 해소하기 위해서는 실행 순서를 통제해야 하며 그러다 보면 최악의 경우 스레드끼리 서로를 기다리는 교착상태(deadlock)가 발생하기도 한다.

이런 여러 가지 문제를 해결하기 위하여 스레드간의 실행 순서를 제어할 수 있는 기술들을 동기화(Synchronization)라고 한다. 주로 경쟁 상태와 교착 상태 해결을 위한 기술들이되 때로는 작업 완료 보고나 작업 시작 지시 등 스레드간의 통신을 위해서도 사용된다. 동기화란 쉽게 말해서 스레드끼리 서로 방해하지 않고 보조를 맞추어 질서 정연하게 실행되게끔 하는 일체의 기술이다.

먼저 가장 간단한 형태인 경쟁 상태의 증세를 살펴보고 그 해결책을 모색해 보자. 단순한 이론의 나열만으로는 실체를 파악하기 어려우므로 핵심을 살펴볼 수 있는 예제를 만들어 볼 것이다. 그런데 실제로 동기화가 필요한 상황은 어느 정도 규모가 있는 대형 프로젝트에서나 발생하며 동기화 방법이 제대로 기능하는 예제를 만들기 위해서는 굉장히 복잡한 상황 설정이 필요하다. 정말 보여주고 싶은 그런 상황의 예제를 만들기 위해서는 오히려 그 상황을 이해시키는 것이 더 어려우므로 여기서는 의도적으로 상황을 만들어 해결하는 짧은 예제를 만들었다.

다소 예제가 어색하고 억지스럽더라도 풍부한 상상력으로 실제 상황에 적용해 보기를 당부한다. 다음 예제는 전역변수 X를 두고 두 스레드가 서로 경쟁하는 상태를 보여준다. 상황을 정확하게 이해하기 위해서는 이 예제가 동작하는 방식을 주의깊게 살펴볼 필요가 있다.

예 제 : Race

```
int X;
DWORD WINAPI ThreadFunc1(LPVOID Param)
{
    HDC hdc;
    hdc=GetDC(hWndMain);
    for (int i=0;i<100;i++) {
        X=100;
        Sleep(1);
        TextOut(hdc,X,100,"강아지",6);
    }
    ReleaseDC(hWndMain, hdc);
    return 0;
}

DWORD WINAPI ThreadFunc2(LPVOID Param)
{
    HDC hdc;
    hdc=GetDC(hWndMain);
    for (int i=0;i<100;i++) {
        X=200;
        Sleep(1);
        TextOut(hdc,X,200,"고양이",6);
    }
    ReleaseDC(hWndMain, hdc);
    return 0;
}

LRESULT CALLBACK WndProc(HWND hWnd,UINT iMessage,WPARAM wParam,LPARAM lParam)
{
    DWORD ThreadID;
    HANDLE hThread;

    switch (iMessage) {
```

```
	case WM_CREATE:
		hWndMain=hWnd;
		return 0;
	case WM_LBUTTONDOWN:
		hThread = CreateThread(NULL, 0, ThreadFunc1, NULL, 0, &ThreadID);
		CloseHandle(hThread);
		hThread = CreateThread(NULL, 0, ThreadFunc2, NULL, 0, &ThreadID);
		CloseHandle(hThread);
		return 0;
	case WM_DESTROY:
		PostQuitMessage(0);
		return 0;
	}
	return(DefWindowProc(hWnd,iMessage,wParam,lParam));
}
```

제일 선두에는 정수형의 전역변수 X가 선언되어 있다. 이 변수가 바로 문제의 공유 자원이며 두 스레드가 이 변수 하나를 두고 경쟁하게 된다. WndProc에는 사용자가 마우스 왼쪽 버튼을 누를 때 두 개의 스레드를 생성하는 코드가 있다. 이때 두 스레드의 시작함수로 각각 ThreadFunc1, ThreadFunc2가 지정되었다. 스레드가 생성되자마자 이 두 함수가 호출되어 실행을 시작할 것이다. 스레드를 만들자마자 그 핸들을 hThread에 대입받고 곧바로 CloseHandle로 닫아버리는데 이상하게 생각할 필요가 없다. 스레드 자체와 핸들은 다르다고 누차 설명했었다.

자, 이제 설명의 편의를 위해 두 스레드를 T1, T2로 칭하자. T1의 코드를 보면 100번 루프를 돌며 문자열을 반복 출력한다. 전역변수 X에 100을 대입하고 0.001초간 잠시 쉰 후 (X,100) 그러니까 (100,100)에 "강아지"라는 문자열을 출력한다. 여기서 삽입된 Sleep(1)은 결과를 좀 더 분명하게 보기 위해 삽입되었다. 스위칭을 좀 더 자주 발생시키는 역할을 하는데 실제 예에서도 스레드간의 스위칭 시점은 불규칙하다. 선점형 멀티 태스킹 환경에서는 스케줄러가 스레드의 동의없이도 언제든지 스위칭할 수 있다.

T2의 코드도 T1의 코드와 유사하다. 단 전역변수 X에 200을 대입하고 (X,200)에 그러니까 (200,200)에 문자열 "고양이"를 출력한다. 결과적으로 두 스레드의 출력문에 의해 (100,100)에 "강아지" 백 번, (200,200)에 "고양이" 백 번이 출력될 것이며 실행이 끝나면 두 개의 문자열이 대각선으로 출력되어 있어야 한다. 그럼 실제 결과는 어떨까 실행해 보자.

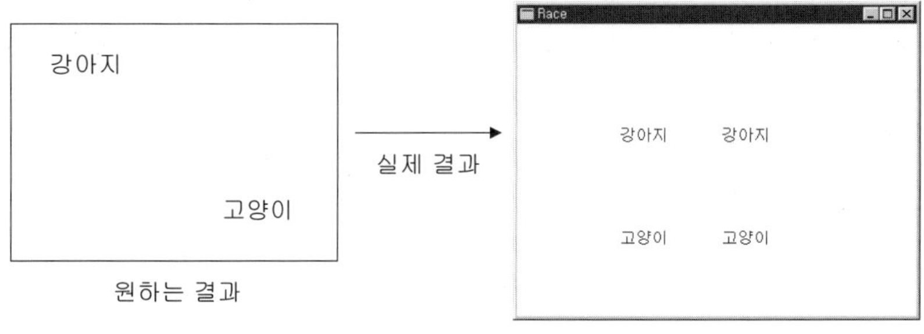

의도한 바와는 달리 (200,100)에 "강아지"가 출력되어 있고 (100,200)에 "고양이"가 출력되어 있다. 왜 이렇게 되는가? 먼저 한 번 곰곰히 생각해 보자. 이런 틀린 결과가 나오는 이유는 스레드의 실행 순서는 전혀 예측할 수 없으며 프로그래머가 제어할 수도 없기 때문이다. CPU는 시간을 잘게 쪼개 각 스레드를 조금씩 실행할 뿐이며 시간이 경과되면 언제든지 다른 스레드로 스위칭해 버린다.

완전히 독립된 작업을 하는 스레드라면 실행 순서가 어떻게 되어도 상관없으나 자원을 공유한 스레드에서는 문제가 달라지는 것이다. T1이 X에 100을 대입한 후 문자열이 출력될 때까지 계속 CPU를 차지할 수 있으면 아무 문제가 없다. 그러나 T1이 X에 100을 대입한 직후에 스위칭이 발생하여 T2로 제어가 넘어갔다고 하자. 그러면 T2는 X에 200을 대입하고 문자열을 출력한다. 다시 제어가 T1으로 넘어왔을 때 T1은 X의 변경 사실을 모르고 (200,100)에 문자열을 출력할 것이다. T1의 선두에 있는 X=100; 대입문이 무효화되어 버리는 것이다.

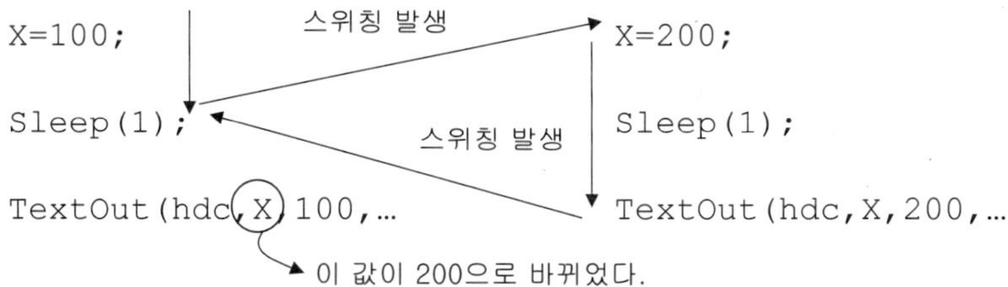

반대의 경우도 마찬가지로 T2가 T1의 방해에 의해 (100,200)에 문자열을 출력하기도 한다. 전역변수 X가 스레드간의 스위칭에 의해 값을 제대로 유지하지 못하는 동기화 문제가 발생한 것이다. 앞으로 우리는 이 문제를 해결하기 위해 여러 방법을 시도해 볼 것이다. 위 문제를 해결하기 위해 X를 스레드 함수의 지역변수로 쓰거나 TextOut에 곧바로 좌표값을 써 주면 되지 않느냐고 하는 사람이 없기를 바란다. 어디까지나 일부러 만든 상황이므로 이 예제가 의도하는 바를 잘 이해하기 바란다.

이 예제의 X는 고유 하드웨어에 비유되는 존재이다. 하드웨어는 본질적으로 유일하며 전역적인 속성을 가질 수 밖에 없다. 양쪽 스레드의 Sleep(1) 대기문을 제거하면 X에 값을 대입하는 코드와 TextOut이 한 묶음으로 실행될 확률이 아주 높아지므로 경쟁 상태의 문제가 대폭적으로 감소할 것이다. 그러나 확률이 아무리 낮다고 하더라도 안전하다고 장담할 수는 없다. 설사 백만번, 일억번에 한번의 확률이라도 분명히 치명적인 문제가 될 수 있다.

42-1-나. 해결 방법

동기화란 복수 개의 스레드가 보조를 맞추어 실행하도록 함으로써 경쟁 상태나 교착 상태를 해소하는 것이다. 개념은 쉽지만 해결 방법은 생각만큼 그리 쉽지가 않다. 나름대로 치밀한 논리로 문제를 해결해도 전혀 생각지도 못했던 부분에서 아주 미묘한 문제들이 많이 발생한다. 컴퓨터라는 기계는 입력이 일정하면 출력도 항상 동일한 확실성을 가지지만 스레드가 개입되면 그렇지가 못하다. 일반적으로 이런 문제는 해박한 지식보다는 경험이 더 도움이 된다.

동기화 문제를 해결하는 방법은 여러 가지가 있는데 도스에서 해왔던 것처럼 전통적인 방법으로도 해결할 수 있다. 전통적인 방법이란 또 다른 전역변수를 두고 한 스레드가 공유 자원을 사용할 때는 다른 스레드가 공유자원을 사용하지 못하게 하는 것이다. 이 방법으로 Race 예제의 문제를 해결한 RaceWait예제를 만들어 보았다. WndProc은 동일하므로 스레드 함수만 보인다.

예 제 : RaceWait

```
int X;
BOOL Wait=FALSE;
DWORD WINAPI ThreadFunc1(LPVOID Param)
{
    HDC hdc;
    hdc=GetDC(hWndMain);
    for (int i=0;i<100;i++) {
        while (Wait == TRUE) {;}
        Wait=TRUE;
        X=100;
        Sleep(1);
        TextOut(hdc,X,100,"강아지",6);
        Wait=FALSE;
    }
    ReleaseDC(hWndMain, hdc);
    return 0;
}

DWORD WINAPI ThreadFunc2(LPVOID Param)
{
    HDC hdc;
    hdc=GetDC(hWndMain);
    for (int i=0;i<100;i++) {
        while (Wait == TRUE) {;}
        Wait=TRUE;
        X=200;
        Sleep(1);
        TextOut(hdc,X,200,"고양이",6);
        Wait=FALSE;
    }
    ReleaseDC(hWndMain, hdc);
    return 0;
}
```

문제 해결을 위해 또 다른 전역변수 Wait를 선언하였다. 두 스레드 모두 Wait 변수가 TRUE인 동안은 전역변수 X를 액세스하지 못하도록 코드를 작성하였다. Wait의 초기값이 FALSE로 되어 있으므로 최초 실행시는 누구나 X를 액세스할 수 있다. 두 스레드 중 T1이 먼저 실행되었다고 할 경우 이 함수는 for루프로 진입하자마자 Wait를 TRUE로 바꾸어 버린다. 이 상태에서는 T2가 실행되어도 while 루프에서 Wait가 FALSE가 될 때까지 계속 대기하게 된다. T1은 문자열 출력을 무사히 끝내고 Wait를 FALSE로 변경하며 이때 대기하던 T2가 비로소 while 루프를 빠져나와 실행을 계속할 수 있다.

T2도 마찬가지로 제일 먼저 Wait를 TRUE로 바꾸어 전역변수 X를 독점적으로 차지하며 이 동안에는 T1도 대기 상태로 빈 루프만 돈다. 이렇게 두 스레드가 교대로 실행되는데 Wait=TRUE ~ Wait=FALSE 사이에 있는 코드에서는 전역변수 X가 항상 같은 값을 유지하게 된다. 출력 결과는 애초에 우리가 원하던대로이다.

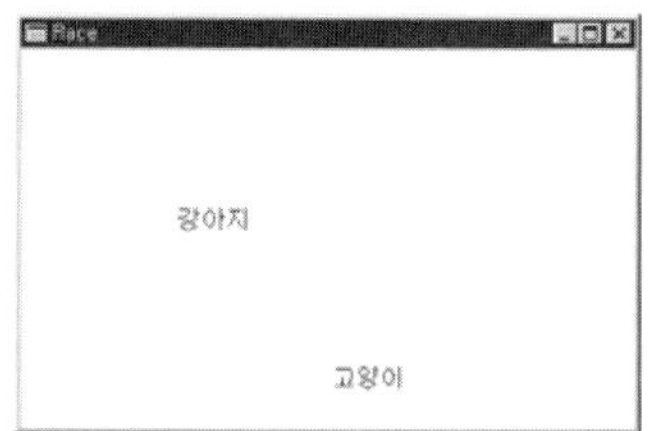

목적은 무난히 달성되었지만 이 예제는 아주 비효율적이다. 왜냐하면 스레드가 while(Wait==TRUE) {;} 루프를 실행하는 동안에도 계속 CPU 시간을 낭비하고 있기 때문이다. 루프 반복 회수를 100만 정도로 늘리고 Sleep을 제거하면 CPU 점유율은 100%까지 치솟을 것이다. 어차피 대기만 할 것이라면 자기에게 주어진 CPU시간을 더 바쁜 다른 스레드에게 양보하는 것이 훨씬 더 효율적이다. 또한 이 방법은 비효율적일 뿐만 아니라 100% 안전하지도 않은데 왜 그런지 다음 그림을 보자.

```
DWORD WINAPI ThreadFunc1(LPVOID Param)
{
    HDC hdc;
    hdc=GetDC(hWndMain);
    for (int i=0;i<100;i++) {
      while (Wait == TRUE) {;}
      Wait=TRUE;
      X=100;                    ──────────▶ ③
      Sleep(1);
      TextOut(hdc,X,100,"강아지",6);
      Wait=FALSE;               ──────────▶ ①
    }
    ReleaseDC(hWndMain, hdc);
    return 0;
}

DWORD WINAPI ThreadFunc2(LPVOID Param)
{
    HDC hdc;
    hdc=GetDC(hWndMain);
    for (int i=0;i<100;i++) {
      while (Wait == TRUE) {;}  ──────────▶ ②
      Wait=TRUE;
      X=200;
      Sleep(1);
      TextOut(hdc,X,200,"고양이",6);
      Wait=FALSE;
    }
    ReleaseDC(hWndMain, hdc);
    return 0;
}
```

T1의 Wait=FALSE 다음(①)에서 스위칭이 발생하면 T2가 제어를 받아 while 루프를 벗어나는데 이때 T2가 while 루프를 벗어난 직후, Wait를 TRUE로 바꾸기 직전(②)에 다시 스위칭이 발생했다고 해보자. 이렇게 되면 Wait가 아직 FALSE이기 때문에 T2가 while 루프를 벗어난 상황에서 T1도 while 루프의 다음으로 제어가 내려가게 될 것이다. 제어를 받은 T1이 X=100까지 실행한 후(③) 스위칭이 발생하면 이 대입은 다음번 T2가 다시 X에 200을 대입함으로써 무시될 것이고 동기화를 하기 전과 똑같은 문제가 발생한다.

이 예제가 안전하지 않은 이유는 while문과 Wait를 변경하는 문장이 한 묶음이 아니기 때문이다. while 루프를 벗어나 자신이 제어를 가지는 즉시 다른 스레드가 끼어들지 못하게 신속하게 Wait를 TRUE로 바꿔야 하는데 이 중간에 스위칭이 발생해 버리면 동기화의 목적을 이룰 수 없다. 물론 이 예제가 이런 증상을 보일 확률은 0에 가까우며 Sleep에 의해 항상 for 블록 선두에서 실행 시간을 받기 때문에 두 문장 실행중에 스위칭이 발생할 확률은 실제로 0라고 볼 수 있다.

그러나 실제 상황에서 Sleep이 없다면 이 두 문장이 반드시 묶음으로 실행된다는 것을 보장하지 못한다. 대기를 하는 문장과 다른 스레드를 블록시키는 문장이 더 이상 분리할 수 없는 원자성을 가지지 못하기 때문이다. 동기화를 위해 전역 변수를 사용하는 것은 효율상의 문제뿐만 아니라 100%의 안전을 보장할 수 없는 한계가 있으며 그래서 더 확실한 동기화 방법이 필요해진 것이다.

42-1-다. 크리티컬 섹션

운영체제가 지원하는 동기화 방법은 근본적으로 RaceWait 예제의 Wait 전역변수를 쓰는 방법과 유사하다. 즉 스레드가 실행될 수 있는 상황인가를 판단해서 조건이 맞을 때까지 대기한다. 게다가 전역변수를 쓰는 단순한 방법에 비해 훨씬 더 복잡한 상황에도 대처할 수 있으며 효율성에 있어서도 비교가 되지 않을 만큼 유리하다.

동기화 방법에는 여러 가지가 있는데 그 중에서 크리티컬 섹션이 가장 이해하기 쉽고 속도도 빠르다. 다만 동일한 프로세스 내에서만 사용해야 하는 제약이 있다. 크리티컬 섹션(Critical Section)을 번역하자면 "임계 구역" 또는 "치명적 영역"이라고 하겠으나 적당한 번역이 없으므로 그냥 원주민 말을 그대로 쓰기로 한다. 정의를 내리자면 공유 자원의 독점을 보장하는 코드의 한 영역이라고 할 수 있으며 RaceWait예제의 Wait = TRUE ~ Wait = FALSE 사이의 코드가 좋은 예이다. 다른 스레드에 의해 방해받지 말아야 할 작업을 할 때 이 영역을 크리티컬 섹션으로 둘러싸 놓으면 전역 자원의 독점권이 주어진다. 크리티컬 섹션은 다음 두 함수로 초기화 및 파괴한다.

VOID InitializeCriticalSection(LPCRITICAL_SECTION lpCriticalSection);
VOID DeleteCriticalSection(LPCRITICAL_SECTION lpCriticalSection);

둘 다 CRITICAL_SECTION형의 포인터를 인수로 요구하므로 CRITICAL_SECTION 형의 변수를 선언하여 전달하면 된다. 단 이 변수는 복수 개의 스레드가 참조해야 하므로 반드시 전역변수로 선언해야 한다. Wait 변수가 전역이어야 하는 이유와 동일하다. 전역변수를 선언한 후 이 데이터형을 요구하는 함수에게 포인터를 전달하기만 하면 된다.

CRITICAL_SECTION 데이터형은 크리티컬 섹션 함수가 공통으로 요구하는 타입인데 어떻게 선언되어 있는지는 굳이 알 필요가 없다. 헤더 파일을 뒤져보면 ULONG이라고 되어 있는데 내부적으로는 아마 구조체이겠지만 우리가 직접 그 멤버를 참조하거나 조작할 필요가 없으므로 그 구조를 알아봐야 좋을 것도 없고 공개되어 있지도 않다(Undocumented). 이런 비공개 데이터형을 불투명(Opaque) 타입이라고 하는데 공개하지 않음으로써 미래의 업그레이드를 쉽게 할 수 있다. 호기심이 왕성한 사람은 내부 구조가 궁금하겠지만 몰라도 전혀 상관없다. 함수끼리의 통신에 내부적으로 사용될 뿐이므로 이 변수를 직접 조작(복사, 대입)해서는 안 된다.

전역변수로 선언한 후 InitializeCriticalSection 함수로 초기화하면 이후부터 크리티컬 섹션을 사용할 수 있다. 물론 다 사용한 후(보통 프로세스 종료시)에 DeleteCriticalSection으로 파괴해야 한다. 다음 두 함수가 실제로 크리티컬 섹션을 구성하는 함수이다.

VOID EnterCriticalSection(LPCRITICAL_SECTION lpCriticalSection);
VOID LeaveCriticalSection(LPCRITICAL_SECTION lpCriticalSection);

보다시피 둘 다 CRITICAL_SECTION 형의 포인터를 인수로 취한다. 이 두 함수 사이의 코드가 바로 크리티컬 섹션이 된다. 다음과 같이 보호될 코드를 두 함수로 감싼다.

```
EnterCriticalSection(&crit);
// 이 사이에서 공유 자원을 안전하게 액세스한다.
LeaveCriticalSection(&crit);
```

EnterCriticalSection 함수는 이 코드가 크리티컬 섹션을 소유하도록 하며 이후부터 다른 스레드는 같은 크리티컬 섹션에 들어올 수 없다. 만약 EnterCriticalSection이 호출될 때 이미 다른 스레드가 크리티컬 섹션에 들어와 있으면 이 함수는 크리티컬 섹션이 해제(LeaveCriticalSection)될 때까지 안전하게 대기한다. 그럼 이제 크리티컬 섹션을 사용한 RaceCrit예제를 만들어 보자.

예 제 : RaceCrit

```
int X;
CRITICAL_SECTION crit;
DWORD WINAPI ThreadFunc1(LPVOID Param)
{
    HDC hdc;
    hdc=GetDC(hWndMain);
    for (int i=0;i<100;i++) {
        EnterCriticalSection(&crit);
        X=100;
        Sleep(1);
        TextOut(hdc,X,100,"강아지",6);
        LeaveCriticalSection(&crit);
    }
    ReleaseDC(hWndMain, hdc);
    return 0;
}

DWORD WINAPI ThreadFunc2(LPVOID Param)
{
    HDC hdc;
    hdc=GetDC(hWndMain);
    for (int i=0;i<100;i++) {
        EnterCriticalSection(&crit);
        X=200;
        Sleep(1);
        TextOut(hdc,X,200,"고양이",6);
        LeaveCriticalSection(&crit);
    }
    ReleaseDC(hWndMain, hdc);
    return 0;
}

LRESULT CALLBACK WndProc(HWND hWnd,UINT iMessage,WPARAM wParam,LPARAM lParam)
{
    DWORD ThreadID;
    HANDLE hThread;

    switch (iMessage) {
    case WM_CREATE:
        InitializeCriticalSection(&crit);
        hWndMain=hWnd;
        return 0;
    case WM_LBUTTONDOWN:
        hThread=CreateThread(NULL, 0, ThreadFunc1, NULL, 0, &ThreadID);
        CloseHandle(hThread);
        hThread=CreateThread(NULL, 0, ThreadFunc2, NULL, 0, &ThreadID);
        CloseHandle(hThread);
```

```
        return 0;
    case WM_DESTROY:
        DeleteCriticalSection(&crit);
        PostQuitMessage(0);
        return 0;
    }
    return(DefWindowProc(hWnd,iMessage,wParam,lParam));
}
```

전역변수 crit가 선언되어 있으며 WM_CREATE에서 초기화하고 WM_DESTORY에서 파괴하였다. WndProc의 나머지 코드는 Race 예제와 동일하다. 두 스레드는 크리티컬 섹션을 Enter~(이하 약칭) 함수와 Leave~ 함수로 둘러싸 공유 자원인 X에 대한 액세스를 보호한다. 실행 결과는 RaceWait 예제와 정확하게 동일하다.

T1, T2 둘 다 crit 크리티컬 섹션을 가지고 있고 양쪽 다 전역변수 X를 보호한다. T1이 먼저 실행되었다면 Enter함수가 호출될 때 T1이 크리티컬 섹션을 소유한다. 이 경우 T2는 Enter함수에 의해 대기되므로 크리티컬 섹션에 들어갈 수 없다. 따라서 T1은 전역 자원 X의 독점권을 가진 상태에서 X를 안전하게 액세스할 수 있다. T1이 작업을 마치고 Leave를 호출하여 크리티컬 섹션을 벗어나면 비로소 T2는 크리티컬 섹션으로 들어가게 되는데 이때 T1은 더 이상 X를 액세스할 수 없게 된다.

사용하는 논리는 RaceWait예제의 Wait 전역변수와 완전히 동일하다. 그러나 Enter 함수가 대기할 때 할당된 CPU 시간을 즉시 포기함으로써 다른 스레드에게 실행 시간을 양보하며 그래서 while 루프로 무작정 대기하는 것보다는 훨씬 더 효율적이다. 또한 크리티컬 섹션 점검과 상태 변경이 한 묶음이므로 이 작업을 하는 동안에는 절대로 스위칭이 발생하지 않는다.

만약 전역변수 X를 사용하는 곳이 세 군데 이상이라면 어떻게 할까? 그러면 개수에 상관없이 보호되어야 할 영역을 Enter ~ Leave로 싸면 된다. 크리티컬 섹션이 몇 개인가에 상관없이 오로지 하나의 스레드만 같은 크리티컬 섹션에 진입할 수 있다. 그렇다면 만약 보호되어야 할 전역변수가 여러 개라면 어떻게 할까? 이 경우 필요한만큼 크리티컬 섹션을 만들면 된다.

```
CRITICAL_SECTION crit1;
CRITICAL_SECTION crit2;

ThreadFunc1
......
EnterCriticalSection(&crit1);
// 공유 자원 1을 액세스한다.
LeaveCriticalSection(&crit1);

EnterCriticalSection(&crit2);
// 공유 자원 2를 액세스한다.
LeaveCriticalSection(&crit2);
.....
```

물론 ThreadFunc2도 마찬가지로 작성한다. 세 개 이상인 경우도 필요한 만큼 크리티컬 섹션을 만들어 쓸 수 있다. 한 가지 주의할 점은 크리티컬 섹션에 일단 들어간 후는 반드시 그것도 가급적 빨리 Leave를 호출해야 한다는 점이다. 만약 이 함수를 호출하지 않고 스레드를 빠져나와 버리면 이후부터 다른 스레드는 이 크리티컬 섹션에 들어갈 수 없을 것이다. 실수로 이 함수 호출문을 빼먹는 경우야 없겠지만 크리티컬 섹션에서 예외가 발생하여 Leave함수가 호출되지 못하는 사고가 발생하는 경우가 있을 수 있다. 그래서 크리티컬 섹션을 쓸 때는 반드시 구조적 예외 처리 구문에 포함시키는 것이 좋다.

```
__try {
    EnterCriticalSection(&crit);
    ....
}
__finally {
    LeaveCriticalSection(&crit);
}
```

이렇게 하면 설사 예외가 발생하더라도 Leave 함수는 반드시 호출되므로 훨씬 더 안전하다.

42-1-라. 교착 상태

교착 상태(deadlock)란 대기 상태가 종료되지 않아 무한정 대기만 하는 비정상적인 상태이다. Enter 함수는 다른 스레드가 크리티컬 섹션을 소유하고 있으면 대기 상태로 들어간다. Enter에서 대기중인 스레드는 Enter 밑의 코드를 실행할 수 없으므로 스스로 대기 상태를 풀 수 없다. 이 대기 상태는 스레드 외부에서 풀어 주어야 하는데 만약 논리적인 오류로 대기 상태를 풀지 못하면 교착 상태가 된다.

앞에서 만들었던 RaceWait예제를 조금 수정해 보자. 이 예제에서 전역변수로 선언된 Wait의 초기값을 TRUE로 변경해 놓고 실행하면 바로 교착 상태가 된다. 왜냐하면 T1, T2 둘 다 이 변수가 FALSE가 될 때를 기다리고 있기 때문이다. 외부에서 Wait를 FALSE로 바꾸는 코드가 전혀 없기 때문에 이 두 스레드는 결코 대기 상태를 종료할 수 없는 교착 상태가 된다. 다행히 주 스레드는 살아있으므로 프로세스를 종료하면 스레드를 강제 종료할 수는 있다.

이런 어처구니없는 실수로 교착상태가 발생할 리는 없을 것이다. 교착 상태는 보통 둘 이상의 동기화 방법이 서로 얽혀서 발생한다. 다음 코드를 보자.

```
ThreadFunc1
......
EnterCriticalSection(&crit1);       ①
EnterCriticalSection(&crit2);       ③
// 공유 자원 2를 액세스한다.
LeaveCriticalSection(&crit2);
LeaveCriticalSection(&crit1);
.....
ThreadFunc2
......
EnterCriticalSection(&crit2);
EnterCriticalSection(&crit1);       ②
// 공유 자원 2를 액세스한다.
LeaveCriticalSection(&crit1);
LeaveCriticalSection(&crit2);
.....
```

T1이 ①을 실행하다가 스위칭이 발생했다고 하자. 이때 T1은 이미 crit1을 소유한 상태이다. T2가 제어권을 받았을 때는 ②에서 실행을 멈춘다. 왜냐하면 crit1을 이미 다른 스레드가 소유했기 때문에 대기 상태로 들어가야 하기 때문이다. 다시 T1이 제어권을 받았을 때는 ③에서 교착 상태가 된다. T1은 crit2를 기다리게 되고 T2는 crit1을 기다리는 상태가 되므로 둘 중 어느 하나도 더 이상 진행을 하

지 못하고 무한 대기만 하는 것이다.

이런 간단한 경우는 크리티컬 섹션의 순서를 바꿈으로써 쉽게 문제를 해결할 수 있지만 실전에서 발생하는 교착 상태는 이보다 훨씬 더 복잡한 형태를 띠며 때로는 프로그램의 알고리즘을 수정해야만 문제를 해결할 수 있는 골치아픈 경우를 만나기도 한다. 애초부터 이런 문제를 피해갈 수 있다면 좋겠지만 웬만큼 해박한 경험을 가지고 있지 않으면 교착 상태를 예견하기란 쉽지 않을 것이다.

42-1-마. 인터락 함수

이번에는 스레드가 경쟁 상태가 될 수 있는 좀 다른 경우를 보자. 두 스레드가 하나의 전역 변수를 각각 증가시키는 아주 단순한 예제 코드이다.

```
int hyoree=0;

Thread1()
{
    hyoree++;
    return 0;
}

Thread2()
{
    hyoree++;
    return 0;
}
```

최초 hyoree 전역 변수는 0으로 초기화되었고 두 스레드가 각각 이 값을 1씩 증가시킨다. 두 스레드를 한 번씩 실행했을 때 hyoree는 2가 된다고 할 수 있을까? 대부분의 경우에는 그렇겠지만 극단적인 상황에서는 그렇지 않을 수도 있다. 왜냐하면 변수의 값을 증가시키는 ++연산자가 어셈블리 수준에서는 한 묶음이 아니기 때문이다. 즉, 원자성이 없다. CPU는 C언어를 모르며 컴파일러가 컴파일해 놓은 기계어를 실행하기 때문에 증가 연산 중에도 스위칭이 발생할 수 있다. 이 코드를 어셈블리로 바꾸어 내부를 들여다 보자.

```
int hyoree=0;

Thread1()
{
    MOV EAX,[hyoree]
    INC EAX                 ①
    MOV [hyoree],EAX
    return 0;
}

Thread2()
{
    MOV EAX,[hyoree]
    INC EAX
    MOV [hyoree],EAX        ②
    return 0;
}
```

임의 번지에 들어있는 값을 한 번에 증가시키는 기계어 명령은 없기 때문에 메모리의 값을 EAX 레지스터에 일단 읽어오고 EAX를 증가시킨 후 다시 메모리에 대입하도록 컴파일된다. T1이 EAX에 값을 읽고 증가시킨 후 ①번 위치에서 스위칭이 발생했다고 해 보자. T2에서는 읽기, 증가, 대입까지 하고 ②번 위치에서 스위칭되어 다시 ①번 위치로 돌아갔다. 이때 T1이 증가시킨 EAX를 다시 [hyoree]에 대입해 버리면 T2가 증가시킨 동작은 취소되는 것과 같아진다.

스위칭이 발생할 때 레지스터의 값은 물론 온전히 보존된다. 그러나 공유하고 있는 메모리 영역까지 보존하는 것은 아니므로 계산중에 스위칭된 경우는 다른 스레드에서 변경한 값을 다시 써 버리는 문제점이 있다. 이런 문제점을 해결하려면 증가 연산문 hyoree++을 크리티컬 섹션으로 싸 주든가 아니면 별도의 증가 함수를 사용해야 한다. 멀티 스레드에서 안전하게 변수값을 조작하는 함수를 인터락 함수라고 부르며 다음과 같은 것들이 있다.

```
LONG InterlockedIncrement( IN PLONG Addend );
LONG InterlockedDecrement( IN PLONG Addend );
LONGLONG InterlockedIncrement64(LONGLONG volatile* Addend);
LONGLONG InterlockedDecrement64(LONGLONG volatile* Addend);
```

InterlockedIncrement 함수는 Addend 변수의 값을 증가시키는 동안 스위칭이 발생하지 않도록 함으로써 스레드간에 공유하는 변수를 안전하게 증가시킨다. InterlockedDecrement 함수는 변수의 값을 감소시키며 뒤에 64가 붙은 함수는 64비트 정수를 증감시킨다. 이 함수들이 어떤 식으로 스위칭을 금지하는가는 플랫폼마다 구현이 다른데 인텔 계열 CPU는 메모리에 락을 거는 기법을 사용하며 알파 CPU는 CPU의 특정 비트를 세트하여 스위칭을 잠시 금지하는 기법을 쓴다. 어쨌든 이 함수들을 사용하면 증가, 감소 연산이 한 묶음으로 안전하게 실행된다. 다음 세 함수는 값을 대입하거나 증감시킨다.

```
LONG InterlockedExchange( IN OUT PLONG Target, IN LONG Value );
LONG InterlockedExchangeAdd( IN OUT PLONG Addend, IN LONG Value );
LONG InterlockedCompareExchange( IN OUT PLONG Destination, IN LONG Exchange, IN
   LONG Comparand );
```

InterlockedExchange 함수는 Target에 Value를 대입하며 이전값을 리턴한다. 함수명에 Exchange라는 단어가 들어 있지만 실제로는 대입을 하며 이 함수의 동작을 간단히 설명하자면 Target = Value이되 이 대입이 다른 스레드에 의해 방해받지 않도록 한다. InterlockedExchangeAdd 함수는 Target += Value; 라고 이해하면 쉽다. Value에 음수를 주면 뺄셈도 가능하다. InterlockedCompareExchange는 Destination이 Comparand와 같을 경우 Exchange를 대입한다. C코드로 기술하면 if(Destination == Comparand) Destination = Exchange; 와 같되 전체의 동작이 원자성을 가진다.

세 함수 모두 포인터 버전과 64비트 버전도 존재한다. 64비트 버전은 LONGLONG 타입을 인수로 취하므로 64비트 정수에 대해 대입, 증감을 할뿐 32비트와 동작은 동일하다. 포인터 버전은 PVOID형을 인수로 취하는데 PVOID라는 타입 자체가 플랫폼에 종속적이므로 32비트 시스템에서는 32비트값을 다루고 64비트에서는 64비의 값을 다룬다. 포인터를 안전하게 그리고 플랫폼에 상관없이 증감시키려면 이 함수를 사용해야 한다.

변수값을 하나 증가시키는데도 이런 특별한 함수를 사용해야 한다면 멀티 스레드는 너무 너무 어려운 기술처럼 느껴질 것이다. 그러나 다행히 공유 자원, 즉 전역 변수일 때만 이런 처리가 필요하며 지역 변수는 단순한 연산자로 직접 증가, 대입해도 안전하다. 공유되는 전역 변수를 조작할 때, 그것도 읽을 때는 상관없고 변경할 때만 이 함수를 사용하면 되는데 사실 그것보다 더 좋은 방법은 스레드끼리 통신할 때는 가급적 전역 변수를 쓰지 않는 것이다.

여기까지 아주 기초적인 동기화 방법에 대해서 알아보았는데 대충 생각해도 동기화가 어려운 기술임을 직감적으로 느낄 수 있을 것이다. 상황 판단도 어렵고 해결 방법도 난해하고 게다가 디버거의 도움을 받기도 힘들다. 지금 여러분들이 막연하게 느끼는 그 어려움보다 열 배는 더 어렵다. 동기화의 난해함을 이렇게 강조하는 이유는 단순히 겁을 주자는 의도가 아니라 배울 때 원리를 제대로 배워야 함을 강조하기 위해서이다.

42-2 뮤텍스

42-2-가. 동기화 객체

동기화 객체(Synchronization Object)란 말 그대로 동기화에 사용되는 객체이다. 프로세스, 스레드처럼 커널 객체이며 프로세스 한정적인 핸들을 가진다. 반면 앞에서 살펴본 Wait는 단순한 변수에 불과하며 크리티컬 섹션도 구조체일 뿐이지 커널 객체는 아니다. 동기화 객체는 유저 모드에서 동작하는 크리티컬 섹션보다 느리기는 하지만 훨씬 더 복잡한 동기화에 사용될 수 있다. 동기화 객체는 일정 시점에서 다음 두 가지 상태중 한 상태를 가진다.

- 신호상태(Signaled) : 스레드의 실행을 허가하는 상태이다. 신호상태의 동기화 객체를 가진 스레드는 계속 실행할 수 있다. 신호등의 파란불에 비유할 수 있다.
- 비신호상태(Nonsignaled) : 스레드의 실행을 허가하지 않는 상태이며 신호상태가 될 때까지 스레드는 블록된다. 신호등의 빨간 불에 비유할 수 있다.

동기화 객체는 대기 함수와 함께 사용되는데 대기 함수(Wait Function)는 일정한 조건에 따라 스레드의 실행을 블록하거나 실행을 허가하는 함수이다. 여기서 일정한 조건이란 주로 동기화 객체의 신호 여부가 된다. 몇 가지 부류의 대기 함수들이 있는데 다음 함수가 대표적이다. 나머지 대기 함수들에 대해서는 잠시 후에 별도로 알아볼 것이다.

DWORD WaitForSingleObject(HANDLE hHandle, DWORD dwMilliseconds);

이 함수는 hHandle이 지정하는 하나의 동기화 객체가 신호상태가 되기를 기다린다. dwMilliseconds 인수는 타임 아웃 시간을 1/1000초 단위로 지정하는데 이 시간이 경과하면 설사 동기화 객체가 비신호상태이더라도 즉시 리턴함으로써 무한 대기를 방지한다. 타임 아웃을 INFINITE로 지정하면 신호상태가 될 때까지 무한정 대기한다. WaitForSingleObject 함수는 동기화 객체가 신호상태가 되거나 타임 아웃 시간이 경과할 때까지 스레드의 실행을 블록하는 역할을 한다고 정리할 수 있다. 이 함수의 리턴값을 검사해 보면 어떤 이유로 대기상태를 종료했는지를 알 수 있다.

값	설명
WAIT_OBJECT_0	hHandle 객체가 신호상태가 되었다.
WAIT_TIMEOUT	타임 아웃 시간이 경과하였다.
WAIT_ABANDONED	포기된 뮤텍스

WaitForSingleObject 함수는 리턴하기 전에 hHandle 동기화 객체의 상태를 변경한다. 어떻게 변경하

는가는 동기화 객체에 따라 조금씩 다른데 쉽게 생각한다면 신호상태의 동기화 객체를 비신호상태로 바꾼다고 할 수 있다. 그래서 일단 한 스레드가 동기화 객체를 소유하면 동기화 객체는 비신호상태가 되므로 다른 스레드가 이 객체를 중복하여 소유하지 못한다.

42-2-나. 뮤텍스

뮤텍스는 크리티컬 섹션과 여러 가지 면에서 비슷하므로 크리티컬 섹션이 쓰이는 곳에 대신 사용될 수 있다. 그러나 이름을 가짐으로써 프로세스간에도 사용할 수 있다는 점에서 크리티컬 섹션보다는 더 우월한 존재라고 할 수 있는데 그만큼 속도는 느리다. 만약 같은 프로세스내의 스레드끼리만 동기화한다면 크리티컬 섹션이 속도면에서는 더 유리하지만 현실적으로 이 속도차는 큰 의미가 없다.

Mutex라는 이름은 Mutual Exclusion의 준말인데 두 스레드가 동시에 소유할 수 없다는 뜻이며 한국어로 "상호배제"라고 번역하기도 한다. 뮤텍스는 오직 한 스레드에 의해서만 소유될 수 있으며 일단 어떤 스레드에게 소유되면 비신호상태가 된다. 반대로 어떤 스레드에도 소유되어 있지 않은 상태라면 신호상태가 된다. 뮤텍스를 사용하려면 다음 함수로 먼저 생성해야 한다. 이 함수는 뮤텍스를 생성한 후 그 핸들을 리턴한다.

HANDLE CreateMutex(LPSECURITY_ATTRIBUTES lpMutexAttributes, BOOL bInitialOwner, LPCTSTR lpName);

보안속성을 지정하는 첫 번째 인수는 대개의 경우 NULL로 준다. bInitialOwner는 뮤텍스를 생성함과 동시에 소유할 것인지를 지정하는데 이 값이 TRUE이면 이 함수를 호출한 스레드가 뮤텍스를 소유하며 비신호상태로 생성됨으로써 다른 스레드는 이 뮤텍스를 소유할 수 없게 된다. 이 인수가 FALSE이면 최초로 대기 함수를 호출하는 함수가 이 뮤텍스를 소유하는데 동기화 주체가 아닌 스레드에서 뮤텍스를 생성할 때는 통상 FALSE이다.

마지막 인수는 뮤텍스의 이름을 지정하는 문자열이다. 뮤텍스는 프로세스끼리의 동기화에도 사용되므로 이름을 가지는데 이 이름은 프로세스간에 뮤텍스를 공유할 때 사용된다. 커널 객체들은 이런 식으로 문자열로 된 이름을 가짐으로써 공유 가능하다. 뮤텍스에 이름이 있을 경우 다른 프로세스가 뮤텍스의 이름만 알면 다음 함수로 뮤텍스의 핸들을 얻을 수 있다. 또는 같은 이름으로 CreateMutex를 한 번 더 호출해도 된다.

HANDLE OpenMutex(DWORD dwDesiredAccess, BOOL bInheritHandle, LPCTSTR lpName);

이때 OpenMutex 함수가 리턴하는 뮤텍스 핸들은 원래의 뮤텍스를 가리키지만 핸들값은 원래의 핸들값과 다른 프로세스 한정적 핸들이다. CreateMutex나 OpenMutex 함수가 지정하는 뮤텍스의 이름은 시스템 전역적으로 유일하게 하나의 뮤텍스를 가리킨다. 마치 프로세스의 ID가 시스템 전역적으로 유일한 것과 마찬가지다. 동일 프로세스 내에서만 뮤텍스를 사용한다면 뮤텍스의 이름을 줄 필요는 없으며 CreateMutex 함수의 세 번째 인수에는 NULL을 지정하면 된다.

생성한 뮤텍스를 파괴할 때는 모든 커널 객체와 마찬가지로 CloseHandle 함수를 사용한다. CloseHandle은 뮤텍스 핸들을 닫으며 만약 이 핸들이 대상 뮤텍스를 가리키는 마지막 핸들이라면 뮤텍스 객체도 파괴한다. 뮤텍스는 스스로 카운트를 관리하며 모든 핸들이 닫힐 때 객체도 닫힌다.

일단 뮤텍스가 생성되면 대기 함수에서 이 뮤텍스를 사용할 수 있다. 대기 함수는 뮤텍스가 신호상태가 될 때까지 대기한다. 뮤텍스가 신호상태가 되면 대기 함수는 즉시 뮤텍스를 비신호상태로 만들어 같은 뮤텍스를 대기하는 다른 스레드를 블록시킨다. 그래서 뮤텍스를 소유한 스레드는 전역 자원을 독점적으로 안전하게 액세스할 수 있다. 비신호상태의 뮤텍스를 다시 신호상태로 만들 때는 다음 함수를 호출한다.

BOOL ReleaseMutex(HANDLE hMutex);

이 함수는 해당 스레드의 뮤텍스 소유를 해제하여 다른 스레드가 이 뮤텍스를 가질 수 있도록 한다. 당연한 얘기지만 이 함수는 뮤텍스를 소유한 스레드만 호출할 수 있다. 다음 예제는 Race 예제를 뮤텍스로 풀어본 것이다.

예 제 : RaceMutex

```
int X;
HANDLE hMutex;
DWORD WINAPI ThreadFunc1(LPVOID Param)
{
    HDC hdc;
    hdc=GetDC(hWndMain);
    for (int i=0;i<100;i++) {
        WaitForSingleObject(hMutex, INFINITE);
        X=100;
        Sleep(1);
        TextOut(hdc,X,100,"강아지",6);
        ReleaseMutex(hMutex);
    }
    ReleaseDC(hWndMain, hdc);
    return 0;
}

DWORD WINAPI ThreadFunc2(LPVOID Param)
{
    HDC hdc;
    hdc=GetDC(hWndMain);
    for (int i=0;i<100;i++) {
        WaitForSingleObject(hMutex, INFINITE);
        X=200;
        Sleep(1);
        TextOut(hdc,X,200,"고양이",6);
        ReleaseMutex(hMutex);
    }
    ReleaseDC(hWndMain, hdc);
    return 0;
}

LRESULT CALLBACK WndProc(HWND hWnd,UINT iMessage,WPARAM wParam,LPARAM lParam)
{
    DWORD ThreadID;
    HANDLE hThread;

    switch (iMessage) {
    case WM_CREATE:
        hMutex=CreateMutex(NULL, FALSE, NULL);
        hWndMain=hWnd;
        return 0;
```

```
    case WM_LBUTTONDOWN:
        hThread=CreateThread(NULL, 0, ThreadFunc1, NULL, 0, &ThreadID);
        CloseHandle(hThread);
        hThread=CreateThread(NULL, 0, ThreadFunc2, NULL, 0, &ThreadID);
        CloseHandle(hThread);
        return 0;
    case WM_DESTROY:
        CloseHandle(hMutex);
        PostQuitMessage(0);
        return 0;
    }
    return(DefWindowProc(hWnd,iMessage,wParam,lParam));
}
```

주 스레드의 WM_CREATE에서 CreateMutex 함수로 뮤텍스를 생성했다. 같은 프로세스 내에서 사용할 것이므로 이름은 줄 필요 없으며 주 스레드가 이 뮤텍스를 사용하는 것이 아니므로 초기에 주 스레드가 뮤텍스를 소유할 필요는 없다. 따라서 뮤텍스는 최초 신호상태로 생성되며 뮤텍스를 기다리는 어떤 스레드든지 이 뮤텍스를 가질 수 있다. 먼저 실행되는 스레드가 이 뮤텍스를 가지게 되는데 누가 먼저 실행될 지는 예측할 수 없다. WM_DESTROY에서는 CloseHandle로 뮤텍스를 닫는다.

스레드 함수에서는 전역 자원을 액세스하기 전에 hMutex와 함께 대기 함수를 호출한다. WaitForSingleObject 함수는 hMutex가 신호상태일 때 이 뮤텍스를 소유하며 즉시 비신호상태로 만들어 버린다. T1이 먼저 hMutex를 소유했다면 T2는 이 뮤텍스가 다시 신호상태가 될 때까지 무한정 대기(Block)할 것이다. T1은 전역 자원의 액세스를 마친 후 ReleaseMutex 함수로 뮤텍스를 다시 신호상태로 만드는데 그러면 이번에는 T2가 뮤텍스를 소유하게 되고 T1이 뮤텍스를 대기한다. 이런 식으로 두 스레드가 뮤텍스를 번갈아가며 소유하므로 전역 자원 액세스를 상호 간섭하지 않는다.

소스를 읽어보면 크리티컬 섹션 예제와 별로 틀리지 않다. Enter ~ Leave가 Wait ~ Release로 바뀐 것만 다를 뿐이며 두 동기화 방법은 상호 대체성이 있다. 다만 이름이 있는가 아닌가에 따라 프로세스간의 동기화에도 사용 가능한가 아닌가만 다를 뿐이다.

42-2-다. 대기 함수

스레드를 동기화하는 주요 수단은 동기화 객체와 대기 함수이다. 동기화 객체들에 대해서는 천천히 하나둘씩 알아볼 것이고 여기서는 대기 함수에 대해 약간 정리를 해 보자. 대기 함수는 다음과 같은 세 가지 특징을 가진다.

① 대기 함수는 스레드의 실행을 블록하여 대기시키는 역할을 한다. 여기서 블록(Block)한다는 말은 조건을 만족할 때까지 실행하지 못하게 한다는 뜻이다. 블록 조건은 대기 함수에 따라 다르다.

② 대기 중에는 CPU 시간을 거의 소비하지 않음으로써 효율적으로 대기한다. 전역 변수 Wait를 쓰는 방법에 비해 대기 효율이 아주 좋다.

③ 대기를 풀면서 동기화 객체의 상태를 변경한다. 어떻게 변경하는가는 동기화 객체에 따라 달라지는데 보통 비신호상태로 만들어 다른 스레드의 실행을 블록한다.

앞서 실습에서 우리는 WaitForSingleObject라는 가장 기본적인 대기 함수에 대해 알아보았는데 이

외에도 대기 함수에는 아주 많은 종류가 있다. 나머지 대기 함수들은 관련된 부분에서 다시 알아보기로 하고 일단은 다음 함수 하나를 더 알아두자.

DWORD WaitForMultipleObjects(DWORD nCount,CONST HANDLE *lpHandles,BOOL fWaitAll,DWORD dwMilliseconds);

WaitForSingleObject가 하나의 동기화 객체를 기다리는 대기 함수인 데 비해 이 함수는 복수 개의 동기화 객체를 대기할 수 있다. 대기하는 동기화 객체의 핸들 배열을 작성한 후 lpHandles 인수로 배열의 포인터를 전달하며 nCount로 배열의 크기, 즉 동기화 객체의 개수를 넘겨준다. fWaitAll이 TRUE이면 모든 동기화 객체가 신호상태가 될 때까지 대기하며 FALSE이면 그 중 하나라도 신호상태가 되면 대기상태를 종료한다. 즉 이 인수는 AND 대기인가 OR 대기인가를 지정하는 것이다. 두 개 이상의 스레드가 작업을 완료할 때까지 대기하거나 또는 둘 중 하나라도 먼저 작업을 마칠 때까지 대기하고자 할 때 이 함수를 사용한다. 마지막 인수는 WaitForSingleObject와 마찬가지로 타임아웃 값이다.

리턴값의 의미는 경우에 따라 달라진다. 일단 WAIT_TIMEOUT은 지정한 시간이 경과했다는 뜻이다. bWaitAll이 TRUE인 경우 WAIT_OBJECT_0이 리턴되면 모든 동기화 객체가 신호상태가 되었다는 뜻이며 bWaitAll이 FALSE인 경우 lpHandles 배열에서 신호상태가 된 동기화 객체의 인덱스를 리턴한다. 이 경우 lpHandles[리턴값-WAIT_OBJECT_0] 식으로 신호상태가 된 동기화 객체의 핸들을 구할 수 있다.

실제 이 대기 함수가 사용되는 예를 보이자면 스레드를 최소한 다섯 개 정도는 만들어야 하므로 너무 거대할 것이다. 그래서 여기서는 간단한 개념적인 예만 들어 보기로 한다. 다음 그림은 일련의 스레드가 어떤 복잡한 작업 과정을 분담해서 처리할 때 각 스레드가 이전 단계의 스레드와 동기화하기 위해 어떤 대기 함수를 사용하는 것이 적절한가를 보여준다.

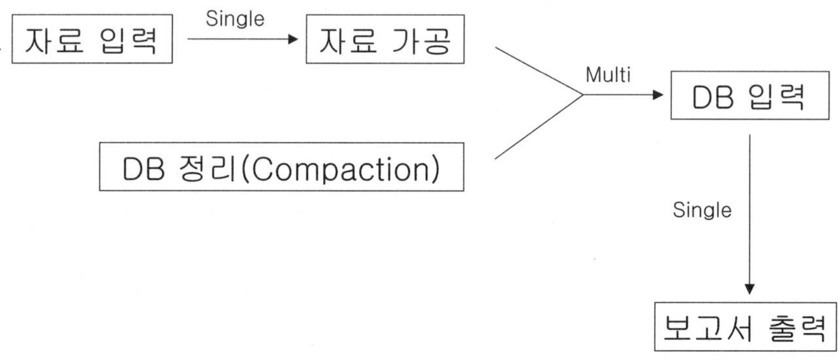

자료를 입력받는 스레드가 있고 입력된 자료를 가공하는 스레드가 있는데 자료 가공 스레드는 입력이 완료될 때까지 기다려야 하므로 이때는 WaitForSingleObject 함수로 자료 입력 스레드의 신호를 기다려야 한다. 이 두 스레드가 실행중일 때 또 다른 한편에서는 데이터 베이스를 정리하는 스레드가 실행되고 있으며 이 두 작업이 모두 완료될 때 가공된 자료를 데이터 베이스에 입력하는 스레드가 실행되어야 한다.

이때 DB 입력 스레드는 자료 가공, DB 정리 스레드가 모두 완료되어야만 실행을 할 수 있으므로 WaitForMultipleObjects 함수로 두 스레드를 동시에 대기해야 한다. 마지막으로 입력된 자료를 보고서로 출력하는 스레드는 DB 입력 스레드가 작업을 완료할 때까지 기다려야 하는데 이때는 한 개의 스레드만 대기하면 되므로 WaitForSingleObject 함수로 대기하면 된다.

42-2-라. 프로세스간의 동기화

뮤텍스는 이름이 있으므로 프로세스간의 동기화에도 사용할 수 있다. 그런데 실제로 이런 예제를 만들어 보려면 외부의 하드웨어나 파일 등이 필요하고 복수 개의 프로젝트를 만들어야 하므로 상황 설정이 너무 어렵다. 전역 변수는 프로세스끼리 공유할 수 있는 예가 아니므로 이런 예제는 아무리 간단해도 근본적으로 난해할 수 밖에 없다. 그래서 개념만 파악할 수 있는 쉬운 예제를 만들어 보았다.

다음 예제는 뮤텍스를 사용하여 한 번만 실행되는 프로그램이다. 같은 프로그램의 두 인스턴스끼리, 그러니까 결국 다른 프로세스끼리 하나의 뮤텍스를 사용하여 서로를 동기화한다. 윈도우즈는 한 프로그램의 여러 인스턴스를 허용하지만 한 번만 실행되어야 하거나 두 번 실행될 필요가 없는 프로그램들이 생각보다 훨씬 더 많다. 음악 연주, 동영상 재생 등 동시에 둘을 실행하는 것이 의미가 없거나 디바이스 드라이버, 서비스 류의 프로그램은 두 번 실행되어서는 안된다. 이런 프로그램을 만들 때 뮤텍스가 흔히 사용된다.

예 제 : OnceMutex

```
#include <windows.h>

LRESULT CALLBACK WndProc(HWND,UINT,WPARAM,LPARAM);
HINSTANCE g_hInst;
HWND hWndMain;
LPCTSTR lpszClass=TEXT("OnceMutex");

int APIENTRY WinMain(HINSTANCE hInstance,HINSTANCE hPrevInstance
      ,LPSTR lpszCmdParam,int nCmdShow)
{
    HWND hWnd;
    MSG Message;
    WNDCLASS WndClass;
    g_hInst=hInstance;
    HANDLE hMutex;

    hMutex=CreateMutex(NULL,FALSE,"OnceMutex");
    if (GetLastError() == ERROR_ALREADY_EXISTS) {
        CloseHandle(hMutex);
        MessageBox(NULL, "이미 다른 인스턴스가 실행중입니다.","알림",MB_OK);
        return 0;
    }

    WndClass.cbClsExtra=0;
    WndClass.cbWndExtra=0;
    WndClass.hbrBackground=(HBRUSH)(COLOR_WINDOW+1);
    WndClass.hCursor=LoadCursor(NULL,IDC_ARROW);
    WndClass.hIcon=LoadIcon(NULL,IDI_APPLICATION);
    WndClass.hInstance=hInstance;
    WndClass.lpfnWndProc=WndProc;
    WndClass.lpszClassName=lpszClass;
    WndClass.lpszMenuName=NULL;
    WndClass.style=CS_HREDRAW | CS_VREDRAW;
    RegisterClass(&WndClass);
```

```
    hWnd=CreateWindow(lpszClass,lpszClass,WS_OVERLAPPEDWINDOW,
        CW_USEDEFAULT,CW_USEDEFAULT,CW_USEDEFAULT,CW_USEDEFAULT,
        NULL,(HMENU)NULL,hInstance,NULL);
    ShowWindow(hWnd,nCmdShow);

    while (GetMessage(&Message,NULL,0,0)) {
        TranslateMessage(&Message);
        DispatchMessage(&Message);
    }
    CloseHandle(hMutex);
    return (int)Message.wParam;
}

LRESULT CALLBACK WndProc(HWND hWnd,UINT iMessage,WPARAM wParam,LPARAM lParam)
{
    HDC hdc;
    PAINTSTRUCT ps;
    TCHAR *Mes="이 프로그램은 한 번만 실행됩니다";

    switch (iMessage) {
    case WM_CREATE:
        hWndMain=hWnd;
        return 0;
    case WM_PAINT:
        hdc=BeginPaint(hWnd, &ps);
        TextOut(hdc,50,50,Mes,lstrlen(Mes));
        EndPaint(hWnd, &ps);
        return 0;
    case WM_DESTROY:
        PostQuitMessage(0);
        return 0;
    }
    return(DefWindowProc(hWnd,iMessage,wParam,lParam));
}
```

WndProc에는 별다른 코드가 없고 WinMain에 주요 코드가 다 포함되어 있다. WinMain의 선두에서 "OnceMutex"라는 이름으로 뮤텍스를 만들었다. 처음 만들었다면 아무 에러 없이 뮤텍스가 생성될 것이다. 그리고 프로그램은 실행되며 마지막으로 메시지 루프를 빠져나오면서 뮤텍스를 파괴한다. WinMain의 처음에서 뮤텍스를 생성하고 마지막에 파괴하므로 이 프로세스가 실행중인 동안은 "OnceMutex" 객체가 존재하는 셈이다.

첫 번째 프로세스가 실행중인 상태에서 두 번째 프로세스가 실행되면 CreateMutex 함수는 이미 존재하는 "OnceMutex"의 핸들을 리턴한다. 그리고 GetLastError는 ERROR_ALREADY_EXISTS를 리턴함으로써 이 뮤텍스가 새로 만들어진 것이 아니라 이미 만들어진 뮤텍스의 또 다른 핸들이라는 것을 알린다. 이 경우 이 프로그램의 또 다른 인스턴스가 이미 실행중임을 알게 되고 두 번째 프로세스는 메시지 박스를 띄운 후 얌전히 종료한다.

실행중인 이전 인스턴스를 찾는 방법에는 여러 가지가 있는데 그 중 위 예제처럼 뮤텍스를 사용하는 방법도 일반적으로 많이 쓰는 방법이다. 윈도우 클래스나 캡션은 중복될 가능성이 많지만 뮤텍스는 이름을 복잡하게 주면 중복을 피할 수 있기 때문이다. 위 예제에서는 "OnceMutex"라는 간단한 이름을 주었지만 "gksrmffhcuqhsmstkfkadlqnsaudgldlTdmfrjdi"와 같이 가급적 긴 이름을 준다면 중복될 가능성을 회피할 수 있다. 뮤텍스의 이름은 최대 MAX_PATH까지 가능하므로 길이에는 거의 제한이 없는 셈이다.

주의할 것은 뮤텍스의 이름은 대소문자를 구분하므로 "OnceMutex"와 "oncemutex"는 서로 다른 이름으로 인식된다는 점이다. 또한 뮤텍스는 이벤트, 세마포어, 파일 맵핑 객체들과 같은 네임 스페이스를 공유하므로 이 커널 객체와도 이름이 중복되어서는 안 된다. 만약 이름이 중복된다면 CreateMutex는 뮤텍스를 생성하지 못하고 에러를 내고 만다. 이런 상황을 피하려면 각 객체의 이름을 줄 때 "Mutex뭐뭐", "Event뭐뭐"처럼 접두어를 붙이면 된다. 접두어와 시공정보를 포함하여 누가 언제 만든 어떤 종류의 객체인지를 이름에 포함하면 중복 가능성이 거의 없다. "Mutex - 2006 - 06 - 29 - KimSangHyung- Korea - ChunCheon" 정도면 중복 가능성 거의 제로다.

OnceMutex 예제는 뮤텍스를 사용하여 중복 실행을 방지하는 기법에 대해서만 소개했으며 중복 실행인 경우 메시지 박스만 출력하고 조용히 리턴했다. 만약 메시지 박스조차도 띄우지 않는다면 사용자는 무슨 일이 일어났는지, 도대체 왜 실행되지 않는지 도무지 알 수 없을 것이다. 이럴 때는 다음 코드로 이전 인스턴스를 활성화해야 하며 최소화되어 있으면 복구도 해야 한다.

```
hWnd=FindWindow(...);
if (IsIconic(hWnd)) {
    ShowWindow(hWnd,SW_RESTORED);
}
SetForegroundWindow(hWnd);
```

이전 인스턴스의 윈도우 핸들은 캡션이나 클래스명 등으로 상황에 맞게 재주껏 찾아야 할 것이다. 만약 명령행 인수가 있다면 이 인수도 이전 인스턴스로 전달해야 하는데 예를 들어 파일명을 받아들이는 프로그램은 이전 인스턴스에게 자신이 전달받은 파일명을 알려 이 파일을 열도록 해야 한다. 이 문제는 생각보다 그리 간단하지 않은데 명령행 인수는 보통 문자열이므로 SendMessage로 보낼 수 없으며 IPC 기법이 필요하다.

42-2-마. 포기된 뮤텍스

한 스레드가 뮤텍스를 소유하면 이 뮤텍스를 기다리는 스레드들은 모두 블록 상태가 된다. 그런데 만약 뮤텍스를 소유한 스레드가 어떠한 이유로 뮤텍스의 소유를 풀지 못하면 어떻게 될까? 구조적 예외가 발생한 경우나 아니면 ExitThread로 스레드를 종료했거나 외부에서 TerminateThread로 스레드를 강제로 죽였을 경우 이런 현상이 발생할 수 있다. 크리티컬 섹션의 경우라면 블록된 스레드를 깨울 수 있는 방법이 없지만 뮤텍스의 경우는 한 가지 안전 장치가 있다.

뮤텍스는 자신을 소유한 스레드가 누구인지를 기억하고 있는데 시스템은 뮤텍스의 소유 스레드가 뮤텍스를 풀지않고 종료되었을 경우 강제로 뮤텍스를 신호상태로 만드는 시스템 차원의 예외 처리를 적용한다. 이때의 뮤텍스를 포기된 뮤텍스(Abandoned Mutex)라고 한다. 뮤텍스가 포기되면 대기중인 스레드중 하나가 뮤텍스를 가지게 될 것이다. 이때 이 스레드는 WaitForSingleObject 함수의 리턴값으로 WAIT_ABANDONED값을 전달받음으로써 이 뮤텍스가 정상적인 방법으로 신호상태가 된 것이 아니라 포기된 것임을 알 수 있다.

포기된 뮤텍스를 받았다는 것은 스레드 코드에 뭔가 버그가 있다는 뜻이다. 관련 스레드가 정상 종료하지 못했음을 알 수 있는데 이때 뮤텍스에 의해 보호되는 공유 자원의 상태는 알 수 없다. 이런 상태로 인해 포기된 뮤텍스를 받은 스레드가 정상적으로 동작할 수 없다면 일종의 예외 처리를 해야 하되 실행에 별 이상이 없다면 그냥 실행해도 될 것이다. 포기된 뮤텍스를 어떻게 처리할 것인가는 프로그래머에게 달린 문제이다.

시스템이 포기된 뮤텍스를 인식할 수 있는 이유는 뮤텍스 내부에 소유한 스레드의 ID 정보가 있기 때문인데 이는 다른 동기화 객체에는 없는 뮤텍스만의 독특한 기능이다. 소유 스레드의 ID 정보에 의해 뮤텍스는 중복 소유도 가능하다. 한 스레드가 뮤텍스를 소유하고 있는 상황에서 다른 스레드는 이 뮤텍스를 소유하지 못하는데 만약 같은 스레드가 뮤텍스를 두 번 소유하고자 하면 어떻게 될까? 일부러 그렇게 할 경우란 없겠지만 다음과 같은 상황은 얼마든지 발생할 수 있다.

```
DWORD WINAPI ThreadFunc(LPVOID Param)
{
        WaitForSingleObject(hMutex, INFINITE);
        MyFunc();
        // do something
        ReleaseMutex(hMutex);
    }
    return 0;
}

void MyFunc()
{
    WaitForSingleObject(hMutex, INFINITE);
    // do something
    ReleaseMutex(hMutex);
}
```

ThreadFunc에서 hMutex를 기다리며 전역 함수 MyFunc도 hMutex를 기다린다. 그런데 ThreadFunc에서 MyFunc를 호출하면 이 스레드는 hMutex를 두 번 소유하게 되는 것이다. 이 경우 첫 번째 대기 함수에서는 hMutex를 소유하고 이 뮤텍스를 비신호상태로 만들 것이다. 그럼 두 번째 대기 함수를 호출할 때는 어떻게 될까? 뮤텍스가 비신호상태이므로 무한정 대기해야겠지만 만약 그렇게 된다면 이 상태는 교착상태와 같아진다. 자신이 소유한 뮤텍스를 자신이 기다리고 있기 때문에 이 대기 상태는 결코 풀리지 않을 것이다. 그러나 다행히도 실제로는 그렇지 않다.

뮤텍스는 자신의 소유주를 기억함은 물론이고 소유된 횟수도 기억하고 있다. 그래서 이미 자신을 소유한 스레드가 다시 한 번 자신을 소유하고자 할 경우는 해당 스레드를 블록시키지 않고 소유 횟수만 증가시킨다. 즉 스레드는 같은 뮤텍스를 여러 번 소유할 수 있다. 단 뮤텍스를 다시 신호상태로 만들기 위해서는 ReleaseMutex를 소유한 횟수만큼 호출해야 한다. 따라서 위와 같은 코드는 안심하고 사용해도 무리가 없다. 중복 소유에 관해서는 크리티컬 섹션에도 똑같이 규칙이 적용된다. 포기된 뮤텍스나 중복 소유에 대한 규칙을 보면 시스템의 객체 관리가 굉장히 지능적이라는 것을 알 수 있다.

WaitForSingleObject 함수는 뮤텍스가 비신호상태이면 스레드를 블록시킨다. 그런데 대기하는 동안에도 뭔가 다른 일을 하고 싶다면 어떻게 할까. 물론 여기서 말하는 뭔가 다른 일은 공유 자원과는 전혀 상관없는 일이어야 한다. 이때 필요한 함수는 대기는 하지 않고 단순히 뮤텍스가 신호상태인지 아닌지 조사만 하는 함수면 된다.

내가 실전에서 이런 경우를 만난 적이 있는데 당연히 그런 함수가 존재할 것이라 생각하고 도움말을 열심히 뒤졌으나 찾을 수가 없었다. 꽤 오랜 시간 동안 고심을 했었는데 알고 보니 그런 함수는 바로 WaitForSingleObject 함수였다. 이 함수의 타임 아웃 인수를 0으로 넘기면 곧바로 신호상태를 조사해 리턴하는데 미처 생각을 못한 것이다. 결국 다음과 같은 코드로 문제를 해결했다.

```
while (WaitForSingleObject(hMutex, 0) == WAIT_TIMEOUT) {
// 내가 하고 싶은 일
}
// 공유 자원 액세스
........
```

이때 타임 아웃값을 0으로 주지 않고 10 정도로 주면 다른 스레드에게 시간을 좀 양보할 수도 있다. 아무튼 INFINITE만 아니면 된다. 사실 별 테크닉이라고 할 정도도 아닌 내용이지만 사람이 하는 짓은 대체로 비슷한 법이라 다른 사람들도 이런 함수를 찾아 헤메지 않을까 해서 노파심에 적어두는 것이다. 나는 이 문제를 풀면서 새로운 함수 찾지 말고 아는 함수나 잘 써먹자는 소중한 교훈을 배웠다. 파일의 현재 위치를 조사할 때는 SetFilePointer 함수를 사용하며 반올림 처리는 floor 함수를 응용하면 되는 비슷한 예도 있다.

42-3 세마포어

42-3-가. 제한된 자원

세마포어는 뮤텍스와 유사한 동기화 객체이다. 물론 차이점이 있다. 뮤텍스는 하나의 공유 자원을 보호하기 위해 사용하지만 세마포어는 제한된 일정 개수를 가지는 자원을 보호하고 관리한다. 여기서 자원이라 함은 상당히 추상적인 개념인데 어떠한 것이라도 가능하다. 하드웨어일 수도 있고 윈도우, 프로세스, 스레드와 같은 소프트웨어적인 것일 수도 있고 심지어 어떤 권한이나 상태값은 무형의 것일 수도 있다. 자원의 개수가 제한되어 있으므로 이 자원을 사용할 수 있는 스레드의 실행도 제약을 받는다. 만약 스레드당 하나의 자원이 필요한데 자원의 개수가 총 5개밖에 되지 않으며 스레드는 총 10개가 있다고 하자. 그러면 5개의 스레드는 자원을 사용할 수 있지만 나머지 5개의 스레드는 자원이 사용가능해질 때까지 대기해야 한다.

세마포어는 사용가능한 자원의 개수를 카운트하는 동기화 객체이다. 유효 자원이 0이면 즉 하나도 사용할 수 없으면 세마포어는 비신호상태가 되며 1이상이면, 즉 하나라도 사용할 수 있으면 신호상태가 된다. 대기 함수는 세마포어가 0이면 스레드를 블록시켜 사용가능한 자원이 생길 때까지, 즉 다른 스레드가 자원을 풀 때까지 대기하며 세마포어가 1이상이면 유효 자원의 개수를 1감소시키고 곧바로 리턴한다. 뮤텍스가 스레드의 실행 여부만을 통제하는 BOOL형의 동기화 객체라면 세마포어는 실행 가능한 스레드의 개수를 관리하는 int형의 동기화 객체라고 할 수 있다.

여기까지 설명을 읽고 세마포어의 개념을 잡기는 쉽지 않을 것이므로 예를 들어보자. 네트워크를 통해 프로그램을 다운로드받는 프로그램을 만든다고 해 보자. 동시에 여러 개의 자료를 다운로드받는 것이 가능하기는 하지만 별로 효율적이지는 않다. 어차피 네트워크의 대역폭은 정해져 있는 것이므로 한꺼번에 다운로드받는다고 해서 빨라지는 것도 아니고 그렇다고 순서대로 받는 것은 불편하다. 그래서 동시에 받되 최대 3개까지만 동시 다운로드가 가능하도록 하고 싶다. 실제 다운로드 툴이나 웹 브라우저도 일정 개수까지만 동시 다운로드를 지원한다.

이 경우 자원이란 다운로드 권한이라고 표현할 수 있을 것이며 세마포어는 이 권한을 카운트한다. 세마포어의 초기값을 3으로 설정하고 사용자의 요구가 있을 때마다 다운로드 스레드를 생성한다. 스레드에서는 WaitForSingleObject 함수를 호출하여 자신이 사용할 수 있는 권한이 아직 남아 있는지 검사해 보고 가능하다면 다운로드 루프로 진입한다. 이때 대기 함수는 세마포어의 카운트를 1 감소시켜 자원이 하나 줄어들었음을 기록한다.

두 번째, 세 번째 스레드가 다운로드를 시작하면 세마포어의 카운트는 0이 되며 비신호상태가 된다. 그러면 이후부터 생성되는 스레드는 다운로드 루프로 진입하지 못하고 자원이 사용가능해질 때까지 대기하게 된다. 대기중에 첫 번째 스레드가 다운로드를 완료하면 세마포어를 풀 것이고 그러면 세마포어는 다시 1증가하여 신호상태가 된다. 대기중인 다운로드 스레드는 즉시 다운로드를 시작한다. 세마포어에 관련된 함수들을 살펴보자.

HANDLE CreateSemaphore(LPSECURITY_ATTRIBUTES lpSemaphoreAttributes, LONG lInitialCount, LONG lMaximumCount, LPCTSTR lpName);
HANDLE OpenSemaphore(DWORD dwDesiredAccess, BOOL bInheritHandle, LPCTSTR lpName);

CreateSemaphore 함수로 세마포어를 생성하되 lMaximumCount에 최대 사용 개수를 지정하고 lInitialCount에 초기값을 지정한다. 아주 특별한 경우를 제외하고 보통 이 두 값은 동일하다. 세마포어는 뮤텍스와 마찬가지로 이름을 가질 수 있고 이름을 알고 있는 프로세스는 언제든지 OpenSemaphore 함수로 세마포어의 핸들을 구할 수 있다. 세마포어는 커널 객체이므로 CloseHandle로 파괴한다. 다음은 세마포어의 카운트를 증가시키는 함수이다.

BOOL ReleaseSemaphore(HANDLE hSemaphore, LONG lReleaseCount, LPLONG lpPreviousCount);

자원의 사용이 끝난 스레드는 이 함수를 호출하여 사용 종료를 세마포어에 알려야 한다. lReleaseCount로 자신이 사용한 자원의 개수를 알리는데 하나만 사용했으면 이 값은 1이고 만약 여러 개의 자원을 사용했다면 사용한만큼 자원을 풀어야 한다. 한 스레드가 여러 개의 자원을 한꺼번에 사용하는 것이 가능한데 필요한만큼 대기 함수를 호출하면 된다. 세 번째 인수는 세마포어의 이전 카운트를 리턴받기 위한 참조 인수이다. 이 값에 관심이 없으면 NULL을 넘긴다.

세마포어의 현재 카운트를 조사하는 함수가 있다면 좋겠지만 Win32 API에는 안타깝게도 이런 함수가 없다. 그래서 간단하게 세마포어의 카운트를 조사하는 함수를 만들었는데 혹시 필요하면 애용해 주기 바란다. 공식문서에는 세마포어 카운트를 조사하는 것은 불가능하다고 되어 있는데 만들어보니 가능하기는 하다.

```
int MyGetSemaphoreCount(HANDLE hSem)
{
    DWORD result;
    LONG count;

    result = WaitForSingleObject(hSem, 0);
    if (result == WAIT_TIMEOUT)
        return 0;
    ReleaseSemaphore(hSem,1,&count);
    return count+1;
}
```

대기 함수로 0초간 대기하되 타임 아웃이 리턴되었으면 현재 카운트가 0이다. 그렇지 않다면 세마포어를 풀면서 이전 카운트를 조사하고 이 값에 1을 더한 값을 리턴하면 이 함수 호출전의 세마포어 카운트가 된다. 이 함수는 세마포어를 임시적으로 변경하여 카운트를 알아 내는데 변경없이 카운트만 조사하는 함수는 제공되지 않는다.

42-3-나. SemDown 예제

다음 예제는 세마포어로 다운로드 카운트를 제어한다. 앞에서 이 예제에 대한 설명은 충분히 했으므로 쉽게 이해할 수 있을 것이다.

예제 : SemDown

```
HANDLE hSem;
int Y=0;
DWORD WINAPI ThreadDownLoad(LPVOID Param)
{
    HDC hdc;
    int i,y,j,s;
    TCHAR str[256];

    srand(GetTickCount());
    s=rand() % 5 + 1;
    hdc=GetDC(hWndMain);

    Y += 20;
    y = Y;
    TextOut(hdc,10,y,"대기중",6);
    GdiFlush();
    WaitForSingleObject(hSem,INFINITE);
    for (i=0;i<100;i++) {
        wsprintf(str,"다운로드중 : %d%%완료",i);
        for (j=0;j<i;j++)
            strcat(str,"I");
        TextOut(hdc,10,y,str,lstrlen(str));
        Sleep(20 * s);
    }
    lstrcpy(str,"다운로드를 완료했습니다");
    TextOut(hdc,10,y,str,strlen(str));
    ReleaseSemaphore(hSem,1,NULL);
    ReleaseDC(hWndMain, hdc);
    return 0;
}

LRESULT CALLBACK WndProc(HWND hWnd,UINT iMessage,WPARAM wParam,LPARAM lParam)
{
    HDC hdc;
    PAINTSTRUCT ps;
    HANDLE hThread;
    DWORD ThreadID;
    TCHAR *Mes="마우스 왼쪽 버튼을 누르면 다운로드를 시작합니다";

    switch (iMessage) {
    case WM_CREATE:
        hWndMain=hWnd;
        hSem=CreateSemaphore(NULL,3,3,NULL);
```

```
        return 0;
    case WM_LBUTTONDOWN:
        hThread=CreateThread(NULL,0,ThreadDownLoad,NULL,0,&ThreadID);
        CloseHandle(hThread);
        return 0;
    case WM_PAINT:
        hdc=BeginPaint(hWnd, &ps);
        TextOut(hdc,10,0,Mes,lstrlen(Mes));
        EndPaint(hWnd, &ps);
        return 0;
    case WM_DESTROY:
        CloseHandle(hSem);
        PostQuitMessage(0);
        return 0;
    }
    return(DefWindowProc(hWnd,iMessage,wParam,lParam));
}
```

WM_CREATE에서 세마포어를 생성하였다. 같은 프로세스 내에서 사용할 것이므로 이름을 줄 필요는 없으며 보안 속성도 지정하지 않았다. 동시에 다운로드 가능한 최대 개수는 3으로 설정했으며 처음부터 3개의 자원이 다 사용 가능하므로 초기값도 3이다. WM_DESTORY에서는 세마포어를 파괴한다. WM_LBUTTONDOWN에서는 덮어놓고 스레드를 만들기만 한다. 이렇게 해도 스레드 내부에서 최대 3개까지만 다운로드를 받으므로 주 스레드에서는 다운로드 개수에 대해 신경쓰지 않아도 된다. 다운로드 스레드가 일단은 생성되지만 사용 가능한 카운트가 없으면 알아서 대기한다.

다운로드 스레드에서는 몇 가지 변수를 초기화한 후 일단 "대기중" 메시지를 출력한다. 그리고 WaitForSingleObject 대기 함수를 호출하여 사용가능한 세마포어를 찾아보고 0이 아니면 다운로드 루프로 진입한다. 이때 세마포어는 카운트를 1 감소시켜 누군가가 다운로드를 시작했음을 기억해 둔다. 다운로드 루프에서는 간단하게 다운로드를 흉내내는 출력문과 흉내의 질을 높이기 위한 시간 지연 루틴이 포함되어 있다. 다운로드가 완료되면 ReleaseSemaphore 함수를 호출하여 사용한 자원을 세마포어에게 반납한다. 이때 세마포어는 카운트를 1 증가시켜 사용가능한 자원이 늘어났음을 기억한다.

만약 사용자가 마우스 클릭을 7번 했다고 해 보자. 그러면 최초 3개의 스레드만이 다운로드를 시작하고 나머지 4개는 세마포어가 신호상태가 될 때까지, 즉 다운로드를 먼저 시작한 다른 스레드가 종료될 때까지 대기할 것이다. 먼저 다운로드를 시작한 스레드가 종료되면 대기중인 스레드 중 하나가 또 다운로드를 시작한다. 이런 식으로 7개의 스레드는 차례대로 다운로드 권한을 사용하되 한 번에 3개 이상 다운로드가 시작되지는 않는다.

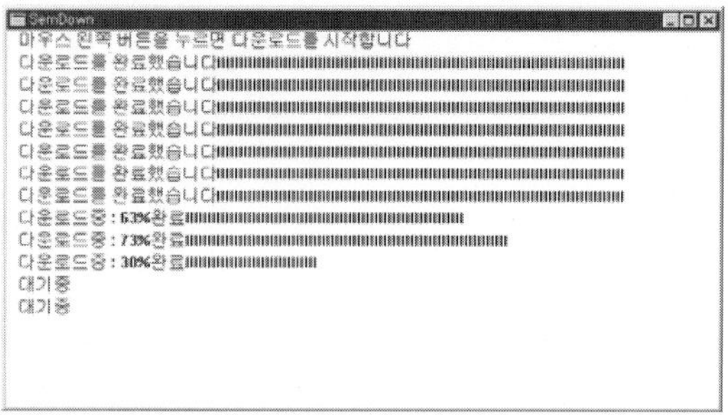

SemDown
마우스 왼쪽 버튼을 누르면 다운로드를 시작합니다
다운로드를 완료했습니다
다운로드를 완료했습니다
다운로드를 완료했습니다
다운로드를 완료했습니다
다운로드를 완료했습니다
다운로드를 완료했습니다
다운로드를 완료했습니다
다운로드중 : 63%완료
다운로드중 : 73%완료
다운로드중 : 30%완료
대기중
대기중

이 예제를 좀 더 보기좋게 만들려면 다운로드 대화상자를 띄우고 다운로드 과정을 보여주는 것이 좋을 것 같다. 그러나 스레드가 윈도우를 만드는 것은 무척 번거로운 일이라 메인 윈도우에 다운로드 과정을 출력하도록 만들었다. 그러다 보니 스레드별로 출력 위치를 지정하기 위해 전역변수 Y가 추가되고 이 값을 스레드 실행중에 기억할 y가 필요하다. 또한 실제 상황과 비슷하게 보이도록 하기 위해 다운로드 속도를 난수로 선택하였다.

42-3-다. SemaphoreThree 예제

다음 예제는 오직 세마포어에 의해서만 가능한 예제이다. 뮤텍스를 사용하면 한 번만 실행되는 프로그램을 만들 수 있는데 세마포어를 사용하면 일정 개수만큼만 실행되는 프로그램도 만들 수 있다. 그다지 실용성이 높지는 않지만 너무 많은 인스턴스를 열지 못하게 하고 싶다면 이 방법을 사용하면 된다. 다음 프로그램은 세 번만 실행되며 그 후에 만들어지는 인스턴스는 실행을 거부한다. 세마포어의 개념만 안다면 아주 쉽다.

예 제 : SemaphoreThree

```
#include <windows.h>

LRESULT CALLBACK WndProc(HWND,UINT,WPARAM,LPARAM);
HINSTANCE g_hInst;
HWND hWndMain;
LPCTSTR lpszClass=TEXT("SemaphoreThree");

int APIENTRY WinMain(HINSTANCE hInstance,HINSTANCE hPrevInstance
      ,LPSTR lpszCmdParam,int nCmdShow)
{
    HWND hWnd;
    MSG Message;
    WNDCLASS WndClass;
    g_hInst=hInstance;
    HANDLE hSem;

    hSem=CreateSemaphore(NULL,3,3,"tjfakdlqjsdpsmsdksthrrpTwl");
    if (WaitForSingleObject(hSem,0) == WAIT_TIMEOUT) {
        CloseHandle(hSem);
        MessageBox(NULL,"이미 세 개의 인스턴스가 실행중이므로 이 프로세스는 종료합니다.",
            "알림",MB_OK);
        return 0;
    }
    ....
    while (GetMessage(&Message,NULL,0,0)) {
        TranslateMessage(&Message);
        DispatchMessage(&Message);
    }
    ReleaseSemaphore(hSem,1,NULL);
    CloseHandle(hSem);
    return (int)Message.wParam;
}

LRESULT CALLBACK WndProc(HWND hWnd,UINT iMessage,WPARAM wParam,LPARAM lParam)
{
    HDC hdc;
    PAINTSTRUCT ps;
```

```
    TCHAR *Mes="이 프로그램의 인스턴스는 최대 3개까지 열수 있습니다";

    switch (iMessage) {
    case WM_PAINT:
        hdc=BeginPaint(hWnd, &ps);
        TextOut(hdc,10,50,Mes,lstrlen(Mes));
        EndPaint(hWnd, &ps);
        return 0;
    case WM_DESTROY:
        PostQuitMessage(0);
        return 0;
    }
    return(DefWindowProc(hWnd,iMessage,wParam,lParam));
}
```

WinMain의 선두에서 최대 카운트 3의 세마포어를 만들되 다른 프로세스끼리 공유해야 하므로 반드시 이름을 주어야 한다. 같은 이름의 세마포어가 이미 만들어져 있다면 그 세마포어를 가리키는 핸들을 리턴할 것이다. 이 핸들로 WaitForSingleObject 함수를 호출하되 타임 아웃을 0으로 주어 핸들이 신호상태인가만 조사한다. 만약 비신호상태라면 이미 세 개의 세마포어가 모두 사용중이라는 뜻이며 즉 세 개의 인스턴스가 이미 실행되었다는 뜻이므로 조용히 프로그램을 종료한다. 실행중인 인스턴스 하나를 종료하면 새로운 인스턴스 하나를 더 실행할 수 있다. 단 이때 CloseHandle 함수로 세마포어의 핸들을 닫는 것을 잊어서는 안 된다.

42-4 이벤트

42-4-가. 이벤트

이벤트(Event)란 어떤 사건이 일어났음을 알리는 동기화 객체이다. 크리티컬 섹션, 뮤텍스, 세마포어는 주로 공유 자원을 보호하기 위해 사용되는 데 비해 이벤트는 그보다는 스레드간의 작업 순서나 시기를 조정하고 신호를 보내기 위해 사용한다. 특정한 조건이 만족될 때까지 대기해야 하는 스레드가 있을 경우 이 스레드의 실행을 이벤트로 제어할 수 있다.

이벤트는 윈도우즈의 메시지와 유사하다. 사용자가 키보드를 누를 때 WM_KEYDOWN 메시지를 윈도우 프로시저에게 보내 처리하게 하는 것처럼 정렬이나 다운로드가 끝났을 때 이벤트를 보내 관련된 다른 작업을 하도록 지시할 수 있다. 스레드간의 통신에 메시지를 사용하지 못하는 이유는 작업 스레드는 윈도우를 만들지 않으며 메시지는 윈도우끼리만 주고 받을 수 있기 때문이다. 그래서 스레드간의 통신을 위해 이벤트 동기화 객체를 사용해야 한다.

이벤트를 기다리는 스레드는 이벤트가 신호상태가 될 때까지 대기하며 신호상태가 되면 대기를 풀고 작업을 시작한다. 이때 대기 함수가 대기를 풀면서 이벤트 객체를 어떻게 처리하는가에 따라 두 가지 종류로 구분된다.

■ 자동 리셋 이벤트 : 대기 상태가 종료되면 자동으로 비신호상태가 된다.

■ 수동 리셋 이벤트 : 스레드가 비신호상태로 만들 때까지 신호상태를 유지한다.

이 두 가지의 차이점이 당장 이해되지 않겠지만 일단 개념적으로 좀 더 쉬운 자동 리셋 이벤트를 알아본 후 나중에 수동 리셋 이벤트가 필요한 상황을 실습해 보면 자연스럽게 이해가 갈 것이다. 다음 두 함수는 이벤트를 만들거나 오픈하는 함수이다.

HANDLE CreateEvent(LPSECURITY_ATTRIBUTES lpEventAttributes, BOOL bManualReset, BOOL bInitialState, LPCTSTR lpName);
HANDLE OpenEvent(DWORD dwDesiredAccess, BOOL bInheritHandle, LPCTSTR lpName);

bManualReset은 이 이벤트가 수동 리셋 이벤트인지 자동 리셋 이벤트인지를 지정하는데 TRUE이면 수동 리셋 이벤트가 된다. bInitialState가 TRUE이면 이벤트를 생성함과 동시에 신호상태로 만들어 이벤트를 기다리는 스레드가 곧바로 실행을 하도록 한다. 이벤트도 이름을 가지므로 프로세스간의 동기화에 사용될 수 있다. 이벤트가 뮤텍스나 크리티컬 섹션과 또 다른 점은 대기 함수를 사용하지 않고도 임의적으로 신호상태와 비신호상태를 설정할 수 있다는 점이다. 이때는 다음 함수를 사용한다.

BOOL SetEvent(HANDLE hEvent);
BOOL ResetEvent(HANDLE hEvent);

SetEvent는 이벤트를 신호상태로 만들고 ResetEvent는 이벤트를 비신호상태로 만든다. 이런 상태 변화가 대기중인 스레드에게는 일종의 신호로 전달된다. 참고로 이벤트를 신호상태로 만들었다가 다시 비신호상태로 만드는 PulseEvent라는 함수도 있는데 호환성 유지를 위해 제공될 뿐 현재는 이 함수를 사용할 필요가 없다.

42-4-나. BackEvent

멀티 스레드가 진가를 발휘할 때는 백그라운드 작업을 할 때이다. 예를 들어 통계와 같이 오랜 시간이 걸리는 수학적 계산, 인쇄, 다운로드, 워크시트의 재계산, 자료 정렬, 랜더링 등을 할 때 스레드에게 작업을 분담할 수 있다. 이런 작업을 다음과 같이 함수로 작성했다고 해 보자.

```
void Calculate(void)
{
    int i;
    for (i=0;i<100;i++) {
        Sleep(30);
        buf[i]=i;
    }
}
```

크기 100의 buf에 어떤 값을 계산해 넣는 루틴인데 여기서 Sleep(30)은 복잡한 계산과정을 대신하여 시간을 끌기 위해 삽입되었다. buf[i]에 단순히 i를 대입하고 있는데 아주 복잡한 과정을 통해 값을 계산해야 한다고 가정하자. 주 스레드에서 이 함수를 호출하여 계산을 시켰다면 이 함수는 계산이 완료되기 전에는 리턴하지 못하므로 그 동안 주 스레드는 무작정 기다려야만 한다. 즉 주 스레드는 함수에 의해 블록(Block)되며 주 스레드는 어떠한 동작도, 심지어 사용자의 입력을 처리하는 것도 할 수 없다. 아주 짧은 시간에 계산이 완료된다면 별 상관이 없겠으나 몇 분 심지어 몇 시간이 걸릴지도 모르는 작업이라면 이렇게 해서는 안 된다. 이럴 때 계산 함수를 별도의 스레드로 분리한다.

```
DWORD WINAPI ThreadFunc(LPVOID temp)
{
    int i;
    for (i=0;i<100;i++) {
        Sleep(30);
        buf[i]=i;
    }
    return 0;
}
```

이 스레드는 새로 스택을 생성하고 자신만의 실행 흐름을 가지며 주 스레드와는 따로 스케줄링된다. 계산을 완료하는 시간은 대략 3초 정도가 걸리는데 이 시간에도 주 스레드는 다른 작업을 계속할 수 있다. 계산을 완료하고 리턴하면 스레드는 종료된다. 이 계산 작업이 주 스레드의 동작과는 전혀 상관이 없는 완전한 백그라운드 작업이라면 아무런 문제가 없다. 만약 다운로드를 받는 정도의 작업이라면 주 스레드의 동작과는 완전히 독립적으로 움직일 수 있으므로 주 스레드는 다운로드 스레드를 만들어만 놓고 잊어 버리면 된다. 시간이 얼마나 걸리든지 스레드 혼자 작업을 하고 조용히 사라질 테니까 말이다.

그러나 만약 주 스레드가 계산 결과를 화면에 출력해야 한다면 문제는 달라진다. 결국 주 스레드는 계산 스레드가 작업을 완료할 때까지 기다린 후에야 화면출력을 할 수 있으며 이렇게 되면 결국 함수를 호출하는 것과 별반 차이가 없다. 그러나 계산이 완전히 종료될 때까지 기다려야 하는 것은 아니다. 화면에 출력될 분량만큼만 계산이 완료되면 주 스레드는 즉시 작업이 가능하다.

예를 들어 DB에서 수만건을 읽어와 출력한다고 할 때 모든 데이터를 다 읽을 때까지 주 스레드가 기다릴 필요없이 당장 출력할 정도만 되면 일단 화면에 보이고 나머지 작업은 백그라운드 스레드가 하도록 맡겨 놓으면 된다. 이런 처리를 하려면 작업 스레드가 어디까지 계산을 했는지 주 스레드에게 알릴 필요가 있으며 이런 통신에 이벤트가 사용된다. 다음 예제는 30번까지만 계산을 한 후 화면 출력을 한다.

예 제 : BackEvent

```
HANDLE hEvent;
int buf[100];
DWORD WINAPI ThreadFunc(LPVOID temp)
{
    int i;
    for (i=0;i<100;i++) {
        Sleep(30);
        buf[i]=i;
        if (i == 30)
            SetEvent(hEvent);
    }
    return 0;
}

LRESULT CALLBACK WndProc(HWND hWnd,UINT iMessage,WPARAM wParam,LPARAM lParam)
{
    int i;
    TCHAR str[128];
    HDC hdc;
```

```
    PAINTSTRUCT ps;
    DWORD ThreadID;
    HANDLE hThread;
    TCHAR *Mes="마우스 왼쪽 버튼을 눌러 주십시오";

    switch (iMessage) {
    case WM_CREATE:
        hWndMain=hWnd;
        hEvent=CreateEvent(NULL,FALSE,FALSE,NULL);
        return 0;
    case WM_LBUTTONDOWN:
        InvalidateRect(hWnd,NULL,TRUE);
        UpdateWindow(hWnd);
        hThread = CreateThread(NULL, 0, ThreadFunc, NULL, 0, &ThreadID);
        CloseHandle(hThread);
        WaitForSingleObject(hEvent, INFINITE);
        hdc=GetDC(hWnd);
        for (i=0;i<=30;i++) {
            wsprintf(str, "%d Line is %d",i,buf[i]);
            TextOut(hdc, 10, i*20, str, lstrlen(str));
        }
        ReleaseDC(hWnd, hdc);
        return 0;
    case WM_PAINT:
        hdc=BeginPaint(hWnd,&ps);
        TextOut(hdc,100,100,Mes,strlen(Mes));
        EndPaint(hWnd,&ps);
        return 0;
    case WM_DESTROY:
        CloseHandle(hEvent);
        PostQuitMessage(0);
        return 0;
    }
    return(DefWindowProc(hWnd,iMessage,wParam,lParam));
}
```

실행 결과는 다음과 같다. 마우스 왼쪽 버튼을 누르면 잠시 후에 계산 결과가 출력될 것이다.

```
BackEvent
0 Line is 0
1 Line is 1
2 Line is 2
3 Line is 3
4 Line is 4
5 Line is 5    마우스 왼쪽 버튼을 눌러 주십시오
6 Line is 6
7 Line is 7
8 Line is 8
9 Line is 9
10 Line is 10
11 Line is 11
12 Line is 12
```

WM_CREATE에서 최초 비신호상태인 자동 리셋 이벤트를 만들었다. 사용자가 마우스 버튼을 누르면 계산 스레드를 생성한 후 대기 함수를 호출하였다. 최초 이벤트가 비신호상태로 생성되었으므로 주 스레드는 계산 스레드가 이벤트를 보내올 때까지(이벤트가 신호상태가 될 때까지) 출력을 잠시 보류하고 대기한다. 스레드에서는 30줄까지 계산한 후 SetEvent함수를 호출하여 이벤트를 신호상태로 만들어 주 스레드의 출력을 허가한다.

30번 이후는 당장 화면에 출력되어야 할 필요가 없으므로 스레드가 알아서 계산한 후 종료하면 된다. 예제에서는 buf의 크기가 100에 불과하지만 스레드를 사용한다면 10000이 되나 백만이 되나 시간은 오래 걸리겠지만 논리상으로는 별 상관이 없다. 주 스레드의 대기 함수는 스레드가 신호상태가 되었으므로 대기를 종료하는데 일단 대기가 종료되면 다음 사용을 위해 이 이벤트를 다시 비신호상태로 만든다. 그래서 자동 리셋 이벤트라고 한다.

이 예제에서 사용된 hEvent는 "30줄까지 계산이 완료되었으므로 출력할 수 있다"는 신호를 보내는 목적으로 사용되었다. 같은 원리로 "다운로드가 다 되었으므로 압축을 풀어라" 또는 "데이터 베이스 갱신이 끝났으므로 이제 읽어도 좋다"는 신호를 보내기 위해서도 이벤트를 사용할 수 있다. 이런 경우는 예상 외로 아주 많으며 굉장히 실용적이다. 예를 들어 DB에서 특정 조건에 맞는 레코드를 몽땅 검색해 와야 한다고 해 보자. 이때 검색 스레드가 수십만 건이나 되는 레코드를 다 긁어올 때까지 주 스레드가 굳이 대기할 필요가 없다. 화면에 보여줄만큼 검색이 완료되었다면 그만큼만 보여주고 나머지 검색만 스레드에게 맡기면 된다.

42-4-다. 수동 리셋 이벤트

자동 리셋이라는 말의 의미는 대기 상태를 풀 때 자동으로 이벤트를 비신호상태로 만든다는 뜻이다. 하나의 스레드만을 위해 이벤트를 사용할 때는 자동 리셋 이벤트를 사용하는 것이 훨씬 편리하며 논리적으로도 별 문제가 없다. 그러나 하나의 이벤트를 여러 개의 스레드가 대기해야 할 때는 문제가 달라진다.

예를 들어 계산 스레드는 열심히 계산을 하고 있고 이 계산 스레드가 계산을 마치기를 기다리는 스레드가 5개쯤 있다고 하자. 계산된 결과를 화면으로 보여주는 스레드, 인쇄하는 스레드, 누군가에게 메일을 보내는 스레드 등등을 생각할 수 있다. 계산 스레드가 계산을 완료하고 이제 계산 결과를 사용해도 좋다는 뜻으로 이벤트를 신호상태로 만들 것이다. 그러면 대기하던 5개의 스레드가 일제히 작업을 시작해야 하는데 자동 리셋 이벤트에서는 이것이 불가능하다.

왜 그런가 생각해 보자. 이벤트가 신호상태가 된 직후에 제일 먼저 스위칭되는 스레드가 이 이벤트를 받아 대기 상태에서 풀려나게 되는데 대기 상태에서 풀려나면서 이 이벤트를 다시 비신호상태로 만들어 버리기 때문이다. 그러면 나머지 4개의 스레드는 계산이 완료되었음에도 불구하고 그 사실을 알 수 없다. 결국 자동 리셋 이벤트는 단 한 번의 신호만 보낼 수 있을 뿐이다.

수동 리셋 이벤트는 대기 함수가 리턴될 때 신호상태를 그대로 유지하며 ResetEvent 함수로 일부러 비신호상태로 만들 때만 상태가 변경된다. 그래서 여러 개의 스레드가 하나의 이벤트를 기다리고 있더라도 한 번의 신호로 대기하던 모든 스레드가 일제히 작업을 시작할 수 있다. 수동 리셋 이벤트를 다시 비신호상태로 만들어야 하는 시점은 이 이벤트를 기다리는 모든 스레드가 대기 상태에서 풀려났을 때이다. 다음 예제는 수동 리셋 이벤트가 필요한 상황을 잘 보여준다.

예 제 : ManualEvent

```
HANDLE hEvent;
DWORD WINAPI ThreadSend(LPVOID temp)
{
    WaitForSingleObject(hEvent,INFINITE);
    HDC hdc=GetDC(hWndMain);
    TextOut(hdc,210,100,"전송완료",8);
    ReleaseDC(hWndMain, hdc);
```

```
    return 0;
}

DWORD WINAPI ThreadSave(LPVOID temp)
{
    WaitForSingleObject(hEvent,INFINITE);
    HDC hdc=GetDC(hWndMain);
    TextOut(hdc,110,100,"저장완료",8);
    ReleaseDC(hWndMain, hdc);
    return 0;
}

DWORD WINAPI ThreadPrint(LPVOID temp)
{
    WaitForSingleObject(hEvent,INFINITE);
    HDC hdc=GetDC(hWndMain);
    TextOut(hdc,10,100,"인쇄완료",8);
    ReleaseDC(hWndMain, hdc);
    return 0;
}

DWORD WINAPI ThreadCalc(LPVOID temp)
{
    HDC hdc=GetDC(hWndMain);
    for (int i=0;i<10;i++) {
        TextOut(hdc,10,50,"계산중",6);
        GdiFlush();
        Sleep(300);
        TextOut(hdc,10,50,"기다려",6);
        GdiFlush();
        Sleep(300);
    }
    TextOut(hdc,10,50,"계산완료",8);
    ReleaseDC(hWndMain, hdc);
    SetEvent(hEvent);
    return 0;
}

LRESULT CALLBACK WndProc(HWND hWnd,UINT iMessage,WPARAM wParam,LPARAM lParam)
{
    HDC hdc;
    PAINTSTRUCT ps;
    DWORD ThreadID;
    TCHAR *Mes="마우스 왼쪽 버튼을 누르면 계산을 시작합니다";

    switch (iMessage) {
    case WM_CREATE:
        hWndMain=hWnd;
        hEvent=CreateEvent(NULL,TRUE,FALSE,NULL);
        // 자동 이벤트
        //hEvent=CreateEvent(NULL,FALSE,FALSE,NULL);
        return 0;
    case WM_LBUTTONDOWN:
        InvalidateRect(hWnd,NULL,TRUE);
```

```
        ResetEvent(hEvent);
        CloseHandle(CreateThread(NULL, 0, ThreadCalc, NULL, 0, &ThreadID));
        CloseHandle(CreateThread(NULL, 0, ThreadPrint, NULL, 0, &ThreadID));
        CloseHandle(CreateThread(NULL, 0, ThreadSave, NULL, 0, &ThreadID));
        CloseHandle(CreateThread(NULL, 0, ThreadSend, NULL, 0, &ThreadID));
        return 0;
    case WM_PAINT:
        hdc=BeginPaint(hWnd, &ps);
        TextOut(hdc,10,10,Mes,lstrlen(Mes));
        EndPaint(hWnd, &ps);
        return 0;
    case WM_DESTROY:
        CloseHandle(hEvent);
        PostQuitMessage(0);
        return 0;
    }
    return(DefWindowProc(hWnd,iMessage,wParam,lParam));
}
```

하나의 계산 스레드와 인쇄, 저장, 전송 세 개의 작업 스레드가 있는데 계산 스레드가 계산을 완료해야만 나머지 작업 스레드가 실행을 할 수 있는 상황이다. 계산 스레드가 계산을 완료했다는 사실이 이벤트로써 다른 스레드에게 통보된다. WM_CREATE에서 이벤트 객체를 생성하는데 이때 두 번째 인수로 TRUE를 지정하여 수동 리셋 이벤트가 되도록 한다. 초기값은 아무래도 상관없다. WM_LBUTTONDOWN에서는 결과를 명확히 보기 위해 화면을 먼저 지우고 이벤트를 비신호상태로 만들어 이 이벤트를 기다리는 모든 스레드를 블록시킨다. 그리고 4개의 스레드를 생성하였다.

계산 스레드는 시간이 좀 걸리는 작업을 하고 있는데 이 예제에서는 화면에 깜박이는 문자열을 보여주는 아주 중요한(?) 작업을 한다. 계산이 완료되면 SetEvent 함수를 호출하여 이벤트를 신호상태로 만든다. 작업 스레드는 처음부터 hEvent를 기다리는데 이 스레드가 생성되기 전에 이벤트는 비신호상태이므로 누군가가 이벤트를 신호상태로 변경하기 전에는 실행하지 않는다. 계산 스레드가 계산을 완전히 마친 후에야 이벤트가 신호상태가 되므로 결국 이 작업 스레드들은 계산 완료를 대기하고 있는 것이다. 계산이 완료되면 세 개의 스레드는 일제히 실행된다.

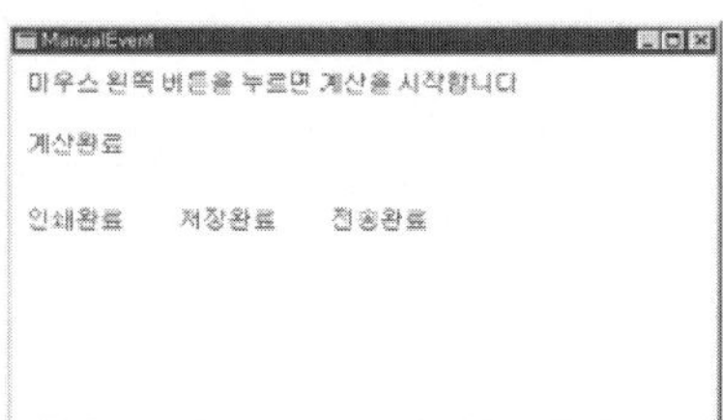

어떻게 돌아가는지 쉽게 파악될 것이다. 만약 자동 리셋 이벤트나 기타 다른 동기화 오브젝트를 사용한다면 이 문제는 해결할 수 없다. 왜냐하면 자동 리셋 이벤트는 WaitForSingleObject 대기 함수에 의해 자동으로 다시 비신호상태가 되어버리기 때문이다. 계산 스레드가 계산을 완료하고 이벤트를 신호상태로 만들면 이 이벤트를 기다리는 작업 스레드들이 작업을 시작할 것이다. 그러나 대기 상태가 제일 먼저 풀리는 스레드가 대기 상태를 풀면서 동시에 이 이벤트를 비신호상태로 만들어버리므로 나머지 두 스레드는 여전히 블록된 상태로 남게 된다. WM_CREATE의 호출문을 다음과 같이 수정하여 실행해 보자.

```
hEvent=CreateEvent(NULL,FALSE,FALSE,NULL);
```

두 번째 인수를 FALSE로 지정함으로써 자동 리셋 이벤트를 생성하였다. 실행 결과는 다음과 같다.

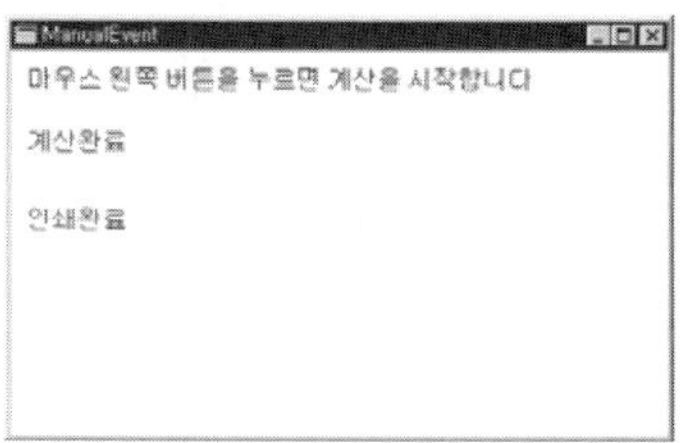

보다시피 계산 스레드가 작업을 완료해도 작업 스레드중 하나만 동작할 뿐 나머지 스레드는 이 이벤트를 받지 못한다. 어떤 스레드가 동작을 시작할 것인가는 경우에 따라 다르며 예측할 수 없다. 그야말로 엿장수(=CPU) 마음대로다.

42-4-라. DownEvent 예제

다운로드 작업은 완벽한 백그라운드 작업이며 스레드를 쓰기에 가장 적합하다. 다음 스레드는 앞서 세마포어에서 실습해 보았던 다운로드 스레드를 조금 변형한 것이다.

```
DWORD WINAPI ThreadDownLoad(LPVOID temp)
{
    int i,j;
    TCHAR str[256];
    HDC hdc=GetDC(hWndMain);

    for (i=0;i<100;i++) {
        wsprintf(str,"다운로드중 : %d%%완료",i);
        for (j=0;j<i;j++)
            lstrcat(str,"l");
        TextOut(hdc,10,100,str,lstrlen(str));
        Sleep(100);
    }
    lstrcpy(str,"다운로드를 완료했습니다");
    TextOut(hdc,10,100,str,lstrlen(str));
    ReleaseDC(hWndMain, hdc);
    return 0;
}
```

이 스레드는 일단 생성되면 곧바로 백그라운드에서 다운로드를 진행하며 주 스레드는 다운로드중에도 다른 일을 할 수 있다. 그런데 만약 다운로드 중간에 사용자가 취소할 수 있도록 하고 싶다면 어떻게 할까? 스레드가 이미 시작되었을 때 외부에서 이 스레드를 종료할 수 있는 유일한 방법은 TerminateThread뿐이지만 이 함수는 여러모로 위험하다. 그래서 보통 스레드에게 취소되었음을 알려주고 스스로 리턴하여 종료할 수 있도록 하는 방법을 쓴다. 스레드에게 취소나 또는 어떠한 사실을 알려줄 수 있는 방법에는 여러 가지가 있겠지만 수동 리셋 이벤트가 가장 적절하다. 이 문제를 해결한 전체 소스를 보자.

예 제 : DownEvent

```
HANDLE hEvent;
DWORD WINAPI ThreadDownLoad(LPVOID temp)
{
    int i,j;
    TCHAR str[256];
    HDC hdc=GetDC(hWndMain);

    for (i=0;i<100;i++) {
        wsprintf(str,"다운로드중 : %d%%완료",i);
        for (j=0;j<i;j++)
            lstrcat(str,"l");
        TextOut(hdc,10,100,str,lstrlen(str));
        Sleep(100);
        if (WaitForSingleObject(hEvent,0) == WAIT_TIMEOUT) {
            if (MessageBox(hWndMain,"다운로드를 종료하시겠습니까?","질문",
                MB_YESNO) == IDYES) {
                lstrcpy(str,"사용자에 요구에 의해 다운로드가 취소되었습니다");
                TextOut(hdc,10,100,str,lstrlen(str));
                ReleaseDC(hWndMain, hdc);
                return 0;
            } else {
                SetEvent(hEvent);
            }
        }
    }
    lstrcpy(str,"다운로드를 완료했습니다");
    TextOut(hdc,10,100,str,lstrlen(str));
    ReleaseDC(hWndMain, hdc);
    return 0;
}

LRESULT CALLBACK WndProc(HWND hWnd,UINT iMessage,WPARAM wParam,LPARAM lParam)
{
    HDC hdc;
    PAINTSTRUCT ps;
    DWORD ThreadID;
    TCHAR *Mes="마우스 왼쪽 버튼을 누르면 다운로드를 시작하며 오른쪽 버튼을 "
        "누르면 다운로드를 중지합니다.";

    switch (iMessage) {
    case WM_CREATE:
        hWndMain=hWnd;
        hEvent=CreateEvent(NULL,TRUE,FALSE,NULL);
        return 0;
    case WM_LBUTTONDOWN:
        SetEvent(hEvent);
        CloseHandle(CreateThread(NULL, 0, ThreadDownLoad, NULL, 0, &ThreadID));
        InvalidateRect(hWnd,NULL,TRUE);
        return 0;
    case WM_RBUTTONDOWN:
        ResetEvent(hEvent);
        return 0;
    case WM_PAINT:
```

```
        hdc=BeginPaint(hWnd, &ps);
        TextOut(hdc,10,10,Mes,lstrlen(Mes));
        EndPaint(hWnd, &ps);
        return 0;
    case WM_DESTROY:
        CloseHandle(hEvent);
        PostQuitMessage(0);
        return 0;
    }
    return(DefWindowProc(hWnd,iMessage,wParam,lParam));
}
```

WM_CREATE에서 수동 리셋 이벤트를 생성했으며 마우스 왼쪽 버튼을 누르면 이 이벤트를 신호상태로 만들고 스레드를 생성하여 다운로드를 시작한다. 다운로드 스레드는 루프 내에서 hEvent가 비신호상태가 되는지를 계속 감시(Polling)하는데 비신호상태가 되면 다운로드를 중지하라는 명령으로 인식하여 사용자에게 다운로드 중지를 질문한다. 사용자가 취소하면 정리작업을 한 후 리턴하여 스레드를 종료하며 취소를 번복하면 이벤트를 다시 신호상태로 만들어 계속 다운로드를 진행한다.

마우스 오른쪽 버튼을 누르면 취소 명령을 내리는데 주 스레드에서 다운로드를 중지하기 위해 하는 일이라고는 ResetEvent 함수를 호출하여 이벤트를 비신호상태로 만드는 것뿐이다. 일단 주 스레드에서 취소 요청이 있었다는 사실만 통보하면 나머지는 스레드가 알아서 한다. 스레드는 작업을 하는 중에 주기적으로 이벤트를 폴링하면서 점검하여 계속 여부를 점검하고 있다.

수동 리셋 이벤트는 대기 함수에 의해 상태가 강제로 변경되지 않으므로 이 예제에 적절하다 하겠다. 실제로는 자동 리셋 이벤트나 뮤텍스 심지어 전역변수도 이러한 목적에 사용할 수 있지만 다소 복잡해질 수 있으며 효율상으로도 수동 리셋 이벤트가 가장 잘 어울린다. bContinue 등의 전역 변수로도 신호를 보낼 수 있지만 이벤트는 프로세스간에도 쓸 수 있다는 면에서 훨씬 더 범용적이다. 스레드에게 신호를 보내기 위해 어떤 방법을 사용할 것인가는 상황에 따라, 개인적 취향에 따라 달라지겠지만 스레드간의 통신에 메시지는 사용할 수 없다. 메시지는 기본적으로 윈도우간의 통신 장치이다.

42-5 그 외의 동기화 객체

42-5-가. 모달 프로세스

지금까지 가장 흔하게 사용되는 동기화 객체 4가지에 대해 순서대로 알아보았다. 이 4가지는 동기화만을 위해 존재하지만 이외에 동기화에 사용할 수 있는 객체들이 몇 가지 더 있다. 이 객체들은 동기화 자체가 목적은 아니지만 신호상태와 비신호상태를 가질 수 있으므로 동기화에도 사용할 수 있는 것들이다. 대표적으로 프로세스와 스레드 객체가 있는데 실행중이면 비신호상태가 되고 실행이 종료되면 신호상태가 된다. 다음은 차일드 프로세스를 실행하는 단순한 코드이다. 마우스 왼쪽 버튼을 누르면 카드놀이 게임을 실행한다.

예 제 : WaitChild

```
LRESULT CALLBACK WndProc(HWND hWnd,UINT iMessage,WPARAM wParam,LPARAM lParam)
{
    HDC hdc;
    PAINTSTRUCT ps;
    STARTUPINFO si = {sizeof(STARTUPINFO),};
    PROCESS_INFORMATION pi;
    TCHAR *Mes="마우스 왼쪽 버튼을 누르면 카드놀이가 실행됩니다.";
    MSG Message;

    switch (iMessage) {
    case WM_LBUTTONDOWN:
        if (CreateProcess(NULL,"sol.exe",NULL,NULL,FALSE,0,NULL,NULL,&si,&pi)) {
            CloseHandle(pi.hProcess);
            CloseHandle(pi.hThread);
        }
        return 0;
    case WM_PAINT:
        hdc=BeginPaint(hWnd, &ps);
        TextOut(hdc, 100, 100, Mes, lstrlen(Mes));
        EndPaint(hWnd, &ps);
        return 0;
    case WM_DESTROY:
        PostQuitMessage(0);
        return 0;
    }
    return(DefWindowProc(hWnd,iMessage,wParam,lParam));
}
```

차일드 프로세스가 실행되면 완전히 독립적인 프로세스가 된다. 표현의 편의상 이 프로세스를 실행한 프로세스를 페어런트라고 하여 두 프로세스간을 부자 관계로 간주하지만 실제로 어떤 논리적인 연관을 가지는 것은 아니다. 프로세스간의 부자 관계는 실행 직후에 일시적으로만 성립될 뿐이지 사실상 종속 관계가 아닌 수평적인 관계이다. 페어런트를 종료해도 차일드는 종료되지 않는다는 것을 보면 확실히 그렇다.

그런데 실전에서는 차일드 프로세스가 정말 차일드가 되어야 할 경우가 있다. 예를 들어 아주 특화된 작업을 전담하는 프로세스를 만들어 놓고 이 작업이 필요할 때는 차일드를 생성하여 작업을 시키는 것이다. 이때 페어런트는 차일드가 작업을 완료하고 종료할 때까지 실행을 중단하고 대기해야 한다. 이런 목적이라면 프로세스를 생성하는 것보다는 함수를 만드는 것이 더 좋은 해결책이 될 수도 있겠지만 혼합 프로그래밍을 해야 할 경우에는 어쩔 수 없이 차일드 프로세스를 만들어야 한다. 비주얼 베이직이나 델파이가 할 수 없는(또는 부적절한) 작업들이 있기 때문이다. 차일드가 종료될 때까지 대기하고자 한다면 다음과 같이 코드를 작성하면 된다.

```
case WM_LBUTTONDOWN:
    if (CreateProcess(NULL,"sol.exe",NULL,NULL,FALSE,0,NULL,NULL,&si,&pi)) {
        WaitForSingleObject(pi.hProcess,INFINITE);
        CloseHandle(pi.hProcess);
        CloseHandle(pi.hThread);
    }
    return 0;
```

프로세스를 생성한 후 그 핸들이 신호상태가 될 때까지 무한 대기하는 것이다. 프로세스 객체는 프로세스가 실행중인동안 비신호상태이며 프로세스가 종료되면 신호상태가 된다. 프로세스 자체도 동기화 목적에 사용할 수 있으므로 WaitForSingleObject 대기 함수의 인수로 사용할 수 있으며 이때 대기 함수는 프로세스 객체가 신호상태가 될 때까지, 즉 프로세스가 종료될 때까지 효율적으로 대기한다.

이런 상황은 종종 발생하는데 이때의 차일드 프로세스를 모달 프로세스(Modal Process)라고 이름을 붙일 수 있을 것이다. 이때 차일드는 대개 아주 간단한 코드만 실행하고 종료하는 것이 보통인데 만약 윈도우를 만드는 차일드라면 문제가 좀 있다. 페어런트 프로세스가 차일드 종료시까지 대기하다보니 실행이 완전히 블록 상태가 되어 어떠한 메시지에도 응답을 못하게 된다. 심지어 WM_PAINT에도 응답을 못하므로 차일드에 의해 화면이 지워져도 다시 그리지를 못한다.

이 문제를 해결하려면 프로세스 객체가 신호상태가 될 때까지 무한 대기하지 말고 비신호상태인 동안에도 메시지를 처리하도록 메시지 펌핑을 하면 된다. 코드는 다음과 같다.

```
case WM_LBUTTONDOWN:
    if (CreateProcess(NULL,"sol.exe",NULL,NULL,FALSE,0,NULL,NULL,&si,&pi)) {
        while (WaitForSingleObject(pi.hProcess,10) != WAIT_OBJECT_0) {
            if (PeekMessage(&Message,NULL,0,0,PM_REMOVE)) {
                if ((Message.message==WM_PAINT) || (Message.message==WM_NCPAINT) ||
                    (Message.message==WM_ERASEBKGND)) {
                    TranslateMessage(&Message);
                    DispatchMessage(&Message);
                }
            }
        }
    }
    CloseHandle(pi.hProcess);
    CloseHandle(pi.hThread);
    return 0;
```

차일드가 비신호상태인동안 메시지 루프를 돌려주었다. 이 메시지 루프에서는 메시지를 필터링하여 화면 그리기에 관련된 세 가지 메시지만 메시지 프로시저로 보내 화면 그리기만 할 수 있도록 했다. 만약 모든 메시지를 다 보낸다면 이는 차일드를 기다리지 않는 것이나 마찬가지가 된다. 메시지 프로시저는 재진입이 가능하므로 마우스 왼쪽 버튼을 누르면 또 다른 차일드가 생성되기까지 한다. 그래서 그리기 메시지만 보냈는데 필요에 따라 필터링 조건은 달라질 수 있다.

차일드가 실행중인 동안 부모를 완전히 사용 금지 상태로 만들어 놓고 싶다면 차일드 호출 직후에 EnableWindow로 자신을 사용금지하고 차일드 리턴 후에 다시 사용 가능 상태로 만들면 된다. 프로세스 객체를 프로세스간의 동기화에 사용하는 예를 보였는데 이는 스레드도 마찬가지다. 특정 스레드가 완전히 종료될 때까지 대기하려면 스레드의 핸들을 사용할 수 있다. 예를 들어 DownEvent 예제에서 다운로드 완료 후 즉시 어떤 작업을 하고 싶다면 다운로드 스레드를 대기하면 된다.

42-5-나. 대기가능 타이머

주기적으로 또는 지정한 시간에 어떤 작업을 하고 싶다면 의심의 여지없이 타이머를 사용한다. 예를 들어 1초에 한 번씩 소리를 내고 싶다면 다음과 같이 SetTimer로 타이머를 1초 간격으로 설치하고 매초마다 전달되는 WM_TIMER 메시지에서 소리를 내면 된다. 너무 기본적인 코드라 더 설명이 필요없을 정도다.

```
LRESULT CALLBACK WndProc(HWND hWnd,UINT iMessage,WPARAM wParam,LPARAM lParam)
{
    switch (iMessage) {
    case WM_CREATE:
        SetTimer(hWnd,1,1000,NULL);
    case WM_TIMER:
        MessageBeep(0);
        return 0;
    case WM_DESTROY:
        KillTimer(hWnd,1);
        PostQuitMessage(0);
        return 0;
    }
    return(DefWindowProc(hWnd,iMessage,wParam,lParam));
}
```

MessageBeep(0) 호출문 자리에서 주기적으로 하고 싶은 작업을 하면 된다. 그렇다면 스레드의 경우는 어떨까? 스레드는 윈도우가 아니므로 메시지를 받을 수 없으며 주기적으로 동작하고 싶다거나 특정한 시간에 깨어나고 싶다면 특별한 동기화 객체를 사용해야 한다. 물론 루프를 돌리며 시간을 계속 조사하여 원하는 시간인지 주기적으로 폴링하는 방법도 있지만 여분의 CPU 시간을 필요로 한다는 점에서 불이익이 있다.

이럴 때 사용하는 동기화 객체가 대기가능 타이머(Waitable Timer)이다. 대기가능 타이머는 주기적으로 신호상태가 되는 객체이다. 커널 객체이므로 여러 개의 스레드가 동시에 이 객체를 대기할 수 있으며 WM_TIMER 메시지처럼 우선 순위가 늦지도 않아 더 정확하고 신뢰할 수 있다. 단, 이 기능은 98이후에만 지원되며 95에는 사용할 수 없다. 대기가능 타이머는 다음 함수로 생성하는데 원형이 아주 간단하다.

HANDLE CreateWaitableTimer(LPSECURITY_ATTRIBUTES lpTimerAttributes, BOOL bManualReset, LPCTSTR lpTimerName);

보안 속성은 통상 NULL이며 두 번째 인수로 자동, 수동 방식을 결정한다. 이벤트와 마찬가지로 리셋되는 방식에 따라 자동, 수동 두 가지 종류가 있는데 의미는 이벤트와 동일하다. 세 번째 인수는 프로세스간의 동기화에 사용하기 위한 이름이며 필요없으면 NULL로 지정할 수 있다. 리턴값은 대기가능 타이머의 핸들이며 닫을 때는 다른 커널 객체와 마찬가지로 CloseHandle 함수를 사용한다. 대기가능 타이머는 항상 비신호상태로 생성되는데 언제 어떤 주기로 신호상태가 될 것인지, 신호상태가 되었을 때 어떤 동작을 할 것인지는 다음 함수로 지정한다.

BOOL SetWaitableTimer(HANDLE hTimer, const LARGE_INTEGER* pDueTime, LONG lPeriod, PTIMERAPCROUTINE pfnCompletionRoutine, LPVOID lpArgToCompletionRoutine, BOOL fResume);

첫 번째 인수는 의심의 여지없이 대상 타이머의 핸들이다. 두 번째 인수 pDueTime은 타이머가 최초로 신호상태가 될 시간을 지정하는데 절대 시간과 상대 시간으로 지정할 수 있다. 절대 시간으로 지정할 때는 FILETIME 포맷으로 시간을 지정하되 반드시 세계 표준시인 UTC 시간이어야 한다. SYSTEMTIME 구조체로 원하는 시간을 먼저 설정한 후 FILETIME으로 변경하고 UTC로 변환한 후 사용한다.

상대 시간으로 지정할 때는 부호를 음수로 주는데 현재 시간에서 얼마 후에 신호상태가 될 것인지를 지정한다. FILETIME의 해상도와 같은 1/10000000초 단위를 사용한다. 앞으로 10초 후에 최초로 신호상태가 되도록 하고 싶다면 -1억으로 지정하면 된다. 대기가능 타이머는 pDueTime이 지정하는 절대 시간, 또는 상대 시간 전에는 비신호상태로 있다가 시간이 되면 최초로 신호상태가 되며 이 타이머를 대기하는 스레드가 동작하기 시작한다. 자동 리셋인 경우는 대기를 풀면서 다시 비신호상태가 되며 수동인 경우는 시간을 재설정하기 전에는 신호상태를 계속 유지한다.

세 번째 인수 lPeriod는 타이머가 다시 신호상태로 될 주기를 1/1000초 단위로 지정한다. 자동 리셋 타이머는 대기가 풀리면서 비신호상태가 되었다가 lPeriod시간마다 다시 신호상태가 된다. 타이머가 한 번만 신호상태가 되도록 하고 싶다면, 즉 주기적인 신호를 보낼 필요가 없다면 lPeriod에는 0을 지정한다. 네 번째, 다섯 번째 인수는 신호상태가 될 때 호출될 콜백함수와 이 함수로 전달될 인수를 지정하는데 필요없으면 NULL로 줄 수 있다. 이 인수들을 활용하면 비동기 함수 호출(APC)을 할 수 있는데 요즘은 대체되는 기술들이 많아 잘 사용되지 않는다.

마지막 인수 fResume은 시스템이 대기모드(전원 절약 모드)로 잠들어 있을 때 시스템을 재기동할 것인지 아닌지를 지정한다. 이 값이 TRUE이고 시스템이 대기 모드에 있다면 지정한 시간이 되었을 때 시스템의 대기 모드를 풀고 원하는 작업을 할 수도 있다. 단, 이 기능이 동작하려면 시스템이 절전 모드를 지원해야 한다. 다음 함수는 타이머의 동작을 멈춘다.

BOOL CancelWaitableTimer(HANDLE hTimer);

이 함수는 타이머의 동작을 멈추기만 할 뿐 타이머의 현재 신호상태를 변경하지는 않는다. 즉, 타이머가 신호상태라면 그대로 두고 비신호상태라 대기하는 스레드가 있으면 계속 대기하게 내버려 둔다. 타이머의 동작 시간이나 주기를 바꾸고 싶다면 굳이 이 함수로 타이머를 먼저 정지할 필요없이 SetWaitableTimer 함수로 원하는 인수를 전달하면 된다. 이점은 SetTimer 함수와 마찬가지이다. 다음 예제는 스레드를 이용하여 주기적으로 소리를 낸다.

예 제 : WaitableTimer

```
HANDLE hTimer;
DWORD WINAPI ThreadFunc(LPVOID temp)
{
    for (;;) {
        WaitForSingleObject(hTimer,INFINITE);
        MessageBeep(0);
    }
    return 0;
}

LRESULT CALLBACK WndProc(HWND hWnd,UINT iMessage,WPARAM wParam,LPARAM lParam)
{
    HDC hdc;
    PAINTSTRUCT ps;
    TCHAR *Mes="왼쪽 버튼 : 타이머 동작, 오른쪽 버튼 : 타이머 중지";
    DWORD ThreadID;
    LARGE_INTEGER Due;

    switch (iMessage) {
    case WM_CREATE:
        hTimer=CreateWaitableTimer(NULL,FALSE,NULL);
```

```
        hWndMain=hWnd;
        CloseHandle(CreateThread(NULL, 0, ThreadFunc, NULL, 0, &ThreadID));
        return 0;
    case WM_LBUTTONDOWN:
        Due.QuadPart=-30000000;
        SetWaitableTimer(hTimer,&Due,1000,NULL,NULL,FALSE);
        return 0;
    case WM_RBUTTONDOWN:
        CancelWaitableTimer(hTimer);
        return 0;
    case WM_PAINT:
        hdc=BeginPaint(hWnd, &ps);
        TextOut(hdc,10,10,Mes,lstrlen(Mes));
        EndPaint(hWnd, &ps);
        return 0;
    case WM_DESTROY:
        CloseHandle(hTimer);
        PostQuitMessage(0);
        return 0;
    }
    return(DefWindowProc(hWnd,iMessage,wParam,lParam));
}
```

WM_CREATE에서 타이머를 자동 리셋으로 만들고 스레드를 생성했다. 이 스레드는 무한 루프를 돌며 hTimer를 대기하는데 대기가 풀릴 때마다 한 번 소리를 낸다. 물론 실제 예에서는 좀 더 유용한 작업을 해야 할 것이다. 예를 들어 일주일에 한 번꼴로 조각 모음을 한다든가 매 6시간마다 바이러스 체크를 하는 등의 작업을 하면 적당하다. 타이머는 최초 비신호상태로 생성되므로 이 스레드는 시작과 동시에 타이머를 대기한다.

왼쪽 버튼을 누르면 앞으로 3초후부터 1초 간격으로 신호상태가 되도록 타이머를 설정했다. 3초후에 작업 스레드의 대기 상태가 최초로 풀리는데 자동 리셋 타이머이므로 대기가 풀리면서 다시 비신호상태가 된다. 루프 선두로 돌아가 다시 타이머를 대기하며 1초에 한 번씩 타이머는 다시 신호상태가 되므로 초당 한 번씩 대기가 풀릴 것이다. 오른쪽 버튼을 누르면 타이머의 기능을 정지시킨다.

멀티 스레드는 Win32의 우수한 기능이며 이 기능이 꼭 필요한 경우도 많다. 그러나 멋진 기능이라고 하여 꼭 사용해야 한다는 강박 관념을 가질 필요는 없으며 필요치 않으면 쓰지 않는 것이 좋다. 멀티 스레드로 구현했다는 것 자체가 자랑이 될 수는 없으며 똑같은 기능과 성능을 보인다면 가급적이면 평이한 방법으로 문제를 해결하는 것이 훨씬 더 바람직하다. 동기화는 아주 어려운 기술이며 가장 완벽한 동기화 방법은 스레드를 쓰지 않는 것이다.

43-1 IPC

43-1-가. IPC란

멀티 태스킹 환경에서는 여러 가지 프로그램들이 동시에 실행된다. 각 프로세스들은 메모리와 CPU를 공유하고 있을 뿐이지 독립된 일을 하며 상호 간섭하지 않고 간섭할 수도 없다. 하지만 필요에 따라 프로세스간에 정보를 교환해야 할 경우가 있다. 예를 들어 A 프로그램은 사용자로부터 정보를 입력받는 일을 하고 B프로그램은 원격지의 DB 서버에 입력받은 문자열을 전송해야 한다면 A와 B는 서로 통신해야 할 필요가 있다. A는 사용자로부터 문자열만 입력받아 B로 전달하고 B는 A로부터 받은 정보를 DB 서버에 전송하는 일만 한다.

이때 두 프로그램이 상호 통신하며 정보를 교환하는 방법을 IPC(InterProcess Communication)라고 한다. IPC란 문자 그대로 프로세스간의 통신 방법인데 Win32 환경에서는 프로세스간 메모리 공간이 격리되어 있으므로 정보를 교환하는 방법이 그리 쉽지 않다. 16비트 환경에서는 모든 프로세스가 같은 주소 공간에서 실행되므로 포인터로 통신을 쉽게 할 수 있었지만 메모리 구조에서 이미 알아본 대로 32비트 환경에서는 포인터를 전달하는 방법으로는 정보를 교환할 수 없다.

소프트웨어가 발전하면 할수록 사용자들의 요구는 복잡해지고 따라서 프로그램의 기능도 복잡해져야 한다. 기능이 많아질수록 프로그래머가 코드를 관리하기가 어려워지다 못해 불가능한 수준에 이르기도 하는데 그래서 요즘은 한 가지의 전문적인 일만 하는 프로그램들을 따로따로 만들고 각 프로그램끼리 IPC로 서로 기능을 보조하는 방법이 많이 시도되고 있다. IPC는 응용 프로그램간의 작업 분담을 위한 효율적인 방법으로 활용되고 있으며 때로는 네트워크를 통해 컴퓨터간의 작업 분담에도 사용된다.

또한 같은 프로그램의 다른 인스턴스끼리 통신해야 하는 경우도 있는데 이런 경우도 IPC가 사용된다. 예를 들어 한 번만 실행되는 영한사전 프로그램이 있다고 하자. 첫 번째 인스턴스가 실행중인 상태에서 두 번째 인스턴스가 실행되면 두 번째 인스턴스는 첫 번째 인스턴스에게 입력받은 영어 단어를 전달하고 종료해야 한다. 이때 같은 영한사전 프로그램이라도 엄연히 다른 프로세스이므로 입력받은 영어 단어를 IPC로 전달해야 한다.

43-1-나. 여러 가지 방법

IPC의 목적은 두 프로세스간에 정보를 교환하는 것이다. 이때 정보란 정수값이나 문자열, 배열, 구조체 등 교환 가능한 모든 이진 데이터를 의미한다. 이 단순한 목적을 이루기 위한 방법에는 여러 가지가 있으며 어떤 방법으로든 정보를 교환하기만 하면 된다. 그러나 여러 가지 방법중에서도 상황에 따라 가장 효율적인 방법이 있을 것이며 우리는 교환하고자 하는 자료의 형태나 목적에 따라 가장 적절한 방법을 선택해야 한다. IPC 방법을 선택하기 위해 고려해야 할 요소는 다음과 같은 여러 가지가 있다.

① 네트워크 지원이 필요한가? 곧 컴퓨터의 경계를 넘어서는 통신인가?

② 통신 대상이 다른 운영체제에서 실행되는 프로그램인가? 곧 플랫폼 경계를 넘어야 하는가?

③ 통신 대상이 고정되어 있는가 아니면 불특정 다수와 통신해야 하는가?

④ 통신 속도가 중요한가 아니면 느려도 상관없는가?

⑤ 일회적인 교환인가 지속적인 교환인가?

⑥ 양방향 통신인가 아니면 단방향 통신인가?

⑦ 통신의 신뢰성 및 보안성이 요구되는가?

이런 요소들을 모두 고려하여 적절한 방법을 선택하기 위해서는 각 방법의 원리와 장단점을 잘 이해하고 있어야 할 것이다. 한 번 방법을 잘못 선택하면 나중에는 바꾸기가 무척 어려워지므로 처음부터 신중하게 잘 결정해야 하며 그러기 위해서는 모든 IPC 방법에 대해 개략적인 이해를 하고 있어야 한다. 아니면 적절한 IPC 방법을 선택하는데 도움을 줄 수 있는 IPC 전문가를 알아 두는 것도 좋은 방법이다. Win32 환경에서 사용가능한 IPC 방법에는 다음과 같은 것들이 있다.

방법	설명
메시지	사용자 정의 메시지로 정보 교환. 길이에 제약이 있다.
클립보드	중앙 저장소를 통한 대량의 정보 교환. 일반적인 용도로는 쓸 수 없다.
DDE	DDE 메시지를 사용한 지속적인 정보 교환
파일 맵핑	파일 맵핑을 이용한 메모리 공유. 번거롭다.
메일슬롯	메일슬롯 사용
파이프	파이프 사용
윈속	윈속 사용
RPC	원격 함수 호출 사용
COM	컴포넌트 오브젝트 모델

이중 클립보드와 파일 맵핑에 대해서는 앞 장에서 이미 알아본 바 있다. 이 방법 외에도 여러 가지 IPC 방법들이 있으며 지금도 새로운 방법들이 많이 개발되고 있다. 어쨌든 IPC는 프로세스간에 정보를 교환하기만 하면 되는 것이므로 이 목적을 이룰 수만 있다면 무엇이든지 IPC라고 할 수 있다. 극단적으로 무식한 방법을 예로 든다면 두 프로그램이 약속된 파일(예를 들어 C:\IPC.TXT)에 교환할 정보를 쓰고 읽는다면 이 방법도 IPC의 일종이라고 할 수 있으며 또는 약속된 레지스트리를 사용할 수도 있고 INI 파일을 사용하는 방법도 생각해 볼 수 있다. 물론 효율이 많이 떨어지겠지만 말이다.

43-1-다. 메시지

메시지는 정보를 교환할 수 있는 가장 간단한 방법이며 또한 가장 빠른 방법이기도 하다. 두 프로세스가 서로 윈도우 핸들만 알고 있다면 약속된 메시지의 wParam, lParam을 통해 정보를 교환할 수 있다. 메시지는 메모리를 거치지 않고 운영체제에 의해 직접 전달되므로 주소 공간이 격리되어 있더라도 잘 전달된다. 간단한 예제를 통해 정수 1234를 교환해 보자. IPCMessage1프로젝트를 다음과 같이 만든다.

예 제 : IPCMessage1

```
#define WM_IPC WM_USER + 1
LRESULT CALLBACK WndProc(HWND hWnd,UINT iMessage,WPARAM wParam,LPARAM lParam)
{
    HDC hdc;
    PAINTSTRUCT ps;
    TCHAR *Mes = "마우스 왼쪽 버튼을 누르면 IPCMessage2 프로세스로 메시지를 보냅니다";
    HWND hWnd2;
    switch (iMessage) {
    case WM_LBUTTONDOWN:
        hWnd2 = FindWindow(NULL, "IPCMessage2");
        if (hWnd2 != NULL)
            SendMessage(hWnd2, WM_IPC, (WPARAM)1234, (LPARAM)0);
        return 0;
    case WM_PAINT:
        hdc=BeginPaint(hWnd, &ps);
        TextOut(hdc, 10, 50, Mes, lstrlen(Mes));
        EndPaint(hWnd, &ps);
        return 0;
    case WM_DESTROY:
        PostQuitMessage(0);
        return 0;
    }
    return(DefWindowProc(hWnd,iMessage,wParam,lParam));
}
```

그리고 같은 워크 스페이스에 IPCMessage2 프로젝트를 만든다. IPC 예제는 보통 클라이언트/서버가 쌍으로 동작하므로 같은 워크 스페이스에 두 프로젝트를 동시에 만드는 것이 관리하기 편리하다. 배포 CD에서 IPCMessage만 열면 두 프로젝트가 동시에 열리므로 소스를 살펴보기에도 편리할 것이다.

예 제 : IPCMessage2

```
#define WM_IPC WM_USER + 1
LRESULT CALLBACK WndProc(HWND hWnd,UINT iMessage,WPARAM wParam,LPARAM lParam)
{
    HDC hdc;
    PAINTSTRUCT ps;
    TCHAR *Mes="IPCMessage 프로그램으로부터 메시지를 전달받는다";
    TCHAR str[128];
    switch (iMessage) {
    case WM_IPC:
        hdc = GetDC(hWnd);
        wsprintf(str, "%d를 받았습니다.", wParam);
```

```
        TextOut(hdc, 10, 100, str, lstrlen(str));
        ReleaseDC(hWnd, hdc);
        return 0;
    case WM_PAINT:
        hdc=BeginPaint(hWnd, &ps);
        TextOut(hdc, 10, 50, Mes, lstrlen(Mes));
        EndPaint(hWnd, &ps);
        return 0;
    case WM_DESTROY:
        PostQuitMessage(0);
        return 0;
    }
    return(DefWindowProc(hWnd,iMessage,wParam,lParam));
}
```

두 프로젝트에서 WM_USER + 1로 WM_IPC 사용자 정의 메시지를 똑같이 정의하였다. IPCMessage에서 마우스 버튼을 누르면 FindWindow 함수로 IPCMessage2 윈도우 핸들을 구한 후 WM_IPC 메시지를 IPCMessage2로 전달하되 이때 wParam으로 전달하고자 하는 정수값을 넘긴다. IPCMessage2는 WM_IPC 메시지의 wParam값을 읽음으로써 IPCMessage가 전달하고자 하는 정수값을 구할 수 있다.

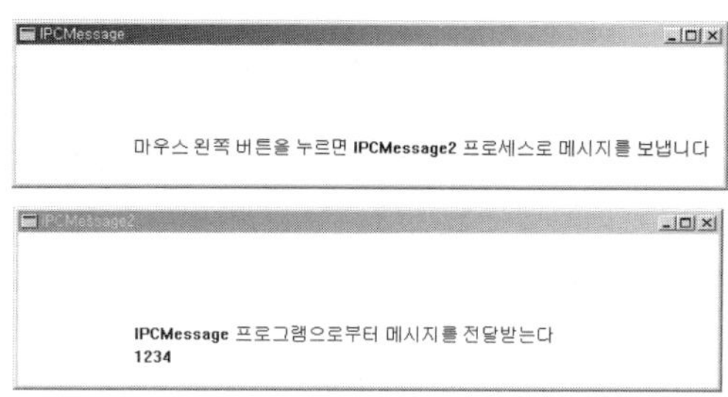

무척 간단하고 쉬워보인다. 이 방법은 정수와 같이 비교적 크기가 작은 정보를 전달할 때만 사용할 수 있다. 또는 정보라기보다는 단순한 어떤 사실을 통보하기 위한 목적으로도 사용할 수 있다. 예를 들어 지금 당장 종료하라든가, 새로 데이터를 읽어라든가 등등의 명령 정도는 이 방법으로 쉽게 전달할 수 있다. 그러나 문자열이나 구조체같은 큰 데이터는 이 메시지로 전달할 수 없다. 왜냐하면 메시지와 함께 전달되는 wParam, lParam은 둘 다 더해봐야 불과 8 바이트에 불과하기 때문이다. 실수는 상하위로 나누어 wParam, lParam으로 전달할 수 있고 문자열도 억지로 구겨 넣는다면 보낼 수는 있지만 기껏 8자 정도밖에 보낼 수가 없다.

이 파라미터로 포인터를 전달하는 방법은 통하지 않는다는 것쯤은 잘 알고 있을 것이다. Win32 환경에서는 프로세스간 메모리 공간이 격리되어 있으므로 같은 번지라도 두 프로세스가 참조하는 메모리가 서로 다르기 때문이다. 이런 단순한 방법으로는 프로세스간에 문자열을 전달할 수 없으며 훨씬 더 복잡한 방법이 필요하다. 이것이 IPC가 이 책의 한 장을 다 차지하고 있는 이유다.

43-1-라. WM_COPYDATA

Win32 환경은 프로세스간 메모리 공간이 격리됨으로 해서 훨씬 더 안정적이기는 하지만 간단한 문자열을 교환하는데도 아주 복잡한 방법이 동원되어야 하는 불편함이 있다. 이런 불편함을 해소하기 위해 IPC를 위한 전용 메시지가 추가되었는데 이 메시지가 바로 WM_COPYDATA 메시지이다.

wParam에 정보를 보내는 윈도우의 핸들을 넣고 lParam에는 다음 구조체의 포인터를 넣는다.

```
typedef struct tagCOPYDATASTRUCT {   // cds
     DWORD dwData;
     DWORD cbData;
     PVOID lpData;
} COPYDATASTRUCT;
```

dwData는 교환하고자 하는 정수값이며 lpData는 교환하고자 하는 문자열(또는 이진 데이터)이며 cbData는 lpData의 크기이다. 정수 하나와 포인터 하나를 보낼 수 있다. 이 구조체에 값을 채운 후 WM_COPYDATA 메시지를 보내면 운영체제가 구조체에 보관된 값을 해당 윈도우로 전달한다. 예제를 보자. 다음은 정보를 보내는 CopyData 프로젝트의 소스이다.

예제 : CopyData1

```
LRESULT CALLBACK WndProc(HWND hWnd,UINT iMessage,WPARAM wParam,LPARAM lParam)
{
     HDC hdc;
     PAINTSTRUCT ps;
     COPYDATASTRUCT cds;
     TCHAR *str = "WM_COPYDATA 메시지를 위한 Test String";
     TCHAR *Mes = "마우스 왼쪽 버튼을 누르면 CopyData2 프로세스로 메시지를 보냅니다";
     HWND hWnd2;

     switch (iMessage) {
     case WM_LBUTTONDOWN:
          cds.dwData = 0;
          cds.cbData = lstrlen(str);
          cds.lpData = str;
          hWnd2 = FindWindow(NULL, "CopyData2");
          if (hWnd2 != NULL)
               SendMessage(hWnd2, WM_COPYDATA, (WPARAM)hWnd, (LPARAM)&cds);
          return 0;
     case WM_PAINT:
          hdc=BeginPaint(hWnd, &ps);
          TextOut(hdc, 10, 50, Mes, lstrlen(Mes));
          EndPaint(hWnd, &ps);
          return 0;
     case WM_DESTROY:
          PostQuitMessage(0);
          return 0;
     }
     return(DefWindowProc(hWnd,iMessage,wParam,lParam));
}
```

마우스 왼쪽 버튼을 누르면 str 문자열을 CopyData2 프로세스로 보낸다. cds 구조체에 값을 채우고 WM_COPYDATA 메시지를 CopyData2 프로세스로 전달했다. CopyData2 프로세스는 이 정보를 다음과 같이 전달받는다.

예 제 : CopyData2

```
LRESULT CALLBACK WndProc(HWND hWnd,UINT iMessage,WPARAM wParam,LPARAM lParam)
{
    HDC hdc;
    PAINTSTRUCT ps;
    COPYDATASTRUCT *pcds;
    TCHAR *Mes="CopyData 프로그램으로부터 메시지를 전달받는다";
    switch (iMessage) {
    case WM_COPYDATA:
        pcds = (PCOPYDATASTRUCT)lParam;
        hdc = GetDC(hWnd);
        TextOut(hdc, 10, 100, (LPCTSTR)pcds->lpData, pcds->cbData);
        ReleaseDC(hWnd, hdc);
        return 0;
    case WM_PAINT:
        hdc=BeginPaint(hWnd, &ps);
        TextOut(hdc, 10, 50, Mes, lstrlen(Mes));
        EndPaint(hWnd, &ps);
        return 0;
    case WM_DESTROY:
        PostQuitMessage(0);
        return 0;
    }
    return(DefWindowProc(hWnd,iMessage,wParam,lParam));
}
```

WM_COPYDATA 메시지로 전달된 lParam으로부터 COPYDATASTRUCT 구조체를 구하고 이 구조체를 읽어 어떤 길이의 어떤 정보가 전달되었는지를 알아내는 것이다. 예제에서는 정보를 받자마자 TextOut으로 화면에 출력하였다.

COPYDATASTRUCT 구조체의 lpData멤버는 포인터이므로 구조체나 배열도 보낼 수 있다. 이 포인터를 전달받는 프로세스가 참조할 수 있게 변환하는 것은 운영체제가 대신 하는데 내부적으로 복잡한 처리를 하고 있음은 쉽게 상상이 갈 것이다. 전달할 데이터의 크기만큼 파일 맵핑을 생성하고 통신 대상 프로세스들의 주소 공간에 동시에 맵해 놓고 맵된 번지를 lParam으로 전달한다. 이 메시지는 무척 편리하게 사용할 수 있는 반면 그다지 효율이 좋지는 못하며 다음 사항에 주의해서 사용해야 한다.

① lpData에는 받는 쪽에서 읽을 수 있는 값만 전달해야 한다. 단순한 문자열이라면 간단하겠지만 복잡한 이진 포맷의 데이터라면 통신하는 양쪽이 포맷을 알고 있어야만 한다.

② 받은 쪽에서 데이터를 다 사용하기 전에 전달된 값이 바뀌지 않도록 해야 한다. SendMessage는 메시지가 완전히 처리되기 전에 리턴하지 않으므로 자신이 직접 변경할 수는 없지만 멀티 스레드를 쓸 경우 다른 스레드에서 값을 변경할 여지를 차단해야 한다.

③ 받는 데이터는 읽기 전용이므로 변경해서는 안 된다. 만약 꼭 변경하고자 한다면 로컬 메모리에 복사한 후 사본을 변경해야 한다.

④ WM_COPYDATA 메시지는 SendMessage로 보내야 하며 PostMessage로 부쳐서는 안 된다. 임시적인 처리를 통해 데이터를 전달하는 것이므로 메시지를 큐에 붙이는 것은 의미가 없다.

단 한 번의 문자열 전송을 위한 목적이라면 다른 복잡한 방법을 쓸 필요없이 WM_COPYDATA 메시지로 편리하게 해결할 수 있다. 반드시 SendMessage로만 보낼 수 있다는 것을 명심하도록 하자. PostMessage로 큐에 붙이면 이 메시지는 무시된다.

43-2 아톰

43-2-가. 아톰 테이블

아톰 테이블(ATOM Table)이란 쉽게 말해서 시스템이 유지하는 문자열 테이블이다. 응용 프로그램이 아톰 테이블에 문자열을 보관해 놓으면 시스템은 저장된 문자열을 대표하는 16비트의 정수값을 돌려주는데 이 핸들을 아톰이라고 한다. 32비트 환경에서 모든 핸들이 32비트로 업그레이드되었지만 아톰만은 아직까지도 16비트이다. 아톰이 아톰 테이블에 등록되면 응용 프로그램은 언제든지 아톰으로부터 문자열을 얻을 수 있다. 핸들은 단순한 정수값이며 메시지를 통해 응용 프로그램끼리 교환할 수 있으므로 아톰은 기초적인 IPC의 수단으로 사용 가능하다.

응용 프로그램이 아톰을 직접 사용하는 경우는 드물며 주로 DDE에서 아이템, 토픽 이름 문자열 교환을 위해 내부적으로 사용된다. 또한 윈도우 클래스나 클립보드 포맷도 내부적으로 아톰 테이블에 저장된다. 꼭 사용하고자 한다면 응용 프로그램끼리 간단한 문자열 교환을 위해서도 사용할 수 있겠으나 이런 용도로는 더 좋은 방법들이 많이 있다.

아톰 테이블은 로컬, 글로벌 두 종류가 있다. 로컬 아톰 테이블은 테이블을 만든 응용 프로그램 내에서만 사용가능하며 글로벌 아톰 테이블은 시스템의 모든 응용 프로그램이 같이 사용할 수 있다. IPC에 사용되는 테이블은 당연히 글로벌 아톰 테이블이다. 로컬 아톰 테이블은 IPC로 사용할 수는 없으나 중복된 문자열을 정수형의 아톰으로 치환함으로써 메모리를 절약한다거나 신속한 문자열 검색을 위해 사용할 수 있다. 그러나 실제로 이런 용도로 아톰을 사용하는 경우는 거의 없으므로 로컬 아톰은 실용성이 별로 없다고 할 수 있다. 아톰 테이블에 저장되는 아톰은 다음 두 가지가 있다.

■ 문자열 아톰 : 0xC000~0xFFFF까지의 범위를 가진다. 대소문자 구분은 저장되기는 하지만 문자열 비교에는 사용되지 않으며 부분 문자열 검색은 지원되지 않는다. 최대 255바이트의 길이까지 가능하다. 참조 카운트가 유지되므로 여러 응용 프로그램이 같은 이름으로 아톰을 등록할 수 있

다.

■ 정수형 아톰 : 0x0~0xBFFF까지의 범위를 가진다. #dddd 형태로 저장되며 참조 카운트는 유지되지 않는다. 정수형 아톰을 만들려면 MAKEINTATOM 매크로 함수를 사용한다. MAKEINTATOM은 정수를 (WORD)(DWORD)로 캐스팅하여 (LPCTSTR)로 캐스팅하는 간단한 캐스팅 매크로이다.

43-2-나. 로컬 아톰 테이블

로컬 아톰 테이블에 문자열을 추가하거나 삭제할 때는 다음 함수를 사용한다.

ATOM AddAtom(LPCTSTR lpString);
ATOM DeleteAtom(ATOM nAtom);

추가하고자 하는 문자열을 AddAtom 함수의 인수로 전달하면 아톰값을 리턴한다. 정수 아톰을 추가하려면 MAKEINTATOM 매크로 함수를 사용하면 된다. 이미 테이블에 들어있는 문자열 아톰을 중복 추가한 경우 AddAtom 함수는 새로운 아톰을 만들지 않고 참조 회수만 1 증가시킨다. DeleteAtom 함수는 참조 회수를 1 감소시키며 참조 회수가 0이 될 때 문자열을 아톰 테이블에서 제거한다. 이렇게 추가된 아톰은 다음 함수로 읽을 수 있다.

UINT GetAtomName(ATOM nAtom, LPTSTR lpBuffer, int nSize);

읽고자 하는 아톰과 문자열 버퍼를 주면 아톰 테이블에서 문자열을 읽어 버퍼에 채운다. 다음 예제는 로컬 아톰 테이블에 문자열과 정수값을 저장한 후 다시 읽어온다.

예 제 : LocalAtom

```
LRESULT CALLBACK WndProc(HWND hWnd,UINT iMessage,WPARAM wParam,LPARAM lParam)
{
    HDC hdc;
    PAINTSTRUCT ps;
    static ATOM AtStr, AtX, AtY;
    TCHAR str[128];
    TCHAR temp[128];
    int x, y;

    switch (iMessage) {
    case WM_CREATE:
        AtStr=AddAtom("Atom Test String");
        AtX=AddAtom(MAKEINTATOM(123));
        AtY=AddAtom(MAKEINTATOM(50));
        break;
    case WM_PAINT:
        hdc=BeginPaint(hWnd, &ps);
        GetAtomName(AtStr, str, 128);
        GetAtomName(AtX, temp, 128);        // str="#123" 으로 읽혀짐
        x=atoi(temp+1);                     // 앞의 #은 제외한다.
        GetAtomName(AtY, temp, 128);
        y=atoi(temp+1);
        TextOut(hdc, x,y, str, lstrlen(str));
        EndPaint(hWnd, &ps);
        break;
```

```
    case WM_DESTROY:
        DeleteAtom(AtStr);
        DeleteAtom(AtX);
        DeleteAtom(AtY);
        PostQuitMessage(0);
        return 0;
    }
    return(DefWindowProc(hWnd, iMessage, wParam, lParam));
}
```

WM_CREATE에서 문자열 아톰 하나와 정수 아톰 둘을 아톰 테이블에 저장해 놓으며 WM_PAINT에서는 GetAtomName 함수로 이 아톰을 읽어와 지정한 좌표에 문자열을 출력하였다. WM_DESTROY에서는 아톰을 제거한다. 실행 결과는 다음과 같다.

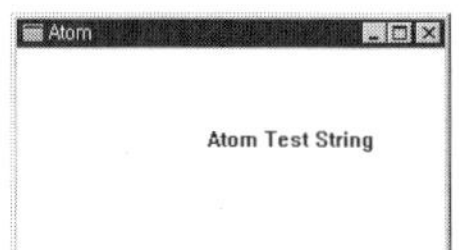

아톰을 사용했다 뿐이지 별 특별할 것도 없는 예제다. 사실 로컬 아톰은 거의 쓸 일이 없다.

43-2-다. 글로벌 아톰

다음은 글로벌 아톰 테이블을 사용하여 응용 프로그램끼리 문자열을 교환해 보자. 로컬 아톰 테이블의 함수와 거의 동일하나 함수 이름 앞에 Global이 덧붙여졌다는 것만 다르다.

ATOM GlobalAddAtom(LPCTSTR lpString);
ATOM GlobalDeleteAtom(ATOM nAtom);
UINT GlobalGetAtomName(ATOM nAtom, LPTSTR lpBuffer, int nSize);

GlobalAddAtom 함수로 문자열을 글로벌 아톰 테이블에 추가한 후 아톰값을 메시지나 기타 다른 방법으로 다른 응용 프로그램에 전달하면 GlobalGetAtomName 함수를 사용하여 아톰값으로부터 문자열을 다시 추출할 수 있다. 먼저 문자열을 전달하는 IPCAtom1예제부터 보자.

예제 : IPCAtom1

```
#define WM_ATOM WM_USER+1
ATOM Atom;
LRESULT CALLBACK WndProc(HWND hWnd,UINT iMessage,WPARAM wParam,LPARAM lParam)
{
    HDC hdc;
    PAINTSTRUCT ps;
    HWND hIPCAtom2;
    TCHAR *Mes="왼쪽 버튼을 누르면 아톰으로 문자열을 전달합니다.";
    switch (iMessage) {
    case WM_CREATE:
        Atom=GlobalAddAtom("Test Atom String");
        return 0;
    case WM_LBUTTONDOWN:
```

```
        hIPCAtom2=FindWindow(NULL,"IPCAtom2");
        if (hIPCAtom2)
            SendMessage(hIPCAtom2,WM_ATOM,Atom,0);
        else
            MessageBox(hWnd,"메시지를 전달할 윈도우가 없습니다","에러",MB_OK);
        return 0;
    case WM_PAINT:
        hdc=BeginPaint(hWnd, &ps);
        TextOut(hdc,10,50,Mes,lstrlen(Mes));
        EndPaint(hWnd, &ps);
        return 0;
    case WM_DESTROY:
        GlobalDeleteAtom(Atom);
        PostQuitMessage(0);
        return 0;
    }
    return(DefWindowProc(hWnd,iMessage,wParam,lParam));
}
```

WM_CREATE에서 아톰을 추가하고 사용자가 마우스 왼쪽 버튼을 눌렀을 때 WM_ATOM이라는 사용자 정의 메시지를 IPCAtom2 프로그램으로 전달하였다. 이때 아톰값은 wParam으로 전달된다. 아톰은 16비트 정수값이기 때문에 메시지의 파라미터로 얼마든지 전달할 수 있다. 글로벌 아톰은 프로그램 종료 전에 반드시 제거해야 한다. IPCAtom2의 소스는 다음과 같다.

예 제 : IPCAtom2

```
#define WM_ATOM WM_USER+1
LRESULT CALLBACK WndProc(HWND hWnd,UINT iMessage,WPARAM wParam,LPARAM lParam)
{
    HDC hdc;
    PAINTSTRUCT ps;
    static TCHAR str[128];
    switch (iMessage) {
    case WM_ATOM:
        GlobalGetAtomName((ATOM)wParam, str, 128);
        InvalidateRect(hWnd,NULL,TRUE);
        return 0;
    case WM_PAINT:
        hdc=BeginPaint(hWnd, &ps);
        TextOut(hdc,10,100,str,lstrlen(str));
        EndPaint(hWnd, &ps);
        return 0;
    case WM_DESTROY:
        PostQuitMessage(0);
        return 0;
    }
    return(DefWindowProc(hWnd,iMessage,wParam,lParam));
}
```

WM_ATOM 메시지를 받았을 때 wParam으로부터 아톰값을 구하고 GlobalGetAtomName 함수를 사용하여 이 아톰에 저장된 문자열을 str에 읽었다. WM_PAINT에서는 str 문자열을 구해 화면으로 출력한다. 아톰은 언제든지 제거될 수 있으므로 가급적이면 메시지를 받았을 때 문자열의 사본을 구해 놓아야 한다. 그래야 IPCAtom1 프로세스가 종료되어도 전달받은 문자열을 계속 출력할 수 있다. 두 응용 프로그램이 글로벌 아톰 테이블을 사용하여 문자열을 교환한 것이다. 실행 중의 모습은 다음과 같다.

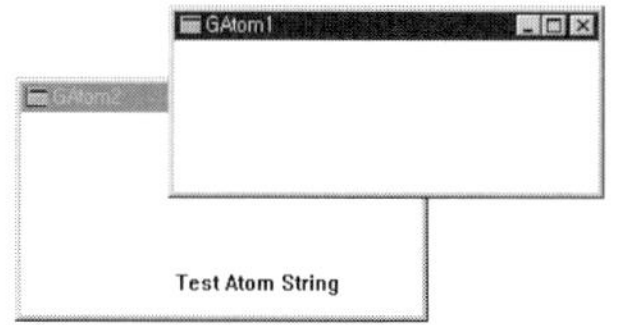

아톰을 이용한 문자열 교환은 마치 지하철의 짐보관 상자에 전달할 물건을 넣어 두고 친구에게 칸 번호와 비밀 번호를 전화로 알려 주는 것과 비슷하다. 약속된 위치에 데이터를 저장해 놓고 이 데이터를 찾을 수 있는 핸들만 알려 주는 식이다. 다음 두 함수에 대해서도 알아두자.

ATOM FindAtom(LPCTSTR lpString);
ATOM GlobalFindAtom(LPCTSTR lpString);

(Global)GetAtomName 함수의 반대 함수이며 문자열로부터 아톰값을 구해내는 함수들이다. 아톰의 동작 원리는 비교적 간단하므로 다방면으로 손쉽게 활용할 만하다. 그러나 일종의 시스템 공유 메모리로 구현되기 때문에 네트워크를 통한 원격 통신에는 사용할 수 없으며 연속적인 통신에 사용하기는 무척 어렵다는 단점이 있다. 컴퓨터 내부에서 일회적인 통신에만 사용하는 것이 적합하다.

43-2-라. 윈도우 클래스 아톰

아톰은 IPC 방법중 하나이지만 시스템이 문자열 저장을 위한 용도로도 종종 사용한다. 윈도우 프로그래밍을 배우기 시작할 때 처음 만나게 되는 다음 함수의 원형을 보자.

ATOM RegisterClass(CONST WNDCLASS *lpWndClass);

이 함수는 윈도우 클래스를 아톰 테이블에 등록하고 윈도우 클래스 아톰을 리턴한다. 대개의 경우 이 리턴값은 무시하지만 이 아톰을 저장해 놓았다가 윈도우를 생성하거나 윈도우 클래스를 등록 취소할 때 사용할 수도 있다. 다음은 윈도우 클래스를 등록하고 클래스 아톰으로부터 윈도우를 생성하는 예이다.

```
ATOM atClass;
atClass=RegisterClass(&WndClass);

hWnd=CreateWindow((LPCTSTR)atClass,lpszClass,WS_OVERLAPPEDWINDOW,
```

CreateWindow의 첫 번째 인수로 클래스 아톰을 전달하면 해당 클래스로 윈도우가 생성된다. 물론 윈도우 클래스 이름을 지정하는 것이 더 편리하기 때문에 이런 식으로 윈도우를 생성하는 경우는 거의 없지만 아톰이 이런 용도에도 사용된다는 것도 참고로 알아 두자. 시스템 전역 클래스 중 #32770, #32768 등의 클래스들은 아톰 형태로 정의되어 있는 것들이다.

43-3 메일슬롯

43-3-가. 메일슬롯

메일슬롯(MailSlot)은 우리말로 그대로 번역하자면 우편함이라는 뜻이다. 우편함에 편지를 넣어두면 우편함 주인이 편지를 받을 수 있는 것처럼 두 프로세스가 메일슬롯을 통해 메시지를 주고받을 수 있다. 우편함은 본질적으로 수신을 위한 장치이므로 메시지를 받는 쪽이 서버가 되고 메시지를 보내는 쪽이 클라이언트가 된다. 서버는 메일슬롯을 만들고 메일슬롯을 통해 메시지를 받는 프로세스이다. CreateMailSlot 함수로 메일슬롯을 만들면 메일슬롯 핸들을 리턴받는데 이 핸들을 사용하여 메시지를 받을 수 있다. 클라이언트는 메일슬롯에 메시지를 쓰는 프로세스이다.

메시지는 한꺼번에 여러 개를 보낼 수 있으며 이진 스트림이므로 어떠한 형태의 메시지든 주고받을 수 있다. 단 메시지의 크기는 최대 64K까지만 가능하다. 메일슬롯의 이름은 두 프로세스가 서로 인지할 수 있어야 하므로 문자열 형태로 되어 있으며 다음과 같은 형태로 작성된다.

```
\\.\mailslot\[Path]Name
```

\\.\mailslot 다음에 원하는 임의의 이름을 주되 메일슬롯이 많이 사용된다면 목적에 따라 그룹을 나눌 수 있도록 패스를 줄 수 있다. 마치 파일들을 서브 디렉토리로 나누듯이 말이다. 예를 들어 채팅용 메일슬롯과 파일전송 메일슬롯이 동시에 사용되어야 한다면 다음과 같이 메일슬롯 이름을 작성한다.

```
\\.\mailslot\chat\xxx
\\.\mailslot\file\yyy
```

물론 굳이 나눌 필요가 없다면 패스는 생략할 수 있다. 특정 컴퓨터의 메일슬롯에 메시지를 보내려면 다음과 같이 이름을 작성한다.

```
\\ComputerName\mailslot\xxx
```

특정 도메인에 속한 모든 메일슬롯에 메시지를 보내거나 시스템의 프라이머리 도메인에 속한 모든 메일슬롯에 메시지를 보내려면 다음과 같이 이름을 작성한다.

```
\\DomainName\mailslot\xxx
\\*\mailslot\xxx
```

43-3-나. 메일슬롯 서버

메일슬롯 서버는 메일슬롯을 만들고 핸들을 소유하며 메시지를 받는 프로세스이다. 메시지를 받기 위해서는 우선 메일슬롯을 만들어 놓고 메시지를 대기해야 하는데 이때는 다음 함수를 사용한다.

HANDLE CreateMailslot(LPCTSTR lpName, DWORD nMaxMessageSize, DWORD lReadTimeout, LPSECURITY_ATTRIBUTES lpSecurityAttributes);

첫 번째 인수 lpName은 만들고자 하는 메일슬롯의 이름이다. 앞에서 설명한 규칙대로 이름을 임의대로 작성하되 다른 메일슬롯과 이름이 중복되지만 않으면 되고 이름에 이미 mailslot이 포함되어 있으므로 다른 타입의 객체와는 헷갈리지 않는다. 두 번째 인수는 메일슬롯에 넣을 수 있는 메시지의 최대 길이를 지정하되 이 값이 0이면 길이에 제한을 두지 않으므로 통상 0으로 주면 된다. 세 번째 인수는 메일슬롯에 메시지가 없을 경우 얼마나 기다릴 것인가를 1/1000초 단위로 지정한다. 이 값이 0이고 메시지가 없으면 더 이상 기다리지 않고 즉각 리턴하며 MAILSLOT_WAIT_FOREVER이면 메시지가 들어올 때까지 무한 대기한다. 네 번째 인수는 보안 속성이되 NULL이면 디폴트 보안 속성을 사용한다.

이 함수는 지정한 이름으로 메일슬롯을 만든 후 핸들값을 리턴하는데 이 핸들은 이후 메일슬롯에서 메시지를 꺼낼 때, 메일슬롯을 파괴할 때 등에 사용된다. 만약 메일슬롯 생성에 실패했다면 INVALID_HANDLE_VALUE값을 리턴한다. 메일슬롯을 만든 후에 타임아웃 값을 변경하고자 할 때는 다음 함수를 사용한다.

BOOL SetMailslotInfo(HANDLE hMailslot, DWORD lReadTimeout);

CreateMailslot 함수로 만든 메일슬롯의 핸들과 새로 지정할 타임아웃 값을 인수로 전달한다. 다음 함수는 메일슬롯에서 메시지를 읽는다.

BOOL GetMailslotInfo(HANDLE hMailslot, LPDWORD lpMaxMessageSize, LPDWORD lpNextSize, LPDWORD lpMessageCount, LPDWORD lpReadTimeout);

첫 번째 인수로 메시지를 읽을 메일슬롯 핸들을 지정한다. 나머지 4개의 인수는 모두 출력용 인수이며 순서대로 메시지의 최대 길이, 실제 읽은 메시지 크기, 대기중인 메시지의 수, 타임 아웃값인데 필요없을 경우 모두 NULL로 줄 수 있다. lpNextSize 인수에 MAILSLOT_NO_MESSAGE가 리턴되어 왔다면 전송된 메시지가 없다는 뜻이다. 이 함수는 메일슬롯의 메시지를 내부 버퍼에 읽기만 한다. 실제 메시지를 가져오기 위해서는 ReadFile 함수를 사용하되 메일슬롯을 파일처럼 취급하여 파일로부터 데이터를 읽듯이 읽어내기만 하면 된다.

이상 세 함수가 메일슬롯에 관련된 함수의 전부이다. 메일슬롯은 사실 메모리상에 구현된 가상의 파일로 취급되기 때문에 읽고 쓰는 데는 표준 파일 입출력 함수를 그대로 사용할 수 있다. ReadFile, WriteFile, CloseHandle 등은 물론이고 GetFileTime, GetHandleInformation 등의 정보 조사 함수도 메일슬롯과 함께 쓸 수 있다. 단 메일슬롯은 디스크상의 파일과는 달리 메모리상에만 존재하므로 핸들을 닫으면 메일슬롯에 저장된 모든 메시지도 삭제된다는 점만 다르다. 그럼 간단한 메일슬롯 서버 예제를 만들어 보자. 메일슬롯을 만들고 마우스 왼쪽 버튼을 누르면 메시지를 가져오는 예제이다.

예 제 : MailSlot1

```
HANDLE hMail;
LRESULT CALLBACK WndProc(HWND hWnd,UINT iMessage,WPARAM wParam,LPARAM lParam)
{
    HDC hdc;
    PAINTSTRUCT ps;
    DWORD cbMessage, cbRead;
    TCHAR lpBuffer[256];
    TCHAR *Mes="왼쪽 버튼을 누르면 메시지를 받습니다";
    switch (iMessage) {
    case WM_CREATE:
        hMail=CreateMailslot("\\\\.\\mailslot\\Test",0,0,NULL);
```

```
        if (hMail==INVALID_HANDLE_VALUE)
            MessageBox(hWnd,"메일슬롯 만들기 실패","에러",MB_OK);
        return 0;
    case WM_LBUTTONDOWN:
        GetMailslotInfo(hMail,NULL,&cbMessage,NULL,NULL);
        if (cbMessage == MAILSLOT_NO_MESSAGE) {
            MessageBox(hWnd,"대기중인 메시지가 없습니다","알림",MB_OK);
            return 0;
        }
        ReadFile(hMail,lpBuffer,cbMessage,&cbRead,NULL);
        MessageBox(hWnd,lpBuffer,"읽은 메시지",MB_OK);
        return 0;
    case WM_PAINT:
        hdc=BeginPaint(hWnd, &ps);
        TextOut(hdc,50,50,Mes,lstrlen(Mes));
        EndPaint(hWnd, &ps);
        return 0;
    case WM_DESTROY:
        CloseHandle(hMail);
        PostQuitMessage(0);
        return 0;
    }
    return(DefWindowProc(hWnd,iMessage,wParam,lParam));
}
```

\\.\mailslot\Test라는 이름으로 메일슬롯을 만들었으며 이 메일슬롯으로 보내지는 메시지를 읽어 메시지 박스로 보여주기만 한다. 마치 우편함에 편지가 왔는지 보고 꺼내서 확인하는 것과 같다. 물론 우편함에 편지가 없을 수도 있는데 이때는 메일이 도착하지 않았다는 메시지를 출력했다. 아직 클라이언트 프로그램을 만들지 않았기 때문에 이 프로그램 혼자서는 아무 동작도 할 수 없다.

43-3-다. 메일슬롯 클라이언트

메일슬롯 클라이언트는 메일슬롯에 메시지를 넣는 프로세스이다. 메일슬롯은 가상의 파일이므로 파일 입출력 함수만으로 메일슬롯에 메시지를 넣을 수 있다. 예제를 보자.

예 제 : MailSlot2

```
LRESULT CALLBACK WndProc(HWND hWnd,UINT iMessage,WPARAM wParam,LPARAM lParam)
{
    HDC hdc;
    PAINTSTRUCT ps;
    DWORD cbWritten;
    HANDLE hFile;
    static int Count=1;
    TCHAR lpMes[128];
    TCHAR *Mes="왼쪽 버튼을 누르면 메시지를 보냅니다";
    switch (iMessage) {
    case WM_LBUTTONDOWN:
        hFile=CreateFile("\\\\.\\mailslot\\Test",GENERIC_WRITE,
            FILE_SHARE_READ,NULL,OPEN_EXISTING,FILE_ATTRIBUTE_NORMAL,NULL);
```

```
        if (hFile==INVALID_HANDLE_VALUE) {
            MessageBox(hWnd,"메일슬롯을 열 수 없습니다","에러",MB_OK);
            return 0;
        }
        wsprintf(lpMes,"Mailslot Test Message : #%d",Count++);
        WriteFile(hFile,lpMes,lstrlen(lpMes)+1,&cbWritten,NULL);
        CloseHandle(hFile);
        return 0;
    case WM_PAINT:
        hdc=BeginPaint(hWnd, &ps);
        TextOut(hdc,50,50,Mes,lstrlen(Mes));
        EndPaint(hWnd, &ps);
        return 0;
    case WM_DESTROY:
        PostQuitMessage(0);
        return 0;
    }
    return(DefWindowProc(hWnd,iMessage,wParam,lParam));
}
```

마우스 왼쪽 버튼을 누르면 CreateFile 함수로 파일을 만들되 경로명을 \\.\mailslot\Test로 줌으로써 서버와 같은 이름의 메일슬롯을 만들었다. 만약 원격지의 컴퓨터와 통신을 해야 한다면 메일슬롯 이름에 통신하고자 하는 컴퓨터(또는 도메인)의 이름을 기입하면 된다. 약속된 이름을 사용함으로써 쌍방의 통신이 가능해지는 것이다. 이 메일슬롯에 WriteFile 함수로 이진 스트림을 보내기만 하면 서버 쪽에서 메시지를 받을 수 있다. 두 프로그램을 동시에 실행한 후 테스트해 보자. 클라이언트에서 마우스 버튼을 누르고 서버에서 마우스 버튼을 누르면 전달된 메시지가 메시지 박스로 보일 것이다.

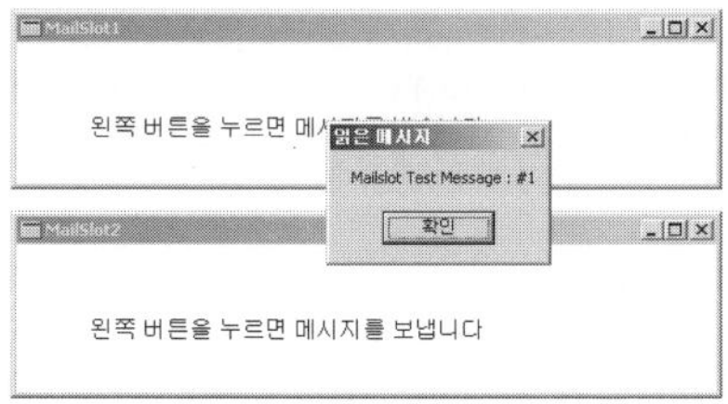

클라이언트에서 메시지를 여러 번 보내면 메시지는 서버가 꺼내갈 때까지 메일슬롯에 쌓여 있는다. 메시지를 보내는 즉시 서버가 이 메시지를 읽도록 하려면 클라이언트가 별도의 신호를 보내거나 아니면 서버가 스레드나 기타 백그라운드 작업을 통해 주기적으로 메일슬롯을 확인해야 한다.

메일슬롯은 네트워크를 통한 원격 전송은 가능하지만 단방향으로만 통신이 가능하며 클라이언트가 보낸 메시지를 서버가 제대로 받았는지를 확실하게 알 수 없다는 단점이 있다. 메일 슬롯의 이런 특징은 실생활의 편지의 특징과 일치한다. 양방향 통신과 확실한 수신 여부를 알아야 할 때는 파이프를 대신 사용해야 한다. 그러나 메일슬롯은 도메인 내의 모든 메일슬롯에게 한꺼번에 메시지를 전달할 수 있다는 또 다른 장점을 가진다.

43-4 파이프

43-4-가. 이름없는 파이프

파이프란 원래 물이나 기름 등의 액체가 흐르는 통로이다. Win32 파이프는 두 프로세스간에 정보를 주고 받을 수 있는 통로(Information Conduit)를 말하는데 다양한 IPC 방법 중 하나이며 주로 연속적인 바이트 스트림을 교환할 때 많이 사용된다. 실제의 파이프가 양쪽 끝에 구멍을 가지듯이 Win32 파이프도 양쪽 끝으로 구성되어 있고 두 프로세스가 파이프의 각 한 쪽씩에 대한 핸들을 가진다. 프로세스들은 파이프의 양 끝을 통해 정보를 주고받는데 한 쪽에서 파이프로 정보를 넣으면 반대편에서는 파이프로 전달된 정보를 꺼내간다.

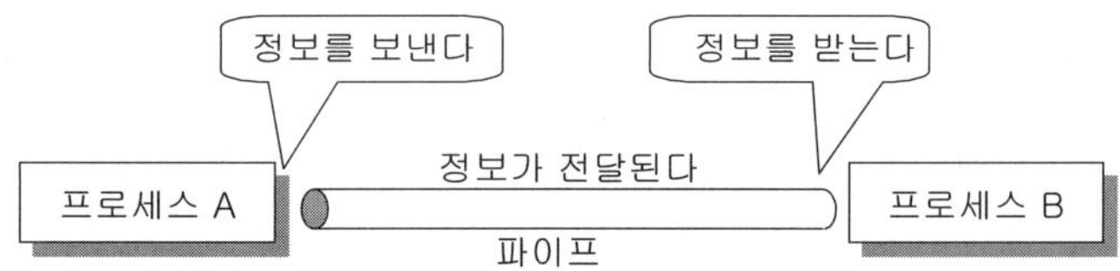

Win32 API는 이름없는 파이프와 이름있는 파이프 두 가지 종류의 파이프를 지원하는데 차이점은 이름에도 나타나 있듯이 파이프에 고유의 이름이 주어지는가 그렇지 않은가 하는 점이다. 먼저 상대적으로 좀 더 간단한 이름없는 파이프에 대해 알아보되 큰 실용성은 없으므로 무시해도 상관없다.

이름없는 파이프(Anonymous Pipe)는 주로 부모 자식간의 단방향 통신에만 사용되며 네트워크상의 다른 컴퓨터끼리는 사용할 수 없는 로컬 전용의 파이프이다. 이름있는 파이프에 비해 오버헤드는 적으나 기능상의 제약이 많으며 95/98에서도 사용가능하다. NT/2000에서 이름없는 파이프는 고유한 이름을 가지는 이름있는 파이프로 구현되므로 이름있는 파이프를 인수로 취하는 함수에도 사용할 수 있다. 이름없는 파이프를 생성할 때는 다음 함수를 사용한다.

BOOL CreatePipe(PHANDLE hReadPipe, PHANDLE hWritePipe, LPSECURITY_ATTRIBUTES lpPipeAttributes, DWORD nSize);

이 함수는 파이프를 생성하고 파이프의 양쪽 끝인 읽기 핸들과 쓰기 핸들을 첫 번째 인수(hReadPipe)와 두 번째 인수(hWritePipe)로 전달된 참조인수로 리턴한다. 두 개의 HANDLE형 변수를 선언하고 변수의 포인터를 이 함수로 전달하면 된다. 세 번째 인수는 파이프의 보안 속성을 지정하는데 이름없는 파이프는 주로 상속을 통해 자식 프로세스로 전달되므로 보안 속성의 bInheritHandle멤버를 TRUE로 설정해야 한다. 4번째 인수 nSize는 파이프의 버퍼 크기이되 0으로 지정하면 디폴트 크기로 버퍼를 만든다.

이 함수로 파이프를 생성한 후 파이프의 한쪽 끝을 통신하고자 하는 프로세스에게 전달해야 하는데 이때는 DDE나 메모리 맵 파일 등의 다른 IPC 방법을 사용하거나 아니면 부모가 자식에게 핸들을 상속한다. 파이프를 만든 프로세스가 다른 프로세스에게 데이터를 보내고자 할 때는 읽기 핸들을 전달하고 자신은 쓰기 핸들에 데이터를 기록하면 된다. 반대의 경우, 즉 파이프를 만든 프로세스가 데이터를 받아야 할 때는 쓰기 핸들을 전달하고 자신은 읽기 핸들로 데이터를 읽는다.

다음은 이름없는 파이프를 사용하는 전형적인 예로 부모 프로세스가 자식 프로세스에게 데이터를 보낼 때 취해야 하는 절차이다. 반대로 데이터를 받아야 할 때는 핸들만 바꿔주면 된다.

① 읽기 핸들 전달을 위해 표준 입력을 재지향하는데 핸들 전달 후 복구를 위해 표준 입력 핸들을 저장해 놓는다.

② 상속 가능한 파이프를 생성한 후 표준 입력을 파이프의 읽기 핸들로 재지향한다. 이때 쓰기 핸들은 상속되어서는 안 되므로 상속되지 않는 복사본을 만들고 원래의 상속 가능한 쓰기 핸들은 파괴한다.

③ 차일드 프로세스를 실행한다. 부모 프로세스의 표준 입력 핸들이 차일드로 상속되며 이때 표준 입력이 파이프의 읽기 핸들로 재지향되어 있으므로 차일드는 결과적으로 파이프의 읽기 핸들을 상속받게 된다.

④ 부모는 읽기 핸들을 차일드에게 전달했으므로 자신이 가지고 있는 읽기 핸들은 닫는다. 그리고 보관해 놓았던 표준 입력 핸들을 원래대로 복구한다.

⑤ 쓰기 핸들의 복사본으로 데이터를 보내면 차일드는 표준 입력 핸들로부터 데이터를 읽을 수 있다.

⑥ 통신이 끝난 후 쓰기 핸들을 닫는다. 양쪽 끝의 핸들이 모두 파괴되면 파이프도 같이 파괴된다.

이 절차를 제대로 이해하려면 상속이니 재지향(redirection)이나 하는 말들을 먼저 이해해야 할 것이다. 파이프에 데이터를 읽고 쓸 때는 ReadFile, WriteFile 등의 파일 입출력 함수를 사용한다. 이상의 과정을 코드로 작성하면 다음과 같다.

예 제 : AnonPipe1

```
HANDLE hSaveIn, hRead, hWrite, hWriteDup;
BOOL CALLBACK MainDlgProc(HWND hDlg,UINT iMessage,WPARAM wParam,LPARAM lParam)
{
    SECURITY_ATTRIBUTES sec;
    STARTUPINFO si={sizeof(STARTUPINFO),};
    PROCESS_INFORMATION pi;
    DWORD dwWritten;
    HWND hChild;
    TCHAR str[128];

    switch (iMessage) {
    case WM_INITDIALOG:
        hDlgMain = hDlg;
        MoveWindow(hDlg,100,100,500,150,TRUE);

        // 원래의 표준 입력을 저장한다.
        hSaveIn=GetStdHandle(STD_INPUT_HANDLE);

        // 상속 가능한 이름없는 파이프 생성
        sec.nLength=sizeof(SECURITY_ATTRIBUTES);
        sec.bInheritHandle=TRUE;
        sec.lpSecurityDescriptor=NULL;
        CreatePipe(&hRead, &hWrite, &sec, 0);

        // 표준 입력을 읽기 핸들로 재지향하여 상속시킨다. 쓰기 핸들은 상속하지 않는다.
        SetStdHandle(STD_INPUT_HANDLE, hRead);
```

```
        DuplicateHandle(GetCurrentProcess(),hWrite,GetCurrentProcess(),
            &hWriteDup,0,FALSE,DUPLICATE_SAME_ACCESS);
        CloseHandle(hWrite);

        // 차일드 생성. 이때 표준 입력 핸들로 읽기 핸들이 상속된다.
        if (CreateProcess(NULL,"AnonPipe2.exe",NULL,NULL,TRUE,0,
            NULL,NULL,&si,&pi)==FALSE) {
            MessageBox(hDlgMain, "차일드를 실행할 수 없습니다","에러",MB_OK);
        }
        CloseHandle(pi.hProcess);
        CloseHandle(pi.hThread);

        // 읽기 핸들은 닫는다.
        CloseHandle(hRead);

        // 표준 읽기 핸들을 복구시킨다.
        SetStdHandle(STD_INPUT_HANDLE,hSaveIn);
        return TRUE;
    case WM_COMMAND:
        switch (LOWORD(wParam)) {
        case IDC_SEND:
            hChild=FindWindow(NULL,"AnonChild");
            if (hChild == NULL) {
                MessageBox(hDlgMain, "차일드를 찾을 수 없습니다. 다시 실행시켜 주십시오.",
                    "에러",MB_OK);
            } else {
                // 에디트의 내용을 쓰기 핸들에 쓴다.
                GetWindowText(GetDlgItem(hDlgMain,IDC_EDIT1),str,128);
                WriteFile(hWriteDup, str, lstrlen(str)+1, &dwWritten,NULL);
                SendMessage(hChild,WM_USER+1,0,0);
                SendMessage(GetDlgItem(hDlgMain,IDC_EDIT1),EM_SETSEL,0,-1);
            }
            return TRUE;
        case IDCANCEL:
            // 핸들을 닫고 차일드도 종료시킨다.
            CloseHandle(hWriteDup);
            hChild=FindWindow(NULL,"AnonChild");
            SendMessage(hChild,WM_CLOSE,0,0);
            EndDialog(hDlgMain,0);
            return TRUE;
        }
        return FALSE;
    }
    return FALSE;
}
```

WM_INITDIALOG에서 상속 가능한 파이프를 생성하고 표준 입력을 파이프의 읽기 핸들로 재지향한다. 그리고 이 핸들을 차일드에게 상속함으로써 통신을 준비하였다. WM_COMMAND에서 보내기 버튼을 누르면 에디트에 입력된 문자열을 파이프의 쓰기 핸들로 보낸다. 이 문자열은 파이프를 타고 차일드로 전달되며 차일드는 파이프의 반대편에서 읽기핸들로 문자열을 받게 된다. 차일드의 코드는 아주 간단하다.

예제 : AnonPipe2

```
BOOL CALLBACK MainDlgProc(HWND hDlg,UINT iMessage,WPARAM wParam,LPARAM lParam)
{
    TCHAR str[128]={0,};
    DWORD dwRead;

     switch (iMessage) {
     case WM_INITDIALOG:
          hDlgMain = hDlg;
         MoveWindow(hDlg,100,300,500,150,TRUE);
          return TRUE;
    case WM_USER+1:
         // 표준 입력으로부터 문자열을 읽어 에디트에 출력한다.
         ReadFile(GetStdHandle(STD_INPUT_HANDLE),str,128,&dwRead,NULL);
         SetWindowText(GetDlgItem(hDlg,IDC_EDIT1),str);
         return TRUE;
     case WM_COMMAND:
          switch (LOWORD(wParam)) {
          case IDOK:
          case IDCANCEL:
               EndDialog(hDlgMain,0);
               return TRUE;
          }
          return FALSE;
     }
     return FALSE;
}
```

부모가 WM_USER+1 메시지를 보낼 때 표준 입력으로부터 데이터를 꺼내 에디트 컨트롤에 출력하기만 하였다. 원칙적으로 하자면 차일드는 항상 부모가 보내는 데이터를 대기하고 있다가 전달되는 즉시 데이터를 읽어야 하는데 그렇게 하자면 차일드는 반드시 멀티 스레드로 작성되어야 한다. 예제에서는 스레드를 쓰기가 번거로와 간단하게 사용자 정의 메시지를 대신 사용하였다.

두 예제를 같은 디렉토리에 복사해 놓고 실행해 보자. 최대한 편리하게 결과를 볼 수 있도록 하기 위해 부모 프로세스만 실행하면 자식 프로세스도 같이 실행되게 해 두었다. 사실 이름없는 파이프는 상속을 통해서만 사용할 수 있으므로 부모보다 늦게 실행된 차일드와는 통신을 할 수가 없다. 부모의 에디트에 문자열을 입력하고 보내기 버튼(또는 Enter키)을 누르면 문자열이 파이프를 통해 차일드로 전달된다.

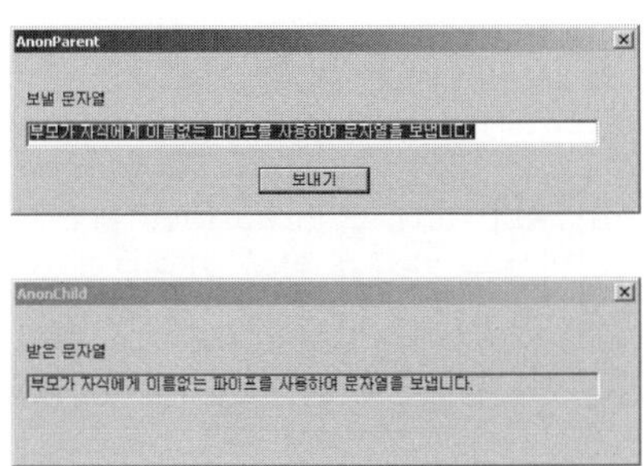

보내기 버튼에 디폴트 속성이 적용되어 있으므로 문자열을 입력하고 Enter키만 누르면 차일드로 문자열이 전송될 것이다. 이름없는 파이프는 단방향으로만 데이터를 전송할 수 있는데 두 개의 파이

프를 생성하면 양방향으로 데이터를 주고 받을 수도 있다.

이 예제를 이해하는 것은 그다지 어렵지 않겠지만 실전에서 이름없는 파이프를 써먹기는 무척 어렵다. 다행히 이름있는 파이프가 오히려 더 쉬우므로 굳이 힘들게 이 예제를 이해하려고 할 필요는 없다. 한 번쯤 구경만 해 두고 넘어가기로 하자.

43-4-나. 파이프

이름없는 파이프 외에 또 하나의 파이프가 있는데 바로 이름있는 파이프(Named Pipe)이다. 이름없는 파이프는 잘 사용되지 않으므로 이름있는 파이프를 간단히 줄여 파이프라고 하자. 이름있는 파이프의 가장 큰 특징은 문자열로 된 이름을 가진다는 점인데 이름이 있다는 것은 아주 큰 의미를 가진다. 약속된 이름을 사용한다면 이름을 이미 알고 있는 프로세스는 누구나 파이프를 열 수 있기 때문에 굳이 핸들을 전달할 필요가 없다. 또한 파이프 이름에 서버명이 포함되어 있기 때문에 로컬뿐만 아니라 네트워크를 통해 원격지의 컴퓨터와도 통신을 할 수 있으며 양방향으로 데이터를 주고받을 수도 있다. 이름없는 파이프에 비해서는 훨씬 더 기능이 많고 활용도가 높다고 할 수 있다.

파이프를 통해 통신하는 두 프로세스를 각각 파이프 서버, 파이프 클라이언트라고 하는데 이때 파이프 서버란 파이프를 최초로 만든 프로세스이며 파이프 클라이언트는 서버가 만들어 놓은 파이프 인스턴스에 접속하는 프로세스를 말한다. 하나의 서버는 복수 개의 클라이언트와 통신을 할 수 있는데 파이프 이름 하나로 복수 개의 파이프 인스턴스를 생성할 수 있기 때문이다. 각 파이프 인스턴스는 고유의 핸들을 가지며 별도의 분리된 버퍼를 가지므로 클라이언트간의 상호 간섭없이 통신을 수행할 수 있다.

파이프를 생성할 때는 다음 함수를 사용한다. 이 함수의 인수들을 알아보면서 파이프의 여러 가지 모드와 속성 등에 대해 알아보자. 원형은 다음과 같다. 인수들이 꽤 많은데 보안 속성만 제외하고 모든 인수들이 중요하다.

HANDLE CreateNamedPipe(LPCTSTR lpName, DWORD dwOpenMode, DWORD dwPipeMode, DWORD nMaxInstances, DWORD nOutBufferSize, DWORD nInBufferSize, DWORD nDefaultTimeOut, LPSECURITY_ATTRIBUTES lpSecurityAttributes);

lpName

만들고자 하는 파이프의 이름을 지정한다. 이름이란 파이프끼리 구분하기 위한 일종의 표식이므로 다른 파이프와 중복되지 않아야 한다. 파이프의 이름 형식은 다음과 같이 정해져 있으므로 이 형식에 맞게 이름을 작성해야 한다.

```
\\서버명\pipe\파이프이름
```

서버명은 파이프를 생성한 컴퓨터의 이름을 지정하되 로컬 컴퓨터인 경우는 마침표(.)를 대신 찍으면 된다. CreateNamedPipe는 원격지 컴퓨터의 파이프를 생성하는 기능은 가지고 있지 않으므로 이 함수로 파이프를 생성할 때는 항상 "\\.\pipe\이름"으로 파이프명을 지정해야 한다. 그러나 CreateFile, CallNamedPipe 등 파이프를 여는 함수는 원격지의 파이프를 열 수도 있으므로 이때는 파이프 이름에 서버명을 같이 지정해야 한다.

가운데 pipe문자열은 고정되어 있으며 제일 끝에는 임의의 파이프 이름을 줄 수 있다. 파이프명은 최대 256문자까지 가능하며 대소문자는 구분하지 않는다. 파이프 이름간의 중복을 피하기 위해서는 가급적이면 긴 이름을 주는 것이 좋을 것이다. "\\.\pipe\MyFirstPipe", "\\Chat\pipe\ChattingPipe" 등이 파이프 이름의 예이다. 파이프 서버는 원하는 이름으로 파이프를 생성하고 통신하고자 하는 클라이언트에게 파이프 이름을 전달해야 한다. 아니면 클라이언트와 미리 약속된 이름을 사용할 수도 있다.

dwOpenMode

파이프의 액세스 모드, 비동기 입출력 모드, 완전 쓰기 모드 등의 속성을 지정한다. 하나의 인수에 여러 가지 속성이 같이 지정되므로 원하는 플래그들을 OR 연산자로 묶어주면 된다. 액세스 모드란 파이프를 어떤 용도로 사용할 것인가를 지정하는데 파일에 비유한다면 읽기/쓰기/읽고 쓰기 속성과 동일하다. 즉 서버의 입장에서 볼 때 파이프를 입력용으로 사용할 것인가 출력용으로 사용할 것인가를 지정하며 다음 세 가지 값을 지정할 수 있다.

파이프 액세스 모드	CreateFile 플래그	설명
PIPE_ACCESS_INBOUND	GENERIC_READ	서버는 읽기만 한다.
PIPE_ACCESS_OUTBOUND	GENERIC_WRITE	서버는 쓰기만 한다.
PIPE_ACCESS_DUPLEX	GENERIC_READ | GENERIC_WRITE	서버와 클라이언트 모두 읽기, 쓰기를 할 수 있다.

서버 쪽에서는 데이터를 보내기만 하고 클라이언트는 서버가 보내는 데이터를 받기만 한다면 파이프는 PIPE_ACCESS_OUTBOUND모드로 생성하면 된다. 양방향으로 통신한다면 PIPE_ACCESS_DUPLEX 모드로 생성해야 한다. 클라이언트에서 파이프를 열 때는 CreateFile 함수를 사용하는데 이때 클라이언트 쪽에서는 서버 쪽 파이프의 액세스 모드와 일치하는 액세스 모드를 지정해야 한다. 예를 들어 서버쪽에서 파이프를 PIPE_ACCESS_OUTBOUND 모드로 생성했다면, 즉 서버는 출력만 하고 클라이언트는 읽기만 하는 파이프를 생성했다면 클라이언트는 이 파이프를 열 때 GENERIC_READ 액세스 모드로 열어야 한다. 액세스 모드는 파이프의 모든 인스턴스에서 일치해야 한다.

파이프는 디폴트로 동기화된 동작을 한다. 즉, WriteFile 함수로 출력 명령을 보냈을 때 출력이 버퍼에 완전히 기록되기 전에는 WriteFile 함수가 리턴하지 않는다. 마찬가지로 읽을 때는 요구한 바이트만큼 읽거나 버퍼의 모든 데이터를 읽을 때까지 ReadFile 함수가 리턴하지 않는다. 그러나 비동기 입출력 모드로 지정하면 입출력 함수나 연결 함수가 호출 즉시 리턴되고 백그라운드에서 입출력 동작을 수행함으로써 스레드가 다른 작업을 할 수 있다. 비동기 입출력 모드로 파이프를 생성하려면 FILE_FLAG_OVERLAPPED 플래그를 지정한다.

완전 쓰기 모드(Write through)를 지정할 때는 FILE_FLAG_WRITE_THROUGH 플래그를 지정하는데 이 플래그를 지정하면 파이프는 완전 쓰기 모드로 동작한다. 완전 쓰기 모드란 바이트 유형의 원격지 컴퓨터끼리 통신할 때만 유효하며 이 모드로 생성된 파이프에 WriteFile 함수로 출력을 내보내면 원격지 컴퓨터의 버퍼에 데이터가 완전히 전달되기 전에는 리턴하지 않는다. 즉 데이터를 버퍼에 넣는 것뿐만 아니라 이 데이터가 네트워크를 통해 반대편 컴퓨터의 버퍼로 완전히 전달될 때까지 대기한다.

이 모드가 지정되지 않으면 WriteFile은 출력 버퍼에 데이터를 쓴 직후에 곧바로 리턴하며 원격지의 프로세스가 이 데이터를 읽었는지는 신경쓰지 않는다. 이 방법이 통상적으로 가장 효율적인 방법이다. 반면 완전 쓰기 모드가 지정되면 출력 버퍼에 쓰고 원격지의 프로세스가 이 데이터를 가져갈 때까지 대기한다. 이 모드는 쓰기 동작을 완벽하게 동기화해야 할 때 유용하다. 예를 들어 보내준 데이터를 상대편이 완전히 수신했을 때만 다음 동작을 결정할 수 있는 경우 이 모드가 사용된다.

완전 쓰기 모드는 파이프를 생성할 때만 지정할 수 있으며 서버, 클라이언트가 각각 다른 모드로 지정하는 것도 가능하다. 즉 서버 쪽에서 보낼 때는 완전 쓰기 모드로 동작하고 클라이언트가 보낼 때는 보통 모드로 동작하도록 할 수도 있다.

dwPipeMode

이 인수는 파이프의 유형, 읽기 모드, 대기 모드를 지정한다. 파이프 유형은 파이프로 데이터가 출력되는 방법을 지정하는데 바이트 유형과 메시지 유형 두 가지가 있다. 바이트 유형(PIPE_TYPE_BYTE)은 출력되는 데이터를 단순한 바이트 스트림으로 간주한다. 따라서 각각의 쓰기 동작에 의해 기록된 바이트들이 구분되지 않으며 연속된 바이트 흐름으로만 해석된다. 이에 비해 메시지 유형(PIPE_TYPE_MESSAGE)은 한 번에 출력되는 데이터를 하나의 메시지 단위로 간주한다. 따라서 각각의 쓰기 동작에 의해 기록된 바이트들끼리 구분된다. 메시지 유형의 파이프는 항상 완전 쓰기 모드로만 동작한다. 디폴트 유형은 바이트 유형이다.

읽기 모드는 파이프로부터 데이터를 읽는 방법을 지정하며 바이트 읽기 모드와 메시지 읽기 모드가 있다. 바이트 유형의 파이프는 바이트 읽기 모드만 가능하며 메시지 유형의 파이프는 바이트 읽기 모드, 메시지 읽기 모드 모두 가능하다. 읽기 모드에 따라 ReadFile 함수가 데이터를 읽는 방식이 달라진다. 바이트 읽기 모드일 때는 모든 데이터를 다 읽었거나 요구한 바이트만큼 읽었으면 즉시 TRUE를 리턴한다.

이에 반해 메시지 읽기 모드일 때는 요구한 바이트 수가 메시지의 길이보다 짧을 경우 설사 요구한 만큼 읽었더라도 FALSE를 리턴한다. 이때 GetLastError 함수로 에러값을 점검해 보면 ERROR_MORE_DATA를 리턴하는데 이 에러 코드는 메시지 중 아직 더 읽어야 할 데이터가 있다는 뜻이다. 이 경우 다시 ReadFile 함수를 호출해서 이 함수가 TRUE를 리턴할 때까지 계속 메시지의 나머지 부분을 읽어 메시지를 조립해 나가야 한다. 길이를 정확히 알 수 없는 메시지를 읽어야 할 때는 메시지 읽기 모드를 사용해야 할 것이다.

대기 모드는 입출력 함수나 연결 함수의 동작방식을 지정하는데 블로킹 대기 모드와 넌블로킹 대기 모드가 있다. 블로킹(Blocking) 대기 모드일 때 읽기 함수는 읽을 데이터가 있을 때까지, 쓰기 함수는 버퍼의 여유 공간이 생길 때까지, 대기 함수는 클라이언트가 접속할 때까지 무한 대기한다. 넌블로킹 모드일 때는 읽을 데이터가 없거나 버퍼 용량이 모자라 쓰기를 할 수 없더라도 즉시 리턴하여 다른 일을 할 수 있도록 한다. 블로킹 대기 모드로 지정할 때는 PIPE_WAIT플래그를 주고 넌블로킹 대기모드로 지정할 때는 PIPE_NOWAIT 플래그를 주되 디폴트 대기 모드는 블로킹 모드이다. 넌블로킹 모드는 과거 랜 메니저 2.0버전과의 호환성을 이유로 지원되기는 하나 권장되지 않으므로 지금은 사용하지 않는 것이 좋다. 넌블로킹 모드 대신 비동기 입출력 방식이라는 더 우수한 방식이 제공되기 때문이다.

nMaxInstances

같은 파이프 이름으로 생성할 수 있는 최대의 인스턴스 개수를 지정한다. 즉 하나의 서버가 동시에 통신할 수 있는 클라이언트의 개수이다. 이 값은 1~PIPE_UNLIMITED_INSTANCES(256)까지 지정할 수 있다. PIPE_UNLIMITED_INSTANCES로 지정한 경우 시스템의 리소스가 허락하는 한 얼마든지 인스턴스를 생성할 수 있다.

nOutBufferSize, nInBufferSize

파이프의 입력용, 출력용 버퍼의 크기를 지정한다. 단, 이 크기는 어디까지나 권장치일 뿐이며 실제로 시스템은 효율을 높이기 위해 이 인수로 지정한 크기와는 다르게 버퍼를 할당하기도 한다.

nDefaultTimeOut

디폴트 제한 시간을 1/1000초 단위로 지정한다. 이 값은 WaitNamedPipe 함수가 여유 파이프를 대기할 때 제한 시간으로 사용된다. 모든 인스턴스가 동일한 제한 시간으로 파이프를 생성해야 한다.

lpSecurityAttributes

파이프도 커널 오브젝트이므로 보안 속성을 지정할 수 있다. NULL로 지정하면 디폴트 보안 속성이 적용된다. 대개의 경우 NULL로 지정하면 별 말썽이 없다.

인수도 많고 인수의 의미도 복잡해 한 번에 이 함수를 이해하기는 어렵고 예제를 분석해 보면 좀 이해가 갈 것이다. 파이프로 통신을 하는 절차를 알아보자. 우선 서버 쪽에서 적당한 옵션으로 CreateNamedPipe 함수를 호출해 파이프를 생성한다. 서버가 파이프를 생성하는 즉시 클라이언트는 CreateFile 함수로 파이프에 접속할 수 있다. 그러나 클라이언트가 아직 실행중이 아니거나 실행중이더라도 서버에서 파이프를 생성했는지를 알지 못하므로 즉시 접속하지는 못한다. 그래서 서버는 파이프를 생성한 후 다음 함수로 클라이언트가 파이프에 접속할 때까지 대기해야 한다.

```
BOOL ConnectNamedPipe( HANDLE hNamedPipe, LPOVERLAPPED lpOverlapped);
```

첫 번째 인수는 접속을 대기하는 파이프의 핸들이며 비동기 입출력을 사용할 경우 OVERLAPPED 구조체의 포인터를 두 번째 인수로 전달한다. 비동기 입출력 모드가 아닐 경우 이 함수는 클라이언트가 파이프에 접속할 때까지 무한히 대기하며 접속이 이루어졌을 경우 TRUE를 리턴한다. 에러 발생시나 접속이 이루어지지 않은 경우는 FALSE를 리턴하는데 설사 FALSE를 리턴했더라도 접속이 성공적인 경우가 있다. 이 함수가 FALSE를 리턴하면 반드시 GetLastError 함수를 호출해 ERROR_PIPE_CONNECTED가 리턴되었는지 조사해 보아야 한다. 이 에러는 실제로 에러가 아니라 이미 접속이 이루어졌다는 뜻인데 CreateNamedPipe가 호출된 후, ConnectNamedPipe가 호출되기 직전에 클라이언트가 접속을 한 경우가 이에 해당된다. 확률적으로 이런 경우는 극히 드물겠지만 그렇다고 무시할 수는 없다.

클라이언트가 파이프에 접속했으면 두 프로세스는 ReadFile, WriteFile 함수로 상호 통신을 할 수 있다. 파이프의 액세스 모드에 따라 단방향으로만 데이터를 보내기도 하고 양방향으로 데이터를 보내기도 한다. 통신이 종료되면 서버는 FlushFileBuffer 함수를 호출하여 클라이언트가 미처 읽지 못한 데이터를 다 읽을 때까지 기다려야 한다. 그리고 DisconnectNamedPipe 함수로 접속을 종료하고 CloseHandle 함수로 파이프를 파괴한다.

클라이언트는 CreateFile 함수로 파이프에 접속하는데 첫 번째 인수로 접속하고자 하는 파이프의 이름을 준다. 이 이름은 미리 정해진 이름이거나 아니면 별도의 다른 IPC방법으로 서버가 건네준 이름이다. 만약 서버가 원격지에 있다면 파이프 이름에 원격지 컴퓨터의 이름도 포함시켜야 한다. 접속이 성공하면 파이프의 핸들이 리턴되며 실패시 -1이 리턴되는데 이때 클라이언트는 접속이 이루어질 때까지 계속 시도를 해야 한다. 접속이 되면 ReadFile, WriteFile 함수로 서버와 데이터를 주고받으며 통신이 끝나면 CloseHandle 함수로 파이프를 파괴한다.

이상의 복잡한 과정을 아주 간단한 예제로 만들어 보았는데 서버가 클라이언트로 문자열 하나만 전달한다. 서버의 코드는 다음과 같다.

예 제 : NamedPipe1

```
LRESULT CALLBACK WndProc(HWND hWnd,UINT iMessage,WPARAM wParam,LPARAM lParam)
{
     HDC hdc;
     PAINTSTRUCT ps;
     HANDLE hPipe;
     BOOL bCon;
     DWORD dwWritten;
     TCHAR *LongStr="아주 긴 문자열ABCDEFGHIJKLMNOPQRSTUVWXYZ0123456789";
     TCHAR *Mes="마우스 왼쪽 버튼을 누르면 차일드에게 문자열을 보냅니다";

     switch (iMessage) {
     case WM_LBUTTONDOWN:
          hPipe=CreateNamedPipe("\\\\.\\pipe\\MyPipe", PIPE_ACCESS_OUTBOUND,
               PIPE_TYPE_BYTE, PIPE_UNLIMITED_INSTANCES,4096,0,0,NULL);
          SetWindowText(hWnd,"NPipeSvr-파이프 생성, 차일드 접속 대기");
          bCon=ConnectNamedPipe(hPipe,NULL);
          if ((bCon==FALSE) && (GetLastError() == ERROR_PIPE_CONNECTED))
               bCon=TRUE;
          if (bCon==TRUE) {
               SetWindowText(hWnd,"NamedPipe1-차일드에게 문자열 전송");
               WriteFile(hPipe,LongStr,lstrlen(LongStr),&dwWritten,NULL);
               FlushFileBuffers(hPipe);
               DisconnectNamedPipe(hPipe);
          }
          CloseHandle(hPipe);
          return 0;
     case WM_PAINT:
          hdc=BeginPaint(hWnd, &ps);
          TextOut(hdc,10,10,Mes,lstrlen(Mes));
          EndPaint(hWnd, &ps);
          return 0;
     case WM_DESTROY:
          PostQuitMessage(0);
          return 0;
     }
     return(DefWindowProc(hWnd,iMessage,wParam,lParam));
}
```

마우스 왼쪽 버튼을 누르면 파이프를 통해 클라이언트에게 문자열을 보낸다. 파이프 이름은 MyPipe로 정했으며 서버 쪽에서 클라이언트 쪽으로 일방 통신을 하므로 액세스 모드는 OUTBOUND이고 문자열이므로 바이트 유형의 파이프를 생성했다. 파이프를 생성한 후 ConnectNamedPipe 함수로 클라이언트의 접속을 대기한다. 접속이 이루어지면 WriteFile 함수로 긴 문자열 하나를 전송하고 즉시 접속을 종료하였다. 클라이언트의 코드는 조금 더 단순하다.

예 제 : NamedPipe2

```
LRESULT CALLBACK WndProc(HWND hWnd,UINT iMessage,WPARAM wParam,LPARAM lParam)
{
     HDC hdc;
     PAINTSTRUCT ps;
     HANDLE hPipe;
```

```
    DWORD dwRead;
    static TCHAR buf[4096]="파이프 서버로부터 전달되는 문자열 대기중";

    switch (iMessage) {
    case WM_CREATE:
        SetTimer(hWnd,1,1000,NULL);
        return 0;
    case WM_TIMER:
        KillTimer(hWnd,1);
        for (;;) {
            hPipe=CreateFile("\\\\.\\pipe\\MyPipe",GENERIC_READ,0,
                NULL,OPEN_EXISTING,0,NULL);
            if (hPipe != INVALID_HANDLE_VALUE)
                break;
            Sleep(100);
        }
        ReadFile(hPipe,buf,4096,&dwRead,NULL);
        InvalidateRect(hWnd,NULL,TRUE);
        CloseHandle(hPipe);
        return 0;
    case WM_PAINT:
        hdc=BeginPaint(hWnd, &ps);
        TextOut(hdc,10,10,buf,lstrlen(buf));
        EndPaint(hWnd, &ps);
        return 0;
    case WM_DESTROY:
        PostQuitMessage(0);
        return 0;
    }
    return(DefWindowProc(hWnd,iMessage,wParam,lParam));
}
```

메인 윈도우가 생성된 1초 후에 서버에 접속을 시도하는데 CreateFile 함수로 MyPipe라는 이름의 파이프를 열었다. 이 함수가 유효한 핸들을 리턴하면 무한 루프를 탈출하고 그렇지 않으면 0.1초간 대기했다가 다시 접속을 시도한다. 즉 접속이 이루어질 때까지 무한히 시도하는 것이다. 접속이 되면 ReadFile 함수로 파이프의 문자열을 읽어 화면으로 출력하고 접속을 종료한다. 실행중의 모습은 다음과 같다.

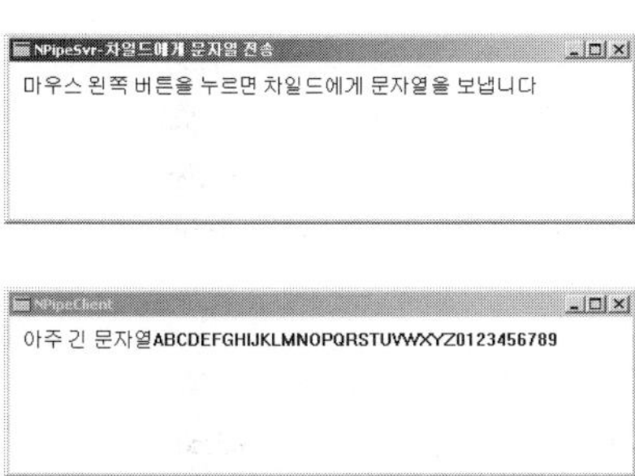

서버, 클라이언트의 실행 순서는 상관이 없지만 대기 모드가 블로킹 모드이기 때문에 순서가 맞지 않을 경우 프로그램이 무한 루프를 계속 도는 상황이 발생하기도 한다. 예를 들어 서버가 실행중이지 않은 상황에서 클라이언트만 실행되었으면 클라이언트는 파이프가 생성되기를 무한히 대기할 것이다. 또한 서버만 실행된 상황에서 마우스 왼쪽 버튼을 누르면 서버는 클라이언트가 접속하기만을 무한히 대기할 것이다.

통신이란 혼자서 실행되는 것이 아니다 보니 이런 상황이 종종 발생하는데 그래서 파이프를 사용하는 프로그램은 본실적으로 멀티 스레드를 쓰지 않을 수가 없다. 메인 스레드는 하던 일을 계속하고 대기 스레드는 별도로 만들어서 대기만 해야 한다. 또는 비동기 입출력을 사용하는 것도 한 방법이지만 멀티 스레드가 더 단순하다.

43-4-다. 파이프 인스턴스

파이프는 1:1 통신에도 사용할 수 있지만 보통 하나의 서버가 복수 개의 클라이언트 요청을 처리할 수 있는 1:다 통신이 전형적이다. 이때 서버는 하나의 파이프만을 생성하고 이 파이프를 여러 클라이언트들이 번갈아가며 사용할 수도 있지만 효율상 클라이언트 하나당 하나씩의 파이프 인스턴스를 생성하는 것이 더 좋다.

하나의 서버가 복수 개의 클라이언트를 지원하려면 한 클라이언트를 대기하는 중에도 다른 클라이언트의 요청을 처리해야 하는데 그러기 위해서는 세 가지 방법중 하나를 선택해야 한다. 가장 쉬운 방법은 멀티 스레드를 사용하는 것이고 비동기 입출력을 사용하는 방법과 ReadFileEx, WriteFileEx 함수의 작업 완성 루틴을 사용하는 방법도 있다. 이중 멀티 스레드가 가장 쉽고 코드가 간단하므로 멀티 스레드로 복수 개의 클라이언트를 지원하는 파이프 서버를 만들어 보자.

여기서 만들 MultiPipe예제는 차일드가 보내오는 입력 문자열로부터 모종의 계산을 거쳐 출력 문자열을 다시 차일드로 보내는 서비스를 한다. 입력 문자열은 "one", "two"같은 영어로 된 문자열이고 출력 문자열은 이 문자열을 한글로 번역한 "하나", "둘" 같은 문자열이다. 일명 간단한 번역기라고 할 수 있는데 입출력 문자열이나 계산 과정은 얼마든지 더 복잡하게 작성할 수도 있다.

예를 들어 쿼리문을 전달받아 쿼리의 실행 결과를 보내주는 파이프 서버를 생각할 수 있는데 SQL 서버가 좋은 예이다. SQL 서버는 파이프로부터 여러 클라이언트의 쿼리 요청을 받아 쿼리를 실행하고 그 결과를 다시 파이프를 통해 클라이언트에게 보내준다. MultiPipe 예제도 계산 과정만 간단할 뿐 똑같은 일을 수행할 수 있다. 안 그래도 복잡한데 계산 과정까지 복잡하면 더 난해해질 수 있어 간단한 계산을 하도록 배려했으므로 시시하다고 생각하지 말기 바란다. 코드를 보자.

예제 : MultiPipe1

```
// 차일드의 요청을 처리한다.
DWORD WINAPI PipeThread(LPVOID temp)
{
    HANDLE hPipe=(HANDLE)temp;
    TCHAR szInput[255], szOutput[255];
    DWORD dwRead, dwWritten;
    BOOL bSuc;

    // 요청을 받고 연산을 한 후 응답을 보낸다.
    for (;;) {
        bSuc=ReadFile(hPipe,szInput,255,&dwRead,NULL);
        if ((bSuc==FALSE) || (dwRead==0)) {
            break;
        }

        if (lstrcmp(szInput,"one")==0) lstrcpy(szOutput,"하나");
```

```
        if (lstrcmp(szInput,"two")==0) lstrcpy(szOutput,"둘");
        if (lstrcmp(szInput,"three")==0) lstrcpy(szOutput,"셋");
        if (lstrcmp(szInput,"four")==0) lstrcpy(szOutput,"넷");
        if (lstrcmp(szInput,"five")==0) lstrcpy(szOutput,"다섯");

        bSuc=WriteFile(hPipe,szOutput,lstrlen(szOutput)+1,&dwWritten,NULL);
        if ((bSuc==FALSE) || (dwWritten==0)) {
            break;
        }
    }

    // 파이프 해제
    FlushFileBuffers(hPipe);
    DisconnectNamedPipe(hPipe);
    CloseHandle(hPipe);
    return 0;
}

// 클라이언트 하나당 하나씩의 스레드를 만든다.
DWORD WINAPI MainThread(LPVOID temp)
{
    HANDLE hPipe;
    DWORD ThreadID;
    BOOL bCon;

    for (;;) {
        // 파이프 생성
        hPipe=CreateNamedPipe("\\\\.\\pipe\\MultiPipe",PIPE_ACCESS_DUPLEX,
            PIPE_TYPE_BYTE, 3,4096,0,1,NULL);

        // 차일드 대기. 접속되면 차일드 요청 처리 스레드 생성
        bCon=ConnectNamedPipe(hPipe,NULL);
        if ((bCon==FALSE) && (GetLastError() == ERROR_PIPE_CONNECTED))
            bCon=TRUE;
        if (bCon==TRUE) {
            CloseHandle(CreateThread(NULL,0,PipeThread,(LPVOID)hPipe,0,&ThreadID));
        } else {
            CloseHandle(hPipe);
        }
    }
    return 0;
}

LRESULT CALLBACK WndProc(HWND hWnd,UINT iMessage,WPARAM wParam,LPARAM lParam)
{
    HDC hdc;
    PAINTSTRUCT ps;
    DWORD ThreadID;
    TCHAR *Mes="클라이언트로부터의 접속을 대기중이며 요청을 처리합니다";

    switch (iMessage) {
    case WM_CREATE:
        CloseHandle(CreateThread(NULL,0,MainThread,NULL,0,&ThreadID));
        return 0;
```

```
    case WM_PAINT:
        hdc=BeginPaint(hWnd, &ps);
        TextOut(hdc,50,50,Mes,lstrlen(Mes));
        EndPaint(hWnd, &ps);
        return 0;
    case WM_DESTROY:
        PostQuitMessage(0);
        return 0;
    }
    return(DefWindowProc(hWnd,iMessage,wParam,lParam));
}
```

WndProc이 하는 일이라고는 MainThread를 실행하는 것뿐이다. MainThread는 차일드의 접속을 대기하는데 이 루틴이 별도의 스레드로 분리됨으로써 메인 스레드는 자신을 다시 그리거나 윈도우를 이동하는 작업을 할 수 있게 된다. MainThread는 무한 루프를 돌며 MultiPipe라는 이름으로 파이프 인스턴스를 생성하고 이 파이프에 누군가가 접속하기를 계속 기다리고 있다.

이 파이프는 양방향 통신에 사용하므로 DUPLEX 액세스 모드로 생성했으며 최대 접속 가능한 클라이언트 개수는 3개로 지정하였다. 접속이 되면 클라이언트의 요청을 처리할 PipeThread를 생성하고 다음 클라이언트를 계속 대기한다. 대기 루틴과 요청 처리 루틴이 또한 스레드로 분리되어 있기 때문에 클라이언트의 접속을 얼마든지 받아들일 수 있고 또한 이미 접속된 클라이언트의 요청을 대기 루틴의 간섭없이 언제든지 처리할 수 있다.

PipeThread는 앞서 말한 번역 서비스를 한다. 먼저 클라이언트가 보낸 문자열, 즉 요청 사항이 무엇인지 ReadFile 함수로 읽어내고 요청으로부터 출력 문자열을 계산해 내어 WriteFile 함수로 다시 클라이언트에게 돌려준다. 만약 클라이언트가 계속 요청을 한다면 이 스레드는 무한 루프를 돌며 계속 클라이언트의 요청을 처리할 것이다. 클라이언트가 더 이상 요청을 보내지 않으면 이 스레드는 파이프의 인스턴스를 파괴하고 종료된다. 이번에는 클라이언트의 코드를 보자.

예 제 : MultiPipe2

```
TCHAR Mes[255]="파이프 서버를 실행시켜 주십시오";
#define random(i) (rand() % i)

// 서버로 요청을 보내 결과를 받아온다.
DWORD WINAPI MainThread(LPVOID temp)
{
    HANDLE hPipe;
    TCHAR szInput[255], szOutput[255];
    DWORD dwRead, dwWritten;
    TCHAR arInput[5][10]={"one","two","three","four","five"};
    BOOL bSuc;

    // 서버가 파이프를 생성할 때까지 무한 대기한다.
    for (;;) {
        if (WaitNamedPipe("\\\\.\\pipe\\MultiPipe",NMPWAIT_WAIT_FOREVER)==TRUE) {
            hPipe=CreateFile("\\\\.\\pipe\\MultiPipe",GENERIC_READ | GENERIC_WRITE,
                0,NULL,OPEN_EXISTING,0,NULL);
            if (hPipe!=INVALID_HANDLE_VALUE)
                break;
        }
```

```
    }

    for (;;) {
        // one~five중 하나를 난수로 선택한다.
        lstrcpy(szInput,arInput[random(5)]);

        // 요청을 보낸 후 응답을 받는다.
        bSuc=WriteFile(hPipe,szInput,lstrlen(szInput)+1,&dwWritten,NULL);
        if ((bSuc==FALSE) || (dwWritten==0))
            break;
        ReadFile(hPipe,szOutput,255,&dwRead,NULL);

        // 응답을 화면으로 출력한다.
        wsprintf(Mes,"%s=%s",szInput,szOutput);
        InvalidateRect(hWndMain,NULL,TRUE);
        UpdateWindow(hWndMain);

        Sleep(500);
    }

    // 서버가 먼저 종료된 경우
    lstrcpy(Mes,"서버가 종료되었습니다.");
    InvalidateRect(hWndMain,NULL,TRUE);

    // 파이프를 해제하고 결과를 메인 윈도우에 출력한다.
    CloseHandle(hPipe);

    return 0;
}

LRESULT CALLBACK WndProc(HWND hWnd,UINT iMessage,WPARAM wParam,LPARAM lParam)
{
    HDC hdc;
    PAINTSTRUCT ps;
    DWORD ThreadID;

    switch (iMessage) {
    case WM_CREATE:
        hWndMain=hWnd;
        srand(GetTickCount());
        CloseHandle(CreateThread(NULL,0,MainThread,NULL,0,&ThreadID));
        return 0;
    case WM_PAINT:
        hdc=BeginPaint(hWnd, &ps);
        TextOut(hdc,50,50,Mes,lstrlen(Mes));
        EndPaint(hWnd, &ps);
        return 0;
    case WM_DESTROY:
        PostQuitMessage(0);
        return 0;
    }
    return(DefWindowProc(hWnd,iMessage,wParam,lParam));
}
```

클라이언트의 WndProc도 MainThread만 생성하는데 서버가 실행중이지 않을 경우 파이프가 생성될 때까지 무한 대기해야 하므로 대기 루틴을 메인 스레드와 분리하기 위해서이다. MainThread에서는 파이프를 여는데 접속에 성공할 때까지 무한히 대기한다. 이 예제는 서버와 통신하는 것 외에는 다른 일을 하지 않기 때문에 접속되지 않으면 아무 할 일이 없으며 무한히 대기할 수밖에 없다. 클라이언트에서 서버의 파이프를 대기할 때는 다음 함수를 사용한다.

BOOL WaitNamedPipe(LPCTSTR lpNamedPipeName, DWORD nTimeOut);

이 함수는 첫 번째 인수가 지정하는 파이프의 인스턴스가 사용가능해질 때까지 두 번째 인수가 지정하는 시간동안 대기한다. 만약 파이프의 인스턴스가 하나도 생성되어 있지 않으면 대기 시간에 상관없이 이 함수는 즉시 리턴해 버린다. 그래서 이 함수는 아직 생성되지도 않은 파이프가 생성되기를 기다리는 것이 아니라 이미 생성된 파이프의 인스턴스 중 하나가 사용가능해지기를 기다린다. MultiPipe1 예제에서 생성한 파이프는 최대 세 개까지의 인스턴스만을 허가하도록 생성되었으므로 세 개 이상의 클라이언트 요청을 처리할 수가 없다. 만약 벌써 세 개의 클라이언트가 실행중인 상태에서 또 다른 클라이언트가 실행되었으면 이 클라이언트의 WaitNamedPipe 함수는 앞의 세 클라이언트 중 하나가 종료되기를 무한히 대기할 것이다.

파이프 인스턴스 중 사용 가능한 인스턴스가 생기면 이 함수는 TRUE를 리턴하는데 이때 즉시 CreateFile 함수로 파이프를 열어야 한다. 그러나 WaitNamedPipe가 TRUE를 리턴한 즉시라도 CreateFile 함수가 실패할 수도 있는데 왜냐하면 이 두 함수 호출 사이에 다른 클라이언트가 먼저 인스턴스를 열었거나 서버가 종료되었을 수도 있기 때문이다. 그래서 파이프가 반드시 제대로 열렸는지 점검해 보고 그렇지 않으면 다시 얌전히 대기 모드로 들어가야 한다.

접속에 성공하면 또 다른 무한 루프를 돌며 클라이언트는 계속 서버에게 작업 요청을 보낸다. 이 예제의 경우 번역 요청을 보내는데 0.5초에 한 번꼴로 WriteFile, ReadFile 함수를 호출한다. 서버 측에서는 이 클라이언트를 위해 별도의 스레드가 생성되어 있으므로 클라이언트가 무한히 요청을 보내더라도 상관없다. 실행중의 모습은 다음과 같다.

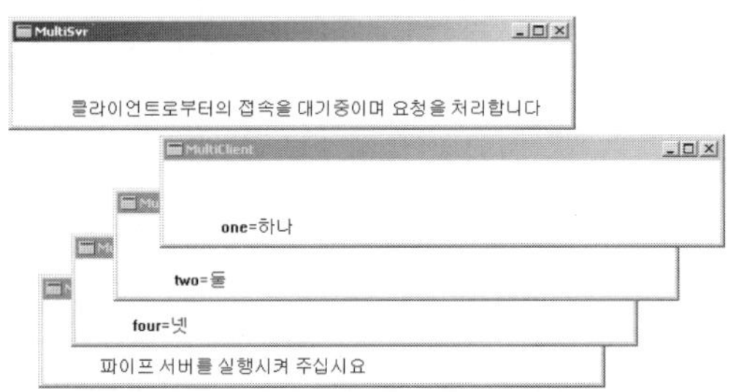

서버와 4개의 클라이언트를 실행시켰는데 세 개까지의 클라이언트는 서버의 파이프 인스턴스와 계속 통신을 하고 있지만 4번째 클라이언트는 다른 클라이언트가 종료할 때까지 대기하고 있다. 앞의 세 클라이언트 중 하나를 종료하면 4번째 클라이언트도 동작을 시작할 것이다. 이 예제의 실행 파일이 같은 디렉토리에 있으므로 직접 테스트해 보기 바란다. 만약 원격지 통신을 테스트해 보고 싶다면 클라이언트의 파이프 이름에 서버 컴퓨터의 이름을 적어주면 된다.

이상으로 파이프에 대해 알아보았는데 몇 가지 잔소리를 더 하고자 한다. 파이프 자체도 물론 어렵지만 상속, 재지향, 멀티 스레드, 동기화 등의 문제까지 섞여 있어 책만 읽어서 이 예제를 이해하기는 쉽지 않다. 모르는 부분이 있으면 먼저 공부한 후 다시 보고 예제도 꼼꼼히 뜯어보고 직접 수정도 해 봐야 제대로 이해할 수 있다. 통신이란 여러 가지 복합적인 기술이 총동원되어야 하므로 선수 과목이 다소 많은 편이다.

43-5 DDE

43-5-가. DDE 소개

DDE는 윈도우즈 3.1부터 지원되는 고전적인 IPC 방법중의 하나이다. 한때는 거의 유일하고도 성능 좋은 IPC방법이었지만 현재는 DDE를 대체할 수 있는 기술들이 많이 개발되어 있어서 Win32 환경에는 잘 어울리지 않으며 사용 용도도 별로 많지 않다. DDE는 단순한 데이터 교환 방법뿐만 아니라 실시간 데이터 링크 기능이라는 IPC 이상의 기능을 제공해 학술적으로 공부해 볼 만한 과목이기도 하지만 이 또한 다른 IPC 방법으로 모두 대체 가능하다.

이래저래 DDE는 효율은 낮고 쓸데없이 굉장히 복잡하고 호환성을 유지하기 위한 찌꺼기까지 남아 있어 한물 간 기술임에 틀림없다. 그래서 굳이 필요치 않다면 아예 DDE는 무시해도 좋은 과목이다. 실전에서 DDE가 아니면 도저히 해결하지 못할 상황이란 거의 없다고 해도 과언이 아니다. 억지로 만들어 낸다면 16비트, 32비트를 동시에 지원하는 프로그램이나 이미 DDE로 만들어진 프로그램과 통신해야 하는 프로그램 정도가 있을 뿐이다. 그러나 윈도우즈의 구석구석을 다 이해하고 싶고 역사를 알고 싶다면, 그리고 시간이 많다면 한 번쯤 재미삼아 공부해 보기 바란다.

DDE(Dynamic Data Exchange)는 실행중에 프로세스간 데이터를 교환하는 방법이며 메시지와 수많은 약속들의 집합으로 구성되어 있다. 어떤 메시지를 언제 어떻게 보내는가에 대한 가이드 라인이라고 생각하면 된다. 메시지는 프로세스간 통신의 가장 기본적이고도 쉬운 방법이다. 그러나 전달할 수 있는 파라미터가 wParam, lParam을 다 더해도 64비트밖에 되지 않기 때문에 크기가 큰 데이터는 전달할 수 없다는 약점을 가지고 있다. DDE는 메시지 파라미터를 통해 대용량 데이터를 전달하기 위한 규약이며 내부적으로는 글로벌 아톰과 공유 메모리에 의해 구현된다.

DDE는 단순한 일회성 데이터 교환보다는 주로 영구적인 연결에 많이 활용되었는데 간단한 예를 들어보자. 연결할 원본 데이터를 엑셀 프로그램으로 다음과 같이 작성하였다. 아니면 배포 CD의 excel.xls 파일을 열어도 된다. 물론 이 실습을 해 보려면 시스템에 엑셀이 설치되어 있어야 한다.

	A	B	C	D
1				
2		재고량 분석		
3	품목	단가	개수	총가격
4	연필	500	12	6000
5	필통	800	23	18400
6	지우개	450	31	13950
7				
8			총재고	38350

엑셀 워크 시트에 재고량 분석 데이터를 만들었으며 이 데이터를 워드에 붙여넣고 싶다고 하자. 워드를 열어 새 문서를 만들고 엑셀에서 연결할 부분을 선택한 후 클립보드로 복사한다. 그리고 워드의 편집 메뉴에서 선택하여 붙여넣기 항목을 선택해 보자.

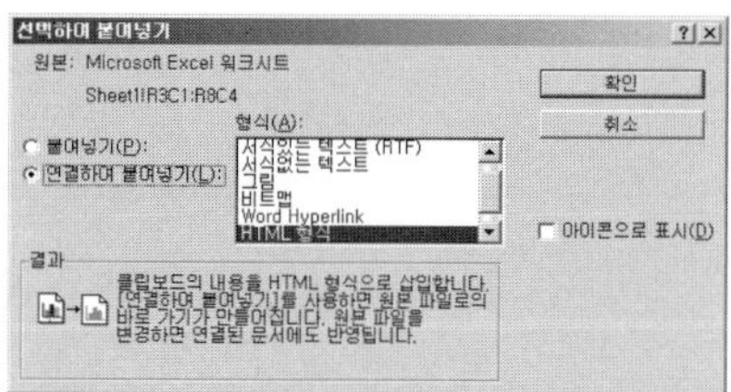

이 대화상자에서 연결하여 붙여넣기를 선택하면 워드 문서에 엑셀 워크시트가 연결되어 출력될 것이다.

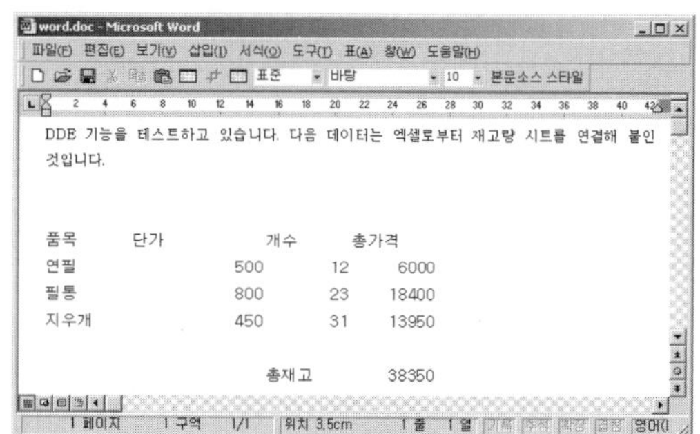

이 상태에서 엑셀 워크시트의 데이터를 변경하면 워드에 연결된 데이터가 같이 갱신된다. 연필 항목의 개수를 12에서 24로 변경해 보면 무슨 말인지 알 수 있을 것이다. 엑셀과 워드가 DDE를 통해 끊임없이 데이터를 주고받고 있는 것이다. 과연 멋있는 기능임에는 틀림없지만 DDE로 이 정도의 프로그램을 작성하기는 무척이나 어렵다.

43-5-나. DDE의 구성 요소

두 프로그램이 DDE로 데이터를 교환하는 상태를 DDE대화(DDE Conversation)를 한다고 표현한다. 이때 대화를 먼저 요청하여 대화를 시작하는 프로그램을 DDE 클라이언트라고 하며 요청에 응한 프로그램을 DDE 서버라고 한다. 위 예에서는 엑셀이 DDE 서버이며 워드가 DDE 클라이언트이다. 대화를 한다는 표현은 두 프로그램이 지속적으로 메시지를 주고 받는다는 뜻인데 참 재미있는 표현이다. 대화의 예를 가상적으로 들어 본다면 다음과 같을 것이다.

클라이언트:요런요런 데이터 있냐?
서버:내가 가지고 있다.
클라이언트:그럼 나한테 데이터를 줘
서버:옛다 가져가라. 받았냐?
클라이언트:잘 받았다. 데이터가 바뀌면 나한테 알려 줘

DDE 대화를 익살스럽게 표현한 글이지만 실제 DDE 대화도 이와 완벽하게 동일하다. 물론 코드로 작성하면 훨씬 더 복잡해지지만 말이다.

DDE 대화는 응용 프로그램간에 이루어지지만 대화를 하는 기본 주체는 윈도우이다. 응용 프로그램은 복수의 대화에 참여할 수도 있는데 서버이면서 동시에 클라이언트가 될 수도 있다. 이때 각 대화마다 별도의 윈도우를 생성해야 한다. 한 윈도우가 두 개의 대화를 동시에 진행할 수는 없다. 왜냐하면 DDE는 메시지 기반의 프로토콜이며 메시지는 WndProc으로 보내지고 윈도우당 WndProc은 하나

밖에 없기 때문이다. 그래서 응용 프로그램은 1:1 대화라면 메인 윈도우가 직접 대화를 관장하지만 다:다의 대화인 경우는 DDE 대화를 위해 별도의 숨겨진 윈도우를 만들어야 한다. 또는 윈도우즈 2000부터 지원하는 메시지 전용의 윈도우를 만들어 사용할 수도 있다.

DDE를 통해 교환되는 데이터는 어플리케이션, 토픽, 아이템이라는 세 가지 계층으로 분류되는데 이를 DDE의 3요소라고 한다. 어플리케이션, 토픽은 DDE 대화를 구분하는 일종의 ID이며 대화 시작시 이 두 가지 요소를 서로 교환함으로써 대화가 성립된다. 어플리케이션(Application)은 주로 서버 응용 프로그램의 이름을 사용한다. 토픽(Topic)은 대화중에 전달 대상이 되는 데이터의 종류를 지정하며 파일 기반의 프로세스인 경우 파일의 이름이 토픽명으로 많이 사용된다.

예를 들어 엑셀이 워드와 재고량 데이터 대화를 하고 있고 동시에 파워포인트와 주식 정보 대화를 하고 있다고 하자. 이때 재고량 대화는 Excel-Jaego라는 어플리케이션-토픽 ID를 가지며 주식 대화는 Excel-Jusik ID를 가지게 될 것이다. 대화의 ID가 두 개의 요소로 되어 있는 이유는 하나의 응용 프로그램이 복수 개의 대화에 참여할 수 있기 때문이다. 어플리케이션명과 토픽명은 대화의 ID이기 때문에 고유해야 하며 대화중에는 변경될 수 없다.

아이템(Item)은 대화중에 전달될 구체적인 교환 대상 정보를 가리킨다. 주식 대화의 경우라면 어떤 종목에 대한 데이터를 요청하는지를 지정하며 재고량 대화라면 어떤 품목에 대한 재고량인지를 지정할 것이다. 예를 들어 아이템명이 HanTong이라면 한통 프리텔의 주식 데이터를 묻는 것이고 SKTel이라면 SK 텔레콤의 주식 데이터를 묻는 것이다.

DDE를 통해 실제로 전달되는 데이터는 클립보드 포맷을 사용한다. CF_TEXT, CF_BITMAP 등의 표준 클립보드 포맷을 사용할 수도 있고 등록한 포맷을 사용할 수도 있다. 임의의 데이터 포맷인 경우 클립보드 포맷을 먼저 등록하고 교환할 수 있으므로 실제 DDE를 통해 교환할 수 있는 데이터 포맷에는 제한이 없는 셈이다.

43-5-다. DDE 메시지

DDE는 메시지 기반의 프로토콜이며 9개의 메시지가 DDE 대화의 주된 수단이다. 서버와 클라이언트는 적절한 때에 적절한 메시지를 적절한 방법으로 서로 주고받으며 끊임없이 대화를 계속해 나간다. DDE에 관련된 메시지는 모두 WM_DDE_로 시작되며 다음과 같은 것들이 있다. 간결성을 위해 도표에서 WM_DDE_ 접두는 생략하였으며 이후 설명에도 이 접두는 생략한다.

메시지	설명
INITIATE	대화를 시작하자는 요청 메시지
ACK	대화 요청이나 데이터 전송 등에 대한 승인/거부 메시지
REQUEST	클라이언트가 서버에게 데이터를 요청한다.
DATA	서버가 클라이언트에게 데이터를 보낸다.
POKE	클라이언트가 서버에게 데이터를 보낸다.
TERMINATE	대화를 종료한다.
ADVISE	영구적인 데이터의 링크를 만든다.
UNADVISE	데이터 링크를 해제한다.
EXECUTE	서버에게 명령 문자열을 보낸다.

INITIATE 메시지와 INITIATE 메시지에 대한 응답으로 보내지는 ACK 메시지는 반드시 SendMessage로 보내야 하며 나머지 메시지는 모두 PostMessage로 보내야 하는데 이 또한 일종의 약속

이므로 반드시 지켜야 한다. 각 메시지의 wParam은 모두 메시지를 보내는 윈도우 핸들이며 lParam은 메시지마다 의미가 다르다. lParam에 어떤 데이터를 어떻게 넣어 보내는가가 DDE의 핵심 사항이며 DDE란 바로 이 약속의 집합이다.

43-5-라. DDEExam

DDE의 개략적인 이론들에 대해 살펴보고 있는데 지금부터 슬슬 복잡해지기 시작한다. 더 복잡해지기 전에 간단한 예제를 보면서 나머지 이론들을 살펴보자. 다음 예제는 클라이언트의 요청에 의해 서버가 적절한 문자열을 보내준다. 교환되는 데이터는 단순한 문자열이지만 훨씬 더 복잡한 데이터도 물론 교환할 수 있다. 먼저 클라이언트의 소스를 보자.

예 제 : DDEExam2

```
HWND hServer=NULL;
LRESULT CALLBACK WndProc(HWND hWnd,UINT iMessage,WPARAM wParam,LPARAM lParam)
{
    HDC hdc;
    PAINTSTRUCT ps;
    ATOM aApp, aTopic, altem;
    TCHAR szApp[255], szTopic[255],szItem[255];
    static TCHAR Mes[255]="마우스 오른쪽 버튼을 눌러 서버와 대화를 시작하십시요";
    HANDLE hData;
    DDEDATA *lpData;
    BOOL bRelease;
    LPARAM DDElParam;

    switch (iMessage) {
    // 프로그램 시작 직후 대화 시작을 서버에게 요청한다. 서버가 실행중이 아닌
    // 경우 대화는 성립되지 않으며 이 경우 클라이언트는 종료된다.
    case WM_CREATE:
        aApp=GlobalAddAtom("Server123");
        aTopic=GlobalAddAtom("Topic123");
        SendMessage((HWND)-1,WM_DDE_INITIATE,(WPARAM)hWnd,MAKELONG(aApp,aTopic));
        GlobalDeleteAtom(aApp);
        GlobalDeleteAtom(aTopic);
        if (hServer == NULL) {
            MessageBox(hWnd,"서버를 먼저 실행시킨 후 클라이언트를 실행하십시요",
                "알림",MB_OK);
            DestroyWindow(hWnd);
        }
        return 0;
    // 서버의 대화 요청 허가를 받아 들이고 이 후 대화를 위해 서버의 윈도우
    // 핸들을 전역 변수에 저장해 놓는다.
    case WM_DDE_ACK:
        GlobalGetAtomName(LOWORD(lParam),szApp,255);
        GlobalGetAtomName(HIWORD(lParam),szTopic,255);
        if ((lstrcmp(szApp,"Server123")==0) && (lstrcmp(szTopic,"Topic123")==0)) {
            hServer=(HWND)wParam;
            wsprintf(Mes, "%d 핸들의 서버와 대화를 시작하였습니다. "
                "마우스 버튼을 누르면 데이터를 요청합니다.",hServer);
            InvalidateRect(hWnd,NULL,TRUE);
        }
```

```
        return 0;
    // 마우스 왼쪽 버튼을 누르면 서버에게 데이터를 요청한다.
    case WM_LBUTTONDOWN:
        aItem=GlobalAddAtom("Item123");
        DDEIParam=PackDDEIParam(WM_DDE_REQUEST,CF_TEXT,aItem);
        if (!PostMessage(hServer,WM_DDE_REQUEST,(WPARAM)hWnd,DDEIParam)) {
            GlobalDeleteAtom(aItem);
            FreeDDEIParam(WM_DDE_REQUEST,DDEIParam);
            MessageBox(hWnd,"서버가 응답하지 않습니다","알림",MB_OK);
        }
        return 0;
    // 마우스 오른쪽 버튼을 누르면 또 다른 요청을 보낸다.
    case WM_RBUTTONDOWN:
        aItem=GlobalAddAtom("Item456");
        DDEIParam=PackDDEIParam(WM_DDE_REQUEST,CF_TEXT,aItem);
        if (!PostMessage(hServer,WM_DDE_REQUEST,(WPARAM)hWnd,DDEIParam)) {
            GlobalDeleteAtom(aItem);
            FreeDDEIParam(WM_DDE_REQUEST,DDEIParam);
            MessageBox(hWnd,"서버가 응답하지 않습니다","알림",MB_OK);
        }
        return 0;
    case WM_DDE_DATA:
        // 요청한 아이템인지 검사해 본다.
        UnpackDDEIParam(WM_DDE_DATA,lParam,(PUINT)&hData,(PUINT)&aItem);
        GlobalGetAtomName(aItem,szItem,255);
        if ((lstrcmp(szItem,"Item123")!=0) && (lstrcmp(szItem,"Item456")!=0)) {
            break;
        }

        FreeDDEIParam(WM_DDE_DATA,lParam);
        lpData=(DDEDATA *)GlobalLock(hData);

        // CF_TEXT가 아니면 데이터 거절
        if (lpData->cfFormat != CF_TEXT) {
            PostMessage(hServer,WM_DDE_ACK,(WPARAM)hWnd,
                PackDDEIParam(WM_DDE_ACK,0,aItem));
            return 0;
        }

        // 데이터를 복사한다.
        wsprintf(Mes,"'%s'문자열을 받았습니다.",(LPSTR)lpData->Value);
        InvalidateRect(hWnd,NULL,TRUE);

        // 데이터를 받았음을 알려준다.
        if (lpData->fAckReq) {
            PostMessage(hServer,WM_DDE_ACK,(WPARAM)hWnd,
                PackDDEIParam(WM_DDE_ACK,0x8000,aItem));
        }

        // 메모리 해제 요청이 있는 경우 메모리를 해제 한다.
        bRelease=lpData->fRelease;
        GlobalUnlock(hData);
        if (bRelease)
            GlobalFree(hData);
```

```
        return 0;
    case WM_PAINT:
        hdc=BeginPaint(hWnd, &ps);
        TextOut(hdc,50,50,Mes,lstrlen(Mes));
        EndPaint(hWnd, &ps);
        return 0;
    case WM_DESTROY:
        PostMessage(hServer,WM_DDE_TERMINATE,
            PackDDElParam(WM_DDE_TERMINATE,(UINT)hWnd,0),0);
        PostQuitMessage(0);
        return 0;
    }
    return(DefWindowProc(hWnd,iMessage,wParam,lParam));
}
```

다음은 서버의 소스이다.

예 제 : DDEExam1

```
LRESULT CALLBACK WndProc(HWND hWnd,UINT iMessage,WPARAM wParam,LPARAM lParam)
{
    HDC hdc;
    PAINTSTRUCT ps;
    ATOM aApp, aTopic, aItem;
    TCHAR szApp[255], szTopic[255], szItem[255];
    HANDLE hData;
    DDEDATA *lpData;
    LPARAM DDElParam;
    TCHAR szItem123[]="아이템123에 대한 응답 문자열입니다.";
    TCHAR szItem456[]="Item456에 대한 답변 데이터입니다.";
    TCHAR *WhichItem=NULL;
    int Format;
    static TCHAR Mes[255]="클라이언트에서 대화를 먼저 요청하십시요";

    switch (iMessage) {
    // 클라이언트로부터의 대화 요청을 받아들이고 요청이 받아들여졌음을 알린다.
    // 와일드 카드 아톰이 전달된 경우는 이보다 더 복잡한 처리가 필요하다.
    case WM_DDE_INITIATE:
        GlobalGetAtomName(LOWORD(lParam),szApp,255);
        GlobalGetAtomName(HIWORD(lParam),szTopic,255);
        if ((lstrcmp(szApp,"Server123")==0) && (lstrcmp(szTopic,"Topic123")==0)) {
            aApp=GlobalAddAtom("Server123");
            aTopic=GlobalAddAtom("Topic123");
            SendMessage((HWND)wParam, WM_DDE_ACK,(WPARAM)hWnd,
                MAKELPARAM(aApp, aTopic));
            GlobalDeleteAtom(aApp);
            GlobalDeleteAtom(aTopic);
            wsprintf(Mes,"%d 클라이언트와 대화를 시작합니다",wParam);
            InvalidateRect(hWnd,NULL,TRUE);
        }
        return 0;
    // 클라이언트의 데이터 요청을 처리한다.
    case WM_DDE_REQUEST:
```

```
        UnpackDDElParam(WM_DDE_REQUEST,lParam,(PUINT)&Format,(PUINT)&aItem);
        FreeDDElParam(WM_DDE_REQUEST,lParam);
        GlobalGetAtomName(aItem,szItem,255);
        GlobalDeleteAtom(aItem);
        if (lstrcmp(szItem,"Item123")==0) {
            WhichItem=szItem123;
        }
        if (lstrcmp(szItem,"Item456")==0) {
            WhichItem=szItem456;
        }

        if (WhichItem != NULL) {
            // 보낼 데이터를 조립한다.
            hData=GlobalAlloc(GMEM_MOVEABLE, (LONG)sizeof(DDEDATA) +
                lstrlen(WhichItem)+2);
            lpData=(DDEDATA *)GlobalLock(hData);
            lpData->cfFormat=CF_TEXT;
            lpData->fAckReq=TRUE;
            lpData->fRelease=TRUE;
            lpData->fResponse=TRUE;
            lstrcpy((LPSTR)lpData->Value,WhichItem);
            GlobalUnlock(hData);

            // 데이터를 클라이언트에게 보낸다.
            aItem=GlobalAddAtom(szItem);
            DDElParam=PackDDElParam(WM_DDE_DATA,(UINT)hData, aItem);
            if (!PostMessage((HWND)wParam,WM_DDE_DATA,(WPARAM)hWnd,DDElParam)) {
                GlobalFree(hData);
                GlobalDeleteAtom(aItem);
                FreeDDElParam(WM_DDE_DATA,DDElParam);
            }
        } else {
            // 지원하는 토픽이 아닌 경우의 처리
        }
        return 0;
    case WM_PAINT:
        hdc=BeginPaint(hWnd, &ps);
        TextOut(hdc,50,50,Mes,lstrlen(Mes));
        EndPaint(hWnd, &ps);
        return 0;
    case WM_DESTROY:
        PostQuitMessage(0);
        return 0;
    }
    return(DefWindowProc(hWnd,iMessage,wParam,lParam));
}
```

두 프로젝트가 같은 워크 스페이스에 포함되어 있으므로 소스를 동시에 열어놓고 분석하면 편리하다. 컴파일 후 예제를 실행해 보자. DDE는 실행 순서에 상관없이 동작하지만 이 예제는 코드를 간단히 하기 위해 반드시 서버를 먼저 실행하도록 하였다. 서버를 먼저 실행해 놓고 클라이언트를 실행해 보자. 실행 직후에 클라이언트가 서버에게 대화를 요청하고 클라이언트는 이 요청을 받아들인다.

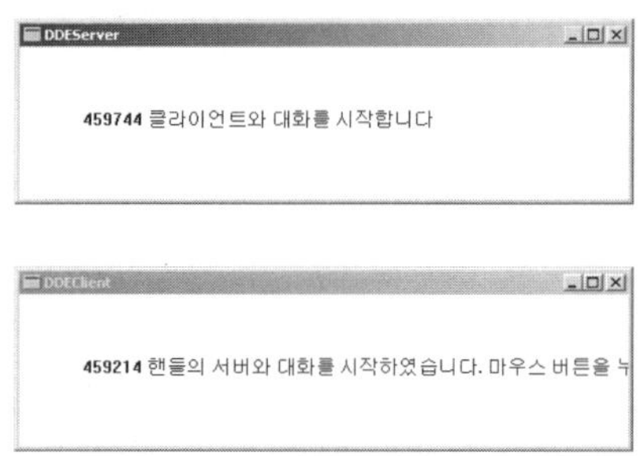

두 프로그램 모두 대화가 정상적으로 시작되었음을 작업영역에 표시하고 있다. 이 상태에서 클라이언트의 작업영역을 좌우 마우스 버튼으로 각각 눌러보면 클라이언트가 아이템 요청을 보내고 서버가 이 요청에 응답하여 문자열을 보낸다. 클라이언트는 서버가 보내준 문자열을 받아 화면에 출력해 확인하도록 되어 있다.

두 프로그램을 종료하면 대화도 종료된다. 어떻게 대화가 시작되고 대화 중간에 어떤 메시지들이 오고 가는지 두 프로젝트의 소스를 차근히 분석해 보자. 대화가 처음 시작되는 시점은 클라이언트의 WM_CREATE에서이며 여기서 클라이언트는 서버에게 INITIATE 메시지를 보내 대화를 요청한다. 이 때 lParam의 하위 워드에는 어플리케이션 아톰을, 상위 워드에는 토픽 아톰을 전달해야 한다. 또는 NULL 아톰을 전달할 수도 있는데 NULL아톰은 DDE대화에서 와일드 카드로 작용하여 모든 어플리케이션에 대해 모든 토픽에 대해 대화를 요청할 수도 있다. 이 경우 응답하는 서버가 있을 때 즉시 대화가 시작된다.

예제에서는 대화할 주체들이 고정되어 있으므로 와일드 카드를 쓰지 않고 "Server123", "Topic123"이라는 이름으로 글로벌 아톰 두 개를 생성하였으며 두 아톰 핸들을 lParam에 포함시켰다. 그리고 INITIATE 메시지를 SendMessage로 보낸다. 이때 첫 번째 인수인 대상 윈도우 핸들에 -1을 지정하여 모든 탑 레벨 윈도우에게 이 메시지를 보내도록 하였다. DDE 서버의 윈도우 핸들을 이미 알고 있다면 직접 핸들을 지정할 수도 있지만 일반적으로 그렇지 못한 데다 어플리케이션 아톰과 토픽 아톰 중 하나가 와일드 카드인 경우는 누가 응답할지 알 수 없으므로 -1을 지정하는 것이 통상적이다.

INITIATE 메시지는 반드시 SendMessage함수로 보내야 한다. 따라서 탑 레벨 윈도우중에 대화에 응하는 서버가 이 메시지에 응답하거나 모든 윈도우가 응답을 하지 않을 때에만 이 함수가 리턴한다. 즉 클라이언트는 서버가 완전히 응답할 때까지 블록된 상태로 대기하게 된다. 그럼 이제 INITIATE 메시지를 받은 서버가 어떻게 반응하는지 보자.

```
case WM_DDE_INITIATE:
    GlobalGetAtomName(LOWORD(lParam),szApp,255);
    GlobalGetAtomName(HIWORD(lParam),szTopic,255);
    if ((lstrcmp(szApp,"Server123")==0) && (lstrcmp(szTopic,"Topic123")==0)) {
        aApp=GlobalAddAtom("Server123");
        aTopic=GlobalAddAtom("Topic123");
        SendMessage((HWND)wParam, WM_DDE_ACK,(WPARAM)hWnd,
            MAKELPARAM(aApp, aTopic));
        GlobalDeleteAtom(aApp);
        GlobalDeleteAtom(aTopic);
```

```
        wsprintf(Mes,"%d 클라이언트와 대화를 시작합니다",wParam);
        InvalidateRect(hWnd,NULL,TRUE);
    }
    return 0;
```

lParam으로 전달된 두 개의 아톰에서 어플리케이션과 토픽 아톰을 꺼내 아톰으로부터 문자열을 추출한다. 그리고 문자열을 비교함으로써 자신이 지원하는 대화인지를 검사한다. 만약 두 아톰이 모두 NULL이라면, 즉 와일드 카드가 전달되었다면 자신이 지원하는 대화의 종류를 클라이언트에게 알려주어야 한다. 클라이언트는 서버의 응답을 보고 서버가 지원하는 대화가 자신이 원하는 것인지 검사해 보고 대화 여부를 서버에게 다시 알려줌으로써 대화가 성립된다. 서버가 INITIATE 메시지를 받았을 때의 동작을 순서도로 그려보면 다음과 같다.

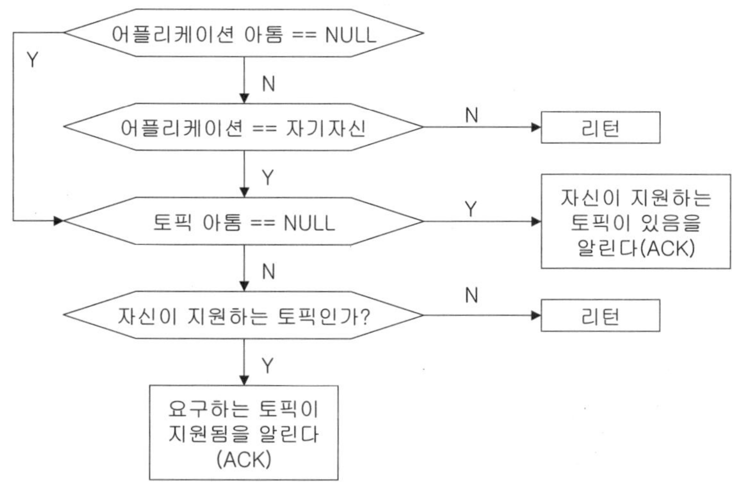

DDE는 임의의 서버와 임의의 클라이언트간의 통신까지 지원하므로 범용적인 서버라면 와일드 카드에 대한 지원을 반드시 해야 하며 이 과정은 여러 번 메시지를 주고받아야 하는 번거로운 절차를 거쳐야 한다. 예제는 서버와 클라이언트가 1:1로만 통신을 하므로 이런 처리까지는 하지 않았다.

클라이언트가 요청한 대화의 ID(어플리케이션, 토픽)가 자신이 지원하는 대화일 경우 서버는 클라이언트에게 ACK 메시지를 보내 긍정의 표현을 해야 한다. 이때 ACK의 lParam은 INITIATE의 lParam과 동일하게 어플리케이션 아톰과 토픽 아톰으로 구성한다. 클라이언트가 와일드 카드를 지정하는 경우 자신이 누구인지와 자신이 지원하는 토픽명을 알려야 하므로 ACK 메시지의 lParam도 INITIATE와 마찬가지로 대화의 ID가 전달된다.

INITIATE 메시지에 대한 응답으로 보내는 ACK 메시지도 반드시 SendMessage로 보내야 하는데 이때의 SendMessage도 클라이언트가 ACK 메시지를 완전히 처리하고 리턴할 때까지 대기한다. 즉 서버는 SendMessage에서 블록된다. 그럼 다시 클라이언트의 ACK메시지 처리 루틴으로 가보자.

```
case WM_DDE_ACK:
    GlobalGetAtomName(LOWORD(lParam),szApp,255);
    GlobalGetAtomName(HIWORD(lParam),szTopic,255);
    if ((strcmp(szApp,"Server123")==0) && (strcmp(szTopic,"Topic123")==0)) {
        hServer=(HWND)wParam;
        wsprintf(Mes, "%d 핸들의 서버와 대화를 시작하였습니다. "
            "마우스 버튼을 누르면 데이터를 요청합니다.",hServer);
```

```
        InvalidateRect(hWnd,NULL,TRUE);
    }
    return 0;
```

클라이언트가 ACK 메시지를 받았을 때는 자신이 요청한 대화에 대한 응답이 왔는지 살펴보아야 한다. 만약 와일드 카드를 요청한 경우라면 응답한 서버의 대화가 자신에게 필요한 것인지를 판단해야 할 것이다. 이 판단은 ACK의 lParam으로 전달된 어플리케이션, 토픽 아톰을 추출해서 문자열을 비교함으로써 수행한다. 원하는 대화에 대한 응답이 왔다면 클라이언트는 대화를 시작할 준비를 하는데 이때 해야 할 가장 중요한 일은 서버의 윈도우 핸들을 전역변수에 저장해 놓는 것이다. 이후 대화중에 메시지를 보내야 할 대상이므로 이 핸들값은 반드시 전역으로 보관해 두어야 한다. 예제에서는 hServer라는 변수에 핸들을 저장해 두었다.

이 외에도 대화 시작에 필요한 동작들을 수행하는데 이 예제에서는 서버와 대화를 시작했다는 메시지를 화면으로 출력했다. ACK처리를 마치고 서버로 리턴하면 서버는 INITIATE 메시지 처리를 계속한다. ACK 메시지를 보내기 위해 생성했던 아톰을 제거하고 자신도 클라이언트와 대화가 시작되었음을 화면에 출력해 놓고 리턴한다. 서버가 리턴하면 그동안 블록되어 있던 클라이언트의 WM_CREATE루틴이 계속 실행된다.

WM_CREATE에서는 INITIATE 메시지에 사용한 아톰을 제거하고 hServer값을 검사하여 대화가 제대로 시작되었는지 점검한다. 만약 hServer가 초기값인 NULL을 그대로 가지고 있다면, 즉 클라이언트가 ACK를 받지 못했다면 에러 처리를 해야 하는데 이 예제의 경우는 서버가 실행되어 있지 않을 때 이런 현상이 나타나며 아예 프로그램을 종료하도록 하였다. 대화 시작을 위해 두 프로그램은 다음과 같은 실행 순서를 차례대로 밟는다.

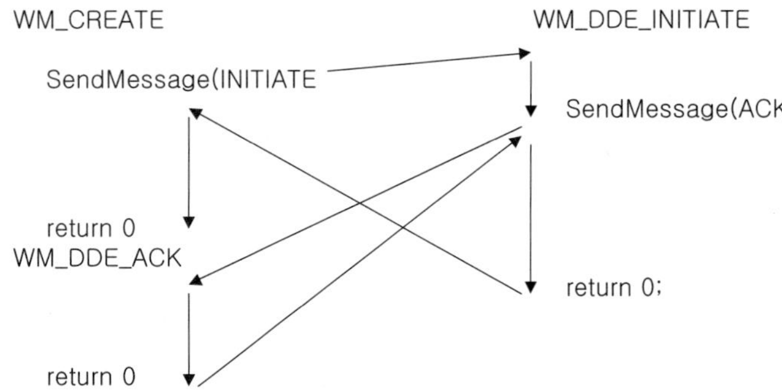

SendMessage는 메시지를 받은 쪽에서 메시지를 처리하기 전에는 리턴하지 않기 때문에 시작 과정이 이렇게 복잡하다. 이나마도 와일드 카드나 시스템 토픽을 사용하지 않았기 때문에 이정도로 간단해졌다.

43-5-마. lParam

두 프로그램간에 대화가 성립되면 본격적으로 대화를 시작한다. 먼저 클라이언트가 서버에게 데이터 요청을 하는데 이때는 REQUEST 메시지가 사용된다. REQUEST 메시지의 lParam은 하위 워드에 원하는 데이터의 클립보드 포맷, 상위 워드에 아이템 아톰값이 전달된다. 즉 어떤 아이템을 어떤 포맷으로 보내달라는 요청을 하는 것이다.

메시지별로 lParam에 들어가는 값은 다양한데 주로 메모리 핸들, 구조체 포인터, 클립보드 포맷,

윈도우 핸들, 아톰 등이 들어갈 수 있다. 이 정보들 중 보통 두 개가 lParam의 상, 하위 워드에 나누어져 전달되는데 여기서 역사적인 문제가 발생한다. 16비트 윈도우즈에서는 모든 핸들이 16비트이므로 32비트인 lParam에 두 개의 값을 전달할 수 있었다. 그러나 32비트 윈도우즈에서 핸들값들은 32비트로 확장된데 비해 lParam은 여전히 32비트 그대로이므로 lParam에 통상적인 방법으로 두 개의 값을 전달하지 못한다.

그렇다고 해서 이미 정해놓은 DDE 통신 규약을 변경할 수는 없고 해서 32비트의 lParam에 32비트 이상의 데이터를 구겨넣는 방법을 고안해 내게 되었다. 다음 함수가 바로 그런 일을 한다.

LPARAM PackDDElParam(UINT msg, UINT_PTR uiLo, UINT_PTR uiHi);
BOOL UnpackDDElParam(UINT msg, LPARAM lParam, PUINT_PTR puiLo, PUINT_PTR puiHi);

PackDDElParam의 첫 번째 인수로 전달된 DDE 메시지에 따라 uiLo와 uiHi를 적절히 조립하여 32비트의 lParam을 만들어낸다. uiLo는 16비트 윈도우즈의 lParam하위 워드에 대응되는 값이며 uiHi는 상위 워드에 대응되는 값이다. 이 함수는 내부적으로 최대 64비트의 값을 메모리의 어딘가에 저장해 두고 lParam에 이 정보를 꺼낼 수 있는 핸들을 전달할 것이다. 이렇게 lParam을 조립해 놓으면 받는 쪽에서는 lParam을 UnpackDDElParam 함수로 해체해서 원래 전달한 값을 추출해 낸다.

이 두 함수는 16비트 응용 프로그램을 32비트로 쉽게 포팅하기 위해서 제공하는 것이며 어떻게 보면 궁여지책으로 만들어진 함수이다. DDE를 위해서만 제공되는 함수이므로 다른 목적으로 이 함수를 사용하는 것은 바람직하지 않다. 다음 두 함수도 lParam과 관련된 함수들이다.

BOOL FreeDDElParam(UINT msg, LPARAM lParam);
LPARAM ReuseDDElParam(LPARAM lParam, UINT msgIn, UINT msgOut, UINT_PTR uiLo, UINT_PTR uiHi);

lParam을 받은 쪽에서는 반드시 lParam 조립에 사용한 메모리를 해제해야 하는데 이때 FreeDDElParam 함수를 사용한다. ReuseDDElParam 함수는 전달받은 lParam을 다른 메시지를 위해 재사용할 수 있도록 조립하는데 이 함수를 사용하면 메모리 재할당을 줄일 수 있다.

그럼 다시 본론으로 돌아가서 클라이언트가 서버에게 데이터를 요청하는 코드를 보자. 예제에서는 마우스 좌우 버튼에 각각 서로 다른 아이템을 요청하도록 작성되어 있는데 구조는 동일하다.

```
case WM_LBUTTONDOWN:
    aItem=GlobalAddAtom("Item123");
    DDElParam=PackDDElParam(WM_DDE_REQUEST,CF_TEXT,aItem);
    if (!PostMessage(hServer,WM_DDE_REQUEST,(WPARAM)hWnd,DDElParam)) {
        GlobalDeleteAtom(aItem);
        FreeDDElParam(WM_DDE_REQUEST,DDElParam);
        MessageBox(hWnd,"서버가 응답하지 않습니다","알림",MB_OK);
    }
    return 0;
```

Item123이라는 아이템을 텍스트 포맷으로 요청하기 위해 REQUEST 메시지를 서버에게 부쳤다. 이때 클립보드 포맷은 32비트, 아톰은 16비트이므로 총 48비트를 lParam에 전달하기 위해 먼저 lParam을 팩킹한 후 팩된 lParam을 사용하였다. 데이터 요청, 응답 등의 메시지를 보낼 때는 항상 PostMessage 함수를 사용해야 한다. 서버는 이 메시지를 받았을 때 lParam값과 아톰을 해제해야 할 의무가 있는데 만약 서버에게 이 메시지를 보내지 못했다면 해제 작업은 클라이언트가 직접 해야 한다. 즉 요약하자면 메시지 전달을 위해 할당된 메모리는 메시지를 받은 쪽이 해제하도록 약속되어 있으나 만약 메시지를 전달하지 못했다면 보내는 쪽이 해제해야 한다. 서버가 REQUEST 메시지를 받았을 때를 보자.

서버는 lParam을 해체하여 REQUEST와 함께 전달된 클립보드 포맷과 아이템 아톰을 끄집어내어 클라이언트의 요구 사항을 분석한다. 그리고 아이템이 자신이 지원하는 것인지를 보고 지원가능하다면 클라이언트에게 DATA 메시지와 함께 요청한 데이터를 보내야 한다. DATA 메시지의 lParam은 하위 워드에 DDEDATA 구조체 포인터를 가지는 공유 메모리 핸들이 전달되며 상위 워드에 아이템 아톰이 전달된다. DDEDATA는 클라이언트가 요청한 아이템의 실제 데이터가 포함된다.

```
typedef struct {
    unsigned short unused:12,
        fResponse:1,
        fRelease:1,
        reserved:1,
        fAckReq:1;
    short cfFormat;
    BYTE   Value[1];
} DDEDATA;
```

세 개의 플래그와 클립보드 포맷, 그리고 가변 바이트 배열이 포함되어 있다. 각 멤버의 의미는 다음과 같다.

멤버	설명
fResponse	서버가 어떤 메시지에 의해 데이터를 보내는지를 나타낸다. 이 값이 1이면 REQUEST 메시지에 대한 응답이며 0이면 ADVISE 메시지에 대한 응답이다.
fRelease	이 값이 1이면 POKE 메시지를 받은 프로그램이 메모리를 해제해 주어야 한다.
fAckReq	DATA 메시지를 받은 프로그램이 ACK 메시지를 보내 주어야 한다.
cfFormat	요청한 데이터의 클립보드 포맷이다.
Value	실제 데이터를 저장할 가변 배열이다. 이 값의 길이는 포맷에 따라 달라진다.

서버는 lParam으로 전달된 아이템에 따라 적절한 응답을 보내야 하는데 때로는 적절한 응답을 하기 위해 엄청난 연산을 해야 하는 경우도 있다. 예제는 단순히 정해진 문자열을 리턴하므로 연산 과정은 생략되어 있다. 데이터를 보내려면 먼저 DDEDATA 구조체를 담을 공유 메모리를 할당하고 DDEDATA 구조체를 조립해야 한다. 텍스트 포맷의 문자열을 Value멤버에 대입했다. 그리고 아이템 아톰을 만든 후 DATA 메시지를 클라이언트로 보낸다. 이때도 아톰과 메모리 핸들을 전달하기 위해 lParam을 조립해야 한다.

클라이언트는 DATA 메시지를 받았을 때 전달된 lParam으로부터 데이터를 꺼내 사용하고 모든 메모리를 해제해야 한다. 만약 클라이언트가 DATA 메시지를 받을 수 없는 상황이라면 서버가 할당된 모든 메모리를 직접 해제해야 한다. 이 경우 공유 메모리, 아이템 아톰, lParam 등이 해제 대상이다.

클라이언트는 lParam으로부터 아이템 아톰을 추출해 자신이 원하는 데이터가 원하는 포맷으로 제대로 왔는지 검사해 본다. 클립보드의 경우와 마찬가지로 서버는 한 아이템에 대해 여러 가지 포맷으로 데이터를 전달할 수 있으며 클라이언트는 서버가 보내준 아이템에 대해 가급적이면 상세한 포맷으로 된 데이터를 꺼내 사용하면 된다. 만약 원하는 포맷이 없으면 그냥 리턴해야 한다. 데이터를 무사히 받았으면 받은 데이터를 사용하는데 예제의 경우는 확인을 위해 화면으로 출력하기만 했다. 그리고 DDEDATA를 분석해서 fAckReq가 설정되어 있으면 ACK 메시지를 보내고 fRelease가 설정되어 있으면 공유 메모리도 해제해야 한다.

43-5-바. 기타

이상으로 비교적 간단한(?) DDE 예제 하나를 분석해 보았다. 이 예제는 잘 동작하기는 하지만 발생 가능한 모든 경우에 다 대처하지는 못한다. 완벽한 DDE 프로그램을 작성하려면 이 예제보다는 몇곱절 더 복잡해져야 할 것이다. DDE는 고도로 복잡한 약속의 덩어리이기 때문에 모든 규약을 제대로 지켜 코드를 작성하기는 무척 어렵다. 여기서 살펴보지 않은 DDE의 또 다른 약속을 대충 나열해 보자.

① 임의의 프로그램끼리도 통신할 수 있어야 하므로 와일드 카드 아톰이 전달된 경우를 처리해야 한다.

② 또한 임의의 대화 성립을 위해서는 시스템 토픽이라는 미리 정해진 토픽을 지원해야 한다.

③ 공유 메모리와 아톰, lParam은 정확한 시기에 약속대로 정해진 주체가 할당과 해제를 해야 한다. 그렇지 않으면 시스템 자원이 낭비됨은 물론이고 프로그램이 이상 동작할 수도 있다.

④ 한 쪽이 응답을 기다리는 동안 상대편이 보낸 다른 메시지를 처리하지 못하는 데드락 상황이 발생하기도 하며 이런 상황을 정확하게 처리해야 한다.

⑤ 상대편이 정해진 시간 안에 응답하지 않을 경우를 처리해야 한다. 일정한 타임 아웃값을 두고 이 시간이 경과할 경우 에러 처리를 해야 한다.

⑥ 영구적인 연결 설정 기능을 지원하기도 한다. 이때는 또 다른 DDE 메시지를 처리해야 한다.

⑦ 서버에게 명령을 전달하여 실행시킬 수도 있다. 예를 들어 프로그램 관리자에게 프로그램 그룹을 생성하라는 등의 매크로 명령들을 보낼 수 있다.

이외에 복잡한 DDE를 좀 더 편하게 사용할 수 있도록 해 주는 DDEML이라는 라이브러리도 있으며 네트워크를 통해 원격지의 프로세스끼리 DDE대화를 할 수 있는 방법도 있다. 이 모든 기능들을 다 연구해 본다면 재미있기는 하겠지만 투자한 시간에 비해 소득이 적으므로 여기서는 이쯤에서 DDE에 대한 내용은 접기로 한다. 관심있는 사람은 혼자 연구해 보기 바라되 별로 권하고 싶지는 않다.

16비트 환경에서는 메시지를 통해 포인터를 전달할 수 있었으므로 DDE가 편리하고 유용한 통신 방법이었으나 주소 공간이 분리된 32비트 환경에서는 메시지를 이용한 통신이 거의 불가능해졌다. 과거에는 중요한 기반 기술의 하나였고 복합 문서를 생성하는 OLE의 기초 프로토콜이었으나 현재는 COM이 그 위치를 대신하고 있다. 이래 저래 구 시대의 유물로 전락해 버렸으므로 DDE의 철자 정도만 교양적으로 알아 두면 되겠다.

44-1 DLL이란

44-1-가. 라이브러리

라이브러리(Library)란 함수, 데이터, 타입 등 여러 가지 프로그래밍 요소들의 집합이며 보통 LIB확장자를 가진다. 자주 사용되는 표준적인 함수를 매번 직접 작성해서 사용하는 것은 지나치게 시간 소모적이므로 표준화할 수 있는 함수를 미리 만들어서 모아 놓은 것이 라이브러리이다. 라이브러리를 한 번 구축해 놓기만 하면 다시 만들 필요없이 불러서 사용할 수 있으므로 개발 속도도 빨라지고 신뢰성도 확보할 수 있다. 도스 프로그래밍을 해본 사람은 printf, clrscr, strcpy 등의 함수를 지겹게 많이 사용해 보았을 것이다. 이 함수들도 모두 라이브러리에 포함된 것들이며 우리는 이 함수를 만들 필요도 없고 어떤 코드를 가지는지 몰라도 호출하는 방법만 알아서 잘 사용해 왔다.

한글 입출력을 하는 라이브러리를 생각해 보자. 한글은 무척 복잡한 언어이기 때문에 한글을 사용하는 모든 프로그램에서 한글 입출력 함수를 일일이 만들어 사용하기 어렵다. 그래서 누군가가 한 번만 한글 입출력 함수를 만들어 라이브러리로 배포하면 나머지 사람들은 이 라이브러리에 있는 함수를 불러 한글을 출력하기도 하고 입력받기도 한다. 이 라이브러리를 HAN.LIB라고 할 때 다음과 같은 모양을 가질 것이다.

HAN.LIB		
	InHan	입력함수
	OutHan	출력함수
	Font Data	폰트 데이터

HAN.LIB는 한글을 입력받는 InHan 함수와 한글을 화면으로 출력하는 OutHan 함수를 가지고 있으며 한글 출력에 필요한 폰트 데이터를 가지고 있다. 이 라이브러리를 사용하면 별도의 한글 입출력 코드를 작성하지 않고도 라이브러리의 함수를 호출하여 한글을 입출력할 수 있다.

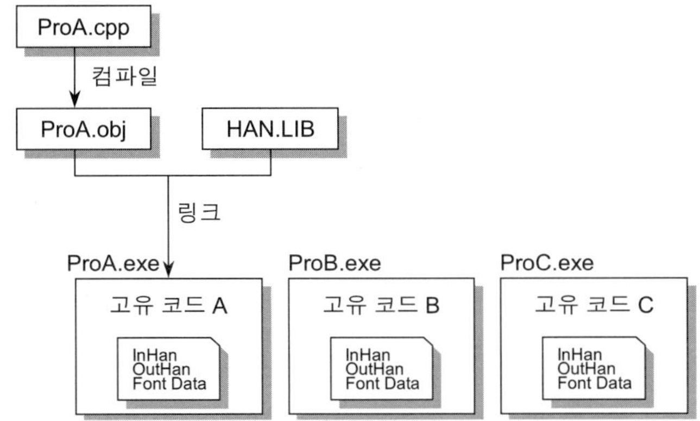

ProA.exe를 만드는 사람은 자신의 고유 코드만 ProA.cpp에 작성하고 HAN.LIB와 연결하면 한글 입출력 기능을 가진 ProA.exe 실행 파일을 만들 수 있다. 마찬가지로 ProB.exe나 ProC.exe를 만드는 사람도 자기가 만들고자 하는 프로그램의 코드만 만들고 한글 입출력에 대한 코드는 HAN.LIB에 이미 작성된 함수를 불러 사용한다. 같은 코드를 여러 번 작성하지 않아도 되므로 시간적으로나 능률적으로나 아주 좋은 개발 방법이라 할 수 있다. HAN.LIB에 있는 함수와 데이터는 링커에 의해 실행 파일에 그대로 옮겨지며 실행 파일의 일부분이 된다.

이런 전통적인 라이브러리 연결 방법을 정적 링크(Static Link)라고 하며 컴파일시에 라이브러리의 코드를 실행파일에 복사한다. 정적 라이브러리를 만들고 사용하는 간단한 실습을 해 보자. 레지스트리 입출력을 하는 SHReg* 함수들을 정적 라이브러리로 만들어 볼 것이다. 새로운 프로젝트를 만들고 새 프로젝트 대화상자에서 다음과 같이 프로젝트를 생성한다.

예 제 : SHRegTest

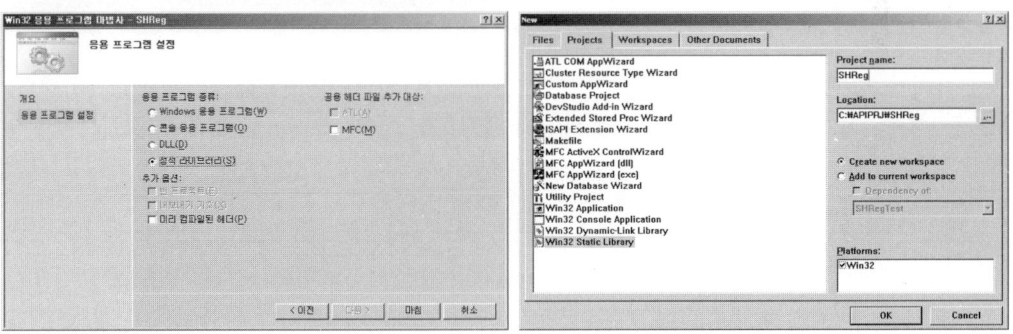

새 프로젝트 대화상자에서 Win32 프로젝트를 생성하고 설정 대화상자에서 정적 라이브러리를 선택한다. VC 6.0은 Projects페이지에서 제일 아래쪽에 있는 Win32 Static Library항목을 선택하는데 이 항목이 정적 라이브러리 프로젝트이다. 위치는 자신이 실습하고 있는 디렉토리로 지정하고 프로젝트 이름은 SHReg라고 준다. 일단 프로젝트를 만든 후 레지스트리 실습 때 작성해 놓았던 SHReg.h, SHReg.cpp 파일을 이 프로젝트의 디렉토리로 복사해 온다. 그리고 이 두 파일을 프로젝트에 포함시킨다.

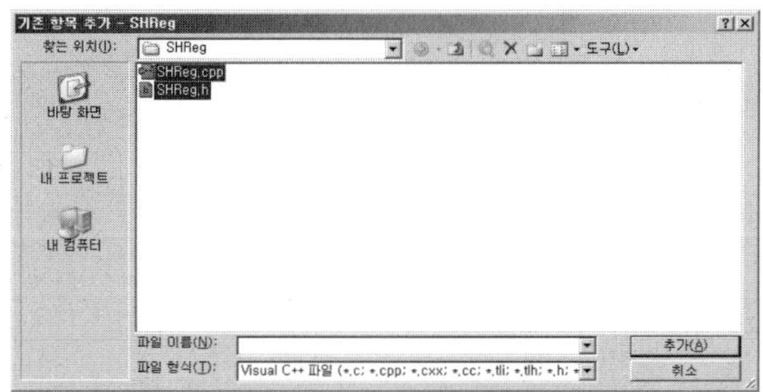

이미 코드가 만들어져 있기 때문에 다시 작성할 필요가 없지만 새로 작성해도 물론 상관없다. 이 프로젝트를 릴리즈 모드로 컴파일하면 불과 3K에 불과한 SHReg.Lib파일이 생성될 것이다. 이 라이브러리에는 레지스트리 관련 함수의 순수한 코드만 들어 있기 때문에 파일 크기가 그다지 크지 않다. 이렇게 만들어진 라이브러리를 테스트해 보자. SHRegTest 프로젝트를 만들고 35장에서 만들었던 ShRegiTest.cpp 예제의 코드를 그대로 복사해 오되 레지스트리 경로만 다음과 같이 수정한다.

```
#define KEY "Software\\MiyoungSoft\\SHRegLibTest\\"
```

그리고 SHReg.h와 SHReg.Lib 파일을 이 프로젝트의 디렉토리로 복사한 후 SHReg.Lib를 프로젝트에 포함하면 된다. 실행해 보면 ShRegiTest예제와 동일하게 동작할 것이다. 이 프로젝트는 레지스트리 입출력을 하는 SHReg* 함수를 정의하고 있지 않지만 SHReg.Lib를 링크하여 이 함수들을 호출할 수 있다. 이 함수들을 사용하고자 하는 프로젝트는 다시 작성할 필요없이 언제든지 SHReg.Lib를 프로젝트에 포함하고 SHReg.h만 인클루드하면 된다. 자신이 자주 애용하는 루틴들은 이렇게 라이브러리로 만들어 놓으면 재사용하기 쉽다. C 표준 함수들이 모두 이런 방식으로 만들어진 것이다.

44-1-나. DLL

정적 라이브러리에 비해 여기서 설명하고자 하는 DLL은 동적 링크(Dynamic Link)를 사용한다. 동적 링크란 컴파일시에 함수의 코드가 실행 파일에 복사되는 것이 아니라 실행 중에 라이브러리에 있는 함수를 호출하는 방법을 말한다. 다음 그림을 보자.

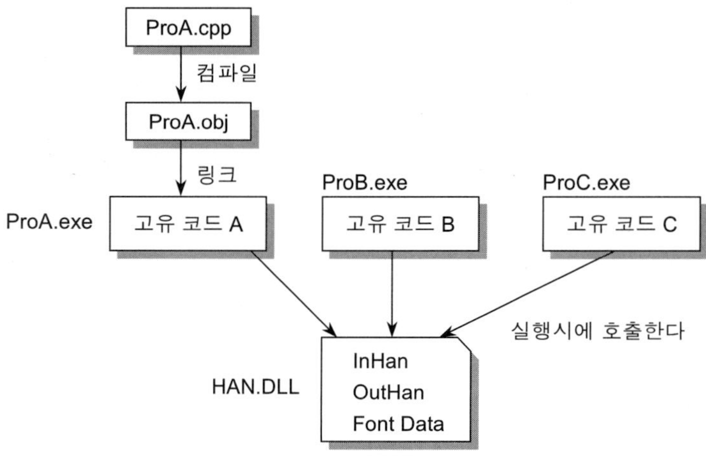

ProA.exe를 만드는 사람은 자신의 고유 코드만 ProA.cpp에 작성하고 이 소스를 컴파일하여

ProA.exe를 만든다. ProA.cpp에서는 한글 입출력 함수를 호출하지만 ProA.exe파일에는 한글 입출력 함수가 포함되어 있지 않다. 대신 ProA.exe는 한글 입출력 함수의 위치에 대한 정보를 가지고 있으며 이 프로그램이 실행될 때 HAN.DLL이 메모리에 같이 로드되며 ProA.exe에서 HAN.DLL에 있는 함수를 호출한다. 위에서 본 것과 같이 링크 방법에는 정적, 동적 두 가지가 있는데 정리해 보자.

- ■정적 링크 : 컴파일 시에 함수가 실행 파일에 연결된다. 실행 파일에 함수의 코드가 복사되기 때문에 실행 파일의 크기가 커지는 단점이 있지만 실행 파일은 완전한 단독 실행 파일이 된다. 실행 파일에 함수의 코드가 포함되어 있기 때문에 컴파일이 끝나면 라이브러리 파일(LIB)이 없어도 프로그램을 실행할 수 있다.
- ■동적 링크 : 실행시에 함수가 실행 파일에 연결된다. 실행 파일에는 호출할 함수의 정보만 포함되고 실제 함수 코드는 복사되지 않으므로 실행 파일의 크기가 작아진다. 하지만 실행 파일은 함수에 대한 정보만 가지고 있을 뿐 실제의 코드를 가지고 있지는 않으므로 프로그램 실행시에 DLL이 꼭 있어야 한다.

윈도우즈용 프로그램은 여러 가지 목적으로 DLL을 아주 빈번하게 사용한다. 웬만큼 규모가 큰 프로그램은 핵심 기능들을 DLL로 먼저 만들어 놓고 메인 프로그램을 만든다. 분담 작업이 가능하고 코드 재사용이 용이하며 그 외 여러 가지 장점이 있기 때문이다. 심지어 윈도우즈 API 함수 자체도 KERNEL32.DLL, GDI32.DLL 등 모두 DLL에 의해 제공되는 것들이며 디바이스 드라이버(*.DRV)도 일종의 DLL이다. 그만큼 DLL에 대한 이해는 윈도우즈에서 필수적이다.

DLL을 만들고 사용하는 과정은 일반적으로 정적 라이브러리를 사용하는 것보다 복잡하고 까다롭다. 하지만 다음과 같은 여러 가지 이점이 있기 때문에 DLL이 널리 사용된다. 이 장점은 또한 DLL로 가능한 일의 목록이기도 하다.

1 한 코드를 여러 프로그램이 동시에 사용하기 때문에 메모리가 절약된다. 정적으로 링크된 라이브러리의 경우 각 프로그램마다 라이브러리 코드를 별도로 가지고 있기 때문에 이중 삼중으로 메모리를 낭비한다. DLL을 사용하는 프로그램은 자신의 고유 코드만 가지고 있으며 DLL은 딱 한 번만 읽어와 여러 프로그램이 공유한다. 가상 메모리에는 한 번만 로드되며 각 프로세스의 주소 공간에 맵되므로 메모리 절약 효과가 크다. 만약 한글 윈도우즈의 한글 입출력 루틴을 모든 프로그램이 다 가지고 있어야 한다면 어떻게 되겠는가?

2 DLL을 사용하는 프로그램은 크기가 작다. 정적 링크를 사용하는 경우 실행 파일에 라이브러리의 함수가 모두 포함되므로 실행 파일이 커진다. 프로그램이 커진다는 것은 여러 가지 문제를 야기하는데 일단은 하드 디스크의 용량을 많이 소모하게 되고 프로그램을 읽어오는 속도도 느려진다. DLL을 사용한 프로그램은 크기도 작을 뿐만 아니라 한 번 메모리에 읽어온 DLL은 다시 읽지 않고 실행 파일만 읽어오기 때문에 로딩 속도도 빠르다.

3 DLL을 교체하여 프로그램의 성능을 향상시키기 쉽다. DLL과 이 DLL을 사용하는 클라이언트 프로그램은 논리적으로 연결되기는 하지만 독립적인 실행 모듈이므로 클라이언트 프로그램은 그대로 사용하고 DLL만 교체하면 프로그램의 성능도 같이 향상되는 결과를 가져온다. 예를 들어 HAN.DLL에 작성된 한글 출력 함수인 OutHan의 알고리즘을 개선해서 더 빠르게 한글을 출력할 수 있게 업그레이드를 했다고 하자. 이때는 ProA.exe 등의 프로그램은 그대로 사용하고 HAN.DLL만 바꾸면 ProA.exe의 한글 출력 속도도 같이 빨라진다. 이때 ProA.exe를 다시 컴파일하거나 링크할 필요가 없다. 단, 이때 DLL의 함수는 코드만 수정해야지 원형이 변경되어서는

안된다.

4 리소스의 교체가 가능하다. DLL에는 함수뿐만 아니라 리소스도 같이 포함될 수 있는데 상황에 따라 사용해야 하는 리소스가 다르다면 이 리소스를 DLL로 분리해 두고 그때그때 상황에 따라 다른 DLL을 읽어와 사용할 수 있다. 다국어 버전을 지원하는 프로그램이 아주 좋은 예가 되는데 한국에서 판매할 프로그램은 한국어 리소스를 사용하는 DLL을 읽어와 실행하면 한글을 사용할 수 있어 좋고 일본어 리소스를 담은 DLL을 사용하면 이 프로그램을 일본에도 팔아먹을 수 있고 우간다나 나이지리아에도 팔아먹을 수 있다. 언어뿐만 아니라 색상이나 화면 해상도에 따라 가장 적절한 리소스를 사용하고 싶을 때도 DLL을 사용한다.

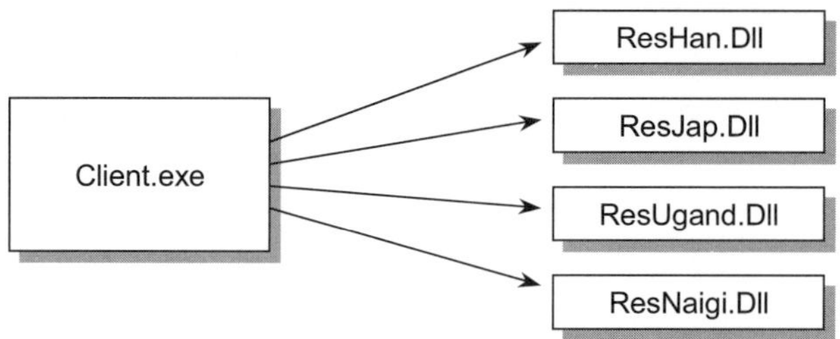

5 디버깅이 용이해진다. 실행 파일에 포함되는 코드의 양이 적어지므로 당연히 말썽이 되는 코드의 양도 줄어들고 버그가 숨어있는 범위가 좁아지므로 디버깅을 효율적으로 할 수 있는 것은 당연하다. 단 이 장점은 사용하는 DLL에는 확실히 버그가 없다는 확신이 있을 때 뿐이며 만약 DLL에 버그가 있다면 이때는 정말 잡기 힘든, 때로는 수정 불가능한 버그가 되는 단점이 되기도 한다. 그러나 상업적으로 판매되는 DLL의 경우는 버그를 완전히 수정해서 판매하므로 신뢰해도 좋을 만하다.

6 혼합 프로그래밍이 가능해진다. 물론 여러 가지 언어를 사용하여 프로그램을 개발하는 것은 꼭 DLL이 아니라도 가능하지만 DLL을 사용하면 어떤 개발툴과도 접속할 수 있다. 비주얼 베이직으로 대부분의 프로그램을 작성하되 시스템과 밀접한 부분이나 빠른 속도를 요하는 부분만 비주얼 C++로 DLL을 만들어 처리하면 생산성도 높고 개발 기간도 단축될 뿐만 아니라 성능도 강력한 프로그램을 만들 수 있다. 즉 쉬운 부분은 쉽게 만들고 어렵고 까다로운 부분만 DLL로 만드는 것이다.

7 프로그래머끼리 분담 작업이 용이하며 재사용성도 뛰어나다. 핵심 함수를 개발하는 시스템 프로그래머는 DLL만 작성하고 응용 프로그램 개발자들은 이 DLL의 함수를 조립하여 최종 제품을 완성할 수 있다. 대형 프로젝트의 경우 핵심 함수들이 빈번하게 재활용되는데 이런 공통된 작업을 모든 개발자가 일일이 할 필요없이 몇몇 개발자가 엔진에 해당하는 함수들을 작성하고 나머지는 이 함수들을 활용하기만 하면 된다.

이런 장점들 외에도 전역 훅킹이나 COM 개체를 만들 때처럼 특수한 목적으로 DLL이 반드시 필요한 경우도 있다. 그럼 DLL이 장점만을 가지는가 하면 그렇지는 않으며 몇 가지 단점도 있다. 가장 큰 단점으로는 DLL을 사용하는 프로그램을 만들었을 때 DLL이 없다거나 손상된 경우 실행이 불가능하다는 점이다. 실수로 DLL을 빼먹었거나 다른 프로그램에 의해 공유되는 DLL이 교체되면 프로그램이 제대로 동작하지 않을 가능성도 있다. 또한 DLL의 버전이 변경될 경우 과거 프로그램과 호환되지 않는 문제가 발생하기도 한다. 즉 DLL을 사용하는 프로그램은 그렇지 않은 프로그램에 비해 독립적이지 못하다.

44-1-다. DLL관리

윈도우즈가 DLL을 어떻게 관리하는지를 상상해 보자. 클라이언트 프로그램인 ProA.exe가 실행되면 이 프로그램의 실행에 필요한 HAN.DLL 함수도 메모리로 같이 로드될 것이다. DLL은 자신을 로드한 프로세스의 가상 주소 공간에 맵핑되며 따라서 DLL은 메모리, 스택, 핸들을 프로세스와 공유하게 된다.

두 번째 클라이언트인 ProB.exe가 실행될 때는 HAN.DLL이 이미 메모리에 올라와 있으므로 HAN.DLL은 읽어올 필요가 없으며 ProB.exe만 읽어온다. 대신 윈도우즈는 ProB.exe의 주소 영역에 HAN.DLL이 로드된 메모리를 맵핑시켜 ProB.exe에서도 HAN.DLL의 함수를 자유롭게 호출할 수 있도록 한다. 이 경우 ProA.exe와 ProB.exe가 HAN.DLL의 코드를 공유한 상태가 된다. 세 번째 클라이언트인 ProC.exe가 실행될 때는 ProB.exe가 실행될 때와 같은 절차를 거칠 것이다. 이 상태에서는 세 개의 클라이언트 프로그램이 하나의 DLL을 공유하며 이 때의 가상 메모리 상황을 그려보면 다음과 같다.

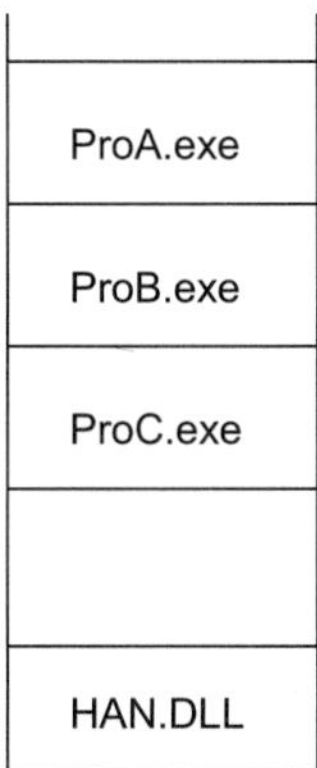

보다시피 DLL은 가상 메모리에 한 번 로드되면 다시 로드되지 않는다. 단 코드의 경우만 그렇지 DLL의 고유 변수는 클라이언트 프로그램이 실행될 때마다 매번 다시 메모리를 할당받아야 한다. 클라이언트 프로그램끼리 코드는 공유하지만 데이터는 공유할 수 없기 때문이다. C++ 클래스의 멤버 함수는 이 클래스로부터 만들어지는 모든 객체가 공유하지만 멤버 변수는 개별적으로 가지는 것과 마찬가지이다.

예를 들어 HAN.DLL에 현재 입력 상태가 한글 모드인지 영문 모드인지를 기억하는 bHangul이라는 변수가 있다고 하자. 이 변수의 값은 클라이언트 프로그램별로 다를 수 있기 때문에 프로그램끼리 공유할 수 없다. 만약 이 변수를 공유한 상태에서 ProA.exe에서 한글 입력 상태로 바꾸면 ProB.exe와 ProC.exe도 같이 한글 입력 상태로 바뀌어 버릴 것이며 이는 논리적으로 바람직하지 못한 결과를 가져온다. 이런 식으로 DLL 내부의 값을 기억하는 변수는 공유가 불가능하기 때문에 클라이언트 프로그램이 실행될 때마다 다시 메모리를 할당받아야 한다.

하지만 폰트 데이터나 그래픽 이미지 등 변경되지 않는 데이터는 공유해도 상관없으므로 DLL의 코드와 마찬가지로 한 번만 로드된다. 컴파일러는 읽기 전용인지 읽기 쓰기가 가능한지, 또한 프로세스들이 공유할 수 있는가에 따라 DLL의 각 부분을 섹션으로 나누어 컴파일하며 로더가 DLL을 메모리로 읽을 때 섹션별로 재배치한다. 이런 내부적인 처리 과정은 다소 복잡하지만 간단하게 얘기하자면 코드는 공유되고 변수는 공유되지 않는다.

DLL이 메모리로 올려지는 과정은 대충 쉽게 이해할 수 있을 것이다. 그렇다면 DLL이 메모리에서 지워지는 시기는 언제 쯤일까? 필요가 없어진 DLL은 당연히 메모리에서 사라져야 하지만 DLL은 사용자가 직접 사용하는 것이 아니기 때문에 종료시기를 쉽게 판단할 수 없다. DLL을 처음 메모리로 올린 ProA.exe가 종료될 때 HAN.DLL을 종료하는 방법이 가장 쉽게 떠올릴 수 있는 방법이다. 그러나 이런 단순한 방법으로는 DLL을 제대로 관리할 수 없다. 왜냐하면 최초 DLL을 로드한 ProA.exe가 종료되어도 ProB.exe나 ProC.exe가 이 DLL을 계속 사용하고 있을 수도 있기 때문이다. DLL이 메모리에서 삭제되어야 할 시기는 DLL을 사용하는 모든 클라이언트 프로그램이 종료되었을 때이다.

그렇다면 윈도우즈는 어떤 클라이언트 프로그램이 어떤 DLL을 사용하고 있는가를 일일이 기억하고 있는가 하면 그렇지는 않다. 윈도우즈는 DLL별로 사용 카운트(usage count, 또는 참조 카운트)라는 것을 유지하고 있으며 클라이언트 프로그램이 실행될 때마다 카운트를 1 증가시키고 클라이언트가 종료될 때마다 카운트를 1 감소시킨다. 이렇게 사용 카운트를 유지하면서 카운트가 0이 될 때 DLL을 메모리에서 삭제하면 아무런 문제가 없다. DLL이 메모리로 올라오고 삭제되는 일련의 과정을 그려보자.

ProA.exe 실행	HAN.DLL 읽어옴. 카운트=1
ProB.exe 실행	카운트=2
ProC.exe 실행	카운트=3
ProB.exe 종료	카운트=2
ProA.exe 종료	카운트=1
ProC.exe 종료	카운트=0. HAN.DLL이 메모리에서 삭제된다.

이렇게 카운트를 유지하면 DLL을 누가 호출했는지, 클라이언트 프로그램의 실행, 종료 순서에 상관없이 꼭 필요한 DLL만 메모리 내에 유지할 수 있다. 윈도우즈가 DLL을 관리하는 메커니즘은 사실 위에서 설명한 것보다 훨씬 더 복잡하다. 하지만 이런 관리는 윈도우즈의 내부에서 일어나는 일이므로 굳이 상세하게 알 필요까지는 없으며 개념적으로만 이해하고 있으면 될 것 같다.

44-1-라. 접속

잠시 후면 DLL을 만들어 보고 DLL에 있는 함수를 호출하는 실습을 해 볼 것이다. 그런데 상식적으로 생각해 볼 때 그냥 DLL에 함수 작성만 해 놓고 클라이언트에서 불러쓰기만 하면 되는 것은 분명히 아닐 것이며 상호간에 어떤 함수를 공유할 것인가에 대한 지정 내지는 선언이 필요할 것임은 쉽게 짐작할 수 있다.

우선 함수를 제공하는 DLL에서는 자신이 제공하고자 하는 함수에 대한 정보를 밖으로 공개해 놓아야 하며 이 동작을 엑스포트(Export:수출)라고 한다. 반대로 DLL을 사용하는 클라이언트에서는 어떤 DLL에 있는 어떤 함수를 사용하겠다고 선언해야 하는데 이 동작을 임포트(Import:수입)라고 한다. 즉 함수를 제공하는 측은 어떤 함수를 제공하겠다는 선언이 있어야 하며 함수를 사용하는 측에서는 어떤 함수를 사용하겠다는 선언이 있어야 한다.

__declspec

__declspec은 함수에 대한 정보를 제공하는 선언문이며 엑스포트 또는 임포트하는 함수 앞에 수식어로 이 문구가 있어야 한다. 원형은 다음과 같다. 앞에 밑줄이 두 개임을 유의하자.

__declspec (extended-attribute) declarator

__declspec문은 기억부류(Storage Class)에 관한 정보를 단순화, 표준화하며 원래의 C++에는 없는 문장이지만 마이크로소프트에서 C++문법을 확장한 예 중 하나에 해당한다. 언뜻 보기에는 괄호가 있어 함수같지만 컴파일러가 제공하는 키워드이다. 기억 부류의 속성을 괄호 안의 인수(?)로 지정한다. 사용 가능한 인수는 다음 네 가지가 있다.

인수	설명
thread	TLS(Thread Local Storage) 데이터로 지정한다. 이 지정자가 붙은 변수는 해당 스레드에서만 사용할 수 있는 변수가 된다.
naked	접두(prolog), 접미(epilog)를 생성하지 않는다. 어셈블리 언어를 사용하여 직접 접두, 접미를 달고자 할 때 사용한다. 어셈블리 언어를 사용하여 가상 디바이스 드라이버를 작성할 때 이 기억부류를 사용한다. 함수에만 적용되며 변수에는 적용되지 않는다.
dllimport	DLL에 있는 데이터, 오브젝트, 함수를 임포트한다. DLL에 있는 이렇게 생긴 함수를 앞으로 사용하겠다는 선언이다.
dllexport	DLL에 있는 데이터, 오브젝트, 함수를 엑스포트한다. DLL을 사용하는 클라이언트(실행파일이거나 또는 다른 DLL)에게 DLL의 정보를 명시적으로 제공하는 역할을 한다. dllexport로 함수를 선언하면 DEF 파일의 Exports란에 이 함수를 명시하지 않아도 되며 __export 키워드를 대체한다.

기억 부류 지정자이므로 이 키워드가 붙은 오브젝트나 함수에만 국한되어 적용된다. DLL을 만들 때는 아래쪽의 두 인수만 사용하면 된다.

extern "C"

C++ 언어는 작성된 모든 함수에 대한 정보를 밖으로 공개하여 별도의 선언없이(물론 원형 선언은 해야 한다) 외부에서 함수를 사용할 수 있도록 한다. 그런데 외부로 공개되는 함수에 대한 정보가 C 언어와 C++언어의 경우가 각각 다르다. 다음과 같은 함수가 있다고 하자.

```
int func(int);
```

C에서는 이름만으로 함수간의 구분이 가능하기 때문에 이 함수의 이름과 함수의 번지만 공개한다. 이렇게 해도 같은 이름의 함수가 존재할 수 없기 때문에 아무런 지장이 없다. 그러나 C++의 경우는 그렇지 않다. C++은 이름이 같아도 인수의 개수나 타입이 다르면 다른 함수로 취급하는 다형성을 가진 언어이기 때문에 함수의 이름뿐만 아니라 인수의 개수와 타입도 같이 공개한다. 다음과 같이 선언된 세 함수를 보자.

```
int func(int);
int func(double);
int func(int,int);
```

세 함수가 인수의 타입과 개수가 다르기 때문에 모두 다른 함수로 취급된다. C++이 공개하는 함수의 정보를 mangled name이라고 하며 이런 식으로 공개된 함수는 C++ 이외의 다른 언어(C나 파스칼 등)에서는 사용이 불가능하다. 함수 오버로딩이라는 기능은 C++언어의 고유 기능일 뿐이며 모든 언어들이 이런 기능을 제공하는 것은 아니다. extern "C"지정자는 mangled name을 만들지 않음으로써 C 형식으로 함수의 정보를 공개하도록 한다. DLL에서 함수를 엑스포트하거나 클라이언트에서 임포트할 때는 __declspec과 extern "C" 지정을 같이 써야 한다. DLL에서 엑스포트되는 함수는 다음과 같이 선언한다.

```
extern "C" __declspec(dllexport) 함수 원형;
```

클라이언트에서는 임포트하는 함수의 원형을 다음과 같이 써준다.

```
extern "C" __declspec(dllimport) 함수 원형;
```

임포트 라이브러리

DLL에서 함수를 엑스포트하고 클라이언트에서 함수를 임포트하겠다고 선언하는 것 외에 한 가지 일을 더 해야 한다. 클라이언트에서의 임포트 선언은 함수의 원형이 어떠하다는 것과 외부에 있다는 것을 밝힐 뿐 그 함수가 어느 DLL에 있는지를 알려주지는 않는다. 그렇다면 클라이언트는 자신이 임포트해야 할 함수가 어느 DLL에 있는지 어떻게 알 수 있겠는가? 윈도우즈의 system 디렉토리와 현재 디렉토리에 있는 모든 DLL을 열어 함수를 찾아보지는 않을 것이다.

임포트 라이브러리는 DLL에서 엑스포트되는 함수에 대한 정보는 물론 이 함수의 코드가 어떤 DLL에 정의되어 있는지에 대한 정보를 가지고 있다. 함수에 대한 정보만을 가질 뿐이지 함수의 코드는 가지고 있지 않다. 그래서 클라이언트 프로그램은 링크시에 임포트 라이브러리를 링크해야 하며 LIB파일이 지정하는 DLL파일을 실행시에 읽어와야 한다. 임포트 라이브러리는 DLL과 같은 이름을 사용하며 확장자 LIB를 가진다. DLL을 만들 때 비주얼 C++이 DLL과 함께 만들어 주므로 우리는 이 라이브러리를 잘 써먹기만 하면 된다.

임포트 라이브러리에는 실제 코드가 없고 함수에 대한 위치 정보만 저장되어 있으므로 컴파일할 때만 필요하다. 클라이언트의 실행과는 아무런 상관이 없으므로 배포할 때는 같이 배포할 필요가 없다. 클라이언트 프로그램이 실행될 때 DLL 파일을 찾는 순서는 다음과 같다.

① 클라이언트 프로그램이 포함된 디렉토리

② 프로그램의 현재 디렉토리

③ 윈도우즈의 시스템 디렉토리

④ 윈도우즈 디렉토리

⑤ PATH환경 변수가 지정하는 모든 디렉토리

만약 이 순서대로 DLL을 찾아보고 원하는 DLL이 발견되지 않으면 클라이언트 프로그램은 다음과 같은 에러 메시지를 출력하고 실행을 종료한다.

프로그램 실행에 필요한 코드가 없으니 실행이 불가능한 것이 당연하다. 이런 이유로 윈도우즈용 프로그램은 복사만 해서 사용할 수 없으며 대부분 설치를 해야 한다.

44-2 DLL 제작

44-2-가. MyDll

이론을 알아보았으니 이제 실습을 해 보자. DLL은 단순한 함수의 집합일 뿐이기 때문에 실행 파일에 비해 만들기 훨씬 더 쉽다. 메인 윈도우를 만들지 않아도 되며 메시지 루프도 필요없고 메시지를 처리할 필요도 없다. 마치 도스 프로그래밍을 하듯이 필요한 함수만 만들면 된다. 다만 이때까지 실행 파일을 만드는 절차에 비해 약간 생소할 뿐이다. DLL 프로젝트를 만들려면 일단 새로운 프로젝트를 만든다. MyDll이라는 이름의 Win32 프로젝트를 선택하고 설정 대화상자에서 DLL을 선택한다.

예 제 : MyDll

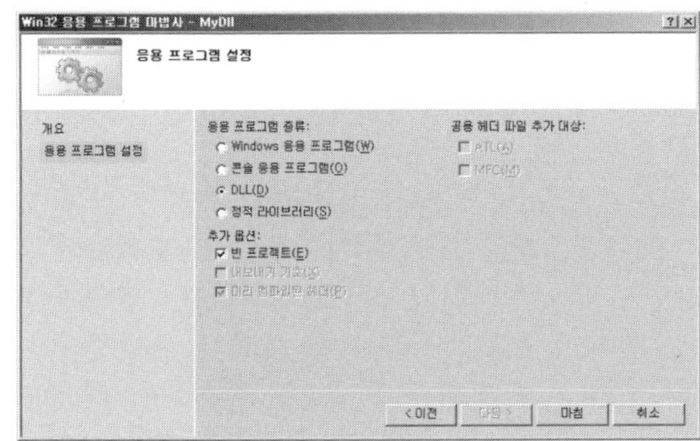

VC 6.0은 프로젝트를 생성하는 방법이 조금 다른데 새 프로젝트 대화상자에서 Win32 Dynamic-Link Library를 선택하고 마법사 대화상자에서는 An empty DLL Project 옵션을 선택한다. 두 번째나 세 번째 옵션을 선택하면 DLL 제작에 필요한 기본 코드가 같이 포함되지만 첫 실습이므로 디폴트 옵션을 그대로 선택해 보자.

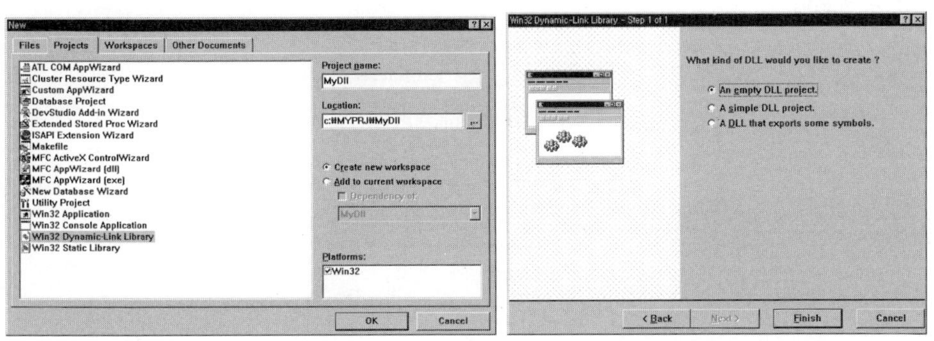

마침(Finish) 버튼을 누르면 부속 파일이 없는 새 프로젝트가 만들어질 것이다. MyDll.cpp 파일을 만들고 다음과 같이 소스를 입력한다.

```
extern "C" __declspec(dllexport) int AddInteger(int a, int b)
{
    return a+b;
}
```

두 개의 정수 a, b를 인수로 받아서 그 합을 리턴하는 간단한 함수이다. 물론 얼마든지 복잡한 함수도 만들 수 있고 여러 개의 함수를 만들어도 되며 DLL에서 내부적으로 사용되는 지역 함수를 만들 수도 있다. 다른 프로그램에서 이 함수를 사용할 수 있도록 엑스포트하기 위해 extern "C" __declspec문이 함수 앞에 있다. 이외에는 일반적인 함수 정의문이다.

이 프로젝트를 컴파일하면 MyDll.dll과 임포트 라이브러리인 MyDll.lib가 생성될 것이다. 이 DLL을 다른 개발자를 위해 배포한다면 DLL 파일, LIB 파일을 기본적으로 포함해야 하며 여기에 필요한 헤더 파일과 간단한 설명 문서를 포함시켜야 한다. DLL의 사용자는 이 파일들을 입수하여 자신의 프로젝트에서 AddInteger 함수를 호출할 수 있다. DLL은 단독으로 실행할 수 없으므로 아직은 F7키를 눌러 테스트해 볼 수 없다.

44-2-나. 암시적 연결

앞에서 만든 MyDll에 속한 AddInteger 함수를 호출하는 예제를 만들어 보자. AddInteger를 호출하여 두 정수를 더하는 시범을 보일 것이다. 실행 파일에서 DLL의 함수를 호출하는 방법에는 다음 두 가지가 있다.

- 암시적(Implicit) 연결: 함수가 어느 DLL에 있는지 밝히지 않고 그냥 사용한다. 프로젝트에 임포트 라이브러리를 포함해야 하며 윈도우즈는 임포트 라이브러리의 정보를 참조하여 알아서 DLL을 로드하고 함수를 찾는다. 클라이언트 프로그램이 로드될 때 DLL이 같이 로드되거나 이미 DLL이 로드되어 있으면 사용 카운트를 1 증가시킨다. 클라이언트 프로그램이 실행될 때 DLL이 로드되므로 실행시 연결(Load time Linking)이라고 한다.
- 명시적(Explicit) 연결: 어느 DLL에 있는 함수인지를 밝히고 사용하는 방법이다. 클라이언트 프로그램이 실행될 때 DLL이 로드되는 것이 아니라 로드하라는 명령이 있을 때 로드된다. 필요할 때 선택적으로 DLL을 로드하므로 상황에 따른 리소스 교체가 가능하다. 함수가 속해있는 DLL의 이름을 명시적으로 지정하여 호출하므로 임포트 라이브러리는 불필요하다. 클라이언트 프로그램 실행중에 DLL이 메모리로 읽혀지므로 실행중 연결(Run time Linking)이라고 한다.

우선 상대적으로 쉬운 암시적 연결부터 시도해 보자. MyDllTest라는 실행 파일 프로젝트를 만들고 다음 코드를 작성한다. 지금까지 해 왔던 실습대로 Win32 Application으로 프로젝트를 만들고 ApiStart.txt를 가져온 후 코드를 작성하면 된다.

예 제 : MyDllTest

```
extern "C" __declspec(dllimport) int AddInteger(int, int);
LRESULT CALLBACK WndProc(HWND hWnd,UINT iMessage,WPARAM wParam,LPARAM lParam)
{
    PAINTSTRUCT ps;
    HDC hdc;
    TCHAR str[128];
    switch (iMessage) {
    case WM_PAINT:
        hdc=BeginPaint(hWnd, &ps);
        wsprintf(str, "1+2 = %d",AddInteger(1,2));
        TextOut(hdc, 10,10,str,lstrlen(str));
```

```
        EndPaint(hWnd, &ps);
        return 0;
    case WM_DESTROY:
        PostQuitMessage(0);
        return 0;
    }
    return(DefWindowProc(hWnd,iMessage,wParam,lParam));
}
```

AddInteger 함수의 임포트 선언이 되어 있으며 WM_PAINT에서 이 함수를 불러 덧셈을 한다. 그러나 AddInteger함수가 이 프로젝트에서 정의하는 함수가 아니라 외부 DLL에 있는 함수이므로 어느 DLL에 있는지 밝혀야 한다. 사용하고자 하는 DLL의 임포트 라이브러리를 프로젝트에 포함시켜야 한다. 프로젝트 속성 페이지의 링커/입력/추가 종속성(VC 6.0은 Project/Settings/Link탭/Object/library modules)에 임포트 라이브러리인 MyDll.lib를 지정한다.

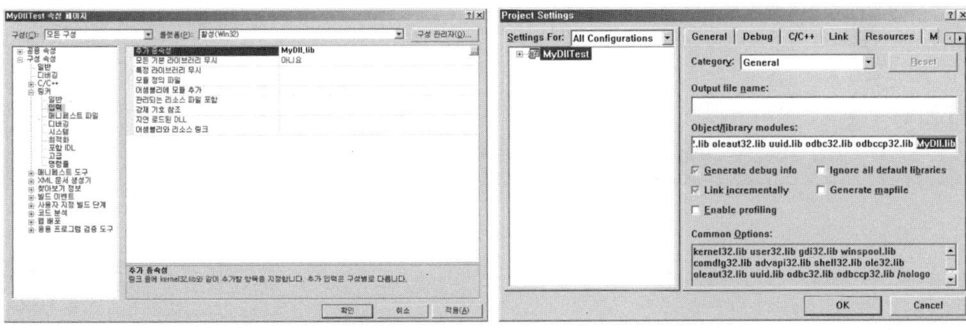

Debug 버전과 Release 버전 모두 포함시켜야 하는데 설정 대화상자의 구성 콤보 박스를 "모든 구성"으로 (VC 6.0은 Settings For 콤보 박스를 All Configuration으로) 변경한 후 MyDll.lib를 지정한다. 링커는 임포트된 함수를 찾기 위해 임포트 라이브러리를 조사하고 임포트 라이브러리로부터 어느 DLL에 원하는 함수가 있는지 알아낸다.

마지막으로 Mydll.lib와 Mydll.dll을 MyDllTest 프로젝트 디렉토리로 복사한다. 다른 개발자가 만들어 놓은 DLL을 입수했을 때 다운로드 받은 파일을 자신의 프로젝트에 포함시키는 과정이라고 생각하면 된다. Mydll.lib는 프로젝트의 구성요소이므로 컴파일을 위해 복사되어야 하며 Mydll.dll은 AddInteger 함수의 구현 코드를 가지고 있으므로 프로젝트 디렉토리(또는 시스템이 DLL을 찾을 수 있는 다른 디렉토리)에 같이 있어야 한다. 실행 결과는 다음과 같다.

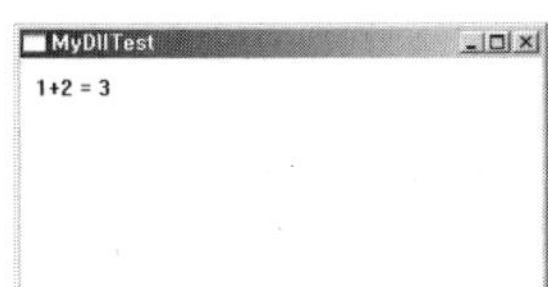

이 프로젝트에 AddInteger 함수가 정의되어 있지 않지만 DLL의 함수를 호출하여 덧셈을 하고 있다. 어디까지나 예제이므로 이런 간단한 함수를 호출하는 예를 보였지만 DLL에 어떤 종류의 함수든지 만들어 포함시킬 수 있으며 실행 파일에서 DLL 함수를 자유롭게 호출해서 사용할 수 있다. 디렉토리 검색 경로에서 DLL이 발견되지 않으면 이 프로그램은 실행되지 않으며 아예 시작조차도 할 수 없다.

DLL의 헤더 파일

여기까지 DLL의 만들고 사용하는 가장 기본적인 실습을 해 보았는데 실습의 편의를 위해 원론적으로 가장 쉬운 방법을 사용했다. 하지만 실전에서는 좀 더 개발을 편리하게 할 수 있는 여러 가지 방법들이 제공되므로 적극적으로 사용해 보자.

MyDll 예제에서는 엑스포트 함수에 대한 원형 선언을 따로 작성하지 않고 클라이언트측인 MyDllTest에서 직접 했다. 함수의 수가 많아지면 사용자가 일일이 원형을 선언할 수 없으며 DLL에서 헤더를 제공하고 이 DLL의 함수를 사용하는 클라이언트측에서는 헤더 파일만 포함하는 것이 더 일반적이다. 문제는 함수를 엑스포트하는 쪽과 임포트하는 쪽의 __declspec이 다르기 때문에 헤더가 두 벌이 나와야 한다는 점인데 이는 조건부 컴파일 지시자로 간단하게 해결할 수 있다. MyDll.h를 다음과 같이 작성하여 MyDll 프로젝트에 포함시킨다.

```
#ifdef DLLEXPORT
#define MYDLLTYPE __declspec(dllexport)
#else
#define MYDLLTYPE __declspec(dllimport)
#endif

// 두 개의 정수를 더한다.
extern "C" MYDLLTYPE int AddInteger(int a, int b);
```

MYDLLTYPE은 DLLEXPORT 매크로가 선언되어 있으면 엑스포트용이 되며 그렇지 않을 경우는 임포트용이 된다. DLL은 이 헤더를 인클루드하기 전에 DLLEXPORT 매크로를 선언하여 다음과 같이 작성한다.

```
#define DLLEXPORT
#include "MyDll.h"

extern "C" MYDLLTYPE int AddInteger(int a, int b)
{
    return a+b;
}
```

클라이언트들은 별다른 선언없이 MyDll.h를 인클루드하기만 하면 임포트용의 함수 원형을 선언할 수 있다. 물론 반대로 DLLIMPORT라는 매크로가 있을 때 임포트용의 원형이 되도록 해 놓고 DLL은 별 선언없이 헤더를 인클루드하고 클라이언트는 DLLIMPORT를 정의한 후 헤더를 인클루드하는 방법을 사용할 수도 있다. 그러나 함수 정의는 DLL 프로젝트에서 딱 한번만 하지만 이 DLL을 사용하는 클라이언트들은 여럿이므로 임포트하는 쪽의 편의를 더 고려하는 것이 바람직하다.

DLL을 작성하는 프로젝트는 결과물로 코드를 가지는 DLL과 임포트 라이브러리인 LIB, 그리고 엑스포트 함수의 원형을 가지는 헤더 파일을 같이 배포해야 한다. 이때 헤더 파일에는 함수의 원형뿐만 아니라 이 함수를 사용하는 방법에 대한 간단한 주석이 포함되어 있어야 한다. 그래서 헤더 파일은 원형 뿐만 아니라 DLL의 목적을 설명하는 문서의 역할도 겸한다. 만약 DLL의 사용 방법이 아주 복잡하다면 별도의 문서를 같이 배포하는 것이 좋다.

임포트 라이브러리 지정

임포트 라이브러리에는 DLL이 제공하는 함수의 목록이 작성되어 있으며 클라이언트 프로젝트는 자신이 정의하지 않은 함수들을 임포트 라이브러리에서 검색하여 어느 DLL이 제공하는 함수인지를 알아낸다. 이 정보는 실행 파일에 포함되며 결국은 로더에 의해 관련 DLL을 같이 읽어오도록 지시하는 역할을 한다. 그러나 임포트 라이브러리는 어디까지나 함수의 위치만을 제공할 뿐이므로 컴파일 중에만 필요하며 실행에 필요한 모듈은 아니다.

앞 실습에서는 임포트 라이브러리를 지정할 때 프로젝트 설정 대화상자를 사용했는데 이 방법 외에도 임포트 라이브러리를 지정하는 두 가지 방법이 더 존재한다. 두 번째 방법은 LIB 파일을 프로젝트의 구성 파일로 아예 포함시키는 것이다. 프로젝트/기존 항목 추가(VC 6.0은 Project/Add To Project/Files) 항목을 선택한 후 MyDll.lib를 선택하면 이 파일이 프로젝트의 일원으로 포함되어 임포트 함수의 위치를 알려준다.

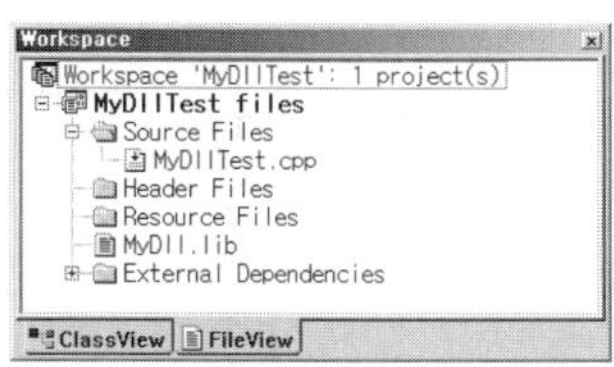

임포트 라이브러리를 지정하는 세 번째 방법은 비주얼 C++의 확장된 #pragma 문을 사용하는 것인데 소스 선두에 다음 지정문을 작성하면 된다.

```
#pragma comment(lib, "MyDll.lib")
```

이 지시자는 컴파일러의 라이브러리 관리 모듈에게 MyDll.lib를 검색해 보도록 한다. 설정 대화상자나 파일 추가없이 소스에서 곧바로 임포트 라이브러리를 지정할 수 있어 편리하다.

44-2-다. 명시적 연결

DLL을 명시적으로 읽고 사용하는 데는 다음 세 가지 함수가 사용된다. 일단 코드를 작성하기 전에 개별 함수들에 대해 알아보자.

HINSTANCE LoadLibrary(LPCTSTR lpLibFileName);

이 함수는 지정한 DLL을 메모리로 읽어와 현재 프로세스의 주소 공간에 맵핑시켜 사용할 수 있도록 하되 DLL이 이미 메모리에 올라와 있는 상태라면 사용 카운트만 1 증가시킨다. 인수로는 읽고자 하는 DLL의 파일 이름을 명시하는 널 종료 문자열을 주며 경로는 보통 생략한다. 경로 생략시 DLL을 찾는 순서에 따라 경로를 뒤져보고 찾아낸다. 즉 현재 디렉토리, 윈도우즈 시스템 디렉토리, 윈도우즈 디렉토리, PATH 환경 변수가 지정하는 디렉토리 순으로 DLL을 찾는다. 경로를 지정한 경우는 물론 지정한 경로에서 DLL을 찾되 이렇게 하면 지정한 경로에 DLL이 꼭 있어야 하므로 지정하지 않는 것이 좋다. 확장자를 생략할 경우 디폴트 확장자인 .DLL이 적용된다. DLL을 읽어오는데 성공하면 DLL의 모듈 핸들을 리턴하며 이 핸들은 GetProcAddress 함수에서 사용된다. 에러 발생시 NULL을 리턴한다.

FARPROC GetProcAddress(HMODULE hModule, LPCSTR lpProcName);

DLL에서 엑스포트한 함수의 번지를 찾아 그 함수의 함수 포인터를 리턴한다. 첫 번째 인수 hModule은 함수가 포함된 DLL의 모듈 핸들이며 LoadLibrary 함수가 리턴한 값이다. 두 번째 인수

lpProcName은 찾고자 하는 함수 이름을 지정하는 널 종료 문자열이거나 함수의 서수값(ordinal value)이다. 널 종료 문자열로 함수의 이름을 명시할 경우는 특히 대소문자 구분에 유의해야 한다. C언어는 대소문자를 철저하게 구분한다는 점을 명심하자. 이 함수가 리턴한 함수 포인터를 사용하여 DLL에 있는 함수를 호출한다. 함수를 찾을 수 없다거나 DLL의 핸들이 무효라든가 하는 에러 발생시는 NULL을 리턴한다.

BOOL FreeLibrary(HMODULE hLibModule);

DLL의 사용 카운트를 1 감소시키며 사용 카운트가 0이 되었을 경우 메모리에서 DLL을 삭제한다. hLibModule인수는 LoadLibrary가 리턴한 DLL의 모듈 핸들이다. LoadLibrary로 DLL을 읽어왔다면 프로세스를 종료하기 전에 반드시 이 함수를 호출하여 DLL을 해제해야 한다. 그렇지 않으면 사용되지도 않는 DLL이 메모리에서 계속 남아 있으므로 불필요하게 메모리를 낭비하게 된다. 에러 발생시는 FALSE를 리턴한다.

앞에서 실습해 본MyDllTest 예제에서 사용한 방법은 임포트 라이브러리를 사용한 암시적 연결 방법이었다. 명시적 연결 방법을 사용해 보기 위해 RunLink 프로젝트를 만들고 WM_PAINT의 코드를 다음과 같이 작성해 보자.

예 제 : RunLink

```
LRESULT CALLBACK WndProc(HWND hWnd,UINT iMessage,WPARAM wParam,LPARAM lParam)
{
    PAINTSTRUCT ps;
    HDC hdc;
    HINSTANCE hInst;                                    ①
    int (*pFunc)(int,int);                              ②
    TCHAR str[128];
    switch (iMessage) {
    case WM_PAINT:
        hdc=BeginPaint(hWnd, &ps);
        hInst=LoadLibrary("MyDll.dll");                 ③
        pFunc=(int (*)(int,int))GetProcAddress          ④
            (hInst, "AddInteger");
        wsprintf(str, "1+2 = %d", (*pFunc)(1,2));       ⑤
        TextOut(hdc,10,10,str,lstrlen(str));            ⑥
        FreeLibrary(hInst);                         ⑦
        EndPaint(hWnd, &ps);
        return 0;
    case WM_DESTROY:
        PostQuitMessage(0);
        return 0;
    }
    return(DefWindowProc(hWnd,iMessage,wParam,lParam));
}
```

코드를 작성한 후 MyDll.dll 파일을 프로젝트 디렉토리로 복사해야 한다. WM_PAINT에서 DLL을 읽어오고 사용하고 해제까지 하므로 코드가 많이 복잡해졌다. 실행 순서대로 코드를 분석해 보자.

① LoadLibrary가 리턴하는 DLL의 모듈 핸들을 저장하기 위해 HINSTANCE 형의 변수 hInst를 선언한다.

② DLL의 함수 번지를 저장하기 위해 함수 포인터 pFunc를 선언한다. 우리가 사용하고자 하는 함수 AddInteger는 정수형 인수를 두 개 취하며 정수형의 값을 리턴하므로 함수 포인터의 형은 int (*)(int,int)가 되어야 한다. 함수 포인터에 대해 익숙하지 못한 사람은 이 문장이 무척 이상하게 보일 것이다.

③ LoadLibrary 함수를 호출하여 mydll.dll을 읽어온다. 물론 이미 메모리에 올라와 있다면 읽어올 필요없이 RunLink의 주소공간에 mydll.dll을 맵핑하고 사용 카운트를 1 증가시킨다. DLL의 경로를 지정하지 않았으므로 mydll.dll은 현재 디렉토리나 윈도우즈의 시스템 디렉토리에 있기만 하면 된다. LoadLibrary는 DLL을 읽어와 메모리에 올린 후 DLL의 모듈 핸들을 리턴하며 이 핸들을 hInst 에 대입해 두었다.

④ GetProcAddress 함수로 hInst 모듈에 있는 AddInteger 함수의 번지를 조사한다. 이 때 GetProcAddress가 리턴하는 값은 FARPROC형이므로 pFunc에 대입하기 위해서는 정확한 함수 포인터 타입으로 캐스팅해야 한다. (int (*)(int,int))가 정수형 인수 둘을 취하고 정수형을 리턴하는 함수 포인터형이다. 이 문장에 의해 pFunc는 AddInteger 함수의 번지를 가지게 될 것이다.

⑤ 함수 포인터 pFunc를 사용하여 AddInteger 함수를 호출한다. 인수로는 1과 2 정수 둘을 전달했다. 리턴되는 값은 이 두 정수의 합이며 str 문자열의 %d 서식에 대응된다.

⑥ 함수 호출 결과를 화면으로 출력한다.

⑦ FreeLibrary 함수로 DLL을 메모리에서 제거한다. 인수로는 LoadLibrary가 리턴한 모듈 핸들을 주었다. DLL의 사용카운트가 1 감소할 것이며 감소 결과 0이 되면 DLL이 메모리에서 제거된다.

실행 결과는 암시적 연결을 사용했을 때와 동일하되 WM_PAINT내에서 DLL을 직접 불러서 사용한다는 점이 다르다. 명시적 연결을 사용할 때는 클라이언트가 실행될 때 DLL이 같이 로드되는 것이 아니므로 Settings에 지정된 Mydll.lib가 불필요하며 이 옵션을 지정하지 않아도 상관없다. 또한 함수 포인터로 함수가 있는 번지를 직접 조사한 후 함수가 있는 곳으로 직접 분기하므로 헤더의 원형선언도 불필요하다. 명시적 연결이 암시적 연결에 비해 더 어려워 보이는 사람이 있다면 함수 포인터에 익숙하지 못하기 때문일 것이다.

명시적 연결시의 에러 처리

RunLink 예제는 실습을 위한 프로젝트이므로 코드를 간단하게 하기 위해 에러처리를 전혀 하지 않았다. 그러나 사실 DLL은 프로그램의 외부에 존재하는 모듈이며 디스크로부터 읽혀지는 것이기 때문에 제대로 읽혀지지 않을 불확실성을 많이 가지고 있다. 사용자가 실수로 DLL을 지울 수도 있고 배드 섹터나 기타 물리적인 손상에 의해 DLL이 메모리로 로드되지 않는 상황이 늘 발생할 수 있다. 그래서 DLL을 사용하는 클라이언트 프로그램은 실행 전에 자신이 필요로 하는 DLL이 온전하게 있는지 점검할 필요가 있다.

명시적 연결의 경우를 예로 든다면 LoadLibrary나 GetProcAddress 등의 함수가 리턴하는 값으로 에러처리를 할 수 있다. LoadLibrary는 지정한 DLL이 발견되지 않을 경우에 NULL을 리턴하며 GetProcAddress는 지정한 함수가 없을 경우 NULL 포인터를 리턴한다. 리턴값을 사용하여 에러처리를 한다면 코드는 다음과 같이 될 것이다.

```
if ((hInst=LoadLibrary("mydll.dll"))==NULL) {
    MessageBox("앗 DLL이 없네요");
    기타 에러처리
    return 0;
}
if ((pFunc=(int (*)(int,int))GetProcAddress(hInst,"AddInteger"))==NULL) {
    MessageBox("함수야 어디 있니?");
    에러처리
    return 0;
}
```

이런 식으로 에러처리를 하되 단순한 메시지 출력뿐만 아니라 DLL이 어디에 있는지 사용자에게 물어본다거나 하는 능동적인 동작도 가능하다. 이때 어떤 종류의 에러가 발생했는지는 에러가 발생한 즉시 GetLastError 함수를 호출해 보면 알 수 있다. 이 함수는 마지막 연산에서 발생한 에러의 번호에 해당하는 32비트 정수값을 리턴하며 이 값을 FormatMessage 함수로 넘겨주면 발생한 에러에 대한 메시지를 돌려준다.

라이브러리를 읽어오거나 함수의 번지를 찾는 과정에서는 에러가 발생할 소지가 많지만 DLL을 해제하는 FreeLibrary에서는 에러가 거의 발생하지 않으므로 굳이 에러처리를 하지 않아도 상관없다. 위 예제는 명시적 연결 과정을 직선적으로 보이기 위해 WM_PAINT에서 LoadLibrary, FreeLibrary를 호출했는데 실무에서 이런 코드를 작성해서는 안된다. WM_PAINT는 오로지 그리기만 해야 한다.

명시적 연결의 장점

암시적 연결이나 명시적 연결이나 둘 다 DLL의 함수를 호출한다는 면에서는 기능적으로 동일하다. 두 방법은 나름대로 장단점을 가지고 있는데 암시적 연결에 대해 명시적 연결이 가지는 장점은 다음과 같다.

① 필요할 때만 DLL을 읽어와 사용하기 때문에 메모리와 리소스가 절약된다. 암시적 연결의 경우 프로그램이 시작될 때 DLL도 같이 메모리로 올라오므로 프로그램 실행중에 항상 DLL이 메모리에 상주하고 그만큼 메모리가 더 소비된다.

② 경우에 따라 사용할 DLL을 교체할 수 있다. LoadLibray에서 DLL 이름을 문자열로 줄 수 있으므로 상황에 맞게 DLL을 선택적으로 사용할 수 있다. 마찬가지로 호출할 함수도 문자열로 지정하므로 선택 가능하다.

③ 필요한 DLL이 없는 경우에도 프로그램을 실행할 수 있다. 물론 이 경우 DLL에게 분담된 작업은 제대로 처리할 수 없겠지만 최소한 프로그램이 실행되지도 못하는 상황은 발생하지 않는다. DLL이 없을 경우 다른 방법으로 문제를 해결하거나 최소한 에러 메시지라도 보여줄 수 있다. 반면 암시적 연결의 경우는 DLL이 없으면 아예 실행을 시작할 수 조차 없다.

④ 클라이언트 프로그램의 시작이 빠르다. 암시적 연결은 클라이언트 실행전에 DLL을 읽어와야 하는데 필요한 DLL의 개수가 수십개가 넘으면(실제로 그 정도 된다) 이 시간이 무시 못할 정도로 길어질 수도 있다. 명시적 연결은 일단 프로그램이 실행된 후 필요할 때 DLL을 로드하므로 신속하게 실행된다. 최종 사용자 입장에서는 이 정도 시간 차이가 굉장히 크게 느껴진다.

물론 이런 장점들 외에 단점도 있다. 사용하기 전에 DLL을 메모리로 읽어와야 하므로 그만큼 함수 호출 속도가 느리다. 반복적인 루프에 명시적 연결을 사용하는 것은 바람직하지 않으며 이럴 때는 암시적 연결을 사용해야 한다.

과제 PutMes

다음 함수를 DLL로 만들고 테스트 클라이언트 프로젝트를 작성하여 호출해 보아라.

```
void PutMes(HWND hParent)
{
    MessageBox(hParent, "안녕하세요", "인사", MB_OK);
}
```

부모 윈도우의 핸들을 전달하면 인사 메시지를 출력하는 지극히 간단한 함수이다. 그러나 이 간단한 실습도 직접 해 보지 않으면 DLL 작성 절차를 습득하기 어려우며 예상외의 함정이 존재할 수도 있으므로 가볍게 보지 말고 꼭 실습해 보자.

44-2-라. 지연 로딩

DLL을 로딩하는 두 가지 방법인 암시적, 명시적 연결은 각각 장단점이 있다. 암시적 연결은 이름으로 함수를 호출하므로 쓰기 편하고 빠르지만 DLL이 없으면 아예 시작조차 할 수 없는 단점이 있고 명시적 연결은 유연하지만 함수를 호출할 때마다 함수 포인터를 사용해야 하므로 쓰기에는 불편하다. 이 두 가지 방법 외에 비주얼 C++ 6.0 이후부터 지연 로딩이라는 기법을 더 사용할 수 있다.

지연 로딩(Delay Loading)은 함수를 실제로 호출하기 전에는 DLL을 로드하지 않는 방법이다. 함수가 실제로 필요할 때까지 DLL 로딩을 연기한다는 면에서는 명시적 연결과 비슷하며 함수명으로 호출한다는 면에서는 암시적 연결과 비슷하다. 두 방식의 장점을 고루 가진 새로운 기법이라고 할 수 있다. 프로세스가 시작될 때 DLL을 메모리로 로딩하지 않으므로 시작이 빠르며 함수명으로 호출할 수 있으므로 편리하다. 암시적 연결과는 달리 DLL이 없더라도 일단은 실행할 수 있다는 면에서 유연성이 있지만 처음으로 함수를 호출할 때 DLL을 메모리로 올려야 하므로 첫 호출 속도가 조금 느리다. 시작시의 부담이 실행시로 옮겨졌다고 생각하면 된다.

지연 로딩은 DLL을 사용하는 쪽의 기술이므로 DLL 자체는 달라질 필요가 없다. 기존의 방법대로 DLL을 작성할 수 있으며 이미 만들어진 DLL을 지연 로딩할 수도 있다. 클라이언트만 지연 로딩을 지원하도록 작성하면 된다. 앞에서 만들었던 MyDll.dll을 지연 로딩 방식으로 로드하는 클라이언트 예제를 만들어 보자.

예 제 : DelayLoad

```
extern "C" __declspec(dllimport) int AddInteger(int, int);
LRESULT CALLBACK WndProc(HWND hWnd,UINT iMessage,WPARAM wParam,LPARAM lParam)
{
    PAINTSTRUCT ps;
    HDC hdc;
    TCHAR str[128];
    TCHAR *Mes="왼쪽 버튼을 누르면 DLL의 함수를 호출합니다.";
    switch (iMessage) {
    case WM_LBUTTONDOWN:
        hdc=GetDC(hWnd);
        wsprintf(str, "1+2 = %d",AddInteger(1,2));
        TextOut(hdc,10,50,str,lstrlen(str));
        ReleaseDC(hWnd,hdc);
        return 0;
```

```
    case WM_PAINT:
        hdc=BeginPaint(hWnd, &ps);
        TextOut(hdc,10,10,Mes,lstrlen(Mes));
        EndPaint(hWnd, &ps);
        return 0;
    case WM_DESTROY:
        PostQuitMessage(0);
        return 0;
    }
    return(DefWindowProc(hWnd,iMessage,wParam,lParam));
}
```

암시적 연결과 마찬가지로 AddInteger라는 함수명으로 DLL의 함수를 바로 호출할 수 있다. 지연 로딩 효과를 테스트해 보기 위해 WM_LBUTTONDOWN에서 이 함수를 호출했다. 실행해 보면 암시적 연결과 마찬가지로 잘 실행되며 AddInteger도 정상적으로 호출된다. 지연 로딩을 하려면 클라이언트 프로젝트에 링커 스위치를 다음과 같이 지정해야 한다.

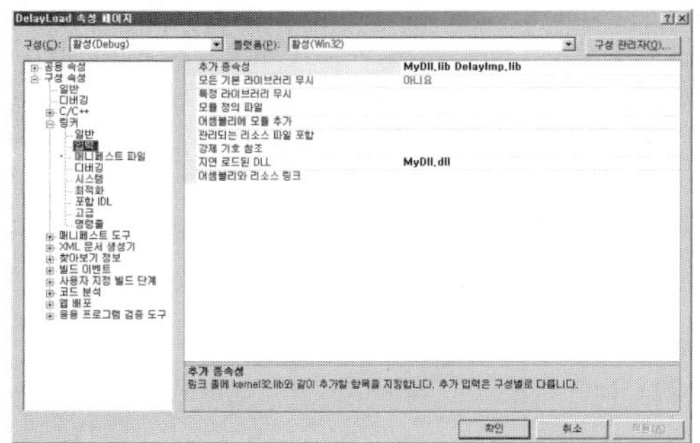

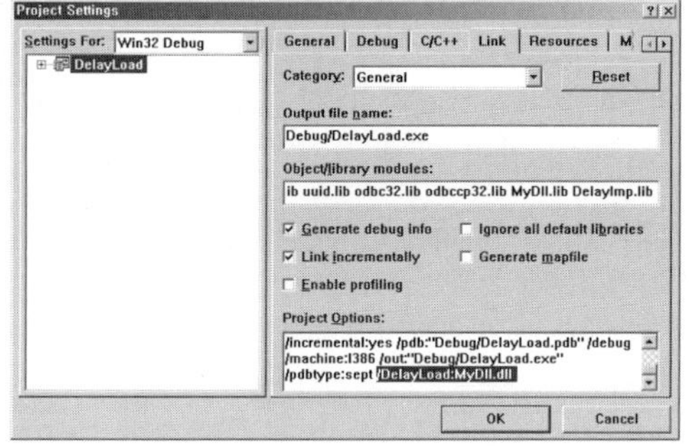

대상 DLL의 임포트 라이브러리인 MyDll.lib는 물론 연결해야 하고 지연 로딩 기능을 제공하는 DelayImp.lib라는 정적 라이브러리도 연결해야 한다. 이 라이브러리안에 지연 로딩 관련 함수들이 정의되어 있다. 그리고 지연 로드된 DLL란에 지연 로딩할 대상 DLL인 MyDll.dll의 이름을 지정한다. 비주얼 C++ 6.0의 프로젝트 설정 대화상자는 지연 로딩 지정을 위한 별도의 컨트롤이 없으므로 링커 스위치를 직접 입력해야 한다. /DelayLoad 링커 스위치로 어떤 DLL이 지연 로딩 대상인지를 밝혔다.

이 스위치를 지정하면 컴파일러는 지연 로딩 DLL에 대해서는 임포트 섹션을 작성하지 않으며 대신 지연 임포트 섹션(.didat)를 작성한다. 이 섹션에는 어떤 DLL이 지연 로딩 대상이며 이 DLL에 어떤 함수들이 정의되어 있는지에 대한 정보가 들어 있다. 그리고 DLL내의 함수 호출문은 DLL의 함수를 호출하도록 번역되지 않고 __delayLoadHelper2라는 도우미 함수를 호출하도록 컴파일된다.

__delayLoadHelper2 함수는 DelayImp.lib에 정의되어 있다. 이 함수는 DLL의 함수가 최초로 호출될 때 LoadLibrary를 호출하여 DLL을 메모리로 올린다. 그리고 지연 로드 섹션의 정보들을 참조하여 DLL 함수를 호출하는 모든 문장을 검색하여 DLL의 함수를 직접 호출하도록 코드를 수정한다. 이 작업은 상당한 시간을 요구하지만 일단 한번만 수정되면 두 번째 이후는 메모리에 올라온 DLL내의 번지를 직접 호출하므로 암시적으로 연결한 것과 같은 속도를 낸다.

프로세스 초기화시에 DLL을 로드하는 것이 아니라 DLL의 함수를 최초로 호출할 때 로드하므로 DLL이 없더라도 일단 실행은 된다. 과연 그런지 MyDll.dll을 잠시 삭제하거나 이름을 바꿔 놓고 클라이언트 프로그램을 실행해 보자. 잘 실행될 것이다. 그러나 런타임에 함수가 최초로 호출될 때 DLL을 로드하지 못하므로 예외가 발생하며 이 예외를 처리하지 않으면 클라이언트는 그대로 종료되어 버린다. DLL이 있더라도 함수가 발견되지 않으면 마찬가지로 클라이언트가 비정상 종료된다.

하지만 클라이언트는 이 예외를 처리할 수 있으므로 암시적 연결처럼 아예 시작도 하지 못하는 상황과는 다르다. 예외 핸들러에서 어떤 이유로 실행을 계속할 수 없는지 에러 메시지를 출력할 수도 있고 사용자에게 지금이라도 DLL을 구해 달라는 요구를 할 수도 있다. 또는 DLL이 없을 경우 해당 기능을 아예 제공하지 않을 수도 있다. 예외만 잘 처리하면 일부 기능을 포기하고라도 실행은 계속할 수 있는 것이다.

지연 로딩한 DLL은 함수를 최초 호출할 때 로드되어 프로세스가 종료될 때까지 메모리에 남아 있는데 원한다면 중간에 로딩한 DLL을 언로드할 수도 있다. 언로딩 기능을 사용하려면 /Delay:unload 링커 스위치를 지정해야 하는데 비주얼 C++ 8.0은 링커/고급 페이지에 이 설정이 있다. 이 스위치를 지정하면 컴파일러는 별도의 언로드 섹션을 만들어 언로드를 준비한다. 따라서 언로드 기능을 사용하면 실행 파일이 더 커진다.

언로드할 때는 __FUnloadDelayLoadedDLL2 함수를 호출하는데 이 함수는 언로드 섹션의 정보를 참조하여 이미 수정한 함수 호출문을 원래의 코드로 되돌리고 FreeLibrary로 DLL을 메모리에서 내린다. 즉, DLL은 언로드하되 다음번 호출시에 DLL을 재로드하도록 코드를 수정해 놓는 것이다. 이 함수는 DelayImp.h헤더 파일에 정의되어 있으므로 언로드 기능을 사용하려면 이 파일을 포함해야 한다. 사실 이 기능은 그다지 유용하지 않은데 지연 로딩한 DLL을 다시 언로드해야 할 정도로 DLL 사용 빈도가 낮다면 차라리 명시적 연결을 하는 것이 더 합리적이다.

44-3 DLL의 문법

44-3-가. DEF 파일의 용도

Win16 프로그래밍 환경에서는 실행 파일이나 DLL을 만들 때 소스 파일 외에 모듈 정의 파일(Module Definition File)이라는 것이 필요했다. 확장자 DEF를 가지는 텍스트 파일이며 만들고자 하는 실행 파일이나 DLL의 여러 가지 속성을 설정하는 역할을 했었다. 그런데 이 파일이 여러 가지로 불편하고 때로는 문제를 일으키기도 하여 Win32에 와서는 대부분 링커의 스위치로 대체되어 불필요해졌다. 마이크로소프트는 이 파일을 없애고 이 파일이 하던 일을 다른 지시자나 링커 스위치로 바꾸기 위해 많은 노력을 하였는데 그 좋은 예가 __declspec 키워드이다. Win16에서는 함수를 밖으로 엑스포트하기 위해 반드시 DEF 파일을 만들고 이 파일의 EXPORTS문에 엑스포트할 함수의 이름을 적어야 했으나 지금은 __declspec 스위치로 대신 함수를 엑스포트할 수 있게 되었다. 그 결과 Win32에서는 DEF 파일을 작성할 필요가 없어졌다.

그런데 실행 파일에 대해서는 DEF 파일이 완전히 불필요해졌지만 DLL에 있어서는 DEF 파일이 필요한 경우가 여전히 남아 있다. 그 한 예를 다음 예제를 통해 알아보자. 다음은 두 개의 함수를 정의하는 ModDef 프로젝트이다.

예 제 : ModDef

```
extern "C" __declspec(dllexport) int AddInteger(int a, int b)
{
    return a+b;
}

extern "C" __declspec(dllexport) int MultInteger(int a, int b)
{
    return a*b;
}
```

이 파일을 컴파일하면 ModDef.dll이 생성된다. UseDef라는 프로젝트에서는 이 DLL의 함수를 불러 사용하였다.

예 제 : UseDef

```
extern "C" __declspec(dllimport) int AddInteger(int, int);
extern "C" __declspec(dllimport) int MultInteger(int, int);
LRESULT CALLBACK WndProc(HWND hWnd,UINT iMessage,WPARAM wParam,LPARAM lParam)
{
    PAINTSTRUCT ps;
    HDC hdc;
    TCHAR str[128];
    switch (iMessage) {
    case WM_PAINT:
        hdc=BeginPaint(hWnd, &ps);
        wsprintf(str, "1+2 = %d",AddInteger(1,2));
        TextOut(hdc, 10,10,str,lstrlen(str));
        wsprintf(str, "2*3 = %d",MultInteger(2,3));
        TextOut(hdc, 10,30,str,lstrlen(str));
        EndPaint(hWnd, &ps);
        return 0;
    case WM_DESTROY:
        PostQuitMessage(0);
        return 0;
    }
    return(DefWindowProc(hWnd,iMessage,wParam,lParam));
}
```

함수의 수만 늘어났을 뿐이지 앞에서 만든 MyDll 프로젝트와 본질적으로 틀리지 않다. 그런데 만약 이 프로젝트가 여러 개의 DLL을 사용하는데 DLL끼리 이름이 충돌했다고 해 보자. 예를 들어 ModDef.dll에 있는 AddInteger라는 함수가 MoMo.dll에도 같은 이름으로 존재하며 두 함수가 다 필요하다고 해 보자. 물론 이런 충돌이 흔하게 발생하는 것은 아니지만 어쨌든 발생할 가능성은 존재한다. 이때는 한쪽 DLL에 있는 함수의 이름을 바꾸어야 하는데 다음과 같이 DEF 파일을 만들어 ModDef 프로젝트에 포함시켜야 한다. 파일명은 물론 ModDef.DEF이다.

```
LIBRARY ModDef
EXPORTS
    MyPlus=AddInteger
    MyMulti=MultInteger
```

LIBRARY는 DLL 파일의 이름을 정의하며 이 프로젝트가 DLL을 만들기 위한 프로젝트라는 것을 링커에게 지시한다. EXPORTS 절은 외부로 엑스포트할 함수의 목록을 선언하는데 다음과 같은 문법을 가진다.

EXPORTS 엑스포트명[=내부함수명][@서수]

이 문장을 사용하면 내부함수명과 다른 이름으로 함수를 엑스포트할 수 있다. 보통은 엑스포트할 이름과 소스 내부에서 사용하는 함수명이 같지만 다를 경우는 엑스포트명을 별도로 주면 된다. ModDef.DEF 파일에서 AddInteger라는 내부 함수를 MyPlus라는 이름으로 엑스포트하고 있으므로 이 DLL을 사용하는 클라이언트 프로그램은 AddInteger 대신에 MyPlus라는 이름으로 이 함수를 호출할 수 있다. 다음과 같이 UseDef.cpp를 수정해 보자.

```
extern "C" __declspec(dllimport) int MyPlus(int, int);
extern "C" __declspec(dllimport) int MyMulti(int, int);
LRESULT CALLBACK WndProc(HWND hWnd,UINT iMessage,WPARAM wParam,LPARAM lParam)
{
    PAINTSTRUCT ps;
    HDC hdc;
    TCHAR str[128];
    switch (iMessage) {
    case WM_PAINT:
        hdc=BeginPaint(hWnd, &ps);
        wsprintf(str, "1+2 = %d",MyPlus(1,2));
        TextOut(hdc, 10,10,str,lstrlen(str));
        wsprintf(str, "2*3 = %d",MyMulti(2,3));
        TextOut(hdc, 10,30,str,lstrlen(str));
        EndPaint(hWnd, &ps);
        return 0;
    case WM_DESTROY:
        PostQuitMessage(0);
        return 0;
    }
    return(DefWindowProc(hWnd,iMessage,wParam,lParam));
}
```

ModDef에서 엑스포트되는 이름을 변경하였으므로 함수의 이름을 바꾸어도 제대로 DLL의 함수가 호출된다. DEF 파일에는 LIBRARY, EXPORTS 외에도 다양한 지정문이 있을 수 있는데 Win32에 와서는 옵션 조정으로 동일한 효과를 낼 수 있는 방법들이 제공되므로 굳이 DEF 파일의 문법에 대해서는 알지 않아도 상관없다. 아직은 그 잔재가 완전히 없어지지 않았지만 미래에는 마이크로소프트가 이 파일을 완전히 없애버릴 것이다. 꼭 이 파일의 문법에 대해 알고 싶은 사람은 도움말을 참조하기 바란다.

44-3-나. DllMain 함수

DLL은 함수들의 집합이기 때문에 함수에 대한 정의만 있으면 된다. 실행 파일처럼 WinMain이 꼭 있어야 한다는 강제가 없으며 메시지도 처리하지 않기 때문에 WndProc도 불필요하다. 그러나 원래 그런 것은 아니고 원칙적으로 DLL도 반드시 엔트리 포인트를 가져야 한다. 단 C런타임 라이브러리와 링크할 때는 C런타임이 엔트리 포인트를 대신 제공하므로 없어도 상관없다. 대부분의 경우 비주얼 C++을 사용하므로 엔트리 포인트를 만들지 않아도 상관없지만 필요할 경우는 엔트리 함수를 만들 수도 있다. DLL의 시작 함수는 DLL 전체의 초기화와 종료 처리를 담당하며 다음과 같은 원형을 가진다.

BOOL WINAPI DllMain(HINSTANCE hInst, DWORD fdwReason, LPVOID lpRes);

운영체제는 DLL이 처음 메모리에 올라올 때뿐만 아니라 메모리에서 제거될 때도 이 함수를 부른다. hInst는 DLL의 인스턴스 핸들이며 fdwReason은 이 함수가 호출된 이유를 지정한다. 세 번째 인수 lpRes는 사용되지 않는 예약 인수였으나 최근에는 DLL의 연결 방식을 지정하는데 TRUE이면 암시적으로 연결된 것이고 FALSE이면 명시적으로 연결된 것이다. DllMain은 fdwReason의 값에 따라 전역적인 초기화를 하거나 종료 처리를 한다. fdwReason은 다음 네 가지 값 중 하나이며 일종의 통지 메시지라고 생각하면 된다.

값	설명
DLL_PROCESS_ATTACH	DLL이 프로세스(클라이언트 프로그램)의 주소 공간에 맵핑될 때 호출된다. 암시적 호출일 경우 프로세스가 시작될 때, 명시적 호출일 경우 LoadLibrary가 리턴되기 전에 이 값과 함께 DllMain이 호출될 것이다. 주로 메모리를 할당하거나 시스템 전역 핸들을 초기화하는 용도로 사용된다.
DLL_PROCESS_DETACH	DLL이 프로세스의 주소 공간에서 분리될 때 호출된다. 암시적 호출일 경우 프로세스가 종료될 때, 명시적 호출일 경우 FreeLibrary 함수에 의해 이 값과 함께 DllMain이 호출된다. 할당한 메모리를 해제하거나 시스템 전역 핸들을 파괴하는 용도로 사용된다.
DLL_THREAD_ATTACH	DLL을 사용하는 클라이언트 프로세스에서 스레드를 생성할 때마다 이 값과 함께 DllMain 함수가 호출된다. DLL에서는 이 값을 받았을 때 스레드별 초기화를 수행해야 한다. 단 이 값은 이미 존재하는 스레드에 대해서는 전달되지 않으며 스레드가 새로 만들어질 때만 전달된다. 또한 최상위 스레드는 DLL_PROCESS_ATTACH가 대신 전달되므로 이 값이 전달될 필요가 없다.
DLL_THREAD_DETACH	DLL을 사용하는 클라이언트 프로세스에서 스레드가 종료될 때마다 이 값과 함께 DllMain 함수가 호출된다. DLL에서는 이 값을 받았을 때 스레드별 종료 처리를 한다. DLL 로드 전에 존재하던 스레드에 대해서는 DLL_THREAD_ATTACH없이 이 값만 전달될 수도 있으므로 해제할 때 초기화된 스레드인지를 점검할 필요가 있다.

DLL이 단순한 함수의 집합일 뿐이라면 DllMain은 작성하지 않아도 된다. 하지만 복잡한 전역변수가 있거나 동적으로 메모리를 할당해 사용하거나 할 때는 DllMain에서 초기화와 종료 처리를 해야 한다. 다음 예제는 문자열 버퍼를 동적 할당하여 사용하는 DLL이다.

예 제 : DllEntry

```
#include <windows.h>
TCHAR *temp;
BOOL WINAPI DllMain(HINSTANCE hInst, DWORD fdwReason, LPVOID lpRes)
{
    switch (fdwReason) {
    case DLL_PROCESS_ATTACH:
        temp=(TCHAR *)malloc(1024);
        if (temp == NULL)
```

```
            return FALSE;
        break;
    case DLL_PROCESS_DETACH:
        if (temp != NULL)
            free(temp);
        break;
    case DLL_THREAD_ATTACH:
        break;
    case DLL_THREAD_DETACH:
        break;
    }
    return TRUE;
}

extern "C" __declspec(dllexport) void SwapString(TCHAR *a, TCHAR *b)
{
    lstrcpy(temp,a);
    lstrcpy(a,b);
    lstrcpy(b,temp);
}
```

SwapString은 두 문자열을 교환하는 함수인데 중간 버퍼로 temp를 사용한다. 이 변수는 당연히 지역변수로 만들어 써야 하지만 예를 보이기 위해 전역 포인터로 사용하고 있다. DllMain에서 프로세스에 맵핑될 때인 DLL_PROCESS_ATTACH에서 1024 크기만큼의 메모리를 할당하여 temp에 대입했는데 이때 에러 처리를 철저하게 해야 한다. 만약 초기화에 실패했으면 FALSE를 리턴하고 성공하면 TRUE를 리턴한다. 운영체제는 DllMain의 DLL_PROCESS_ATTACH가 FALSE를 리턴하면 프로세스의 실행을 금지하여 연결된 프로세스 전체를 강제 종료시킨다. DLL이 메모리에서 제거될 때인 DLL_PROCESS_DETACH에서는 할당된 메모리를 해제하였다. 이 DLL을 사용하는 예제를 간단하게 만들어 보자.

예 제 : UseEntry

```
extern "C" __declspec(dllimport) void SwapString(TCHAR *a, TCHAR *b);
LRESULT CALLBACK WndProc(HWND hWnd,UINT iMessage,WPARAM wParam,LPARAM lParam)
{
    PAINTSTRUCT ps;
    HDC hdc;
    TCHAR str[128];
    TCHAR a[32]="김상형";
    TCHAR b[32]="박미영";
    switch (iMessage) {
    case WM_PAINT:
        hdc=BeginPaint(hWnd, &ps);
        wsprintf(str, "a=%s, b=%s", a, b);
        TextOut(hdc,10,10,str,lstrlen(str));
        SwapString(a, b);
        wsprintf(str, "a=%s, b=%s", a, b);
        TextOut(hdc,10,30,str,lstrlen(str));
        EndPaint(hWnd, &ps);
        return 0;
    case WM_DESTROY:
        PostQuitMessage(0);
```

```
        return 0;
    }
    return(DefWindowProc(hWnd,iMessage,wParam,lParam));
}
```

실행 결과는 다음과 같다.

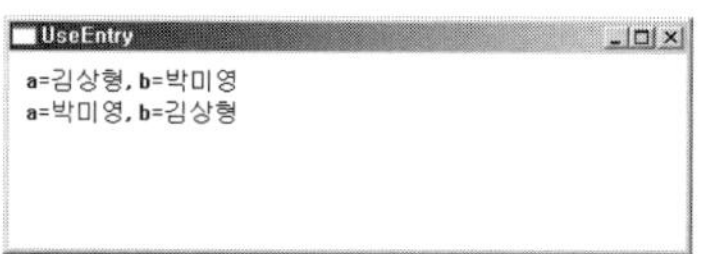

SwapString 함수가 제대로 동작하고 있다. 이 함수가 호출되기 이전에 DllMain에서 temp를 이상없이 동적 할당하고 있기 때문이다. 프로세스가 종료될 때는 DllMain의 DLL_PROCESS_DETACH에서 temp를 할당해제한다. 할당해제할 때 주의할 것은 temp가 반드시 할당되어 있다는 보장은 없다는 점이다. DLL_PROCESS_ATTACH가 FALSE를 리턴할 경우 즉, 동적할당에 실패한 경우는 운영체제가 DLL_PROCESS_DETACH를 한 번 더 보내는데 이 경우 temp는 할당되지 않은 상태이다. 그래서 종료처리 함수는 초기화가 실패한 경우까지 고려하여 작성해야 한다.

44-3-다. DLL 디버깅

DLL과 함께 프로젝트를 개발하고 있을 경우 DLL 자체도 디버깅 대상이 될 수 있다. 비주얼 C++ 개발 환경은 DLL 디버깅을 지원하므로 DLL속의 코드를 추적해 들어가거나 DLL내에 중단점을 설정하는 일이 가능하다. 이 기능은 DLL 디버깅에 상당히 편리하며 또한 효율적이다. 만약 DLL 디버깅이 되지 않는다면 DLL에 일일이 메시지 박스를 끼워넣어가며 값을 확인해 보아야 할 것이다. DLL 디버깅이 어떻게 가능한지 테스트해 보자. 앞에서 만들었던 UseEntry 예제를 실행하되 다음과 같이 DLL의 함수를 호출하기 직전에 중단점을 설정한다.

```
    TCHAR str[128];
    TCHAR a[32]="김상형";
    TCHAR b[32]="박미영";
    switch (iMessage) {
    case WM_PAINT:
        hdc=BeginPaint(hWnd, &ps);
        wsprintf(str, "a=%s, b=%s", a, b);
        TextOut(hdc,10,10,str,lstrlen(str));
        SwapString(a, b);
        wsprintf(str, "a=%s, b=%s", a, b);
        TextOut(hdc,10,30,str,lstrlen(str));
        EndPaint(hWnd, &ps);
        return 0;
    case WM_DESTROY:
        PostQuitMessage(0);
        return 0;
    }
    return(DefWindowProc(hWnd,iMessage,wParam,lParam));
}
```

```
    case DLL_THREAD_ATTACH:
        break;
    case DLL_THREAD_DETACH:
        break;
    }
    return TRUE;
}

extern "C" __declspec(dllexport) void SwapString(TCHAR *a, TCHAR *
{
    lstrcpy(temp,a);
    lstrcpy(a,b);
    lstrcpy(b,temp);
}
```

이 상태에서 F11을 눌러 SwapString 함수 안으로 추적해 들어가면 DLL의 소스를 보여주며 해당 함수로까지 추적해 들어간다. DLL의 함수가 이상 동작을 한다면 언제든지 함수의 내부로 들어가 단계 실행 및 변수값을 확인할 수 있다. 단 이때 DLL이나 클라이언트 프로그램이나 둘 다 반드시 디버그 모드로 컴파일되어 있어야 하며 소스 파일이 있어야 한다. 실행 파일이나 DLL만 가지고는 디버깅을 할 수 없다. 만약 DLL 프로젝트의 디렉토리 위치가 변경되었거나 실행중에 DLL을 읽어오는 명시적 호출을 한다면 Project/Settings/Debug 탭에서 Additional DLLs 옵션에 디버깅의 대상이 되는 DLL을 추가해야 한다.

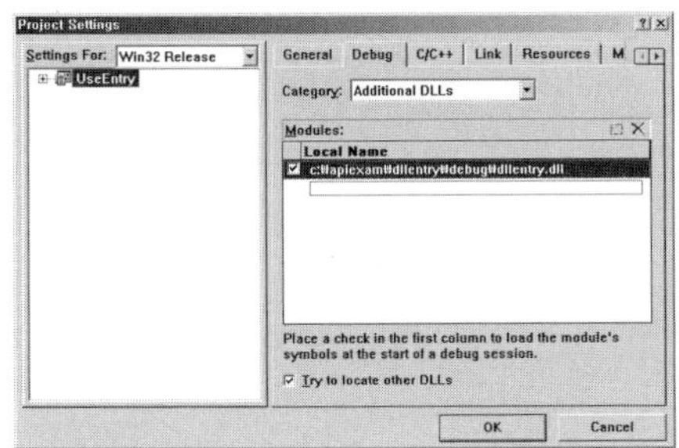

비주얼 C++은 여기서 지정한 DLL의 디버깅 심볼을 디버깅을 시작할 때 추가로 미리 읽어놓는다. DLL을 직접 실행하면서 디버깅하려면 다음 대화상자에서 디버깅에 사용할 클라이언트 프로그램을 지정하면 된다.

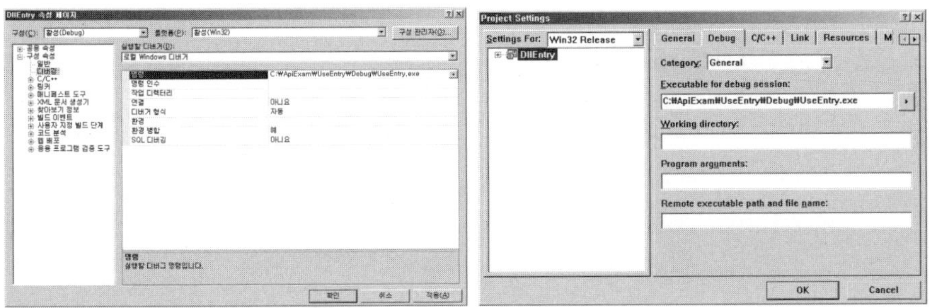

디버깅/명령(VC6.0은 Executable for debug session)에 이 DLL 파일을 사용하는 클라이언트 프로그램의 완전 경로를 지정하면 비주얼 C++은 이 파일을 실행하며 이후 DLL을 직접 디버깅할 수 있다. 이때 클라이언트 프로그램은 꼭 비주얼 C++로 만든 프로그램일 필요는 없으며 디버그 버전이 아니어도 상관없다. 심지어 소스 파일없이 실행 파일만 있어도 된다. 이 상황에서 클라이언트 프로그램은 다만 DLL의 엑스포트 함수를 호출하는 역할밖에 하지 않기 때문이다.

별개의 프로젝트인 DLL의 안까지 추적해 들어갈 수 있다는 것은 굉장히 놀라운 기능인데 비주얼 C++은 이보다 훨씬 더 좋은 방법을 제공한다. 앞에서는 DLL을 작성하고 사용하는 원론적인 실습 과정을 보이기 위해 DLL 프로젝트 따로, 클라이언트 프로젝트 따로 만들었다. 그러나 실무에서는 이렇게 하지 않으며 솔루션(VC 6.0은 워크스페이스)을 구성하여 DLL과 클라이언트를 묶어서 개발한다. 이렇게 하면 디버깅뿐만 아니라 프로젝트 관리상의 여러 가지 장점이 있다. 처음 만들었던 MyDll과 테스트 프로그램을 솔루션으로 구성해 보고 어떤 점이 편리한지 경험해 보되 단계가 다소 복잡하므로 순서대로 실습해 보자.

예 제 : MyDllWorks

1 먼저 VC 8.0의 경우를 보자. Win32 프로젝트를 생성하되 프로젝트명은 MyDll로 주고 솔루션 이름을 MyDllWorks로 변경하여 솔루션과 프로젝트의 이름을 다르게 지정했다.

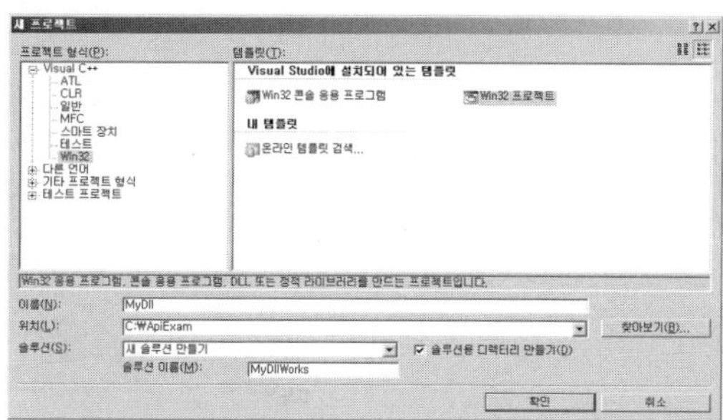

VC 6.0은 워크스페이스와 프로젝트의 이름을 다르게 줄 수 없으므로 일단 빈 워크스페이스부터 만들어야 한다. File/New를 선택하고 세번째 Workspaces 페이지에서 워크스페이스만 만든다. MyDllWorks라는 이름을 주고 부모 디렉토리는 적당히 선택한다. 별다른 옵션이 없으므로 이름과 위치만 지정하면 된다.

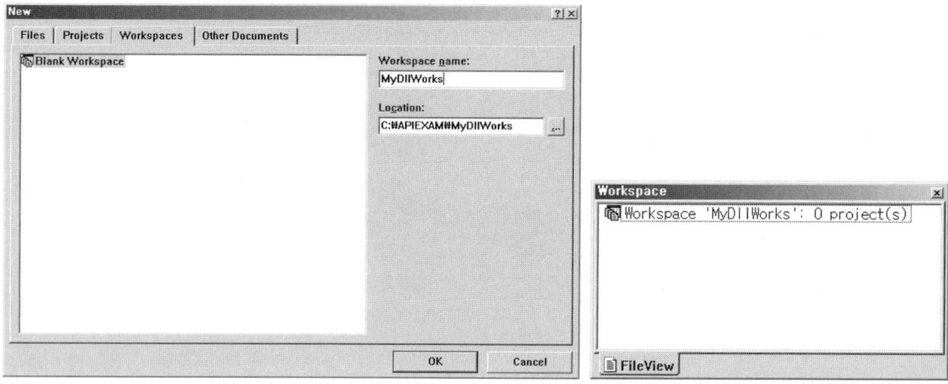

OK 버튼을 누르면 대화상자만 닫히고 아무 일도 안 일어나지만 워크스페이스창을 보면 빈 워크스페이스가 만들어져 있음을 확인할 수 있다. 이렇게 만들어진 빈 솔루션(=워크스페이스)에 프로젝트들을 얼마든지 추가할 수 있다.

2 프로젝트를 추가하는 순서는 아무래도 상관없지만 일단 DLL 프로젝트를 먼저 추가해 보자. VC 8.0은 이미 MyDll 프로젝트가 생성되어 있으므로 앞에서 실습한대로 MyDll 프로젝트의 코드를 작성한다. VC 6.0은 빈 워크스페이스만 만들어져 있으므로 File/New 대화상자의 Projects 탭에서 MyDll이라는 이름으로 새 프로젝트를 생성한다.

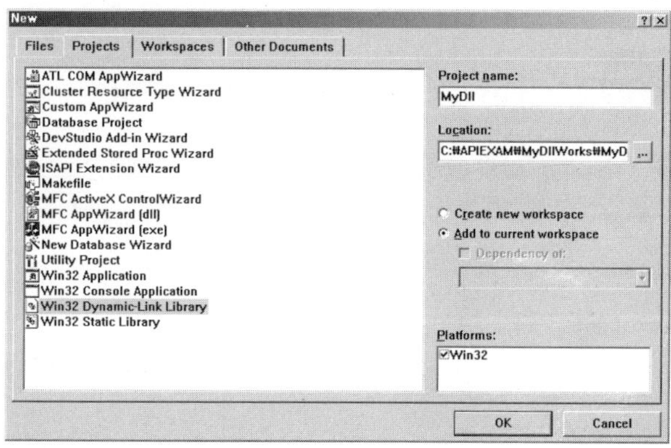

일반적인 프로젝트 생성 방법과 동일하지만 오른쪽의 Add to current workspace 옵션을 선택한다는 점만 다르다. 디폴트로 선택되어 있는 Create new workspace 옵션은 프로젝트 이름과 같은 워크스페이스를 새로 만드는데 비해 이 옵션은 현재 열려진 워크스페이스에 프로젝트를 추가한다. 추가되는 프로젝트는 자연스럽게 워크스페이스 디렉토리 아래에 생성된다.

이후 MyDll 프로젝트를 작성하는 과정은 앞에서 이미 해 본 과정과 동일하다. MyDll.cpp를 추가하고 AddInteger 함수의 코드를 작성하면 된다. 필요하다면 헤더 파일도 작성할 수 있는데 실습을 간단히 하기 위해 헤더 파일은 일단 생략하자. 프로젝트를 컴파일하여 DLL과 LIB 파일을 먼저 생성해 놓는다.

3 같은 솔루션에 클라이언트 프로젝트를 추가한다. MyDllTest라는 이름으로 새 프로젝트를 생성하되 아래쪽의 솔루션 콤보박스에서 "솔루션에 추가" 옵션을 선택해야 한다.

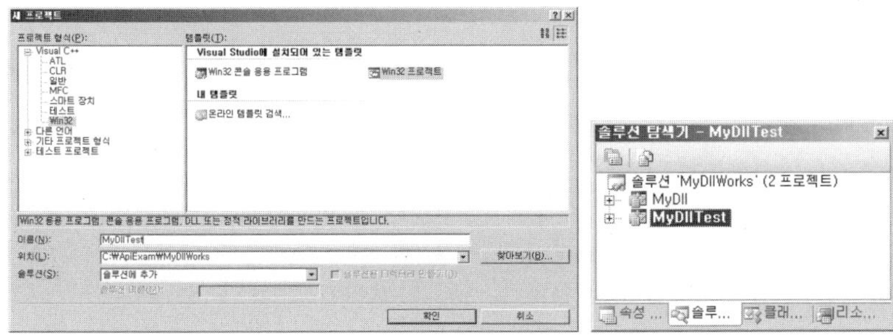

VC 6.0은 File/New를 선택하고 Win32 Application 옵션으로 MyDllTest라는 프로젝트를 생성한다.

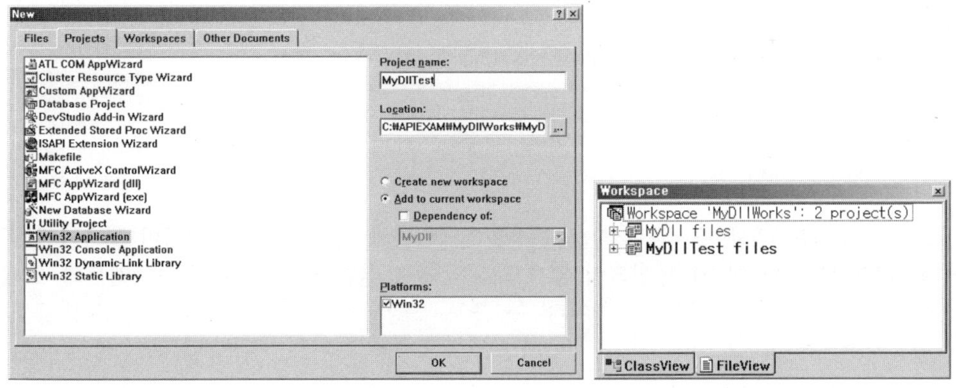

이때도 물론 Add to current workspace 옵션을 선택하는 것을 잊지 말아야 한다. 이 프로젝트도 워크스페이스 디렉토리 아래에 생성된다. 이후의 과정은 MyDllTest 프로젝트를 만들 때와 동일하다. MyDllTest.cpp 소스 파일을 추가하고 WM_PAINT에 AddInteger 호출 코드를 작성한다. 그리고 MyDll.dll과 MyDll.lib를 프로젝트 디렉토리로 복사하고 MyDllTest 프로젝트 설정 대화상자에서 MyDll.lib임포트 라이브러리를 지정한다. 컴파일하면 잘 동작할 것이다.

여기까지 작업한 후의 솔루션 모양은 위 오른쪽 그림과 같다. 두 개의 프로젝트가 한 솔루션에 모두 포함되어 있으므로 MyDll.cpp와 MyDllTest.cpp를 동시에 열어 놓고 Ctrl+Tab키로 왔다 갔다 하면서 동시에 편집할 수 있다. 같은 솔루션에 있는 프로젝트들이므로 디버깅시 DLL 함수 내부로 추적해 들어갈 수 있는 것도 당연하다.

4 솔루션으로 프로젝트를 묶는 것은 단순히 관련 프로젝트들을 한 범주에 포함시키는 것 이

상의 의미를 가진다. 솔루션으로 묶기 전에는 DLL을 수정한 후 탐색기로 DLL과 LIB 파일을 수동으로 복사해야 했지만 두 프로젝트가 솔루션 아래의 상대 폴더로 구성되어 있다면 이 작업을 컴파일러가 대신하게 할 수 있다. MyDll 프로젝트 설정 대화상자의 빌드 후 이벤트(Post-build step) 에 다음 명령들을 작성한다.

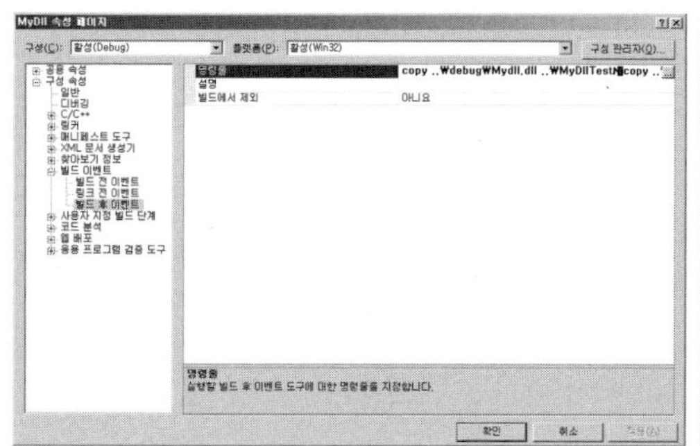

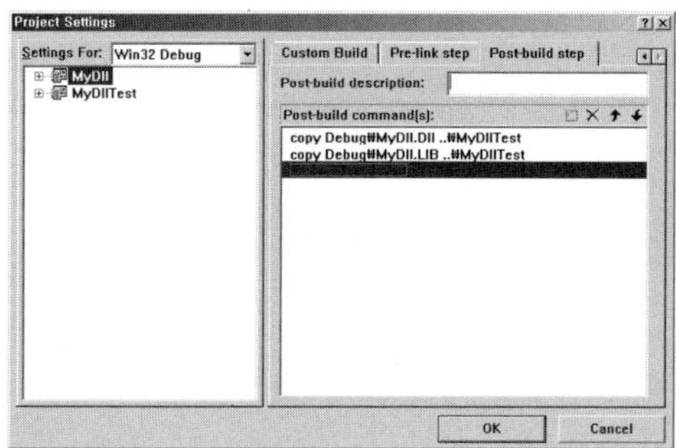

이 페이지에서 빌드한 후에 컴파일러가 할 일을 일종의 스크립트로 작성할 수 있는데 스크립트 문법은 도스 명령어와 유사하다. debug 디렉토리의 MyDll.dll을 MyDllTest 디렉토리로 복사하는 명령과 임포트 라이브러리를 복사하는 명령을 작성했다. 두 프로젝트가 MyDllWorks 디렉토리 아래에 포함되어 있으므로 상대 경로를 지정하면 빌드 후 원하는 곳으로 파일을 복사할 수 있다. 이 상태에서 MyDll을 컴파일하면 출력창에 다음과 같이 컴파일 결과가 나타난다.

```
--------------------Configuration: MyDll - Win32 Debug--------------------
Compiling...
MyDll.cpp
Linking...
   Creating library Debug/MyDll.lib and object Debug/MyDll.exp
        1개 파일이 복사되었습니다.
        1개 파일이 복사되었습니다.

MyDll.dll - 0 error(s), 0 warning(s)
```

두 파일을 복사했다는 메시지가 출력되는데 탐색기로 확인해 보면 과연 두 파일이 클라이언트 디렉토리로 복사되어 있을 것이다. 릴리즈 설정에 대해서도 동일한 명령을 작성해야 하는데 이때는 Release 디렉토리의 파일을 복사해야 할 것이다. 두 프로젝트가 솔루션 안에 포함되어 있고 복사 명령이 상대 경로를 지정하고 있으므로 솔루션을 다른 곳으로 옮기더라도 이 스크립트는 여전히 잘 동작한다.

5 DLL과 EXE 두 프로젝트 사이를 오갈 때는 솔루션의 팝업 메뉴나 툴바의 활성 프로젝트 목록에서 컴파일 대상 프로젝트를 일일이 활성화해야 한다. 두 개의 비주얼 C++을 띄워 놓고 작업하는 것보다는 쉽지만 이 역시 아주 번거로운 일이다. DLL은 그 자체로 실행할 수 없기 때문에 반드시 클라이언트 프로그램을 통해서만 실행해 볼 수 있다. 이럴 때는 두 프로젝트의 종속 관계를 설정함으로써 DLL이 자동으로 컴파일되게끔 할 수 있다. 프로젝트/프로젝트 종속성(VC 6.0은 Project/Dependencies) 항목을 선택하면 다음 대화상자가 나타난다.

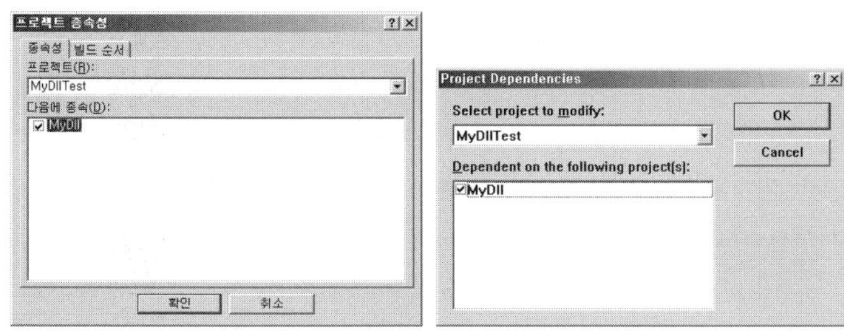

여기서 프로젝트간의 종속성을 지정하는데 종속성이란 특정 프로젝트가 컴파일되기 전에 먼저 컴파일되어야 하는 관계를 의미한다. EXE는 필요한 기능을 DLL로부터 제공받으므로 DLL에 종속된다고 할 수 있다. 종속 관계를 설정해 놓으면 클라이언트 프로그램을 컴파일하기 전에 DLL이 수정되었는지 살펴 보고 DLL을 먼저 컴파일한 후 클라이언트를 컴파일한다. MyDllTest 프로젝트를 활성화해 놓은 상태에서 MyDll.cpp를 수정한 후 컴파일해 보면 무슨 말인지 알 수 있을 것이다.

MyDllTest가 MyDll에 종속적인데 MyDll.cpp의 내용이 수정되었다면 클라이언트가 제대로 실행되기 위해서는 MyDll부터 컴파일해야 한다. 이 과정에서 DLL과 LIB가 갱신되어 클라이언트 프로젝트 디렉토리로 복사되고 클라이언트가 컴파일 및 링크되어 완벽한 실행 파일 하나가 만들어진다. 종속성을 지정해 놓으면 DLL이 수정될 때마다 알아서 컴파일하므로 DLL 프로젝트를 굳이 활성화할 필요가 없고 클라이언트 프로젝트만 열어 놓은 상태에서 두 프로젝트를 편리하게 수정할 수 있다.

이 실습을 처음 해 보는 사람에게 솔루션이라는 개념이 굉장히 복잡해 보이고 생소하겠지만 잘 알아 두면 생산성 향상에 큰 기여를 하는 기능이므로 꼭 배워 두자. 실무 프로젝트에서 DLL 다섯 개를 거느린 프로젝트를 만든다고 해 보자. 비주얼 C++ 여섯 개를 띄워 놓고 부속 DLL을 일일이 수정해서 컴파일 및 복사하고 최종적으로 클라이언트를 컴파일해야 비로소 한번 테스트해 볼 수 있다. 한두 번 정도는 할만하겠지만 제품 완성전까지 이런 빌드를 최소한 천 번 정도 해야 한다면 차마 인간이 할 짓이 못되는 것이다.

비주얼 C++은 교육용이 아니라 실제 기업에서 프로젝트를 개발할 때 사용하는 전문가용 컴파일러이다. 그래서 이런 솔루션 관리 기능과 일괄 빌드, 종속성 지정 등이 아주 잘 작성되어 있다. 솔루션에 프로젝트를 자유롭게 넣고 뺄 수 있으며 모든 프로젝트를 한 번에 컴파일할 수 있다. 개발툴이 제공하는 훌륭한 기능을 몰라 몸으로 때우는 어리석은 짓을 해서는 안되므로 우리는 이런 기능을 적극적으로 배우고 활용해야 한다.

44-3-라. 클래스 엑스포트

DLL이 엑스포트하는 주된 대상은 함수이지만 함수 외에도 타입이나 변수, 클래스 따위를 엑스포트할 수도 있다. 대개의 경우 변수는 DLL이 직접적으로 엑스포트하지 않는 것이 보통인데 왜냐하면 변수를 클라이언트가 직접 사용할 경우 호환성에 문제가 많고 여러 모로 위험해질 수도 있기 때문이다. 간단한 예만 들자면 int 타입이 모든 언어에서 같은 크기를 가진다고 보장할 수 없으며 심지어 한 언어에서조차도 버전에 따라 크기가 달라진다. 게다가 언어별로 지원하는 타입의 종류가 다양해 호환성을 확보하기가 어렵다.

대충만 생각해 봐도 변수를 엑스포트한다는 것이 어떤 문제점이 있을지 짐작할 수 있다. 만약 클라이언트에게 어떤 값을 꼭 엑스포트해야 한다면 변수를 읽고 쓰는 Get, Set 함수를 대신 엑스포트하는것이 더 바람직하다. 이렇게 되면 미리 정해진 규칙대로만 변수를 액세스할 수 있으므로 구조상 더 안전하고 DLL의 내부적인 타입을 숨길 수 있다. 객체 지향 개념으로 표현하자면 일종의 추상화인데 클라이언트는 변수의 구체적인 형태나 규칙에 대해 알 필요가 없도록 함으로써 DLL의 독립성과 범용성을 높일 수 있다.

C++ 클래스도 DLL에 의해 엑스포트될 수 있는데 방법은 함수의 경우와 동일하다. 클래스는 일종의 타입이므로 타입 선언문앞에 __declspec(dllexport) 지시자를 붙이면 이 타입이 외부로 엑스포트되며 쓰는 쪽에서는 __declspec(dllimport) 지시자를 붙이면 된다. 클래스는 C++언어 수준에서 제공되는 것이므로 extern "C"는 붙이지 말아야 한다. 다음 예제는 정수를 캡슐화하는 CInt 클래스를 DLL로 제공한다.

예 제 : CppDll.h

```
#ifdef DLLEXPORT
#define CINTDLL __declspec(dllexport)
#else
#define CINTDLL __declspec(dllimport)
#endif

class CINTDLL CInt
{
private:
     int i;

public:
     CInt(int ai) : i(ai) { }
     void Inc();
     void Dec();
     int GetValue() const;
     void SetValue(int ai);
};
```

헤더 파일에는 클래스 선언문만 작성하되 클래스 이름앞에 엑스포트 또는 임포트 지시자를 붙였다. 클라이언트도 동일한 헤더 파일을 사용해야 하므로 조건부 컴파일문으로 별다른 지정이 없으면 임포트 지시자를 붙이고 DLLEXPORT 매크로가 정의되어 있으면 __declspec(dllexport)를 붙였다. 구현 파일에는 멤버 함수의 코드를 작성한다.

예 제 : CppDll.cpp

```
#include <stdio.h>
#define DLLEXPORT
#include "CppDll.h"

void CInt::Inc()
{
     i++;
}

void CInt::Dec()
{
     i--;
}
```

```
int CInt::GetValue() const
{
    return i;
}

void CInt::SetValue(int ai)
{
    i=ai;
}
```

클래스의 기능 자체가 간단하다 보니 코드도 아주 쉽다. CppDll.h를 인클루드 하기 전에 클래스 선언문을 엑스포트하도록 DLLEXPORT 매크로를 반드시 정의해야 한다. 컴파일된 DLL과 임포트 라이브러리, 그리고 헤더 파일을 같이 배포하면 클라이언트에서 이 클래스를 사용할 수 있다. 간단하게 테스트 예제를 만들어 보자.

예 제 : CppDllTest

```
#include "CppDll.h"
LRESULT CALLBACK WndProc(HWND hWnd,UINT iMessage,WPARAM wParam,LPARAM lParam)
{
    HDC hdc;
    PAINTSTRUCT ps;
    TCHAR str[128];
    CInt *pInt;

    switch (iMessage) {
    case WM_PAINT:
        hdc=BeginPaint(hWnd, &ps);
        pInt=new CInt(1234);
        pInt->Inc();
        wsprintf(str,"Result=%d",pInt->GetValue());
        TextOut(hdc,10,10,str,lstrlen(str));
        delete pInt;
        EndPaint(hWnd, &ps);
        return 0;
    case WM_DESTROY:
        PostQuitMessage(0);
        return 0;
    }
    return(DefWindowProc(hWnd,iMessage,wParam,lParam));
}
```

CppDll.h를 인클루드하기만 하면 CInt 클래스가 임포트 선언되며 이 클래스 타입과 멤버 함수를 바로 사용할 수 있다. WM_PAINT에서는 CInt 타입의 객체를 동적으로 생성해서 Inc와 GetValue 함수를 각각 호출해 보았다. 생성자로 1234를 전달하고 1 증가한 값을 얻었으므로 1235가 출력될 것이다. 동적으로 생성한 객체는 물론 사용이 끝난 후 해제해야 한다.

이 예제에서 보다시피 클래스를 엑스포트하는 것도 문법적으로 별 어려움은 없다. 그러나 이렇게 만들어진 DLL은 C++언어로만 사용할 수 있다는 제약이 생겨 바람직하지 못하다. 클래스라는 것이 C++언어의 고유한 기능이라 다른 언어에서는 이 클래스를 사용하기 어렵다. 물론 C++외에도 객체지향을 지원하는 언어들이 많지만 각 언어마다 클래스를 표현하는 구문이나 컴파일된 결과들이 다를 수 있으므로 범용적으로 사용되기는 어렵다.

설사 C++언어로만 사용한다 하더라도 컴파일러에 따라 클래스의 이진 형태가 다를 수 있으므로 C++언어끼리도 문제가 될 수 있다. 같은 회사의 같은 버전의 같은 컴파일러끼리만 클래스를 안전하게 엑스포트하고 임포트할 수 있을 것이다. 비주얼 C++의 경우 심지어 설치된 서비스팩까지 완전히 일치해야 한다. 이래 저래 클래스도 DLL로 엑스포트하기에는 적절한 대상이 아니라고 할 수 있다. 그래서 통상 DLL은 함수만 엑스포트하는 것이 보통이다. 만약 DLL의 구현 코드가 꼭 클래스여야 한다면 외부 인터페이스만이라도 함수로 랩핑하는 것이 좋다.

44-4 DLL의 활용

44-4-가. 혼합 프로그래밍

DLL은 여러 가지 면에서 장점을 가지고 있지만 그 중에서 단연 돋보이는 장점은 혼합 프로그래밍이 가능하다는 점이다. DLL은 윈도우즈의 표준 실행 모듈 포맷이므로 개발툴이나 언어에 상관없이 공유할 수 있다. 비주얼 툴은 사용하기 쉽고 개발 기간이 짧아 생산성이 높은 반면 만들어진 프로그램의 성능은 그다지 만족할만한 수준이 아니다. 특히 API를 직접 사용하는 것에 비해 속도 면에서 두드러지게 느리며 세세한 부분까지 제어할 수 없는 단점을 가지고 있다.

API로 직접 프로그램을 만들면 속도 면에서나 크기, 기능 면에서 모두 만족할 만한 결과를 얻을 수 있기는 하지만 개발 기간이 너무 오래 걸려 생산성이 떨어진다. 그런데 조금만 눈여겨보면 프로그램 코드중 속도를 요하는 부분은 사실 극히 일부분에 불과하다는 것을 알게 된다. 수학적 연산을 필요로 하는 루틴이나 대규모 데이터 복사 루틴 등이 프로그램의 속도를 좌지우지할 뿐이지 사용자의 명령을 입력받거나 대화상자를 운영하는 동작 따위는 속도가 그리 중요하지 않다. 사용자의 명령을 제대로 처리해 내기만 하면 된다. 그래서 속도를 요하지 않는 부분은 비주얼 툴로 신속하게 짜고 속도나 기능이 중요한 일부분만 DLL로 만들어서 결합하는 혼합 프로그래밍 방식이 많이 사용된다. 이 방식을 쓰면 성능 좋은 프로그램을 짧은 기간 안에 만들 수 있다.

여기서는 앞에서 만들었던 MyDll.dll을 MFC, 델파이, 비주얼 베이직과 같이 혼합 프로그래밍하는 실습을 해 볼 것이다. API로 만든 DLL을 다른 개발툴에서 사용하는 실습만 해 보지만 반대로 다른 개발툴에서 만든 DLL을 API에서 사용하는 것도 얼마든지 가능하다. 이 실습을 해 보려면 각 개발툴에 대해 어느 정도는 익숙해 있어야 한다. 이 외에도 DLL을 쓸 수 있는 개발툴의 종류는 무수한데 각 툴의 도움말을 참조하면 어렵지 않게 DLL을 공유할 수 있을 것이다.

MFC와의 연결

MFC는 사실 API 함수의 클래스 라이브러리 버전이므로 API와 별반 다를 바가 없다. AppWizard를 실행하고 SDI 옵션으로 ToMfc 프로젝트를 만든다. 그리고 뷰의 OnDraw에 DLL의 함수를 호출하는 코드를 다음과 같이 작성한다.

```
extern "C" __declspec(dllimport) int AddInteger(int,int);

void CToMfcView::OnDraw(CDC* pDC)
{
```

```
        CToMfcDoc* pDoc = GetDocument();
        ASSERT_VALID(pDoc);

        CString str;
        str.Format("1+2 = %d",AddInteger(1,2));
        pDC->TextOut(100,100,str);
    }
```

API에서와 마찬가지로 임포트 선언은 해야 한다. 코드를 작성하는 것 외에 MyDll.dll, MyDll.lib를 프로젝트 디렉토리로 복사하는 작업과 MyDll.lib를 Settings/Link 탭에 포함시키는 작업도 API와 동일하다. 실행 결과는 다음과 같다.

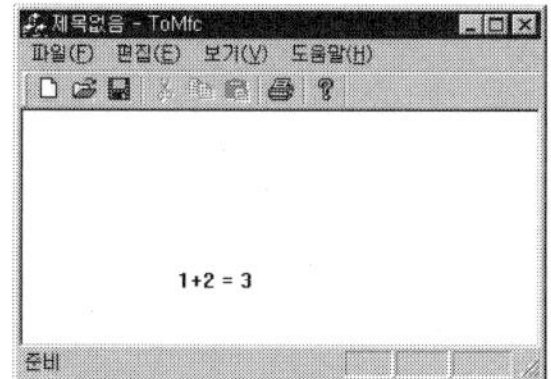

DLL에 정의된 AddInteger 함수를 호출하여 덧셈을 해내고 있다. 명시적 연결도 물론 가능하다.

델파이와의 연결

이번에는 대표적인 비주얼 툴인 델파이에서 DLL을 사용해 보자. 델파이를 실행시킨 후 새 폼에 버튼 하나와 레이블을 다음과 같이 배치하고 속성은 모두 디폴트를 사용한다.

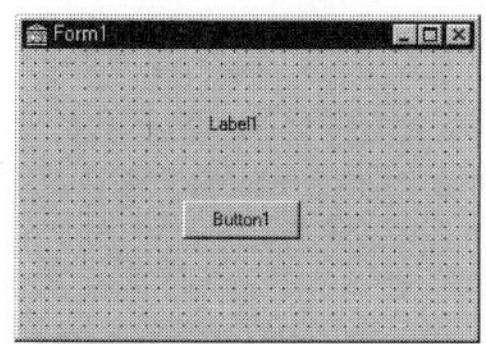

일단 프로젝트를 저장할 디렉토리가 있어야 하므로 이 프로젝트를 ToDelphi 디렉토리에 저장한다. 델파이의 이름 붙이기 관습에 따라 폼은 ToDelphi_f.pas로 저장하고 프로젝트는 ToDelphi로 저장하였다. 그리고 이 프로젝트 디렉토리에 MyDll.dll을 복사해 둔다. 임포트 라이브러리는 복사하지 않아도 된다. 코드 에디터에서 Implementation부 바로 위쪽에 다음과 같이 함수 원형을 선언한다.

```
function AddInteger(a:Integer;b:Integer):Integer;stdcall;external 'Mydll';
implementation

{$R *.DFM}
```

함수의 원형과 DLL의 위치를 정의하였다. 여기서 사용된 stdcall 지시어는 윈도우즈 표준 호출규약을 사용한다는 뜻이다. 파스칼 언어의 호출규약은 윈도우즈의 기본 호출규약과는 다르기 때문에 이 지시자를 붙여 강제로 호출규약을 맞추어야 한다. 다음으로 버튼을 더블클릭하여 OnClick 이벤트 핸들러를 다음과 같이 작성한다.

```
procedure TForm1.Button1Click(Sender: TObject);
var
    str:String;
```

```
    Result:Integer;
begin
    Result:=AddInteger(3,4);
    str:=Format('3+4 = %d',[Result]);
    Label1.Caption:=str;
end;
```

DLL에 있는 AddInteger 함수를 호출하여 3과 4의 합을 구했으며 그 결과를 문자열로 바꾸어 레이블에 출력하였다. 실행 결과는 다음과 같다.

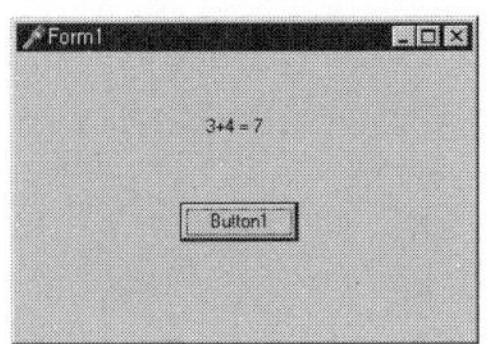

이 방법 외에 LoadLibrary, GetProcAddress 등의 함수를 사용하여 실행중에 DLL을 읽어오는 방법도 사용할 수 있다.

비주얼 베이직과의 연결

비주얼 베이직을 실행시킨 후 새 폼을 다음과 같이 디자인한다. 버튼과 레이블을 하나씩 배치하고 속성은 모두 디폴트를 사용하였다.

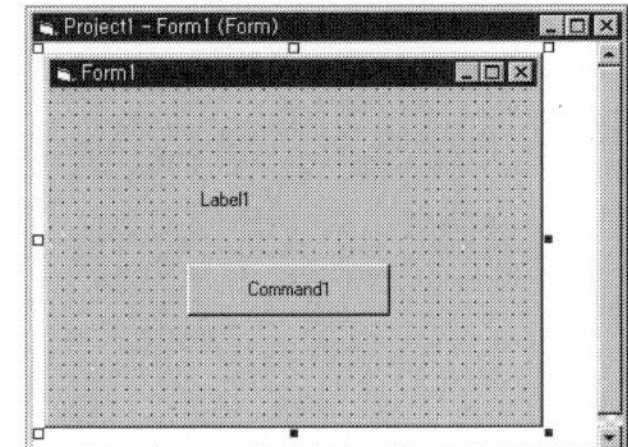

이 프로젝트를 ToVB 디렉토리에 저장하고 MyDll.dll을 프로젝트 디렉토리에 복사해 놓는다. 버튼을 더블클릭하여 이벤트 핸들러를 만들고 다음과 같이 코드를 작성한다.

```
Private Sub Command1_Click()
Result = AddInteger(3, 4)
Label1.Caption = "3+4=" + Str(Result)
End Sub
```

AddInteger 함수를 호출하여 3과 4의 합을 구했으며 결과를 레이블로 출력했다. AddInteger 함수를 선언하기 위해 Project/Add Module 항목을 선택하여 새 모듈을 만든다. 그리고 이 모듈에 다음과 같이 함수 선언문을 작성한다.

```
Declare Function AddInteger Lib "Mydll.dll" (ByVal A As Integer, ByVal B As Integer) As Integer
```

비주얼 베이직식의 AddInteger 함수 원형 선언문이다. Lib 다음에 이 함수가 포함된 DLL의 이름을 적어준다. 이 모듈을 MyDll.bas로 저장하고 File/Make ToVB.exe 항목을 선택하면 실행 파일이 만들어질 것이다. 실행 결과는 다음과 같다.

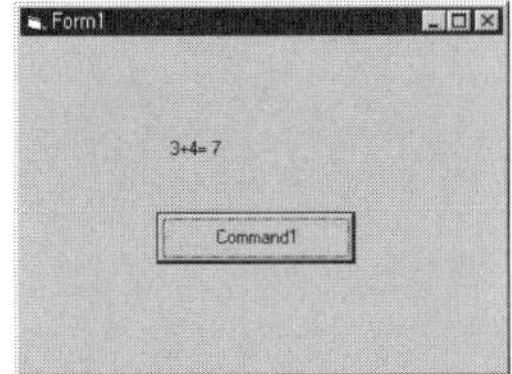

덧셈의 결과가 레이블로 출력되었다.

44-4-나. 모듈 교체

상황에 따라 다른 기능의 함수들을 사용해야 하는 경우를 가정해 보자. 이럴 경우 필요한 함수들을 담은 DLL을 여러 벌 만들어 두고 조건에 맞는 DLL을 골라서 사용할 수 있다. 명시적 연결을 사용하면 상황에 따라 필요한 DLL을 교체할 수 있으며 따라서 DLL의 함수도 교체할 수 있다. 이런 예제를 제대로 보이려면 규모가 커지므로 아주 간단하다못해 시시한 예제를 만들어 보자.

CalcInteger라는 함수를 사용하되 경우에 따라서 덧셈을 하기도 하고 곱셈을 하기도 해야 한다. 이때 두 개의 DLL에 이 함수를 같은 이름으로 만들어 두고 DLL만 교체하면 원하는 결과를 얻을 수 있다. 우선 똑같은 함수를 가지는 두 개의 DLL을 만든다. 다음 함수는 두 개의 인수 a와 b를 받아 이 인수의 합을 리턴한다.

```
extern "C" __declspec(dllexport) CalcInteger(int a, int b)
{
    return a+b;
}
```

이 함수를 가지는 AddDll.dll을 컴파일해서 만들어 두자. 그리고 MultDll 프로젝트를 생성한 후 같은 이름으로 다음 함수를 만든다. 이 함수는 인수로 전달받은 두 값의 곱을 리턴한다.

```
extern "C" __declspec(dllexport) CalcInteger(int a, int b)
{
    return a*b;
}
```

이 함수를 가지는 MultDll.dll을 컴파일해서 준비해 둔다. AddDll과 MultDll은 이름이 같고 인수가 같은 함수를 공통적으로 가지며 각각의 함수가 하는 일은 다르다. 이제 이 DLL을 호출하여 같은 함수로 덧셈을 하기도 하고 곱셈을 하기도 하는 예제를 만들어 보자. 소스는 다음과 같다.

예 제 : ChgDll

```
HINSTANCE hInst;
TCHAR str[256]="연산 방법을 바꿀 때는 왼쪽 버튼을 누르십시오";
TCHAR Method[128]="더하기";
TCHAR DllName[MAX_PATH];
LRESULT CALLBACK WndProc(HWND hWnd,UINT iMessage,WPARAM wParam,LPARAM lParam)
{
    PAINTSTRUCT ps;
    HDC hdc;
    int (*pFunc)(int,int);
```

```
    int result;
    switch (iMessage) {
    case WM_CREATE:
        lstrcpy(DllName, "AddDll");
        return 0;
    case WM_LBUTTONDOWN:
        if (lstrcmp(DllName, "AddDll") == 0) {
            lstrcpy(DllName, "MultDll");
            lstrcpy(Method,"곱하기");
        } else {
            lstrcpy(DllName, "AddDll");
            lstrcpy(Method,"더하기");
        }
        hInst=LoadLibrary(DllName);
        if (hInst == NULL) return 0;
        pFunc=(int(*)(int,int))GetProcAddress(hInst, "CalcInteger");
        result=(*pFunc)(3,4);
        wsprintf(str, "The Result of %s is %d", DllName, result);
        InvalidateRect(hWnd, NULL, TRUE);
        FreeLibrary(hInst);
        return 0;
    case WM_PAINT:
        hdc=BeginPaint(hWnd, &ps);
        TextOut(hdc, 50,30,Method,lstrlen(Method));
        TextOut(hdc, 50,50,str,lstrlen(str));
        EndPaint(hWnd, &ps);
        return 0;
    case WM_DESTROY:
        PostQuitMessage(0);
        return 0;
    }
    return(DefWindowProc(hWnd,iMessage,wParam,lParam));
}
```

WM_PAINT에서는 Method와 str 문자열을 화면으로 출력하고 있다. str문자열에는 연산의 결과가 문자열 형태로 저장되며 Method 문자열에는 현재 연산 방법이 문자열 형태로 저장된다. 연산이 행해지는 시점은 마우스 왼쪽 버튼을 눌렀을 때인 WM_LBUTTONDOWN에서인데 이 메시지에서 연산 방법을 토글해가며 한 번은 덧셈을 하고 한 번은 곱셈을 한다. 실행해 보자.

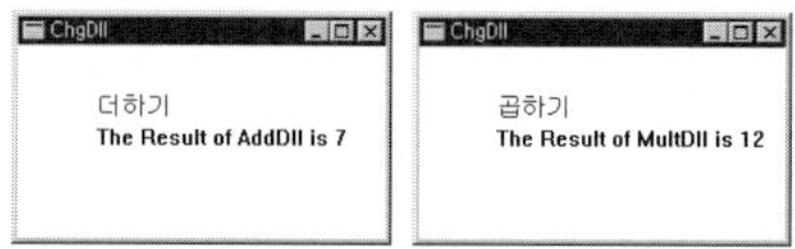

똑같은 CalcInteger 함수를 호출하는데도 이렇게 결과가 다를 수도 있다. 왜 이렇게 되는가 하면 LoadLibrary 함수가 메모리로 읽어오는 DLL이 매번 변경되기 때문이다. 로드할 DLL의 이름을 문자열로 선택할 수 있으므로 실행중에 원하는 DLL을 읽어올 수 있는 것이다. DLL이 바뀌니까 DLL안에 정의되어 있는 CalcInteger의 함수 내용도 바뀔 수밖에 없다.

이 예제는 너무 간단하기 때문에 혹시 이런 방법보다는 if (연산법==덧셈) a+b; else a*b;라고 쓰는 것이 훨씬 더 간단하지 않느냐고 할지도 모르겠다. 물론 이런 간단한 경우는 그렇지만 변경되어야 할 함수가 수백개라면 매번 이렇게 할 수 없다. DLL은 일단의 함수 집합(function set)을 통째로 갈아치울 수 있는 방법을 제공한다. 예제를 만들어 보이기는 어렵지만 어떤 경우가 그런지 구체적인 예를 들어 보겠다.

DLL을 통한 모듈 교체의 대표적인 예는 비디오 디바이스 드라이버이다. GDI에서 호출하는 저수준 비디오 함수들은 모두 같은 이름을 가지고 같은 일을 하지만 함수의 실제 코드는 어떤 비디오 드라이버인가에 따라 달라질 것이다. 그래서 GDI에서 직접 비디오 하드웨어를 액세스하지 않고 디바이스 드라이버라는 일종의 DLL을 통하도록 되어 있으며 이 DLL은 시스템 상황에 따라 부팅시에 선택된다. DLL에 따라 하드웨어를 제어하는 함수들도 통째로 교체되며 그래서 윈도우즈가 장치 독립적인 운영체제가 되는 것이다.

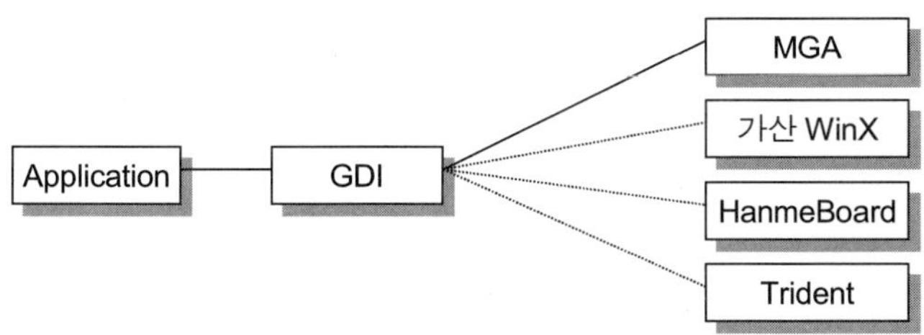

이런 식으로 DLL을 사용한 모듈 교체를 잘 활용하면 물리적인 장치에 독립적인 어플리케이션을 만들 수 있다. 실제 프로젝트에서 추상적인 DB 액세스 모듈을 만드는데 이런 방법을 사용해본 적이 있는데 아주 만족스러운 결과를 얻을 수 있었다. 지금까지 만들어진 데이터 베이스 구조는 수도 없이 많다. 이 모든 구조에 어울릴 수 있는 DB 모듈을 만들어야 할 때 DB 타입 하나당 DLL 하나씩을 만들고 실행중에 DLL을 교체해가며 사용하면 된다. 물론 DB 액세스에 사용되는 함수명과 인수들은 추상적으로 정의해 놓아야 하며 각 DLL은 구현이 다른 같은 이름의 함수들을 모두 가지고 있어야 한다. 이때의 구조도를 그려보면 다음과 같다.

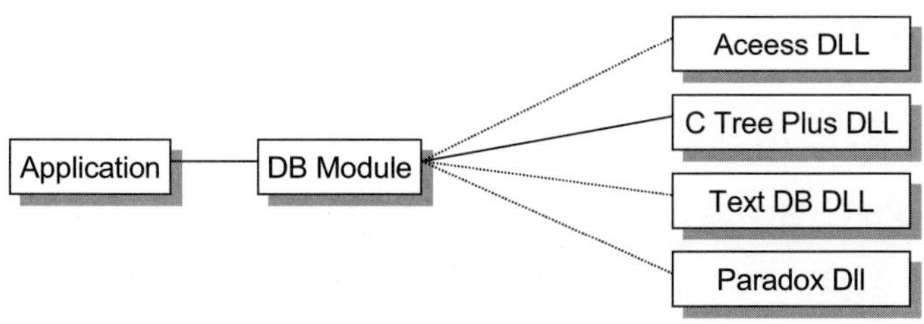

응용 프로그램은 직접 데이터 베이스를 액세스 하지 않고 DB 모듈을 통한다. DB 모듈은 현재 사용되고 있는 DB의 타입을 조사한 후 타입에 적합한 DLL에 있는 함수를 호출한다. 이때 각 DB DLL에 정의되어 있는 함수는 InitDB, GetRecord, QueryRecord 등과 같이 일반적인 DB 제어 함수들이어야 하며 이 DLL에서 DB 액세스를 위해 사용하는 함수는 각 DB 타입에 특수한 함수들이어도 상관없다. 이 경우는 DLL이 DB 추상화의 레이어로 활용되고 있다. 이 간단한 개념을 좀 더 정교하게 잘 발전시킨 것이 바로 ODBC나 IDAPI이다.

굉장히 유용한 기술이므로 잘 알아두면 언젠가는 큰 프로젝트에서 아주 요긴하게 쓸 때가 있을 것이다. 이런 기술을 좀 더 정교하게 다듬고 통일된 인터페이스를 정하면 플러그인이나 스킨 라이브러리라는 새로운 개념이 탄생하기도 한다. DLL의 특성에 대해 이해하고 있다면 개념적으로 어렵지 않게 이해할 수 있다.

45-1 PE 포맷

45-1-가. PE 포맷 소개

모든 파일은 표현하고자 하는 데이터를 효율적으로 저장하기 위한 고유의 포맷이 있으며 파일을 재생하는 프로그램은 포맷이 정의하는 바대로 파일로부터 필요한 정보를 얻는다. 포맷은 문서 파일, 그림 파일, 소리 파일 등 저장되는 정보의 성격에 가장 적합한 구조를 가지는데 정보의 형태가 다양하기 때문에 각각의 포맷은 아주 특별하고 고유하다. 중요한 정보를 앞쪽에 배치하거나 세부 정보를 체계적으로 저장하기 위한 좀 더 복잡한 구조를 가지기도 하며 때로는 크기를 줄이기 위해 압축 기법을 사용하기도 한다.

실행 파일도 마찬가지로 고유의 포맷이 있는데 윈도우즈 환경의 실행 파일 포맷을 PE라고 부른다. PE 포맷은 꼭 확장자가 EXE인 파일에만 국한되지 않고 DLL이나 DRV, SCR 등 변형된 형태의 실행 파일과 OBJ같은 중간 파일에도 적용된다. 그래서 PE 포맷에서는 실행 파일이라는 용어 대신 이미지 파일이라는 용어를 사용하는데 이는 메모리에 전개될 상(Image)를 그대로 가지고 있다는 뜻이다.

PE(Portable Executable) 포맷은 이름 그대로 이식성이 있으며 플랫폼에 독립적이다. 어떤 CPU나 운영체제에서 실행되는 파일이라도 이 구조로 만들 수 있으며 모두 동일한 포맷으로 되어 있다. 실제로 PE에는 실행 가능한 CPU나 플랫폼에 대한 정보가 기록되어 있어 실행시 이 조건을 점검할 수 있다. 마이크로소프트가 최초 이 포맷을 디자인할 때 윈도우즈를 다양한 플랫폼으로 이식하려고 시도했으며 그 결과로 만들어진 것이 PE 포맷이다.

실행 파일의 형태를 정의하는 최초의 포맷은 COFF(Common Object File Format)이다. 이 포맷은 UNIX의 System V에서 다양한 컴파일러와 언어들이 공동의 목적 파일을 생성하여 링크하기 위해 처음 만들어졌다. 복수개의 섹션을 가질 수 있고 디버깅 정보도 저장할 수 있어 C로 만든 목적 파일과 파스칼로 만든 목적 파일을 링크할 수도 있었다. 그러나 섹션 개수에 제한이 있었으며 섹션 이름이 너무 짧았고 새로운 언어인 C++의 디버깅 정보를 넣기에는 구조가 맞지 않았다. 처음에 아무리 범용적으로 설계했더라도 시간이 지나면 뭔가 부족한 점들이 발견되기 마련이다.

그래서 여러 업체에서 필요에 따라 COFF를 나름대로 확장했는데 IBM은 XCOFF를 정의했고

MIPS는 ECOFF를 정의했다. PE도 이런 와중에 생겨난 포맷인데 마이크로소프트가 COFF를 확장하여 만든 포맷이 바로 PE이며 COFF의 확장판이라고 할 수 있다. PE는 이식성과 확장성을 충분히 고려하여 디자인되었기 때문에 16비트 윈도우즈부터 32비트까지 동일한 포맷을 계속 유지하고 있으며 최신의 닷넷 실행 파일이나 64비트까지도 그대로 적용된다.

그렇다면 과연 PE의 구조를 연구하는 것은 어떤 의미가 있을까? 사실 PE는 컴파일러와 운영체제간의 내부적인 약속이므로 몰라도 큰 지장이 없으며 알아서 잘 만들어 놨겠거니 생각하면 그만이다. 하지만 실행 파일의 구조를 학습한다는 것은 운영체제의 내부적인 동작을 엿볼 수 있는 훌륭한 기회이며 특수한 기법을 구사하기 위한 기본 바탕이 되므로 학술적인 의미는 대단히 높다. PE 구조에 대한 깊은 이해는 공유 섹션을 통한 정보 교환, 고급 훅킹 기법, 압축 실행 파일 작성 등의 실용적인 가치가 있다. 또한 개발툴의 여러 가지 옵션과 변경시의 효과에 대해서도 분명히 알 수 있고 이 옵션들을 자유 자재로 활용할 수 있다.

만약 컴파일러 제작에 관심이 있다면 COFF와 PE는 피할 수 없는 중요한 과목이다. 왜냐하면 컴파일러의 중간 결과가 COFF이고 최종 출력 결과가 바로 PE이기 때문이다. 실행 파일을 변경하는 바이러스같은 프로그램을 작성할 때도 PE에 대한 이해가 필수적이며 이런 바이러스를 잡는 백신 제작 기술도 PE를 조작하는 것이다. 구조를 알아야 자신의 코드를 숨길 수 있고 또 그런 코드를 잡아낼 수 있는 것이다. 아무튼 이래 저래 고급 기법을 구사하기 위한 방편으로 PE 구조에 대한 연구가 필요하며 그래서 이 절에서 훅킹을 연구하기 전에 PE 구조를 간단히 연구해 본다.

단, 상세한 구조까지 일일이 파악하려면 시간도 많이 걸리고 괜히 어려워지므로 실용적으로 필요하다고 판단되는 부분까지만 개략적으로 소개하기로 한다. 헤더의 모든 멤버에 대해, 가능한 모든 값의 의미에 대해 일일이 설명할 필요도 없고 알 필요도 없다. 더 상세한 연구를 해 보고 싶은 사람은 별도의 자료를 참고하기 바란다. 분석을 위해서는 우선 대상이 있어야 하므로 아주 간단한 예제를 하나 만들어 보자. 대상이 너무 거대하면 분석하기 번거로우므로 별다른 기능은 넣지 않고 변수와 리소스 등을 골고루 넣어 보았다.

예 제 : PETest

```
#include <windows.h>
#include "resource.h"

unsigned Global=0x12345678;
TCHAR str[128];
int APIENTRY WinMain(HINSTANCE hInstance,HINSTANCE hPrevInstance
        ,LPSTR lpszCmdParam,int nCmdShow)
{
    LoadString(hInstance,IDS_STRING1,str,128);
    MessageBox(NULL,str,TEXT("PETest Message"),MB_OK);
    Global++;
    return 0;
}
```

PE 생성 결과는 컴파일러마다 조금 다르게 나타나는데 여기서는 비주얼 C++ 8.0으로 릴리즈 모드로 컴파일했다. 메시지 박스만 띄우는 아주 간단한 GUI 예제이며 리소스에는 문자열만 하나 들어 있다. 헥사 편집기로 전체 덤프를 출력해 놓고 각 부분이 어떤 의미를 가지며 실제값은 무엇인지 살펴보자. 이론만 보면 따분하기 때문에 눈으로 직접 확인해 가며 분석해 봐야 한다. 헥사 덤프를 지원하는 편집기는 쉽게 구할 수 있으므로 일단 열어 놓도록 하자.

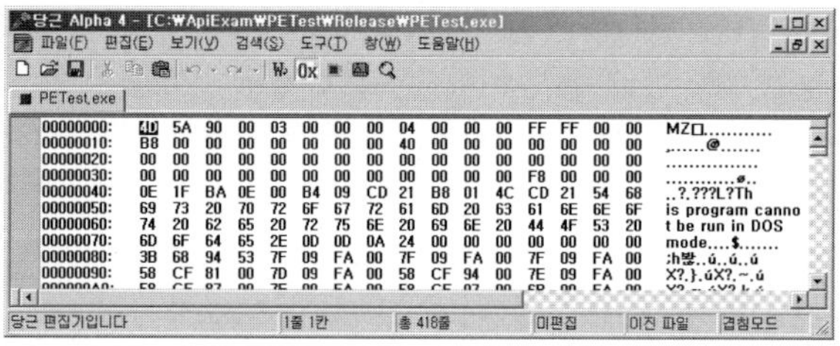

똑같은 소스를 컴파일해도 컴파일러의 종류나 빌드 모드에 따라 크기는 제각각 다르다. 파일 크기를 확인해 보면 작을 때는 10K 미만, 클 때는 200K가 될 수도 있다. 몇 줄 되지도 않는 소스인데 실행 파일이 이렇게 커지는 데는 다음과 같은 여러 가지 이유가 있다.

① PE에는 소스를 컴파일한 결과인 코드 외에도 이식성이나 역호환성을 유지하기 위한 정보들이 많이 삽입된다. 게다가 디버그 버전인 경우 디버깅 정보까지 포함되기 때문에 훨씬 더 커지는 것이다.

② Win32 환경에서 PE는 홀로 동작하는 것이 아니라 알게 모르게 시스템 DLL이나 외부 DLL을 호출하는 경우가 많다. 이런 외부 지원 DLL과 함수에 대한 정보들도 같이 포함되므로 최소한 어느 정도의 용량이 필요하다.

③ 성능을 위해 정렬 규칙이 적용되어 쓰지 않고 버리는 부분도 상당히 많다. PE는 크기보다는 효율을 중시하는 구조로 설계되어 있다. 덤프에서 00으로 나타나는 부분들은 대부분 섹션들 사이의 남는 공간이다.

헥사 덤프가 아닌 좀 더 논리적인 모습으로 PE의 내부를 보고 싶다면 비주얼 C++과 함께 제공되는 DumpBin 유틸리티를 사용한다. 볼랜드 C++에는 동일한 기능을 가지는 tdump라는 유틸리티가 제공된다. "DumpBin /옵션 파일명" 형식으로 사용하는데 옵션으로 보고자 하는 정보를 지정한다.

옵션	설명
/headers	헤더의 내용을 출력한다.
/imports	임포트한 함수 목록을 출력한다.
/exports	엑스포트한 함수 목록을 출력한다.
/disasm	코드 섹션을 역어셈블하여 출력한다.
/summary	개요만 출력한다.
/all	모든 정보를 출력한다.

DumpBin /imports PETest.exe 명령으로 PETest.exe가 어떤 시스템 함수를 호출하는지를 알 수 있다. 굉장히 기본적이고도 유용한 툴이지만 아직까지 콘솔밖에 지원하지 않아 쓰기는 불편한데 좀 더 잘 만들어진 그래픽 기반의 분석툴들도 많이 공개되어 있다.

45-1-나. 헤더 분석

대부분의 포맷들은 파일 선두에 꼭 필요한 중요한 정보를 배치해 놓는데 이 정보를 흔히 헤더라고 한다. 헤더는 여러 가지 멤버로 구성된 일종의 구조체이며 앞쪽의 고정된 위치에 있으므로 쉽게 찾을 수 있고 빠르게 읽을 수 있다. PE도 마찬가지로 앞쪽에는 이미지에 대한 개략적인 정보를 가지는 몇 개의 헤더가 있고 뒤이어 실제 내용이 따라온다. PE의 전체적인 구조를 그려보면 다음과 같다.

물론 이 그림은 어디까지나 굵직한 뼈대만 그린 것이며 각 요소들의 내부는 훨씬 더 복잡하다.

	구조	설명
	도스 스텁	도스와의 호환성 유지를 위한 더미
IMAGE_NT_HEADER	Signature	PE 파일임을 나타내는 매직 넘버
IMAGE_NT_HEADER	IMAGE_FILE_HEADER	PE의 주요 속성
IMAGE_NT_HEADER	IMAGE_OPTIONAL_HEADER	PE의 세부 속성
	섹션 헤더 배열	PE를 구성 섹션들의 속성
	섹션들	실제 정보를 가지는 섹션들 코드, 데이터, 리소스, 임포트, 엑스포트 테이블 등등

여타의 포맷과 마찬가지로 앞 부분에 헤더들이 있고 뒤에 실제 내용인 섹션이 있다. 헤더의 크기는 상대적으로 작으며 실제 대부분의 용량은 뒷부분의 섹션들이 차지한다. COFF 포맷은 이 중 파일 헤더와 섹션 정보밖에 없으며 나머지는 PE에서 확장된 것이다. 지금도 OBJ 파일은 COFF 포맷으로 작성된다. PE를 구성하는 각 부분을 앞쪽부터 순서대로 연구해 보자.

우선 제일 앞 부분에는 도스 스텁(DOS Stub)이 배치되어 있는데 이 부분은 하위 호환성 유지를 위해 필요하다. PE 실행 파일의 확장자가 도스에서와 똑같은 EXE이기 때문에 도스에서는 이 프로그램을 제대로 실행할 수 없다. 그래서 도스 환경에서는 이 프로그램을 실행할 수 없다는 간단한 안내 문구를 출력하는 역할을 한다. 원한다면 도스 스텁을 직접 만든 도스 프로그램으로 대체할 수도 있고 과거에는 특수한 목적으로 직접 만들기도 했지만 링커가 제공하는 디폴트 스텁 정도면 본래의 역할에 충실하므로 그렇게까지 할 필요는 없다.

도스 스텁의 첫 부분은 도스 설계자의 이름인 MZ(0x4d, 0x45)로 시작하는데 이는 실행 파일임을 표시하는 일종의 매직 넘버이다. MZ 이후에도 여러 가지 정보들이 들어 있지만 도스 이외의 환경에서는 큰 의미가 없고 알 필요도 없다. 도스 환경에서 윈도우즈 프로그램을 실행하는 비정상적인 경우의 에러 처리를 위해 존재하는 부분일 뿐이다. 도스 스텁의 오프셋 0x3c에는 PE 헤더의 오프셋이 기록되어 있는데 여기가 실질적인 PE의 선두인 셈이다. 도스 스텁 다음에는 PE의 여러 가지 특징을 설명하는 다음과 같이 선언된 구조체가 따라온다.

```
typedef struct _IMAGE_NT_HEADERS {
    DWORD Signature;
    IMAGE_FILE_HEADER FileHeader;
    IMAGE_OPTIONAL_HEADER OptionalHeader;
} IMAGE_NT_HEADERS;
```

```
typedef struct _IMAGE_NT_HEADERS64 {
    DWORD Signature;
    IMAGE_FILE_HEADER FileHeader;
    IMAGE_OPTIONAL_HEADER64 OptionalHeader;
} IMAGE_NT_HEADERS64;
```

왼쪽은 32비트 실행 파일의 헤더이며 오른쪽은 64비트 실행 파일의 헤더인데 64비트에서는 옵션 헤더가 조금 더 확장되었다. 첫 번째 멤버인 Signature는 항상 "PE\0\0"인데 이 값은 PE 파일임을 표시하는 매직 넘버이다. 만약 이 위치에 엉뚱한 숫자가 들어 있다면 이는 올바로 된 PE 파일이 아니다. 로더는 제일 먼저 이 값을 읽어 보고 실행 가능한 PE 파일이 맞는지를 확인함으로써 기본적인 에러 처리를 한다. 그래서 BMP나 TXT 파일의 확장자를 EXE로 바꾸어도 실행되지 않고 에러 처리되는 것이다.

IMAGE_FILE_HEADER

파일 헤더는 PE 파일에 대한 개략적이고 전체적인 정보를 제공한다. 실행 파일뿐만 아니라 OBJ 파일에도 존재하므로 흔히 COFF 헤더라고도 부른다. 다음과 같이 선언된 구조체인데 모든 PE 이미지는 선두에 이 구조체를 가진다.

```
typedef struct _IMAGE_FILE_HEADER {
    WORD Machine;
    WORD NumberOfSections;
    DWORD TimeDateStamp;
    DWORD PointerToSymbolTable;
    DWORD NumberOfSymbols;
    WORD SizeOfOptionalHeader;
    WORD Characteristics;
} IMAGE_FILE_HEADER;
```

PE 이미지에 대한 가장 기본적이고 공통적인 정보들인데 각 멤버의 의미에 대해 도표로 간단하게 정리해 보자.

멤버	간단한 설명
Machine	이 이미지가 실행될 수 있는 CPU의 타입을 지정하며 ALPHA, MIPS, POWERPC, ARM 등 여러 가지 값을 가질 수 있다. 이 정보가 있기 때문에 PE가 이식성이 있는 것이다. 여러 가지 CPU를 지원하지만 2000이후에는 인텔만 지원하기 때문에 현실적으로는 I386(0x14c)와 IA64(0x200), X64(0x8664) 정도만 존재한다. 물론 미래에 마이크로소프트가 매킨토시나 알파칩을 지원하겠다고 날뛸 수도 있으므로 또 어떻게 바뀔지 모른다.
NumberOfSections	이미지를 구성하는 섹션의 개수이다. 섹션 테이블 배열의 크기이기도 하며 전체적으로 PE가 얼마나 다양한 정보를 가지고 있는지를 나타낸다. 이 크기만큼 뒷부분에 섹션이 따라온다.
TimeDateStamp	이미지가 만들어진 시간이다. 1970년 1월 1일 자정을 기준으로 한 경과초로 표현되는데 경과초를 역추적하면 만들어진 정확한 시간을 구할 수 있다. 파일 자체의 시간과는 별개일 수도 있다.
PointerToSymbolTable	일종의 디버깅 정보인 심볼 테이블의 오프셋이다. 없을 경우는 0으로 기록되는데 신형 PE에는 보통 0이다.
NumberOfSymbols	심볼 테이블 내의 심볼 개수이다. 심볼 테이블 뒤에 따라오는 문자열 테이블의 주소를 구하기 위해 이 정보가 사용된다.
SizeOfOptionalHeader	옵션 헤더의 크기이다. 옵션 헤더는 없을 수도 있고 크기도 가변적이기 때문에 이 정보가 있어야만 옵션 헤더 뒤의 섹션 테이블을 정확하게 찾을 수 있다. OBJ에서는 0이고 EXE나 DLL에서만 사용되는데 32비트 버전에서는 0xE0이며 64비트 버전에서는 0xF0의 크기를 가진다.
Characteristics	이미지의 여러 가지 특징을 표현하는 플래그들의 집합이다. 예를 들어 디버깅 정보가 있는지, 직접 실행 가능한 이미지인지, 재배치 가능한지 등에 대한 정보가 들어 있다.

이중 심볼에 관련된 멤버는 사실 별 의미가 없으며 플랫폼 정보와 섹션 개수, 특성 플래그 정도가 유용하다. 지원 가능한 CPU 목록과 특성 플래그들의 전체 목록, 구체적인 의미에 대해서는 레퍼런스를 참조하되 사실 이런 목록까지 알아야 할 필요는 없다. PETest.exe의 덤프를 보면 Machine은 0x14c, 특성은 0x103이다. 이 값을 레퍼런스에서 찾아 보면 재배치 정보가 없는 인텔 CPU에서 실행되는 32비트 실행 파일임을 알 수 있다.

로더는 이 구조체를 통해 현재 운영체제에서 실행 가능한지를 점검한다. CPU가 정확하게 일치하거나 아니면 최소한 에뮬레이션이라도 가능해야 실행 파일을 메모리로 올리며 그렇지 않을 경우 실행은 거부된다. 예를 들어 64비트 전용 프로그램을 32비트 환경에서 실행하려면 에러로 처리될 것이다. 반대로 32비트 프로그램을 64비트 환경에서 실행하는 것은 가능하다. 실행 가능하다면 로딩을 계속할 것이다.

IMAGE_OPTIONAL_HEADER

파일 헤더 다음에는 좀 더 상세한 정보를 가지는 옵션 헤더가 따라온다. 파일 헤더의 정보와 비슷하지만 좀 더 상세하고 세부적인 정보들을 가진다. 이 헤더는 이름 그대로 옵션이기 때문에 PE의 종류에 따라서는 없을 수도 있다. OBJ 파일에는 존재하지 않으며 EXE나 DLL에만 옵션 헤더가 존재한다. 이 구조체는 버전에 따라 가변적인데 일단 32비트 버전부터 보자.

```
typedef struct _IMAGE_OPTIONAL_HEADER {
  WORD Magic;
  BYTE MajorLinkerVersion;
  BYTE MinorLinkerVersion;
  DWORD SizeOfCode;
  DWORD SizeOfInitializedData;
  DWORD SizeOfUninitializedData;
  DWORD AddressOfEntryPoint;
  DWORD BaseOfCode;
  DWORD BaseOfData;
  DWORD ImageBase;
  DWORD SectionAlignment;
  DWORD FileAlignment;
  WORD MajorOperatingSystemVersion;
  WORD MinorOperatingSystemVersion;
  WORD MajorImageVersion;
  WORD MinorImageVersion;
  WORD MajorSubsystemVersion;
  WORD MinorSubsystemVersion;
  DWORD Win32VersionValue;
  DWORD SizeOfImage;
  DWORD SizeOfHeaders;
  DWORD CheckSum;
  WORD Subsystem;
  WORD DllCharacteristics;
  DWORD SizeOfStackReserve;
  DWORD SizeOfStackCommit;
  DWORD SizeOfHeapReserve;
  DWORD SizeOfHeapCommit;
  DWORD LoaderFlags;
  DWORD NumberOfRvaAndSizes;
  IMAGE_DATA_DIRECTORY DataDirectory[IMAGE_NUMBEROF_DIRECTORY_ENTRIES];
} IMAGE_OPTIONAL_HEADER,
```

보다시피 굉장히 많은 멤버를 가지고 있다. 64비트 PE에서는 모양이 조금 달라지는데 BaseOfData 멤버가 없어지고 ImageBase와 스택, 힙의 크기 지정 멤버가 ULONGLONG 타입의 64비트로 확장된다. 64비트는 주소 공간이 32비트보다 넓기 때문에 번지도 32비트로는 지정할 수 없으며 64비트가 되어야 한다. 몇몇 멤버의 크기가 커졌을 뿐 멤버들의 기본적인 의미는 거의 동일하다. 다음 도표에 이 구조체의 주요 멤버에 대해서만 간단하게 정리했는데 나머지는 잘 사용되지 않거나 알아 봐야 별 소득이 없는 것들이다. 사실 이 정보들 중 의미를 가지는 중요한 것은 몇 되지 않으며 대부분은 단순한 참고 정보이거나 로더가 좀 더 빨리 의사 결정을 할 수 있게 도와주는 정도의 의미밖에 없다.

멤버	설명
Magic	이미지 파일의 버전과 종류를 나타낸다. 32비트 PE는 0x10B이며 64비트는 0x20B, ROM이미지는 0x107로 정의된다.
Major(Minor)LinkerVersion	링커의 버전을 표시하는 정수부, 실수부이되 이미지를 최종 생성한 컴파일러의 버전이라고 봐도 무방하다. 비주얼 C++ 6.0은 6, 0의 값을 가지며 8.0은 8,0의 값을 가진다. Dev C++ 4989버전은 2.38로 조사된다.
SizeOf*	이 세 개의 멤버는 지정한 속성을 가지는 섹션들의 총 크기이다. 순서대로 코드, 초기화된 섹션, 초기화되지 않는 섹션의 크기값이다.
AddressOfEntryPoint	최초 실행될 이미지상의 RVA이며 쉽게 말해 main이나 WinMain의 번지(정확하게는 스타트업의 번지)라고 생각하면 된다. 실행 파일은 이 값이 반드시 필요하지만 DLL은 없을 수도 있다.
BaseofCode, BaseofData	코드와 데이터가 시작되는 RVA이다.
ImageBase	이미지가 주소 공간으로 로드될 때 배치될 번지이며 할당단위(통상 64K)의 배수 번지여야 한다. 실행 파일은 보통 0x400000로 지정되며 DLL은 0x10000000이되 링커 옵션으로 변경할 수 있다. CE용 PE는 0x100000의 베이스를 가진다. 로더는 가급적 이 번지에 이미지를 배치하지만 DLL의 경우는 다른 DLL이 이미 이 번지를 점유했을 수도 있으므로 다른 곳에 배치되는 경우가 종종 있다.
SectionAlignment	섹션을 배치할 정렬 기준값이다. 섹션은 이 멤버의 배수 위치에 배치된다. 페이지 크기와 같은데 디폴트는 4K이다.
FileAlignment	섹션내의 정보를 배치하는 정렬값이다. 0x200~0x10000사이의 2의 거듭승으로 지정할 수 있는데 보통 512이다.
Major(Minor)-OperatingSystemVersion	실행되기 위한 운영체제의 버전이다. 예를 들어 윈도우즈 2000이상에서만 실행될 수 있다면 5.0의 값을 가질 것이다. 32비트 PE는 보통 95이상에서 실행가능하므로 4.0으로 설정된다.
Major(Minor)-ImageVersion	실행 이미지의 버전이다. 링크 옵션에 실행 파일의 버전을 지정하면 여기에 버전 정보가 삽입되며 별다른 지정이 없으면 0이다.
Major(Minor)-SubsystemVersion	요구되는 서브 시스템의 버전이다. 버전 번호는 서브시스템에 따라 다른데 GUI, CUI인 경우는 윈도우즈 버전과 일치한다.
SizeOfImage	헤더를 포함한 이미지의 총 크기이다. 로더는 섹션 배치전에 이 만큼의 메모리를 할당한다.
SizeOfHeader	헤더의 총 크기이다.
SubSystem	이미지가 실행될 서브 시스템을 의미한다. POSIX, OS/2, CE 등의 여러 가지 서브 시스템이 있지만 현실적으로 GUI(2), 아니면 CUI(3) 둘 중 하나인 경우가 많다. GUI는 일반적인 그래픽 환경에서 실행되는 프로그램이며 CUI는 콘솔 프로그램이며 CE(9)는 모바일용 프로그램이다.
SizeOfStack(Heap)-Reserve(Commit)	스택과 힙의 초기 예약 크기와 확정 크기이다. 로더는 이 멤버가 지시하는 대로 스택과 힙을 미리 예약및 할당해 놓는다. 보통 1M를 예약하고 그 중 한 두 페이지를 확정한다.
NumberOfRvaAndSizes	바로 다음 멤버인 디렉토리 배열의 개수이다. 통상 0x10이다.

이 헤더에서 주소값을 가지는 멤버들은 상대 가상 주소(RVA:Relative Virtual Address) 형식으로 기록되어 있다. RVA란 이미지가 주소 공간에 전개된 후 ImageBase를 기준으로 얼마나 떨어져 있는가를 지정하는 주소값이다. 이 값은 PE 파일 선두를 기준으로 한 오프셋과는 다른 개념이며 배치가 끝난

후 로더가 곧바로 사용할 수 있는 프로세스 주소 공간상의 번지이다.

RVA로 표현되는 대표적인 값이 실행 시작 번지인 엔트리 포인트인데 PETest의 경우 ImageBase는 0x40000으로 되어 있고 엔트리 포인트는 0x1352로 되어 있다. 로더는 섹션 테이블의 지시대로 섹션들을 배치한 후 이 번지로 점프하는데 실제 호출되는 주소는 AddressOfEntryPoint 가 지시하는 0x1352 번지에 ImageBase를 더한 0x401352번지가 된다.

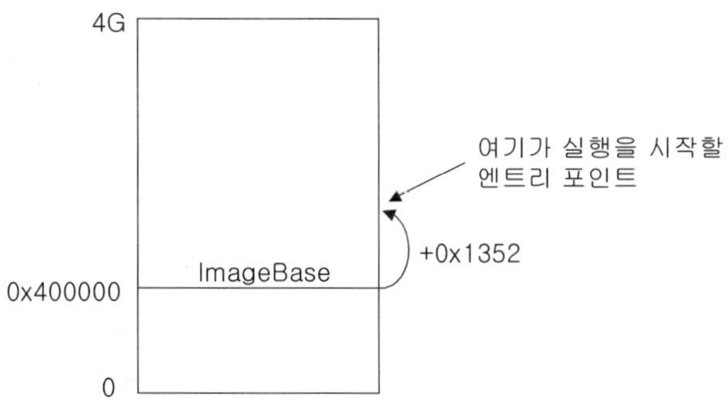

RVA는 즉 이미지가 메모리상에 전개되고 난 후의 상대적인 주소값인데 로더가 번지를 찾기 편리하게 되어 있다. 즉, 사람이 읽기 편한 오프셋이 아니라 기계가 다루기 편리한 값이다. 따라서 실제 이 내용이 PE상의 어디에 있는지를 알려면 배치 정보를 참조하여 배치된 후의 번지값으로부터 오프셋을 역추적해야만 한다.

RVA값을 가지는 멤버들의 크기는 버전에 상관없이 모두 32비트로 되어 있으며 오프셋을 기록하는 멤버의 크기도 32비트이다. 따라서 64비트 이미지라 하더라도 메모리에 배치될 때는 4G 범위 내에서 배치되어야 하며 이미지 크기도 최대 4G가 한계이다. 다만 메모리에 전개되었을 때 그보다 훨씬 더 많은 메모리를 쓸 수 있을 뿐이다. 하긴 실행 파일이 4G를 넘을 일은 앞으로도 거의 없다고 볼 수 있다.

IMAGE_DATA_DIRECTORY

옵션 구조체의 제일 끝에는 IMAGE_DATA_DIRECTORY 구조체의 배열이 멤버로 포함되어 있다. 디렉토리 배열에는 PE의 여러 가지 정보 블록과 섹션에 대한 위치와 크기가 기록되어 있는데 OS가 실행중에 원하는 정보를 빠르고 정확하게 찾기 위해 이 배열을 참조한다. 배열의 각 요소는 다음과 같이 정의된 구조체이다.

```
typedef struct _IMAGE_DATA_DIRECTORY {
    DWORD VirtualAddress;
    DWORD Size;
} IMAGE_DATA_DIRECTORY;
```

각 디렉토리의 시작 위치를 가리키는 RVA와 크기가 이 구조체에 기록되어 있다. 배열의 크기는 16으로 고정되어 있으며 배열의 각 첨자별로 의미가 미리 정해져 있다. 예를 들어 0번은 엑스포트 테이블, 1번은 임포트 테이블, 2번은 리소스 테이블, 9번은 TLS 테이블 등이다. 모든 요소가 다 있는 것은 아니며 존재하지 않는 디렉토리는 0의 값을 가진다. PETest의 경우 4개의 디렉토리밖에 없다.

PE 포맷은 섹션별로 정보를 구성하므로 섹션 테이블에서 원하는 정보를 찾을 수 있다. 그럼에도 불구하고 별도의 디렉토리 배열을 유지하는 이유는 유연성을 확보하기 위해서이다. 섹션이 아주 작거나 동일한 특성을 가질 경우 병합되어 기록되기도 하는데 이때 병합되어 버린 섹션은 섹션 테이블에 나타나지 않으므로 디렉토리에서 위치를 찾아야 한다. 예를 들어 엑스포트 정보가 아주 작을 때는 데이터 섹션에 합쳐지며 별도의 엑스포트 섹션이 생성되지 않는다. 하지만 디렉토리 배열의 0번에 엑스포트 블록의 시작 위치가 있으므로 이 위치를 읽으면 엑스포트 정보를 구할 수 있다.

이런 식으로 섹션을 병합하지 않으면 정렬 규칙에 의해 섹션간의 남는 용량이 너무 커질 것이다. 옵션 헤더의 디렉토리 배열은 PE 파일의 용량을 줄이는데 활용되며 PE 포맷에 유연성을 부여하는 수단이 된다. 하지만 덕분에 우리가 PE 포맷을 분석할 때는 원하는 정보를 찾기 위해 여러번 간접 참조를 해야 하는 문제가 있다. PE는 사람이 읽는 포맷이 아니므로 별 문제가 안되기는 하지만 말이다.

45-1-다. 섹션

파일 헤더, 옵션 헤더 다음에는 PE 파일의 실제 내용물인 섹션이 이어진다. 섹션은 PE 파일을 구성하는 단위이면서 로더가 메모리에 배치하는 단위이기도 하다. PE 파일을 구성하는 부품들이라고 생각할 수 있는데 컴퓨터가 CPU, 메모리, 하드 디스크 등 기능이 다른 여러 개의 부속물로 이루어지듯이 PE 파일도 코드, 세그먼트, 리소스 등 역할이 다른 여러 가지 섹션으로 이루어진다. 도스 시절부터 프로그래밍을 해 온 사람이라면 x86의 세그먼트 개념과 유사하다고 생각하면 섹션을 직관적으로 이해하는데 도움이 될 것이다.

우리가 개발툴을 통해 작성한 코드나 리소스, DLL에 대한 정보 등이 각각의 섹션에 컴파일되어 들어가는 것이다. 섹션 개수에 대해서는 특별한 제한이 없으며 어떤 섹션이 포함되는가는 이미지의 종류나 프로젝트 구성에 따라 달라진다. DLL에는 엑스포트 섹션이 있고 리소스의 존재 여부에 따라 리소스 섹션의 포함 여부가 결정되며 빌드 모드에 따라 디버깅 섹션의 존재가 결정된다. 아무튼 실행에 필요한 모든 섹션이 다 포함된다고 생각하면 된다. 섹션의 순서는 별 의미가 없고 링커가 마음대로 결정하되 단, 어떤 섹션이 어디에 있는지 헤더에 정확하게 작성하기만 하면 된다.

IMAGE_SECTION_HEADER

옵션 헤더 다음에는 섹션의 헤더 배열이 위치하는데 다음과 같이 선언된 구조체의 배열이다. 배열의 크기는 파일 헤더의 NumberofSections 멤버만큼이다.

```
typedef struct _IMAGE_SECTION_HEADER {
  BYTE Name[IMAGE_SIZEOF_SHORT_NAME];
  union {
    DWORD PhysicalAddress;
    DWORD VirtualSize;
  } Misc;
  DWORD VirtualAddress;
  DWORD SizeOfRawData;
  DWORD PointerToRawData;
  DWORD PointerToRelocations;
  DWORD PointerToLinenumbers;
  WORD NumberOfRelocations;
  WORD NumberOfLinenumbers;
  DWORD Characteristics;
} IMAGE_SECTION_HEADER;
```

이 구조체에 각 섹션의 이름, 위치, 속성 등에 대한 여러 가지 정보들이 들어 있는데 멤버들의 의미가 비슷 비슷해 보이며 복잡한 정렬 규칙이 적용되기 때문에 정확한 의미를 파악하기는 다소 어렵다.

멤버	설명
Name	섹션 이름이되 최대 8바이트까지 가능하며 보통 .으로 시작한다. 8자까지 다 쓸 경우 널 종료 문자는 생략할 수 있다.
VirtualSize	형식상 공용체로 되어 있지만 실제로는 VirtualSize 멤버만 사용된다. 이 값은 메모리에 로드되었을 때 섹션의 크기를 지정한다. OBJ 파일인 경우는 0으로 설정된다.
SizeOfRawData	VirtualSize를 정렬 기준에 맞게 올림한 값이다. VirtualSize가 메모리상의 크기라면 이 값은 디스크상의 크기라고 할 수 있다.
VirtualAddress	메모리에 로드되었을 때 섹션의 RVA이다. 로더는 베이스에서 이 값을 더한 번지에 섹션을 배치한다.
PointToRaw	섹션이 시작되는 PE 파일상의 오프셋이다. 덤프에서 이 번지를 읽으면 섹션의 내용을 직접 읽을 수 있다.
Characteristics	섹션의 속성을 지정한다. 읽기 가능, 쓰기 가능, 초기화 여부, 정렬 크기, 실행 가능, 공유 가능 등의 플래그들이 조합되어 지정된다.

메모리상의 위치나 크기도 물론 중요하지만 섹션의 경우 마지막 멤버에 지정되는 속성이 큰 의미를 가진다. 속성은 이 섹션에 어떤 내용이 있는지, 어떤 동작이 가능한지에 대한 정보를 제공하며 로더는 이 속성대로 메모리를 할당하여 허가되지 않은 동작을 방지한다. 각 속성값은 2의 거듭승인 비트 필드로 정의되어 있으며 매크로 상수로 이름이 붙어 있기는 하지만 어차피 PE 파일을 들여다 볼 때는 16진수로 속성을 읽어야 하므로 속성의 이름보다는 비트 위치를 그려 보는 것이 더 쉽다.

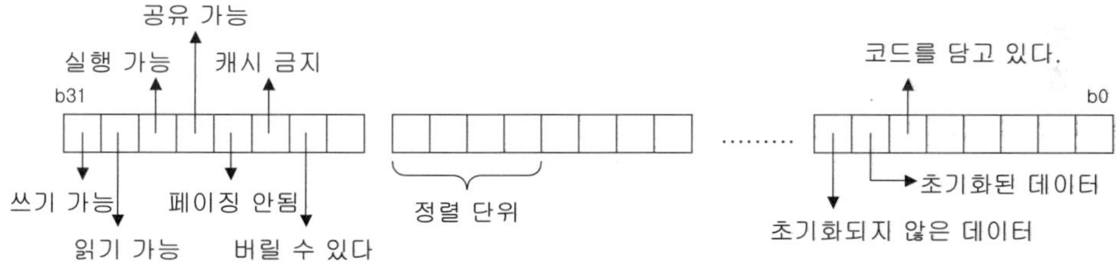

미사용 비트와 의미없는 비트는 빼고 자주 쓰는 속성만 정리해 보았는데 두 번째 바이트는 아예 사용되지 않는다. 모든 섹션은 용도에 맞는 적당한 속성을 가진다. 섹션 테이블 다음에 각각의 섹션이 이어지는데 PE 파일에 나타날 수 있는 섹션의 종류는 다음과 같다. 당연한 얘기겠지만 섹션의 이름이나 속성은 컴파일러에 따라 조금씩 달라질 수도 있다.

섹션	속성	설명
.text	코드, 실행, 읽기	실행 코드를 가진다. CPU에 의존적이며 소스의 컴파일 결과가 여기에 작성된다. 실행만 가능하며 쓰기는 불가능하다.
.data	초기화, 읽기, 쓰기	초기화된 전역 변수를 가지며 읽기, 쓰기가 모두 가능하다. 컴파일러가 여기에 변수의 영역을 마련하고 초기값을 미리 대입해 놓는다.
.rdata	초기화, 읽기	읽기 전용의 변수를 가지며 문자열 상수나 const로 선언된 변수들이 이 섹션에 저장된다. 당연히 읽기 전용이며 쓰기는 불가능하다.
.bss	비초기화, 읽기, 쓰기	초기화되지 않는 전역 변수를 위한 섹션이다.

.edata	초기화, 읽기	엑스포트할 함수에 대한 정보를 가진다. DLL의 경우에만 이 섹션이 존재한다.
.idata	초기화, 읽기, 쓰기	임포트할 함수에 대한 정보를 가진다. 어떤 DLL에 있는 어떤 함수가 필요한지에 대한 정보가 이 섹션에 작성된다.
.rsrc	초기화, 읽기	리소스가 저장된다.
.tls	초기화, 읽기, 쓰기	스레드를 위한 지역 저장소이다.
.relec	초기화, 읽기, 쓰기	DLL이 지정한 기준 번지에 배치되지 못할 때를 대비하여 재배치 정보를 가진다.

섹션별로 내용이 다르고 구조도 판이하게 다르다. .text는 기계어 코드, .data는 변수를 가지며 .rsrc는 비트맵, 메뉴 따위를 가진다. 엑스포트, 임포트 섹션은 내보내거나 가져올 함수 목록을 가지는데 이런 정보 표현을 위해 또 다른 복잡한 구조체를 정의한다.

코드 섹션

코드 섹션은 소스 코드를 컴파일한 결과인 기계어 코드가 저장되는 영역이다. 우리가 C/C++언어로 작성한 함수들의 본체 코드가 이 영역에 작성된다. 보통 제일 앞쪽에 하나가 존재하지만 특별한 경우는 코드 섹션이 없을 수도 있다. 예를 들어 리소스만 가진 DLL은 코드가 전혀 없으므로 코드 섹션이 생략되기도 한다.

PETest.exe의 덤프에서 코드 섹션을 찾아 보자. 섹션 테이블의 .text 이름을 가지는 섹션에서 이 부분을 찾아 보면 PointToRaw가 0x400으로 되어 있는데 이는 덤프의 오프셋 0x400부터 코드 섹션이 기록되어 있다는 뜻이다. VirtualAddress는 0x1000으로 되어 있는데 이는 이미지 베이스에 0x1000을 더한 번지에 이 섹션이 배치된다는 뜻이다. 이 부분을 DumpBin으로 디스어셈블해 보면 다음 어셈블리 코드를 볼 수 있다.

```
00401000: 8B 44 24 04        mov     eax,dword ptr [esp+4]
00401004: 68 80 00 00 00     push    80h
00401009: 68 78 33 40 00     push    offset ?str@@3PADA
0040100E: 6A 65              push    65h
00401010: 50                 push    eax
00401011: FF 15 A8 20 40 00  call    dword ptr [__imp__LoadStringA@16]
00401017: 6A 00              push    0
00401019: 68 F4 20 40 00     push    offset ??_C@_0P@...
0040101E: 68 78 33 40 00     push    offset ?str@@3PADA
00401023: 6A 00              push    0
00401025: FF 15 AC 20 40 00  call    dword ptr [__imp__MessageBoxA@16]
0040102B: 83 05 18 30 40 00  add     dword ptr [?Global@@3IA],1
```

어셈블리 언어를 모른다 하더라도 대충 내용을 읽어 보면 LoadString을 호출하고 MessageBox를 호출한다는 것을 직감적으로 알 수 있는데 이 부분이 바로 WinMain이다. 그러나 이 부분이 실제로 실행 시작점은 아니며 옵션 헤더의 엔트리가 지정하는 0x401352번지가 실행 시작점이며 이른바 스타트업 코드라고 한다.

```
_WinMainCRTStartup:
  00401352: E8 AD 03 00 00    call    ___security_init_cookie
  00401357: E9 35 FD FF FF    jmp     00401091
```

스타트업 코드는 컴파일러가 제공하며 여기서 응용 프로그램에 필요한 초기화를 한다. 인수로 전달된 파라미터와 보이기 상태, 인스턴스 핸들 등을 조사하고 이 값들을 인수로 하여 WinMain을 호출한다. WinMain으로 제어가 넘어오면 실행 파일이 시작되어 개발자가 작성한 코드가 실행된다.

코드 섹션의 내용은 CPU가 직접 해석해야 하는 기계어이므로 CPU에 의존적일 수밖에 없다. 헤더를 통해 섹션의 오프셋을 구할 수 있으므로 역어셈블해 볼 수는 있지만 어셈블리 언어를 잘 알아야만 읽을 수 있다. 설사 읽을 수 있다 하더라도 굉장히 복잡하기 때문에 역어셈블 리스트로부터 내용을 파악하는 것은 거의 불가능하다.

데이터 섹션

코드 섹션이 함수를 저장하는 영역이라면 데이터 섹션은 변수를 저장하는 영역이다. 데이터 섹션은 쓰기 가능 여부, 초기화 여부에 따라 두 개로 나누어지는데 읽기, 쓰기가 모두 가능한 변수는 .data 섹션에 기록되며 읽기만 가능한 변수는 .rdata 섹션에 기록된다. PETest.exe에는 Global이라는 전역 변수가 선언되어 있는데 이 변수는 덤프의 오프셋 0x1400에 기록되어 있다.

```
0x1410: FE FF FF FF 01 00 00 00 78 65 34 12 00 00 00 00 ?.......xV4.....
```

Global 변수의 초기값인 0x12345678이 기록되어 있는 것이 보인다. 전역 변수를 선언하고 초기값을 주면 컴파일러는 변수 영역에 값을 대입하는 것이 아니라 아예 실행 파일에 그 초기값을 기록해 놓는 것이다. 코드 영역에서 Global 변수를 읽고 쓰면 이 번지가 액세스된다. 전역 변수뿐만 아니라 정적 변수도 .data 섹션에 위치한다. 섹션내에서 변수를 어느 위치에 놓을 것인가는 물론 컴파일러 마음대로이다. .data 섹션은 초기화되고 읽고 쓰기가 가능한데 전역, 정적 변수의 속성과도 일치한다. 예제의 str처럼 초기화되지 않는 변수는 .bss 섹션에 배치되는 것이 원칙이나 이 섹션은 보통 .data 섹션에 병합된다.

읽기 전용의 데이터는 .rdata 섹션에 기록된다. 이 섹션은 오프셋 0xC00에서 시작되며 이 부분의 덤프를 보면 다음과 같은 문자열이 보인다. 메모리에 배치된 이 번지를 읽으면 프로그램이 정의한 문자열 상수를 읽을 수 있다.

```
0CF0: 98 30 40 00 50 45 54 65 73 74 20 4D 65 73 73 61 ?@.PETestMessa
0D00: 67 65 00 00 00 00 00 00 48 00 00 00 00 00 00 00 ge......H........
```

이 섹션은 읽기만 가능하며 쓰기는 불가능하다. 문자열 상수나 const 속성이 붙은 변수들이 이 영역에 저장되며 그 외 읽기만 가능한 다른 섹션들이 여기에 병합되기도 한다. 섹션에 쓰기 속성이 없으므로 로더는 이 섹션을 쓰기 전용의 가상 메모리에 배치하며 이 영역을 잘못 건드리면 죽는다. 다음 코드를 보자.

```
TCHAR *p=TEXT("String");
*p='a';
```

포인터가 문자열 상수를 가리키도록 해 놓고 이 영역에 값을 기록했다. 타입이 틀리지는 않으므로 컴파일은 무사히 되지만 p가 가리키는 번지가 읽기 전용의 .rdata 섹션이기 때문에 액세스 위반으로 프로그램이 사망하는 것이다. 흔히 .rdata 섹션을 정적 데이터 영역이라고 하며 이 영역의 값은 읽을 수만 있다.

리소스 섹션

리소스 섹션은 말 그대로 리소스를 저장하는 영역이다. 리소스는 일종의 데이터이지만 워낙 덩치가 크고 단순한 변수와는 특성이 다르므로 별도의 섹션에 기록된다. 로더는 가상 메모리를 아끼기 위해 꼭 필요한 것만 맵핑하는데 리소스는 데이터에 비해 맵핑 시점이 다소 느리다. 필요할 때만 메모리로 올라오도록 관리하기 위해 별도의 섹션으로 분리되어 있는 것이다.

이 섹션에는 비트맵, 메뉴, 아이콘 등의 다양한 리소스들이 정의되는데 각 리소스 타입에 따라 내부적인 포맷이 각각 다르다. 이런 리소스들이 어떻게 작성되는가는 별로 관심을 가질만한 것이 못되며 사실 너무 복잡해서 알기도 어렵다. 예를 들어 비트맵은 DIB 포맷으로 저장되는데 DIB의 구조가 간단하지 않다는 것은 우리가 이미 학습해 봐서 알고 있다. 나머지 메뉴, 액셀러레이터, 대화상자 템플릿 등도 고유의 복잡한 포맷으로 기록되어 있을 것이다.

PETest.exe의 섹션 테이블을 보면 리소스 섹션이 오프셋 0x1600에 시작된다는 것이 기록되어 있으며 덤프에서 이 부분을 확인해 보면 Portable Executable File Format Test라는 문자열이 보일 것이다. 리소스의 모든 문자열은 운영체제 버전에 상관없이 유니코드로 저장되어 있다. 그나마 문자열이기 때문에 덤프에서 존재를 확인할 수 있는 것이다. 이 섹션의 데이터를 읽을 때는 LoadXXX 함수들을 사용하는데 문자열은 LoadString으로 읽는다.

엑스포트 섹션

엑스포트 섹션에는 자신이 밖으로 공개하는 함수의 목록이 기록된다. 함수를 제공하는 DLL에만 나타나며 EXE에는 이 섹션이 없다. 이 섹션에는 제공되는 함수의 개수와 함수 포인터 배열, 그리고 함수 이름 배열, 서수 배열이 작성된다. 함수의 시작 번지는 RVA로 기록되어 있으며 실제 이 번지가 어디쯤이 될 것인가는 클라이언트 프로세스의 주소 공간에 맵핑되었을 때 결정된다.

엑스포트 섹션의 실제 모습은 구조체와 그 안에 포함된 RVA 위치, 그리고 RVA가 가리키는 곳에 저장되어 있는 가변 길이의 배열이라고 할 수 있다. 함수명이나 DLL의 이름이 모두 가변적이기 때문에 구조체에 직접 문자열이 들어 있지 않고 RVA로 기록되어 있다. 심하게 복잡하지는 않지만 덤프를 보며 직접 분석해 보기는 사실 만만치 않은데 결론적으로는 제공하는 함수에 대한 이름 목록과 함수 본체의 주소를 공개한다고 보면 틀림없다.

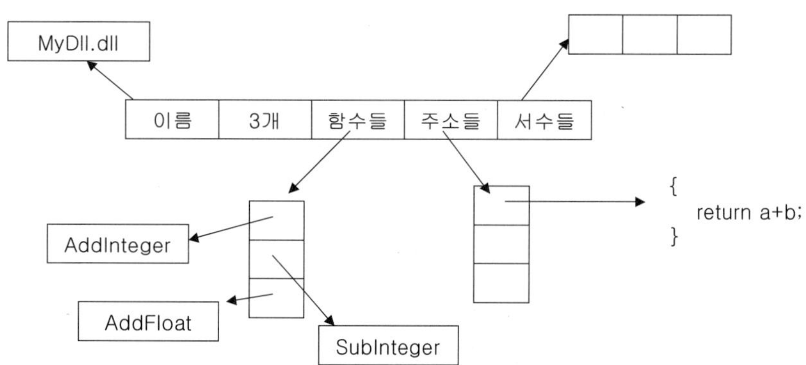

엑스포트 섹션인 .edata는 그다지 크지 않기 때문에 보통 .rdata 등의 다른 섹션에 병합된다. 그렇더라도 옵션 헤더의 디렉토리에 병합된 엑스포트 테이블의 위치가 기록되므로 로더는 이 정보를 찾아 엑스포트된 함수에 대한 정보를 얻을 수 있다. PETest.exe는 실행 파일이므로 엑스포트 섹션이 없지만 DLL 실습 때 만들어 본 MyDll.dll의 이미지에는 이 정보가 기록되어 있을 것이다.

임포트 섹션

Win32 응용 프로그램은 홀로 실행되는 것이 아니라 항상 외부 DLL의 함수를 호출한다. 별도의

DLL을 사용하지 않더라도 최소한 kernel, user, gdi 등의 시스템 함수는 호출해야 하며 심지어 DLL조차도 다른 DLL을 호출해야 한다. 이런 외부 함수에 대한 정보가 임포트 섹션(.idata)에 저장되며 거의 대부분의 PE는 임포트 섹션을 가지고 있다. PETest.exe의 덤프에는 이 섹션이 따로 없는데 이는 임포트 섹션이 .data에 병합되기 때문이다. 비주얼 C++ 6.0으로 컴파일하면 .idata 섹션이 별도로 생성된다. 병합된 경우는 옵션 헤더 디렉토리 배열 1번 요소에서 이 정보를 찾을 수 있다.

여러 개의 DLL로부터 임의 개수의 함수들을 호출할 수 있으므로 임포트 섹션의 구조는 상당히 복잡하며 로더가 이 섹션의 정보를 다루는 방법은 더 복잡하다. 구조체안에 RVA 배열이 있고 이 RVA가 가리키는 곳을 따라가면 또 다른 배열이 있는 식으로 자료 구조의 중첩이 상당히 심해 어지간한 체력으로는 임포트 섹션을 분석하기 어렵다. 그래서 상세한 구조를 파헤쳐 보기보다는 개념적으로 이해하기 쉽도록 단순화해서 설명하기로 한다. 임포트 섹션은 다음과 같은 구조체가 DLL의 개수만큼 반복되므로 DLL 정보의 배열이라고 할 수 있다.

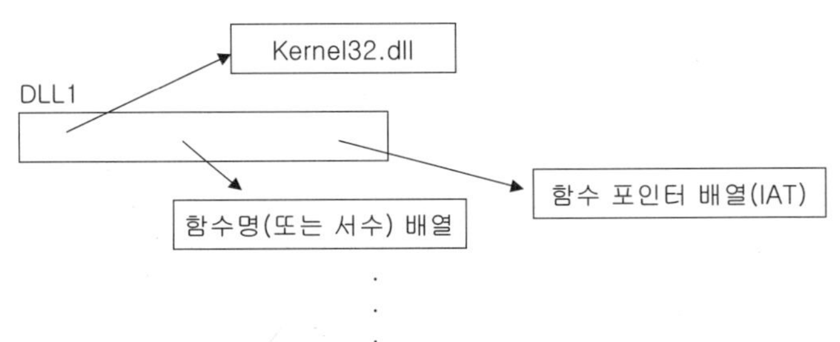

이 구조체에는 우선 DLL의 이름을 가리키는 포인터(RVA)가 있고 함수명이나 서수의 배열에 대한 포인터가 포함되어 있다. 포인터가 가리키는 곳에는 임포트하는 함수의 개수 크기를 가지는 배열이 있으며 이 배열에는 함수명을 가리키는 또 다른 포인터가 들어 있는 식이다. 예를 들자면 Kernel32.dll에서 Sleep, GetTickCount, CreateFile 함수를 임포트한다면 이 문자열들을 어딘가에 저장해 놓고 문자열의 시작 번지를 가리키는 RVA가 배열에 작성되며 이 배열에 대한 RVA를 구조체가 가지고 있는 것이다.

이런 복잡한 구조체가 임포트되는 DLL의 개수만큼 반복되는데 한 프로그램이 몇 개의 DLL을 사용할 것인가에 대한 특별한 제한은 없다. DLL 개수를 표시하는 특별한 멤버는 없으며 제일 끝 DLL 정보가 NULL로 채워져 있다. 통상 아무리 적어도 5~10개 정도의 DLL이 있어야 실행 파일을 띄울 수 있으므로 이 구조체 배열의 크기는 다소 클 것이다. 이 배열을 분석해 보면 실행을 위해 어떤 DLL이 필요하고 어떤 함수들이 호출되는지를 모두 알 수 있다.

로더는 PE 파일을 메모리로 올릴 때 임포트 섹션에서 DLL의 이름을 읽어 이 DLL을 주소 공간으로 맵핑한다. 그리고 함수명 배열에 기록된 함수를 맵핑된 DLL의 주소 공간에서 찾아 그 실제 번지를 구해 IAT에 기록한다. IAT(Import Address Table)는 임포트된 함수의 번지 배열인데 코드 섹션의 함수 호출문은 IAT를 참조하여 이 번지를 호출하도록 작성된다. 로더가 임포트된 모든 함수들의 실제 번지를 찾아 IAT를 작성하며 이런 과정을 모든 DLL에 대해 반복한다.

뿐만 아니라 DLL이 또 다른 DLL을 참조하고 있다면 이 DLL도 동일한 과정을 거쳐 주소 공간으로 같이 로드된다. 이런 식이기 때문에 규모가 좀 큰 프로그램은 시작 시간이 굉장히 오래 걸리는 것이다. 만약 임포트 섹션의 DLL중 하나라도 없다거나 호출하는 함수의 번지를 결정할 수 없다면 로딩은 실패한다.

임포트 섹션에는 DLL의 이름과 함수명만 들어 있을 뿐 이 함수가 실제로 어디에 위치하는지에 대한 주소 정보가 작성되어 있지 않다. 함수의 시작 위치는 DLL이 주소 공간에 맵핑되어야만 결정할 수 있기 때문에 로더가 DLL을 메모리에 올린 후 찾는다. 즉, IAT는 DLL이 완전히 로딩되기 전에는 알 수 없으며 로딩과 동시에 결정된다. 그래서 IAT는 읽기뿐만 아니라 쓰기도 가능한 영역인데 이 영역을 실행중에 변경함으로써 API 함수를 훅킹할 수 있다.

각각의 섹션이 어떤 모양을 하고 있으며 어떤 정보들이 있는지를 보고 싶다면 여러 가지 예제 파일에 대한 덤프를 직접 분석해 봐야 한다. 여기서 예제로 든 PETest.exe는 오프셋별로 다음과 같은 구조를 가지므로 분석에 참고하기 바란다. 그 외 DLL이나 OBJ 파일, 다른 컴파일러로 생성한 파일도 분석해 보자.

오프셋	길이	요소
0~0xF7	0xF0	도스 스텁
0xF8~0x10F	0x18	파일 헤더
0x110~0x1EF	0xE0	옵션 헤더
0x1F0~0x3FF	0x210	섹션 헤더
0x400~0xBFF	0x800	.text
0xC00~0x13FF	0x800	.rdata
0x1400~0x15FF	0x200	.data
0x1600~0x19FF	0x400	.rsrc

PE 포맷에 공통적으로 자주 나타나는 주요 섹션에 대해 간단하게 정리해 봤는데 여기서 소개한 섹션 외에도 디버깅 정보를 저장하는 디버깅 섹션, 스레드의 고유한 변수를 저장하기 위한 TLS 섹션, DLL이 원하는 번지에 배치되지 못했을 때 재배치하기 위한 정보를 가지는 재배치 섹션 등등이 있다.

45-1-라. 커스텀 섹션

PE 파일을 만드는 주체는 컴파일러이고 사용하는 주체는 로더(Loader)이다. PE 파일의 일생을 그림으로 그려 보면 다음과 같다.

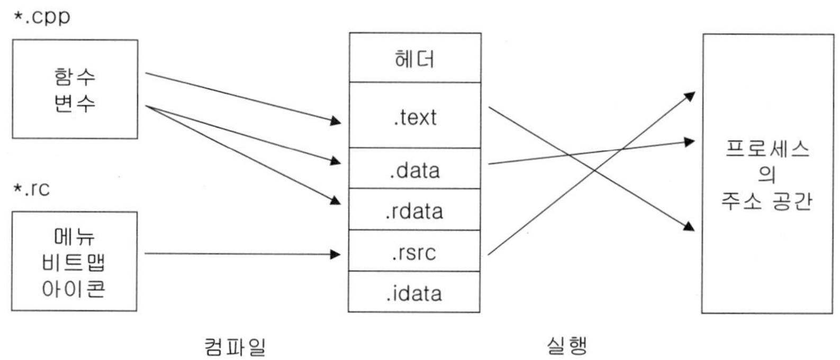

컴파일러는 개발자가 작성한 코드와 프로젝트 옵션을 참조하여 PE 파일을 만들어 낸다. 이때 코드와 데이터, 리소스, 참조하는 DLL의 정보 등을 적절한 섹션에 나누어 기록해 놓을 것이다. 사용자가 이 프로그램을 실행하면 로더가 PE 파일을 읽고 헤더를 참조하여 실행 가능한 파일인지를 먼저 점검한다. 그리고 프로세스의 주소 공간을 생성한 후 각 섹션을 읽어와 적절한 번지에 배치하고 필요할 경우 번지를 조정하기도 한다.

이때 참조 DLL들도 똑같은 방법으로 주소 공간에 맵핑되어 프로그램 실행에 필요한 모든 코드와 데이터를 준비한다. 어떤 섹션은 필요할 때까지 로딩이 연기되기도 한다. 모든 준비가 되면 옵션 헤더의 엔트리 포인트에 기록된 RVA를 주소 공간상의 번지로 바꾸고 이 번지로 점프하여 프로그램으로 제어를 넘기며 이때부터 프로그램은 자신의 공간에서 스스로 실행된다.

PE의 구조와 동작 방식을 알면 실행 파일을 직접 조작하여 여러 가지 고급 기법을 구사할 수 있는데 먼저 장난을 좀 쳐 보자. PE는 자신의 존재를 확인하기 위한 매직 넘버를 몇 개 가지고 있는데 헥사 편집기로 이 숫자를 바꿔 보자. 첫 바이트를 0x4d가 아닌 다른 값을 변경하거나 파일 헤더의 PE\0\0를 다른 값으로 변경하면 이 프로그램은 실행되지 않는다. 왜냐하면 로더는 이 파일이 실행 가능하다고 생각하지 않기 때문이다.

파일 헤더의 CPU ID를 64비트나 파워PC로 변경하면 올바른 Win32 프로그램이 아니라는 에러 메시지가 출력된다. 이미지 베이스를 다른 값으로 변경하면 일단은 실행되지만 시작도 하기 전에 죽어버릴 것이다. 헤더의 이런 값들은 사실 조작하기가 굉장히 어렵고 효과를 예측하기도 쉽지 않다. 반면 데이터 섹션이나 리소스의 섹션은 비교적 쉽게 건드릴 수 있다. 데이터 섹션의 문자열과 리소스 섹션의 문자열을 변경한 후 실행하면 메시지 박스의 내용이 바뀐다. 다음은 리소스와 데이터의 알파벳 P를 S로 수정한 후 실행한 것이다.

전역 변수 Global의 초기값을 편집하면 소스를 고치지 않고도 이 변수의 값을 원하는대로 바꿀 수 있다. 물론 이 예제에서는 Global이 별 역할을 하지 않지만 중요한 변수, 예를 들어 셰어웨어의 평가 일수 등을 조작하는 것은 확실히 효용이 있다. 어셈블리 코드를 잘 안다면 코드 섹션의 코드를 뜯어 고쳐 프로그램의 동작도 변경할 수 있다. PE를 직접 편집하므로 소스가 없어도 이 작업은 가능한데 이런 걸 크랙킹이라고 한다.

이런 작업은 약간의 장난스러운 것이고 PE 구조를 통한 실용적인 고급 기법들도 여러 가지가 있다. 여기서는 대표적으로 공유 섹션을 만들어 두 프로그램이 정보를 공유하는 방법에 대해 연구해 보자. 이 기술은 이후 훅킹의 기본적인 토대가 된다. 컴파일러는 미리 정해진 규칙대로 PE 파일에 섹션을 만들어 넣는데 사용자가 지정한 커스텀 섹션을 만드는 기능도 있다. 커스텀 섹션의 속성에 공유 플래그를 주어 두 프로세스가 이 섹션을 통해 정보를 공유할 수 있는 것이다. 파일 맵핑을 통해서도 정보 공유가 가능한데 똑같은 예제를 공유 섹션으로 작성해 보자. 커스텀 섹션을 만드려면 다음과 같이 한다.

```
#pragma data_seg("섹션명")
변수 선언
#pragma data_seg()
#pragma comment (linker, "/SECTION:섹션명,RWS")
```

섹션 이름은 임의의 문자열로 붙일 수 있되 대소문자는 구분하지 않으며 8문자 이하로 작성해야 한다. data_seg 지시자로 섹션 이름을 지정하면 이후 선언되는 변수들은 이 섹션에 저장되며 data_seg 지시자만 사용하면 디폴트 섹션으로 돌아간다. 그리고 #pragma comment로 이 섹션에 대해 속성을 줄 수 있는데 읽기(R), 쓰기(W), 공유(S) 속성을 설정하도록 링커 옵션을 지정한다. S 플래그가 지정되면 이 섹션은 프로세스끼리 공유할 수 있는 섹션이 된다. 공유 섹션에 선언되는 데이터는 반드시 초기값을 가져야 한다.

공유 섹션을 통해 정보를 공유하려면 이 섹션은 반드시 DLL에 있어야 한다. Win32 환경에서는 프로세스끼리 주소 공간이 격리되어 있기 때문에 실행 파일끼리는 공유 섹션을 통해 통신을 할 수 없으면 반드시 DLL을 경유해야 한다. DLL은 각 프로세스의 주소 공간에 맵핑되므로 프로세스간에 공유 가능하다. CustomSection이라는 이름으로 솔루션을 만든 후 DLL과 프로세스 두 개 총 3개의 프로젝트를 만들어야 공유 섹션 실습을 해 볼 수 있다. DLL의 소스는 아주 간단하다.

예 제 : CustomSection

```
#include <windows.h>

#pragma data_seg(".ksh")
__declspec(dllexport) TCHAR buf[1024]={0,};
#pragma data_seg()
#pragma comment (linker, "/SECTION:.ksh,RWS")
```

.ksh라는 이름으로 섹션을 만들고 읽기, 쓰기, 공유 속성을 주었으며 이 섹션안에 1024크기의 buf 전역 변수를 선언해 두었다. 외부에서 이 명칭을 읽어야 하므로 변수를 엑스포트해야 한다. 더 필요한 공유 변수가 있다면 섹션에 얼마든지 넣을 수 있다. 이 DLL을 사용하는 실행 파일의 소스는 다음과 같이 작성한다.

예 제 : CustomSection1

```
__declspec(dllimport) TCHAR buf[1024];
#define WM_SYNCSHAREMEMORY WM_USER+1
#define MAXSHAREMEMORY 1024
#define ID_EDIT 100
HWND hEdit;
LRESULT CALLBACK WndProc(HWND hWnd,UINT iMessage,WPARAM wParam,LPARAM lParam)
{
    HDC hdc;
    PAINTSTRUCT ps;
    HWND hTarget;
    TCHAR *Mes=TEXT("공유 섹션을 사용하여 두 프로세스가 메모리를 공유하는 예제");

    switch (iMessage) {
    case WM_CREATE:
        hEdit=CreateWindow("edit",NULL,WS_CHILD | WS_VISIBLE | WS_BORDER |
            WS_VSCROLL | ES_MULTILINE,10,10,500,200,hWnd,(HMENU)ID_EDIT,g_hInst,NULL);
        SendMessage(hEdit,EM_LIMITTEXT,MAXSHAREMEMORY,0);
        return 0;
    case WM_COMMAND:
        switch (LOWORD(wParam)) {
        case ID_EDIT:
            switch (HIWORD(wParam)) {
            case EN_CHANGE:
                GetWindowText(hEdit,buf,MAXSHAREMEMORY);
                hTarget=FindWindow(NULL,"CustomSection2");
                if (hTarget)
                    SendMessage(hTarget,WM_SYNCSHAREMEMORY,0,0);
                break;
            }
        }
```

```
        return 0;
    case WM_SYNCSHAREMEMORY:
        SetWindowText(hEdit,buf);
        return 0;
    case WM_PAINT:
        hdc=BeginPaint(hWnd, &ps);
        TextOut(hdc,10,220,Mes,lstrlen(Mes));
        EndPaint(hWnd, &ps);
        return 0;
    case WM_DESTROY:
        PostQuitMessage(0);
        return 0;
    }
    return(DefWindowProc(hWnd,iMessage,wParam,lParam));
}
```

DLL의 임포트 라이브러리를 포함시키고 buf에 대한 임포트 선언을 해 두었다. WM_CREATE에서 에디트를 생성하고 이 에디트가 변경될 때마다 상대편 윈도우에게 메시지를 보내며 상대편 윈도우는 이 메시지를 받았을 때 buf의 내용을 에디트로 다시 읽어들인다. CustomSection2 예제의 소스도 이와 동일하되 메시지를 받는 윈도우가 CustomSection1이라는 것만 다르다. DLL이 제공하는 공유 섹션의 buf를 통해 두 프로그램이 문자열을 동기화하는 것이다.

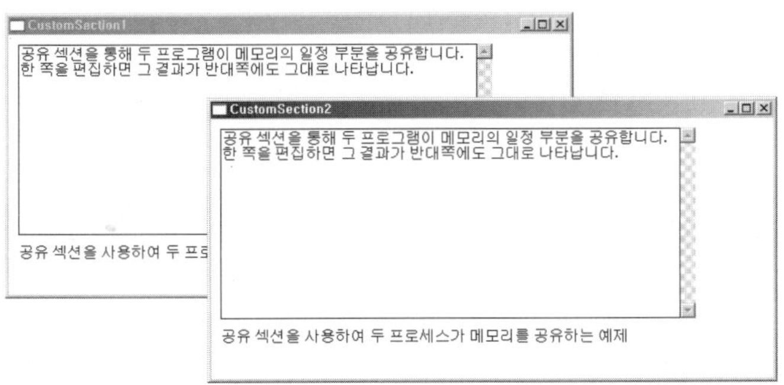

실행 결과는 파일 맵핑을 사용했을 때와 동일한데 별도의 DLL을 만들어야 한다는 면에서 파일 맵핑보다는 불편하다. 하지만 다수의 변수들을 공유할 때는 이름으로 대상을 지정할 수 있고 코드가 간단해지므로 각각 장단점이 있다. 잠시 후 후킹 실습에서 똑같은 방법으로 훅 프로시저를 가진 DLL과 훅 호스트가 메모리를 공유하는 예를 보게 될 것이다.

45-2 훅

45-2-가. 훅이란

후킹(Hooking)이란 이미 작성되어 있는 코드의 특정 지점을 가로채서 동작 방식에 변화를 주는 일체의 기술이다. 훅이란 낚시 바늘같은 갈고리 모양을 가지는데 여기서는 코드의 중간 부분을 낚아채는 도구라는 뜻으로 사용된다. 대상 코드의 소스를 수정하지 않고 원하는 동작을 하도록 해야 하므로 기술적으로 어렵기도 하고 운영체제의 통상적인 실행 흐름을 조작해야 하므로 때로는 위험하기도 하다. Win32 프로그래밍 기법 중 최고난이도의 기술이라고 할 수 있다. 훅킹을 하는 방법에는 여러 가지가 있는데 과거 도스 시절에 흔히 사용하던 인터럽터 가로채기 기법이나 앞에서 알아본 서브클래싱도 훅킹 기법의 하나라고 할 수 있다.

이외에도 미리 약속된 레지스트리 위치에 훅 DLL을 등록하거나 BHO(Browser Helper Object) 또는 응용 프로그램 고유의 추가 DLL(Add in)을 등록하는 간단한 방법도 있고 PE 파일의 임포트 함수 테이블을 자신의 함수로 변경하기, CreateRemoteThread 함수로 다른 프로세스의 주소 공간에 DLL을 주입(Injection)하는 방법, 메모리의 표준 함수 주소를 덮어 쓰는 꽤 어려운 방법들도 있다. 이런 고급 훅킹 기술은 이 책의 범위를 벗어나므로 여기서는 소개만 하고 다루지는 않기로 한다. 이 절에서 알아볼 메시지 훅은 윈도우로 전달되는 메시지를 가로채는 기법으로 다양한 훅킹 방법중의 하나이다.

메시지 기반의 윈도우즈에서는 운영체제와 응용 프로그램, 또는 응용 프로그램 사이나 응용 프로그램 내부의 컨트롤끼리도 많은 메시지들을 주고 받는다. 훅(Hook)이란 메시지가 목표 윈도우로 전달되기 전에 메시지를 가로채는 특수한 프로시저이다. 오고 가는 메시지를 감시하기 위한 일종의 덫(Trap)인 셈인데 일단 응용 프로그램이 훅 프로시저를 설치하면 메시지가 윈도우로 보내지기 전에 훅 프로시저를 먼저 거친다. 서브클래스 프로시저와 마찬가지로 훅 프로시저에서는 메시지를 단순히 살펴보기만 할 수도 있고 메시지를 변경하거나 아예 없애버릴 수도 있다.

훅 프로시저가 어떤 메시지를 받을 것인가는 훅의 타입과 범위에 따라 달라진다. 훅 타입은 WH_로 시작되는 매크로 상수로 지정하는데 WH_MOUSE, WH_KEYBOARD 등 여러 가지가 있다. 이름으로 유추할 수 있듯이 WH_MOUSE 훅은 마우스 메시지를 가로채고 WH_KEYBOARD 훅은 키보드 메시지를 가로챈다. 이외에도 여러 가지 훅 타입이 정의되어 있는데 잠시 후 정리해 볼 것이다.

또한 훅은 메시지를 가로챌 범위에 따라 지역 훅(Thread Specific)과 시스템 전역 훅(System Wide)으로 나누어진다. 지역 훅은 특정 스레드에서 발생하는 메시지들만 전달받으며 전역 훅은 시스템의 모든 스레드에서 발생하는 메시지를 가로챌 수 있다. 응용 프로그램 자신의 메시지만 받고 싶을 때는 지역 훅을 사용하며 시스템에서 발생하는 모든 메시지를 받고자 할 때는 전역 훅을 설치해야 한다.

훅 프로시저는 응용 프로그램이 자신의 필요에 따라 언제든지 설치할 수 있기 때문에 하나의 훅 타입에 대해 여러 개의 훅 프로시저가 존재할 수도 있다. 그래서 운영체제는 설치된 훅 프로시저들을 훅 체인(Hook Chain)으로 관리한다. 훅 체인이란 훅 프로시저 함수들의 번지를 담고 있는 일종의 함수 포인터 배열이라고 할 수 있다. 응용 프로그램이 훅 프로시저를 설치하면 운영체제는 훅 체인의 선두에 이 프로시저를 등록한다. 훅 프로시저가 감시하는 메시지가 발생하면 운영체제는 훅 체인의 선두에 등록된 훅 프로시저에게 이 메시지를 전달하고 훅 프로시저는 체인을 따라 다음 훅 프로시저에게 메시지를 연속적으로 전달하며 종국에는 그 메시지를 받을 윈도우에게 전달된다. 물론 중간에서 메시지가 변형되거나 사라질 수도 있다.

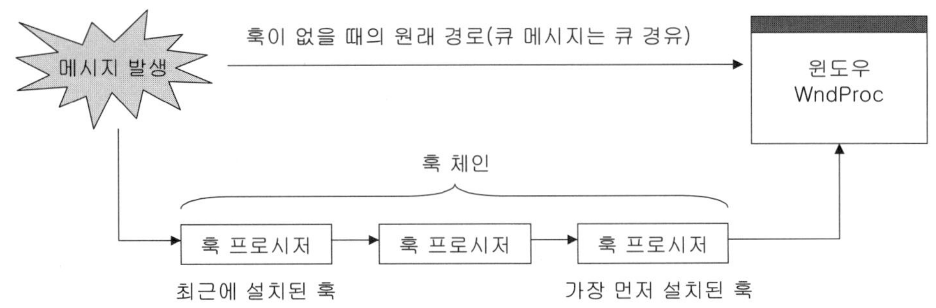

훅 프로시저가 설치되어 있으면 시스템은 메시지가 발생할 때마다 훅 프로시저에게 메시지를 전달한다. 훅 체인에 여러 개의 훅 프로시저가 설치되어 있다면 메시지는 훅 체인 내의 모든 훅 프로시저를 거쳐야만 비로소 목표 윈도우로 전달될 수 있다. 그래서 훅은 시스템의 전반적인 속도를 눈에 띄게 느리게 만든다. 짧은 순간에 수백 개의 메시지가 처리되는데 이 메시지들이 훅 프로시저를 한 바퀴 돌아오려면 당연히 시간이 걸릴 수밖에 없다. 훅을 사용하는 디버거나 스파이 등의 툴을 띄워 놓으면 시스템이 느려지는 것을 직접 경험해 본 바 있을 것이다. 그래서 훅은 꼭 필요할 때만 설치해야 하며 사용이 끝난 후에는 곧바로 제거하는 것이 좋다.

45-2-나. 훅 프로시저

훅 체인에 등록되어 메시지를 감시하는 함수를 훅 프로시저(Hook Procedure)라고 한다. 훅 타입에 따라 훅 프로시저의 인수나 리턴값의 의미는 달라지지만 원형은 고정되어 있다. 다음은 WH_KEYBOARD 타입의 키보드 훅 프로시저인데 다른 타입의 훅 프로시저도 이름만 다르고 원형은 동일하다.

LRESULT CALLBACK KeyboardProc(int code, WPARAM wParam, LPARAM lParam);

훅 프로시저는 응용 프로그램이 제공하는 콜백함수이므로 원형만 제대로 지킨다면 이름은 마음대로 정할 수 있다. 세 개의 인수를 가지는데 첫 번째 인수 code는 훅 프로시저에서 이 메시지를 어떻게 처리할 것인가를 지정하며 이 값이 음수(Win32 환경에서 실제로 음수가 전달되는 경우는 없다)이면 훅 프로시저는 이 메시지를 처리하지 말고 다음 훅 프로시저에게 메시지를 넘겨야 한다. wParam, lParam은 전달된 메시지에 대한 추가 정보들인데 실제 의미는 훅 타입에 따라 달라지므로 각 타입별로 레퍼런스를 참고해야 한다. 훅 프로시저를 설치할 때는 다음 함수를 사용한다.

HHOOK SetWindowsHookEx(int idHook, HOOKPROC lpfn, HINSTANCE hMod, DWORD dwThreadId);

첫 번째 인수 idHook은 설치하고자 하는 훅의 타입을 지정하며 WH_로 시작되는 매크로 상수중 하나를 써 주면 된다. lpfn은 훅 프로시저의 번지이며 hMod는 훅 프로시저를 가진 인스턴스 핸들이다. dwThreadId는 훅 프로시저가 감시할 스레드의 ID이되 이 값이 0이면 시스템의 모든 스레드에서 발생하는 메시지가 훅 프로시저로 전달된다. 자신의 메시지를 훅킹할 때는 GetCurrentThreadId 함수로 현재 스레드의 ID를 넘긴다. 시스템의 모든 메시지를 감시하고자 한다거나 다른 프로그램의 메시지를 감시하고자 할 경우 lpfn은 반드시 분리된 DLL에 있어야 하며 이때 hMod는 이 DLL의 핸들이어야 한다. 다음은 지역 훅과 전역 훅을 설치하는 일반적인 방법이다.

■ 지역 훅 : SetWindowsHookEx(idHook, lpfn, NULL, GetCurrentThreadId());
■ 전역 훅 : SetWindowsHookEx(idHook, lpfn, hDll, 0);

SetWindowsHookEx 함수는 훅 프로시저를 설치한 후 HHOOK 타입의 훅 핸들을 리턴하는데 이 핸들은 해제를 위해 전역변수에 잘 보관해 두어야 한다. 만약 에러가 발생했다면 NULL을 리턴한다. 훅 프로시저를 해제하는 함수는 다음과 같다.

BOOL UnhookWindowsHookEx(HHOOK hhk);

해제하고자 하는 훅 핸들을 인수로 전달하는데 이 핸들은 설치할 때 받은 값이다. 훅을 설치한 프로그램은 종료되기 전에 반드시 훅 프로시저를 해제해야 한다. 훅 프로시저가 설치되면 해당 타입의 메시지는 목표 윈도우로 보내지기 전에 훅 프로시저에게 먼저 전달되는데 훅 프로시저는 메시지를 살펴본 후 특별한 이유가 없으면 메시지를 훅 체인의 다음 훅 프로시저에게 전달해야 한다. 이때는 다음 함수를 사용한다.

LRESULT CallNextHookEx(HHOOK hhk, int nCode, WPARAM wParam, LPARAM lParam);

hhk는 현재 처리하고 있는 훅의 핸들인데 SetWindowsHookEx 함수가 리턴한 값이다. 나머지 세 인수는 운영체제가 훅 프로시저에게 전달한 인수들이다. 훅 체인에 포함된 훅 프로시저의 목록은 운영체제가 직접 관리하기 때문에 훅을 설치한 응용 프로그램은 다음 훅 프로시저의 번지를 따로 저장할 필요없이 이 함수만 호출하면 훅 체인을 따라 모든 훅 프로시저가 순서대로 호출되며 최종적으로 목표 윈도우로 메시지가 전달될 것이다.

훅 프로시저는 전달받은 메시지를 다음 훅 프로시저에게 꼭 전달해야 할 의무가 없으며 메시지를 아예 없애버리려면 전달하지 않아도 상관없고 원하는 대로 변경할 수도 있다. 물론 이 때는 메시지를 없애거나 변경한 후의 효과에 대해 확실히 책임질 수 있어야 한다. 이 함수는 훅 체인에서 다음 훅 프로시저를 호출하고 훅 프로시저가 리턴하는 값을 리턴하는데 현재의 훅 프로시저는 이 리턴값을 또 그대로 리턴해야 한다. 그래서 훅 프로시저의 끝은 보통 return CallNextHookEx(...) 호출문이 온다. 다음은 윈도우즈가 제공하는 훅 타입들이다. 훅 타입에 따라 감시하고 취급할 수 있는 메시지의 종류가 달라진다.

훅 타입	설명
WH_CALLWNDPROC, WH_CALLWNDPROCRET	SendMessage 함수로 메시지를 보내기 전에 WH_CALLWNDPROC 훅 프로시저가 호출되며 윈도우 프로시저가 메시지를 처리한 후에 WH_CALLWNDPROCRET 훅 프로시저가 호출된다. WH_CALLWNDPROCRET 훅은 훅 프로시저에게 CWPRETSTRUCT 구조체를 전달하는데 이 구조체에는 메시지와 메시시를 처리한 리턴값을 담고 있다.
WH_CBT	윈도우를 생성, 파괴, 활성화, 최대, 최소, 이동, 크기변경하기 전에, 시스템 명령을 처리하기 전에, 마우스나 키보드 메시지를 메시지 큐에서 제거하기 전에 이 훅 프로시저가 호출된다. 이 훅은 컴퓨터를 이용한 훈련 프로그램(Computer Based Training)에서 주로 사용된다.
WH_DEBUG	다른 타입의 훅 프로시저를 호출하기 전에 이 타입의 훅 프로시저를 호출하며 다른 타입의 훅 프로시저 호출을 허가할 것인지를 결정한다.
WH_GETMESSAGE	GetMessage나 PeekMessage 함수로 조사되는 메시지를 감시한다.
WH_JOURNALRECORD	키보드나 마우스를 통해 입력되는 이벤트를 감시하고 기록한다. 기록된 이벤트는 WH_JOURNALPLAYBACK 훅에서 재생할 수 있다. 이 훅은 전

	역으로만 설치할 수 있으며 특정 스레드에만 설치할 수는 없다.
WH_JOURNALPLAYBACK	시스템 메시지 큐에 메시지를 삽입할 수 있도록 한다. 이 훅에서 WH_JOURNALRECORD 훅에서 기록한 키보드, 마우스 입력을 재생할 수 있다. 이 훅이 설치되어 있으면 마우스나 키보드 입력은 금지된다. 이 훅은 전역으로만 설치할 수 있으며 특정 스레드에만 설치할 수는 없다.
WH_KEYBOARD	WM_KEYDOWN, WM_KEYUP 등의 키보드 메시지를 감시한다.
WH_MOUSE	마우스 메시지를 감시한다.
WH_MSGFILTER, WH_SYSMSGFILTER	메뉴, 스크롤 바, 메시지 박스, 대화상자 등에 의해 처리되는 메시지와 사용자의 Alt+Tab키, Alt+Esc키 입력에 의한 포커스 이동을 감시한다. WH_MSGFILTER훅은 훅 프로시저를 설치한 프로그램에 대해서만 동작하며 WH_SYSMSGFILTER 훅은 모든 프로그램에 대해서 동작한다.
WH_SHELL	쉘 프로그램이 활성화되거나 새로운 최상위 윈도우가 만들어지거나 파괴될 때 이 훅 프로시저가 호출된다.
WH_FOREGROUNDIDLE	포그라운드 스레드가 한가해질 때 이 훅 프로시저가 호출된다. 아이들 시에 우선 순위가 낮은 작업을 하고 싶을 때 이 훅을 사용한다.
WH_KEYBOARD_LL	스레드의 입력큐에 붙여지는 키보드 입력 메시지를 감시한다. WH_KEYBOARD보다 더 저수준의 메시지를 받을 수 있지만 NT 4.0 SP 3 이후에만 사용할 수 있다.
WH_MOUSE_LL	스레드의 입력큐에 붙여지는 마우스 입력 메시지를 감시한다.

각 훅 타입에 따라 사용되는 구조체나 리턴값, 훅 프로시저의 인수가 다르므로 상세한 정보는 레퍼런스를 참조하기 바란다.

45-2-다. 키보드 훅

훅 타입중에 개념적으로 가장 이해하기 쉽고 간단한 키보드 훅 프로시저를 작성해 보자. 다음 예제는 키보드 메시지를 훅킹하여 메시지에 대한 정보를 작업영역에 출력한다.

예제 : KeyHook

```
TCHAR *Mes="키보드 훅 테스트 프로그램입니다.";
TCHAR Mes2[128];
TCHAR Mes3[128];
int Count=0;
HHOOK hKeyHook;
LRESULT CALLBACK KeyHookProc(int nCode, WPARAM wParam, LPARAM lParam)
{
    if (nCode>=0) {
        InvalidateRect(hWndMain,NULL,TRUE);
        if (wParam == VK_F2) {
            wsprintf(Mes2,"F2는 입력이 금지된 키입니다.");
            return 1;
        } else {
            wsprintf(Mes2,"nCode=%d, wParam=%u, lParam=%08x, Count=%d",
                nCode, wParam, lParam,Count++);
        }
    }
    return CallNextHookEx(hKeyHook,nCode,wParam,lParam);
}
```

```
LRESULT CALLBACK WndProc(HWND hWnd,UINT iMessage,WPARAM wParam,LPARAM lParam)
{
    HDC hdc;
    PAINTSTRUCT ps;

    switch (iMessage) {
    case WM_CREATE:
        hWndMain=hWnd;
        hKeyHook=SetWindowsHookEx(WH_KEYBOARD,KeyHookProc,NULL,GetCurrentThreadId());
        return 0;
    case WM_KEYDOWN:
        wsprintf(Mes3,"실제 받은 키 : %u",wParam);
        InvalidateRect(hWnd,NULL,TRUE);
        return 0;
    case WM_PAINT:
        hdc=BeginPaint(hWnd, &ps);
        TextOut(hdc,100,10,Mes,lstrlen(Mes));
        TextOut(hdc,100,30,Mes2,lstrlen(Mes2));
        TextOut(hdc,100,50,Mes3,lstrlen(Mes3));
        EndPaint(hWnd, &ps);
        return 0;
    case WM_DESTROY:
        UnhookWindowsHookEx(hKeyHook);
        PostQuitMessage(0);
        return 0;
    }
    return(DefWindowProc(hWnd,iMessage,wParam,lParam));
}
```

실행 결과는 다음과 같다.

WM_CREATE에서 SetWindowsHookEx 함수로 KeyHookProc 훅 프로시저를 WH_KEYBOARD 훅 타입의 훅 체인에 추가하였다. 현재 스레드의 ID를 주었으므로 자기 자신의 키보드 메시지만 감시하는 지역 훅이다. 사용자가 키보드를 누르거나 뗄 때 즉, WM_KEYDOWN, WM_KEYUP 메시지가 발생하면 KeyHookProc 훅 프로시저가 호출될 것이다. WM_DESTROY에서는 설치한 훅 프로시저를 해제했다. 훅 프로시저로 전달된 nCode 인수가 음수일 경우는 어떤 처리도 해서는 안 되며 곧바로 훅 체인의 다음 훅 프로시저로 메시지를 넘겨야 한다. 예제에서는 nCode가 0보다 크거나 같을 때만 메시지를 감시한다. 훅 프로시저는 전달된 메시지의 내용을 점검한 후 메시지를 변경하거나 없애버릴 수도 있고 아니면 그대로 체인의 다음 함수에게 전달할 수도 있다.

이 예제는 훅 프로시저가 특정 키입력을 거부할 수도 있다는 것을 보여 주기 위해 F2 키가 입력되었을 경우 0이 아닌 값(보통 1 또는 TRUE)을 리턴하여 이 키에 대한 입력 메시지가 다음 훅 프로시저로 전달되지 않도록 했다. 시스템은 훅 프로시저가 0이 아닌 값을 리턴하면 이 메시지를 중간에서 없애버리며 다음 훅 프로시저로 전달되지 않으므로 결국 목표 윈도우의 WndProc은 이 메시지를 받지 못하게 된다. F2가 아닌 경우는 어떤 키가 입력되었는지 wParam과 lParam에 대한 정보를 화면에 출력했다. 키보드 훅 프로시저는 WM_KEYDOWN, WM_KEYUP 메시지에 대해 호출되므로 키가 눌러지거나 떨어질 때 모두 호출된다. 만약 훅 프로시저내에서 키가 눌러진 것인지 떨어진 것인지를 구분하고 싶다면 lParam의 최상위 비트가 1인지 아닌지를 점검해 보면 된다. if ((lParam & 0x80000000)==0) 조건문이 참이면 WM_KEYDOWN 메시지가 전달된 것이고 거짓이면 WM_KEYUP이 전달된 것이다.

그렇다면 키보드 훅을 사용하는 것과 WM_KEYDOWN 메시지로 키 입력을 받는 것과는 어떤 점이 다를까? 키보드 메시지는 포커스를 가진 윈도우에게만 전달되지만 훅은 포커스를 누가 가지고 있는가에 상관없이 훅 프로시저에게 키 입력 사실을 알린다는 점이 다르다. 그래서 에디트나 리스트 박스 등 표준 컨트롤의 키입력 방식을 변경할 수도 있는데 모든 차일드에 대해 특정 키의 입력을 금지하거나 또는 특정 키를 부모가 가로챌 수도 있다. 아무튼 중간 단계가 끼면 많은 유용한 조작이 가능해진다.

위 예제에서 훅 타입을 WH_MOUSE로 바꾸면 마우스 메시지를 훅킹할 것이다. 훅을 설치, 해제하는 방법은 동일하되 nCode 인수의 의미나 wParam, lParam으로 전달되는 추가 정보의 의미는 달라진다. 지역 훅은 사용 방법이 쉽고 별다른 제약 사항이나 주의 사항이 없어 위험하지도 않은 편이다. 그러다 보니 실용성도 떨어진다.

45-2-라. 전역 훅

전역 훅은 시스템에서 발생하는 모든 메시지를 가로챌 수 있으므로 강력하고 활용성도 높다. 하지만 보호된 Win32 환경의 특수성으로 인해 프로그래밍하기는 무척 어려운 편인데 전역 훅을 제대로 이해하려면 Win32의 메모리 구조, DLL, IPC, 스레드, 메시지 전달 체계, PE 파일의 구조에 대한 이해가 있어야 한다. 그래서 전역 훅을 제대로 이해하려면 이런 선수 과목을 먼저 공부한 후에 연구해 볼 것을 권장한다. 메시지들은 발생한 사건에 대한 정보를 wParam, lParam 인수로 보내는데 이 두 인수로 전달되는 값은 보통 정수나 핸들 등의 단순값이지만 일부 복잡한 메시지(WM_CREATE, WM_DRAWITEM)는 구조체의 포인터를 전달하기도 한다. 전역 훅 프로시저는 시스템의 모든 스레드에서 발생하는 메시지들을 감시하는데 훅 프로시저가 메시지에 대한 정보를 읽으려면 전달된 구조체 포인터로부터 멤버를 읽을 수 있어야 한다.

그러나 Win32 환경에서는 프로세스들의 주소 공간이 분리되어 있기 때문에 일반적인 함수로는 이 문제를 해결할 수 없다. 훅 프로시저가 전달받은 포인터로는 이 메시지를 받을 프로세스의 주소 공간을 액세스할 수 없는 것이다. 그래서 전역 훅 프로시저는 반드시 분리된 DLL에 있어야 한다. DLL은 공유되는 모듈이며 연결된 프로세스의 주소 공간에서 실행되므로 모든 스레드의 메시지를 자유롭게 읽을 수 있다. DLL안에 훅 프로시저를 작성해 놓으면 시스템이 훅 프로시저를 호출하기 전에 이 DLL을 메시지 목표 프로세스의 주소 공간으로 먼저 로드한다.

32비트 환경이 보호된 환경이기 때문에 전역 훅 프로시저가 DLL에 있어야 한다는 것은 어렵지 않게 이해가 될 것이다. 훅 프로시저를 DLL로 작성할 때 곤란한 문제가 하나 더 있는데 바로 공유 데이터의 문제이다. DLL은 어디까지나 메시지를 가로채기 위한 훅 프로시저를 제공할 뿐이며 가로챈 메시지를 실제로 처리하는 작업은 훅 서버가 하는 것이 일반적이다. 훅 DLL은 가로챈 메시지를 훅 서버에게 IPC나 메시지 등의 방법으로 전달해야 하며 그러기 위해서는 DLL이 훅 서버의 핸들을 항상 가지고 있어야 한다. 또한 훅 핸들도 전역으로 유지해야 훅 프로시저의 끝에서 CallNextHookEx 함수를 호출하여 메시지가 원활하게 흘러가도록 할 수 있다.

DLL은 연결된 프로세스의 주소 공간에 맵핑되며 각 DLL 인스턴스별로 고유한 데이터를 가진다. DLL은 코드는 공유하지만 데이터는 공유하지 않는다. 결국 훅 서버의 핸들이나 훅 핸들 등 동작에 꼭 필요한 정보를 각각의 DLL이 따로 가지며 이렇게 되면 훅 DLL과 훅 서버가 지속적인 통신을 할 수 없을 것이다. 각 프로세스에 연결된 DLL마다 훅 서버에 대한 정보나 훅 핸들이 달라져 버리기 때문이다.

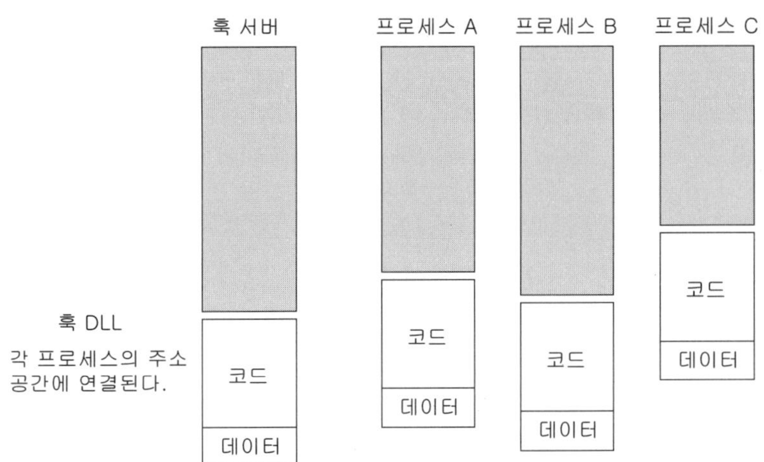

훅 프로시저가 어떤 프로세스의 주소 공간에서 실행되고 있든지 가로챈 메시지를 전달할 훅 서버는 항상 일정해야 한다. 그래서 훅 DLL은 각각의 프로세스에 연결되더라도 동작에 필요한 전역 변수는 DLL인스턴스끼리 공유해야 하며 그러기 위해 각 DLL 인스턴스끼리 IPC로 통신하거나 또는 공유 섹션이나 파일 맵핑, 레지스트리같은 약속된 장소에 전역 변수를 저장해야 한다.

다음은 설치와 해제의 문제에 대해 점검해 보자. 훅을 설치하는 응용 프로그램(훅 서버)은 훅 프로시저를 가진 DLL(훅 드라이버)을 로드한 후 GetProcAddress 함수로 훅 프로시저의 번지를 조사하고 SetWindowsHookEx함수로 훅을 설치할 수 있다. 훅을 해제할 때는 UnhookWindowsHookEx 함수를 호출하는데 이 함수에 의해 훅은 체인에서 제거되지만 각 프로세스의 주소 공간으로 로드되어 버린 DLL들은 명시적으로 제거할 기회를 가지지 못한다.

또한 전역 훅을 설치할 때 SetWindowsHookEx 함수로 훅 DLL의 핸들을 전달해야 하는데 훅 서버가 훅 DLL의 핸들을 알려면 LoadLibrary 함수로 DLL을 실행중에 읽어와야 한다. 이 함수가 리턴하는 핸들값이 필요한 것이다. 이렇게 되면 훅 서버와 훅 DLL이 암시적으로 연결될 수 없다. 그래서 통상 전역 훅은 DLL 자체에 설치, 해제 함수를 작성하고 훅 서버는 DLL의 이 함수를 호출하여 설치와 해제 작업을 한다.

이론이 점점 복잡해지고 있는데 이쯤에서 실제 예제를 만들어 보고 분석하면서 이론을 정리해 보자. 다음 예제는 전역 키보드 훅을 설치하여 키보드가 눌러질 때마다 효과음을 낸다. 전역 훅이므로 모든 응용 프로그램으로 전달되는 키보드 메시지를 가로챌 수 있다. 먼저 훅 프로시저를 제공하는 DLL부터 작성해 보자.

예제 : KeyBeep

```
#include <windows.h>

#pragma data_seg(".kbdata")
HINSTANCE hModule=NULL;
HHOOK hKeyHook=NULL;
```

```
HWND hWndBeeper=NULL;
#pragma data_seg()
#pragma comment (linker, "/SECTION:.kbdata,RWS")

LRESULT CALLBACK KeyHookProc(int nCode, WPARAM wParam, LPARAM lParam)
{
    if (nCode>=0) {
        SendMessage(hWndBeeper,WM_USER+1,wParam,lParam);
    }
    return CallNextHookEx(hKeyHook,nCode,wParam,lParam);
}

extern "C" __declspec(dllexport) void InstallHook(HWND hWnd)
{
    hWndBeeper=hWnd;
    hKeyHook=SetWindowsHookEx(WH_KEYBOARD,KeyHookProc,hModule,NULL);
}

extern "C" __declspec(dllexport) void UninstallHook()
{
    UnhookWindowsHookEx(hKeyHook);
}

BOOL WINAPI DllMain(HINSTANCE hInst, DWORD fdwReason, LPVOID lpRes)
{
    switch (fdwReason) {
    case DLL_PROCESS_ATTACH:
        hModule=hInst;
        break;
    case DLL_PROCESS_DETACH:
        break;
    }
    return TRUE;
}
```

세 개의 전역 변수를 가지는데 이 변수들은 .kbdata라는 이름의 커스텀 섹션에 선언되어 있으며 이 섹션에 공유 속성을 주었다. 그리고 DLL의 인스턴스 핸들, 훅 핸들, 그리고 훅 서버의 윈도우 핸들을 공유 섹션에 선언하고 모두 NULL로 초기화했다. 이 변수들은 개별 프로세스와 연결되는 모든 DLL에 의해 공유되므로 한번 대입된 값은 어떤 프로세스의 주소 공간에서 실행되든 항상 동일한 값으로 참조할 수 있다.

DllMain에서는 DLL이 로드될 때 자신의 핸들을 저장해 두었는데 이 핸들은 전역 훅을 설치할 때 훅을 소유한 모듈이 누구인지를 지정하기 위해 사용된다. 훅 설치 함수인 InstallHook은 인수로 훅 서버의 윈도우 핸들을 전달받아 hWndBeeper 전역 변수에 저장했으며 DLL에 정의된 훅 프로시저 KeyHookProc 함수를 키보드 메시지에 대한 전역 훅으로 설치한다. 훅 서버에서 이 함수를 한 번만 호출하면 이후 KeyHookProc 함수는 모든 응용 프로그램으로 전달되는 키보드 관련 메시지를 먼저 받을 수 있다. UninstallHook 함수는 훅을 해제한다.

가장 중요한 KeyHookProc 함수는 키보드 메시지를 전달받았을 때 이 메시지를 훅 서버인 hWndBeeper에게 그대로 전달하는데 이때 WM_USER+1 사용자 정의 메시지를 사용했다. 키보드 메시지는 wParam, lParam에 모든 부가 정보를 다 실을 수 있기 때문에 이런 간단한 방법으로 훅 서버에게 정보를 전달할 수 있지만 좀 더 복잡한 메시지라면 WM_COPYDATA나 파일 맵핑 등의 더 복잡한

IPC 방법으로 통신해야 할 것이다. 훅 서버에게 메시지를 전달한 후 CallNextHookEx 함수로 체인의 다음 훅 프로시저를 호출하여 결국은 목표 윈도우가 이 메시지를 받을 수 있게 했다.

KeyHookProc은 키보드 메시지를 훅 서버 대신 받아주는 일만 할 뿐이며 가로챈 메시지를 실제로 사용하는 주체는 훅 서버이다. 결국 이 DLL은 메시지를 받을 프로세스의 주소 공간에 잠입해서 이 프로세스로 전달되는 메시지를 가로채 훅 서버에게 전달하는 일만 하는 심부름꾼에 불과하다. 훅 서버는 독립된 프로세스이기 때문에 다른 프로세스의 주소 공간을 들여다 볼 수 없으며 그래서 DLL이라는 간첩을 모든 프로세스의 주소 공간에 침투시키는 방법을 쓴다.

이 예제는 공유 데이터 처리를 위해 공유 섹션을 사용했는데 파일 맵핑으로도 데이터를 공유할 수 있다. 파일 맵핑은 프로세스간에 공유할 수 있는 메모리 영역이므로 이 영역에 전역 변수들을 저장하면 각 DLL 인스턴스끼리 동일한 값을 참조할 수 있다. 파일 맵핑을 사용할 때의 코드는 다음과 같다.

```
#include <windows.h>

struct tag_KBData {
    HINSTANCE hModule;
    HHOOK hKeyHook;
    HWND hWndBeeper;
};
tag_KBData *pData;
HANDLE hFMap;

LRESULT CALLBACK KeyHookProc(int nCode, WPARAM wParam, LPARAM lParam)
{
    if (nCode>=0) {
        SendMessage(pData->hWndBeeper,WM_USER+1,wParam,lParam);
    }
    return CallNextHookEx(pData->hKeyHook,nCode,wParam,lParam);
}

extern "C" __declspec(dllexport) void InstallHook(HWND hWnd)
{
    pData->hWndBeeper=hWnd;
    pData->hKeyHook=SetWindowsHookEx(WH_KEYBOARD,KeyHookProc,pData->hModule,NULL);
}

extern "C" __declspec(dllexport) void UninstallHook()
{
    UnhookWindowsHookEx(pData->hKeyHook);
}

BOOL WINAPI DllMain(HINSTANCE hInst, DWORD fdwReason, LPVOID lpRes)
{
    switch (fdwReason) {
    case DLL_PROCESS_ATTACH:
        hFMap=CreateFileMapping(INVALID_HANDLE_VALUE, NULL, PAGE_READWRITE,
            0, sizeof(tag_KBData), "KeyBeeperFileMapping");
        pData=(tag_KBData *)MapViewOfFile(hFMap, FILE_MAP_WRITE,0,0,0);
        pData->hModule=hInst;
        break;
```

```
    case DLL_PROCESS_DETACH:
        UnmapViewOfFile(pData);
        CloseHandle(hFMap);
        break;
    }
    return TRUE;
}
```

다음은 가로챈 키보드 메시지를 처리하는 훅 서버의 코드를 보자. 훅 서버는 훅 드라이버(DLL)를 통해 시스템에 발생한 모든 메시지를 전달받는데 이 시점에서 어떤 작업이든지 할 수 있다. 이 예제의 경우 훅 DLL로부터 전달된 WM_USER+1 메시지가 작업을 할 시점이다. 자신이 설치해 놓은 훅 프로시저를 통해 다른 프로세스의 키 입력 시점과 입력된 키에 대한 정확한 정보를 제공받는 것이다. 다음 훅 서버는 메시지 자체를 건드리지는 않으며 눌러진 키의 종류에 따라 적절한 효과음을 내기만 한다.

```
#include <mmsystem.h>
#include "resource.h"
#include "../KeyBeepDll/KeyBeepDll.h"
TCHAR *Mes="시스템의 키 입력을 감시하며 키가 눌러질 때마다 소리를 냅니다.";
TCHAR Mes2[128];

LRESULT CALLBACK WndProc(HWND hWnd,UINT iMessage,WPARAM wParam,LPARAM lParam)
{
    HDC hdc;
    PAINTSTRUCT ps;
    static count;

    switch (iMessage) {
    case WM_CREATE:
        InstallHook(hWnd);
        return 0;
    case WM_USER+1:
        wsprintf(Mes2,"입력된 키:%d, lParam : %x ",wParam,lParam);
        InvalidateRect(hWnd,NULL,TRUE);
        if ((lParam & 0x80000000)==0) {
            if (wParam >= 'A' && wParam <= 'Z') {
                PlaySound(MAKEINTRESOURCE(IDR_CHARACTER), g_hInst, SND_RESOURCE | SND_ASYNC);
            }
            if (wParam == ' ') {
                PlaySound(MAKEINTRESOURCE(IDR_SPACE), g_hInst, SND_RESOURCE | SND_ASYNC);
            }
            if (wParam >= '0' && wParam <= '9') {
                PlaySound(MAKEINTRESOURCE(IDR_NUMBER), g_hInst, SND_RESOURCE | SND_ASYNC);
            }
            if (wParam >= VK_F1 && wParam <= VK_F24) {
                PlaySound(MAKEINTRESOURCE(IDR_FUNCTION), g_hInst, SND_RESOURCE | SND_ASYNC);
            }
            if (wParam >= VK_PRIOR && wParam <= VK_HELP) {
                PlaySound(MAKEINTRESOURCE(IDR_EDIT), g_hInst, SND_RESOURCE | SND_ASYNC);
            }
            if (wParam == VK_BACK || wParam == VK_TAB || wParam == VK_RETURN) {
```

```
                PlaySound(MAKEINTRESOURCE(IDR_BACKTAB), g_hInst, SND_RESOURCE | SND_ASYNC);
            }
            if ((wParam >= 186 && wParam <= 191) || (wParam >= 219 && wParam <= 222)) {
                PlaySound(MAKEINTRESOURCE(IDR_PUNC), g_hInst, SND_RESOURCE | SND_ASYNC);
            }
        }
        return 0;
    case WM_PAINT:
        hdc=BeginPaint(hWnd, &ps);
        TextOut(hdc,10,10,Mes,lstrlen(Mes));
        TextOut(hdc,10,30,Mes2,lstrlen(Mes2));
        EndPaint(hWnd, &ps);
        return 0;
    case WM_DESTROY:
        UninstallHook();
        PostQuitMessage(0);
        return 0;
    }
    return(DefWindowProc(hWnd,iMessage,wParam,lParam));
}
```

WM_CREATE에서 DLL의 훅 설치 함수를 호출하여 자신이 시작될 때 전역 훅을 설치했으며 WM_DESTROY에서 훅을 해제했다. 그래서 훅 서버가 실행중인 동안에는 전역 훅 프로시저가 지속적으로 시스템의 모든 키보드 관련 메시지를 감시하며 이때마다 훅 서버에게 메시지와 관련된 정보를 알려준다. 가로챈 메시지를 처리하는 대부분의 코드는 WM_USER+1에 있는데 화면에 눌러진 키의 정보를 문자열로 출력하고 키의 범위에 따라 적절한 효과음을 낸다. 효과음은 짧은 웨이브 파일을 사용자 정의 리소스로 미리 준비해 두었으며 웨이브 파일을 연주할 때는 PlaySound라는 함수를 사용한다. 직접 실행해 보면 이 프로세스가 실행중인 동안에는 메모장이나 워드 프로세서에서 키를 누를 때마다 타이프를 치는 듯한 효과음이 출력될 것이다.

포커스를 누가 가지고 있든간에 사용자가 키를 누르기만 하면 키보드 메시지가 발생하는데 이 메시지를 DLL의 훅 프로시저가 먼저 가로채서 훅 서버에게 전달하며 훅 서버는 입력된 키의 종류에 따라 그럴듯한 사운드를 출력하기 때문이다. 훅 서버나 훅 드라이버가 가로챈 메시지를 조용히 다음 훅 체인으로 보내므로 다른 응용 프로그램의 동작은 방해하지 않는다. 만약 KeyHookProc에서 CallNextHookEx를 호출하지 않는다면 효과음만 나고 실제 키 입력 메시지가 목표 윈도우로 전달되지 않으므로 시스템의 키보드는 먹통이 되어 버릴 것이다.

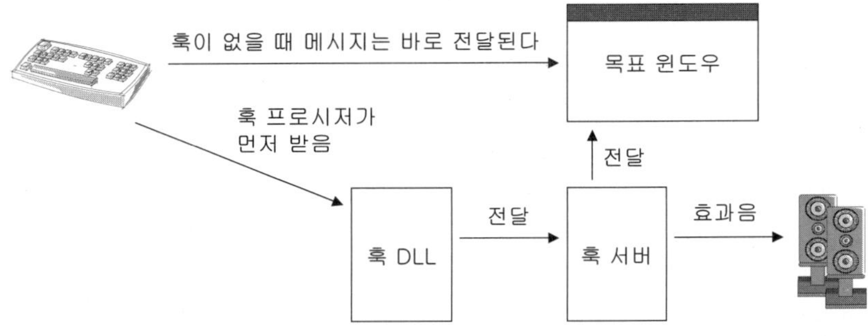

예제를 직접 실행해 보면 키보드를 두드릴 때마다 찰칵 찰칵 소리가 나서 마치 타자기를 치는 듯한 색다른 기분이 든다. 코드를 짧게 만드느라 편의 기능은 넣지 않았는데 메인 윈도우를 조금 더 예

뼈장하게 장식하고 여기에 효과음을 선택할 수 있는 기능이라든가 볼륨 조절 기능 등만 넣어도 깜찍한 악세사리로 쓸만한 프로그램이 된다. 도전해 보고 싶은 사람은 이 예제를 개작해서 실용성있는 프로그램을 만들어 보기 바란다.

45-2-마. 훅의 활용

전역 훅 프로시저는 다른 프로세스의 메시지 흐름을 들여다 볼 수 있다는 점에서 활용성이 높다. 특정 윈도우로 입력되는 메시지의 흐름을 살펴보면 이 윈도우가 입력된 메시지에 대해 어떻게 반응할 것인가를 예측할 수 있으며 따라서 윈도우에게 사건이 발생하는 정확한 시점을 알 수 있다. 훅 프로시저는 메시지 흐름을 감시하고 있다가 관심있는 이벤트가 발생했을 때 원하는 어떤 조치를 취할 수 있을 것이다.

다음 예제는 메모장의 키 입력을 감시하는 훅 프로시저를 설치하고 사용자가 babo라는 키를 연속으로 입력하면 이 키 입력을 모두 취소하고 chunjae로 바꿔 버린다. babo라는 연속된 키입력 이벤트에 반응하여 메모장의 동작을 원하는 방식으로 제어할 수 있는 것이다. 훅 DLL은 앞서 작성했던 KeyBeepDll과 동일하므로 따로 살펴볼 필요가 없으며 훅 서버 프로그램이 키 입력을 감시하고 이벤트에 대응하는 방법만 보자.

예 제 : HookNotePad

```
#include "../HookNotePadDll/HookNotePadDll.h"
TCHAR *Mes="메모장에서 BABO를 입력하면 chaunjae로 변경합니다.";
TCHAR *szSrc="BABO";
TCHAR *szDest="CHUNJAE";
int idx;
LRESULT CALLBACK WndProc(HWND hWnd,UINT iMessage,WPARAM wParam,LPARAM lParam)
{
    HDC hdc;
    PAINTSTRUCT ps;
    HWND hFGWnd;
    TCHAR szClass[32];
    int i;

    switch (iMessage) {
    case WM_CREATE:
        InstallHook(hWnd);
        return 0;
    case WM_USER+1:
        hFGWnd=GetForegroundWindow();
        GetClassName(hFGWnd,szClass,32);
        if (lstrcmpi(szClass,"NotePad")==0 && (lParam & 0x80000000)==0) {
            if (wParam == (WPARAM)szSrc[idx]) {
                idx++;
            } else {
                idx=0;
            }
            if (szSrc[idx]==0) {
                for (i=0;i<lstrlen(szSrc);i++) {
                    keybd_event(VK_BACK,0,0,0);
                    keybd_event(VK_BACK,0,KEYEVENTF_KEYUP,0);
```

```
                }
                for (i=0;i<lstrlen(szDest);i++) {
                    keybd_event(szDest[i],0,0,0);
                    keybd_event(szDest[i],0,KEYEVENTF_KEYUP,0);
                }
            }
        }
        return 0;
    case WM_PAINT:
        hdc=BeginPaint(hWnd, &ps);
        TextOut(hdc,10,10,Mes,lstrlen(Mes));
        EndPaint(hWnd, &ps);
        return 0;
    case WM_DESTROY:
        UninstallHook();
        PostQuitMessage(0);
        return 0;
    }
    return(DefWindowProc(hWnd,iMessage,wParam,lParam));
}
```

이 프로그램은 메모장의 동작에 대해서만 관여하므로 훅 프로시저로부터 WM_USER+1 메시지를 받았을 때 활성화된 윈도우가 메모장이 맞는지를 먼저 살펴 본다. 활성 윈도우의 윈도우 클래스명이 "NotePad"가 아니라면 메모장이 아니므로 아무런 동작도 하지 않으며 키가 떨어질 때도 역시 아무 동작도 하지 않는다. 오직 메모장에서 키를 누를 때(WM_KEYDOWN)만 동작하는데 이 조건을 변경하면 모든 프로그램에 대해 동작하도록 바꿀 수도 있다.

메모장에서 키가 눌러졌을 때, 즉 메모장 윈도우가 WM_KEYDOWN 메시지를 받았을 때 wParam이 babo의 연속인지 아닌지를 항상 감시하고 있다가 만약 babo가 연속으로 입력되면 4개의 BS키를 보내 babo를 지우고 chunjae키를 차례대로 누름으로써 babo를 chunjae로 바꾸어 준다. keybd_event 는 마치 사용자가 키보드를 누른 것처럼 키 이벤트를 발생시키는 함수이다.

이 예제는 연속된 키입력만 감시하기 때문에 한글, 대소문자 등은 구분하지 않으며 중간에 BS나 커서 이동키로 이동, 편집한 경우도 연속된 문자열로 인정하지 않는다. IME 상태나 대소문자 구분 등을 판별하고 BS, Del 등의 간단한 편집키를 처리한다면 좀 더 완벽한 동작을 할 수도 있다. 이런 방식으로 다른 프로그램의 키입력을 감시, 변경하면 백그라운드 맞춤법 검사기나 상용구 입력기 등을 만들 수 있을 것이다.

다음 예제는 지역 훅을 사용하여 메시지 박스를 부모 윈도우의 중앙에 출력한다. MessageBox 함수는 자신의 위치를 지정하는 플래그가 없으며 무조건 화면 중앙에 나타난다. 부모 윈도우가 화면의 가장자리에 있을 때는 중앙에 열리는 메시지 박스가 누구의 것인지 잘 구분되지 않으므로 부모 중앙에 메시지 박스를 띄우는 것이 더 좋다. 이 함수는 호출하는 즉시 메시지 박스를 띄우고 확인 버튼을 누를 때까지 리턴하지 않기 때문에 호출원에서 윈도우의 위치를 옮길 수 있는 기회가 없다. 위치를 옮길 때는 MoveWindow나 SetWindowPos 함수를 사용한다는 것은 알고 있지만 이 함수를 호출할 마땅한 시점이 없는 것이다.

메시지 박스가 생성되는 시점, 그러니까 WM_CREATE 메시지를 받을 때 이 윈도우의 위치를 옮겨야 하는데 그 시점이 운영체제 내부(User 모듈)에 있기 때문에 응용 프로그램이 자신의 코드를 실행할 기회가 없는 것이다. 메시지 박스는 일종의 대화상자이고 이 대화상자의 윈도우 프로시저는 운영체제에 내장되어 있어 프로그래밍할 수 있는 대상이 아니다. 윈도우 핸들조차 구할 수 없으므로 서브클래싱도 할 수 없다. 메시지 박스가 생성되는 시점을 구하기 위해 훅을 설치하고 윈도우가 생성될 때 보내지는 메시지를 가로채야 한다.

이때 사용하는 훅이 WH_CBT이다. CBT(Computer Based Training) 훅은 초보자들의 컴퓨터 조작 훈련을 위해 제공되는데 윈도우 생성, 파괴, 이동 및 크기 변경시의 메시지를 감시한다. CBT 프로그램은 사용자에게 윈도우 조작 방법을 알려주고 실습을 유도하는데 이때 사용자들이 지시대로 윈도우의 생성, 이동, 종료 등을 제대로 하는지 감시하기 위해 WH_CBT 훅을 사용한다. 이 훅의 원래 목적은 사용자 교육용이지만 일반 응용 프로그램도 윈도우 관련 메시지를 가로채기 위해 사용할 수 있다.

이 훅을 사용하면 특정 윈도우가 생성되는 시점을 응용 프로그램이 알 수 있고 이때 원하는 처리, 예를 들어 위치를 옮기거나 크기를 바꾸거나 스타일을 변경할 수 있다. 메시지 박스처럼 사용자가 직접 만든 윈도우가 아닐지라도 말이다. 다음 예제는 WH_CBT훅과 서브클래싱을 사용하여 메시지 박스를 부모 윈도우의 중앙에 연다.

예 제 : CenterMessage

```
HHOOK hCbtHook;
void MoveToParentCenter(HWND hWnd)
{
    RECT wrt,crt;
    HWND hParent;

    hParent=GetParent(hWnd);
    if (IsIconic(hParent)) {
        ShowWindow(hParent,SW_RESTORE);
    }

    GetWindowRect(hParent,&wrt);
    GetWindowRect(hWnd,&crt);
    SetWindowPos(hWnd,HWND_NOTOPMOST,wrt.left+(wrt.right-wrt.left)/2-(crt.right-crt.left)/2,
        wrt.top+(wrt.bottom-wrt.top)/2-(crt.bottom-crt.top)/2,0,0,SWP_NOSIZE);
}

LRESULT CALLBACK NewWndProc(HWND hWnd,UINT iMessage,WPARAM wParam,LPARAM
lParam)
{
    WNDPROC OldProc;
    OldProc=(WNDPROC)GetProp(hWnd,"OldProp");

    switch (iMessage) {
    case WM_CREATE:
        MoveToParentCenter(hWnd);
        break;
    case WM_NCDESTROY:
        SetWindowLong(hWnd,GWL_WNDPROC,(DWORD)OldProc);
        RemoveProp(hWnd,"OldProp");
        break;
    }
    return CallWindowProc(OldProc,hWnd,iMessage,wParam,lParam);
}

LRESULT CALLBACK CbtHookProc(int nCode,WPARAM wParam,LPARAM lParam)
{
```

```
    CBT_CREATEWND *pCbt;
    HWND hWnd;
    TCHAR szClassName[32];
    WNDPROC OldProc;

    if (nCode == HCBT_CREATEWND) {
        hWnd=(HWND)wParam;
        pCbt=(CBT_CREATEWND *)lParam;

        if (HIWORD(pCbt->lpcs->lpszClass)) {
            lstrcpy(szClassName,pCbt->lpcs->lpszClass);
        } else {
            GlobalGetAtomName((ATOM)pCbt->lpcs->lpszClass,szClassName,32);
        }

        if (lstrcmpi(szClassName,"#32770")==0 && ((pCbt->lpcs->style & WS_CHILD)==0)) {
            OldProc=(WNDPROC)GetWindowLong(hWnd,GWL_WNDPROC);
            SetProp(hWnd,"OldProp",OldProc);
            SetWindowLong(hWnd,GWL_WNDPROC,(DWORD)NewWndProc);
        }
    }
    return CallNextHookEx(hCbtHook,nCode,wParam,lParam);
}

LRESULT CALLBACK WndProc(HWND hWnd,UINT iMessage,WPARAM wParam,LPARAM lParam)
{
    HDC hdc;
    PAINTSTRUCT ps;
    TCHAR *Mes="마우스 왼쪽 버튼을 누르면 메시지 박스가 나타납니다.";

    switch (iMessage) {
    case WM_CREATE:
        hCbtHook=SetWindowsHookEx(WH_CBT,CbtHookProc,NULL,GetCurrentThreadId());
        return 0;
    case WM_LBUTTONDOWN:
        MessageBox(hWnd,"이 메시지 박스는 부모 윈도우의 중앙에 나타납니다","알림",MB_OK);
        return 0;
    case WM_PAINT:
        hdc=BeginPaint(hWnd, &ps);
        TextOut(hdc,10,10,Mes,lstrlen(Mes));
        EndPaint(hWnd, &ps);
        return 0;
    case WM_DESTROY:
        UnhookWindowsHookEx(hCbtHook);
        PostQuitMessage(0);
        return 0;
    }
    return(DefWindowProc(hWnd,iMessage,wParam,lParam));
}
```

WM_CREATE에서 WH_CBT 훅을 설치하는데 메시지 박스는 같은 스레드내에서 생성되는 윈도우이므로 지역 훅을 설치하면 된다. WM_PAINT에서는 간단한 안내 메시지를 출력하고 WM_DESTROY에서는 훅을 제거했다. 마우스 왼쪽 버튼을 누르면 MessageBox 함수를 호출하여 메시지 박스를 띄운다. 별다른 처리를 하지 않는다면 메시지 박스는 항상 화면 중앙에 열릴 것이다. CBT 훅 프로시저의

nCode로는 윈도우에 어떤 일이 발생했는지를 알려주는 다음과 같은 값이 전달되는데 이때 wParam으로는 윈도우의 핸들이 전달되며 lParam으로는 메시지의 부가 정보가 전달된다. 다음 도표는 CBT 훅의 nCode값과 lParam 인수를 정리한 것이다.

코드	설명	lParam
HCBT_ACTIVATE	윈도우 활성화	CBTACTIVATESTRUCT 구조체
HCBT_CREATEWND	윈도우 생성	CBT_CREATEWND 구조체
HCBT_DESTROYWND	윈도우 파괴	0
HCBT_MINMAX	최소 또는 최대화	하위 워드에 현재 상태(SW_*)
HCBT_MOVESIZE	이동 또는 크기 변경	윈도우의 현재 위치값을 가지는 RECT 구조체
HCBT_SYSCOMMAND	시스템 명령 실행	WM_SYSCOMMAND와 동일

리턴값으로는 해당 동작의 허가 여부를 돌려주는데 0을 리턴하면 동작을 허가하는 것이고 1을 리턴하면 금지하는 것이다. CBT 훅은 항상 해당 동작이 일어나기 전에 훅 프로시저에게 먼저 전달된다. 예를 들어 윈도우가 생성될 때 HCBT_CREATEWND 코드를 먼저 보낸 후 이 훅 프로시저가 0을 리턴하면 목표 윈도우로 WM_NCCREATE, WM_CREATE 메시지가 전달되며 윈도우가 파괴될 때도 WM_DESTROY 메시지를 보내기 전에 CBT훅의 HCBT_DESTROYWND 코드가 먼저 전달된다. 메시지 박스가 생성될 때 윈도우의 위치를 옮기고자 하므로 nCode가 HCBT_CREATEWND일 때 원하는 코드를 실행해야 한다. 이때 lParam으로는 다음과 같이 정의된 구조체의 포인터가 전달된다.

```
typedef struct {
    LPCREATESTRUCT lpcs;
    HWND hwndInsertAfter;
} CBT_CREATEWND, *LPCBT_CREATEWND;
```

lpcs는 CREATESTRUCT 구조체이며 hwndInsertAfter는 이 윈도우 바로 앞의 Z 순서를 가지는 윈도우 핸들이다. 훅 프로시저에서 이 구조체의 값을 직접 변경하면 윈도우의 위치나 크기, Z 순서를 바꿀 수 있다. lpcs->x, lpcs->y값을 조정하면 메시지 박스가 생성될 위치를 지정할 수 있는데 예제에서는 이 값을 직접 변경하지 않고 서브클래싱만 하고 있다. 왜냐하면 부모의 중앙 좌표를 구해야 하는데 윈도우가 생성되는 이 시점에는 아직 부모가 누구인지를 알 수 없기 때문이다. CBT훅은 동작이 일어나기 직전에 보내지므로 아직 이 윈도우는 만들어지지 않았으며 부모 자식 관계도 설정되어 있지 않다. 이 시점에서 GetParent를 호출해 보면 NULL이 리턴된다.

그래서 훅 프로시저는 서브클래싱만 해 놓고 서브클래스 프로시저의 WM_CREATE(또는 WM_INITDIALOG)에서 부모의 위치를 참조하여 부모의 중앙 위치로 가도록 했다. 여기서 WM_CREATE 메시지는 부모를 알 수 있는 최초의 시점이며 또한 이 윈도우가 보이기 전이므로 위치를 옮길 수 있는 최적의 위치에 해당된다. 원래 윈도우 프로시저의 번지는 별도의 전역 변수에 저장할 수도 있지만 윈도우 스스로 기억하기 위해 윈도우 프로퍼티를 사용했다. 이 윈도우는 파괴되기 직전에 윈도우 프로퍼티로부터 원래 윈도우 프로시저를 구해 자신의 서브클래싱을 직접 해제한다. 요약하자면 CBT 훅 프로시저는 윈도우가 생성되는 시점을 가로채서 서브클래싱만 하고 위치를 옮기는 작업은 서브클래스 프로시저가 하고 있는 셈이다.

훅 프로시저는 서브클래싱할 윈도우를 정확하게 선정해야 한다. CBT 훅은 모든 윈도우의 생성, 파괴, 이동 메시지를 받기 때문에 조건 점검을 정밀하게 하지 않으면 대화상자뿐만 아니라 대화상자안의 버튼이나 스태틱같은 컨트롤까지도 위치 이동의 대상이 되어 버리기 때문이다. 예제에서는 윈도우 클래스가 #32770, 즉 대화상자인지 보고 또한 차일드가 아닌지만으로 메시지 박스인지를 점검하고 있다. 윈도우가 좀 더 많은 프로젝트에서는 이보다 더 정밀한 조건 점검을 해야 할 것이다. 그렇지 않으면 원치않은 윈도우까지 이동하는 부작용이 발생한다.

예제를 실행하고 마우스 왼쪽 버튼을 눌러 보면 메시지 박스가 부모의 중앙에 열릴 것이다. 코드를 이해하는 것은 어렵지 않은데 그렇다면 메시지 박스의 위치를 옮기는데 왜 이렇게 복잡한 과정을 거쳐야 하는 것일까? 그 이유는 MessageBox라는 함수가 모달 대화상자를 열고 이 대화상자의 운용 일체를 관장하고 있기 때문이다. 이 함수를 호출하면 대화상자를 생성, 표시, 파괴하는 동작이 모두 이 함수내에서 일어나며 응용 프로그램이 메시지 박스에 대해 조작을 할 수 있는 기회가 없다. 그래서 훅을 설치하고 서브클래싱해서 생성 시점을 가로채는 복잡한 과정을 거쳐야 하는 것이다. 이 방법은 메시지 박스뿐만 아니라 공통 대화상자나 프로퍼티 시트 등의 컨트롤에도 동일하게 적용된다. 참고로 MFC같은 고수준 라이브러리는 프레임워크가 이런 처리를 자동으로 수행한다.

46-1 ODBC 소개

46-1-가. 데이터 베이스 개발 방법

세상에는 많은 종류의 프로그램들이 있는데 그 중에서 데이터 베이스 프로그램이 아주 큰 비중을 차지한다. 간단한 개인 주소록, 개인 정보 관리에서부터 시작해서 상업용 회계 관리 프로그램, 비디오 대여점 관리 프로그램 등 중소 규모의 패키지 등도 많이 보급되어 있으며 좀 더 큰 규모로는 전국적인 판매망을 관리하거나 대기업 그룹웨어의 일부분이 되기도 한다. 데이터 베이스는 우리 생활 곳곳에 광범위하게 사용되며 시장도 넓기 때문에 그만큼 많은 인력을 요구하는 유망한 분야다. 특히 인터넷 환경에서도 전자상거래, 회원 관리, 게시판, 자료실 등에 데이터 베이스가 필수적인 기술이 되었다.

데이터 베이스 프로그래밍에는 델파이, 비주얼 베이직, 파워 빌더 등의 비주얼 툴들이 주류를 이루고 있으며 C는 잘 활용되지 않는다. 비주얼 툴들이 워낙 고성능인 것도 그 한 원인이지만 DB 프로그래밍이라는 것이 대량의 노동력을 소모하는데다 프로그램 자체의 성능이 그다지 중요한 요소가 아니기 때문이다. 프로그램 성능 그 자체보다는 개발 기간을 가급적 단축하는 것이 더 중요하므로 좀 더 쉽고 효율적인 툴들이 많이 활용되며 앞으로도 이런 현상은 계속될 것이다.

그렇다고 해서 C로는 DB 프로그래밍을 못하는 것은 물론 아니다. 나름대로 편리한 개발환경을 제공하고 점점 더 쉽고 강력한 솔루션들이 등장하고 있다. 물론 비주얼 툴에 비해 성능도 훨씬 더 좋고 섬세한 부분까지 제어할 수 있다. 그러나 이런 기능적 우위에도 불구하고 앞으로도 C로 DB 프로그래밍을 하는 사람은 그다지 많지 않을 것이다. 개발 속도가 현저하게 느리기 때문이다. 아주 작게 만들어야 한다거나 아주 고성능이어야 한다거나 아니면 프로젝트 내에서 다른 모듈과의 자료 교환을 편리하게 하고 싶을 때 정도나 C가 사용될 것이다.

C언어로 DB프로그래밍을 할 수 있는 다양한 방법들이 이미 개발되어 있다. ODBC, DAO, OLE DB, ADO 등등이 있고 지금도 새로운 솔루션들이 발표되고 있다. 이 중에서 가장 배워볼 만한 것이라면 OLE DB를 들 수 있는데 가장 최근의 기술이고 확장성이나 성능 면에서도 만족할 만하다. 그러나 OLE DB는 COM을 바탕으로 하기 때문에 쉽게 배울 수 없으며 설사 클래스 라이브러리를 사용한다 하더라도 사용하기는 무척 까다롭다.

이 책에서는 많은 기술들중에 ODBC를 다룬다. 이 기술은 분명히 한물 간 기술임에 틀림없지만 OLE DB, DAO, ADO 등 다른 기술들의 바탕이 되며 성능상으로도 실무에 사용하기에는 전혀 무리가 없기 때문이다. 또한 이 책이 API를 다루는 책이다 보니 API 수준에서 사용할 수 있는 유일한 기술인 ODBC를 다룰 수밖에 없다. 만약 비주얼 툴을 계속 사용할 생각이라면 이 장의 내용을 읽는 것보다는 다른 책을 구입해서 열심히 공부하는 것이 훨씬 더 권할 만하다. 하지만 C로 DB 프로그래밍을 꼭 하겠다면 지금부터 열심히 읽기 바란다.

여기서는 독자들이 DB에 대한 기본 개념이 있다고 가정한다. DB의 가장 기초부터 설명하면 좋겠지만 이 책과는 맞지 않으므로 DB에 대한 개념이 없다면 기본 지식을 먼저 구비하고 오기 바란다. 여기서 기본 개념이라고 칭하는 것은 다음과 같다.

① DB의 기초. 레코드, 필드, 데이터 베이스에 대한 기초적인 정의
② Access 또는 SQL 서버 등의 DBMS 툴을 다룰 수 있어야 한다.
③ SQL 쿼리문의 문법에 대해 숙지하고 있어야 한다.
④ 트랜잭션, 내장 프로시저, 인덱스 등의 DB 이론도 알고 있어야 한다.

결국 이 장은 DB를 잘 다루는 사람을 위해 C로 DB 프로그래밍을 하는 방법을 설명하는 것이다.

46-1-나. ODBC의 구조

세상에는 많은 DBMS가 존재한다. 액세스, xBase, 파라독스, MySQL 등 비교적 작은 규모도 있고 SQL 서버, 오라클, 인포믹스, DB2 같은 대형 DBMS도 있다. 문제는 DBMS끼리 서로 호환되지 않는다는 점인데 그래서 응용 프로그램은 DBMS에 종속적일 수밖에 없다. 이는 프로그램 개발자 입장에서는 무척 성가신 문제이다.

이런 상황을 해결하기 위한 최초의 시도가 바로 ODBC(Open Database Connectivity)이다. ODBC는 DBMS를 다루는 드라이버와 응용 프로그램을 연결하는 인터페이스이다. 응용 프로그램은 ODBC 함수를 호출하여 DBMS의 데이터에 액세스하며 중간의 드라이버를 교체하면 같은 코드로 다른 DBMS의 데이터에 접근할 수 있다. 하나의 소스로 이기종의 DBMS를 제어하는 것이 바로 ODBC의 목표라고 할 수 있다.

ODBC가 동작하는 방식은 윈도우즈의 디바이스 드라이버와 동일하다. 윈도우즈 프로그램들은 비디오 카드를 직접 액세스 하지 않고 설치된 드라이버를 통하므로 그래픽 카드에 무관하게 동작할 수 있다. 그래픽 카드가 바뀔 경우 드라이버만 교체하면 프로그램은 전혀 영향을 받지 않는다. ODBC도 마찬가지 방법으로 다양한 DBMS를 액세스한다.

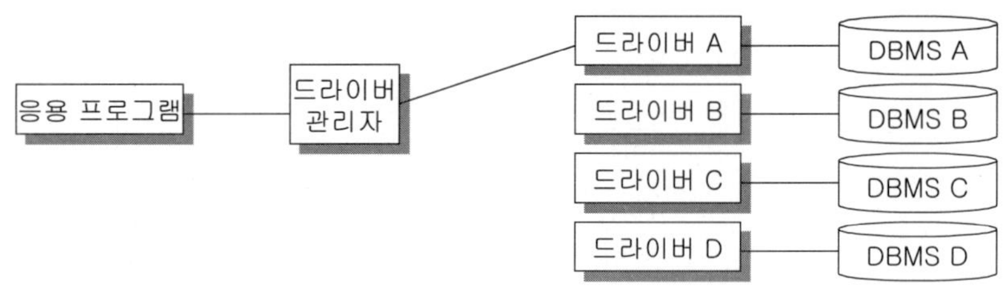

각 DBMS는 고유의 ODBC 드라이버를 제공하며 응용 프로그램은 드라이버를 통해 DBMS를 액세스한다. DBMS를 바꾸더라도 드라이버만 교체하면 되므로 프로그램의 코드는 전혀 수정할 필요가 없으며 심지어 컴파일을 다시 할 필요도 없다. ODBC는 데이터 액세스 루틴을 모아놓은 라이브러리이며 많은 약속들을 정의해 놓은 명세(Specification)일 뿐이다. 특정한 DBMS에 종속적이지 않을 뿐만 아니라 또한 언어에도 무관하게 사용할 수 있다. ODBC API 함수를 호출할 수 있는 C, 비주얼 베이직,

파스칼 등의 모든 언어에서 ODBC를 활용할 수 있다. 뿐만 아니라 적어도 이론적으로는 유닉스나 매킨토시에서도 ODBC를 활용할 수 있다.

ODBC는 SQL언어에 기반한다. 데이터를 읽어오거나 수정, 삭제하는 모든 작업은 내부적으로 SQL문으로 처리된다. 따라서 ODBC를 제대로 사용하기 위해서는 SQL 문법을 상세히 알고 있어야 한다. 참고로 OLE DB는 메일 서버나 파일 시스템 등 SQL에 기반하지 않은 데이터 소스도 액세스할 수 있다. 앞의 그림에서 보다시피 ODBC는 4가지 구성 요소로 이루어져 있다. 각 구성 요소들에 대해 알아보자.

응용 프로그램

데이터를 액세스하는 프로그램이며 프로그래머가 만들어야 할 대상이다. 이 프로그램이 ODBC API 함수를 호출한다. 응용 프로그램이 호출한 ODBC 함수는 드라이버 관리자로 전달되며 드라이버 관리자는 API 함수의 호출 결과를 응용 프로그램으로 리턴한다.

드라이버 관리자

드라이버 관리자는 응용 프로그램과 드라이버 사이에서 통신 역할을 담당한다. 마치 응용 프로그램과 그래픽 드라이버 사이에 GDI가 있듯이 말이다. 응용 프로그램은 드라이버의 함수를 직접 호출할 수 없다. 왜냐하면 응용 프로그램 수준에서는 특정 데이터 소스에 어떤 드라이버가 필요한지조차 알 수 없기 때문이다. 만약 그렇게 된다면 응용 프로그램은 DBMS에 종속되고 말 것이다. 물론 드라이버는 단순한 DLL이므로 응용 프로그램이 드라이버의 함수를 직접 호출하는 것이 불가능하지는 않다. 그러나 그렇게 하려면 응용 프로그램은 실행중에 드라이버를 찾아 로드해야 하며 모든 함수는 함수 포인터로만 호출할 수 있을 것이다. 함수 포인터가 얼마나 까다로운지 사용해 본 사람은 다 안다.

드라이버 관리자는 응용 프로그램이 요구한 데이터 소스의 드라이버를 찾아 로드하는 일을 대신한다. 일단 드라이버가 로드되면 응용 프로그램은 드라이버 관리자의 ODBC API 함수를 호출하며 이 호출은 드라이버 관리자를 통해 다시 드라이버로 전달된다. 드라이버 관리자 자체는 응용 프로그램에 정적으로 연결되므로 함수명으로 직접 호출할 수 있다. 대부분의 경우 드라이버 관리자는 응용 프로그램의 함수 호출을 드라이버로 그대로 전달하는 중계 역할만 한다. 그외의 부가적인 기능으로 기본적인 에러처리와 사용가능한 데이터 소스의 목록을 조사하는 일 등을 한다.

드라이버

드라이버는 ODBC API 함수의 구현부를 가지는 실행 모듈(보통 DLL)이다. 드라이버 관리자에 의해 호출되어 데이터 소스의 데이터를 액세스하며 처리 결과를 다시 드라이버 관리자에게 리턴한다. 즉 실제로 데이터를 액세스하고 관리하는 ODBC의 핵심 모듈이다. 각 DBMS에 대해 하나씩 존재하며 DBMS 제작자가 만들어서 배포한다. DBMS의 모든 기능을 구현하되 DBMS가 지원하지 못하는 기능은 드라이버도 당연히 지원하지 못한다. 드라이버는 SQL문을 누가 처리하는가에 따라 파일 기반, DBMS 기반 두 가지 종류로 나누어진다.

파일 기반 드라이버는 데이터 소스가 물리적인 파일인 경우인데 드라이버가 SQL문을 처리하며 데이터 소스를 직접 액세스한다. dBase 파일, 텍스트 파일 등은 별도의 DB 엔진이 없으며 데이터 베이스만 파일 형태로 존재하므로 드라이버가 자체적으로 DB엔진을 제공해야 한다. 그래서 데이터 베이스 형태는 간단하지만 드라이버를 만들기는 더 어려우며 대신 배포하기는 쉽다.

DBMS 기반 드라이버는 별도의 DB 엔진이 따로 있고 데이터는 엔진과 분리되어 있다. DB엔진이 SQL문은 처리하므로 드라이버는 ODBC API 호출만 처리하고 SQL문의 실행은 DBMS에게 전달하기만 하면 된다. 이때 DB 엔진이 어디에 위치하는가는 문제되지 않으며 네트워크상의 다른 위치에 있을 수도 있다. 오라클이나 SQL 서버 등의 대형 DBMS의 드라이버 등이 이 부류에 속하며 많이 사용하는 액세스 MDB도 제트 엔진이 제공되므로 DBMS 기반의 드라이버가 제공된다.

데이터 소스

데이터 소스는 간단하게 말해 데이터 그 자체이며 좀 더 유식하게 표현하면 데이터에 액세스하기 위한 모든 정보들의 집합이다. 이 정보에는 사용할 드라이버, 데이터가 있는 네트워크 주소, 네트워크 소프트웨어 등등이 포함된다. 데이터 소스는 다양한 형태로 존재할 수 있다. 예를 들어 단순히 하나의 파일일 수도 있고 다른 운영체제에서 돌아가는 DBMS가 될 수도 있으며 네트워크에 물린 서버의 DBMS일 수도 있다. 데이터 소스가 어떤 형태로 존재하든지 사용자는 적절한 드라이버를 통해 이 데이터 소스를 ODBC API로 액세스할 수 있다.

정보가 저장되는 방식에 따라 기계 데이터 소스와 파일 데이터 소스로 나누어지며 기계 데이터 소스는 정보가 저장되는 레지스트리 위치에 따라 사용자 DSN과 시스템 DSN으로 구분된다. 사용자 DSN은 HKEY_CURRENT_USER에 저장되며 현재 로긴한 사용자에게만 유효한 반면 시스템 DSN은 HKEY_LOCAL_MACHINE에 저장되므로 모든 사용자에게 유효할 뿐만 아니라 심지어 로긴하지 않은 상태에서도 서비스 형태로 데이터 소스의 사용을 허가한다.

46-1-다. ODBC 데이터 타입

Win32 API에는 ODBC 관련 함수들이 포함되어 있다. ODBC는 이 함수들의 집합이라고 할 수 있는데 함수들만으로 모든 ODBC 기능을 다 사용할 수 있다. 별도의 복잡한 설치 과정도 필요 없으며 함수만 문법에 맞게 호출하면 된다. 또한 COM과도 무관하기 때문에 COM에 대해 잘 몰라도 C만 기본적으로 할 수 있다면 누구나 쉽게 사용할 수 있다. 좀 더 최신의 OLE DB는 COM을 기반으로 하기 때문에 COM을 먼저 공부해야 사용할 수 있다는 점과 비교해 보면 ODBC는 선수 과목이 별로 없는 셈이다. 그리고 꼭 장점이라고 할 수는 없지만 비객체 지향적이기 때문에 구조를 이해하기 쉽다.

이러한 함수 기반의 구조를 ODBC에서는 CLI(Call Level Interface)라고 하는데 유행에는 좀 떨어질지 몰라도 실무에 사용하기에는 오히려 더 편리한 구조가 아닌가 생각된다. 함수를 호출하는 것은 C 문법만 알면 누구나 사용할 수 있기 때문이다. ODBC 함수들은 모두 접두어 SQL로 시작된다. MSDN을 찾아보면 SQLConnect, SQLFetch, SQLExecute 등과 같은 함수들을 볼 수 있는데 개수는 그리 많지 않으며 50여 개에 불과하다. 그 중에서 자주 사용하는 함수 10여 개만 알아도 ODBC 프로그래밍이 가능하다. 다른 API 함수들에 비해 독특한 개성을 가지고 있기는 하지만 함수들은 비교적 깔끔하게 잘 정리가 되어 있는 편이다.

세상에는 많은 종류의 DBMS가 존재하며 각 DBMS별로 다양한 데이터 타입들을 지원하고 있다. 정수형만 해도 부호여부, 길이 등에 따라 몇 가지 조합이 가능하며 문자열도 가변 길이, 고정 길이, 유니코드 등등 아주 많은 형태의 타입이 있다. 또한 BLOB, 이미지, OLE 타입 등 특정 DBMS에만 존재하는 데이터 타입도 있다.

ODBC를 사용하는 응용 프로그램에서도 언어에 따라 타입은 다양해진다. C언어의 타입과 파스칼의 타입이 비록 대부분 유사하지만 다른 부분이 있고 ODBC가 언어에 독립적이다 보니 특정 언어에만 존재하는 타입도 지원해야 할 필요가 있다. DBMS와 응용 프로그램의 중간자 역할을 하는 ODBC는 양쪽의 가능한 모든 데이터 타입을 지원해야만 한다. 그래서 ODBC는 SQL형과 C형 두 가지 형태의 데이터 타입을 모두 지원한다. SQL형은 DBMS쪽의 데이터 타입이며 C형은 응용 프로그램 쪽의 데이터 타입이다. ODBC는 이 타입들을 #define으로 정의하고 있으며 이 타입값은 결과셋의 컬럼 바인딩이나 파라미터 전달 등 데이터 타입을 요구하는 ODBC 함수들에 의해 사용되는데 구체적인 사용 예는 이후의 실습에서 보게 될 것이다.

SQL 데이터 타입은 SQL-92 표준에서 정의하고 있는 모든 데이터 타입들과 몇 가지 추가된 데이터 타입을 정의하고 있다. ODBC가 정의한 이 타입들을 DBMS에 맞게 변환하는 것은 드라이버가 하는데 드라이버는 ODBC의 모든 타입을 다 지원할 필요는 없으며 DBMS와 대응되는 타입만 지원하면 된다. 다음은 SQL 데이터 타입 목록 중 일부이다.

SQL 타입 ID	SQL 데이터 타입
SQL_CHAR	CHAR
SQL_VARCHAR	VARCHAR
SQL_DECIMAL	DECIMAL
SQL_SMALLINT	SMALLINTEGER
SQL_INTEGER	INTEGER
SQL_BINARY	BINARY
SQL_TYPE_DATE	DATE

C형 타입은 응용 프로그램에서 DB로부터 결과셋을 돌려받을 때나 버퍼의 타입을 지정할 때 사용하는데 C언어의 데이터 타입들이므로 이해하기 쉬울 것이다. 모든 드라이버들은 DBMS의 데이터를 응용 프로그램이 원하는대로 변환하기 위해 이 C타입을 모두 지원해야 한다. 다음 표는 ODBC의 C 데이터 타입 ID와 각 타입의 정의 및 대응되는 C언어의 데이터 타입을 보인 것이다.

C 타입 ID	typedef	C 데이터 타입
SQL_C_CHAR	SQLCHAR *	unsigned char *
SQL_C_SSHORT	SQLSMALLINT	short int
SQL_C_USHORT	SQLUSMALLINT	unsigned short int
SQL_C_SLONG	SQLINTEGER	long int
SQL_C_ULONG	SQLUINTEGER	unsigned long int
SQL_C_FLOAT	SQLREAD	float
SQL_C_DOUBLE	SQLDOULE	double
SQL_C_BIT	SQLSCHAR	unsigned char
SQL_C_BINARY	SQLCHAR *	unsigned char *
SQL_C_BOOKMARK	BOOKMARK	unsigned long int
SQL_C_TYPE_DATE	SQL_DATE_STRUCT	struct tagDATE_STRUCT { SQLSMALLINT year; SQLUSMALLINT month; SQLUSMALLINT day; }DATE_STRUCT;

당장 이 표의 의미를 다 이해하지는 못하더라도 DBMS와 응용 프로그램간의 데이터 타입을 맞추기 위해 중간에서 ODBC가 데이터 타입을 변환해야 할 필요가 있고 그래서 각 타입을 지칭하기 위해 ID가 필요하다는 것 정도는 상식적으로 이해가 갈 것이다. 이 타입들이 사용되는 구체적인 예는 잠시 후 SQLBindCol 함수를 사용해 보면서 실습할 것이다.

46-1-라. ODBC 관리자

ODBC는 말 그대로 데이터 베이스 연결을 위한 열린 환경이다. 즉 임의의 데이터 소스에 접근할 수 있는 솔루션인데 이를 위해서는 접근하고자 하는 데이터 소스에 대한 최소한의 정보를 중앙에서 관리해야 할 필요가 있다. 그래야만 응용 프로그램이 원하는 데이터 소스에 대한 정보를 필요할 때 얻을 수 있을 것이다.

이 정보를 관리하는 애플릿을 ODBC 관리자라고 하며 제어판의 관리도구에 디폴트로 포함되어 있다. 운영체제에 따라 제어판에 직접 포함되어 있는 경우도 있고 별도로 설치해야 하는 경우도 있으나 사용방법은 거의 동일하다. 윈 2000에서는 데이터 원본(ODBC)라고 되어 있는데 이 아이콘을 더블클릭하면 ODBC 관리자가 실행된다.

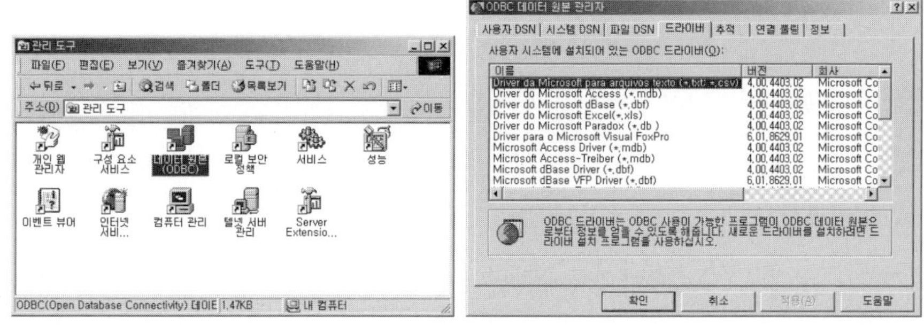

데이터 소스를 종류별로 탭으로 구분하여 표시하며 현재 시스템에 설치되어 있는 드라이버의 목록을 보여준다. 이 목록은 운영체제가 설치될 때 디폴트로 설치된 것들이며 이 외에 더 필요한 드라이버는 직접 구해서 설치할 수 있다. ODBC 관리자로 DSN을 만들고 사용하는 실습은 잠시 후에 해 볼 것이다.

46-2 핸들

46-2-가. OdbcApi1

앞 절에서 ODBC에 대한 소개와 몇 가지 이론적인 내용들에 대해 공부를 해봤다. 그다지 어려운 내용은 없으므로 가볍게 읽고 지나왔을 것이다. 그럼 이제 실제로 ODBC를 사용하는 예제를 만들어 보면서 ODBC API를 하나씩 익혀보자. 예제는 되도록이면 간단하게 만들려고 했으나 아무리 간단하게 만들어도 역시 처음 보는 사람에게는 어려울 수밖에 없을 것이다. 한꺼번에 너무 많은 것을 알아야 하기 때문인데 너무 서두르지 말고 한줄 한줄씩 이해하면서 공부하자.

ODBC 설명을 위해 만든 첫 예제는 DB 프로그램치고는 극단적으로 간단하게 생겼다. 데이터 소스에서 모든 데이터를 다 읽어와 순서대로 화면에 뿌리기만 한다. 일단 실행 모습을 먼저 보자. 왼쪽 마우스 버튼을 누르면 담배 이름과 가격(애석하게도 이 예제를 만들 때보다 가격이 올라버렸다), 국산품 여부 세 가지 필드를 가진 레코드 10개를 화면에 출력한다. 배포 CD에서 곧바로 이 예제를 실행해 볼 수 있다.

OdbcApi1

이름:88 Light	가격:1000	국산:예
이름:This	가격:1100	국산:예
이름:시나브로	가격:1300	국산:예
이름:말보로	가격:1300	국산:아니오
이름:솔	가격:200	국산:예
이름:입생로랑	가격:1500	국산:아니오
이름:던힐	가격:1500	국산:아니오
이름:Get2	가격:1300	국산:예
이름:오마샤리프	가격:1400	국산:예
이름:장미	가격:1200	국산:예

이런 실습 예제를 만들려면 먼저 액세스의 대상이 되는 데이터 소스를 만들어야 한다. 데이터 소스를 만들 수 있는 방법도 여러 가지가 있지만 이 예제는 비교적 만들기 쉽고 크기가 작은 액세스 파일을 만들어 사용했다. 액세스 2000을 실행한 후 Cigarette 데이터 베이스를 만들고 다음과 같이 테이블을 디자인한다. 문자열의 name 필드, 정수형의 price필드, 논리형의 korean 세 개의 필드를 정의하였다. 테스트를 위해 10개 정도의 레코드를 입력해 놓자.

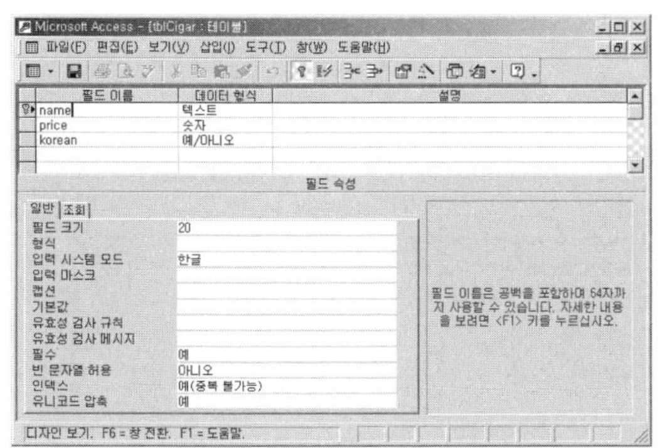

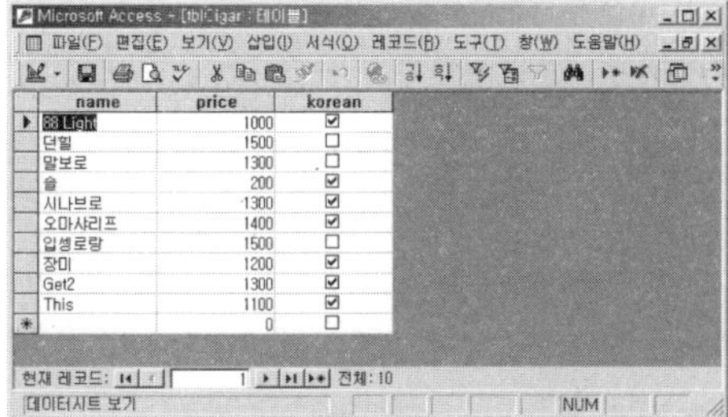

그리고 이 파일을 Cigarette.mdb로 프로젝트 디렉토리에 같이 저장해 두면 된다. 예제 파일을 만들기 귀찮으면 배포 CD에 있는 MDB 파일을 그냥 사용해도 무관하다. 다음은 이 예제의 소스이다. 일단 전체 소스를 다 보인 후 한 줄씩 분석해 볼 것이다. 분석의 편의를 위해 중간중간에 주석도 좀 달아두었다.

예 제 : ODBCApi1

```
#include <windows.h>
#include <sql.h>
#include <sqlext.h>

========== WinMain 생략 ==========

void OdbcApiTest()
{
    // 핸들 변수들
    SQLHENV hEnv;
    SQLHDBC hDbc;
    SQLHSTMT hStmt;
    // 연결 설정을 위한 변수들
    SQLCHAR InCon[255];
    SQLCHAR OutCon[255];
    SQLSMALLINT cbOutCon;
    TCHAR Dir[MAX_PATH];
    // 결과값을 돌려받기 위한 변수들
    SQLCHAR Name[21];
    int Price;
    BOOL Korean;
    SQLINTEGER lName,lPrice,lKorean;
    // 화면 출력을 위한 변수들
    int y=1;
    HDC hdc;
    int arTab[2]={200,400};
    TCHAR str[255];
```

```
    // 환경 핸들을 할당하고 버전 속성을 설정한다.
    SQLAllocHandle(SQL_HANDLE_ENV,SQL_NULL_HANDLE,&hEnv);
    SQLSetEnvAttr(hEnv,SQL_ATTR_ODBC_VERSION,(SQLPOINTER)SQL_OV_ODBC3,SQL_IS_IN
TEGER);

    // 연결 핸들을 할당하고 연결한다.
    SQLAllocHandle(SQL_HANDLE_DBC,hEnv,&hDbc);
    GetCurrentDirectory(MAX_PATH,Dir);
    wsprintf((TCHAR *)InCon,"DRIVER={Microsoft Access Driver (*.mdb)};"
        "DBQ=%s\\cigarette.mdb;",Dir);
    SQLDriverConnect(hDbc,hWndMain,InCon,sizeof(InCon),OutCon,
        sizeof(OutCon), &cbOutCon, SQL_DRIVER_NOPROMPT);

    // 명령 핸들을 할당한다.
    SQLAllocHandle(SQL_HANDLE_STMT,hDbc,&hStmt);

    // 결과를 돌려받기 위해 바인딩한다.
    SQLBindCol(hStmt,1,SQL_C_CHAR,Name,sizeof(Name),&lName);
    SQLBindCol(hStmt,2,SQL_C_ULONG,&Price,0,&lPrice);
    SQLBindCol(hStmt,3,SQL_C_ULONG,&Korean,0,&lKorean);

    // SQL문을 실행한다.
    SQLExecDirect(hStmt,(SQLCHAR *)"select name,price,korean from tblCigar",SQL_NTS);

    // 읽어온 데이터 출력
    hdc=GetDC(hWndMain);
    while(SQLFetch(hStmt)!=SQL_NO_DATA) {
        wsprintf(str,"이름:%s\t가격:%d\t국산:%s",Name,Price,(Korean ? "예":"아니오"));
        TabbedTextOut(hdc,10,y*20,str,lstrlen(str),2,arTab,0);
        y++;
    };
    ReleaseDC(hWndMain,hdc);

    // 뒷정리
    SQLCloseCursor(hStmt);
    SQLFreeHandle(SQL_HANDLE_STMT,hStmt);
    SQLDisconnect(hDbc);
    SQLFreeHandle(SQL_HANDLE_DBC,hDbc);
    SQLFreeHandle(SQL_HANDLE_ENV,hEnv);
}

========== WndProc 생략 ==========
```

보다시피 전통적인 API 프로그램과 별로 틀리지 않게 생겼다. WinMain, WndProc은 표준적인 모습을 가지고 있으며 WM_LBUTTONDOWN에서 OdbcApiTest 함수만 호출한다. 분석을 간단하게 하기 위해 한 함수 안에서 모든 처리를 다 하도록 했으므로 여러분들은 OdbcApiTest함수만 분석하면 일단 ODBC의 첫 예제를 이해했다고 할 수 있을 것이다. 앞으로도 ODBC 프로그래밍을 계속할 예정이라면 이 OdbcApiTest 함수는 통째로 외워도 별로 손해가 가지 않을 것이다. 이 예제에서 제일 먼저 눈에 띄는 것은 첫 부분의 다음 두 줄이다.

```
#include <sql.h>
```

```
#include <sqlext.h>
```

두 개의 헤더 파일을 포함시키는데 이 두 파일에는 ODBC API 함수들에 대한 원형, 매크로 등이 선언되어 있으므로 ODBC를 사용하려면 반드시 포함해야 한다. 그리고 프로젝트 세팅의 Link탭에는 odbc32.lib와 연결해야 한다.

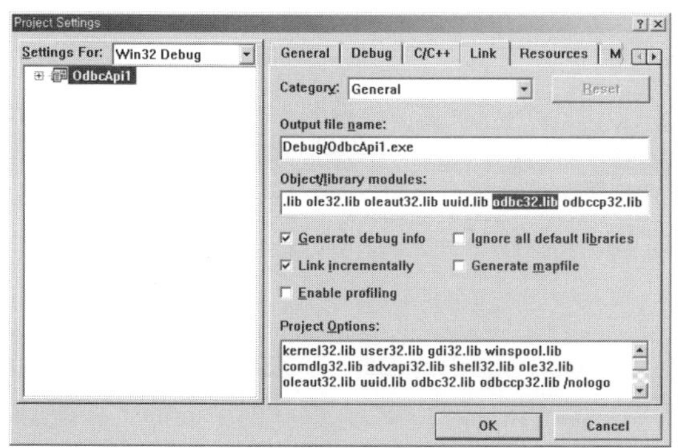

AppWizard로 프로젝트를 생성했다면 이 옵션은 디폴트로 포함되어 있으므로 별도로 입력하지 않아도 상관없다. 그러나 MFC 프로젝트에는 odbc32.lib가 디폴트로 포함되지 않으므로 직접 추가해야 한다.

46-2-나. 핸들

ODBC는 정보 저장을 위해 핸들을 사용한다. HDC, HWND 등의 일반적인 핸들과 사용하는 목적이나 방법은 동일하다. ODBC는 환경, 연결, 명령, 설명자의 4가지 핸들을 사용하는데 이중 설명자 핸들은 잘 사용되지 않는다. OdbcApi1 예제에서도 설명자 핸들을 제외한 나머지 세 핸들이 사용되며 OdbcApiTest함수의 선두에서 각 핸들의 변수들을 선언하였다.

```
// 핸들 변수들
SQLHENV hEnv;
SQLHDBC hDbc;
SQLHSTMT hStmt;
```

각 핸들은 다른 타입으로 정의되어 있지만 모두 void *형이다. 이 핸들은 불투명한 데이터형이므로 내부가 어떻게 정의되어 있는지는 몰라도 상관없다. 우리는 이때까지 그랬던 것처럼 핸들을 얻고 적당한 위치에서 사용하다가 다 쓰고 난 후 핸들을 해제하면 된다. 핸들을 할당하고 해제하는 ODBC 함수는 다음 두 가지이다.

SQLRETURN SQLAllocHandle(SQLSMALLINT HandleType, SQLHANDLE InputHandle, SQLHANDLE * OutputHandlePtr);
SQLRETURN SQLFreeHandle(SQLSMALLINT HandleType, SQLHANDLE Handle);

SQLAllocHandle 함수는 핸들을 할당하는데 세 개의 인수를 가진다. HandleType 인수는 할당하고자 하는 핸들의 타입이며 SQL_HANDLE_ENV, SQL_HANDLE_DBC, SQL_HANDLE_STMT, SQL_HANDLE_DESC 중 하나의 값을 지정한다. 예를 들어 환경 핸들을 할당한다면 SQL_HANDLE_ENV를 지정하면 된다.

InputHandle 인수는 새 핸들이 포함될 부모 핸들을 지정한다. 환경 내에 연결 핸들이 포함되며 연결에는 명령, 설명자 핸들이 포함되는데 InputHandle에 새 핸들이 할당될 핸들, 즉 부모 핸들을 지정한다. 환경 핸들의 경우는 어떤 핸들에도 포함되지 않으므로 SQL_NULL_HANDLE을 지정한다. OutputHandlePtr 인수는 새로 만들어질 핸들의 번지를 지정하는 출력용 인수이다. SQLAllocHandle 함수는 이 번지에 새로 할당한 핸들을 저장한다. SQLFreeHandle은 HandleType 타입의 Handle 변수를 해제한다. 핸들을 다 사용하고 난 후에는 이 함수로 핸들을 반드시 해제해야 한다.

환경 핸들

환경(Environment)에는 데이터 액세스에 필요한 여러 가지 정보들이 저장되는데 이 정보들은 본질적으로 전역적이다. 환경의 현재 상태, 진단 정보, 환경의 속성 등이 환경에 저장되는 정보들이며 무엇보다 중요한 것은 연결에 관련된 정보들이다. 연결은 이 프로그램이 어떤 데이터 소스에 연결되어 있는지에 대한 정보를 가지는데 이 연결들의 목록이 환경에 저장된다. 환경은 여러 가지 속성을 가지는데 이 속성들은 다음 함수로 설정한다.

SQLRETURN SQLSetEnvAttr(SQLHENV EnvironmentHandle, SQLINTEGER Attribute, SQLPOINTER ValuePtr, SQLINTEGER StringLength);

두 번째 인수로 설정하고자 하는 속성의 종류를 지정하고 세 번째 인수로 속성값을, 네 번째 인수로 속성값의 길이를 준다. 환경의 속성중에 가장 중요한 것은 SQL_ATTR_ODBC_VERSION 속성인데 ODBC의 버전을 설정한다. 2.0 버전으로 동작하도록 하고 싶다면 SQL_OV_ODBC2를 속성값을 설정하고 3.0버전으로 동작하도록 하려면 SQL_OV_ODBC3을 속성값으로 설정하면 된다. 나머지 속성들은 디폴트를 적용하면 별 무리가 없다.

ODBC 응용 프로그램은 결국 데이터 소스에 연결해야 하고 그러기 전에 연결 핸들을 저장할 환경이 필요하므로 제일 먼저 환경 핸들을 할당하고 환경 핸들의 속성을 지정해야 한다. 그래서 OdbcApiTest 함수는 다음 두 줄로 시작된다.

```
SQLAllocHandle(SQL_HANDLE_ENV,SQL_NULL_HANDLE,&hEnv);
SQLSetEnvAttr(hEnv,SQL_ATTR_ODBC_VERSION,(SQLPOINTER)SQL_OV_ODBC3,SQL_IS_INTEG
ER);
```

hEnv핸들에 환경 핸들을 할당하고 이 핸들의 버전을 3.0으로 설정하였다. 핸들의 버전 설정을 생략하면 이 후 어떠한 ODBC API 호출도 할 수 없다. 이 두 줄은 특별한 이유가 없는 한 이대로 가져다 쓰면 된다.

연결 핸들

연결(Connection)은 사용할 데이터 소스와 드라이버에 대한 정보를 가지며 연결 핸들에는 연결의 상태, 진단 정보, 명령 핸들과 설명자 핸들의 목록, 연결의 속성 등의 정보가 포함된다. 데이터 소스에 연결하거나 연결을 해제하는 것이 가장 주된 기능이며 이 외에도 데이터 소스나 드라이버에 관한 정보를 조사하거나 트랜잭션 처리에도 사용된다. 다음 함수 호출로 연결 핸들을 할당한다.

```
SQLAllocHandle(SQL_HANDLE_DBC,hEnv,&hDbc);
```

연결 핸들은 환경에 저장되므로 두 번째 인수에 hEnv를 지정했다. 즉 위 함수 호출문은 연결 핸들 hDbc를 할당하되 hEnv 환경 안에 그 정보를 저장한다. 일단 연결 핸들이 할당되면 SQLConnect 등의 연결 함수로 데이터 소스와 연결할 수 있다.

연결 핸들도 몇 가지 속성을 가지는데 로긴 타임 아웃 설정, 패킷 크기, 비동기 액세스 모드, 트랜잭션 모드 등의 속성들이 있다. 각 속성의 의미나 설정하는 방법은 SQLSetConnectAttr 함수의 레퍼런스를 참고하되 일단은 디폴트 속성을 그대로 사용해도 무방하다. 소스에서는 연결 핸들을 할당하기만 하고 속성은 모두 디폴트로 사용하고 있다.

연결

연결 핸들을 할당하고 난 후에 이 핸들을 사용하여 실제 데이터 소스와 연결한다. 연결 함수는 세 가지 종류가 있는데 SQLConnect가 가장 간단하고 그 외에 SQLDriverConnect, SQLBrowseConnect 등의 함수가 있는데 여기서는 다소 복잡한 SQLDriverConnect 함수로 연결하였다. 이 함수는 좀 복잡하지만 별도의 환경 설정없이 파일의 경로를 지정하는 방식으로 연결할 수 있기 때문에 처음 배우는 사람에게는 오히려 더 쉽다. 원형은 다음과 같다.

SQLRETURN SQLDriverConnect(SQLHDBC ConnectionHandle, SQLHWND WindowHandle, SQLCHAR *InConnectionString, SQLSMALLINT StringLength1, SQLCHAR *OutConnectionString, SQLSMALLINT BufferLength, SQLSMALLINT *StringLength2Ptr, SQLUSMALLINT DriverCompletion);

8개나 되는 인수를 가지고 있는데 당장은 4번째 인수까지만 제대로 지정하면 된다. 나머지 인수는 다음에 연결 방법에 대해 알아볼 때 별도로 자세히 알아보자. 첫 번째 인수는 할당한 연결 핸들이며 두 번째 인수는 메인 윈도우의 핸들이다. 이 함수 실행중에 대화상자를 출력할 수도 있는데 그때 부모 윈도우를 지정하기 위해 메인 윈도우 핸들을 전달한다. 세 번째 인수가 연결 정보를 지정하는 연결 문자열(Connection String)이며 4번째 인수는 연결 문자열의 길이이다.

연결 문자열이란 데이터 소스에 연결하기 위한 정보를 가지는 문자열이며 일반적으로 일련의 키=값; 형식의 정보가 모여서 구성된다. 나름대로의 문법을 가지고 있지만 지정할 수 있는 키의 종류는 드라이버에 따라 다르다. 더 자세한 것은 레퍼런스를 참고하되 이 책에 있는 연결 문자열의 예를 참고하는 것으로도 충분하리라 생각된다.

이 함수는 단순히 지정한 정보로 연결만 하는 것이 아니라 정보가 불완전할 경우 사용자에게 추가 정보를 대화상자로 요구하고 완성된 문자열을 리턴하기도 하는데 5~8번째 인수까지는 이런 목적으로 사용된다. 정보가 완전하다면 5번째 이후의 인수는 당장 사용하지 않아도 된다. 소스에는 다음과 같이 연결하였다.

```
SQLCHAR InCon[255];
SQLCHAR OutCon[255];
SQLSMALLINT cbOutCon;
TCHAR Dir[MAX_PATH];

GetCurrentDirectory(MAX_PATH,Dir);
wsprintf((TCHAR *)InCon,"DRIVER={Microsoft Access Driver (*.mdb)};"
    "DBQ=%s\\cigarette.mdb;",Dir);
SQLDriverConnect(hDbc,hWndMain,InCon,sizeof(InCon),OutCon,
        sizeof(OutCon), &cbOutCon, SQL_DRIVER_NOPROMPT);
```

SQLDriverConnect 함수 호출에 필요한 변수들을 선언하고 InCon에 연결 문자열을 조립하여 전달하였다. 연결 문자열을 작성하는 문법에 따라 Access 드라이버를 사용하고 데이터 베이스 파일은 현재 디렉토리에 있는 cigarette.mdb로 지정하였다. 여기까지 실행하면 데이터 소스에 연결이 완료되었으며 이후부터 데이터 소스의 데이터를 액세스할 수 있다.

명령 핸들

데이터 소스에 연결했으면 이제 원하는 데이터를 액세스해야 하는데 그러기 위해서는 원하는 것이 무엇인지를 전달할 수 있는 명령이 필요하다. 명령은 쉽게 말해서 Select * from MyTable과 같은 SQL문이다. 명령 핸들은 이런 SQL 명령을 저장하며 SQL 명령으로부터 생성되는 결과셋과 SQL문을 구성하는 파라미터 정보를 가진다.

명령 핸들은 연결 핸들에 대해 작성되며 하나의 연결에는 복수 개의 명령을 만들 수 있다. 즉 하나의 데이터 소스에 대해 여러 가지 명령을 만들어 놓고 번갈아가며 사용하는 것이 가능하다. 명령을 작성하려면 먼저 SQLAllocHandle 함수를 호출하여 명령 핸들을 할당해야 하는데 다음과 같이 할당한다.

```
SQLAllocHandle(SQL_HANDLE_STMT,hDbc,&hStmt);
```

핸들 타입은 당연히 SQL_HANDLE_STMT로 지정하였다. 입력 핸들이 앞에서 만든 hDbc 연결 핸들이므로 hStmt명령은 hDbc 연결 내에 저장될 것이다. 명령 핸들의 속성에는 사용하는 커서의 종류, 쿼리 타임아웃값, 결과셋의 레코드 개수 등의 여러 가지가 있는데 속성의 자세한 목록은 SQLSetStmtAttr 함수를 참고하기 바란다. 대부분의 속성들은 디폴트값이 무난하게 설정되어 있으므로 꼭 지정해야 할 속성은 없다.

46-2-다. 명령 실행

명령 핸들을 할당한 후 곧바로 명령을 실행할 수 있다. 명령을 실행하는 방법에는 크게 4가지가 있지만 제일 간단한 방법은 명령 핸들에 곧바로 명령을 보내는 것이다. 다음 함수를 사용한다.

SQLRETURN SQLExecDirect(SQLHSTMT StatementHandle, SQLCHAR * StatementText, SQLINTEGER TextLength);

원형이 아주 단순하다. 명령 핸들과 실행할 SQL문, 그리고 SQL 문의 길이만 전달하면 된다. StatementText에는 원하는 SQL문을 문법에 맞게 작성하되 SQL 92 표준 SQL문은 거의 다 사용할 수 있으며 경우에 따라서는 사용중인 DBMS에서 지원하는 확장된 SQL문을 사용할 수도 있다. 그러나 호환성을 고려한다면 모든 드라이버가 지원하는 SQL 92문법에 맞추어 작성하는 것이 좋을 것이다.

SQL문에 대해서 잘 알고 있다면 이 함수를 사용하는데 특별한 어려움은 없을 것이다. 다만 ODBC에서는 다양한 DBMS를 공통된 인터페이스로 지원하기 위해 상수 표현, 확장열, 내부 함수 등의 좀 특별한 SQL문 작성 방법들이 있으므로 이 부분만 따로 공부하면 된다. SQL문은 대개의 경우 널 문자열로 종료되므로 마지막 인수는 SQL_NTS로 지정한다. 소스에서는 다음과 같이 SQL문을 실행하였다.

```
SQLExecDirect(hStmt,(SQLCHAR *)"select name,price,korean from tblCigar",SQL_NTS);
```

tblCigar 테이블에서 name, price, korean 필드를 가져오는 아주 단순한 SQL문이다. C에서 문자열 상수는 char *이고 ODBC에서 사용하는 SQLCHAR *는 unsigned char *형이므로 문자열 상수를 캐스팅할 필요가 있다. 이 함수 호출은 드라이버 관리자를 거쳐 드라이버로 전달되며 드라이버는 SQL문을 실행(또는 DBMS에게 전달 후 실행)하여 그 결과를 다시 돌려줄 것이다. SQL 명령을 실행하는 여러 가지 방법들과 기법들에 대해서는 잠시 후 따로 체계적으로 정리해 보자.

명령을 실행했으면 이제 그 결과를 받아야 한다. Update나 Insert와 같이 결과를 생성하지 않는

SQL문이라면 SQL문만 단순히 실행하면 되겠지만 Select 명령은 데이터를 가져오기 위한 명령이므로 그 결과를 리턴받아야 한다. 이때 Select 문이 리턴하는 레코드 집합을 결과셋(Result Set)이라고 한다. 결과셋은 일정한 기준을 만족하는 레코드의 집합으로 쿼리(일반적으로 Select문)에 의해 생성되며 테이블 형태로 되어 있다. 명령을 실행한 후 데이터 소스로부터 결과셋을 가져오는 동작을 패치(Fetch)라고 하는데 패치하는 방법에도 여러 가지가 있다.

그런데 SQLExecDirect 함수를 보면 결과를 돌려받기 위한 인수는 없다. 이 함수는 에러 여부를 리턴할 뿐이지 결과셋을 리턴하는 것은 아니다. 결과셋은 SQL 명령을 실행한 후 드라이버가 내부적으로 가지고 있는다. 응용 프로그램은 SQL 명령을 실행한 후 드라이버에게 결과셋을 요청해서 가지고 와야 한다. 이때 드라이버와 응용 프로그램이 결과셋을 교환하기 위해 응용 프로그램이 마련한 변수가 사용되는데 몇 번째 컬럼은 어떤 변수에 넣어달라고 드라이버에게 요청한다. 결과셋의 컬럼과 변수를 연결하는 동작을 바인딩(Binding)이라고 한다. 예를 들어 결과셋의 첫 번째 컬럼을 정수형의 Price에 넣어달라고 바인딩해 놓으면 드라이버가 바인딩된 변수에 해당 컬럼값을 저장한다. 다음은 바인딩 함수이다.

SQLRETURN SQLBindCol(SQLHSTMT StatementHandle, SQLUSMALLINT ColumnNumber, SQLSMALLINT TargetType, SQLPOINTER TargetValuePtr, SQLINTEGER BufferLength, SQLLEN * StrLen_or_Ind);

첫 번째 인수는 명령 핸들이며 두 번째 인수는 바인딩될 컬럼의 번호이다. 컬럼 번호는 1부터 시작되며 순서대로 1씩 증가한다. Select문에 의해 생성되는 결과셋은 각 컬럼에 어떤 값이 리턴될지 미리 알 수 있으므로 번호로 컬럼을 구분하는 것이 별 문제가 되지 않는다. OdbcApi1 예제에서는 name 컬럼이 1번, price 컬럼이 2번, korean 컬럼이 3번이 된다.

4번째 인수 TargetType은 바인딩되는 변수의 데이터 타입이되 앞에서 이미 살펴본 C형식의 데이터 타입을 지정한다. 이 타입은 결과셋의 타입과 대개의 경우 일치하겠지만 반드시 그래야 하는 것은 아니다. 즉 결과셋의 컬럼은 정수형이되 이 정수형을 문자열로 받고 싶다면 문자열로 바인딩해도 상관없다. 드라이버는 TargetType이 지정하는 데이터 타입대로 컬럼값을 변환해서 리턴한다.

TargetValuePtr은 결과값을 저장할 버퍼이다. TargetType의 데이터 타입에 맞게 변수를 선언한 후 그 변수의 번지를 넘기면 된다. BufferLength는 버퍼의 길이를 지정하는데 문자열이나 이진 데이터와 같이 긴 데이터를 리턴할 때는 버퍼의 한계를 벗어나지 않기 위해 그 길이를 알려 준다. 정수형이나 논리형과 같이 고정된 길이를 가질 경우 버퍼의 길이는 무시되며 보통 0으로 주면 된다.

마지막 인수 StrLen_or_Ind는 좀 특수한 기능을 가진다. 이 인수는 길이/상태값을 리턴받을 변수의 번지를 지정하는데 말 그대로 컬럼의 길이나 상태를 리턴한다. 문자열 컬럼을 읽을 때 이 변수에 실제로 읽은 바이트 수가 리턴된다. 또한 해당 필드가 NULL일 경우 이 변수에 SQL_NULL_DATA가 리턴되어 컬럼에 데이터가 없음을 알 수 있다. 데이터 베이스의 NULL은 C의 NULL과는 의미가 다르다는 것 정도는 잘 알고 있을 것이다. 소스에서는 다음 세 줄로 바인딩을 하였다.

```
SQLBindCol(hStmt,1,SQL_C_CHAR,Name,sizeof(Name),&lName);
SQLBindCol(hStmt,2,SQL_C_ULONG,&Price,0,&lPrice);
SQLBindCol(hStmt,3,SQL_C_ULONG,&Korean,0,&lKorean);
```

첫 번째 컬럼은 Name에, 두 번째 컬럼은 Price에, 세 번째 컬럼은 Korean에 바인딩하여 패치시 이 세 변수로 한 레코드를 읽을 수 있다. 바인딩 함수의 인수들을 자세히 분석해 보자.

바인딩을 하는 시기는 정해져 있지 않으며 필요하다고 판단될 때 언제든지 할 수 있다. 명령을 실행하고 난 후에도 바인딩을 할 수 있으며 심지어 패치중에도 바인딩을 변경하거나 새로 설정할 수도 있다. 그러나 논리적으로 볼 때 명령을 실행하기 전에 바인딩을 미리 하는 것이 깔끔하므로 이 예제에서는 SQLExecDirect를 호출하기 전에 미리 바인딩했다. 결과셋에서 실제로 데이터를 가져올 때는 다음 함수를 호출한다. 명령 핸들만 인수로 전달하면 된다.

SQLRETURN SQLFetch(SQLHSTMT StatementHandle);

이 함수는 바인딩된 변수에 컬럼값을 대입하고 다음 로우셋(보통 다음 레코드와 동일하다)으로 이동한다. 따라서 이 함수가 SQL_NO_DATA를 리턴할 때까지 반복적으로 호출하면 결과셋의 모든 레코드를 읽을 수 있다. 이제 읽은 결과값을 사용하기만 하면 된다. OdbcApi1 예제에서는 결과셋을 화면에 출력하기만 하였다.

```
hdc=GetDC(hWndMain);
while(SQLFetch(hStmt)!=SQL_NO_DATA) {
    wsprintf(str,"이름:%s\t가격:%d\t국산:%s",Name,Price,(Korean ? "예":"아니오"));
    TabbedTextOut(hdc,10,y*20,str,lstrlen(str),2,arTab,0);
    y++;
};
ReleaseDC(hWndMain,hdc);
```

SQLFetch를 호출하면 Name, Price, Korean에 컬럼값들이 읽혀지므로 이 변수들을 적당히 가공하여 사용하면 된다. 데이터 액세스를 완료했으면 마무리 작업을 한다. 마무리란 열려진 모든 핸들을 닫고 뒷정리를 하는 작업이다. 코드는 다음과 같다.

```
SQLCloseCursor(hStmt);
SQLFreeHandle(SQL_HANDLE_STMT,hStmt);
SQLDisconnect(hDbc);
SQLFreeHandle(SQL_HANDLE_DBC,hDbc);
SQLFreeHandle(SQL_HANDLE_ENV,hEnv);
```

SQLCloseCursor는 명령 핸들에 열려진 커서를 닫고 결과셋을 모두 버리는 함수이다. 명령을 다른 용도로 재사용하려면 반드시 이 함수를 호출하여 결과셋을 먼저 버리고 재사용해야 한다. SQLFreeHandle은 할당된 핸들을 해제하는데 할당된 순서의 역순으로 해제한다. 할당할 때 환경-연결-명령 순으로 할당했으므로 해제할 때는 명령-연결-환경순으로 해제했다. SQLDisconnect는 데이터 소스와의 연결을 끊는다. 뒷정리를 다 마무리하고 난 후에 OdbcApiTest 함수는 종료된다. 뒷정리를 제대로 하지 않으면 메모리 누수가 발생할 것이며 명령 핸들은 재사용 불가능하므로 핸들을 해제하는 작업도 중요하다.

46-2-라. 일반적인 형태

OdbcApi1 예제는 ODBC를 처음 배우는 사람이 최대한 쉽게 접근할 수 있도록 하기 위해 가급적이면 간단하게 작성하였다. 모든 처리 과정을 OdbcApiTest 함수에 집적하고 순서대로 함수를 호출하였으므로 이 함수만 분석하면 ODBC의 개념을 배울 수 있으며 데이터 소스에 연결하는 과정도 별도의 설정을 하지 않아도 곧바로 예제를 실행할 수 있는 방법을 선택했다.

그런데 ODBC를 실제로 프로젝트에서 사용할 때는 이런 형태로 사용해서는 곤란할 것이다. 한 번 데이터를 읽을 때마다 환경, 연결, 명령을 생성하고 데이터를 액세스한 후 전부 다 해제하면 당연히 실행 속도가 느려진다. 특히 데이터 소스에 연결하는 동작은 드라이버를 찾아 메모리로 올리는 과정이므로 꽤 오랜 시간이 걸리기 마련이다. 또한 OdbcApi1예제는 에러 처리도 전혀 하지 않았다.

일반적인 ODBC 프로그래밍 방법은 환경 핸들 할당, 데이터 소스 연결까지는 프로그램 시작시에 미리 설정해 두고 명령만 바꾸어 가며 실행하는 형태가 될 것이다. 다음 예제는 OdbcApi1예제를 좀 더 일반적인 형태로 바꾼 동일한 예제이다.

예 제 : ODBCApi2

```
// 핸들
SQLHENV hEnv;
SQLHDBC hDbc;
SQLHSTMT hStmt;

BOOL DBConnect()
{
    // 연결 설정을 위한 변수들
    SQLCHAR InCon[255];
    SQLCHAR OutCon[1024];
     SQLSMALLINT cbOutCon;
    TCHAR Dir[MAX_PATH];
    SQLRETURN Ret;

    // 환경 핸들을 할당하고 버전 속성을 설정한다.
    if (SQLAllocHandle(SQL_HANDLE_ENV,SQL_NULL_HANDLE,&hEnv) != SQL_SUCCESS)
        return FALSE;
    if (SQLSetEnvAttr(hEnv,SQL_ATTR_ODBC_VERSION,(SQLPOINTER)SQL_OV_ODBC3,
        SQL_IS_INTEGER) != SQL_SUCCESS)
        return FALSE;

    // 연결 핸들을 할당하고 연결한다.
    if (SQLAllocHandle(SQL_HANDLE_DBC,hEnv,&hDbc) != SQL_SUCCESS)
        return FALSE;

    // MDB 파일에 연결하기
    GetCurrentDirectory(MAX_PATH,Dir);
    wsprintf((TCHAR *)InCon,"DRIVER={Microsoft Access Driver (*.mdb)};"
        "DBQ=%s\\cigarette.mdb;",Dir);
    Ret=SQLDriverConnect(hDbc,hWndMain,InCon,sizeof(InCon),OutCon,sizeof(OutCon),
        &cbOutCon, SQL_DRIVER_NOPROMPT);

    if ((Ret != SQL_SUCCESS) && (Ret != SQL_SUCCESS_WITH_INFO))
        return FALSE;
```

```
    // 명령 핸들을 할당한다.
    if (SQLAllocHandle(SQL_HANDLE_STMT,hDbc,&hStmt) != SQL_SUCCESS)
        return FALSE;

    return TRUE;
}

void DBDisConnect()
{
    // 뒷정리
    if (hStmt) SQLFreeHandle(SQL_HANDLE_STMT,hStmt);
    if (hDbc) SQLDisconnect(hDbc);
    if (hDbc) SQLFreeHandle(SQL_HANDLE_DBC,hDbc);
    if (hEnv) SQLFreeHandle(SQL_HANDLE_ENV,hEnv);
}

BOOL DBExecuteSQL()
{
    // 결과값을 돌려받기 위한 변수들
    SQLCHAR Name[21];
    int Price;
    BOOL Korean;
    SQLINTEGER lName,lPrice,lKorean;
    // 화면 출력을 위한 변수들
    int y=1;
    HDC hdc;
    int arTab[2]={200,400};
    TCHAR str[255];

    // 결과를 돌려받기 위해 바인딩한다.
    SQLBindCol(hStmt,1,SQL_C_CHAR,Name,sizeof(Name),&lName);
    SQLBindCol(hStmt,2,SQL_C_ULONG,&Price,0,&lPrice);
    SQLBindCol(hStmt,3,SQL_C_ULONG,&Korean,0,&lKorean);

    // SQL문을 실행한다.
    if (SQLExecDirect(hStmt,(SQLCHAR *)"select name,price,korean from tblCigar",
        SQL_NTS) != SQL_SUCCESS) {
        return FALSE;
    }

    // 읽어온 데이터 출력
    hdc=GetDC(hWndMain);
    while(SQLFetch(hStmt)!=SQL_NO_DATA) {
        wsprintf(str,"이름:%s\t가격:%d\t국산:%s",Name,Price,(Korean ? "예":"아니오"));
        TabbedTextOut(hdc,10,y*20,str,lstrlen(str),2,arTab,0);
        y++;
    };
    ReleaseDC(hWndMain,hdc);

    if (hStmt) SQLCloseCursor(hStmt);
    return TRUE;
}

LRESULT CALLBACK WndProc(HWND hWnd,UINT iMessage,WPARAM wParam,LPARAM lParam)
{
```

```
    switch (iMessage) {
    case WM_CREATE:
        hWndMain=hWnd;
        if (DBConnect() == FALSE) {
            MessageBox(hWnd,"데이터 베이스에 연결할 수 없습니다","에러",MB_OK);
            return -1;
        }
        return 0;
    case WM_LBUTTONDOWN:
        DBExecuteSQL();
        return 0;
    case WM_DESTROY:
        DBDisConnect();
        PostQuitMessage(0);
        return 0;
    }
    return(DefWindowProc(hWnd,iMessage,wParam,lParam));
}
```

WM_CREATE에서 데이터 소스에 연결했으며 WM_DESTROY에서 마지막 뒷정리를 한다. WM_LBUTTONDOWN에서는 DBExecute를 호출하는데 이 함수에서는 명령을 실행하고 결과를 가져와 화면에 보여주는 정도의 작업을 하고 있다. 매번 연결을 하지 않으므로 당연히 속도가 빨라질 것이다. 똑같은 명령이 계속 실행된다면 바인딩도 미리 해놓을 수 있다. 프로젝트의 성격에 따라 일반화 방법이 다양해지겠지만 그런 작업은 자신의 필요와 개성에 따라 얼마든지 마음대로 할 수 있다. 앞으로의 실습은 이 구조를 바탕으로 진행할 것이므로 이 예제의 구조를 잘 봐두자.

46-3 연결

46-3-가. SQLConnect

앞에서 만든 예제에서는 실습의 편의상 가장 간단한 MDB 파일을 직접 데이터 소스로 사용했었다. ODBC가 다양한 데이터 소스에 접근할 수 있도록 만든 API인만큼 여기서는 그야말로 각종 DB에 가능한 방법들을 모두 동원하여 연결하는 방법에 대해 알아보자. 실습을 위해 OdbcApi2 프로젝트의 소스를 그대로 복사하여 OdbcConnect 프로젝트를 하나 만들자. 이 소스의 나머지 부분은 별 수정 없이 그대로 계속 사용할 것이며 DBConnect 함수만 수정해 보기로 한다.

예 제 : ODBCConnect

SQLDriverConnect 함수는 초보자가 사용하기에 간단하기는 하지만 그보다 SQLConnect가 형태상으로는 훨씬 더 간단하다. 원형은 다음과 같다.

SQLRETURN SQLConnect(SQLHDBC ConnectionHandle, SQLCHAR *ServerName, SQLSMALLINT NameLength1, SQLCHAR *UserName, SQLSMALLINT NameLength2, SQLCHAR *Authentication, SQLSMALLINT NameLength3);

첫 번째 인수로 연결 핸들을 요구하며 나머지 인수들은 세 개의 문자열을 요구하는데 각각 문자열 자체와 문자열의 길이를 인수로 넘긴다. 길이값은 대개의 경우 널 종료 문자열인 SQL_NTS를 지정하므로 실제로 연결에 필요한 정보는 세 개인 셈이다. 각 문자열은 DSN과 사용자 ID 그리고 비밀번호이다. 접속을 위해 사용자 ID와 비밀번호를 요구하는 DBMS에 간편하게 사용할 수 있는 함수라고 할 수 있다.

원형에서 보다시피 이 함수를 사용하려면 먼저 사용하고자 하는 데이터 소스의 DSN을 만들어야 하며 배포시에는 설치 프로그램에서 DSN을 생성해야 하므로 경우에 따라서는 오히려 더 번거로울 수도 있다. Cigarette.mdb의 DSN을 먼저 만들고 이 함수로 DSN에 연결해 보자. 제어판에서 ODBC 관리자를 실행하고 사용자 DSN탭(시스템 DSN도 상관없다)의 추가 버튼을 누른다.

설치된 드라이버 목록들이 나타나는데 Access 드라이버는 디폴트로 같이 설치되어 있다. 액세스 드라이버를 선택하면 이후부터의 등록과정은 액세스 드라이버가 담당한다. 다음과 같은 설정 대화상자를 보여주는데 이름에 MdbCigar라고 주고 선택 버튼을 눌러 MDB 파일의 경로를 찾아 선택한다. 내 컴퓨터에는 C:\Data에 데이터 베이스 파일이 있으므로 이 디렉토리에 있는 Cigarette.mdb파일을 선택했다. 여러분들은 물론 예제를 복사한 디렉토리에서 이 파일의 경로를 선택해야 할 것이다.

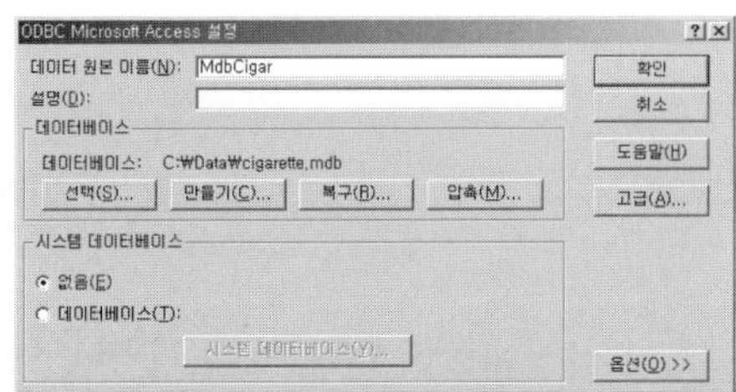

필요에 따라 설명, 옵션 등의 추가 정보를 더 지정할 수도 있는데 필수 정보는 다 입력했으므로 확인 버튼을 누른다. 이렇게 DSN을 선택해 놓으면 이후부터 MdbCigar라는 DSN으로 C:\Data\Cigarette.mdb 파일에 연결할 수 있으며 파일의 물리적인 위치가 바뀌면 DSN을 수정하면 된다. 소스의 DBConnect 함수의 연결 설정 부분을 다음과 같이 변경한다.

```
Ret=SQLConnect(hDbc,(SQLCHAR *)"MdbCigar",SQL_NTS,(SQLCHAR *)"Admin",
    SQL_NTS,(SQLCHAR *)"",SQL_NTS);
```

단 한 줄만으로 DSN에 연결할 수 있다. MDB 파일의 디폴트 사용자 ID는 Admin이며 비밀번호는 없으므로 이 ID로 MDB 파일에 곧바로 연결할 수 있다. 실행 결과는 OdbcApi2 예제와 완전히 동일하다. 같은 데이터 소스에 연결하는 다른 방법을 사용했을 뿐이므로 동일할 수 밖에 없다.

46-3-나. 파일 DSN

DSN은 데이터 소스에 연결하기 위한 모든 정보를 한군데에 모아놓은 것이며 DSN만으로 연결할 수 있으므로 무척 편리한 방법이다. 단 DSN 정보가 레지스트리에 저장되므로 설치 프로그램이 이 항목을 만들어야 하는 배포상의 까다로운 면이 존재하지만 말이다. 이에 비해 파일 DSN은 간단한 텍스트 파일에 연결 정보를 저장하고 이 파일을 통해 데이터 소스에 연결할 수 있다.

파일에 불과하므로 배포하기 쉬우며 여러 사람(또는 프로그램)에 의해 공유될 수 있고 또한 마음대로 복사할 수 있으므로 DSN에 비해서는 좀 더 관리하기 자유롭다. 다만 외부에 존재하는 파일이므로 손상될 가능성이 있다는 것이 단점이다. 파일 DSN도 역시 ODBC 관리자로 만들 수 있으며 또는 설치 프로그램이 SQLCreateDataSource 등의 함수로 만들 수도 있다. ODBC 관리자를 실행한 후 파일 DSN 탭을 선택하고 추가 버튼을 눌러보자. 사용할 드라이버를 먼저 묻는데 Access Driver를 선택한다. 그러면 파일 DSN의 파일명을 요구하는데 FileMdb.dsn이라고 이름을 지정하자.

파일명만 주면 이 파일은 Program Files/Common Files/ODBC/Data Sources 디렉토리에 저장되며 읽을 때도 이 디렉토리에서 디폴트로 읽어온다. 물론 절대 경로로 얼마든지 다른 위치에 이 파일을 둘 수도 있다. 다음으로 데이터 소스의 위치를 묻는다.

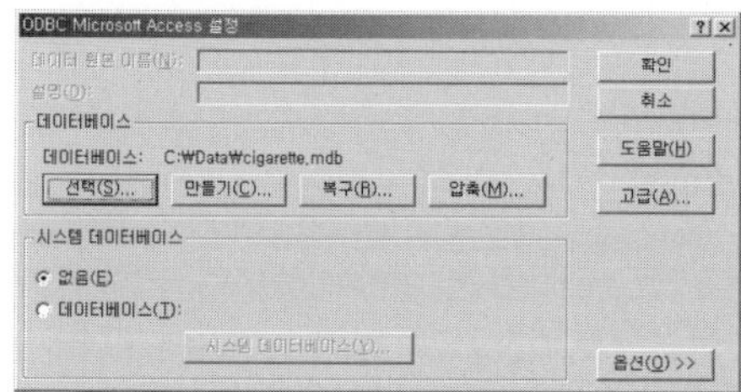

선택 버튼을 눌러 C:\Data\Cigarette.mdb를 선택한다. 연결 정보가 파일에 저장되므로 데이터 원본 이름은 별도로 입력할 필요가 없다. 확인 버튼을 누르고 ODBC 관리자를 보면 FileMdb.dsn 파일이 생성되어 있을 것이며 탐색기로도 이 파일을 확인할 수 있다.

이제 다음 방법으로 연결하면 파일 DSN의 연결 정보를 사용할 수 있을 것이다.

```
lstrcpy((TCHAR *)InCon,"FILEDSN=FileMdb.dsn");
Ret=SQLDriverConnect(hDbc,hWndMain,InCon,sizeof(InCon),
OutCon,sizeof(OutCon),&cbOutCon, SQL_DRIVER_NOPROMPT);
```

DRIVER 대신 FILEDSN 키워드를 주고 파일명을 적으면 된다. 파일 DSN에 필요한 모든 정보가 다 포함되어 있으므로 그 외의 정보는 줄 필요가 없다. 실행 결과는 물론 동일하다. 그렇다면 파일 DSN에는 과연 어떤 정보들이 저장되어 있는지 한 번 살펴보자. 메모장으로 이 파일을 열어보면 다음처럼 [ODBC] 섹션 하나로 구성된 INI 포맷으로 되어 있다.

```
[ODBC]
DRIVER=Microsoft Access Driver (*.mdb)
UID=admin
UserCommitSync=Yes
Threads=3
SafeTransactions=0
PageTimeout=5
MaxScanRows=8
MaxBufferSize=2048
FIL=MS Access
DriverId=25
DefaultDir=C:\Data
DBQ=C:\Data\cigarette.mdb
```

항목이 좀 많다 뿐이지 결국 연결 문자열을 파일에 담아놓은 형태라고 할 수 있다. 이 파일을 다른 디렉토리, 예를 들어 C:\에 옮겨 놓고 파일 DSN을 다음과 같이 절대 경로로 지정해도 연결 효과는 동일하다.

```
lstrcpy((TCHAR *)InCon,"FILEDSN=c:\\FileMdb.dsn");
Ret=SQLDriverConnect(hDbc,hWndMain,InCon,sizeof(InCon),
    OutCon,sizeof(OutCon),&cbOutCon, SQL_DRIVER_NOPROMPT);
```

배포할 때 이 파일을 같이 배포하고 DBQ 항목만 INI 함수로 수정하면 이 파일의 연결 정보를 활용할 수 있다. 또한 설치 프로그램이 이 파일을 직접 생성할 수도 있으므로 레지스트리에 값을 써넣는 DSN보다는 배포하기가 훨씬 더 직관적이고 쉬운 편이다.

46-3-다. 프롬프트

SQLDriverConnect 함수는 SQLConnect 함수보다는 훨씬 더 기능이 많은 함수이다. SQLConnect는 세 개의 문자열만으로 연결 정보를 전달할 수 있는 반면 SQLDriverConnect 함수는 그보다 훨씬 더 상세한 정보를 전달할 수 있다. 만약 사용자 ID와 비밀번호 외에 추가적으로 꼭 필요한 정보를 요구하는 드라이버가 있다면 SQLConnect로는 이 드라이버에 연결하지 못할 수도 있다. 반면 SQLDriverConnect는 연결 문자열의 문법에만 맞다면 드라이버가 요구하는 어떤 정보라도 전달할 수 있으므로 미래에 발표될 드라이버에 대해서도 얼마든지 연결 가능하다. SQLDriverConnect 함수가 가지는 또 하나의 기능은 부족한 정보를 실행중에 사용자에게 질문해서 채워넣을 수 있는 프롬프트 기능이다. 다음과 같이 소스를 변경해 보자.

```
wsprintf((TCHAR *)InCon,"DRIVER={Microsoft Access Driver (*.mdb)}");
Ret=SQLDriverConnect(hDbc,hWndMain,InCon,sizeof(InCon),
    OutCon,sizeof(OutCon),&cbOutCon, SQL_DRIVER_COMPLETE);
MessageBox(hWndMain,(LPCTSTR)OutCon,"완성된 연결 문자열",MB_OK);
```

연결 문자열에 드라이버명만 적었으며 대상이 되는 MDB 파일명을 전달하지 않았다. 이 경우 정보가 부족하므로 연결에 실패하는 것이 당연하겠지만 마지막 인수를 SQL_DRIVER_COMPLETE로 지정하면 이 함수가 필수 정보중 누락된 정보를 실행중에 사용자에게 물어본다. 그리고 사용자의 입력으로부터 스스로 완성된 연결 문자열을 만든 후 연결을 성공시킨다. 직접 실행해 보아라. 실행하자마자 다음과 같은 대화상자가 나타날 것이다.

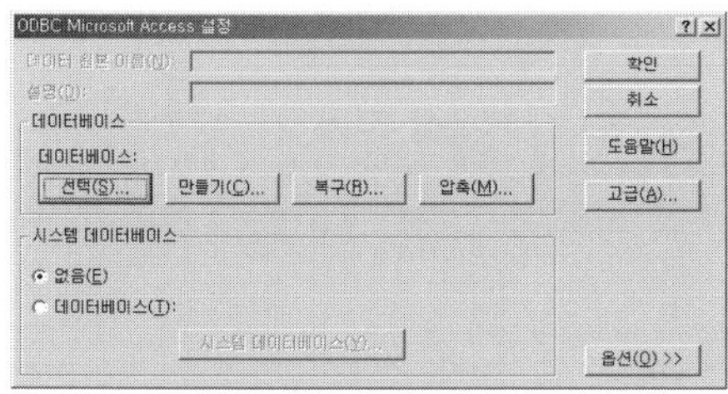

MDB 파일명이 빠졌으므로 추가해 달라는 뜻이다. 이 대화상자에서 사용자가 선택 버튼을 눌러 파일명을 지정하면 비로소 연결된다. SQLDriverConnect 함수의 다섯 번째 인수는 이 함수가 실행중에 구성한 연결 문자열을 돌려받기 위한 문자열 버퍼이다. 어떤 연결 문자열이 만들어지는지 메시지 박스로 출력해 보았다.

Driver, DBQ 외에도 상세한 연결 문자열을 생성한다. 실행 직후에 데이터 소스를 선택할 때 이 방법을 쓸 수 있겠지만 일반적인 방법은 아니다. 참고로 이 함수 외에 완전한 대화식으로 연결을 만들 수 있는 SQLBrowseConnect라는 함수도 있는데 이 함수는 모든 드라이버가 지원하지 않으며 ODBC의 필수 함수가 아니므로 여기서는 소개 정도만 하기로 한다.

46-3-라. SQL 서버에 연결하기

지금까지 계속 액세스 파일인 MDB에만 연결해 봤는데 이번에는 다른 종류의 데이터 소스에 연결해 보자. NT 환경에서 가장 많이 사용되고 가장 유용한 DBMS인 SQL 서버에 똑같은 테이블을 만든 후 연결해 볼 것이다. SQL 서버 7.0의 엔터프라이즈 매니저로 Cigarette 데이터 베이스를 만들고 그 안에 tblCigar 테이블에 다음과 같이 데이터를 입력하였다.

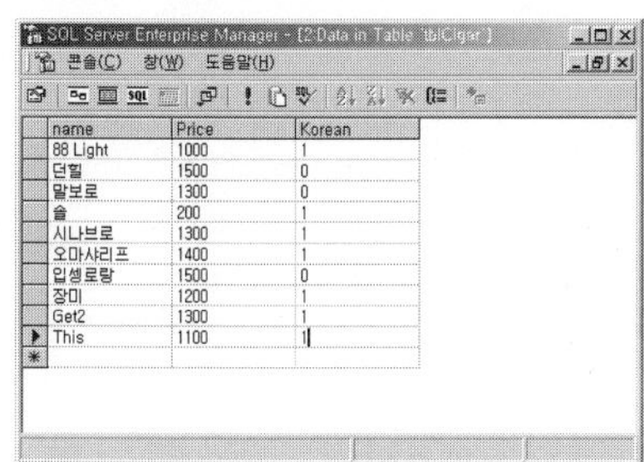

name	Price	Korean
88 Light	1000	1
던힐	1500	0
말보로	1300	0
솔	200	1
시나브로	1300	1
오마샤리프	1400	1
입생로랑	1500	0
장미	1200	1
Get2	1300	1
This	1100	1

로컬 시스템에 SQL 서버 데스크탑 버전을 설치해서 사용했지만 네트워크의 다른 서버나 원격지에 설치된 SQL 서버라도 물론 상관없다. SQL 서버에 접속하려면 DSN을 만들어야 한다. DSN의 이름은 SQLCigar로 주었으며 서버는 로컬로 지정하였다.

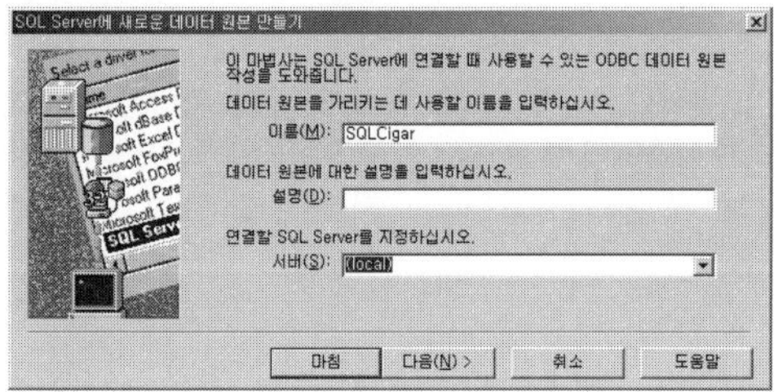

모든 옵션을 디폴트로 사용하되 기본 데이터 베이스만 Cigarette로 변경해 두자.

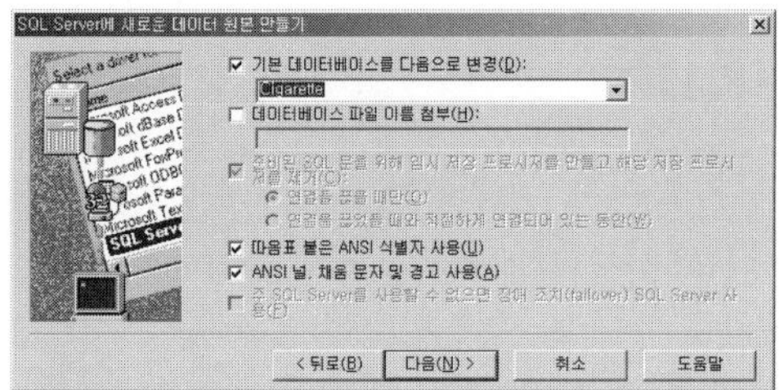

이제 다음 한 줄로 SQL 서버의 Cigarette 데이터 베이스에 연결할 수 있다.

```
Ret=SQLConnect(hDbc,(SQLCHAR *)"SQLCigar",SQL_NTS,(SQLCHAR *)"sa",SQL_NTS,
    (SQLCHAR *)"",SQL_NTS);
```

실행 결과는 앞의 모든 예제들과 동일하다. 실무에서는 가장 많이 사용되는 ODBC 연결 형태가 바로 SQL 서버와의 연결이다.

46-3-마. 엑셀 파일에 연결하기

ODBC가 얼마나 다양한 형태의 데이터 소스를 지원하는가는 디폴트로 설치되어 있는 드라이버의 목록만 보아도 알 수 있다. 전통적인 DBMS외에 엑셀이나 텍스트 파일 같은 단순한 파일도 데이터 소스로 사용할 수 있다. 이번에는 엑셀에 간단한 테이블을 만들어 이 시트를 연결하여 읽어보자. 빈 엑셀 파일을 만들고 다음처럼 데이터를 입력한다.

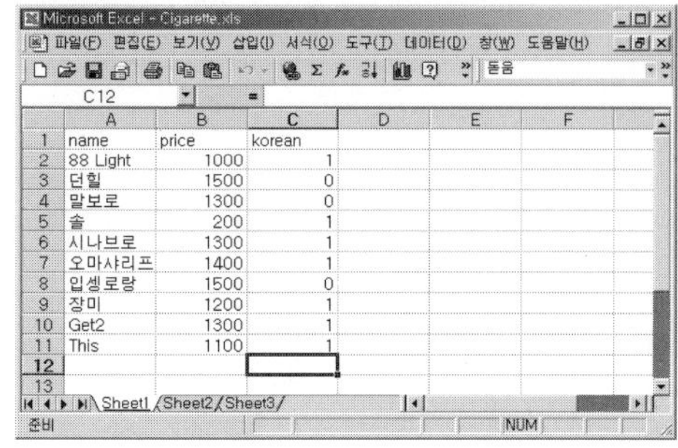

	A	B	C
1	name	price	korean
2	88 Light	1000	1
3	던힐	1500	0
4	말보로	1300	0
5	솔	200	1
6	시나브로	1300	1
7	오마샤리프	1400	1
8	입셍로랑	1500	0
9	장미	1200	1
10	Get2	1300	1
11	This	1100	1

그리고 이 파일을 Cigarette.xls 파일로 저장하여 프로젝트와 같은 디렉토리에 넣어두고 소스를 다음과 같이 수정한다.

```
GetCurrentDirectory(MAX_PATH,Dir);
wsprintf((TCHAR *)InCon,"DRIVER={Microsoft Excel Driver (*.xls)};DBQ=%s\\cigarette.xls",
    Dir);
```

```
Ret=SQLDriverConnect(hDbc,hWndMain,InCon,sizeof(InCon),
    OutCon,sizeof(OutCon),&cbOutCon, SQL_DRIVER_NOPROMPT);
```

단 엑셀 파일은 테이블 대신 시트에 정보가 저장되므로 SQL문의 from 절에 테이블명 대신 시트 이름을 적어야 한다. DBExecute 함수의 SQL 실행문도 다음과 같이 수정해야 한다.

```
if (SQLExecDirect(hStmt,(SQLCHAR *)"select name,price,korean from [Sheet1$]",
    SQL_NTS) != SQL_SUCCESS) {
```

엑셀 파일은 데이터를 가지는 파일이기는 하지만 그 자체에 DB 엔진이 포함되어 있지 않다. 하지만 파일 기반의 엑셀 드라이버가 SQL문을 처리할 수 있기 때문에 ODBC 표준의 SQL문을 모두 사용할 수 있다. DSN을 만든 후 SQLConnect 함수로 연결할 수도 있다.

```
Ret=SQLConnect(hDbc,(SQLCHAR *)"ExcelCigar",SQL_NTS,(SQLCHAR *)"",
    SQL_NTS,(SQLCHAR *)"",SQL_NTS);
```

실행 결과야 물론 똑같지만 엑셀 파일에서 가져온 데이터는 어떤지 오랜만에 결과를 한 번 보자.

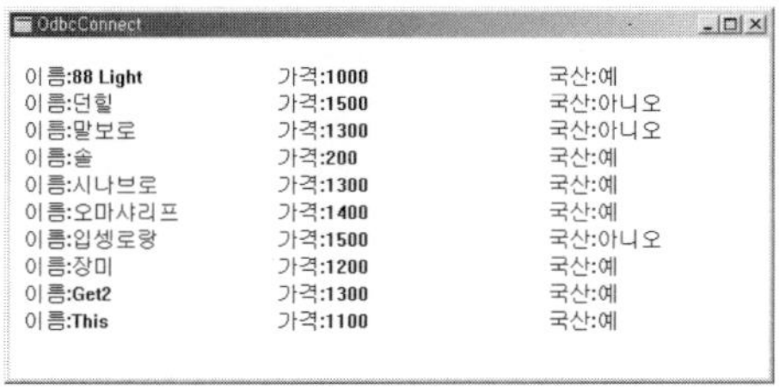

```
OdbcConnect
이름:88 Light     가격:1000     국산:예
이름:던힐         가격:1500     국산:아니오
이름:말보로       가격:1300     국산:아니오
이름:솔           가격:200      국산:예
이름:시나브로     가격:1300     국산:예
이름:오마샤리프   가격:1400     국산:예
이름:입셍로랑     가격:1500     국산:아니오
이름:장미         가격:1200     국산:예
이름:Get2         가격:1300     국산:예
이름:This         가격:1100     국산:예
```

역시 똑같다. 이 외에도 파라독스나 DBF 또는 오라클, MySQL 같은 데이터 소스에도 똑같은 방법으로 연결할 수 있다. 다른 데이터 소스에도 모두 연결해 보고자 했으나 프로그램을 가지고 있지 않거나 버전이 맞지 않아 다 해보지는 못했다. 나머지 데이터 소스에 대해서는 필요할 때 독자 여러분들이 직접 연구해서 연결해 보기 바란다. ODBC가 아무리 열린 환경이지만 일부 DBMS는 드라이버가 제대로 제공되지 않아 연결할 수 없는 경우도 있다.

이상 여기까지 실습한 결과를 배포 CD에 ODBCConnect 예제로 제공하고 있다. 연결 방법을 바꾸어 가며 실습할 수 있도록 #define CONTYPE 1과 같은 매크로 상수를 정의하고 이 상수에 따라 다른 연결 방법을 쓰도록 조건부 컴파일 형태로 소스를 작성해 놓았으므로 다양한 연결 형태를 쉽게 테스트해 볼 수 있을 것이다.

46-4 명령

46-4-가. 계산 함수 사용하기

SQL문 중에 가장 빈번히 사용되는 명령은 두말할 필요도 없이 원하는 레코드를 읽어오는 Select 명령이다. 단순히 데이터를 가져오기만 하는 Select 문은 OdbcApi2 예제에서 이미 실습해 보았다. Select 문 뒤에는 where, order by, group by 등의 많은 옵션 문들이 올 수 있는데 SQL문법에만 맞게 작성하면 되므로 여기서 특별히 실습해 볼 필요는 없을 것이다. 예를 들어 값이 1300원인 레코드만 구하고 싶다면 Select * from tblCigar where price=1300 이라고 작성한다.

Select 문 중에 계산 함수 부분은 대응되는 필드가 없어 조금 어려울 수도 있는데 결과를 어떻게 읽는지만 알아두면 비교적 자유롭게 사용할 수 있을 것이다. Count, Min, Max, Avg 등의 계산 함수(Aggregate Function)들은 대응되는 필드가 없으므로 결과값을 어떻게 읽는지 초보자에게 다소 당황스러워 보일 수도 있다. 그러나 계산 함수들의 리턴값도 필드와 동일한 자격을 가지며 결과셋의 컬럼으로 리턴되므로 필드를 읽듯이 동일한 방법으로 읽으면 된다.

다음 예제는 OdbcApi2 예제의 DBExecute 함수만 수정하여 Count, Min, where 절 등을 사용해 보았다. Count 계산 함수로 레코드의 개수를 구해보았고 Min 함수로 가격이 가장 싼 레코드와 그 레코드의 담배 이름을 구해 출력했다. 계산 함수가 Select 문에 들어가 있을 뿐 사용하는 논리는 보통의 SQL문과 완전히 동일하다.

예 제 : ODBCAgg

```
BOOL DBExecuteSQL()
{
    SQLCHAR szSQL[255];
    SQLINTEGER CountLen,MinLen,NameLen;
    TCHAR Name[20];
    int Count,Min;
    HDC hdc;
    TCHAR str[255];

    // 레코드 개수를 구한다.
    SQLBindCol(hStmt,1,SQL_C_ULONG,&Count,0,&CountLen);
    SQLExecDirect(hStmt,(SQLCHAR *)"select Count(*) from tblCigar",SQL_NTS);
    SQLFetch(hStmt);
    SQLCloseCursor(hStmt);

    // 가장 싼 담배 이름을 구한다.
    SQLBindCol(hStmt,1,SQL_C_ULONG,&Min,0,&MinLen);
    SQLExecDirect(hStmt,(SQLCHAR *)"select Min(price) from tblCigar",SQL_NTS);
    SQLFetch(hStmt);
    SQLCloseCursor(hStmt);
    SQLBindCol(hStmt,1,SQL_C_CHAR,&Name,sizeof(Name),&NameLen);
    wsprintf((LPTSTR)szSQL,"select name from tblCigar where price=%d",Min);
    SQLExecDirect(hStmt,szSQL,SQL_NTS);
    SQLFetch(hStmt);
    SQLCloseCursor(hStmt);

    hdc=GetDC(hWndMain);
    wsprintf(str,"총 %d개의 레코드가 있습니다",Count);
    TextOut(hdc,50,50,str,lstrlen(str));
    wsprintf(str,"가장 싼 담배는 %s이며 가격은 %d원입니다",Name,Min);
    TextOut(hdc,50,70,str,lstrlen(str));
    ReleaseDC(hWndMain,hdc);

    return TRUE;
}
```

select Count(*) from tblCigar는 tblCigar에 레코드 개수를 구하는 SQL문인데 select 문의 컬럼 리스트에 Count(*)를 적어주었다. 이 명령의 결과셋은 첫 번째 컬럼, 즉 인덱스 1의 컬럼으로 리턴된다. 그래서 이 결과를 받기 위해 첫 번째 컬럼을 Count변수에 바인딩하고 SQL 실행, 패치 후 Count 변수를 읽으면 원하는 레코드 수를 구할 수 있다.

가장 싼 담배의 이름을 구하기 위해서는 먼저 Min 함수로 가장 싼 가격을 먼저 구해 Min 변수에 대입하였다. 그리고 where 절에 where price=Min 조건을 주고 name 컬럼을 구해 담배 이름을 구했다. 만약 같은 가격의 담배가 두 개 이상이라면 루프를 돌며 패치할 수도 있다. SQL 문 실행 결과는 문자열로 조립되어 화면으로 출력된다.

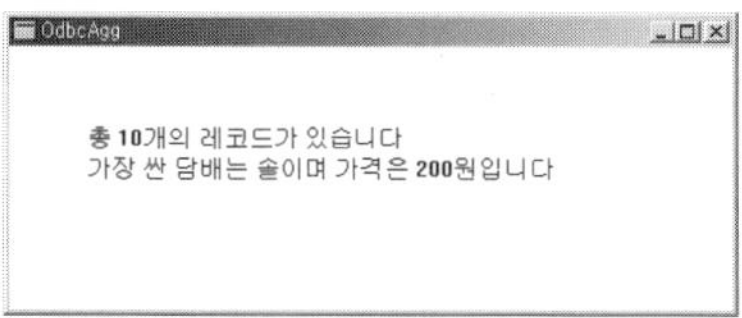

Avg나 Max, Sum 함수도 동일한 방법으로 사용할 수 있다. 결과셋의 컬럼을 순서대로 변수에 바인딩하므로 이름이 없는 필드의 값도 읽을 수 있다.

46-4-나. 데이터 변경

Select 문 다음으로 많이 사용되는 SQL문은 Insert, Update, Delete 문이다. 이 4가지 DML(Data Management Language)이 사실 SQL문의 거의 95% 이상이 되는데 대부분의 작업을 이 4 문장으로 다 수행할 수 있다는 말이다. 여기서는 Select 문으로 데이터를 읽어오는 작업뿐만 아니라 데이터를 추가, 삭제, 갱신하는 Update 예제를 만들어보자. 데이터 베이스 입문 서적에서 흔히 다루는 아주 전형적인 DB 예제이다. 이 SQL문들에 대한 정확한 문법은 별도의 SQL 서적을 참고하기 바란다. SQL도 별도의 언어이므로 제대로 배우는데 상당한 시간을 요한다.

대화상자

단순히 보여주는 것이 아니라 사용자의 명령에 따라 데이터를 관리해야 하므로 우선 적절한 UI를 디자인해야 한다. 이런 목적으로는 대화상자가 제격이므로 다음과 같이 대화상자 리소스를 디자인하였다.

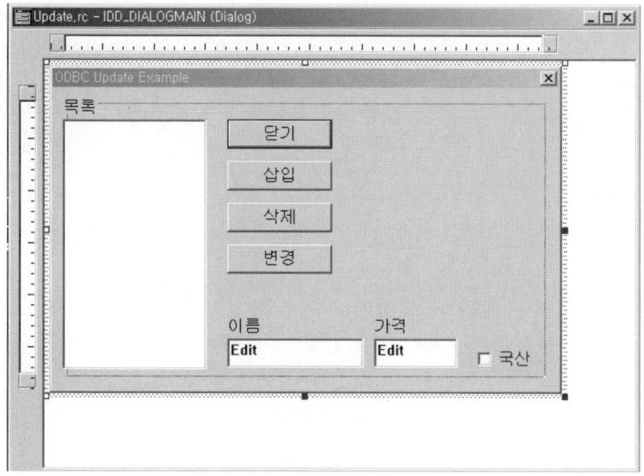

왼쪽의 리스트 박스에 테이블의 모든 레코드를 보여줄 것이며 아래쪽의 에디트와 체크 박스로 선택한 레코드의 세부 필드를 보여준다. 삽입, 삭제, 변경 명령을 입력받기 위해 세 개의 명령 버튼을 배치해 놓았다. 이때 삽입, 변경되는 내용은 아래쪽의 에디트에 입력한 데이터를 사용하며 삭제 대상은 리스트 박스에서 선택한 항목이다. 메인 윈도우를 대화상자로 만들었으므로 WinMain의 모양도 간단해졌다.

```
int APIENTRY WinMain(HINSTANCE hInstance,HINSTANCE hPrevInstance
          ,LPSTR lpszCmdParam,int nCmdShow)
{
    g_hInst=hInstance;

    if (DBConnect() == FALSE) {
        MessageBox(NULL,"데이터 베이스에 연결할 수 없습니다","에러",MB_OK);
        return 0;
    }

    DialogBox(g_hInst, MAKEINTRESOURCE(IDD_DIALOGMAIN), HWND_DESKTOP, MainDlgProc);

    DBDisConnect();
    return 0;
}
```

DBConnect로 데이터 소스에 연결한 후 DialogBox함수로 메인 대화상자를 띄워 모든 처리를 대화상자로 넘겼다. 대화상자가 종료되면 DBDisConnect 함수로 데이터 소스와의 연결을 끊는다. 이 두 함수는 물론 OdbcApi2 예제와 동일하다. 다음은 대화상자의 메시지 프로시저이다.

예제 : Update

```
BOOL CALLBACK MainDlgProc(HWND hDlg,UINT iMessage,WPARAM wParam,LPARAM lParam)
{
    switch (iMessage) {
    case WM_INITDIALOG:
        hDlgMain = hDlg;
        hList=GetDlgItem(hDlgMain,IDC_LISTCIGAR);
        hFName=GetDlgItem(hDlgMain,IDC_FNAME);
        hFPrice=GetDlgItem(hDlgMain,IDC_FPRICE);
        hFKorean=GetDlgItem(hDlgMain,IDC_FKOREAN);
        CenterWindow(hDlg);
        DBExecuteSQL();
        return TRUE;
    case WM_COMMAND:
        switch (LOWORD(wParam)) {
        case IDOK:
        case IDCANCEL:
            EndDialog(hDlgMain,IDOK);
            return TRUE;
        case IDC_BTNADD:
            AddRecord();
            return TRUE;
        case IDC_BTNDEL:
            DeleteRecord();
            return TRUE;
        case IDC_BTNUPDATE:
            UpdateRecord();
            return TRUE;
        case IDC_LISTCIGAR:
            switch (HIWORD(wParam)) {
```

```
            case LBN_SELCHANGE:
                ReadRecord();
                return TRUE;
            }
        }
        return FALSE;
    }
    return FALSE;
}
```

WM_INITDIALOG에서 각 컨트롤의 윈도우 핸들을 구해 전역변수에 대입해 놓아 이후에 이 컨트롤들을 쉽게 참조할 수 있게 했다. CenterWindow는 대화상자를 화면 중앙으로 이동시키는 유틸리티 함수이며 메시지 프로시저 바로 위에 코드를 작성해 놓았다. 그리고 DBExecuteSQL을 호출하여 리스트 박스에 레코드 목록을 표시한다. WM_COMMAND에서는 명령 버튼의 메시지를 받아 해당 함수를 호출한다.

레코드 읽기

tblCigar 테이블에서 레코드를 읽어와 리스트 박스에 출력하는 일은 DBExecuteSQL 함수에서 하고 있다.

```
BOOL DBExecuteSQL()
{
    // 결과값을 돌려받기 위한 변수들
    SQLCHAR Name[21];
    SQLINTEGER lName;

    // 결과를 돌려받기 위해 바인딩한다.
    SQLBindCol(hStmt,1,SQL_C_CHAR,Name,sizeof(Name),&lName);

    // SQL문을 실행한다.
    if (SQLExecDirect(hStmt,(SQLCHAR *)"select name from tblCigar",SQL_NTS) != SQL_SUCCESS) {
        return FALSE;
    }

    // 읽어온 데이터 출력
    SendMessage(hList,LB_RESETCONTENT,0,0);
    while (SQLFetch(hStmt)!=SQL_NO_DATA) {
        SendMessage(hList,LB_ADDSTRING,0,(LPARAM)Name);
    }

    if (hStmt) SQLCloseCursor(hStmt);
    return TRUE;
}
```

리스트 박스에는 name 컬럼만 출력하므로 name 필드만 읽어 리스트 박스에 추가한다. 이 함수는 WM_INITDIALOG에서 초기화를 위해 호출되기도 하며 테이블을 변경하는 루틴에서도 변경 후 결과를 대화상자에 반영하기 위해서도 호출된다. 다음 함수는 사용자가 리스트 박스에서 한 레코드를 선택했을 때 선택된 레코드의 세부 필드를 에디트와 체크 박스에 출력하는 함수이다.

```
BOOL ReadRecord()
```

```
{
    // 결과값을 돌려받기 위한 변수들
    SQLCHAR Name[21];
    int Price;
    BOOL Korean;
    SQLINTEGER lName,lPrice,lKorean;
    int idx;
    TCHAR Key[256], szSQL[256];

    idx=SendMessage(hList,LB_GETCURSEL,0,0);
    if (idx == -1)
        return FALSE;
    SendMessage(hList,LB_GETTEXT,idx,(LPARAM)Key);
    wsprintf(szSQL,"select name,price,korean from tblCigar where name='%s'",Key);

    // 결과를 돌려받기 위해 바인딩한다.
    SQLBindCol(hStmt,1,SQL_C_CHAR,Name,sizeof(Name),&lName);
    SQLBindCol(hStmt,2,SQL_C_ULONG,&Price,0,&lPrice);
    SQLBindCol(hStmt,3,SQL_C_ULONG,&Korean,0,&lKorean);

    // SQL문을 실행한다.
    if (SQLExecDirect(hStmt,(SQLCHAR *)szSQL,SQL_NTS) != SQL_SUCCESS) {
        return FALSE;
    }

    // 읽어온 데이터 출력
    if (SQLFetch(hStmt)!=SQL_NO_DATA) {
        SetWindowText(hFName,(LPCTSTR)Name);
        wsprintf(szSQL,"%d",Price);
        SetWindowText(hFPrice,szSQL);
        SendMessage(hFKorean,BM_SETCHECK,(Korean ? BST_CHECKED:BST_UNCHECKED),0);
    }

    if (hStmt) SQLCloseCursor(hStmt);
    return TRUE;
}
```

먼저 리스트 박스에서 현재 선택된 항목을 문자열로 구해 Key에 대입한다. 그리고 name 필드가 Key와 같은 레코드를 읽어오는 SQL문을 실행하였다. 각 컬럼은 Name, Price, Korean 변수에 바인딩되었으므로 이 변수들을 에디트와 체크 박스에 출력하였다. 읽어온 결과값을 어떻게 보여줄 것인가는 프로그래머 마음대로이다. Korean 필드는 논리값이므로 체크 박스로 보여주는 것이 타당하지만 문자열로 "국산", "외제" 등과 같이 출력해도 상관없다. 다만 입력까지 고려하자면 이 경우는 체크 박스로 결과를 보여주는 것이 가장 무난하다.

추가

레코드를 추가할 때는 Insert 문을 사용한다. 추가될 레코드의 각 필드값은 에디트와 체크 컨트롤에 입력된 값을 사용하므로 추가 버튼을 누르기 전에 먼저 레코드의 정보를 에디트에 입력해야 한다.

```
void AddRecord()
{
    SQLCHAR Name[21];
    int Price;
    BOOL Korean;
```

```
    TCHAR szSQL[256];

    // 값 읽음
    GetWindowText(hFName,(LPTSTR)Name,20);
    if (lstrlen((LPCTSTR)Name) == 0) {
        MessageBox(hDlgMain,"추가할 레코드의 이름을 먼저 입력하십시오","알림",MB_OK);
        return;
    }
    GetWindowText(hFPrice,szSQL,256);
    Price=atoi(szSQL);
    Korean=(SendMessage(hFKorean,BM_GETCHECK,0,0)==BST_CHECKED);
    wsprintf(szSQL,"Insert into tblCigar (name,price,korean) VALUES ('%s',%d,%d)",
        Name,Price,Korean);

    if (SQLExecDirect(hStmt,(SQLCHAR *)szSQL,SQL_NTS) != SQL_SUCCESS) {
        MessageBox(hDlgMain,"레코드 추가 에러. 이름이 같은 레코드는 추가할 수 없습니다","에러
",MB_OK);
        return;
    }

    if (hStmt) SQLCloseCursor(hStmt);
    DBExecuteSQL();
}
```

먼저 추가될 레코드의 필드값들을 컨트롤로부터 읽는다. 이때 Name 필드는 반드시 있어야 하므로 이 문자열이 입력되지 않았다면 레코드를 추가할 수 없도록 에러 처리하였다. 입력받은 값으로 Insert SQL문을 작성하고 이 SQL문을 실행하면 레코드가 추가될 것이다.

단 레코드 추가 동작에서는 항상 에러가 발생할 수 있으므로 에러 처리를 반드시 해야 한다. 가장 흔한 에러는 이미 있는 항목을 입력할 경우인데 이 경우 프라이머리 키(PK)가 중복되므로 입력할 수 없다. 레코드를 추가한 후 추가된 레코드가 목록에 나타나도록 하기 위해 DBExecuteSQL을 호출하여 테이블을 다시 읽었다. 만약 레코드의 개수가 많다면 모든 레코드를 다시 읽는 방법보다는 추가된 항목만 리스트 박스에 별도로 추가하는 것이 더 나을 것이다.

변경

변경 명령은 리스트 박스에서 선택한 현재 레코드를 컨트롤에 입력된 내용으로 변경한다. 예를 들어 This의 담배 가격을 1200원으로 수정하려면 리스트 박스에서 This를 선택하고 가격을 1200으로 수정한 후 변경 버튼을 누르면 된다. 코드는 다음과 같다.

```
void UpdateRecord()
{
    SQLCHAR OldName[21], NewName[21];
    int Price;
    BOOL Korean;
    TCHAR szSQL[256];
    int idx;

    // 값 읽음
    idx=SendMessage(hList,LB_GETCURSEL,0,0);
    if (idx == -1)
        return;
    SendMessage(hList,LB_GETTEXT,idx,(LPARAM)OldName);
```

```
    GetWindowText(hFName,(LPTSTR)NewName,20);
    if (lstrlen((LPCTSTR)NewName) == 0) {
        MessageBox(hDlgMain,"변경할 레코드의 이름을 먼저 입력하십시오","알림",MB_OK);
        return;
    }
    GetWindowText(hFPrice,szSQL,256);
    Price=atoi(szSQL);
    Korean=(SendMessage(hFKorean,BM_GETCHECK,0,0)==BST_CHECKED);
    wsprintf(szSQL,"Update tblCigar set name='%s', price=%d, korean=%d where name='%s'",
        NewName,Price,Korean,OldName);

    if (SQLExecDirect(hStmt,(SQLCHAR *)szSQL,SQL_NTS))
        return;

    if (hStmt) SQLCloseCursor(hStmt);
    DBExecuteSQL();
}
```

먼저 변경대상이 되는 레코드를 리스트 박스에서 구해 OldName에 대입해 놓는다. 그리고 입력받은 컨트롤로 Update문을 작성하고 실행하면 된다.

삭제

삭제는 리스트 박스에서 선택한 항목을 삭제한다.

```
void DeleteRecord()
{
    TCHAR Key[256], szSQL[256];
    int idx;

    idx=SendMessage(hList,LB_GETCURSEL,0,0);
    if (idx == -1) {
        MessageBox(hDlgMain,"삭제할 레코드를 먼저 선택하십시오","알림",MB_OK);
        return;
    }
    SendMessage(hList,LB_GETTEXT,idx,(LPARAM)Key);
    wsprintf(szSQL,"Delete from tblCigar where name='%s'",Key);

    if (SQLExecDirect(hStmt,(SQLCHAR *)szSQL,SQL_NTS) != SQL_SUCCESS)
        return;

    if (hStmt) SQLCloseCursor(hStmt);
    DBExecuteSQL();
}
```

리스트 박스에 현재 선택된 항목의 이름을 구한 후 이 이름을 Delete 문의 where 절에서 사용한다. 삭제 결과를 반영하기 위해 DBExecute를 다시 호출한다. 전혀 어려운 코드가 없다. 프로그램 실행 중의 모습을 보자.

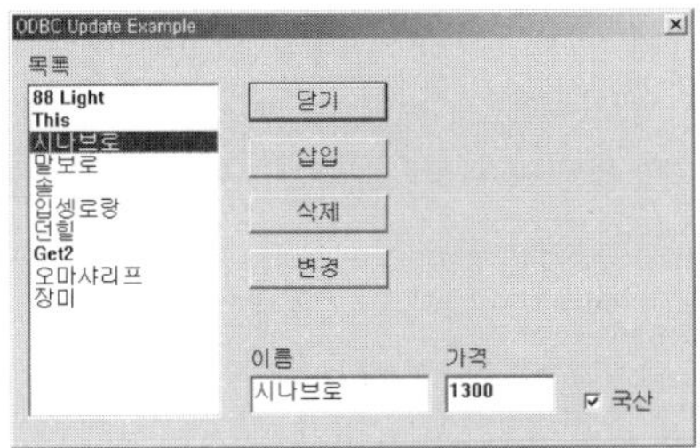

이 예제는 아주 간단하지만 DB를 제어하는 기본적인 방법들을 모두 보여주고 있다. ODBC자체도 중요하지만 SQL문을 많이 알고 있고 원하는 SQL문을 문자열로 자유롭게 조립할 수 있다면 이런 예제는 얼마든지 만들 수 있을 것이다. 이쯤 해서 자신감이 생겼다면 간단한 주소록 프로그램 정도를 실습으로 한 번 만들어 보기 바란다.

46-4-다. 파라미터 사용

데이터 소스로 전달되는 SQL문은 결국은 문자열이다. 예를 들어 가격이 1200원인 담배의 이름을 구하고자 한다면 다음 SQL문을 만들어야 한다.

```
Select name from tblCigar where Price=1200
```

이때 가격 조건을 nPrice라는 변수에 저장해 놓았다면 다음 함수 호출로 이 SQL문을 조립할 수 있다.

```
wsprintf(szSQL, "Select name from tblCigar where Price=%d", nPrice);
```

nPrice값을 문자열 내에 삽입함으로써 SQL문을 만들었다. 이런 문자열 조립 방법으로도 원하는 작업을 얼마든지 할 수 있지만 SQL은 파라미터라는 더 편리한 방법을 제공한다. 파라미터는 SQL문 내에서 사용되는 변수이며 ?로 표현한다. 다음은 파라미터를 사용한 SQL문이다.

```
Select name from tblCigar where Price=?
```

이 문장에서 ?를 파라미터 마커(Parameter Marker)라고 하며 실행중에 바인딩된 변수값으로 대체된다. 결과셋의 컬럼을 바인딩하듯이 파라미터를 응용 프로그램의 변수에 바인딩해 놓으면 이 변수가 가진 값이 SQL문에 포함되어 실행된다. 파라미터를 바인딩하는 함수는 다음 함수이다.

```
SQLRETURN SQLBindParameter(
     SQLHSTMT        StatementHandle,
     SQLUSMALLINT    ParameterNumber,
     SQLSMALLINT     InputOutputType,
     SQLSMALLINT     ValueType,
     SQLSMALLINT     ParameterType,
     SQLUINTEGER     ColumnSize,
     SQLSMALLINT     DecimalDigits,
     SQLPOINTER      ParameterValuePtr,
     SQLINTEGER      BufferLength,
     SQLINTEGER *    StrLen_or_IndPtr);
```

첫 번째 인수는 명령 핸들이며 두 번째 인수는 파라미터의 번호이다. ?가 나타나는 순서대로 1부터 시작되는 번호가 매겨진다. 만약 ?가 두 개 있으면 첫 번째 파라미터의 번호는 1이고 두 번째 파라미터의 번호는 2가 된다. 세 번째 인수는 파라미터의 용도를 설명하는데 입력용, 출력용, 입출력 겸용 세 가지가 있다. 내장 프로시저를 호출할 때를 제외하고는 모두 입력용이므로 SQL_PARAM_INPUT을 지정하면 된다.

ValueType, ParameterType 인수는 파라미터의 데이터 타입을 C형, SQL형으로 각각 지정하며 ColumnSize, DecimalDigits는 파라미터 변수의 크기와 자리 수를 지정한다. ParameterValuePtr이 실제로 파라미터와 연결될 변수의 번지이며 BufferLength는 파라미터가 문자열이나 이진형일 때 버퍼의 크기를 지정한다. 마지막 인수는 길이 및 상태인수이다. 인수의 수가 굉장히 많고 비슷해 보여 무척 헷갈릴 것이다.

파라미터는 문자열을 조립하는 것보다 훨씬 속도가 빠르다. 특히 비슷한 명령을 조금씩 바꾸어 가며 여러 번 실행할 경우 속도차가 뚜렷하게 나타난다. 또한 불필요한 데이터 타입 변경을 하지 않아도 되기 때문에 편하기도 하다. SQL 명령 자체가 문자열이므로 정수형도 문자열로 바꾸어서 넘겨야 하고 데이터 소스는 명령 문자열에서 문자열로 된 정수를 다시 정수값으로 바꾸어야 하므로 이중의 데이터 변환이 일어나는데 파라미터로 넘기면 정수형 변수가 곧바로 데이터 소스로 전달되므로 이런 변환 과정이 필요없다. 다음 코드는 Update 예제에서 Update 함수만 변경하여 만든 OdbcParam 예제이다. 레코드를 수정할 때 컨트롤로부터 입력받은 변수를 문자열에 조립해 넣지 않고 파라미터로 넘겼다.

예 제 : ODBCParam

```
// 파라미터를 사용하여 업데이트하기
void UpdateRecord()
{
    SQLCHAR OldName[21], NewName[21];
    int Price;
    BOOL Korean;
    TCHAR szSQL[256];
    int idx;
    SQLINTEGER lenNewName=SQL_NTS,lenPrice=0,lenKorean=0,lenOldName=SQL_NTS;

    idx=SendMessage(hList,LB_GETCURSEL,0,0);
    if (idx == -1)
        return;
    SendMessage(hList,LB_GETTEXT,idx,(LPARAM)OldName);
    GetWindowText(hFName,(LPTSTR)NewName,20);
    GetWindowText(hFPrice,szSQL,256);
    Price=atoi(szSQL);
    Korean=(SendMessage(hFKorean,BM_GETCHECK,0,0)==BST_CHECKED);

    SQLBindParameter(hStmt,1,SQL_PARAM_INPUT,SQL_C_CHAR,SQL_CHAR,21,0,
        NewName,0,&lenNewName);
    SQLBindParameter(hStmt,2,SQL_PARAM_INPUT,SQL_C_ULONG,SQL_INTEGER,0,0,
        &Price,0,&lenPrice);
    SQLBindParameter(hStmt,3,SQL_PARAM_INPUT,SQL_C_ULONG,SQL_INTEGER,0,0,
        &Korean,0,&lenKorean);
    SQLBindParameter(hStmt,4,SQL_PARAM_INPUT,SQL_C_CHAR,SQL_CHAR,21,0,
        OldName,0,&lenOldName);

    if (SQLExecDirect(hStmt,(SQLCHAR *)"Update tblCigar set name=?, price=?, "
```

```
            "korean=? where name=?",SQL_NTS)!=SQL_SUCCESS)
            return;

        if (hStmt) SQLCloseCursor(hStmt);
        DBExecuteSQL();
}
```

이 예제의 SQL 명령에서는 업데이트할 컬럼값과 대상 레코드의 이름을 모두 파라미터 마커로 처리했다. 그리고 파라미터 1~4까지 응용 프로그램의 변수와 바인딩함으로써 이 변수값들이 SQL문으로 전달되게 하였다. 실행 결과는 Update 예제와 완전히 동일하다.

46-4-라. 준비

SQL명령을 실행하는 방법 중 가장 단순한 방법은 SQLExecDirect로 직접 실행하는 것이다. 사용하기에는 굉장히 간단하지만 이 함수는 다음과 같은 복잡한 단계를 거쳐 명령을 실행한다.

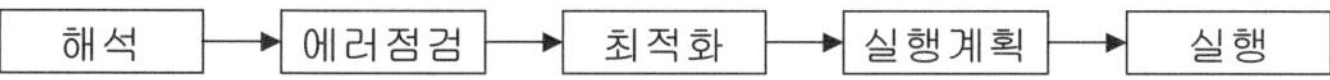

명령문이 뜻하는 바를 먼저 해석해야 하며 에러가 있는지도 살펴보고 어떤 방법으로 명령을 실행하는 것이 가장 빠른지 최적화 과정도 거쳐야 한다. 아무리 간단한 명령이라도 이 모든 과정을 거쳐야 비로소 실행된다. 좀 더 속도를 높이고자 한다면 SQL문을 직접 실행하지 말고 미리 준비해 놓은 후 실행할 수도 있다. 준비(Prepare)한다는 말은 SQL문을 미리 컴파일해 놓는다는 뜻인데 주로 파라미터와 함께 여러 번 실행할 때 이 방법을 사용한다.

비슷한 명령을 여러 번 실행할 때는 SQL 실행을 위한 모든 컴파일 과정을 미리 해놓고 파라미터만 바꾸어 가며 실행하면 훨씬 더 속도가 빨라진다. SQL문을 준비시키고 준비된 SQL문을 실행하는 함수는 다음과 같다.

SQLRETURN SQLPrepare(SQLHSTMT StatementHandle, SQLCHAR * StatementText, SQLINTEGER TextLength);
SQLRETURN SQLExecute(SQLHSTMT StatementHandle);

SQLPrepare 함수는 이름 그대로 SQL 실행을 준비한다. StatementText 인수로 전달된 SQL문을 데이터 소스로 미리 전송하여 해석, 최적화 과정을 해 놓는다. SQLExecute 함수는 이렇게 준비된 함수를 파라미터만 교체하여 곧바로 실행한다. 다음 예제는 Update 예제의 AddRecord 함수를 수정하여 준비 후 반복 실행한다.

예 제 : ODBCPrepare

```
// 준비된 SQL문을 실행한다.
void AddRecord()
{
    SQLCHAR Name[21];
    int Price;
    BOOL Korean;
    SQLINTEGER lenName=SQL_NTS,lenPrice=0,lenKorean=0;
    int i;
```

```
    srand(LOWORD(GetCurrentTime()));
    if (SQLPrepare(hStmt,(SQLCHAR *)"Insert into tblCigar (name,price,korean)"
        " VALUES (?,?,?)",SQL_NTS)!=SQL_SUCCESS)
        return;

    SQLBindParameter(hStmt,1,SQL_PARAM_INPUT,SQL_C_CHAR,SQL_CHAR,21,0,
        Name,0,&lenName);
    SQLBindParameter(hStmt,2,SQL_PARAM_INPUT,SQL_C_ULONG,SQL_INTEGER,0,0,
        &Price,0,&lenPrice);
    SQLBindParameter(hStmt,3,SQL_PARAM_INPUT,SQL_C_ULONG,SQL_INTEGER,0,0,
        &Korean,0,&lenKorean);

    for (i=0;i<5;i++) {
        wsprintf((LPTSTR)Name,"담배%d",rand());
        Price=(rand() %10) * 100 + 1000;
        Korean=(rand()%2);
        if (SQLExecute(hStmt)!=SQL_SUCCESS)
            return;
    }

    DBExecuteSQL();
}
```

Insert 명령으로 데이터를 삽입하되 컬럼값은 파라미터로 전달받는다. 실제 상황에서는 배열이나 다른 테이블 등에서 데이터를 받겠지만 예제를 간단하게 하기 위해 난수로 컬럼값을 만들었다. 파라미터가 포함된 SQL문을 SQLPrepare로 미리 준비해 두었으며 루프에서는 파라미터와 바인딩된 변수값만 바꾸어가며 SQLExecute 함수로 SQL문을 실행하였다. SQLExecDirect 함수를 다섯 번 실행하는 것보다는 훨씬 더 동작 속도가 빠르다. 대량의 데이터를 다룰 때는 직접 실행하는 것보다는 이 방법을 사용하여 속도를 최대한 높여야 한다.

46-4-마. BLOB 입출력

일반적으로 데이터 베이스에 저장되는 데이터들은 정수형, 고정 길이 문자열, 논리형 등이 대부분이며 좀 특수한 형태라고 해 봐야 날짜형, 시간형 등이 있다. 이 정도 데이터들만 사용해도 웬만한 형태의 DB 프로그램을 작성하는데 큰 지장이 없었지만 요즘은 DB에 저장되는 데이터들의 크기가 훨씬 더 커졌다. 예를 들어 길이를 알 수 없는 비교적 긴 길이의 메모나 사진, 음성 데이터 등도 데이터 베이스에 저장될 수 있다.

이런 데이터들은 길이가 고정되어 있지 않으며 크기의 상한선이 정해져 있지 않다. 사진의 경우 저장되는 그래픽 파일의 크기를 미리 예측할 수 없으며 음성이나 동영상 같은 멀티미디어 데이터의 크기도 미리 알 수 없다. 또한 포맷도 고정되어 있지 않으므로 DBMS는 이런 데이터를 직접 제어할 수 없으며 단순히 저장만 할 뿐이다. 이런 비교적 큰 데이터들을 BLOB(Binary Large Object)이라고 하는데 다루는 방법이 일반적인 데이터를 다루는 방법과는 많이 다르다.

왜냐하면 길이가 길기 때문에 SQL 명령에 이 컬럼값들을 담아 전달할 수 없기 때문이다. 또한 DBMS가 BLOB의 포맷을 인식하지 못하므로 검색대상이 될 수 없으며 인덱스를 줄 수도 없다. 응용 프로그램은 자신이 아는 포맷의 이진 데이터를 BLOB으로 DB에 저장해 둘 수 있으며 이 데이터를 사용할 때는 DB에서 읽어와 스스로 포맷을 분석해서 사용해야 한다.

BLOB을 다루는 기법은 ODBC에서도 난이도가 있는 비교적 고급 기술에 속하며 사용하기도 좀 까다롭다. BLOB을 사용하지 않아도 되는 상황이라면 다른 대체적인 방법을 사용하는 것이 좋겠지만 복잡한 요구를 수용하기 위해서는 블랍 입출력을 피하기 어려울 것이다. 블랍 입출력 대신 사용할 수 있는 대안으로는 블랍 데이터를 별도의 파일로 저장하고 DB에는 파일명만 기록하는 방법을 생각해 볼 수 있는데 이 방법도 실전에서는 꽤 많이 사용되는 괜찮은 방법이다. DBMS의 부담이 감소되므로 효율상으로도 유리하지만 다만 별도의 파일 관리가 필요하다는 점에서는 블랍을 직접 다루는 방법에 비해 단점이라 할 수 있다.

예 제 : ODBCBlob

블랍 입출력 실습을 위해 아주 간단한 테이블을 먼저 만들어 보자. 액세스 2000을 실행한 후 OdbcBlob.mdb를 만들고 이 데이터 베이스 안에 tblBlob이라는 테이블을 다음과 같이 만들었다.

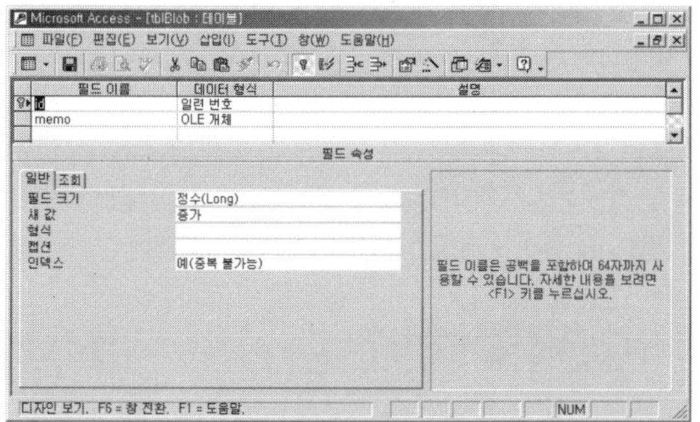

tblBlob안에 id와 memo 필드를 만들되 id는 프라이머리 키로 사용하기 위한 일련 번호이며 memo가 BLOB을 담을 필드이다. memo 필드에는 길이를 알 수 없는 긴 문자열을 저장할 것이다. 액세스에서 BLOB 필드의 타입은 "OLE 개체"로 표현된다. 데이터 소스에 따라 블랍 필드의 데이터 타입이 다양하며 블랍을 지원하지 못하는 경우도 있다. 이 데이터 베이스를 사용하여 BLOB 입출력을 하는 간단한 예제를 만들어 보았다. 대화상자는 다음과 같이 간단하게 디자인하였다.

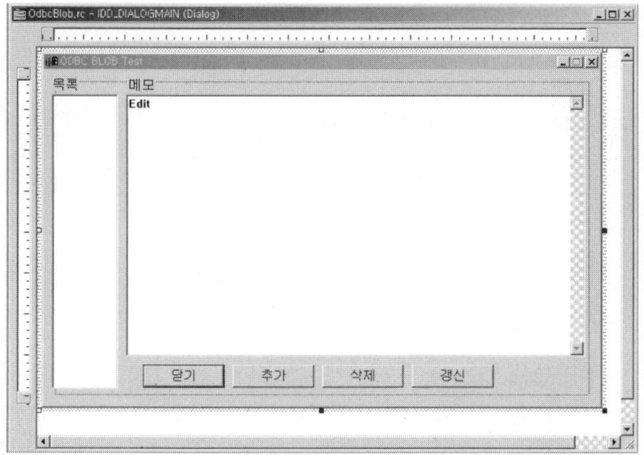

왼쪽 리스트 박스에 메모의 일련 번호가 나타나며 중앙의 메모 에디트에 BLOB필드로부터 읽은 문자열을 출력할 것이다. 화면 아래쪽에는 추가, 삭제, 갱신을 위한 버튼들을 배치해 두었다. 데이터 소스에 연결하는 코드, DB에서 일련 번호를 가져와 목록에 출력하는 코드 등은 앞에서 다 실습해 본 코드들이므로 배포 CD에서 직접 소스를 보기 바라며 BLOB 입출력에 관련된 코드만 보자. 우선 BLOB 필드에 데이터를 저장하는 방법을 단계별로 알아보자.

① BLOB필드에 들어갈 데이터는 길이가 무척 길고 또한 이진형태이기 때문에 SQL문장 안에 넣을 방법이 없다. 즉 SQL문을 실행할 때는 BLOB필드값을 전달할 수 없다는 얘기다. 그래서 블랍 필드의 자리에 파라미터를 일단 넘기고 SQL문 실행 후에 데이터를 따로 공급해야 한다. 이때 SQLBindParameter 함수의 ParameterValuePtr 인수에는 변수의 버퍼 대신 32비트의 임의 값을 지정한다. 이 값은 나중에 실행중 데이터를 공급할 때 어떤 컬럼에 대한 데이터를 요구하는지를 알기 위해 사용된다. 일종의 BLOB ID라고 이해하면 될 것 같다. 만약 두 개의 BLOB을 같이 저장해야 한다면 각각 1,2의 값을 지정하면 된다. 또는 파일 핸들이나 메모리 블록의 핸들 등 응용 프로그램에 의미있는 값을 대입할 수도 있다.

② SQLBindParameter의 마지막 인수인 길이/상태 인수에 SQL_DATA_AT_EXEC나 또는 SQL_LEN_DATA_AT_EXEC(length) 매크로의 결과값을 대입한다. 그러면 드라이버는 이 컬럼의 데이터는 SQL문 실행 후에 SQLPutData 함수로 따로 공급되는 것으로 인식한다. 데이터 소스에 따라서는 이 과정이 불필요한 경우도 있다. 그러나 호환성을 위해 길이/상태 인수에 적절한 값을 대입하는 것이 좋다.

③ SQL문을 실행한다. 값을 저장하는 SQL문이므로 Update나 Insert문이 될 것이다. 이때 BLOB 필드는 물론 파라미터 마커(?)로 넘겨야 한다. 드라이버는 파라미터에 바인딩된 컬럼값이 실행중에 공급되는 데이터(data at execution)임을 알 것이고 SQL_NEED_DATA(99)를 리턴한다. 이 리턴값의 의미는 드라이버가 명령을 수행하기 위해 여분의 데이터를 더 전달받아야 한다는 뜻이다.

④ SQL_NEED_DATA가 리턴되면 응용 프로그램은 실행중에 데이터를 공급해야 한다. 그 전에 어떤 필드에 대한 데이터를 요구하는지를 조사해야 하는데 이 때는 SQLParamData 함수를 사용한다. 이 함수의 두 번째 인수인 ValuePtrPtr에는 SQLBindParameter 함수로 지정한 BLOB ID가 리턴되는데 이 값으로 드라이버가 요구하는 블랍이 어떤 것인지를 알 수 있으며 또한 블랍을 읽는데 필요한 정보를 구할 수도 있다. SQLParamData는 아직 전송해야 할 데이터가 있으면 SQL_NEED_DATA를 리턴하고 모든 데이터가 다 전송되었으면 SQL_SUCCESS를 리턴한다.

⑤ SQLParamData가 SQL_NEED_DATA를 리턴하면 SQLPutData로 실제 데이터를 보낸다. 블랍이란 원래 그 길이를 예측할 수 없으므로 한 번에 이 데이터를 다 보내는 것은 불가능하다. 그래서 SQLPutData 함수를 데이터를 다 보낼 때까지 반복적으로 호출해야 하는데 이때 조각내서 보낸 데이터를 다시 조립하는 것은 드라이버가 알아서 하므로 걱정하지 않아도 된다. 상황에 따라 편리한대로 데이터를 계속 보내기만 하면 된다.

⑥ 한 블랍에 대한 전송이 완료되면 다시 SQLParamData를 호출하여 더 보낼 데이터가 남았는지 조사해 보아야 하며 만약 있다면 앞의 과정을 반복해야 한다. 두 번째 블랍은 첫 번째와는 전송하는 방법이 다를 수도 있는데 SQLParamData 함수가 리턴하는 ID로 구분한다. 이런 식으로 SQLParamData가 SQL_NEED_DATA를 리턴하지 않을 때까지 반복하면 모든 블랍 필드 전송이 완료되며 SQL문의 실행이 종료된다.

어떤가? 보다시피 굉장히 복잡하다. 이 설명만을 읽고 코드를 바로 짤 수 있는 사람은 아마 드물 것이다. 잠시 후에 보여줄 예제 코드를 보고 다시 한 번 복습해 보기 바라며 그전에 블랍 입출력에 사용되는 두 개의 함수를 공부해 보자. 이 두 함수는 짝을 이루어 사용된다.

SQLRETURN SQLParamData(SQLHSTMT StatementHandle, SQLPOINTER * ValuePtrPtr);
SQLRETURN SQLPutData(SQLHSTMT StatementHandle, SQLPOINTER DataPtr, SQLINTEGER StrLen_or_Ind);

SQLParamData 함수는 전송할 블랍 데이터가 남아 있는지 조사하며 블랍 데이터의 ID를 ValuePtrPtr 인수에 리턴한다. 이 ID는 SQLBindParameter 함수로 블랍 필드를 바인딩할 때 변수 버퍼 대신 지정한 ID이며 전송 대상 BLOB 필드를 구분하기 위해 사용된다. 전송할 데이터가 아직 남아 있으면 SQL_NEED_DATA를 리턴한다.

SQLPutData는 데이터를 드라이버로 실제 전송하는 함수이다. 전송할 데이터를 DataPtr 버퍼에 넣고 그 길이를 StrLen_or_Ind에 전달한다. 데이터를 조각조각 내서 여러 번 보내야 하는데 이때 조각난 데이터를 다시 조립하는 것은 드라이버가 알아서 한다. 따라서 데이터를 어떻게 조각낼 것인가는 응용 프로그램이 자유롭게 결정할 수 있으며 몇 번에 나누어 보내는가는 상관없다. 그럼 이제 실제 코드를 보자.

```
void UpdateRecord()
{
    SQLRETURN ret;
    SQLINTEGER cbBlob;
    TCHAR buf[66000],tmp[100],*p;
    int idx,id;
    SQLPOINTER pToken;
    SQLCHAR SQL[100];
    int size,nPut;

    idx=SendMessage(hList,LB_GETCURSEL,0,0);
    SendMessage(hList,LB_GETTEXT,idx,(LPARAM)tmp);
    id=atoi(tmp);
    GetWindowText(hMemo,buf,66000);
    size=lstrlen(buf);

    cbBlob=SQL_LEN_DATA_AT_EXEC(size);
    SQLBindParameter(hStmt,1,SQL_PARAM_INPUT,SQL_C_BINARY,SQL_LONGVARBINARY,
        size,0,(SQLPOINTER)1,0,&cbBlob);
    wsprintf((LPTSTR)SQL,"Update tblBlob set memo=? where id=%d",id);
    ret=SQLExecDirect(hStmt,SQL,SQL_NTS);
    if (ret==SQL_NEED_DATA) {
        ret=SQLParamData(hStmt, &pToken);
        while (ret==SQL_NEED_DATA) {
            if ((int)pToken==1) {
                for (p=buf;p<buf+size;p+=100) {
                    nPut=min(100,buf+size-p);
                    memcpy(tmp,p,nPut);
                    SQLPutData(hStmt,(PTR)tmp,nPut);
                }
            }
            ret=SQLParamData(hStmt, &pToken);
        }
    }
}
```

분석에 용이하도록 최대한 짧게 작성했는데 생각보다 복잡하므로 한줄 한줄 눈여겨 보기 바란다. 저장할 ID를 조사해서 id 변수에 대입해 두고 저장할 블랍 데이터를 buf에 넣어두었다. 이 예제에서는 블랍이 텍스트이기 때문에 66000이라는 상한을 두었지만 사진이나 동영상이라면 이런 상한값은 존재하지 않을 것이다. 데이터가 준비되면 SQLBindParameter 함수로 블랍 필드를 파라미터와 바인딩하는데 이때 변수의 버퍼 대신 1이라는 상수값을 주었다. 원래 이 인수는 포인터형이므로 (SQLPOINTER)로 캐스팅해야 한다. 이 값이 블랍 필드의 ID값이며 두 개 이상의 블랍 필드를 전송한다면 서로 다른 ID를 주어야 한다.

cbBlob 상태/길이 변수에는 SQL_DATA_AT_EXEC를 대입하여 이 컬럼의 데이터는 실행중에 공급된다는 것을 드라이버에게 알린다. 또는 SQL_LEN_DATA_AT_EXEC(length) 매크로로 전송할 데이터의 길이를 알려야 한다. 사실 액세스 드라이버는 이 값을 무시하므로 이 과정은 생략해도 상관없지만 SQL 서버 등 다른 DB에서는 이 과정이 꼭 필요하다. 그리고 다음 SQL문을 실행한다.

```
Update tblBlob set memo=? where id=id값
```

id번 레코드의 memo필드를 연결된 파라미터값으로 바꾼다는 뜻이다. 연결된 파라미터가 실행중에 데이터를 공급하기로 선언되었으므로 이 SQL문을 실행하면 SQL_NEED_DATA가 리턴될 것이다. 이 리턴값을 받으면 응용 프로그램은 어떤 블랍에 대한 데이터를 요구하는지 알아내야 하는데 이는 SQLParamData 함수의 두 번째 인수(이 예제의 경우 pToken)에 리턴되는 값으로 알 수 있다. pToken이 1이면 ID 1로 지정한 파라미터의 데이터를 요구한다는 것을 알 수 있는데 여기서는 memo필드값을 파라미터로 바인딩할 때 이 필드의 ID를 1로 지정하였었다. 이 예제의 경우는 블랍 필드가 하나밖에 없으므로 사실상 이 과정이 불필요하지만 두 개 이상의 블랍을 한꺼번에 전송할 때는 ID를 꼭 조사해야 한다.

이제 어떤 블랍에 대한 데이터를 요구하는지 알았으므로 SQLPutData함수로 데이터를 반복적으로 전송하면 된다. 이 예제에서는 데이터를 100바이트 단위로 쪼개서 계속 전송하기를 buf번지의 끝까지 갈 때까지, 즉 데이터를 완전히 보낼 때까지 반복한다. 결국 에디트에 입력된 텍스트의 길이에 상관없이 모든 데이터가 조각조각 전송될 것이며 이 데이터들은 드라이버에 의해 하나로 합쳐져 DB에 저장될 것이다. 마지막 조각을 보낼 때는 길이를 잘 계산해서 남은 만큼만 전송하였다.

블랍 전송이 끝나면 다른 블랍이 또 남아 있는지 조사해야 하는데 이때도 SQLParamData 함수가 사용된다. 이 함수의 리턴값이 SQL_NEED_DATA이면 또 보내야 할 블랍이 있다는 얘기이므로 다시 pToken값을 조사하여 적당한 블랍을 전송해야 한다. 이 과정은 모든 블랍 데이터를 다 보낼 때까지 반복되어야 하므로 전체 루프는 while문으로 둘러싸여 있다. 더 이상 보낼 데이터가 없으면 이 루프를 탈출하여 전송을 완료한다.

예제에서는 큰 데이터 덩어리를 조각내서 보내는 것을 보여주기 위해 100바이트씩 잘라서 보냈는데 실제 프로젝트에서는 가급적이면 큰 버퍼를 잡는 것이 효율이 더 좋다. 이 예제의 경우라면 66000바이트짜리 버퍼를 하나 잡아 이 버퍼를 통째로 보내면 한 번에 다 보낼 수 있다. 그러나 아무리 버퍼를 크게 잡더라도 루프는 생략할 수 없다. 동영상이나 사진같은 정말 큰 데이터는 그 크기를 도저히 예측할 수 없기 때문이다. 이런 정말 큰 데이터는 데이터를 조각내는 별도의 함수를 만들어 두고 루프에서 함수를 호출하는 것이 좋다. 즉, 이 복잡해 보이는 루프가 실제 상황에서는 훨씬 더 복잡해질 수 있다.

다음은 블랍 데이터를 읽어들이는 코드를 보자. 보낼 때 조각내서 보내야 하는 것과 마찬가지로 읽을 때도 조각조각 읽어서 다시 조립해야 한다. 블랍 데이터를 읽을 때는 다음 함수가 사용된다.

SQLRETURN SQLGetData(SQLHSTMT StatementHandle, SQLUSMALLINT ColumnNumber, SQLSMALLINT TargetType, SQLPOINTER TargetValuePtr, SQLINTEGER BufferLength, SQLINTEGER *StrLen_or_IndPtr);

이 함수는 결과셋에서 한 컬럼값을 읽어오는데 바인딩되지 않은 컬럼값도 읽어올 수 있다. 정수형이나 문자열처럼 고정길이 데이터도 이 함수로 읽을 수 있지만 길이가 정해져 있는 경우는 컬럼 바인딩을 사용하는 것이 훨씬 편리하므로 이 함수는 주로 블랍 필드를 읽을 때만 사용된다.

두 번째 인수로 컬럼 번호를 주고 TargetType 인수로 읽고자 하는 필드의 데이터 타입을 C타입으로 알려준다. TargetValuePtr은 읽은 값을 저장할 버퍼 포인터이며 BufferLength는 버퍼의 길이이다.

SQLGetData 함수는 지정한 컬럼의 데이터를 읽어와 버퍼에 채우는데 버퍼의 범위를 벗어나지 않기 위해 길이를 전달해야 한다. 모든 데이터를 다 읽지 못했을 경우 SQLGetData는 다음 읽을 번지를 기억해 두었다가 다시 호출되었을 때 계속 버퍼에 데이터 조각을 채운다. 마지막 인수는 길이/상태값이다. 이 함수는 데이터를 읽고 난 결과를 리턴하는데 각 리턴값의 의미는 다음과 같다.

리턴값	설명
SQL_SUCCESS_WITH_INFO	데이터를 읽었으며 아직 더 읽을 데이터가 남아 있다.
SQL_SUCCESS	데이터의 마지막 조각을 읽었다.
SQL_NO_DATA	더 읽을 데이터가 없다.

이 리턴값은 루프를 돌 때 가져온 데이터의 길이를 조사하고 루프를 중단할 시점을 알기 위해 사용된다. 다음 함수는 memo필드에서 블랍 데이터를 읽어들여 에디트 컨트롤에 대입한다.

```
void ReadRecord(int id)
{
    TCHAR buf[66000]={0,};
    SQLCHAR BinaryPtr[100];
    SQLINTEGER LenBin;
    SQLCHAR SQL[100];
    SQLRETURN ret;
    TCHAR *p;
    int nGet;

    if (id==-1)
        return;
    wsprintf((LPTSTR)SQL, "select memo from tblblob where id=%d",id);
    ret=SQLExecDirect(hStmt,SQL,SQL_NTS);
    while ((ret=SQLFetch(hStmt)) != SQL_NO_DATA) {
        p=buf;
        while ((ret=SQLGetData(hStmt,1,SQL_C_BINARY,BinaryPtr,
            sizeof(BinaryPtr),&LenBin))!=SQL_NO_DATA) {
            if (LenBin==SQL_NULL_DATA)
                break;
            if (ret==SQL_SUCCESS)
                nGet=LenBin;
            else
                nGet=100;
            memcpy(p,BinaryPtr,nGet);
            p+=nGet;
        }
    }
    SetWindowText(hMemo,(LPCTSTR)buf);
    if (hStmt) SQLCloseCursor(hStmt);
}
```

"select memo from tblblob where id=id값" 명령이 실행되는데 tblblob테이블에서 memo 필드를 읽었다. 읽는 대상이 블랍 필드이므로 컬럼을 바인딩할 필요는 없으며 블랍 필드는 바인딩할 수도 없다. 실제 데이터를 읽기 위해 SQLFetch 함수를 호출하면 이 함수는 바인딩된 컬럼값만 읽는다. 이 예제의 경우는 바인딩된 컬럼이 없으므로 실제로는 아무것도 읽혀지지 않으며 우리가 목적으로 하는 블랍 필드는 직접 읽어야 한다. SQLFetch가 SQL_NO_DATA를 리턴할 때까지, 즉 모든 레코드를 다 읽을 때까지 루프를 돌면서 블랍 필드를 읽어들인다.

SQLGetData 함수로 첫 번째 컬럼을 읽어들이되 이 데이터는 이진 포맷이며 읽어들인 결과를 크기 100의 BinaryPtr 버퍼에 채웠다. memo 필드가 select문 필드 리스트의 제일 처음에 있으므로 읽을 대상 컬럼은 1이다. 이 함수는 블랍 필드의 100바이트를 먼저 읽어 BinaryPtr에 채울 것이다. 이 데이터를 순서대로 조립하는 것은 응용 프로그램이 알아서 해야 한다.

예제에서는 66000크기의 buf 버퍼를 할당하고 이 버퍼의 선두 번지를 p에 대입하였다. SQLGetData가 블랍 필드값을 읽어올 때마다 BinaryPtr에 채워진 데이터를 p에 복사한 후 p는 복사한만큼 뒤로 이동하여 다음 복사를 준비한다. 단 마지막 조각은 100바이트 미만이므로 길이/상태값으로부터 읽은 실제 바이트 수를 조사한 후 그 길이만큼만 복사했다. SQLGetData가 SQL_NO_DATA를 리턴했을 때, 즉 블랍 데이터를 다 읽었을 때 buf에는 모든 데이터가 조립되어 있을 것이다. 그러면 이제 이 데이터를 사용하면 된다.

루프의 선두에는 길이/상태값이 NULL인지 조사하는 코드가 삽입되어 있어 만약 블랍 필드에 아무값도 없으면 그냥 루프를 빠져나오는데 이 코드를 생략해서는 안 된다. 왜냐하면 SQLGetData는 설사 읽을 컬럼이 NULL이더라도 SQL_SUCCESS를 리턴하기 때문이다. 이 예제에서도 데이터를 조각내서 읽어오는 시범을 보이기 위해 버퍼를 일부러 100바이트 크기로 잡았는데 실전에서는 더 큰 버퍼로 효율을 높일 수 있다. 이상으로 블랍 데이터를 읽고 쓰는 방법에 대해 알아보았다. 예제의 실행 모습은 다음과 같다.

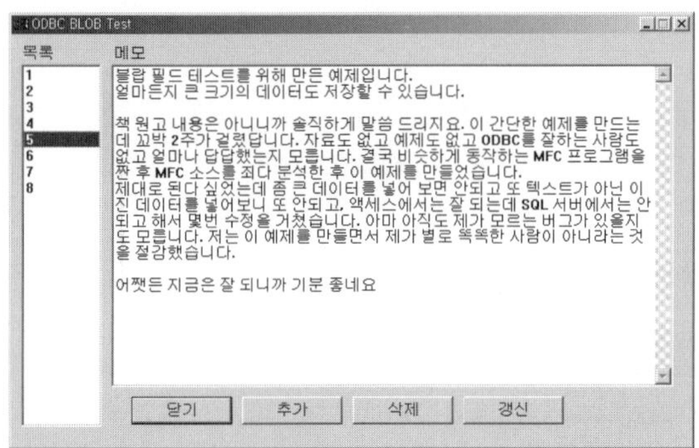

실전에서는 이 예제의 코드보다 훨씬 더 복잡해지겠지만 이 정도의 기본을 알고 있다면 얼마든지 응용이 가능할 것이다. 특히 데이터를 조각내서 전송하는 부분은 프로그램의 특성에 따라 달라질 것이다. 한 번에 이해하기는 어렵겠지만 이 예제에서 사용된 함수들을 레퍼런스에서 직접 찾아보고 MSDN의 문서를 참고하여 연구해 보면 완전히 이해될 것이다. 되도록 자세하게 설명하려고 했는데 아무리 자세히 읽을려고 해도 잠만 올 것이다. 사실 이런 예제는 직접 소스를 파헤쳐 보지 않고서는 완전히 이해하기 어렵다.

다음은 이 예제가 SQL 서버에서도 잘 동작하는지 간단하게 테스트해 보자. 물론 소스를 수정하지 않아도 잘 동작한다. 테스트를 위해 SQL 로컬 서버에 OdbcBlob이라는 데이터 베이스를 만들고(또는 앞에서 이미 만들어둔 cigarette 데이터 베이스를 사용해도 된다) tblBlob이라는 테이블을 다음과 같이 생성하였다.

열 이름	데이터형식	길이	정밀도	축소	Null 허용	기본 값	ID	ID 초기값	ID 증
id	int	4	10	0	☐		☐		
memo	Image	16	0	0	☑		☐		

액세스 테이블과 동일하되 SQL 서버에서는 BLOB 필드의 데이터 타입이 Image라는 점이 다르다.

Image외에도 binary, varbinary형이 있는데 둘 다 8000바이트의 상한 제한이 있으므로 길이가 길지 않을 때만 사용할 수 있다. 이에 반해 Image 타입은 최대 2G바이트까지의 길이를 저장할 수 있으므로 사진이나 동영상 등을 저장하기에도 전혀 무리가 없다. 소스는 특별히 건드릴 필요가 없으며 SQL 서버의 OdbcBlob데이터 베이스와 연결되는 SQLBlob이라는 이름으로 DSN을 만들고 연결 부분만 수정하면 된다.

```
Ret=SQLConnect(hDbc,(SQLCHAR *)"SQLBlob",SQL_NTS,(SQLCHAR *)"sa",
    SQL_NTS,(SQLCHAR *)"",SQL_NTS);
```

나머지 코드는 그대로 사용할 수 있다. ODBC가 원래 소스 변경없이 다양한 데이터 소스에 액세스하는 라이브러리이므로 당연하다.

46-5 ODBC 고급

46-5-가. 확장열 사용하기

ODBC는 이기종의 데이터 소스에 대한 공통의 인터페이스를 제공하는 라이브러리인데 이것이 가능한 가장 큰 이유는 SQL문법이 표준적이며 모든 DBMS가 SQL을 지원하기 때문이다. 그러나 DBMS가 표준 SQL 문법을 모두 따른다 하더라도 DBMS의 성능 최적화와 제품의 특성상 또는 언어적인 차이 등에 의해 표준과는 다른 부분이 어쩔 수 없이 존재한다. 최신의 DBMS는 좀 더 나은 성능을 위해 자기만의 새로운 SQL문법들을 만들어 내야 하므로 불가피하게 표준과는 달라지는 부분이 생기기 마련이다.

가장 대표적인 예로 시간과 날짜 데이터의 상수 표현 방법을 들 수 있는데 DBMS별로 또는 언어별로 다를 수 있다. 우리는 날짜를 흔히 “2006-12-31”과 같이 년월일로 표현하지만 미국 사람들은 반대로 “31-Dec-2006” 일월년으로 표현한다. 어떤 DBMS는 “2006/12/31”이라고 쓰기도 하고 어떤 DBMS는 구분자 없이 “20061231”이라고 쓴다. 심지어는 같은 DBMS라도 설정에 따라 날짜 상수를 표현하는 방법이 달라지기도 한다. 문자열 상수를 표현하는 방법도 홑따옴표를 쓰는 경우가 있고 겹따옴표를 쓰는 경우가 있다. DBMS별로 서로 다를 수 있는 이런 차이점을 극복하기 위한 어떤 표준적인 표현법이 필요한데 ODBC는 확장열로 이런 차이점을 표준화하여 제공한다.

확장열(Escape Sequence)은 날짜, 시간, like문, 함수호출, 내장 프로시저 호출, 외부조인 등을 표현하는 ODBC의 표준적인 방법을 정의한 것이다. 응용 프로그램에서 확장열을 사용하면 드라이버가 이 확장열을 해석하여 DBMS에 맞게 번역한다. ODBC 드라이버는 확장열이 자신의 DBMS에서는 어떻게 표현되는지 정확하게 알고 있다. 따라서 확장열로 표현된 SQL문은 DBMS에 상관없이 항상 정확하게 번역되고 사용될 수 있다. 결국 확장열은 DBMS의 고유 기능을 최대한 활용하면서도 이기종의 DB통합을 달성하기 위한 표준 문법이라고 정의할 수 있다.

확장열 대신 DBMS의 고유한 문법을 정확하게 알고 있다면 사용해도 상관없다. 어차피 드라이버는 확장열이 아닌 SQL문은 데이터 소스로 그대로 전달하며 데이터 소스는 자신의 고유 문법을 해석할 수 있기 때문이다. 그러나 이렇게 되면 호환성이 없어진다는 점을 알아야 하며 DBMS가 고정되어 있을 때만 사용해야 한다.

Address

확장열 실습을 위해 액세스로 Address라는 간단한 주소록 DB를 만들어 보자. 친구들의 이름과 연락처를 기록하는 아주 간단한 형태를 가지는 전형적인 데이터 베이스 파일이다. 필드는 다음 다섯 가지를 넣었다.

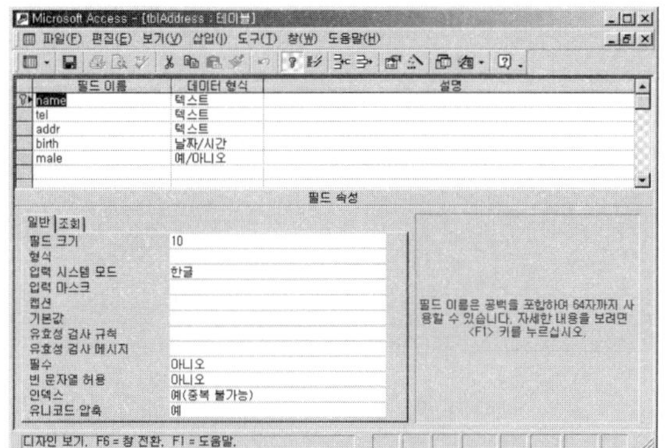

확장열 테스트를 위해 날짜, 문자열 등등을 골고루 넣어보았다. 그리고 실습을 위해 실제 데이터도 입력해 놓았다. 확장열을 사용해서 이 테이블의 내용을 읽고 변경하는 방법을 실습해 볼 것이다.

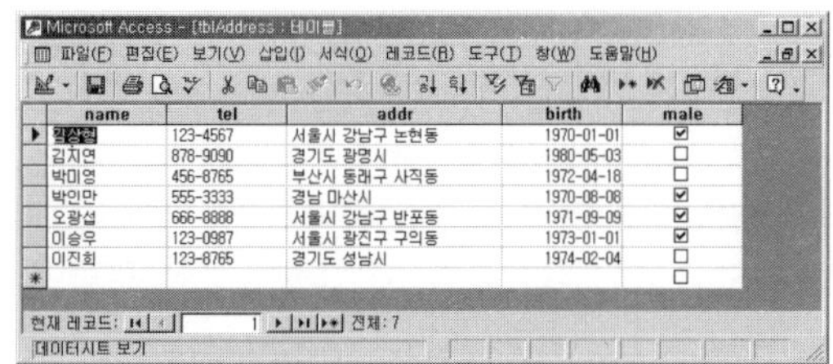

날짜 필드 읽기

시간, 날짜 필드는 데이터 베이스에서 정수형, 문자열형 다음으로 많이 사용되며 다른 타입에 비해서는 다소 복잡하기 때문에 값을 읽고 쓰는 방법도 조금 까다롭다. 먼저 테이블에서 날짜형 필드를 읽는 방법을 실습해 보자. 날짜형 필드를 읽는 방법은 문자열 형태로 읽어내는 방법과 날짜형 구조체로 읽어내는 방법 두 가지가 있다. 두 방식은 날짜형 필드를 어떤 타입의 변수와 바인딩하느냐에 대한 차이가 있는데 문자열 변수와 바인딩하면 문자열로 읽혀지며 날짜형 구조체와 바인딩하면 구조체에 날짜가 대입된다. 다음은 각각 문자열형과 구조체로 바인딩한 예이다.

```
SQLCHAR Date[30];
SQL_DATE_STRUCT stDate;
SQLINTEGER lDate;

SQLBindCol(hStmt,1,SQL_C_CHAR,Date,sizeof(Date),&lDate);
SQLBindCol(hStmt,1,SQL_C_TYPE_DATE,&stDate,sizeof(stDate),&lDate);
```

날짜형 필드를 읽기 위한 문자열 버퍼와 구조체를 선언한 후 각 변수를 첫 번째 필드와 바인딩하였다. SQL_DATE_STRUCT는 년, 월, 일을 멤버로 가지는 아주 간단한 구조체이다. 참고로 SQL_TIME_STRUCT는 시간 필드를 읽을 때 사용된다.

```
struct tagDATE_STRUCT {
    SQLSMALLINT year;
    SQLUSMALLINT month;
    SQLUSMALLINT day;
} DATE_STRUCT;
```

이렇게 바인딩한 후 select문으로 첫 번째 필드를 읽으면 문자열 형태와 구조체 형태로 필드를 읽는다. 단순한 출력이 목적이라면 문자열 형태로 읽는 것이 편리하며 날짜 요소를 분리할 필요가 있다면 구조체 형태로 읽으면 된다. 다음은 날짜형 필드를 변경하는 방법을 알아보자. 날짜나 시간을 변경하려면 SQL문 내에서 날짜, 시간을 표현해야 하는데 이때 확장열을 사용하면 DBMS에 상관없이 표현할 수 있다. ODBC에서 확장열은 { } 괄호로 표현한다.

날짜 : {d ‘yyyy-mm-dd’}
시간 : {t ‘hh:mm:ss’}
타임 스탬프 : {ts ‘yyyy-mm-dd hh:mm:ss[.f]}

예를 들어 2006년 12월 31일을 SQL문 내에서 표현하려면 {d ‘2006-12-31’}라고 적으면 된다. 다음 예는 update문으로 날짜 필드를 갱신하는 예이며 필드에 값을 대입할 때 확장열이 사용되었다.

```
SQLExecDirect(hStmt, (SQLCHAR *)"update tblAddress set birth={d '1988-12-30'} where name='이승우'",SQL_NTS);
```

만약 변수에 있는 날짜 값으로 필드를 변경하려면 wsprintf 등의 함수로 확장열을 먼저 조립한 후 SQL문에 포함시킨다. 날짜 필드를 갱신하는 또 다른 방법은 SQL_DATE_STRUCT형의 변수를 파라미터에 바인딩한 후 파라미터로 필드를 갱신하는 것이다. 다음 예는 첫 번째 파라미터를 stDate 구조체에 바인딩하고 이 구조체에 원하는 날짜를 대입한 후 SQL문에 파라미터를 포함시키는 예이다.

```
SQLBindParameter(hStmt,1,SQL_PARAM_INPUT,SQL_C_TYPE_DATE,SQL_TYPE_DATE,0,0,&stDate,0,&lDate);
stDate.year=2000;
stDate.month=10;
stDate.day=1;
SQLExecDirect(hStmt,(SQLCHAR *)"update tblAddress set birth=? where name='박미영'",SQL_NTS);
SQLFreeStmt(hStmt,SQL_UNBIND);
```

만약 날짜 필드를 오늘 날짜로 변경하고자 한다면 GetLocalTime 등의 함수로 오늘 날짜를 조사한 후 SYSTEMTIME 구조체를 문자열로 바꾸거나 아니면 SQL_DATE_STRUCT 구조체로 복사한 후 사용하면 된다. 그러나 이런 원론적인 방법보다는 함수를 사용하는 것이 더 편리하다. 함수는 DBMS가 간단한 데이터 변환이나 특정한 값을 구하기 위해 제공하는 것인데 오늘 날짜를 구하는 함수도 존재한다. DBMS별로 함수명이 다르겠지만 확장열을 사용하면 DBMS에 상관없이 오늘 날짜를 구하는 함수를 간단하게 조사할 수 있다. 다음 예는 날짜 필드를 오늘 날짜로 변경하는 코드이다.

```
SQLExecDirect(hStmt, (SQLCHAR *)"update tblAddress set birth={fn CURDATE()} where name='오광섭'",SQL_NTS);
```

함수를 호출할 때는 {fn 함수명(인수)} 확장열을 사용하며 오늘 날짜를 구하는 함수는 CURDATE() 이다. 다른 함수들에 대한 목록은 레퍼런스를 참고하기 바란다. 다음 예제는 지금까지 살펴본 ODBC로 날짜 필드를 액세스하는 코드를 정리한 것이다.

예 제 : ODBCDate

```
BOOL DBExecuteSQL()
{
    TCHAR szTmp[256];
    SQLCHAR Date[30];
    SQL_DATE_STRUCT stDate;
    SQLINTEGER lDate;

    // 문자열로 날짜 읽기
    SQLBindCol(hStmt,1,SQL_C_CHAR,Date,sizeof(Date),&lDate);
    SQLExecDirect(hStmt,(SQLCHAR *)"select birth from tblAddress where "
        "name='박미영'",SQL_NTS);
    SQLFetch(hStmt);
    wsprintf(Mes,"박미영의 생일은 %s입니다\r\n",Date);
    SQLCloseCursor(hStmt);

    // 구조체로 날짜 읽기
    SQLBindCol(hStmt,1,SQL_C_TYPE_DATE,&stDate,sizeof(stDate),&lDate);
    SQLExecDirect(hStmt,(SQLCHAR *)"select birth from tblAddress where "
        "name='오광섭'",SQL_NTS);
    SQLFetch(hStmt);
    wsprintf(szTmp,"오광섭의 생일은 %d-%d-%d입니다.\r\n",
        stDate.year,stDate.month,stDate.day);
    lstrcat(Mes,szTmp);
    SQLCloseCursor(hStmt);

    InvalidateRect(hWndMain,NULL,TRUE);

    return TRUE;
}

BOOL DBExecuteSQL2()
{
    SQL_DATE_STRUCT stDate;
    SQLINTEGER lDate=0;

    // 문자열로 날짜 쓰기
    SQLExecDirect(hStmt, (SQLCHAR *)"update tblAddress set birth="
        "{d '1988-12-30'} where name='이승우'",SQL_NTS);

    // 구조체로 날자 쓰기
    SQLBindParameter(hStmt,1,SQL_PARAM_INPUT,SQL_C_TYPE_DATE,SQL_TYPE_DATE,
        0,0,&stDate,0,&lDate);
    stDate.year=2000;
    stDate.month=10;
    stDate.day=1;
    SQLExecDirect(hStmt,(SQLCHAR *)"update tblAddress set birth=? where "
        "name='박미영'",SQL_NTS);
    SQLFreeStmt(hStmt,SQL_UNBIND);

    // 오늘 날짜로 바꾸기
    SQLExecDirect(hStmt, (SQLCHAR *)"update tblAddress set birth="
        "{fn CURDATE()} where name='오광섭'",SQL_NTS);
```

```
    lstrcpy(Mes,"날짜를 변경했습니다");
    InvalidateRect(hWndMain,NULL,TRUE);

    return TRUE;
}

LRESULT CALLBACK WndProc(HWND hWnd,UINT iMessage,WPARAM wParam,LPARAM lParam)
{
    HDC hdc;
    PAINTSTRUCT ps;
    RECT rt;

    switch (iMessage) {
    case WM_CREATE:
        hWndMain=hWnd;
        if (DBConnect() == FALSE) {
            MessageBox(hWnd,"데이터 베이스에 연결할 수 없습니다","에러",MB_OK);
            return -1;
        }
        return 0;
        return 0;
    case WM_LBUTTONDOWN:
        DBExecuteSQL();
        return 0;
    case WM_RBUTTONDOWN:
        DBExecuteSQL2();
        return 0;
    case WM_PAINT:
        hdc=BeginPaint(hWnd, &ps);
        SetRect(&rt,10,10,500,300);
        DrawText(hdc,Mes,-1,&rt,0);
        EndPaint(hWnd, &ps);
        return 0;
    case WM_DESTROY:
        DBDisConnect();
        PostQuitMessage(0);
        return 0;
    }
    return(DefWindowProc(hWnd,iMessage,wParam,lParam));
}
```

함수 호출 결과만 간단하게 출력했다. 마우스 왼쪽 버튼을 누르면 날짜를 읽어오며 오른쪽 버튼을 누르면 날짜 필드를 갱신한다. 실행 모습은 다음과 같다.

like문

SQL에서 like문은 임의의 문자에 대해 검색할 때 사용하는 일종의 연산자이다. 예를 들어 like '김%'는 성이 김씨인 사람을 표현하는 검색식이며 like '_234'는 첫문자가 임의의 문자 하나이고 나머지는 234인 조건을 나타낸다. 마치 도스의 와일드 카드에 해당하는 검색식을 구성하는 연산자이며 %

기호가 복수 개의 문자에 대응되고 _기호가 임의의 한 문자에 대응된다. 다음 예제는 Address 데이터베이스에서 서울에 사는 사람의 목록을 조사한다.

예 제 : ODBCLike

```
BOOL DBExecuteSQL()
{
    HDC hdc;
    SQLCHAR Name[21];
    SQLINTEGER lName;
    TCHAR str[255]="서울에 사는 사람은 ";

    SQLBindCol(hStmt,1,SQL_C_CHAR,Name,sizeof(Name),&lName);

    // SQL문을 실행한다.
    if (SQLExecDirect(hStmt,(SQLCHAR *)"select name from tblAddress where "
        "addr like '서울%'",SQL_NTS) != SQL_SUCCESS) {
        return FALSE;
    }

    // 읽어온 데이터 출력
    hdc=GetDC(hWndMain);
    while(SQLFetch(hStmt)!=SQL_NO_DATA) {
        lstrcat(str,(TCHAR *)Name);
        lstrcat(str," ");
    };
    lstrcat(str,"입니다.");
    TextOut(hdc,10,10,str,lstrlen(str));
    ReleaseDC(hWndMain,hdc);

    if (hStmt) SQLCloseCursor(hStmt);
    return TRUE;
}
```

addr like '서울%'라는 조건을 주었으므로 뒤쪽 주소에는 상관없이 앞쪽만 서울인 모든 레코드를 가져온다. 실행 결과는 다음과 같다.

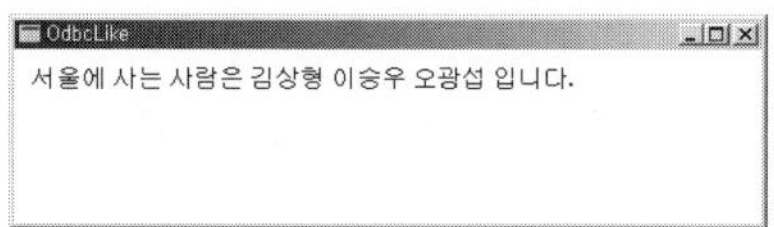

그런데 like문 내에 와일드 카드로 사용되는 %나 _가 포함되어 있다면 이 문자들은 어떻게 표현할까. 그냥 %나 _를 쓰면 와일드 카드와 구분이 되지 않는다. 그래서 %, _ 기호 앞에 이스케이프 문자를 먼저 써주는데 이스케이프 문자는 정해져 있지 않으며 임의의 문자를 확장열로 지정할 수 있다. 보통 \ 기호를 이스케이프 문자로 많이 사용한다. 다음 예는 앞에 임의의 문자가 오고 뒤쪽에 '50%'가 오는 문자열을 검색하는 검색식이다.

```
like sale '%50\%' {escape '\'}
```

'세일 50%', '150%', '오늘만 50%' 등의 필드들이 검색될 것이다. {escape '\'}는 \ 문자를 이스케이프 문자로 지정하는 역할을 하며 '%50\%'의 앞쪽 %는 와일드 카드이며 뒤쪽 %는 문자 그대로의 %를 가리킨다.

내장 프로시저 호출

내장 프로시저(Stored Procedure)는 DBMS에 미리 컴파일되어 있는 SQL명령의 집합이다. ODBC로 내장 프로시저를 호출할 때는 다음 확장열을 사용한다.

```
{[?=]call 프로시저(인수)}
```

call명령으로 프로시저를 호출하되 인수가 있을 경우 괄호 안에 인수 목록을 전달한다. 프로시저의 리턴값이 있으면 이 리턴값은 파라미터로 바인딩한 후 받아야 한다. 인수중에도 출력용 인수가 있으면 반드시 파라미터로 바인딩해야 한다. 프로시저에 디폴트 인수가 정의되어 있다면 인수를 생략하는 것도 가능하며 이 경우 DBMS가 미리 정의되어 있는 디폴트 인수를 적용한다. 내장 프로시저에 대한 자세한 사항은 별도의 DB 서적을 참고하기 바란다.

46-5-나. 진단 정보

모든 ODBC 함수들은 리턴값을 가지고 있으며 다른 종류의 함수들과 마찬가지로 함수의 실행 결과를 리턴한다. 리턴값의 타입은 거의 예외없이 SQLRETURN형으로 정해져 있다. 프로그래머는 견고한 프로그램을 작성하기 위해 이 리턴값을 잘 살펴보고 함수가 제대로 호출되었는지 항상 관심을 가져야 하며 리턴값이 에러를 보고할 경우 적절한 에러 처리도 해야 한다. 아무리 프로그램을 잘 작성하더라도 사용자의 실수에 의해 에러가 발생할 수도 있으므로 에러 처리는 절대 생략할 수 없다. ODBC 함수가 리턴하는 SQLREUTRN 값은 다음과 같은 종류가 있다. 디버깅중에는 실제값을 직접 비교해 봐야 하므로 매크로 상수의 실제값도 알아두는 것이 좋다.

에러	실제값	의미
SQL_SUCCESS	0	함수 호출이 성공적이었다.
SQL_SUCCESS_WITH_INFO	1	함수 호출은 성공했지만 경고가 발생했다. 이 경고는 경우에 따라 무시될 수도 있고 그렇지 않을 수도 있다.
SQL_ERROR	-1	일반적인 에러가 발생했다.
SQL_INVALID_HANDLE	-2	핸들이 무효하다. 이 에러는 100% 코드가 잘못된 것이므로 반드시 수정해야 한다. 실행중에 이 에러가 절대 발생하지 않아야 한다.
SQL_NO_DATA	100	더 이상 읽어올 데이터가 없다. 모든 레코드를 다 읽은 EOF 상황이다.
SQL_NEED_DATA	99	추가적인 정보가 필요하다. 실행중에 파라미터 데이터를 보내야 한다거나 더 상세한 접속 정보가 필요할 때 이 값이 리턴된다.
SQL_STILL_EXECUTING	2	함수가 비동기적으로 호출되었으며 아직 실행중이다.

지금까지 우리가 작성했던 예제들은 모두 이 리턴값을 살펴보고 함수 호출이 성공했는지를 점검하고 있다. 리턴값을 철저히 점검하는 정도의 처리만 해도 프로그램이 이상 동작을 한다거나 하는 일은 거의 없다. 그러나 좀 더 질높은 프로그램을 작성하려면 에러의 발생 유무뿐만 아니라 왜 에러가 발생했는지, 그리고 어떻게 하면 에러를 수정할 수 있는지도 알아내어 사용자에게 보고해야 한다. ODBC는 함수의 리턴값외에도 훨씬 더 정확한 정보를 리턴하기 위해 진단 정보(Diagnositcs Information)를 리턴하는데 진단 정보를 활용하면 에러의 종류와 발생 원인에 대해 정확하게 알 수 있다.

진단 정보는 특정 핸들에 대해 마지막으로 호출된 함수에 대한 정보이며 다른 함수가 호출되면 이 정보는 사라진다. 윈도우즈 API 함수 중 GetLastError 함수와 동일하다. 진단 정보는 레코드 형태로 리턴되며 헤더 레코드와 상태 레코드로 구성된다. 진단 레코드의 0번 레코드가 헤더 레코드인데 헤더 레코드(Header record)는 함수의 성공 유무에 상관없이 항상 리턴되며 함수 호출결과에 대한 추가 정보를 가진다. 이 정보에는 리턴 코드, 리턴된 레코드 개수, 상태 레코드의 개수, 실행된 명령의 종류 등이 포함되며 헤더 레코드 중 관심있는 필드가 있으면 SQLGetDiagField 함수로 읽을 수 있다.

상태 레코드(Status record)는 진단 레코드의 1번부터 차례대로 번호가 매겨지며 없을 수도 있고 복수 개가 있을 수도 있다. SQL 실행 후 경고나 에러가 발생했을 때 에러 메시지, 에러 코드 등의 정보들을 가진다. 함수가 SQL_SUCCESS외의 값을 리턴했다면 대부분의 경우 상태 레코드도 같이 리턴되며 상태 레코드를 읽음으로써 에러의 종류를 파악할 수 있다.

상태 레코드는 보통 한 개가 리턴되지만 여러 개의 에러가 동시에 발생했을 경우는 상태 레코드의 개수도 그만큼 리턴된다. 드라이버 관리자는 상태 정보의 심각성에 따라 상태 레코드를 배치하는데 에러-데이터 없음-경고 순으로 상태 레코드가 정렬된다. 어쨌든 리턴된 모든 상태 레코드를 읽으면 어떤 에러들이 발생했는지를 알 수 있다. 진단 레코드를 읽는 함수는 두 가지 종류가 있는데 첫 번째는 개별 필드를 읽을 수 있는 다음 함수이다.

SQLRETURN SQLGetDiagField(SQLSMALLINT HandleType, SQLHANDLE Handle, SQLSMALLINT RecNumber, SQLSMALLINT DiagIdentifier, SQLPOINTER DiagInfoPtr, SQLSMALLINT BufferLength, SQLSMALLINT *StringLengthPtr);

첫 번째 인수와 두 번째 인수는 핸들의 타입과 핸들을 지정한다. 명령핸들이나 연결핸들이 주로 전달될 것이다. RecNumber는 진단 레코드의 번호인데 0이면 헤더 레코드를 지정하며 1이상이면 상태 레코드를 지정한다. DiagIdentifier는 읽고자 하는 필드의 이름인데 이 인수의 값에 대해서는 레퍼런스를 참조하기 바란다. 나머지 인수는 정보를 돌려받기 위한 출력용 변수인데 읽을 필드에 따라 리턴되는 정보는 달라진다. 다음 호출문은 hStmt 명령핸들에서 0번 레코드, 즉 헤더 레코드에서 상태 레코드의 개수 필드를 읽어 Num변수에 대입한다.

```
SQLGetDiagField(SQL_HANDLE_STMT, hStmt,0,SQL_DIAG_NUMBER,&Num,0,&Len);
```

SQLGetDiagField는 헤더 레코드의 정보를 읽어야 할 경우에만 가끔 사용되며 잘 사용되지 않는다. 다음은 진단 레코드 전체를 읽는 함수에 대해 알아보자. 이 함수가 진단 레코드를 읽기 위해 많이 사용되는 함수이다.

SQLRETURN SQLGetDiagRec(SQLSMALLINT HandleType, SQLHANDLE Handle, SQLSMALLINT RecNumber, SQLCHAR *Sqlstate, SQLINTEGER *NativeErrorPtr, SQLCHAR *MessageText, SQLSMALLINT BufferLength, SQLSMALLINT *TextLengthPtr);

세 번째 인수까지는 SQLGetDiagField와 동일하다. 이 함수는 RecNumber가 지정하는 레코드의 모든 필드를 한꺼번에 읽는다. 단 이 함수는 헤더 레코드에는 사용할 수 없으며 상태 레코드만 읽을 수 있다. 그래서 RecNumber는 1이상이어야 한다. 나머지 5개의 변수는 상태 레코드의 결과를 리턴받기 위한 변수들이다. 각 변수별로 의미를 알아보자.

SQLSTATE

다섯 자로 된 문자열로 구성되어 있으며 에러나 경고가 발생한 원인에 대한 일종의 코드에 해당된다. SQLSTATE의 값은 굉장히 많은 종류가 있으며 함수에 따라 리턴할 수 있는 SQLSTATE의 종류는 정해져 있다. 몇 가지 대표적인 예를 보자.

SQLSTATE	설명
01000	일반적인 에러
01004	문자열의 오른쪽이 잘렸다. 바인딩된 버퍼의 길이가 짧을 때 발생한다.
01S02	옵션값이 변경되었다.
22003	숫자값이 범위를 넘었다.
42000	문법 에러 또는 액세스 위반
42S02	테이블 또는 뷰가 존재하지 않는다.
HY000	일반적인 에러
HYC00	옵션으로 제공되는 기능이 구현되어 있지 않다.
HYT00	제한 시간 초과

레퍼런스에는 모든 SQLSTATE값이 설명되어 있으며 어떤 함수들에 의해 SQLSTATE가 리턴될 수 있는가도 정리되어 있다. 데이터 베이스 제어에서 발생할 수 있는 에러는 무수히 많으며 그래서 SQLSTATE값도 수백 가지나 정의되어 있다. 이 코드는 어디까지나 참고 정보이므로 에러가 발생했을 때 레퍼런스를 뒤져보면 된다. 외울려고 노력할 필요가 전혀 없다. SQLSTATE보다 더 상세하고 친절한 메시지 문자열이 실용적이다.

SQLSTATE값의 종류가 많기 때문에 모든 드라이버들이 이 진단 정보를 제대로 리턴하는 것은 아니다. 따라서 SQLSTATE로 에러 처리를 하는 것은 호환성에도 불리하다. SQLSTATE는 어디까지나 ODBC 스펙에 포함된 권고 사항일 뿐이며 이 에러 코드를 제대로 리턴할 것인가 아닌가는 드라이버를 만드는 사람의 능력과 마음에 달려 있다.

NativeError

말 그대로 고유 에러 코드이다. DBMS가 리턴하는 에러 코드를 그대로 리턴하는데 이 코드의 의미는 DBMS마다 다르므로 호환성을 유지하기 위해서는 이 코드를 사용하지 말아야 한다. 그러나 DBMS가 직접 리턴하는 에러 코드이기 때문에 가장 정확하므로 디버깅중에 참고 정보로 사용하기에는 가장 좋다.

MessageText

에러가 발생한 원인을 말로 설명하는 메시지 문자열이다. "테이블이 없네요", "컬럼 이름이 틀렸어", "무슨 말인지 하나도 모르겠다" 같은 바로 읽을 수 있는 친근한 포맷으로 되어 있다. 에러의 종류를 판단할 필요없이 사용자에게 에러 사실을 보여주기만 한다면 가장 쓸 만한 진단 정보이다. 이 메시지에는 에러 발생 원인뿐만 아니라 데이터 소스의 종류, 제공자 등에 대한 정보까지 포함되어 있다.

예 제 : Diagnostics

그럼 이제 복잡한 진단 레코드의 구조는 대충 이해만 해 두고 실제 코드를 작성해 보자. 구조는 복잡하지만 코드로 작성해 보면 별것도 아니다. OdbcApi2 예제를 그대로 복사해 DBExecuteSQL 함수내의 쿼리문을 다음과 같이 수정해 보자.

```
select name,price,korean from tblCigar2
```

존재하지 않는 테이블을 지정했으므로 당연히 에러가 발생하며 SQL_ERROR가 리턴될 것이다. 이 경우 OdbcApi2예제에서는 return FALSE로 실행을 포기하고 리턴했지만 이 코드를 수정해서 진단 정보를 출력해 보자. 코드는 다음과 같다.

```
SQLRETURN ret;
int iDiag;
SQLINTEGER NativeError;
SQLCHAR SqlState[6], Msg[255];
SQLSMALLINT MsgLen;
TCHAR Mes[1024];
ret=SQLExecDirect(hStmt,(SQLCHAR *)"select name,price,korean from tblCigar2",SQL_NTS);
if ((ret != SQL_SUCCESS) && (ret != SQL_SUCCESS_WITH_INFO)) {
    SQLGetDiagField(SQL_HANDLE_STMT, hStmt,0,SQL_DIAG_NUMBER,&iDiag,0,&MsgLen);
    wsprintf(Mes,"상태 레코드의 개수 = %d",iDiag);
    MessageBox(hWndMain,Mes,"진단 정보",MB_OK);

    for (iDiag=1;;iDiag++) {
        ret=SQLGetDiagRec(SQL_HANDLE_STMT, hStmt, iDiag, SqlState,
            &NativeError, Msg, sizeof(Msg), &MsgLen);
        if (ret==SQL_NO_DATA)
            break;
        wsprintf(Mes, "SQLSTATE:%s, NativeError:%d, 진단정보:%s",
            (LPCTSTR)SqlState,NativeError, (LPCTSTR)Msg);
        MessageBox(hWndMain,Mes,"진단 정보",MB_OK);
    }
    return FALSE;
}
```

진단 레코드를 읽는 함수들이 참조 호출을 많이 사용하기 때문에 변수 선언문이 많아졌다. SQL문이 성공하지 못했을 경우 진단 정보를 출력하는데 우선 SQLGetDiagField 함수로 헤더 레코드의 상태 레코드 개수 필드를 읽어 출력했다. 실제 이 정보는 별로 유용하지 않지만 헤더 레코드를 읽는 시범을 보이기 위해 삽입된 것이다. 상태 레코드는 개수를 조사할 필요없이 EOF를 만날 때까지 반복적으로 조사하기만 하면 된다.

iDiag에 1을 대입하고 SQLGetDiagRec 함수로 1번 상태 레코드를 읽었다. SQLSTATE와 NativeError, 메시지 텍스트 등이 조사될 것이다. 조사된 진단 정보를 적당히 보기 좋게 조립해서 문자열로 만들어 메시지 박스로 출력하기만 했다. 이 과정은 SQLGetDiagRec가 SQL_NO_DATA를 리턴할 때까지, 즉 모든 상태 레코드를 다 보여줄 때까지 반복된다. 출력된 메시지는 다음과 같다.

메시지가 비교적 상세하게 리턴되기 때문에 이 정보를 그대로 사용자에게 출력해도 별 지장이 없다. 게다가 친절하게 한글로 번역까지 되어 있다. 만약 에러 종류에 따라 특정 동작을 하고 싶다면 SQLSTATE값으로 에러를 판별해서 에러를 수정할 수도 있을 것이나 그렇게 하자면 거대한 switch문이 만들어질 것이다.

실제 프로그래밍에서는 진단 정보가 실행중에 보여서는 안 되기 때문에 이 정보는 사실 최종 사용자를 위한 것이라기 보다는 개발중에 잘못된 코드를 잡아내기 위한 개발자용이라고 할 수 있다. 진단 레코드의 구조는 복잡하지만 잠시 후에 좀 더 쓰기 편리하고 간단한 진단 출력 함수를 소개할 것이다.

46-5-다. ODBC 배포

ODBC 라이브러리를 사용해서 만든 프로그램은 실행 파일만 배포해서는 안 되며 관련 요소를 같이 배포해야 한다. 실행 파일만 달랑 배포했다가는 다른 컴퓨터에서는 전혀 실행되지 않을 수도 있다. 이때 배포의 대상은 ODBC 라이브러리와 접속한 DBMS의 드라이버, 그리고 DB 데이터 파일, DSN 설정 따위가 포함되며 실행 파일과 그 부속 파일도 당연히 배포의 대상이다. ODBC를 구성하는 요소가 무척 많기 때문에 배포 작업도 결코 만만한 것이 아니다.

ODBC에는 관련 라이브러리를 설치하는 API 함수들이 존재하며 이 API를 사용하면 최소한의 필요한 요소만 설치할 수 있다는 장점이 있다. 그러나 예상하다시피 이 API는 무척 복잡하며 작업하기도 쉽지 않을 뿐만 아니라 ODBC를 위한 환경을 만들 뿐 실제로 ODBC 요소 파일을 복사하는 것은 아니며 파일 복사는 별도로 리스트를 만들어서 직접 해야 한다. 이 책에서는 설치 API에 대해 다루지 않으므로 이 API가 필요한 사람들은 레퍼런스를 참조하기 바라되 별로 권하고 싶지 않다.

현실적으로 ODBC를 설치 API로 배포하는 경우는 무척 드물다. 근본적인 이유는 설치 API만으로 배포본을 만들기가 너무 어렵고 또한 모든 경우에 다 적용되는 범용적인 설치 프로그램을 만들기도 쉽지 않기 때문이다. 그래서 보통은 마이크로소프트에서 제공하는 MDAC 모듈을 통째로 같이 배포하는데 이 모듈에는 ODBC뿐만 아니라 OLE DB, ADO 등도 포함되어 있어 불필요하게 같이 배포되는 파일이 많다. 그 크기가 7M 가량되므로 디스켓으로는 배포하기 어렵다. 그러나 모든 관련 파일을 다 복사하고 환경까지 만들어 주므로 가장 확실하고 쉬운 방법이기도 하다.

MDAC은 마이크로소프트 사이트에 항상 최신 버전이 공개되어 있으므로 구하기도 쉬운 편이다. ODBC 설치 API를 직접 공부할 자신이 없다면 MDAC을 배포하는 방법을 택하는 것이 가장 속편하다. 참고로 윈도우즈 98SE 이후 버전에는 ODBC가 기본적으로 설치되므로 MDAC을 배포하지 않아도 되며 윈도우즈 95와 오리지널 98에는 배포해야 한다. DB 데이터 파일의 경우 액세스같은 파일은 프로그램과 함께 복사하면 되므로 비교적 간단하다. SQL 서버나 오라클 같은 R-DB는 SQL 생성 스크립트를 배포하거나 아니면 설치 프로그램에서 스크립트를 실행해서 기본적인 DB 데이터를 만들어야 한다.

가장 큰 문제는 DSN 환경 설정을 하는 것인데 DSN을 사용하는 프로그램은 DSN이 없으면 당연히 실행되지 않을 것이다. DSN을 설정하는 API도 존재하지만 이 역시 무척 까다롭다. 왜냐하면 DSN은 드라이버에 따라 설정하는 방법이 다르며 심지어는 운영체제에 따라서도 달라지기 때문이다. 윈도우즈는 이런 설정 정보를 레지스트리에 저장하지만 모든 운영체제가 레지스트리를 가지는 것은 아니기 때문이다.

그래서 여기서는 윈도우즈 환경에서 SQL 서버를 예로 들어 DSN을 생성하는 방법에 대해서만 알아보기로 하자. ODBC DSN은 레지스트리에 기록되며 레지스트리에 값을 만듦으로써 생성할 수 있다. 레지스트리에 어떤 값이 어떻게 기록되는지 연구해 보자. ODBC관련 정보는 Software/ODBC 서브키 아래에 저장되는데 HKEY_CURRENT_USER 아래와 HKEY_LOCAL_MACHINE 아래에 각각 한 벌씩 있다.

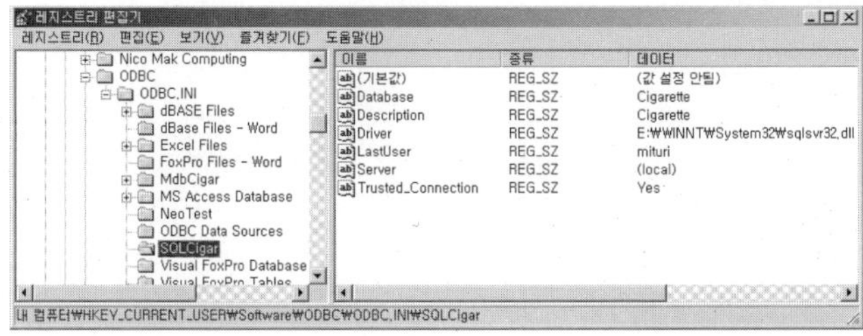

DSN 정보가 어디에 있는가에 따라 사용자 DSN 또는 시스템 DSN이 되는 차이점이 있으며 구조는 동일하다. ODBC Data Sources 서브키에는 정의된 DSN의 목록이 있으며 이 목록의 값(Value)은 DSN의 이름이며 데이터는 DBMS의 이름이 기록된다. 각 DSN은 ODBC 서브키 아래에 DSN이름으로 서브키를 구성하고 DSN 이름 서브키에는 해당 DSN에 관련된 정보들이 기록되어 있다. DSN을 구성하는 정보중 반드시 필요한 것은 Driver값밖에 없으며 나머지 정보는 드라이버에 따라 달라진다. SQL 서버의 경우는 Database, Server 등의 정보가 반드시 있어야 한다. 다음 예제는 SQLCigar라는 SQL 서버용의 DSN을 생성하는 예를 보인 것이다.

예 제 : MakeDsn

```
// SQL 서버용의 DSN을 작성한다.
void MakeSQLDsn(HKEY key, TCHAR *Dsn, TCHAR *Server, TCHAR *DB)
{
    TCHAR szDriver[MAX_PATH];
    TCHAR szRegPath[MAX_PATH];

    // 드라이버의 경로와 DSN기록을 위한 레지스트리 경로를 조사한다.
    GetSystemDirectory(szDriver,MAX_PATH);
    lstrcat(szDriver,"\\sqlsvr32.dll");
    wsprintf(szRegPath,"Software\\Odbc\\Odbc.ini\\%s",Dsn);

    // DSN 이름을 등록한다.
    SHRegWriteString(key, "Software\\Odbc\\Odbc.ini\\Odbc Data Sources",
        Dsn,"SQL Server");

    // DSN 정보를 레지스트리에 기록한다.
    SHRegWriteString(key, szRegPath,"DataBase",DB);
    SHRegWriteString(key, szRegPath,"Description",DB);
    SHRegWriteString(key, szRegPath,"Driver",szDriver);
    SHRegWriteString(key, szRegPath,"Server",Server);
}

LRESULT CALLBACK WndProc(HWND hWnd,UINT iMessage,WPARAM wParam,LPARAM lParam)
{
    HDC hdc;
    PAINTSTRUCT ps;
    TCHAR *Mes="왼쪽 마우스 버튼을 누르면 SQLCigar DSN을 생성합니다.";
    switch (iMessage) {
    case WM_LBUTTONDOWN:
        MakeSQLDsn(HKEY_CURRENT_USER, "SQLCigar","(local)","Cigarette");
        MessageBox(hWnd,"DSN을 생성했습니다","알림",MB_OK);
        return 0;
    case WM_PAINT:
        hdc=BeginPaint(hWnd, &ps);
        TextOut(hdc,50,50,Mes,lstrlen(Mes));
        EndPaint(hWnd, &ps);
        return 0;
    case WM_DESTROY:
        PostQuitMessage(0);
        return 0;
    }
    return(DefWindowProc(hWnd,iMessage,wParam,lParam));
}
```

MakeSQLDsn 함수가 DSN 설정에 필요한 레지스트리 항목을 만드는데 어떤 위치에 어떤 값을 써넣는가는 직접 소스를 분석해 보기 바란다. 이 예제를 여러 번 실행해 보면서 레지스트리의 변화를 관찰해 보면 DSN정보가 어떻게 구성되는지 알 수 있을 것이다. ODBC 제어판에서 SQLCigar DSN을 삭제한 후 이 예제로 다시 DSN을 생성하고 OdbcConnect 예제를 실행해 보면 잘 접속될 것이다.

46-6 CQuery 클래스

46-6-가. 클래스 소개

ODBC는 다른 과목에 비해서 별로 어렵지는 않다. 데이터 베이스에 대한 기본 개념이 있고 C언어만 좀 할 수 있다면 쉽게 실무에 사용할 수 있는 과목이다. 그러나 배우기는 쉽지만 사용하기는 다소 불편한 것이 사실이다. SQL문을 실행하기 전에 파라미터를 준비해야 하고 결과값을 받기 위해 읽어올 개수만큼 컬럼을 미리 바인딩해 두어야 하고 실행 후에는 바인딩된 변수를 읽어야 한다. 또한 참조 호출을 많이 사용하기 때문에 SQL실행을 위해 많은 변수들을 선언해야 하며 따라서 코드양도 많아지고 변수 이름을 정하는 것도 무척 번거롭다.

델파이나 비주얼 베이직 같은 고급 툴과 비교해 본다면 부피는 엄청나게 작고 속도는 유사하되 사용 편이성 면에서는 낙제점이다. 최소한의 의사 표현만으로 원하는 DB제어가 가능해야 하는데 ODBC는 그렇지가 못하다. 그래서 직접 ODBC API를 사용하는 경우는 무척 드물며 자신에게 맞게 포장해서 사용하거나 아니며 이미 포장되어 있는 MFC같은 라이브러리를 활용한다. 이렇게 복잡하고 번거로운 과정이 많을 때는 C++ 클래스로 모듈화해 쓰는 것이 아주 좋은 대안이다. 내부적인 처리는 클래스에 모두 숨겨두고 꼭 필요한 인터페이스만 공개해 두면 대단히 편리하다.

이런 목적으로 CQuery클래스를 작성했으며 실무에도 사용한 바 있다. 비교적 규모가 큰 프로젝트였는데도 이 클래스로 충분히 DB제어가 가능했었다. 이 클래스의 특징 및 한계는 다음과 같다.

① 순수한 ODBC API만을 사용했으므로 API 프로젝트나 MFC 프로젝트에 모두 사용할 수 있다. 원할 경우 라이브러리 형태로 만들어 C외의 언어에도 사용할 수 있을 것이다.

② SQLDriverConnect, SQLConnect 함수로 각각 DB와 연결할 수 있으며 파일 DSN도 사용할 수 있다. 환경 핸들 할당 및 속성 설정 등을 생성자에서 수행하므로 Connect 함수만으로 간단하게 DB에 연결된다. 연결 해제 코드는 파괴자에 모두 작성되어 있으므로 해제에는 신경쓸 필요가 없다.

③ 변수 바인딩은 SQL문 실행시에 자동으로 하므로 바인딩을 미리 할 필요없이 곧바로 SQL문을 실행할 수 있다. 최대 100개까지의 컬럼을 읽을 수 있다.

④ SQL문 실행 후에 결과값은 컬럼 이름으로 편리하게 읽을 수 있다. 또는 속도를 높이고 싶다면 컬럼 번호로도 읽을 수 있다. 그러나 사용해 본 결과 이름을 사용하는 것이 훨씬 편리하다.

⑤ 하나의 값만 읽어올 경우라면 함수 호출 하나로 필드값을 읽어올 수 있어 대단히 편리하다.

⑥ 블랍 데이터를 입출력할 수 있어 다소 규모가 큰 프로젝트에도 활용할 수 있다.

⑦ 에러 발생시 진단 정보를 보여준다. 진단 정보는 일종의 Assert문이므로 릴리즈에서는 절대 발생하지 않아야 하며 디버깅 정보로만 사용해야 한다.

⑧ 전진 전용 커서를 사용하므로 이미 읽어온 레코드는 새로 쿼리를 실행하지 않는 한 다시 읽을 수 없다. 이는 실제 실무에서는 그리 큰 문제가 되지 않는다.

물론 이 클래스는 ODBC의 모든 기능을 다 포함하고 있지 않으며 완벽하지도 않다. 부족한 면이 있다면 직접 소스를 고쳐서 사용하거나 아니면 ODBC API와 병행해서 사용하기 바란다. CQuery의 전체 소스는 다음과 같다. 헤더 파일 하나와 CPP 파일 하나로 되어 있으므로 다른 프로젝트에 재사용하기는 아주 쉬울 것이다. 이 클래스는 사용하는 것이 목적이므로 소스 자체는 분석하지 않기로 한다. 앞에서 이미 다 설명한 것들이므로 복습하는 의미에서 직접 분석해 보기 바란다.

예 제 : CQuery.h

```
#include <sql.h>
#include <sqlext.h>

class CQuery
{
public:
    // 최대 컬럼수, BLOB 입출력 단위, NULL 필드값
    enum { MAXCOL=100, BLOBBATCH=10000, CQUERYNULL=-100, CQUERYEOF=-101,
        CQUERYNOCOL=-102, CQUERYERROR=-103 };
private:
    SQLHENV hEnv;                       // 환경 핸들
    SQLHDBC hDbc;                       // 연결 핸들
    SQLRETURN ret;                      // 최후 실행한 SQL문의 결과값
    TCHAR Col[MAXCOL][255];                 // 바인딩될 컬럼 정보

    int FindCol(TCHAR *name);           // 컬럼의 이름으로부터 번호를 찾아준다.

public:
    SQLINTEGER AffectCount;                 // 영향받은 레코드 개수
    SQLHSTMT hStmt;                         // 명령 핸들. 직접 사용 가능
    SQLSMALLINT nCol;                   // 컬럼 개수
    SQLCHAR ColName[MAXCOL][50];            // 컬럼의 이름들
    SQLINTEGER lCol[MAXCOL];                // 컬럼의 길이/상태 정보

    void PrintDiag();                   // 진단 정보 출력
    CQuery();                           // 생성자
    ~CQuery();                          // 파괴자:연결 핸들을 해제한다.
    // 데이터 소스에 연결한다.
    BOOL Connect(int Type, TCHAR *ConStr, TCHAR *UID=NULL, TCHAR *PWD=NULL);
    BOOL Exec(LPCTSTR szSQL);               // SQL문을 실행한다.
    int ExecGetInt(LPCTSTR szSQL);          // SQL문을 실행하고 첫번째 컬럼의 정수 읽음
    // SQL문을 실행하고 첫번째 컬럼의 문자열 읽음
    void ExecGetStr(LPCTSTR szSQL, TCHAR *buf);
    SQLRETURN Fetch();                  // 한 행 가져오기
    void Clear();                       // 커서 해제 및 언 바인딩
    int GetInt(int nCol);               // 정수형 컬럼 읽기
    int GetInt(TCHAR *sCol);            // 정수형 컬럼 읽기
    void GetStr(int nCol, TCHAR *buf);      // 문자열형 컬럼 읽기
    void GetStr(TCHAR *sCol, TCHAR *buf);// 문자열형 컬럼 읽기
    int ReadBlob(LPCTSTR szSQL, void *buf);
    void WriteBlob(LPCTSTR szSQL, void *buf, int size);
};
```

다음은 구현 파일의 소스이되 길이가 길므로 덤프는 생략했다.

예 제 : CQuery.cpp

```
======== 소스 생략 ========
```

소스 선두에 보면 #include 문이 두 벌 있는데 API에서 사용할 경우와 MFC에서 사용할 경우 각각 적당한 헤더 파일을 포함하면 된다. MFC에서도 stdafx.h를 인클루드하면 사용할 수 있다.

46-6-나. 연결

CQuery로 DB를 액세스하는 실습을 해 보자. 클래스의 소스가 공개되어 있고 지금까지 ODBC에 대해서 계속 공부를 해 왔으므로 코드에 대한 구체적인 분석은 가급적 생략하고 요약적으로 설명한다. 다음 소스는 OdbcApi1과 똑같은 기능을 하는 CQuery 클래스 예제이다. 즉 액세스 DB에서 데이터를 읽어 화면에 뿌리는 기능만 가지고 있다.

예 제 : CQuery1

```
#include "CQuery.h"
CQuery qry;
LRESULT CALLBACK WndProc(HWND hWnd,UINT iMessage,WPARAM wParam,LPARAM lParam)
{
    HDC hdc;
    PAINTSTRUCT ps;
    TCHAR Name[21];
    int arTab[2]={200,400};
    TCHAR str[255];
    int y;

    switch (iMessage) {
    case WM_CREATE:
        qry.Connect(1,"cigarette.mdb");
        return 0;
    case WM_PAINT:
        hdc=BeginPaint(hWnd, &ps);
        y=0;
        qry.Exec("select name,price,korean from tblCigar");
        while (qry.Fetch()!=SQL_NO_DATA) {
            qry.GetStr("name",Name);
            wsprintf(str,"이름:%s\t가격:%d\t국산:%s",Name,qry.GetInt("price"),
                (qry.GetInt("korean")==1 ? "예":"아니오"));
            TabbedTextOut(hdc,10,y*20,str,lstrlen(str),2,arTab,0);
            y++;
        }
        qry.Clear();
        EndPaint(hWnd, &ps);
        return 0;
    case WM_DESTROY:
        PostQuitMessage(0);
        return 0;
    }
    return(DefWindowProc(hWnd,iMessage,wParam,lParam));
}
```

화면 출력문이 복잡해서 그렇지 소스가 훨씬 더 짧아지고 읽기에도 깔끔해졌다. 실행 모습은 OdbcApi1예제와 동일하다.

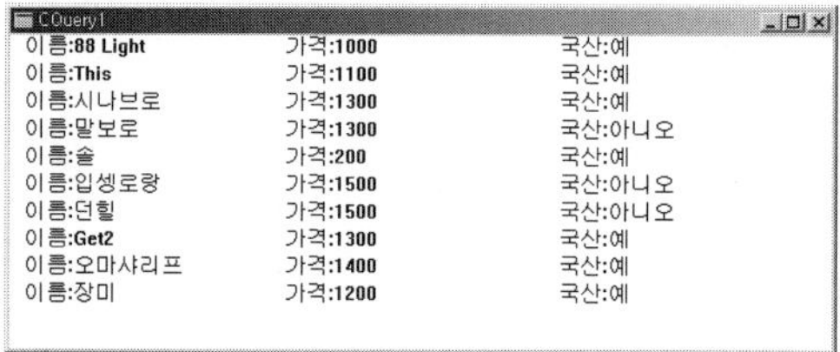

일단 CQuery 클래스로 데이터 소스에 연결하는 방법에 대해 알아보자. 데이터 소스에 연결할 때는 Connect 멤버를 사용하는데 세 가지 연결 방법을 지원한다.

```
BOOL Connect(int Type, char *ConStr, char *UID=NULL, char *PWD=NULL);
```

첫 번째 인수 Type이 연결 형태를 지정하며 나머지 인수들은 연결 형태에 따른 접속 정보들이다.

연결형태	설명
1	액세스 파일인 MDB에 직접 연결한다. 경로 생략시 현재 디렉토리에서 MDB 파일을 찾으므로 별도의 설정없이 데이터 소스에 연결할 때 가장 편리하다. ConStr에 MDB 파일의 경로를 지정하며 나머지 인수는 사용하지 않는다.
2	FileDsn을 사용하여 MDB에 연결한다. 복잡한 설정 정보가 필요할 때 적합한 방법이다. ConStr에 DSN 파일의 완전 경로를 지정해 준다.
3	SQLConnect 함수로 DSN에 직접 연결한다. DSN에 접속하기 위한 사용자 ID와 패스워드를 전달해야 한다.

이 세 가지 연결 타입을 적절히 활용하면 대부분의 데이터 소스에 연결할 수 있을 것이되 만약 특수한 형태의 연결이 필요하다면 타입을 더 늘리면 된다. 예제에서는 1번 타입으로 Cigarette.mdb에 연결했는데 타입을 바꿔가며 연결해 보기 바란다. 예제의 소스에는 세 가지 연결 타입에 대한 코드가 모두 작성되어 있으므로 주석을 바꿔가며 테스트해 볼 수 있다.

```
case WM_CREATE:
    qry.Connect(1,"cigarette.mdb");
    //qry.Connect(2,"FileMdb.dsn");
    //qry.Connect(3,"SQLCigar","sa","");
```

이 예제에서는 CQuery객체 qry를 전역변수로 선언했으며 프로그램이 초기화될 때 Connect 함수로 데이터 소스에 연결했다. 그래서 프로그램의 어느 곳에서나 qry객체로 DB 제어가 가능하다. 데이터 소스와의 연결을 해제하는 작업은 CQuery의 파괴자에서 알아서 하므로 별도로 코드를 작성할 필요가 없다.

46-6-다. 데이터 읽기

예 제 : CQuery2

다음은 CQuery 클래스로 DB의 데이터를 읽어오는 CQuery2예제를 분석해 보자. 다양한 형태의 읽기 코드가 작성되어 있다. SQL명령을 실행할 때는 다음 함수로 SQL 명령 문자열만 인수로 전달하면 된다.

void Exec(LPCTSTR szSQL);

SQLCHAR형으로 캐스팅할 필요도 없고 함수 호출 전에 바인딩을 할 필요도 없다. Exec함수 내부에서 필요한 컬럼수만큼 바인딩을 수행하며 에러 처리까지 되어 있기 때문이다. 만약 에러가 발생하면 진단 메시지를 출력하는 일도 이 함수 내부에서 처리한다. 이 함수 하나로 모든 종류의 SQL명령을 실행할 수 있다. insert, update, delete 등의 함수는 결과셋이 없으므로 Exec호출만으로 실행되며 select문은 실행 후에 결과셋을 읽어야 한다. 결과셋을 읽을 때는 다음 함수를 사용한다.

SQLRETURN Fetch();

이 함수는 결과셋에서 다음 레코드를 읽고 더 이상 읽을 레코드가 없을 때 SQL_NO_DATA를 리턴한다. 읽어온 결과셋에서 필드값을 읽을 때는 정수형과 문자열형으로 각각 읽을 수 있다.

정수값 읽기

정수형 데이터를 읽을 때는 GetInt 함수를 사용한다.

```
qry.Exec("select price from tblCigar where name='this'");
qry.Fetch();
iResult=qry.GetInt(1);
qry.Clear();
wsprintf(szResult,"This의 가격=%d",iResult);
```

tblCigar 테이블에서 price 필드를 읽는 코드이다. GetInt 함수는 다음과 같이 중복 정의되어 있다.

int GetInt(int nCol);
int GetInt(char *sCol);

읽고자 하는 필드의 번호를 지정할 수도 있고 필드의 이름을 직접 지정할 수도 있다. 필드 번호는 select문에 나타나는 순서대로 붙여지며 첫 번째 필드가 1번이 된다. select price... 로 price 필드를 읽었으므로 이 필드는 GetInt(1)로 읽을 수도 있고 GetInt("price")로 읽을 수도 있다. 대개의 경우는 필드의 이름을 읽는 것이 훨씬 더 편리하며 실수를 줄일 수도 있다. 예를 들어 다음 코드를 보자.

```
select Num1, Num2 ....
```

이 쿼리문에서 Num2를 읽을 때는 GetInt(2)나 GetInt("Num2")로 읽을 수 있는데 만약 쿼리문을 select ID, Num1, Num2로 변경한 경우 GetInt("Num2")는 그대로 쓸 수 있지만 GetInt(2)는 필드 번호를 변경해야 하므로 번거롭다. 특히 이런 경우는 select * from table과 같이 *로 모든 필드를 읽을 때 빈번하게 발생한다. 필드 번호를 지정하는 것이 속도는 조금 빠르지만 가급적이면 읽고자 하는 필드의 이름을 직접 지정하는 것이 더 좋다. 필드의 값을 다 읽은 후에는 Clear 함수로 반드시 바인딩을 풀어야 한다. 만약 Clear 함수 호출을 실수로 생략하면 "커서 상태가 잘못되었습니다"라는 진단 메시지를 받게 된다.

이 진단 메시지는 CQuery클래스를 사용하는 중에 가장 흔하게 받는데 거의 예외없이 Clear문을 빼

먹은 것이다. 하나의 CQuery객체를 프로그램의 여러 곳에서 같이 사용하므로 자원해제에 각별히 신경을 써야 한다. 잘 알아두자.

문자열 읽기

문자열을 읽는 함수는 GetStr인데 마찬가지로 필드 번호로 지정하는 것과 필드 이름으로 지정하는 두 종류가 중복 정의되어 있다.

```
void GetStr(int nCol, char *buf);
void GetStr(char *sCol, char *buf);
```

읽고자 하는 필드 외에 리턴 문자열을 대입받을 버퍼의 포인터를 전달해야 한다. 주의할 것은 버퍼의 길이 점검을 하지 않으므로 버퍼는 항상 충분한 길이로 할당해야 한다는 점이다. 일반적으로 255자 정도의 길이면 충분하다. 다음은 name필드를 읽는 코드이다.

```
qry.Exec("select name from tblCigar where price=1200");
qry.Fetch();
qry.GetStr("name",szTmp);
qry.Clear();
wsprintf(szResult, "가격이 1200원인 담배=%s",szTmp);
```

GetStr 함수로 name필드 값을 읽어 szTmp 버퍼에 복사하였다. GetStr(1,szTmp)라고 호출해도 결과는 동일하다.

순회

복수 개의 레코드를 순회할 때는 Fetch멤버 함수의 리턴값을 사용한다. 이 함수는 더 이상 읽을 레코드가 없을 때 SQL_NO_DATA를 리턴하므로 이 값을 리턴할 때까지 while문으로 레코드를 순회할 수 있다. 다음 코드는 CQuery1에서 레코드를 모두 읽을 때 사용한 코드이다.

```
y=0;
qry.Exec("select name,price,korean from tblCigar");
while (qry.Fetch()!=SQL_NO_DATA) {
    qry.GetStr("name",Name);
    wsprintf(str,"이름:%s\t가격:%d\t국산:%s",Name,qry.GetInt("price"),
        (qry.GetInt("korean")==1 ? "예":"아니오"));
    TabbedTextOut(hdc,10,y*20,str,lstrlen(str),2,arTab,0);
    y++;
}
qry.Clear();
```

출력문이 많이 복잡해 보이는데 좀 더 일반적으로 정의해 보면 다음과 같이 간단해진다. 순회가 끝난 후에 Clear함수를 반드시 호출해야 함을 유의하자.

```
qry.exec(SQL문)
while (qry.Fetch() != SQL_NO_DATA) {
    // 데이터 읽음
}
qry.Clear();
```

정수값 하나만 읽기

정수값 하나만 읽을 때는 복잡하게 Exec, Fetch, GetInt, Clear 과정을 밟을 필요없이 다음 함수 호출로 간단하게 값을 읽을 수 있다.

int ExecGetInt(LPCTSTR szSQL);

이 함수 내부에서 필요한 모든 처리를 다 한 후 결과값인 정수를 리턴하므로 아주 편리하다. szSQL문은 대개 하나의 정수값만을 리턴하는 문장이겠지만 만약 복수 레코드의 복수 필드를 리턴하는 문장이라면 첫 번째 레코드의 첫 번째 필드값이 읽혀진다. 다음은 단 한 줄로 price 필드를 조사하는 코드이다.

```
iResult=qry.ExecGetInt("select price from tblCigar where name='this'");
wsprintf(szResult,"This의 가격=%d",iResult);
```

문자열 하나만 읽기

정수와 마찬가지로 문자열 하나만을 읽을 때는 다음 함수를 사용한다.

void ExecGetStr(LPCTSTR szSQL, TCHAR *buf);

SQL문과 리턴될 문자열을 대입받을 버퍼만 제공하면 된다. 다음은 예제 코드이다.

```
qry.ExecGetStr("select name from tblCigar where price=1200",szTmp);
wsprintf(szResult, "가격이 1200원인 담배=%s",szTmp);
```

계산 함수 사용하기

계산 함수는 필드의 이름이 없기 때문에 보통 앨리어스를 주어야 읽을 수 있지만 ExecGetInt 함수를 사용하면 첫 번째 필드를 읽으므로 쉽게 계산 결과를 읽을 수 있다.

```
wsprintf(szResult,"가격이 1300원인 담배 개수는 %d개이다.",
    qry.ExecGetInt("select count(*) from tblCigar where price=1300"));
```

진단 정보 얻기

에러 발생시 진단 정보를 보여주는 코드는 Exec 함수 내부에 작성되어 있다. PrintDiag 멤버 함수에서 명령 핸들에 대해 진단 정보를 보여주므로 단순히 진단 정보를 출력하기만 한다면 더 이상 신경쓰지 않아도 된다. 다음 코드는 고의로 에러를 유발시켜 진단 정보가 출력되도록 한 것이다.

```
wsprintf(szResult,"가격이 1300원인 담배 개수는 %d개이다.",
qry.ExecGetInt("select count(*) from tblNoTable where price=1300"));
```

또한 Connect 함수 내에도 진단 정보 출력 코드가 작성되어 있어 접속 정보가 잘못되었을 경우 진단 정보를 보여주었다. 진단 정보가 출력된 후의 처리에 대해서는 CQuery 클래스 자체에는 정의되어 있지 않다. 이상의 코드는 모두 CQuery2예제에 작성되어 있으며 nExmp 변수값을 변경하면서 실행해 볼 수 있다. 직접 코드를 실행해 보고 원하는대로 수정하면서 CQuery에 익숙해지기 바란다.

46-6-라. 데이터 변경

앞에서 만들어 본 예제 중에 OdbcUpdate 예제는 Insert, Update, Delete 등의 SQL문을 사용하여 DB의 데이터를 변경해 보았다. 이 예제를 CQuery 클래스를 사용하여 다시 CQueryUpdate 예제를 만들었는데 기능은 완전히 동일하다. 데이터를 읽어오는 DBExecuteSQL 함수의 길이가 무척 짧아졌으며 데이터를 변경하는 함수들도 간단해졌다. 대표적으로 레코드를 추가하는 AddRecord 함수의 소스만 보자.

예 제 : CQueryUpdate

```
void AddRecord()
{
    TCHAR Name[21];
    int Price;
    BOOL Korean;

    // 값 읽음
    GetWindowText(hFName,Name,20);
    if (lstrlen(Name) == 0) {
        MessageBox(hDlgMain,"추가할 레코드의 이름을 먼저 입력하십시요","알림",MB_OK);
        return;
    }
    GetWindowText(hFPrice,szTmp,256);
    Price=atoi(szTmp);
    Korean=(SendMessage(hFKorean,BM_GETCHECK,0,0)==BST_CHECKED);
    wsprintf(szSQL,"Insert into tblCigar (name,price,korean) VALUES ('%s',%d,%d)",
        Name,Price,Korean);

    qry.Exec(szSQL);
    DBExecuteSQL();
}
```

컨트롤로부터 값을 읽어들이는 코드가 대부분이며 DB제어는 SQL문을 조립하는 문장 하나와 Exec함수 호출 하나로 이루어져 있다. select문과는 달리 Insert, Update, Delete문은 결과셋이 없으며 바인딩도 하지 않기 때문에 실행 후에 Clear함수를 굳이 호출하지 않아도 상관없다. 데이터 변경 명령에 의해 수정된 레코드의 개수를 알고 싶으면 qry.AffectCount 멤버를 참조하면 된다.

이 예제의 ReadRecord 함수를 보면 qry.GetStr("price",szTmp); 문장이 있는데 정수형 필드인 price를 문자열 형태로 읽어들인다. 원칙대로 한다면 GetInt 함수로 price 필드의 값을 정수로 읽고 itoa 함수로 문자열로 바꾸어야겠지만 GetStr함수로 곧바로 문자열로 읽어도 상관없다. 왜냐하면 CQuery 클래스는 모든 필드를 문자열로 바인딩하고 정수형을 요구할 경우 문자열을 정수로 바꿔 리턴하기 때문이다. 그래서 굳이 문자열로 바인딩된 걸 다시 정수형으로 바꿔 읽을 필요없이 문자열로 바로 읽을 수 있으며 어차피 출력이 목적이라면 문자열로 읽는 것이 훨씬 더 편리하다.

같은 원리로 날짜 필드나 기타 특수한 필드값을 읽을 때는 문자열로 읽은 후 각 요소를 분리하면 된다. CQuery클래스는 날짜 필드를 직접 지원하지 않으며 문자열 형태로만 읽을 수 있다. 일단 날짜 필드를 문자열로 읽은 다음 유틸리티 함수로 SYSTEMTIME구조체로 변경하기 바란다. 다음 함수는 문자열로부터 날짜 구조체를 만들어낸다.

```
// yyyy-mm-dd포맷으로 되어 있는 날짜를 날짜 구조체에 넣는다.
void StrToTime(char *str, SYSTEMTIME *st)
{
```

```
    char Year[5]={0,}, Month[3]={0,}, Day[3]={0,};

    // 날짜 포맷이 아닌 경우 에러 처리
    if (lstrlen(str) < 10)
        return;

    // 날짜만을 추출하므로 시간 정보는 리셋시켜 주어야 한다. 안 그러면 멍청한 DTP 컨트롤이
    // 날짜를 세트해 주지 않는다.
    memset(st,0,sizeof(SYSTEMTIME));
    strncpy(Year,str,4);
    strncpy(Month,str+5,2);
    strncpy(Day,str+8,2);

    st->wYear=atoi(Year);
    st->wMonth=atoi(Month);
    st->wDay=atoi(Day);
}
```

46-6-마. 블랍 입출력

CQuery클래스는 블랍 입출력도 완벽하게 지원한다. 앞에서 예제를 만들어 봐서 알겠지만 블랍 입출력은 ODBC 과목에서는 비교적 고급 기술에 속하면서 복잡하기도 하다. CQuery클래스는 블랍 입출력에 관련된 모든 처리를 다음 두 함수로 수행한다.

```
int ReadBlob(LPCTSTR szSQL, void *buf);
void WriteBlob(LPCTSTR szSQL, void *buf, int size);
```

szSQL에는 블랍값 하나만을 요구하거나 쓰는 명령문만이 올 수 있으며 블랍 필드를 다른 타입의 필드와 동시에 읽고 쓸 수는 없다. buf는 블랍 데이터를 읽거나 기록할 버퍼의 번지이며 size는 블랍 데이터의 크기이다. ReadBlob 함수는 블랍 데이터를 읽은 후 그 크기를 리턴한다. 블랍 입출력중에 에러가 발생할 경우 진단 정보 외에는 별도의 에러 처리를 하지 않으므로 SQL문을 정확하게 작성해야 한다.

DB에서 블랍 데이터를 액세스하는 OdbcBlob 예제도 CQuery 클래스로 바꾸어 보았다. 기능은 완전히 동일하되 소스의 길이는 훨씬 더 짧아졌으며 가독성도 높아졌고 수정하기에도 편리할 것이다. 블랍 입출력을 하는 두 함수만 분석해 보자.

예 제 : CQueryBlob

```
// id번의 레코드를 읽는다.
void ReadRecord(int id)
{
    TCHAR buf[66000]={0,};

    if (id==-1)
        return;
    wsprintf(szSQL, "select memo from tblblob where id=%d",id);
    qry.ReadBlob(szSQL,buf);
    SetWindowText(hMemo,buf);
}
```

```
// 현재 레코드를 저장한다.
void UpdateRecord()
{
    TCHAR buf[66000];
    int idx,id;

    idx=SendMessage(hList,LB_GETCURSEL,0,0);
    SendMessage(hList,LB_GETTEXT,idx,(LPARAM)szTmp);
    id=atoi(szTmp);
    GetWindowText(hMemo,buf,66000);

    wsprintf(szSQL,"Update tblBlob set memo=? where id=%d",id);
    qry.WriteBlob(szSQL,buf,lstrlen(buf));
}
```

ReadRecord 함수에서는 tblblob테이블에서 memo필드를 buf버퍼에 읽어들인다. ReadBlob 함수는 버퍼의 길이 체크를 하지 않으므로 충분한 길이를 주거나 아니면 블랍 입출력을 하기 전에 미리 필드의 크기를 조사한 후 크기만큼 메모리를 할당해야 한다. 참고로 SQL 서버에서 블랍 필드의 크기는 DataLength 함수로 구할 수 있다. WriteBlob 함수에서는 기록할 데이터를 buf버퍼에 미리 읽어놓고 이 버퍼를 tblblob 테이블의 memo 필드에 기록한다. 블랍 필드값은 SQL문 내에 지정할 수 없으므로 반드시 파라미터를 사용해야 한다.

이상으로 ODBC에 대한 개략적인 내용들에 대해서 알아보았으며 최종적으로 실무에 사용할 만한 CQuery 클래스를 소개했다. 이 클래스는 내가 쓰기에는 별로 부족함이 없었지만 다양한 프로그래밍 환경에 적용하려면 스스로 불편한 점을 개량해 가면서 사용해야 할 것이다. 이 클래스를 기반으로 해서 자신에게 적합한 DB 제어 클래스를 설계해 보기 바란다.

제 47 장 쉘

쉘이란 운영체제에서 사용자와 가장 가까운 소프트웨어이며 주로 사용자로부터 명령을 받아들이는 일을 하되 구체적으로 표현하자면 사용자가 원하는 프로그램을 실행하는 프로그램이다. 쉘은 고정되어 있지 않으며 사용자의 기호에 따라 선택할 수 있다. 그러나 윈도우즈 환경에서는 보통 탐색기를 쉘로 사용하며 이외의 다른 쉘을 사용하는 사람은 그리 많지 않다. 이 장에서 말하는 쉘 라이브러리란 탐색기와 그리고 그 부속물인 타스크 바가 제공하는 기능을 말한다.

그래서 쉘 라이브러리는 윈도우즈 API의 일부는 아니며 다만 대표적인 쉘인 탐색기의 기능일 뿐이다. 쉘은 다른 어떤 부분보다도 업그레이드가 잦으며 운영체제 버전에 따라 기능의 차이가 많다. 이 분야도 구석구석 자세히 살펴보려면 책 한 권을 다 봐야 할 정도이지만 여기서는 그 중 가장 실용적인 몇 가지만 다룬다. 더 필요한 부분이 있으면 쉘 관련 서적을 구해 보기 바란다.

47-1 트레이

47-1-가. 트레이

작업 표시줄의 오른쪽을 보면 시계와 작은 아이콘들이 배치되어 있는데 이 부분을 트레이(Tray) 영역이라고 한다. 윈도우즈 95의 새로운 기능으로 발표되었는데 탐색기의 일부분이며 사용자들에게는 이미 친숙해져 있다. 트레이에는 주로 시스템의 상태를 보여주고 감시하는 프로그램들이나 백그라운드 작업을 하는 프로그램들이 등록되어 있다. 항상 화면에 표시되어 있기 때문에 언제든지 정보를 보여줄 수 있으며 화면 영역도 적게 차지한다.

오후 11:02

단순한 아이콘일 뿐이지만 한 아이콘에는 실로 무궁무진한 기능들이 포함될 수 있다. 아이콘별로 좌우 마우스 클릭, 팝업 메뉴, 더블클릭 등을 통해 다양한 명령을 내릴 수 있고 심지어 애니메이션까지도 가능하다. 다음은 대표적인 트레이 아이콘인 볼륨 조절기의 모습이다. 한 번만 클릭하면 마스터 볼륨만 조절할 수도 있고 더블클릭하면 믹서를 호출하기도 하고 팝업 메뉴를 통하면 오디오 등록 정보를 수정할 수도 있다.

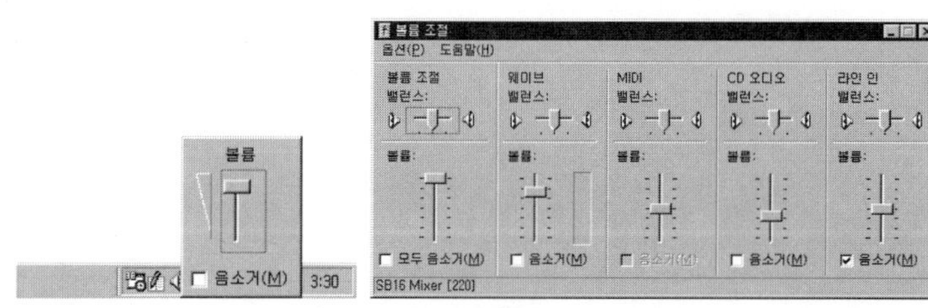

트레이는 작업 표시줄의 차일드 윈도우로 존재하며 등록된 아이콘들을 관리하는 일을 한다. 어떤 프로그램이든지 필요에 따라 이 영역에 아이콘을 등록할 수 있으며 등록한 아이콘은 언제든지 수정할 수 있고 아이콘으로부터 사용자의 입력을 받아들일 수도 있다. 이때는 메시지로 트레이 윈도우와 통신을 하며 다음 함수가 사용된다.

BOOL Shell_NotifyIcon(DWORD dwMessage, PNOTIFYICONDATA pnid);

요청할 작업을 나타내는 메시지를 dwMessage로 보내며 pnid 구조체에는 작업에 사용될 정보들이 전달된다. 트레이로 보내지는 메시지는 다음과 같으며 메시지에 따라 필요한 정보를 pnid에 전달하면 된다.

메시지	설명
NIM_ADD	트레이에 아이콘을 등록한다. 아이콘과 함께 툴팁, 콜백 메시지 등을 지정할 수 있다.
NIM_DELETE	등록한 아이콘을 삭제한다.
NIM_MODIFY	등록한 아이콘이나 툴팁 등을 변경한다.

작업 정보를 전달하는 NOTIFYICONDATA 구조체는 다음과 같이 정의되어 있으며 많은 멤버를 가지고 있다.

```
typedef struct _NOTIFYICONDATA {
    DWORD cbSize;
    HWND hWnd;
    UINT uID;
    UINT uFlags;
    UINT uCallbackMessage;
    HICON hIcon;
    TCHAR szTip[64];
    DWORD dwState;
    DWORD dwStateMask;
    TCHAR szInfo[256];
    union {
        UINT   uTimeout;
        UINT   uVersion;
    } DUMMYUNIONNAME;
    TCHAR szInfoTitle[64];
    DWORD dwInfoFlags;
} NOTIFYICONDATA, *PNOTIFYICONDATA;
```

이중 dwState 이후의 멤버는 주로 풍선 도움말 출력에 사용되는데 쉘 버전 5.0이상에서만 쓸 수 있으며 비주얼 C++ 6.0이 지원하지 않으므로 아직까지는 일반적으로 사용할 수 없다. cbsize는 버전 확인을 위한 멤버인데 이 구조체의 크기를 대입하면 된다.

hWnd와 uID는 트레이에 등록된 아이콘을 식별하기 위한 멤버이다. hWnd는 아이콘을 등록한 윈도우의 핸들이며 또한 한 프로그램이 여러 개의 아이콘을 등록할 수 있으므로 각 윈도우가 등록한 아이콘끼리 구분하기 위해 uID가 사용된다. 즉 트레이의 아이콘들은 "hWnd윈도우가 등록한 uID번째 아이콘"으로 서로 구분된다. uFlags는 아이콘을 등록하거나 수정할 때 어떤 멤버가 사용될 것인가를 지정하는데 다음 플래그들을 조합하여 지정한다. 예를 들어 아이콘만 등록할 수도 있고 툴팁과 콜백 메시지까지 같이 등록할 수도 있다.

플래그	설명
NIF_ICON	hIcon 멤버로 아이콘을 지정한다. LoadIcon 등의 함수로 아이콘 핸들을 얻은 후 이 멤버에 대입한다.
NIF_MESSAGE	uCallbackMessage로 콜백 메시지를 지정한다. 트레이는 사용자가 아이콘을 클릭할 때 이 메시지를 hWnd로 보낸다.
NIF_TIP	szTip 멤버로 툴팁을 지정한다. 최대 64자까지 툴팁을 지정해 놓으면 아이콘 위에 마우스 커서가 머무를 때 툴팁이 나타난다.
NIF_STATE	dwState와 dwStateMask 멤버로 상태를 지정한다.
NIF_INFO	풍선 도움말을 보여준다. szInfo, uTimeout, szInfoTitle, dwInfoFlags 멤버가 사용된다.

이 구조체에 등록 또는 수정하고자 하는 아이콘 정보를 채운 후 Shell_NotifyIcon 함수를 호출하면 트레이에 아이콘이 나타나며 아이콘을 등록한 윈도우는 사용자가 아이콘을 클릭할 때 콜백 메시지를 받게 된다. 예제를 만들면서 실습해 보자. Tray라는 이름으로 새 프로젝트를 하나 만들고 빈 소스와 리소스 스크립트를 포함시켜 둔다. 트레이에 등록하는 대상이 아이콘이므로 일단 아이콘을 만들어야 한다.

트레이에 사용되는 아이콘은 16*16크기의 작은 아이콘이어야 하는데 32*32크기로 만들어도 축소해서 표시하기는 하지만 모양이 별로 좋지 않으므로 가급적이면 16*16크기로 만드는 것이 좋다. 개발자 스튜디오는 새로 아이콘을 추가하면 32*32크기의 아이콘을 만드는데 16*16크기로 만들 수도 있다. 작은 아이콘을 만드는 방법은 아이콘 편을 참조하기 바란다.

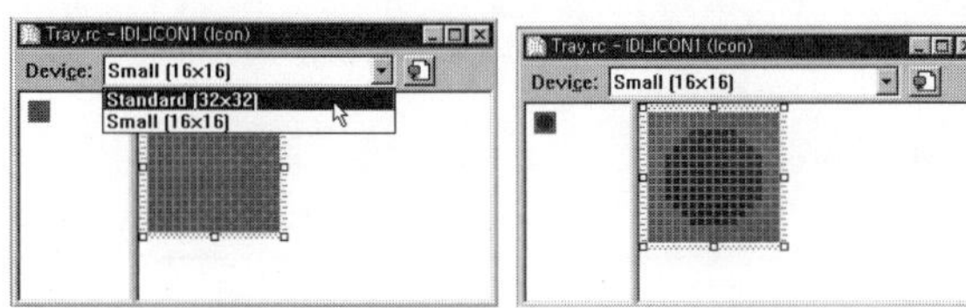

16*16크기의 작은 아이콘에 적당히 그림을 그리되 여기서는 파란색 원을 그려보았다. 그림 실력이 있다면 아이콘은 최대한 정성들여 만들어야 한다. 트레이에 들어가는 프로그램은 아이콘으로 사용자의 입력을 받아야 하므로 아이콘의 디자인이 특히 중요하다. 아이콘을 준비한 후 다음과 같이 소스를 작성한다.

예제 : Tray

```
#include "resource.h"
#define TRAY_NOTIFY (WM_APP + 100)
LRESULT CALLBACK WndProc(HWND hWnd,UINT iMessage,WPARAM wParam,LPARAM lParam)
{
    HDC hdc;
    PAINTSTRUCT ps;
```

```
    NOTIFYICONDATA nid;
    TCHAR *Mes="트레이를 보시면 파란색의 아이콘이 등록되어 있습니다.";

    switch (iMessage) {
    case WM_CREATE:
        nid.cbSize = sizeof(NOTIFYICONDATA);
        nid.hWnd = hWnd;
        nid.uID = 0;
        nid.uFlags = NIF_ICON | NIF_TIP | NIF_MESSAGE;
        nid.uCallbackMessage = TRAY_NOTIFY;
        nid.hIcon = LoadIcon(g_hInst, MAKEINTRESOURCE(IDI_ICON1));
        lstrcpy(nid.szTip, "트레이 아이콘 예제");
        Shell_NotifyIcon(NIM_ADD, &nid);
        return 0;
    case TRAY_NOTIFY:
        switch (lParam) {
        case WM_LBUTTONDOWN:
            break;
        case WM_RBUTTONDOWN:
            DestroyWindow(hWnd);
            break;
        }
        return 0;
    case WM_PAINT:
        hdc=BeginPaint(hWnd, &ps);
        TextOut(hdc,50,50,Mes,lstrlen(Mes));
        EndPaint(hWnd, &ps);
        return 0;
    case WM_DESTROY:
        nid.cbSize = sizeof(NOTIFYICONDATA);
        nid.hWnd = hWnd;
        nid.uID = 0;
        Shell_NotifyIcon(NIM_DELETE, &nid);
        PostQuitMessage(0);
        return 0;
    }
    return(DefWindowProc(hWnd,iMessage,wParam,lParam));
}
```

TRAY_NOTIFY를 WM_APP+100의 사용자 정의 메시지로 정의하였다. 이 메시지는 사용자가 아이콘을 클릭할 때 아이콘을 등록한 윈도우로 보내진다. 이때 wParam으로는 아이콘의 ID가 전달되는데 한 윈도우가 여러 개의 아이콘을 등록할 수도 있으므로 사용자가 어떤 아이콘을 클릭했는지 이 값으로 구분할 수 있다. lParam으로는 사용자의 동작을 나타내는 메시지가 전달된다. 아이콘을 왼쪽 버튼으로 눌렀으면 WM_LBUTTONDOWN이 전달되며 아이콘 위로 마우스가 움직이면 WM_MOUSEMOVE가 전달된다. 단 이때 마우스 좌표 등의 추가 정보는 전달되지 않으므로 필요할 경우 따로 조사해야 한다.

WM_CREATE에서 아이콘을 등록하는데 hWnd윈도우의 0번째 아이콘으로 등록하며 uFlags에 세 개의 플래그를 모두 지정함으로써 아이콘, 툴팁, 콜백 메시지를 모두 등록한다. 아이콘은 앞에서 만들어 두었던 IDI_ICON1이며 콜백 메시지는 TRAY_NOTIFY로, 툴팁은 "트레이 아이콘 예제"로 지정하였다. nid 구조체에 등록할 아이콘에 관한 모든 정보를 채운 후 Shell_NotifyIcon 함수로 NIM_ADD 메시지를 보내면 아이콘이 등록된다.

파란색 아이콘이 트레이에 나타나며 마우스 커서가 이 아이콘 위에 있으면 지정한 툴팁도 나타난다. 또한 사용자가 이 아이콘을 클릭하면 콜백 메시지로 등록한 TRAY_NOTIFY 메시지가 hWnd로 전달될 것이다. hWnd에서는 이 메시지를 받아 마우스 왼쪽 버튼을 클릭할 경우 윈도우를 활성화하고 오른쪽 버튼을 클릭할 경우 윈도우를 종료하였다. 프로그램이 종료될 때인 WM_DESTROY에서는 아이콘을 등록 해제하는데 이때는 NIM_DELETE 메시지를 보내면 된다. 삭제할 때는 다른 정보는 줄 필요없이 hWnd와 uID 멤버값만으로 삭제 대상 아이콘만 전달하면 된다.

이 예제에서는 편의상 메인 윈도우를 보이게 했는데 트레이에 등록되는 프로그램은 보통 메인 윈도우를 숨겨둔 채로 시작한다. 그리고 사용자가 아이콘을 클릭할 때 메인 윈도우가 활성화되도록 하는데 보통 간단한 옵션을 입력받으므로 대화상자를 메인 윈도우로 사용하는 경우가 많다.

47-1-나. 팝업 메뉴 붙이기

사용자가 트레이의 아이콘에 내릴 수 있는 명령의 수는 극히 제한되어 있다. 실제로 사용할 만한 명령은 왼쪽/오른쪽 버튼 클릭, 더블클릭 정도에 불과하다. 또한 어느 버튼이 어떤 기능인지 사용자가 외우기도 어렵다. 그래서 트레이의 아이콘들은 보통 팝업 메뉴에 사용 가능한 명령의 목록을 나열해 두고 그 중 하나를 사용자가 선택하는 방법을 많이 사용한다. 팝업 메뉴에는 얼마든지 많은 종류의 명령 항목을 포함할 수 있고 사용자가 일일이 명령을 외우지 않아도 되므로 편리하다.

아이콘에 팝업 메뉴를 붙이는 정도는 특별히 어려운 기법을 요하지도 않는다. 마우스 왼쪽 버튼이 눌러졌다는 통지 메시지를 받았을 때 팝업 메뉴를 띄우고 WM_COMMAND에서 메뉴 항목의 명령을 처리하는 정도면 된다. 물론 팝업 메뉴에 사용될 메뉴 리소스는 정의해야 한다.

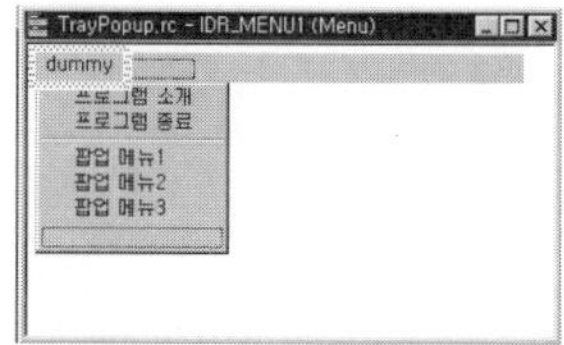

더미 메뉴 하나를 만들고 그 아래에 팝업 메뉴에 사용할 메뉴 항목들을 만들었다. 필요하면 하위 메뉴도 얼마든지 사용할 수 있다. 소스는 다음과 같다.

예 제 : TrayPopup

```
#include "resource.h"
#define TRAY_NOTIFY (WM_APP + 100)
LRESULT CALLBACK WndProc(HWND hWnd,UINT iMessage,WPARAM wParam,LPARAM lParam)
{
    HDC hdc;
    PAINTSTRUCT ps;
    NOTIFYICONDATA nid;
    HMENU hMenu, hPopupMenu;
    POINT pt;
    TCHAR *Mes="트레이 아이콘을 왼쪽 마우스로 클릭하면 팝업 메뉴를 보여줍니다";

    switch (iMessage) {
```

```
    case WM_CREATE:
        nid.cbSize = sizeof(NOTIFYICONDATA);
        nid.hWnd = hWnd;
        nid.uID = 0;
        nid.uFlags = NIF_ICON | NIF_TIP | NIF_MESSAGE;
        nid.uCallbackMessage = TRAY_NOTIFY;
        nid.hIcon = LoadIcon(g_hInst, MAKEINTRESOURCE(IDI_ICON1));
        lstrcpy(nid.szTip, "트레이 아이콘 예제");
        Shell_NotifyIcon(NIM_ADD, &nid);
        return 0;
    case TRAY_NOTIFY:
        switch (lParam) {
        case WM_LBUTTONDOWN:
            hMenu=LoadMenu(g_hInst, MAKEINTRESOURCE(IDR_MENU1));
            hPopupMenu=GetSubMenu(hMenu,0);
            GetCursorPos(&pt);
            SetForegroundWindow(hWnd);
            TrackPopupMenu(hPopupMenu, TPM_LEFTALIGN | TPM_LEFTBUTTON |
                TPM_RIGHTBUTTON, pt.x, pt.y, 0, hWnd, NULL);
            SetForegroundWindow(hWnd);
            DestroyMenu(hPopupMenu);
            DestroyMenu(hMenu);
            break;
        case WM_RBUTTONDOWN:
            DestroyWindow(hWnd);
            break;
        }
        return 0;
    case WM_COMMAND:
        switch (LOWORD(wParam)) {
        case IDM_ABOUT:
            MessageBox(hWnd,"트레이에 아이콘을 등록하고 팝업 메뉴를 보여준다",
                "프로그램 소개",MB_OK);
            break;
        case IDM_EXIT:
            DestroyWindow(hWnd);
            break;
        }
        return 0;
    case WM_PAINT:
        hdc=BeginPaint(hWnd, &ps);
        TextOut(hdc,50,50,Mes,lstrlen(Mes));
        EndPaint(hWnd, &ps);
        return 0;
    case WM_DESTROY:
        nid.cbSize = sizeof(NOTIFYICONDATA);
        nid.hWnd = hWnd;
        nid.uID = 0;
        Shell_NotifyIcon(NIM_DELETE, &nid);
        PostQuitMessage(0);
        return 0;
    }
    return(DefWindowProc(hWnd,iMessage,wParam,lParam));
}
```

TRAY_NOTIFY의 lParam이 WM_LBUTTONDOWN일 때, 즉 사용자가 아이콘을 왼쪽 마우스 버튼으로 눌렀을 때 팝업 메뉴를 보여준다. 팝업 메뉴를 출력하는 코드는 아주 일반적이다. 단 트레이의 통지 메시지는 단순히 마우스 버튼이 눌러졌다는 사실만 알려줄 뿐 마우스의 좌표는 전달하지 않으므로 GetCursorPos 함수로 마우스의 현재 좌표는 직접 조사해서 사용해야 한다.

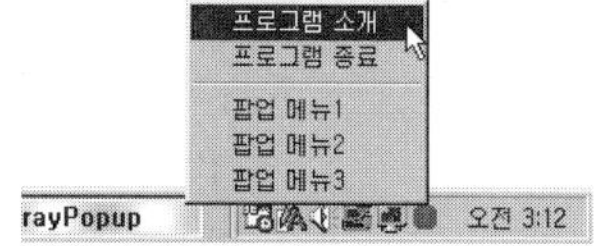

팝업 메뉴를 선택했을 때의 처리는 일반적인 경우와 마찬가지로 WM_COMMAND에서 처리하면 된다. 이 예제에서는 소개, 종료 두 가지 메뉴 항목에 대해서만 메시지를 처리하고 있다. 보다시피 트레이의 아이콘에 팝업 메뉴를 다는 것은 메뉴만 다룰 수 있는 사람이라면 누구나 할 수 있다.

그런데 한 가지 알아둘 것은 TrackPopupMenu 함수의 앞뒤로 SetForegroundWindow 함수 호출문이 있어야 한다는 점이다. 이 함수 호출문은 사실 불필요하지만 쉘 라이브러리의 버그를 피하기 위해 반드시 있어야 한다. 쉘 라이브러리는 팝업 메뉴가 출력된 후 이 메뉴를 제대로 지우지 못하는 버그를 가지고 있다. 다음 그림은 팝업 메뉴 출력 후 다른 프로그램을 선택했을 때의 현상이다.

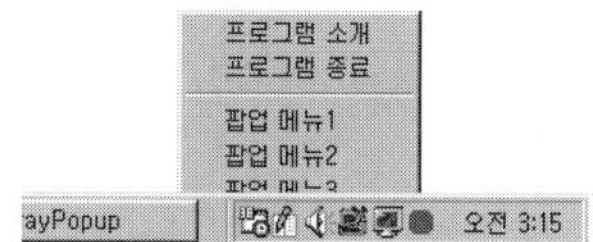

팝업 메뉴가 지워져야 하는데 여전히 남아 있다. 이 버그는 이미 잘 알려져 있으며 마이크로소프트에서도 공식적으로 인정한 유명한 버그다. 물론 그 해결책도 이미 나와 있는데 바로 TrackPopupMenu 함수 호출문의 앞뒤에서 SetForegroundWindow 함수를 호출하는 것이다. 이 버그는 98SE 버전까지도 살아 있으므로 SetForegroundWindow 호출문은 생략할 수 없다.

47-1-다. TrayDate예제

트레이에는 시계가 포함되어 있는데 작업중에 언제든지 시간을 참조할 수 있어서 참 좋다. 이 시계는 트레이의 차일드 윈도우 형태로 존재하는데 특별한 옵션이 없고 더블클릭하면 달력을 보여주는 정도의 기능만 가지고 있다. 그런데 시간을 보여주는 것은 좋지만 날짜가 표시되지 않아 가끔 불편하기도 하다. 날짜를 보려면 달력을 열어보거나 아니면 시계 위에 마우스를 가져가 툴팁으로 날짜와 요일을 확인해 보아야 한다.

그래서 트레이에 아이콘 형태로 날짜와 요일을 보여주는 프로그램을 만들어 보았다. 똑같은 기능의 공개용 프로그램을 구하기는 했는데 폰트가 너무 마음에 들지 않았고 날짜 표시에 두 개의 아이콘을 사용하는 것도 보기에 별로 좋지 않았다. 그래서 날짜와 요일을 각각의 아이콘으로 출력하도록 만들어 보았다. XP에는 이 기능이 추가되어 타스크 바를 크게 만들면 날짜가 나타나기도 한다.

예 제 : TrayDate

소스 생략

실행하기만 하면 트레이에 날짜와 요일이 표시되므로 특별히 사용법을 배울 필요도 없을 만큼 간단하다. 시작 프로그램에 등록해 놓으면 좋을 법한 그런 프로그램이다. 크기도 작고 별도의 부속파일이 없어 설치할 필요도 없으므로 하드 디스크 한 구석에 모셔두고 많이 애용해 주기 바란다. 보여주는 것이 주된 기능이므로 사용자와 상호 작용을 할 일도 거의 없는 셈이다. 다만 사용자의 기호를 맞추기 위해 몇 가지 옵션만 팝업 메뉴에 넣어두었다.

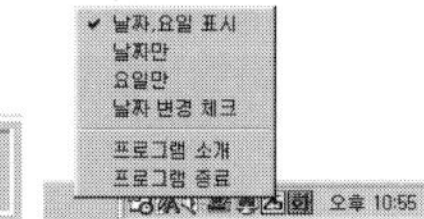

날짜와 요일중 하나만 선택적으로 표시할 수도 있고 둘 다 표시할 수도 있다. 트레이 영역이 좁은 사람들은 아이콘이 둘씩이나 표시되는 것을 귀찮아 할 수도 있기 때문이다. 날짜 변경 체크 옵션은 사실 굳이 필요없지만 그래도 자정이 되면 아이콘을 변경해야 하므로 포함시켰다. 이 옵션을 선택하면 1분 간격으로 타이머를 설정하고 매분마다 날짜가 바뀌었는지를 점검해 본다. 주간에만 컴퓨터를 사용하는 사람이라면 굳이 CPU 시간을 낭비해 가며 이 옵션을 사용할 필요가 없을 것이다. 그러나 자정까지 일하는 올빼미족이 이 옵션을 켜놓지 않아 날짜를 잘못 알게 되는 일이 있을 수도 있으므로 이 옵션은 필요하다. 디폴트로 이 옵션은 비선택 상태로 두었다.

소스 내용은 전혀 어려운 것이 없으므로 분석은 하지 않기로 한다. 관심있는 사람은 직접 분석해 보아라. 앞에서 배운 트레이에 관한 내용과 레지스트리, 팝업 메뉴 조작 정도만 알고 있으면 누구나 분석할 수 있을 만큼 간단한 예제다. 이 예제를 만드는데 제일 힘들었던 일은 역시 아이콘을 그리는 작업이었다. 16*16이라는 좁은 칸에 날짜와 한글을 그려넣는 작업은 무척 성가신 일이지만 나 스스로가 이 프로그램이 필요했기 때문에 꾹 참고 열심히 만들었으며 아주 잘 써먹고 있다.

47-2 AppBar

47-2-가. 앱바란

윈 95가 발표되면서 사용자 인터페이스에 큰 변화가 생겼다. 그 중 가장 눈에 띄는 것이 화면 아래쪽에 있는 작업 표시줄(taskbar)인데 항상 화면에 보이며 심지어 최대화 윈도우에도 덮히지 않고 화면 아래쪽에 자신의 고유한 영역을 확보하고 있다. 작업 표시줄에는 실행중인 프로그램의 버튼들이 있어 작업을 전환하기가 무척 편리해졌다.

작업 표시줄처럼 화면의 한 면에 도킹되는 윈도우를 데스크탑 툴바 또는 간단히 줄여 앱바(AppBar)라고 한다. 원문에서는 AppBar라고 표기되어 있는데 특별한 번역이 없으므로 그냥 발음대로 앱바라고 부르기로 하자. 윈 95가 처음 발표될 때만 해도 앱바 형태의 프로그램은 오피스의 도구모음이 유일했었는데 요즘은 꽤 많은 종류의 앱바가 발표되어 사용자들이 익숙하게 쓰고 있다. 앱바는 일단은 윈도우이되 다음과 같은 특징을 가지고 있다.

① 우선 화면 한 쪽면에 도킹될 수 있다는 점이 가장 큰 특징이다. 앱바가 점유한 영역은 워크 에리어(WorkArea)에서 제외되며 최대화 윈도우도 워크 에리어 영역만큼만 최대화되므로 앱바는 도킹된 면에 항상 보인다.

② 그러나 앱바가 한쪽 면을 차지하더라도 최대화되지 않은 윈도우에 의해 덮히는 것은 가능하다. 단 앱바가 항상 위(Always On Top) 옵션을 가지고 있으면 윈도우는 앱바 아래쪽에만 위치할 수 있다. 물론 항상 위 옵션을 가진 윈도우라면 앱바 위에 겹칠 수도 있다.

③ 한 면에 도킹될 수 있는 앱바의 수에는 제한이 없다. 여러 개의 앱바가 한 면에 동시에 도킹될 수 있다. 다음 그림은 아래쪽에 3개의 앱바가 도킹되어 있는 모습이다.

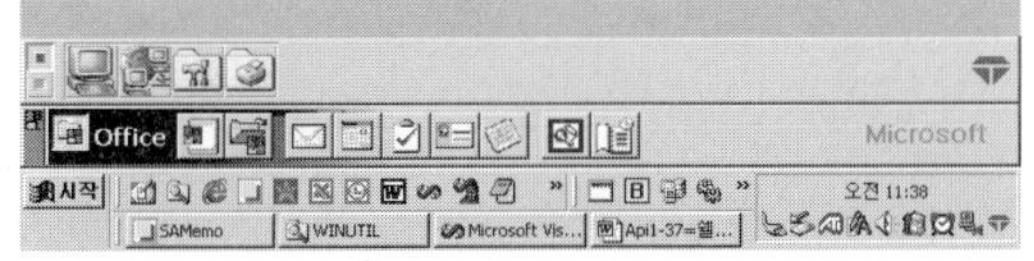

④ 앱바는 자동 숨김 기능을 가지고 있어 워크 에리어 영역을 사용하지 않고도 필요할 때만 보이게 설정할 수 있다. 노트북같이 화면이 넓지 않는 사용자에게는 꼭 필요한 기능이며 여러 모로 편리하다. 단 한 면에는 하나의 자동 숨김 앱바만 허용되며 한 면에 두 개 이상의 앱바가 숨어 있을 수는 없다. 화면은 사각형이므로 동시에 가능한 자동 숨김 앱바는 4개이다.

앱바를 활용할 수 있는 분야는 여러 가지를 생각해 볼 수 있다. 항상 보이므로 접근이 빠르다는 점을 충분히 활용할 수 있는 분야가 가장 적합하다. 사용 빈도가 높고 화면 크기가 작은 프로그램이 주로 앱바 형태로 만들어지는데 프로그램을 실행하는 론처(Launcher)가 가장 일반적인 예다. 이 외에 달력, 시계, CPU 사용율, 메모리 상태 등의 정보 출력에도 적합하며 MP3 플레이어나 계산기, 간단한 채팅 프로그램 등 빈번하게 사용되는 프로그램도 앱바 형태로 만들면 편리할 것이다.

앱바는 결코 프로그래밍하기 간단한 대상은 아니지만 앱바와 관련된 함수는 오직 하나뿐이다. 다음 함수 하나로 앱바에 관한 모든 처리를 다 할 수 있다.

UINT SHAppBarMessage(DWORD dwMessage, PAPPBARDATA pData);

트레이와 마찬가지로 앱바와 관련된 모든 작업은 메시지로 이루어진다. dwMessage는 쉘에게 요청할 작업의 종류를 지정하며 다음 열 가지 명령을 메시지 형태로 보낸다.

메시지	설명
ABM_ACTIVATE	앱바가 활성화되었음을 시스템에게 알린다.
ABM_GETAUTOHIDEBAR	지정한 면에 자동 숨김 앱바가 있는지 조사한다.
ABM_GETSTATE	작업 표시줄의 옵션 상태를 조사한다.
ABM_GETTASKBARPOS	작업 표시줄의 위치를 구한다.
ABM_NEW	새로운 앱바를 등록한다.
ABM_QUERYPOS	앱바의 위치와 크기를 시스템에게 문의한다.
ABM_REMOVE	앱바를 제거한다.
ABM_SETAUTOHIDEBAR	자동 숨김 앱바를 등록하거나 제거한다.
ABM_SETPOS	앱바의 위치를 확정한다.
ABM_WINDOWPOSCHANGED	앱바의 위치가 변경되었음을 시스템에게 알린다.

시스템은 화면에 도킹된 앱바의 목록을 관리하며 앱바끼리 서로 겹치지 않게 관리하는데 그러기 위해서 앱바는 시스템과 끊임없이 대화하면서 자신의 적절한 위치를 찾아야 한다. 앱바 프로그래밍이란 바로 시스템과의 대화를 처리하는 과정이라 할 수 있다. pData인수는 다음과 같이 정의된 구조체이며 각 메시지의 추가 정보로 사용된다.

```
typedef struct _AppBarData {
    DWORD   cbSize;
    HWND    hWnd;
    UINT    uCallbackMessage;
    UINT    uEdge;
    RECT    rc;
    LPARAM lParam;
} APPBARDATA, *PAPPBARDATA;
```

메시지 별로 사용되는 멤버가 다르므로 각 메시지를 공부할 때 어떤 멤버가 필요한지 살펴보아야 한다. 각 멤버의 의미는 다음과 같다.

멤버	설명
cbSize	이 구조체의 크기이다. sizeof(APPBARDATA)를 대입하면 된다.
hWnd	앱바 윈도우의 핸들이다.
uCallbackMessage	시스템으로부터 통지 메시지를 받기 위한 사용자 정의 메시지이다. ABM_NEW로 앱바를 등록할 때 전달한다.
uEdge	앱바가 위치할 화면의 면을 지정한다. ABE_LEFT, ABE_TOP, ABE_RIGHT, ABE_BOTTOM 넷 중 하나의 값을 가진다.
rc	앱바의 화면 영역을 지정한다. ABM_QUERYPOS, ABM_SETPOS 등의 메시지에서 입력 및 출력용 인수로 사용된다.
lParam	자동 숨김 앱바를 등록하는 ABM_SETAUTOHIDEBAR 메시지에서만 사용된다.

cbSize와 hWnd는 반드시 대입해야 하며 나머지는 필요에 따라 대입하면 된다. SHAppBarMessage는 전달된 메시지를 처리한 후 그 결과를 리턴하는데 리턴값의 의미는 메시지에 따라 다르다.

이 외에 앱바 프로그래밍에 관련된 것으로는 세 개의 통지 메시지가 있는데 관련 부분에서 알아보자. 보다시피 앱바는 함수 하나, 구조체 하나만 제대로 알고 있으면 프로그래밍할 수 있으므로 그리 어렵지 않아 보인다. 그러나 앱바를 다루기는 쉽지만 주변 상황들이 같이 얽히면 결코 쉽지 않다. 게다가 쉘 라이브러리의 지원이 별로 충분하지 않고 버그까지 있어 신경써야 할 것들이 많다.

47-2-나. 앱바 등록

앱바를 등록하면 실행중인 모든 윈도우가 영향을 받는다. 또한 앱바끼리 화면 영역을 침범하지 않기 위해 좌표 조정을 해야 할 필요가 있다. 이런 과정은 시스템과 앱바의 반복적인 질의, 조정 과정을 통해 이루어지는데 다소 복잡하다. 그래서 앱바를 처음 대하는 사람에게는 무척이나 복잡해 보인다. 일단 앱바를 등록하는 아주 간단한 예제를 만들고 분석해 보자.

예 제 : AppBar1

```
#include <windows.h>

LRESULT CALLBACK WndProc(HWND,UINT,WPARAM,LPARAM);
HINSTANCE g_hInst;
HWND hWndMain;
LPSTR lpszClass="AppBar1";
#define WM_MYAPPCALLBACK WM_USER+100

int APIENTRY WinMain(HINSTANCE hInstance,HINSTANCE hPrevInstance
          ,LPSTR lpszCmdParam,int nCmdShow)
{
    HWND hWnd;
    MSG Message;
    WNDCLASS WndClass;
    g_hInst=hInstance;

    WndClass.cbClsExtra=0;
    WndClass.cbWndExtra=0;
    WndClass.hbrBackground=(HBRUSH)GetStockObject(LTGRAY_BRUSH);
    WndClass.hCursor=LoadCursor(NULL,IDC_ARROW);
    WndClass.hIcon=LoadIcon(NULL,IDI_APPLICATION);
    WndClass.hInstance=hInstance;
    WndClass.lpfnWndProc=WndProc;
    WndClass.lpszClassName=lpszClass;
    WndClass.lpszMenuName=NULL;
    WndClass.style=CS_HREDRAW | CS_VREDRAW;
    RegisterClass(&WndClass);

    // 타이틀 바가 없는 윈도우를 만든다. 크기는 아무래도 상관없다.
    hWnd=CreateWindowEx(WS_EX_TOOLWINDOW,lpszClass,"",WS_POPUP | WS_THICKFRAME,
        CW_USEDEFAULT,CW_USEDEFAULT,CW_USEDEFAULT,CW_USEDEFAULT,
        NULL,(HMENU)NULL,hInstance,NULL);
    ShowWindow(hWnd,nCmdShow);
    hWndMain=hWnd;

    while(GetMessage(&Message,0,0,0)) {
        TranslateMessage(&Message);
        DispatchMessage(&Message);
    }
    return Message.wParam;
}

#include <windows.h>

LRESULT CALLBACK WndProc(HWND,UINT,WPARAM,LPARAM);
```

```
HINSTANCE g_hInst;
HWND hWndMain;
LPCTSTR lpszClass=TEXT("AppBar1");
#define WM_MYAPPCALLBACK WM_USER+100

int APIENTRY WinMain(HINSTANCE hInstance,HINSTANCE hPrevInstance
        ,LPSTR lpszCmdParam,int nCmdShow)
{
    HWND hWnd;
    MSG Message;
    WNDCLASS WndClass;
    g_hInst=hInstance;

    WndClass.cbClsExtra=0;
    WndClass.cbWndExtra=0;
    WndClass.hbrBackground=(HBRUSH)GetStockObject(LTGRAY_BRUSH);
    WndClass.hCursor=LoadCursor(NULL,IDC_ARROW);
    WndClass.hIcon=LoadIcon(NULL,IDI_APPLICATION);
    WndClass.hInstance=hInstance;
    WndClass.lpfnWndProc=WndProc;
    WndClass.lpszClassName=lpszClass;
    WndClass.lpszMenuName=NULL;
    WndClass.style=CS_HREDRAW | CS_VREDRAW;
    RegisterClass(&WndClass);

    // 타이틀 바가 없는 윈도우를 만든다. 크기는 아무래도 상관없다.
    hWnd=CreateWindowEx(WS_EX_TOOLWINDOW,lpszClass,"",WS_POPUP | WS_THICKFRAME,
        CW_USEDEFAULT,CW_USEDEFAULT,CW_USEDEFAULT,CW_USEDEFAULT,
        NULL,(HMENU)NULL,hInstance,NULL);
    ShowWindow(hWnd,nCmdShow);

    while (GetMessage(&Message,NULL,0,0)) {
        TranslateMessage(&Message);
        DispatchMessage(&Message);
    }
    return (int)Message.wParam;
}

LRESULT CALLBACK WndProc(HWND hWnd,UINT iMessage,WPARAM wParam,LPARAM lParam)
{
    APPBARDATA abd;

    switch (iMessage) {
    case WM_CREATE:
        hWndMain=hWnd;
        // 앱바를 등록한다.
        abd.cbSize=sizeof(APPBARDATA);
        abd.hWnd=hWnd;
        abd.uCallbackMessage=WM_MYAPPCALLBACK;
        SHAppBarMessage(ABM_NEW,&abd);

        // 사용 가능한 스크린 영역을 조사한다.
        abd.uEdge=ABE_RIGHT;
        SetRect(&abd.rc,0,0,GetSystemMetrics(SM_CXSCREEN),
            GetSystemMetrics(SM_CYSCREEN));
```

```
        SHAppBarMessage(ABM_QUERYPOS,&abd);

        // 원하는 영역을 계산하여 설정한다.
        abd.rc.left=abd.rc.right-50;

        // 앱바 영역의 위치를 옮긴다.
        SHAppBarMessage(ABM_SETPOS,&abd);

        // 실제로 윈도우를 이동시킨다.
        MoveWindow(hWnd,abd.rc.left,abd.rc.top,
            50,abd.rc.bottom-abd.rc.top,TRUE);

        return 0;
    // 마우스 왼쪽 버튼을 누르면 종료한다.
    case WM_LBUTTONDOWN:
        DestroyWindow(hWnd);
        return 0;
    case WM_DESTROY:
        // 앱바 등록을 해제한다.
        abd.cbSize=sizeof(APPBARDATA);
        abd.hWnd=hWnd;
        SHAppBarMessage(ABM_REMOVE,&abd);
        PostQuitMessage(0);
        return 0;
    }
    return(DefWindowProc(hWnd,iMessage,wParam,lParam));
}
```

컴파일한 후 실행해 보자. 화면 오른쪽에 밝은 회색의 앱바가 등록되고 나타날 것이다.

아무런 기능도 없지만 오른쪽에 50픽셀 두께로 앱바가 등록되었다. 메모장을 열어 최대화시켜 보면 앱바 영역이 침범되지 않음을 확인할 수 있다. 왼쪽 마우스 버튼을 누르면 프로그램이 종료된다. 그러면 차근차근 예제를 분석하면서 앱바를 등록하는 과정을 알아보자.

메인 윈도우

일단 소스 전체를 훑어보면 우리가 지금까지 만들어왔던 예제들과 그리 다르지 않다. WinMain은 배경색 브러시가 LTGRAY라는 점과 메인 윈도우의 스타일이 좀 특이하다는 점이 조금 다르다. 앱바는 툴바처럼 사용되는 것이므로 흰색보다는 회색이 훨씬 어울린다. 또한 한 자리에 고정되어 있는 것이므로 타이틀 바는 없는 것이 좋다. WS_EX_TOOLWINDOW 확장 스타일이 주어져 있는데 이 속성을 주면 앱바가 작업 표시줄에 나타나지 않으며 ALT+TAB의 목록에도 나타나지 않는다.

등록 및 해제

윈도우를 앱바로 만들려면 먼저 앱바를 시스템에 등록해야 한다. hWnd에 등록할 윈도우의 핸들을, uCallbackMessage에 통지 메시지의 ID를 대입하고 ABM_NEW 메시지를 전달하면 된다. 예제에서는 WM_MYAPPCALLBACK을 WM_USER+100으로 정의하였는데 다른 사용자 메시지와 중복되지만 않으면 된다. 앱바로 등록되면 시스템은 등록된 앱바에게 통지 메시지를 보낸다. 앱바 등록을 해제할 때는 ABM_REMOVE 메시지를 보내되 hWnd에 등록 해제 윈도우의 핸들을 넘긴다.

소스에서는 WM_CREATE의 선두에서 앱바를 등록하였고 WM_DESTROY에서 앱바 등록을 해제하였다. 앱바를 등록한다고 해서 당장 어떤 변화가 일어나는 것은 아니다. 앱바는 등록만 되었을 뿐 아직 독점적인 화면 위치를 확보하지는 못했다.

스크린 영역 조사

앱바를 등록했으면 다음은 이 앱바를 화면의 한쪽 면에 도킹하여 독점적인 영역을 확보할 차례다. 그런데 상식적으로 생각해 봐도 아무 면에나 마음대로 도킹시킬 수는 없다. 왜냐하면 한쪽 면에 여러 개의 앱바가 동시에 도킹될 수 있으며 도킹하고자 하는 자리에 이미 다른 앱바가 있을 수도 있기 때문이다. 예를 들어 화면 해상도가 800*600이고 도킹시킬 두께가 60픽셀이라고 해 보자. 이 경우 (740,0)-(800,600)좌표에 도킹하면 되겠지만 만약 이 영역중 다른 앱바가 이미 점유하고 있는 영역이 있다면 이 부분은 제외해야 한다.

그래서 도킹하기 전에 사용가능한 화면 영역을 시스템에게 물어보아야 한다. uEdge에 도킹시킬 면을, rc에 도킹하고 싶은 영역을 대입하고 ABM_QUERYPOS 메시지를 보내면 시스템은 요청한 rc영역에서 다른 앱바에 의해 점유된 영역을 제외하고 사용가능한 영역을 rc에 다시 대입하여 리턴한다. 다음 그림을 보자.

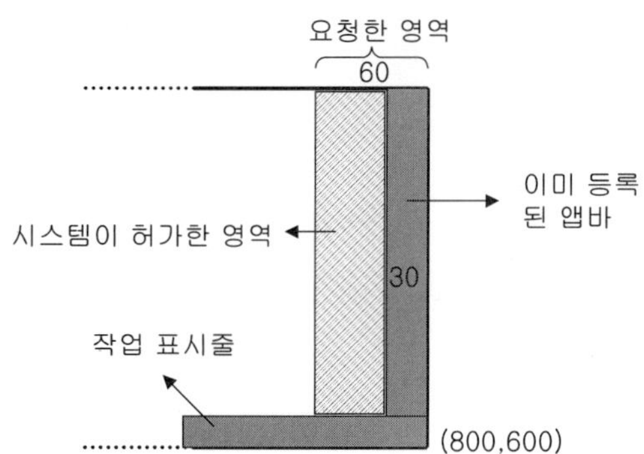

오른쪽에 이미 두께 30의 앱바가 도킹되어 있는 상황에서 두께 60의 영역을 요청했다. 그러면 시스템은 이미 점유된 30픽셀은 제외하고 나머지 30픽셀만 사용가능하다는 것을 알려준다. 또한 아래쪽에 작업 표시줄이 점유한 영역도 요청한 영역에서 제외된다. 이렇게 리턴된 rc 영역을 참조하여 앱바는 다시 자신이 도킹될 좌표를 조정하는데 보통 rc에 화면 전체 영역을 준 후 이 중 어떤 부분이 점유되어 있는지를 조사하는 방법을 많이 사용한다.

영역 계산

예제에서는 rc에 화면 전체 좌표를 대입한 후 ABM_QUERYPOS 메시지를 보냈다. 그러면 시스템은 전체 화면 좌표 중 이미 점유된 영역을 제외한 나머지 영역을 다시 rc에 리턴할 것이다. 이때 리턴된 rc에는 상하 오른쪽의 좌표가 이미 조정되었으므로 나머지 한 변인 왼쪽만 조정하면 원하는 두께대로 맞출 수 있다. 시스템에 허가한 rc.right에서 50을 뺀 만큼 rc.left를 정의하면 이 앱바는 정확하게 50픽셀 두께로 화면 오른쪽에 도킹될 좌표를 찾은 것이다. 오른쪽이 아닌 왼쪽이나 위쪽으로 도킹시킬 때도 이와 같은 방법으로 원하는 좌표를 얻을 수 있다.

영역 확정

도킹 가능한 영역을 계산했으면 다음은 이 영역을 자신의 영역으로 만들기 위해 확정을 지어야 한다. 이때는 uEdge에 도킹할 면, rc에 도킹시킬 영역을 대입한 후 ABM_SETPOS 메시지를 보낸다. 그러면 시스템은 이 영역을 워크 에리어에서 제외하여 다른 윈도우가 쓰지 못하게 한다. 소스에서는 uEdge와 rc가 이미 원하는대로 대입되어 있으므로 ABM_SETPOS 메시지만 보냈다. 이제 이 영역은 앱바의 독점적인 영역이 된다.

윈도우 이동

앱바가 한쪽 면을 차지한 후 그 영역으로 자신의 위치를 옮기는 것은 스스로 해야 한다. ABM_SETPOS 메시지로 영역을 확정지을 때 시스템이 윈도우를 옮겨줄 수도 있겠지만 확정된 영역과는 조금 다르게 윈도우 크기를 정할 수도 있으므로 이 작업은 앱바가 직접 하도록 되어 있다. 이제 남은 일은 MoveWindow나 SetWindowPos 등의 함수로 윈도우를 옮기기만 하면 되는데 확정된 영역과 똑같은 영역으로 도킹한다면 ABM_QUERYPOS가 계산한 rc 영역에 그냥 들어가기만 하면 된다.

테스트

앱바는 시스템 메뉴가 없으므로 별도로 종료할 방법을 제공해야 하는데 이 예제에서는 마우스 왼쪽 버튼으로 프로그램을 종료하였다. 그럼 이 예제가 정말 제대로 동작하는지 점검해 보자. 그냥 실행하면 당연히 오른쪽에 척 가서 붙을 것이다. 오른쪽, 위쪽, 아래쪽에 다른 앱바가 이미 있는 상황에서도 이 앱바는 제 위치를 정확하게 찾아간다. 앱바 프로그램을 여러 개 구해 띄워놓고 테스트해 보아라. 어떻게 이렇게 되는지 WM_CREATE 코드를 자세히 살펴보고 분석해 보기 바란다. 좌표 조정 과정을 살펴보고 싶으면 좀 수고스럽지만 디버거를 돌려보기 바란다.

경계선 문제

모든 것이 완벽해 보이지만 아직 한 가지 문제가 있다. 이 예제를 실행한 후 메모장을 최대화시켜 보자. 메모장은 앱바 영역을 침범할 수 없지만 실제로는 메모장의 경계선이 앱바 영역을 약간 침범한다. 직접 확인해 보면 앱바와 메모장의 경계선이 4픽셀 정도 겹치는 것을 알 수 있을 것이다.

이는 앱바가 영역을 잘못 계산한 것이 아니고 최대화된 윈도우의 경계선이 워크 에리어를 약간 벗어나도록되어 있기 때문이다. 만약 이 문제를 좀 더 깔끔하게 해결하고 싶다면 경계선의 두께만큼 영역을 좀 더 여유있게 확정지으면 된다. 소스를 다음과 같이 수정해 보자.

```
// 경계선의 폭을 빼줄 경우
// abd.rc.left=abd.rc.right-(50+GetSystemMetrics(SM_CXSIZEFRAME));

// 앱바 영역의 위치를 옮긴다.
SHAppBarMessage(ABM_SETPOS,&abd);

// 경계선의 폭을 빼줄 경우
 MoveWindow(hWnd,abd.rc.left+GetSystemMetrics(SM_CXSIZEFRAME),abd.rc.top,
    50,abd.rc.bottom-abd.rc.top,TRUE);

return 0;
```

경계선의 두께만큼 확정 영역에 여유를 주었다. 이제 메모장을 최대화시켜도 앱바 영역이 전혀 침범되지 않을 것이다. 깔끔한 방법을 원한다면 이런 코드를 쓸 수도 있겠으나 실제로는 이 정도까지 계산을 할 필요는 없다. 왜냐하면 앱바는 보통 항상 위(Always On Top) 옵션을 가지며 다른 윈도우의 경계선이 겹쳐도 앱바의 위로 보이지는 않기 때문이다. 오히려 이 계산을 하면 앱바끼리의 경계에

틈이 생겨 더 보기 싫을 수도 있다.

47-2-다. 위치 변경

AppBar1예제를 통해 앱바를 등록하고 도킹하는 전체적인 절차를 알아보았다. 보다시피 앱바를 한 번 도킹하기 위해서는 거쳐야 할 과정들이 많다. 한쪽 면에 붙어 있기만 한다면 이 정도 코드로도 충분하겠지만 사용자들은 자신의 취향에 따라 앱바의 도킹 면을 수시로 바꾸고 싶어한다. 또한 앱바의 두께도 언제든지 바꿀 수 있으며 항상 위, 자동 숨김 등의 좀 복잡한 옵션 사항도 처리해야 하고 다른 앱바의 상황 변화에도 제대로 반응할 수 있어야 한다.

앱바를 프로그래밍하는 과정이 이렇게 복잡하기 때문에 AppBar1예제와 같이 모든 작업을 한꺼번에 실행하는 구조로는 확장이 힘들다. 상황에 따라 호출할 수 있는 함수들을 미리 만들어 놓고 옵션 상황에 따라 함수를 호출하는 구조여야 한다. 즉 유틸리티 함수들을 먼저 만들어 놓고 이 함수들을 프로그래밍해야 한다는 얘기다. AppBar1 예제를 완전히 다시 재구성하여 AppBar2예제를 만들고 이 예제를 점차 확장해 보자.

우선 가장 먼저 필요한 것은 팝업 메뉴이다. 앱바 프로그램은 그 형태적 특성상 메인 메뉴를 가질 수 없으며 타이틀 바도 없고 심지어 시스템 메뉴도 가지고 있지 않다. 물론 억지로 만든다면 메인메뉴, 타이틀 바를 가진 앱바를 만들 수도 있겠지만 별로 어울리지 않는다. 그래서 앱바 프로그램은 사용자의 명령을 받아들일 인터페이스로 팝업 메뉴나 간단한 버튼을 주로 사용한다. AppBar2 프로젝트를 만들고 다음과 같이 팝업 메뉴를 디자인하였다.

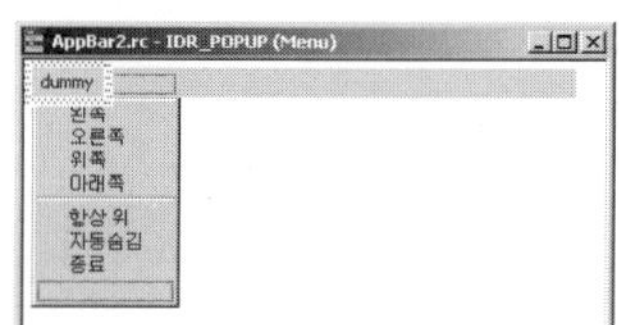

앱바가 도킹될 면을 선택하는 4개의 메뉴 항목과 항상 위, 자동숨김 옵션을 선택하는 메뉴 항목, 그리고 프로그램을 종료하는 종료 항목이 정의되어 있다. 도킹 면을 선택하는 메뉴 항목의 ID는 왼쪽, 위쪽, 오른쪽, 아래쪽 순서대로 연속적으로 정의해 두었는데 이 순서는 ABE_LEFT, ABE_TOP, ABE_RIGHT, ABE_BOTTOM 상수값의 순서와 일치하므로 메뉴 항목에 체크 표시를 붙일 때 편리하다.

예 제 : AppBar2

```
#include <windows.h>
#include <shlwapi.h>
#include "resource.h"

LRESULT CALLBACK WndProc(HWND,UINT,WPARAM,LPARAM);
HINSTANCE g_hInst;
HWND hWndMain;
LPSTR lpszClass=TEXT("AppBar2");

UINT gEdge;                    // 현재 도킹된 면
BOOL gAlwaysOnTop=FALSE;       // 항상 위
BOOL gAutoHide=FALSE;          // 자동 숨김
BOOL gThick=50;                // 앱바의 두께
```

```
#define WM_MYAPPCALLBACK WM_USER+100

// 함수 원형들
BOOL MyABRegister(HWND hWnd,UINT uCallBack);
BOOL MyABUnRegister(HWND hWnd);
BOOL MyABSetPos(HWND hWnd,UINT uEdge,UINT nPixel,BOOL bSetPos);

int APIENTRY WinMain(HINSTANCE hInstance,HINSTANCE hPrevInstance
          ,LPSTR lpszCmdParam,int nCmdShow)
{
    HWND hWnd;
    MSG Message;
    WNDCLASS WndClass;
    g_hInst=hInstance;

    WndClass.cbClsExtra=0;
    WndClass.cbWndExtra=0;
    WndClass.hbrBackground=(HBRUSH)GetStockObject(LTGRAY_BRUSH);
    WndClass.hCursor=LoadCursor(NULL,IDC_ARROW);
    WndClass.hIcon=LoadIcon(NULL,IDI_APPLICATION);
    WndClass.hInstance=hInstance;
    WndClass.lpfnWndProc=WndProc;
    WndClass.lpszClassName=lpszClass;
    WndClass.lpszMenuName=NULL;
    WndClass.style=CS_HREDRAW | CS_VREDRAW;
    RegisterClass(&WndClass);

    // 타이틀 바가 없는 윈도우를 만든다. 크기는 아무래도 상관없다.
    hWnd=CreateWindowEx(WS_EX_TOOLWINDOW,lpszClass,"",WS_POPUP | WS_THICKFRAME,
        CW_USEDEFAULT,CW_USEDEFAULT,CW_USEDEFAULT,CW_USEDEFAULT,
        NULL,(HMENU)NULL,hInstance,NULL);
    ShowWindow(hWnd,nCmdShow);

    while(GetMessage(&Message,0,0,0)) {
        TranslateMessage(&Message);
        DispatchMessage(&Message);
    }
    return Message.wParam;
}

// 앱바를 등록한다.
BOOL MyABRegister(HWND hWnd,UINT uCallBack)
{
    APPBARDATA abd;

    abd.cbSize = sizeof(APPBARDATA);
    abd.hWnd = hWnd;
    abd.uCallbackMessage = uCallBack;
    if (!SHAppBarMessage(ABM_NEW, &abd))
        return FALSE;
    return TRUE;
}

// 앱바를 해제한다.
BOOL MyABUnRegister(HWND hWnd)
```

```
{
    APPBARDATA abd;

    abd.cbSize = sizeof(APPBARDATA);
    abd.hWnd = hWnd;
    if (!SHAppBarMessage(ABM_REMOVE, &abd))
        return FALSE;
    return TRUE;
}

// 앱바의 위치를 지정한다.
// uEdge:고정할 위치. nPixel:앱바의 두께, bSetPos:위치 확정 여부
BOOL MyABSetPos(HWND hWnd,UINT uEdge,UINT nPixel,BOOL bSetPos)
{
    APPBARDATA abd;

    abd.cbSize = sizeof(APPBARDATA);
    abd.hWnd = hWnd;

    // 사용 가능한 스크린 영역을 조사한다.
    abd.uEdge = uEdge;
    SetRect(&abd.rc, 0,0,GetSystemMetrics(SM_CXSCREEN),
        GetSystemMetrics(SM_CYSCREEN));
    SHAppBarMessage(ABM_QUERYPOS, &abd);

    // 원하는 영역을 계산하여 설정한다.
    switch (uEdge) {
    case ABE_LEFT:
        abd.rc.right = abd.rc.left + nPixel;
        break;
    case ABE_RIGHT:
        abd.rc.left = abd.rc.right - nPixel;
        break;
    case ABE_TOP:
        abd.rc.bottom = abd.rc.top + nPixel;
        break;
    case ABE_BOTTOM:
        abd.rc.top = abd.rc.bottom - nPixel;
        break;
    }

    // 엡바 영역의 위치를 확정한다.
    if (bSetPos) {
        gEdge = uEdge;
        SHAppBarMessage(ABM_SETPOS, &abd);
    }

    // 실제로 윈도우를 이동시킨다.
    MoveWindow(hWnd, abd.rc.left, abd.rc.top,
        abd.rc.right - abd.rc.left, abd.rc.bottom - abd.rc.top, TRUE);

    return TRUE;
}
```

```
LRESULT CALLBACK WndProc(HWND hWnd,UINT iMessage,WPARAM wParam,LPARAM lParam)
{
    HMENU hMenu, hPopup;

    switch (iMessage) {
    case WM_CREATE:
        hWndMain=hWnd;
        MyABRegister(hWnd,WM_MYAPPCALLBACK);
        MyABSetPos(hWnd,ABE_RIGHT,gThick,TRUE);
        return 0;
    case WM_CONTEXTMENU:
        hMenu = LoadMenu(g_hInst, MAKEINTRESOURCE(IDR_POPUP));
        hPopup = GetSubMenu(hMenu, 0);
        if (gAlwaysOnTop) CheckMenuItem(hPopup,IDM_ALWAYSONTOP,MF_BYCOMMAND|MF_CHECKED);
        if (gAutoHide) CheckMenuItem(hPopup,IDM_AUTOHIDE,MF_BYCOMMAND|MF_CHECKED);
        CheckMenuItem(hPopup,IDM_LEFT+gEdge,MF_BYCOMMAND|MF_CHECKED);
        TrackPopupMenu(hPopup, TPM_LEFTALIGN, LOWORD(lParam), HIWORD(lParam),
            0, hWnd, NULL);
        DestroyMenu(hMenu);
        return 0;
    case WM_COMMAND:
        switch (LOWORD(wParam)) {
        case IDM_LEFT:
            if (gAutoHide==FALSE)
                MyABSetPos(hWndMain,ABE_LEFT,gThick,TRUE);
            break;
        case IDM_TOP:
            if (gAutoHide==FALSE)
                MyABSetPos(hWndMain,ABE_TOP,gThick,TRUE);
            break;
        case IDM_RIGHT:
            if (gAutoHide==FALSE)
                MyABSetPos(hWndMain,ABE_RIGHT,gThick,TRUE);
            break;
        case IDM_BOTTOM:
            if (gAutoHide==FALSE)
                MyABSetPos(hWndMain,ABE_BOTTOM,gThick,TRUE);
            break;
        case IDM_ALWAYSONTOP:
            break;
        case IDM_AUTOHIDE:
            break;
        case IDM_EXIT:
            DestroyWindow(hWnd);
            break;
        }
        return 0;
    case WM_DESTROY:
        MyABUnRegister(hWnd);
        PostQuitMessage(0);
        return 0;
    }
    return(DefWindowProc(hWnd,iMessage,wParam,lParam));
}
```

AppBar1 예제에 비해서 복잡해졌지만 훨씬 더 구조적이다. 마우스 오른쪽 버튼을 누르면 팝업 메뉴가 나타나며 팝업 메뉴에서 도킹할 면을 선택할 수 있다. 다음은 왼쪽, 위쪽으로 도킹시킨 모습이다.

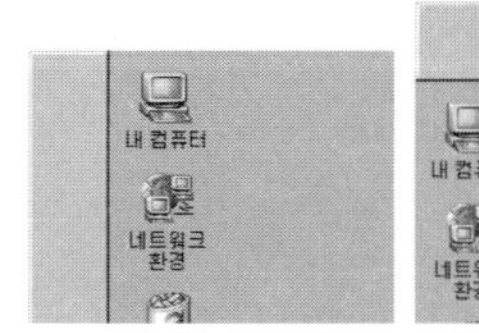

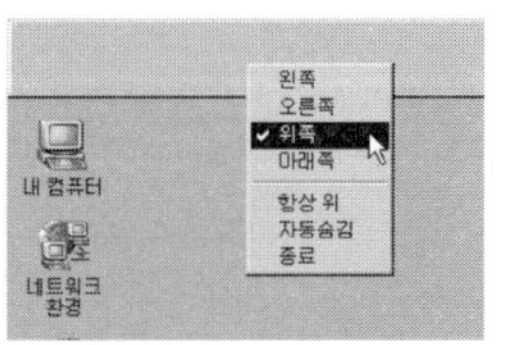

4개의 전역변수가 선언되어 있는데 이 변수들은 앱바의 옵션 설정 상태를 기억한다. 주석만으로도 그 용도를 쉽게 짐작할 수 있을 것이다. gEdge는 앱바가 도킹된 면을 기억하며 gThick는 앱바의 두께를 기억한다. 나머지 두 개의 변수는 항상 위, 자동 숨김 옵션의 설정 상태를 기억하는데 이 옵션들은 다음 예제에서 구현해 볼 것이다. MyAB로 시작하는 앱바를 제어하는 세 개의 함수가 선언되어 있다. 앱바를 등록하고 해제하는 두 함수는 더 이상 설명이 필요없을 정도로 간단하다. 이 함수들이 만들어져 있으므로 WM_CREATE, WM_DESTROY의 코드는 아주 간단해진다.

이 예제의 핵심은 MyABSetPos 함수이다. 이 함수는 hWnd 윈도우를 uEdge면에 nPixel 두께로 도킹시킨다. AppBar1예제의 WM_CREATE에 있던 코드들이 하나의 함수로 작성되었다. uEdge의 방향에 따라 앱바의 영역을 계산하는 코드가 작성되어 있으므로 이제 화면의 어디에나 도킹이 가능하다. bSetPos인수는 영역을 확정하지 않고 단순히 윈도우를 이동하기만 할 때 사용하는데 앱바를 드래그해서 이동시킬 때 필요하다.

WM_CONTEXTMENU에서는 팝업 메뉴를 출력하되 옵션 설정 상태에 따라 메뉴 항목에 적절히 체크 표시를 붙인다. 현재 앱바가 도킹된 면을 체크할 때는 IDM_LEFT+gEdge 메뉴 항목에 체크 표시를 붙이는데 메뉴 항목의 ID 순서를 gEdge의 값과 일치시켜 두었으므로 단순한 덧셈만으로 정확하게 체크를 할 수 있다.

WM_COMMAND에서는 메뉴 항목의 명령을 처리한다. 도킹 면을 변경할 때는 도킹 면을 uEdge 인수에 담아 MyABSetPos 함수만 호출하면 된다. 단 자동 숨김 상태일 때는 도킹 면을 변경할 수 없는데 이에 대해서는 다음에 좀 더 연구해 보자. 항상 위 옵션과 자동 숨김 옵션은 아직 처리하지 않았다. IDM_EXIT를 선택하면 프로그램을 종료한다.

47-2-라. 드래그로 위치 옮기기

팝업 메뉴를 선택해서 도킹 면을 바꿀 수도 있지만 이보다는 마우스로 앱바를 드래그해서 원하는 면에 붙이는 것이 훨씬 더 사용하기 편리하다. AppBar2 예제를 조금만 확장하면 이런 기능은 아주 쉽게 만들 수 있다. 드래그 중의 상태를 기억하기 위한 두 개의 전역변수를 선언한다.

예 제 : AppBar3

```
UINT gEdgeMoving;            // 이동중의 현재 면
BOOL gbMove=FALSE;            // 이동중
```

현재 앱바가 도킹된 면은 gEdge가 기억하지만 이동중의 임시 도킹 면은 gEdgeMoving이 기억하며 gMove는 앱바 드래그중인지를 기억하는 전역변수이다. 드래그 동작은 마우스로부터 유발되므로 마우스 메시지에서 드래그를 처리한다.

```
case WM_LBUTTONDOWN:
    if (gAutoHide==FALSE) {
        gEdgeMoving=gEdge;
        gbMove=TRUE;
        SetCapture(hWnd);
    }
    return 0;
case WM_LBUTTONUP:
    if (gAutoHide==FALSE) {
        gbMove=FALSE;
        ReleaseCapture();
        MyABSetPos(hWndMain,gEdgeMoving,gThick,TRUE);
    }
    return 0;
case WM_MOUSEMOVE:
    if (gbMove)
        OnMouseMove(LOWORD(lParam),HIWORD(lParam));
    return 0;
```

메뉴 항목에서와 마찬가지로 자동 숨김 상태일 때는 앱바의 위치를 변경할 수 없다. 왼쪽 마우스 버튼을 누르면(WM_LBUTTONDOWN) 즉시 드래그를 시작한다. 현재 도킹 면을 gEdgeMoving에 대입하고 gbMove를 TRUE로 설정하여 드래그 상태로 들어간다. 드래그가 시작되면 이 윈도우가 계속 마우스 이동 메시지를 받아야 하므로 SetCapture로 마우스를 캡처하였다. 드래그 상태에서 마우스를 움직이면 앱바는 마우스 커서의 위치에 따라 도킹 면을 바꾼다. 그러다가 마우스 버튼을 놓으면 앱바 위치를 확정한다. 드래그의 핵심 코드는 WM_MOUSEMOVE 메시지에 있는데 길이가 좀 길기 때문에 별도의 함수로 만들어 두었다.

```
void OnMouseMove(int x, int y)
{
    POINT pt;
    UINT Edge;
    int cx,cy;
    double a;

    cx=GetSystemMetrics(SM_CXSCREEN);
    cy=GetSystemMetrics(SM_CYSCREEN);
    a=(double)cy/cx;
    GetCursorPos(&pt);

    if (pt.y < a*pt.x) {
        if (pt.y < cy-a*pt.x)
            Edge=ABE_TOP;
        else
            Edge=ABE_RIGHT;
    } else {
        if (pt.y < cy-a*pt.x)
            Edge=ABE_LEFT;
        else
            Edge=ABE_BOTTOM;
    }

    if (Edge != gEdgeMoving) {
        MyABSetPos(hWndMain,Edge,gThick,FALSE);
        gEdgeMoving=Edge;
```

```
        }
    }
```

이 함수에서는 마우스의 현재 좌표로부터 앱바가 도킹될 면을 구한다. 별로 길지 않은 코드이지만 수학적인 계산이 들어가므로 그리 간단한 코드는 아니다. 마우스 커서 위치에 따라 앱바가 도킹될 면은 다음과 같이 결정된다.

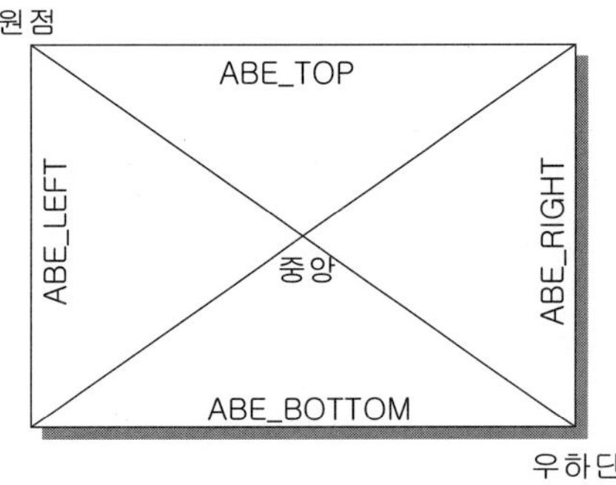

화면 모서리를 가로지르는 두 개의 대각선을 그으면 화면이 4분할된다. 화면 중앙을 기준으로 마우스 커서가 어느 위치에 있는지에 따라 앱바의 도킹 위치가 정해진다. 마우스 좌표로부터 앱바가 도킹될 면을 계산하는 것이 언뜻 보기에는 쉬워 보이지만 사실 그렇게 쉽지는 않았다. 여러분들도 퀴즈라고 생각하고 이 문제를 먼저 풀어보기 바란다.

화면의 원점에서 우하단을 잇는 우하향 대각선을 그어보자. 이 직선의 기울기는 우하단 x좌표를 우하단 y좌표로 나눈 값이다. 우하단 좌표를 (cx, cy)라고 했을 때 기울기 a=cy/cx가 된다. 그러면 우하향 대각선의 방정식은 y=ax로 정의할 수 있다.

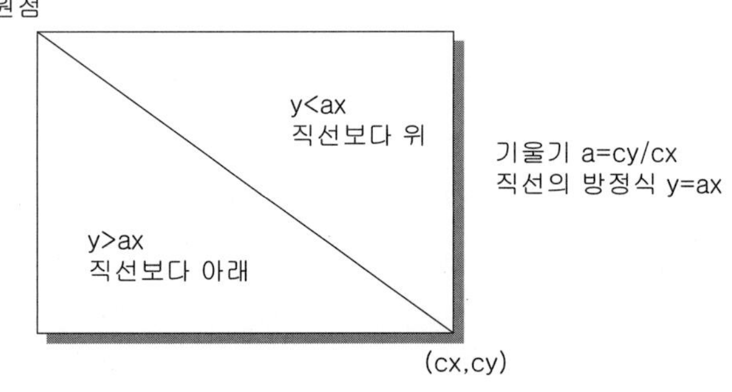

마우스 좌표를 이 방정식에 대입하면 현재 마우스 위치가 이 직선보다 위에 있는지 아래에 있는지를 알 수 있다. 이번에는 좌하단에서 우상단을 잇는 대각선을 그어보자. 이 직선의 방정식은 y=cy-ax로 정의되며 마우스 좌표를 직선의 방정식에 대입하면 이 직선의 어느쪽에 있는지를 알 수 있다.

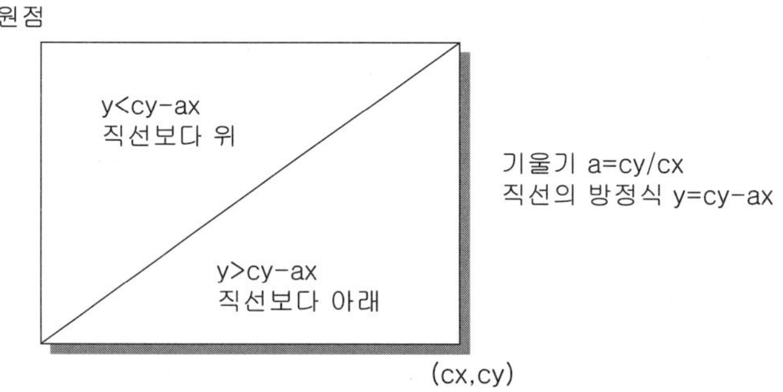

이 두 직선의 방정식과 마우스 좌표를 비교함으로써 앱바가 도킹될 위치가 구해진다.

우하향 직선보다	우상향 직선보다	도킹 위치
위	위	ABE_TOP
위	아래	ABE_RIGHT
아래	위	ABE_LEFT
아래	아래	ABE_BOTTOM

이 도표를 코드로 옮겨놓은 것이 OnMouseMove에 있다. 공식대로 앱바의 도킹 면을 구한 후 앱바를 이동시킨다. 이때 앱바가 현재 위치한 면과 이동될 면이 같은 경우는 당연히 앱바를 이동시킬 필요가 없다. 또한 드래그중일 때는 앱바를 단순히 옮기기만 해서 앱바가 도킹될 면을 보여주기만 하면 될 뿐 앱바의 위치를 확정지을 필요는 없다. 그래서 MyABSetPos의 bSetPos인수를 FALSE로 전달해 ABM_SETPOS 메시지는 보내지 않았다. 드래그 중에 앱바 위치까지 확정하면 속도가 너무 느려진다. 왜냐하면 앱바의 위치가 변경될 때는 실행중인 모든 프로그램이 영향을 받기 때문이다. 드래그 중에는 앱바 윈도우를 옮기기만 하고 드래그를 종료할 시점인 WM_LBUTTONUP에서 앱바를 확정짓는 것이 좋다.

47-2-마. 크기 변경

앱바는 스크린의 한쪽 면에 도킹되어 있기 때문에 자유롭게 위치를 옮길 수 없다. 그러나 앱바도 크기 변경은 가능해야 한다. 작업 표시줄을 보면 경계선을 드래그해서 높낮이를 변경할 수 있다. 앱바도 크기 변경을 가능하게 하기 위해서 WS_THICKFRAME 스타일을 가져야 한다. 그러나 앱바의 크기를 변경하는 것은 그리 간단하지 않으며 제약 사항이 많다.

도킹된 면을 유지하면서 두께만 조절하려면 앱바의 화면 안쪽 면만 드래그를 허용해야 한다. 앱바가 오른쪽에 도킹된 경우를 생각해 보자. 이 경우 앱바의 왼쪽 변을 드래그해서 두께를 조절할 수 있을 뿐이며 나머지 세 변은 항상 벽에 붙어 있어야 한다. 즉 화면 안쪽 면을 제외한 나머지 세 변은 크기 조정이 불가능해야 한다.

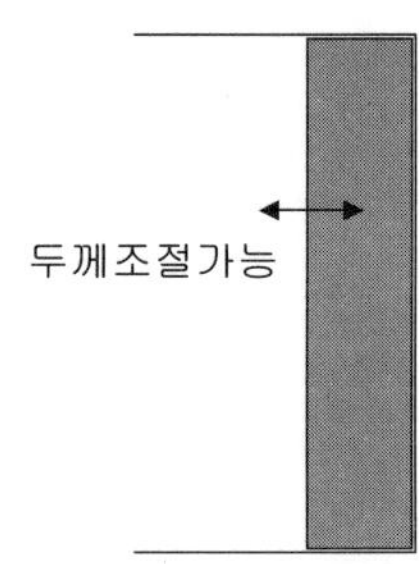

경계선의 크기 조절 기능을 통제하려면 WM_NCHITTEST 메시지에서 조건에 맞지 않는 경계선은 마치 작업영역인 것처럼 만든다.

예 제 : AppBar4

```
case WM_NCHITTEST:
    LRESULT lRes;
    lRes=DefWindowProc(hWnd,iMessage,wParam,lParam);
    if ((gEdge==ABE_TOP) && ((lRes==HTBOTTOM) || (lRes==HTBOTTOMLEFT) ||
        (lRes==HTBOTTOMRIGHT))) return HTBOTTOM;
    if ((gEdge==ABE_BOTTOM) && ((lRes==HTTOP) || (lRes==HTTOPLEFT) ||
        (lRes==HTTOPRIGHT))) return HTTOP;
    if ((gEdge==ABE_LEFT) && ((lRes==HTRIGHT) || (lRes==HTTOPRIGHT) ||
        (lRes==HTBOTTOMRIGHT))) return HTRIGHT;
    if ((gEdge==ABE_RIGHT) && ((lRes==HTLEFT) || (lRes==HTTOPLEFT) ||
        (lRes==HTBOTTOMLEFT))) return HTLEFT;
    return HTCLIENT;
```

앱바가 도킹된 면에 따라 조건문 4개가 있는데 제일 아래쪽의 오른쪽 도킹인 경우를 보자. 이 경우 크기 변경이 허가되는 변은 앱바의 왼쪽 면(HTLEFT), 왼쪽 위(HTTOPLEFT), 왼쪽 아래(HTBOTTOMLEFT) 세 군데 뿐이며 세 군데중 하나에 커서가 있으면 HTLEFT로 인식한다. 그외의 나머지 영역에 커서가 있을 경우는 모두 HTCLIENT를 리턴해서 크기 조정이 불가능하게 만들었다. 나머지 세 변의 경우도 화면 안쪽으로만 크기 조정이 가능하다.

앱바의 두께가 변경되면 앱바가 차지하고 있는 영역도 변경된 두께에 맞게 다시 갱신해야 한다. 이 작업을 하지 않으면 앱바가 차지하고 있는 영역과 앱바의 실제 크기가 달라지는 불일치가 발생하여 앱바가 제대로 도킹되지 못한다. 이 작업은 앱바의 크기가 변경될 때인 WM_SIZE에서 할 수도 있지만 WM_SIZE는 효율상 별로 좋은 선택이 아니다. 왜냐하면 WM_SIZE는 두께가 조금이라도 변하면 매번 호출되기 때문에 불필요하게 앱바 영역을 다시 계산하기 때문이다. 이보다는 사용자가 크기 변경을 마무리하고 마우스 버튼을 놓는 시점인 WM_EXITSIZEMOVE에서 앱바 영역을 한 번만 다시 계산하는 것이 훨씬 더 합리적이다.

```
case WM_EXITSIZEMOVE:
    RECT crt;
    GetWindowRect(hWnd,&crt);
    if ((gEdge==ABE_LEFT) || (gEdge==ABE_RIGHT)) gThick=crt.right-crt.left;
    if ((gEdge==ABE_TOP) || (gEdge==ABE_BOTTOM)) gThick=crt.bottom-crt.top;
    MyABSetPos(hWnd,gEdge,gThick,TRUE);
    return 0;
```

앱바의 도킹 면에 따라 두께를 다시 계산하고 MyABSetPos 함수를 호출해서 앱바 영역을 다시 확정했다. 여기까지 코드를 작성하고 실행해 보면 화면 안쪽 면만 드래그됨은 물론이고 마우스 커서를 놓기 전에는 앱바의 영역이 재계산되지 않기 때문에 크기 변경 작업이 부드럽게 이루어질 것이다. 여기에 한 가지 더 추가를 한다면 앱바의 두께를 제한하는 기능이 필요하다. 한쪽 면에 도킹되어 있는 앱바가 너무 넓은 영역을 차지할 필요는 없기 때문에 그 두께를 제한할 필요가 있는데 이때는 WM_GETMINMAXINFO 메시지를 사용한다.

```
case WM_GETMINMAXINFO:
    MINMAXINFO *pM;
    if (gbMove == FALSE) {
        pM=(MINMAXINFO *)lParam;
        if ((gEdge==ABE_LEFT) || (gEdge==ABE_RIGHT))
            pM->ptMaxTrackSize.x=GetSystemMetrics(SM_CXSCREEN)/2;
        if ((gEdge==ABE_TOP) || (gEdge==ABE_BOTTOM))
            pM->ptMaxTrackSize.y=GetSystemMetrics(SM_CYSCREEN)/2;
    }
    return 0;
```

앱바의 방향에 따라 화면 폭 또는 높이의 절반 이상의 두께를 가지지 못하도록 하였다. 왜 이런 코드가 필요한지는 작업 표시줄의 경계선을 드래그해 보면 쉽게 이해가 갈 것이다. 그런데 위 코드는 한 가지 문제점을 가지고 있다. 좀 더 완벽하게 만든다면 앱바의 높이와 폭을 따로 관리해서 수평인 경우와 수직인 경우의 두께를 따로 지정할 수 있지만 이 예제에서는 gThick 변수 하나로 앱바의 두께를 기억한다. 수평, 수직 두께에 구분을 두지 않았기 때문에 WM_GETMINMAXINFO의 제한에도 불구하고 앱바가 화면의 절반 이상을 차지하는 불상사가 발생할 수도 있다. 어떤 경우인가 하면 수평으로 최대로 확대해 놓은 상태에서 앱바를 드래그하여 수직 위치에 도킹시킬 때이다.

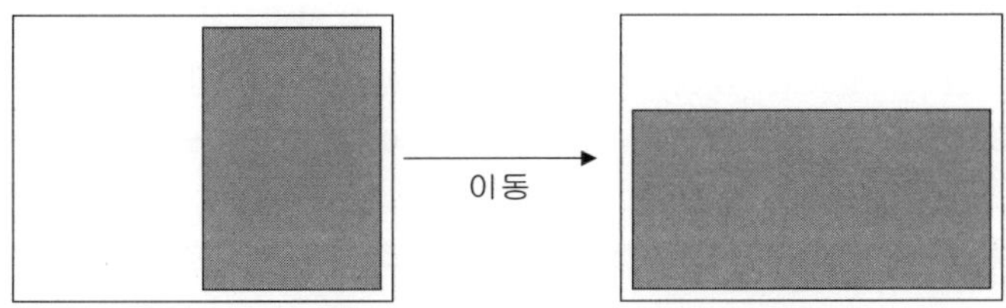

이 경우 수평 최대 크기가 수직 크기에 그대로 반영되어 버리므로 수직 크기가 화면 높이의 절반이 아닌 화면 폭의 절반인 상태가 된다. 이 버그는 앱바의 위치를 확정하는 MyABSetPos에 다음 코드를 추가함으로써 간단히 수정할 수 있다.

```
BOOL MyABSetPos(HWND hWnd,UINT uEdge,UINT nPixel,BOOL bSetPos)
{
    APPBARDATA abd;

    abd.cbSize = sizeof(APPBARDATA);
    abd.hWnd = hWnd;

    if ((uEdge==ABE_LEFT) || (uEdge==ABE_RIGHT))
        gThick=nPixel=min(gThick, GetSystemMetrics(SM_CXSCREEN)/2);
    if ((uEdge==ABE_TOP) || (uEdge==ABE_BOTTOM))
        gThick=nPixel=min(gThick, GetSystemMetrics(SM_CYSCREEN)/2);
..........................
```

앱바 영역을 확정하기 전에 두께가 과연 제대로 설정되어 있는지 체크해 보고 그렇지 않을 경우 화면 폭(또는 높이)의 절반으로 강제로 변경하는 코드이다.

47-2-바. 항상 위, 자동 숨김

모든 앱바들이 공통적으로 가지고 있는 두 개의 속성이 있는데 항상 위(Always On Top) 옵션과 자동 숨김(Auto Hide) 옵션이다. 앱바를 정말 쓸만하게 만드는 유용한 옵션들인데 굳이 설명하지 않아도 무슨 기능인지는 잘 알고 있을 것이다. 만약 모른다면 작업 표시줄의 등록정보를 확인해 보기 바란다.

예 제 : AppBar5

AppBar5 예제에 이 두 기능을 구현해 보되 상대적으로 쉬운 항상 위 옵션부터 구현해 보자. 앱바가 도킹되면 워크 에리어 영역이 앱바가 차지한 영역만큼 감소되는데 다른 윈도우들은 워크 에리어 영역내에서만 최대화될 수 있으며 앱바는 다른 윈도우가 최대화되어도 자신의 독점적 영역을 계속 유지한다. 그러나 윈도우들이 배치되는 데스크탑 영역은 앱바와 상관없이 항상 고정된 크기를 가지므로 앱바가 독점적인 영역을 확보하고 있더라도 다른 윈도우에 의해 덮여질 수는 있다.

앱바란 항상 보여야 하는 윈도우인데 이렇게 덮여버리면 그 효용이 반감된다. 그래서 보통 앱바에는 항상 위 옵션을 주어 보통 윈도우보다 더 높은 Z순서를 가지도록 한다. 항상 위 옵션은 WS_EX_TOPMOST 스타일을 주는 것일 뿐 별다른 옵션이 아니므로 SetWindowPos 함수로 간단하게 탑 모스트 윈도우로 만들거나 취소할 수 있다.

```
void MyABSetAlwaysOnTop(HWND hWnd,BOOL bTop)
{
     if (gAlwaysOnTop)
          SetWindowPos(hWnd,HWND_TOPMOST,0,0,0,0,SWP_NOMOVE | SWP_NOSIZE | SWP_NOACTIVATE);
     else
          SetWindowPos(hWnd,HWND_NOTOPMOST,0,0,0,0,SWP_NOMOVE | SWP_NOSIZE | SWP_NOACTIVATE);
}
```

두 번째 인수에 HWND_TOPMOST를 지정하면 탑 모스트 윈도우가 되며 HWND_NOTOPMOST를 지정하면 보통 윈도우가 된다. WM_COMMAND에서는 메뉴 항목에 대한 처리를 한다. 팝업 메뉴에서 항상 위 옵션이 선택되면 전역변수 gAlwaysOnTop을 반전시키고 MyABSetAlwaysOnTop 함수를 부르기만 하면 된다.

```
case IDM_ALWAYSONTOP:
     gAlwaysOnTop =! gAlwaysOnTop;
     MyABSetAlwaysOnTop(hWndMain,gAlwaysOnTop);
     break;
```

다음은 앱바 프로그래밍 중 가장 어려운 자동 숨김 기능을 구현해 보자. 자동 숨김 기능을 구현하는 일반적인 방법은 정의되어 있지 않으며 쉘 라이브러리가 자동 숨김을 지원하는 것도 아니다. 쉘은 자동 숨김 등록만 해줄 뿐 윈도우를 숨기거나 다시 보이는 작업은 프로그램이 직접 해야 한다. 자동 숨김을 구현하는 여러 가지 방법들이 개발되어 있는데 프로그램 상황에 따라 특수한 코드로 작성되어 있어 예제를 보고 응용하기도 쉽지 않다. 다음 순서를 따라하면서 자동 숨김 기능을 구현해 보자. 우선 메뉴 항목을 처리하는 코드부터 추가한다.

```
case IDM_AUTOHIDE:
    if (gAutoHide==FALSE)
        MyABSetAutoHide(hWndMain,TRUE);
    else
        MyABSetAutoHide(hWndMain,FALSE);
    break;
```

자동 숨김 상태를 기억하는 전역변수 gAutoHide값에 따라 자동 숨김을 하거나 취소하는 MyABSetAutoHide 함수를 호출한다. 이 함수는 다음과 같이 작성하였다.

```
void MyABSetAutoHide(HWND hWnd,BOOL bHide)
{
    APPBARDATA abd;

    abd.cbSize = sizeof(APPBARDATA);
    abd.hWnd = hWnd;
    if (bHide == TRUE) {
        abd.uEdge = gEdge;
        if (SHAppBarMessage(ABM_GETAUTOHIDEBAR,&abd) != NULL) {
            MessageBox(hWnd,"이미 자동 숨김 윈도우가 있습니다.","알림",MB_OK);
            return;
        }
        abd.lParam=TRUE;
        if (SHAppBarMessage(ABM_SETAUTOHIDEBAR,&abd) == FALSE) {
            MessageBox(hWnd,"자동 숨김 실패","알림",MB_OK);
            return;
        }
        gAutoHide=TRUE;
        MyABUnRegister(hWnd);
        SetTimer(hWnd,0,1000,NULL);
    } else {
        KillTimer(hWnd,0);
        gAutoHide=FALSE;
        abd.uEdge = gEdge;
        abd.lParam=FALSE;
        SHAppBarMessage(ABM_SETAUTOHIDEBAR,&abd);
        MyABRegister(hWnd,WM_MYAPPCALLBACK);
        MyABSetPos(hWnd,gEdge,gThick,TRUE);
    }
}
```

자동 숨김 기능은 한 면에 하나의 앱바만 사용할 수 있다. 만약 한 면에 둘 이상의 앱바가 자동 숨김 상태로 숨어 있다면 그 중 하나는 다시 사용할 수 없게 되거나 두 윈도우가 서로를 방해하는 상태가 될 것이다. 그래서 쉘은 한 면에 하나 이상의 앱바가 자동 숨김 상태가 되지 않게 관리하는 역할을 하며 그래서 자동 숨김 상태로 만들려면 쉘에게 먼저 보고해서 허가를 받아야 한다.

자신이 자동 숨김 상태로 사용할 면에 이미 다른 자동 숨김 앱바가 있는지를 조사해 봐야 하는데 이때는 uEdge에 등록할 면을 넣고 ABM_GETAUTOHIDEBAR 메시지를 보내본다. 이 메시지는 uEdge

면에 등록된 자동 숨김 윈도우의 핸들을 조사하는데 없으면 NULL을 리턴한다. 만약 자동 숨김 윈도우가 이미 있다면 등록이 불가능하므로 에러처리한 후 조용히 그냥 리턴해야 한다.

자동 숨김 윈도우가 없으면 자신을 자동 숨김 윈도우로 등록하여 다른 앱바가 중복 등록하지 못하게 해야 한다. uEdge에 등록할 면을, hWnd에 앱바 윈도우의 핸들을, lParam에 TRUE를 대입하고 ABM_SETAUTOHIDEBAR 메시지를 보낸다. 특별한 에러가 없으면 자동 숨김 윈도우로 등록될 것이다. 그러나 등록이 완료되었다고 해서 달라지는 것은 아무것도 없다. 쉘은 다만 중복 등록만을 막아줄 뿐이며 앱바를 숨기거나 다시 드러내는 일은 프로그램이 알아서 해야 한다. 숨기는 방법도 갖가지 방법이 있는데 앱바 영역을 2픽셀 정도로 축소하고 앱바를 그 안에 넣는 방법이 있고 앱바 등록을 취소한 후 화면 가장자리에 2픽셀만 보이도록 윈도우를 이동하는 방법이 있다. 이 예제에서는 후자의 방법을 선택했다.

MyABUnRegister 함수를 호출하여 앱바 등록을 취소해버린다. 앱바를 숨기는 시기를 주기적으로 점검하기 위해 타이머를 설치한다. 반응성을 더 높이고 싶다면 스레드를 사용하는 방법도 권장할 만하다. 타이머는 일정한 조건이 만족되면 앱바를 화면 가장자리로 숨긴다. 자동 숨김을 해제하려면 lParam에 FALSE를 넣고 ABM_SETAUTOHIDEBAR 메시지를 보낸 후 앱바를 다시 등록하고 타이머를 제거하면 된다. 언제 앱바를 숨길 것인가는 WM_TIMER에서 1초에 한 번씩 판단한다.

```
case WM_TIMER:
    RECT rt;
    POINT pt;
    if (GetActiveWindow()==hWnd)
        return 0;
    GetWindowRect(hWnd,&rt);
    GetCursorPos(&pt);
    if (PtInRect(&rt,pt)==FALSE)
        MyABHideReveal(hWnd,TRUE);
    return 0;
```

앱바가 활성 윈도우가 아니고 마우스가 앱바 영역밖에 있을 때 앱바를 숨겼다. 실제로 앱바를 숨기거나 다시 드러내는 일은 다음 함수가 한다. 앱바의 방향에 따라 2픽셀만 보이도록 앱바의 위치를 이동시켜 숨기며 다시 드러낼 때는 원래의 위치로 앱바를 옮겨 보이도록 하였다.

```
void MyABHideReveal(HWND hWnd,BOOL bHide)
{
    int cx,cy;
    RECT rt;

    cx=GetSystemMetrics(SM_CXSCREEN);
    cy=GetSystemMetrics(SM_CYSCREEN);
    GetWindowRect(hWnd,&rt);

    if (bHide) {
        switch (gEdge) {
        case ABE_LEFT:
            SetWindowPos(hWnd,NULL,-gThick+2,rt.top,0,0,SWP_NOACTIVATE|SWP_NOZORDER|SWP_NOSIZE);
            break;
        case ABE_TOP:
            SetWindowPos(hWnd,NULL,rt.left,-gThick+2,0,0,SWP_NOACTIVATE|SWP_NOZORDER|SWP_NOSIZE);
            break;
        case ABE_RIGHT:
            SetWindowPos(hWnd,NULL,cx-1,rt.top,0,0,SWP_NOACTIVATE|SWP_NOZORDER|SWP_NOSIZE);
```

```
                break;
            case ABE_BOTTOM:
                SetWindowPos(hWnd,NULL,rt.left,cy-1,0,0,SWP_NOACTIVATE|SWP_NOZORDER|SWP_NOSIZE);
                break;
            }
        } else {
            switch (gEdge) {
            case ABE_LEFT:
                SetWindowPos(hWnd,NULL,0,rt.top,0,0,SWP_NOACTIVATE|SWP_NOZORDER|SWP_NOSIZE);
                break;
            case ABE_TOP:
                SetWindowPos(hWnd,NULL,rt.left,0,0,0,SWP_NOACTIVATE|SWP_NOZORDER|SWP_NOSIZE);
                break;
            case ABE_RIGHT:
                SetWindowPos(hWnd,NULL,cx-gThick,rt.top,0,0,SWP_NOACTIVATE|SWP_NOZORDER|SWP_NOSIZE);
                break;
            case ABE_BOTTOM:
                SetWindowPos(hWnd,NULL,rt.left,cy-gThick,0,0,SWP_NOACTIVATE|SWP_NOZORDER|SWP_NOSIZE);
                break;
            }
        }
    }
```

숨겨진 앱바를 다시 보이는 시기는 사용자가 앱바 윈도우 위로 마우스 커서를 가져왔을 때이다. 이때 마우스가 비작업영역에 들어오므로 WM_NCMOUSEMOVE 메시지가 발생한다. 이 메시지를 받았을 때 숨겨진 윈도우를 다시 드러내면 된다. 물론 자동 숨김 상태일 때만 말이다.

```
case WM_NCMOUSEMOVE:
    if (gAutoHide)
        MyABHideReveal(hWnd,FALSE);
    return 0;
```

이상으로 앱바를 숨기는 방법에 대해 알아보았다. 실행해 보면 정상적으로 동작하기는 하지만 불만들이 좀 많을 것이다. 자동 숨김 상태에서는 앱바의 도킹 면을 바꿀 수 없는데 마음 먹고 만들면 얼마든지 가능하다. 숨김 상태에서 이동하면 자동 숨김을 취소하고 이동한 새 위치에서 다시 자동 숨김 상태를 등록하면 된다. 그러나 말이 쉽지 고려해야 될 사항이 한두 가지가 아니다. 하필 이동한 곳에 자동 숨김 윈도우가 이미 있을 경우의 처리가 복잡해진다. 인터넷에서 구한 예제들은 대부분 자동 숨김 상태에서의 이동 처리에 버그가 있었다.

더 욕심을 낸다면 작업 표시줄처럼 멋지게 슬라이딩하는 효과를 줄 수도 있을 것이다. 그런 효과들은 여러분들이 직접 연구해 보기 바란다. 이런 효과까지 구현한 예제를 만들었었는데 도저히 깔끔하게 설명 가능한 소스를 만들 수가 없어 포기했다.

47-2-사. 메시지에 반응하기

앱바를 등록하거나 위치를 정할 때 쉘과의 대화를 통해 사용가능한 영역을 조사한다. 그래서 앱바가 작업 표시줄 영역을 침범하거나 다른 앱바와 화면에서 충돌하는 일이 없다. 앱바를 등록할 때와 마찬가지로 앱바가 실행중인 동안에도 쉘과 끊임없이 대화하면서 자신이 제 위치에 있는지, 옵션을 바꿀 필요는 없는지 조사해 주위 상황에 맞추어야 한다. AppBar5는 실행 후에 이런 대화를 하지 않기 때문에 몇 가지 문제점을 가지고 있다. 어떤 문제점을 가지고 있는지 AppBar5를 실행한 후 알아보자.

첫 번째로 실행된 후의 상황 변화에 반응하지 못한다. 앱바가 등록될 때는 사용가능한 영역을 조사하지만 실행중에는 사용가능한 영역의 변화에 대처하지 못하기 때문이다. 왼쪽 그림은 AppBar5가 실행된 직후의 모습인데 아래쪽의 작업 표시줄 영역을 침범하지 않고 제대로 자리를 잡았다. 이 상태에서 작업 표시줄을 왼쪽 변으로 옮겼다고 해 보자. 이렇게 되면 앱바가 화면 아래쪽까지 내려와야 하나 그렇지 못하고 한 번 정한 위치에 그대로 있는다.

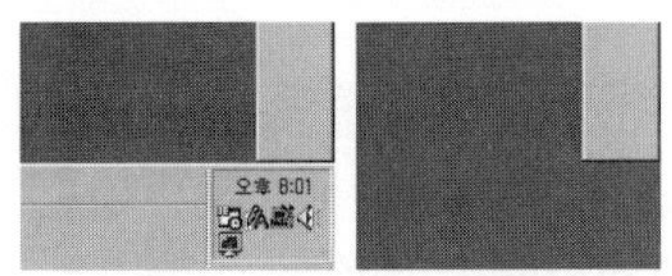

두 번째로 해상도 변화에 반응하지 못한다. 800*600크기의 화면에서 도킹되어 있다가 사용자가 해상도를 1024*768로 바꾸었다고 하자. 이 경우 앱바는 변경된 해상도를 인식하지 못하고 800*600 해상도에 맞게 정한 위치에 그대로 가만히 있게 되며 결국 화면만 커지고 워크 에리어는 제한되는 상태가 되고 만다. 반대의 경우는 오히려 더 심각하다. 큰 해상도에서 앱바가 생성되었다가 사용자가 작은 해상도로 바꾸면 앱바는 아예 화면에서 사라져버릴 것이다.

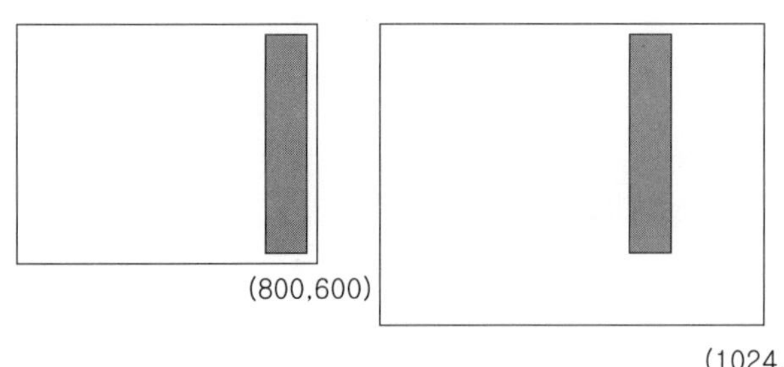

세 번째로 항상 위 옵션을 선택한 상태에서 전체 화면을 사용하는 프로그램을 실행한 경우도 문제가 있다. 설치 프로그램이나 게임 등은 전체 화면을 임시적으로 다 사용하는데 이때 앱바가 항상 위 옵션을 사용하고 있다면 게임 화면 위에 앱바가 표시되는 볼썽 사나운 현상이 나타나게 된다.

이 모든 증상은 앱바가 생성 후에 쉘과 대화를 하지 않기 때문에 발생한다. 쉘은 앱바가 위치나 크기, 속성을 바꾸어야 할 때 통지 메시지를 보내주는데 모든 앱바들은 이 메시지에 반응해야 할 의무를 가지고 있다. 또한 몇 개의 윈도우즈 메시지 발생시 이 사실을 쉘에게 통보해야 할 필요가 있는데 어떤 메시지에 어떻게 반응해야 하는지 정리해 보자.

① 앱바가 WM_ACTIVATE 메시지를 받았을 때, 즉 활성화되었을 때 앱바는 ABM_ACTIVATE 메시지를 쉘에게 보내 자신이 활성화되었음을 알려야 한다. 이런 경우를 상상해 보자. 한 면에 두 개의 앱바가 있는데 그 중 하나는 자동 숨김 옵션이 선택되어 있고 둘 다 항상 위 옵션이 선택되어 있다. 이때 숨겨진 앱바는 항상 가장자리가 보여야 하는데 나머지 앱바가 이를 가려서는 안 된다. 그러나 둘 다 항상 위 옵션을 가지고 있으므로 숨겨진 앱바가 덮여버릴 수 있으며 이렇게 되면 자동 숨김 앱바는 사용 불능 상태가 되어버린다. 그래서 앱바끼리는 항상 위 옵션보다 자동 숨김 옵션을 가진 앱바가 더 위쪽에 있어야 하는데 이 작업을 쉘이 대신한다. 단, 앱바들은 활성화되었을 때 이 작업을 쉘에게 알려야 쉘이 Z순서를 제대로 조정할 수 있다.

② 앱바가 WM_WINDOWPOSCHANGED 메시지를 받았을 때 쉘에게 ABM_WINDOWPOSCHANGED 메시지를 보내야 한다. 이 메시지를 보내는 이유는 두 앱바가 같은 면에 있고 둘 다 항상 위 옵션을 가지고 있지 않을 때 자동 숨김 앱바가 그렇지 않은 앱바

보다 위에 배치되기 위해서다.

③ WM_SETTINGCHANGE 메시지를 받았을 때 앱바는 자신의 위치를 재조정해야 한다. 화면 해상도가 바뀔 때마다 새 위치를 계산하기 위해서이다.

④ ABN_POSCHANGED 통지 메시지를 받았을 때 자신의 위치를 재조정해야 한다. 이 통지 메시지는 다른 앱바가 생성, 제거, 이동할 때 발생하는데 이 메시지에 반응하면 다른 앱바의 변화를 감지할 수 있다.

⑤ ABN_FULLSCREENAPP 통지 메시지는 전체 화면을 사용하는 프로그램이 실행되었다는 신호이다. 이 메시지를 받으면 항상 위 옵션을 잠시 해제해야 한다.

⑥ ABN_SETSTATECHANGE 통지 메시지는 작업 표시줄의 옵션 상태가 변경될 때 보내진다. 앱바가 작업 표시줄과 같은 옵션을 가지도록 하고 싶다면 이 메시지를 받았을 때 작업 표시줄과 같은 옵션을 적용하면 된다. 그렇지 않다면 이 메시지는 무시해도 상관없다.

⑦ ABN_WINDOWARRANGE 통지 메시지는 사용자가 윈도우를 정렬할 때 발생한다. 윈도우 정렬에 앱바도 포함시키려면 이 메시지에 반응하면 된다.

윈도우와 쉘이 보내주는 이 모든 메시지들에 반응하면 앱바는 실행중에도 항상 정확한 위치와 상태를 유지할 수 있다. 다음 코드를 WndProc에 추가해 AppBar6 예제를 만들어 보자.

예 제 : AppBar6

```
case WM_ACTIVATE:
    abd.cbSize = sizeof(APPBARDATA);
    abd.hWnd = hWnd;
    SHAppBarMessage(ABM_ACTIVATE,&abd);
    return 0;
case WM_WINDOWPOSCHANGED:
    abd.cbSize = sizeof(APPBARDATA);
    abd.hWnd = hWnd;
    SHAppBarMessage(ABM_WINDOWPOSCHANGED,&abd);
    return 0;
case WM_SETTINGCHANGE:
    if (wParam == SPI_SETWORKAREA)
        MyABSetPos(hWnd,gEdge,gThick,TRUE);
    return 0;
case WM_MYAPPCALLBACK:
    switch (wParam) {
    case ABN_POSCHANGED:
        MyABSetPos(hWnd,gEdge,gThick,TRUE);
        break;
    case ABN_FULLSCREENAPP:
        if ((lParam==TRUE) && (gAlwaysOnTop==TRUE))
            SetWindowPos(hWndMain,HWND_BOTTOM,0,0,0,0,
                SWP_NOMOVE | SWP_NOSIZE | SWP_NOACTIVATE);
        if ((lParam==FALSE) && (gAlwaysOnTop==TRUE))
            MyABSetAlwaysOnTop(hWnd,gAlwaysOnTop);
        break;
    // 한 번 자동 숨김 상태가 되어 버리면 이 메시지는 다시 받을 수 없다.
    case ABN_STATECHANGE:
        DWORD TState;
        abd.cbSize = sizeof(APPBARDATA);
        abd.hWnd = hWnd;
        TState=SHAppBarMessage(ABM_GETSTATE,&abd);
```

```
        gAlwaysOnTop=((TState & ABS_ALWAYSONTOP)!=0);
        MyABSetAlwaysOnTop(hWnd,gAlwaysOnTop);
        MyABSetAutoHide(hWnd,((TState & ABS_AUTOHIDE)!=0));
        break;
    case ABN_WINDOWARRANGE:
        // 아무일도 할 필요가 없다.
        break;
    }
    return 0;
```

WM_ACTIVATE, WM_WINDOWPOSCHANGED 메시지를 받으면 대응되는 메시지를 쉘로 보낸다. WM_SETTINGCHANGE의 wParam이 SPI_SETWORKAREA일 때, 즉 화면 해상도가 변경되었을 때나 ABN_POSCHANGED 통지 메시지가 전달되었을 때 MyABSetPos 함수를 다시 호출하여 위치를 재계산했다. 이제 도킹된 후 다른 앱바가 자리를 옮기면 앱바는 스스로 자신의 좌표를 다시 계산할 수 있다.

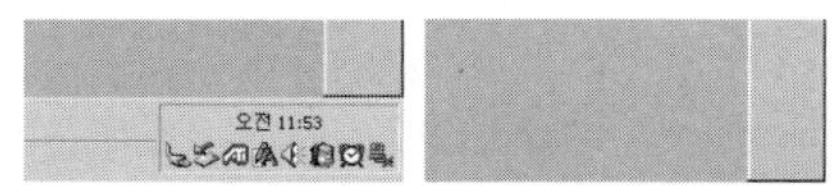

ABN_FULLSCREENAPP 통지 메시지는 전체 화면 윈도우가 실행될 때 lParam에 TRUE를, 전체 화면 윈도우가 종료될 때는 lParam에 FALSE를 전달한다. 전체 화면 윈도우가 실행될 때 앱바를 Z순서의 바닥으로 보내고 전체 화면 윈도우가 종료될 때 다시 항상 위 옵션을 켜주면 된다.

ABN_STATECHANGE 메시지에서는 작업 표시줄의 상태를 읽어 이 옵션대로 앱바의 속성을 다시 설정한다. 즉 작업 표시줄이 항상 위 옵션을 가지도록 변경되면 우리의 앱바도 이 속성을 따라가고 자동 숨김 상태가 되면 우리 앱바도 자동 숨김 상태가 된다. 그러나 이 예제는 이 메시지를 처리하는데 한 가지 문제가 있다. 한 번 자동 숨김 상태가 되어버리면 앱바 등록을 스스로 취소하기 때문에 작업 표시줄의 자동 숨김 상태 취소에 대한 통지는 받을 수 없다는 점이다. 자동 숨김을 처리하는 방법을 바꾸든가 아니면 ABN_STATECHANGE 메시지를 무시해 버리면 문제를 해결할 수 있다.

이제 다 만들어진 AppBar6예제를 테스트해 보아라. 다른 앱바가 생성, 추가, 변경되어도 잘 반응할 것이며 화면 해상도나 전체 화면 프로그램의 실행에도 지능적으로 대처할 것이다.

이상으로 6단계에 걸친 앱바 실습을 마친다. 더 많은 기능을 구현해 보고 싶지만 기능과 깔끔함을 동시에 유지하기가 어려워 여기서 그만두기로 한다. 완벽한 예제는 아니지만 이 정도면 앱바 프로그램의 요소들은 거의 다 다루었다고 할 수 있다. 제대로 만들려면 다중 모니터 지원 등의 코드도 추가해야 한다. 응용은 여러분 스스로 해 보기 바란다.

MSDN에 보면 Jeffrey Richter가 만든 ShellRun이라는 앱바 예제가 있는데 이 예제를 분석해 보면 앱바에 대해 더 많은 정보를 얻을 수 있을 것이다. 이 예제는 앱바를 아주 잘 프로그래밍하고 있지만 화면 해상도의 변화에 대응하지 못하는 사소한 버그가 있다. 또한 이 예제에서 눈여겨 볼 것은 앱바를 C++ 클래스로 정의해 놓았다는 점인데 클래스의 재사용성을 높이기 위해 애쓴 흔적들을 많이 볼 수 있다. 그러나 나는 앱바를 클래스로 작성하는 것에 대해서는 다소 회의적이며 앱바는 클래스로 만들만한 대상이 아니라고 생각한다. 프로그램의 상황에 따라 앱바의 기능도 천차만별로 달라지기 때문에 일반적인 기능을 모두 뽑아내 클래스로 만들기가 무척 어렵다. 게다가 이렇게 만들어진 클래스를 재사용한다는 것도 쉬운 일이 아니다.

47-3 폴더

47-3-가. 특수 폴더

특수 폴더

윈도우즈에는 용도가 미리 정해져 있는 약속된 폴더들이 많이 있다. 이 폴더들을 특수 폴더(Special Folder)라고 한다. 예를 들어 운영체제 자신이 설치되어 있는 윈도우즈 디렉토리, 시스템 파일들이 저장되어 있는 시스템 디렉토리, 글꼴 파일들이 저장되는 폰트 디렉토리 등이 있다. 이 폴더들은 DLL을 설치할 때나 스크린 세이버를 설치할 때 등 특정 작업을 할 때 운영체제와 프로그램에 의해 종종 사용된다.

그런데 특수 폴더들은 대개 그 위치가 고정되어 있지 않으며 시스템 상황에 따라 실제 위치가 달라진다. 윈도우즈 폴더만 하더라도 98에서는 Windows이지만 NT에서는 Winnt이며 또한 설치중에 사용자에 의해 어떠한 이름을 가지게 될지 알 수 없다. 대부분의 사람들이 C 드라이브에 윈도우즈 폴더를 만들지만 그렇지 않을 수도 있다. 시스템 디렉토리도 System또는 System32로 버전별로 각각 다르다. 그래서 이런 폴더를 참조할 때는 특수 폴더의 완전 경로가 어디인지 반드시 운영체제에게 질문해 보아야 한다. 다음 두 함수가 이런 목적에 쓰이는 대표적인 함수이다.

```
UINT GetWindowsDirectory(LPTSTR lpBuffer,UINT uSize);
UINT GetSystemDirectory(LPTSTR lpBuffer,UINT uSize);
```

각각 윈도우즈 디렉토리와 시스템 디렉토리를 조사하는데 흔히 많이 사용해오던 함수들이므로 이미 익숙할 것이다. 이 외에도 윈도우즈에는 많은 특수 폴더들이 존재하는데 특수 폴더의 완전 경로를 조사할 때는 다음 함수를 사용한다.

```
HRESULT SHGetSpecialFolderLocation(HWND hwndOwner,int nFolder,LPITEMIDLIST *ppidl);
```

첫 번째 인수는 이 함수를 호출하는 윈도우인데 실행중에 에러 메시지를 출력하거나 할 때 부모 윈도우를 알기 위해 필요하다. 이 함수를 호출하는 윈도우의 핸들을 넘기면 된다. nFolder는 알고자 하는 특수 폴더의 ID이며 다음 중 하나를 지정한다.

nFolder	설명
CSIDL_BITBUCKET	휴지통
CSIDL_COOKIES	인터넷 쿠키가 저장되는 디렉토리
CSIDL_DESKTOP	바탕화면
CSIDL_DRIVES	내 컴퓨터
CSIDL_FAVORITES	즐겨찾기
CSIDL_FONTS	글꼴
CSIDL_HISTORY	인터넷 히스토리
CSIDL_INTERNET	인터넷 URL이 저장되는 가상 디렉토리
CSIDL_INTERNET_CACHE	인터넷 캐쉬 디렉토리
CSIDL_NETHOOD	내 네트워크 환경
CSIDL_NETWORK	네트워크의 루트
CSIDL_PERSONAL	개인 디렉토리
CSIDL_PRINTERS	설치된 프린터 목록을 가지는 가상 디렉토리

CSIDL_PROGRAM_FILES	프로그램 파일들이 저장되는 디렉토리
CSIDL_PROGRAM_FILES_COMMON	공유 프로그램 파일
CSIDL_PROGRAMS	시작 메뉴의 프로그램 디렉토리
CSIDL_RECENT	최근 작업한 파일 디렉토리
CSIDL_SENDTO	보내기 디렉토리
CSIDL_STARTUP	시작 프로그램 그룹 디렉토리
CSIDL_WINDOWS	윈도우즈 디렉토리

참 종류가 많다고 생각되겠지만 실제로는 이보다 훨씬 더 많다. 또 각 ID들은 쉘 버전에 따라 지원 여부가 달라지므로 더 자세하고 정확한 목록은 도움말을 직접 참고하기 바란다. nFolder에 알고자 하는 폴더의 ID를 넘기면 세 번째 인수 ppidl에 그 폴더의 고유 ID를 리턴한다.

PIDL

윈도우즈 쉘은 폴더간의 식별을 위해 PIDL이라는 값을 사용한다. PIDL은 형태상으로 ITEMIDLIST라는 구조체의 포인터로 선언되어 있는데 이 구조체의 내부는 상당히 복잡할 뿐만 아니라 또한 폴더의 종류에 따라 그 길이가 가변적이다. 그 내부를 분석해 볼 필요까지는 없으며 다만 PIDL은 폴더의 고유 식별자라고 이해하자. 마치 COM 객체간의 구분을 위해 GUID가 사용되고 웹 사이트간의 구분을 위해 IP가 사용되는 것과 같다.

폴더간의 구분을 위해서라면 완전 경로를 사용하는 것이 더 좋지 않을까 하는 생각이 들겠지만 윈도우즈가 관리하는 폴더중에는 실제로 존재하지 않는 가상 폴더도 있기 때문에 완전 경로만으로는 폴더를 구분할 수 없다. 예를 들어 프린터 폴더는 실제로 디스크상에 있지 않은 가상 폴더이므로 완전 경로를 가지지 않는다. 또한 쉘은 폴더를 좀 더 유연하게 관리하기 위해 여분의 정보를 더 관리해야 할 필요성이 있어 폴더의 유일한 이름으로 PIDL이라는 복잡한 값을 사용한다.

SHGetSpecialFolderLocation 함수는 nFolder의 PIDL을 세 번째 인수에 대입해 리턴한다. 다음 코드는 프로그램 폴더의 PIDL을 구하는 예이다. 프로그램 폴더는 시작 버튼의 팝업 메뉴에 나타나는 프로그램 목록을 가지는 폴더이며 98에서는 "C:\WINDOWS\시작 메뉴\프로그램" 경로를 가진다.

```
LPITEMIDLIST pidl;
SHGetSpecialFolderLocation(hWnd,CSIDL_PROGRAMS,&pidl);
```

LPITEMIDLIST형의 변수를 선언하고 이 변수의 포인터를 세 번째 인수로 넘기면 원하는 폴더의 PIDL을 구할 수 있다.

PIDL로부터 완전 경로 구하기

SHGetSpecialFolderLocation함수는 특수 폴더의 PIDL을 구할 뿐이지 완전 경로를 구하는 것은 아니다. PIDL로부터 완전 경로를 구하려면 다음 함수를 호출한다. 원형이 아주 쉽다.

BOOL SHGetPathFromIDList(LPCITEMIDLIST pidl,LPSTR pszPath);

pidl의 완전 경로를 구해 pszPath문자열에 대입한다. pszPath는 최소한 MAX_PATH의 길이를 가져야 한다.

PIDL 해제하기

SHGetSpecialFolderLocation함수는 특수 폴더의 PIDL을 구하는데 이때 PIDL을 위한 메모리를 내부적으로 할당한 후 리턴한다. 왜 그런가 하면 PIDL의 길이는 폴더에 따라 가변적이기 때문에 이 함수 호출 전에 그 길이를 알 수 없기 때문이다. 그래서 이 함수가 구한 PIDL은 다 사용하고 난 후 반드시 해제해야 한다. 해제하는 방법은 다음과 같다.

```
LPMALLOC pMalloc;
SHGetMalloc(&pMalloc);
pMalloc->Free(pidl);
pMalloc->Release();
```

SHGetMalloc 함수로 IMalloc 인터페이스의 포인터를 구한 후 IMalloc의 Free함수를 호출하면 된다. IMalloc 인터페이스도 사용한 후 Release해야 한다. 쉘 함수가 메모리를 할당할 때 IMalloc 인터페이스를 사용하므로 해제할 때도 이 인터페이스를 사용해야 한다. 여기까지의 과정을 정리하여 예제로 만들어 보자.

예제 : SpecialFolder

```
#include <shlobj.h>
LRESULT CALLBACK WndProc(HWND hWnd,UINT iMessage,WPARAM wParam,LPARAM lParam)
{
    LPITEMIDLIST pidl;
    TCHAR szFolder[MAX_PATH];
    TCHAR str[256];
    LPMALLOC pMalloc;

    switch (iMessage) {
    case WM_LBUTTONDOWN:
        SHGetSpecialFolderLocation(hWnd,CSIDL_PROGRAMS,&pidl);
        SHGetPathFromIDList(pidl, szFolder);
        wsprintf(str,"프로그램 폴더는 \"%s\"입니다",szFolder);
        SHGetMalloc(&pMalloc);
        pMalloc->Free(pidl);
        pMalloc->Release();
        MessageBox(hWnd,str,"알림",MB_OK);
        return 0;
    case WM_DESTROY:
        PostQuitMessage(0);
        return 0;
    }
    return(DefWindowProc(hWnd,iMessage,wParam,lParam));
}
```

마우스 왼쪽 버튼을 누르면 프로그램 폴더의 완전 경로를 구해 메시지 박스로 보여준다. WM_LBUTTONDOWN에 작성된 코드는 앞에서 설명한대로이다. 간단한 일임에도 복잡한 과정을 거쳐야만 하는데 자주 사용한다면 다음과 같이 함수를 하나 만들어 두는 것도 괜찮을 듯하다.

```
void MyGetSpecialFolderPath(HWND hWnd, int nFolder, TCHAR *szPath)
{
    LPITEMIDLIST pidl;
    LPMALLOC pMalloc;

    SHGetSpecialFolderLocation(hWnd,nFolder,&pidl);
    SHGetPathFromIDList(pidl, szPath);
    SHGetMalloc(&pMalloc);
```

```
        pMalloc->Free(pidl);
        pMalloc->Release();
    }
```

좀 더 간단한 방법

특수 폴더를 구하는 과정을 좀 더 간단하게 하고 싶으면 다음 함수를 사용한다. 방금 만든 MyGetSpecialFolderPath함수와 유사한 원형을 가지고 있다.

BOOL SHGetSpecialFolderPath(HWND hwndOwner,LPTSTR lpszPath,int nFolder,BOOL fCreate);

nFolder에 특수 폴더 ID를 주면 lpszPath에 특수 폴더의 완전 경로를 구해 리턴한다. fCreate가 TRUE이면 특수 폴더가 존재하지 않을 때 직접 만든다. 이 함수를 사용한다면 훨씬 더 간단해진다. 다음은 바탕화면의 완전 경로를 구하는 코드이다.

```
case WM_LBUTTONDOWN:
    SHGetSpecialFolderPath(hWnd,szFolder,CSIDL_DESKTOP,FALSE);
    wsprintf(str,"데스크탑 폴더는 \"%s\"입니다",szFolder);
    MessageBox(hWnd,str,"알림",MB_OK);
    return 0;
```

PIDL을 사용하지 않고 곧바로 특수 폴더의 경로를 구하므로 과정이 더 짧고 PIDL을 해제하는 과정도 불필요하다. 그러나 아쉽게도 이 함수는 쉘 버전 4.71이상에서만 사용할 수 있다. 즉 윈95나 액티브 데스크탑이 설치되어 있지 않은 NT 4.0에서는 이 함수가 동작하지 않으며 이는 곧 세상의 모든 사람들이 2000이상으로 업그레이드하기 전에는 사용할 수 없다는 뜻이다. 이 외에 2000에서는 같은 목적으로 사용되는 SHGetFolderPath 함수가 더 추가되었는데 이 함수도 역시 당분간은 사용할 수 없다. 결국 특수 폴더를 구하기 위해서는 앞서 소개한 방법밖에는 사용할 수 없는 셈이다.

47-3-나. 폴더 입력받기

파일 이름을 입력받을 때는 파일 열기 공통 대화상자를 사용한다. 그렇다면 폴더 이름을 입력받을 때는 어떤 공통 대화상자를 사용해야 할까? 폴더 선택을 위한 공통 대화상자는 제공되지 않지만 대신 쉘이 함수를 제공한다.

LPITEMIDLIST SHBrowseForFolder(LPBROWSEINFO lpbi);

원형이 아주 간단하다. 다음과 같이 선언된 구조체 하나만을 인수로 취하며 사용자가 선택한 폴더의 PIDL을 리턴한다.

```
typedef struct _browseinfo {
    HWND hwndOwner;
    LPCITEMIDLIST pidlRoot;
    LPTSTR pszDisplayName;
    LPCTSTR lpszTitle;
    UINT ulFlags;
    BFFCALLBACK lpfn;
    LPARAM lParam;
    int iImage;
} BROWSEINFO, *PBROWSEINFO, *LPBROWSEINFO;
```

예상하다시피 이 구조체에 어떤값을 대입하는가에 따라 폴더 선택 대화상자의 모양이나 동작이 달라진다. 각 멤버를 간단하게 정리해 보자.

멤버	설명
hwndOwner	폴더 선택 대화상자의 부모 윈도우이다.
pidlRoot	루트 폴더를 지정한다. 이 폴더에 속한 폴더중 하나만 선택할 수 있다. NULL일 경우 바탕화면이 루트가 된다.
pszDisplayName	디스플레이명을 돌려받기 위한 버퍼이다. 필요 없으면 NULL로 주면 된다.
lpszTitle	폴더 선택 대화상자에 나타날 지시문이며 트리 컨트롤 위에 나타난다.
ulFlags	대화상자의 옵션이며 여러 가지 플래그의 조합을 지정할 수 있다.
lpfn	콜백함수의 포인터를 넘긴다. 사용하지 않을 경우 NULL을 넘긴다.
lParam	콜백함수로 전달될 사용자 정의값이다.
iImage	선택한 이미지의 아이콘을 돌려받기 위한 멤버이다. 시스템 이미지 리스트의 아이콘 인덱스를 리턴한다.

ulFlags에 지정할 수 있는 플래그는 다음과 같다. 플래그에 따라 대화상자의 모양이나 기능이 달라진다.

플래그	설명
BIF_BROWSEFORCOMPUTER	컴퓨터만 선택할 수 있다. 그외의 나머지를 선택하면 확인 버튼이 사용금지된다.
BIF_BROWSEFORPRINTER	프린터만 선택할 수 있다.
BIF_BROWSEINCLUDEFILES	폴더뿐만 아니라 파일의 목록도 보여준다.
BIF_BROWSEINCLUDEURLS	URL도 보여준다. 단 이 플래그는 반드시 BIF_USENEWUI, BIF_BROWSEINCLUDEFILES 플래그와 함께 사용되어야 한다.
BIF_DONTGOBELOWDOMAIN	네트워크 폴더를 보여주지 않는다.
BIF_EDITBOX	사용자가 직접 폴더명을 넣을 수 있도록 에디트 박스를 보여준다.
BIF_NEWDIALOGSTYLE	NT 5.0이상에서 지원되는 새로운 모양의 대화상자를 보여준다. 이 플래그를 주면 대화상자의 크기를 조정할 수 있으며 드래그 앤 드롭, 팝업 메뉴 등의 몇 가지 기능이 더 지원된다. 이 기능을 사용하기 위해서는 CoInitialize 함수를 먼저 호출해야 한다.
BIF_RETURNFSANCESTORS	
BIF_RETURNONLYFSDIRS	파일 시스템의 폴더만 선택할 수 있다.
BIF_SHAREABLE	
BIF_STATUSTEXT	대화상자에 상태 텍스트를 출력할 수 있는 스태틱을 배치한다. 이 스태틱은 콜백함수에서 사용자에게 전달사항을 전달하기 위해 사용된다.
BIF_USENEWUI	BIF_EDITBOX | BIF_NEWDIALOGSTYLE의 조합과 같다.
BIF_VALIDATE	사용자가 에디트 박스에 무효한 폴더를 입력할 경우 콜백함수에게 BFFM_VALIDATEFAILED 메시지를 보낸다. BIF_EDITBOX 플래그와 함께 사용해야 한다.

SHBrowseForFolder를 호출하기 전에 구조체에 원하는 옵션을 채워야 하며 이 함수가 리턴된 후에는 PIDL을 완전 경로로 바꾸어야 한다. 이 과정도 꽤 복잡하므로 쓰기 편하게 함수로 만들어 두는 것이 좋다. 다음은 이 함수로 폴더를 입력받는 예제이다.

예 제 : Browse1

```
#include <shlobj.h>
BOOL BrowseFolder(HWND hWnd, TCHAR *szFolder)
{
    LPMALLOC pMalloc;
    LPITEMIDLIST pidl;
    BROWSEINFO bi;

    bi.hwndOwner = hWnd;
    bi.pidlRoot = NULL;
    bi.pszDisplayName = NULL;
    bi.lpszTitle = "아래 리스트에서 폴더를 선택하세요." ;
    bi.ulFlags = 0;
    bi.lpfn = NULL;
    bi.lParam = 0;

    pidl = SHBrowseForFolder(&bi);

    if (pidl == NULL) {
        return FALSE;
    }
    SHGetPathFromIDList(pidl, szFolder);

    if (SHGetMalloc(&pMalloc) != NOERROR) {
        return FALSE;
    }
    pMalloc->Free(pidl);
    pMalloc->Release();
    return TRUE;
}

LRESULT CALLBACK WndProc(HWND hWnd,UINT iMessage,WPARAM wParam,LPARAM lParam)
{
    HDC hdc;
    PAINTSTRUCT ps;
    TCHAR Folder[MAX_PATH];
    TCHAR *Mes="왼쪽 버튼을 눌러 폴더를 선택하십시요";

    switch (iMessage) {
    case WM_LBUTTONDOWN:
        if (BrowseFolder(hWnd,Folder))
            MessageBox(hWnd, Folder, "선택한 폴더",MB_OK);
        return 0;
    case WM_PAINT:
        hdc=BeginPaint(hWnd, &ps);
        TextOut(hdc,50,50,Mes,lstrlen(Mes));
        EndPaint(hWnd, &ps);
        return 0;
    case WM_DESTROY:
        PostQuitMessage(0);
        return 0;
    }
    return(DefWindowProc(hWnd,iMessage,wParam,lParam));
}
```

BrowseFolder라는 간단한 함수를 만들었는데 이 함수는 부모 윈도우의 핸들과 선택한 폴더를 돌려받기 위한 버퍼를 인수로 전달받는다. BROWSEINFO 구조체에 적당히 값을 채우는데 이중 반드시 필요한 멤버는 hWnd, lpszTitle 정도가 고작이며 나머지는 모두 0으로 넘겨도 된다. SHBroswForFolder 함수로 폴더를 선택받으면 PIDL이 리턴되는데 이 값이 NULL이면 즉 사용자가 취소를 했으면 FALSE를 리턴한다. PIDL을 구했으면 앞에서 했던대로 SHGetPathFromIDList 함수로 사용자가 선택한 폴더의 완전 경로를 구해 szFolder에 대입하며 PIDL은 해제한다. 실행중의 모습은 다음과 같다.

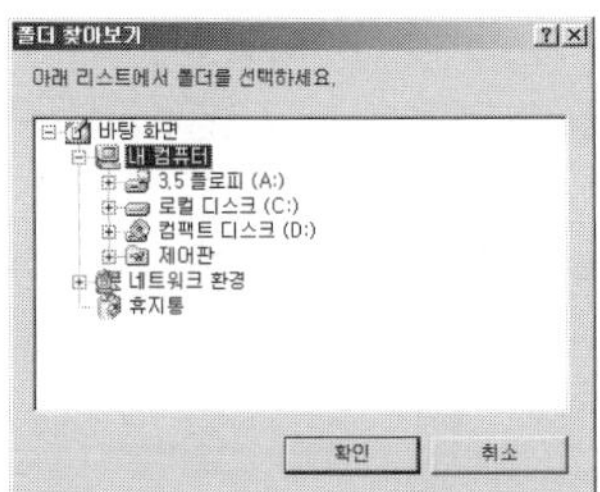

단순히 폴더를 입력받기만 할 목적이라면 이 정도의 함수로도 충분하다. 그러나 이 대화상자를 좀 더 입맛대로 요리해 보고 싶다면 플래그나 콜백함수를 사용해야 한다.

47-3-다. 콜백함수

콜백함수란 어떤 사건이 일어났을 때 폴더 선택 대화상자가 호출 윈도우에게 이벤트를 알리기 위한 장치이다. 다음과 같은 원형을 가지며 이 함수의 번지를 BROWSEINFO.lpfn에 대입하면 된다.

```
int CALLBACK BrowseCallbackProc(HWND hwnd,UINT uMsg,LPARAM lParam,LPARAM lpData);
```

네 개의 인수를 전달받는데 hwnd는 폴더 선택 대화상자의 윈도우 핸들이며 uMsg는 이벤트의 종류를 나타내는 메시지값이다. lParam은 이벤트의 추가 정보이며 uMsg에 따라 의미가 달라진다. lpData는 사용자 정의 데이터로 BROWSEINFO.lParam이 그대로 전달된다. 폴더 선택 대화상자로부터 전달되는 이벤트는 다음 세 가지이다.

이벤트	설명
BFFM_INITIALIZED	대화상자 초기화가 완료되었을 때 보내진다. 이 이벤트에서 폴더 선택 대화상자의 모양을 바꿀 수 있다.
BFFM_SELCHANGED	사용자가 폴더를 선택할 때 보내진다. 선택한 폴더에 따라 어떤 작업을 하거나 제한을 하고 싶다면 이 이벤트를 사용한다. lParam에는 사용자가 선택한 폴더의 PIDL이 전달된다.
BFFM_VALIDATEFAILED	사용자가 에디트 박스에 무효한 폴더명을 입력했을 때 보내진다. lParam에는 에디트에 입력한 텍스트가 전달된다. 이 이벤트에서 0을 리턴하면 대화상자를 닫으며 0이 아닌값을 리턴하면 대화상자를 그대로 유지한다.

이벤트가 보내졌을 때 콜백함수에서 폴더 선택 대화상자를 원하는대로 프로그래밍하면 된다. 콜백함수의 일반적인 모양은 다음과 같다. 이벤트가 세 개밖에 없으므로 이 틀 속에 코드를 작성해 넣으면 된다.

```
int CALLBACK BrowseCallbackProc(HWND hwnd,UINT uMsg,LPARAM lParam,LPARAM lpData)
{
    switch (uMsg) {
    case BFFM_INITIALIZED:
        break;
    case BFFM_SELCHANGED:
        break;
    case BFFM_VALIDATEFAILED:
        return 1;
    }
    return 0;
}
```

호출 윈도우는 다음 메시지를 폴더 선택 대화상자로 보낼 수도 있다. 이 메시지는 폴더 선택 대화상자를 프로그래밍하는 주된 수단이다.

메시지	설명
BFFM_ENABLEOK	확인 버튼을 사용금지하거나 허가한다. lParam에 0을 보내면 확인 버튼이 사용금지되어 폴더를 선택할 수 없다.
BFFM_SETSELECTION	지정한 폴더를 선택 상태로 만든다. lParam으로 선택 상태로 만들 폴더의 PIDL 또는 완전 경로를 보낸다. wParam이 TRUE이면 lParam은 완전 경로로 해석되며 FALSE이면 PIDL로 해석된다.
BFFM_SETSTATUSTEXT	상태 텍스트를 출력한다. lParam에 상태 텍스트 문자열을 전달하면 된다. 이 메시지를 사용하기 위해서는 BIF_STATUSTEXT 플래그를 주어야 한다.

대화상자로 보내는 단순한 메시지일 뿐이므로 그냥 SendMessage 함수를 사용하면 된다. 콜백함수와 메시지로 폴더 선택 대화상자를 프로그래밍하는 방법을 유형별로 알아보자. 완성된 소스는 배포 CD를 직접 참고하기 바란다. 우선 BrowseFolder 함수에서 다음 두 멤버를 수정하였다.

```
bi.ulFlags = BIF_EDITBOX | BIF_STATUSTEXT | BIF_VALIDATE;
bi.lpfn = BrowseCallbackProc;
```

모든 이벤트와 메시지를 사용할 수 있도록 플래그를 주었으며 lpfn에 콜백함수의 번지를 대입했다.

캡션 변경

폴더 선택 대화상자의 캡션은 "폴더 찾아보기"로 고정되어 있다. 이 캡션을 원하는대로 바꾸려면 BFFM_INITIALIZED 이벤트가 발생했을 때 SetWindowText 함수로 대화상자의 캡션을 변경한다. 다음 한 줄만 넣으면 된다.

```
case BFFM_INITIALIZED:
    SetWindowText(hwnd, "폴더 고르기");
    break;
```

위치 변경

다음은 폴더 선택 대화상자를 특정한 위치에 나타나게 해 보자. 예를 들어 화면 정중앙에 나타나게 한다거나 고정된 위치에 나타나게 할 수 있다. 이 경우도 캡션을 변경할 때와 마찬가지로 BFFM_INITIALIZED 이벤트에 코드를 작성하면 된다.

```
case BFFM_INITIALIZED:
    SetWindowText(hwnd, "폴더 고르기");
    SetWindowPos(hwnd,NULL,10,10,0,0,SWP_NOSIZE | SWP_NOZORDER);
    break;
```

SetWindowPos 함수로 윈도우의 위치를 (10,10)으로 강제로 옮기되 크기는 변경하지 않았다. hwnd 인수가 폴더 선택 대화상자의 윈도우 핸들이므로 이 핸들만 가지고 있으면 윈도우를 조작하는 것은 어떤 일이라도 가능하다. 윈도우의 크기도 바꿀 수 있으며 스타일을 바꾸는 것도 가능하다.

선택 제한

사용자는 특별한 플래그가 없는 한 폴더 선택 대화상자에 나타나는 폴더를 자유롭게 선택할 수 있다. 플래그에는 컴퓨터만, 프린터만, 로컬 폴더만 선택하는 옵션들이 있는데 이보다 더 정밀하게 폴더 선택을 제어하고 싶다면 BFFM_SELCHANGED 이벤트를 사용한다. 이 이벤트는 사용자가 폴더 선택을 변경할 때마다 발생하며 선택한 폴더의 PIDL을 전달하므로 사용자가 선택한 폴더를 매번 체크할 수 있다.

사용자가 선택한 폴더를 거부하고 싶을 때는 BFFM_ENABLEOK 메시지로 확인 버튼을 사용금지시켜 버리면 된다. 예를 들어 어떤 폴더나 선택할 수 있되 각 드라이브의 루트 폴더는 선택하지 못하도록 하고 싶다고 하자. 다음 코드는 이런 제한을 한다.

예제 : Browse2

```
case BFFM_SELCHANGED:
    TCHAR Sel[MAX_PATH];
    SHGetPathFromIDList((LPITEMIDLIST)lParam,Sel);
    if (lstrlen(Sel) == 3) {
        SendMessage(hwnd,BFFM_SETSTATUSTEXT,0,(LPARAM)"루트 폴더는 선택할 수 없습니다
");
        SendMessage(hwnd,BFFM_ENABLEOK,0,FALSE);
    } else {
        SendMessage(hwnd,BFFM_SETSTATUSTEXT,0,(LPARAM)"선택 가능한 폴더입니다.");
        SendMessage(hwnd,BFFM_ENABLEOK,0,TRUE);
    }
    break;
```

BFFM_SELCHANGED 이벤트는 lParam에 사용자가 선택한 폴더의 PIDL을 전달하는데 PIDL로부터 완전 경로를 구해 이 폴더가 선택 가능한 폴더인지를 점검해 본다. 여기서는 루트 폴더인지 검사하기 위해 완전 경로의 길이가 3인지를 보는 아주 간단한 방법을 사용했다. 만약 루트 폴더라면 BFFM_ENABLEOK 메시지를 보내 확인 버튼을 사용금지하고 상태 텍스트에 선택할 수 없다는 메시지를 보여준다. 실행 모습은 다음과 같다.

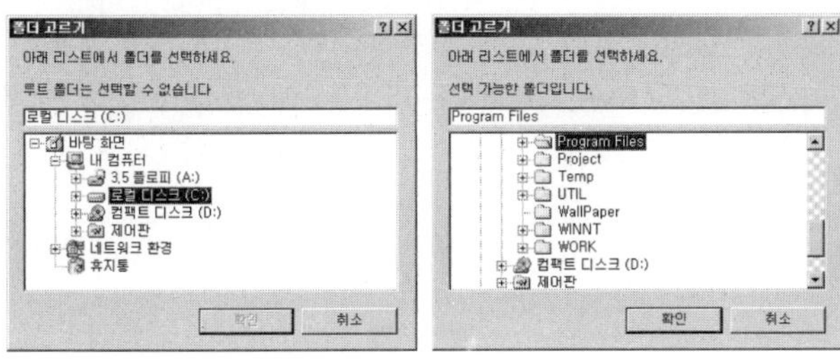

상태 텍스트는 에디트 위의 스태틱 컨트롤에 출력되는데 이 컨트롤이 보이려면 BIF_STATUSTEXT 플래그가 지정되어 있어야 한다. 폴더 선택중에 사용자에게 어떤 메시지를 전달하고 싶을 때 이 스태틱 컨트롤을 사용하면 된다.

폴더 검증

BIF_EDITBOX 플래그를 주면 사용자가 직접 폴더 이름을 입력할 수 있다. 그런데 만약 존재하지 않는 폴더를 입력하는 것을 거부하고 싶다면 BIF_VALIDATE 플래그를 지정한다. 그러면 폴더 선택 대화상자는 에디트에 무효한 폴더가 입력되었을 때 BFFM_VALIDATEFAILED 이벤트를 보낸다. 이 이벤트에서 사용자에게 경고를 하거나 대화상자를 닫아 버릴 수도 있다. 다음 코드는 사용자가 입력한 폴더가 무효하다는 것을 알리고 대화상자는 계속 유지한다.

```
case BFFM_VALIDATEFAILED:
    MessageBox(hwnd,"에디트에 입력한 폴더는 존재하지 않습니다. 다시 입력해 주십시오",
        "알림",MB_OK);
    return 1;
```

만약 이 이벤트에서 0을 리턴하면 대화상자는 강제로 닫힌다.

시작 폴더 지정

폴더 선택 대화상자가 열리면 항상 바탕 화면이 선택된 상태가 된다. 다른 폴더를 디폴트 선택상태로 만들고 싶다면 BFFM_SETSELECTION 메시지를 보내 시작 폴더를 지정할 수 있다. 시작 폴더를 지정하는 가장 좋은 시기는 대화상자가 열리기 직전인 BFFM_INITIALIZED 이벤트이다. 다음 코드를 추가해 보자.

```
case BFFM_INITIALIZED:
    SetWindowText(hwnd, "폴더 고르기");
    SetWindowPos(hwnd,NULL,10,10,0,0,SWP_NOSIZE | SWP_NOZORDER);
    TCHAR WinDir[MAX_PATH];
    GetWindowsDirectory(WinDir,MAX_PATH);
    SendMessage(hwnd,BFFM_SETSELECTION,TRUE,(LPARAM)WinDir);
    break;
```

윈도우즈 디렉토리 경로를 구한 후 이 경로를 lParam으로 전달하였다. 이때 wParam을 TRUE로 지정하여 lParam이 PIDL이 아닌 완전 경로임을 알려야 한다. 이제 폴더 선택 대화상자가 열리는 즉시 윈도우즈 폴더가 선택된 상태가 될 것이다.

루트 폴더 지정

폴더 선택 대화상자는 루트 폴더 아래의 폴더만 선택할 수 있다. 디폴트 루트 폴더가 바탕화면이므로 어떤 폴더나 선택할 수 있지만 루트 폴더를 변경하면 선택할 수 있는 폴더의 범위를 제한할 수 있다. 루트 폴더는 BROWSEINFO 구조체의 pidlRoot 멤버에 지정한다. 다음은 내 컴퓨터 폴더를 루트 폴더로 지정한 예이다.

```
bi.hwndOwner = hWnd;
SHGetSpecialFolderLocation(hWnd,CSIDL_DRIVES,&root);
bi.pidlRoot = root;
bi.pszDisplayName = NULL;
bi.lpszTitle = "아래 리스트에서 폴더를 선택하세요.";
bi.ulFlags = BIF_EDITBOX | BIF_STATUSTEXT | BIF_VALIDATE;
bi.lpfn = BrowseCallbackProc;
bi.lParam = 0;
pidl = SHBrowseForFolder(&bi);
```

실행해 보면 바탕 화면이 루트가 아니므로 네트워크 환경 따위는 나타나지 않으며 내 컴퓨터 안에서만 폴더를 선택할 수 있다.

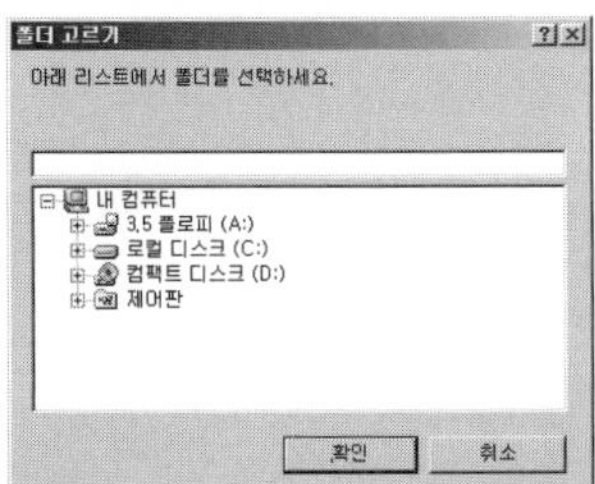

pidlRoot 멤버는 이름에도 있듯이 반드시 PIDL값으로 지정해야 한다. 완전 경로로는 루트 폴더를 지정할 수 있는 방법이 없다. 특정 디렉토리를 루트 폴더로 만들고 싶다면 해당 폴더의 PIDL을 먼저 구해야 한다. 그러나 쉘 라이브러리는 이런 용도의 함수를 제공하지 않으므로 직접 만들어서 사용해야 한다. 다음은 완전 경로로부터 PIDL값을 구하는 함수이다.

```
BOOL SHGetPidlFromPath(TCHAR *Path,LPITEMIDLIST *ppidl)
{
    LPSHELLFOLDER pShellFolder;
    OLECHAR wszPath[MAX_PATH]={0,};

    if (FAILED(SHGetDesktopFolder(&pShellFolder)))
        return FALSE;
    MultiByteToWideChar(CP_ACP,MB_PRECOMPOSED,Path,-1,wszPath,MAX_PATH);
    pShellFolder->ParseDisplayName(NULL,NULL,wszPath,NULL,ppidl,NULL);
    pShellFolder->Release();
    return TRUE;
}
```

이 함수를 사용하면 어떤 폴더든지 루트 폴더로 지정할 수 있다. 다음 코드는 윈도우즈 디렉토리를 루트 폴더로 지정한다.

```
bi.hwndOwner = hWnd;
TCHAR WinDir[MAX_PATH];
GetWindowsDirectory(WinDir,MAX_PATH);
SHGetPidlFromPath(WinDir, &root);
bi.pidlRoot = root;
bi.pszDisplayName = NULL;
bi.lpszTitle = "아래 리스트에서 폴더를 선택하세요.";
bi.ulFlags = BIF_EDITBOX | BIF_STATUSTEXT | BIF_VALIDATE;
bi.lpfn = BrowseCallbackProc;
bi.lParam = 0;
```

GetWindowsDirectory 함수로 윈도우즈 폴더의 완전 경로를 구한 후 SHGetPidlFromPath 함수를 호출하여 PIDL을 구했다. 그리고 이 PIDL을 루트 폴더로 지정하였다.

47-4 쇼트컷

47-4-가. 바로 가기

윈도우즈에서 바로 가기로 번역되는 쇼트컷(ShortCut)은 파일에 대한 레퍼런스를 가지는 또 다른 파일이다. 확장자가 lnk이며 불과 몇백 바이트 크기밖에 되지 않는다. 쇼트컷은 일반적으로 파일을 가리키며 쇼트컷을 더블클릭하면 가리키고 있는 파일이 열린다.

탐색기로 운영체제의 이곳 저곳을 살펴보면 쇼트컷이 도처에 사용되는 것을 볼 수 있다. 대상체의 복사본을 만들고자 할 때 덩치 큰 파일을 직접 복사해 놓을 필요없이 쇼트컷만 만들어 두면 되므로 메뉴 구성에 주로 사용된다. 시작 메뉴의 프로그램 폴더를 보면 얼마나 많은 쇼트컷들이 있는지 확인할 수 있다. 다음은 보조 프로그램 폴더이다.

계산기나 그림판의 실행 파일을 직접 복사해 놓지 않고 대신 크기가 아주 작은 쇼트컷들이 있다. 쇼트컷은 실제 실행 파일을 가리키며 쇼트컷을 선택하여 대상체를 실행할 수 있으므로 굳이 실행 파일을 복사해 놓지 않아도 된다. 쇼트컷이라는 장치가 없다면 프로그램 메뉴는 온통 실행 파일들로 가득차게 될 것이다. 이 외에도 보내기, 최근문서, 즐겨찾기 등에도 쇼트컷이 사용된다.

쇼트컷은 사용자의 필요에 따라 자유롭게 만들수 있는데 만드는 방법은 아주 간단하다. 파일을 오른쪽 마우스로 드래그해서 나타나는 팝업 메뉴에서 "여기에 바로 가기 만들기" 항목을 선택하면 된다. 윈도우즈 디렉토리에 있는 메모장(Notepad.exe)을 바탕화면으로 드래그해서 쇼트컷을 만들어 보자.

"Notepad.exe의 바로 가기"라는 파일이 바탕화면에 생성되었다. 이 쇼트컷을 더블클릭하면 메모장이 곧바로 실행된다. 쇼트컷의 등록정보를 확인해 보면 불과 306바이트밖에 되지 않는다. 이 작은 크기의 쇼트컷으로 얼마든지 덩치 큰 실행 파일을 가리킬 수 있다. 다음은 쇼트컷의 여러 속성들을 보자. 등록정보의 바로 가기 탭을 선택하면 이 정보들을 보거나 편집할 수 있다.

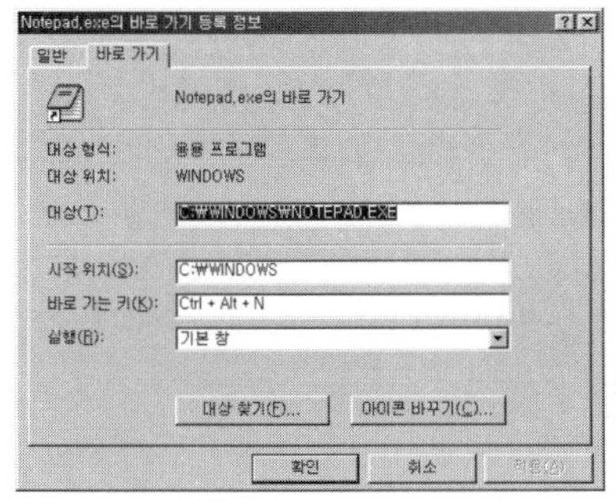

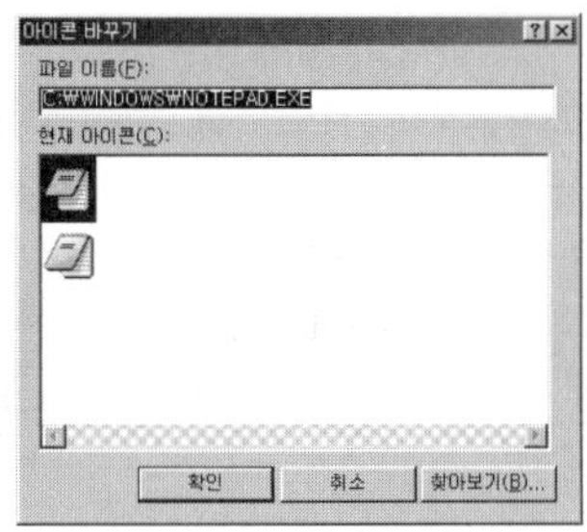

대상에는 이 쇼트컷이 가리키고 있는 실행 파일의 경로가 표시되어 있다. 시작위치, 실행 등에는 프로그램의 시작 디렉토리와 초기 윈도우 모양을 지정한다. 바로 가는 키에는 Ctrl+Alt키의 조합으로 단축키를 지정하는데 단축키가 지정되어 있으면 언제든지 단축키로 이 파일을 호출할 수 있다. 실행 파일은 디폴트로 첫 번째 아이콘이 사용되는데 아이콘 바꾸기 버튼을 눌러 다른 아이콘으로 지정할 수도 있으며 심지어 다른 실행 파일이나 DLL의 아이콘으로 지정하는 것도 가능하다. 명령행 인수나 윈도우의 초기 모양을 지정할 수 있다는 것은 쇼트컷의 또 다른 이점이다.

쇼트컷은 파일뿐만 아니라 폴더나 프린터, 제어판 요소 등에도 적용된다. 폴더를 쇼트컷으로 만들어 놓으면 쇼트컷으로부터 폴더를 빨리 열 수 있다. 쇼트컷은 쉘의 모든 객체들에 대해 적용될 수 있는데 가장 일반적인 예는 파일 쇼트컷이다. 쇼트컷은 자신이 가리키고 있는 대상체와 논리적으로 연결되어 있지만 물리적으로는 완전히 별개의 파일이다. 쇼트컷을 삭제하면 삭제되는 것은 쇼트컷일 뿐이지 쇼트컷이 가리키는 대상체는 그대로 남아 있는다. 바탕화면에서 메모장의 쇼트컷을 삭제한다고 해서 메모장 실행 파일이 삭제되는 것은 아니다. 그렇다면 반대의 경우는 어떻게 될까? 쇼트컷은 그대로 있는데 대상체가 삭제되거나 위치를 옮긴 경우는 쇼트컷이 손상된다. 손상된 쇼트컷을 더블클릭하면 쉘은 다음과 같은 대화상자를 보여주면서 대상체를 찾기 시작한다.

대상체와 같은 크기, 같은 날짜의 파일이 발견되면 새로 찾은 대상체를 실행한다. 찾지 못할 경우는 대상체가 손상되었다는 메시지만 나타나게 될 것이다. 이처럼 쉘은 손상된 쇼트컷의 대상체를 찾는 아주 재미있는 기능을 가지고 있다.

이 기능이 제대로 동작하는지 간단한 테스트를 해 보자. NotePad.exe를 C:\로 복사해 놓고 바탕화면에 메모장의 쇼트컷을 만들어 놓는다. 이 상태에서 쇼트컷을 실행하면 메모장이 실행될 것이다. 쇼트컷을 손상시키기 위해 메모장의 실행 파일명을 NotePad2.exe로 변경한 후 쇼트컷을 더블클릭해 보자. 쉘은 즉시 같은 디렉토리에서 원래의 대상체와 비슷한 NotePad2.exe를 찾아 실행한다. 뿐만 아니라 쇼트컷의 등록 정보를 보면 대상체가 새로 찾은 NotePad2.exe로 갱신되어 있음을 확인할 수 있다.

이번에는 NotePad2.exe를 Program Files아래로 옮겨보자. 위치를 옮겨도 쉘은 이 파일을 잘 찾아내서 등록정보까지 갱신한다. 이름을 어떻게 바꾸든지 하드 디스크의 어느 구석에 가져다 놔도 비교적 잘 찾아내는 편이다. 물론 완벽하지는 않아 가끔 실수를 하기도 하지만 말이다. 쇼트컷의 이런 기능을 Resolve(위치 찾기)라고 하는데 쉘 라이브러리에 의해 지원되므로 우리가 만드는 프로그램에도 이런 기능을 넣을 수 있다.

47-4-나. 쇼트컷 생성

일반 프로그램에서 쇼트컷을 직접 생성할 일이란 그리 많지 않을 것이다. 설치 프로그램에서 설치된 프로그램의 쇼트컷을 바탕 화면이나 프로그램 메뉴에 등록할 때나 이런 기능이 필요하다. 쇼트컷을 만드는 방법에는 프로그램 관리자와 DDE 대화를 하는 방법이 있고 쉘 라이브러리의 COM 인터페이스를 사용하는 방법이 있는데 후자가 훨씬 더 쉽고 구현하기 간편하다.

쇼트컷 생성에는 두 개의 인터페이스가 사용되는데 쇼트컷을 작성하는 IShellLink 인터페이스와 작성한 쇼트컷을 파일로 저장하는 IPersistFile 인터페이스가 그것이다. COM 라이브러리를 사용하므로 이 인터페이스의 객체를 생성하기 위해서 CoInitialize를 먼저 호출해서 초기화해야 한다. IShellLink 인터페이스의 객체를 먼저 생성하고 다음 메소드로 쇼트컷을 작성한다.

메소드	설명
GetPath, SetPath	경로
GetArgument, SetArgument	명령행 인수
GetDescription, SetDescription	설명
GetHotKey, SetHotKey	핫키
GetIconLocation, SetIconLocation	아이콘 파일과 인덱스
GetIDLIst, SetIDList	PIDL
GetShowCmd, SetShowCmd	초기 윈도우 상태
GetWorkingDirectory, SetWorkingDirectory	작업 디렉토리
SetRelativePath	상대 경로
Resolve	쇼트컷의 위치를 찾는다.

쇼트컷의 속성을 설정하거나 구하는 메소드들이 대부분이며 Get, Set 짝으로 이루어져 있다. 쇼트컷의 속성중 SetPath로 지정하는 완전 경로만 제대로 지정하면 나머지는 디폴트가 적용된다. IShellLink로 만든 쇼트컷은 아직 메모리에만 작성되어 있으므로 IPersistFile 인터페이스의 Save 메소드로 파일로 저장해야 한다. Save 메소드는 유니코드로 된 문자열만 인식하므로 쇼트컷이 저장될 경로를 유니코드 문자셋으로 변환한 후 호출해야 한다. 쇼트컷을 생성하는 간단한 함수와 예제를 만들어 보자.

예 제 : ShortCut

```
// 파일에 대한 쇼트컷을 만든다.
// szSrcFile:쇼트컷 대상 파일의 풀 패스
// szLnkFile:쇼트컷 파일의 풀 패스
// szArgument:쇼트컷에 전달될 인수 문자열
// szDesc:쇼트컷 설명 문자열
HRESULT MyCreateShortCut(LPCSTR szSrcFile, LPSTR szLnkFile, LPSTR szArgument, LPSTR
szDesc)
{
    HRESULT hr;
    IShellLink *pSl;
    IPersistFile *pPf;
    WCHAR wszLnkFile[MAX_PATH]={0,};

    // IShellLink 객체를 생성하고 포인터를 구한다.
    hr=CoCreateInstance(CLSID_ShellLink, NULL, CLSCTX_INPROC_SERVER,
        IID_IShellLink, (void **)&pSl);
```

```
    if (FAILED(hr))
        return E_FAIL;

    // 쇼트컷의 대상체와 설명을 설정한다.
    pSl->SetPath(szSrcFile);
    pSl->SetDescription(szDesc);
    pSl->SetArguments(szArgument);

    // 저장하기 위해 IPersistFile 객체를 생성한다.
    hr=pSl->QueryInterface(IID_IPersistFile, (void **)&pPf);
    if (FAILED(hr)) {
        pSl->Release();
        return E_FAIL;
    }

    // 유니코드로 파일 패스를 변경한 후 저장한다.
    MultiByteToWideChar(CP_ACP, 0, szLnkFile, -1, wszLnkFile, MAX_PATH);
    hr=pPf->Save(wszLnkFile, TRUE);

    // 객체 해제
    pPf->Release();
    pSl->Release();
    return hr;
}

LRESULT CALLBACK WndProc(HWND hWnd,UINT iMessage,WPARAM wParam,LPARAM lParam)
{
    HDC hdc;
    PAINTSTRUCT ps;
    TCHAR Note[MAX_PATH];
    TCHAR *Mes="왼쪽 버튼을 누르면 메모장으로 바로가기를 만듭니다.";

    switch (iMessage) {
    case WM_CREATE:
        CoInitialize(0);
        return 0;
    case WM_LBUTTONDOWN:
        GetWindowsDirectory(Note,MAX_PATH);
        lstrcat(Note,"\\Notepad.exe");
        MyCreateShortCut(Note, "c:\\메모장으로 가기.lnk", "", "메모장");
        MessageBox(hWnd,"바로가기를 만들었습니다","알림",MB_OK);
    case WM_PAINT:
        hdc=BeginPaint(hWnd, &ps);
        TextOut(hdc,10,10,Mes,lstrlen(Mes));
        EndPaint(hWnd, &ps);
        return 0;
    case WM_DESTROY:
        CoUninitialize();
        PostQuitMessage(0);
        return 0;
    }
    return(DefWindowProc(hWnd,iMessage,wParam,lParam));
}
```

MyCreateShortCut이라는 함수를 하나 만들어 이 함수만 호출하면 원하는 위치에 쇼트컷을 생성하는데 쇼트컷의 경로, 대상체의 경로, 명령행 인수, 설명 문자열 등을 지정한다. 조금만 더 확장하면 핫키나 시작 디렉토리, 초기 윈도우 상태도 지정할 수 있지만 잘 안 쓰는 기능들이므로 생략하였다.

WM_CREATE에서 COM 라이브러리를 초기화하기 위해 CoInitialize를 먼저 호출했으며 WM_DESTROY에서 CoUninitialize로 COM 라이브러리를 해제했다. COM 라이브러리가 초기화되어 있지 않으면 인터페이스 객체를 생성할 수 없으므로 이 초기화는 중요하다. 마우스 왼쪽 버튼을 누르면 윈도우즈 디렉토리에 있는 NotePad.exe의 쇼트컷을 C:\메모장으로 가기.lnk 파일에 작성한다. 예제를 실행해 본 후 쇼트컷이 제대로 만들어지는지 테스트해 보기 바란다.

MyCreateShortCut 함수 내부도 그리 복잡하지 않다. CoCreateInstance 함수로 IShellLink 인터페이스의 객체를 생성하고 이 인터페이스의 메소드를 순서대로 호출하여 쇼트컷의 속성을 설정한다. 그리고 IPersistFile 인터페이스의 객체를 생성하고 쇼트컷의 경로를 유니코드로 바꾼 후 Save 메소드로 디스크에 저장하기만 하면 된다. 만약 이 코드가 어려워 보인다면 COM에 익숙하지 않아서일 테지만 COM의 기초만 알면 아주 쉬운 코드다. 쇼트컷을 생성하는 것이 목적이라면 굳이 이 코드를 이해할 필요없이 가져다 쓰면 될 것이고 더 필요한 기능이 있다면 함수를 조금만 확장하면 된다. 명령행 인수를 가지는 프로그램이라면 세 번째 인수로 명령행 인수를 적어주면 된다.

```
MyCreateShortCut(Note, "c:\\메모장으로 가기.lnk", "c:\\autoexec.bat", "메모장");
```

이 함수 호출문에 의해 메모장을 실행함과 동시에 autoexec.bat 파일을 읽어오는 쇼트컷이 만들어진다. 다음 코드는 텍스트 파일에 대한 쇼트컷을 만든다.

```
strcat(Note,"\\Display.txt");
MyCreateShortCut(Note, "c:\\Display.lnk", "", "텍스트 파일");
```

쇼트컷은 실행 파일뿐만 아니라 폴더, 제어판, 프린터 등 어떠한 대상체에 대해서도 생성할 수 있다.

47-4-다. 설치 프로그램

쉘 라이브러리의 함수들을 가장 적극적으로 활용하는 프로그램은 역시 설치 프로그램이다. 특수 폴더의 위치 조사, 쇼트컷 만들기, 폴더 이름 입력 등이 모두 설치와 관련된 기술들이다. 지금까지의 실습을 총괄하는 의미에서 설치 프로그램을 간단하게 작성해 보자. 설치란 파일들을 지정한 위치에 복사하고 사용자가 파일을 호출할 수 있도록 하는 프로그램이다. 파일 복사는 파일 입출력 함수를 사용하면 되므로 여기서는 논외로 하고 C:\Program Files 아래에 InstTest라는 디렉토리를 만들고 다음 세 파일을 복사해 두었다고 하자.

```
Calc.exe
Sol.exe
Readme.txt
```

프로젝트 디렉토리의 InstTest 폴더를 Program Files 아래로 수동 복사해 두면 된다. 이 파일들을 프로그램 메뉴에 등록해 보자. 다음이 그 소스다.

예 제 : InstTest

```
void Install()
{
    TCHAR szPath[MAX_PATH];
    TCHAR szLink[MAX_PATH];

    MyGetSpecialFolderPath(hWndMain, CSIDL_PROGRAMS, szPath);
    lstrcat(szPath, "\\설치 테스트");
    CreateDirectory(szPath,NULL);

    lstrcpy(szLink, szPath);
    lstrcat(szLink, "\\계산기.lnk");
    MyCreateShortCut("c:\\Program Files\\InstTest\\Calc.exe", szLink, "", "계산기");
    lstrcpy(szLink, szPath);
    lstrcat(szLink, "\\카드놀이.lnk");
    MyCreateShortCut("c:\\Program Files\\InstTest\\Sol.exe", szLink, "", "카드놀이");
    lstrcpy(szLink, szPath);
    lstrcat(szLink, "\\Readme.lnk");
    MyCreateShortCut("c:\\Program Files\\InstTest\\Readme.txt", szLink, "", "Readme");
}

void Uninstall()
{
    TCHAR szPath[MAX_PATH];

    MyGetSpecialFolderPath(hWndMain, CSIDL_PROGRAMS, szPath);
    lstrcat(szPath, "\\설치 테스트");
    DeleteTree(szPath);
}

LRESULT CALLBACK WndProc(HWND hWnd,UINT iMessage,WPARAM wParam,LPARAM lParam)
{
    HDC hdc;
    PAINTSTRUCT ps;
    TCHAR *Mes="마우스 왼쪽 버튼을 누르면 설치, 오른쪽 버튼을 누르면 제거";

    switch (iMessage) {
    case WM_CREATE:
        CoInitialize(0);
        return 0;
    case WM_LBUTTONDOWN:
        Install();
        MessageBox(hWnd,"설치가 완료되었습니다","알림",MB_OK);
        return 0;
    case WM_RBUTTONDOWN:
        Uninstall();
        MessageBox(hWnd,"제거되었습니다.","알림",MB_OK);
        return 0;
    case WM_PAINT:
        hdc=BeginPaint(hWnd, &ps);
        TextOut(hdc,50,50,Mes,lstrlen(Mes));
        EndPaint(hWnd, &ps);
        return 0;
    case WM_DESTROY:
```

```
        CoUninitialize();
        PostQuitMessage(0);
        return 0;
    }
    return(DefWindowProc(hWnd,iMessage,wParam,lParam));
}
```

마우스 왼쪽 버튼을 누르면 설치하고 오른쪽 버튼을 누르면 제거한다. 설치를 담당하는 Install 함수는 프로그램 메뉴에 폴더를 만들고 쇼트컷들을 폴더 안에 배치하는 간단한 작업을 한다. 특수 폴더 구하기, 쇼트컷 생성하기를 이미 공부했으므로 쉽게 이해할 수 있을 것이다. 제거 작업은 더 간단해서 프로그램 메뉴 폴더에서 설치 테스트 폴더를 찾아 이 폴더를 통째로 지워버리기만 하면 된다.

책에는 소스를 실어놓지 않았지만 MyCreateShortCut, MyGetSpecialFolderPath, DeleteTree 세 개의 함수들이 사용되었는데 모두 직접 만든 함수들이며 이미 다 실습해 본 함수들이다. 이렇게 함수를 만들어 놓으면 필요할 때 복사해 사용할 수 있어 참 편리하다.

47-4-라. URL 쇼트컷

쇼트컷의 또다른 특수한 예로 인터넷 웹 사이트에 대한 정보를 가지는 URL 쇼트컷이 있다. URL 쇼트컷을 더블클릭하면 디폴트 웹 브라우저가 실행되며 쇼트컷이 가리키는 웹 사이트로 이동한다. 파일 쇼트컷이 이진 포맷인데 비해 URL 쇼트컷은 다음과 같은 포맷을 가지는 단순한 텍스트 파일이며 INI 파일과 같은 포맷으로 되어 있다.

```
[InternetShortcut]
URL=http://www.yahoo.co.kr
IconIndex=0
IconFile=c:\yahoo.ico
Modified=000000000000000000
```

[InternetShortcut]이라는 하나의 섹션만으로 구성되어 있으며 URL에 연결할 웹 사이트의 주소를 적어주고 IconFile과 IconIndex로 쇼트컷의 아이콘을 지정한다. Modified는 내부적으로 사용되므로 값 자체의 의미는 몰라도 된다. 이런 포맷으로 URL 쇼트컷을 만들되 확장자는 반드시 URL이어야 한다. 단순한 텍스트 파일이므로 만들기는 아주 쉽지만 원하는 위치에 만드는 것이 좀 성가시다. 그래서 URL 쇼트컷을 원하는 위치에 만드는 함수를 하나 만들어 보았다.

예 제 : URLShortCut

```
// 인터넷 URL에 대한 쇼트컷을 특수폴더나 지정한 경로에 만든다.
// URL:URL
// IconPath:아이콘 파일의 풀 패스
// nFolder:특수 폴더. 이 폴더에 FileName이 지정한 서브 디렉토리에 쇼트컷이 생성된다. 이 값이 -
1이면 szFolder는 절대경로이다.
// szFileName:쇼트컷 파일의 파일명. 서브 디렉토리를 포함할 수 있으묘 nFolder가 -1이면 절대경로
가 된다.
// 리턴값:쇼트컷 생성에 실패하면 FALSE를 리턴한다.
// 주의:쇼트컷이 만들어질 경로는 반드시 이미 존재해야 한다.
BOOL MakeURLShortCut(TCHAR *URL,TCHAR *IconPath,int nFolder,TCHAR *szFileName)
{
    LPMALLOC pMalloc;
    LPITEMIDLIST lpidl;
    TCHAR szSCPath[MAX_PATH];
    TCHAR szShortcutInfo[MAX_PATH];
    HANDLE hFile;
    DWORD dwWritten;

    // 쇼트컷이 만들어질 경로를 구한다. 특수 폴더와 절대경로값이 조합되어 하나의
    // 풀 패스가 만들어진다.
    if (nFolder != -1) {
        SHGetSpecialFolderLocation(HWND_DESKTOP, nFolder, &lpidl);
        SHGetPathFromIDList(lpidl, szSCPath);
        lstrcat(szSCPath, "\\");
        lstrcat(szSCPath, szFileName);
        SHGetMalloc(&pMalloc);
        pMalloc->Free(lpidl);
        pMalloc->Release();
    }
    if (nFolder == -1) {
        lstrcpy(szSCPath, szFileName);
    }

    // 쇼트컷에 기록될 정보를 만든다.
    wsprintf(szShortcutInfo, "[InternetShortcut]\r\nURL=%s\r\n"
        "IconIndex=0\r\nIconFile=%s\r\n"
        "Modified=000000000000000000\r\n",URL, IconPath);

    // 쇼트컷 파일을 생성한다.
    hFile = CreateFile(szSCPath, GENERIC_READ | GENERIC_WRITE, 0, NULL,
            CREATE_ALWAYS, FILE_ATTRIBUTE_NORMAL, NULL);
    if (hFile == INVALID_HANDLE_VALUE) {
        return FALSE;
    }
    WriteFile(hFile, szShortcutInfo, lstrlen(szShortcutInfo), &dwWritten, NULL);
    CloseHandle(hFile);

    return TRUE;
}

LRESULT CALLBACK WndProc(HWND hWnd,UINT iMessage,WPARAM wParam,LPARAM lParam)
{
    HDC hdc;
```

```
    PAINTSTRUCT ps;
    TCHAR *Mes="WinApi로 바로 가는 쇼트컷을 생성합니다";

    switch (iMessage) {
    case WM_CREATE:
        CoInitialize(0);
        return 0;
    case WM_LBUTTONDOWN:
        MakeURLShortCut("http://www.winapi.co.kr","c:\\winapi.ico",
            CSIDL_DESKTOP,"winapi.url");
        MessageBox(hWnd,"URL 바로가기를 만들었습니다","알림",MB_OK);
        return 0;
    case WM_PAINT:
        hdc=BeginPaint(hWnd, &ps);
        TextOut(hdc,50,50,Mes,lstrlen(Mes));
        EndPaint(hWnd, &ps);
        return 0;
    case WM_DESTROY:
        CoUninitialize();
        PostQuitMessage(0);
        return 0;
    }
    return(DefWindowProc(hWnd,iMessage,wParam,lParam));
}
```

예제를 실행한 후 마우스 왼쪽 버튼을 누르면 바탕화면에 winapi라는 쇼트컷이 생성되어 있을 것이다. 이 쇼트컷을 더블클릭하면 디폴트 웹 브라우저가 열리면서 winapi 라는 검소하지만 내용이 알찬 웹 사이트로 이동한다. 물론 인터넷 연결이 되어 있다는 가정 하에서 말이다. 아이콘의 인덱스는 무조건 0으로 고정해 두었는데 0 이외의 인덱스를 사용한다면 인덱스도 인수로 전달받으면 될 것이다. URL과 IconPath에 주소, 아이콘 파일을 지정하고 nFolder와 szFileName으로 쇼트컷을 생성할 위치를 지정하였다. 특수 폴더와 완전 경로 두 가지를 모두 지원하므로 이정도 구성이면 어느 위치에나 쇼트컷을 생성할 수 있을 것이다.

예제에서는 winapi(http://www.winapi.co.kr)로 바로 가는 쇼트컷을 만들되 아이콘은 C 드라이브의 루트에 있는 winapi.ico를 사용하는 것으로 가정하였다. MakeURLShortCut 함수 내부는 특수 폴더의 위치를 구하는 과정이 조금 복잡할 뿐 단순한 텍스트 파일 생성 코드밖에 없다. URL 쇼트컷은 이런 단순하고 전통적인 방법으로 만들 수도 있지만 IUniformResourceLocator 인터페이스를 사용해서 만들 수도 있다. 이 인터페이스의 SetURL 메소드로 URL을 정하고 IPersistFile 인터페이스의 Save 메소드로 저장하면 된다.

```
#include <intshcut.h>
BOOL MakeURLShortCut2(TCHAR *URL,TCHAR *Path)
{
    IUniformResourceLocator *pURL;
    IPersistFile *pPf;
    WCHAR wszSCPath[MAX_PATH]={0,};
    HRESULT hr;

    // 쇼트컷에 기록될 정보를 만든다.
    hr=CoCreateInstance(CLSID_InternetShortcut, NULL, CLSCTX_INPROC_SERVER,
        IID_IUniformResourceLocator, (void **)&pURL);
    if (FAILED(hr))
```

```
        return FALSE;
    pURL->SetURL(URL,0);

    // 쇼트컷 파일을 생성한다.
    hr=pURL->QueryInterface(IID_IPersistFile, (void **)&pPf);
    if (FAILED(hr)) {
        pURL->Release();
        return FALSE;
    }
    MultiByteToWideChar(CP_ACP, 0, Path, -1, wszSCPath, MAX_PATH);
    pPf->Save(wszSCPath,TRUE);
    pURL->Release();
    pPf->Release();
    return TRUE;
}
```

이 방법을 사용하려면 intshcut.h 헤더 파일을 인클루드해야 하며 CoInitialize로 COM 라이브러리를 초기화해야 하는 성가신 면이 있다. 게다가 아이콘을 지정하는 방법이 없어 텍스트 파일을 만드는 방법보다 특별히 우월하다고 할 수는 없다.

48-1 스크린 세이버

48-1-가. 스크린 세이버

스크린 세이버(Screen Saver)가 뭐하는 프로그램인지 모르는 사람은 아마 없을 것이다. 윈도우즈가 운영체제 차원에서 스크린 세이버를 지원하고부터 스크린 세이버는 누구에게나 아주 친숙한 응용 프로그램이 되었다. 스크린 세이버를 사용하는 이유는 다음 두 가지이다.

① 오랫동안 화면이 정지되어 있을 경우 같은 위치에 정적인 그림이 계속 표시되므로써 모니터의 특정 부분만 빨리 손상되는 것을 방지한다. 스크린 세이버의 원래적인 용도에 부합되는 기능이다.

② 보안상 중요한 정보가 누출되는 것을 방지한다. 작업중 잠시 자리를 비울 경우 작업하던 내용을 누군가가 보거나 또는 파일 등의 정보를 훔쳐갈 수도 있는데 스크린 세이버는 화면을 잠금으로써 정보 누출을 방지한다.

이러한 용도로 스크린 세이버가 주로 사용되어 왔는데 사실 요즘 모니터들은 성능이 무척 좋아져서 굳이 스크린 세이버를 쓰지 않아도 된다. 이런 원래의 목적보다는 데스크탑을 꾸미는 예쁜 액세서리나 기업의 홍보 수단으로 더 활용되고 있는 추세이다. 많은 다양한 종류의 스크린 세이버가 무료로 배포되고 있지만 프로그래머들은 자신만의 스크린 세이버를 만들어 보고 싶어한다. 스크린 세이버는 단순한 형태의 프로그램이므로 Win32 프로그래밍을 조금이라도 할 수 있는 사람이라면 쉽게 만들 수 있다.

스크린 세이버는 운영체제가 부팅될 때 함께 실행된다. 그리고 항상 사용자의 키보드와 마우스를 감시하며 제어판에서 지정한 시간동안 입력이 없을 경우 미리 지정되어 있는 스크린 세이버 애플릿을 실행한다. 물론 애플릿이 지정되어 있지 않으면, 즉 제어판의 화면 보호기가 "없음"으로 설정되어 있다면 아무런 일도 일어나지 않는다. 또한 스크린 세이버 애플릿이 지정되어 있더라도 다음 세 가지 경우에는 실행이 거부된다.

① 윈도우 기반이 아닌 응용 프로그램이 실행중일 때.

② 컴퓨터 교육 프로그램(CBT)이 실행중일 때.

③ 한 프로그램이라도 스크린 세이버의 실행을 거부할 때.

스크린 세이버 애플릿은 스크린 세이버에 의해 실행되며 사용자의 입력이 있으면 즉시 종료된다. 여기서 잠깐 용어 정리를 하자. 스크린 세이버란 운영체제의 일부이며 항상 실행상태에서 사용자의 입력을 감시하는 프로그램이며 스크린 세이버 애플릿은 스크린 세이버에 의해 호출되는 실행 파일이다. 제어판의 화면보호기 탭에 나타나는 "우주공간", "사용자 입력 문구" 등은 모두 스크린 세이버 애플릿이다. 일종의 실행 파일이되 확장자가 다른 특별한 형태의 실행 파일일 뿐이다. 그러나 통상 스크린 세이버 애플릿을 스크린 세이버라고 칭하는 경우가 많은데 이 책에서는 이후 간단히 줄여 애플릿이라고 칭한다.

48-1-나. ScrnSave. lib

애플릿은 스크린 세이버와 상호 협력적으로 동작한다. 두 모듈은 원활한 협력을 위해 언제 호출될지, 설정 대화상자는 언제 어떻게 보여줄지, 제목 문자열은 어디에 넣어둘지 등이 이미 약속되어 있다. 그리고 애플릿의 배경색은 통상 검정색이며 커서나 메뉴는 없어야 하는 등의 일반적인 제약 사항들이 있다. 애플릿 개발자들이 이 모든 약속과 제약 사항을 다 암기하고 준수하기는 어려우므로 스크린 세이버 제작을 위한 라이브러리가 제공된다. 스크린 세이버 라이브러리에는 대부분의 약속이 이미 프로그래밍되어 있으므로 애플릿은 스크린 세이버 라이브러리와 연결하고 자신의 고유한 화면 처리만 하면 된다.

스크린 세이버 라이브러리에는 엔트리 함수, 초기화 코드, 디폴트 메시지 처리, 명령행 인수 처리, 필요한 리소스 등이 이미 포함되어 있어 이 라이브러리와 링크하기만 하면 스크린 세이버 제작에 필요한 대부분의 처리를 신경쓰지 않아도 된다. 대신 애플릿 제작자는 라이브러리가 요구하는 함수와 리소스를 제공해야 한다. 이 라이브러리로 애플릿을 만들려면 필수적으로 다음 세 함수가 있어야 한다.

LRESULT WINAPI ScreenSaverProc(HWND hWnd, UINT iMessage, WPARAM wParam, LPARAM lParam)

이 함수는 스크린 세이버의 메시지를 처리하는 메시지 프로시저이다. 원형도 WndProc과 동일하며 프로그래밍 방법도 동일하다. 스크린 세이버 라이브러리는 애플릿에 적절한 전체화면의 검정색 배경에 항상 위(Always On Top) 옵션으로 메인 윈도우를 만들며 메인 윈도우의 메시지 프로시저로 이 함수를 지정한다. 이 함수에서 메시지를 어떻게 처리하는가에 따라 어떤 애플릿이 될 것인가가 결정된다. 주로 WM_PAINT, WM_CREATE, WM_TIMER 등의 메시지가 처리된다. 이 함수에서 처리하지 않는 메시지는 DefScreenSaverProc 함수로 전달하여 스크린 세이버 라이브러리가 처리하면 된다.

BOOL WINAPI ScreenSaverConfigureDialog(HWND hWnd, UINT iMessage, WPARAM wParam, LPARAM lParam)

이 함수는 설정 대화상자의 메시지 처리 함수이다. 일반적인 대화상자 메시지 프로시저와 동일하다. 사용자로부터 설정 상태를 입력받아 약속된 장소(보통 레지스트리)에 저장하는 역할을 한다.

BOOL WINAPI RegisterDialogClasses(HANDLE hInst)

이 함수는 커스텀 컨트롤을 등록할 때 사용한다. 보통 TRUE를 리턴하면 된다. 이 함수의 자세한 사용 예는 다음에 예제를 보인다. 이 함수들은 원형은 물론이고 이름까지 이미 라이브러리에 정의되어 있으므로 이름을 변경할 수 없다. 세 가지 필수 함수들 외에 설정 대화상자, 아이콘, 설명 문자열 등의 리소스도 제공해야 한다.

48-2 간단한 실습

48-2-가. ScrnSave1

스크린 세이버 제작에 관한 이론적인 면들에 대해 살펴보았다. 이제 간단하나마 직접 스크린 세이버를 만들어 보되 늘 그렇듯이 극단적으로 간단한 예제를 먼저 만들어 보고 점점 복잡한 형태로 기능을 추가해 볼 것이다. 처음 만드는 예제는 화면에 문자열만 하나 출력하는 볼품없는 예제지만 기능적으로는 분명히 온전한 스크린 세이버이다. 일반적인 Win32 응용 프로그램과는 만드는 과정이 조금 다르므로 다음 단계를 따라가면서 실습해 보자.

1 우선 프로젝트를 먼저 만든다. ScrnSave1이라는 이름으로 비어있는 Win32 프로젝트를 하나 만들자.

2 ScrnSave1.cpp소스 파일을 프로젝트에 포함시키고 다음과 같이 코드를 입력한다. 지금까지 만들어 본 소스와는 모양이 사뭇 다르므로 완전히 새로 입력해야 한다.

예 제 : ScrnSave1

```
#include <windows.h>
#include <scrnsave.h>

LRESULT WINAPI ScreenSaverProc(HWND hWnd, UINT iMessage, WPARAM wParam, LPARAM lParam)
{
	HDC hdc;
	PAINTSTRUCT ps;
	TCHAR *Mes = "스크린 세이버 테스트";

	switch (iMessage) {
	case WM_PAINT:
		hdc=BeginPaint(hWnd, &ps);
		SetBkMode(hdc, TRANSPARENT);
		SetTextColor(hdc, RGB(255,255,255));
		TextOut(hdc, 100, 100, Mes, lstrlen(Mes));
		EndPaint(hWnd, &ps);
		return 0;
	}
	return DefScreenSaverProc(hWnd, iMessage, wParam, lParam);
}

BOOL WINAPI ScreenSaverConfigureDialog(HWND hWnd, UINT iMessage, WPARAM wParam, LPARAM lParam)
{
	switch (iMessage) {
	case WM_INITDIALOG:
		return TRUE;
	case WM_COMMAND:
		switch (LOWORD(wParam)) {
		case IDOK:
		case IDCANCEL:
```

```
            EndDialog(hWnd, IDOK);
            return TRUE;
        }
    }
    return FALSE;
}

BOOL WINAPI RegisterDialogClasses(HANDLE hInst)
{
    return TRUE;
}
```

잠깐 소스를 살펴보면 선두에서 두 개의 헤더 파일을 포함하고 있다. 하나는 모든 윈도우즈 프로그램에 포함되는 windows.h이고 또 하나는 스크린 세이버 라이브러리의 헤더 파일인 ScrnSave.h이다. 추측하다시피 ScrnSave.h에는 스크린 세이버 제작에 필요한 함수, 상수 등이 정의되어 있다. 세 개의 함수가 있는데 뒤의 두 함수는 그냥 자리만 채우고 있을 뿐 현재로는 아무 기능도 가지고 있지 않다. 메시지 프로시저인 ScreenSaverProc 함수에서는 WM_PAINT에서 문자열을 출력하는 코드가 들어있으며 나머지 메시지들은 DefScreenSaverProc 함수로 넘겨 라이브러리가 나머지 처리를 하도록 했다.

3 소스 작성은 이미 끝났다. 스크린 세이버가 요구하는 세 함수만 작성하면 된다. 이제 이 소스가 정상적인 Win32 어플리케이션이 될 수 있도록 스크린 세이버 라이브러리와 연결한다. Settings/Link 탭에서 ScrnSave.lib를 추가하자. Settings For 콤보 박스에서 All Configuration을 선택하여 Debug, Release 버전에 모두 포함되도록 한다.

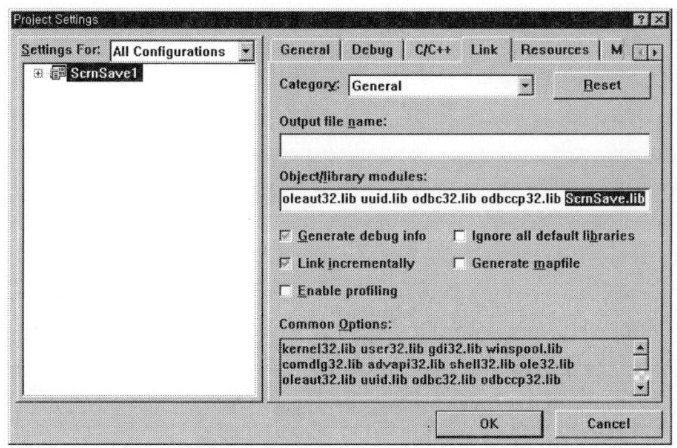

참고로 ScrnSave.lib외에 유니코드 버전의 ScrnSavw.lib도 제공되는데 이 라이브러리를 사용하면 유니코드를 지원하는 운영체제에서만 동작한다. ScrnSave.lib를 사용하면 유니코드에 상관없이 동작하므로 특별한 이유가 없으면 유니코드 버전을 쓸 필요는 없다.

4 예제 작성이 끝났다. F7을 눌러 컴파일하면 오타가 없는 한 에러없이 컴파일될 것이다. 컴파일 후 Debug 디렉토리를 살펴보면 ScrnSave1.exe라는 확장자 EXE의 실행 파일이 생성되어 있다.

5 그럼 만든 프로그램이 제대로 동작하는지 테스트해 보자. 그러나 이 프로그램은 WinMain을 가지는 실행 프로그램이 아니기 때문에 IDE에서 곧바로 실행해 볼 수 없다. 실행해 봐야 아무 일도 일어나지 않으며 곧바로 종료되어 버린다. 그렇다고 탐색기에서 실행 파일을 직접 실행해도 안 된다. 스크린 세이버를 테스트해 보려면 확장자 EXE를 SCR로 변경해야 한다. 탐색기에서 직접 실행 파일을 SCR로 변경하자. 그리고 탐색기에서 더블클릭하여 직접 실행하면 검정색 화면에 문자열이 나타날 것이다.

좀 더 제대로 테스트해 보려면 ScrnSave1.Scr 파일을 윈도우즈 디렉토리에 복사한 후 제어판에서 테스트해야 한다. 화면보호기 페이지의 화면 보호기 콤보 박스에 ScrnSave1이 있으며 미리보기 버튼으로 스크린 세이버를 실행해 볼 수 있다. 설정 대화상자는 아직 만들지 않았으므로 설정 버튼은 아무 효과도 가지지 않는다.

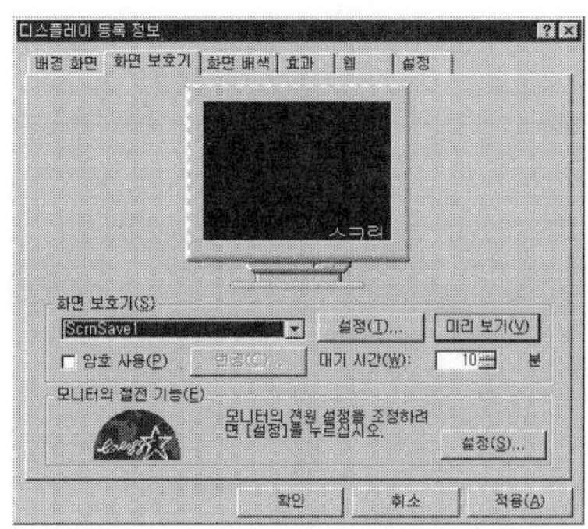

탐색기에서 직접 실행할 때는 커서가 그대로 화면에 남아 있는 문제가 있지만 제어판에서 실행할 때는 커서가 사라지므로 문제가 되지 않는다.

6 예제는 다 만들었지만 개발 과정의 편리를 위해 몇 가지 작업을 해 두자. 매번 테스트할 때마다 확장자를 바꾸기가 너무 번거로우므로 아예 컴파일할 때 EXE 파일이 아닌 SCR 파일을 만들도록 Link 탭에서 출력 파일의 확장자를 Scr로 변경해 놓자. Debug 버전과 Release버전 모두 확장자를 변경한다.

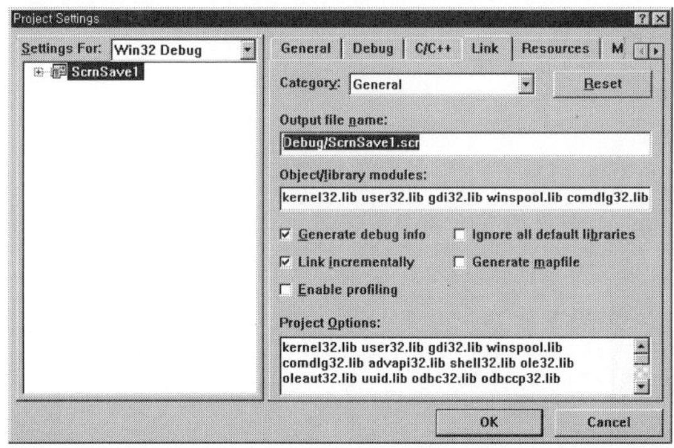

이제 컴파일하면 자동으로 Scr 파일이 생성될 것이다. 설정 대화상자가 만들어진 후에는 윈도우즈 디렉토리에 복사한 후 테스트해 보아야 하므로 Scr 파일을 윈도우즈 디렉토리로 복사하는 배치 파일을 만들어 놓고 사용하면 편리하다.

48-2-나. ScrnSave2

첫 번째 예제는 스크린 세이버로서 너무 단순했었다. 계속해서 두 번째 예제를 만들어 보자. 두 번째 예제는 스크린 세이버의 기능에 좀 더 많이 접근하게 될 것이다. ScrnSave2 디렉토리를 만들고 ScrnSave1 프로젝트를 복사한 후 다음 단계를 따라 코드를 추가한다.

1 한 자리에 가만히 서 있는 문자열을 움직이게 해 보자. 난수로 1초에 한 번씩 문자열을 임의의 위치에 임의의 색상으로 출력하도록 코드를 다음과 같이 수정한다.

예 제 : ScrnSave2

```
#include <windows.h>
#include <scrnsave.h>
#include <time.h>

LRESULT WINAPI ScreenSaverProc(HWND hWnd, UINT iMessage, WPARAM wParam, LPARAM
lParam)
{
    HDC hdc;
    TCHAR *Mes = "스크린 세이버 테스트";
    static int SX, SY;

    switch (iMessage) {
    case WM_CREATE:
        SetTimer(hWnd, 0, 1000, NULL);
        srand(time(NULL));
        SX=GetSystemMetrics(SM_CXSCREEN);
        SY=GetSystemMetrics(SM_CYSCREEN);
        return 0;
    case WM_TIMER:
        hdc=GetDC(hWnd);
        SetBkMode(hdc, TRANSPARENT);
        SetTextColor(hdc, RGB(rand()%256, rand()%256, rand()%256));
        TextOut(hdc, rand()%SX, rand()%SY,Mes,lstrlen(Mes));
        ReleaseDC(hWnd, hdc);
        return 0;
    case WM_DESTROY:
        KillTimer(hWnd,0);
        return 0;
    }
    return DefScreenSaverProc(hWnd, iMessage, wParam, lParam);
}
```

WM_CREATE에서 타이머를 설치하고 난수 발생기를 초기화하였다. WM_TIMER에서는 1초에 한 번씩 문자열을 임의 위치에 출력하되 화면 해상도 범위를 넘지 않도록 하였으며 색상도 난수로 선택하였다. WM_TIMER에서 문자열을 출력하므로 WM_PAINT 메시지는 굳이 처리하지 않아도 상관없다. 스크린 세이버는 다시 그리기(Repaint)를 할 필요가 없는 프로그램이기 때문에 사실 WM_PAINT는 별 필요가 없다.

2 스크린 세이버 애플릿도 일종의 실행 파일이므로 아이콘이 필요하다. 물론 아이콘이 없어도 동작에는 이상이 없지만 탐색기에서 SCR 파일을 볼 때 아이콘이 없으면 어떤 프로그램인지 분간하기 어려우므로 아이콘을 만드는 것이 좋다. 새로운 리소스 파일(ScrnSave1.rc)을 생성하여 프로젝트에 추가하고 대충 아이콘을 그려보자.

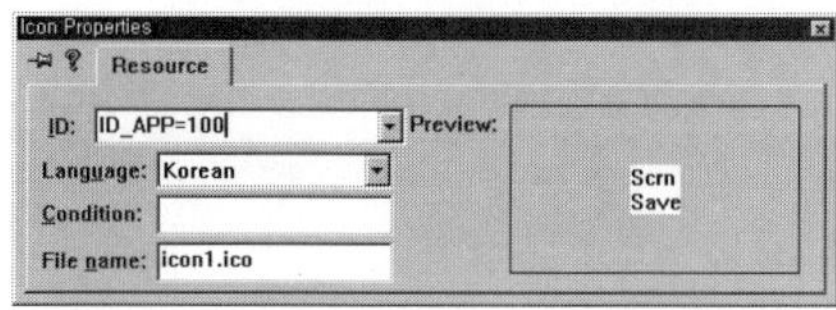

아이콘은 어떻게 그려도 좋지만 이 아이콘이 애플릿 메인 윈도우의 아이콘이 되려면 반드시

ID_APP값으로 정의되어야 하며 이 값은 ScrnSave.h 파일에 상수 100으로 이미 정의되어 있다. 스크린 세이버 라이브러리는 이 ID의 아이콘을 사용하도록 이미 컴파일되어 있으므로 약속대로 우리는 상수 100의 ID로 아이콘의 ID를 지정하여야 한다. ID와 상수를 함께 지정할 때는 ID_APP=100과 같이 상수를 직접 적으면 된다.

3 우리가 만든 애플릿을 제어판의 화면 보호기 목록에서 보면 ScrnSave1과 같이 실행 파일의 이름으로 나타나는데 이보다는 좀 더 설명적인 이름을 쓰는 것이 좋을 것 같다. 스크린 세이버의 제목은 문자열 리소스로 지정한다. 문자열 테이블을 만들고 제일 첫 문자열(Value 1)에 원하는 제목을 적어주면 된다.

이렇게 문자열 리소스를 만들어 놓으면 제어판은 이 리소스를 읽어 스크린 세이버의 제목으로 사용한다. 단 NT/2000의 경우는 문자열 제목을 설정하는 방법이 조금 다르다.

48-2-다. ScrnSave3

스크린 세이버는 설정 상태에 따라 다양한 모습을 보여주도록 설계되어 있다. 출력할 모양, 속도, 위치, 색상 등의 값들을 사용자가 원하는대로 제어판을 통해 변경할 수 있다.

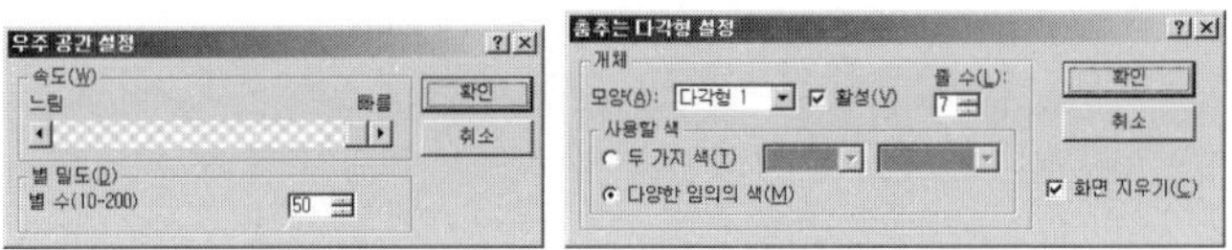

이런 설정 상태의 입력에는 거의 예외없이 대화상자가 사용되는데 스크린 세이버 라이브러리는 설정 대화상자에 대한 지원을 이미 포함하고 있다. 그래서 우리는 대화상자를 만들어 프로젝트에 포함시켜 두고 값들을 적절히 입출력하여 사용하기만 하면 된다.

우리가 만든 스크린 세이버는 문자열을 화면의 임의 위치에 출력하는데 사용자로부터 입력받을 수 있는 옵션으로 여러 가지를 생각할 수 있다. 출력할 문자열, 색상, 폰트, 위치, 출력 속도 등등 얼마든지 옵션을 만들 수 있는데 이중 문자열과 속도 두 가지 옵션을 만들어 보자. ScrnSave3디렉토리에 ScrnSave2 프로젝트를 복사한 후 계속 만들어 보자.

1 리소스에 대화상자 템플릿을 추가하고 다음과 같이 디자인한다.

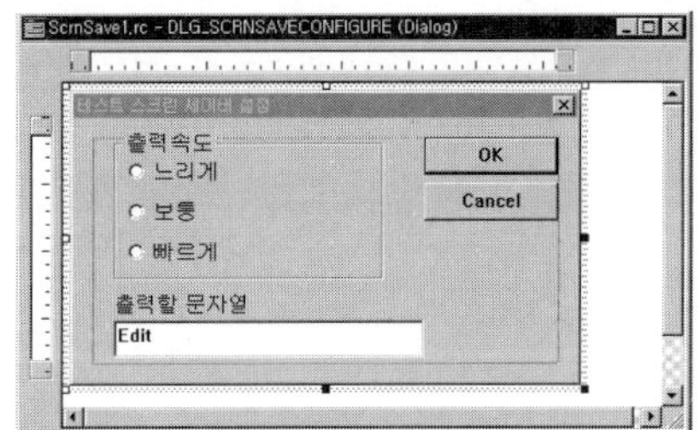

속도를 입력받을 수 있는 라디오 버튼 세 개와 문자열을 입력받을 수 있는 에디트 컨트롤을 배치하였다. 각 컨트롤의 속성을 다음 표대로 변경한다.

컨트롤	ID	Caption
에디트	IDC_EDSTRING	
스태틱	IDC_STATIC	출력할 문자열
라디오 1	IDC_RASPEED1	느리게
라디오 2	IDC_RASPEED2	보통
라디오 3	IDC_RASPEED3	빠르게
그룹	IDC_STATIC	출력속도
대화상자	DLG_SCRNSAVECONFIGURE = 2003	테스트 스크린 세이버 설정

이중 가장 중요한 속성은 대화상자 자체의 ID이다. 대화상자의 ID값은 스크린 세이버 라이브러리와 이미 약속되어 있기 때문에 반드시 DLG_SCRNSAVECONFIGURE값을 사용해야 하며 이 값은 ScrnSave.h에 상수 2003으로 이미 정의되어 있다. 스크린 세이버 라이브러리는 제어판의 요청이 있을 때 2003 ID를 가지는 대화상자 템플릿을 호출하도록 이미 컴파일되어 있으므로 우리는 이 약속을 지켜야 한다. 여기까지 작업한 후 테스트해 보면 제어판에서 이 설정 대화상자를 호출할 수 있다. 그러나 아직 값을 입력받거나 입력받은 값을 사용하는 코드는 작성하지 않았으므로 옵션을 변경할 수는 없다.

2 스크린 세이버의 설정 상태는 어딘가에 기록되어 있어야 한다. 스크린 세이버를 위한 특별한 기억 장소가 따로 제공되지는 않으므로 어떠한 방법으로든 정보를 저장하기만 하면 된다. 윈도우즈 3.1에서는 이런 목적으로 control.ini 파일을 사용했었지만 현재는 레지스트리를 사용하는 것이 가장 현명한 방법이다.

설정 대화상자에서 입력받은 값을 레지스트리에 기록하고 기록한 값을 읽어오는 코드를 작성해 보자. 우선 그 전에 레지스트리 입출력을 할 수 있는 함수가 있어야 하므로 앞장에서 작성했던 ShReg.*파일을 프로젝트에 포함시키고 헤더 파일을 인클루드해 놓는다. 그리고 레지스트리 경로를 KEY 매크로에 정의해 두었다. 이제 이 함수들을 사용하여 설정 상태를 레지스트리에 저장하거나 읽어오는 코드를 작성한다. 작성하는 곳은 당연히 대화상자 프로시저이다.

예제 : ScrnSave3

```
BOOL WINAPI ScreenSaverConfigureDialog(HWND hWnd, UINT iMessage, WPARAM wParam,
LPARAM lParam)
{
    TCHAR sStr[256];
    int nSpeed;

    switch (iMessage) {
    case WM_INITDIALOG:
        SHRegReadString(HKEY_CURRENT_USER,KEY"Setting","String","테스트   스크린   세이버
",sStr,256);
        SetDlgItemText(hWnd, IDC_EDSTRING, sStr);
        nSpeed = SHRegReadInt(HKEY_CURRENT_USER,KEY"Setting","Speed",2);
        if (nSpeed == 1)
            SendMessage(GetDlgItem(hWnd, IDC_RASPEED1), BM_SETCHECK, BST_CHECKED,0);
        if (nSpeed == 2)
            SendMessage(GetDlgItem(hWnd, IDC_RASPEED2), BM_SETCHECK, BST_CHECKED,0);
        if (nSpeed == 3)
            SendMessage(GetDlgItem(hWnd, IDC_RASPEED3), BM_SETCHECK, BST_CHECKED,0);
        return TRUE;
    case WM_COMMAND:
```

```
        switch (LOWORD(wParam)) {
        case IDOK:
            GetDlgItemText(hWnd, IDC_EDSTRING, sStr, 256);
            SHRegWriteString(HKEY_CURRENT_USER,KEY"Setting","String",sStr);
            if (SendMessage(GetDlgItem(hWnd, IDC_RASPEED1), BM_GETCHECK,0,0) == BST_CHECKED)
                nSpeed = 1;
            if (SendMessage(GetDlgItem(hWnd, IDC_RASPEED2), BM_GETCHECK,0,0) == BST_CHECKED)
                nSpeed = 2;
            if (SendMessage(GetDlgItem(hWnd, IDC_RASPEED3), BM_GETCHECK,0,0) == BST_CHECKED)
                nSpeed = 3;
            SHRegWriteInt(HKEY_CURRENT_USER,KEY"Setting","Speed",nSpeed);
            EndDialog(hWnd, IDOK);
            return TRUE;
        case IDCANCEL:
            EndDialog(hWnd, IDCANCEL);
            return TRUE;
        }
    }
    return FALSE;
}
```

WM_INITDIALOG에서 레지스트리 값을 읽어와 컨트롤의 값을 초기화하였고 ID_OK 버튼이 눌러질 때 변경된 설정 상태를 레지스트리에 다시 기록하였다.

3 프로그램의 메인 코드에서 레지스트리의 값을 참조하도록 수정한다.

```
#include "resource.h"
#include "ShReg.h"

#define KEY "Software\\SangHyungSoft\\TestScrnSave\\"
TCHAR g_Mes[256];
int g_Speed;

LRESULT WINAPI ScreenSaverProc(HWND hWnd, UINT iMessage, WPARAM wParam, LPARAM
lParam)
{
    HDC hdc;
    static int SX, SY;

    switch (iMessage) {
    case WM_CREATE:
        SHRegReadString(HKEY_CURRENT_USER,KEY"Setting","String","테스트 스크린 세이버",g_Mes,256);
        g_Speed = SHRegReadInt(HKEY_CURRENT_USER,KEY"Setting","Speed",2);
        switch (g_Speed) {
        case 1:
            SetTimer(hWnd, 0, 2000, NULL);
            break;
        case 2:
            SetTimer(hWnd, 0, 1000, NULL);
            break;
        case 3:
            SetTimer(hWnd, 0, 300, NULL);
            break;
        }
        srand(time(NULL));
```

```
            SX=GetSystemMetrics(SM_CXSCREEN);
            SY=GetSystemMetrics(SM_CYSCREEN);
            return 0;
        case WM_TIMER:
            hdc=GetDC(hWnd);
            SetBkMode(hdc, TRANSPARENT);
            SetTextColor(hdc, RGB(rand()%256, rand()%256, rand()%256));
            TextOut(hdc, rand()%SX, rand()%SY,g_Mes,lstrlen(g_Mes));
            ReleaseDC(hWnd, hdc);
            return 0;
        case WM_DESTROY:
            KillTimer(hWnd,0);
            PostQuitMessage(0);
            return 0;
        }
        return DefScreenSaverProc(hWnd, iMessage, wParam, lParam);
    }
```

두 개의 전역변수를 만들고 이 전역변수에 설정 상태를 읽었다. g_Speed값은 타이머 설정에 사용되며 g_Mes는 메시지를 출력할 때 사용한다. WM_CREATE에서 레지스트리 값을 읽어오는데 이 때 디폴트 값을 잘 적용하여 처음 실행할 때 무난한 옵션으로 시작하는 것이 좋다. 이제 예제를 컴파일한 후 테스트해 보면 제어판에서 설정한대로 옵션이 작동할 것이다.

48-2-라. ScrnSave4

스크린 세이버 라이브러리가 요구하는 마지막 함수인 RegisterDialogClasses 함수에 대해서 간단히 알아보자. 이 함수는 사용되는 경우가 무척 드물며 이 함수를 쓰지 않아도 얼마든지 스크린 세이버를 만들 수 있다. 스크린 세이버 라이브러리는 지정한 템플릿(2003)로 대화상자를 띄우고 이 대화상자에 대한 메시지 처리를 ScreenSaverConfigureDialog 함수에게 맡긴다. 이런 구조라면 설정을 입력받는데 아무런 문제가 없다.

그러나 만약 표준 컨트롤이 아닌 커스텀 컨트롤을 등록하여 사용하고 싶다면 이런 자동화된 처리로는 불가능하다. 커스텀 컨트롤은 윈도우 클래스를 실행시에 등록한 후 윈도우를 만들어야 하기 때문이다. 그래서 스크린 세이버 라이브러리는 설정 대화상자를 호출하기 전에 RegisterDialogClasses 함수를 먼저 호출하여 커스텀 컨트롤을 등록할 기회를 제공한다. 만약 커스텀 컨트롤을 쓰거나 특별한 처리를 하고 싶다면 이 함수에서 설정에 관한 모든 처리를 한 후 FALSE를 리턴한다. 이 함수가 FALSE를 리턴하면 스크린 세이버 라이브러리는 애플릿에게 설정에 관한 모든 것을 맡기고 별도로 설정 대화상자를 실행하지 않는다.

커스텀 컨트롤을 쓰지 않는다면 이 함수는 단순히 TRUE를 리턴하면 된다. ScrnSave4 예제는 이 함수에서 별도의 대화상자를 띄웠다. ScrnSave3예제를 복사한 후 새로운 대화상자 템플릿(IDD_DIALOG1)를 리소스에 추가하고 다음 코드를 작성한다.

예 제 : ScrnSave4

```
BOOL WINAPI CustomDlgProc(HWND hWnd, UINT iMessage, WPARAM wParam, LPARAM lParam)
{
    switch (iMessage) {
    case WM_INITDIALOG:
        return TRUE;
    case WM_COMMAND:
        switch (LOWORD(wParam)) {
```

```
            case IDOK:
            case IDCANCEL:
                EndDialog(hWnd, 0);
                return TRUE;
            }
        }
        return FALSE;
    }


    BOOL WINAPI RegisterDialogClasses(HANDLE hInst)
    {
        DialogBox(hMainInstance, MAKEINTRESOURCE(IDD_DIALOG1),hMainWindow, CustomDlgProc);
        return FALSE;
    //  return TRUE;
    }
```

이렇게 되면 DLG_SCRNSAVECONFIGURE 대화상자는 나타나지 않고 새로 만든 IDD_DIALOG1 대화상자가 나타난다. 예제를 간단하게 만들기 위해 커스텀 컨트롤은 등록하지 않았지만 일단 RegisterDialogClasses 함수가 제어권을 가지게 되면 설정 대화상자에 관한 모든 처리를 할 기회를 가질 수 있다.

48-3 팁

48-3-가. 애플릿의 인수

스크린 세이버가 애플릿을 호출할 때는 다음과 같은 인수를 전달하며 애플릿은 이 인수에 따라 자신의 동작을 결정한다.

인수	설명
/c	현재 윈도우의 모달 대화상자로 설정 대화상자를 실행한다.
/s	스크린 세이버를 실행한다.
인수없음	페어런트없이 설정 대화상자를 실행한다.
/p HWND	HWND 윈도우의 차일드로 스크린 세이버를 실행한다.

개발자 스튜디오에서 F5를 눌러 스크린 세이버 프로젝트를 실행하면 아무 인수도 전달되지 않기 때문에 설정 대화상자가 화면 좌상단에 나타난다. 만약 Settings/Debug 탭에서 Program arguments 에디트에 /s 옵션을 준다면 개발자 스튜디오에서 곧바로 애플릿을 실행해 볼 수도 있다. 또한 /c 옵션을 주고 실행하면 개발자 스튜디오의 차일드로 설정 대화상자가 실행된다.

탐색기는 확장자가 SCR인 파일을 실행할 때는 자동으로 /s옵션을 붙여 애플릿이 실행되도록 한다. 그래서 설정 대화상자를 실행하고 싶을 때는 개발자 스튜디오에서 F5를 누르며 애플릿을 실행하고 싶으면 탐색기를 이용하면 편리하다.

48-3-나. 종료 조건 설정

애플릿 실행중 언제라도 사용자가 키보드나 마우스를 건드리면 즉시 종료되어 버린다. 뿐만 아니라 다른 프로그램에 의해 포커스를 뺏겨도 즉시 종료된다. 왜 그런가 하면 DefScreenSaverProc함수에서 키보드나, 마우스 입력이 있을 때 프로그램을 종료해 버리기 때문이다. 원래 스크린 세이버 애플릿이 사용자가 아무것도 하지 않을 때만 실행되는 프로그램이기 때문에 이는 무척 당연해 보인다.

그러나 단순한 장식 외에 특별한 기능을 가진 애플릿의 경우 마우스가 움직인 정도로는 종료되지 않고 싶다면 그렇게 할 수도 있다. 마우스 입력을 DefScreenSaverProc으로 보내지 않고 그 전에 가로채 버리면 된다.

```
case WM_DESTROY:
    KillTimer(hWnd,0);
    return 0;
case WM_MOUSEMOVE:
    return 0;
}
return DefScreenSaverProc(hWnd, iMessage, wParam, lParam);
```

이런 방식대로라면 물론 키보드 입력(WM_KEYDOWN)이나 마우스 클릭(WM_LBUTTONDOWN) 입력 등도 가로챌 수 있다.

48-3-다. 배포 및 설치

스크린 세이버는 컴퓨터를 처음 배우는 초보자들에게 컴퓨터에 관한 흥미를 유발시키기 위해 많이 배포된다. 무척 간단한 프로그램이지만 초보자들은 확장자가 SCR인 파일을 어떻게 설치해야 하는지 당황해할 것이다. 또한 단독 실행 파일이 아닌 경우는 설치가 더 까다로와지고 레지스트리에 초기 설정값이 있어야 하는 경우는 부득이하게 설치 프로그램을 같이 배포해야 한다. 여기서는 만들어진 스크린 세이버를 시스템에 설치하는 방법에 대해 알아보자.

일단 실행 파일인 SCR 파일은 윈도우즈 디렉토리에 복사해 두기만 하면 되므로 무척 간단한 편이다. 설치 후에 해당 스크린 세이버가 선택된 상태로 만들기 위해서는 시스템의 정보를 수정해야 한다. 현재 지정된 스크린 세이버는 System.ini의 boot 섹션의 SCRNSAVE.EXE키에 기록되어 있으므로 이 값을 설치하고자 하는 스크린 세이버의 풀 패스로 변경하면 된다. NT의 경우는 실제로 System.ini에 스크린 세이버의 정보가 저장되는 것은 아니며 대신 레지스트리를 사용하도록 되어 있지만 System.ini가 레지스트리와 연결되어 있어 System.ini에 값을 기록하면 관련된 레지스트리에 자동으로 값이 저장되므로 이 방법은 운영체제에 상관없이 사용할 수 있다.

그리고 스크린 세이버의 동작 시간은 레지스트리의 HKEY_USER\ .Default\ Control Panel\ Desktop\ ScreenSaveTimeOut 값에 초단위로 저장되어 있으므로 이 값을 변경하면 동작 시간도 설치시에 지정할 수 있다. 다음 예제는 앞에서 만들었던 ScrnSave3 예제의 실행 파일인 ScrnSave1.scr을 설치한다.

예 제 : InstallScrnSave

```
void Install();
#define IDC_EDITTIME 100
#define IDC_BTNINSTALL 101
HWND hEdit;
```

```
LRESULT CALLBACK WndProc(HWND hWnd,UINT iMessage,WPARAM wParam,LPARAM lParam)
{
    switch (iMessage) {
    case WM_CREATE:
        hWndMain = hWnd;
        CreateWindow("static","설정시간(분)",WS_CHILD | WS_VISIBLE,
            20,20,100,25,hWnd,(HMENU)-1,g_hInst,NULL);
        hEdit = CreateWindow("edit","10",WS_CHILD | WS_VISIBLE | WS_BORDER,
            130,20,200,25,hWnd,(HMENU)IDC_EDITTIME,g_hInst,NULL);
        CreateWindow("button","설치",WS_CHILD | WS_VISIBLE | BS_PUSHBUTTON,
            20,50,100,25,hWnd,(HMENU)IDC_BTNINSTALL,g_hInst,NULL);
        return 0;
    case WM_COMMAND:
        switch (LOWORD(wParam)) {
        case IDC_BTNINSTALL:
            Install();
        }
        return 0;
    case WM_DESTROY:
        PostQuitMessage(0);
        return 0;
    }
    return(DefWindowProc(hWnd,iMessage,wParam,lParam));
}

void Install()
{
    TCHAR ShortName[MAX_PATH];
    TCHAR Dest[MAX_PATH];
    TCHAR Src[MAX_PATH];
    int nTime;

    // 파일을 복사한다.
    GetWindowsDirectory(Dest, MAX_PATH);
    lstrcat(Dest, "\\ScrnSave1.scr");
    GetCurrentDirectory(MAX_PATH, Src);
    lstrcat(Src, "\\ScrnSave1.scr");
    if (CopyFile(Src, Dest, FALSE) == 0) {
        MessageBox(hWndMain, "파일을 복사할 수 없습니다.", "에러", MB_OK);
        return;
    }

    // 설정 시간을 기록한다.
    GetWindowText(hEdit, Src, MAX_PATH);
    nTime = atoi(Src);
    nTime = nTime * 60;
    SystemParametersInfo(SPI_SETSCREENSAVETIMEOUT, nTime, NULL, 0);

    // 짧은 파일명을 System.ini에 기록한다.
    GetShortPathName(Dest, ShortName, MAX_PATH);
    WritePrivateProfileString("boot", "SCRNSAVE.EXE", ShortName, "System.ini");

    MessageBox(hWndMain, "스크린 세이버가 설치되었습니다.", "알림", MB_OK);
}
```

실행중의 모습은 다음과 같다.

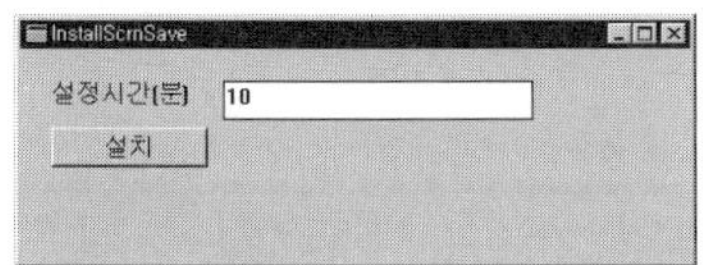

설정시간을 입력받는 에디트 하나와 설치 버튼이 배치되어 있으며 시간을 입력한 후 설치 버튼을 누르면 모든 설치가 자동으로 이루어진다. 설치 작업은 Install 함수에서 하므로 이 함수를 참고하면 스크린 세이버를 어떻게 설치하는지 알 수 있을 것이다. 우선 SCR 파일 자체를 윈도우즈 디렉토리로 복사하는데 CopyFile 함수 호출로 간단하게 복사하였다. 프로젝트 디렉토리에서 ScrnSave1.scr을 찾아 복사하므로 실행 파일은 반드시 설치 대상 파일이 있는 디렉토리에서 실행되어야 한다. 더 깔끔한 방법으로는 실행 파일이 SCR 파일 자체를 리소스로 가지고 있다가 윈도우즈 디렉토리에 파일로 복사하는 방법을 생각해 볼 수 있다.

파일을 복사한 후 설정 시간을 기록한다. 레지스트리 입출력 함수로 직접 레지스트리에 값을 써넣을 수도 있지만 스크린 세이버 설정을 변경하는 SystemParametersInfo라는 편리한 함수가 있으므로 이 함수를 사용하였다. 이 함수의 첫 번째 인수로 SPI_SETSCREENSAVETIMEOUT 값을 넘겨주고 두 번째 인수로 설정 시간을 초단위로 지정하면 된다.

마지막으로 현재 활성화된 스크린 세이버 애플릿을 system.ini의 boot 섹션에 기록하되 주의할 점은 INI 파일은 아직까지 16비트의 잔재가 남아 있어 긴 파일명이 제대로 인식되지 않으므로 반드시 GetShortPathName으로 SCR 파일명을 짧은 파일명으로 바꾼 후에 값을 설정해야 한다는 것이다. 그렇지 않으면 제어판이 제대로 애플릿을 찾지 못하는 우스운 현상이 발생한다. 이제 이 실행 파일과 SCR 파일을 압축 파일로 제공하고 사용자는 압축을 푼 후 설치만 하면 스크린 세이버가 자동으로 시스템에 설치될 것이다.

48-3-라. 스크린 세이버 거부

스크린 세이버는 사용자의 동의가 없어도 정해진 시간이 되면 자동으로 실행된다. 그리고 사용자의 입력이 있으면 즉시 원래 화면을 복구하므로 특별히 프로그램이 잘못 짜여져 있지만 않다면 시스템에는 무해한 존재이다. 그러나 아주 특별한 경우에는 스크린 세이버가 치명적인 문제가 되기도 하는데 화려한 그래픽을 많이 사용하고 CPU 점유율이 높을수록 위험도는 증가한다. 백그라운드에서 아주 중요한 작업을 수행하고 있는 프로그램이 있는데 이때 스크린 세이버가 실행된다면 이는 바람직하지 못한 결과를 초래할 것이다.

아주 쉬운 예를 든다면 CD 레코딩 프로그램을 들 수 있다. CD 한 장을 레코딩하는데 30분 정도가 걸리는데 사용자는 CD 레코딩을 방해하지 않기 위해 잠시 컴퓨터를 사용하지 않고 TV를 보러 갔다고 하자. 그런데 하필 10분 후에 스크린 세이버가 기동되어 CPU를 독차지함으로써 레코딩 프로그램이 제대로 동작하지 못하면 CD가 제대로 기록되지 못할 것이다. 또한 다운로드나 랜더링 등과 같이 시간이 오래 걸리는 작업을 할 때도 스크린 세이버는 방해가 된다.

이런 작업을 할 때는 사용자가 알아서 스크린 세이버를 꺼두어야 하지만 사용자들이 이런 것까지 신경쓰지 않도록 프로그램이 스크린 세이버의 동작을 막는 것이 더 좋을 것 같다. 물론 방법이 있다. 스크린 세이버는 기동 전에 실행중인 모든 응용 프로그램에게 WM_SYSCOMMAND 메시지의 wParam에 SC_SCREENSAVE를 보내 보아 기동해도 되는지 허가를 받게 되어 있다. 대부분의 프로그램들은 이 메시지를 처리하지 않으며 따라서 이 메시지는 DefWindowProc으로 넘겨진다. DefWindowProc은 이 메시지를 받으면 기동을 허가하도록 되어 있다. 이 메시지를 가로채서

DefWindowProc으로 메시지가 가지 않게 하면 스크린 세이버는 정해진 시간이 되어도 기동하지 못한다. 다음 예제는 이 방법대로 스크린 세이버를 거부한다. 아주 간단하다.

예 제 : RejectSaver

```
LRESULT CALLBACK WndProc(HWND hWnd,UINT iMessage,WPARAM wParam,LPARAM lParam)
{
    HDC hdc;
    PAINTSTRUCT ps;
    TCHAR *Mes="이 프로그램이 실행중인 동안은 스크린 세이버가 실행되지 않습니다";

    switch (iMessage) {
    case WM_SYSCOMMAND:
        if (wParam == SC_SCREENSAVE)
            return 0;
        break;
    case WM_PAINT:
        hdc=BeginPaint(hWnd, &ps);
        TextOut(hdc,50,50,Mes,lstrlen(Mes));
        EndPaint(hWnd, &ps);
        return 0;
    case WM_DESTROY:
        PostQuitMessage(0);
        return 0;
    }
    return(DefWindowProc(hWnd,iMessage,wParam,lParam));
}
```

WM_SYSCOMMAND 메시지를 받았을 때 wParam이 SC_SCREENSAVE인지 살펴보고 맞을 경우 그대로 리턴해 버리면 된다. 실행중의 모습은 아주 썰렁하다.

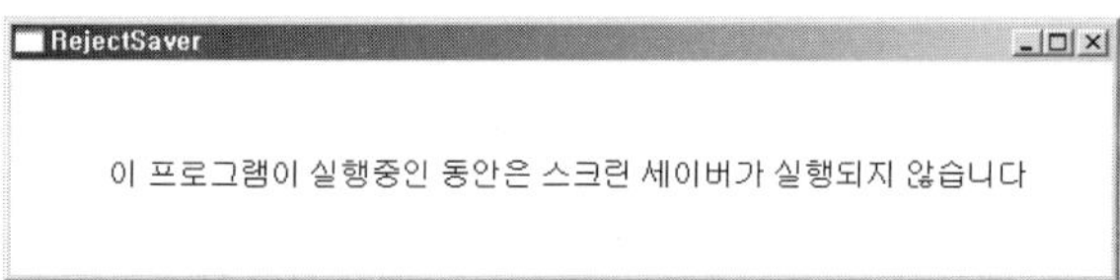

안내 메시지대로 이 프로그램이 실행되어 있는 동안은 어떠한 스크린 세이버도 실행될 수 없다. 아주 중요한 작업을 해야 하는 프로그램이라면 이 방법대로 스크린 세이버를 거부할 필요가 있다.

48-3-마. DaulScrn

인터넷이나 대중 통신망에서 스크린 세이버를 다운로드받아 실행해 보면 하나같이 화려한 그래픽을 자랑하며 무척이나 멋있다. 그래서 혹시 이 책에 있는 예제들이 무척 초라해 보여 실망스러울지도 모르겠다. 그래서 좀 크기가 큰 스크린 세이버를 하나 제작해 봤는데 그래픽도 사용하고 있으며 다양한 설정 옵션도 만들어 두었다.

예 제 : DaulScrn

소스 생략

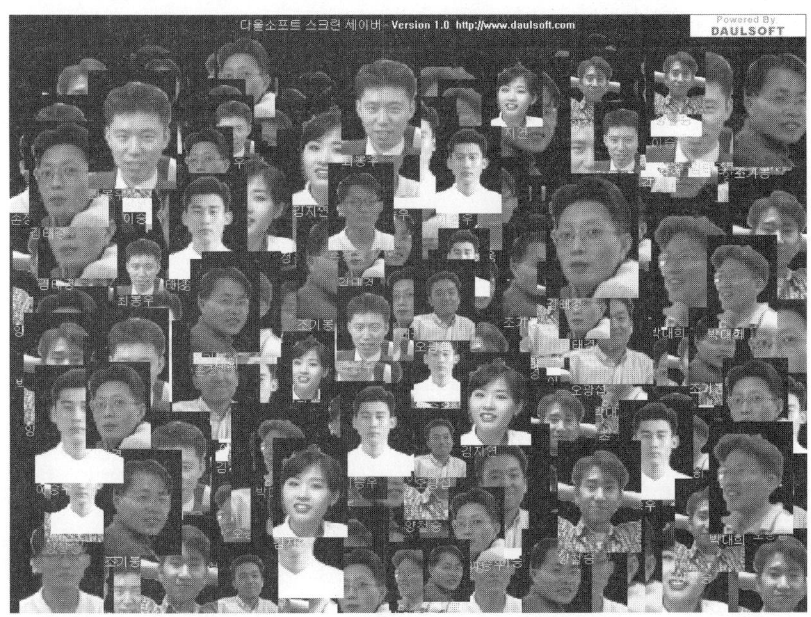

주변의 친한 사람들의 사진을 소재로 하여 이 사람들의 얼굴을 반복적으로 계속 보여주며 다양한 출력 방법을 사용했다. 설정 대화상자는 다음과 같다.

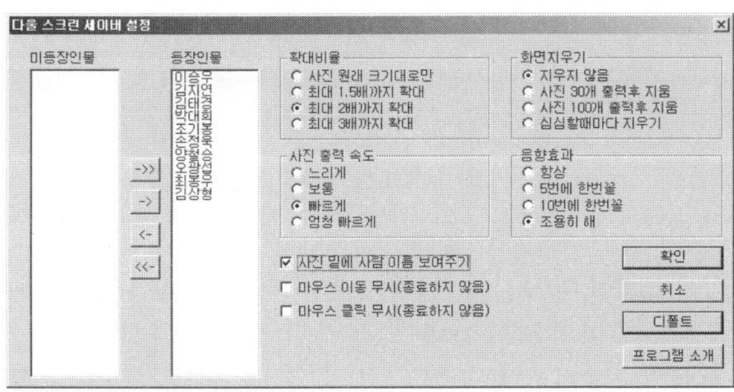

이 프로젝트에서 사용된 기법은 스크린 세이버 라이브러리 사용하기, 비트맵 출력, 대화상자 프로그래밍 정도의 아주 기본적인 것들 뿐이다. 상세한 분석을 같이 해보면 좋겠으나 지면이 허락하지 않으니 이 프로젝트에 대한 분석은 직접 해보기 바란다. 배포 CD-ROM에 컴파일 가능한 소스가 같이 포함되어 있다.

49-1 NT의 보안

49-1-가. NT의 보안 모델

이 장에서는 안전한 컴퓨터 운영을 위한 NT의 보안기능에 대해 알아본다. 보안(Security)이란 쉽게 말하면 허가되지 않은 사용자의 고의적인 또는 우발적인 조작에 대해 시스템과 그 데이터를 안전하게 보호하기 위한 장치이다. 물론 보안은 이런 간단한 정의보다는 훨씬 더 복잡하게 구성되어 있고 어렵기도 하다. 그러나 네트워크 프로그래밍을 한다면 안전한 프로그램 작동을 위해 무시할 수 없는 분야다.

윈도우즈는 보안을 지원하는 시스템이지만 NT 계열에만 국한된다. NT는 주로 서버용으로 사용되기 때문에 무엇보다도 보안에 역점을 두고 설계되었다. 개인용으로 개발된 윈도우즈 95나 98에서는 보안이 지원되지 않는다. 따라서 이 장의 모든 예제를 실행해 보려면 최소한 NT 4.0이 있어야 하며 이상적으로 윈도우즈 2000에서 실행하면 가장 좋다. 95/98을 가진 사람은 운영체제를 업그레이드하지 않는 이상 이 장의 예제는 실행할 수 없으며 이해하기도 어려울 것이다.

보안에 관련된 이론은 난이도에 비해 유용성은 많이 떨어진다. 많은 API 함수들이 보안 속성을 인수로 요구하지만 디폴트만 취해도 무난하도록 설계되어 있다. 보안을 몰라도 일반적인 윈도우즈 프로그래밍을 하는데는 거의 불편함을 느끼지 못한다. 실제로 배워봐야 보안 프로그래밍을 하지 않는 이상 적용할 수 있는 분야가 거의 없는 셈이다. 일반적인 프로그래밍에 보안이 꼭 필요한 경우라면 NT 시스템을 재부팅할 때 특권을 주는 정도밖에 없다.

그래서 당장 급하지 않다면 보안에 관한 내용은 몰라도 큰 지장이 없으며 우선순위를 뒤로 미루어도 될 것 같다. 물론 보안 체계를 이해하면 운영체제의 구조를 이해하는 데 많은 도움이 되고 자신감을 향상시켜 주기는 하겠지만 말이다. 보안이 필요한 이유는 아주 명백하다. 시스템을 안전하게 [illegible]기 위해서인데 좀 더 구체적으로 말하자면 원하지 않는 사용자가 시스템의 자원(파일, 프린터, [illegible]리 등등)을 마음대로 쓰지 못하도록 하는 것이다. NT가 지원하는 보안 모델은 유닉스와 마[illegible] 국방성이 요구하는 C2레벨까지 지원하는데 C2레벨은 다음과 같이 정의되어 있다.

[illegible]원을 사용자별로 허가하거나 거부할 수 있어야 한다. 예를 들어 같은 팀에 속한 사[illegible]읽을 수 있어야 하되 네트워크를 통해 접속한 다른 사람들은 이 자원에 접근할 [illegible] NT는 사용자별로 권한을 부여함으로써 모든 자원의 액세스 가능 여부를 통제

할 수 있다.

- 프로세스가 해제한 메모리의 내용은 읽을 수 없도록 보호되어야 한다. Win32 환경에서는 프로세스끼리 독립된 주소 공간을 가지므로 서로간의 메모리는 상호 보호된다. 마찬가지로 지워진 파일의 내용도 읽을 수 없어야 하는데 NTFS 파일 시스템은 이를 완벽하게 지원한다.
- 시스템을 사용하는 사람은 반드시 로긴 과정을 거쳐 자신의 신분을 밝혀야 한다. NT는 로긴을 하지 않으면 아무것도 할 수 없다.
- 관리자는 보안과 관련된 이벤트를 감사할 수 있다. 즉 누가 어떤 일을 하고 있는지 기록을 남기고 그 기록을 관리자가 볼 수 있어야 한다.
- 운영체제는 스스로 자신의 실행 코드를 보호할 수 있어야 한다. 누군가가 운영체제의 커널 코드를 변경하려고 할 때 이를 거부해야 하며 시스템 파일도 수정하지 못하도록 해야 한다.

NT는 이런 모든 보안 기능을 완벽하게 지원한다. NT 서버를 관리해 본 사람이라면 사용자 관리자나 이벤트 로그, 감사 기능 등을 사용해 본 적이 있을 것이고 이런 보안 기능들의 필요성에 대해 이해하고 있을 것이다. 물론 NT에서의 보안 기능 사용법에 대해서도 충분히 숙지하고 있을 것이다. 만약 그렇지 못하다면 보안 프로그래밍을 공부하기 전에 NT 운영체제 관리법부터 읽어야 한다.

네트워크가 점차 대중화되고 세상의 모든 컴퓨터들이 네트워크로 연결되면서 보안은 더욱 중요한 기술이 되었다. 내 컴퓨터를 친구들과 공유하면서도 불의의 침입자로부터 보호할 수 있는 방어법을 스스로 익혀야 한다. 그러나 불행하게도 세상에 완벽한 보안이란 있을 수 없다. 다른 운영체제들도 마찬가지지만 NT의 보안 체계도 순수한 소프트웨어로 구현되기 때문에 헛점을 이용하여 보안 체계를 뚫을 수도 있다.

49-1-나. 보안 실습

보안 프로그래밍을 하기 전에 윈도우즈의 보안 체계를 살펴보는 간단한 실습을 해 보자. 운영체제의 버전에 따라 보안 설정 방법과 대화상자 모양이 조금씩 달라지지만 대체로 비슷하다. 여기서는 윈도우즈 2000 프로페셔널에서 실습을 해 보았다. 보안 실습을 하려면 먼저 사용자가 여러 명 있어야 한다. 실제 상황에서는 네트워크를 통해 로긴하는 사용자들을 대상으로 액세스 관리를 하겠지만 모두가 네트워크 환경에서 실습을 하고 있지는 않으므로 로컬 계정을 몇 개 만들어 실습해 보자. 관리자로 로긴한 후에 사용자 관리자로 새 사용자를 추가한다.

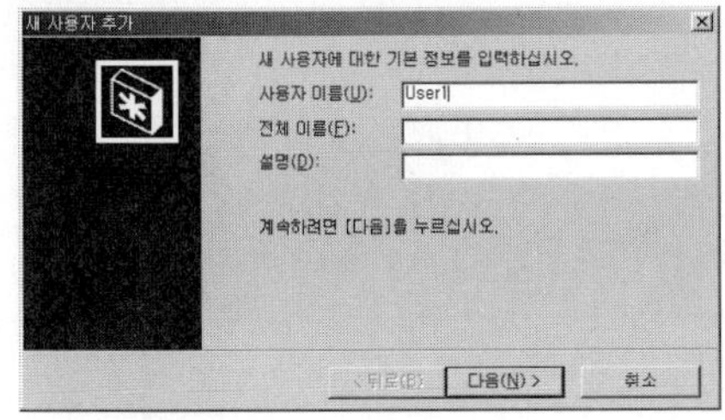

새 사용자의 이름(ID)를 User1로 입력하였다. 전체 이름이나 설명은 입력하지 않아도 상관없다. 다음 버튼을 누르면 새 사용자의 암호를 요구하는데 테스트용 ID이므로 "dbwj1"이라고 암호를 준다.

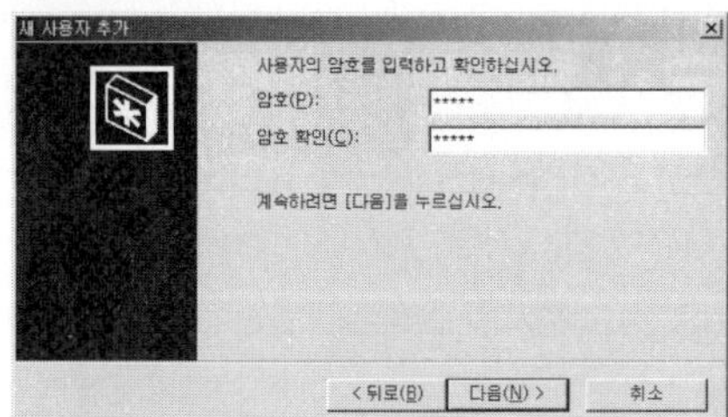

새 사용자는 특별한 권한을 줄 필요가 없으므로 Users그룹에 넣는다. 같은 방법으로 User2를 dbwj2라는 암호로 만들어 둔다. 이 두 사용자가 서로의 파일을 보호하는 실습을 해 볼 것이다. 관리자로 로긴되어 있는 상태에서 Admin.txt라는 텍스트 파일을 하나 만들어 둔다. 단 이 파일에 보안이 적용되기 위해서는 반드시 NTFS로 포맷된 디스크에 두어야 한다. FAT32로 포맷된 디스크는 파일의 보안 정보를 기억하지 못하기 때문이다. 이 파일의 등록 정보에서 보안탭을 눌러보면 다음과 같이 되어 있을 것이다.

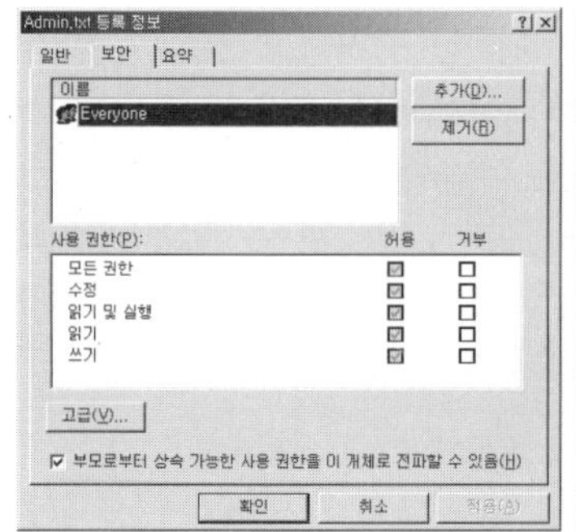

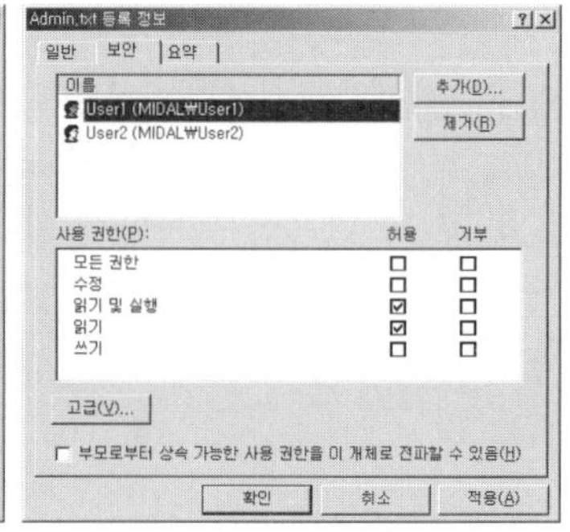

디폴트로 Everyone이라는 그룹에 속한 모든 사용자가 이 파일에 대한 모든 권한을 가지도록 되어 있다. 즉 누구나 이 파일의 내용을 볼 수 있으며 파일의 내용을 편집할 수도 있다. 이 보안 설정을 오른쪽 그림과 같이 바꾸어 보자. 제일 아래쪽의 "상속 가능 권한 전파"체크 버튼의 옵션을 끄고 모든 보안 정보를 제거한 후 User1에게는 읽기 권한만 주고 User2에게는 모든 권한을 주었다. 이 보안 정보는 Admin.txt 파일에 일종의 속성으로 기록된다. 이제 로그오프한 후 User1으로 다시 로긴해 보자.

이 상태에서 Admin.txt 파일을 읽으면 파일이 열리기는 하지만 파일을 편집한 후 저장은 할 수 없다. 왜냐하면 Admin.txt는 User1에게 읽기 권한만 주어졌으며 쓰기 권한은 허가되지 않았기 때문이다. NT 보안의 기본이란 이와 같이 권한을 가지지 않은 사람에게 자원을 사용하지 못하도록 하는 것이다. 이번에는 User1에서 로그오프한 후 User2로 로긴해 보자. User2로 로긴하면 Admin.txt 파일을 읽고 쓸 수 있는데 User2에게는 모든 권한이 다 주어졌기 때문이다.

User2로 로긴한 상태에서 User2.txt 파일을 만들고 이 파일의 보안 속성을 편집하여 User2에게만 모든 권한을 부여해 보자. 디폴트로 설정된 Everoyone의 모든 권한 속성도 제거하고 전파 체크 버튼도 해제한다. 그리고 User1으로 로긴해서 이 파일을 읽어보면 이번에는 아예 읽기조차 불가능하다. User1은 이 파일에 대해서는 어떠한 권한도 가지고 있지 못하기 때문이다.

다시 관리자로 로긴해서 User2.txt를 읽어보면 관리자도 이 파일을 읽을 수 없다. 왜냐하면 아무리 관리자라 해도 권한이 주어지지 않으면 파일을 읽을 수 없기 때문이다. 단 관리자는 어떤 파일이든지 소유권을 빼앗아 보안 속성을 편집할 수 있기 때문에 실제로는 어떤 파일이든지 마음만 먹으면 액세스할 수 있다. 실습해 본대로 NT는 각 파일(또는 보안 오브젝트)에 사용자별로 액세스 권한을 설정할 수 있으며 허가되지 않은 사람은 파일을 액세스할 수 없도록 한다. 이는 로컬에서뿐만 아니라 네트워크를 통해 로긴하는 사용자에 대해서도 동일하게 적용된다.

또한 감사 기능을 사용하면 누가 언제 어떤 파일을 액세스했는지 기록을 남겨두고 이 기록을 참조할 수 있어 허가받지 않은 사람이 부정한 방법으로 액세스를 시도했는지를 알아낼 수 있다. 감사 기능은 NT 서버 관리 메뉴얼을 보고 직접 실습해 보기 바란다.

49-2 보안 설명자

49-2-가. 보안 설명자

NT의 보안 체계에 의해 보호되는 오브젝트를 보안 오브젝트(Securable Object)라고 한다. 보안 오브젝트는 대부분 커널 오브젝트인데 이름을 가지는 모든 오브젝트와 프로세스, 스레드 등이 이에 해당된다. 보안 오브젝트 목록은 다음과 같다.

파일, 파이프, 콘솔 화면 버퍼, 프로세스, 스레드, 파일 맵핑, 액세스 토큰, 레지스트리, 서비스, 프린터, 공유 폴더, 이벤트, 뮤텍스, 세마포어

단 이 중 파일과 디렉토리는 NTFS로 포맷된 디스크에 있을 때만 보안이 적용된다. 대부분이 외부 프로세스나 네트워크 통신과 관련된 오브젝트들이며 이런 오브젝트를 생성하거나 여는 API 함수들은 공통적으로 보안 속성을 인수로 요구한다.

```
HANDLE CreateFile(..., LPSECURITY_ATTRIBUTES lpSecurityAttributes,...);
BOOL CreateProcess(...,   LPSECURITY_ATTRIBUTES lpProcessAttributes,...);
HANDLE CreateThread(LPSECURITY_ATTRIBUTES lpThreadAttributes,...);
```

보안 속성 구조체는 다음과 같이 정의되어 있다.

```
typedef struct _SECURITY_ATTRIBUTES {
   DWORD  nLength;
   LPVOID lpSecurityDescriptor;
   BOOL   bInheritHandle;
} SECURITY_ATTRIBUTES, *PSECURITY_ATTRIBUTES;
```

이 구조체의 두 번째 멤버인 lpSecurityDescriptor가 NT 보안의 핵심인 보안 설명자인데 보안 설명자를 가지는 오브젝트가 바로 보안 오브젝트이며 보안 체계에 의해 보호되는 것들이다. 보통 우리가 이런 오브젝트를 사용할 때는 보안 속성을 NULL로 주어 디폴트 보안 속성을 사용하는데 이 경우 오브젝트를 생성한 사용자와 같은 그룹에 속한 모든 사용자에게 모든 권한이 주어지는 디폴트가 적용된다. 디폴트 보안 속성이 무난하게 주어져 있기 때문에 지금까지 보안에 대한 지식이 없어도 파일이나 프로세스를 프로그래밍하는데 전혀 어려움이 없었다.

오브젝트라고 해서 모든 것이 다 보안 오브젝트는 아니다. 즉 아이콘이나 윈도우, 펜, 브러시 따위에는 보안이 적용되지 않는다. 이런 오브젝트들은 프로세스 지역적이고 임시적이기 때문에 굳이 보안에 의해 보호를 할 필요가 없기 때문이다.

앞에서 실습해 본 바대로 보안 오브젝트는 보안 설정에 따라 사용자별로 권한이 달라진다. 이런 액세스 제어가 오브젝트별로 가능하려면 오브젝트 자체에 보안 설정이 기억되어 있어야 한다. 예를 들어 Admin.txt 파일에는 "User1은 읽을 수만 있고 User2는 읽고 쓸 수 있다"는 보안 설정 정보가 기억되어 있을 것이다. 보안 오브젝트의 이런 보안 설정 정보를 보안 설명자(Security Descriptor)라고 한다. 보안 설명자는 보안 설정 정보를 기억하는 일종의 구조체이되 그 상세 내부는 공개되어 있지 않으며(불투명하다) 다음과 같은 정보들로 구성되어 있다.

- 소유자의 SID:이 오브젝트를 소유하고 있는 사용자의 SID이다. 소유자는 보안 설명자의 DACL 정보와는 상관없이 오브젝트에 대한 모든 권한을 가진다. 무척 당연한 결과다.
- 소유자의 그룹 SID:소유자가 속한 그룹의 ID이되 이 정보는 타 운영체제, 특히 유닉스와의 호환성을 위해 존재하며 NT 환경에서는 큰 의미가 없다.
- DACL:사용자별 권한 정보의 목록이다. 누가 이 오브젝트를 읽을 수 있는지 또는 쓰기가 거부되는지 등의 정보들을 기억하고 있다. 보안 설명자의 가장 핵심이 되는 중요한 정보이다.
- SACL:오브젝트를 액세스할 때 기록할 감사 정보를 기억한다. 누가 이 오브젝트에 대해 어떤 동작을 할 때(또는 실패할 때) 이벤트 로그에 기록을 남기도록 하는 정보가 들어있다.

보안 설명자의 예를 그림으로 보인다면 다음과 같을 것이다.

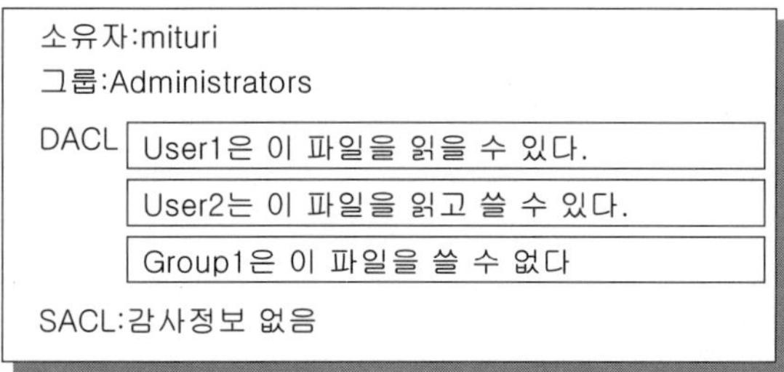

이런 여러 가지 정보들이 모여서 보안 설명자를 구성하고 있는데 좀 더 자세한 구조는 ACL, ACE 등을 통해 공부하게 될 것이다. 보안 설명자는 구조체이므로 직접 그 내부의 데이터를 조작할 수도 있지만 호환성을 위해서라면 가급적이면 보안 설명자를 다루는 API 함수를 통해 조작하는 것이 좋다.

49-2-나. SID와 액세스 토큰

정확한 보안 설정을 위해서는 로긴하는 모든 사용자를 구분할 수 있는 고유값이 필요하다. SID(Security Identifiers)는 보안 식별자라고 하며 로긴하는 사용자나 그룹 등에 붙이는 ID이다. 사용자 ID나 그룹 이름 등도 있지만 이런 평이한 정보들보다는 좀 더 암호화되고 유일성을 보장할 수 있는 SID를 사용한다. SID는 앞에서 살펴본 보안 설명자에서도 사용되며 보안 설명자 내의 ACE와 액세스 토큰 등에서도 사용된다. SID는 버전, 도메인 정보, 사용자 정보 등을 포함하고 있으며 이진 포맷으로 되어 있다. Win32 API는 SID를 표현하거나 전달하기 위해 문자열로 바꾸는 함수를 제공하는데 SID를 문자열 포맷으로 변경하면 S-1-5-111-222와 같은 모양을 가진다.

SID의 포맷은 NT뿐만 아니라 타 운영체제와의 보안 연동까지 고려해서 만들어져 있기 때문에 SID를 구성하는 각 숫자들의 의미를 정확하게 설명하기는 무척 힘들다. 그 포맷 자체를 이해하는 것은 중요하지 않으며 아무튼 SID는 NT 도메인에 등록된 사용자, 그룹 등에 고유하게 발급되는 명칭이라고 이해하면 된다. NT는 새로운 사용자를 추가할 때마다 고유한 SID를 발급하며 이 SID는 내부적으로 그 사용자의 신분 증명서로 사용된다. 사용자마다 발급되는 SID외에 NT가 설치될 때 미리 정의되는 기정의 SID(Well Known SID)도 있는데 모든 사람들을 지칭하는 Everyone, 관리자인

Administrator 등과 같이 의미가 미리 정해진 사용자나 그룹에 대해 붙여지는 SID이다.

응용 프로그램에서 SID를 직접 사용해야 하는 경우는 무척 드물다. 보안 정보를 다루는 API 함수들이 사용자나 그룹에 대한 정보로 SID대신 이름을 요구하기 때문에 로긴할 때 입력하는 사용자 ID를 바로 사용할 수 있기 때문이다. 또한 SID로 작업할 수 있는 많은 API 함수들이 제공되므로 이 함수들을 사용하면 된다.

```
AllocateAndInitializeSid
ConvertSidToStringSid
ConvertStringSidToSid
CopySid
EqualSid
FreeSid
InitializeSid
IsValidSid
```

보안 오브젝트가 허용되지 않은 사용자로부터 보호되기 위해서는 액세스하고자 하는 사람의 신분에 대한 정보와 보안 설명자를 비교해야 할 필요가 있다. 여기서 사용자의 신분에 대한 정보를 액세스 토큰(Access Token)이라고 하며 보안 설명자와 함께 NT의 보안 체계를 구성하는 중요한 요소이다. NT는 로긴을 해야만 사용할 수 있는 운영체제이며 사용자 계정에 대한 정보를 관리하고 있다. 사용자 계정 정보는 주 도메인 컨트롤러(PDC)의 SAM(Security Account Manager) 데이터베이스에 암호화되어 보관되어 있다. 만약 시스템이 도메인에 소속되어 있지 않다고 하더라도 자체적으로 도메인을 구성하며 스스로 SAM을 관리한다.

사용자가 로긴하면 시스템은 SAM의 사용자 계정 정보와 패스워드를 비교해 보고 로긴 허가 여부를 체크한다. 로긴이 성공하면 시스템은 사용자에게 액세스 토큰을 생성하며 액세스 토큰에는 로긴한 사용자의 정보가 들어 있다. 이 사용자가 프로세스를 실행하면 프로세스는 사용자 액세스 토큰의 사본을 부여받는다. 즉 프로세스가 사용자 ID의 보안 권한을 가지게 됨으로써 사용자와 똑같은 권한을 가지며 스레드에 대해서도 마찬가지다. 이 프로세스가 보안 오브젝트를 액세스하면 시스템은 프로세스의 액세스 토큰과 보안 오브젝트의 보안 설명자를 비교해 보고 액세스 권한이 있는지를 판별한다.

액세스 토큰에는 아주 많은 정보들이 들어 있는데 가장 중요한 정보는 로긴한 사용자의 신분을 증명하는 사용자 SID이다. 또한 사용자가 속한 그룹의 SID와 현재 로긴 세션에 대한 SID도 포함되어 있으며 사용자에게 부여된 특권의 목록, 디폴트 DACL, 기타 옵션 정보들도 있다. 액세스 토큰도 일종의 구조체이겠지만 직접 사용할 일은 없으므로 그 구조에 대해서는 상세하게 몰라도 상관없다.

49-2-다. ACL

보안 설명자의 구조는 무척 복잡한데 이 구조를 파악해야 NT의 보안 체계를 이해할 수 있다. 보안 설명자의 보안 정보는 주로 두 개의 ACL(Access Control List)로 구성되어 있으며 ACL은 개별적인 보안 정보 조각인 ACE(Access Control Entry)의 배열이다. ACE는 하나의 보안 설정을 표현하는데 뒤에서 따로 자세히 다룰 것이다.

보안 설명자는 두 개의 ACL을 가지고 있다. 하나는 액세스 권한에 대한 목록인 DACL(Discretionary ACL)이며 나머지 하나는 감사 기록 작성을 통제하는 SACL(System ACL)이다. DACL은 여러 개의 ACE로 구성되며 각 ACE는 누가 이 오브젝트에 대해 어떤 권한을 가지는지에 대한 정보를 표현한다. 다음은 4개의 ACE로 구성되어 있는 가상적인 DACL의 예이다.

허가	User1	읽기,쓰기
허가	Group2	읽기,쓰기
허가	User2	실행
금지	User3	쓰기

시스템은 보안 오브젝트 액세스 요청이 있을 때 DACL의 정보와 액세스 토큰의 사용자 정보를 비교함으로써 요청한 사용자가 권한이 있는지를 검사한다.

체크하는 방법은 상식적이며 비교적 이해하기 쉽다. 시스템은 DACL의 ACE목록을 순서대로 읽으면서 요청한 권한이 모두 허가될 때까지 검사를 반복한다. 만약 요청 권한 중 하나라도 거부되면 이 액세스 요청은 거부되며 나머지 ACE는 더 이상 검사해 볼 필요도 없다. 마찬가지로 요청 권한이 모두 허가되면 나머지 ACE는 무시하고 액세스 요청을 허가한다. 시스템이 위에서 보인 DACL로 액세스 요청을 체크하는 예를 들어보자. 단 Group2에는 User2, User3가 포함되어 있다고 가정하자.

■ User1이 읽기 요청 : 첫 번째 ACE에서 User1에게 읽기, 쓰기 권한을 모두 주고 있으므로 이 요청은 허가된다. 나머지 ACE는 검사할 필요가 없다.

■ User2가 읽기, 실행 요청 : 두 번째 ACE에서 User2가 속한 Group2에 읽기, 쓰기 액세스를 허가했다. User2는 일단 읽기 허가를 얻는다. 세 번째 ACE에서 User2는 실행 액세스를 허가받고 전체 액세스 요청은 허가된다.

■ User1이 실행 요청 : 첫 번째 ACE에서 User1은 읽기, 쓰기 허가만 받을 뿐 실행 허가는 받지 못했다. 나머지 ACE를 모두 검사해 봐도 User1에게 실행을 허가하는 ACE는 없으므로 이 요청은 거부된다.

시스템은 요청한 권한이 모두 허가될 때까지 ACE를 검사하는데 도중에 명시적으로 권한을 거부하는 ACE를 만나면 액세스는 거부된다. 설사 뒤쪽의 ACE가 허가를 하더라도 앞쪽에서 먼저 거부해버리면 뒤쪽의 ACE는 아무런 영향도 미치지 못한다. 즉, ACL의 ACE 목록은 순서가 중요한 의미를 가진다. Group2에 속한 User3이 쓰기 액세스를 요청했을 때 다음 두 경우를 비교해 보자.

DACL1

허가	User1	읽기,쓰기
허가	Group2	읽기,쓰기
허가	User2	실행
금지	User3	쓰기

DACL2

허가	User1	읽기,쓰기
금지	User3	쓰기
허가	Group2	읽기,쓰기
허가	User2	실행

DACL1의 경우는 두 번째 ACE에서 Group2에게 읽기, 쓰기 액세스를 허가했으므로 User3은 쓰기 권한을 가지며 이 액세스 요청은 허가된다. 비록 네 번째 ACE가 User3에게 쓰기 권한을 금지하고 있지만 두 번째 ACE에서 이미 허가되었기 때문에 세 번째 이후의 ACE는 검사하지 않으므로 아무런 영향도 미치지 못한다. DACL2의 경우는 두 번째 ACE에서 User3의 쓰기 권한을 명시적으로 금지하고 있다. 이 ACE를 만나면 시스템은 더 이상의 ACE를 검사하지 않고 User3의 액세스 요청을 거부한다. 두 DACL의 내용은 동일하지만 순서가 다르기 때문에 이런 차이가 발생하는 것이다.

DACL의 ACE 목록은 주로 특정 사용자에게 액세스를 허가하는 방식으로 액세스 권한을 지정한다. 허가 ACE를 가진 사용자는 액세스를 허가 받으며 허가 ACE를 가지지 못하는 사용자는 암시적으로 액세스를 거부당한다. 명시적으로 거부 ACE를 사용해야 하는 경우는 그룹에게 권한을 주되 그룹 구성원 중 특정 사용자만 권한을 제한하고자 할 때인데 이 경우 ACE의 순서에 주의해야 한다. 보통 허가 ACE를 뒤쪽에 배치하고 거부 ACE를 앞쪽에 배치하는 것이 일반적이다. 위 그림에서 DACL2는 논리에 합당하지만 DACL1의 네 번째 ACE는 있으나 마나한 불필요한 존재이다.

보안 설명자는 DACL을 가지지 않을 수도 있다. 이런 경우는 아예 보안 체크를 하지 않기 때문에 모든 사용자에 대해 모든 권한이 주어지는 것과 같다. 이에 비해 아무런 ACE도 가지지 않는 빈 DACL을 가지는 경우는 다르다. 보안 설명자에 빈 DACL이 있으면 일단 보안 체크는 하되 허가 ACE가 전혀 없으므로 어떠한 액세스 요청도 거부된다. DACL이 없는 상태와 빈 DACL이 있는 상태는 비슷한 것 같지만 서로 아주 상반된 보안 상태를 나타낸다.

ACL은 ACE의 배열이며 ACE(Access Control Entry)는 ACL의 배열 요소이다. ACL은 ACE를 전혀 가지지 않을 수도 있고 복수 개의 ACE를 가질 수도 있다. ACE는 실질적인 보안 정보를 가지는 요소라고 할 수 있으며 보안 설명자나 ACL은 ACE를 담기 위한 그릇일 뿐이다. 보안 오브젝트의 보안 설정을 알고 싶거나 변경하고 싶다면 ACE를 읽고 편집해야 한다. NT는 세가지 종류의 ACE를 가지고 있으며 2000은 여섯 가지 종류의 ACE를 가지고 있다. 이 중 NT에 있는 다음 세 가지 종류의 ACE는 모든 보안 오브젝트에 적용된다.

허가 ACE : 특정 사용자에게 권한을 주기 위한 ACE이다.
거부 ACE : 특정 사용자의 권한을 금지하기 위한 ACE이다.
감사 ACE : 특정 사용자의 특정 액세스에 대해 감사 기록을 남기도록 하기 위한 ACE이다.

나머지 세 가지 ACE 타입은 2000의 디렉토리 서비스에서만 사용된다. ACE의 구조는 타입에 따라 달라지며 길이도 가변적이다. ACE는 타입에 따라 다양한 정보를 가지는데 다음 정보들은 ACE의 타입에 상관없이 모든 ACE에 공통적으로 포함된다. 앞의 그림에서 "User1에게 읽기, 쓰기를 허가한다"는 내용의 ACE를 예로 들어보자.

보안이 적용되는 사용자의 SID. 예에서는 User1이다.
액세스 권한을 지정하는 액세스 마스크. 예에서는 읽기, 쓰기이다.
ACE의 타입. 예에서는 허가 ACE가 된다.
그외 ACE의 옵션을 지정하는 플래그

이런 표준적인 정보 외에 ACE 타입에 따라 고유한 정보들을 추가로 가지기도 한다.

49-2-라. 액세스 권한

ACE의 정보는 누구에게 어떤 액세스 권한을 허가(또는 금지)할 것인가를 지정한다. 여기서 액세스 권한이란 과연 어떤 의미이며 어떻게 구성되는지를 알아보자. 직관적으로 이해할 수 있는 개념이지만 막상 그 구조를 이해하려면 생각보다 복잡하다. 액세스 권한(Access Rights)이란 스레드가 보안 오브젝트에 할 수 있는 작업의 종류를 지정한다. 예를 들어 읽기, 쓰기, 실행 등등이 액세스 권한의 예이다.

스레드는 곧 이 스레드를 실행한 사용자의 액세스 토큰의 사본을 가지고 사용자와 같은 권한을 가지므로 액세스 권한이란 곧 사용자가 오브젝트로 할 수 있는 작업을 지정한다고 할 수 있다. 액세스 권한은 ACE의 구성 요소이기도 하며 CreateFile, CreateProcess 등의 함수에서 오브젝트를 만들 때도 원하는 권한을 지정하기 위해 자주 사용된다. 이때 사용자가 요청한 액세스 권한이 ACE에 의해 허가되어야만 오브젝트를 생성(또는 오픈)할 수 있으며 허가받은 액세스 권한의 작업만 할 수 있다.

CreateFile로 파일을 열되 읽기 요청만 해놓고 WriteFile을 호출하면 이 호출은 당연히 실패한다. CreateFile이 오브젝트를 생성한 후 그 핸들에 어떤 권한이 허가되어 있는지를 기억시켜 놓기 때문이다. 오브젝트를 생성할 때는 가급적이면 필요한 최소한의 권한만을 요구하는 것이 좋다. 그래야 DACL이 액세스를 제한하더라도 성공할 확률이 높아지기 때문이다. 이를 최소 권한 요청의 원칙이라고 하는데 레지스트리 관련 장에서 이미 설명한 바 있다.

각 보안 오브젝트에 적용되는 액세스 권한은 오브젝트별로 다양하다. 읽기, 쓰기 ,삭제 등의 공통적인 액세스 권한이 있고 추가, 속성변경, 이동, 복사, 종료, 질의, 정지, 우선순위 변경, 순회 등등 오브젝트별로 고유한 액세스 권한들도 있다. 이렇게 많고 다양한 액세스 권한의 조합을 표현하기 위해 32비트의 정수인 액세스 마스크(Access Mask)가 사용된다. 액세스 마스크의 각 비트는 액세스 권한과 일대일로 대응되므로 액세스 마스크는 액세스 권한들을 멤버로 가지는 비트 필드형의 구조체라고 할 수 있다.

ACE에 실제로 기록되어 있는 정보는 액세스 권한의 조합값인 액세스 마스크이다. 액세스 마스크의 비트 구성에 따라 ACE가 어떤 권한에 대한 정보를 제어하는지를 알 수 있다. 액세스 마스크에 포함되는 액세스 권한은 권한의 적용 방법과 범위에 따라 표준형, 고유형, 일반형 세 가지로 구분된다. NT와 윈도우즈 2000 모두 액세스 마스크의 구조는 다음과 같이 동일하다.

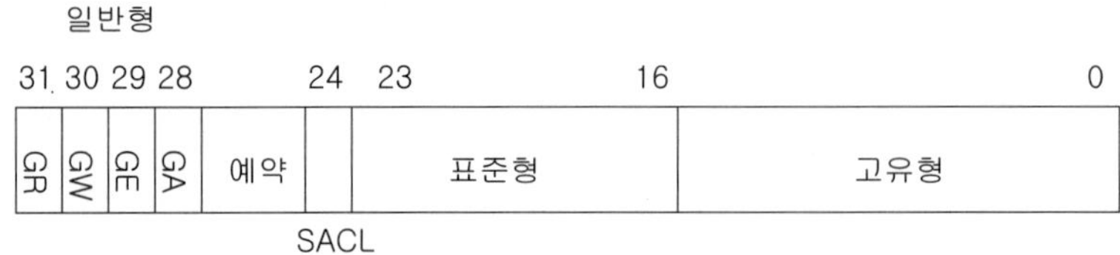

하위 16비트에는 오브젝트별로 다른 고유형 액세스 권한이 배치되어 있으며 b16~b23까지는 표준형, 24는 SACL 액세스 권한, 28~31까지는 각각 일반형 권한을 나타낸다. 액세스 권한의 타입별로 특징과 종류를 알아보자.

표준형

표준형(Standard)은 대부분의 오브젝트에 공통적으로 적용되는 액세스 권한이다. 자주 사용되므로 액세스 마스크에 비트 위치가 고정되어 있으며 다음 다섯 가지 종류가 있다.

권한	종류
DELETE	오브젝트를 삭제할 수 있는 권한
READ_CONTROL	오브젝트의 보안 설명자를 읽을 수 있는 권한, 단 SACL은 제외된다.
SYNCHRONIZE	오브젝트를 동기화에 사용할 수 있는 권한
WRITE_DAC	오브젝트의 DACL을 변경할 수 있는 권한
WRITE_OWNER	보안설명자의 소유자 정보를 변경할 수 있는 권한

Winnt.h 헤더 파일을 보면 이 권한들과 표준형 권한의 조합값에 대한 매크로 상수들이 다음과 같이 정의되어 있다.

```
#define DELETE                    (0x00010000L)
#define READ_CONTROL              (0x00020000L)
#define WRITE_DAC                 (0x00040000L)
#define WRITE_OWNER               (0x00080000L)
#define SYNCHRONIZE               (0x00100000L)
```

```
#define STANDARD_RIGHTS_REQUIRED          (0x000F0000L)

#define STANDARD_RIGHTS_READ              (READ_CONTROL)
#define STANDARD_RIGHTS_WRITE             (READ_CONTROL)
#define STANDARD_RIGHTS_EXECUTE           (READ_CONTROL)

#define STANDARD_RIGHTS_ALL               (0x001F0000L)
```

매크로 상수의 값이 액세스 마스크의 비트 위치에 맞게 정의되어 있음을 확인할 수 있다.

고유형

고유형(Object Specific)은 오브젝트별로 적용되는 액세스 권한이며 액세스 마스크의 하위 16비트에 기록된다. 오브젝트의 특성이 각기 다르기 때문에 필요한 액세스 권한도 다를 수밖에 없다. 예를 들어 파일은 데이터 추가라는 액세스 권한이 필요하지만 이 권한은 프로세스에는 전혀 의미없으며 프로세스는 스레드 생성 권한이 필요하지만 파일은 그렇지 않다. 디렉토리, 레지스트리 등의 각 오브젝트별로 고유한 액세스 권한들이 필요하다.

그래서 액세스 마스크의 똑같은 비트라도 오브젝트별로 고유 권한의 의미가 달라진다. 액세스 마스크의 비트 0은 파일에서는 읽기 권한이 되며 프로세스에서는 종료 권한이며 디렉토리에서는 파일 열거 권한으로 해석된다. 그러나 오브젝트별로 고유한 권한들에 대한 매크로 상수들이 정의되어 있기 때문에 비트 위치는 신경쓸 필요없이 매크로 상수를 사용하면 된다. 파일 오브젝트의 고유 권한은 다음과 같이 정의되어 있다.

```
#define FILE_READ_DATA            ( 0x0001 )    // file & pipe
#define FILE_WRITE_DATA           ( 0x0002 )    // file & pipe
#define FILE_APPEND_DATA          ( 0x0004 )    // file
#define FILE_READ_EA              ( 0x0008 )    // file & directory
#define FILE_WRITE_EA             ( 0x0010 )    // file & directory
#define FILE_EXECUTE              ( 0x0020 )    // file
#define FILE_READ_ATTRIBUTES      ( 0x0080 )    // all
#define FILE_WRITE_ATTRIBUTES     ( 0x0100 )    // all
```

고유 권한이므로 모두 비트 15이하에 배치되어 있다. 이 권한들의 의미는 매크로 상수가 설명적으로 작성되어 있으므로 쉽게 알 수 있는데 상세한 정보는 각 오브젝트를 다루는 함수에서 개별적으로 따로 공부해야 한다. 다음은 프로세스의 고유 권한을 보자.

```
#define PROCESS_TERMINATE             (0x0001)
#define PROCESS_CREATE_THREAD         (0x0002)
#define PROCESS_SET_SESSIONID         (0x0004)
#define PROCESS_VM_OPERATION          (0x0008)
#define PROCESS_VM_READ               (0x0010)
#define PROCESS_VM_WRITE              (0x0020)
#define PROCESS_DUP_HANDLE            (0x0040)
#define PROCESS_CREATE_PROCESS        (0x0080)
#define PROCESS_SET_QUOTA             (0x0100)
#define PROCESS_SET_INFORMATION       (0x0200)
#define PROCESS_QUERY_INFORMATION     (0x0400)
```

파일과 비교해 보면 같은 값을 가지는 권한들이 있는데 이 권한의 의미는 파일과는 당연히 다르다. 다음은 레지스트리의 고유 권한들이다.

```
#define KEY_QUERY_VALUE              (0x0001)
#define KEY_SET_VALUE                (0x0002)
#define KEY_CREATE_SUB_KEY           (0x0004)
#define KEY_ENUMERATE_SUB_KEYS       (0x0008)
#define KEY_NOTIFY                   (0x0010)
#define KEY_CREATE_LINK              (0x0020)
```

역시 액세스 마스크의 비트 15이하에 권한값들이 배치되어 있다. 이외에 스레드나 서비스, 디렉토리 등의 고유 권한이 어떻게 정의되어 있는지를 알고 싶으면 직접 헤더 파일을 열어 조사해 보기 바란다.

일반형

액세스 마스크의 최상위 4비트는 일반형 액세스 권한을 지정한다. 표준형과 고유형의 액세스 권한을 조합하면 모든 오브젝트의 액세스 권한을 지정하는 것이 가능하다. 그러나 여러 개의 액세스 권한들을 OR 연산자로 묶어서 표현해야 하며 오브젝트별로 권한 목록을 일일이 암기할 수는 없기 때문에 요구하는 액세스 마스크를 정확하게 만들어 내는 것은 무척 성가신 일이다. 일반형(Generic)은 표준형과 고유형의 미리 정의된 조합 권한이며 다음 4가지 종류가 있다.

권한	실제값	설명
GENERIC_READ	0x80000000L	읽기 권한
GENERIC_WRITE	0x40000000L	쓰기 권한
GENERIC_EXECUTE	0x20000000L	실행 권한
GENERIC_ALL	0x10000000L	모든 권한

일반형이 실제로 어떤 액세스 권한의 조합이 되는가는 오브젝트별로 달라진다. 예를 들어 파일 오브젝트에 GENERIC_READ 일반형 권한을 지정하면 READ_CONTROL, SYNCHRONIZE 두 개의 표준형 권한과 FILE_READ_DATA, FILE_READ_EA, FILE_READ_ATTRIBUTE 세 개의 고유 권한의 조합으로 해석된다. 즉 파일에서 GENERIC_READ의 의미는 보안 설명자를 읽을 수 있고 동기화에 사용할 수 있으며 데이터, 속성, 확장 속성을 읽을 수 있는 권한이 된다.

파일을 읽기 위해서는 어떤 액세스 권한들이 필요하다는 것을 파일 관련 API 함수들(CreateFile 등)은 이미 알고 있으며 GENERIC_READ를 미리 정의된 액세스 권한의 조합으로 변환한다. 물론 파일 외의 다른 오브젝트에서는 GENERIC_READ가 다른 액세스 권한의 조합으로 해석될 것이다. 일반형 액세스 권한의 실제 비트 구조는 오브젝트에 따라 달라지지만 일반적이고도 추상적인 의미는 동일하다. 즉 GENERIC_READ는 오브젝트에 대한 읽기 권한이며 GENERIC_WRITE는 오브젝트에 대한 쓰기 권한이다. 그래서 우리는 오브젝트의 액세스 권한 구조를 자세히 몰라도 일반적인 의미의 액세스 권한을 쉽게 사용할 수 있는 것이다.

표준형과 고유형의 액세스 권한을 일일이 조합해서 사용하는 것보다는 대개의 경우 일반형 권한을 사용하는 것이 무난하며 훨씬 더 쉽다. 물론 아주 특수한 액세스 권한의 조합을 만들어야 한다면 직접 액세스 권한을 조사해서 작성하는 것도 가능하다.

SACL 액세스 권한

이 액세스 권한은 액세스 마스크의 비트 24에 위치하고 있으며 ACCESS_SYSTEM_SECURITY라는 매크로 상수가 정의되어 있다. 이 권한은 보안 설명자의 SACL을 읽거나 변경할 수 있는 권한을 지정하며 이 권한을 허가받기 위해 사용자는 SE_SECURITY_NAME 특권을 가져야 한다.

49-3 보안 설명자 프로그래밍

49-3-가. GetSecurity

지금까지 NT의 보안 모델과 보안 설명자의 구조 등에 대한 이론을 살펴보았다. 여기까지의 내용은 개념적으로 중요한 몇 가지에 불과하며 NT의 보안 모델은 이 책에서 다루는 것보다 훨씬 더 복잡하다. 그렇다고 계속 이론만 붙잡고 있다가는 너무 따분하므로 간단하게나마 예제를 만들어 보고 보안의 실체를 구경해 보자.

여기서 만들어 볼 예제는 파일의 보안 정보를 조사해 보여주기만 하는 GetSecurity라는 간단한 예제이다. 보안 정보의 구조에 대한 개념을 익히는데 목적을 두고 간략하게 만들었다. 일단 전체 소스를 보인다. 보안 관련 API는 AclApi.h에 선언되어 있으므로 이 헤더 파일을 포함해야 한다. 이 예제는 당연히 NT/2000에서만 실행되며 95/98에서는 실행할 수 없다.

예 제 : GetSecurity

```
TCHAR gMes[1024]="마우스 왼쪽 버튼을 눌러 보안 정보를 보고자"
    " 하는 파일을 선택하십시오";
void GetSecurity()
{
    OPENFILENAME OFN;
    TCHAR lpstrFile[MAX_PATH]="";
    HANDLE hFile;
    TCHAR Mes[255];
    PSECURITY_DESCRIPTOR pSD;
    PSID pOwner;
    PACL pDacl;
    int i;
    DWORD cbName, cbDomain;
    TCHAR *Name, *Domain;
    SID_NAME_USE peUse;
    ULONG nAce;
    PEXPLICIT_ACCESS pEntry;

    // 대상 파일의 이름을 얻는다.
    memset(&OFN, 0, sizeof(OPENFILENAME));
    OFN.lStructSize = sizeof(OPENFILENAME);
    OFN.hwndOwner=hWndMain;
    OFN.lpstrFilter="Every File(*.*)\0*.*\0";
    OFN.lpstrFile=lpstrFile;
    OFN.nMaxFile=256;
    OFN.lpstrInitialDir="c:\\";
    if (GetOpenFileName(&OFN)==0) {
        return;
    }

    // 파일을 연다.
    hFile=CreateFile(lpstrFile, GENERIC_READ, 0, NULL,
        OPEN_EXISTING, FILE_ATTRIBUTE_NORMAL, NULL);
    if (hFile == INVALID_HANDLE_VALUE)
        return;
```

```
// 파일명을 출력한다.
wsprintf(Mes, "파일명=%s\n", lpstrFile);
lstrcpy(gMes,Mes);

// 보안 설명자를 읽는다.
if (GetSecurityInfo(hFile,SE_FILE_OBJECT,OWNER_SECURITY_INFORMATION |
    DACL_SECURITY_INFORMATION,&pOwner,NULL,&pDacl,NULL,
    (LPVOID *)&pSD)!=ERROR_SUCCESS) {
    MessageBox(hWndMain, "보안 설명자를 읽을 수 없습니다","에러",MB_OK);
    return;
}
CloseHandle(hFile);

// 소유자 정보 보여주기
cbName=0;
cbDomain=0;
LookupAccountSid(NULL, pOwner, NULL, &cbName, NULL, &cbDomain, &peUse);
Name=(TCHAR *)malloc(cbName);
Domain=(TCHAR *)malloc(cbDomain);
LookupAccountSid(NULL, pOwner, Name, &cbName, Domain, &cbDomain, &peUse);

wsprintf(Mes, "소유자=%s\n", Name);
lstrcat(gMes,Mes);

wsprintf(Mes, "소유자 도메인=%s\n", Domain);
lstrcat(gMes,Mes);

free(Name);
free(Domain);

// DACL의 정보 보여주기
GetExplicitEntriesFromAcl(pDacl, &nAce, &pEntry);
wsprintf(Mes, "ACE의 개수=%d\n", nAce);
lstrcat(gMes,Mes);

for (i=0;i<(int)nAce;i++) {
    cbName=0;
    cbDomain=0;
    LookupAccountSid(NULL, pEntry[i].Trustee.ptstrName, NULL, &cbName,
        NULL, &cbDomain, &peUse);
    Name=(TCHAR *)malloc(cbName);
    Domain=(TCHAR *)malloc(cbDomain);
    LookupAccountSid(NULL, pEntry[i].Trustee.ptstrName, Name, &cbName,
        Domain, &cbDomain, &peUse);

    wsprintf(Mes, "%s사용자에게 %x 액세스 권한을 %s한다.\n", Name,
        pEntry[i].grfAccessPermissions,
        pEntry[i].grfAccessMode == GRANT_ACCESS ? "허가":"거부");
    lstrcat(gMes,Mes);
    free(Name);
    free(Domain);
}
```

```
    // 메모리 해제하고 결과를 화면으로 출력한다.
    LocalFree(pEntry);
    LocalFree(pSD);
    InvalidateRect(hWndMain, NULL, TRUE);
}

LRESULT CALLBACK WndProc(HWND hWnd,UINT iMessage,WPARAM wParam,LPARAM lParam)
{
    HDC hdc;
    PAINTSTRUCT ps;
    RECT crt;

    switch (iMessage) {
    case WM_CREATE:
        hWndMain=hWnd;
        return 0;
    case WM_LBUTTONDOWN:
        GetSecurity();
        return 0;
    case WM_PAINT:
        hdc=BeginPaint(hWnd, &ps);
        GetClientRect(hWnd,&crt);
        DrawText(hdc,gMes,-1,&crt,0);
        EndPaint(hWnd, &ps);
        return 0;
    case WM_DESTROY:
        PostQuitMessage(0);
        return 0;
    }
    return(DefWindowProc(hWnd,iMessage,wParam,lParam));
}
```

아주 일반적인 Win32 프로젝트이다. 전역 문자열 변수 gMes가 선언되어 있으며 이 버퍼에 파일의 보안 정보를 조립해서 화면으로 보여줄 것이다. WndProc의 구조는 무척 간단하다. WM_PAINT에서 gMes를 화면으로 출력하고 WM_LBUTTONDOWN에서 GetSecurity라는 함수를 호출하여 보안 정보를 조사하는 정도의 코드밖에 없다.

GetSecurity 함수는 파일 열기 대화상자로 대상 파일을 입력받고 이 파일을 오픈한 후 그 핸들로부터 보안 정보를 구해 gMes에 조립해 놓으며 이 정보는 WM_PAINT에서 출력된다. 보안 정보를 구하는 코드는 잠시 후에 분석해 보기로 하고 일단 이 예제를 사용해 보자. 테스트를 위해 다양한 보안 속성을 가지는 SecTest.txt라는 파일을 만든다. 물론 보안 설정을 위해서는 NTFS로 포맷된 디스크에 파일을 저장해야 한다. 그리고 이 파일에 다양한 그룹, 사용자에게 각각 다른 액세스 권한을 복잡하게 부여해 보자.

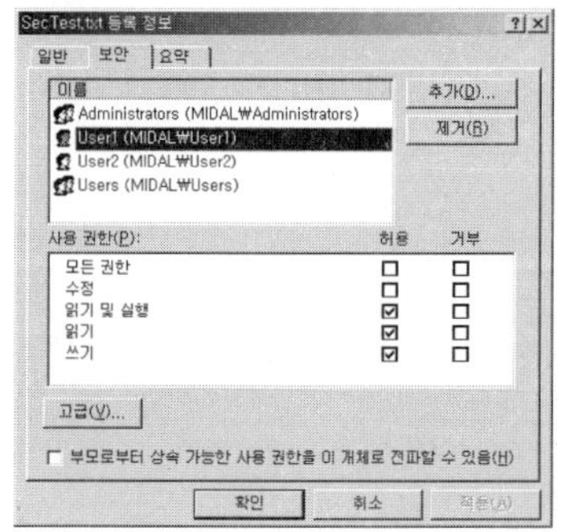

이 파일의 보안 정보를 조사해 화면으로 출력해 보인다. 설정한 보안 정보가 제대로 조사되는지 확인해 보아라. GetSecurity예제를 실행하고 마우스 왼쪽 버튼을 누른 후 이 파일을 선택하면 다음과 같은 보안 정보가 출력될 것이다.

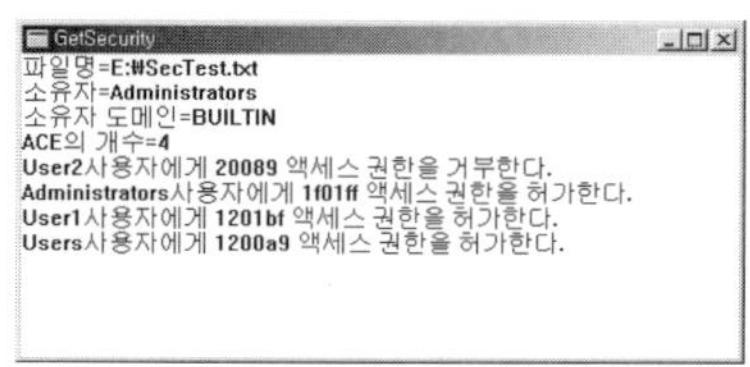

이 예제는 에러 처리가 부실하며 보안 정보의 모든 경우를 다 계산해서 정확하게 보이지는 못한다. 보안 정보 자체가 무척 복잡하고 경우의 수가 많기 때문에 정확하게 작성하려면 이 예제의 코드보다는 훨씬 더 신경을 많이 써야 할 것이다.

49-3-나. 보안 설명자 읽기

파일, 프로세스 등의 보안 오브젝트 핸들을 가지고 있으면 이 오브젝트의 보안 설명자를 구할 수 있다. 물론 그러기 위해서는 보안 설명자를 읽을 수 있는 READ_CONTROL 액세스 권한을 가지고 있어야 하는데 GENERIC_READ 액세스 권한으로 오브젝트를 열었다면 이 권한을 가지고 있는 것이다. 핸들로부터 보안 설명자를 구하는 함수는 다음 함수이다.

DWORD GetSecurityInfo(HANDLE handle, SE_OBJECT_TYPE ObjectType, SECURITY_INFORMATION SecurityInfo, PSID *ppsidOwner, PSID *ppsidGroup, PACL *ppDacl, PACL *ppSacl, PSECURITY_DESCRIPTOR *ppSecurityDescriptor);

첫 번째 인수 handle은 두말할 필요없이 대상 오브젝트의 핸들이다. 두 번째 인수 ObjectType은 보안 오브젝트의 종류를 지정하는 열거형 값인데 파일의 경우 SE_FILE_OBJECT값으로 지정하면 된다. 세 번째 인수는 보안 설명자의 정보중 구하고자 하는 정보의 종류를 지정하는데 다음 플래그들의 조합값을 전달한다.

값	설명
OWNER_SECURITY_INFORMATION	소유자 정보를 구한다.
GROUP_SECURITY_INFORMATION	그룹 정보를 구한다.
DACL_SECURITY_INFORMATION	DACL 정보를 구한다.
SACL_SECURITY_INFORMATION	SACL 정보를 구한다.

보안 설명자의 구성 요소 4가지에 대한 플래그들이다. 이어지는 4개의 인수는 각각 이 요소들의

정보를 돌려받기 위한 포인터 변수들인데 필요없으면 NULL로 전달할 수도 있다. 마지막 인수는 보안 설명자 그 자체를 돌려받기 위한 보안 설명자 구조체의 포인터의 포인터이다.

이 함수는 마지막 인수가 지정하는 포인터에 보안 설명자 크기만큼의 메모리를 할당하고 그 포인터의 포인터를 리턴하며 보안 설명자를 이루는 4 요소는 이 보안 설명자 내의 포인터가 대입된다. 이중 포인터를 전달하면 함수 내부에서 메모리를 할당해서 리턴하므로 사용이 끝난 후에는 반드시 LocalFree 함수로 메모리를 해제해야 한다. 함수 내부에서 메모리를 할당해서 그 포인터를 넘겨주는 방식은 그리 흔하지도 않고 별로 좋은 방법이라 할 수도 없다. 그러나 보안 설명자가 워낙 복잡하고 길이가 가변적이기 때문에 미리 필요한 메모리양을 알 수 없어 이런 방식이 도입되었다. 보안에 관련된 많은 함수들이 이 함수처럼 내부에서 메모리를 할당하는 방식을 취하는데 이때 할당된 메모리를 해제하는 것을 잊어서는 안 된다.

보안 설명자를 구했으면 ERROR_SUCCESS를 리턴하며 실패했을 경우 에러 코드가 리턴된다. 예제에서는 다음과 같이 이 함수를 호출했다. 참조 인수를 요구하므로 호출에 필요한 변수들이 먼저 선언되어 있어야 한다. 함수 원형을 보고 요구하는 타입의 변수를 선언하되 대부분 이중 포인터를 요구하기 때문에 포인터형 변수를 선언하고 그 변수의 포인터를 전달했다. 예를 들어 소유자 정보를 돌려 받기 위해 PSID형 포인터를 요구하므로 PSID형 변수 pOwner를 선언하고 이 변수의 번지인 &pOwner를 전달한다.

```
SECURITY_DESCRIPTOR *pSD;
PSID pOwner;
PACL pDacl;
...............
if (GetSecurityInfo(hFile,SE_FILE_OBJECT,OWNER_SECURITY_INFORMATION |
    DACL_SECURITY_INFORMATION,&pOwner,NULL,&pDacl,NULL,
    (LPVOID *)&pSD)!=ERROR_SUCCESS) {
    MessageBox(hWndMain, "보안 설명자를 읽을 수 없습니다","에러",MB_OK);
    return;
}
```

파일형(SE_FILE_OBJECT)의 오브젝트 hFile의 보안 설명자에서 소유자와 DACL 정보만을 요청했으며 보안 설명자는 pSD 포인터로 받고 pOwner, pDacl 포인터는 리턴된 보안 설명자 정보에서 각각 소유자와 DACL 정보를 가리키도록 했다. 그룹 정보나 SACL 정보도 요구하면 조사할 수 있지만 그룹 정보는 NT 환경에서 큰 의미가 없으며 SACL도 자주 사용되지 않으므로 이 정보는 조사하지 않았다.

이 함수는 이중 포인터 참조 인수를 많이 사용하는데 함수 원형이 왜 이렇게 복잡한가 하면 보안 설명자의 길이가 정해져 있지 않기 때문이다. 뿐만 아니라 보안 설명자를 구성하는 SID, ACE의 길이와 ACE 개수도 가변 길이를 가지기 때문에 구조체로 정보를 주고받는 편리한 방법을 쓸 수 없다. 그래서 이중 포인터를 주고 함수 내부에서 필요한 만큼 메모리를 할당해 정보를 채워주는 복잡한 방법이 사용된다. 이 함수가 보안 설명자를 무사히 구했다면 리턴된 결과는 메모리에 다음과 같이 설정될 것이다.

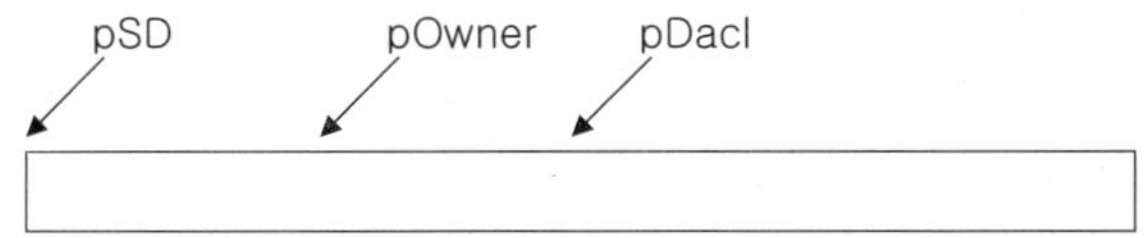

이 그림에서 GetSecurityInfo 함수가 할당한 메모리는 pSD가 가리키는 보안 설명자뿐이며 pOwner, pDacl은 보안 설명자 내에서의 포인터를 가리킬 뿐이다. 따라서 보안 설명자 사용 후 pSD만 해제하면 된다. 보안 설명자를 구했으면 이제 원하는 정보를 조사해서 출력하면 된다. 이때는 조사된 pSD, pOwner 포인터로부터 정보를 조사하는 함수들이 사용된다.

참고로 보안 설명자를 구하는 함수는 GetSecurityInfo 함수 외에 유사한 GetNamedSecurityInfo라는 함수가 있는데 이 함수는 핸들 대신 오브젝트의 이름으로 보안 정보를 구할 대상을 전달받는다는 점만 다를 뿐 나머지는 GetSecurityInfo 함수와 동일하다. 이 두 함수 모두 반대되는 Set 함수도 가지고 있다.

49-3-다. 소유자 정보 조사

오브젝트를 소유한 소유자에 대한 정보는 이미 GetSecurityInfo 함수에 의해 pOwner에 조사되어 있다. 그러나 pOwner의 정보는 SID형이기 때문에 실제로 누구를 가리키는지는 SID로부터 사용자의 이름을 구해야 한다. SID로부터 계정 정보를 구하는 함수는 다음 함수이다.

BOOL LookupAccountSid(LPCTSTR lpSystemName, PSID Sid, LPTSTR Name, LPDWORD cbName, LPTSTR DomainName, LPDWORD cbDomainName, PSID_NAME_USE peUse);

이 함수는 SID로부터 계정 이름과 계정이 발견된 도메인 이름을 조사하는데 사용 방법이 아주 독특하다. 리턴해야 할 정보가 복수 개이고 모두 가변 길이이기 때문이다. 우선 첫 번째 인수는 SID가 속한 컴퓨터의 이름이되 NULL이면 로컬 컴퓨터에서 찾는다. 두 번째 인수 Sid는 조사 대상인 SID이다. 세 번째 이후의 인수는 리턴값을 돌려받기 위한 참조형 인수이며 각각 사용자 이름, 도메인 명, 계정의 타입을 리턴한다.

Name은 사용자 이름을 리턴받기 위한 문자열 버퍼이며 cbName은 이 버퍼의 길이를 알려준다. 만약 계정의 사용자 이름이 버퍼의 길이보다 더 길다면 이 함수는 이름을 조사하는 대신 이름의 길이를 cbName에 리턴하고 함수 호출은 실패한다. 이때 GetLastError로 에러값을 조사해 보면 ERROR_INSUFFICIENT_BUFFER가 된다. 이때는 버퍼 크기를 늘려 주고 다시 한 번 더 LookupAccountSid 함수를 호출하면 된다. 도메인 명을 돌려받는 버퍼인 DomainName, cbDomainName의 용법도 이와 동일하다.

이름과 도메인 문자열 길이가 가변적이므로 함수 호출이 번거로운데 이 문제를 해결하는 데는 두 가지 방법이 있다. 첫 번째는 애초에 충분한 크기의 버퍼(256정도)를 제공하는 것이고 두 번째는 최초 버퍼 길이를 0으로 주어 고의로 에러를 유발시켜 필요한 버퍼 길이를 알아내는 방법이다. 이 예제에서는 두 번째 방법을 사용했는데 조금 번거롭기는 하지만 가장 확실하기 때문이다.

```
DWORD cbName, cbDomain;
TCHAR *Name, *Domain;
SID_NAME_USE peUse;
.............
cbName=0;
cbDomain=0;
LookupAccountSid(NULL, pOwner, NULL, &cbName, NULL, &cbDomain, &peUse);
Name=(TCHAR *)malloc(cbName);
Domain=(TCHAR *)malloc(cbDomain);
LookupAccountSid(NULL, pOwner, Name, &cbName, Domain, &cbDomain, &peUse);

wsprintf(Mes, "소유자=%s\n", Name);
lstrcat(gMes,Mes);
```

```
wsprintf(Mes, "소유자 도메인=%s\n", Domain);
lstrcat(gMes,Mes);

free(Name);
free(Domain);
```

호출에 필요한 버퍼를 선언하되 최초 호출에서는 버퍼 포인터를 NULL로 주어 cbName, cbDomain에 버퍼 길이를 조사했다. 그리고 조사된 크기만큼 메모리를 할당하고 이 함수를 다시 호출하면 원하는 정보를 구할 수 있다. 구한 정보를 gMes 버퍼에 출력한 후 free 함수로 메모리 할당을 해제하면 된다. 보안 관련 API 함수들은 이 함수처럼 동작하는 것들이 꽤 많이 있는데 정보의 길이가 대부분 가변이기 때문이다.

LookupAccountSid의 마지막 인수인 peUse는 계정의 타입을 돌려받기 위한 포인터인데 사용자에 대한 계정인지, 그룹에 대한 계정인지, 또는 별칭인지 등을 조사한다. 계정의 타입을 조사하려면 이 인수값을 참조하되 이 예제에서는 이 인수를 사용하지 않았다. 그룹 정보는 잘 사용되지는 않지만 GetSecurityInfo에서 구할 수 있으며 사용자 정보를 출력하는 방법과 똑같은 방법으로 출력할 수 있다. 이 함수의 반대 함수는 LookupAccountName인데 계정 정보를 입력받아 SID와 도메인을 조사한다. 보안 설명자를 직접 작성할 때는 LookupAccountName 함수를 사용해서 계정으로부터 SID를 구해야 하는데 이 실습은 잠시 후에 해 볼 것이다.

49-3-라. DACL 읽기

다음은 보안 설명자에서 가장 중요하면서도 가장 복잡한 DACL 정보를 출력해 보자. 이 정보는 GetSecurityInfo 함수 호출에서 이미 pDacl 포인터에 구해져 있으므로 정보를 정확하게 읽어내기만 하면 된다. DACL은 ACE의 배열이며 ACE의 개수가 가변적이고 또한 ACE 자체의 정보도 복잡하기 때문에 이 작업은 그리 쉽지 않다. ACL에서 ACE 배열을 구하는 함수는 다음과 같다.

DWORD GetExplicitEntriesFromAcl(PACL pacl, PULONG pcCountOfExplicitEntries, PEXPLICIT_ACCESS *pListOfExplicitEntries);

세 개의 인수를 취하며 원형은 무척 간단하다. 첫 번째 인수는 DACL의 포인터이며 GetSecurityInfo 함수가 구한 것을 그대로 전달하면 된다. 이 함수는 ACL에서 ACE 목록을 구하고 그 개수를 두 번째 인수에 대입한다. ULONG형의 변수 하나를 선언하고 그 변수의 포인터를 전달하면 이 함수 호출 후 변수값을 읽어 조사된 ACE의 개수를 알 수 있다. 세 번째 인수는 조사된 ACE의 배열을 돌려받기 위한 포인터 변수이다. 이 함수에서 내부적으로 메모리를 할당해 배열을 채우므로 포인터의 포인터를 전달해야 하며 사용한 후에는 LocalFree 함수로 메모리를 해제해야 한다. ACE는 다음 구조체로 표현된다.

```
typedef struct _EXPLICIT_ACCESS {
  DWORD          grfAccessPermissions;
  ACCESS_MODE    grfAccessMode;
  DWORD          grfInheritance;
  TRUSTEE        Trustee;
} EXPLICIT_ACCESS, *PEXPLICIT_ACCESS;
```

이 구조체 하나가 ACE, 즉 사용자에 대한 액세스 권한을 지정한다. DACL, SACL에 모두 적용되는데 SACL에서는 감사 정보를 가지게 될 것이다. 멤버의 수가 많지는 않지만 각자의 의미가 무척 복잡하고 이해하기 어려운 것들이다. 이 구조체의 정보를 상세하게 알아야 DACL의 내부를 잘 이해할 수 있다. 멤버별로 구체적인 의미를 알아보자.

grfAccessPermissions

어떤 권한에 대한 ACE인지를 지정하는 액세스 마스크값이다. 단순한 32비트값이지만 액세스 마스크의 구조가 간단하지 않으므로 그 의미를 정확하게 파악하려면 오브젝트의 종류와 각 비트별 의미에 대해서도 알아야 한다. 이 예제에서는 단순히 정수값을 16진수로만 보여준다.

grfAccessMode

ACE의 타입을 나타내는 열거형 값이며 DACL과 SACL에 적용되는 값들이 각각 다르다. 또한 이 구조체가 ACE를 설정할 때 사용된다면 각 열거값의 의미가 달라진다. 이 멤버가 가질 수 있는 값은 다음과 같다.

값	설명
GRANT_ACCESS	액세스 권한 허가. ACE를 기록할 때는 기존의 ACE와 병합된다.
SET_ACCESS	액세스 권한 허가. ACE를 기록할 때는 기존의 ACE를 무시한다.
DENY_ACCESS	액세스 권한 거부
REVOKE_ACCESS	지정한 사용자에 대한 모든 ACE를 지우라는 입력 플래그
SET_AUDIT_SUCCESS	성공 감사 생성
SET_AUDIT_FAILURE	실패 감사 생성

grfInheritance

ACE의 상속성 여부 등의 옵션 플래그 집합이다. 이 오브젝트가 포함하고 있는 다른 오브젝트나 컨테이너에게 ACE를 상속할 것인지 아닌지를 지정한다.

Trustee

이 ACE가 적용될 사용자를 지정하는 다음과 같이 정의된 TRUSTEE 구조체이다.

```
typedef struct _TRUSTEE {
  PTRUSTEE                              pMultipleTrustee;
  MULTIPLE_TRUSTEE_OPERATION   MultipleTrusteeOperation;
  TRUSTEE_FORM                          TrusteeForm;
  TRUSTEE_TYPE                          TrusteeType;
  LPTSTR                                ptstrName;
} TRUSTEE, *PTRUSTEE;
```

사용자뿐만 아니라 그룹이나 로그온 세션 등에 대한 정보도 가지는데 다른 멤버에 대한 사항은 레퍼런스를 참고하기 바라며 ptstrName 멤버를 읽으면 사용자의 SID를 구할 수 있다는 정도만 알아두기로 하자. 그럼 이쯤에서 DACL의 정보를 출력하는 코드를 분석해 보자.

```
GetExplicitEntriesFromAcl(pDacl, &nAce, &pEntry);
wsprintf(Mes, "ACE의 개수=%d\n", nAce);
lstrcat(gMes,Mes);

for (i=0;i<(int)nAce;i++) {
    cbName=0;
    cbDomain=0;
    LookupAccountSid(NULL, pEntry[i].Trustee.ptstrName, NULL, &cbName,
        NULL, &cbDomain, &peUse);
    Name=(TCHAR *)malloc(cbName);
```

```
        Domain=(TCHAR *)malloc(cbDomain);
        LookupAccountSid(NULL, pEntry[i].Trustee.ptstrName, Name, &cbName,
            Domain, &cbDomain, &peUse);

        wsprintf(Mes, "%s사용자에게 %x 액세스 권한을 %s한다.\n",
            Name, pEntry[i].grfAccessPermissions,
            pEntry[i].grfAccessMode == GRANT_ACCESS ? "허가":"거부");
        lstrcat(gMes,Mes);
        free(Name);
        free(Domain);
    }
```

GetExplicitEntriesFromAcl 함수로부터 ACE 배열을 구한 후 ACE 개수만큼 루프를 돌면서 ACE의 정보를 출력하였다. 이때 출력할 정보는 "누구에게", "어떤 권한이", "허가,거부" 되었는가 하는 것이며 이 정보들은 모두 EXPLICIT_ACCESS 구조체의 멤버에 들어있다. 각 멤버값을 참조하여 읽기 쉽게 문자열로 조립하여 전역 버퍼 gMes에 추가하였다. DACL까지 정보를 출력한 후에 보안 함수가 내부적으로 할당한 보안 설명자, ACE 배열 등의 메모리를 해제하고 작업영역을 무효화하여 조사한 보안 정보인 gMes를 화면으로 출력하면 파일에 대한 보안 설명자 읽기 작업이 완료된다.

앞에서 만든 GetSecurity예제는 고수준의 보안 함수들을 사용하여 비교적 쉽게 작성된 것이다. 보안 모델 자체가 복잡할 뿐이지 함수들은 그다지 어렵게 만들어져 있지 않아 보안 구조만 안다면 프로그래밍하기 어렵지 않다. 그러나 이 함수들은 NT 4.0이후에만 사용할 수 있으며 그 이전 버전의 NT에서는 동작하지 않는 것들이다.

NT 3.1부터 NT 3.51버전까지의 보안 API는 앞에서 보인 것들과는 모양이 많이 다른데 이 함수들을 저수준 액세스 제어 함수라고 한다. 사용 용도 면에서는 앞에서 보인 GetSecurityInfo 함수와 동일하되 사용 방법이 훨씬 더 까다롭고 어렵다. 만약 NT 4.0이전 버전까지도 지원해야 할 필요가 있다면 이때는 어쩔 수 없이 저수준 액세스 제어 함수를 사용해야 한다. 저수준 액세스 제어 함수들에는 다음과 같은 것들이 있다.

```
GetKernelObjectSecurity
GetSecurityDescriptorOwner
GetSecurityDescriptorGroup
GetSecurityDescriptorDacl
GetAclInformation
GetAce
```

그러나 이 함수들은 NT 4.0이후의 새로운 API로 모두 대체되는 것들이므로 이전 버전의 NT와의 호환성만 아니라면 굳이 사용할 필요가 없을 것 같다. 배포 CD에는 이 함수들로 구현한 GetSecurity2 예제가 있으므로 필요한 사람은 참고하기 바란다. 지면에서 설명하기에는 다소 양이 많고 그다지 유용한 것 같지 않아 생략하되 소스상에 주석은 많이 달아놓았다.

예 제 : GetSecurity2

소스 생략

49-3-마. 보안 설명자 생성

보안 속성

보안 오브젝트의 보안 설명자를 읽는 방법을 공부하면서 그 구조를 간단하게나마 엿보았다. 이번에는 반대로 보안 오브젝트를 만들 때 보안 설명자를 작성하여 보안 속성을 지정하는 실습을 해 보자. 보안 오브젝트 중 가장 이해하기 쉬운 파일 생성 함수의 원형을 보자.

HANDLE CreateFile(..., LPSECURITY_ATTRIBUTES lpSecurityAttributes, ...);

보안 오브젝트를 생성하는 함수들은 의례 보안 속성 구조체를 요구하는데 보통 우리는 이 인수에 NULL을 전달하여 디폴트 보안 속성을 사용하였으며 별 문제가 없었다. 보안 속성 안에는 이 오브젝트의 보안 정보인 보안 설명자가 포함되어 있으며 보안 설명자를 만들고 보안 속성을 지정하면 특정 사용자가 특정한 권한만을 가지도록 만들 수도 있고 감사 정보를 넣을 수도 있다. 보안 설명자의 구조만 알고 있다면 얼마든지 자유롭게 보안 정보를 작성할 수 있을 것이다.

그러나 이 실습이 가지는 의미는 어디까지나 실습일 뿐 일반적인 프로그래밍에서 보안 설명자를 직접 작성할 일이란 사실 무척 드물다. 오브젝트의 보안 속성을 굳이 작성하려면 탐색기라는 아주 편리한 도구가 있기 때문이다.

보안 정보 작성 순서

보안 오브젝트의 보안 정보는 보안 속성 구조체로 지정하며 이 구조체 안에 보안 설명자가 포함된다. 보안 설명자를 읽을 때의 역순으로 정보들을 만들어 조립한다. 먼저 액세스를 제한할 사용자의 SID를 구하고 이 SID에게 액세스 권한을 허가(또는 금지)하는 ACE를 필요한 만큼 만들고 ACE를 모아 ACL을 만들고 ACL을 보안 설명자에 포함시킨다. 그리고 보안 설명자를 보안 속성의 멤버에 대입한 후 보안 오브젝트 생성함수에 보안 속성의 포인터를 넘기면 된다.

이런 작성 순서 정도만 이해하고 있다면 나머지 작업은 조금 지루한 코딩 작업뿐이다. 여기서 만들 SetSecurity라는 예제는 User1Only.txt라는 파일을 만들되 모든 사람이 읽을 수 있도록 하고 User1만 파일을 쓸 수 있도록 보안 정보를 작성할 것이다. 전체 소스는 다음과 같다.

예 제 : SetSecurity

```
#include <windows.h>
#include <aclapi.h>

void SetSecurity();
HINSTANCE g_hInst;

int APIENTRY WinMain(HINSTANCE hInstance,HINSTANCE hPrevInstance
          ,LPSTR lpszCmdParam,int nCmdShow)
{
    g_hInst=hInstance;

    SetSecurity();

    MessageBox(NULL, "보안 설명자를 생성했습니다","알림",MB_OK);
    return 0;

}
```

```
void SetSecurity()
{
    HANDLE hFile;
    TCHAR *str="누구나 읽을 수 있으며 User1만 쓸 수 있습니다";
    DWORD dwWritten;
    EXPLICIT_ACCESS EA[2];
    TCHAR pSid[255];
    TCHAR pDomain[255];
    DWORD cbSid=255,cbDomain=255;
    SID_NAME_USE peUse;
    PACL pAcl;
    SECURITY_DESCRIPTOR SD;
    SECURITY_ATTRIBUTES SA;

    // Everyone의 SID를 구한다.
    SID_IDENTIFIER_AUTHORITY SIDEvery=SECURITY_WORLD_SID_AUTHORITY;
    PSID pEverySID;
    AllocateAndInitializeSid(&SIDEvery,1,SECURITY_WORLD_RID,0,0,0,0,0,0,0,&pEverySID);

    memset(EA,0,sizeof(EXPLICIT_ACCESS)*2);
    EA[0].grfAccessPermissions=GENERIC_READ;
    EA[0].grfAccessMode=SET_ACCESS;
    EA[0].grfInheritance=NO_INHERITANCE;
    EA[0].Trustee.TrusteeForm=TRUSTEE_IS_SID;
    EA[0].Trustee.TrusteeType=TRUSTEE_IS_WELL_KNOWN_GROUP;
    EA[0].Trustee.ptstrName=(LPTSTR)pEverySID;

    // User1의 SID를 구한다.
    LookupAccountName(NULL,"User1",(PSID)pSid,&cbSid,pDomain, &cbDomain, &peUse);

    // ACE를 만든다.
    EA[1].grfAccessPermissions=GENERIC_ALL;
    EA[1].grfAccessMode=SET_ACCESS;
    EA[1].grfInheritance=NO_INHERITANCE;
    EA[1].Trustee.TrusteeForm=TRUSTEE_IS_SID;
    EA[1].Trustee.TrusteeType=TRUSTEE_IS_USER;
    EA[1].Trustee.ptstrName=(LPTSTR)pSid;

    // ACE를 ACL에 포함시키고 새 ACL을 만든다.
    SetEntriesInAcl(2,EA,NULL,&pAcl);

    // SD를 초기화한다.
    InitializeSecurityDescriptor(&SD, SECURITY_DESCRIPTOR_REVISION);

    // ACL을 SD에 포함시킨다.
    SetSecurityDescriptorDacl(&SD,TRUE,pAcl,FALSE);

    // 보안 속성을 만든다.
    SA.nLength=sizeof(SECURITY_ATTRIBUTES);
    SA.lpSecurityDescriptor=&SD;
    SA.bInheritHandle=FALSE;

    // 파일을 생성한다.
    hFile=CreateFile("c:\\User1Only.txt", GENERIC_ALL, 0, &SA,
```

```
        CREATE_ALWAYS,FILE_ATTRIBUTE_NORMAL,NULL);
    WriteFile(hFile,str,lstrlen(str),&dwWritten,NULL);
    CloseHandle(hFile);

    // 실행중에 할당한 메모리를 해제한다.
    FreeSid(pEverySID);
    LocalFree(pAcl);
}
```

파일을 생성하는 일이 전부이므로 사용자 인터페이스는 전혀 필요치 않다. 그래서 보안 설명자 작성 코드를 모두 SetSecurity에 작성하고 WinMain에서는 이 함수만 호출했다.

SID 조사

보안 설명자 작성의 첫 순서는 액세스를 제한하고자 하는, 또는 감사 대상이 되는 사용자나 그룹의 SID를 조사하는 것이다. 사용자의 이름을 알고 있다면 LookupAccountName이라는 함수를 사용하여 계정 정보로부터 SID를 구하면 된다. Everyone이나 Administrator같은 기정 SID는 AllocateAndInitializeSid 함수로 직접 조립할 수 있다.

이 함수는 SID를 구성하는 정보들을 입력받아 이 정보들을 조립하여 SID를 만들어 내는데 예제에서는 모든 사용자를 지칭하는 Everyone의 SID를 pEverySID에 구했다. 그리고 LookupAccountName 함수로 User1 계정에 대한 SID를 구해 pSid에 대입하였다. 그래서 이 예제가 제대로 동작하려면 시스템에 User1 계정이 있어야 한다. 이 두 SID는 ACE에 포함된다.

ACE 작성

ACE는 구체적으로 EXPLICIT_ACCESS 구조체로 표현되므로 이 구조체 배열을 필요한 수만큼 선언한 후 구조체에 내용을 채우면 된다. "누구에게"에 해당하는 정보는 앞에서 구한 SID를 대입하고 어떤 액세스 권한을 어떻게 부여할 것인가는 각각 대응되는 멤버에 설정한다. 예제에서는 크기 2의 EA 배열을 선언하고 Everyone에 읽기 권한인 GENERIC_READ를 허가(SET_ACCESS)하는 ACE 하나와 User1에 모든 권한인 GENERIC_ALL을 허가(SET_ACCESS)하는 ACE 하나를 만들었다. 이렇게 만들어진 ACE는 다음 단계에서 ACL에 포함된다.

ACL 작성

만들어진 ACE를 합쳐 ACL로 만드는 함수는 다음과 같다.

DWORD SetEntriesInAcl(ULONG cCountOfExplicitEntries, PEXPLICIT_ACCESS pListOfExplicitEntries, PACL OldAcl, PACL *NewAcl);

이 함수는 OldAcl의 ACE 목록에 새로 주어지는 ACE를 합쳐 새로운 NewAcl을 만든다. 첫 번째 인수는 병합 대상이 되는 ACE의 개수이며 두 번째 인수는 병합 대상 ACE의 배열이다. 이때 기존에 있는 ACE와 새로 합쳐지는 ACE 사이에는 적절한 통폐합이 이루어진다. 예를 들어 기존의 ACE가 UserA에게 읽기를 허용하고 새로운 ACE가 UserA에게 쓰기를 허가한다면 이 두 ACE는 합쳐져서 UserA에게 읽고 쓰는 액세스 권한을 허가하는 하나의 ACE가 된다.

만약 OldAcl이 NULL이면 이때는 병합은 이루어지지 않고 주어진 ACE로 새로운 ACL만 만들게 된다. 우리의 예제에서는 새 오브젝트를 만들고 있으므로 OldAcl을 NULL로 주었다. 만들어진 결과는 내부적으로 메모리를 할당하여 NewAcl에 그 포인터를 넘겨준다. 이 메모리는 사용 후 LocalFree로 해제하면 된다. 예제에서는 앞에서 만든 두 개의 ACE를 가진 EA배열로부터 새로운 ACL을 생성하여 pAcl에 그 번지를 저장했다.

보안 설명자 작성

ACL까지 만들었으면 이제 보안 설명자를 작성한다. 보안 설명자는 내부야 어쨌건 구조체이므로 일단 SECURITY_DESCRIPTOR형의 변수를 하나 선언하면 만들어진다. 예제에서는 SD라는 이름으로 보안 설명자 구조체를 하나 선언하였다. 단 보안 설명자의 내부 구조가 공개되어 있지 않기 때문에 다음 함수를 호출하여 보안 설명자를 반드시 초기화해야 한다.

BOOL InitializeSecurityDescriptor(PSECURITY_DESCRIPTOR pSecurityDescriptor, DWORD dwRevision);

첫 번째 인수는 초기화 대상 보안 설명자이며 두 번째 인수는 일종의 버전 정보인데 현재는 SECURITY_DESCRIPTOR_REVISION으로 그 값이 고정되어 있다. 초기화된 보안 설명자에 다음 함수로 DACL을 추가한다.

BOOL SetSecurityDescriptorDacl(PSECURITY_DESCRIPTOR pSecurityDescriptor, BOOL bDaclPresent, PACL pDacl, BOOL bDaclDefaulted);

두 번째 인수로 보안 설명자가 있는지 없는지 지정하며 있으면 세 번째 인수 pDacl에 DACL 포인터를 전달한다. 이 함수 외에 보안 설명자의 사용자, 그룹, SACL을 설정하는 함수들도 있는데 필요하다면 이 함수들로 보안 설명자에 더 상세한 정보를 넣을 수도 있다.

보안 속성 작성

이제 보안 설명자까지 만들었으면 보안 속성의 두 번째 멤버에 그 포인터를 대입한다. 보안 속성도 구조체일 뿐이므로 변수만 하나 선언하면 된다. 그리고 버전 확인을 위한 구조체의 크기, 핸들의 상속성 여부 등의 멤버를 적절히 초기화한다. 이렇게 만들어진 보안 속성은 최종적으로 보안 오브젝트를 생성할 때 그 포인터를 넘김으로써 보안 오브젝트에 새겨넣는다. 예제에서는 CreateFile 함수에 &SA를 전달함으로써 보안 정보를 전달했다. 결국 지금까지 한 작업은 CreateFile 함수를 호출하기 위한 준비작업이었다고 할 수 있는데 보안 속성이 없으면 간단하게 만들 수 있지만 보안이 개입되면 그때부터 코드는 엄청나게 길어짐을 알 수 있다. 마지막으로 실행중에 API 함수가 내부적으로 할당한 메모리들을 해제하면 모든 작업이 완료된다. 예제를 실행한 후 User1Only.txt의 등록정보에서 보안 정보가 제대로 생성되었는지 확인해 보자.

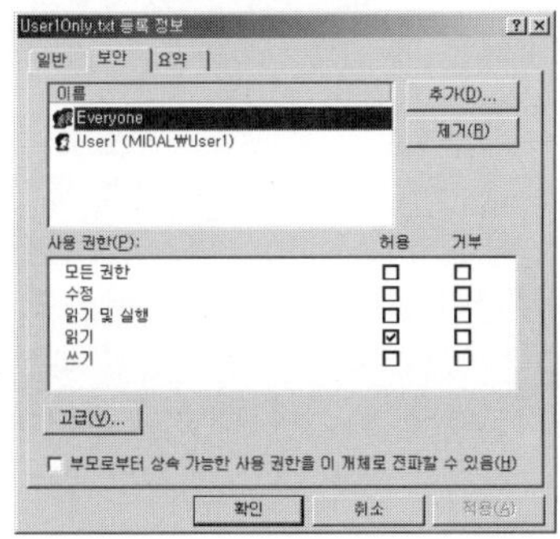

코드에서 설정한 보안 정보들이 제대로 잘 생성되어 있을 것이다. 이런 예제를 만들어야 할 경우는 무척 드물겠지만 보안 설명자를 좀 더 잘 이해하기 위해 참고만 하기 바란다.

보안 설명자 수정

보안 설명자를 읽는 것도 가능하고 쓰는 것도 가능하다면 기존에 만들어져 있는 오브젝트의 보안 설명자를 수정하는 것도 물론 가능하다. 그 방법은 굳이 예제를 만들지 않아도 될 정도로 상식적이며 코끼리를 냉장고에 넣는 방법과 거의 유사하다. 보안 설명자를 읽는다, 보안 설명자를 수정한다, 보안 설명자를 다시 쓴다. 이 과정만 충실하게 밟으면 된다.

단 한 가지 유의할 것은 ACL에 ACE를 추가하는 SetEntriesInAcl함수가 기존 ACL에 있는 정보를 병합할 수 있는 능력이 있다는 점인데 이 능력을 잘 활용하면 좀 더 편리하게 보안 설명자를 수정할 수 있다. 반면 잘못 작성하면 기존의 보안 설명자가 지워져버린다거나 하는 불상사가 생길 수도 있으므로 주의해야 한다. 이 예제는 활용도가 지극히 떨어지므로 여기서 다루지 않을 작정이다. 관심있는 사람은 MSDN에 예제가 있으므로 참고하기 바란다. 별로 어렵지도 않다.

49-4 특권

49-4-가. 특권의 종류

특권(Privilege)이란 로컬 컴퓨터 운영에 관련된 특별한 작업을 할 수 있는 권한이며 사용자 계정, 그룹 계정에 개별적으로 부여되는 권한이다. 보안 설명자와 함께 NT 보안 모델의 또 다른 구성요소를 이루는데 보안 설명자의 액세스 권한과는 다음과 같은 면에서 차이가 있다.

첫 째로 보안 설명자가 특정 보안 오브젝트의 개별적인 보안 정보인데 비해 특권은 시스템 전반적인 자원과 작업에 대한 권한이다. 그래서 특권은 보안 오브젝트의 보안 설정보다 더 우선적으로 적용된다. 두 번째로 특권은 보안 오브젝트에 부여되는 정보가 아니라 사용자와 그룹 계정에 부여되는 권한이며 관리자만이 특권을 다룰 수 있다. 특권 정보는 시스템의 계정 데이터 베이스에 저장된다.

특권이 꼭 필요한 경우는 여러 가지가 있는데 그중 파일 백업이 전형적인 예이다. 파일은 보안 오브젝트이며 개별적으로 액세스 제어 목록(DACL)을 가지고 있어 특정 사용자에게만 읽기를 허가할 수 있다. 이때 누군가가 파일들을 백업하고자 한다고 해 보자. 백업을 하기 위해서는 모든 파일 오브젝트가 이 사용자에게 읽기 권한을 주어야 하는데 이런 정보들을 모든 오브젝트에 일일이 설정하기는 불가능하다. 그래서 관리자는 백업 작업자에게 백업 특권을 부여한다. 특권은 보안 설명자보다 우선 적용되므로 파일의 보안 설정에 상관없이 작업자는 모든 파일을 읽을 수 있는 특권을 가지게 되고 모든 파일을 백업할 수 있다.

사용자가 NT 시스템에 로긴할 때 시스템은 사용자의 특권 목록을 조사해 사용자의 액세스 토큰을 작성한다. 그리고 이 사용자가 특권 동작을 하려고 할 때 시스템은 사용자의 액세스 토큰을 검사해 해당 특권을 가지고 있는지 조사해 보고 특권이 없으면 작업을 거부한다. 특권은 시스템 전반을 관리할 수 있는 권한이며 모든 보안 오브젝트의 보안 설정을 무시할 수 있는 막강한 권한이기 때문에 꼭 필요할 때 신중하게 주어져야 한다. 그래서 계정이 만들어지면 디폴트로 어떠한 특권도 주어지지 않은 상태로 만들어진다. 또한 특권은 로컬 컴퓨터에만 적용되며 네트워크상의 다른 컴퓨터에는 적용되지 않는다. 즉 특권은 지역적이다.

특권은 개별적으로 이름을 가지고 있으며 모두 문자열로 되어 있다. 특권의 종류에는 어떤 것들이 있는지 알고 싶으면 Winnt.h 헤더 파일을 열어보면 된다. 이 헤더 파일에는 다음과 같이 특권 상수와 문자열들이 정의되어 있다.

```
#define SE_CREATE_TOKEN_NAME              TEXT("SeCreateTokenPrivilege")
#define SE_ASSIGNPRIMARYTOKEN_NAME        TEXT("SeAssignPrimaryTokenPrivilege")
#define SE_LOCK_MEMORY_NAME               TEXT("SeLockMemoryPrivilege")
#define SE_INCREASE_QUOTA_NAME            TEXT("SeIncreaseQuotaPrivilege")
#define SE_UNSOLICITED_INPUT_NAME         TEXT("SeUnsolicitedInputPrivilege")
#define SE_MACHINE_ACCOUNT_NAME           TEXT("SeMachineAccountPrivilege")
#define SE_TCB_NAME                       TEXT("SeTcbPrivilege")
#define SE_SECURITY_NAME                  TEXT("SeSecurityPrivilege")
#define SE_TAKE_OWNERSHIP_NAME            TEXT("SeTakeOwnershipPrivilege")
#define SE_LOAD_DRIVER_NAME               TEXT("SeLoadDriverPrivilege")
#define SE_SYSTEM_PROFILE_NAME            TEXT("SeSystemProfilePrivilege")
#define SE_SYSTEMTIME_NAME                TEXT("SeSystemtimePrivilege")
#define SE_PROF_SINGLE_PROCESS_NAME       TEXT("SeProfileSingleProcessPrivilege")
#define SE_INC_BASE_PRIORITY_NAME         TEXT("SeIncreaseBasePriorityPrivilege")
#define SE_CREATE_PAGEFILE_NAME           TEXT("SeCreatePagefilePrivilege")
#define SE_CREATE_PERMANENT_NAME          TEXT("SeCreatePermanentPrivilege")
#define SE_BACKUP_NAME                    TEXT("SeBackupPrivilege")
#define SE_RESTORE_NAME                   TEXT("SeRestorePrivilege")
#define SE_SHUTDOWN_NAME                  TEXT("SeShutdownPrivilege")
#define SE_DEBUG_NAME                     TEXT("SeDebugPrivilege")
#define SE_AUDIT_NAME                     TEXT("SeAuditPrivilege")
#define SE_SYSTEM_ENVIRONMENT_NAME        TEXT("SeSystemEnvironmentPrivilege")
#define SE_CHANGE_NOTIFY_NAME             TEXT("SeChangeNotifyPrivilege")
#define SE_REMOTE_SHUTDOWN_NAME           TEXT("SeRemoteShutdownPrivilege")
```

이름만 읽어봐도 어떤 의미를 가지는 특권인지는 비교적 쉽게 알 수 있도록 되어 있는데 대충 읽어보면 소유권 가져오기 특권, 디바이스 드라이버를 설치할 수 있는 특권, 페이징 파일을 만들 수 있는 특권, 백업 특권, 셧다운, 감사 등등 모두 시스템 전반적인 작업들이다.

특권의 이름은 문자열로 정의되어 있지만 시스템이 특권들을 구분할 때는 LUID라는 특별한 값을 사용한다. LUID는 COM의 GUID와 유사하며 64비트로 된 유일한 값이다. 각 특권의 이름은 정해져 있지만 LUID는 시스템마다 다르며 심지어 컴퓨터를 부팅할 때마다 달라진다. 왜 그런가 하면 특권은 로컬 컴퓨터 범위 내에서만 인정되기 때문에 한 쪽 컴퓨터에서 받은 특권이 다른 쪽 컴퓨터에서는 무효해야 하기 때문이다. 다음 두 함수는 특권의 이름과 LUID를 상호 변환한다.

BOOL LookupPrivilegeName(LPCTSTR lpSystemName, PLUID lpLuid, LPTSTR lpName, LPDWORD cbName);
BOOL LookupPrivilegeValue(LPCTSTR lpSystemName, LPCTSTR lpName, PLUID lpLuid);

lpSystemName은 대상 컴퓨터의 이름이되 NULL이면 로컬 컴퓨터를 지칭한다. lpLuid와 lpName은 각각 특권의 LUID와 이름이다. NT는 특권의 의미를 설명하는 문자열을 제공하는데 다음 함수로 특권의 설명 문자열을 얻을 수 있다.

BOOL LookupPrivilegeDisplayName(LPCTSTR lpSystemName, LPCTSTR lpName, LPTSTR lpDisplayName, LPDWORD cbDisplayName, LPDWORD lpLanguageId);

lpName인수에 특권의 이름을 주면 설명 문자열을 lpDisplayName 인수에 조사한다. 이 설명 문자열은 시스템의 언어 설정에 따라 달라지는데 한글 윈도우즈에서는 설명도 한글로 되어 있다. 다음 예제는 윈도우즈 2000이 제공하는 모든 특권에 대한 설명 문자열을 출력해 본 것이다.

예 제 : EnumPriv

```
void EnumPrivileges(HDC hdc)
{
     int i;
     int y=10;
     TCHAR buf[255],Mes[255];
     DWORD size;
     DWORD LangID;

     TCHAR arPri[][50]={
          SE_CREATE_TOKEN_NAME,SE_ASSIGNPRIMARYTOKEN_NAME,SE_LOCK_MEMORY_NAME,
          SE_INCREASE_QUOTA_NAME,SE_UNSOLICITED_INPUT_NAME,SE_MACHINE_ACCOUNT_NAME,
          SE_TCB_NAME,SE_SECURITY_NAME,SE_TAKE_OWNERSHIP_NAME,SE_LOAD_DRIVER_NAME,
          SE_SYSTEM_PROFILE_NAME,SE_SYSTEMTIME_NAME,SE_PROF_SINGLE_PROCESS_NAME,
          SE_INC_BASE_PRIORITY_NAME,SE_CREATE_PAGEFILE_NAME,SE_CREATE_PERMANENT_NAME,
          SE_BACKUP_NAME,SE_RESTORE_NAME,SE_SHUTDOWN_NAME,SE_DEBUG_NAME,SE_AUDIT_NAME,
          SE_SYSTEM_ENVIRONMENT_NAME,SE_CHANGE_NOTIFY_NAME,SE_REMOTE_SHUTDOWN_NAME
     };

     for (i=0;i<sizeof(arPri)/sizeof(arPri[0]);i++) {
          size=255;
          LookupPrivilegeDisplayName(NULL,arPri[i],buf,&size,&LangID);
          wsprintf(Mes,"특권=%s,설명=%s",arPri[i],buf);
          TextOut(hdc,10,y,Mes,lstrlen(Mes));
          y+=20;
     }
}

LRESULT CALLBACK WndProc(HWND hWnd,UINT iMessage,WPARAM wParam,LPARAM lParam)
{
     HDC hdc;
     PAINTSTRUCT ps;
     switch (iMessage) {
     case WM_CREATE:
          hWndMain=hWnd;
          return 0;
     case WM_PAINT:
          hdc=BeginPaint(hWnd, &ps);
          EnumPrivileges(hdc);
          EndPaint(hWnd, &ps);
          return 0;
     case WM_DESTROY:
          PostQuitMessage(0);
          return 0;
     }
     return(DefWindowProc(hWnd,iMessage,wParam,lParam));
}
```

arPri배열에 Winnt.h에 있는 모든 특권 이름을 포함시킨 후 이 배열을 순회하면서 설명 문자열을 조사해 화면으로 출력하였다.

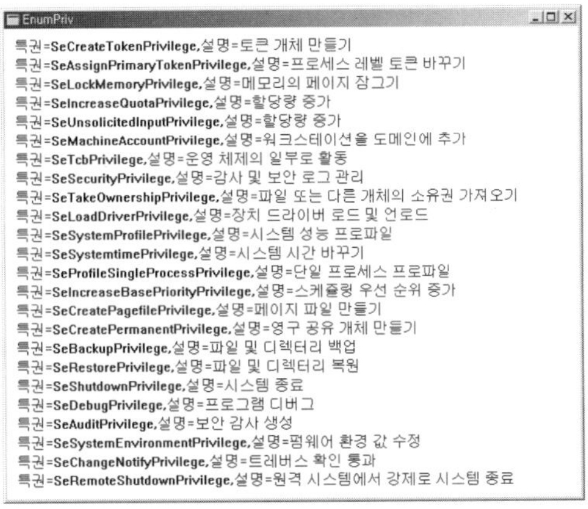

```
EnumPriv
특권=SeCreateTokenPrivilege,설명=토큰 개체 만들기
특권=SeAssignPrimaryTokenPrivilege,설명=프로세스 레벨 토큰 바꾸기
특권=SeLockMemoryPrivilege,설명=메모리의 페이지 잠그기
특권=SeIncreaseQuotaPrivilege,설명=할당량 증가
특권=SeUnsolicitedInputPrivilege,설명=할당량 증가
특권=SeMachineAccountPrivilege,설명=워크스테이션을 도메인에 추가
특권=SeTcbPrivilege,설명=운영 체제의 일부로 활동
특권=SeSecurityPrivilege,설명=감사 및 보안 로그 관리
특권=SeTakeOwnershipPrivilege,설명=파일 또는 다른 개체의 소유권 가져오기
특권=SeLoadDriverPrivilege,설명=장치 드라이버 로드 및 언로드
특권=SeSystemProfilePrivilege,설명=시스템 성능 프로파일
특권=SeSystemtimePrivilege,설명=시스템 시간 바꾸기
특권=SeProfileSingleProcessPrivilege,설명=단일 프로세스 프로파일
특권=SeIncreaseBasePriorityPrivilege,설명=스케쥴링 우선 순위 증가
특권=SeCreatePagefilePrivilege,설명=페이지 파일 만들기
특권=SeCreatePermanentPrivilege,설명=영구 공유 개체 만들기
특권=SeBackupPrivilege,설명=파일 및 디렉터리 백업
특권=SeRestorePrivilege,설명=파일 및 디렉터리 복원
특권=SeShutdownPrivilege,설명=시스템 종료
특권=SeDebugPrivilege,설명=프로그램 디버그
특권=SeAuditPrivilege,설명=보안 감사 생성
특권=SeSystemEnvironmentPrivilege,설명=펌웨어 환경 값 수정
특권=SeChangeNotifyPrivilege,설명=트레버스 확인 통과
특권=SeRemoteShutdownPrivilege,설명=원격 시스템에서 강제로 시스템 종료
```

설명이 비교적 짧지만 이 문자열로 특권의 의미는 대충 파악할 수 있다. 더 상세한 의미는 레퍼런스를 참고하되 사실 레퍼런스의 설명도 충분하게 설명적으로 작성되어 있지는 않다. 특권의 의미를 정확하게 이해하고 싶다면 NT 시스템 운영에 관한 자료를 참고하는 것이 더 나을 것 같다.

49-4-나. 시스템 재부팅

시스템을 재부팅할 때는 ExitWindowsEx라는 함수를 사용한다. 그러나 이 함수를 호출한다고 해서 시스템이 무조건 재부팅되는 것은 아니다. 95/98에서는 보안 기능이 없으므로 함수 호출 즉시 시스템이 재부팅되지만 NT/2000환경에서는 그렇지 않다. 시스템을 재부팅하기 위해서는 반드시 재부팅 특권을 가지고 있어야 하는데 설사 관리자로 로긴했더라도 이 특권은 디폴트로 주어지지 않기 때문에 재부팅이 제대로 되지 않는다.

다행히 관리자는 스스로에게 재부팅 특권을 부여할 수 있으므로 먼저 자신의 액세스 토큰에게 재부팅 특권을 부여한 후 ExitWindowsEx 함수를 호출하면 된다. NT 시스템을 재부팅하는 함수를 다음과 같이 만들어 보았다.

예 제 : Reboot

```
void MyRebootSystem()
{
    HANDLE hToken;
    TOKEN_PRIVILEGES tp;
    LUID luid;

    OpenProcessToken(GetCurrentProcess(), TOKEN_ADJUST_PRIVILEGES |
        TOKEN_QUERY, &hToken);
    LookupPrivilegeValue(NULL,"SeShutdownPrivilege",&luid);

    tp.PrivilegeCount = 1;
    tp.Privileges[0].Luid = luid;
    tp.Privileges[0].Attributes = SE_PRIVILEGE_ENABLED;

    AdjustTokenPrivileges(hToken, FALSE, &tp, 0, NULL, NULL);

    ExitWindowsEx(EWX_REBOOT,0);
}
```

```
LRESULT CALLBACK WndProc(HWND hWnd,UINT iMessage,WPARAM wParam,LPARAM lParam)
{
    HDC hdc;
    PAINTSTRUCT ps;
    TCHAR *Mes="마우스 왼쪽 버튼을 누르면 재부팅합니다";

    switch (iMessage) {
    case WM_LBUTTONDOWN:
        if (MessageBox(hWnd, "지금 재부팅하시겠습니까?","질문",
            MB_YESNO) == IDYES) {
            MyRebootSystem();
        }
        return 0;
    case WM_PAINT:
        hdc=BeginPaint(hWnd, &ps);
        TextOut(hdc,50,50,Mes,lstrlen(Mes));
        EndPaint(hWnd, &ps);
        return 0;
    case WM_DESTROY:
        PostQuitMessage(0);
        return 0;
    }
    return(DefWindowProc(hWnd,iMessage,wParam,lParam));
}
```

이 함수는 현재 프로세스의 액세스 토큰을 열고 이 토큰에 재부팅 특권을 부여한 후 시스템을 재부팅한다. 액세스 토큰에 포함되는 특권의 목록은 다음 구조체로 표현된다. 토큰의 정보를 조사하는 GetTokenInformation 함수와 특권 설정을 변경하는 AdjustTokenPrivileges 함수가 이 구조체를 사용한다.

```
typedef struct _TOKEN_PRIVILEGES {
   DWORD PrivilegeCount;
   LUID_AND_ATTRIBUTES Privileges[ANYSIZE_ARRAY];
} TOKEN_PRIVILEGES, *PTOKEN_PRIVILEGES;
```

PrivilegeCount는 이 토큰에 포함되는 특권의 개수이며 Privileges는 특권의 LUID와 속성을 설정하는 다음과 같이 선언된 구조체의 배열이다.

```
typedef struct _LUID_AND_ATTRIBUTES {
   LUID    Luid;
   DWORD   Attributes;
} LUID_AND_ATTRIBUTES, *PLUID_AND_ATTRIBUTES;
```

Luid는 특권의 LUID이며 Attributes에 SE_PRIVILEGE_ENABLED 플래그가 설정되어 있으면 이 특권이 부여된 것이다. 특권 목록을 작성한 후 프로세스의 액세스 토큰에 특권을 부여할 때는 다음 함수를 사용한다.

BOOL AdjustTokenPrivileges(HANDLE TokenHandle, BOOL DisableAllPrivileges, PTOKEN_PRIVILEGES NewState, DWORD BufferLength, PTOKEN_PRIVILEGES PreviousState, PDWORD ReturnLength);

TokenHandle은 대상 액세스 토큰이며 DisableAllPrivileges가 TRUE이면 이 토큰의 모든 특권이 취소된다. FALSE이면 세 번째 인수인 NewState가 지정하는 특권 목록이 액세스 토큰에 부여된다. 나머지 인수는 액세스 토큰의 이전 특권 목록을 조사하기 위한 참조 인수인데 필요없을 경우 모두 0으로 지정한다.

예제에서는 OpenProcessToken 함수로 현재 프로세스의 액세스 토큰을 구했다. 액세스 토큰의 특권 값을 바꾸려면 TOKEN_ADJUST_PRIVILEGES 액세스 권한을 요청해야 한다. 액세스 토큰도 보안이 적용되는 보안 오브젝트이며 고유한 액세스 권한을 가지고 있다. 액세스 토큰을 연 후 재부팅 특권(SeShutdownPrivilege)만을 가지는 특권 목록을 작성하고 이 특권을 프로세스의 액세스 토큰에 부여했다. 이제 ExitWindowsEx 함수를 호출하면 이 프로세스가 시스템을 재부팅할 수 있다.

일반적으로 특권을 부여하고 특권 작업을 한 후에는 즉시 해당 특권을 해제하는 것이 안전하며 권장되는 방법이다. 그러나 이 예제에서는 재부팅 특권을 굳이 해제하지 않았는데 시스템이 종료되는 특별한 상황이라 특권 해제가 별다른 의미가 없기 때문이다. 그 외의 다른 경우, 예를 들어 백업이나 디바이스 드라이버 등의 특권 작업을 했다면 작업 완료 후 즉시 특권을 해제하는 것이 바람직하다.

50-1 콘솔 프로그램

50-1-가. 콘솔이란

알다시피 윈도우즈는 그래픽 기반의 GUI운영체제다. 하지만 전통적인 문자 기반의 프로그램을 실행할 수도 있는데 이런 문자 기반의 응용 프로그램을 콘솔 프로그램이라고 한다. 콘솔(Console)의 사전적인 의미는 대형 컴퓨터에 접속하기 위한 키보드와 모니터를 합친 터미널이라는 뜻인데 기본적인 입출력 장비를 콘솔이라고 한다. 윈도우즈에서 명령 프롬프트라는 제목으로 열리는 창이 바로 콘솔 창이며 이 윈도우에서 문자 기반의 기본적인 입출력을 행할 수 있다. 윈도우즈에서의 콘솔을 정확하게 정의내리자면 "문자 기반 응용 프로그램의 입출력 인터페이스"이다.

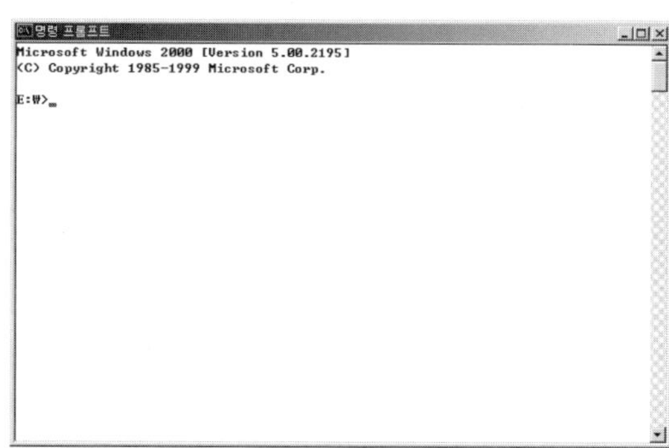

이 창에서 아주 익숙한 dir이나 copy, del 등의 명령을 수행할 수 있으며 명령 수행 결과를 문자로 확인할 수 있다. 프롬프트 창에서 실행되는 문자 기반의 프로그램을 콘솔 프로그램이라고 한다. 프로그램의 형태가 간단하기 때문에 내부적인 연산만을 행한다거나 사용자와의 복잡한 상호 작용이 별로 필요없을 때 그래픽을 전혀 신경쓰지 않고 작성할 수 있다. 예를 들어 대량의 데이터를 다른 형태로 전환하는 유틸리티가 필요하다면 굳이 GUI 프로그램을 작성할 필요없이 콘솔 프로그램으로 작업을 간단하게 할 수 있다.

콘솔 프로그램에 대해 흔히 잘못 알고 있는 것 중 하나는 콘솔 프로그램이 곧 도스용 프로그램이라고 생각하는 것인데 콘솔 프로그램은 16비트 도스 프로그램과는 엄연히 다르다. 같은 문자 기반의 프로그램이지만 콘솔 프로그램도 32비트 프로그램이며 모든 Win32 API 함수를 다 사용할 수 있고 필요할 경우 메시지 박스를 띄우는 정도의 간단한 GUI 동작도 가능하다. 유니코드도 사용할 수 있으며 심지어 멀티 스레드로 만들 수도 있다. 대표적인 콘솔 프로그램은 OCX를 등록하는 regsvr32.exe를 들 수 있는데 이 프로그램은 등록할 OCX파일을 인수로 전달받아 동작하며 사용자와 상호 작용이 필요치 않아 콘솔 프로그램으로 작성되었다. 하지만 컨트롤 등록 후, 또는 에러 발생시 메시지 박스로 사용자에게 간단한 정보를 보여주기도 한다.

콘솔 프로그램을 꼭 작성해야 하는 경우는 사실 드물기 때문에 정성들여 꼭 배워 두어야 하는 것은 아니다. 그러나 아직도 예제중 콘솔 프로그램으로 작성된 것들이 많이 있고 간단한 유틸리티 제작에는 꽤 쓸 만하므로 시간이 있다면 배워두자. 또한 콘솔은 프로그래밍에 처음 입문하는 사람에게 실습 환경으로서도 아주 제격이다. 도스용 프로그램을 해 본 사람이라면 큰 정성을 들이지 않고도 쉽게 익숙해질 수 있을 것이다. 콘솔도 깊게 들어가면 다루어야 할 내용이 많지만 여기서는 저수준의 내용은 빼고 사용법 위주로만 설명하기로 한다.

50-1-나. ConTest

가장 간단한 콘솔 프로그램을 한 번 만들어 보자. 개발자 스튜디오에서 파일/새로 만들기/프로젝트를 선택하여 새 프로젝트를 만든다. Win32/Win32 콘솔 응용 프로그램을 선택하고 솔루션 이름은 ConTest로 지정한다. 마법사창에 콘솔 응용 프로그램 종류가 미리 선택되어 있으므로 빈 프로젝트 옵션만 선택하면 된다.

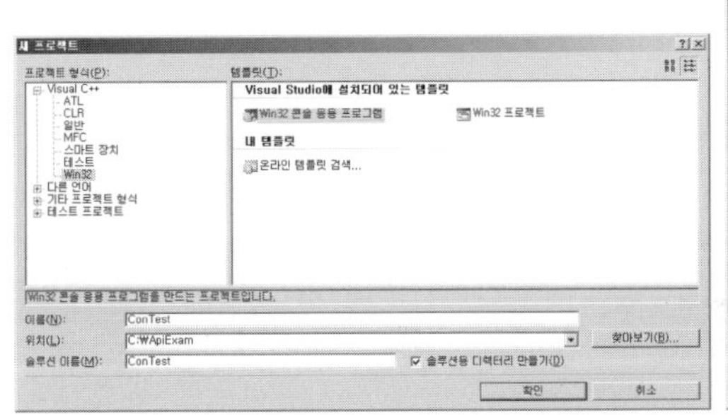

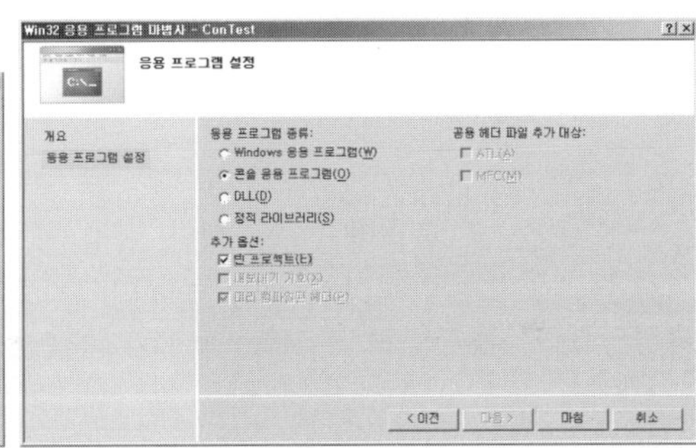

VC 6.0의 경우도 거의 비슷한데 Projects 탭에서 Win32 Console Application을 선택하고 마법사 옵션은 An empty project 옵션을 그대로 받아들인다. 빈 프로젝트 옵션을 선택하지 않으면 마법사가 기본 골격 코드를 생성하기는 하는데 실습중이므로 처음부터 새로 작성해 보자.

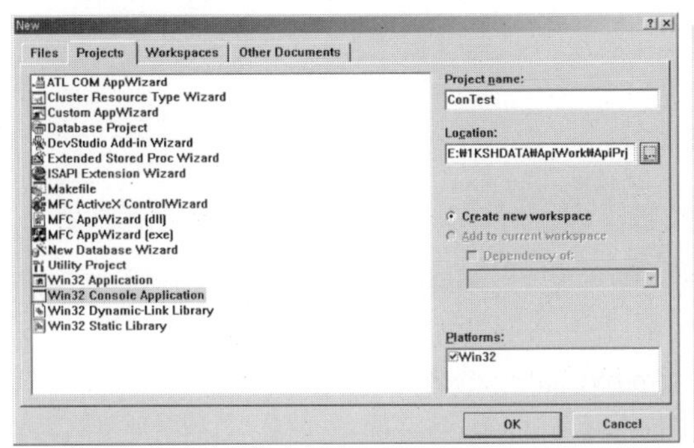

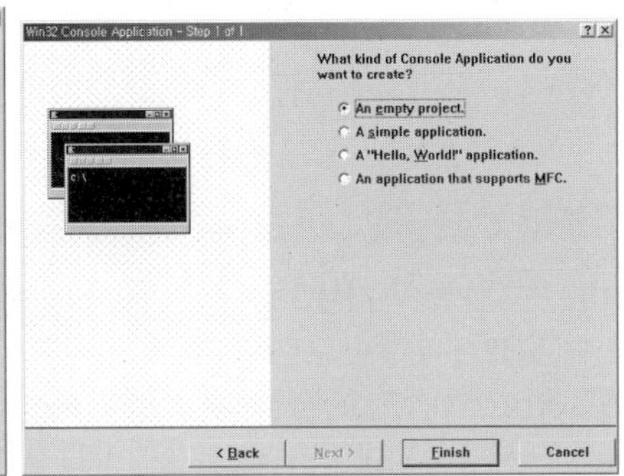

프로젝트를 만든 후 ConTest.cpp소스 파일을 만들어 프로젝트에 포함시키고 다음과 같이 소스를 직접 입력한다.

예 제 : ConTest

```
#include <stdio.h>

void main(void)
{
    printf("Console Program\n");
}
```

보다시피 이 소스는 C언어를 처음 배울 때 제일 먼저 입력해보는 추억의 예제다. 코드를 설명할 필요는 전혀 없을 것이다. 소스를 다 입력한 후 컴파일하면 오타가 없는 한 실행 파일이 만들어진다. F5키를 눌러 실행하거나 탐색기에서 실행 파일을 더블클릭해서 실행하면 결과를 볼 수 없다. 단지 화면에 번쩍하고 나타났다가 다시 사라져 버릴 뿐이다. 별도의 명령 프롬프트창을 열고 실행 파일이 있는 디렉토리로 직접 이동한 후 이 프로그램을 실행해야 결과를 제대로 볼 수 있다. 또는 단축키 Ctrl+F5를 눌러도 된다.

문자열만 화면으로 출력하고 종료했다. 콘솔 프로그램은 GUI 프로그램과 형태적으로 다른데 가장 큰 차이점은 프로그램의 시작점(Entry Point)이 WinMain이 아니라 main 함수라는 점이다. 그리고 프로젝트 속성의 링크 옵션을 보면 /subsystem:console이라는 옵션을 볼 수 있는데 이 옵션에 의해 콘솔 프로그램이 된다.

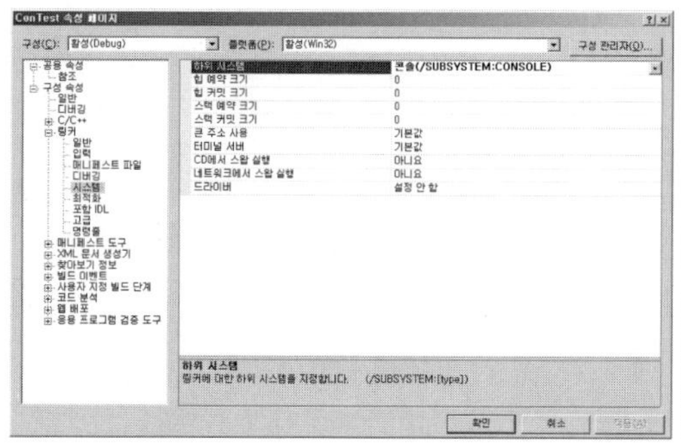

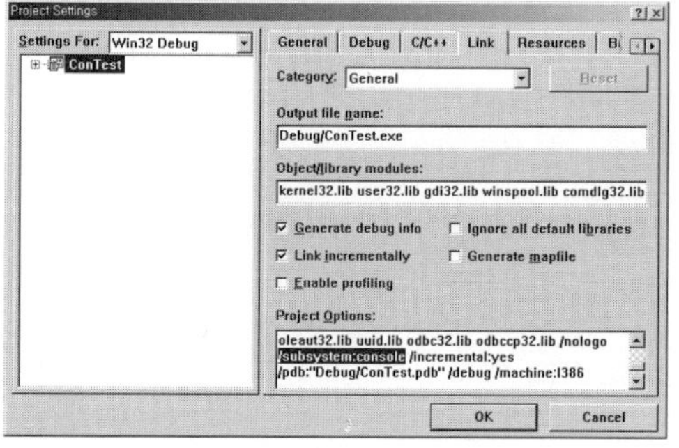

반면 GUI 프로그램은 서브 시스템이 windows로 되어 있어 WinMain이 시작점이 된다. 만약 GUI 프로그램을 잘못해서 콘솔 프로젝트로 만들었다면 이 옵션을 조정하여 프로젝트를 새로 만들지 않고도 GUI 프로젝트로 바꿀 수 있다. 비주얼 C++의 AppWizard는 콘솔 프로젝트를 빨리 만들 수 있는 몇 가지 옵션을 제공하는데 프로젝트 생성시에 A "hello world" Application 옵션을 선택하면 다음과 같은 소스 파일을 만들어 준다.

```
// ConTest3.cpp : Defines the entry point for the console application.
//

#include "stdafx.h"

int main(int argc, char* argv[])
{
	printf("Hello World!\n");
	return 0;
}
```

앞에서 우리가 만들었던 예제와 별로 틀리지는 않지만 이 옵션을 활용하면 새로운 소스를 만들어 저장하고 프로젝트에 포함시키는 과정이 자동으로 이루어지므로 프로젝트를 좀 더 빨리 시작할 수 있다. 그리고 미리 컴파일된 헤더를 사용하며 MFC를 활용할 수 있다는 이점도 있다. 위저드를 사용할 것인가 아닌가는 순전히 개인적인 취향 문제겠지만 나는 손으로 직접 만드는 쪽을 선호한다. 어차피 콘솔 프로그램은 소스도 몇 줄 안 되므로 AppWizard의 서비스가 큰 도움이 되지 않는다.

50-1-다. 콘솔 생성

프로그램의 시작점이 main인 콘솔 프로세스가 실행되면 운영체제는 새 콘솔을 생성한다. 탐색기에서 도스용 압축 유틸리티인 ARJ.EXE를 더블클릭해서 실행하면 새 콘솔이 생성되고 ARJ가 실행될 것이다. 단 콘솔창에서 콘솔 프로그램을 실행시킨 경우는 새 콘솔을 만들지 않고 부모 프로세스의 콘솔을 같이 공유한다. 명령 프롬프트 창을 열고 창 내에서 ARJ.EXE 를 실행하면 새로운 창이 열리는 것이 아니라 같은 창에서 자식 프로세스가 실행될 것이다. ARJ를 실행한 부모 프로세스가 이미 콘솔을 가지고 있기 때문에 자식 프로세스를 위해 새 콘솔을 굳이 만들 필요가 없기 때문이다.

그러나 콘솔창에서 콘솔 프로그램을 실행하는 경우라도 CreateProcess 함수에 CREATE_NEW_CONSOLE 플래그를 지정하면 분리된 새 콘솔 창을 만들어 자식 프로세스가 독립된 콘솔을 사용하게 할 수 있다. 또한 STARTUPINFO 구조체에 새로 만들어지는 콘솔창의 다음과 같은 여러 가지 속성들을 정의하는 것도 가능하다.

콘솔 윈도우의 크기와 위치
화면 버퍼의 크기
전경, 배경색
타이틀 바의 캡션

이 속성들은 콘솔 프로세스가 스스로 실행중에 변경할 수도 있으나 단 콘솔 윈도우의 위치와 크기는 스스로 변경할 수 없다. 콘솔 프로세스 입장에서 볼 때 콘솔 윈도우는 주어진 환경이지 프로그래밍 대상이 아니기 때문이다.

콘솔은 꼭 콘솔 프로세스만 사용하는 것이 아니다. GUI 프로세스도 필요하다면 언제든지 콘솔창을 열어서 사용할 수 있다. 예를 들어 화면 출력에 심각한 오류가 있어 그래픽으로 입출력이 불가능한 상황이라면 GUI 프로세스도 콘솔창을 열어 사용자에게 어떤 에러가 발생했는지 보여주고 입력을 받을 수 있다. 콘솔창을 강제로 생성할 때는 다음 함수를 사용한다.

BOOL AllocConsole(VOID);
BOOL FreeConsole(VOID);

AllocConsole은 새로운 콘솔창을 만들되 실패할 경우 0을 리턴한다. 프로세스는 오직 하나의 콘솔과만 연결될 수 있으므로 이미 콘솔창에서 실행중인 프로세스는 이 함수를 호출하여 새 콘솔을 만들 수 없다. 이미 콘솔에서 실행중인 프로세스가 새 콘솔을 만들려면 FreeConsole 함수를 먼저 호출하여 현재 사용중인 콘솔을 분리하고 AllocConsole 함수를 호출해야 한다. GUI 프로세스는 콘솔과 연결되어 있지 않으므로 언제든지 AllocConsole 함수를 호출하여 새 콘솔창을 만들 수 있다. 다음 예제는 그래픽 기반의 프로세스인데 실행중에 콘솔창을 열어 문자열을 사용자에게 보여준다.

예 제 : AllocCon

```
#include <stdio.h>
LRESULT CALLBACK WndProc(HWND hWnd,UINT iMessage,WPARAM wParam,LPARAM lParam)
{
	HDC hdc;
	PAINTSTRUCT ps;
	DWORD dw;
	TCHAR *str="New Console is created";
	TCHAR *Mes="마우스 왼쪽 버튼을 누르면 새로운 콘솔 윈도우를 만듭니다";

	switch (iMessage) {
	case WM_LBUTTONDOWN:
		if (AllocConsole() == FALSE) {
			// 콘솔 생성 실패
		}
		WriteFile(GetStdHandle(STD_OUTPUT_HANDLE), str,lstrlen(str),&dw,NULL);
		Sleep(3000);
		FreeConsole();
		break;
	case WM_PAINT:
		hdc=BeginPaint(hWnd, &ps);
		TextOut(hdc,50,50,Mes,lstrlen(Mes));
		EndPaint(hWnd, &ps);
		return 0;
	case WM_DESTROY:
		PostQuitMessage(0);
		return 0;
	}
	return(DefWindowProc(hWnd,iMessage,wParam,lParam));
}
```

마우스 왼쪽 버튼을 누르면 AllocConsole 함수를 호출하여 새 콘솔을 만든다. 그리고 표준 출력 핸들을 구한 후 이 콘솔로 문자열을 출력했다. 결과를 느긋하게 지켜볼 수 있기 위해 콘솔을 파괴하기 전에 약 3초간의 시간을 끌고 FreeConsole을 호출했는데 계속 콘솔창을 사용하는 것도 물론 가능하다. 실행중의 모습은 다음과 같다.

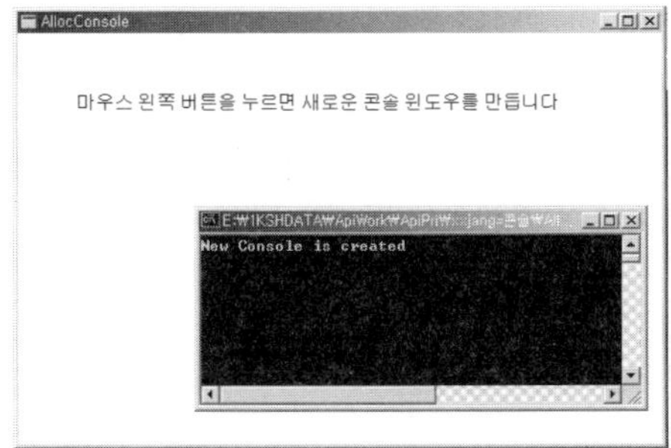

GUI 프로그램에서도 콘솔을 원하는 때에 언제든지 만들어 사용할 수 있기는 하지만 현실적인 실용성은 사실 거의 없는 셈이다.

50-2 문자열 입출력

50-2-가. 문자열 출력

콘솔 활용의 기본은 입출력이다. 앞에서도 printf로 문자열을 출력해 봤는데 이 외에도 콘솔 윈도우로 문자열을 출력하는 방법에는 여러 가지가 있다. ConOut라는 프로젝트를 만들고 문자열을 콘솔로 출력해 보자. 소스는 다음과 같다.

예 제 : ConOut

```
#include <windows.h>
#include <iostream.h>
#include <stdio.h>

void main()
{
    HANDLE hOut;
    TCHAR *str="Console Test\n";
    DWORD dwWritten;

    // 첫 번째 방법
    printf("%s",str);

    // 두 번째 방법
    cout << str;

    // 세 번째 방법
    hOut=GetStdHandle(STD_OUTPUT_HANDLE);
    WriteFile(hOut,str,lstrlen(str),&dwWritten,NULL);

    // 네 번째 방법
    WriteConsole(hOut,str,lstrlen(str),&dwWritten,NULL);
}
```

실행해 보면 “Console Test”라는 문자열이 네 번 출력될 것이다. 4가지 다른 방법으로 같은 문자열을 계속 출력해 보았다. 가장 쉬운 방법인 printf 함수는 도스의 printf 함수와 동일하며 서식 문자열을 조립한 후 화면으로 출력한다. 배운 바대로 사용하기만 하면 된다. 이 함수를 사용하기 위해서는 원형이 선언되어 있는 stdio.h 파일을 인클루드해야 한다.

두 번째 방법은 C++ 입출력 스트림 객체인 cout 객체를 사용한다. << 연산자와 함께 출력하고자 하는 데이터를 전송하기만 하면 데이터형에 상관없이 화면으로 데이터가 출력된다. 이 객체를 사용하려면 iostream.h를 인클루드해야 한다. 상기의 두 방법은 C/C++을 공부할 때 가장 먼저 배우는 기초 중의 기초라고 할 수 있는데 독자들 중 이게 도대체 뭔지 모르는 사람들은 아마 없을 것이다. 만약 있다면 지금 정말 엉뚱한 책을 잘못 읽고 있는 것이므로 책부터 바꿔야 할 것이다.

세 번째 방법은 표준 입출력 핸들을 사용하여 문자열을 화면으로 출력한다. 콘솔이 만들어질 때 표준 입력, 표준 출력, 표준 에러 핸들이 같이 생성되는데 이 핸들을 구해 정보를 보내면 콘솔로 출력되며, 읽으면 콘솔로부터 정보를 읽을 수 있다. 콘솔의 표준 핸들을 구하는 함수는 다음 함수이다.

HANDLE GetStdHandle(DWORD nStdHandle);

인수로 STD_INPUT_HANDLE(표준 입력), STD_OUTPUT_HANDLE(표준 출력), STD_ERROR_HANDLE(표준 에러) 중 하나를 전달하면 해당 핸들을 리턴한다. 콘솔의 핸들은 디폴트로 표준 입력은 콘솔의 입력 버퍼의 핸들이며 표준 출력, 표준 에러는 화면 버퍼의 핸들로 설정되는데 필요에 따라서는 이 핸들을 파이프나 파일로 재지향(redirect)할 수도 있다. 핸들만 구하면 마치 파일에 문자열을 읽고 쓰듯이 ReadFile, WriteFile API 함수로 입출력을 행하면 된다.

WriteFile 함수는 파일에 문자열을 출력하는 것과 동일한 방법으로 콘솔의 화면 버퍼에 문자열을 요청한 길이만큼 출력한다. 대상 핸들만 다를 뿐이지 사용하는 방법은 파일에 출력하는 것과 완전히 동일하다. 이때 문자열이 출력되는 위치는 콘솔의 현재 커서 위치이며 출력 후에 커서는 최후 문자 이후로 자동 이동된다. 콘솔에 문자열을 출력하는 네 번째 방법은 콘솔 전용 출력 함수인 WriteConsole 함수를 사용하는 것이다. 이 함수의 원형은 거의 WriteFile 함수와 흡사하며 사용하는 방법도 동일하다.

BOOL WriteConsole(HANDLE hConsoleOutput, CONST VOID *lpBuffer,DWORD nNumberOfCharsToWrite, LPDWORD lpNumberOfCharsWritten, LPVOID lpReserved);

단 몇 가지 차이가 있는데 WriteFile 함수는 ANSI 문자열만 출력할 수 있는 데 반해 이 함수는 유니코드 문자열도 출력할 수 있다는 점에서 좀 더 호환성에 유리하다. 만약 ANSI와 유니코드를 동시에 지원하는 프로그램을 짜야 한다면 WriteFile 함수 대신에 WriteConsole 함수를 사용해야 한다. 또한 이 함수는 콘솔 전용의 함수이기 때문에 재지향된 핸들은 인식하지 못한다. WriteFile 은 표준 출력 핸들이 파일이나 파이프로 재지향되어 있으면 목적 핸들로 정보를 전송할 수 있지만 WriteConsole 함수는 대상 핸들이 콘솔 핸들이 아니면 에러를 리턴하고 실패한다. 이 외에도 콘솔에 문자열을 출력할 수 있는 방법이 몇 가지 더 존재한다. 상황에 따라 적절한 출력 방법을 사용하되 printf 정도만 해도 원하는 웬만한 출력은 다 할 수 있을 것 같다.

50-2-나. 문자열 입력받기

다음은 콘솔로부터 문자열을 입력받아 그 결과를 다시 화면으로 보여주는 아주 간단한 예제다. 역시 이 예제도 C/C++의 기초편에 나오는 추억의 예제들이다.

예 제 : ConIn

```
#include <windows.h>
#include <iostream.h>
#include <stdio.h>

void main()
{
     HANDLE hIn,hOut;
     TCHAR buf[20],str[50];
     DWORD dw;

     hIn=GetStdHandle(STD_INPUT_HANDLE);
     hOut=GetStdHandle(STD_OUTPUT_HANDLE);

     printf("input your name:");
     scanf("%20s",buf);
     printf("your name is %s\n",buf);

     cout << "input your name:";
     cin >> buf;
     cout << "your name is " << buf << endl;
}
```

scanf 함수와 cin 입력 객체로 문자열을 입력받아 다시 화면으로 출력했다. 함수와 객체로 문자열을 입력받았으므로 표준 입력 핸들을 사용할 필요도 없다. 다음 코드는 표준 입력 핸들로부터 문자열을 입력받는다.

```
WriteFile(hOut,"input your name:",16,&dw,NULL);
memset(buf,0,sizeof(buf));
ReadFile(hIn,buf,20,&dw,NULL);
wsprintf(str, "your name is %s",buf);
WriteFile(hOut,str,lstrlen(str),&dw,NULL);
```

표준 입력 핸들 hIn을 구한 후 마치 파일에서 문자열을 읽어들이듯이 표준 입력 핸들에서 문자열을 읽어들였다. 이때 파일 입력 함수인 ReadFile 함수를 사용하였다. 이 함수는 콘솔 입력 버퍼에서 키보드 이벤트를 찾아 문자열을 읽어들이고 읽은 문자열은 버퍼에서 제거한다. 이 함수 외에 콘솔 전용의 입력 함수인 ReadConsole 이라는 함수도 있는데 ReadFile과 원형은 동일하며 유니코드를 지원한다는 점과 재지향 핸들을 인식하지 못한다는 차이점이 있다.

50-2-다. 커서 위치 변경

콘솔로 문자열을 출력하면 출력 위치는 현재 커서가 있는 곳이다. 콘솔은 항상 다음 출력될 위치를 커서로 기억하고 있으며 문자열이 출력되면 커서 위치에 출력하고 커서를 다음 출력 위치로 옮긴다. 수직으로 계속 스크롤되기만 하는 명령행이라면 이런 특성이 전혀 문제될 것이 없고 오히려 많은 편리함을 준다. 그러나 임의 위치에 문자열을 출력해야 하는 풀 스크린 프로그램에서는 커서의 위치를 조사하거나 옮기는 기능이 필요하다. 도스 프로그램에서는 gotoxy라는 함수로 간단하게 커서 위치를 옮길 수 있었으나 Win32 콘솔에서는 커서 위치를 제어하는 방법이 그보다는 조금 더 복잡하다. 커서의 위치를 조사하는 함수는 다음 함수이다.

BOOL GetConsoleScreenBufferInfo(HANDLE hConsoleOutput, PCONSOLE_SCREEN_BUFFER_ INFO lpConsoleScreenBufferInfo);

이 함수는 커서의 위치뿐만 아니라 콘솔의 화면 버퍼, 즉 출력용 버퍼의 여러 가지 속성들을 한꺼번에 조사한다. 조사 결과는 다음과 같이 정의되어 있는 구조체로 리턴된다.

```
typedef struct _CONSOLE_SCREEN_BUFFER_INFO {
   COORD         dwSize;
   COORD         dwCursorPosition;
   WORD          wAttributes;
   SMALL_RECT srWindow;
   COORD         dwMaximumWindowSize;
} CONSOLE_SCREEN_BUFFER_INFO ;
```

멤버중에 COORD라는 구조체가 있는데 이 구조체는 좌표를 나타내는 X,Y로 구성된 좌표 구조체이며 2차원적인 크기를 나타낼 때도 사용된다.

```
typedef struct _COORD {
   SHORT X;
   SHORT Y;
} COORD;
```

이 구조체는 콘솔창에서의 위치나 크기를 표현하기 위해 여러 콘솔 함수에서 사용된다. 화면 버퍼 속성 구조체의 각 멤버 의미는 다음과 같다.

멤버	설명
dwSize	화면 버퍼의 크기이다. 크기는 셀 단위로 표현된다.
dwCursorPosition	커서의 현재 위치이다.
wAttributes	출력될 문자의 전경색과 배경색 정보이다.
srWindow	현재 보이는 화면 영역에 대한 좌표이다.
dwMaximunWindowSize	최대 화면 크기이다. 모니터의 해상도와 시스템 글꼴에 따라 달라진다.

이 중 커서의 현재 위치는 두 번째 멤버로 리턴되므로 이 값을 읽으면 현재 커서 위치를 조사할 수 있다. 커서의 위치를 바꾸는 함수는 조금 더 단순하다.

BOOL SetConsoleCursorPosition(HANDLE hConsoleOutput, COORD dwCursorPosition);

커서 좌표를 지정하는 COORD 구조체만 전달하면 된다. 그럼 이 두 함수를 사용하여 임의 위치에 문자열을 출력하는 예제를 만들어 보자. 현재 커서 위치를 조사하여 문자열로 조립하고 이 문자열을 50,10 좌표에 출력하는 예제이다.

예 제 : GotoXy

```
#include <windows.h>

void main()
{
     HANDLE hOut;
     TCHAR str[50];
```

```
    CONSOLE_SCREEN_BUFFER_INFO BufInfo;
    COORD Cur;
    DWORD dw;

    hOut=GetStdHandle(STD_OUTPUT_HANDLE);

    // 커서의 위치 조사
    GetConsoleScreenBufferInfo(hOut,&BufInfo);
    wsprintf(str,"X=%d,y=%d",BufInfo.dwCursorPosition.X, BufInfo.dwCursorPosition.Y);

    // 임의 위치에 문자열 출력
    Cur.X=50;
    Cur.Y=10;
    SetConsoleCursorPosition(hOut,Cur);
    WriteFile(hOut,str,lstrlen(str),&dw,NULL);
}
```

예제를 컴파일한 후 명령 프롬프트 창에서 실행하면 50,10 좌표에 문자열이 출력될 것이다. 콘솔창이 아래쪽으로 스크롤되어 있으면 결과가 제대로 보이지 않으므로 cls명령으로 화면을 깨끗하게 지운 후 실행해야 결과가 제대로 보인다. 이 방법대로 커서를 옮겨가며 출력하면 화면의 어느 위치에나 원하는 문자열을 출력할 수 있다.

50-2-라. 문자 속성

별다른 지정없이 문자열을 출력하면 콘솔에 지정된 전경색과 배경색으로 출력된다. 보통 검정색 배경에 회색 전경으로 출력되는데 이 설정은 콘솔창의 등록 정보에서 얼마든지 바꿀 수 있다. 이 책에서는 캡처 화면이 잘 보이도록 하기 위해 흰색 바탕에 검정색으로 바꾸어 놓았다.

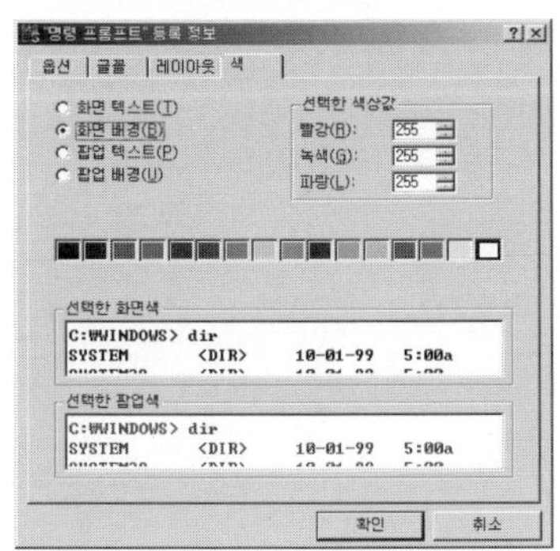

디폴트 설정된 전경색과 배경색을 바꾸어 색상있는 문자열을 출력하는 것도 물론 가능하다. 문자의 색상은 16비트의 정수 하나로 표현하는데 색상값은 다음과 같이 매크로로 정의되어 있다.

```
#define FOREGROUND_BLUE          0x0001 // text color contains blue.
#define FOREGROUND_GREEN         0x0002 // text color contains green.
#define FOREGROUND_RED           0x0004 // text color contains red.
#define FOREGROUND_INTENSITY0x0008 // text color is intensified.
#define BACKGROUND_BLUE          0x0010 // background color contains blue.
#define BACKGROUND_GREEN         0x0020 // background color contains green.
#define BACKGROUND_RED           0x0040 // background color contains red.
#define BACKGROUND_INTENSITY     0x0080 // background color is intensified.
```

이 매크로 상수들을 분석해 보면 상위 니블(4비트)이 배경색을 지정하고 하위 니블이 전경색을 지정한다는 것을 알 수 있다. 각 색상은 4비트씩 RGB와 휘도 비트로 구성되며 이 비트들의 조합에 의해 16색상을 표현한다. 만약 빨간색 배경에 파란색 문자를 출력하고 싶다면 매크로 상수를 다음과 같이 OR 연산자로 묶으면 된다.

```
FOREGROUND_BLUE | BACKGROUND_RED
```

혼합하고자 하는 색상 요소를 모두 OR연산자로 묶으면 되는데 이렇게 하면 소스가 너무 길어져 불편하다. 차라리 암산이 된다면 간단하게 16진수로 표현하는 것이 더 편한데 위의 경우 0x41이 된다. 전경색, 배경색을 지정하는 방법이 도스에서와 거의 유사하므로 도스 프로그래밍을 해 본 경험이 있다면 아주 쉽게 익숙해질 것이다. 단 도스에서와는 달리 깜박임 문자나 밑줄 문자 따위는 표현할 수 없다. 색상있는 문자열을 출력할 때는 다음 두 함수를 같이 사용한다.

BOOL WriteConsoleOutputCharacter(HANDLE hConsoleOutput, LPCTSTR lpCharacter, DWORD nLength, COORD dwWriteCoord, LPDWORD lpNumberOfCharsWritten);
BOOL WriteConsoleOutputAttribute(HANDLE hConsoleOutput, CONST WORD *lpAttribute, DWORD nLength, COORD dwWriteCoord, LPDWORD lpNumberOfAttrsWritten);

인수가 좀 많고 이름이 길어 괜히 어려워 보이지만 별로 어려운 인수는 없다. 이런 경우는 인수 개별적인 의미를 일일이 살펴보는 것보다 예제 코드를 보는 것이 훨씬 더 이해하기 편하다. 위 함수는 문자열을 지정한 위치에 출력하며 아래 함수는 속성만 변경한다. 속성을 변경하는 함수가 분리되어 있기 때문에 화면에 이미 출력되어 있는 문자열의 속성을 바꾸는 것도 가능하다. dwWriteCoord에 출력 좌표를 주면 지정한 위치에 문자열을 출력하므로 커서를 일부러 옮기지 않아도 된다. 이 두 함수로 색상있는 문자열을 출력하는 코드를 작성해 보자.

예 제 : CharAttr

```
#include <windows.h>

void main()
{
    HANDLE hOut;
    TCHAR *str="Console Test";
    COORD Size,Coor;
    DWORD dw;

    hOut=GetStdHandle(STD_OUTPUT_HANDLE);

    // 색상있는 문자를 임의의 위치에 출력
    WORD Attr[]={0x91,0xa2,0x74,0x24,0x08,0x09,0x34,0xff,0xd1,0xe1,0x0d,0x75};
    Coor.X=50;
    Coor.Y=10;
    WriteConsoleOutputCharacter(hOut,str,lstrlen(str),Coor,&dw);
    WriteConsoleOutputAttribute(hOut,Attr,lstrlen(str),Coor,&dw);

    // 문자와 속성을 한꺼번에 출력
    SMALL_RECT rt={50,12,55,12};
    Size.X=5;
    Size.Y=1;
```

```
    Coor.X=0;
    Coor.Y=0;
    CHAR_INFO arCh[5]={{'K',0x07},{'O',0x70},{'R',0x93},{'E',0x67},{'A',0xe8}};
    WriteConsoleOutput(hOut,arCh,Size,Coor,&rt);

    // 채움
    Coor.X=5;
    Coor.Y=14;
    FillConsoleOutputCharacter(hOut,'*',10*5,Coor,&dw);
    FillConsoleOutputAttribute(hOut,0xe4,10*5,Coor,&dw);
}
```

50,10 위치에 문자열을 출력하고 각 문자에 대응되는 색상도 다양하게 지정해 보았다. 출력하고자 하는 색상들을 배열에 넣고 한꺼번에 속성을 변경하였다. 다음 함수는 문자열을 출력함과 동시에 색상을 설정한다.

BOOL WriteConsoleOutput(HANDLE hConsoleOutput, CONST CHAR_INFO *lpBuffer, COORD dwBufferSize, COORD dwBufferCoord, PSMALL_RECT lpWriteRegion);

CHAR_INFO 구조체 배열 포인터를 취해 이 구조체의 문자열을 화면으로 출력한다. CHAR_INFO는 다음과 같이 선언되어 있다.

```
typedef struct _CHAR_INFO {
   // Unicode or ANSI character
   union {
        WCHAR UnicodeChar;
        CHAR AsciiChar;
   } Char;

   // Text and background colors
   WORD Attributes;
} CHAR_INFO, *PCHAR_INFO;
```

유니코드 문자와 아스키 문자가 공용체로 포함되어 있으며 문자의 속성을 지정하는 Attributes 멤버가 포함되어 있다. 결국 출력할 문자와 문자의 색상 두 개의 멤버를 가지고 있는 셈이다. dwBufferSize는 구조체 배열이 몇행 몇열로 구성되어 있는지를 지정하며 dwBufferCoord는 버퍼 내의 출력 대상 셀의 좌표를 지정한다. lpWriteRegion은 화면 버퍼에 출력할 좌표이다. 중간의 코드는 KOREA라는 문자열을 각각 색상을 다르게 출력한다.

arCh배열에 출력할 각 문자와 색상을 초기값으로 주었으며 이 배열은 1행 5열로 구성되어 있고 버퍼의 (0,0)부터 출력하며 화면의 50,12좌표에 출력하였다. 아래쪽 코드는 지정한 문자와 색상으로 일정 길이만큼 화면을 채운다.

```
Coor.X=5;
Coor.Y=14;
FillConsoleOutputCharacter(hOut,'*',10*5,Coor,&dw);
FillConsoleOutputAttribute(hOut,0xe4,10*5,Coor,&dw);
```

*문자 50개를 (5,14)좌표에 출력하되 노란색 바탕에 빨간색 전경색을 사용하였다. 여기까지 작성한 코드를 한꺼번에 실행하면 다음과 같은 출력을 볼 수 있다.

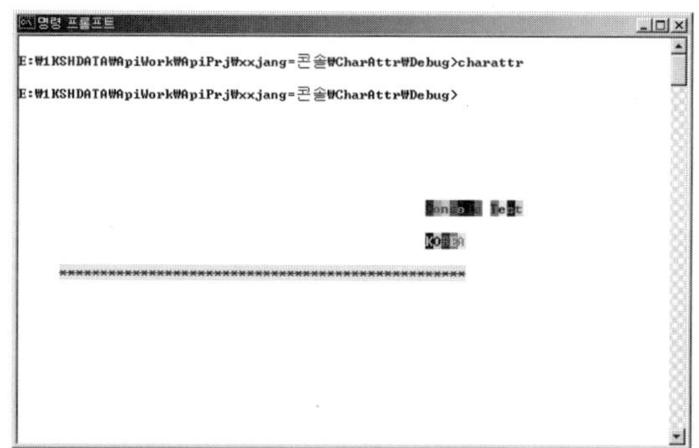

직접 실행해 보면 각 문자별로 다양한 색상이 적용되었다는 것을 확인할 수 있을 것이다. 콘솔의 디폴트 전경색과 배경색을 실행중에 변경하려면 SetConsoleTextAttribute함수를 사용한다. 이 함수로 전경색 배경색을 지정하면 이후부터 출력되는 문자들은 이 색상을 따른다. 참고로 다음 세 함수는 앞에서 본 Write 함수에 반대되는 읽기 함수들이다.

```
ReadConsoleOutput
ReadConsoleOutputCharacter
ReadConsoleOutputAttribute
```

이 함수들은 사용자로부터의 입력을 읽는 것이 아니라 화면 버퍼에 출력되어 있는 문자와 그 속성들을 읽는 함수이다. 사용 빈도가 굉장히 낮으므로 이런 함수들도 있다는 것만 알아두자.

50-2-마. 커서 모양 변경

디폴트 커서 모양은 문자 아래쪽에 밑줄 형태로 표시되는데 다음 함수를 사용하면 커서의 모양을 제한적이나마 바꿀 수 있다.

BOOL SetConsoleCursorInfo(HANDLE hConsoleOutput, CONST CONSOLE_CURSOR_INFO *lpConsoleCursorInfo);

커서의 모양을 정의하는 다음 구조체를 인수로 취해 구조체의 정보대로 커서의 모양과 커서 표시 여부를 변경한다.

```
typedef struct _CONSOLE_CURSOR_INFO {
   DWORD    dwSize;
   BOOL     bVisible;
} CONSOLE_CURSOR_INFO, *PCONSOLE_CURSOR_INFO;
```

dwSize 멤버는 커서의 크기를 1~100까지의 값으로 지정하는데 이 값을 백분율로 취하여 셀을 채우는 커서를 만든다. 100이라면 셀 크기와 같은 직사각형의 커서가 만들어질 것이고 50이라면 셀 높이의 절반쯤 되는 커서가 만들어질 것이다. bVisible을 FALSE로 주면 커서를 아예 보이지 않게 할 수도 있다. 다음 예제는 명령행 인수를 전달받아 커서의 모양을 바꾼다.

예 제 : ChgCursor

```
#include <windows.h>
#include <stdio.h>

void main(int argc, char* argv[])
{
    HANDLE hOut;
    int Size;
    CONSOLE_CURSOR_INFO CurInfo;

    if (argc == 1) {
        printf("This Program Require Argument");
        return;
    }

    Size=atoi(argv[1]);
    if (Size==0)
        Size=10;

    hOut=GetStdHandle(STD_OUTPUT_HANDLE);

    // 커서 모양 변경
    if (argv[1][0]=='-') {
        CurInfo.dwSize=1;
        CurInfo.bVisible=FALSE;
    } else {
        CurInfo.dwSize=Size*10;
        CurInfo.bVisible=TRUE;
    }
    SetConsoleCursorInfo(hOut,&CurInfo);
}
```

명령행으로 1~0까지의 값을 주면 각각 10~100%까지의 커서 모양을 변경할 것이며 -옵션을 주면 커서를 보이지 않도록 한다. 명령행 인수로부터 커서 크기를 계산하는 루틴이 포함되어 있을 뿐 전혀 어려운 코드는 없다. 직접 실행해 보면서 어떻게 동작하는지 살펴보아라. 이 예제는 앞에서 만든 예제들과 달리 명령행 인수를 받아들이기 위해 main 함수의 원형이 좀 다르게 정의되었다. main 함수의 원형은 유형에 따라 몇 가지가 있고 argc에 인수의 개수, argv에 인수 배열이 전달되는 것 등은 도스에서와 완전히 동일하므로 더 이상 설명하지 않아도 될 것 같다.

50-3 입출력 모드

50-3-가. 입출력 모드

콘솔에서의 입출력 동작에 영향을 주는 여러 가지 모드가 있다. 보통은 디폴트 모드를 사용하지만 특별한 입출력 동작을 하고자 한다면 원하는 효과가 나오도록 하기 위해 모드를 변경해야 한다. 콘솔의 입출력 모드를 조사하거나 설정하는 함수는 다음 두 함수이다.

```
BOOL GetConsoleMode( HANDLE hConsoleHandle, LPDWORD lpMode );
BOOL SetConsoleMode( HANDLE hConsoleHandle, DWORD dwMode );
```

입출력 모드는 DWORD형의 변수 하나로 지정하는데 이 정수값의 각 필드에 입출력 모드를 지정하는 비트가 할당되어 있다. 여러 가지 입출력 모드를 함께 설정하려면 OR 연산자로 매크로 상수를 묶어서 표현하면 되고 특정 모드가 설정되어 있는지 알고 싶으면 & 연산자를 사용하면 된다. 입력 동작에 영향을 미치는 입력 모드와 출력 동작에 영향을 주는 출력 모드가 있는데 먼저 입력 모드에 대해 정리해 보자. 입력 모드에는 다음 다섯 가지가 있으며 입력 핸들에 대해 적용된다.

ENABLE_PROCESSED_INPUT

편집키와 제어키를 문자 입력으로 받지 않고 해당 키의 기능을 처리한다. 예를 들어 입력중에 BS 버튼을 누르면 이 키의 문자값을 입력으로 받아들이지 않고 입력된 바로 앞 글자를 지우는 기능을 실행한다. 또한 엔터키가 입력되면 이를 CR/LF 조합으로 바꾼다. 만약 이 모드가 설정되어 있지 않으면 BS, Enter 등의 제어키도 문자값 그대로 입력받는다. 또한 이 모드가 설정되어 있으면 Ctrl+C 제어 코드를 핸들러로 전달하는데 Ctrl+C가 입력되면 디폴트 핸들러가 프로세스를 종료한다.

ENABLE_LINE_INPUT

ReadFile, ReadConsole 등의 함수로 문자열을 입력받을 때 Enter키가 눌러질 때까지 입력을 받으며 Enter가 눌러질 때 리턴한다. 이 모드가 설정되어 있지 않을 경우 입력 버퍼에 한 문자라도 있으면 바로 리턴한다. 보통 문자열 단위로 입력받을 때는 이 모드가 무난하지만 한 글자씩 입력받아야 할 때는 이 모드를 해제해야 한다.

ENABLE_ECHO_INPUT

입력중인 문자열을 화면으로 다시 보여 사용자가 확인할 수 있게 한다. 이 모드가 설정되어 있지 않으면 입력중인 문자열을 사용자가 볼 수 없다. 이 모드는 ENABLE_LINE_INPUT 모드가 설정되어 있어야만 설정할 수 있으며 에코되는 방식은 출력 모드에 따라 약간씩 달라진다.

ENABLE_MOUSE_INPUT

입력 버퍼에 마우스 이벤트를 기록한다. GUI 프로그램에서와 마찬가지로 마우스 커서의 위치 변화, 클릭, 더블클릭 이벤트를 조사할 수 있다. 이 모드의 설정 여부와 상관없이 마우스 포인터는 항상 출력된다.

ENABLE_WINDOW_INPUT

콘솔창의 등록 정보창에서 화면 버퍼의 크기를 변경할 경우 버퍼 크기 변경 이벤트를 입력 버퍼에 넣는다. 버퍼의 크기에 따라 화면을 재구성해야 한다면 이 이벤트를 받아 처리하면 된다.

다섯 가지의 입력 모드 중 ENABLE_WINDOW_INPUT 모드 외에는 모두 디폴트로 설정되어 있다. 출력 모드에는 다음 두 가지가 있으며 둘 다 디폴트로 설정되어 있다. 물론 출력 핸들에만 적용된다.

ENABLE_PROCESSED_OUTPUT

출력시에 문자열에 포함되어 있는 제어 코드를 문자 그대로 출력하지 않고 기능을 적용한다. 예를 들어 문자열 중간에 탭(\t) 제어 코드가 들어있다면 이 코드의 기능을 적용하여 커서를 다음 탭 위치로 이동시킨다. 또한 BS, CR, LF, 벨 등의 제어 코드도 기능을 적용한다. 이 모드가 설정되어 있지 않은 상태에서는 제어 코드의 기능이 무시되고 문자 그대로 출력되며 입력시 에코되는 문자열의 제어 코드도 인식하지 않는다.

ENABLE_WRAP_AT_EOL_OUTPUT

행의 끝 부분에서 문자열이 출력될 때 다음 줄로 자동 개행하며 화면 제일 아래쪽에서 출력될 때는 화면을 한 칸 위로 스크롤한다. 예를 들어 콘솔창의 화면 버퍼 폭이 80컬럼인 상황에서 78컬럼에 Korea문자열을 출력하면 Ko는 78,79컬럼에 출력되고 rea는 그 다음 줄의 0,1,2 컬럼에 출력한다. 이 모드가 설정되지 않으면 제일 끝 컬럼의 문자는 다음 문자에 의해 덮여진다. 95/98에서 이 모드는 무조건 적용되며 모드를 해제할 수 없다.

입력 모드와 출력 모드의 조합을 어떻게 설정하는가에 따라 문자열을 입력받는 방법, 입력받은 문자열을 에코하는 방법, 제어 코드 처리 여부 등이 달라지는데 가능한 조합이 있고 불가능한 조합이 있다. 입력 모드 앞쪽 세 개와 출력 모드 앞쪽 한 개는 대개의 경우 그룹으로 설정/해제하는데 그래야만 제대로 효과가 나타나는 경우가 많다. 각 모드를 테스트하기 위해 간단하게 예제를 하나 만들어 보았다.

예 제 : ConMode

```
#include <windows.h>
#include <iostream.h>

void main()
{
    HANDLE hIn,hOut;
    TCHAR *Mes="input your name:";
    TCHAR name[21];
    DWORD dwWritten, dwRead;
    TCHAR str2[50];

    hIn=GetStdHandle(STD_INPUT_HANDLE);
    hOut=GetStdHandle(STD_OUTPUT_HANDLE);

    SetConsoleMode(hIn,ENABLE_PROCESSED_INPUT | ENABLE_LINE_INPUT
        | ENABLE_ECHO_INPUT | ENABLE_MOUSE_INPUT);
    SetConsoleMode(hOut,ENABLE_PROCESSED_OUTPUT
        | ENABLE_WRAP_AT_EOL_OUTPUT);

    WriteFile(hOut,Mes,lstrlen(Mes),&dwWritten,NULL);
    memset(name,0,sizeof(name));
    ReadFile(hIn,name,20,&dwRead,NULL);
    wsprintf(str2,"your name is %s",name);
    WriteFile(hOut,str2,lstrlen(str2),&dwWritten,NULL);
}
```

GetStdHandle 함수로 표준 입력과 표준 출력 핸들을 구하고 디폴트로 설정된 것과 동일한 입출력 모드를 설정하였다. 그리고 앞에서 실습해 본대로 문자열을 입력받아 다시 화면으로 출력해 보았다. 예제는 디폴트 모드로 설정했으므로 앞에서 실습한 것과 동일하게 동작하는데 모드를 바꾸면 입출력 방법이 약간씩 달라진다. 출력 모드를 테스트하기 위해 끝에서 두 번째 wsprintf문을 다음과 같이 수정해 보자.

```
wsprintf(str2,"your name is \t\t\a%s",name);
```

문자열 중간에 탭 문자(\t) 두 개와 벨 문자(\a)를 삽입해 두었으므로 출력되는 문자열 중간에 공백이 출력되며 벨소리가 들린다. 이는 출력 모드가 제어 코드를 처리하도록 해 두었기 때문인데 제어 코드를 처리하지 않도록 출력 모드를 다음과 같이 변경해 보자.

```
SetConsoleMode(hOut, ENABLE_WRAP_AT_EOL_OUTPUT);
```

ENABLE_PROCESSED_OUTPUT 모드를 제거했으므로 이제 \t와 \a는 제어 코드가 실행되는 것이 아니라 대응되는 문자가 그대로 출력될 것이다. 뿐만 아니라 입력중 에코되는 문자열의 제어 코드도 전혀 기능을 발휘하지 않기 때문에 CR/LF 코드도 문자 그대로 출력된다. 결과는 다음과 같다.

```
input your name:MYNAME♪◙your name is OO•MYNAME♪◙
```

이번에는 입력 모드에서 ENABLE_ECHO_INPUT 모드를 없애보자. 이 모드를 없애면 입력중인 문자열을 화면으로 다시 보여주지 않기 때문에 입력중인 문자열을 확인할 수 없다. 직접 테스트해 보아라. 입출력 모드를 각각 다음과 같이 설정해 보자.

```
SetConsoleMode(hIn, ENABLE_LINE_INPUT | EABLE_ECHO_INPUT);
SetConsoleMode(hOut, ENABLE_WRAP_AT_EOL_OUTPUT);
```

입력할 때나 출력할 때나 모두 제어 코드를 전혀 처리하지 않도록 했다. 이제 문자열을 입력할 때 BS나 Tab키 입력조차도 전혀 기능을 발휘하지 못하고 문자 그대로 입력받고 또 입력받은 문자를 그대로 화면으로 뿌릴 것이다.

이 외에도 조합 가능한 입출력 모드에는 여러 가지 방식이 있지만 문서와는 달리 제대로 조합이 되지 않는 것들도 있었고 운영체제 버전에 따라 동작이 다른 경우도 있다. 디폴트를 사용하는 것이 가장 무난하되 입출력 모드를 꼭 바꿔 사용해야 할 경우는 모든 운영체제에서 제대로 동작하는지를 꼭 테스트한 후 사용하기 바란다.

50-3-나. 컨트롤 핸들러

입력을 받아들이는 ConIn예제나 아니면 바로 앞에서 만든 ConMode 예제를 콘솔 창에서 다시 한 번 실행해 보자. 그리고 문자열 입력 중에 Ctrl+C나 Ctrl+Break 키를 눌러 보면 입력중이라도 이를 중지하고 즉시 프로세스를 종료해 버린다. 이 두 키는 작업을 즉시 중지하라는 의미를 가지고 있기 때문인데 콘솔 프로그램은 이 키들을 아주 특별하게 취급한다.

입력 모드에 ENABLE_PROCESSED_INPUT 모드가 설정되어 있으면 Ctrl+C는 문자가 아닌 제어 코드로 입력된다. 콘솔 프로그램은 이 특별한 신호를 처리하기 위해 내부적으로 핸들러 함수를 가지고 있으며 신호가 입력되면 핸들러 함수가 호출된다. 디폴트 핸들러는 ExitProcess 함수를 호출하여 프로세스를 당장 종료하므로 Ctrl+C나 Ctrl+Break를 누르면 어떤 작업 중이라도 프로세스가 종료된다. 만약 ENABLE_PROCESSED_INPUT 모드가 설정되어 있지 않다면 Ctrl+C는 단순한 문자로 입력되며 신호로 인식되지 않는다. 그러나 Ctrl+Break키 조합은 입력 모드에 상관없이 언제나 신호로 인식된다.

신호에 의한 이런 작업 중단 기능은 옛날 도스 시절부터 아주 일반적이고도 당연한 기능이었다. 그러나 Ctrl+C가 입력되었다고 해서 프로세스를 무조건 종료하는 것이 별로 바람직하지 못할 때가 있다. 저장하지 못한 데이터가 있을 수도 있고 사용자의 단순한 실수에 의해 이 신호가 입력된 경우도 있기 때문이다. 그래서 콘솔 프로그램은 디폴트 핸들러를 변경할 수 있는 장치를 가지고 있다. 콘솔에 연결된 각 프로세스는 신호 입력시 이를 처리하는 핸들러 리스트(무슨 영화제목 같다)를 유지하고 있는데 자신의 핸들러를 이 리스트에 추가할 수 있다. 이때는 다음 함수를 사용한다.

BOOL SetConsoleCtrlHandler(PHANDLER_ROUTINE HandlerRoutine, BOOL Add);

HandlerRoutine은 핸들러로 사용할 함수의 포인터이며 Add가 TRUE이면 이 함수가 핸들러 리스트에 추가되고 FALSE이면 제거된다. 신호 발생시 핸들러는 최후로 등록된 순서대로 호출되며 가장 마지막에 등록된 핸들러(=디폴트 핸들러)가 최후로 신호를 받아 처리한다. 핸들러 함수는 다음과 같은 원형을 가져야 한다.

BOOL WINAPI HandlerRoutine(DWORD dwCtrlType);

dwCtrlType은 이 핸들러 함수를 호출한 신호 유형을 알려주는데 다음과 같은 신호들이 있다.

신호	설명
CTRL_C_EVENT	Ctrl+C가 입력되었다.
CTRL_BREAK_EVENT	Ctrl+Break가 입력되었다.
CTRL_CLOSE_EVENT	콘솔창이 닫힐 때 이 콘솔에 연결된 모든 프로세스에게 보내진다.
CTRL_LOGOFF_EVENT	사용자가 로그오프할 때 보내진다.
CTRL_SHUTDOWN_EVENT	시스템이 셧다운될 때 보내진다.

핸들러 함수에서 신호를 처리했으면 TRUE를 리턴하는데 이 경우 뒤쪽에 등록되어 있는 핸들러들은 더 이상 호출되지 않는다. FALSE를 리턴하면 리스트상의 다음 핸들러에게 제어가 넘어가고 마지막 핸들러까지 FALSE가 계속 리턴되면 결국 디폴트 핸들러가 프로세스를 종료하게 될 것이다. 특정 신호에 대해 어떤 작업을 하고 싶다면 핸들러를 설치하고 신호를 받았을 때 원하는 작업을 하면 된다. 또는 이 신호를 무시하고 싶다면 단순히 TRUE를 리턴함으로써 디폴트 핸들러로 제어가 가는 것을 막을 수 있다. 다음 예제는 문자열 하나를 입력받은 후 문자열을 제대로 입력받았는지를 보여주되 핸들러를 설치하여 Ctrl+C에 대한 처리를 막았다.

예 제 : Handler

```
#include <windows.h>

BOOL Handler(DWORD dwEvent)
{
    switch (dwEvent) {
    case CTRL_C_EVENT:
        return TRUE;
    case CTRL_BREAK_EVENT:
        return FALSE;
    }
    return FALSE;
}

void main()
{
    HANDLE hIn,hOut;
    TCHAR str[11];
    TCHAR *Mes="Input Success";
    DWORD dw;

    hIn=GetStdHandle(STD_INPUT_HANDLE);
```

```
    hOut=GetStdHandle(STD_OUTPUT_HANDLE);

    SetConsoleCtrlHandler((PHANDLER_ROUTINE)Handler,TRUE);

    memset(str,0,sizeof(str));
    ReadFile(hIn,str,10,&dw,NULL);
    WriteFile(hOut,Mes,lstrlen(Mes),&dw,NULL);
}
```

SetConsoleCtrlHandler 함수로 Handler 함수를 리스트에 추가해 두었다. 이제 Ctrl+C나 Ctrl+Break 신호가 입력되면 제일 늦게 등록된 Handler 함수가 호출될 것이다. 문자열 입력 중에 Ctrl+C를 입력하면 핸들러에서 이 신호를 받아 TRUE를 리턴했다. 따라서 디폴트 핸들러는 호출되지 않으며 프로세스는 종료되지 않고 다음 WriteFile 문이 제대로 수행된다.

그러나 Ctrl+Break 신호에 대해서는 FALSE를 리턴했으므로 입력중인 모든 작업이 취소되고 프로세스가 종료되므로 WriteFile문은 실행될 기회를 갖지 못할 것이다. 물론 이 경우도 TRUE를 리턴하면 프로세스가 종료되지 않는다.

50-3-다. 저수준 입출력

ReadFile이나 ReadConsole같은 고수준의 입력 함수는 입력 버퍼에서 키보드 입력만을 받아들이는데 반해 저수준 입력 함수는 입력 버퍼를 직접 액세스함으로써 키보드 입력뿐만 아니라 마우스 입력, 버퍼 크기 변경 이벤트도 받아들일 수 있다. 저수준 입력함수의 대표는 다음 함수이다.

BOOL ReadConsoleInput(HANDLE hConsoleInput, PINPUT_RECORD lpBuffer, DWORD nLength, LPDWORD lpNumberOfEventsRead);

첫 번째 인수로 입력 버퍼의 핸들을 주면 두 번째 인수로 주어진 lpBuffer에 입력된 이벤트를 읽어 준다. nLength는 버퍼의 크기이며 마지막 인수는 실제로 읽어진 이벤트의 개수를 리턴한다. 이 함수는 입력 버퍼에 읽을 데이터가 있을 때까지, 즉 실제로 입력이 있을 때까지 무한 대기하는 특성을 가지고 있다. 만약 입력 대기 중에 어떤 작업을 하고 싶다면 WaitForSingleObject 같은 대기 함수를 사용할 수도 있는데 입력 버퍼 핸들은 입력 버퍼가 비어있지 않을 때 신호상태가 된다. 입력 이벤트는 다음과 같은 구조체로 정의되어 있다.

```
typedef struct _INPUT_RECORD {
  WORD EventType;
  union {
      KEY_EVENT_RECORD KeyEvent;
      MOUSE_EVENT_RECORD MouseEvent;
      WINDOW_BUFFER_SIZE_RECORD WindowBufferSizeEvent;
      MENU_EVENT_RECORD MenuEvent;
      FOCUS_EVENT_RECORD FocusEvent;
  } Event;
} INPUT_RECORD;
```

EventType 멤버는 어떤 종류의 이벤트인지를 나타내는데 KEY_EVENT, MOUSE_EVENT, WINDOW_BUFFER_SIZE_EVENT 등의 값이 정의되어 있다. 각 이벤트 타입에 따라 이벤트의 실제 정보는 공용체로 구성된 Event에 기록된다. 키보드 이벤트는 KEY_EVENT_RECORD 구조체에 세트된다.

```
typedef struct _KEY_EVENT_RECORD {
  BOOL bKeyDown;
  WORD wRepeatCount;
  WORD wVirtualKeyCode;
  WORD wVirtualScanCode;
  union {
      WCHAR UnicodeChar;
      CHAR   AsciiChar;
  } uChar;
  DWORD dwControlKeyState;
} KEY_EVENT_RECORD;
```

이 구조체는 유니코드와 ANSI 문자를 모두 입력받을 수 있도록 정의되어 있다. 나머지 멤버의 의미는 이름으로 쉽게 알 수 있을 것이다. 마우스 이벤트는 다음 구조체에 기록된다.

```
typedef struct _MOUSE_EVENT_RECORD {
  COORD dwMousePosition;
  DWORD dwButtonState;
  DWORD dwControlKeyState;
  DWORD dwEventFlags;
} MOUSE_EVENT_RECORD;
```

마우스의 좌표, 버튼의 상태, 컨트롤 키의 상태 등을 멤버로 포함하고 있다. dwEventFlags멤버는 마우스 이벤트의 종류를 설명하는데 DOUBLE_CLICK, MOUSE_MOVE, MOUSE_WHEELED 세 종류가 있다. ReadConsoleInput 함수로 입력 버퍼에서 이벤트를 읽은 후 EventType 멤버로 이벤트의 종류를 파악하고 해당 이벤트별 구조체에서 원하는 정보를 읽어 처리하면 된다. 이 함수는 이벤트를 읽고 난 후 입력 버퍼에서 이벤트를 삭제한다. 이 함수 외에 저수준 입력 함수는 다음과 같은 것들이 있다.

```
PeekConsoleInput
GetNumberOfConsoleInputEvents
WriteConsoleInput
FlushConsoleInputBuffer
```

이벤트를 제거하지는 않고 읽기만 하는 함수, 버퍼에 남아 있는 이벤트의 개수를 구하는 함수, 이벤트를 강제로 써 넣는 함수, 버퍼를 비우는 함수 등등이다. 이 함수들을 잘 조합해서 사용하면 입력에 대한 섬세한 저수준 제어가 가능하다.

50-3-라. 마우스 입력

콘솔 프로그램에서 입력 버퍼를 직접 제어하면서까지 저수준 프로그램을 할 경우란 사실 극히 드물다고 생각된다. 그래서 저수준 입력에 대해서는 더 이상 연구하지 않고 간단하게 마우스로부터 입력을 받아 들이는 예제 하나만 만들어 보자.

예 제 : MouseInput

```
#include <windows.h>
#include <stdio.h>

void main()
{
    HANDLE hIn,hOut;
    DWORD dw;
    INPUT_RECORD rec;

    hIn=GetStdHandle(STD_INPUT_HANDLE);
    hOut=GetStdHandle(STD_OUTPUT_HANDLE);

    while (TRUE) {
        ReadConsoleInput(hIn,&rec,1,&dw);

        if (rec.EventType == KEY_EVENT && rec.Event.KeyEvent.bKeyDown == TRUE) {
            printf("%c",rec.Event.KeyEvent.uChar.AsciiChar);
        }

        if (rec.EventType == MOUSE_EVENT) {
            if ((rec.Event.MouseEvent.dwButtonState & FROM_LEFT_1ST_BUTTON_PRESSED)
                && (rec.Event.MouseEvent.dwEventFlags & MOUSE_MOVED)) {
                SetConsoleCursorPosition(hOut, rec.Event.MouseEvent.dwMousePosition);
                printf(".");
            }

            if (rec.Event.MouseEvent.dwEventFlags & DOUBLE_CLICK) {
                break;
            }
        }
    }
}
```

입력이 있을 때에만 동작하면 되므로 무한 루프를 돌면서 계속 입력을 대기하고 있다. 입력이 있으면 이벤트의 종류를 판단하여 이벤트별로 적절한 처리를 한다. 키보드 입력이 발생하면 입력된 문자를 읽어 현재 커서 위치에 출력하였다. 마우스 이벤트가 발생했고 왼쪽 버튼이 눌러진 상태에서 마우스가 이동하면 마우스 위치로 커서를 옮긴 후 점을 찍었다.

더블클릭 이벤트가 발생하면 break문으로 while 무한 루프를 빠져나와 프로그램을 종료한다. 키보드 이벤트와 마우스 이벤트를 같이 처리하는 간략한 예제인데 공용체와 구조체가 섞여있어 소스가 무척 복잡해 보이지만 사실은 C초급 수준밖에 안 된다. 다음은 이 예제의 실행 모습이다.

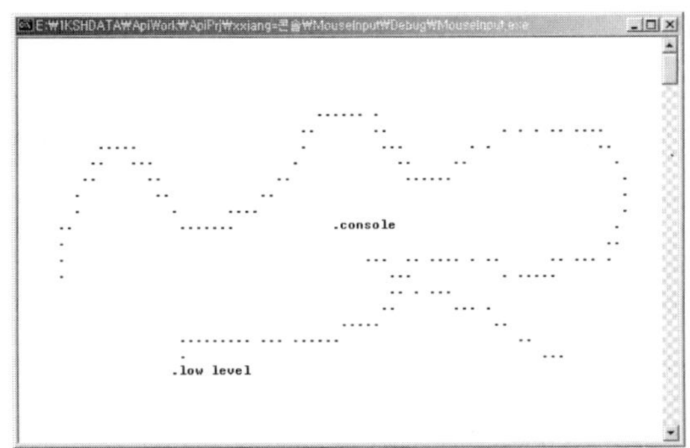

단, 마우스 이벤트를 받으려면 콘솔창의 등록정보에서 "빠른 선택" 옵션을 해제해야 한다. 이 옵션이 켜져 있으면 마우스 이벤트가 블록 선택 기능을 하기 때문에 이벤트가 제대로 발생하지 않는다.

50-3-마. 복수 개의 화면

콘솔은 하나의 입력 버퍼만을 가질 수 있는 데 반해 화면 버퍼는 여러 개를 가질 수도 있다. 사용자가 하나뿐이므로 입력 버퍼는 당연히 하나뿐이지만 출력에 사용되는 화면 버퍼는 여러 벌을 준비해 두고 바꿔가면서 사용하는 것이 가능하다. 이런 기능은 아주 옛날부터 하드웨어에 의해 지원되기도 했으며 소프트웨어적으로도 다양한 기법들이 동원되기도 했다. 출력에 사용될 화면을 백그라운드에서 미리 만들어 놓고 한 번에 화면을 교체한다거나 네트워크 접속 환경별로 다른 화면을 사용할 수도 있다.

콘솔도 여러 개의 복수 화면을 만들어 놓고 사용할 수 있는데 단, 화면에 보여지는 것은 그 중 액티브 화면 하나밖에 없다. 콘솔이 만들어질 때 디폴트로 하나의 화면 버퍼만 만들어지는데 다음 함수로 새로운 화면 버퍼를 만든다.

HANDLE CreateConsoleScreenBuffer(DWORD dwDesiredAccess, DWORD dwShareMode, CONST LPSECURITY_ATTRIBUTES lpSecurityAttributes, DWORD dwFlags, LPVOID lpScreenBufferData);

인수가 많아 보이지만 별로 중요한 인수도 없다. 첫 번째 인수는 이 버퍼의 읽기, 쓰기 허가 여부인데 GENERIC_READ, GENERIC_WRITE 등의 플래그 조합을 지정한다. 두 번째 인수는 콘솔의 공유모드를 지정하는데 공유하지 않을 경우 0으로 주면 되고 세 번째 보안 설명자는 대부분의 경우 NULL로 주면 무난하다. 네 번째 인수는 콘솔의 타입을 지정하되 현재 가능한 값은 CONSOLE_TEXTMODE_BUFFER밖에 없으므로 그 값이 고정되어 있으며 마지막 인수는 예약된 인수이므로 항상 NULL로 주어야 한다. 사실 변화가 있을 만한 인수가 거의 없는 셈이다.

이 함수는 현재 화면 버퍼와 같은 크기의 화면 버퍼를 하나 더 만들고 그 핸들을 리턴한다. 이 핸들을 WriteFile, WriteConsole 등의 첫 번째 인수로 지정하면 그 화면 버퍼에 출력되는데 설사 버퍼가 액티브 상태가 아닐지라도 출력이 가능하다. 물론 이 경우는 액티브 버퍼를 바꿀 때까지 출력이 화면에 보이지는 않는다. 화면에 보여질 버퍼를 변경하는 함수는 다음 함수이다.

BOOL SetConsoleActiveScreenBuffer(HANDLE hConsoleOutput);

변경하고자 하는 화면 버퍼의 핸들을 넘기면 즉시 화면 전환이 발생한다. 백그라운드에서 시간이 오래 걸리는 어떤 작업을 한 후 결과를 한 번에 보여주고자 할 때 배경 화면 버퍼에 미리 출력해 놓고 액티브 화면을 바꾸는 기법이 종종 사용된다. 다음 예제는 두 개의 화면 버퍼를 교대로 교체하면서 사용하는 예를 보인 것이다.

예 제 : AnotherBuffer

```
#include <windows.h>

void main()
{
    HANDLE hIn,hOut,hOut2,hNow;
    char str[]="Console Test";
    char ch='a';
    DWORD dw;

    hIn=GetStdHandle(STD_INPUT_HANDLE);
    hOut=GetStdHandle(STD_OUTPUT_HANDLE);

    hNow=hOut;
    SetConsoleMode(hIn,ENABLE_PROCESSED_INPUT);

    hOut2=CreateConsoleScreenBuffer(GENERIC_READ | GENERIC_WRITE,0,NULL,
        CONSOLE_TEXTMODE_BUFFER,0);

    while (ch!='0') {
        ReadFile(hIn,&ch,1,&dw,NULL);
        WriteFile(hNow,&ch,1,&dw,NULL);
        if (ch=='1') {
            hNow=hOut;
        }
        if (ch=='2') {
            hNow=hOut2;
        }
        SetConsoleActiveScreenBuffer(hNow);
    }

    CloseHandle(hOut2);
}
```

새 버퍼를 하나 더 만들어 hOut2 핸들에 대입하였다. 무한 루프를 돌며 한 문자씩을 입력받아 화면으로 다시 보여주기를 0이 입력될 때까지 반복하므로 타이프하는 글자가 그대로 화면에 보여질 것이다. 만약 1이나 2가 입력되면 액티브 버퍼를 변경하여 즉시 화면을 전환한다. 두 화면 버퍼가 어떻게 교체되는지를 잘 살펴보기 바란다.

이상으로 Win32 콘솔에 대해 아주 요약적으로 알아보았다. 설명을 그다지 상세하게 하지는 않았지만 예제 코드를 많이 보였으므로 도움말을 참고하면 어떠한 형태의 콘솔 프로그램이라도 작성할 수 있을 것이다.

51-1 서비스

51-1-가. 서비스

서비스(Service)는 윈도우즈에서 실행되는 많은 프로그램들의 종류 중 하나이다. 그러나 다른 프로그램들과는 다른 아주 특별한 성질들을 가지고 있으며 사용용도나 개발 방법도 많이 다르다. 서비스를 한마디로 문장화해서 정의 내리자면 "백그라운드에서 실행되는 프로그램"이라고 할 수 있는데 배경에 숨어서 사용자를 위한 어떤 작업을 하는 프로그램이다. 이름 그대로 사용자에게 서비스를 한다. 도스식으로 표현한다면 램상주 프로그램쯤 되며 유닉스식으로 표현하면 데몬(Daemon)이라고 할 수 있다.

Win32 환경에서 서비스는 Win32 서비스와 드라이버 서비스로 크게 구분된다. 이 중 드라이버 서비스는 하드웨어 인터페이스를 담당하는 일종의 디바이스 드라이버를 의미하는데 이는 일반적인 SDK의 영역이 아닌 DDK의 영역이다. 알다시피 DDK는 굉장히 저수준적이며 관심을 가지는 사람도 극히 드물다. 이 책에서는 드라이버 서비스에 대해서는 다루지 않으며 Win32 서비스만 다룬다.

사실 서비스를 만들어야 될 필요가 있어서 지금 이 장을 읽고 있는 사람이라면 서비스의 필요성과 정의에 대해서는 이미 잘 알고 있을 것이다. 서비스는 워낙 특수한 프로그램이기 때문에 보통의 프로그램과 구분되는 몇 가지 특징을 가지고 있다. 서비스의 가장 큰 특징이라면 백그라운드에서 실행된다는 점이다. 사용자에게 직접 보이지는 않지만 시스템 유지, 데이터 제공, 하드웨어 관리 등의 여러 가지 일들을 하고 있다. 배경에서 작업을 하기 때문에 사용자와는 적어도 직접적으로 상호작용을 하지 않는다. 사용자와 통신할 필요가 없기 때문에 UI를 가지지 않으며 그래서 서비스는 통상 콘솔 프로그램 형태를 띠고 있다.

서비스는 서버에서만 실행되는 서버 응용 프로그램이다. 서버가 서비스를 베푸는 기계이니만큼 서비스도 서버에서만 실행되는 것이 어떻게 보면 당연하다. NT나 2000에서만 설치, 실행될 수 있으며 95/98에서는 실행은 물론 안 되며 설치조차도 안 된다. 따라서 이 장을 읽고 실습을 해 보기 위해서는 NT 4.0이나 윈도우즈 2000이 준비되어 있어야 한다. 그러나 꼭 서버 버전일 필요는 없으며 NT 4.0 워크스테이션이나 2000 프로페셔널에서도 실습은 가능하다. 서버가 어떤 일을 하는가는 어떤 서비스들이 설치되어 있는가에 따라 좌우되는데 서비스는 부팅 직후부터, 심지어 로그인을 하지 않은 상태에서도 실행되며 서버가 종료될 때 같이 종료된다.

서비스 프로그램의 몇 가지 예를 들어보면 서비스가 어떤 일을 하는 프로그램인지 어렴풋이나마 짐작할 수 있을 것이다. 2000서버에 SQL 서버를 설치하면 이 서버는 데이터 베이스 서버로서 동작하는데 이는 데이터 베이스 기능을 제공하는 MSSQLServer라는 서비스 프로그램이 부팅 직후부터 실행되기 때문이다. 이 서비스는 서버가 가진 데이터 베이스를 관리하며 클라이언트의 요청이 있으면 처리해서 결과를 넘겨준다.

서비스의 또 다른 예는 바이러스 예방 프로그램이다. 시스템 부팅과 동시에 실행되어 항상 시스템을 감시하며 입출력 동작중에 바이러스 코드가 발견되는지를 살펴본다. 만약 바이러스가 발견되면 바이러스 치료 백신 프로그램을 호출할 수는 있지만 직접 바이러스를 치료하지는 않으므로 사용자와 상호작용을 할 필요는 없다.

이 장에서 여러분들은 서비스의 기본적인 구조와 동작 방식, 제작 방법, 주의 사항 등을 배우게 될 것이다. 서비스는 단순한 콘솔 프로그램일 뿐이며 제약사항이 좀 많을 뿐이므로 지금까지 사용해 왔던 비주얼 C++ 컴파일러로 손쉽게 개발할 수 있다. 그러나 예상하다시피 서비스를 만드는 작업은 굉장히 까다로우며 테스트나 디버깅을 하기도 쉽지 않다. 서비스는 시스템과의 많은 약속들과 의무사항을 지켜가면서 동작하므로 이 명세에 대해 잘 알고 있어야 한다. 또한 Win32 API의 고급 기법들에 해당하는 멀티 스레드, 동기화, IPC, 보안 등에 대해서 상세하게 알고 있지 않으면 서비스 프로그램을 작성하기는 더욱 어려워진다.

게다가 인수가 가질 수 있는 플래그 값들, 구조체 멤버들도 수가 많고 내용이 어려워 충분한 시간 동안 연구해 보아야 한다. 이 장의 내용 자체가 고급인만큼 지나치게 상세하고 친절한 설명 방식보다는 요약적인 방법으로 서술할 것이다. 다소 지루하더라도 정독하기 바라며 설명에 의존하기 보다는 예제를 직접 분석하는 방식을 취하기 바란다.

51-1-나. 서비스 애플릿

서비스는 시스템 부팅시에 실행되는데 시스템은 시작과 동시에 실행해야 될 서비스의 목록을 다음 레지스트리 아래에 유지하고 있다.

HKEY_LOCAL_MACHINE\System\CurrentControlSet\Services

이 레지스트리에 있는 정보를 서비스 데이터 베이스라고 하는데 관리자로 로긴했으면 레지스트리 편집기에서 직접 그 내용을 확인할 수 있다.

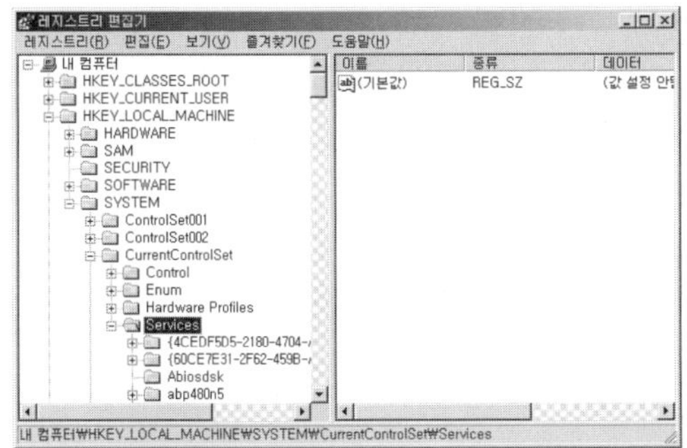

각 서비스별로 하나의 서브키를 구성하고 있는데 이 DB에 어떤 서비스들이 등록되어 있는가는 시스템에 어떤 소프트웨어를 설치했는가에 따라 달라진다. 각 서브키에는 서비스의 속성들이 기록되어 있는데 이 정보들의 의미는 천천히 알아보자. 이 DB는 설사 그 구조를 완전하게 알고 있더라도 우리가 직접 편집하거나 첨삭, 수정하는 것은 바람직하지 않으며 이 DB를 관리하는 관리자에게 요청해야 한다. 서비스 DB를 관리하는 시스템 프로그램을 SCM(Service Control Manager)이라고 하며 다음과 같은 여러 가지 일들을 하고 있다.

설치된 서비스의 DB를 관리한다.
부팅시 또는 사용자의 요구가 있을 시 서비스를 시작시킨다.
설치된 서비스의 목록을 열거한다.
실행중인 서비스의 현재 상태를 관리한다.
실행중인 서비스에게 제어 신호를 보낸다.

서비스에 관한 모든 것들을 관장하는 이른바 서비스 중앙 통제 센터라고 할 수 있다. SCM은 부팅할 때 시작되며 RPC 서버이므로 원격지에서도 제어할 수 있다. 즉 원격지에서도 서비스를 시작하거나 제어 코드를 전달할 수 있다. SCM도 백그라운드에서 실행되는 프로세스이므로 사용자에게 보이지는 않는다. SCM의 존재를 직접 눈으로 확인하려면 제어판의 서비스 애플릿을 열어보면 된다. 제어판의 관리도구 폴더에 이 애플릿이 있다.

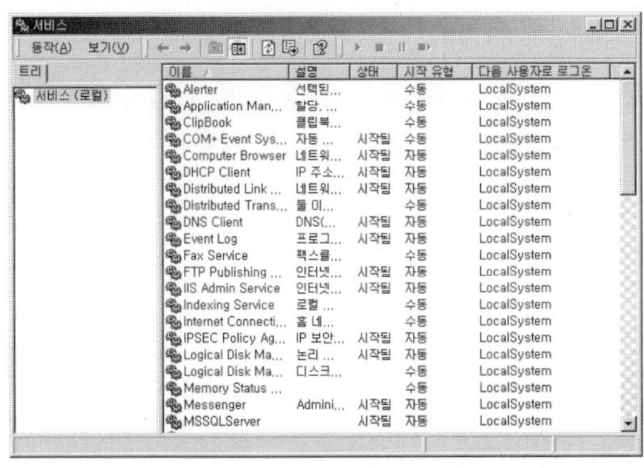

이 애플릿은 SCM의 모든 기능을 다 사용하며 서비스에 관한 거의 대부분의 제어를 할 수 있다. 단 서비스의 특성들이 독특하고 복잡한 관계로 새로운 서비스를 설치하거나 제거하는 기능은 포함되어 있지 않다. 이 애플릿으로 서비스의 실체를 구경해 보자. 윈도우즈 2000에서 서비스 애플릿은 MMC의 스냅인으로 작성되어 있는데 위쪽에 툴바가 있고 중앙에 설치된 서비스의 목록이 나열되어 있다. 이 목록에 어떤 서비스가 표시되는가는 시스템 상황에 따라 다르다.

많은 서비스들 중에 대표적인 MSSQLServer 서비스로 서비스를 제어하는 실습을 해 보자. SQL 서버가 설치되어 있지 않다면 다른 서비스로 실습을 해도 좋다. 애플릿의 서비스 목록에서 MSSQLServer 서비스를 보면 "시작됨"이라고 표시되어 있는 항목을 볼 수 있는데 이는 이 서비스가 현재 동작하고 있다는 뜻이다. 이 서비스의 팝업 메뉴에서 등록 정보를 보자.

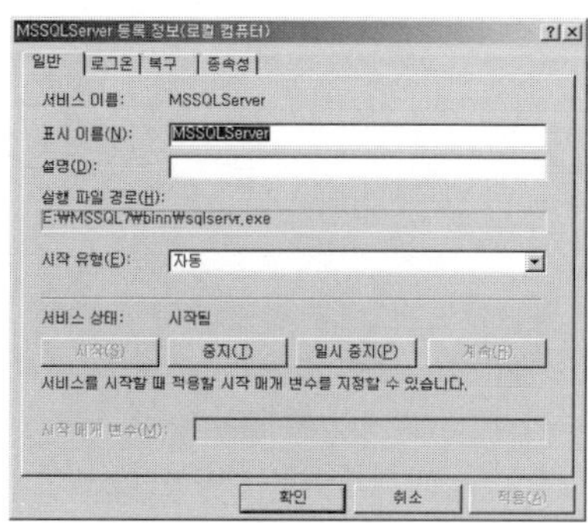

등록 정보는 모두 4개의 페이지로 구성되어 있으며 서비스의 현재 상태 변경, 로그온 계정 지정, 실패시의 복구 계획, 서비스간의 종속성 등을 설정하거나 참조할 수 있다. 일반 탭에는 서비스의 실행 상태를 변경할 수 있는 4개의 버튼이 있는데 의미는 버튼에 적힌 캡션 그대로이다. 서비스 상태가 "시작됨"으로 되어 있는데 이는 SQL 서버가 데이터 요청 처리를 받아 처리하고 있는 중이라는 뜻이다. 이 상태에서 SQL 서버의 데이터를 사용하는 프로그램이나 EM, QA 등의 툴을 실행하면 SQL 서버의 데이터를 읽어오거나 조작, 변경할 수 있다.

중지 버튼을 누르면 SQL 서버 서비스는 중단되며 이 상태에서는 SQL 서버를 사용하는 모든 프로그램이 데이터를 읽지 못하게 된다. 왜냐하면 SQL 서버가 데이터 베이스 서버(DBMS)로서의 역할을 중지했기 때문이다. 일시 중지나 계속은 중지와는 달리 잠시만 서비스를 중지한다. 이 애플릿은 앞으로 실습중에 종종 사용하게 될 것이다.

51-1-다. 세 가지 프로그램 유형

서비스를 하나 만들기 위해서는 세 가지의 프로그램을 만들어야 한다. 이 세 프로세스는 SCM의 기능을 각각 다른 방식으로 사용하는데 완벽한 서비스 구성을 위해 모두 필요하며 실습중에 세 가지 프로세스를 모두 만들어 볼 것이다. 이 세 요소는 경우에 따라 통합이 가능하기도 하지만 실습중이므로 분리된 프로그램으로 각각 예제를 만들어 본다. 각 프로그램 유형에 대해 간단하게 정리해 보되 SQL 서버를 예로 들어 각 요소를 살펴보자.

서비스 프로그램

실제로 서비스 코드를 제공하는 프로그램이며 그냥 서비스를 칭하면 이 프로그램을 말한다. 백그라운드에서 사용자의 요구 또는 시스템의 변화를 감지하여 실제 작업을 처리하는 서비스 그 자체라고 할 수 있다. 백그라운드에서 실행되므로 사용자에게는 보이지 않는다. SQL 서버에서는 MSSQLServer라는 이름의 프로세스로 구현되어 있으며 실행 파일 이름은 sqlservr.exe이다. 이 프로그램이 SQL 서버의 데이터 액세스를 책임지는 핵심이라고 할 수 있다. TCP/IP, 네임드 파이프 등으로 원격지로부터의 제어 신호도 받아 처리할 수 있다.

서비스 설정 프로그램

SCM은 설치된 서비스의 목록을 레지스트리에 DB형태로 저장하며 관리한다. 만들어진 서비스를 시스템에 설치하려면 이 DB에 접속하여 서비스를 등록하는 프로그램을 직접 만들어야 하는데 서비스 설정 프로그램(Configuration Program)이 바로 서비스 설치와 제거에 대한 작업을 수행하는 프로그램이다. 또한 설정 프로그램은 서비스 유형, 시작 유형, 설명 등 설치된 서비스의 여러 가지 환경 설정을 조사하거나 수정할 수 있는 기능도 제공한다. 운영체제는 서비스를 설치하는 표준적인 방법을 제공하지 않으며 제어판의 서비스 애플릿도 서비스를 설치하는 기능은 제공하지 않는다.

그래서 서비스와 함께 이 서비스를 설치하는 프로그램도 같이 만들어야 한다. 운영체제가 설치 유틸리티를 제공하면 편리할 것 같지만 서비스 설치 작업은 서비스별로 다양한 옵션들이 적용되기 때문에 하나의 유틸리티로 모든 종류의 서비스에 적용되는 일반적인 설치 과정을 구현하기가 곤란하기 때문에 서비스별로 설치 프로그램을 따로 만드는 것이 보통이다. SQL 서버의 경우 SQL 서버 설치 프로그램(Setup.exe)이 설정 프로그램 역할을 대신한다. 서비스를 단독으로 설치하는 경우는 그리 흔하지 않으며 보통 프로그램 패키지의 일부분을 이루기 때문에 패키지 설치 프로그램이 서비스 설치를 수행한다. 운영체제와 함께 설치되는 서비스들은 운영체제 설치 프로그램이 설치한다. 서비스를 제거하는 작업도 서비스 설정 프로그램이 한다.

서비스 제어 프로그램

서비스는 백그라운드에서 사용자와 상호작용 없이 동작하지만 사용자가 서비스를 제어할 수 있는 방법을 제공해야 할 필요가 있다. 예를 들어 바이러스 체크 서비스의 경우 체크 방법을 변경한다거나 지금 당장 모든 시스템을 샅샅이 뒤져 바이러스가 있는지 조사하는 명령을 내릴 수도 있어야 한다. 또한 서비스를 일시 중지하거나 재개할 수도 있어야 한다. 그러나 서비스 그 자체는 사용자로부터 명령을 받을 수 있는 장치가 없다.

그래서 사용자로부터 명령을 받아 서비스에게 명령을 전달하는 프로그램이 필요한데 이 프로그램을 서비스 제어 프로그램(Control Program)이라고 한다. 서비스 제어 프로그램은 서비스를 시작하거나 중지할 수 있으며 일시 중지하거나 재개하기도 한다. SQL 서버에는 서버 매니저라는 프로그램이 제어 프로그램 역할을 하며 트레이에 아이콘으로 표시되어 있다.

사용자는 트레이에서 이 프로그램을 호출한 후 SQL 서버를 구성하는 서비스들을 중지하거나 다시 시작할 수도 있다. 또한 제어 프로그램은 서비스에게 커스텀 명령(예를 들어 백신 서비스에게 지금 즉시 시스템을 점검하라는 명령)을 전달하여 정해진 작업을 시킬 수도 있다. 제어판의 서비스 애플릿은 설치된 모든 서비스를 제어할 수 있는 범용 제어 프로그램이라고 할 수 있지만 서비스별로 고유한 커스텀 명령은 전달할 수 없다. 왜냐하면 서비스 애플릿은 각 서비스가 어떠한 커스텀 명령을 제공하는지 전혀 알 수가 없기 때문이다.

51-1-라. 서비스 DB

앞서 말했듯이 서비스에 대한 설정 정보들은 레지스트리에 DB형태로 저장되어 있다. 레지스트리 편집기를 열어 서비스가 어떤 정보들을 담고 있는지 살펴보면서 서비스의 속성들에 대해 미리 알아보자. 다음은 SQL 서버의 서비스 정보를 보인 것인데 다른 서비스들도 구성은 거의 유사하다.

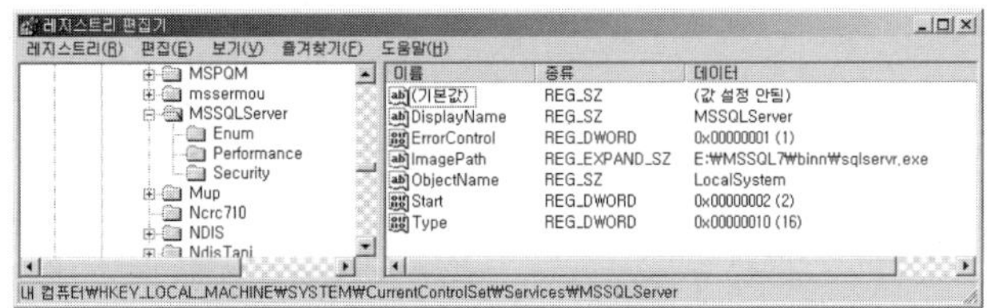

사실 레지스트리까지 뒤져가며 서비스의 속성들을 샅샅이 파헤쳐야 할 정도로 당장 중요한 내용은 아니다. 그러나 막상 서비스 제작에 들어가면 한꺼번에 너무 많은 내용들을 알아야 하기 때문에 이런 식으로 미리 예습을 해 두지 않으면 실습이 너무 힘들어질 것 같아 상대적으로 이해하기 쉬운 것부터 미리 봐두는 것이 도움이 될 것 같다. 서비스가 가지는 속성들을 하나씩 알아보되 개념 이해에 역점을 두고 읽어보기 바란다.

서비스 명칭

서비스도 서로간의 구분을 위해 이름을 가져야 하는데 이를 서비스 이름 또는 명칭이라고 한다. 서비스 명칭은 상호간의 구분은 물론이고 레지스트리에 서비스의 서브키를 구성하는데도 사용된다. 명칭이므로 중간에 공백을 가질 수 없으며 다른 서비스와 중복되어서도 안 된다. 파일 이름과 마찬가지로 대소문자를 구분해서 저장하기는 하지만 비교할 때는 대소문자를 구분하지 않는다. OpenService 등의 API 함수에서 대상 서비스를 지칭할 때는 명칭이 사용된다.

표시명

명칭은 서비스간의 구분을 위해서 사용되는 이름이며 표시명은 사용자에게 서비스의 기능을 간략하게 보여주기 위한 설명적인 문자열이다. 레지스트리에는 DisplayName이라는 값으로 기억된다. 단순한 문자열이므로 256자까지의 길이를 가질 수 있으며 중간에 공백을 포함할 수도 있다. MSSQLServer 서비스는 표시명이 명칭과 동일하지만 표시명을 별도로 길게 작성하는 경우가 더 많다. 예를 들어 MSFTPSVC 서비스의 표시명은 FTP Publishing Service라는 긴 이름을 가지고 있다.

설명

설명은 표시명보다도 훨씬 더 자세하게 서비스에 대한 설명을 할 수 있는 문자열이며 레지스트리에는 Description이라는 값으로 기억된다. 기능은 없으며 단지 사용자에게 서비스에 대한 요약적인 정보를 보여주기만 한다. 최대 1024길이로 설명을 작성할 수 있다. 서비스 애플릿을 보면 표시명과 설명이 나타나 사용자가 서비스에 대해 쉽게 파악할 수 있으며 한글 윈도우즈에서는 설명도 한글로 작성되어 있다.

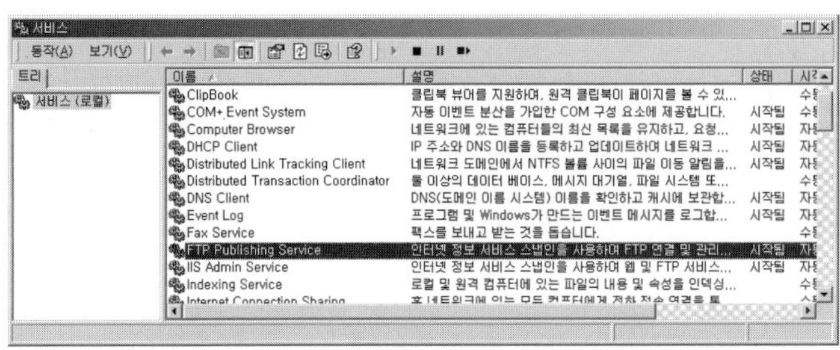

설명은 윈도우즈 2000에서 추가된 속성이므로 NT 4.0에서는 지정할 수 없으며 2000이전에 작성된 서비스는 설명을 가지지 않는다. NT 4.0도 지원하는 서비스라면 설명은 붙이지 않는 것이 더 좋을 것 같다.

서비스 유형

레지스트리에 Type값으로 기억되는 정보이며 서비스의 유형을 지정한다. 서비스의 유형에는 다음과 같은 것들이 있다.

유형	설명
SERVICE_WIN32_OWN_PROCESS	실행 파일 하나에 서비스 하나인 형태
SERVICE_WIN32_SHARE_PROCESS	실행 파일 하나에 여러 개의 서비스가 있는 형태
SERVICE_KERNEL_DRIVER	드라이버 서비스
SERVICE_FILE_SYSTEM_DRIVER	파일 시스템 드라이버 서비스
SERVICE_INTERACTIVE_PROCESS	위쪽 두 유형과 함께 사용되며 데스크탑과 상호작용을 할 수 있는 서비스이다.

우리가 작성하게 될 서비스들은 대부분 서비스 하나가 프로세스 하나에 작성되는 가장 단순한 첫 번째 유형이다. 하나의 프로세스가 두 개 이상의 서비스를 가질 수도 있는데 예상하다시피 이런 경우는 몇 가지 까다로운 주의사항들이 존재한다. 이 유형값은 잠시 후 실습할 때 직접 사용하게 된다.

시작 유형

서비스를 언제 시작할 것인가를 지정하는 유형이며 레지스트리에 Start값으로 기억된다. 다음과 같은 시작 유형이 있다.

유형	설명
SERVICE_BOOT_START	시스템 시작시에 같이 시작되며 드라이버 서비스에만 적용된다.
SERVICE_SYSTEM_START	IoInitSystem 함수에 의해 시작되며 드라이버 서비스에만 적용된다.
SERVICE_AUTO_START	시스템이 시작될 때 SCM에 의해 자동으로 시작된다.
SERVICE_DEMAND_START	사용자의 요구가 있을 때 StartService 함수로 시작한다.
SERVICE_DISABLED	사용중지된 서비스이다. 이 상태의 서비스는 수동으로 시작할 수 없다.

위쪽 두 시작 유형은 드라이버 서비스에만 적용되며 Win32 서비스가 가질 수 있는 시작 유형은 자동(AUTO), 수동(DEMAND) 두 가지가 있다. 자동은 시스템 부팅시에 같이 시작되므로 일단 설치만 해 놓으면 부팅할 때마다 실행된다. 사용자의 의사와 상관없이 실행되는, 또한 선택의 여지없이 실행되어야만 하는 서비스들이 자동 시작 유형으로 작성된다. 예를 들어 FTP 서버 서비스나 SQL 서버 서비스는 부팅만 하면 곧바로 동작해야 하므로 자동 시작 서비스로 작성된다.

수동 시작 유형은 사용자(또는 서비스 제어 프로그램)의 명시적인 요구가 있을 때만 시작되는데 항상 실행될 필요가 없는 서비스는 수동으로 작성해 놓고 필요할 때만 실행하는 것이 시스템 자원 절약에 유리하다. 디폴트 서비스 중에는 내게 필요한 옵션 서비스가 수동으로 되어 있는데 이 기능은 사용자가 제어판에서 사용하겠다는 명령을 내렸을 때만 시작하면 될 뿐 부팅할 때마다 시작할 필요는 없다.

서비스 애플릿을 보면 어떤 서비스가 자동인지, 수동인지를 한눈에 알 수 있다. 서비스를 설치할 때 이 유형을 지정해야 하며 SCM은 이 정보를 바탕으로 부팅할 때 어떤 서비스를 실행시킬 것인가를 결정한다.

에러 제어 수준

레지스트리의 ErrorControl값으로 기억되어 있는 에러 제어 수준(Error Control Level)은 서비스 시동시에 에러가 발생한 경우의 처리를 지정한다. 서비스의 중요도에 따라 에러 제어 수준이 달라지는데 다음 4가지 수준중 하나가 지정된다.

값	설명
SERVICE_ERROR_IGNORE	에러 로그만 남기고 부팅을 계속 진행한다.
SERVICE_ERROR_NORMAL	에러 로그를 남기고 메시지 박스를 띄워 사용자에게 에러가 발생했음을 알린다. 부팅은 계속 진행한다.
SERVICE_ERROR_SEVERE	에러가 발생하기 전의 서비스 구성(LKG)을 읽어 재부팅한다. LKG로 재부팅중에 에러가 발생하면 에러 로그를 남긴 후 부팅을 계속 진행한다.
SERVICE_ERROR_CRITICAL	에러가 발생하기 전의 서비스 구성(LKG)을 읽어 재부팅한다. LKG로 재부팅중에 에러가 발생하면 부팅은 실패한다.

서비스도 사람이 만든 프로그램이므로 당연히 에러가 발생할 수 있다. 또한 하드웨어를 제어하는 드라이버 서비스는 하드웨어의 고장이나 변화에 의해 에러가 발생하기도 한다. 서비스는 일반 프로그램과는 달리 부팅시에 시작되므로 에러 발생시의 대처 방법도 속성으로 미리 정의해 놓고 에러 제어 수준에 따라 부팅 계속 여부를 판단해야 한다.

위 표에서 에러 제어 수준은 아래쪽으로 내려올수록 엄격해지는데 서비스의 기능과 역할에 따라 에러 제어 수준을 잘 판단해서 지정해야 한다. 별로 중요하지 않은 서비스라면 에러 발생시 해당 서비스를 무시하고 부팅을 계속 할 수 있어야 할 것이다. 예를 들어 바이러스 체크 서비스의 경우 이 서비스가 없더라도 시스템 부팅에는 영향을 주지 않으며 사용에도 별 지장이 없으므로 에러를 무시하고 부팅을 계속 진행하는 에러 수준을 지정하는 것이 좋다. 만약 해당 서비스가 시스템 사용에 약간이라도 중요하다면 에러 메시지 박스 정도는 띄워 사용자에게 알리는 것도 좋을 것이다. LKG(Last Known Good)는 쉽게 말해 서비스 DB의 백업본으로서 최후로 부팅에 성공한 서비스 구성표라고 할 수 있다. 시스템은 부팅할 때마다 이 백업본을 다음 레지스트리 위치에 작성해 놓는다.

```
HKEY_LOCAL_MACHINE\SYSTEM\ControlSetXXX\Services
```

여기서 XXX는 백업본의 일련번호라고 할 수 있으며 또 다른 레지스트리(System\Select\LastKnownGood)에 저장되어 있다. 서비스를 잘못 다루게 되면 최악의 경우 시스템을 다시 설치해야 되는 경우도 있기 때문에 사용자의 실수나 잘못된 서비스로부터 시스템을 보호하기 위해 운영체제는 부팅할 때마다 서비스 구성표의 백업을 만들어 놓는다. Severe, Critical 에러 제어 수준은 에러 발생시 백업본을 읽어 부팅을 다시 시도한다.

드라이버 서비스나 시스템 운영에 필수적인 서비스는 백업본을 읽어서라도 반드시 복구해야 한다. Severe는 백업본으로 부팅을 시도해도 에러가 발생할 경우 어쩔 수 없이 에러를 무시하고 부팅을 계속하는 에러 제어 수준이며 Critical은 백업본으로도 부팅이 안 될 경우는 부팅을 거부하는 최고 수준이다. 만약 Critical 에러 제어 수준을 가지는 서비스가 실패하면 대부분의 경우 응급복구 디스켓으로 서버를 복구하거나 아니면 최악의 경우 시스템을 다시 설치해야 한다. 에러 제어 수준은 서비스의 기능과 중요도에 따라 선택하되 신중하게 결정해야 한다. 별로 중요하지 않은 서비스인데도 Critical 에러 제어 수준을 주었다가는 이 서비스 때문에 부팅을 못하는 최악의 상태를 맞이할 수도 있으며 그랬다가는 많은 사람들의 원성을 사게 될 것이다.

실행 파일 경로

레지스트리에 ImagePath로 기억되며 서비스 코드를 가지는 실행 파일 경로이다. 보통 서비스는 시스템 디렉토리에 위치하지만 그렇지 않을 수도 있다. 응용 프로그램 패키지와 함께 동작하는 서비스라면 프로그램 설치 폴더에 있어도 상관없다. ImagePath는 서비스 프로그램이 설치되어 있는 완전 경로를 가지고 있으며 운영체제는 이 경로에서 서비스 프로세스를 실행한다. 직관적으로 가장 이해하기 쉬운 값이다.

종속성

서비스끼리는 종속성을 가지고 있어 하나의 서비스가 실행되기 위해서는 다른 서비스가 실행중이어야 하는 경우가 있다. 서비스가 서비스에게 서비스를 베푸는 경우라고 할 수 있는데 이 종속성 정보도 레지스트리에 저장되어 있다. SCM은 서비스 시작시에 해당 서비스가 종속되어 있는 서비스가 아직 실행되지 않았다면 그 서비스를 먼저 실행한 후 해당 서비스를 실행시킨다. 종속성 지정은 시작 유형보다 우선하므로 만약 자동시작 서비스가 수동시작 서비스에 종속된다면 수동시작 서비스가 자동으로 시작될 수도 있다.

서비스간에 종속되는 대표적인 예는 SQLServerAgent 서비스인데 이 서비스는 MSSQLServer 서비스가 실행중이어야만 실행될 수 있는 서비스이다. 레지스트리에서 이 서비스의 정보를 보면 DependOnService에 MSSQLServer라고 기록되어 있을 것이다. 서비스간에 종속 관계를 설정하는 것은 무척 복잡할 뿐만 아니라 자주 사용되지도 않으므로 이 책에서는 다루지 않는다. 그러나 종속 관계가 왜 필요하고 어떤 식으로 동작될 것이라는 것은 머리속으로 쉽게 상상할 수 있을 것이다.

계정

NT와 2000 등의 서버 운영체제는 로긴한 사용자에 따라 권한이 달라진다. 서비스의 계정 정보는 이 서비스가 동작할 계정을 지정하며 계정에 따라 서비스가 할 수 있는 작업의 범위가 달라진다. 계정을 지정하지 않으면 LocalSystem이라는 특수한 계정으로 실행되는데 이 계정은 서비스와 같은 시스템 프로세스를 위해 미리 정의되어 있는 계정이며 패스워드는 가지지 않는다. 보통 LocalSystem 계정으로 실행하면 무난하다.

51-2 서비스 프로그램

51-2-가. MemStat 서비스

자, 그럼 이제 이론은 잠시 접어두고 서비스를 만드는 실습을 해 보자. 완벽한 서비스를 위해서는 세 개의 프로그램이 필요하다고 했는데 그 중에서 서비스 프로그램을 제일 먼저 만들어 보고 설치, 제어 프로그램을 이어서 만들어 볼 것이다. 소스의 양이 많고 다소 복잡하므로 직접 소스를 입력해 가며 실습해 보는 것보다는 만들어진 소스를 분석해 보고 전체적인 구조를 익히는 것이 더 빠르다.

여기서 만들 MemStat 서비스는 매 10초마다 메모리의 현재 상태를 검사해서 로그 파일에 기록하는 아주 간단한 일만 한다. 좀 더 쓸모있고 유용한 서비스를 만들어 보고자 했지만 예제로서 적합한 것이 없어 직관적으로 이해하기 쉬운 메모리 모니터 예제를 만들었다. 백그라운드에서 메모리 상태를 계속 점검해야 하므로 서비스 예제로는 적합한 것 같다.

서비스 이름을 MemStatService로 정했으며 MemStat 워크 스페이스 안에 세 개의 프로젝트를 포함시켜 두었다. 그래서 워크 스페이스만 열면 세 프로젝트를 동시에 살펴볼 수 있으며 또한 컴파일된 실행 파일을 워크스페이스 디렉토리로 복사하도록 설정해 놓아 테스트를 편리하게 해 볼 수 있다. 서비스는 그 특성상 통합환경에서 실행해 볼 수 없으므로 관련 실행 파일이 한 디렉토리에 모여 있는 것이 좋다. 이런 처리는 프로젝트 세팅 대화상자의 Post-build step에 지정해 두면 편리하다.

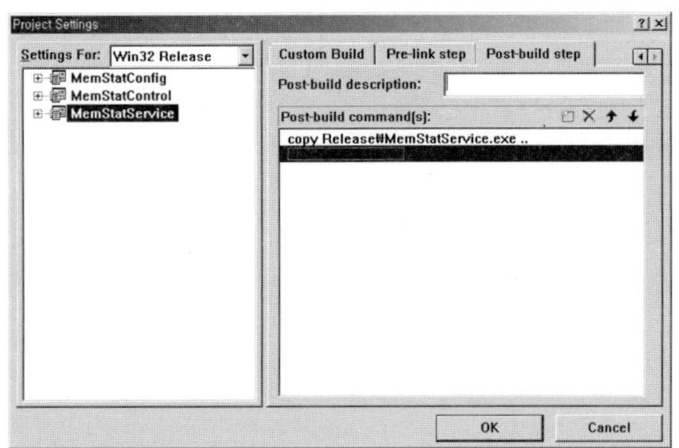

이 세 프로젝트를 순서대로 분석해 보되 그전에 예제가 어떻게 동작하는지부터 살펴보자. 관련 실행 파일은 배포 CD의 MemStat 디렉토리 아래에 릴리즈로 컴파일되어 있다.

세 개의 실행 파일 중 서비스 프로그램인 MemStatService.exe는 탐색기에서 직접 실행할 수 없으며 설치 후 제어판에서 시작해야 한다. MemStatConfig.exe를 실행하면 서비스를 설치할 수 있다. 서비스 설치 프로그램에 대해서는 뒤에서 따로 다루므로 일단은 사용만 하자.

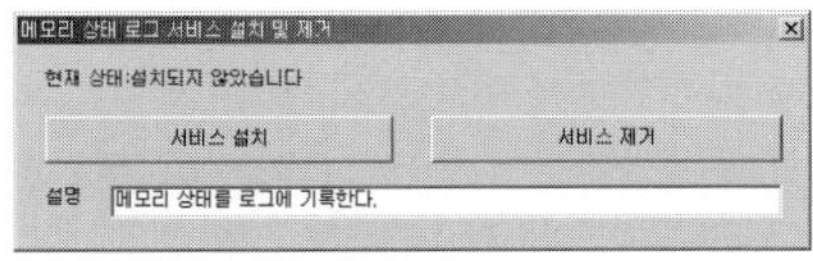

설치, 제거 두 개의 버튼이 있으며 위쪽에는 현재 서비스가 설치되어 있는지를 보여준다. 아래쪽의 설명 에디트에는 서비스에 붙일 설명을 입력할 수 있되 단 2000이상에서만 설명을 붙일 수 있다. 서비스 설치 버튼을 누르면 서비스가 설치되며 제어판의 서비스 애플릿으로 서비스가 설치되어 있음을 확인할 수 있을 것이다.

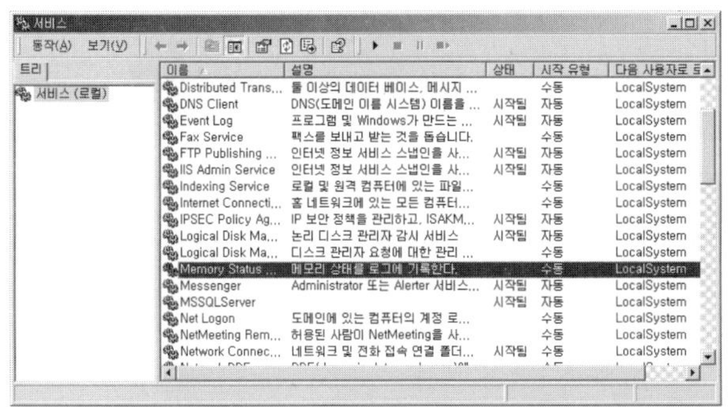

MemStat 서비스는 수동 시작 유형으로 설치되었으므로 설치 직후에는 동작하지 않는다. 서비스를 시작하려면 이 서비스의 팝업 메뉴에서 시작 메뉴 항목을 선택하거나 등록 정보에서 시작 버튼을 누른다. 서비스를 시작하면 상태란에 "시작됨"이라고 나타나며 서비스가 동작을 시작한다. 잠시 기다린 후에 C:\MemStat.txt 파일을 열어보면 이 서비스가 기록한 메모리 상태 로그 정보를 볼 수 있을 것이다.

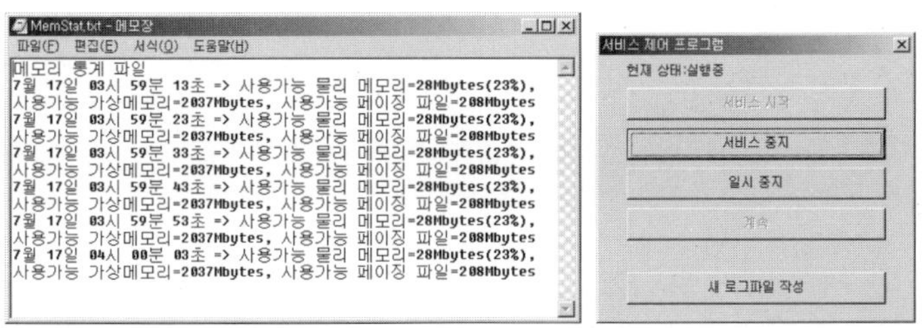

로그 파일의 위치는 일단 모든 컴퓨터에 존재하는 C:\ 디렉토리에 두도록 했는데 서비스 설정을 변경하면 사용자가 지정한 디렉토리에 둘 수도 있다. 제어판의 서비스 애플릿을 사용하면 언제든지 이 서비스를 중지하거나 일시 중지할 수 있다. 서비스 애플릿을 사용하지 않으려면 이 서비스를 제어하는 전용 프로그램인 MemStatControl.exe를 사용하는 것도 가능하다. 이 프로그램도 같은 디렉토리에 있으며 위 오른쪽 그림과 같이 간단한 대화상자 모양으로 되어 있다.

이 프로그램은 서비스의 중지/일시중지/계속 등은 물론이고 이 서비스의 고유 제어 코드인 새 로그 파일 작성 신호를 보내 로그 파일을 새로 작성할 수도 있다. 새 로그 파일 작성 버튼을 누르고 C:\MemStat.txt 파일을 확인해 보면 지금까지 작성된 로그가 모두 지워지고 파일이 새로 만들어진 것을 확인할 수 있다. 시작/중지/일시 중지 같은 모든 서비스들에 공통적인 제어 신호는 서비스 애플릿으로도 보낼 수 있지만 서비스 고유의 제어 신호는 이 프로그램과 같이 별도의 서비스 제어 프로그램을 만들어야 보낼 수 있다.

이 예제는 비록 무척 간단하고 하는 일도 적지만 서비스 프로그래밍을 위한 기본적인 요소를 골고루 가지고 있다. 그러나 소스의 양이 적다고 해도 구조가 생소하기 때문에 그다지 쉽지는 않을 것이다. 소스 분석에 들어가기 전에 서비스가 어떻게 동작하는지 잘 살펴보자. 시작, 중지를 반복해 보기도 하고 제거했다가 다시 설치해 보기도 하고 아무튼 예제를 충분히 살펴보기 바란다.

51-2-나. 세 가지 요소

이제 그럼 코드를 분석해 보자. 먼저 서비스 프로그램을 분석해 보고 설정 프로그램, 제어 프로그램 순으로 분석해 볼 것이다. 서비스 프로그램은 MemStatService라는 프로젝트로 작성되어 있으며 콘솔 프로그램이므로 리소스도 없고 분리된 헤더 파일도 없이 소스 파일 하나로만 되어 있다. 일단 전체 소스를 대충 훑어 보자. 서비스의 가장 기본적인 요소들만 가지고 있음에도 길이가 짧지 않다. 처음 API에 입문하는 사람들이 느끼는 황당함을 서비스에 입문하는 지금 다시금 느낄 수 있을 것이다.

예 제 : MemStatService

```
#include <windows.h>

#define SERVICE_CONTROL_NEWFILE 128

void MyServiceMain(DWORD argc, LPTSTR *argv);
void MyServiceHandler(DWORD opCode);

SERVICE_STATUS_HANDLE g_hSrv;
DWORD g_NowState;
BOOL g_bPause;
HANDLE g_ExitEvent;
TCHAR gbuf[65536]="메모리 통계 파일\r\n";

int main()
{
    SERVICE_TABLE_ENTRY ste[]={
        {"MemStat",(LPSERVICE_MAIN_FUNCTION)MyServiceMain},
        {NULL,NULL}
    };

    StartServiceCtrlDispatcher(ste);

    return 0;
}

// 서비스의 현재 상태를 변경하는 함수
void MySetStatus(DWORD dwState, DWORD dwAccept=SERVICE_ACCEPT_STOP |
SERVICE_ACCEPT_PAUSE_CONTINUE)
{
    SERVICE_STATUS ss;
    ss.dwServiceType=SERVICE_WIN32_OWN_PROCESS;
    ss.dwCurrentState=dwState;
    ss.dwControlsAccepted=dwAccept;
    ss.dwWin32ExitCode=0;
    ss.dwServiceSpecificExitCode=0;
    ss.dwCheckPoint=0;
    ss.dwWaitHint=0;

    // 현재 상태를 보관해 둔다.
    g_NowState=dwState;
    SetServiceStatus(g_hSrv,&ss);
}

void MyServiceMain(DWORD argc, LPTSTR *argv)
{
    HANDLE hFile;
    MEMORYSTATUS ms;
    DWORD dwWritten;
    TCHAR str[256];
```

```
SYSTEMTIME st;

// 서비스 핸들러를 등록한다.
g_hSrv=RegisterServiceCtrlHandler("MemStat",(LPHANDLER_FUNCTION)MyServiceHandler);
if (g_hSrv==0) {
    return;
}

// 서비스가 시작중임을 알린다.
MySetStatus(SERVICE_START_PENDING);

// 전역 변수를 초기화한다.
g_bPause=FALSE;

// 이벤트를 생성한다.
g_ExitEvent=CreateEvent(NULL, TRUE, FALSE, "MemStatExit");

// 새로운 로그 파일을 작성한다.
hFile=CreateFile("c:\\MemStat.txt",GENERIC_WRITE,0,NULL,
    CREATE_ALWAYS,FILE_ATTRIBUTE_NORMAL,NULL);
CloseHandle(hFile);

// 서비스가 시작되었음을 알린다.
MySetStatus(SERVICE_RUNNING);

// 10초에 한번씩 메모리 통계를 작성한다.
for (;;) {
    if (g_bPause == FALSE) {
        // 현재 시간과 메모리 양을 조사하여 문자열로 조립한다.
        GetLocalTime(&st);
        GlobalMemoryStatus(&ms);
        wsprintf(str, "%d월 %d일 %02d시 %02d분 %02d초 => "
            "사용가능 물리 메모리=%dMbytes(%d%%), 사용가능 가상메모리=%dMbytes,"
            " 사용가능 페이징 파일=%dMbytes\r\n",
            st.wMonth, st.wDay, st.wHour, st.wMinute, st.wSecond,
            ms.dwAvailPhys/1048576,100-ms.dwMemoryLoad,ms.dwAvailVirtual/1048576,
            ms.dwAvailPageFile/1048576);

        // 파일로 통계를 출력한다. 버퍼가 가득찬 경우 파일을 다시 만든다.
        if (lstrlen(gbuf) > 60000) {
            hFile=CreateFile("c:\\MemStat.txt",GENERIC_WRITE,0,NULL,
                CREATE_ALWAYS,FILE_ATTRIBUTE_NORMAL,NULL);
            lstrcpy(gbuf,"메모리 통계 파일\r\n");
        } else {
            hFile=CreateFile("c:\\MemStat.txt",GENERIC_WRITE,0,NULL,
                OPEN_ALWAYS,FILE_ATTRIBUTE_NORMAL,NULL);
        }
        lstrcat(gbuf,str);
        WriteFile(hFile,gbuf,lstrlen(gbuf),&dwWritten,NULL);
        CloseHandle(hFile);
    }
    if (WaitForSingleObject(g_ExitEvent, 10000) == WAIT_OBJECT_0)
        break;
}
MySetStatus(SERVICE_STOPPED);
```

```
}

// 핸들러 함수
void MyServiceHandler(DWORD fdwControl)
{
    HANDLE hFile;

    // 현재 상태와 같은 제어 코드일 경우는 처리할 필요 없다.
    if (fdwControl == g_NowState)
        return;

    switch (fdwControl) {
    case SERVICE_CONTROL_PAUSE:
        MySetStatus(SERVICE_PAUSE_PENDING,0);
        g_bPause=TRUE;
        MySetStatus(SERVICE_PAUSED);
        break;
    case SERVICE_CONTROL_CONTINUE:
        MySetStatus(SERVICE_CONTINUE_PENDING,0);
        g_bPause=FALSE;
        MySetStatus(SERVICE_RUNNING);
        break;
    case SERVICE_CONTROL_STOP:
        MySetStatus(SERVICE_STOP_PENDING,0);
        SetEvent(g_ExitEvent);
        break;
    case SERVICE_CONTROL_NEWFILE:
        hFile=CreateFile("c:\\MemStat.txt",GENERIC_WRITE,0,NULL,
            CREATE_ALWAYS,FILE_ATTRIBUTE_NORMAL,NULL);
        lstrcpy(gbuf,"메모리 통계 파일\r\n");
        CloseHandle(hFile);
    case SERVICE_CONTROL_INTERROGATE:
    default:
        MySetStatus(g_NowState);
        break;
    }
}
```

소스를 보다시피 서비스 프로그램은 main 함수와 서비스 메인, 핸들러 함수 세 가지로 구성되어 있는데 서비스 프로그램은 이 세 가지 요소를 반드시 구성해야 한다. 이 요소들은 서비스가 SCM과 상호작용하기 위해 반드시 필요하며 서비스 프로그램을 만들기 위한 일종의 의무사항이다. 각 요소는 고유의 역할이 정해져 있는데 각 요소에 대해 간략하게만 알아보자. 잠시 후 개별적으로 코드를 보며 다시 분석해 볼 것이므로 일단은 이 요소가 어떤 일을 하는지 개략적으로 이해하면 된다.

main 함수

서비스 프로그램은 사용자와 상호 작용이 필요없기 때문에 보통 콘솔 프로세스로 작성되며 그래서 프로그램의 시작점이 main이다. GUI 형태의 서비스를 작성한다면 WinMain도 가능하기는 하지만 일반적이지 않다. main 함수가 특별히 어떤 의미를 가진다기 보다는 일반적인 C프로그램의 시작점일 뿐이며 서비스 프로세스도 당연히 main으로부터 시작된다.

main 함수가 해야 할 가장 중요한 일은 디스패처 스레드를 실행하는 것이다. 디스패처(Service Control Dispatcher)는 서비스를 시작하고 핸들러에게 제어 코드를 전달하는 일을 하는 독립된 스레드이다. 선뜻 이해하기 힘든 개념인데 디스패처가 왜 필요한지는 잠시 기다렸다가 자세하게 알아보자. 어쨌든 main 함수는 디스패처를 실행시켜 이 프로세스가 포함하고 있는 서비스를 시작할 준비를 한다. main 함수는 이 일 외에는 하는 일이 거의 없으며 따라서 모양이 대개 정해져 있다.

서비스 메인

서비스 메인은 실제 서비스 작업을 하는 본체라고 할 수 있다. 서비스 메인은 main 함수에서 등록되어 서비스를 실행시킬 때 디스패처에 의해 호출되며 서비스 운영에 관한 여러 가지 일들을 한다. 핸들러를 등록하고 서비스를 기동하며 자신의 상태 변화를 SCM에게 알린다. 이 함수의 원형은 다음과 같이 정의되어 있다.

```
VOID WINAPI ServiceMain( DWORD dwArgc, LPTSTR *lpszArgv);
```

콘솔 main 함수와 비슷한 원형을 가지며 잘 쓰이지는 않지만 명령행 인수를 받아들일 수 있다. 이 인수들은 서비스의 동작에 영향을 주지만 사용하는 경우가 드물다. 원형만 지킨다면 함수명은 마음대로 바꿔서 쓸 수 있으며 main에서 디스패처를 실행할 때 함수명을 지정한다.

핸들러

핸들러 함수는 서비스의 제어 신호를 처리하는 함수로서 서비스의 메시지 루프라고 보아도 좋다. 핸들러는 서비스 메인에서 디스패처에 등록된다. 서비스는 사용자로부터 직접 명령을 받지는 않지만 서비스 제어 프로그램이나 서비스 애플릿 등으로부터 명령을 받아 처리한다. SCM이 이 명령을 받아 디스패처로 전달하며 디스패처는 등록된 핸들러에게 제어 신호를 보낸다. 이 함수의 원형은 다음과 같이 정의되어 있다.

```
VOID WINAPI Handler( DWORD fdwControl );
```

인수로 서비스가 해야 할 작업 내용을 담고 있는 제어 신호값을 받아들인다. 함수 이름은 물론 마음대로 정할 수 있다.

이 세 가지 요소들이 어떻게 구성되어 있고 정확하게 무슨 일을 하는지는 선뜻 파악하기 힘들다. 조급해 하지 말고 서비스 프로그램은 이 세 가지 요소를 반드시 가져야 한다는 것만 이해하고 다음으로 넘어가자. 소스를 분석해 본 후 이 세 요소가 어떻게 조화되는지 스스로 연구해 보아야 한다.

51-2-다. 디스패처

서비스 프로그램이 실행되면 서비스 프로세스의 main 함수가 제일 먼저 실행된다. 이때 main 함수에서 해야 할 가장 중요한 일은 이 프로세스와 프로세스에 속한 서비스들이 SCM과 통신하기 위한 장치를 마련하는 것이다. 실행중인 서비스들은 SCM으로부터 끊임없이 제어 신호를 받아들여야 하고 자신의 상태를 SCM에게 보고해야 하기 때문이다. 디스패처(Service Control Dispatcher)는 SCM과 서비스 프로세스와의 통신을 담당하는 스레드이다.

새로운 서비스를 시작하라는 명령을 받으면 디스패처는 새 서비스를 위한 스레드를 생성하고 서비스 메인 함수를 그 스레드에서 실행한다. 서비스를 잠시 중지하거나 재개하라는 명령을 받으면 서비스의 핸들러에게 이 신호를 전달하여 서비스가 SCM으로부터, 또는 사용자로부터의 제어 신호를 처리하도록 한다. 디스패처는 서비스가 실행중인 동안 무한 루프를 돌며 서비스 시작과 제어 신호 전달을 수행한다.

그러기 위해서 디스패처는 이 프로세스가 어떠한 서비스들을 가지고 있으며 각 서비스들의 서비스 메인 함수의 시작번지(Entry Point)를 알고 있어야 한다. 이 정보들은 main 함수가 디스패처를 시작할 때 전달해야 하는데 이때 다음 함수가 사용된다.

BOOL StartServiceCtrlDispatcher(CONST LPSERVICE_TABLE_ENTRY lpServiceTable);

이 함수는 다음과 같이 정의되어 있는 구조체 배열 포인터를 인수로 요구한다.

```
typedef struct _SERVICE_TABLE_ENTRY {
   LPTSTR lpServiceName;
   LPSERVICE_MAIN_FUNCTION lpServiceProc;
} SERVICE_TABLE_ENTRY, *LPSERVICE_TABLE_ENTRY;
```

lpServiceName은 서비스의 명칭이며 lpServiceProc은 서비스 메인 함수의 시작 번지이다. 구조체 배열이므로 복수 개의 서비스에 대한 정보를 전달할 수 있다. 단 배열의 끝을 표시하기 위해 마지막 요소는 NULL, NULL값으로 되어 있어야 한다. MemStatService의 main 함수를 보자.

```
int main()
{
     SERVICE_TABLE_ENTRY ste[]={
          {"MemStat",(LPSERVICE_MAIN_FUNCTION)MyServiceMain},
          {NULL,NULL}
     };

     StartServiceCtrlDispatcher(ste);

     return 0;
}
```

MemStat라는 이름의 서비스 하나를 등록하는데 이 서비스의 메인 함수는 MyServiceMain 이라는 것을 디스패처에게 알리고 있다. 두 번째 배열 요소는 둘 다 NULL, NULL로 되어 있어 서비스가 하나뿐이라는 것을 알리는데 프로세스 내에 여러 개의 서비스가 있다면 이 배열에 서비스 정보를 추가로 설정해 놓기만 하면 된다. 이제 디스패처는 이 프로세스가 MemStat라는 이름을 가지는 하나의 서비스만을 가지고 있으며 그 서비스 메인 함수의 시작 번지가 MyServiceMain이라는 것을 알고 있다. 즉 SCM으로부터 서비스 시작 명령과 제어 신호를 받아 서비스를 시작하고 제어 신호를 전달할 준비를 마친 것이다. 사용자가 제어판의 서비스 애플릿으로, 또는 전용 서비스 제어 프로그램으로 서비스 시작 명령을 내렸을 때 SCM과 서비스 프로세스는 어떤 과정으로 서비스를 시작시키고 동작하는지를 연구해 보자.

① SCM은 해당 서비스를 가지고 있는 프로세스의 경로를 레지스트리에서 찾는다. 만약 이 프로세스가 실행중이 아니라면 프로세스를 실행한다. 프로세스가 이미 실행중이면, 즉 이 프로세스에 속한 다른 서비스가 이미 실행중이라면 디스패처가 이미 생성되어 있으므로 프로세스 실행 과정과 디스패처 생성 과정은 생략된다.

② 서비스 프로세스의 main 함수에서 디스패처 스레드를 생성하며 이때 main은 디스패처에게 자신이 가지고 있는 서비스의 목록과 서비스 메인 함수의 시작 번지를 전달한다. 디스패처는 프로세스에 속한 서비스의 정보를 가지고 SCM과 통신을 시작한다.

③ 해당 서비스를 시작하기 위해 디스패처는 그 서비스를 위한 별도의 스레드를 생성하고 서비스

메인 함수를 호출하여 서비스를 시작한다. 디스패처는 서비스 하나당 별도의 스레드를 생성해 준다. 서비스 메인에서는 서비스를 위한 초기화와 핸들러 등록을 한다.

④ 디스패처에 의해 서비스가 시작되면 서비스는 실행중에 자신의 상태를 SCM에게 보고한다. 그리고 SCM으로부터의 제어 신호가 들어오면 디스패처가 이를 서비스의 핸들러에게 전달하며 핸들러가 이 제어 신호를 처리한다. 여기까지 진행되면 서비스가 안정적으로 실행되고 있는 것이다.

⑤ 서비스가 종료되면 디스패처는 실행중인 서비스 카운터를 1 감소시키고 만약 카운터가 0이면 디스패처도 종료되고 main 함수로 리턴한다. 즉 디스패처는 자신이 생성한 모든 서비스가 종료될 때까지 계속 무한 루프에서 대기하며 모든 서비스가 종료될 때 비로소 리턴한다. main 함수는 마지막 뒷정리를 하고 프로세스를 종료한다.

만약 프로세스 하나당 서비스가 무조건 하나뿐이라면 디스패처가 불필요할 것이다. 프로세스를 실행하는 것이 곧 서비스를 실행하는 것이 되며 main 함수가 곧 서비스의 메인이 될 수 있기 때문이다. 그러나 프로세스당 복수 개의 서비스를 가질 수 있기 때문에 서비스 목록을 유지하고 관리하는 디스패처라는 것이 필요해졌다. 디스패처는 서비스의 구조와 동작을 이해하는데 핵심적인 아주 중요한 개념이다.

51-2-라. 서비스 메인

서비스 메인은 서비스의 시작 함수로서 서비스의 실제 작업을 담당한다. MemStat 서비스의 경우 10초마다 한 번씩 메모리 상태를 조사하여 로그 파일에 기록하는 작업을 서비스 메인에서 해야 할 것이다. 한 프로세스에 여러 개의 서비스가 있다면 그 수만큼 서비스 메인 함수를 만들고 디스패처에게 전달하면 된다. 서비스 메인은 디스패처에 의해 새로운 스레드 위에서 호출된다. 즉 서비스 메인은 메인 프로세스와는 완전히 분리된 스레드에서 실행되며 서비스 프로세스는 기본적으로 멀티 스레드 구조를 가진다. SPY로 확인해 보면 MemStatService 프로세스는 두 개의 스레드를 가짐을 알 수 있다.

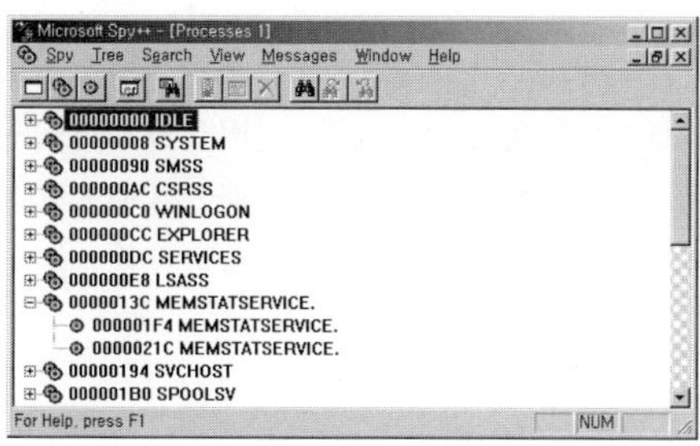

서비스 프로세스는 최소한 서비스 개수 + 1개의 스레드를 가지게 되는 셈이다. 서비스 메인은 다음과 같은 많은 일들을 한다.

핸들러 등록

서비스 메인이 제일 먼저 해야 할 일은 서비스의 제어 신호를 처리하기 위한 핸들러를 등록하는 것이다. 서비스 메인은 작업 스레드(Worker Thread)이며 메시지 루프를 가지지 않기 때문에 SCM으로부터 신호를 받을 수 있는 장치를 별도로 마련해야 하는데 그것이 바로 핸들러이다. 이 작업은 다른 어떠한 것보다 우선적으로 처리해야 한다. 핸들러를 등록할 때는 RegisterServiceCtrlHandler라는 함수를 사용하는데 이 방법에 대해서는 잠시 후에 별도로 다룰 것이다. 핸들러 함수를 등록함으로써 서비스는 SCM으로부터 전달되는 제어 신호를 받아 처리할 수 있게 된다.

핸들러 등록 함수는 핸들러를 등록한 후 SERVICE_STATUS_HANDLE 형의 서비스 상태 핸들을 리턴하는데 이 핸들은 이후 서비스가 자신의 상태를 SCM에게 보고할 때 사용한다. 서비스 상태 핸들이 곧 서비스 그 자체를 칭한다고 보아도 무난하다. 이 핸들은 서비스 루틴에서 계속적으로 사용되므로 전역변수에 별도로 보관해 놓는 것이 좋으며 서비스가 종료될 때 SCM이 닫으므로 명시적으로 핸들을 닫을 필요는 없다. 예제에서는 g_hSrv라는 전역변수에 상태 핸들을 저장하였다.

상태 보고

서비스는 실행중에 자신의 상태 변화가 있을 때마다 SCM에게 보고해야 한다. 자신의 상태를 정확하게 보고해야 SCM이 서비스가 어떤 상태에 있고 무슨 일을 하고 있으며 어떤 제어 신호를 받을 수 있는지를 파악할 수 있다. 초기화 중일 때, 초기화 완료 후, 실행 중, 잠시 중지 중 등을 정확하게 보고해야 SCM이 서비스의 현재 상태를 알 수 있다. 상태를 보고할 때는 다음 함수를 사용한다.

BOOL SetServiceStatus(SERVICE_STATUS_HANDLE hServiceStatus, LPSERVICE_STATUS lpServiceStatus);

첫 번째 인수 hServiceStatus는 보고 주체인 서비스의 상태 핸들인데 이 핸들은 핸들러를 등록할 때 리턴되는 값이다. 이 핸들은 수시로 사용되므로 별도의 전역변수에 보관해 두어야 한다. 두 번째 인수 lpServiceStatus는 서비스의 현재 상태를 나타내는 구조체의 포인터이다. 이 구조체는 다음과 같이 선언되어 있다.

```
typedef struct _SERVICE_STATUS {
   DWORD dwServiceType;
   DWORD dwCurrentState;
   DWORD dwControlsAccepted;
   DWORD dwWin32ExitCode;
   DWORD dwServiceSpecificExitCode;
   DWORD dwCheckPoint;
   DWORD dwWaitHint;
} SERVICE_STATUS, *LPSERVICE_STATUS;
```

보다시피 멤버가 좀 많으며 각 멤버의 의미도 약간 복잡하다. dwServiceType은 서비스의 유형을 알려주는데 대개의 경우 한 프로세스에 하나의 서비스만 있으므로 SERVICE_WIN32_OWN_PROCESS일 것이다. 서비스 유형에 대해서는 이미 앞에서 설명했으므로 잘 기억이 나지 않으면 앞부분을 다시 보기 바란다. dwCurrentState는 서비스의 현재 상태를 알려주는 가장 중요한 멤버인데 다음 일곱 가지의 값 중 하나가 된다.

상태	설명
SERVICE_STOPPED	서비스가 중지되어 있다.
SERVICE_START_PENDING	시작중이다.
SERVICE_STOP_PENDING	중지중이다.
SERVICE_RUNNING	실행 상태이다.
SERVICE_CONTINUE_PENDING	재개중이다.
SERVICE_PAUSE_PENDING	일시 중지중이다.
SERVICE_PAUSED	일시 중지되어 있다.

서비스는 중지상태, 실행상태, 일시중지 상태 세 가지 상태중 하나를 가지는데 각 상태로 변환중인 것(PENDING)도 하나의 상태로 취급된다. 왜 그런가 하면 상태 변환 과정이 무척 길 경우도 있기 때문인데 이때도 SCM에게 서비스가 무엇을 하고 있다는 것을 정확하게 보고해야 하기 때문이다.

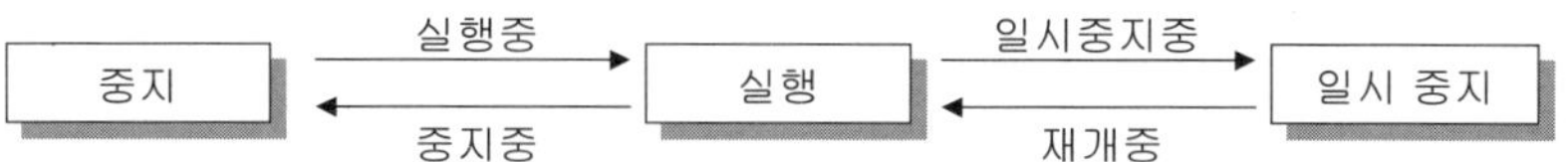

dwControlsAccepted는 서비스의 핸들러가 받아들일 수 있고 처리할 수 있는 제어 신호의 종류를 설정한다. 모든 서비스는 현재 서비스 상태를 질문하는 SERVICE_CONTROL_INTERROGATE 신호는 의무적으로 받아들여야 하며 나머지 신호는 선택적으로 받아들일 수 있다.

신호	설명
SERVICE_ACCEPT_STOP	SERVICE_CONTROL_STOP 신호를 받는다. 즉 서비스를 중지시킬 수 있다.
SERVICE_ACCEPT_PAUSE_CONTINUE	일시 중지하거나 재개할 수 있다. PAUSE나 CONTINUE 신호를 받는다.
SERVICE_ACCEPT_SHUTDOWN	시스템 셧다운 통지를 받아들인다.
SERVICE_ACCEPT_PARAMCHAGNE	서비스를 중지하지 않고 파라미터를 다시 읽어들일 수 있다.
SERVICE_ACCPET_NETBINDCHANGE	서비스를 중지하지 않고 네트워크 바인딩 변경 통지를 받을 수 있다.
SERVICE_ACCEPT_HARDWAREPROFILECHANGE	하드웨어 프로필 변경 통지를 받을 수 있다.
SERVICE_ACCEPT_POWEREVENT	컴퓨터의 전원 상태 변경을 통지받을 수 있다.

아래쪽 4개의 신호는 윈도우즈 2000이후에 추가된 것들이므로 당분간은 호환성 문제로 사용하기 어려운 신호들이다. 주로 사용되는 신호는 위쪽 두 개인데 서비스가 일단 시작된 후 중지될 수 있는지, 일시 중지될 수 있는지를 알려준다. 어떤 서비스는 사용자의 취향에 따라 중지하거나 일시중지할 수 있는 반면 어떤 서비스는 일단 시작하면 절대로 중지해서는 안 되는 것들도 있고 중지하는 것이 별 의미가 없는 서비스도 있다. 예를 들어 이벤트 로그 서비스는 운영체제의 일부분이므로 중지할 수 없으며 부팅과 함께 시작되어 항상 실행중이어야 한다. 그래서 서비스 애플릿으로 이벤트 로그(Event Log) 서비스의 등록 정보를 보면 중지, 일시 중지 버튼들이 모두 희미하게 사용금지 되어 있다.

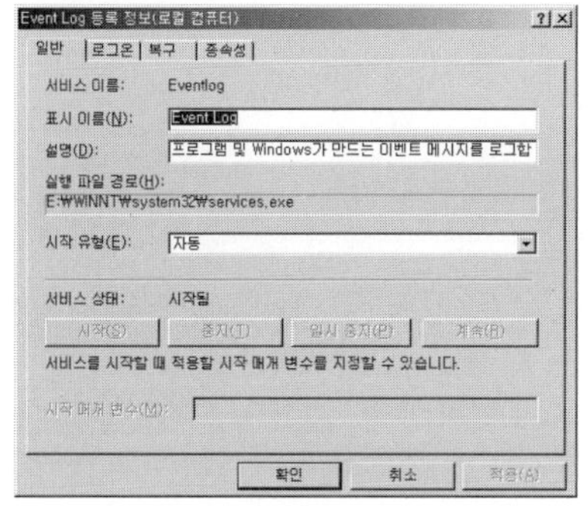

또한 일시 중지가 불가능한 서비스도 있다. 컴퓨터가 제대로 동작하기 위해 필수적인 서비스는 일시 중지되어서는 안 되며 이런 서비스는 PAUSE신호를 받아들일 필요도 없다. 서비스가 어떤 제어 신호를 받아들일 것인가는 서비스별로 다르지만 같은 서비스라도 상황에 따라 달라질 수 있다. 예를 들어 중지 신호를 받아 들일 수 있는 서비스라도 시작하고 있는 중(START_PENDING)에 중지 신호를 받아들이는 것은 부자연스럽다. 그래서 받아들일 신호의 종류를 설치시에 지정하지 않고 상태 변경 때 같이 지정하며 언제든지 변경할 수 있다.

dwWin32ExitCode, dwServiceSpecificExitCode는 서비스 실행중에 에러 발생시 어떤 에러가 발생했는지 알리는 멤버이다. Win32 에러가 발생했을 경우 dwWin32ExitCode에 에러 코드를 리턴해야 한다. 서비스 고유의 에러코드를 리턴할 수도 있는데 이 때는 dwWin32ExitCode에 ERROR_SERVICE_SPECIFIC_ERROR를 대입하고 dwServiceSpecificExitCode 멤버에 고유 에러 코드를 리턴한다. 에러 상황이 아니면 둘 다 NO_ERROR로 설정하면 된다.

dwWaitHint는 서비스가 시간이 소요되는 초기화, 중지 작업을 할 때 SCM이 얼마나 더 기다려야 하는지 대기 시간을 알리기 위해 사용한다. 1/1000초 단위로 시간을 지정하며 이 시간이 지나도 서비스가 별도의 다른 보고를 하지 않으면 SCM은 서비스에서 에러가 발생한 것으로 간주한다. dwCheckPoint도 역시 긴 작업을 할 때 사용되는데 현재 어디까지 작업이 진행되었는지를 알리며 서비스는 이 값을 계속 증가시키면서 주기적으로 보고를 해야 한다. 서비스 제어 프로그램이나 서비스 애플릿은 dwCheckPoint값으로 프로그래스 바를 갱신하는 등의 처리를 함으로써 작업이 어느 정도 진행되는지를 사용자에게 보여준다.

dwWaitHint와 dwCheckPoint 멤버는 시간이 걸리는 작업이 진행중일 때 SCM에게 작업 진행 상태를 보고하기 위해 사용하는데 그 외의 경우 즉 PENDING 상태가 아닌 경우는 사용되지 않으며 반드시 0으로 설정되어야 한다. 또한 MemStat와 같이 초기화나 중지 작업을 하는데 특별히 긴 시간이 들지 않는다면 이 멤버는 무시해도 큰 상관이 없다. 그러나 SQL 서버나 네트워크를 관리하는 정도의 규모가 있는 서비스들은 이 값을 적절하게 보고하는 것이 좋다.

보다시피 구조체의 멤버가 많다보니 단순한 상태를 보고하는데도 꽤 많은 양의 코드가 필요하다. 상태를 보고해야 하는 일은 아주 빈번하기 때문에 매번 구조체 멤버에 값을 대입하고 SetServiceStatus 함수를 호출하는 것은 아주 번거롭다. 게다가 dwCurrentState 멤버 외에는 변화가 있을 만한 멤버가 별로 없다. 그래서 보통 상태 보고만 하는 함수를 하나 만들어서 사용하는데 이 예제에서는 다음 함수를 만들어 사용한다.

```
void MySetStatus(DWORD dwState, DWORD dwAccept=SERVICE_ACCEPT_STOP |
    SERVICE_ACCEPT_PAUSE_CONTINUE)
{
    SERVICE_STATUS ss;
    ss.dwServiceType=SERVICE_WIN32_OWN_PROCESS;
    ss.dwCurrentState=dwState;
    ss.dwControlsAccepted=dwAccept;
    ss.dwWin32ExitCode=0;
    ss.dwServiceSpecificExitCode=0;
    ss.dwCheckPoint=0;
    ss.dwWaitHint=0;

    // 현재 상태를 보관해 둔다.
    g_NowState=dwState;
    SetServiceStatus(g_hSrv,&ss);
}
```

현재 상태만을 인수로 받아들여 보고하며 받아들이는 제어 신호는 가장 무난한 것으로 디폴트 인수를 지정해 놓고 원할 경우만 수정할 수 있도록 했다. dwServiceType이나 dwCheckPoint 등 잘 쓰이지 않는 멤버는 상수로 고정해 두었는데 이 함수의 형태는 필요에 따라 편한대로 작성해서 사용하기 바란다. MemStat 예제는 이 정도 보고 함수면 충분하다. 이 함수는 서비스 초기화 루틴에서 그리고 핸들러에서 빈번하게 호출된다.

초기화

서비스 메인은 서비스 시작 직후에 서비스 동작을 위한 초기화를 한다. 우리가 만들고 있는 예제 서비스는 10초 간격으로 메모리 상태를 체크하여 c:\MemStat.txt 파일에 기록하는 것이므로 이 파일을 새로 만드는 것이 서비스 초기화라 할 수 있다. 파일을 만들 때 CREATE_ALWAYS 플래그를 지정하여 이전 기록을 지웠다.

또한 핸들러를 등록하는 일과 서비스 동작에 필요한 전역변수를 초기화하는 작업도 해야 한다. 이 프로그램에서는 일시 중지 상태를 위해 g_bPause 전역변수를 사용하며 서비스 중지를 위해 g_ExitEvent 이벤트를 사용하고 있다. 전역변수에 값을 대입하는 것과 이벤트를 생성하는 것도 초기화의 일부분이다.

```
// 서비스가 시작중임을 알린다.
MySetStatus(SERVICE_START_PENDING);

// 전역변수를 초기화한다.
g_bPause=FALSE;

// 이벤트를 생성한다.
g_ExitEvent=CreateEvent(NULL, TRUE, FALSE, "MemStatExit");

// 새로운 로그 파일을 작성한다.
hFile=CreateFile("c:\\MemStat.txt",GENERIC_WRITE,0,NULL,
    CREATE_ALWAYS,FILE_ATTRIBUTE_NORMAL,NULL);
CloseHandle(hFile);

// 서비스가 시작되었음을 알린다.
MySetStatus(SERVICE_RUNNING);
```

초기화 코드중 주의해서 볼 것은 초기화를 하기 전에 서비스의 상태를 SERVICE_START_PENDING으로 바꾸어 초기화가 진행중임을 SCM에게 보고하고 초기화가 완료된 후에 SERVICE_RUNNING 상태로 다시 바꾼다는 점이다. 초기화 과정이 지극히 짧은 경우라면 바로 초기화를 하고 실행상태로 만들어도 되겠지만 이것은 별로 좋지 않다.

만약 초기화 과정이 아주 길다면 예를 들어 20초 가량씩이나 된다면 서비스 메인은 초기화 과정 동안 계속 SERVICE_START_PENDING 상태를 반복해서 전달하되 이때는 dwWaitHint와 dwCheckPoint 값을 적절히 설정해서 SCM이 얼마나 더 기다려야 하는지, 어디까지 초기화가 되었는지를 보고하는 것이 좋다. SCM에게 상태를 보고하는 일은 가급적이면 자주, 즉시 해야 한다.

서비스 실행

서비스 메인은 서비스 초기화를 한 후 실제 서비스 코드를 실행한다. 이 예제에서 실제 서비스 코드는 for (;;) 루틴 안에 작성되어 있는데 10초에 한 번씩 현재 시간과 메모리 상태를 조사해 파일로 출력하는 일을 하고 있다. 이 코드도 그리 간단하지는 않지만 서비스와는 무관하므로 여기서 분석하지는 않는다. 스스로 분석해 보기 바란다.

```
// 10초에 한 번씩 메모리 통계를 작성한다.
for (;;) {
    if (g_bPause == FALSE) {
        // 현재 시간과 메모리 양을 조사하여 문자열로 조립한다.
        GetLocalTime(&st);
        GlobalMemoryStatus(&ms);
        wsprintf(str, "%d월 %d일 %02d시 %02d분 %02d초 => "
            "사용가능 물리 메모리=%dMbytes(%d%%), 사용가능 가상메모리=%dMbytes,"
            " 사용가능 페이징 파일=%dMbytes\r\n",
            st.wMonth, st.wDay, st.wHour, st.wMinute, st.wSecond,
            ms.dwAvailPhys/1048576,100-ms.dwMemoryLoad,ms.dwAvailVirtual/1048576,
            ms.dwAvailPageFile/1048576);

        // 파일로 통계를 출력한다. 버퍼가 가득찬 경우 파일을 다시 만든다.
        if (lstrlen(gbuf) > 60000) {
            hFile=CreateFile("c:\\MemStat.txt",GENERIC_WRITE,0,NULL,
                CREATE_ALWAYS,FILE_ATTRIBUTE_NORMAL,NULL);
            lstrcpy(gbuf,"메모리 통계 파일\r\n");
        } else {
            hFile=CreateFile("c:\\MemStat.txt",GENERIC_WRITE,0,NULL,
                OPEN_ALWAYS,FILE_ATTRIBUTE_NORMAL,NULL);
        }
        lstrcat(gbuf,str);
        WriteFile(hFile,gbuf,lstrlen(gbuf),&dwWritten,NULL);
        CloseHandle(hFile);
    }
    if (WaitForSingleObject(g_ExitEvent, 10000) == WAIT_OBJECT_0)
        break;
}
```

서비스 실행 코드 중간에 g_bPause 전역변수를 점검하여 일시 중지를 처리하고 있으며 g_ExitEvent의 신호상태를 점검하여 대기하는 코드가 있다. g_bPause가 FALSE일 때만 로그를 작성하며 이 값이 TRUE가 되면 로그 작성 루틴을 무시하고 빈 루프만 계속 돈다. 로그 작성 후 g_ExitEvent를 기다리며 10초간 대기하면서 시간을 끈다. 대기중에 이 이벤트가 신호상태가 되면 즉시 루프를 탈출하여 서비스를 중지시킨다. 서비스를 중지한 후 SCM에게 SERVICE_STOPPED 상태를 보고한다.

서비스 메인의 인수

서비스 메인 함수는 인수를 가지고 있는데 이 인수는 서비스 시작 함수인 StartService 함수에서 전달된다. 서비스 애플릿으로 서비스를 시작할 때도 시작 매개 변수를 지정하는 에디트가 제공된다. 프로그램의 인수와 마찬가지로 서비스의 시작 옵션을 제공하고자 할 때 서비스 메인의 인수를 활용할 수 있다. 예를 들어 MemStat에 로그 파일의 위치를 전달하고자 한다면 인수에 로그 파일의 절대 경로를 지정하면 될 것이다.

그러나 서비스 메인의 인수는 현실적으로 거의 사용되지 않는다. 만약 서비스의 시작 옵션을 꼭 제공해야 한다면 서비스 메인의 인수를 사용하는 것보다는 레지스트리를 사용하는 것이 훨씬 더 합리적이다. 레지스트리의 정해진 위치에 서비스 동작 옵션을 기록하고 서비스는 이 값을 참조하면 된다. MemStat의 경우 로그 파일 경로라든가 로그 작성 주기 등이 레지스트리에 기록해 놓을 만한 시작 옵션이다.

51-2-마. 핸들러

핸들러 등록

핸들러(Handler)는 SCM으로부터 전달되는 제어 신호를 받아 처리하는 함수이다. 서비스는 실행중에 SCM과 끊임없이 통신을 수행하는데 SCM과의 통신 방법으로 핸들러를 제공해야 한다. 서비스 메인에서 핸들러를 등록하면 시스템은 핸들러의 번지를 보관하며 SCM으로부터의 제어 신호를 핸들러에게 전달한다. 핸들러를 등록하는 함수는 다음 두 가지가 있다.

SERVICE_STATUS_HANDLE RegisterServiceCtrlHandler(LPCTSTR lpServiceName, LPHANDLER_FUNCTION lpHandlerProc);
SERVICE_STATUS_HANDLE RegisterServiceCtrlHandlerEx(LPCTSTR lpServiceName, LPHANDLER_FUNCTION_EX lpHandlerProc, LPVOID lpContext);

위 함수는 lpHandlerProc 함수를 lpServiceName 서비스의 핸들러로 등록한다. 이 함수는 NT 3.1이후의 운영체제에서 모두 사용할 수 있으며 Ex 함수는 2000이상에서만 사용할 수 있다. 이 함수들이 등록하는 핸들러 함수는 각각 다음과 같은 원형을 가진다. 함수 이름은 물론 마음대로 바꿀 수 있다.

VOID WINAPI Handler(DWORD fdwControl);
DWORD WINAPI HandlerEx(DWORD dwControl,DWORD dwEventType,LPVOID lpEventData,LPVOID lpContext);

Handler함수는 정수형의 제어 신호값 하나만을 인수로 받아들이는 데 비해 HandlerEx 함수는 더 많은 인수를 가진다. HandlerEx 함수는 Handler 함수가 처리할 수 있는 제어 신호보다 더 많은 복잡한 제어 신호를 받아들일 수 있는 장점이 있기는 하지만 2000이전 버전과는 호환되지 않는다. 두 핸들러 중 어떤 타입을 사용할 것인가는 서비스의 기능과 형태에 따라 선택할 수 있는데 이 예제에서는 Handler 함수를 사용하고 있다. 서비스 실행중에 전원 변경이나 네트워크 구성 변경에 대해서까지 반응하지 않는다면 굳이 어렵고 복잡한 HandlerEx 함수를 사용할 필요는 없다.

제어 신호

핸들러 함수가 받을 수 있는 제어 신호에는 다음과 같은 것들이 있다. 제어 신호는 단순한 1바이트의 정수값이다.

신호	설명
SERVICE_CONTROL_STOP	서비스를 중지하라
SERVICE_CONTROL_PAUSE	서비스를 일시 중지해라
SERVICE_CONTROL_CONTINUE	일시중지된 서비스를 재개해라
SERVICE_CONTROL_INTERROGATE	서비스의 현재 상태를 알려달라.
SERVICE_CONTROL_SHUTDOWN	시스템이 셧다운되므로 종료 처리를 하라
SERVICE_CONTROL_PARAMCHANGE	서비스 시작 파라미터가 변경되었다.
SERVICE_CONTROL_NETBINDADD	바인딩이 추가되었다.
SERVICE_CONTROL_NETBINDREMOVE	바인딩이 제거되었다.
SERVICE_CONTROL_NETBINDENABLE	바인딩이 사용가능하다.
SERVICE_CONTROL_NETBINDDISABLE	바인딩이 사용 불가능하다.

이 제어 신호들은 시스템에 의해 미리 정의된 것들이며 0x128~0x255까지의 제어 신호는 사용자가

정의해서 사용할 수도 있다. PARAMCHANGE 제어 신호 이후는 윈도우즈 2000에서 추가된 제어 신호들이며 HandlerEx 는 이 외에도 몇 가지 제어 신호들을 더 처리할 수 있다. 핸들러는 이러한 제어 신호에 반응하여 서비스의 상태를 변경하거나 특별히 정의된 동작을 해야 한다. 예제의 Handler 소스를 보자.

```
// 핸들러 함수
void MyServiceHandler(DWORD fdwControl)
{
    HANDLE hFile;

    // 현재 상태와 같은 제어 코드일 경우는 처리할 필요 없다.
    if (fdwControl == g_NowState)
        return;

    switch (fdwControl) {
    case SERVICE_CONTROL_PAUSE:
        MySetStatus(SERVICE_PAUSE_PENDING,0);
        g_bPause=TRUE;
        MySetStatus(SERVICE_PAUSED);
        break;
    case SERVICE_CONTROL_CONTINUE:
        MySetStatus(SERVICE_CONTINUE_PENDING,0);
        g_bPause=FALSE;
        MySetStatus(SERVICE_RUNNING);
        break;
    case SERVICE_CONTROL_STOP:
        MySetStatus(SERVICE_STOP_PENDING,0);
        SetEvent(g_ExitEvent);
        break;
    case SERVICE_CONTROL_NEWFILE:
        hFile=CreateFile("c:\\MemStat.txt",GENERIC_WRITE,0,NULL,
            CREATE_ALWAYS,FILE_ATTRIBUTE_NORMAL,NULL);
        lstrcpy(gbuf,"메모리 통계 파일\r\n");
        CloseHandle(hFile);
    case SERVICE_CONTROL_INTERROGATE:
    default:
        MySetStatus(g_NowState);
        break;
    }
}
```

메시지 프로시저인 WndProc과 유사하게 제어 신호에 따라 분기하는 switch문으로 구성되어 있으며 각 case문에서 제어 신호에 따라 다른 처리를 한다. 핸들러는 대부분 이런 구조를 가지고 있다.

서비스 메인과의 통신

만약 서비스를 중지하라는 제어 신호가 전달되었다면 핸들러는 이 신호를 받는 즉시 서비스를 중지해야 한다. 또한 일시 중지나 재개 신호를 받았을 때도 신호에 적합한 처리를 해야 한다. 그러나 핸들러는 어디까지나 신호를 받아들이는 일만 할 뿐이지 서비스 본체의 코드를 가지고 있지 않기 때문에 자신이 직접 중지, 일시 중지 처리를 할 수 없다. 특정 서비스를 어떻게 중지하고 재개하는지는 서비스 본체 코드를 가지고 있는 서비스 메인만이 알고 있다.

그래서 핸들러는 신호를 받는 즉시 서비스 메인이 이 신호를 처리할 수 있어야 하며 어떤 형태로

든 서비스 메인에게 알려야 한다. 핸들러와 서비스 메인이 상호 통신할 수 있는 방법으로 여러 가지를 생각할 수 있다. 서비스 메인에게 어떤 신호를 보낸다거나 뮤텍스, 이벤트같은 동기화 오브젝트를 사용하는 것도 괜찮은 방법이지만 좀 더 간단하고 단순한 방법은 전역변수를 사용하는 것이다. 약속된 전역변수에 일정한 의미를 부여하고 서비스 메인은 실행중에 주기적으로 이 전역변수의 상태를 관찰하여 자신의 동작을 결정한다. 핸들러는 신호가 왔을 때 전역변수를 변경함으로써 서비스 메인의 동작에 영향을 주게 된다.

전역변수는 구조화 프로그래밍 방법에서 일반적으로 금기시되는 요소이기는 하지만 이런 경우는 복잡한 동기화 오브젝트보다는 오히려 더 사용하기 편리하고 직관적이다. 어떤 방법을 사용하든지 서비스 메인이 서비스를 중지하거나, 일시 중지할 수 있도록 통신할 수만 있다면 일단 문제는 없다.

서비스 일시 중지

MemStat 서비스는 서비스 일시 중지를 위해 g_bPause라는 전역변수를 사용한다. 이 변수는 서비스 메인의 초기화 루틴에서 FALSE로 초기화되며 서비스 메인 루프인 for(;;) 루프에서 주기적으로 값을 검사하고 있다. 로그 파일 작성 코드가 if (g_bPause == FALSE) { } 블록에 포함되어 있으므로 이 변수가 FALSE인 경우에만 로그를 작성한다.

핸들러는 잠시 중지하라는 SERVICE_CONTROL_PAUSE 제어 신호를 받으면 g_bPause를 TRUE로 바꿈으로써 서비스 메인이 로그 파일 작성을 잠시 그만두게 한다. 일시 중지는 서비스를 종료하는 것과는 다르므로 g_bPause가 TRUE가 되더라도 서비스는 비록 빈 루프를 돌고 있더라도 계속 실행되며 언제든지 g_bPause가 FALSE가 되면 다시 로그를 작성할 수 있다.

서비스를 재개하라는 SERVICE_CONTROL_CONTINUE는 이 변수를 다시 FALSE로 바꿈으로써 로그를 계속 작성하도록 한다. 일시 중지, 재개 처리는 전역변수 하나로 비교적 간단하게 처리하였다. 단 이런 작업을 할 때도 서비스의 상태가 변경된다는 것을 SCM에게 일일이 보고해야 한다. 서비스가 일시 중지될 때 중지중이라는 것을 먼저 알리고 g_bPause를 TRUE로 바꾼 후 서비스가 일시 중지되었다는 것을 알렸다. 전역변수의 값을 바꾸는 것은 지극히 짧은 시간에 수행될 수 있어 PENDING 상태 설정은 생략할 수도 있겠지만 이런 작업이 약간의 시간이라도 소모한다면 진행중 상태도 보고하는 것이 바람직하다.

만약 이 보고를 제대로 하지 않으면 아주 골치 아픈 여러 가지 문제들에 직면할 수가 있는데 왜냐하면 서비스 메인과 핸들러는 다른 스레드이므로 동기화 문제가 발생할 수도 있고 여러 개의 서비스 제어 프로그램이 비슷한 시간에 동시에 서로 다른 제어 신호를 보내올 수도 있기 때문이다. 멀티 스레드의 동기화 문제가 복잡 미묘하듯이 서비스의 핸들러와 서비스 메인의 통신에서도 미처 생각지 못한 문제들이 발생할 소지가 아주 많다.

이 예제의 경우는 일시 중지, 재개 처리가 전역변수의 값을 바꾸는 지극히 짧은 시간만을 요구하는데다 일시 중지 효과가 즉시 나타나지 않아도 큰 상관이 없다. 그러나 이런 경우를 가정해 보자. 서비스 메인에서 일시 중지를 처리하는데 약 10초간의 시간이 걸린다고 해 보자. 네트워크나 DB 등을 처리하는 서비스라면 얼마든지 10초 이상이 걸릴 수도 있다. 서비스에게 제어 신호를 보낼 수 있는 프로그램이 여러 개 있을 수 있는데 서비스가 일시 중지를 처리하고 있는 중에 재개 명령이나 중지 명령이 보내졌다고 해 보자. 그러면 서비스 메인이 일시 중지를 처리하고 있는 중에 핸들러는 또 다른 신호를 서비스 메인에게 보내게 될 것이다.

상식적으로 생각해 봐도 일시 중지중에 재개 명령을 보내거나 또는 재개 진행중에 중지 명령을 보내는 것은 자연스럽지 못하다. 이런 부자연스러운 제어 신호가 보내졌을 때 서비스가 어떻게 동작할 것인지는 서비스에 따라 다르겠지만 일반적으로 결과 예측이 거의 불가능하다. 그래서 이런 복잡한 상황을 조금이라도 피하려면 서비스는 어떤 작업을 진행할 때 진행중(PENDING)이라는 것을 SCM에게 철저히 알려야 하며 진행중일 때 받아들일 수 있는 신호를 제한해야 한다.

```
case SERVICE_CONTROL_PAUSE:
    MySetStatus(SERVICE_PAUSE_PENDING,0);
    g_bPause=TRUE;
    MySetStatus(SERVICE_PAUSED);
    break;
```

SERVICE_CONTROL_PAUSE 신호를 받았을 때 핸들러는 SCM에게 "나 지금 일시 중지를 처리중입니다"(PAUSE_PENDING)라고 즉시 보고를 하였다. 그리고 받아들일 수 있는 제어 신호를 0으로 만듦으로써 "지금은 어떤 신호도 받을 수 없습니다"라는 것을 알렸다. 그리고 안전하게 g_bPause를 TRUE로 변경하였으며 변경 완료 후 서비스 상태를 일시 중지로 보고하면서 제어 신호를 다시 받아들이도록 했다. 재개 신호를 받았을 때의 처리도 이와 유사하다.

이 예제에서는 g_bPause를 변경하는 것 자체가 일시 중지, 재개 처리가 되므로 SERVICE_PAUSE, SERVICE_RUNNING 상태를 SCM에게 보고하는 처리도 핸들러에서 직접 하고 있다. 그러나 일시 중지를 위해 서비스 메인에서 어떤 처리를 해야 한다면 이 보고도 서비스 메인에서 하는 것이 원칙이다.

서비스 중지

서비스 중지는 좀 다른 방법으로 구현되어 있다. 전역변수를 사용하는 것도 가능하기는 하지만 이 경우는 전역변수보다 이벤트를 사용하는 것이 더 좋다. MemStat 서비스는 10초에 한 번씩 로그를 작성하므로 한 번 로그를 작성하고 난 후에 10초간 쉬어야 한다. 서비스 메인은 완전히 분리된 스레드이므로 Sleep(10000)으로 10초간 휴식을 취해도 상관없겠지만 이렇게 되면 즉각적인 서비스 중지를 할 수 없다.

그래서 이벤트를 생성하고 이 이벤트가 신호상태가 아닌 10초동안만 쉬어야 한다. 10초동안 이벤트를 대기하면서 쉬되 대기 중에도 이벤트가 신호상태가 되면 즉시 대기 루틴을 빠져나와 서비스를 중지해야 한다. 서비스 메인의 초기화 루틴에서 g_ExitEvent를 수동으로 생성하였다. 로그 작성 루프에서 10초간 대기하는 코드는 다음과 같다.

```
if (WaitForSingleObject(g_ExitEvent, 10000) == WAIT_OBJECT_0)
    break;
```

g_ExitEvent를 10초간 기다리되 이 이벤트가 신호상태가 되면 break문으로 for(;;) 루프를 즉시 빠져나온다. 그리고 루프를 빠져 나와 서비스 메인을 종료하기 직전에 서비스의 현재 상태를 SERVICE_STOPPED로 보고한다. 핸들러에서는 다음과 같이 중지 처리하면 된다.

```
case SERVICE_CONTROL_STOP:
    MySetStatus(SERVICE_STOP_PENDING,0);
    SetEvent(g_ExitEvent);
    break;
```

먼저 중지 작업이 진행중이면 이때는 어떠한 제어 신호도 받아들이지 않는다는 것을 SCM에게 보고한다. 핸들러에서 g_ExitEvent를 신호상태로만 바꿔놓으면 서비스 메인은 이 신호를 받아 즉시 서비스를 중지할 것이다.

상태 알리기

서비스가 특정 상황에서 어떤 제어 신호를 받아들일 것인가는 SetServiceStatus 함수의 dwControlsAccepted 인수로 지정할 수 있다. 그러나 SERVICE_CONTROL_INTERROGATE 제어 신호는 모든 서비스가 선택의 여지없이 의무적으로 처리해야 한다. 이 신호는 SCM이 서비스의 현재 상태를 서비스에게 물어볼 때 보내는 신호이다. 서비스는 이 신호를 받으면 SetServiceStatus 함수의 dwCurrentState에 자신의 현재 상태값을 전달해야 한다. 즉 서비스는 스스로 자신의 상태를 항상 기억하고 있어야 하며 그래서 MySetStatus 함수는 서비스의 상태가 변경될 때마다 현재 상태를 g_NowState 전역변수에 저장하고 있다가 INTERROGATE 제어 신호를 받으면 g_NowState를 SCM에게 보고한다.

셧다운 신호

SERVICE_CONTROL_SHUTDOWN 제어 신호는 시스템이 셧다운될 때 서비스로 보내진다. 단 이 제어 신호는 SetServiceStatus 함수의 dwContorlsAccepted에 SERVICE_ACCEPT_SHUTDOWN 플래그가 설정되어 있을 때만 보내지는데 일반적인 경우 서비스는 항상 셧다운을 준비하고 있기 때문에 이 제어 신호를 받지도 않고 처리하지도 않는다. MemStat 도 10초당 한 번 로그를 작성하지만 로그 작성 후 곧바로 파일을 닫으므로 특별히 셧다운을 처리할 필요가 없다.

그러나 효율상의 목적으로 파일을 열어놓거나 네트워크 연결을 유지하고 있는 서비스는 반드시 이 신호를 받아서 셧다운시에 사용하고 있던 모든 자원을 반납하고 저장하지 않은 정보를 저장해야 한다. 이때 서비스에게 주어지는 시간은 20초 정도인데 이 시간에 모든 셧다운 처리를 완료해야 한다. 이 시간 안에 셧다운을 처리하지 못하면 시스템은 서비스의 상황에 상관없이 강제로 서비스를 죽여버린다. 만약 서비스가 셧다운에 더 많은 시간이 필요하다면 STOP_PENDING 상태를 보고하고 dwWaitHint에 얼마간 더 기다려 달라는 보고를 반드시 해야 한다. 그래야 시스템이 얼마나 더 기다려야 할지를 정확하게 알 수 있다.

셧다운 제어 신호를 받으면 안정적인 셧다운을 할 수 있지만 그보다는 셧다운 처리를 하지 않아도 되게끔 서비스를 만드는 것이 더 바람직하다. 즉 서비스는 언제든지 종료될 수 있는 상태여야 한다. 갑작스런 정전이나 시스템 오류가 발생하더라도 다음 부팅에 영향을 미치는 것은 결코 바람직하지 않기 때문이다. 서비스는 서버를 위한 소프트웨어이고 서버에서는 효율보다는 안정성이 훨씬 더 중요하다.

사용자 정의 신호

제어 신호는 SCM과 서비스간의 통신을 위한 것이지만 서비스 제어 프로그램에서 서비스에게 작업을 요청하는 수단일 수도 있다. 예를 들어 바이러스 체크 서비스에게 모든 파일의 바이러스 체크를 지금 당장 수행하라는 명령을 내릴 수도 있는데 이런 사용자 정의 신호는 0x128~0x255까지의 범위 내에서 총 128개까지 정의해서 쓸 수 있다.

이 예제의 경우 새로운 로그 파일을 작성하라는 명령을 0x128로 사용하고 있으며 핸들러는 이 제어 신호를 받으면 CreateFile로 새로운 로그 파일을 작성한다.

```
case SERVICE_CONTROL_NEWFILE:
    hFile=CreateFile("c:\\MemStat.txt",GENERIC_WRITE,0,NULL,
        CREATE_ALWAYS,FILE_ATTRIBUTE_NORMAL,NULL);
    lstrcpy(gbuf,"메모리 통계 파일\r\n");
    CloseHandle(hFile);
```

CreateFile에서 CREATE_ALWAYS 플래그를 주었으므로 이 파일의 유무에 상관없이 항상 새로운 파일이 만들어질 것이며 로그는 다시 작성된다. 사용자 정의 제어 신호를 처리할 때도 SCM에게 현재 상태는 보고해야 한다. 그래서 이 case문에는 break문이 없으며 바로 아래에 있는 INTERROGATE의 보고 코드도 같이 실행된다. 파일을 새로 만드는 시간이 지극히 짧기 때문에 핸들러에서 직접 파일을 만들었는데 사실은 이 방법보다는 어떻게 하든 서비스 메인에서 새 파일을 만드는 것이 더 좋은 방법이다.

이와 같이 아주 간단한 처리라면 핸들러에서 직접 처리하는 것이 오히려 더 간단할 수도 있지만 여러 개의 서비스가 한 프로세스에 있을 때 핸들러는 가급적 빨리 리턴하도록 작성해야 한다. 왜냐하면 각 서비스의 메인은 분리된 스레드로 동작하는 반면 핸들러들은 모두 디스패처에 의해 호출되며 같은 스레드를 공유하고 있기 때문이다. 한 서비스의 핸들러에서 지나치게 많은 시간을 소모해 버리면, 즉 디스패처를 블록(Block)해 버리면 다른 서비스의 반응성이 떨어진다.

51-3 서비스 설치

51-3-가. 서비스 설치

앞에서 만들었던 MemStat 서비스 설치를 위해 배포 CD의 MemStatConfig.exe를 사용했는데 이 예제를 분석해 보자. 서비스를 만들었으면 시스템에 설치해야 하는데 서비스 설치 방법이 다소 복잡하므로 서비스별로 별도의 설치 프로그램을 제공해야 한다. 플랫폼 SDK와 함께 배포되는 SC.EXE라는 서비스 설치 유틸리티가 있기는 하지만 사용법이 복잡해 최종 사용자에게 설치용으로 배포하는 것은 무리다. 서비스 설치만 하면 되므로 간단하게 콘솔 형태로 만들 수 있으며 윈도우없이 설치만 하고 조용히 종료할 수도 있다. 또는 서비스가 실행 파일과 같이 배포되는 패키지를 구성한다면 패키지 설치 프로그램에서 서비스를 설치할 수도 있다.

MemStatConfig 예제는 설치 과정을 눈으로 확인할 수 있도록 하기 위해 대화상자 모양으로 만들었는데 UI는 아주 간단하게 구성되어 있다. 현재 설치 상태를 보여주는 스태틱 하나, 설치, 제거 버튼 각각 하나씩, 그리고 서비스에 대한 설명을 입력할 수 있는 에디트 정도밖에 배치되어 있지 않다.

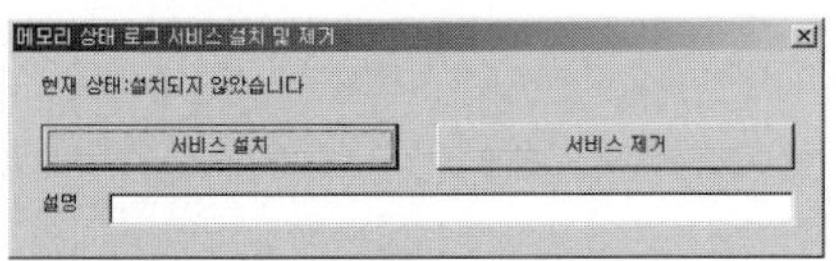

전형적인 대화상자 기반의 프로그램이며 대화상자 프로시저에서는 버튼 클릭 메시지를 받아 설치/제거 함수를 호출하는 정도의 일만 하고 있다. 실제 설치/제거 코드는 Install, Uninstall 함수에 작성되어 있으므로 이 함수만 분석해 보면 어떤 서비스든지 원하는대로 설치/제거할 수 있을 것이다. 먼저 설치 방법부터 알아보자.

예 제 : MemStatConfig

```
// 서비스를 설치한다.
void Install()
{
    SC_HANDLE hScm, hSrv;
    TCHAR SrvPath[MAX_PATH];
    SERVICE_DESCRIPTION lpDes;
    TCHAR Desc[1024];

    // SCM을 연다
    hScm=OpenSCManager(NULL,NULL,SC_MANAGER_CREATE_SERVICE);
    if (hScm==NULL) {
        MessageBox(hDlgMain,"SCM을 열 수 없습니다.","알림",MB_OK);
        return;
    }

    // 등록할 서비스 파일이 있는지 조사해 보고 경로를 구한다.
    GetCurrentDirectory(MAX_PATH,SrvPath);
    lstrcat(SrvPath, "\\");
    lstrcat(SrvPath, EXENAME);
    if (_access(SrvPath,0) != 0) {
        CloseServiceHandle(hScm);
        MessageBox(hDlgMain,"같은 디렉토리에 서비스 파일이 없습니다.","알림",MB_OK);
        return;
    }

    // 서비스를 등록한다.
    hSrv=CreateService(hScm,SRVNAME,DISPNAME,SERVICE_PAUSE_CONTINUE |

    SERVICE_CHANGE_CONFIG,SERVICE_WIN32_OWN_PROCESS,SERVICE_DEMAND_START,
        SERVICE_ERROR_IGNORE,SrvPath,NULL,NULL,NULL,NULL,NULL);
    if (hSrv==NULL) {
        MessageBox(hDlgMain,"설치하지 못했습니다.","알림",MB_OK);
    } else {
        // 설명을 등록한다.
        GetDlgItemText(hDlgMain,IDC_DESC,Desc,1024);
        lpDes.lpDescription=Desc;
        ChangeServiceConfig2(hSrv, SERVICE_CONFIG_DESCRIPTION, &lpDes);

        MessageBox(hDlgMain,"설치했습니다.","알림",MB_OK);
        SetWindowText(hStatic,"현재 상태:설치되어 있습니다");
        CloseServiceHandle(hSrv);
    }

    CloseServiceHandle(hScm);
}
```

서비스를 설치한다는 것은 시스템 레지스트리에 서비스에 대한 정보를 써넣는 작업이다. 그러나 설사 레지스트리의 구조를 완벽하게 안다고 하더라도 직접 레지스트리에 값을 써넣는 것은 호환성에 불리하다. 운영체제가 업그레이드되면 레지스트리 구조가 어떻게 바뀔지 알 수 없기 때문이다. 게다가 서비스 설치는 원격지에서도 할 수 있어야 하므로 레지스트리를 직접 건드리기 힘든 경우도 있다. 서비스에 관한 작업을 하려면 서비스를 총괄하는 SCM을 먼저 열어야 하는데 이때는 다음 함수를 사용한다.

SC_HANDLE OpenSCManager(LPCTSTR lpMachineName, LPCTSTR lpDatabaseName, DWORD dwDesiredAccess);

이 함수는 지정한 컴퓨터의 SCM과 연결하며 해당 컴퓨터의 서비스 DB에 연결한다. 첫 번째 인수로 접속하고자 하는 컴퓨터를 지정하는데 이 값이 NULL이거나 빈 문자열이면 로컬 컴퓨터의 SCM을 연다. 네트워크상의 다른 컴퓨터에 서비스를 설치하려면 "\\" 다음에 컴퓨터 이름을 적어주면 된다. 두 번째 인수는 서비스 DB의 이름인데 현재로서는 사용할 수 있는 옵션이 SERVICE_ACTIVE_DATABASE 하나밖에 없으며 NULL을 주면 이 옵션이 선택된다. 차후에 다른 종류의 서비스 DB로의 접속을 위해 준비된 인수일 뿐이다.

첫 번째 인수와 두 번째 인수는 통상 NULL로 주며 세 번째 인수는 SCM에 요청할 액세스 권한을 지정한다. 즉 SCM을 열어서 어떤 작업을 요청할 것인가를 지정하는데 시스템은 이 함수를 호출하는 프로세스의 액세스 토큰을 검사하여 요청한 작업을 할 수 있는 권한이 있는지 비교해 본다. 요청할 액세스 권한은 다음과 같은 종류가 있으며 이 플래그들 외에 몇 가지 플래그의 조합값들을 지정할 수도 있다.

액세스, 플래그	설명
SC_MANAGER_ALL_ACCESS	모든 권한을 다 가진다.
SC_MANAGER_CONNECT	SCM에 연결할 수 있는 권한
SC_MANAGER_CREATE_SERVICE	서비스를 설치할 수 있는 권한
SC_MANAGER_ENUMERATE_SERVICE	서비스 DB의 서비스를 열거할 수 있는 권한
SC_MANAGER_LOCK	서비스 DB를 잠글 수 있는 권한
SC_MANAGER_QUERY_LOCK_STATUS	서비스 DB의 잠금 상태를 조사할 수 있는 권한
GENERIC_READ	STANDARD_RIGHTS_READ, SC_MANAGER_ENUMERATE_SERVICE, SC_MANAGER_QUERY_LOCK_STATUS
GENERIC_WRITE	STANDARD_RIGHTS_WRITE, SC_MANAGER_CREATE_SERVICE
GENERIC_EXECUTE	STANDARD_RIGHTS_EXECUTE, SC_MANAGER_CONNECT, SC_MANAGER_LOCK

프로세스가 요청한 권한을 가지고 있지 않다면 SCM은 열리지 않으며 이 함수는NULL을 리턴한다. 디폴트로 모든 프로세스는 CONNECT, ENUMERATE_SERVICE, QUERY_LOCK_STATUS 권한은 가지고 있으나 CREATE_SERVICE 권한은 Administrators 그룹의 계정으로 로긴했을 때만 주어진다.

함수 호출이 성공하면 SC_HANDLE형의 서비스 DB 핸들을 리턴하는데 이 핸들은 서비스 설치, 제거, 편집 등 서비스 DB를 액세스하는 모든 함수들이 사용한다. 이 핸들은 일부러 닫지 않아도 프로세스가 종료되면 자동으로 닫히기는 하지만 다 사용하고 난 후에는 CloseServiceHandle 함수로 핸들을 닫는 것이 좋다. 예제에서는 로컬 컴퓨터의 SCM을 열되 서비스 설치 액세스만 요구했다. 그리고 SCM이 제대로 열렸는지 hScm 핸들값을 점검하였다. SCM 핸들을 얻었으면 곧바로 서비스를 설치할 수 있다. 서비스를 설치하는 함수는 다음과 같다. 설치할 서비스의 속성들을 일일이 인수로 전달해야 하기 때문에 인수가 좀 많다.

```
SC_HANDLE CreateService(
  SC_HANDLE hSCManager,          // handle to SCM database
  LPCTSTR lpServiceName,         // name of service to start
  LPCTSTR lpDisplayName,         // display name
  DWORD dwDesiredAccess,         // type of access to service
  DWORD dwServiceType,           // type of service
  DWORD dwStartType,             // when to start service
  DWORD dwErrorControl,          // severity of service failure
  LPCTSTR lpBinaryPathName,      // name of binary file
  LPCTSTR lpLoadOrderGroup,      // name of load ordering group
  LPDWORD lpdwTagId,             // tag identifier
  LPCTSTR lpDependencies,        // array of dependency names
  LPCTSTR lpServiceStartName,    // account name
  LPCTSTR lpPassword             // account password
);
```

첫 번째 인수는 OpenSCManager 함수로 연 서비스 DB 핸들이며 어디에 서비스를 설치할 것인지를 지정한다. 이 핸들로 서비스를 설치하려면 반드시 CREATE_SERVICE 액세스를 가지고 있어야 한다. lpServiceName은 설치할 서비스의 명칭이며 lpDisplayName은 서비스의 표시명이다. 예제의 경우 서비스 명칭은 "MemStat"이며 표시명은 서비스 애플릿에 나타날 간략한 서비스 설명을 문자열로 작성해 넘기면 된다.

dwDesiredAccess 인수는 이 서비스를 만든 후 리턴되는 서비스 핸들로 어떤 작업을 할 것인지 액세스 권한을 지정한다. 지정할 수 있는 작업의 종류가 아주 많다. 어떤 권한을 지정하는가에 따라 호출할 수 있는 함수의 종류가 달라진다.

액세스	설명
SERVICE_ALL_ACCESS	모든 권한을 다 가진다.
SERVICE_CHANGE_CONFIG	서비스의 설정을 변경한다.
SERVICE_ENUMERATE_DEPENDENTS	이 서비스에 의존하는 서비스를 열거할 수 있다.
SERVICE_INTERROGATE	ControlService 함수로 서비스의 상태를 조사하는 제어 코드를 보낸다.
SERVICE_PAUSE_CONTINUE	서비스를 일시 중지한다.
SERVICE_QUERY_CONFIG	서비스의 설정을 조사한다.
SERVICE_QUERY_STATUS	QueryServiceStatus 함수로 서비스의 상태를 조사할 수 있다.
SERVICE_START	서비스를 시작한다.
SERVICE_STOP	서비스를 중지한다.
SERVICE_USER_DEFINED_CONTROL	

이 플래그들의 조합인 GENERIC_READ, GENERIC_WRITE, GENERIC_EXECUTE 플래그도 사용할 수 있다. 시스템은 이 함수를 호출한 프로세스가 요청한 작업을 할 권한이 있는지를 검사해 본다.

dwServiceType, dwStartType, dwErrorControl 인수는 각각 서비스 유형, 시작 유형, 에러 제어 수준을 지정하는데 이 값들에 대해서는 앞에서 이미 알아보았다. 여덟 번째 인수인 lpBinaryPathName은 가장 중요한 인수이며 서비스 프로그램의 완전 경로를 지정한다. 서비스 프로그램은 보통 시스템 디렉토리에 위치하지만 꼭 그래야만 하는 것은 아니다. 이 예제에서는 테스트의 편의상 서비스 프로그램이 현재 디렉토리에 있는 것으로 가정하고 있다.

나머지 인수는 서비스 실행 순서, 종속성, 계정 등을 지정하는데 사용하지 않을 경우 모두 NULL

로 지정하면 된다. 이 함수는 서비스를 DB에 등록한 후 서비스의 핸들을 리턴한다. 이 핸들로 서비스의 설정을 바꾸거나 서비스를 시작할 수 있다. 에러 발생시는 NULL을 리턴한다. 핸들을 다 사용한 후에는 CloseServiceHandle 함수로 닫는다.

51-3-나. 설명 편집

이 예제에서는 다루고 있지 않지만 설치된 서비스의 설정 정보는 언제든지 변경할 수 있다. 이때는 ChangeServiceConfig 함수를 사용하는데 인수들이 CreateService 함수와 거의 유사하다.

BOOL ChangeServiceConfig(SC_HANDLE hService DWORD dwServiceType, DWORD dwStartType, DWORD dwErrorControl, LPCTSTR lpBinaryPathName, LPCTSTR lpLoadOrderGroup, LPDWORD lpdwTagId, LPCTSTR lpDependencies, LPCTSTR lpServiceStartName, LPCTSTR lpPassword, LPCTSTR lpDisplayName);

두 함수가 필요로 하는 정보는 거의 유사하되 단 첫 번째 인수가 SCM 핸들이 아니라 서비스 핸들이라는 점이 가장 큰 차이점이다. 서비스 설정 정보를 전달하는 나머지 인수들의 의미는 CreateService와 완전히 동일하다. 이미 설치된 서비스라도 설정 정보는 언제든지 변경할 수 있으며 심지어는 실행중인 서비스의 정보도 변경할 수 있다. 단 실행중인 서비스의 정보를 변경한 경우는 이 서비스를 중지하기 전에는 즉시 적용되지 않는다. 실행중인 서비스의 시작 유형이나 실행 파일 경로를 바꾸는 것은 불가능하기 때문이다. 그러나 예외적으로 표시명(lpDisplayName)은 실행중이라도 즉시 변경된다. 서비스의 설정 상태를 조사하는 함수도 있는데 다음 함수이다.

BOOL QueryServiceConfig(SC_HANDLE hService, LPQUERY_SERVICE_CONFIG lpServiceConfig, DWORD cbBufSize, LPDWORD pcbBytesNeeded);

이 함수는 hService 서비스의 설정 정보를 조사해 lpServiceConfig 구조체에 채운다. 이 구조체가 CreateService 함수의 인수와 거의 유사한 멤버들을 가지고 있음은 쉽게 유추할 수 있을 것이다. 이 함수가 조금 유별난 점은 서비스 설정 정보가 가변 크기를 가지기 때문에 버퍼의 길이를 지정해야 한다는 점이다. cbBufSize에 구조체의 크기를 전달하되 이 길이보다 설정 정보가 더 길 경우 이 함수는 0을 리턴하며 GetLastError를 호출하면 ERROR_INSUFFICIENT_BUFFER 를 리턴한다. 그리고 네 번째 인수로 필요한 버퍼 크기를 리턴한다.

버퍼가 부족할 경우 필요한 버퍼 크기만큼 구조체를 재할당해서 이 함수를 다시 호출하면 된다. 최초 버퍼 크기를 충분히 크게 잡거나 아니면 cbBufSize에 0을 넘겨 고의로 에러를 유발시켜 필요한 버퍼 크기를 알아낸 후 이 함수를 다시 호출해도 상관없다. 이 함수가 리턴하는 설정 정보는 현재 실행되고 있는 서비스의 설정 정보가 아니라 레지스트리에 저장되어 있는 설정 정보이다. 실행중인 서비스의 설정 정보를 ChangeServiceConfig 함수로 변경하고 이 함수로 바로 조사했다면 아직 적용되지 않은 정보들이 리턴되므로 이 정보는 현재 서비스의 설정 정보와는 다를 수도 있다.

윈도우즈 2000이후부터는 서비스에 몇 가지 추가 설정 정보를 더 지정할 수 있는데 서비스의 설명과 서비스 실패시의 복구 동작을 정의하는 것이다. 이런 설정 정보를 지정할 때는 2000에서 추가된 별도의 설정 함수를 사용해야 한다.

BOOL ChangeServiceConfig2(SC_HANDLE hService, DWORD dwInfoLevel, LPVOID lpInfo);

hService는 설정 대상 서비스의 핸들이며 dwInfoLevel은 설정하고자 하는 정보인데 설명일 경우 SERVICE_CONFIG_DESCRIPTION값을 지정하고 복구 방법을 설정할 경우 SERVICE_CONFIG_

FAILURE_ACTIONS를 지정하면 된다. lpInfo는 설정할 데이터인데 어떤 설정 정보인가에 따라 의미가 달라진다. 설명을 설정할 때 lpInfo는 다음과 같이 정의되어 있는 구조체의 번지가 된다.

```
typedef struct _SERVICE_DESCRIPTION {
  LPTSTR       lpDescription;
} SERVICE_DESCRIPTION, *LPSERVICE_DESCRIPTION;
```

복잡한 구조체 모양으로 되어 있지만 사실은 단순한 문자열 멤버 하나만 가지고 있다. 이 멤버에 설명 문자열을 최대 1024길이까지 지정하면 된다. 실패시의 복구 동작은 서비스가 실패할 때 운영체제가 어떤 동작을 할 것인가를 지정하는 것인데 서비스 애플릿을 통해 설정할 수 있으며 이 함수로도 설정할 수 있다.

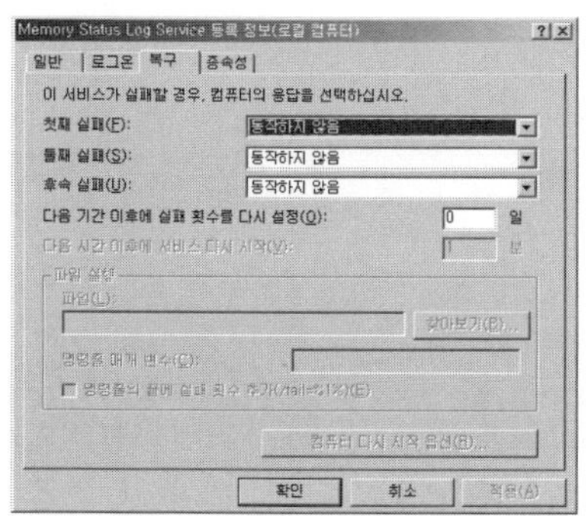

단 이 함수는 윈도우즈 2000이상에서만 쓸 수 있기 때문에 조건부 컴파일 지시자로 NT 4.0이하의 버전에서는 컴파일되지 않도록 해야 한다. 설명, 복구 동작 등의 추가 설정 정보를 조사할 때는 다음 함수를 사용한다.

BOOL QueryServiceConfig2(SC_HANDLE hService, DWORD dwInfoLevel, LPBYTE lpBuffer, DWORD cbBufSize, LPDWORD pcbBytesNeeded);

사용하는 방법은 QueryServiceConfig 함수와 마찬가지로 알고자 하는 정보를 지정하고 버퍼의 크기와 함께 버퍼를 제공한 후 버퍼로부터 정보를 읽는 방식이다. 버퍼의 크기가 부족할 경우는 마지막 인수로 필요한 크기를 조사한다.

51-3-다. 서비스 제거

이번에는 설치되어 있는 서비스를 제거하는 방법을 알아보자. 예제에서 서비스 제거는 UnInstall 함수에서 수행하고 있다.

```
// 서비스를 제거한다.
void UnInstall()
{
    SC_HANDLE hScm, hSrv;
    SERVICE_STATUS ss;

    // SCM을 연다
    hScm=OpenSCManager(NULL,NULL,SC_MANAGER_CREATE_SERVICE);
```

```
    if (hScm==NULL) {
        MessageBox(hDlgMain,"SCM을 열 수 없습니다.","알림",MB_OK);
        return;
    }

    // 서비스의 핸들을 구한다.
    hSrv=OpenService(hScm,SRVNAME,SERVICE_ALL_ACCESS);
    if (hSrv==NULL) {
        CloseServiceHandle(hScm);
        MessageBox(hDlgMain,"서비스가 설치되어 있지 않습니다.","알림",MB_OK);
        return;
    }

    // 실행중이면 중지시킨다.
    QueryServiceStatus(hSrv,&ss);
    if (ss.dwCurrentState != SERVICE_STOPPED) {
        ControlService(hSrv,SERVICE_CONTROL_STOP,&ss);
        Sleep(2000);
    }

    // 서비스 제거
    if (DeleteService(hSrv)) {
        MessageBox(hDlgMain,"서비스를 제거했습니다.","알림",MB_OK);
        SetWindowText(hStatic,"현재 상태:설치되지 않았습니다");
    } else {
        MessageBox(hDlgMain,"서비스를 제거하지 못했습니다.","알림",MB_OK);
    }
    CloseServiceHandle(hSrv);
    CloseServiceHandle(hScm);
}
```

서비스를 제거하려면 DeleteService 함수를 사용하는데 이 함수는 서비스의 핸들을 요구하므로 먼저 다음 함수로 서비스를 열어야 한다.

SC_HANDLE OpenService(SC_HANDLE hSCManager, LPCTSTR lpServiceName, DWORD dwDesiredAccess);

SCM 핸들과 서비스의 이름을 인수로 주고 서비스를 연 후 어떤 작업을 할 것인지 액세스 권한을 주면 서비스 핸들을 리턴하는 함수다. 액세스 권한은 CreateService의 액세스 권한과 동일하다. 서비스 삭제를 하려면 삭제가 가능한 액세스 권한을 주어야 한다. 이 함수로 서비스의 핸들을 구한 후 DeleteService 함수만 호출하면 된다.

BOOL DeleteService(SC_HANDLE hService);

만약 대상 서비스가 실행중이라면 이 서비스를 먼저 중지한 후에 삭제하는 것이 안전한데 그 방법은 잠시 후에 따로 알아볼 것이다. 이 함수는 실제로 서비스를 삭제하지 않고 레지스트리에 삭제 표시만 한다. 서비스 핸들이 닫힐 때, 그리고 서비스가 실행중이 아닐 때 실제로 서비스가 삭제된다. 만약 서비스가 중지될 수 없는 상황이라면 이 서비스는 다음 부팅할 때 삭제된다.

51-3-라. 서비스의 옵션

서비스도 응용 프로그램이므로 자신의 고유한 설정 정보를 가질 수 있다. MemStat 서비스의 경우 로그 파일의 경로, 대기 시간 등의 옵션을 지정할 수 있겠고 바이러스 체크 서비스는 체크할 범위, 바이러스 발견시의 동작, 체크할 시간 등의 옵션을 생각할 수 있다. 서비스의 고유 옵션들도 어딘가에 저장되어야 하는데 일반적인 응용 프로그램과 같은 방법으로 데이터를 저장할 수 있다.

INI 파일도 그 해결책이 될 수 있으며 대용량의 데이터를 저장해야 한다면 별도 포맷의 이진 파일에 데이터를 저장해 놓는 것도 가능하다. 또는 일반적인 레지스트리 키 구성 방법에 따라 회사명/제품명/버전 등의 레지스트리 서브키를 구성해서 이 레지스트리에 정보를 저장해도 된다. 단 서비스의 설정 정보는 HKEY_CURRENT_USER에 저장할 수 없으며 반드시 HKEY_LOCAL_MACHINE 키에 저장해야 한다. 왜냐하면 서비스의 디폴트 계정인 LocalSystem 계정은 실제 사용자가 아니기 때문에 HKEY_CURRENT_USER는 액세스하지 못하기 때문이다.

서비스 옵션을 저장할 수 있는 가장 좋은 위치는 서비스 설정 정보가 있는 서브키 아래에 별도의 서브키를 만들고 그 안에 정보를 저장하는 것이다. 서비스를 설치하면 HKEY_LOCAL_MACHINE 아래에 서비스 명칭으로 서브키가 생성되는데 이 안에 추가 정보를 저장해도 상관없다. 예를 들어 MemStatService 서브키 아래에 LogOption이라는 서브키를 또 만들고 그 안에 LogPath, LogTime 등의 값을 배치하면 된다. 이렇게 되면 서비스가 삭제될 때 서비스 고유 옵션까지 같이 삭제되므로 별도의 레지스트리 해제 루틴을 만들지 않아도 된다.

51-4 서비스 제어

51-4-가. MemStatControl

서비스를 구성하는 마지막 프로그램인 서비스 제어 프로그램도 별도로 제작해야 한다. 이 프로그램의 주 임무는 서비스를 시작하고 서비스에게 제어 신호를 보내는 것이다. 서비스를 시작하는 것은 서비스 애플릿으로도 할 수 있지만 사용자가 정의한 제어 신호는 보낼 수 없기 때문에 별도의 제어 프로그램이 필요하다. 우리가 만든 서비스도 "새 로그 파일 작성" 제어 신호가 있기 때문에 이 신호를 보낼 수 있는 프로그램이 있어야 한다. 실행 파일이 많아지는 것이 싫다면 서비스 설정 프로그램과 제어 프로그램은 하나로 합칠 수도 있다. MemStat 서비스를 제어하는 MemStatControl.exe는 다음과 같이 만들어져 있다.

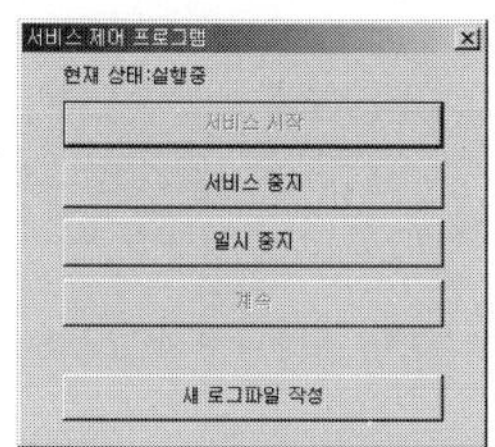

사용자로부터 명령을 입력받아야 하므로 유저 인터페이스를 구성해야 한다. 이 프로그램은 제어 신호를 보내는 다섯 개의 버튼과 서비스의 현재 상태를 표시하는 하나의 스태틱으로 구성되어 있다.

각 버튼을 누르면 서비스에게 제어 신호를 보내며 서비스의 상태를 조사해서 사용가능한 버튼만 활성화한다. 제어 프로그램을 좀 예쁘게 만들고 싶다면 트레이에 집어넣는 것도 좋은 방법이다.

서비스 설치 후 서비스 시작 버튼을 누르면 잠시 후 서비스가 시작되며 중지, 일시 중지 제어 신호도 버튼으로 보낼 수 있다. 새 로그 파일 작성 제어 신호를 보내면 작성하던 로그 파일을 지우고 새로 로그 파일을 만들 것이다. 대화상자 리소스 외에는 하나의 소스로만 구성되어 있다. 전체 소스를 먼저 보인다.

예 제 : MemStatControl

```
#include <windows.h>
#include "resource.h"

#define SRVNAME "MemStatService"
#define SERVICE_CONTROL_NEWFILE 128

BOOL CALLBACK MainDlgProc(HWND hDlg,UINT iMessage,WPARAM wParam,LPARAM lParam);
HINSTANCE g_hInst;
HWND hDlgMain, hStatic;
SC_HANDLE hScm, hSrv;
SERVICE_STATUS ss;

void MemStart();
void MemControl(DWORD dwControl);
void QueryService();

int APIENTRY WinMain(HINSTANCE hInstance,HINSTANCE hPrevInstance
          ,LPSTR lpszCmdParam,int nCmdShow)
{
    g_hInst=hInstance;

    DialogBox(g_hInst, MAKEINTRESOURCE(IDD_DIALOG1), HWND_DESKTOP, MainDlgProc);

    return 0;
}

BOOL CALLBACK MainDlgProc(HWND hDlg,UINT iMessage,WPARAM wParam,LPARAM lParam)
{
    switch (iMessage) {
    case WM_INITDIALOG:
        SetWindowPos(hDlg,HWND_TOP,100,100,0,0,SWP_NOSIZE);
          hDlgMain = hDlg;
        hStatic=GetDlgItem(hDlg,IDC_STATIC1);

        // SCM을 전역변수로 열어 놓는다.
        hScm=OpenSCManager(NULL,NULL,GENERIC_READ);
        if (hScm==NULL) {
            MessageBox(hDlg,"SCM을 열 수 없습니다","알림",MB_OK);
            EndDialog(hDlg,0);
        }

        // 서비스가 설치되어 있지 않으면 실행할 수 없다.
        hSrv=OpenService(hScm,SRVNAME,SERVICE_ALL_ACCESS);
        if (hSrv==NULL) {
```

```
            MessageBox(hDlg,"MemStatService 서비스가 설치되어 있지 않습니다","알림",MB_OK);
            EndDialog(hDlg,0);
        } else {
            CloseServiceHandle(hSrv);
        }
        QueryService();
          return TRUE;
    case WM_DESTROY:
        CloseServiceHandle(hScm);
        return TRUE;
     case WM_COMMAND:
          switch (LOWORD(wParam)) {
        case IDC_START:
            MemStart();
            return TRUE;
        case IDC_STOP:
            MemControl(SERVICE_CONTROL_STOP);
            return TRUE;
        case IDC_PAUSE:
            MemControl(SERVICE_CONTROL_PAUSE);
            return TRUE;
        case IDC_CONTINUE:
            MemControl(SERVICE_CONTROL_CONTINUE);
            return TRUE;
        case IDC_NEWFILE:
            MemControl(SERVICE_CONTROL_NEWFILE);
            return TRUE;
          case IDOK:
          case IDCANCEL:
               EndDialog(hDlgMain,0);
               return TRUE;
          }
          return FALSE;
     }
     return FALSE;
}

// 현재 서비스 상태에 따라 버튼의 상태를 변경시킨다.
void QueryService()
{
    hSrv=OpenService(hScm,"MemStatService",SERVICE_INTERROGATE);

    do {
        ControlService(hSrv,SERVICE_CONTROL_INTERROGATE,&ss);
    } while ((ss.dwCurrentState != SERVICE_STOPPED) &&
        (ss.dwCurrentState != SERVICE_RUNNING) &&
        (ss.dwCurrentState != SERVICE_PAUSED));

    EnableWindow(GetDlgItem(hDlgMain,IDC_START),FALSE);
    EnableWindow(GetDlgItem(hDlgMain,IDC_STOP),FALSE);
    EnableWindow(GetDlgItem(hDlgMain,IDC_PAUSE),FALSE);
    EnableWindow(GetDlgItem(hDlgMain,IDC_CONTINUE),FALSE);
    EnableWindow(GetDlgItem(hDlgMain,IDC_NEWFILE),FALSE);
    switch (ss.dwCurrentState) {
```

```
    case SERVICE_STOPPED:
        EnableWindow(GetDlgItem(hDlgMain,IDC_START),TRUE);
        SetWindowText(hStatic,"현재 상태:중지");
        break;
    case SERVICE_RUNNING:
        EnableWindow(GetDlgItem(hDlgMain,IDC_STOP),TRUE);
        EnableWindow(GetDlgItem(hDlgMain,IDC_PAUSE),TRUE);
        EnableWindow(GetDlgItem(hDlgMain,IDC_NEWFILE),TRUE);
        SetWindowText(hStatic,"현재 상태:실행중");
        break;
    case SERVICE_PAUSED:
        EnableWindow(GetDlgItem(hDlgMain,IDC_STOP),TRUE);
        EnableWindow(GetDlgItem(hDlgMain,IDC_CONTINUE),TRUE);
        SetWindowText(hStatic,"현재 상태:일시중지");
        break;
    }

    CloseServiceHandle(hSrv);
}

// 서비스를 시작시킨다.
void MemStart()
{
    hSrv=OpenService(hScm,"MemStatService",SERVICE_START | SERVICE_QUERY_STATUS);

    // 서비스를 시작시키고 완전히 시작할 때까지 대기한다.
    SetCursor(LoadCursor(NULL,IDC_WAIT));
    if (StartService(hSrv,0,NULL)==TRUE) {
        QueryServiceStatus(hSrv, &ss);
        while (ss.dwCurrentState != SERVICE_RUNNING) {
            Sleep(ss.dwWaitHint);
            QueryServiceStatus(hSrv, &ss);
        }
    }
    SetCursor(LoadCursor(NULL,IDC_ARROW));

    CloseServiceHandle(hSrv);
    QueryService();
}

// 서비스에 제어 코드를 보낸다.
void MemControl(DWORD dwControl)
{
    hSrv=OpenService(hScm,"MemStatService",GENERIC_EXECUTE);

    ControlService(hSrv,dwControl,&ss);

    CloseServiceHandle(hSrv);
    QueryService();
}
```

역시 단순한 대화상자형 프로그램일 뿐이며 서비스를 제어하는 몇 개의 함수를 가지고 있다.

51-4-나. 서비스의 상태 조사

이 프로그램은 MemStat 서비스를 제어하는 프로그램이므로 서비스가 제대로 설치되어 있지 않다면 동작할 수 없다. 그래서 프로그램 시작 직후에 서비스가 제대로 설치되어 있는지를 검사해 보고 설치되어 있지 않을 경우는 어쩔 수 없이 종료해야 한다. 특정 서비스가 설치되어 있는지 아닌지를 아는 방법은 아주 간단하다. 원하는 서비스를 OpenService 함수로 열어보기만 하면 된다. 이 함수로 서비스 핸들이 리턴되면 서비스가 설치되어 있는 것이고 NULL이 리턴되면 서비스가 설치되어 있지 않은 것이다. WM_INITDIALOG메시지에서 이 방법으로 서비스 설치 유무를 조사하고 있다.

SCM을 먼저 열고 서비스를 열어 본 후 핸들이 리턴되면 서비스가 설치된 것으로 판단한다. 서비스가 설치되어 있지 않으면 EndDialog 함수를 호출해서 프로그램을 종료하였다. 조사 후 서비스의 핸들은 닫아야 하며 SCM 핸들은 이 프로그램 실행 중에 계속 사용되므로 한 번 열어 놓고 전역변수에 핸들을 저장하였다. 서비스 설정 프로그램인 MemStatConfig.exe에도 서비스 설치 여부를 조사하는 코드가 WM_INITDIALOG에 있는데 이 프로그램은 설치 여부를 조사해 스태틱으로 설치 여부를 출력할 뿐 설치가 되지 않았다고 해서 종료하지는 않는다. 단순히 설치 여부를 조사해서 스태틱에 보여주기만 할 뿐이다.

이번에는 동작중인 서비스의 현재 상태, 즉 실행중인지 중지중인지 아니면 일시 중지중인지를 조사하는 방법을 알아보자. 두 가지 방법이 있는데 첫 번째 방법은 다음 함수를 사용하는 것이다.

BOOL QueryServiceStatus(SC_HANDLE hService, LPSERVICE_STATUS lpServiceStatus);

이 함수는 hService 서비스의 현재 상태를 조사하여 lpServiceStatus 구조체에 채우는데 이 구조체의 dwCurrentState 멤버를 읽어보면 서비스의 현재 상태를 알 수 있다. 단 이 정보는 SCM이 유지하고 있는 서비스 레코드에 캐시되어 있는 정보이므로 서비스의 현재 상태와는 정확하게 일치하지 않을 수도 있다. 이 함수를 사용하는 코드는 MemStatConfig 예제의 서비스 삭제 루틴에 있는데 이 코드를 분석해 보자.

```
QueryServiceStatus(hSrv,&ss);
if (ss.dwCurrentState != SERVICE_STOPPED) {
    ControlService(hSrv,SERVICE_CONTROL_STOP,&ss);
    Sleep(2000);
}
```

이 코드는 서비스의 현재 상태를 조사해 보고 중지중이 아니면 강제로 중지시킨다. 그래야 서비스가 종료 처리를 제대로 할 수 있다. Sleep(2000)은 서비스가 종료 처리를 할 동안 대기하기 위한 지연 코드이다.

서비스의 상태를 조사하는 두 번째 방법은 ControlService 함수로 서비스에게 INTERROGATE 제어 신호를 보내는 것이다. 모든 서비스는 이 제어 신호를 받으면 자신의 현재 상태를 리턴하도록 되어 있으므로 이 제어 신호를 보낸 후 dwCurrentState 멤버를 읽으면 서비스의 상태를 알 수 있다. SCM이 서비스의 상태를 조사하는 것이 아니라 서비스 자신이 스스로의 상태를 보고하는 것이므로 이 정보는 QueryServiceStatus 함수를 사용하는 것보다 훨씬 더 정확하다. 서비스에게 제어 신호를 보낼 때는 다음 함수를 사용한다.

BOOL ControlService(SC_HANDLE hService, DWORD dwControl, LPSERVICE_STATUS lpServiceStatus);

두 번째 인수 dwControl에 제어 신호를 전달하면 이 신호는 핸들러로 전달되어 처리되며 세 번째 인수로 서비스의 상태가 리턴되어 온다. dwControl에 SERVICE_CONTROL_PAUSE 제어 신호를 전달하면 서비스가 일시 중지되며 SERVICE_CONTROL_STOP 제어 신호를 보내면 서비스가 중지된다. 사용자가 정의한 제어 신호도 보낼 수 있다. INTERROGATE 제어 신호를 보내면 서비스는 자신의 상태를 리턴하는데 이 코드는 예제의 QueryService 함수에서 볼 수 있다.

```
void QueryService()
{
    hSrv=OpenService(hScm,"MemStatService",SERVICE_INTERROGATE);

    do {
        ControlService(hSrv,SERVICE_CONTROL_INTERROGATE,&ss);
    } while ((ss.dwCurrentState != SERVICE_STOPPED) &&
        (ss.dwCurrentState != SERVICE_RUNNING) &&
        (ss.dwCurrentState != SERVICE_PAUSED));
...............
```

이 함수는 서비스의 현재 상태를 조사하고 버튼들의 상태를 갱신하는 일을 한다. OpenService 함수로 서비스를 열되 액세스 권한은 INTERROGATE를 지정하여 서비스의 현재 상태를 질문할 수 있도록 했다. 그리고 ControlService 함수로 INTERROGATE 제어 신호를 보내 서비스의 현재 상태를 조사한다. 버튼 상태 갱신은 서비스가 중지, 실행, 일시 중지 상태인 경우를 기준으로 이루어지므로 서비스의 작업이 진행중일 때 즉 Pending 상태일 때는 계속 상태를 조사하며 진행이 완료될 때까지 대기하도록 했다.

51-4-다. 서비스 시작

서비스를 시작시킬 때는 다음 함수를 사용한다.

BOOL StartService(SC_HANDLE hService, DWORD dwNumServiceArgs, LPCTSTR *lpServiceArgVectors);

첫 번째 인수로 서비스의 핸들을 주되 이 핸들은 SERVICE_START 액세스 권한을 가지고 있어야 한다. 두 번째 인수와 세 번째 인수는 서비스 메인으로 전달되는 인수의 개수와 인수 배열이다. 서비스 메인은 main 함수처럼 인수를 전달받을 수 있는데 StartService 함수에서 서비스 메인에게 인수를 전달한다. 현실적으로 서비스 메인의 인수는 잘 사용되지 않으므로 이 인수들은 보통 0, NULL이다. MemStatControl 예제에서 서비스를 시작하는 일은 MemStart 함수가 수행하고 있다. 이 함수의 코드를 살펴보자.

```
void MemStart()
{
    hSrv=OpenService(hScm,"MemStatService",SERVICE_START | SERVICE_QUERY_STATUS);

    // 서비스를 시작시키고 완전히 시작할 때까지 대기한다.
    SetCursor(LoadCursor(NULL,IDC_WAIT));
    if (StartService(hSrv,0,NULL)==TRUE) {
        QueryServiceStatus(hSrv, &ss);
        while (ss.dwCurrentState != SERVICE_RUNNING) {
            Sleep(ss.dwWaitHint);
            QueryServiceStatus(hSrv, &ss);
```

```
        }
    }
    SetCursor(LoadCursor(NULL,IDC_ARROW));

    CloseServiceHandle(hSrv);
    QueryService();
}
```

OpenService 함수로 서비스 핸들을 구하고 StartService를 부르는 코드가 주 코드이며 몇 가지 처리가 더 추가되어 있다. 서비스 시작 루틴은 다소 시간을 요할 수 있으므로 시작 전에 커서를 모래시계로 바꾸고 서비스가 시작되면 다시 원래 커서로 변경하는 처리가 되어 있다.

StartService는 서비스가 완전히 시작될 때까지 기다리지 않으며 디스패처가 서비스 메인을 위한 스레드를 만든 직후에 리턴한다. 따라서 StartService가 리턴되었을 때는 아직 서비스가 완전히 초기화를 완료하지 못한 상태이다. 그래서 서비스를 시작한 직후에는 서비스가 초기화를 완료할 때까지 대기해야 한다. QueryServiceStatus 함수로 서비스의 상태를 계속 조사하면서 dwCurrentState가 SERVICE_RUNNING이 되기까지, 즉 초기화를 완료할 때까지 루프를 돈다. 이때 불필요하게 서비스의 상태를 계속 조사할 필요없이 서비스가 설정한 dwWaitHint만큼 대기한 후 조사하면 된다. 또한 필요할 경우 dwCheckPoint를 조사해서 프로그래스 바 등으로 초기화 진행 상태를 보여줄 수도 있다.

서비스를 완전히 시작한 후 서비스 핸들을 닫고 QueryService 함수를 호출해 서비스의 상태를 다시 조사한 후 버튼들의 상태를 갱신한다. 서비스가 시작되면 중지, 일시 중지, 새 로그 파일 작성 버튼만 사용가능하게 갱신한다.

51-4-라. 제어 신호 보내기

서비스에게 제어 신호를 보낼 때는 서비스 핸들을 열고 ControlService 함수로 제어 신호만 전달하면 된다.

```
void MemControl(DWORD dwControl)
{
    hSrv=OpenService(hScm,"MemStatService",GENERIC_EXECUTE);

    ControlService(hSrv,dwControl,&ss);

    CloseServiceHandle(hSrv);
    QueryService();
}
```

사용자가 정의한 제어 신호도 기본 제어 신호와 똑같은 자격을 가지므로 별도로 구분할 필요는 없다. 중지, 일시 중지, 계속, 새 로그 파일 작성 버튼들은 모두 이 함수를 호출한다.

제 52 장 멀티미디어

52-1 사운드 연주 함수

52-1-가. PlaySound

윈도우즈는 3.1버전부터 멀티미디어를 지원해왔다. 그 이전의 운영체제에서는 오로지 화면에 나타나는 문자와 그래픽만으로 사용자와 통신을 했었으나 멀티 미디어 이후에는 그야말로 다양한 매체를 통해 사용자와 통신할 수 있게 되었다. 원래의 멀티 미디어 정의는 굉장히 광범위하고 큰 개념이지만 흔히 사운드를 연주하고 동영상을 재생하는 정도로 알려져 있고 실제로도 거의 그렇다.

윈도우즈는 운영체제가 직접 멀티미디어를 지원하지는 않지만 여러 가지 확장 DLL과 컴포넌트를 통해 멀티미디어를 지원한다. waveOut*, midiOut* 등의 저수준 함수군과 PlaySound 등의 고수준 함수군이 있는데 저수준이 좀 더 섬세한 조작을 할 수 있지만 사용 편의성은 고수준이 더 높다. 함수 외에도 MCI라는 인터페이스를 통해 사운드 및 동영상을 지원하며 ActiveMovie라는 컨트롤로 좀 더 복잡한 동영상을 지원하기도 한다. 우선 상대적으로 간단한 사운드 연주 기능부터 알아보자.

사운드를 연주하는 가장 간단한 함수는 MessageBeep 함수인데 경고음을 내는 정도의 간단한 기능만 가지고 있다. 기능이 미약하고 단순해서 주로 디버깅용으로 사용되며 임의의 소리를 재생할 수는 없어 일반적인 사운드 연주 함수라고 보기는 어렵다. 이 외에 sndPlaySound라는 16비트의 사운드 함수도 있었으나 지금은 32비트의 새로운 함수에 의해 대체되어 사용되지 않는다. 사운드를 재생하는 기본 함수는 PlaySound이다.

BOOL PlaySound(LPCSTR pszSound, HMODULE hmod, DWORD fdwSound);

pszSound는 연주할 사운드 이름을 지정하는데 세 번째 인수인 fdwSound의 플래그에 따라 이 값을 해석하는 방법이 달라진다. 자세한 건 잠시 후에 알아보되 일단은 "연주할 사운드 파일의 이름이다"라고 알아두면 된다. 사운드 파일이 다른 디렉토리에 있을 경우 경로명을 사용하여 그 위치를 지정한다. 예를 들어 PlaySound("c:\\temp\\test.wav"...); 등과 같이 완전 경로를 적어주면 된다. 특수한 경우로 이 값이 NULL이면 연주중인 사운드 파일의 연주를 멈춘다.

PlaySound 함수는 사운드 파일뿐만 아니라 리소스에 포함된 Wave를 연주할 수도 있다. 두 번째 인수 hmod는 리소스의 Wave 파일을 연주할 경우 리소스를 가진 실행 파일의 핸들을 지정하며 그 외의 경우는 NULL로 지정한다. 세 번째 인수dwSound는 사운드의 연주 방식과 연주할 사운드의 종류를 정의하는 플래그이다. 다음과 같은 값들의 조합으로 구성된다.

플래그	설명
SND_ALIAS	첫 번째 인수인 pszSound는 레지스트리에 정의된 시스템 이벤트를 의미한다.
SND_ALIAS_ID	pszSound는 미리 정의된 사운드 ID이다.
SND_ASYNC	비동기화된 연주를 한다. 연주를 시작한 직후 곧바로 리턴하므로 다른 작업을 바로 시작할 수 있다. 비동기화 연주를 중지하려면 pszSound를 NULL값으로 하여 PlaySound 함수를 한 번 더 호출하면 된다.
SND_FILENAME	첫 번째 인수인 pszSound는 사운드 파일의 이름이다.
SND_LOOP	지정한 사운드를 반복적으로 계속 연주한다. 이 플래그는 반드시 SND_ASYNC 플래그와 함께 사용되어야 한다.
SND_MEMORY	사운드가 메모리에 있다. 이 때 pszSound는 사운드가 있는 메모리 주소여야 한다.
SND_NODEFAULT	PlaySound 함수는 지정한 사운드가 발견되지 않을 경우 디폴트 경고음을 연주하는데 이 플래그가 설정되어 있으면 디폴트 경고음도 연주하지 않고 그냥 리턴한다.
SND_NOSTOP	새로운 사운드 연주 명령에 의해 연주되고 있는 사운드를 중지하지 않도록 한다. 이 플래그를 지정하지 않으면 PlaySound 함수가 호출될 때 연주중인 사운드의 연주는 중지되고 새로운 사운드가 연주된다.
SND_NOWAIT	사운드 드라이버가 이미 사용중일 경우 대기하지 않고 즉각 리턴한다.
SND_PURGE	사운드 연주를 중지한다.
SND_RESOURCE	첫 번째 인수인 pszSound 는 리소스 ID이며 이 플래그가 설정되어 있을 경우 두 번째 인수인 hmod는 리소스를 가진 인스턴스의 핸들을 가리킨다.
SND_SYNC	동기화된 연주를 한다. 사운드 파일의 연주가 완전히 끝나기 전에는 리턴하지 않는다.

이 플래그들 중 SND_ALIAS, SND_FILENAME, SND_RESOURCE는 pszSound인수의 해석 방식을 설정하되 상호 배타적이므로 같이 사용할 수는 없다. 이 세 플래그가 모두 생략되었을 경우 PlaySound는 pszSound를 일단 ALIAS라고 가정하며 레지스트리에서 ALIAS가 발견되지 않을 경우 파일 이름으로 간주한다. 이 플래그들을 테스트해 보기 위해 간단한 예제를 만들어 보자.

예 제 : PlaySound

```
#include <mmsystem.h>
#include "resource.h"
LRESULT CALLBACK WndProc(HWND hWnd,UINT iMessage,WPARAM wParam,LPARAM lParam)
{
    HDC hdc;
    PAINTSTRUCT ps;
    TCHAR *Mes="왼쪽 마우스 버튼을 누르면 사운드를 연주합니다.";
    switch (iMessage) {
    case WM_LBUTTONDOWN:
        PlaySound("Bugle.wav",NULL, SND_ASYNC);
        return 0;
    case WM_RBUTTONDOWN:
        PlaySound(NULL, NULL, 0);
        return 0;
```

```
    case WM_PAINT:
        hdc=BeginPaint(hWnd,&ps);
        TextOut(hdc,10,10,Mes,lstrlen(Mes));
        EndPaint(hWnd,&ps);
        return 0;
    case WM_DESTROY:
        PlaySound(NULL, NULL, 0);
        PostQuitMessage(0);
        return 0;
    }
    return(DefWindowProc(hWnd,iMessage,wParam,lParam));
}
```

윈도우즈의 멀티 미디어 지원은 시스템이 기본적으로 제공하는 것이 아니라 확장 DLL에 의해 제공되므로 헤더 파일과 임포트 라이브러리 연결이 필요하다.

```
#include <mmsystem.h>
```

멀티미디어 관련 함수와 타입을 정의하는 mmsystem.h를 포함시키고 프로젝트 설정 대화상자의 링크탭에 winmm.lib를 기입한다.

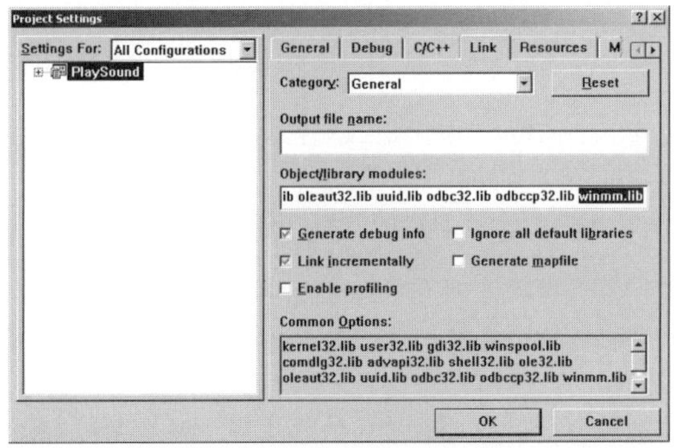

이상의 절차는 PlaySound 함수뿐만 아니라 멀티미디어 함수를 사용하기 위해 거쳐야 하는 일반적인 절차이므로 잘 기억해 두자. 프로그램을 컴파일하고 실행한 후 작업영역에서 마우스 왼쪽 버튼을 누르면 Bugle.wav 파일이 연주되어 나팔소리가 날 것이다. 물론 이 예제가 제대로 동작하려면 디스크에 Bugle.wav라는 파일이 있어야 한다. 꼭 이 파일이 아니더라도 확장자가 wav이기만 하면 재생할 수 있다.

위 예제는 SND_ASYNC 플래그를 사용했으므로 Bugle.wav 파일을 비동기 방식으로 연주한다. 비동기 방식이란 사운드 연주를 시작한 후 곧바로 리턴하는 것이며 곧바로 다른 작업을 할 수 있다. 즉 사운드 연주중에 윈도우를 옮기거나 크기를 변경할 수 있다. 다음과 같이 코드를 변경해 보자.

```
PlaySound("Bugle.wav",NULL, SND_SYNC);
```

플래그를 SND_SYNC 즉 동기화 방식으로 연주했으므로 연주가 완전히 끝나기 전에는 어떤 작업도 수행할 수 없다. 플래그를 바꾸어가며 차이점을 비교해 보기 바란다. 일반적으로 효과음이나 배경음악은 백그라운드에서 재생해야 하므로 SND_ASYNC 플래그가 주로 사용된다. 또 다음과 같이 코드를 작성하면 반복적으로 연주를 할 수도 있다.

```
PlaySound("Bugle.wav",NULL, SND_ASYNC | SND_LOOP);
```

마우스 왼쪽 버튼을 누르면 사운드 파일을 반복적으로 연주한다. SND_LOOP 플래그가 지정되었기 때문에 한 번 연주를 하고 그만두는 것이 아니라 연주가 끝나면 다시 처음부터 연주한다. 반복 연주를 중지하려면 pszSound를 NULL로 지정하여 PlaySound 함수를 다시 한 번 더 호출해야 한다. 예제에서는 마우스 오른쪽 버튼을 누를 때 반복 연주를 중지하였다. 당연한 얘기가 되겠지만 반복 연주는 반드시 비동기식이어야 한다. 반복 연주는 한 번 시작하면 프로그램이 종료되어도 계속되므로 WM_DESTROY에서도 반드시 연주를 중지해야 한다. 이 외에 SND_NOSTOP, SND_NODEFAULT 등의 간단한 플래그를 직접 테스트해 보기 바란다.

52-1-나. 내장 사운드 연주

PlaySound 함수는 디스크에 있는 사운드 파일뿐만 아니라 레지스트리에 미리 정의된 사운드를 연주하기도 한다. 제어판에서 소리를 선택하면 다음과 같은 대화상자가 뜰 것이다.

이 대화상자는 시스템에 특정 사건이 발생했을 때 연주할 사운드를 지정하며 웬만한 사용자라면 이 대화상자를 한 두 번은 사용해 봤을 것이다. 시스템 사건에 대응되는 사운드 정보는 레지스트리에 저장되는데 PlaySound 함수는 레지스트리로부터 이 정보를 읽어 해당 사운드를 연주할 수 있다. 첫 번째 인수인 pszSound에 다음과 같은 사운드 ID를 주면 된다.

사운드 **ID**	설명
SystemDefault	기본 경고음
SystemAsterisk	일반 메시지
SystemExclamation	경고 메시지
SystemHand	시스템 오류
SystemQuestion	질문
SystemStart	시스템 시작
SystemExit	시스템 종료

다음과 같이 코드를 작성해 보자.

```
PlaySound("SystemStart", NULL, SND_ASYNC | SND_ALIAS);
```

이 코드는 윈도우즈가 시작될 때 발생하는 사운드를 연주한다. 레지스트리에 정의된 사운드를 연주하므로 SND_ALIAS 플래그를 사용했으나 PlaySound는 디폴트로 레지스트리부터 검색해 보므로 굳이 이 플래그를 지정하지 않아도 된다. 실제 연주되는 사운드는 사용자가 제어판에서 소리를 어떻게 설정해 놓았는가에 따라 달라진다.

Wave 파일을 읽어 사운드를 연주하는 방법에는 몇 가지 단점이 있다. 우선 사운드를 연주할 때마다 디스크의 사운드 파일을 읽어야 하므로 느리다는 단점이 있고 다음으로 사운드 파일이 반드시 실행 파일과 같이 배포되어야 한다는 번거로움도 있다. 간단한 유틸리티 같은 경우 부속파일이 있다는 것은 무척 번거로운 것이다. 이에 대한 대안으로 사운드 파일을 리소스에 포함시켜 놓고 리소스에서 읽어서 연주하는 방법이 있다. 이렇게 되면 실행 파일이 사운드 파일의 크기만큼 커지는 단점이 있기는 하지만 속도가 빠르고 사용자가 훨씬 더 편리하게 사용할 수 있다.

리소스의 사운드를 연주하기 위해서는 PlaySound 함수의 플래그에 SND_RESOURCE를 지정하고 첫 번째 인수로 리소스의 이름을 전달한다. Wave 파일을 리소스에 포함시키는 방법은 비교적 간단하다. 리소스 추가 대화상자에서 Import 버튼을 누른다. 그리고 포함시키고자 하는 Wave 파일을 선택하면 다음과 같이 WAVE 타입의 리소스를 IDR_WAVE1이라는 ID로 만들어 줄 것이다.

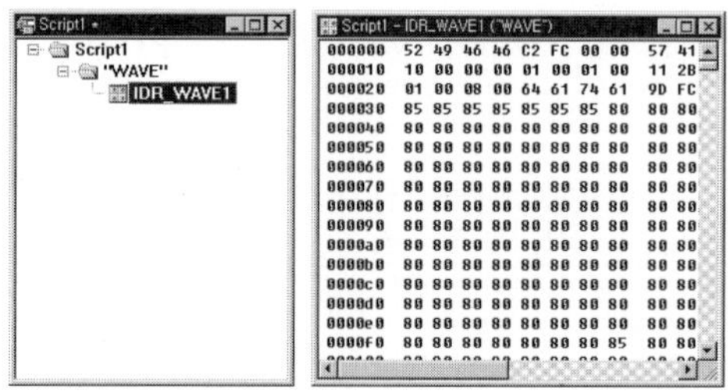

이 리소스 스크립트를 PlaySound.rc로 저장하고 프로젝트에 포함시키면 Wave 파일이 리소스로 만들어진 것이다. 이제 이 리소스를 사용하도록 다음 코드를 작성한다.

```
PlaySound(MAKEINTRESOURCE(IDR_WAVE1), g_hInst, SND_RESOURCE | SND_ASYNC);
```

PlaySound의 세 번째 인수에 SND_RESOURCE 플래그를 지정하여 연주 대상이 되는 사운드를 리소스에서 찾게 하며 첫 번째 인수로 리소스의 이름을 준다. 리소스 편집기가 리소스 ID를 정수로 정의하므로 MAKEINTRESOURCE 함수를 사용하여 문자열 형태로 변경해야 한다. 두 번째 인수 hmod는 리소스가 포함된 실행 파일의 핸들인데 g_hInst를 전달하면 된다. 이렇게 하면 실행 파일에 사운드 정보가 내장되기 때문에 PlaySound 함수 호출 즉시 연주되며 부속 파일없이도 연주가 가능해진다.

52-2 MCI

52-2-가. MCI

앞서 사용해본 PlaySound 함수 등은 사용 방법이 무척 쉬운 고수준(High Level) 함수이다. 하지만 사용방법이 쉽다는 것은 사용자가 최소한의 의사표현만을 하기 때문이며 따라서 그만큼 세세한 부분까지 사용자가 개입할 수 없다는 뜻이기도 하다. 구체적으로 PlaySound 함수는 다음과 같은 단점을 가지고 있다.

① 물리적인 메모리 크기에 제한을 받는다. 즉 현재 시스템에 장착된 물리 메모리 크기보다 더 큰 사운드 파일은 연주할 수 없다. 멀티미디어 데이터는 그 특성상 파일의 크기가 무척 크기 때문에 메모리 한계는 치명적인 단점이다. 그래서 PlaySound 함수로는 길어야 몇 분 정도의 사운드밖에 낼 수가 없다.

② 디바이스 드라이버가 지원하는 형태의 포맷만 연주할 수 있으며 MP3같은 압축된 포맷은 연주할 수 없다. 좀 더 구체적으로 말하자면 Wave 파일 형태로 된 사운드 파일만 연주할 수 있다.

③ 단순히 연주만 할 수 있을 뿐이며 연주 과정에 사용자가 개입할 수는 없다. 예를 들어 사운드의 일정부분만 연주하거나 역으로 재생하거나 연주 속도를 조절할 수는 없다. 심지어 볼륨을 조절하는 기능조차도 없다.

MCI(Media Control Interface)는 사운드, 동영상, MIDI 등등의 여러 가지 멀티미디어 요소에 대한 지원을 장치독립적으로 제공하는 일종의 라이브러리이다. 장치독립적이기 때문에 훨씬 더 다양한 하드웨어 환경에서 실행될 수 있으며 또한 확장성을 염두에 두고 설계되었기 때문에 미래에 새로 개발되는 멀티미디어 요소에 대해서도 근본 구조를 고치지 않고 쉽게 적용할 수 있다. MCI는 PlaySound 함수가 하지 못하는 여러 가지 일을 할 수 있되 대신 사용방법은 훨씬 더 복잡하다.

MCI의 연주 대상이 되는 것을 통칭하여 장치라고 하며 영어로는 Device이다. 여기서는 원문 그대로 '디바이스'로 칭한다. 디바이스에는 CD-ROM, 비디오 디스크 등의 하드웨어 장치는 물론, Wave 파일, 동영상 파일, MIDI 파일 등의 소프트웨어까지 포함된다. 어쨌든 연주 또는 재생의 대상이 되는 것을 하드웨어, 소프트웨어에 상관하지 않고 디바이스라고 칭한다. MCI의 디바이스는 크게 다음 두 가지로 구분된다.

- 심플 디바이스(Simple Device) : 장치만 존재하며 별도의 데이터 파일이 불필요한 디바이스이다. CD-ROM 드라이브, 비디오 디스크 등이 이 부류에 속한다.
- 컴파운드 디바이스(Compound Device) : 장치 그 자체뿐만 아니라 별도의 데이터 파일이 필요한 디바이스이다. Wave, MIDI 등이 이 부류에 속한다.

MCI를 사용하는 방법에는 다음 두 가지가 있다.

- 명령 메시지 방식(Command Message) : MCI 디바이스에게 메시지를 보내 명령을 내린다. 예를 들어 MCI_OPEN 메시지는 디바이스를 오픈하라는 명령이며 MCI_PLAY는 디바이스를 연주하라는 명령이다. C언어 등의 프로그래밍 언어에서는 주로 명령 메시지 방식을 많이 사용한다. 명령 메시지를 보낼 때는 mciSendCommand 함수를 사용한다.
- 명령 문자열 방식(Command String) : 마치 자연어를 구사하듯이 문자열로 MCI 디바이스에 명령을 내리는 방법이다. 예를 들어 "play chime.wav"라는 문자열을 MCI 디바이스로 보내면 chime.wav 파일이 연주된다. 툴북 등의 저작툴이나 스크립트 언어에서 주로 사용되는 방법이다. 명령 문자열을 보낼 때는 mciSendString 함수를 사용한다.

두 방식이 질적으로 다르기는 하지만 대체성이 있으므로 그때 그때의 상황에 따라 적절한 방법을 사용하면 된다. 명령 메시지 방식으로 할 수 있는 일은 명령 문자열 방식으로도 할 수 있으며 그 반대도 마찬가지이다. 이 책에서는 명령 메시지 방식을 중심으로 살펴볼 것이다.

52-2-나. MCIWave 프로젝트

MCI는 PlaySound 등의 함수와는 달리 프로그래밍 절차가 다소 복잡하므로 우선 MCI 디바이스를 사용하는 간단한 예제를 하나 만들어 보고 예제를 분석하면서 이론을 익히자. 다음은 MCI를 사용하여 Wave 파일을 연주하는 예제이다.

예 제 : MCIWave

```
#include "mmsystem.h"
UINT wDeviceID=0;
DWORD PlayWaveFile(HWND hWndNotify, LPSTR lpszWave)
{
    DWORD Result;
    MCI_OPEN_PARMS mciOpenParms;
    MCI_PLAY_PARMS mciPlayParms;

    // 장치를 Open하고 ID를 발급받는다.
    mciOpenParms.lpstrDeviceType = "WaveAudio";
    mciOpenParms.lpstrElementName = lpszWave;
    Result=mciSendCommand(0,MCI_OPEN, MCI_OPEN_TYPE | MCI_OPEN_ELEMENT,
        (DWORD)(LPVOID) &mciOpenParms);
    if (Result) {
        return Result;
    }
    wDeviceID=mciOpenParms.wDeviceID;

    mciPlayParms.dwCallback=(DWORD)hWndNotify;
    Result = mciSendCommand(wDeviceID, MCI_PLAY, MCI_NOTIFY,
        (DWORD)(LPVOID)&mciPlayParms);
    if (Result) {
        mciSendCommand(wDeviceID, MCI_CLOSE, 0, (DWORD)NULL);
        return Result;
    }
    return 0;
}

LRESULT CALLBACK WndProc(HWND hWnd,UINT iMessage,WPARAM wParam,LPARAM lParam)
{
    HDC hdc;
    PAINTSTRUCT ps;
    DWORD Result;
    TCHAR str[256];
    TCHAR *Mes="왼쪽 버튼을 누르면 사운드를 연주합니다.";

    switch (iMessage) {
    case WM_LBUTTONDOWN:
        Result=PlayWaveFile(hWnd, "Bugle.wav");
        if (Result) {
            mciGetErrorString(Result, str, 256);
            MessageBox(hWnd, str,"에러 발생",MB_OK);
        }
        return 0;
    case MM_MCINOTIFY:
        switch (wParam) {
```

```
            case MCI_NOTIFY_SUCCESSFUL:
            case MCI_NOTIFY_FAILURE:
            case MCI_NOTIFY_SUPERSEDED:
            case MCI_NOTIFY_ABORTED:
                mciSendCommand(LOWORD(lParam), MCI_CLOSE, 0, (DWORD)NULL);
                break;
            }
            return 0;
        case WM_PAINT:
            hdc=BeginPaint(hWnd,&ps);
            TextOut(hdc,10,10,Mes,lstrlen(Mes));
            EndPaint(hWnd,&ps);
            return 0;
        case WM_DESTROY:
            if (wDeviceID)
                mciSendCommand(wDeviceID, MCI_CLOSE, 0, (DWORD)NULL);
            PostQuitMessage(0);
            return 0;
        }
        return(DefWindowProc(hWnd,iMessage,wParam,lParam));
}
```

일단 실행부터 해 보자. 실행 결과는 앞에서 작성한 PlaySound 예제와 완전히 동일하다. 다만 MCI를 사용했으므로 중간 과정에서 많은 변화를 줄 수 있다는 점이 다르다. WndProc의 WM_LBUTTONDOWN 을 보면 PlayWaveFile이라는 함수를 호출하고 있으며 이 함수는 WndProc 함수 위에 정의되어 있다. 이 함수는 메인 윈도우의 핸들과 연주할 Wave 파일의 이름을 인수로 전달받으며 연주 결과를 리턴한다. 리턴값이 0이면 연주가 무사히 되었다는 뜻이며 0이 아닐 경우는 이 값으로 에러 코드가 리턴되는데 mciGetErrorString 함수를 호출하여 어떤 종류의 에러가 발생했는지 알아낸다.

BOOL mciGetErrorString(DWORD fdwError, LPTSTR lpszErrorText, UINT cchErrorText);

첫 번째 인수는 에러 코드이며 두 번째 인수는 에러 문자열을 대입받을 문자열 버퍼이다. 만약 MCI 디바이스를 다른 프로그램에서 사용하고 있는 중에 이 프로그램이 실행되었다면 다음과 같은 메시지가 나타난다.

WM_LBUTTONDOWN에서는 PlayWaveFile이라는 함수를 호출하는 일과 이 함수로부터 리턴값을 받아 에러처리를 하는 일만 하고 있을 뿐이며 실질적으로 MCI 디바이스를 사용하여 사운드를 연주하는 함수는 PlayWaveFile이라는 함수이다. 이 함수를 조금씩 분석해 보자.

52-2-다. MCI_OPEN

MCI 디바이스를 사용하려면 먼저 오픈해야 한다. MCI 디바이스를 오픈한다는 것은 디바이스 드라이버를 메모리로 읽어오고 ID를 발급한다는 뜻이다. 일단 MCI 디바이스가 오픈되고 ID를 발급받으면 이후부터는 ID만으로 모든 작업을 할 수 있다. 마치 파일을 사용하기 전에 파일을 열어야 하며 오픈 결과 파일 핸들이 발급되는 것과 동일하다. 오픈을 하기 위해서는 MCI_OPEN 메시지를 보내야 하며 메시지를 보낼 때는 다음 함수를 사용한다.

MCIERROR mciSendCommand(MCIDEVICEID IDDevice, UINT uMsg, DWORD fdwCommand, DWORD dwParam);

첫 번째 인수로 명령 메시지를 받을 디바이스의 ID를 지정하되 단 MCI_OPEN 메시지를 보낼 때는 아직 ID가 발급되기 전이므로 이 인수를 사용하지 않는다. 두 번째 인수 uMsg는 디바이스로 보낼 메시지이며 MCI_OPEN, MCI_PLAY 등과 같은 매크로값이 정의되어 있다. 세 번째 인수는 메시지에 대한 플래그이며 메시지의 옵션을 지정한다. 네 번째 인수는 메시지 수행에 필요한 추가 정보이다. 예를 들어 오픈 메시지의 경우 어떤 타입의 어떤 파일을 열어라는 추가 정보가 필요하며 연주 메시지의 경우 연주 방법을 지정하는 추가 정보가 필요하다.

MCI 디바이스로 보내지는 메시지는 ① 메시지 값 ② 플래그 ③ 추가 정보 의 세 가지로 구성되어 있으며 이 정보가 mciSendCommand 함수의 2~4번째 인수로 그대로 전달된다. 윈도우 메시지가 메시지 ID, wParam, lParam 등으로 구성되는 것과 유사하다. 물론 플래그와 추가 정보의 의미는 메시지별로 다르게 정의되어 있다. MCI_OPEN 메시지는 말 그대로 MCI 디바이스를 오픈하라는 메시지이다. Wave 파일과 같은 컴파운드 디바이스를 오픈하는 방법에는 세 가지가 있다.

① 디바이스 이름만을 지정하는 방법
② 디바이스 이름과 데이터 파일을 같이 지정하는 방법
③ 데이터 파일만을 지정하는 방법, 이 경우 디바이스는 데이터 파일의 확장자를 기준으로 자동 설정된다.

어떤 방법으로 열 것인가는 MCI_OPEN 메시지의 플래그로 지정하되 MCI_OPEN_TYPE | MCI_OPEN_ELEMENT로 지정하면 디바이스 이름과 데이터 파일을 모두 지정한다. 추가 정보는 MCI_OPEN_PARMS 구조체로 전달된다.

```
typedef struct {
    DWORD          dwCallback;
    MCIDEVICEID    wDeviceID;
    LPCSTR         lpstrDeviceType;
    LPCSTR         lpstrElementName;
    LPCSTR         lpstrAlias;
} MCI_OPEN_PARMS;
```

dwCallback과 lpstrAlias는 여기서는 사용하지 않는다. lpstrDeviceType은 연주하고자 하는 디바이스의 타입을 설정하되 이 예제는 Wave 파일을 연주하므로 "waveaudio"로 설정했다. lpstrElementName은 연주하고자 하는 데이터 파일을 지정하며 이 프로그램에서는 WM_LBUTTONDOWN으로부터 전달된 "Bugle.wav"파일로 지정하였다. MCI_OPEN의 결과 디바이스가 오픈되고 이때 발급된 ID는 wDeviceID 멤버에 대입되며 mciSendCommand의 리턴값으로 메시지 처리 결과가 리턴된다. 이 값이 0이면 정상적으로 메시지가 수행된 것이며 리턴값이 0이 아닐 경우 에러가 발생한 것이므로 이 에러 코드를 WM_LBUTTONDOWN으로 리턴하면 된다. 에러가 발생하지 않았으면 전역변수 wDeviceID에 디바이스 ID를 대입해 둔다.

52-2-라. MCI_PLAY

오픈된 디바이스를 연주할 때는 MCI_PLAY 메시지를 보낸다. 이 메시지의 플래그로 다음 두 가지 중 하나가 사용된다.

- MCI_WAIT : 연주가 완전히 종료할 때까지 대기한다. 즉 연주가 끝나기 전에 리턴하지 않는다. PlaySound 함수의 SND_SYNC 플래그와 동일하다. 이 플래그가 없으면 연주를 시작하고 곧바로 리턴한다.
- MCI_NOTIFY : 연주가 종료될 때 지정한 윈도우로 MM_MCINOTIFY 통지 메시지를 보낸다. 비동기 방식으로 연주할 때는 언제 연주가 끝났는지를 알아야 하므로 통지 메시지를 받아야 한다. 동기 방식으로 연주할 때도 이 메시지를 지정할 수는 있지만 별 의미는 없다.

이 플래그들은 MCI_PLAY뿐만 아니라 대부분의 MCI명령에 적용된다. 위 예제의 경우 MCI_NOTIFY 플래그를 사용하여 연주만 시켜놓고 곧바로 리턴하여 연주중에도 다른 일을 할 수 있다. 추가 정보에는 MCI_PLAY_PARMS 구조체가 사용된다.

```
typedef struct {
     DWORD dwCallback;
     DWORD dwFrom;
     DWORD dwTo;
} MCI_PLAY_PARMS;
```

dwCallback은 MCI_NOTIFY 플래그가 지정되었을 경우 통지 메시지를 받을 윈도우를 지정하며 dwFrom은 연주 시작 위치를 dwTo는 연주 종료 위치를 지정한다. 단 dwFrom이나 dwTo 멤버값이 사용되려면 플래그에 MCI_FROM, MCI_TO 플래그가 포함되어 있어야 한다. 이 예제에서는 dwCallback에 메인 윈도우의 핸들을 대입하여 메인 윈도우가 통지 메시지를 받는다. 그래서 메인 윈도우에서는 MM_MCINOTIFY 메시지를 처리하고 있다.

```
case MM_MCINOTIFY:
    switch (wParam) {
    case MCI_NOTIFY_SUCCESSFUL:
    case MCI_NOTIFY_FAILURE:
    case MCI_NOTIFY_SUPERSEDED:
    case MCI_NOTIFY_ABORTED:
        mciSendCommand(LOWORD(lParam), MCI_CLOSE, 0, (DWORD)NULL);
        break;
    }
    return 0;
```

MM_MCINOTIFY 메시지는 LOWORD(lParam)에 디바이스 ID를, wParam에 통지 메시지의 종류를 나타내는 플래그를 보내준다.

플래그	설명
MCI_NOTIFY_SUCCESSFUL	명령을 성공적으로 수행하였다.
MCI_NOTIFY_SUPERSEDED	새 통지 메시지를 받았다.
MCI_NOTIFY_ABORTED	새 명령을 받았다.
MCI_NOTIFY_FAILURE	하드웨어적인 문제로 명령을 수행할 수 없다.

이 예제의 WndProc에서 처리하고 있는 MM_MCINOTIFY 메시지는 사실 큰 의미는 없으며 다만 이런 식으로 통지 메시지를 받을 수 있다는 것만 보여주고 있을 뿐이다. 각 통지 메시지를 받았을 때 단순히 장치를 닫기만 했다.

디바이스를 사용한 후에는 반드시 닫아야 하며 이때는 MCI_CLOSE 메시지를 사용한다. 이 메시지는 비교적 간단하기 때문에 플래그도 없으며 추가정보를 사용할 수는 있지만 굳이 사용할 필요가 없다. PlayWaveFile 함수에서 MCI_PLAY 메시지를 보낸 후 만약 어떤 이유로 에러가 발생했을 경우 MCI_CLOSE 메시지를 보내 디바이스를 즉각 닫았다. 또한 프로그램이 종료되는 시점인 WM_DESTROY에서 MCI_CLOSE 메시지를 보내 만약 사운드 파일이 연주되고 있는 중이면 디바이스를 닫은 후 종료하였다.

```
case WM_DESTROY:
    if (wDeviceID)
        mciSendCommand(wDeviceID, MCI_CLOSE, 0, (DWORD)NULL);
    PostQuitMessage(0);
    return 0;
```

만약 이 처리를 생략해 버린다면 디바이스가 닫히지 않은 채로 프로그램이 종료되어버려 이후 어떤 프로그램도 이 디바이스를 사용할 수 없게 된다.

52-3 동영상

52-3-가. PlayAVI

MCI를 사용하면 동영상도 아주 쉽게 재생할 수 있다. 다음 예제는 MCI로 동영상을 재생하는 방법을 보여준다.

예 제 : PlayAvi

```
#include <vfw.h>
HWND hWndAVI=0;
LRESULT CALLBACK WndProc(HWND hWnd,UINT iMessage,WPARAM wParam,LPARAM lParam)
{
    switch (iMessage) {
    case WM_LBUTTONDOWN:
        if (hWndAVI) {
            MCIWndClose(hWndAVI);
            MCIWndDestroy(hWndAVI);
            hWndAVI=0;
        }
        hWndAVI=MCIWndCreate(hWnd, g_hInst,0,"ballet.avi");
        if (hWndAVI) {
            MCIWndPlay(hWndAVI);
        }
        return 0;
```

```
        case WM_DESTROY:
            PostQuitMessage(0);
            return 0;
        }
        return(DefWindowProc(hWnd,iMessage,wParam,lParam));
}
```

WndProc이전에 vfw.h를 인클루드하고 동영상 재생 윈도우의 핸들인 hWndAVI를 전역변수로 선언하였다. 코드는 모두 WM_LBUTTONDOWN에 있으므로 이 코드만 분석해 보면 동영상을 재생하는 방법을 알 수 있다. 동영상 연주는 비디오 포 윈도우(Video for window) 라이브러리를 사용하므로 프로젝트에서 이 라이브러리를 사용할 수 있게 연결해야 한다. Project/Settings/Link 탭에 vfw32.lib를 추가한다.

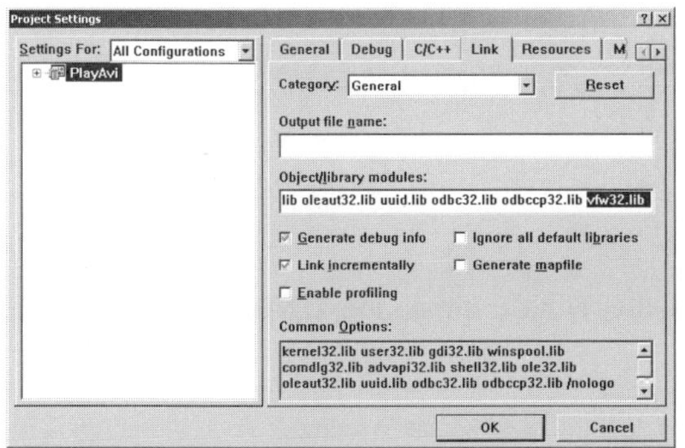

샘플로 사용할 동영상을 준비하여 프로젝트 디렉토리에 복사해 두되 확장자가 AVI인 아무 동영상이나 상관없다. 이 예제에서는 Ballet.avi라는 파일을 준비해 두었다. 실행중의 모습은 다음과 같다.

메인 윈도우의 좌상단인 (0,0)에 동영상 재생 윈도우인 MCIWnd가 배치되며 이 윈도우의 하단에는 재생 위치를 알려주는 슬라이더와 재생/정지 버튼, 메뉴 버튼이 위치하고 있다. 슬라이더를 드래그하면 재생 위치를 임의로 변경할 수 있다. 재생/정지 버튼은 누름에 따라 동영상을 재생하거나 중지한다. 또한 Ctrl키를 누른 상태에서 재생 버튼을 누르면 전 화면으로 재생되며 Shift키를 누른 상태에서 재생 버튼을 누르면 역재생되기도 한다. 메뉴 버튼을 누르면 동영상 재생에 관련된 여러 가지 옵션이 들어있는 팝업 메뉴가 열린다.

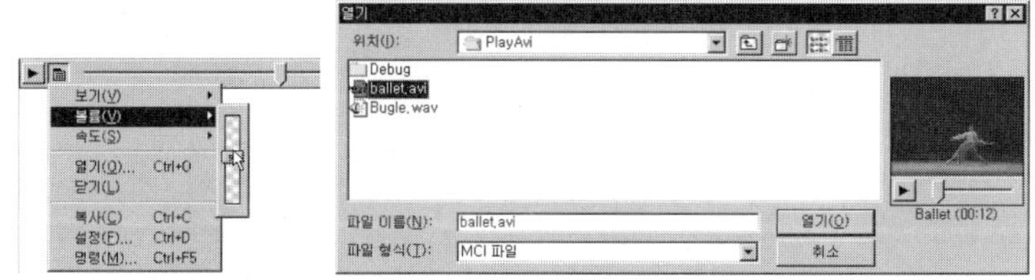

이 메뉴에는 재생 속도, 볼륨 조절, 다른 동영상 파일 읽어오기 등등의 기능이 있어 유저가 이 윈도우를 사용하여 동영상에 관련된 여러 가지 작업을 할 수 있다. 열기 메뉴를 선택하면 AVI파일을 읽어올 수 있는 대화상자가 열리는데 이 대화상자에는 미리 보기 기능까지 포함되어 있다. 겨우 윈도우 하나를 만들었을 뿐인데 이런 고수준의 서비스까지 받을 수 있다.

52-3-나. MCIWndCreate

그럼 이제 소스를 분석해 보자. MCIWnd 윈도우는 마우스 왼쪽 버튼을 눌렀을 때인 WM_LBUTTONDOWN에서 만들어진다. 그전에 hWndAVI가 유효하면 먼저 MCIWnd를 닫는 작업부터 해야 한다. 이미 재생 윈도우가 열려져 있을 경우 두 개가 열리지 않아야 한다. MCIWnd를 만드는 함수는 MCIWndCreate 함수이다.

HWND MCIWndCreate(HWND hwndParent, HINSTANCE hInstance, DWORD dwStyle, LPSTR szFile);

이 함수는 MCIWnd 윈도우를 등록하고(RegisterClass), 만들고(CreateWindow), 또 디바이스를 읽어오는 일까지 한꺼번에 한다. 4개의 인수를 가지는데 첫 번째 인수 hWndParent는 MCIWnd의 부모 윈도우를 지정하며 MCIWnd는 부모 윈도우의 차일드로 만들어진다. 이 인수가 NULL일 경우, 즉 부모 윈도우가 지정되지 않을 경우 MCIWnd는 별도의 윈도우로 열린다.

hInstance는 MCIWnd를 사용하는 인스턴스 핸들이며 dwStyle은 MCIWnd의 모양, 동작 방식 등을 설정하는 스타일값이다. MCIWnd도 일종의 윈도우이므로 CreateWindowEx에서 사용하는 모든 스타일(WS_CHILD, WS_BORDER)을 다 사용할 수 있으며 이외에 MCIWnd 고유의 스타일도 있다. 스타일에 대해서는 별도로 알아보자. 마지막 인수 szFile은 MCIWnd 생성시 오픈할 장치, 또는 AVI파일을 지정한다.

리턴값으로는 만들어진 MCIWnd 윈도우의 핸들을 리턴하며 이 핸들은 MCIWndOpen, MCIWndPlay 등, 이 윈도우를 사용하는 모든 함수에서 사용된다. 만약 에러가 발생하여 윈도우를 만들 수 없으면 0을 리턴한다. 예제에서는 MCIWndCreate가 리턴하는 핸들을 hWndAVI 전역변수에 대입하였으며 이 핸들이 0이 아닐 경우 MCIWndPlay 함수로 재생을 시작한다.

MCIWndCreate 함수 외에 MCIWnd에 관련된 함수로는 다음 함수들이 있는데 선두의 세 함수는 이 예제에서도 사용하고 있다. 함수 이름 자체가 너무나 설명적이기 때문에 간단히 표로 정리하였다. 여섯 개의 함수가 모두 인수로 MCIWnd의 윈도우 핸들을 받아들인다.

함수	설명
MCIWndPlay	MCI_PLAY 명령을 보내 재생을 시작한다.
MCIWndClose	MCI_CLOSE 명령을 보내 MCI 디바이스를 닫는다. 디바이스만 닫을 뿐이며 MCIWnd 윈도우는 그대로 유지되므로 MCIWndOpen 함수에 의해 다른 디바이스를 다시 열 수도 있다.
MCIWndDestroy	MCI 디바이스를 닫고 MCIWnd 윈도우를 파괴한다. 이 함수 대신 WM_CLOSE 메시지를 보내도 결과는 동일하다.
MCIWndPause	재생(또는 녹화)을 잠시 멈춘다.
MCIWndResume	잠시 멈추어 둔 재생을 멈춘 위치에서부터 다시 재생한다.
MCIWndStop	재생을 중지한다.

조금 복잡한 함수로는 다음 함수가 있다.

LONG MCIWndOpen(hwnd, szFile, wFlags);

이 함수는 MCI디바이스를 연다. MCIWndCreate 함수의 4번째 인수 szFile에 디바이스를 지정하여 윈도우를 만듦과 동시에 디바이스를 열 수도 있고 szFile에 NULL을 전달하여 윈도우만 만든 후 이 함수를 사용하여 디바이스를 열 수도 있다. hwnd는 당연히 MCIWnd의 윈도우 핸들이며 szFile은 열고자 하는 디바이스의 이름(통상 AVI 파일)이되 이 값이 -1이면 파일 열기 대화상자를 열어 사용자가 파일을 선택할 수 있게 한다. wFlags에 MCIWNDOPENF_NEW 플래그가 설정되어 있으면 szFile을 만든다.

52-3-다. 플래그

MCIWnd에 관련된 함수들은 무척 사용하기 쉽다. 다만 MCIWndCreate 함수의 플래그들에 대해서만 중점적으로 살펴보면 된다. 플래그의 수가 좀 많은데 일단 표로 정리한 후 이 중 중요한 몇개의 플래그를 예제와 함께 살펴보기로 하자.

플래그	설명
MCIWNDF_NOAUTOSIZEWINDOW	이미지 크기에 맞게 윈도우 크기를 조정하지 않는다. 디폴트는 이미지 크기에 맞게 윈도우 크기가 변경된다.
MCIWNDF_NOAUTOSIZEMOVIEW	윈도우 크기에 맞게 이미지 크기를 조정하지 않는다.
MCIWNDF_NOERRORDLG	에러가 발생해도 에러 메시지를 출력하지 않는다.
MCIWNDF_NOMENU	툴바의 메뉴 버튼을 숨기며 사용자가 팝업 메뉴를 사용하지 못한다.
MCIWNDF_NOOPEN	팝업 메뉴의 파일 열기와 닫기 항목을 없앤다. 이 경우 프로그램에서 열어준 동영상만 볼 수 있다.
MCIWNDF_NOPLAYBAR	툴바를 숨긴다.
MCIWNDF_NOTIFYANSI	MCIWNDF_NOTIFYMODE 플래그와 함께 사용되며 통지 메시지를 보낼 때 ANSI 문자열을 사용한다. NT에서는 이 플래그를 사용할 수 없다.
MCIWNDF_NOTIFYMODE	모드가 변경될 때마다 통지 메시지를 보낸다. lParam으로 변경된

	모드가 전달된다.
MCIWNDF_NOTIFYPOS	연주(또는 녹음) 위치가 변경될 때마다 통지 메시지를 보낸다. lParam으로 새 위치가 전달된다.
MCIWNDF_NOTIFYMEDIA	디바이스가 바뀌거나 파일이 열릴 때마다 통지 메시지를 보낸다.
MCIWNDF_NOTIFYSIZE	윈도우 크기가 변경되면 통지 메시지를 보낸다.
MCIWNDF_NOTIFYERROR	MCI에서 에러가 발생하면 통지 메시지를 보낸다.
MCIWNDF_NOTIFYALL	상술한 모든 통지 메시지를 보낸다.
MCIWNDF_RECORD	녹음 기능을 사용할 수 있도록 녹음 버튼을 사용한다.
MCIWNDF_SHOWALL	아래 세 가지 플래그를 모두 지정한다.
MCIWNDF_SHOWMODE	MCIWnd 윈도우의 타이틀 바에 현재 모드를 출력한다.
MCIWNDF_SHOWNAME	재생중인 파일명을 타이틀 바에 출력한다.
MCIWNDF_SHOWPOS	재생 위치를 타이틀 바에 출력한다.

대부분의 플래그들이 쉽게 이해가 갈 것이다. 여기서는 두 개의 통지 메시지를 사용하는 예를 들어본다. MCIWndCreate 함수의 세 번째 인수에 다음과 같이 두 개의 플래그를 설정한다.

```
hWndAVI=MCIWndCreate(hWnd, g_hInst,MCIWNDF_NOTIFYMODE | MCIWNDF_NOTIFYPOS,
"ballet.avi");
```

그러면 MCIWnd는 디바이스의 모드가 변경될 때마다 MCIWNDM_NOTIFYMODE라는 메시지를 부모 윈도우로 전달하며 재생 위치가 변경될 때마다 MCIWNDM_NOTIFYPOS라는 메시지를 전달하는데 부모 윈도우에서는 MCIWnd가 보내는 통지 메시지를 받아 적절한 작업을 수행하면 된다. WndProc에 다음과 같은 코드를 추가해 보자.

```
case MCIWNDM_NOTIFYMODE:
    switch (lParam) {
    case MCI_MODE_PLAY:
        MessageBox(hWnd, "Play","MCI",MB_OK);
        break;
    case MCI_MODE_STOP:
        MessageBox(hWnd, "Stop","MCI",MB_OK);
        break;
    }
    return 0;
case MCIWNDM_NOTIFYPOS:
    hdc=GetDC(hWnd);
    wsprintf(str, "현재 위치:%ld",lParam);
    TextOut(hdc,0,300,str,lstrlen(str));
    ReleaseDC(hWnd, hdc);
    return 0;
```

MCIWNDM_NOTIFYMODE 메시지를 받으면 메시지 박스를 열어 통지 메시지를 받았음을 알려주기만 하는데 실제 프로그래밍에서는 모드가 변경됨에 따라 특정한 작업을 수행할 수 있다. 예를 들어 재생을 시작할 때 메인 윈도우를 사용금지시킨다거나 재생이 종료되면 곧바로 MCIWnd를 파괴하는 등의 작업을 예로 들 수 있다. MCIWNDM_NOTIFYMODE는 lParam으로 변경된 모드를 전달하는데 가능한 값은 MCI_MODE_OPEN, MCI_MODE_PLAY, MCI_MODE_STOP, MCI_MODE_RECORD 등등이 있다. MCIWNDM_NOTIFYPOS 메시지를 받았을 때는 현재 위치를 화면으로 출력하였다.

53-1 WinInet

53-1-가. 인터넷 연결

Win32 환경에서 네트워크 프로그래밍을 한다면 으레히 소켓을 생각할 것이다. 소켓은 가장 일반적인 네트워크 프로그래밍 방법이며 이해하기도 비교적 쉽고 기능도 신뢰할 만하다. 그러나 소켓 자체만 해도 굉장히 부피가 크기 때문에 이 책에서는 소켓은 다루지 않고 Win32의 고수준 인터넷 라이브러리인 WinInet만 다룬다. 소켓에 관심있는 사람은 별도의 네트워크 프로그래밍 서적을 참고하기 바란다.

WinInet은 Win32가 제공하는 고수준의 네트워크 라이브러리이며 FTP, HTTP, 고퍼 세 가지 프로토콜을 지원한다. Win32 프로그래머에게 익숙한 함수 형태로 되어 있으므로 조금만 익숙해지면 하부의 프로토콜을 잘 몰라도 간단한 인터넷 프로그래밍에는 충분히 사용할 만하다. 비록 서버 측 프로그래밍에는 사용할 수 없다는 단점을 가지고 있지만 클라이언트용으로는 간단하면서도 필요한 기능을 골고루 다 가지고 있다.

WinInet으로 만든 인터넷 프로그램은 적어도 윈도우즈 환경에서는 별도의 배포 파일없이 단독 실행 파일을 만들 수 있어 간단한 용도에 적합하다. WinInet 라이브러리를 사용하기 위해서는 wininet.h 헤더 파일을 포함해야 하며 wininet.lib를 연결해야 한다. 이 두 가지만 하면 별도의 설정없이도 인터넷 프로그램을 작성할 수 있다.

인터넷 연결을 위해 제일 먼저 호출해야 하는 함수는 InternetOpen 함수이다. HTTP든 FTP든 일단 이 함수로 인터넷 환경을 만들어야 한다. 다음 함수는 인터넷 관련 DLL들을 초기화하고 인터넷 연결의 특성을 정의한다. 원형은 다음과 같다.

HINTERNET InternetOpen(LPCTSTR lpszAgent, DWORD dwAccessType, LPCTSTR lpszProxyName, LPCTSTR lpszProxyBypass, DWORD dwFlags);

첫 번째 인수는 이 함수를 호출하는 응용 프로그램의 이름이며 HTTP 프로토콜의 유저 에이전트(User Agent)로 사용된다. 두 번째 인수는 인터넷 연결 방식을 지정하는데 직접 연결하는 방법과 프록시를 통해 연결하는 방법이 있다. INTERNET_OPEN_TYPE_PRECONFIG으로 지정하면 레지스트리에 설정된 대로 인터넷에 연결한다. 세 번째 인수와 네 번째 인수는 프록시를 사용할 때만 지정하며 직접 연결할 경우는 둘 다 NULL로 지정한다. 마지막 인수는 인터넷 연결의 속성을 지정하는데 다음 세 가지 플래그를 조합해서 지정할 수 있다.

플래그	설명
INTERNET_FLAG_ASYNC	비동기 방식으로 연결한다.
INTERNET_FLAG_FROM_CACHE =INTERNET_FLAG_OFFLINE	실제로 네트워크 요청을 하지 않고 캐시에서 파일을 찾는다. 캐시에 요청한 파일이 없으면 에러가 발생한다.

비동기 방식으로 연결하는 방법에 대해서는 다음에 다시 거론할 것이다. 별다른 옵션이 없으면 0으로 주면 된다. 이 함수는 초기화에 성공하면 HINTERNET형의 핸들을 리턴하는데 이 핸들은 모든 인터넷 관련 함수들이 사용하며 핸들끼리 계층 구조를 이루고 있다. InternetOpen 함수가 리턴한 핸들은 다른 인터넷 함수들이 인수로 요구하므로 별도의 핸들 변수에 저장해 두어야 한다. 인터넷 연결을 초기화한 후 다음 함수로 인터넷 세션을 연다.

HINTERNET InternetConnect(HINTERNET hInternet, LPCTSTR lpszServerName, INTERNET_PORT nServerPort, LPCTSTR lpszUserName, LPCTSTR lpszPassword, DWORD dwService, DWORD dwFlags, DWORD_PTR dwContext);

이 함수 하나로 HTTP, FTP, 고퍼 세션을 모두 만들 수 있다. 첫 번째 인수는 InternetOpen이 리턴한 핸들을 전달하며 두 번째 인수는 접속하고자 하는 서버의 주소이되 IP를 바로 적을 수도 있고 도메인 이름을 적을 수도 있다. nServerPort는 연결할 TCP/IP 포트를 지정하는데 다음 중 한 값을 가질 수 있다.

INTERNET_DEFAULT_FTP_PORT(21)
INTERNET_DEFAULT_HTTP_PORT(80)
INTERNET_DEFAULT_HTTPS_PORT(443)
INTERNET_INVALID_PORT_NUMBER(서비스의 디폴트 포트)

lpszUserName, lpszPassword는 FTP 서버에 접속하기 위한 사용자 ID와 패스워드이되 둘 다 NULL로 줄 경우 anonymous로 접속되며 패스워드로 이메일 주소가 사용된다. dwService는 이 함수로 열고자 하는 서비스의 종류를 지정하며 다음 세 값중 하나를 지정할 수 있다.

INTERNET_SERVICE_FTP
INTERNET_SERVICE_GOPHER
INTERNET_SERVICE_HTTP

dwFlags는 FTP에만 사용되며 현재로서 사용할 수 있는 플래그는 INTERNET_FLAG_PASSIVE밖에 없다. 마지막 인수 dwContext는 비동기 연결에 사용되는 컨텍스트값인데 이에 관해서는 별도의 절에서 다시 설명할 것이다. 이 함수도 HINTERNET형의 인터넷 핸들을 리턴하는데 이 핸들은 이후 서비스를 액세스하는 모든 함수들에 의해 사용된다.

53-1-나. 핸들의 계층 구조

WinInet의 함수들은 HINTERNET이라는 핸들을 중심으로 동작한다. 인터넷 연결 정보는 많은 데이터를 요구하며 이 데이터들을 함수간에 일일이 전달할 수 없기 때문에 핸들을 만들고 핸들을 통해 함수끼리 상호 통신을 하는 셈이다. 초기화나 세션을 만드는 함수들과 같이 HINTERNET 핸들을 만드는 함수들이 있고 이 핸들의 정보를 일방적으로 사용하기만 하는 함수도 있다.

함수에 따라 리턴되는 정보들은 서로 성격이 다르지만 모두 HINTERNET형의 같은 핸들을 리턴한다. 그러나 이 핸들간에는 엄격한 계층 구조가 있어 한 함수가 리턴한 핸들을 다른 함수가 요구하기도 하고 특정 함수가 요구하는 핸들의 타입도 엄격하게 정해져 있다. 다음은 핸들간의 계층 구조를 간단하게 그려본 것이다.

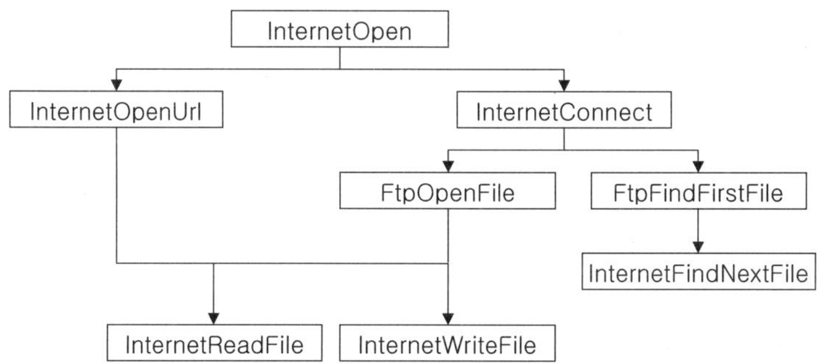

InternetOpen함수가 리턴하는 핸들은 모든 인터넷 핸들의 루트가 된다. InternetConnect나 InternetOpenUrl 등 연결을 만드는 함수들은 모두 이 핸들을 첫 번째 인수로 요구한다. 또한 InternetConnect 함수가 리턴하는 핸들은 파일을 찾거나 여는 함수들에게 인수로 전달되어야 한다. 이런 식으로 핸들간에는 계층 구조를 이루고 있다. 계층 구조를 완성하면 그림이 꽤 복잡해지겠지만 상식적으로 이해할 수 있으므로 이 그림은 애써 암기하지 않아도 된다. 모든 HINTERNET 형 핸들은 사용하고 난 후에 반드시 InternetCloseHandle 함수로 닫아야 한다.

53-2 FTP

53-2-가. FTP연결

원격지에 있는 파일을 다운로드받거나 교환하는 가장 일반적인 방법은 FTP이다. HTTP보다는 훨씬 더 속도가 빠르고 파일 전송만을 위한 프로토콜이기 때문에 사용하기도 훨씬 더 쉽기 때문이다. 네트워크로 파일을 전송해야 한다면 FTP를 사용하는 것이 가장 현명하며 WinInet은 FTP 전송을 훌륭하게 지원한다.

여기서 만든 예제는 아주 간단한 FTP 클라이언트 프로그램이다. 계정만 있다면 어떠한 FTP 서버에도 접속하여 파일을 다운로드받거나 업로드할 수 있다. 이 예제를 통해 WinInet의 기본적인 구조를 익혀보기 바란다. 최대한 간략하게 작성했는데도 길이가 꽤 길다.

예 제 : FTPDemo

```
#include <windows.h>
#include <wininet.h>
#include <commctrl.h>
#include "resource.h"

LRESULT CALLBACK WndProc(HWND,UINT,WPARAM,LPARAM);
BOOL CALLBACK FtpDlgProc(HWND hDlg,UINT iMessage,WPARAM wParam,LPARAM lParam);
HINSTANCE g_hInst;
```

```
HWND hWndMain;
LPCTSTR lpszClass=TEXT("FTPDemo");

HWND hList, hLabel1, hLabel2;              // 파일 목록 리스트 뷰
HIMAGELIST hImgSm;                         // 이미지
HINTERNET hInternet, hFtp;                 // 인터넷 핸들
TCHAR g_Server[50]="ftp.microsoft.com";    // 접속 서버
TCHAR g_User[20]="anonymous";              // 사용자 ID
TCHAR g_Pass[20]="aaa@bbb.co.kr";          // 패스워드

int APIENTRY WinMain(HINSTANCE hInstance,HINSTANCE hPrevInstance
      ,LPSTR lpszCmdParam,int nCmdShow)
{
    HWND hWnd;
    MSG Message;
    WNDCLASS WndClass;
    g_hInst=hInstance;

    WndClass.cbClsExtra=0;
    WndClass.cbWndExtra=0;
    WndClass.hbrBackground=(HBRUSH)(COLOR_BTNFACE+1);
    WndClass.hCursor=LoadCursor(NULL,IDC_ARROW);
    WndClass.hIcon=LoadIcon(NULL,IDI_APPLICATION);
    WndClass.hInstance=hInstance;
    WndClass.lpfnWndProc=WndProc;
    WndClass.lpszClassName=lpszClass;
    WndClass.lpszMenuName=MAKEINTRESOURCE(IDR_MENU1);
    WndClass.style=CS_HREDRAW | CS_VREDRAW;
    RegisterClass(&WndClass);

    hWnd=CreateWindow(lpszClass,lpszClass,WS_OVERLAPPEDWINDOW,
        CW_USEDEFAULT,CW_USEDEFAULT,CW_USEDEFAULT,CW_USEDEFAULT,
        NULL,(HMENU)NULL,hInstance,NULL);
    ShowWindow(hWnd,nCmdShow);

    while (GetMessage(&Message,NULL,0,0)) {
        TranslateMessage(&Message);
        DispatchMessage(&Message);
    }
    return (int)Message.wParam;
}

// FTP에 연결한다.
BOOL MyFtpConnect()
{
    hInternet=InternetOpen("FTPTEST", INTERNET_OPEN_TYPE_PRECONFIG,
        NULL, NULL, 0);
    if (hInternet == NULL) {
        return FALSE;
    }

    hFtp=InternetConnect(hInternet,g_Server,INTERNET_DEFAULT_FTP_PORT,
        g_User,g_Pass,INTERNET_SERVICE_FTP,0,0);
    if (hFtp==NULL) {
        InternetCloseHandle(hInternet);
```

```
        return FALSE;
    }
    return TRUE;
}

// FTP 연결을 끊는다.
void MyFtpUnConnect()
{
    InternetCloseHandle(hFtp);
    InternetCloseHandle(hInternet);
    hFtp=NULL;
    hInternet=NULL;
}

// 파일을 리스트 뷰에 출력한다.
void AddFileToList(WIN32_FIND_DATA wfd)
{
    LVITEM LI;
    int idx;
    TCHAR szTmp[50];
    SYSTEMTIME st;

    LI.mask=LVIF_TEXT | LVIF_IMAGE;

    if (lstrcmp(wfd.cFileName,"한단계 위로")!=0) {
        if (wfd.dwFileAttributes == FILE_ATTRIBUTE_DIRECTORY)
            LI.iImage=0;
        else
            LI.iImage=1;
    } else {
        LI.iImage=2;
    }
    LI.iSubItem=0;
    LI.iItem=10000;
    LI.pszText=wfd.cFileName;
    idx=ListView_InsertItem(hList,&LI);

    if (lstrcmp(wfd.cFileName,"한단계 위로")!=0) {
        itoa(wfd.nFileSizeLow,szTmp,10);
        ListView_SetItemText(hList,idx,1,szTmp);
        FileTimeToSystemTime(&wfd.ftLastWriteTime,&st);
        wsprintf(szTmp,"%d년 %d월 %d일 %d시 %d분",st.wYear, st.wMonth, st.wDay,
            st.wHour, st.wMinute);
        ListView_SetItemText(hList,idx,2,szTmp);
    }
}

// FTP 서버의 현재 디렉토리에서 파일을 열거한다.
void MyFtpEnumFiles()
{
    WIN32_FIND_DATA wfd;
    BOOL bResult=TRUE;
    HINTERNET hFind;
```

```
    if (hFtp==NULL)
        return;

    // 모든 항목을 지우고 한단계 위로 항목을 디폴트로 보여준다.
    ListView_DeleteAllItems(hList);
    lstrcpy(wfd.cFileName,"한단계 위로");
    AddFileToList(wfd);

    // 파일 목록 출력
    hFind=FtpFindFirstFile(hFtp,"*.*",&wfd,0,0);
    if (hFind!=NULL) {
        AddFileToList(wfd);
        while (bResult) {
            bResult=InternetFindNextFile(hFind,&wfd);
            if (bResult==TRUE) {
                AddFileToList(wfd);
            }
        }
        InternetCloseHandle(hFind);
    }
}

// FTP의 현재 디렉토리에서 파일을 다운로드 받는다.
BOOL MyFtpDownLoad(TCHAR *Path)
{
    TCHAR NewFile[MAX_PATH];

    wsprintf(NewFile,"c:\\%s",Path);
    return FtpGetFile(hFtp,Path,NewFile,FALSE,FILE_ATTRIBUTE_NORMAL,
        FTP_TRANSFER_TYPE_BINARY | INTERNET_FLAG_RELOAD,0);
}

// 파일 데이터 다운로드
BOOL MyFtpDownLoad2(TCHAR *Path)
{
    HINTERNET hRemote;
    HANDLE hLocal;
    DWORD dwRead,dwWritten,Prog;
    BOOL Result;
    TCHAR NewFile[MAX_PATH];
    TCHAR buf[1000];
    TCHAR str[255];

    // 서버의 파일을 오픈한다.
    hRemote=FtpOpenFile(hFtp,Path,GENERIC_READ,FTP_TRANSFER_TYPE_BINARY,0);
    if (hRemote == NULL)
        return FALSE;

    // 로컬 파일을 만든다.
    wsprintf(NewFile,"c:\\%s",Path);
    hLocal=CreateFile(NewFile,GENERIC_WRITE,0,NULL,
        CREATE_ALWAYS,FILE_ATTRIBUTE_NORMAL,NULL);

    // 1000바이트씩 받으며 진행 상태를 출력한다.
```

```
    Prog=0;
    for (;;) {
        Result=InternetReadFile(hRemote,buf,1000,&dwRead);
        if ((Result==TRUE) && (dwRead==0))
            break;
        WriteFile(hLocal,buf,dwRead,&dwWritten,NULL);
        Prog+=dwWritten;
        wsprintf(str,"%d바이트 받았습니다",Prog);
        SetWindowText(hLabel2,str);
    }

    CloseHandle(hLocal);
    InternetCloseHandle(hRemote);
    return TRUE;
}

// Path 파일을 FTP의 현재 디렉토리로 업로드한다.
BOOL MyFtpUpLoad(TCHAR *Path)
{
    TCHAR ext[_MAX_EXT];
    TCHAR Remote[MAX_PATH];

    _splitpath(Path,NULL,NULL,Remote,ext);
    lstrcat(Remote,ext);
    return FtpPutFile(hFtp,Path,Remote,
        FTP_TRANSFER_TYPE_BINARY | INTERNET_FLAG_RELOAD,0);
}

// 파일 데이터 업로드
BOOL MyFtpUpLoad2(TCHAR *Path)
{
    HINTERNET hRemote;
    HANDLE hLocal;
    TCHAR ext[_MAX_EXT];
    TCHAR Remote[MAX_PATH];
    DWORD dwRead,dwWritten,Prog;
    BOOL Result;
    TCHAR buf[1000];
    TCHAR str[255];

    // 서버에 파일을 만든다.
    _splitpath(Path,NULL,NULL,Remote,ext);
    lstrcat(Remote,ext);
    hRemote=FtpOpenFile(hFtp,Remote,GENERIC_WRITE,FTP_TRANSFER_TYPE_BINARY,0);
    if (hRemote == NULL)
        return FALSE;

    // 로컬의 파일을 연다
    hLocal=CreateFile(Path,GENERIC_READ,0,NULL,
        OPEN_EXISTING,FILE_ATTRIBUTE_NORMAL,NULL);

    // 1000바이트씩 올리며 진행 상태를 출력한다.
    Prog=0;
    for (;;) {
```

```
        Result=ReadFile(hLocal,buf,1000,&dwRead,NULL);
        if ((Result==TRUE) && (dwRead==0))
            break;
        InternetWriteFile(hRemote,buf,1000,&dwWritten);
        Prog+=dwWritten;
        wsprintf(str,"%d바이트 보냈습니다",Prog);
        SetWindowText(hLabel2,str);
    }

    CloseHandle(hLocal);
    InternetCloseHandle(hRemote);
    return TRUE;
}

// 항목 더블클릭 처리
void OnDblClick(int iItem)
{
    LVITEM LI;
    TCHAR Path[MAX_PATH];
    BOOL Result;

    if ((hFtp == NULL) || (iItem == -1))
        return;

    // 한 단계 위로 이동
    if (iItem == 0) {
        if (FtpSetCurrentDirectory(hFtp,"..")==TRUE)
            MyFtpEnumFiles();
        return;
    }

    LI.iItem=iItem;
    LI.iSubItem=0;
    LI.pszText=Path;
    LI.cchTextMax=255;
    LI.mask=LVIF_IMAGE | LVIF_TEXT;
    ListView_GetItem(hList,&LI);

    // 디렉토리 변경
    if (LI.iImage == 0) {
        if (FtpSetCurrentDirectory(hFtp,Path)==TRUE) {
            MyFtpEnumFiles();
        } else {
            MessageBox(hWndMain,"디렉토리 변경 실패","알림",0);
        }
    // 파일 다운 로드 - Shift키를 누르고 있으면 1000바이트씩 받는다.
    } else {
        if ((GetKeyState(VK_SHIFT) & 0x8000) == 0x8000) {
            Result=MyFtpDownLoad2(Path);
        } else {
            Result=MyFtpDownLoad(Path);
        }
        if (Result==TRUE) {
            MessageBox(hWndMain,"다운로드 받았습니다","알림",0);
```

```
        } else {
            MessageBox(hWndMain,"다운로드 실패했습니다.","알림",0);
        }
    }
}

// 파일 업로드
void OnUpLoad()
{
    OPENFILENAME OFN;
    TCHAR lpstrFile[MAX_PATH]="";

    if (hFtp == NULL) {
        MessageBox(hWndMain,"먼저 FTP 서버에 연결하십시요","알림",MB_OK);
        return;
    }

    memset(&OFN, 0, sizeof(OPENFILENAME));
    OFN.lStructSize = sizeof(OPENFILENAME);
    OFN.hwndOwner=hWndMain;
    OFN.lpstrFilter="Every File(*.*)\0*.*\0";
    OFN.lpstrFile=lpstrFile;
    OFN.nMaxFile=MAX_PATH;
    OFN.lpstrInitialDir="c:\\";
    if (GetOpenFileName(&OFN)!=0) {
        if (MyFtpUpLoad(OFN.lpstrFile)==TRUE) {
            MessageBox(hWndMain,"업로드했습니다.","알림",0);
            MyFtpEnumFiles();
        } else {
            MessageBox(hWndMain,"업로드에 실패했습니다.","알림",0);
        }
    }
}

// 윈도우 프로시저
LRESULT CALLBACK WndProc(HWND hWnd,UINT iMessage,WPARAM wParam,LPARAM lParam)
{
    HDC hdc;
    PAINTSTRUCT ps;
    TCHAR szCap[255];
    LV_COLUMN COL;

    switch (iMessage) {
    case WM_CREATE:
        hLabel1=CreateWindow("static","현재상태:연결 해제",WS_CHILD | WS_VISIBLE,
            10,10,500,20,hWnd,(HMENU)1,g_hInst,NULL);
        hLabel2=CreateWindow("static","다운로드 상태",WS_CHILD | WS_VISIBLE,
            10,30,300,20,hWnd,(HMENU)2,g_hInst,NULL);
        hList=CreateWindow(WC_LISTVIEW,NULL,WS_CHILD | WS_VISIBLE | WS_BORDER |
            LVS_REPORT | LVS_SHOWSELALWAYS | LVS_SINGLESEL,
            10,55,600,400,hWnd,(HMENU)3,g_hInst,NULL);
        hImgSm=ImageList_LoadBitmap(g_hInst, MAKEINTRESOURCE(IDB_BIT16), 16, 1,
            RGB(255,255,255));
        ListView_SetImageList(hList, hImgSm, LVSIL_SMALL);
```

```
        COL.mask=LVCF_FMT | LVCF_WIDTH | LVCF_TEXT |LVCF_SUBITEM;
        COL.fmt=LVCFMT_LEFT;
        COL.cx=200;
        COL.pszText="파일";
        COL.iSubItem=0;
        ListView_InsertColumn(hList,0,&COL);

        COL.pszText="크기";
        COL.iSubItem=1;
        ListView_InsertColumn(hList,1,&COL);

        COL.cx=150;
        COL.pszText="날짜";
        COL.iSubItem=2;
        ListView_InsertColumn(hList,2,&COL);
        return 0;
    case WM_COMMAND:
        switch (LOWORD(wParam)) {
        case IDM_CONNECT:
            if (hFtp != NULL) {
                MessageBox(hWnd,"기존 연결을 먼저 끊으십시요.","알림",MB_OK);
                break;
            }
            if
(DialogBox(g_hInst,MAKEINTRESOURCE(IDD_DLGFTP),hWnd,FtpDlgProc)==IDCANCEL)
                break;
            wsprintf(szCap,"현재상태:%s 서버에 연결하고 있습니다.",g_Server);
            SetWindowText(hLabel1,szCap);
            if (MyFtpConnect()==FALSE) {
                MessageBox(hWnd,"연결에 실패했습니다.","알림",MB_OK);
                break;
            }
            MyFtpEnumFiles();
            wsprintf(szCap,"현재상태:%s 서버에 연결됨",g_Server);
            SetWindowText(hLabel1,szCap);
            break;
        case IDM_DISCONNECT:
            MyFtpUnConnect();
            ListView_DeleteAllItems(hList);
            SetWindowText(hLabel1,"현재상태:연결 해제");
            break;
        case IDM_UPLOAD:
            OnUpLoad();
            break;
        case IDM_EXIT:
            PostQuitMessage(0);
            break;
        }
        return 0;
    case WM_NOTIFY:
        LPNMHDR hdr;
        LPNMITEMACTIVATE nia;
        hdr=(LPNMHDR)lParam;
        nia=(LPNMITEMACTIVATE)lParam;
```

```
        if (hdr->hwndFrom == hList) {
            switch (hdr->code) {
            // 선택된 항목을 에디트에 보여준다.
            case NM_DBLCLK:
                OnDblClick(nia->iItem);
                break;
            }
        }
        break;
    case WM_PAINT:
        hdc=BeginPaint(hWnd, &ps);
        EndPaint(hWnd, &ps);
        return 0;
    case WM_DESTROY:
        if (hFtp != NULL)
            MyFtpUnConnect();
        PostQuitMessage(0);
        return 0;
    }
    return(DefWindowProc(hWnd,iMessage,wParam,lParam));
}

// FTP 연결 설정을 변경한다.
BOOL CALLBACK FtpDlgProc(HWND hDlg,UINT iMessage,WPARAM wParam,LPARAM lParam)
{
    switch (iMessage) {
    case WM_INITDIALOG:
        SetDlgItemText(hDlg,IDC_EDSERVER,g_Server);
        SetDlgItemText(hDlg,IDC_EDUSER,g_User);
        SetDlgItemText(hDlg,IDC_EDPASS,g_Pass);
        return TRUE;
    case WM_COMMAND:
        switch (LOWORD(wParam)) {
        case IDOK:
            GetDlgItemText(hDlg,IDC_EDSERVER,g_Server,50);
            GetDlgItemText(hDlg,IDC_EDUSER,g_User,20);
            GetDlgItemText(hDlg,IDC_EDPASS,g_Pass,20);
            EndDialog(hDlg,IDOK);
            return TRUE;
        case IDCANCEL:
            EndDialog(hDlg,IDCANCEL);
            return TRUE;
        }
        break;
    }
    return FALSE;
}
```

예제를 실행하면 중앙에 리스트 뷰가 있는 아주 일반적인 모양의 윈도우가 나타난다. FTP라는 메뉴를 가지고 있으며 연결, 해제, 업로드, 종료 명령이 포함되어 있다. FTP/FTP 연결 메뉴 항목을 선택하면 연결할 서버 주소와 계정 정보를 묻는다.

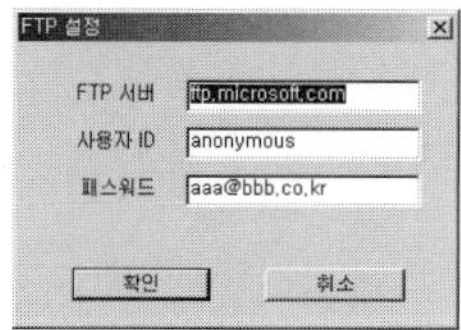

디폴트는 가장 만만한 마이크로소프트 주소가 지정되어 있으며 익명으로 접속하였다. 접속 정보를 수정하거나 디폴트를 받아들인 후 확인 버튼을 누르면 즉시 마이크로소프트 FTP 서버에 접속하여 파일 목록을 보여줄 것이다. 물론 이 예제가 동작하기 위해서는 컴퓨터가 인터넷에 연결된 상태여야 한다. 접속 정보를 변경하면 다른 서버에도 접속할 수 있는데 만약 이 예제를 테스트할 때 마이크로소프트가 망했다면 불가피하게 접속정보를 수정해야 할 것이다. 웬만하면 그런 일은 없겠지만 말이다.

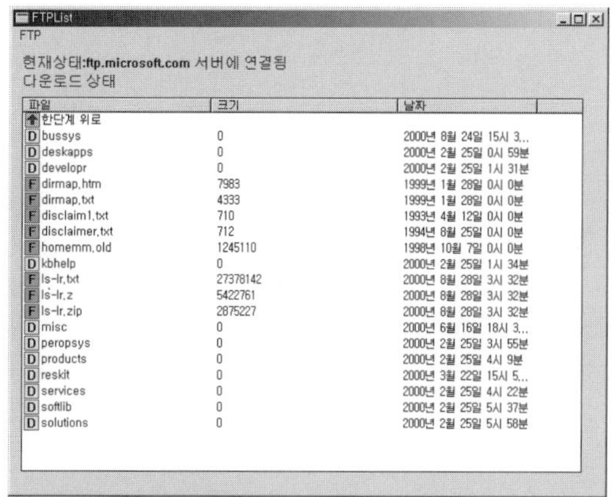

리스트 뷰에는 FTP 서버의 파일 목록과 디렉토리 목록이 나타나는데 파일을 더블클릭하면 다운로드받으며 디렉토리를 더블클릭하면 안으로 들어간다. 예제의 부피를 줄이기 위하여 로컬 드라이브의 목록은 표시하지 않으며 무조건 C:\에 다운로드받는다. 업로드할 때는 FTP/파일 업로드 메뉴 항목을 선택해 대상 파일을 선택하면 FTP 서버의 현재 디렉토리로 업로드된다. UI가 좀 불편하지만 FTP 클라이언트로서 필요한 기능은 다 가지고 있다. 예제를 조금 사용해 본 후 분석에 들어가자. 일단 전역변수는 다음과 같이 선언 및 초기화되어 있다.

```
HINTERNET hInternet, hFtp;                    // 인터넷 핸들
TCHAR g_Server[50]="ftp.microsoft.com";       // 접속 서버
TCHAR g_User[20]="anonymous";                 // 사용자 ID
TCHAR g_Pass[20]="aaa@bbb.co.kr";             // 패스워드
```

인터넷 핸들 두 개와 접속 정보를 가지는 세 개의 전역변수가 선언되어 있다. 접속 정보는 FTP 설정 대화상자에서 연결하기 전에 변경할 수 있는데 소스에 접속 정보를 직접 하드 코딩하는 것도 가능하다. 이 접속 정보를 사용하여 연결 및 해제하는 함수는 다음과 같이 작성되어 있다.

```
// FTP에 연결한다.
BOOL MyFtpConnect()
{
    hInternet=InternetOpen("FTPTEST", INTERNET_OPEN_TYPE_PRECONFIG,
        NULL, NULL, 0);
    if (hInternet == NULL) {
        return FALSE;
```

```
    }

    hFtp=InternetConnect(hInternet,g_Server,INTERNET_DEFAULT_FTP_PORT,
        g_User,g_Pass,INTERNET_SERVICE_FTP,0,0);
    if (hFtp==NULL) {
        InternetCloseHandle(hInternet);
        return FALSE;
    }
    return TRUE;
}

// FTP 연결을 끊는다.
void MyFtpUnConnect()
{
    InternetCloseHandle(hFtp);
    InternetCloseHandle(hInternet);
    hFtp=NULL;
    hInternet=NULL;
}
```

앞에서 미리 살펴본대로 InternetOpen, InternetConnect 함수를 차례대로 호출했으며 에러가 발생한 경우의 에러 처리가 들어가 있다. WM_COMMAND에서 이 함수들을 불러 FTP 서버에 접속한다.

```
case IDM_CONNECT:
    if (hFtp != NULL) {
        MessageBox(hWnd,"기존 연결을 먼저 끊으십시오.","알림",MB_OK);
        break;
    }
    if (DialogBox(g_hInst,MAKEINTRESOURCE(IDD_DLGFTP),hWnd,FtpDlgProc)==IDCANCEL)
        break;
    if (MyFtpConnect()==FALSE) {
        MessageBox(hWnd,"연결에 실패했습니다.","알림",MB_OK);
        break;
    }
    MyFtpEnumFiles();
    wsprintf(szCap,"현재상태:%s 서버에 연결됨",g_Server);
    SetWindowText(hLabel1,szCap);
    break;
```

FTP 설정 대화상자를 호출하여 접속 정보를 수정할 기회를 주고 MyFtpConnect 함수로 서버에 접속하였다. 물론 에러 처리는 반드시 해야 한다. 접속에 성공하면 MyFtpEnumFiles 함수로 루트 디렉토리의 파일 목록을 읽어와 리스트 뷰에 출력한다. 이때 "한단계 위로" 항목을 파일 목록에 포함시켜 목록에서 곧바로 상위 디렉토리로 이동할 수 있게 하였다. 서버의 파일 목록을 조사할 때는 다음 두 함수를 사용한다.

HINTERNET FtpFindFirstFile(IN HINTERNET hConnect, IN LPCTSTR lpszSearchFile, OUT LPWIN32_FIND_DATA lpFindFileData, IN DWORD dwFlags, IN DWORD_PTR dwContext);
BOOL InternetFindNextFile(IN HINTERNET hFind, OUT LPVOID lpvFindData);

함수 이름이나 인수가 Win32의 파일 목록 조사 함수와 거의 흡사하며 심지어 검색 결과를 저장하는 구조체는 Win32 함수와 동일하다. hConnect에 FTP 세션 핸들을 주고 두 번째 인수에 검색 파일 조건, 세 번째 인수에 검색 결과를 돌려받을 구조체 인수를 전달하면 첫 번째 파일을 찾아준다. 나머지 파일은 루프를 돌며 InternetFindNextFile 함수를 호출하면 모두 검색할 수 있다. 검색된 파일 목록은 AddFileToList라는 보조 함수를 호출하여 리스트 뷰에 추가하였다.

AddFileToList 함수는 검색된 파일 이름을 리스트 뷰의 끝에 추가하는 간단한 작업을 하고 있는데 특별한 코드는 없고 파일인 경우와 디렉토리인 경우, 그리고 특수하게 "한단계 위로"항목에 대해 각각 다른 아이콘을 보여주는 정도의 처리만 하였다. 좀 더 잘 만든다면 디렉토리와 파일의 순서를 잘 조정해서 디렉토리를 먼저 표시하게 만들 수도 있다. 여기까지만 봐도 HINTERNET 핸들끼리는 계층 구조를 이룬다는 것을 쉽게 목격할 수 있다. 연결, 목록 작성에 벌써 4개의 핸들이 사용되었는데 각각 다음과 같은 계층을 구성한다.

```
hInternet=InternetOpen(...

hFtp=InternetConnect(hInternet,...

hFind=FtpFindFirstFile(hFtp,...

InternetFindNextFile(hFind,...
```

인터넷 환경을 초기화하여 hInternet 핸들을 만들고 이 핸들로부터 FTP 세션을 열어서 hFtp 핸들을 만들었다. hFtp로부터 첫 번째 파일을 검색하여 그 검색 과정을 hFind 핸들에 저장하고 InternetFindNextFile 함수는 hFind의 정보를 참조하여 다음 검색을 수행한다. 이 과정은 아주 상식적이며 이해하기도 쉽다.

53-2-나. 디렉토리 변경

FTP 서버에 연결되면 서버의 루트 디렉토리에 있는 파일과 디렉토리 목록을 리스트 뷰에 표시한다. 사용자는 목록에서 파일을 더블클릭하여 다운로드받을 수도 있고 디렉토리를 더블클릭하여 디렉토리 안으로 들어갈 수도 있다. 이 예제는 리스트 뷰의 더블클릭 통지 메시지를 받았을 때 OnDblClick 함수로 더블클릭된 항목의 인덱스를 전달하는데 더블클릭 메시지는 이 함수에서 모두 처리하고 있다.

OnDblClick은 더블클릭된 항목의 이미지 인덱스를 조사해서 디렉토리를 더블클릭했는지 파일을 더블클릭했는지를 알아내고 적절한 조치를 취한다. 파일 다운로드는 잠시 후에 따로 알아보고 여기서는 디렉토리를 더블클릭했을 때의 동작만 보자. FTP 서버의 디렉토리를 조사하거나 변경하는 함수는 다음 두 함수이다.

BOOL FtpSetCurrentDirectory(IN HINTERNET hConnect, IN LPCTSTR lpszDirectory);
BOOL FtpGetCurrentDirectory(IN HINTERNET hConnect, OUT LPTSTR lpszCurrentDirectory, IN OUT LPDWORD lpdwCurrentDirectory);

FTP 연결 핸들과 변경하고자 하는 디렉토리 이름을 인수로 전달하는데 이때 디렉토리 경로는 완전 경로를 줄 수도 있고 현재 디렉토리를 기준으로 한 상대 경로를 줄 수도 있다. 목록에 출력된 디렉토리명은 현재 경로 안에서의 디렉토리 이름이므로 리스트 뷰의 항목 텍스트를 읽어 곧바로 전달하면 해당 디렉토리 안으로 들어가게 된다. 디렉토리를 변경한 후 MyFtpEnumFiles 함수를 호출하여 변경된 디렉토리의 파일 목록을 다시 조사하였다.

특별한 경우로 "한단계 위로" 항목은 항상 인덱스가 0이므로 0번 항목이 더블클릭되었을 때는 상위 디렉토리로 이동한다. 상위 디렉토리는 로컬 파일 시스템에서와 마찬가지로 ".."으로 표현되므로 간단하게 이동할 수 있다.

53-2-다. 파일 다운로드

FTP의 가장 중요한 기능은 원격지에 있는 파일을 가져오는 다운로드 기능이다. FTP 서버에 연결만 되어 있다면 다운로드받는 것은 아주 쉽다. 파일을 다운로드받는 몇 가지 방법이 있는데 그중 가장 쉬운 방법은 다음 함수를 사용하는 것이다.

BOOL FtpGetFile(IN HINTERNET hConnect, IN LPCTSTR lpszRemoteFile, IN LPCTSTR lpszNewFile, IN BOOL fFailIfExists, IN DWORD dwFlagsAndAttributes, IN DWORD dwFlags, IN DWORD_PTR dwContext);

이 함수는 FTP 서버에서 파일을 다운로드받는 모든 처리를 내부에서 수행하는 고수준의 함수이다. 첫 번째 인수로 FTP 세션 핸들을 주고 두 번째 인수로 다운로드받을 원격지의 파일명을 전달한다. 세 번째 인수는 다운로드받은 파일을 저장할 이름이며 네 번째 인수는 다운로드받을 파일이 이미 로컬 디스크에 있을 경우 실패할 것인지 덮어쓸 것인지 지정한다. 다섯 번째 인수는 새로 생성되는 로컬 파일의 파일 속성을 지정한다.

dwFlags는 파일을 아스키 모드(FTP_TRANSFER_TYPE_ASCII)로 받을 것인지 이진 모드(FTP_TRANSFER_TYPE_BINARY)로 받을 것인지를 지정하는데 아스키 모드로 받으면 제어코드들이 로컬 환경에 맞게 변경되며 이진 모드는 서버에 있는 그대로 파일을 다운로드받는 것이다. 디폴트는 이진 모드로 되어 있다. 이외에 dwFlags에는 캐시와 관련된 몇 가지 옵션을 추가로 더 지정할 수 있다. 마지막 인수 dwContext는 비동기 연결에 사용되는 컨텍스트값이며 사용하지 않을 경우 0으로 지정하면 된다.

리스트 뷰의 목록에서 파일을 더블클릭하면 다운로드받을 수 있는데 이때 OnDblClick에서는 Shift 키의 상태에 따라 두 종류의 다운로드 함수를 호출한다. Shift키를 누르지 않고 더블클릭하면 다음 함수가 호출된다.

```
BOOL MyFtpDownLoad(char *Path)
{
    char NewFile[MAX_PATH];

    wsprintf(NewFile,"c:\\%s",Path);
    return FtpGetFile(hFtp,Path,NewFile,FALSE,FILE_ATTRIBUTE_NORMAL,
        FTP_TRANSFER_TYPE_BINARY | INTERNET_FLAG_RELOAD,0);
}
```

이 함수는 FtpGetFile을 호출하여 간단하게 파일을 다운로드한다. 다운로드받은 파일을 저장하는 경로는 일단 C:\로 고정되어 있다. 별도의 폴더 설정 기능이 있거나 로컬 디스크의 트리도 보여준다면 원하는 디렉토리에 다운로드받을 수도 있다. 이진 모드로 다운로드받으며 서버상의 파일명과 같은 이름으로 저장하였다.

FtpGetFile 함수는 다운로드와 관련된 모든 처리를 내부적으로 수행하므로 무척 편리하다. 그러나 이런 자동화된 고수준의 함수는 역시 몇 가지 단점이 있다. 모든 처리가 내부에서 처리되므로 일단 이 함수가 호출되면 다운로드가 완료될 때까지 프로그램은 어떠한 처리도 할 수 없는 상태가 된다. 즉 블록(Block)된다. 다운로드 중에 취소할 수 없음은 물론이고 어디까지 다운로드가 되었는지를 보여줄 수도 없다. 가장 심각한 문제는 심지어 화면을 다시 그리는 것조차도 할 수 없다는 점인데 일단 이 함수가 호출되면 프로그램은 멈춘 것처럼 보인다.

그래서 이 함수는 아주 작은 파일을 다운로드받을 때만 사용할 수 있으며 또한 네트워크 속도가 느린 곳에서는 사용하기 어렵다. 아무리 성공적으로 파일을 다운로드받는다 하더라도 프로그램이 멈추어 있는 현상은 곤란하기 때문이다. 파일을 다운로드받는 좀 더 현명한 방법은 직접 원격지의 파일을 오픈하여 조금씩 읽어와 로컬 파일에 쓰는 전통적인 방법이다. 예제에서는 Shift키를 누른 채로 파일을 더블클릭할 때 이 방법대로 파일을 다운로드받으며 MyFtpDownLoad2함수에 코드가 작성되어 있다.

비록 원격지에 있는 파일이지만 이 파일을 액세스하는 함수들은 로컬 파일을 액세스하는 함수들과 거의 유사하다. FtpOpenFile 함수로 FTP 서버의 파일을 열고 InternetReadFile로 원하는 만큼 파일을 읽어올 수 있다. 파일을 잘게잘게 쪼개서 조금씩 읽어와 로컬 파일에 쓰기를 다 받을 때까지 반복하면 된다. 전통적인 파일 복사 방법과 똑같다. 예제에서는 1000바이트씩 파일을 받았으며 진행 상태를 스태틱 컨트롤에 출력하였다.

화면 다시 그리기나 다운로드중에 취소 기능은 넣지 않았지만 PeekMessage를 사용하면 다운로드중에 다른 메시지도 얼마든지 처리할 수 있으며 전역변수 하나만 사용하면 취소 기능은 간단하게 구현할 수 있다. 물론 가장 깔끔한 방법은 다운로드 루틴을 별도의 스레드로 떼어내는 것이겠지만 말이다. 파일 복사가 끝나면 로컬 파일은 CloseHandle로 닫고 원격지의 파일은 InternetCloseHandle 함수로 닫으면 된다. 이 소스에서 사용된 개별 함수들에 대해서는 레퍼런스를 참고하되 사실 로컬 파일 함수로 파일 복사 루틴을 짜본 경험이 있다면 굳이 함수 설명을 볼 필요도 없을 것 같다.

53-2-라. 파일 업로드

이번에는 로컬에 있는 파일을 서버로 전송하는 업로드 기능을 구현해 보자. 이 프로그램은 UI를 간단하게 하기 위해 로컬 디스크를 보여주지 않는데 만약 로컬 디스크의 목록을 보여준다면 로컬 파일을 서버 목록으로 드래그함으로써 간단하게 파일 업로드 명령을 내릴 수 있을 것이다. 그러나 예제 수준에서 로컬 디스크를 보여주는 것은 너무 번거로우므로 파일 열기 대화상자로 업로드 대상 파일을 선택하도록 하였다. 이 작업은 IDM_UPLOAD메뉴 항목이 선택되었을 때인 OnUpLoad에서 처리한다. 파일 열기 공통 대화상자로 업로드할 로컬 파일의 경로를 입력받은 후 MyFtpUpLoad 함수를 호출하였다. 이 함수는 다음과 같이 간단하게 작성되어 있다.

```
BOOL MyFtpUpLoad(TCHAR *Path)
{
    TCHAR ext[_MAX_EXT];
    TCHAR Remote[MAX_PATH];

    _splitpath(Path,NULL,NULL,Remote,ext);
    lstrcat(Remote,ext);
    return FtpPutFile(hFtp,Path,Remote,
        FTP_TRANSFER_TYPE_BINARY | INTERNET_FLAG_RELOAD,0);
}
```

파일을 서버로 업로드하는 함수는 FtpPutFile인데 인수들은 FtpGetFile 함수와 거의 유사하다. 로컬 파일 경로와 서버에 저장될 파일명, 전송 모드 등을 지정해 주면 된다. 이 함수도 FtpGetFile 함수와 마찬가지로 업로드와 관련된 모든 처리를 내부에서 수행하는 고수준의 함수이며 업로드중에 프로그램이 블록되는 똑같은 문제를 가지고 있다.

업로드도 조금씩 나누어서 하고 싶다면 앞에서 보인대로 로컬 파일을 조금씩 읽어가며 원격지의 파일에 쓰는 방법을 사용하면 된다. 이 코드는 예제의 MyFtpUpLoad2 함수에 작성되어 있는데 함수만 작성되어 있을 뿐 이 함수를 호출하는 UI는 작성되어 있지 않다.

지금까지의 실습에서 보았다시피 원격지에 있는 파일이라도 액세스하는 방법은 로컬 파일과 크게 틀리지 않다. 다만 네트워크를 통해 파일을 액세스하기 때문에 FTP 세션 핸들과 몇 가지 옵션이 더 필요하고 속도가 좀 느릴 뿐이다. 로컬 시스템에서 할 수 있는 파일 관련 작업은 권한만 가지고 있다면 FTP 서버에서도 다 가능하다. 파일을 삭제하거나, 이름을 변경하는 작업은 물론이고 디렉토리를 만들거나 제거할 수도 있다. 다음은 FTP 서버에서 이런 파일 관련 작업을 하는 함수들이다.

```
FtpRenameFile
FtpDeleteFile
FtpCreateDirectory
FtpRemoveDirectory
```

함수 이름이 무척 직관적이며 원형도 쉽기 때문에 이런 함수도 있다는 것만 소개하기로 한다. 이 함수들을 사용하면 완벽한 FTP 클라이언트 프로그램을 작성할 수 있을 것이다.

53-2-마. 비동기 연결

앞의 예제에서 원격지에 있는 파일을 다운로드받기 위해 FtpGetFile, InternetReadFile 등의 함수를 사용했는데 이 함수들은 작업이 완료될 때까지 제어를 반납하지 않는 블록 특성을 가지고 있다. 그래서 파일을 조각조각 조금씩 다운로드받는 방법을 사용했는데 이 방법보다 더 좋은 방법은 비동기 모드로 연결하는 것이다. 비동기 모드로 연결하려면 InternetOpen 함수, 또는 HINTERNET형의 핸들을 리턴하는 함수의 플래그 인수에 INTERNET_FLAG_ASYNC 플래그를 지정하면 된다. 그러면 비동기 모드로 연결된 핸들이 리턴되며 이 핸들과 관련된 동작은 작업이 완료되지 않더라도 호출 즉시 리턴되는 비동기 동작을 하며 백그라운드에서 작업을 하다가 작업 완료 이벤트나 진행 상황을 미리 지정한 콜백함수로 통지한다.

모든 함수들이 비동기 모드를 지원하는 것은 아니며 다소 긴 시간을 요하는 함수들만이 비동기 모드를 지원한다. FtpGetFile, FtpPutFile, FtpRenameFile, InternetReadFileEx, HttpOpenRequest 등의 함수들이 그 예이다. 이 함수들은 모두 예외없이 dwContext 인수를 가지는데 이 컨텍스트값은 콜백함수로 전달되는 32비트의 값이다. 콜백함수는 전달된 컨텍스트값에 따라 어떤 요청에 의해 콜백함수가 호출되었는지를 알게 된다. 컨텍스트값은 32비트의 정수이므로 구조체를 정의하고 이 구조체의 포인터를 전달한다면 어떤 복잡한 정보라도 전달할 수 있다.

AsyncFTP 예제는 비동기 모드로 FTP 서버에 접속하여 원격지의 파일을 다운로드하는 것을 보여주는 간단한 예제이다. 접속 대상 서버나 다운로드받을 파일명은 전역변수에 저장된 정보를 사용하므로 실제로 이 예제를 실행해 보려면 운영중인 서버의 주소와 계정, 루트에 있는 대상 파일을 소스에서 수정해야만 한다. 디폴트로 마이크로소프트 사이트의 ls-lr.zip이라는 2M가 조금 넘는 파일을 다운로드받도록 해 놓았는데 이 파일이 언제까지 존재할지는 알 수 없기 때문이다. 전체 소스는 다음과 같다.

예 제 : AsyncFTP

```
TCHAR g_Server[50]="ftp.microsoft.com";
TCHAR g_User[20]="anonymous";
TCHAR g_Pass[20]="aaa@bbb.co.kr";
```

```
TCHAR g_File[MAX_PATH]="ls-lr.zip";
HINTERNET hInternet, hFtp;
DWORD Bytes;
BOOL bDownLoading=FALSE;

// 콜백함수
void CALLBACK MyCallBack(HINTERNET h, DWORD con, DWORD stat, LPVOID info, DWORD len)
{
    TCHAR szTmp[255];

    if (con==1) {
        switch (stat) {
        case INTERNET_STATUS_HANDLE_CREATED:
            bDownLoading=TRUE;
            SetWindowText(hWndMain,"다운로드 시작");
            break;
        case INTERNET_STATUS_REQUEST_COMPLETE:
            bDownLoading=FALSE;
            SetWindowText(hWndMain,"다운로드 완료");
            break;
        case INTERNET_STATUS_RESPONSE_RECEIVED:
            Bytes=Bytes+((INTERNET_ASYNC_RESULT *)info)->dwResult;
            wsprintf(szTmp, "%d바이트 받았습니다",Bytes);
            SetWindowText(hWndMain,szTmp);
            break;
        }
    }
}

LRESULT CALLBACK WndProc(HWND hWnd,UINT iMessage,WPARAM wParam,LPARAM lParam)
{
    HDC hdc;
    PAINTSTRUCT ps;
    TCHAR szCap[255];
    TCHAR *Mes="마우스 왼쪽 버튼을 누르면 비동기 다운로드를 시작합니다";

    switch (iMessage) {
    case WM_CREATE:
        // 비동기 방식으로 연결한다.
        hInternet=InternetOpen("FTPTEST", INTERNET_OPEN_TYPE_PRECONFIG,
            NULL, NULL, INTERNET_FLAG_ASYNC);
        if (hInternet == NULL) {
            MessageBox(hWndMain, "인터넷 연결 실패","알림",MB_OK);
            return -1;
        }

        // 콜백함수 지정
        InternetSetStatusCallback(hInternet, MyCallBack);

        hFtp=InternetConnect(hInternet,g_Server,INTERNET_DEFAULT_FTP_PORT,
            g_User,g_Pass,INTERNET_SERVICE_FTP,0,0);

        if (hFtp==NULL) {
            MessageBox(hWndMain, "FTP 연결 실패","알림",MB_OK);
```

```
            InternetCloseHandle(hInternet);
            return -1;
        }
        wsprintf(szCap,"%s 서버에 연결됨",g_Server);
        SetWindowText(hWnd,szCap);
        return 0;
    // 비동기 방식으로 파일을 다운로드받는다.
    case WM_LBUTTONDOWN:
        if (bDownLoading == TRUE) {
            MessageBox(hWndMain,"다운로드 중입니다","알림",MB_OK);
            return 0;
        }
        Bytes=0;
        lstrcpy(szCap,"c:\\");
        lstrcat(szCap,g_File);
        if (FtpGetFile(hFtp,g_File,szCap,FALSE,FILE_ATTRIBUTE_NORMAL,
            FTP_TRANSFER_TYPE_BINARY | INTERNET_FLAG_RELOAD,1)==FALSE) {
            MessageBox(hWndMain,"파일이 없습니다.","알림",MB_OK);
        }
        return 0;
    case WM_PAINT:
        hdc=BeginPaint(hWnd, &ps);
        TextOut(hdc,50,50,Mes,lstrlen(Mes));
        EndPaint(hWnd, &ps);
        return 0;
    // 연결을 끊는다.
    case WM_DESTROY:
        InternetCloseHandle(hFtp);
        InternetCloseHandle(hInternet);
        PostQuitMessage(0);
        return 0;
    }
    return(DefWindowProc(hWnd,iMessage,wParam,lParam));
}
```

WM_CREATE에서 전역변수의 정보를 참조하여 FTP 서버에 연결하는데 InternetOpen 함수의 제일 끝에 INTERNET_FLAG_ASYNC 플래그가 지정되어 있으므로 이 핸들로부터 파생되는 모든 핸들은 비동기 방식으로 연결된다. 콜백함수는 동기 방식에서는 선택적으로 사용할 수 있지만 비동기 방식에서는 반드시 제공해야 하며 다음 함수로 콜백함수를 지정한다.

INTERNET_STATUS_CALLBACK InternetSetStatusCallback(IN HINTERNET hInternet, IN INTERNET_STATUS_CALLBACK lpfnInternetCallback);

첫 번째 인수로 대상 핸들을 주고 두 번째 인수로 콜백함수의 번지를 전달한다. 콜백함수는 다음과 같은 원형을 가진다.

typedef VOID (CALLBACK * INTERNET_STATUS_CALLBACK)(HINTERNET hInternet, DWORD_PTR dwContext, DWORD dwInternetStatus, LPVOID lpvStatusInformation, DWORD dwStatusInformationLength);

hInternet은 이 콜백함수와 연결된 핸들이며 dwContext는 이 콜백함수를 호출한 함수로부터 전달되는 컨텍스트값이다. 여러 개의 비동기 함수들이 동시에 호출될 수 있으므로 컨텍스트값으로 어떤 함수에 의해 콜백함수가 호출되었는지를 구분한다. dwInternetStatus는 콜백함수가 호출된 이유를 나타내는 상태 코드값이며 나머지 두 인수는 상태 코드의 추가 정보와 그 길이를 전달한다. 상태 정보의 종류는 다음과 같다.

상태 코드	설명
INTERNET_STATUS_HANDLE_CREATED	InternetConnect 함수에 의해 핸들이 생성되었다.
INTERNET_STATUS_SENDING_REQUEST	요청을 보내고 있다.
INTERNET_STATUS_REQUEST_SENT	요청이 보내졌다.
INTERNET_STATUS_RECEIVING_RESPONSE	응답을 받고 있다.
INTERNET_STATUS_RESPONSE_RECEIVED	응답을 받고 있다. 추가 정보에는 수신한 응답의 길이가 전달된다.
INTERNET_STATUS_REQUEST_COMPLETE	요청이 완료되었다.

이 외에도 많은 상태 코드들이 있는데 더 자세한 목록은 레퍼런스를 참고하기 바란다. 예제에서는 MyCallBack이라는 이름으로 콜백함수를 정의했다. 마우스 왼쪽 버튼으로 작업영역을 클릭하면 FtpGetFile 함수로 다운로드를 받는데 컨텍스트값으로 1을 주었다. 컨텍스트값을 전달하면 이 함수는 비동기 모드로 동작하므로 즉시 리턴한다. 따라서 다운로드 중에도 윈도우의 위치를 바꾸거나 크기를 바꾸는 등의 다른 작업을 자유롭게 할 수 있다.

비동기 함수는 백그라운드에서 파일을 다운로드받으면서 작업의 진행 상황을 콜백함수에게 보고하며 콜백함수에서는 작업의 진행 상태에 따라 특정한 작업을 할 수 있다. 예제에서는 요청이 수신될 때마다 지금까지 받은 바이트수를 타이틀 바에 표시하며 작업이 완료되면 완료 사실도 알린다.

53-3 HTTP

53-3-가. HTTP

인터넷에서 가장 인기있는 서비스는 HTTP 프로토콜에 기반하는 웹(WWW) 서비스이다. 성능 좋은 웹 브라우저 덕분에 누구나 쉽게 배울 수 있으며 다양한 형태의 정보들을 읽기 쉽게 전달해 주기 때문이다. 그러나 프로그래머의 입장에서 본다면 HTTP는 FTP에 비해 실용성은 그리 높지 않다. 왜냐하면 워낙 웹 브라우저가 많은 일을 하기 때문에 HTTP 프로토콜을 프로그래밍해야 할 경우가 FTP의 경우보다 상대적으로 적기 때문이다. 웹 브라우저를 만들어야 한다면 몰라도 말이다. 그래서 여기서는 HTTP 서버에서 HTML 파일 하나를 읽어와 에디트 컨트롤에 보여주는 간단한 예제만 하나 만들어 보았다. 전체 소스는 다음과 같다.

예 제 : HTTPDown

```
#define ID_EDIT 100
HWND hEdit;
void HTTPDown()
{
    HINTERNET hInternet, hHttp;
    HINTERNET hReq;
    DWORD Size;
```

```
    TCHAR buf[65000];
    TCHAR buf2[65000]={0,};
    DWORD dwRead;

    hInternet=InternetOpen("HTTPTEST", INTERNET_OPEN_TYPE_PRECONFIG,
        NULL, NULL, 0);
    if (hInternet == NULL) {
        return;
    }

    hHttp=InternetConnect(hInternet,"www.microsoft.com",0,"","",INTERNET_SERVICE_HTTP,0,0);
    if (hHttp==NULL)
        return;

    hReq=HttpOpenRequest(hHttp,"GET","index.htm",NULL,NULL,NULL,0,0);
    HttpSendRequest(hReq,NULL,0,NULL,0);

    do {
        InternetQueryDataAvailable(hReq,&Size,0,0);
        InternetReadFile(hReq,buf,Size,&dwRead);
        buf[dwRead]=0;
        lstrcat(buf2,buf);
    } while (dwRead != 0);

    SetWindowText(hEdit,buf2);

    InternetCloseHandle(hHttp);
    InternetCloseHandle(hInternet);
    hHttp=NULL;
    hInternet=NULL;
}

LRESULT CALLBACK WndProc(HWND hWnd,UINT iMessage,WPARAM wParam,LPARAM lParam)
{
    switch (iMessage) {
    case WM_CREATE:
        hEdit=CreateWindow("edit",NULL,WS_CHILD | WS_VISIBLE | WS_BORDER |
            WS_VSCROLL | ES_MULTILINE,
            10,10,200,25,hWnd,(HMENU)ID_EDIT,g_hInst,NULL);
        HTTPDown();
        return 0;
    case WM_SIZE:
        MoveWindow(hEdit,0,0,LOWORD(lParam), HIWORD(lParam), TRUE);
        return 0;
    case WM_DESTROY:
        PostQuitMessage(0);
        return 0;
    }
    return(DefWindowProc(hWnd,iMessage,wParam,lParam));
}
```

접속할 서버 주소와 다운로드받을 파일명이 코드에 직접 들어 있으므로 테스트해 보려면 코드를 수정한 후 다시 컴파일해야 한다. 디폴트는 마이크로소프트의 첫 페이지로 작성되어 있다. 주소만 제대로 적어준다면 에디트 컨트롤에 요청한 HTML 파일을 가져와 그대로 보여줄 것이다. HTML 파일만 가져왔을 뿐 HTML에 포함된 이미지나 포맷 정보들을 가져오는 작업은 하지 않는다.

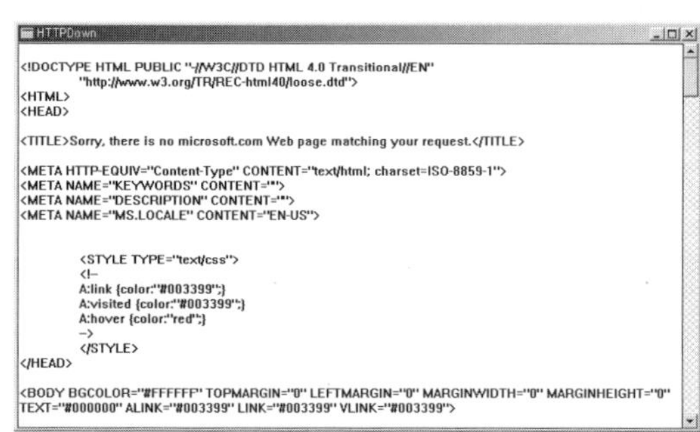

WndProc에서 하는 일은 거의 없다. 에디트 컨트롤을 하나 만들고 화면에 꽉 차도록 배치하는 정도의 일만 하고 있으며 WM_CREATE에서 HTTPDown 함수를 호출하는 것이 전부이다. HTTP 다운로드 관련 코드는 HTTPDown 함수에 모두 작성되어 있으므로 이 함수만 분석해 보면 된다.

일단 FTP의 경우와 마찬가지로 InternetOpen 함수로 인터넷에 연결하는데 사용하는 인수는 동일하다. 다음은 InternetConnect 함수로 HTTP 세션을 연결하는데 서버에 접속하고자 하는 HTTP 서버의 주소를 적고 서비스 유형에 INTERNET_SERVICE_HTTP 플래그를 주어 HTTP 서버에 접속하였다. 포트 번호나 계정 정보 따위는 필요치 않되 단 이 경우 계정 정보는 "" 즉 빈 문자열로 주어야지 NULL로 주어서는 안 된다. HTTP 세션이 생성되면 다음 함수로 HTTP 서버에게 어떤 작업을 원하는지 요구를 전달해야 한다.

HINTERNET HttpOpenRequest(HINTERNET hConnect, LPCTSTR lpszVerb, LPCTSTR lpszObjectName, LPCTSTR lpszVersion, LPCTSTR lpszReferer, LPCTSTR FAR * lpszAcceptTypes, DWORD dwFlags, DWORD_PTR dwContext);

이 함수는 원하는 작업의 종류와 대상 등 여러 가지 요구 정보를 서버에게 전달할 준비를 한다. 첫 번째 인수는 두말할 것도 없이 HTTP 세션의 핸들이다. 두 번째 인수 lpszVerb는 서버에게 요청할 요구의 종류인데 GET, PUT, POST 등의 여러 가지 요구를 할 수 있으며 NULL이면 디폴트로 GET 요구가 전달된다. lpszObjectName은 요구의 목적어에 해당되는 정보인데 이는 일반적으로 파일 이름이다. 나머지 정보는 버전, 목적어의 URL, 액세스 타입, 플래그 등인데 대부분 디폴트인 NULL로 주면 된다.

이 함수는 HTTP 서버에게 실제로 요구를 전달하지는 않으며 다만 요구 핸들을 만들고 이 핸들에 요구 정보를 저장해 놓기만 한다. 즉 이 함수는 HTTP 서버와의 연결을 시도하지 않는다. 실제로 요구가 서버로 전달되는 시점은 다음 함수가 호출될 때이다.

BOOL HttpSendRequest(HINTERNET hRequest, LPCTSTR lpszHeaders, DWORD dwHeadersLength, LPVOID lpOptional, DWORD dwOptionalLength);

첫 번째 인수는 HttpOpenRequest 함수가 리턴한 요구 핸들이며 이 핸들에 저장되어 있는 정보를 HTTP 서버에게 전송한다. 추가로 헤더 정보나 옵션 데이터를 전달할 수도 있지만 필요없을 경우는 모두 NULL로 지정하면 된다. 예제에서는 index.htm이라는 파일을 GET하겠다는 요구를 서버에게 전달하였다. 이제 서버는 클라이언트가 요청한 파일을 전송할 것이며 클라이언트는 InternetReadFile 함수로 전송되어진 정보를 읽을 수 있다. 단 HTTP는 그 특성상 클라이언트와 계속 연결을 유지하지 않기 때문에 한 번에 요구한 정보를 다 보내지 않고 조금씩 나누어 보내므로 다음 함수로 전송 준비가 얼마나 되었는지 조사해 보아야 한다.

BOOL InternetQueryDataAvailable(HINTERNET hFile, LPDWORD lpdwNumberOfBytesAvailable, DWORD dwFlags, DWORD dwContext);

이 함수는 hFile 요구 핸들로부터 요청된 파일의 몇 바이트나 전송할 준비가 되었는지를 두 번째 인수로 리턴한다. 나머지 인수는 사용되지 않는다. 이 함수로 HTTP 서버의 준비상황을 조사한 후 InternetReadFile 함수로 준비된 만큼 읽어들이면 된다. 이 과정을 다 읽을 때까지 반복하면 요청한 파일을 모두 읽을 수 있다. 조금씩 읽어진 파일 조각을 모아 버퍼에 계속 조립해 두었다가 다운로드가 끝나면 에디트 컨트롤에 그 내용을 출력했다. 작업이 완전히 종료되면 HTTP 세션과 인터넷 연결을 해제한다.

53-3-나. HTTPDown2

HTML을 다운로드받아 보여주는 예제를 만들어 봤는데 이 예제는 단지 예제일 뿐 솔직히 별로 실용성은 없다. 왜냐하면 웹 페이지가 HTML 파일만으로 구성되는 것이 아니며 HTML 파일을 파싱해서 보여주는 것도 보통 일이 아니기 때문이다. 이번에는 HTTP로 이진 파일을 다운로드받은 좀 더 실용적인 예제를 만들어 보자. 이 예제는 FTP 서버를 설치하지 않고 웹 서버를 파일 서버로 사용하고자할 때 유용하다. 실용성을 높이기 위해 이 예제는 다음과 같은 기능을 가지고 있다.

첫 째로 다운로드 함수는 비동기적으로 동작해야 한다. 다운로드시켜 놓고 계속 기다려야 한다면 큰 파일을 다운로드받을 때 무척 불편할 것이다. 멀티 스레드를 쓰거나 비동기 연결을 사용하는 것도 한 방법이겠지만 여기서는 아주 간단하게 PeekMessage 함수로 다운로드 중에도 메시지를 처리하였다.

백그라운드에서 실행되면서 다운로드 상황을 출력할 수 있어야 한다. 여러 가지 방법이 있겠지만 다운로드가 진행될 때 부모 윈도우에게 사용자 정의 메시지를 보내 어디까지 진행되었는지 일일이 보고하였다. 부모 윈도우는 필요할 경우만 이 메시지를 받아 처리하며 관심없으면 무시해도 상관없다. 또한 다운로드중에 취소는 언제나 가능해야 한다. 이는 전역변수 하나를 선언하고 다운로드 루프에서 전역변수값을 항상 점검하면 된다. 취소가 필요할 때 부모 윈도우에서 전역변수값만 바꾸면 간단하게 취소할 수 있다. 함수 원형은 되도록 간단한 것이 좋은데 접속 서버나 파일명 따위를 따로 전달하는 방법보다는 URL만 전달함으로써 다운로드할 수 있는 것이 편리하다. URL은 전세계의 모든 HTTP 서버가 제공하는 파일 위치를 나타내는 편리한 문자열이며 다루기도 쉽다. 이 예제에서는 다음 함수로 다운로드받을 파일을 연다.

HINTERNET InternetOpenUrl(HINTERNET hInternet, LPCTSTR lpszUrl, LPCTSTR lpszHeaders, DWORD dwHeadersLength, DWORD dwFlags, DWORD_PTR dwContext);

InternetOpen으로 인터넷 연결을 만든 후 곧바로 이 함수로 URL을 열 수 있다. 두 번째 인수로 열고자 하는 파일의 URL만 적어주면 된다. 나머지 인수는 추가로 전달할 수 있는 헤더나 플래그값들이다. 다음 예제는 이 모든 요건을 만족하도록 만들어진 HTTPDown이라는 함수를 제공한다.

예 제 : HTTPDown2

```
#include <windows.h>
#include <wininet.h>
#include "resource.h"

BOOL CALLBACK MainDlgProc(HWND hDlg,UINT iMessage,WPARAM wParam,LPARAM lParam);
HINSTANCE g_hInst;
```

```
HWND hDlgMain;

int APIENTRY WinMain(HINSTANCE hInstance,HINSTANCE hPrevInstance
          ,LPSTR lpszCmdParam,int nCmdShow)
{
     g_hInst=hInstance;
     DialogBox(g_hInst, MAKEINTRESOURCE(IDD_DIALOG1), HWND_DESKTOP, MainDlgProc);
     return 0;
}

// URL에서 파일을 다운로드받아 Path 파일로 저장한다.
BOOL bStopHttpDownLoad, bDownLoading=FALSE;
BOOL HTTPDown(HWND hWnd,TCHAR *URL, TCHAR *Path)
{
    HINTERNET hInternet, hURL;
    HANDLE hFile;
    DWORD Size;
    DWORD dwRead,dwWritten,Recv=0;
    TCHAR buf[100000];
    MSG Message;

    // 인터넷 연결
    hInternet=InternetOpen("HTTPTEST", INTERNET_OPEN_TYPE_PRECONFIG,
        NULL, NULL, 0);
    if (hInternet == NULL) {
        return FALSE;
    }

    // URL을 연다
    hURL=InternetOpenUrl(hInternet,URL,NULL,0,INTERNET_FLAG_RELOAD,0);
    if (hURL==NULL) {
        InternetCloseHandle(hInternet);
        return FALSE;
    }

    // 다운로드중임과 취소는 하지 않음을 전역변수에 기록한다.
    bStopHttpDownLoad=FALSE;
    bDownLoading=TRUE;

    // 로컬 파일을 생성한다.
    hFile=CreateFile(Path,GENERIC_WRITE,0,NULL,
        CREATE_ALWAYS,FILE_ATTRIBUTE_NORMAL,NULL);

    do {
        // 다운로드받아 로컬 파일에 기록한다.
        InternetQueryDataAvailable(hURL,&Size,0,0);
        InternetReadFile(hURL,buf,Size,&dwRead);
        WriteFile(hFile,buf,dwRead,&dwWritten,NULL);

        // 다운로드받은 양을 메시지로 전달
        Recv+=dwWritten;
        SendMessage(hWnd,WM_USER+10,0,(LPARAM)Recv);

        // 부모 윈도우의 메시지 처리
```

```
        if (PeekMessage(&Message,NULL,0,0,PM_REMOVE)) {
            TranslateMessage(&Message);
            DispatchMessage(&Message);
        }

        // 취소 처리
        if (bStopHttpDownLoad == TRUE) {
            SendMessage(hWnd,WM_USER+12,0,(LPARAM)Recv);
            break;
        }
    } while (dwRead != 0);

    InternetCloseHandle(hURL);
    InternetCloseHandle(hInternet);
    CloseHandle(hFile);
    bDownLoading=FALSE;

    // 다운로드 완료 처리(취소한 경우는 제외)
    if (bStopHttpDownLoad == FALSE)
        SendMessage(hWnd,WM_USER+11,0,(LPARAM)Recv);
    return TRUE;
}

BOOL CALLBACK MainDlgProc(HWND hDlg,UINT iMessage,WPARAM wParam,LPARAM lParam)
{
    TCHAR szURL[MAX_PATH];
    TCHAR szLocal[MAX_PATH];
    TCHAR szTmp[100];

    switch (iMessage) {
    case WM_INITDIALOG:
        SetDlgItemText(hDlg,IDC_URL,"http://www.winapi.co.kr/images/logo.jpg");
        SetDlgItemText(hDlg,IDC_LOCAL,"c:\\logo.jpg");
        hDlgMain = hDlg;
        return TRUE;
    case WM_COMMAND:
        switch (LOWORD(wParam)) {
        case IDOK:
            if (bDownLoading==FALSE)
                EndDialog(hDlgMain,0);
            return TRUE;
        case IDC_BTNDOWN:
            if (bDownLoading==FALSE) {
                GetDlgItemText(hDlg,IDC_URL,szURL,MAX_PATH);
                GetDlgItemText(hDlg,IDC_LOCAL,szLocal,MAX_PATH);
                if (HTTPDown(hDlg,szURL,szLocal)==FALSE) {
                    MessageBox(hDlg,"인터넷 연결이 되지 않았거나 "
                        "URL을 찾을 수 없습니다","에러",MB_OK);
                }
            }
            return TRUE;
        case IDC_BTNCANCEL:
            bStopHttpDownLoad=TRUE;
            return TRUE;
        }
```

```
            return FALSE;
    case WM_USER+10:
        wsprintf(szTmp,"%d 바이트 받고 있습니다",lParam);
        SetDlgItemText(hDlg,IDC_STATUS,szTmp);
        return TRUE;
    case WM_USER+11:
        SetDlgItemText(hDlg,IDC_STATUS,"다운로드 완료");
        return TRUE;
    case WM_USER+12:
        SetDlgItemText(hDlg,IDC_STATUS,"다운로드 취소");
        return TRUE;
    }
    return FALSE;
}
```

다운로드받을 파일은 WinApi.co.kr이라는 별로 유명하지 않는 사이트의 이미지 하나를 선택했는데 크기가 별로 크지 않아 백그라운드 동작을 살펴보기에는 조금 부족하다. 이 URL은 웬만하면 바뀌지 않을 예정이지만 그래도 언제 사라질지 모르므로 예제를 제대로 수행해 보려면 실제로 존재하는 URL로 수정해야 할 필요가 있다. 대화상자 형태의 예제로 만들어졌으며 HTTPDown 함수와 이 함수와 함께 동작하는 두 개의 전역변수가 선언되어 있다. 나머지 부분은 이 함수를 테스트하기 위한 코드들이다. 실행중의 모습은 다음과 같다.

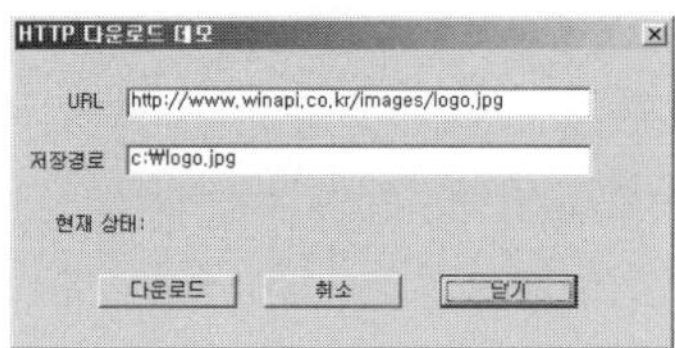

URL에 다운로드받고자 하는 파일의 URL을 적고 저장 경로에 다운받은 파일을 저장할 로컬 경로를 적으면 된다. 다운로드 버튼을 누르면 URL의 파일을 백그라운드로 다운로드받는다. 파일이 클 경우 서버에서 전송되는 만큼 조금씩 나누어 받되 이때 부모 윈도우에게 WM_USER+10 메시지를 전달해 받은 바이트 수를 알려 주었으며 부모 윈도우는 이 메시지를 받았을 때 진행 상태를 출력한다.

다운로드 루프에서 PeekMessage로 다른 메시지가 있으면 부모에게 전송하여 처리할 수 있도록 했다. 전역변수 bStopHttpDownLoad값이 TRUE로 바뀌면 즉시 다운로드를 취소하며 이때 WM_USER+12 메시지를 전달한다. 다운로드가 완료되면 WM_USER+11 메시지를 전달한다. 이 함수를 다른 프로젝트에서 사용하려면 HTTPDown 함수와 두 개의 전역변수를 가져가 사용하면 된다. 사용자 정의 메시지는 10,11,12를 사용하는데 필요에 따라 수정해도 상관없다.

54-1 예외

54-1-가. 고전적인 에러 처리 방법

사람은 부정확한 존재이기 때문에 항상 실수를 한다. 프로그래머도 마찬가지여서 잘못된 코드를 작성할 가능성은 항상 있다. 아무리 똑똑한 사람이라도 완전한 코드를 짠다는 것은 거의 불가능에 가까울 정도다. 코드가 의도된 것과 다르게 짜여져 이상한 동작을 할 때 "에러가 있다"고 한다. 다음은 가장 원시적인 에러의 예이다.

```
① if i==3               // 괄호가 빠졌다.
② siwtch (i)            // 오타
③ ptr=ptr1+ptr2         // 허가되지 않는 연산
```

그런데 이런 에러는 컴파일러가 컴파일 중에 골라 낼 수 있기 때문에 별로 문제되지 않는다. 더 문제가 되는 것은 문법적으로는 분명히 맞지만 논리적으로 잘못된 코드인데 이런 코드를 "버그"라고 한다. 버그없는 프로그램을 짜기 위해서는 많은 노력과 오랜 시간이 필요하다. 하지만 버그를 완전히 소탕했다고 해도 프로그램은 항상 에러를 일으킬 소지를 가지고 있다. 어떤 경우가 그런지 보자.

① 존재하지 않는 파일을 열려고 했다.
② 포인터가 빈 메모리를 가리키고 있다.
③ 리소스나 메모리가 부족하여 작업을 계속 진행할 수 없다.
④ 하드 디스크에 물리적인 손상이 가서(bad sector) 사용할 수가 없다.

이 외에도 프로그램의 정상적인 실행을 방해하는 많은 요소들이 있을 수 있다. 이 장에서 논하는 에러란 바로 이런 종류의 에러를 말한다. 프로그램을 아무리 잘 짜도 외부적인 요인에 의해 발생되는 에러는 프로그래밍 중에는 계산에 포함시키기가 어렵다. 항상 메모리가 남아돌고, 열고자 하는 파일은 항상 그 자리에 있고, 모든 장치가 언제까지고 이상없이 잘 동작한다면 모르겠지만 현실은 그렇지 못하다.

그래서 프로그래머는 모든 발생 가능한 에러에 대해 만반의 준비를 해 두어야 한다. 프로그래머가

발생 가능한 에러에 대처하는 전통적인 방법은 조건문을 사용하여 에러 발생시 에러를 피해 도망다니는 것이다. 예를 들자면 다음과 같이 코드를 작성하는 것이다.

```
파일핸들=파일오픈(원하는 파일)
if (파일핸들!=INVALD_HANDLE_VALUE) {
    파일 읽기/쓰기
    파일 닫기
} else {
    메시지("파일이 없는데요")
}
```

파일을 오픈한 후에 파일 핸들이 반드시 유효하다고 확신할 수 없으므로 매번 파일 핸들을 살펴봄으로써 제대로 오픈되었는지 점검한다. 그리고 제대로 오픈된 경우에만 파일 입출력을 수행하며 그렇지 않을 경우 에러가 발생했다는 것을 사용자에게 알린다. 운영체제는 이런 식의 에러 처리를 위해 리턴값을 적절히 돌려주며 응용 프로그램은 API 함수의 리턴값을 적극적으로 활용한다. 에러가 발생할 수 있는 모든 API 함수는 리턴값으로 에러의 발생 여부를 리턴하도록 되어 있으며 응용 프로그램은 리턴값을 점검한 후 적절한 방법으로 에러를 처리한다.

각 함수별로 에러를 리턴하는 방식은 고유하므로 레퍼런스를 참조해야 하는데 핸들이나 포인터를 리턴하는 함수는 보통 NULL이 에러 표시로 활용된다. 그러나 일부 핸들을 리턴하는 함수는 NULL이 아닌 -1(INVALID_HANDLE_VALUE)을 리턴하기도 하므로 주의해야 한다. 단순한 성공 여부를 리턴할 때는 BOOL 타입이 사용되는데 실패시 0을 리턴하고 성공시 0이 아닌 값(non zero)을 리턴한다. 이 경우 FALSE(0)를 리턴했다면 실패인 것이 분명하지만 성공일 때 반드시 TRUE(1)를 리턴한다는 보장은 없으므로 TRUE와 직접 비교하지는 말아야 한다.

사용자가 작성하는 함수도 마찬가지로 리턴값을 통해 에러를 점검할 수 있도록 작성해야 한다. 리턴값을 사용한 이런 전통적인 에러 처리 방법은 오랫동안 사용되어 온 것이고 상식적이지만 아주 불편하고 비효율적이다. 때로는 조건문으로 에러를 적절히 처리할 수 없는 경우도 있고 코드의 구조가 복잡해지기도 한다. 그래서 Win32에서는 에러만을 전문적으로 처리할 수 있는 메커니즘을 운영체제 차원에서 제공하고 있다.

54-1-나. 최후 에러 코드

에러가 발생할 소지가 있는 모든 API 함수들은 리턴값으로 에러 유무를 리턴한다. 예를 들어 CreateWindow 함수는 윈도우 생성에 성공했으면 새로 만든 윈도우 핸들을 리턴하지만 어떠한 문제로 인해 윈도우를 생성할 수 없으면 NULL을 리턴하여 에러가 발생했음을 알려준다. CreateFile, GetDC 등의 함수들도 마찬가지다. 그러나 함수의 리턴값으로는 에러 발생 사실만 알려줄 뿐 구체적으로 어떤 에러가 발생했는지에 대한 자세한 정보는 알려주지 못한다. 발생한 에러의 종류는 다음 함수로 조사할 수 있다.

DWORD GetLastError(VOID);

스레드는 최후 에러 코드를 기억하고 있으며 API 함수들은 에러 발생시 어떤 종류의 에러가 발생했다는 것을 최후 에러 코드에 설정해 놓는다. 그러면 응용 프로그램에서는 GetLastError 함수로 이 최후 에러 코드를 읽어 발생한 에러의 종류를 조사할 수 있다. 최후 에러 코드는 스레드별로 유지되므로 스위칭이 발생해도 최후 에러 코드는 그대로 유지된다. 그래서 다른 스레드에서 발생한 에러는 GetLastError로 알 수 없다.

최후 에러 코드에 대해 또 한가지 주의할 것은 이 코드는 실패에 대한 기록일 뿐이며 성공에 대해서는 리셋되지 않는다는 것이다. 예를 들어 함수 A호출 결과 실패 코드 n이 기록되었다고 하자. 이어서 호출된 함수 B가 성공했다고 해서 A의 실패 코드 n이 0으로 리셋되지는 않으므로 이 값으로부터 B가 실패했다고 생각해서는 안된다. 함수 자체의 실패 여부는 리턴값으로 알 수 있으며 GetLastError는 최후 실패한 동작의 이유를 설명할 뿐이다.

함수 호출이 성공한 경우에도 최후 실패 코드가 설정되는 특수한 경우가 몇가지 있는데 성공할 수 있는 유형이 여러 개일 때 어떤 이유로 성공했는지도 GetLastError로 조사할 수 있다. 예를 들어 CreateMutex 함수는 뮤텍스를 생성하되 이미 있는 뮤텍스를 연 경우 최후 실패 코드를 ERROR_ALREADY_EXIST로 설정하여 새로 만든 뮤텍스가 아니라는 것을 리턴한다. 시스템이 정의하는 에러 코드 중 자주 발생하는 것은 다음과 같다.

에러 이름	코드	설명
ERROR_SUCCESS	0	성공
ERROR_INVALID_FUNCTION	1	함수가 없음
ERROR_FILE_NOT_FOUND	2	파일을 찾을 수 없음
ERROR_PATH_NOT_FOUND	3	경로를 찾을 수 없음
ERROR_TOO_MANY_OPEN_FILES	4	파일을 열 수 없음
ERROR_ACCESS_DENIED	5	액세스 권한이 없음
ERROR_INVALID_HANDLE	6	핸들이 무효함
ERROR_NOT_ENOUGH_MEMORY	8	메모리가 부족함
ERROR_WRITE_PROTECT	19	쓰기 금지되어 있음
ERROR_FILE_EXISTS	80	파일이 이미 존재함
ERROR_DISK_FULL	112	디스크에 여유 공간이 없음

자주 발생하는 에러 몇 가지에 대해서만 도표로 정리를 했는데 Win32의 에러 코드 종류는 수천개에 달하므로 그때 그때 레퍼런스를 참고하여 어떤 에러가 발생했는지 조사해야 한다. ERROR_로 시작되는 매크로 상수가 정의되어 있기는 하지만 디버깅할 때는 매크로 상수를 알 수 없으므로 직접 에러 코드값을 비교할 수밖에 없다. 예를 들어 어떤 함수가 실패했고 13번 최후 에러 코드를 설정했다면 13번 에러가 무슨 뜻인지 레퍼런스를 뒤져 봐야 한다.

에러 코드는 시스템이 정의하여 사용하며 API 함수들이 적절히 설정하지만 사용자가 만든 함수도 에러 코드를 정의할 수 있다. 응용 프로그램의 에러 코드는 29번 비트를 1로 설정하여 정의하며 SetLastError 함수로 최후 에러 코드를 설정하면 된다. 마이크로소프트가 정의한 에러는 비트 29번이 0으로 되어 있어 사용자가 정의한 커스텀 에러 코드와는 구분되게 해 놓았다. 이렇게 에러 코드를 정의하면 시스템의 최후 에러 코드를 응용 프로그램이 사용할 수도 있다.

에러 발생시 GetLastError 함수로 어떤 에러가 발생했는지 조사해 보고 발생한 에러 종류에 따라 적절한 조치를 취하면 된다. 파일이 읽기 전용이라 기록이 불가능하면 읽기 전용 속성을 해제한 후 다시 시도할 수도 있고 디스크 용량이 부족하다면 휴지통을 비울 수도 있다. 만약 에러 발생 사실만 사용자에게 알리려면 다음 함수로 에러 메시지 문자열을 구할 수 있다.

DWORD FormatMessage(DWORD dwFlags, LPCVOID lpSource, DWORD dwMessageId, DWORD dwLanguageId, LPTSTR lpBuffer, DWORD nSize, va_list *Arguments);

에러 메시지 문자열은 시스템에 정의되어 있기도 하지만 응용 프로그램이 리소스에 메시지 테이블 형태로 정의할 수도 있고 이 함수로 즉시 조립할 수도 있다. 또한 이 함수는 메시지 버퍼를 내부에서 할당하기도 하고 서식 문자열도 지원하기 때문에 원형이 굉장이 복잡하고 사용방법도 어렵다. 자세한 사용방법은 레퍼런스를 참고하되 시스템 메시지 문자열만 얻고자 한다면 다음과 같이 단순화하여 사용하면 된다.

```
FormatMessage(FORMAT_MESSAGE_FROM_SYSTEM,NULL,에러코드,0,버퍼,버퍼길이,NULL);
```

세 번째 인수에 GetLastError로 조사한 에러 코드, 다섯 번째 인수에 에러 메시지를 돌려받을 버퍼, 여섯번째 인수에 버퍼 길이를 전달하면 시스템이 정의하는 에러 메시지 문자열을 구할 수 있다. 다음 예제는 고의로 에러를 유발시켜 어떤 에러가 발생했는지 문자열로 메시지를 출력한다.

예 제 : GetLastError

```
LRESULT CALLBACK WndProc(HWND hWnd,UINT iMessage,WPARAM wParam,LPARAM lParam)
{
    HANDLE hFile;
    DWORD err;
    TCHAR str[1024];
    TCHAR errMes[1024];

    switch (iMessage) {
    case WM_LBUTTONDOWN:
        hFile=CreateFile("c:\\NeverExist.exe",GENERIC_READ,0,NULL,
            OPEN_EXISTING,FILE_ATTRIBUTE_NORMAL,NULL);
        if (hFile!=INVALID_HANDLE_VALUE) {
            CloseHandle(hFile);
            return 0;
        }
        err=GetLastError();
        FormatMessage(FORMAT_MESSAGE_FROM_SYSTEM,NULL,err,
            0,errMes,1024,NULL);
        wsprintf(str,"에러코드=%d, 메시지=%s",err,errMes);
        MessageBox(hWnd,str,"에러",MB_OK);
        return 0;
    case WM_DESTROY:
        PostQuitMessage(0);
        return 0;
    }
    return(DefWindowProc(hWnd,iMessage,wParam,lParam));
}
```

마우스 왼쪽 버튼을 누르면 파일을 열되 실제로 존재하지 않는 파일을 요구하여 에러가 발생하도록 했다. 이때 GetLastError 함수로 에러 메시지를 조사해 보면 2번 에러 코드가 리턴되며 이 에러 코드에 대한 메시지 문자열을 구해 메시지 박스로 출력하였다.

파일명을 "c:\\1004\\NeverExist.exe"로 수정하여 존재하지 않는 디렉토리 경로를 찾도록 하면 다음과 같은 메시지 박스가 출력될 것이다.

좀 더 친절한 메시지를 보여주고 싶다면 에러 코드에 따라 상세한 에러 메시지를 조립해서 보여주면 된다. 그러나 실무에서는 발생 가능한 모든 에러에 대해 메시지를 일일이 조립할 수는 없으므로 GetLastError는 디버깅중에만 사용되는 것이 보통이다. 특정 함수가 실패한다면 이유를 조사하기 위해 잠시 GetLastError 호출문을 넣어 원인을 파악할 수 있다. 또는 퀵 와치 윈도우에서 @err라는 예약된 변수명을 확인함으로써 최후 에러 코드를 조사할 수 있다. @err, hr 형식으로 문자열 형태의 에러 메시지를 읽을 수도 있다.

54-1-다. 예외의 정의

예외(Exception)란 정상적인 코드 흐름의 외부 코드를 실행하는 일종의 이벤트이다. 예외는 하드웨어에 의해 발생할 수도 있고 소프트웨어에 의해 발생할 수도 있다. 운영체제는 예외가 발생했을 때 예외를 처리하는 핸들러를 호출하여 프로그램이 예외에 대처할 수 있도록 한다. 예외는 여러 가지 요인에 의해 발생하는데 예외를 근본적으로 막을 수 있는 방법은 없다. 왜냐하면 프로그램이 CPU 내부에 갇혀서 실행되는 것이 아니라 사용자와 상호작용하고 주변기기 등의 외부적인 환경과 어울려서 동작하기 때문이다. 운영체제가 예외 처리 메커니즘을 제공함으로써 다음과 같은 이점이 생겼다.

① 운영체제 자체가 예외 처리를 사용함으로써 어떠한 상황에서도 시스템이 마비되는 사태를 막을 수 있도록 견고해졌다. 물론 아직까지는 완벽하지 않지만 이런 견고성은 점점 더 완벽에 가까워질 것이다.

② 예외 처리를 사용함으로써 응용 프로그램의 신뢰성이 훨씬 더 높아졌다. 사용자가 아무리 프로그램을 잘못 다루더라도 프로그램이 갑자기 이상 동작을 하지는 않는다.

③ 프로그램 고유의 작업과 오류를 처리하는 작업이 분리되었다. 그래서 프로그래머는 작업에만 신경을 집중하고 나머지 에러는 예외로 처리하면 된다.

구체적으로 응용 프로그램이 예외를 처리하는 예를 보기 위해 잠시 탐색기를 테스트해 보자. 플로피 드라이브에 디스켓을 넣지 않고 A 드라이브를 선택하면 탐색기는 다음과 같은 메시지를 보여준다.

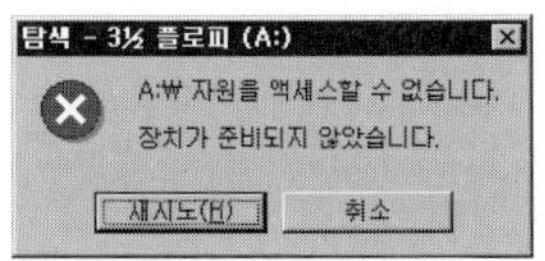

A 드라이브의 파일 목록을 점검하기 위해 디스크 입출력을 수행했지만 원하는 목록을 찾을 수가 없다. 이때 프로그램이 멎어버리거나 파란 화면이 나타나는 것이 아니라 예외 처리를 함으로써 실행 중에 에러가 발생했음을 사용자에게 우아한 방법으로 알려준다. 뿐만 아니라 사용자에게 디스켓을 지금이라도 넣을 수 있도록 기회를 제공하고 있다. 사용자가 드라이브를 변경하면 새 드라이브의 목록을 읽어 보여주는 것이 정상적인 코드의 흐름이지만 예외에 의해 메시지 상자를 보여주는 코드가 실행되었다. 이 때 "A 드라이브가 준비되지 않았음"이 예외가 된다.

또 다른 예를 보자. 파일을 끌어서 다른 디렉토리에 떨어뜨리면 복사가 되는 것이 정상적인 코드 흐름이다. 그런데 CD-ROM 드라이브에 복사를 했을 경우는 정상적인 코드 실행이 불가능하므로 다음과 같은 예외가 발생한다.

모름지기 프로그램이란 이렇게 짜여져야 한다. 사용자가 어떤 실수를 하더라도, 주변기기가 어떤 상황이더라도 프로그램은 이를 처리할 수 있어야 한다. 어떻게 하는가 하면 발생 가능한 예외에 대해 운영체제가 지원하는 방법대로 예외 핸들러를 작성하는 것이다.

예외 처리는 운영체제가 직접 지원하는 메커니즘이다. 하지만 예외가 제대로 동작하도록 코드를 생성하는 책임은 컴파일러에게 있다. 비록 운영체제가 예외 처리를 위한 준비를 완벽하게 하고 있더라도 응용 프로그램이 이러한 예외 처리 서비스를 받을 수 있도록 작성되어 있지 않다면 완벽한 예외 처리는 불가능하다. 응용 프로그램이 예외 처리를 하도록 코드를 생성하는 것은 물론 컴파일러의 책임이다. 컴파일러는 운영체제가 예외 처리에 사용하는 정보를 응용 프로그램에 삽입해 두어야 하며 예외 발생시 운영체제가 호출할 수 있는 콜백함수를 작성해야 한다. 또한 예외 발생시 응용 프로그램이 비정상적으로 종료되지 않고 예외에 능동적으로 대처하도록 해야 할 책임도 컴파일러에게 있다.

그래서 예외 처리 루틴은 사용하는 컴파일러마다 다를 수밖에 없으며 Win32 API에 예외에 대한 명확한 규정이 없다. 일반적으로 많이 사용되는 예외 처리 루틴은 두 가지 형식이 있다. 첫 번째는 C형이며 두 번째는 C++형이다. 이 중 C형을 구조화된 예외 처리(Structured Exception Handling)라고 하며 간단히 줄여 SEH라고 한다. SEH 구문도 컴파일러마다 다른데 여기서는 비주얼 C++을 기준으로 설명한다. C++형은 언어 차원에 제공되는 예외 처리 방식이며 C++ 국제 표준에 정의되어 있다.

54-2 구조화된 예외 처리

54-2-가. 예외 핸들러

예제 : Except

예외 핸들러는 ① 보호 구역 ② 예외 필터 ③ 예외 핸들러의 세가지 요소로 구성된다. 문법은 다음과 같다.

```
__try {
    보호구역
}
__except (예외 필터) {
    예외 핸들러
}
```

__try와 __except(밑줄이 두 개임에 유의할 것)는 키워드이며 { }는 생략할 수 없다. 보호구역은 예

외처리의 대상이 되는 코드이며 이 구역에서 예외가 발생하면 예외 필터와 예외 핸들러에 의해 보호된다. 예외가 발생할 만한 소지가 있는 코드를 보호구역으로 설정해 놓으면 된다. 예를 들어 다음 코드는 잠재적으로 예외가 발생할 소지가 있다.

```
strcpy(str, "Test");
```

str이 지정하는 메모리 번지로 "Test"라는 문자열을 복사하는 코드인데 만약 str이 NULL이거나 유효하지 않은 메모리를 가리키고 있다면 예외가 발생할 것이다. 이 예외를 처리하지 않고 그대로 두면 프로그램은 다음과 같은 에러 메시지를 출력하며 종료되어 버릴 것이다.

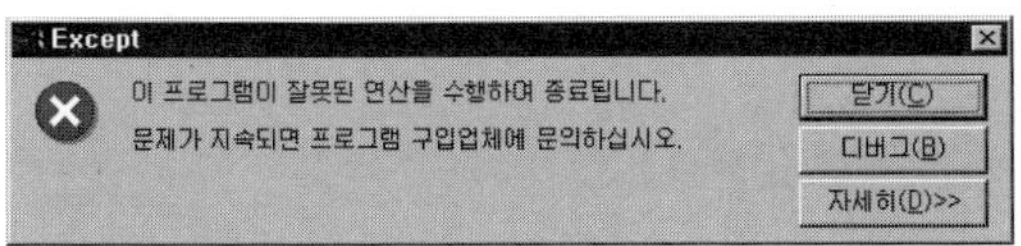

참고로 strcpy는 무조건 지정한 포인터에 복사하므로 예외가 잘 발생하지만 lstrcpy는 메모리를 먼저 점검하는 내부적인 예외 처리를 하기 때문에 테스트용으로 쓸 수 없다. 이 코드는 다음과 같이 보호 구역으로 지정해야 한다.

```
__try {
    strcpy(str, "Test");
}
```

보호 구역 바로 다음에는 __except와 함께 예외 필터가 온다. 예외 필터는 보호구역에서 예외 발생시 시스템이 예외를 처리하는 방법을 지정한다. 필터식의 결과에 따라 시스템은 예외를 핸들러에 넘기거나 다시 실행한다. 필터식은 다음 세 가지 중 한 가지여야 하며 이 값에 따라 시스템이 예외를 처리하는 방식이 달라진다.

값	상수	설명
EXCEPTION_EXECUTE_HANDLER	1	예외 핸들러로 제어를 넘기고 예외 핸들러 다음 코드를 실행한다.
EXCEPTION_CONTINUE_SEARCH	0	예외 핸들러를 계속해서 찾는다.
EXCEPTION_CONTINUE_EXECUTION	-1	예외가 발생한 지점을 다시 실행한다.

예외 필터는 단순한 평가식이거나 아니면 별도의 함수로 빼낼 수 있다. 물론 필터 함수는 위 세 값 중 한 가지를 리턴해야 한다. 각 값은 매크로 상수가 정의되어 있기는 하지만 너무 길기 때문에 때로는 1, 0, -1 의 상수가 곧바로 사용되기도 한다. 예외 필터 각 값의 의미와 사용 예를 알아보자.

EXCEPTION_EXECUTE_HANDLER

예외 핸들러는 예외 필터식이 EXCEPTION_EXECUTE_HANDLER일 때 실행되는 코드이다. 다음과 같이 코드를 작성했다고 해 보자.

```
void func()
{
    TCHAR *str;
    __try {
        strcpy(str, "Test");
    }
```

```
        __except (EXCEPTION_EXECUTE_HANDLER) {
            MessageBox(NULL, "str pointer is invalid", "Exception", MB_OK);
        }
    }
```

str 포인터는 지역변수로 선언되기만 했으며 메모리가 할당되어 있지 않으므로 이 포인터에 문자열을 복사하는 것은 예외를 발생시킨다. 예외의 예를 보이기 위해 일부러 이런 코드를 작성하였다. strcpy(str, "Text")문이 보호 구역에 들어 있으므로 이 문장 실행중에 에러가 발생하면 예외 필터가 평가된다. 예외 필터식이 EXCEPTION_EXECUTE_HANDLER 이므로 예외 핸들러가 호출될 것이다. 예외 핸들러에서는 메시지 박스로 정중하게 사용자에게 예외가 발생한 이유를 알려주고 있다.

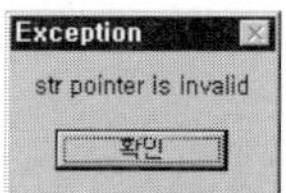

예외 처리를 하지 않으면 이 응용 프로그램은 Access Violation 에러를 내고 종료되어 버리겠지만 예외 처리를 함으로써 에러 메시지만 출력하고 실행을 계속할 수 있게 된다. 예외 핸들러가 실행된 후에는 예외 핸들러 다음 문장, 즉 __except 블록 다음 문장이 실행된다.

EXCEPTION_CONTINUE_EXECUTION

예외 필터식이 EXCEPTION_CONTINUE_EXECUTION일 때는 예외가 발생한 문장을 다시 실행한다. 상식적으로 생각해 볼 때 예외 필터란 예외가 발생했을 때 평가되는데 이 평가식에서 다시 예외가 발생한 지점으로 제어를 돌려 보내면 또 다시 예외가 발생할 것이다. 무한루프에 빠지지 않으려면 EXCEPTION_CONTINUE_EXECUTION 이전에 뭔가 조치를 취해서 예외 상황이 다시 발생하지 않도록 해야 한다. 다음 예를 보자.

```
void func()
{
    int Div=0, i;
    __try {
        i=2/Div;
    }
    __except (Div=1,EXCEPTION_CONTINUE_EXECUTION) {
    }
}
```

보호 구역에서 0으로 나누기 예외가 발생하도록 해 두었다. 이때 예외 필터가 평가되며 예외 필터가 EXCEPTION_CONTINUE_EXECUTION을 리턴하므로 다시 나눗셈을 하는 보호 구역으로 돌아갈 것이다. 그러나 예외 필터에서 그 전에 Div=1로 변경하기 때문에 예외 상황이 해결되었으며 i=2/Div는 정상적으로 실행될 수 있다. 이 경우 예외 핸들러는 절대로 실행될 수 없으므로 작성하지 않아도 된다. EXCEPTION_CONTINUE_EXECUTION의 의미는 예외 상황을 해결했으니까 이제 코드를 다시 실행해도 된다는 의미이다. 단 예외 필터에서는 이 값을 돌려 보내기 전에 예외의 원인을 조사해서 해결해야 한다. 위 예제에서는 제수를 1로 바꾸 예외를 제거하였다.

그런데 예외 필터는 하나의 식(Expression)이기 때문에 복문을 사용할 수 없다는 제약이 있다. 세 가지 값중에 하나의 값으로 평가되어야 하며 코드를 가지도록 되어 있지는 않다. 하지만 C의 콤마 연산자와 삼항 연산자를 사용하면 약간의 코드를 구겨넣는 방법이 있다. 앞에서 보인 콤마 연산자가 그 좋은 예이다. 콤마 연산자는 왼쪽에서 오른쪽으로 식을 평가해 나가다가 제일 오른쪽 평가식의 결과를 리턴한다. C의 기본 연산자중 하나이지만 잘 사용되지 않아 생소하게 느끼는 사람이 많을 것이다. 삼항 연산자를 사용하는 예를 보자. 다음은 0으로 나누기 예외와 액세스 위반 예외가 동시에 발생하는 코드이다.

```
void func()
{
    int Div=0, i;
    TCHAR *str;
    __try {
        i=2/Div;
        strcpy(str, "Test");
    }
    __except (GetExceptionCode()==EXCEPTION_INT_DIVIDE_BY_ZERO ?
        Div=1,EXCEPTION_CONTINUE_EXECUTION:EXCEPTION_EXECUTE_HANDLER) {
        MessageBox(NULL, "str pointer is invalid", "Exception", MB_OK);
    }
}
```

예외 필터에 사용된 GetExceptionCode() 함수는 발생한 예외의 종류를 조사하는데 잠시 후에 별도로 알아 볼 것이다. 예외의 종류가 영으로 나누기 예외이면 Div를 1로 변경한 후 예외가 발생한 지점으로 다시 돌아가게 한다. 그렇지 않으면 예외 핸들러를 실행하여 에러 메시지를 출력하였다. 이 코드의 실행 순서를 추측하여 머리속으로 그려보면 다음과 같을 것이다.

① 먼저 보호 구역의 i=2/Div 코드가 실행된다. Div가 0으로 초기화되었기 때문에 0으로 나누기 예외가 발생하고 시스템은 예외 필터를 평가한다.

② 예외 필터에서는 GetExceptionCode 함수로 예외의 종류를 조사한 후 지금 발생한 예외가 0으로 나누기 예외이면 Div에 1을 대입한 후 예외 발생 지점으로 돌려보낸다.

③ i=2/Div가 다시 실행된다. 이제는 제수가 0이 아니므로 정상적으로 실행될 것이며 i에는 2가 대입된다.

④ 다음 문장인 lstrcpy(str, "Test")가 실행된다. 그런데 str이 아직 유효한 메모리를 가리키도록 초기화되지 않은 상태이므로 예외가 발생할 것이다. 이때 발생하는 예외는 엑세스 위반(Access Violation)이다.

⑤ 시스템은 다시 예외 필터를 평가한다. 이번에는 GetExceptionCode 함수가 조사한 예외가 0으로 나누기 예외가 아니므로 이 평가식의 결과는 EXCEPTION_EXECUTE_HANDLER가 된다.

⑥ 시스템은 예외 평가식의 결과에 따라 예외 핸들러로 제어를 옮긴다. 예외 핸들러는 str 포인터가 유효하지 않다는 에러 메시지를 출력한다.

⑦ 예외 블록을 벗어나 함수가 종료된다.

예외 필터식이 좀 길어 혼란스러워 보일지 모르겠으나 자세히 보면 코드의 흐름이 보일 것이다. 예외 필터가 좀 더 복잡해진다면 별도의 필터 함수를 작성한 후 예외 필터에서는 함수를 호출하면 된다. 필터 함수에는 반드시 0, -1, 1 중 한 값을 리턴해야 한다. 앞의 예제를 다음과 같이 바꾸어도 결과는 동일하다.

```
int Div=0;
DWORD ExcFilter(DWORD exCode)
```

```
{
    if (exCode == EXCEPTION_INT_DIVIDE_BY_ZERO) {
        Div=1;
        return EXCEPTION_CONTINUE_EXECUTION;
    }
    else {
        return EXCEPTION_EXECUTE_HANDLER;
    }
}

void func()
{
    int i;
    TCHAR *str;
    __try {
        i=2/Div;
        strcpy(str, "Test");
    }
    __except (ExcFilter(GetExceptionCode())) {
        MessageBox(NULL, "str pointer is invalid", "Exception", MB_OK);
    }
}
```

ExcFilter라는 필터 함수를 만들고 이 함수에서 예외 코드를 조사한 후 적절한 처리를 하고 평가식의 결과를 리턴했으며 예외 필터에서는 이 함수를 불러 필터식의 평가를 전담시켰다. 단 이때 GetExceptionCode는 예외 필터 바깥에서는 호출할 수 없는 내재 함수이기 때문에 예외 필터에서 호출한 후 필터 함수로 결과를 넘기는 방식을 사용해야 한다.

EXCEPTION_CONTINUE_SEARCH

예외 필터식의 이 값은 앞의 두 값보다도 훨씬 더 복잡하다. 예외 평가식이 이 값이면 지금 실행되고 있는 코드 이전의 try 블록이 위쪽 try 블록에 대응되는 except문의 예외 필터를 평가하도록 한다. 이 값은 함수 호출 등에 의해 예외 처리가 중첩(nesting)되어 있는 경우에만 사용할 수 있다. 예를 들어 보호 구역 내에 또 다른 보호 구역이 있을 경우 안쪽 보호 구역에서 이 값을 사용한다. 이 값을 사용하는 예를 보이기 위해 예제를 하나 만들어 보자. 다음 예제는 0으로 나누는 연산을 하는 함수를 만들고 이 함수 호출문이 보호 구역에 들어있다.

```
int Div=0;
int DivInt(int a, int b)
{
    int result;
    result=a/b;
    return result;
}

void func()
{
    int i;
    __try {
        i=DivInt(2,Div);
    }
    __except (EXCEPTION_EXECUTE_HANDLER) {
        MessageBox(NULL, "Divide by zero", "Exception", MB_OK);
```

```
    }
}
```

DivInt 함수 실행중에 예외가 발생하면 func 함수의 예외 필터가 평가될 것이며 예외 필터식의 결과가 EXCEPTION_EXECUTE_HANDLER이므로 예외 핸들러가 실행될 것이다. 그런데 만약 DivInt 함수 내부에서 또 다른 예외 처리를 해야 할 필요가 있다고 하자. 다음처럼 말이다.

```
int Div=0;
int DivInt(int a, int b)
{
    TCHAR *str;
    int result;
    __try {
        result=a/b;
        strcpy(str, "Test");
    }
    __except(GetExceptionCode()==EXCEPTION_INT_DIVIDE_BY_ZERO ?
        EXCEPTION_CONTINUE_SEARCH:EXCEPTION_EXECUTE_HANDLER) {
        MessageBox(NULL, "str pointer is invalid", "Exception", MB_OK);
    }
    return result;
}

void func()
{
    int i;
    __try {
        i=DivInt(2,Div);
    }
    __except (EXCEPTION_EXECUTE_HANDLER) {
        MessageBox(NULL, "Divide by zero", "Exception", MB_OK);
    }
}
```

이 경우 DivInt에서는 0으로 나누기 예외와 액세스 위반 예외가 동시에 발생하는데 액세스 위반 예외는 DivInt내부에서 처리할 수 있지만 0으로 나누기 예외는 이 함수를 호출한 func 함수에서 처리하고자 한다. 이때 사용되는 예외 평가값이 바로 EXCEPTION_CONTINUE_SEARCH이다. 평가식이 이 값이면 이전의 try 블록과 대응되는 예외 필터를 평가하여 그 결과에 따른다.

54-2-나. 내재 함수

예외 처리는 __try, __except 키워드에 의해 지원된다. 이 키워드 외에 예외 처리를 보조하는 몇 가지 함수가 있다. 앞에서 본 GetExceptionCode 등의 함수가 이에 해당한다. 그런데 이 함수들은 다른 API 함수들과는 본질적으로 다른 함수들이다. 함수의 본체가 정의되어 있지 않으며 컴파일 결과 함수 호출문이 삽입되지 않고 직접 이 함수의 코드가 삽입된다. 동작 방식으로 볼 때 인라인 함수와 유사하지만 그것과도 다르다. 함수의 형태를 띠고 있지만 사실은 컴파일러가 직접 처리하는 키워드이다. 이런 함수를 내재 함수(Intrinsic Function)라고 한다. 이름만 함수고 사용하는 방법도 함수와 동일하지만 사실은 함수가 아니다. 무늬만 함수다.

함수와 구체적으로 어떤 점이 다른가 하면 내재 함수는 사용할 수 있는 곳이 정해져 있다. 예를 들어 GetExceptionCode는 예외 필터에서만 사용되어야지 예외 필터 바깥에서는 사용할 수 없다. 왜냐하면 예외 처리 코드 이외의 부분에서는 이 함수가 필요할 리도 없고 이 함수가 정보를 구할 방법도 없기 때문이다. 예외가 발생해야 어떤 예외가 발생했는지 알 수 있지 않겠는가.

GetExceptionCode

이 함수는 예외 필터와 예외 핸들러에서만 사용할 수 있으며 지금 발생한 예외의 종류를 조사한다. 인수는 취하지 않으며 리턴값으로 예외의 종류를 알려준다. 발생가능한 예외의 종류는 다음과 같다.

예외	설명
EXCEPTION_ACCESS_VIOLATION	허가되지 않은 메모리 영역을 읽거나 쓰려고 시도하였다. 가장 일반적으로 많이 발생하는 예외이다.
EXCEPTION_BREAKPOINT	중단점을 만났다.
EXCEPTION_DATATYPE_MISALIGNMENT	정렬을 지원하지 않는 하드웨어에 잘못 정렬된 값을 읽거나 쓰려고 하였다. 예를 들어 16비트 값은 반드시 2바이트 경계로 정렬되어야 하고 32비트값은 반드시 4바이트 경계로 정렬되어야 한다.
EXCEPTION_SINGLE_STEP	단계 실행을 위한 신호이다.
EXCEPTION_ARRAY_BOUNDS_EXCEEDED	배열의 범위를 초과하여 배열 요소를 읽거나 쓰려고 하였다. 단 이 예외는 하드웨어가 배열 범위 점검을 하는 경우에만 발생한다.
EXCEPTION_FLT_DENORMAL_OPERAND	부동 소수점 연산의 피 연산자중 하나가 잘못되었다. 예를 들어 너무 작은 값이기 때문에 표준 부동 소수점 형식으로 표현할 수 없는 값이다.
EXCEPTION_FLT_DIVIDE_BY_ZERO	실수를 0으로 나누었다.
EXCEPTION_FLT_INEXACT_RESULT	부동 소수점 연산의 결과 정수부를 정확하게 표현할 수 없다.
EXCEPTION_FLT_INVALID_OPERATION	알 수 없는 부동 소수점 예외
EXCEPTION_FLT_OVERFLOW	연산의 결과가 허용된 범위보다 더 크다.
EXCEPTION_FLT_STACK_CHECK	연산의 결과 스택이 오버 플로우 되었거나 언더 플로우 되었다.
EXCEPTION_FLT_UNDERFLOW	연산의 결과가 허용된 범위보다 더 작다.
EXCEPTION_INT_DIVIDE_BY_ZERO	0으로 나누기 정수 연산을 하였다.
EXCEPTION_INT_OVERFLOW	정수 연산의 결과가 허용된 범위보다 더 크다.
EXCEPTION_INT_PRIV_INSTRUCTION	현재 기계 모드에서 사용할 수 없는 명령을 실행하려고 하였다.
EXCEPTION_NONCONTINUABLE_EXCEPTION	실행을 계속할 수 없는 예외를 다시 실행하려고 하였다.

GetExceptionInformation

이 함수는 예외가 발생했을 때 예외에 대한 상세한 정보와 예외 발생시의 기계 상태에 대한 정보를 조사한다. 예외에 대한 정보를 조사하는 것이기 때문에 예외 필터밖에서는 이 함수를 사용할 수 없다. 예외 핸들러에서는 물론이고 예외 필터에서 호출하는 함수에서도 이 함수를 호출하는 것은 불가능하며 오직 예외 필터, 그러니까 __except( ) 의 괄호 안에서만 호출할 수 있다. 원형은 다음과 같다.

LPEXCEPTION_POINTERS GetExceptionInformation(VOID)

인수는 취하지 않으며 리턴값 하나를 돌려주는데 이 값은 복잡한 정보를 가진 구조체의 포인터이다. 예외가 발생하면 운영체제는 이 구조체를 작성하여 스택에 넣어주며 사용자는 예외 필터에서 GetExceptionInformation함수를 호출하여 이 구조체를 읽을 수 있다.

```
typedef struct _EXCEPTION_POINTERS { // exp
    PEXCEPTION_RECORD ExceptionRecord;
    PCONTEXT ContextRecord;
} EXCEPTION_POINTERS;
```

이 구조체는 또 다른 두 개의 구조체를 멤버로 가지고 있다. ExceptionRecord 멤버는 예외 자체에 대한 정보를 가지며 프로그램이 실행되는 플랫폼에는 독립적이다. ContextRecord 멤버는 예외가 발생한 당시의 기계 상태, 즉 레지스터의 값들을 가지는데 레지스터 구성이 플랫폼마다 다르므로 이 구조체도 플랫폼에 따라 달라진다. ExceptionRecord 구조체는 다음과 같이 선언되어 있다.

```
typedef struct _EXCEPTION_RECORD { // exr
    DWORD ExceptionCode;
    DWORD ExceptionFlags;
    struct _EXCEPTION_RECORD *ExceptionRecord;
    PVOID ExceptionAddress;
    DWORD NumberParameters;
    DWORD ExceptionInformation[EXCEPTION_MAXIMUM_PARAMETERS];
} EXCEPTION_RECORD;
```

모두 6개의 멤버를 가진다. 이 구조체의 멤버를 읽으므로써 예외의 종류, 발생 위치, 계속 여부 등의 정보를 얻을 수 있다.

멤버	설명
ExceptionCode	어떤 종류의 예외인지를 설명한다. GetExceptionCode 함수의 리턴값과 동일하므로 앞에서 보인 표를 참조하기 바란다.
ExceptionFlags	예외가 계속 실행될 수 있는 종류인가 그렇지 않은가를 나타낸다. 0이면 예외는 계속 진행될 수 있다는 뜻이며 EXCEPTION_NONCONTINUABLE이면 계속 진행될 수 없는 예외라는 뜻이다. 진행해서는 안 되는 예외를 계속 진행하려고 해서는 안 된다.
ExceptionRecord	예외 처리 루틴이 중첩되어 있을 경우 다른 예외에 대한 정보를 가진다. 예외를 처리하는 중에도 예외가 발생할 수 있는데 이 때는 예외끼리 발생 순서에 따라 상호 연결된다. 마치 연결 리스트의 노드가 서로 연결되는 것과 같다.
ExceptionAddress	예외가 발생한 번지이다.
NumberParameters	ExceptionInformation 배열의 크기이다. 대개의 경우 0이다.
ExceptionInformation	예외를 설명하는 추가적인 32비트값의 배열이다. 대부분의 예외는 이 배열에 값을 정의하지 않으나 소프트웨어 예외에서는 이 값을 사용할 수도 있다. EXCEPTION_ACCESS_VIOLATION 예외에서는 배열의 첫 번째 요소는 예외를 일으킨 연산의 종류를 지정한다. 이 값이 0이면 읽을 수 없는 데이터를 읽으려고 한 것이며 이 값이 1이면 쓸 수 없는 데이터를 쓰려고 시도한 것이다. 두 번째 요소는 읽기/쓰기를 시도한 가상 메모리상의 번지를 지정한다.

CONTEXT 구조체는 플랫폼에 따라 달라지며 플랫폼의 종류가 많기 때문에 여기에 그 리스트를 보이지는 않겠다. 이 구조체를 보고 싶은 사람은 winnt.h를 직접 열어서 보기 바라되 열어 보면 괜히

봤다는 생각이 들지도 모르겠다. Intel CPU의 CONTEXT 구조체에는 Intel CPU의 레지스터값들을 담는 멤버들이 있다. 이 값을 읽으면 예외가 발생했을 때의 CPU 상태를 그대로 덤프해 볼 수 있을 것이다. 단 그렇게 하면 예외 처리의 일부분이 플랫폼에 종속되어버린다.

54-2-다. 종료 핸들러

예 제 : Terminate

종료 핸들러(Termination handler)는 어떠한 상황에서도 특정 부분이 반드시 실행될 것을 보장하는 예외 처리 구조이다. 예외 핸들러와 마찬가지로 컴파일러에 의해 제공되며 다음과 같은 구조를 가진다.

```
__try {
    보호구역
}
__finally {
    종료 핸들러
}
```

여기서 보호 구역은 종료 처리가 제대로 이루어지지 않을 확률이 있는 문장이 포함된다. 예를 들어 메모리를 할당한다거나 파일을 오픈한다거나 크리티컬 섹션으로 들어간다거나 하는 등의 문장이다. 이런 문장들은 반드시 짝을 이루는 해제 문장이 따라 오는데 해제 문장이 종료 핸들러에 배치된다. 이 구조를 사용하면 보호 구역에서 어떠한 원인으로 종료 처리를 하지 못할 상황이 발생하더라도 종료 핸들러에 의해 반드시 종료 처리됨을 보장받을 수 있다. 예외 핸들러와 제어의 흐름을 비교해 보자.

```
__try {                      __try {
    보호구역                      보호구역
}                            }
__finally {                  __except (1){
    ★                            ★
}                            }
```

여기서 ★부분은 각각 종료 핸들러와 예외 핸들러에 의해 지정된 부분이다. 두 경우 모두 종료 처리나 예외 처리가 필요할 때 ★가 실행되는 것은 동일하다. 그러나 종료 처리도 예외 처리도 필요없는 정상적인 순서대로 코드가 실행될 경우는 다르다. 예외 핸들러의 ★는 예외가 발생하지 않으면 전혀 실행될 필요가 없지만 종료 핸들러의 ★는 정상적이나 예외시나 항상 실행된다. 종료 핸들러를 사용하는 간단한 실제 예를 보자.

```
void func()
{
    TCHAR *str;
    str=(TCHAR *)malloc(20);
    if (1/*어떤 조건*/) {
        return;
    }
    free(str);
}
```

이 예에서는 메모리를 할당한 후 이 메모리를 사용하고 그리고 해제한다. 코드가 정상적으로 실행된다면 아무 문제가 없겠으나 만약 어떤 조건에 의해 함수가 중간에 리턴되어야 할 상황이 발생한다면 free 함수가 실행되지 못하기 때문에 할당된 메모리가 그대로 할당된 채로 있게 된다. 결과적으로 메모리 누수를 유발하며 시스템 리소스의 부족과 속도 저하로 이어진다. 이런 문장이 확실하게 동작하려면 다음과 같이 종료 핸들러로 싸야 한다.

```
void func()
{
    TCHAR *str;
    __try {
        str=(TCHAR *)malloc(20);
        if (1/*어떤 조건*/) {
            return;
        }
    }
    __finally {
        free(str);
    }
}
```

메모리를 할당하는 부분이 보호 구역으로 설정되어 있으며 메모리를 해제하는 부분이 종료 핸들러로 지정되어 있다. 그래서 함수가 중간에 리턴하거나 혹은 goto문에 의해 제어가 다른 곳으로 옮겨가더라도 __finally 블록은 반드시 실행된다. 독자중에 조건을 완벽하게 테스트하여 반드시 free까지 가도록 하면 된다거나 리턴하기 전에 free를 실행하면 되지 않느냐고 반문할 사람이 있을 것이다. 하지만 실제 예에서는 항상 그것이 가능하지 않기 때문에 문제가 되는 것이다. 여기서 /*어떤 조건*/이라고 되어 있는 부분은 실제로는 무척 복잡한 문장이 될 수 있다. 예외를 일으킬 가능성이 있는 문장일 수도 있고 또는 함수 호출문이라 함수 내부에서 무슨 일이 일어날지 알 수 없는 경우 등등 여러 가지 경우를 가정해 볼 수 있다.

컴파일러는 종료 핸들러가 있으면 어떤 경우라도 종료 핸들러가 호출될 수 있게 코드를 작성한다. 설사 함수 중간에 return문이 있더라도 함수의 종료를 미루고 종료 핸들러를 호출한 후 리턴함으로써 함수 실행 중 반드시 종료 핸들러를 거쳐가도록 코드를 컴파일하기 때문에 종료 핸들러를 사용하면 어떠한 경우라도 정상적인 종료 처리가 된다고 보장할 수 있다. 단 스레드나 프로세스가 ExitThread, ExitProcess에 의해 강제 종료될 때는 예외이다. 이때는 "나 죽어요"하는 시점이기 때문에 종료 처리고 뭐고 뒤도 안 돌아본다.

종료 핸들러는 정상적인 코드 흐름에서도 실행되며 보호 구역에서 예외가 발생하여 일찍 종료되었을 때도 실행된다. 만약 이 두 경우를 구분 하려면 AbnormalTermination 함수를 사용한다. 이 함수는 __finally 블록 내부에서만 실행될 수 있는 내재 함수(intrinsic function)이다. 만약 종료 핸들러가 정상적인 흐름을 따라 실행된다면 이 함수는 FALSE를 리턴하고 보호 구역에서 바로 종료 핸들러로 넘어 왔다면 이 함수는 TRUE를 리턴한다. 사실 이 함수가 사용되는 실례를 찾기는 어렵지만 억지로라도 예를 들어보자. 비정상적인 종료 처리를 할 경우 메시지를 출력하고 싶다면 다음과 같이 한다.

```
__finally {
    if (AbnormalTermination()==TRUE)
        MessageBox(NULL, "뭔가 이상하네요. 이 프로그램 쓰지 마세요","어라",MB_OK);
    free(str);
}
```

종료 핸들러는 다음과 같은 용도로도 사용된다. 만약 한 함수에서 여러 가지 자원을 할당한 후 함수 종료전에 해제해야 한다고 해 보자. 그러면 코드는 다음 왼쪽과 같이 될 것이다.

```
if (크리티컬 섹션으로 들어감==성공) {
    if (핸들 열기==성공) {
        if (메모리 할당==성공) {
            if (오브젝트 생성==성공) {
                하고 싶은 일
                오브젝트 해제
            }
        메모리 해제
        }
    핸들 닫기
    }
크리티컬 섹션 나옴
}
```

```
if (크리티컬 섹션으로 들어감==실패) {
    return; }
if (핸들 열기==실패) {
    크리티컬 섹션 나옴
    return; }
if (메모리 할당==실패) {
    핸들 닫기
    크리티컬 섹션 나옴
    return; }
if (오브젝트 생성==실패) {
    메모리 해제
    핸들 닫기
    크리티컬 섹션 나옴
    return; }
하고 싶은 일
오브젝트 해제
```

전통적인 방법이긴 하지만 뭔가 복잡해 보이고 지저분해 보인다. 참고로 오른쪽의 코드는 그냥 웃자고 보인 것인데 결과는 동일하지만 0점짜리 코드다. 초보자가 만든 코드를 볼 기회가 있었는데 7중 조건문을 이런 식으로 처리한 걸 보고 한참 웃었던 기억이 있다. 이렇게 짜면 안 된다. 다시 본론으로 돌아가서, 왼쪽 코드는 그나마 네 가지 할당을 해서 그렇지 만약 10개 정도의 자원을 할당한다면 정말 복잡해 보일 것이며 브레이스의 짝을 찾기 어려울 것이다. 종료 핸들러를 사용한다면 이런 상황은 훨씬 더 깔끔하게 처리할 수 있다.

```
__try {
    크리티컬 섹션으로 들어감
    핸들열기
    메모리 할당
    오브젝트 생성
    하고 싶은 일
}
__finally {
    오브젝트 파괴
    메모리 해제
    핸들 닫기
    크리티컬 섹션 나옴
}
```

한 마디로 모든 종료 처리를 종료 핸들러로 모아놓은 것이다. 이렇게 되면 중간에 한 자원이 할당에 실패하더라도 자원은 제대로 해제된다. 단 __finally에서는 무조건 자원을 해제해서는 안 되며 할당된 자원에 대해서만 해제를 하도록 조건 점검을 해 보아야 한다. 종료 핸들러를 이런 목적에 사용하는 것을 지원하기 위해 비주얼 C++은 __leave라는 키워드를 제공한다. 이 문장이 사용되면 __try 블록 내에서 곧바로 __finally 블록으로 제어를 옮겨 종료 처리를 한다. __leave를 쉽게 표현하면 goto __finally이다.

55-1 유니코드

55-1-가. 문자 코드

코드(Code)란 어떤 대상을 간략하게 표시하기 위한 일종의 약속이다. 우편 번호, 주민등록번호, 학번, 군번 등이 코드의 예이며 문자 코드도 많고 많은 코드 중의 하나다. 문자 코드란 문자를 숫자에 대응시켜 나타내는 일종의 대응표이다. 컴퓨터는 숫자만, 그것도 이진수만 다룰 수 있는 존재이고 문자를 직접 다룰 수 없기 때문에 문자를 표현하기 위해서는 개별 문자를 고유의 숫자값에 대응시켜야만 한다. 문자 코드란 문자와 숫자의 대응 관계를 정의한 체계이며 대응시키는 방법에 따라 여러 가지 종류가 있다.

가장 흔하고 오래된 문자 코드는 7비트 크기로 영문자와 숫자, 기호들을 대응시킨 아스키(ASCII) 코드이며 지금도 많이 사용될 뿐만 아니라 이후 확장된 문자 코드들도 아스키를 기반으로 한다. 윈도우즈의 유저, GDI 모듈이 사용하는 ANSI 문자셋과 FAT 파일 시스템이 사용하는 OEM 문자셋도 아스키 문자셋에 기반하되 0x80이후의 문자가 약간 다르게 정의되어 있다. 아스키 문자셋이나 ANSI 문자셋처럼 한 바이트로 한 문자를 표현하는 문자 코드를 SBCS(Single Byte Character Set)라고 한다. 바이트 단위이기 때문에 최대 256개의 문자를 표현할 수 있다.

그러나 이 코드는 애초에 미국의 문자에만 맞게 작성되었기 때문에 독일어나 불어 등의 특별한 기호를 가진 문자를 표현하기에 부족했으며 더구나 알파벳과 모양이 완전히 다른 그리스나 러시아의 문자는 전혀 표현할 수가 없었다. 그래서 아스키 코드를 확장한 확장 아스키 코드를 정의하고 같은 코드에 이중으로 문자를 할당할 수 있는 방식인 코드 페이지로 새로운 문자들을 표현하고자 노력했으나 근본적인 해결방법이 되지 못했다. 왜냐하면 특정 코드 페이지에서 작성한 문서를 다른 코드 페이지에서 읽을 수 없어 문서 교환이 어려운 난점이 있기 때문이다.

또한 서양 국가들의 문자는 대부분 8비트 범위 내에서 표현할 수 있지만 한국, 중국, 일본 동양 3국(CJK라고 한다)의 문자는 그보다 문자수가 훨씬 더 많으므로 한 바이트로 모든 문자를 표현할 수가 없다. 그래서 동양 3국은 문자 하나를 표현하기 위해 2바이트를 사용하는 DBCS(Double Byte Character Set)체계를 사용해 왔으며 이 체계는 현재까지도 계속 사용되고 있다. 우리가 현재 사용하고 있는 DBCS는 영문, 기호는 8비트로 표현하고 한글은 16비트로 표현하는 ANSI의 확장형 문자 코드이다. SBCS와 DBCS가 섞여서 존재하며 때로는 16비트를 넘을 수도 있기 때문에 MBCS(Multi Byte Character Set)라고 한다. "럭키Seoul"이라는 문자열은 메모리상에 다음과 같이 표현된다.

럭	키	S	e	o	u	l	\0

한글은 2바이트를 차지하며 영문은 1바이트만 차지한다. 한 문자의 길이가 일정하지 않기 때문에 바이트 길이만으로 문자의 개수를 정확하게 알 수 없는 문제가 있는데 "럭키Seoul"이라는 문자열은 모두 7개의 문자로 이루어져 있지만 배열의 크기는 9바이트(널은 제외하고)이다. 문자열중에 2바이트 짜리 문자가 몇 개나 있는지 처음부터 순서대로 세어 와야만 문자 개수를 정확하게 알 수 있다. 똑같은 길이라도 문자열을 구성하는 문자에 따라 개수가 달라지는 것이다.

또한 문자열 중간에서 바로 앞 문자를 구하고 싶을 때도 일반적인 방법으로는 구할 수 없으며 반드시 선두에서부터 문자를 하나씩 읽어와야만 한다. 왜냐하면 중간 위치가 문자의 선두인지 2바이트 문자의 뒷부분인지를 정확하게 알 수 없기 때문이다. 각 바이트가 2바이트짜리 문자인지 아닌지는 IsDBCSLeadByte 함수로 조사할 수 있는데 버퍼 처음부터 이 함수로 각 문자의 길이만큼 이동해야 한다. DBCS문자열의 앞 뒤 문자를 구할 때는 CharPrev, CharNext라는 함수를 사용할 수도 있으나 CharPrev함수의 경우 속도가 굉장히 느리고 비효율적이다.

길이와 앞문자 구하기의 비효율성보다 더 큰 문제가 있는데 DBCS는 각 코드 페이지에 따라 실제로 맵핑되어 있는 문자가 달라질 수 있어 국제적인 범용 프로그램 제작에는 부적당하다는 것이다. "럭키Seoul"이 한글 윈도우즈에서는 그대로 보이지만 중국어 윈도우나 일본어 윈도우에서는 한글 코드 영역에 히라가나, 또는 한자 코드가 맵핑되어 있으므로 이대로 보일 리가 없다. 마찬가지로 우리가 일본 웹 사이트에 접속하거나 중국어 문서를 읽을 때도 제대로 보이지 않고 엉뚱한 한글이 보인다.

외국 문서가 정확하게 출력되려면 코드 페이지를 정확하게 선택해야 하는 불편함이 있다. 그나마도 코드 페이지란 특정 국가의 코드에 문자를 강제로 맞추는 것이기 때문에 여러 나라의 언어를 동시에 표현하고자 할 때는 전혀 도움이 되지 못한다. 예를 들어 한글로 된 일본어 교본이라든가 한중일 문자를 비교하는 논문을 작성할 때는 동시 표현을 할 방법이 없는 것이다.

55-1-나. 유니코드

유니코드(UniCode)는 하나의 문자 코드로 전 세계의 모든 문자를 표현할 수 있는 코드 체계이다. 모든 문자는 16비트로 표현되므로 최대 65536개의 문자를 표현할 수 있고 각 국가별로 코드 영역이 구분되어 있기 때문에 코드 페이지를 변경할 필요가 없다. 특정 문자는 세계의 어느 곳에서나 일정한 코드로 표현되며 따라서 유니코드로 작성된 프로그램은 별도의 재 컴파일 과정을 거칠 필요가 없다. 다음은 "럭키Seoul"문자열이 유니코드로 메모리상에 구현된 모양이다.

럭	키	S	e	o	u	l	\0

한글이나 영문이나 모두 2바이트씩 차지하므로 문자수는 정확하게 배열 길이와 같으며 특정 문자의 앞뒤 문자는 2바이트씩 앞뒤로 포인터만 이동하면 쉽게 구할 수 있다. 또한 이 코드 체계의 "럭" 문자는 세계 어디에서나 동일하기 때문에 한글 폰트만 설치되어 있다면 다른 언어의 윈도우즈에서도

그대로 보인다. 물론 영문이나 숫자까지도 2바이트씩 차지하기 때문에 기억 장소가 낭비되는 면이 있기는 하지만 통일된 코드 체계를 사용함으로써 소프트웨어의 국제화가 쉬워진다.

유니코드의 유니(Uni)라는 말은 단일의, 하나뿐인이라는 뜻이다. 그러나 실제로 유니코드가 하나의 통일된 체계로만 되어 있는 것은 아닌데 이렇게 된 데는 역사적으로 복잡한 사연이 있다. 문자 코드의 중복으로 인한 불편은 오래 전부터 예견되었고 그래서 코드를 통합하기 위한 시도도 역사가 깊은데 최초의 국제적인 시도는 ISO/IEC가 주관한 ISO 10646국제 표준이다. 10646은 모든 문자에 4바이트 코드를 할당함으로써 세계의 모든 문자를 단일한 코드 체계로 표현하고자 했다. 4바이트의 코드는 각 바이트별로 다음과 같은 구조를 가진다.

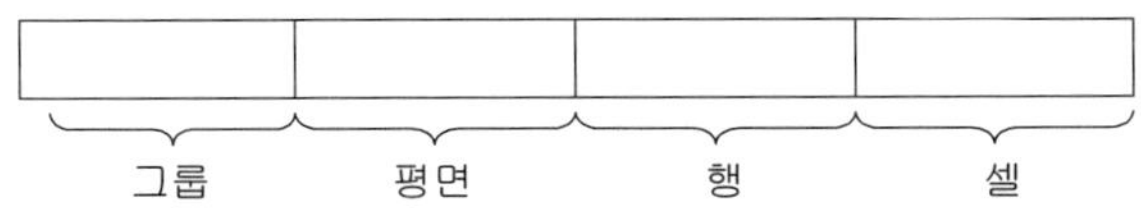

하위 16비트로 65536개의 문자를 표현하고 이런 문자 그룹을 묶어 하나의 평면(Plane)을 구성하고 256개의 평면이 하나의 그룹이 되며 총 127개의 그룹을 정의할 수 있다. 10646은 최상위 1비트는 사용하지 않으며 31비트만 사용하므로 표현할 수 있는 문자의 개수는 무려 20억개에 이른다. 하지만 현실적으로 문자가 이렇게 많지는 않으며 개별 문자마다 4바이트씩을 할당하는 것은 낭비가 심하기 때문에 그룹 0의 평면 0에만 문자 코드를 할당해 놓고 나머지 대부분은 예비로 남겨 두었다.

그룹 0, 평면 0의 65536문자 코드를 BMP(Basic Multilingual Plane)라고 하는데 이 영역에 알파벳과 한중일 동양의 문자 등이 모두 포함되어 있다. 그러고도 일부 영역이 아직 남아 있어 미래에 더 추가될 새로운 문자를 더 수용할 여유가 있다. 번역하자면 기본 다국어 평면 정도가 되겠는데 이 평면만으로도 지구상의 현존하는 대부분의 문자들을 표현할 수 있다. BMP에는 약 35000자 정도의 코드가 배정되어 있고 2만여 자는 아직도 예비용으로 남아 있다. 현재 할당된 문자들의 배치 상태는 대충 다음과 같다.

코드	설명
0x00~0x7f	영문, 숫자, 기호 등의 ASCII 호환 코드
0x80~0x1ff	라틴어
0x250~0x36f	발음기호
0x400~0x58f	키릴 문자, 아메리카 문자
0x590~0x6ff	헤브루, 아랍어
0x1100~0x11ff	한글 낱글자(옛글자 포함)
0x3040~0x30ff	일본어(히라가나, 가타카나)
0x4e00~0x9fbb	CJK 통합 한자
0xac00~0xd7a3	한글 완성자(가~힣)

한글은 완성자 11172자와 낱글자, 자모까지 꽤 큰 영역을 차지하고 있는데 조립중의 모든 글자와 일부 고어 자모도 포함되어 있다. 우리와 직접적인 연관이 있는 문자만 정리했는데 물론 이 외에도 에디토피아, 아리아, 태국, 세르비아, 몽고, 티벳, 페르시아 등의 문자도 있고 이름도 듣지 못한 나라의 글자들도 포함되어 있다. 이 표의 첫 부분을 보면 0x7f 이전의 7비트 영역은 ASCII와 동일해 유니코드도 아스키의 슈퍼셋이다.

BMP를 제외한 나머지 평면은 대부분 예약 상태이며 기원전 2500년에 화성으로 이주해간 이집트인이 발견된다거나 아프리카의 소수 부족이 미국보다 더 강대국이 되지 않는 한은 앞으로도 사용되지 않을 전망이다. 4바이트를 모두 사용하는 코드를 UCS-4라고 하며 이 코드를 표현할 때는 U-000038ca와 같이 8자리의 16진수로 표현한다. BMP의 하위 16비트만으로 구성된 코드를 UCS-2라고 하며 U+12c8과 같이 4자리의 16진수로 표현한다.

10646이 한창 제정될 때인 1991년 무렵에 애플, 제록스, 마이크로소프트, 썬, IBM, 오라클 등 이름만 들어도 알만한 쟁쟁한 업체들은 유니코드 컨소시엄을 구성하고 16비트의 단일한 코드 체계를 만들고자 했다. 10646이 미래의 모든 문자를 포괄하기 위한 이상적인 표준이라면 유니코드는 좀 더 현실적인 표준이라고 할 수 있다. 이 두 기구는 따로 표준 작업을 진행했는데 표준이 둘이라는 것은 결국 표준이 없는 것과 마찬가지이므로 두 그룹은 표준을 통합하기에 이르렀다. 10646의 BMP가 유니코드 표준과 맞게 수정됨으로써 현재 하위 16비트의 코드 체계는 두 표준이 동일하다.

10646과 유니코드 컨소시엄의 표준이 통합된 이것이 현재 우리가 유니코드라고 부르는 것이며 윈도우가 지원하는 코드 체계이기도 하다. 그러나 유니코드 표준이 완전히 확정된 것은 아니며 아직도 새로운 표준과 변형들이 만들어지고 있으며 앞으로도 계속 변할 것이다. 왜냐하면 과거에는 없던 새로운 문자(예를 들어 유로 단위)들이 추가되는 경우가 빈번하며 기술의 변화에 맞추어야 하기 때문이다.

물론 변한다 하더라도 이미 확정된 문자 코드가 바뀌는 것은 아니며 새로운 문자가 추가되는 정도이므로 현재의 표준은 앞으로도 계속 유효하다. 유니코드에 대한 최신 표준과 코드의 구성은 http://www.unicode.org에서 얻을 수 있으며 현재 5.0버전까지 나와 있다. 이 홈페이지를 방문하면 유니코드에 대해 더 많은 것을 공부할 수 있으며 세계 여러 나라의 희한한 글자들도 구경할 수 있다.

55-1-다. UTF

유니코드는 단일한 문자 코드 체계를 잘 정의하기는 하지만 모든 경우에 이 표준이 적합하지는 않다. 그래서 유니코드를 실제 적용예에 맞게 변형할 필요가 있는데 이를 UTF(UCS Transformation format)라고 한다. UTF-1, UTF-7, UTF-8, UTF-16, UTF-32 등이 있는데 각 인코딩 방식은 유니코드 문자를 바이트 스트림에 어떻게 배치할 것인가가 다르다. 현실적으로 많이 사용되는 두 가지에 대해서만 상세하게 알아 보자.

UTF-16

이 형식은 유니코드의 표준대로 모든 문자를 16비트로 표현한다. 그러나 16비트만으로 세계의 문자를 표현하기에는 조금 부족한데 특히 한자의 경우가 그렇다. 중국인이 사용하는 한자는 대략 55000자 정도이며 이나마도 표준화된 것이 그렇고 고어나 옛한자까지 포함하면 그 수를 헤아리기 힘들 정도다. 우리나라의 경우도 유니코드에 현대어는 모두 포함되었지만 고어는 포함되어 있지 않다.

이런 경우를 위해 UTF-16은 서로게이트(Surrogate)라는 확장 코드를 정의함으로써 좀 더 많은 문자를 표현할 수 있는 가능성을 열어 놓았다. 서로게이트는 16비트 코드의 쌍, 즉 4바이트로 문자 하나를 표현하는데 상위 워드는 110110으로 시작하고 하위 워드는 110111로 시작한다. 0xd800~0xdfff까지를 서로게이트 헤더로 사용하는 것이다. 서로게이트 문자의 구조는 다음과 같다.

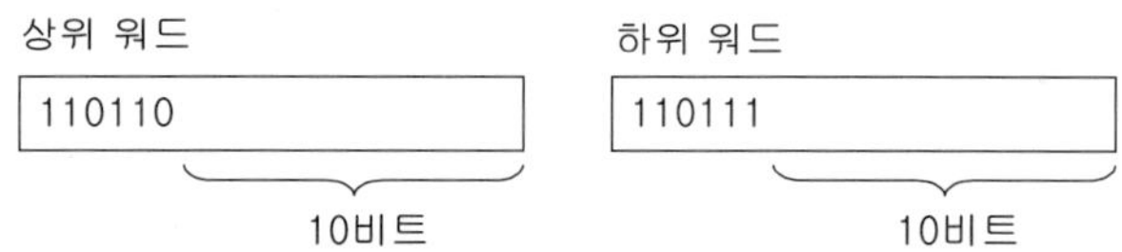

서로게이트 헤더를 제외하면 상위에 10비트, 하위에 10비트가 남으며 이 둘을 합하면 총 20비트 크기의 문자를 표현할 수 있다. 20비트면 대략 백만이 조금 넘으며 이 정도면 한자나 그외 국가의 문자들도 표현하기에 부족하지 않다. 윈도우즈는 운영체제 차원에서 서로게이트 문자를 지원한다. GDI의 폰트 포맷, 텍스트 출력함수, USER 모듈, 에디트, 리치 에디트 컨트롤 등이 모두 서로게이트를 인식하며 정렬도 완벽하게 수행한다.

그러나 모든 시스템 요소가 서로게이트를 완벽하게 지원하는 것은 아니며 개발자가 유니코드를 직접 다룰 때 서로게이트를 염두에 두어야 한다. 서로게이트가 존재함으로써 UTF-16은 사실상 고정 길이가 아니라 가변 길이를 가지는 문자 코드라고 할 수 있다. 그러나 서로게이트가 꼭 필요한 경우가 많지 않기 때문에 대개의 경우 큰 문제가 되지는 않는다.

UTF-8

유니코드는 국제화가 쉽고 동시에 다양한 문자를 표현할 수 있다는 면에서 긍정적인 코드 체계이다. 동양 3국의 입장에서 볼 때 유니코드는 그럭 저럭 만족할만한 포맷이라고 할 수 있다. 그러나 영어권 사람들 입장에서 볼 때 유니코드는 메모리를 두 배나 잡아먹는 얄미운 포맷일 것이다. 안시로 저장하면 1K이면 되지만 유니코드로 저장하면 2K로 늘어나 버리며 게다가 지금까지 잘 써 왔던 아스키 코드와도 호환되지 않으므로 이런 포맷이 마냥 반가울리만은 없을 것이다.

그래서 이런 여러 가지 단점을 해결하기 위해 만들어진 인코딩 형식이 바로 UTF-8이다. UTF-8은 가변 길이의 체계를 가지며 표현하고자 하는 코드에 따라 다음과 같이 여러 바이트를 사용한다. 각 바이트의 선두에는 약간의 헤더가 삽입되며 헤더외의 남는 비트에 유니코드를 나누어 넣는 방식이다. 처음 보기에는 다소 헷갈리지만 무척 합리적으로 설계한 코드이다.

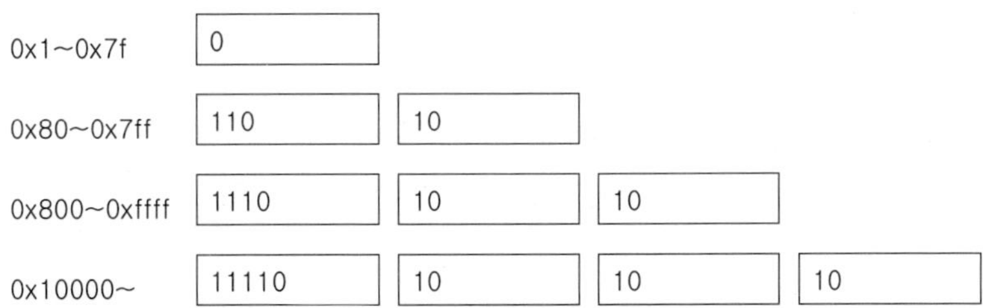

0x7f 이하의 코드인 경우는 첫 비트를 0으로 하고 나머지 7비트에 아스키 코드를 기록하여 아스키 코드와 호환되도록 했다. 알파벳 A는 아스키 코드로 0x41인데 UTF-8에서도 여전히 0x41의 값을 가진다. 알파벳과 숫자, 기호 등으로만 구성된 문서는 아스키 코드와 완전히 같으며 길이도 동일하다.

0x80이상의 코드는 첫 바이트의 선두에 110을 넣고 두 번째 바이트의 선두에 10을 넣은 후 양쪽의 남은 11비트에 문자 코드를 기록한다. 11비트로 최대 0x7ff까지의 코드를 표현할 수 있다. 같은 방식으로 0xffff까지는 선두에 1110을, 그리고 이어지는 두 바이트에 10을 두고 남은 16비트에 코드를 기록한다. 16비트보다 더 긴 코드도 4바이트 이상을 사용하면 얼마든지 표현할 수 있다.

이런 식이면 영문, 숫자는 1바이트로 표현할 수 있어 영어권의 문자를 별다른 낭비없이 표현할 수 있다. 하지만 동양 3국의 문자는 3바이트가 필요하기 때문에 UTF-16보다는 더 많은 메모리가 필요하다. 똑같은 문자열을 UTF-8과 UTF-16으로 표현할 때 어느쪽이 더 짧을 것인가는 문자열내의 글자 구성에 따라 달라지는데 알파벳이나 숫자가 많으면 UTF-8이 짧고 한글이 많으면 UTF-16이 더 짧다. 그러나 압축 기술이 발전한 요즘은 이런 길이를 비교하는 것이 사실 큰 의미가 없다. "Aα한8"이라는 문자열의 각 문자가 인코딩되는 방식을 비교해 보자.

인코딩	A	α	한	8
ANSI	41	A5E7	C7D1	38
UTF-16	0041	03B1	D5DC	0038
UTF-8	41	CEB1	ED959C	38

안시 인코딩에서 영문은 아스키로, 한글은 완성형 코드로 표현된다. 유니코드는 0x7f이전까지만 아스키와 호환되므로 한글이나 특수문자는 완전히 다른 코드로 표현된다. 각 문자의 코드값은 문자표에서 찾아볼 수 있다. UTF-8은 유니코드 문자를 다음과 같이 인코딩하여 표현한다. 영문, 숫자는 아스키 그대로이고 "α"와 "한"자의 변환만 연구해 보자.

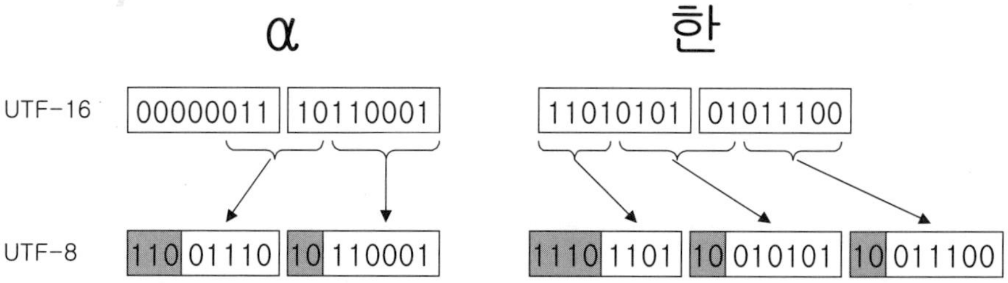

0x7ff 이하의 11비트 코드는 헤더를 제외한 상위에 5비트, 하위에 6비트를 나누어 넣는다. 0x800이상의 16비트 코드는 헤더를 포함하여 3바이트에 나누어 저장하되 각 바이트에 4, 6, 6비트씩을 저장한 것이다. 문자를 표현하는 코드는 UTF-16과 동일하되 코드의 각 비트를 나누어 저장하는 방식만 틀린 것이다. UTF-8이 우수한 이유는 단지 아스키 코드와 호환된다는 이점 때문만은 아니며 다음과 같은 여러 가지 장점이 있다.

① 문자 코드의 길이를 계산하기 쉽다. 비록 가변 길이 인코딩 방식이지만 첫 바이트의 상위 비트를 검사해 보면 문자 길이를 곧바로 알 수 있다. 최상위 비트가 0이면 1바이트 문자이고 110이면 2바이트 문자이며 1110이면 3바이트 문자이다. 길이를 쉽게 구할 수 있으므로 다음 문자를 찾는 알고리즘도 간단하다.

② 문자의 선두를 찾는 것도 아주 간단하다. 선두 바이트가 아닌 이어지는 바이트는 항상 10으로 시작하도록 되어 있다. 그래서 임의 지점에서 문자의 선두로 이동하고 싶으면 역검색하다가 상위 비트가 10이 아닌 바이트만 찾으면 된다. 최악의 경우 문서 처음부터 검색해와야 하는 MBCS와는 확실히 다르다.

③ 특정 문자의 코드가 다른 문자의 부분 코드로 나타나지 않기 때문에 부분 문자열 검색 알고리즘이 단순하고 빠르다. A의 코드인 0x41이 한글이나 특수 문자의 허리 부분에서 발견되는 일이 절대로 없다는 뜻이다. 그래서 원하는 코드를 바이트 검색하기만 하면 정확한 문자를 찾을 수 있다.

UTF-8 코드를 사람이 직접 읽기는 어렵지만 기계가 이 코드를 처리하기는 굉장히 쉽다. 왜냐하면 코드에서 헤더를 제외한 문자 코드를 추출하기 위해 쉬프트, OR 정도의 간단한 연산만 필요하기 때문이다. 이런 여러 가지 장점이 있기 때문에 UTF-8은 XML과 인터넷의 기본 인코딩으로 널리 활용된다.

바이트 순서

유니코드는 어떤 숫자에 어떤 문자를 대응시킬 것인가는 정확하게 규정하고 있지만 바이트 순서에 대해서는 규정이 없다. 2바이트 이상의 값을 표현하는 방식에는 빅 엔디안, 리틀 엔디안 두 가지 방식이 있는데 유니코드는 이 두가지 방식으로 모두 표현 가능하다. 그러다 보니 어떤 바이트 순서로 되어 있는지를 표시할 수 있는 방법이 필요해졌으며 이런 목적으로 유니코드 문서의 선두에는 바이트 순서를 나타내는 특별한 표식인 BOM(Byte Order Mark)이 배치되어 있다.

BOM은 제어 코드는 아니며 단지 응용 프로그램에게 문서의 해석 방법에 대한 정보만 제공할 뿐이다. 만약 문서의 바이트 순서가 프로세서의 고유한 바이트 순서와 다르다면 코드를 읽을 때 뒤집어서 읽어야 한다. 예를 들어 빅 엔디안 방식의 모토롤라 계열 CPU에서 작성된 문서를 리틀 엔디안 방식의 인텔 계열 CPU에서 읽을 때 이런 처리가 필요하다. BOM의 종류는 다음과 같다.

BOM	설명
EF BB BF	UTF-8
FF FE	UTF-16. 빅 엔디안
FE FF	UTF-16. 리틀 엔디안
FF FE 00 00	UTF-32. 리틀 엔디안
FE FF 00 00	UTF-32. 빅 엔디안

BOM은 원래 바이트 순서를 표시하기 위해 붙이는 것이지만 그 자체로 유니코드 문서에 대한 매직 넘버로 활용되기도 한다. 즉, FE FF로 시작했다면 이 문서는 UTF-16 문서라는 것을 확실히 알 수 있다. FF, FE등의 코드에는 문자가 할당되어 있지 않으므로 정상적인 문서의 중간에 나올 수 없으며 설사 나온다 하더라도 무시된다. 마이크로소프트는 이 중 UTF-16 리틀 엔디안을 표준으로 하고 있지만 다른 방식의 문서도 변환해서 읽거나 쓸 수 있다. 메모장의 저장 대화상자를 보면 인코딩 방식과 바이트 순서를 선택할 수 있는 콤보 박스가 있다.

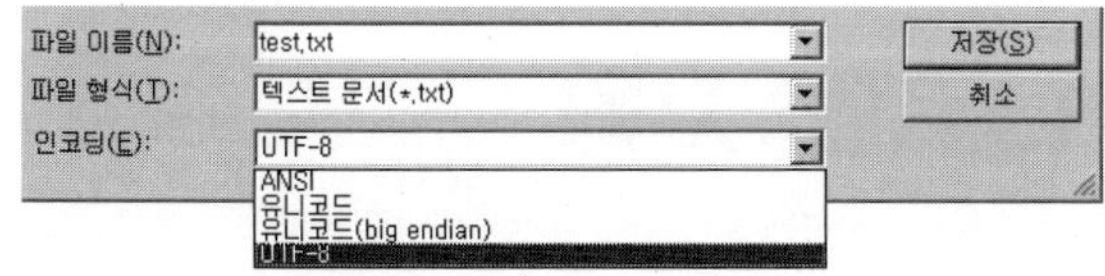

"1한A"라는 짧은 문자열을 각각의 방식으로 저장했을 때 실제 문서가 어떻게 저장되는지 헥사 에디트로 조사해 보면 다음과 같다.

인코딩	데이터
ANSI	31 C7 D1 41
유니코드	FF FE 31 00 5C D5 41 00
유니코드(big-endian)	FE FF 00 31 D5 5C 00 41
UTF-8	EF BB BF 31 ED 95 9C 41

안시로 저장했을 때는 빅 인디안의 한글 완성형으로 저장되며 별도의 BOM은 붙이지 않는다. 유니코드로 저장했을 때 UTF-16으로 저장하되 하위 바이트가 먼저 오며 빅 엔디안은 유니코드가 순서대로 나타난다. UTF-8은 인코딩 방식 자체에 순서에 대한 규정이 있기 때문에 엔디안의 영향을 받지 않는다.

유니코드의 의미

유니코드는 굉장히 많은 이해 집단의 양보와 타협을 거쳐 어렵게 탄생한 것이다. 지구상의 수 많은 국가들의 복잡한 문자들을 하나의 체계로 통합하기 위해 얼마나 많은 진통을 겪었을지 가히 짐작이 갈 것이다. 이렇게 어렵게 탄생한 유니코드는 활성화되는데도 굉장히 오랜 시간이 걸렸다. 기존의 모든 코드 체계를 바꿔야 하기 때문이다.

현재 상황에서 유니코드 지원에 가장 큰 걸림돌은 윈도우즈 9x 계열인데 이 버전의 윈도우즈는 유니코드를 지원하지 않는다. NT/2000/XP 이상은 유니코드와 MBCS를 동시에 지원하지만 그 이전의 운영체제인 95/98은 그렇지 못한 것이다. 95/98이 유니코드를 지원하지 않는 이유는 너무 고쳐야 할 곳이 많기 때문인데 16비트 버전과의 호환성이 주된 목적이었으므로 이런 복잡한 기능은 스펙에서 제외될 수밖에 없었다. 마이크로소프트는 차후에 95/98을 위한 유니코드 레이어를 제작해서 배포했지만 기능적으로 완벽하지는 않다.

이후에 발표될 운영체제들은 유니코드를 기본적으로 지원할 것이고 그런 움직임이 점점 가시화되어 요즘은 유니코드로 컴파일된 프로그램을 심심치 않게 볼 수 있다. NT 이후의 운영체제는 내부적으로 유니코드만 사용하며 안시로 컴파일하면 내부에서 유니코드로 변환해서 사용하는 방식이다. 따라서 유니코드로 컴파일해야 변환없이 곧바로 호출할 수 있으므로 제 속도가 나온다. 그러나 아직도 많이 남아 있는 95/98 사용자를 완전히 무시하는 것은 스스로 시장을 포기하는 꼴이라 시기상조라는 의견도 있다.

그럼에도 불구하고 당장 유니코드를 알아야 하는 이유는 차후 유니코드가 범용적으로 사용될 때를 대비해야 하기 때문이다. 다음번 운영체제는 유니코드 전용으로 발표될 지도 모르며 실제로 윈도우즈 CE는 유니코드만 지원하는데 이럴 경우를 위해 당장은 안시로 컴파일한다 하더라도 유니코드로 이식이 가능한 소스를 작성해야 할 필요가 있다. 윈도우즈 API는 이런 차원에서 유니코드와 안시를 동시에 지원할 수 있는 장치를 제공하며 우리는 이 장치들을 활용해야 한다.

55-2 유니코드 지원

55-2-가. UniTest1

유니코드로 프로젝트를 만들어 보자. 단, 이 실습은 유니코드를 지원하는 NT/2000에서만 가능하며 95/98에서는 제대로 실행되지 않으므로 가급적이면 NT/2000에서 실습하기 바란다. UniTest라는 이름으로 프로젝트를 작성하고 다음과 같이 소스를 입력한다. ApiStart.txt를 복사하여 약간만 수정하면 된다.

예 제 : UniTest1

```
#define UNICODE
#include <windows.h>

LRESULT CALLBACK WndProc(HWND,UINT,WPARAM,LPARAM);
HINSTANCE g_hInst;
HWND hWndMain;
wchar_t *lpszClass=L"UniTest1";
```

```
========= WinMain 생략 =============

LRESULT CALLBACK WndProc(HWND hWnd,UINT iMessage,WPARAM wParam,LPARAM lParam)
{
    HDC hdc;
    PAINTSTRUCT ps;
    wchar_t *wMes=L"유니코드 문자열입니다";

    switch (iMessage) {
    case WM_PAINT:
        hdc=BeginPaint(hWnd, &ps);
        TextOut(hdc,10,10,wMes,lstrlen(wMes));
        EndPaint(hWnd, &ps);
        return 0;
    case WM_DESTROY:
        PostQuitMessage(0);
        return 0;
    }
    return(DefWindowProc(hWnd,iMessage,wParam,lParam));
}
```

어떤 점이 달라졌는지 보자. windows.h를 인클루드하기 전에 UNICODE라는 매크로 상수를 정의하였으므로 이 프로젝트는 유니코드로 컴파일된다. lpszClass 문자열의 타입이 LPSTR에서 wchar_t *로 변경되었으며 문자열 상수 앞에 L접두가 붙여져 있다. 그리고 WndProc에서 문자열 변수 wMes를 선언할 때도 wchar_t타입으로 선언했으며 L접두를 사용하였다. 나머지 코드는 지금까지 봐오던 코드와 동일하며 실행 결과는 다음과 같다.

윈도우가 제대로 생성되었고 문자열이 작업영역으로 출력되었다. 그러나 이 프로그램은 유니코드로 컴파일되었기 때문에 95/98에서는 전혀 실행되지 않는다. 왜냐하면 lpszClass가 유니코드로 작성되어 있으므로 RegisterClass 함수가 윈도우 클래스를 등록하지 못하기 때문이다. 유니코드의 문자형인 wchar_t는 다음과 같이 정의되어 있다.

```
typedef unsigned short wchar_t;
```

보다시피 단순한 부호없는 16비트의 정수로 정의되어 있는데 유니코드는 모든 문자를 16비트로 표현하기 때문이다. 그래서 유니코드형 문자(문자열, 문자형 포인터, 문자 배열)을 선언할 때는 char타입 대신 wchar_t타입을 사용해야 한다. 문자열 상수에 붙이는 L접두는 이 문자열을 16비트의 문자열 상수로 초기화하라는 일종의 구둣점이며 컴파일러가 지원한다. L접두를 붙이지 않으면 컴파일러는 문자열 상수를 무조건 ANSI포맷으로 초기화한다. 유니코드를 사용하는 프로그램은 이런 식으로 문자열을 초기화하고 사용해야 한다.

55-2-나. API의 유니코드 지원

그렇다면 유니코드용의 프로젝트와 ANSI 프로젝트는 소스를 각각 따로 작성해야 하는가 하면 그렇지는 않다. 다행히 매크로에 의해 조건부 컴파일되므로 소스를 따로 유지할 필요는 없으며 UNICODE매크로 상수만 필요에 따라 정의하면 된다. 단 유니코드와 ANSI를 동시에 지원하려면 모든 타입은 이 매크로 상수에 따라 정의되는 일반형을 사용해야 한다. UNICODE 매크로가 컴파일에 어떤 영향을 미치는지, 윈도우즈 API는 유니코드를 어떻게 지원하는지 각 부분별로 살펴보자.

문자형 타입

우선 char형과 wchar_t형은 다음과 같이 CHAR, WCHAR로 재정의되어 있는데 이는 다른 기계로의 이식을 용이하기 위해서이다. WCHAR 타입(=unsigned short int)이 유니코드형 문자이며 CHAR타입이 ANSI형 문자이다.

```
typedef wchar_t WCHAR;
typedef char CHAR;
```

이 두 타입의 일반형은 다음과 같이 TCHAR로 정의되며 UNICODE 매크로의 정의 여부에 따라 실제 타입이 달라진다.

```
#ifdef UNICODE
typedef WCHAR                   TCHAR;
#else
typedef char                    TCHAR;
#endif
```

따라서 문자형이나 문자 배열형은 char형이나 wchar_t형을 직접 사용하지 말고 TCHAR형의 일반형으로 선언하면 유니코드와 ANSI를 동시에 지원할 수 있다. 즉 문자는 TCHAR ch;로 선언하고 문자 배열은 TCHAR arch[128]; 이런 식으로 선언하면 된다. 다음은 문자형 포인터의 정의를 보자. 유니코드형, ANSI형 변수와 상수에 대한 타입들이 다음과 같이 정의되어 있다.

```
typedef WCHAR *PWCHAR, *LPWSTR, *PWSTR;
typedef CONST WCHAR *LPCWCH, *LPCWSTR, *PCWSTR;
typedef CHAR *PCHAR, *LPSTR, *PSTR;
typedef CONST CHAR *LPCCH,*LPCSTR, *PCSTR;
```

LPWSTR, PWSTR등은 완전히 동일한 타입이되 매크로 상수가 여러 개 정의되어 있을 뿐이다. 아직도 16비트의 잔재로 인해 원거리 포인터를 뜻하는 L(Long)문자가 남아 있다. 이 포인터들에 의해 문자열 타입의 일반형은 다음과 같이 정의된다. 실제로 헤더 파일을 열어보면 이보다 훨씬 더 복잡하고 다양한 타입들이 존재하지만 단순화해서 정리해 보았다.

```
#ifdef    UNICODE
typedef LPWSTR PTSTR, LPTSTR;
typedef LPCWSTR LPCTSTR;
#else     /* UNICODE */
typedef LPSTR PTSTR, LPTSTR;
typedef LPCSTR LPCTSTR;
#endif /* UNICODE */
```

UNICODE 매크로 상수가 정의되어 있는가 아닌가에 따라 LPTSTR, LPCTSTR 등의 타입 정의가 달라진다. 이런 매크로 정의에 의해 일반형 타입은 다음과 같이 도표로 정리된다. 실제 헤더 파일로 타입 정의를 연구해 보면 난잡할 정도이지만 결과만 정리하면 간단해진다.

일반형	유니코드	ANSI	설명
TCHAR	wchar_t	char	문자
LPTSTR	wchar_t *	char *	문자열
LPCTSTR	const wchar_t *	const char *	문자열 상수

문자형을 선언하고 싶으면 TCHAR를 사용하면 되고 문자형 포인터(=문자열)를 선언하고 싶으면 LPTSTR 타입을 사용하면 된다.

문자열 상수

변수의 타입뿐만 아니라 문자열 상수를 정의할 때도 L접두가 있을 수도 있고 없을 수도 있는데 이때는 다음과 같이 정의되어 있는 __TEXT 매크로를 사용하면 된다.

```
#ifdef   UNICODE
#define __TEXT(quote) L##quote
#else     /* UNICODE */
#define __TEXT(quote) quote
#endif /* UNICODE */
#define TEXT(quote) __TEXT(quote)
```

UNICODE 매크로가 정의되어 있으면 문자열 상수 앞에 L접두를 붙이고 그렇지 않으면 L 접두없이 문자열 상수를 그대로 쓴다. 똑같은 기능의 TEXT라는 매크로가 중복 정의되어 있다. 뿐만 아니라 _T, __T, _TEXT 매크로까지 총 다섯 개의 동일한 매크로가 각각 다른 헤더 파일에 중복 선언되어 있는데 모두 같은 기능을 가진다. 그래서 문자열 상수는 TEXT("상수")와 같이 적으면 UNICODE 매크로에 따라 L"상수"가 되거나 "상수"가 된다. 문자 상수도 마찬가지로 TEXT('문자') 식으로 표현한다.

함수의 원형

문자열이 달라지면 문자열을 사용하는 함수들의 기능도 달라져야 한다. TextOut함수를 예로 들어 유니코드에서 함수 정의문이 어떻게 달라지는지 보자.

```
WINGDIAPI BOOL   WINAPI TextOutA(HDC, int, int, LPCSTR, int);
WINGDIAPI BOOL   WINAPI TextOutW(HDC, int, int, LPCWSTR, int);
#ifdef UNICODE
#define TextOut   TextOutW
#else
#define TextOut   TextOutA
#endif // !UNICODE
```

LPCSTR형을 인수로 취하는 TextOutA 함수와 LPCWSTR형을 인수로 취하는 TextOutW 함수가 정의되어 있으며 TextOut 함수는 UNICODE 매크로의 정의 여부에 따라 두 함수 중 하나로 재정의된다. 여기서 함수명 뒤의 A는 ANSI라는 뜻이며 W는 Wide라는 뜻이다. NT/2000은 두 함수 중 TextOutW에만 코드를 정의해 놓았으며 TextOutA는 ANSI 포맷으로 전달된 문자열을 유니코드로 변환한 후 TextOutW를 호출하는 단순한 래퍼 함수이다. 즉 NT에서 내부적인 모든 처리는 유니코드로 변환되어 처리된다. 95/98에는 TextOutW함수가 정의되어 있지만 코드는 가지지 않으며 단순히 에러를 리턴하기만 한다. Win32 API에는 실제로 TextOut이라는 함수가 정의되어 있지 않지만 매크로 조작에 의해 우리는 그냥 TextOut이라고 함수를 호출하면 적당한 버전의 함수가 선택된다.

문자열을 인수로 취하는 모든 함수들은 이런 식으로 유니코드 버전과 ANSI 버전이 이중으로 정의되어 있다. 헤더 파일을 열어보면 SetWindowText, DrawText 등 문자열을 인수로 가지는 모든 함수가 두 벌씩 정의되어 있는 것을 확인할 수 있다. 물론 LineTo, Ellipse와 같이 문자열과 무관한 함수들은 하나씩만 정의되어 있다. 예외적으로 WinMain 함수는 ANSI 버전만 존재한다. 이 함수는 사용자가 호출하는 것이 아니라 C런타임 라이브러리의 스타트 업 코드가 호출하는 것이기 때문에 굳이 두 버전을 다 지원할 필요가 없다. 그래서 과거와의 호환성을 유지할 수 있는 ANSI 버전만 존재하며 WinMain의 두 번째 인수인 lpszCmdParam은 항상 LPSTR 타입, 즉 char *형으로 고정되어 있다.

구조체

함수들이 사용하는 구조체들도 ANSI 버전과 유니코드 버전이 각각 존재하며 UNICODE 매크로 상수에 따라 실제 정의가 달라진다. 다음은 윈도우 클래스를 정의하는 WNDCLASS구조체이다.

```
typedef struct tagWNDCLASSA {
    UINT          style;
    WNDPROC       lpfnWndProc;
    int           cbClsExtra;
    int           cbWndExtra;
    HINSTANCE     hInstance;
    HICON         hIcon;
    HCURSOR       hCursor;
    HBRUSH        hbrBackground;
    LPCSTR        lpszMenuName;
    LPCSTR        lpszClassName;
} WNDCLASSA, *PWNDCLASSA, NEAR *NPWNDCLASSA, FAR *LPWNDCLASSA;
typedef struct tagWNDCLASSW {
    UINT          style;
    WNDPROC       lpfnWndProc;
    int           cbClsExtra;
    int           cbWndExtra;
    HINSTANCE     hInstance;
    HICON         hIcon;
    HCURSOR       hCursor;
    HBRUSH        hbrBackground;
    LPCWSTR       lpszMenuName;
    LPCWSTR       lpszClassName;
} WNDCLASSW, *PWNDCLASSW, NEAR *NPWNDCLASSW, FAR *LPWNDCLASSW;
#ifdef UNICODE
typedef WNDCLASSW WNDCLASS;
typedef PWNDCLASSW PWNDCLASS;
typedef NPWNDCLASSW NPWNDCLASS;
typedef LPWNDCLASSW LPWNDCLASS;
#else
typedef WNDCLASSA WNDCLASS;
typedef PWNDCLASSA PWNDCLASS;
typedef NPWNDCLASSA NPWNDCLASS;
typedef LPWNDCLASSA LPWNDCLASS;
#endif // UNICODE
```

WNDCLASSA 구조체와 WNDCLASSW구조체가 각각 선언되어 있는데 문자열 멤버인

lpszMenuName과 lpszClassName의 타입이 각각 다르다. WNDCLASS라는 매크로 상수는 유니코드 지원 여부에 따라 둘 중 하나로 맵핑된다.

메시지

그렇다면 문자열을 사용하는 메시지들도 유니코드 지원 여부에 따라 두 벌씩 준비되어 있어야 할까? WM_SETTEXT, LB_ADDSTRING같은 메시지는 파라미터로 문자열을 전달하기 때문에 유니코드인 경우와 ANSI인 경우 실제 전달되는 문자열 포맷이 다르므로 분명히 구분해야 한다. 그러나 다행스럽게도 메시지는 어떤 형태로 전달하든지 시스템이 받는 쪽의 문자 코드에 맞게 변환을 하기 때문에 별도로 신경쓰지 않아도 된다.

윈도우 클래스를 등록할 때 어떤 함수(RegisterClassW, A)를 사용했는가에 따라 윈도우가 받아야 할 메시지의 포맷이 결정되는데 RegisterClassW로 등록한 윈도우는 유니코드 메시지를 받고 RegisterClassA로 등록한 윈도우는 ANSI 포맷의 메시지를 받는다. 만약 윈도우의 코드와 다른 포맷의 메시지가 전달되면 시스템이 이를 자동으로 변환하며 이는 서브클래싱된 윈도우에도 동일하게 적용된다.

단, 이런 변환 서비스는 표준 메시지에 대해서만 적용되며 사용자가 정의한 메시지는 적용되지 않는다. 커스텀 메시지를 보낼 때는 받는 쪽의 윈도우가 유니코드 윈도우인지 아닌지를 조사해서 보내는 쪽의 코드와 틀리다면 직접 변환해서 보내야 한다. 특정 윈도우가 유니코드 윈도우인지 아닌지는 IsWindowUnicode 함수로 조사할 수 있다.

리소스

리소스에도 문자열이 포함되는데 문자열 테이블은 물론이고 메뉴의 캡션, 대화상자 컨트롤의 캡션, 대화상자의 타이틀 바 등에 문자열이 필요하다. 하지만 리소스는 유니코드 사용 여부와 상관없이 항상 유니코드 포맷으로만 작성되므로 두 벌을 준비할 필요가 없다. 95/98에서도 리소스만큼은 유니코드 포맷으로 저장되며 LoadString 등의 함수에 의해 읽혀질 때 ANSI 포맷으로 변환된다. 정말 다행스러운 일이 아닐 수 없다. 리소스까지 따로따로 작성해야 한다면 이는 정말로 악몽같은 일이 될 것이다.

55-2-다. C 런타임의 유니코드 지원

윈도우즈 프로그램을 작성한다고 해서 Win32 API 함수만으로 코드를 다 작성하지는 않으며 문자열 조작 등에는 전통적인 C 런타임 함수를 많이 사용한다. strlen, strcpy같은 함수는 16비트 시절부터 친숙하게 사용해 왔던 함수들이다. ANSI C 표준은 런타임 함수들이 유니코드를 지원하기 위한 별도의 함수 집합을 제공하며 비주얼 C++은 이 표준대로 함수들을 제공한다. 다음은 문자열의 길이를 구하는 함수들이다.

```
size_t strlen( const char *string );
size_t wcslen( const wchar_t *string );
```

strlen은 ANSI문자열을 인수로 취하며 wcslen은 유니코드 문자열을 인수로 취한다. 유니코드 지원 함수들은 공통적으로 wcs 접두어를 가진다. 만약 유니코드 문자열의 길이를 strlen으로 계산하면 문자 개수를 리턴하지 않으며 버퍼의 길이를 대신 리턴할 것이며 반대의 경우도 마찬가지로 틀린 결과를 리턴할 것이다. 이 두 함수의 일반형은 다음과 같이 정의되어 있다.

```
#ifdef   _UNICODE
#define _tcslen       wcslen
#else
#define _tcslen       strlen
#endif
```

_UNICODE 매크로 상수에 따라 _tcslen함수의 실제 맵핑이 달라지므로 이 함수를 대신 사용하고 매크로 상수를 적절히 정의하면 된다. 이런 식으로 C 런타임은 ANSI 전용 함수와 유니코드 전용 함수를 제공하고 _UNICODE 매크로의 존재 유무에 따라 함수를 선택하는 중간 매크로가 제공된다. tchar.h 헤더 파일을 보면 문자열 관련 함수의 전체 목록을 볼 수 있다.

안시 버전	유니코드 버전	일반형
strlen	wcslen	_tcslen
strcpy	wcscpy	_tcscpy
strcmp	wcscmp	_tcscmp
strcmpi	_wcsicmp	_tcsicmp
strcat	wcscat	_tcscat
atoi	_wtoi	_ttoi
sprintf	swprintf	_stprintf

여기서 갑자기 왜 UNICODE 매크로가 아닌 _UNICODE 매크로가 나왔는지 의아해 하겠지만 이 둘은 서로 같은 매크로이다. 하나는 운영체제가 정의하는 매크로이며 하나는 C 컴파일러가 언어 차원에서 정의하는 것인데 둘 중 하나만 정의되어 있으면 나머지 하나도 같이 정의된다.

```
#if defined(_UNICODE) && !defined(UNICODE)
        #define UNICODE
#endif
#if defined(UNICODE) && !defined(_UNICODE)
        #define _UNICODE
#endif
```

좀 깔끔하지 못한 느낌이 들지만 역사적인 이유로 두 매크로가 공존하고 있는 상황이다. 하나의 매크로로 통일되었으면 더 좋았을 것 같다. 이런 면은 _T, __T, TEXT, _TEXT, __TEXT 매크로에서도 볼 수 있는데 굉장히 지저분하다는 느낌이 든다.

C 라이브러리가 제공하는 일반화된 함수들 외에 운영체제가 제공하는 lstrlen, lstrcpy, lstrcat, lstrcmp, lstrcmpi, wsprintf API 함수도 있는데 이 함수들도 각각 A, W 버전이 있고 UNICODE 매크로에 따라 맵핑이 달라진다. 어떤 쪽의 함수를 사용하나 동작은 비슷하지만 가급적이면 API 함수를 사용하는 것이 모든 면에서 유리하다. 왜냐하면 이 함수들은 운영체제가 제공하므로 별도의 용량을 차지하지 않고 이미 메모리에 올라와 있을 확률이 높기 때문이다. 단, wsprintf 함수의 경우 %f 서식을 지원하지 않고 버퍼 길이가 1024까지만 지원되어 가급 sprintf나 _stprintf 함수가 필요한 경우가 있다.

이 외에 운영체제가 제공하는 문자열 관련 함수로는 CharUpper, CharLower 대소문자 변환 함수와 IsCharAlpha, IsCharLower, IsCharUpper, IsCharAlphaNumeric 등의 문자 판별 함수가 있다. 이 함수들도 유

니코드와 안시를 동시에 지원하는 일반형이다. 각 함수의 동작에 대해서는 따로 설명하지 않아도 이름으로부터 쉽게 유추할 수 있을 것이다.

이상으로 운영체제의 API 함수와 C 런타임 함수들의 유니코드 지원 방법에 대해서 살펴 봤는데 일반형들이 깔끔하게 잘 정비되어 있기 때문에 일반형만 사용한다면 유니코드와 안시로 각각 컴파일할 수 있는 소스를 쉽게 작성할 수 있으며 기존 소스를 수정하기도 어렵지 않다. 운영체제의 지원이 이렇게 깔끔하듯이 우리가 만드는 함수도 이런 식이어야 한다. 예를 들어 DLL을 만들어서 배포한다면 두 버전의 함수를 제공하고 일반형도 제공해야 활용성이 높아진다.

55-2-라. UniTest2

그럼 유니코드와 ANSI를 동시에 지원하는 방법을 알았으므로 실제로 예제를 만들어 보자. 다음 예제는 ANSI와 유니코드를 모두 지원하는 소스이다. 단 소스 차원에서만 이식성이 있을 뿐이지 컴파일된 결과인 실행 파일은 동시에 호환되지 않는다.

예 제 : UniTest2

```
#define UNICODE
#include <windows.h>

LRESULT CALLBACK WndProc(HWND,UINT,WPARAM,LPARAM);
HINSTANCE g_hInst;
HWND hWndMain;
LPCTSTR lpszClass=TEXT("UniTest2");

int APIENTRY WinMain(HINSTANCE hInstance,HINSTANCE hPrevInstance
      ,LPSTR lpszCmdParam,int nCmdShow)
{
    HWND hWnd;
    MSG Message;
    WNDCLASS WndClass;
    g_hInst=hInstance;

#ifdef UNICODE
    OSVERSIONINFO osv;
    osv.dwOSVersionInfoSize=sizeof(OSVERSIONINFO);
    GetVersionEx(&osv);
    if (osv.dwPlatformId != VER_PLATFORM_WIN32_NT) {
        MessageBox(NULL,TEXT("이 프로그램은 유니코드 환경에서만 실행됩니다"),
            TEXT("알림"), MB_OK);
        return 0;
    }
#endif

    WndClass.cbClsExtra=0;
    WndClass.cbWndExtra=0;
    WndClass.hbrBackground=(HBRUSH)(COLOR_WINDOW+1);
    WndClass.hCursor=LoadCursor(NULL,IDC_ARROW);
    WndClass.hIcon=LoadIcon(NULL,IDI_APPLICATION);
    WndClass.hInstance=hInstance;
    WndClass.lpfnWndProc=WndProc;
```

```
    WndClass.lpszClassName=lpszClass;
    WndClass.lpszMenuName=NULL;
    WndClass.style=CS_HREDRAW | CS_VREDRAW;
    RegisterClass(&WndClass);

    hWnd=CreateWindow(lpszClass,lpszClass,WS_OVERLAPPEDWINDOW,
        CW_USEDEFAULT,CW_USEDEFAULT,CW_USEDEFAULT,CW_USEDEFAULT,
        NULL,(HMENU)NULL,hInstance,NULL);
    ShowWindow(hWnd,nCmdShow);
    hWndMain=hWnd;

    while (GetMessage(&Message,NULL,0,0)) {
        TranslateMessage(&Message);
        DispatchMessage(&Message);
    }
    return (int)Message.wParam;
}

LRESULT CALLBACK WndProc(HWND hWnd,UINT iMessage,WPARAM wParam,LPARAM lParam)
{
    HDC hdc;
    PAINTSTRUCT ps;
    TCHAR *wMes=TEXT("유니코드 문자열입니다");

    switch (iMessage) {
    case WM_PAINT:
        hdc=BeginPaint(hWnd, &ps);
        TextOut(hdc,10,10,wMes,lstrlen(wMes));
        EndPaint(hWnd, &ps);
        return 0;
    case WM_DESTROY:
        PostQuitMessage(0);
        return 0;
    }
    return(DefWindowProc(hWnd,iMessage,wParam,lParam));
}
```

lpszClass를 LPCTSTR 일반형으로 선언했으며 문자열 상수를 TEXT매크로로 둘러쌌다. 마찬가지로 WndProc에서 wMes도 TCHAR형의 포인터로 선언했으며 초기값을 대입할 때도 TEXT매크로를 사용하여 유니코드를 지원하도록 했다. 소스 선두에 있는 #define UNICODE를 그대로 두고 컴파일하면 유니코드 버전의 실행 파일이 만들어지며 주석 처리한 후 컴파일하면 ANSI 버전의 실행 파일이 만들어진다. 실행 결과는 동일하다. 문자열의 길이를 구할 때는 strlen 함수 대신 반드시 일반형의 _tcslen 이나 lstrlen 함수를 사용해야 한다.

WinMain의 선두에 있는 에러 점검은 유니코드를 지원하지 않는 운영체제에서 이 예제를 실행했을 때 에러 메시지를 보여주기 위해서 작성한 것이다. 유니코드로 컴파일한 실행 파일을 98에서 실행하면 메인 윈도우를 생성할 수 없기 때문에 반드시 에러 메시지를 보여주어야 한다. 메시지 박스로 유니코드로 된 에러 메시지를 출력했는데 MessageBox 함수는 95/98에서도 유니코드 문자열을 출력할 수 있다. 95/98은 일반적으로 유니코드를 지원하지 못하지만 MessageBox, TextOut 등의 몇가지 함수만은 특별히 유니코드를 다룰 수 있는데 왜냐하면 극한 상황에서도 메시지만은 제대로 표시해야 하기 때문이다.

이런 식으로 일반형을 사용하면 이 소스는 필요에 따라 안시 또는 유니코드로 쉽게 이식될 수 있다. 헤더 파일을 인클루드하기 전에 UNICODE 매크로의 정의 여부에 따라 사용하는 문자 코드가 달라진다. 이 예제에서는 UNICODE 매크로를 소스에서 직접 정의했지만 이 방법보다는 컴파일러의 설정 대화상자에서 매크로 정의 여부를 지정하는 것이 더 편리하다. 여러 개의 모듈이 있을 때는 각 모듈마다 일일이 UNICODE 매크로를 정의해야 하는데 프로젝트 설정은 이런 정의를 한번에 처리한다.

55-3 코드 변환

55-3-가. 유니코드 변환

운영체제의 유니코드 지원은 비교적 완벽해서 중간 타입과 유니코드 지원 함수만 잘 골라서 사용하면 양쪽으로 컴파일할 수 있는 이식성 높은 소스를 쉽게 만들 수 있다. 텍스트 리터럴을 쓸 때도 TEXT 매크로로만 둘러싸면 컴파일 조건에 따라 적절한 타입으로 자동 선택되므로 문자열의 타입에 대해 신경쓸 필요가 없다. 권고대로 소스를 작성하고 모든 뒷처리를 컴파일러에게 맡기기만 하면 되는 것이다.

그러나 때로는 유니코드와 안시 문자열을 직접 다루어야 하는 경우도 있다. 일부 API 함수들은 특정한 타입의 문자열을 요구하며 COM 오브젝트나 쉘 라이브러리의 일부 요소는 반드시 유니코드로 인수를 넘겨야 제대로 동작한다. 예를 들어 WinExec 함수는 대체되는 CreateProcess라는 새 함수가 별도로 제공되기 때문에 별도로 유니코드 버전이 제공되지 않는다. 하지만 WinExec는 그 간편함 때문에 아직도 많이 사용되며 이 함수를 쓰기 위해서는 인수를 반드시 안시로 넘겨야만 한다.

유니코드와 안시를 컨버팅해야 하는 또 다른 예는 텍스트 파일을 직접 읽고 쓸 때이다. 프로젝트를 유니코드로 컴파일했다고 해서 이 프로그램이 읽는 텍스트 파일까지 자동으로 유니코드로 변환되는 것은 아니므로 파일의 안시 문자열을 유니코드로 직접 바꿔서 읽어야 한다. 아직까지도 유니코드로 작성된 텍스트 파일은 거의 없으며 당분간은 그럴 것이다. 반대의 경우도 마찬가지인데 안시 프로젝트에서 유니코드 파일을 읽어야 하는 경우도 있다. 문자열의 포맷을 변환할 때는 다음 두 함수를 사용한다.

int MultiByteToWideChar(UINT CodePage, DWORD dwFlags, LPCSTR lpMultiByteStr, int cbMultiByte, LPWSTR lpWideCharStr, int cchWideChar);
int WideCharToMultiByte(UINT CodePage, DWORD dwFlags, LPCWSTR lpWideCharStr, int cchWideChar, LPSTR lpMultiByteStr, int cbMultiByte, LPCSTR lpDefaultChar, LPBOOL lpUsedDefaultChar);

함수의 동작은 이름에 잘 나타나 있는데 MultiByte 문자열을 Wide, 즉 UTF-16의 유니코드로 변환하거나 그 반대의 동작을 한다. 첫 번째 인수 CodePage는 변환 대상 문자열의 코드 페이지이며 CP_ACP가 안시, CP_UTF8이 UTF8 등이다. dwFlags는 변환 플래그이되 MB_ERR_INVALID_CHARS 플래그를 지정하면 변환 불가한 문자를 만날 때 에러를 리턴한다. 세 번째, 네 번째 인수는 변환 대상 MBCS 문자열과 길이인데 길이가 -1이면 널 종료 문자열로 간주되어 자동으로 길이를 계산하며 이때 널 종료 문자 길이도 포함된다.

다섯 번째, 여섯 번째 인수는 변환 결과를 저장할 버퍼와 길이다. 안시 문자열을 유니코드로 변환하면 길이가 더 길어지므로 결과를 저장할 버퍼는 원본보다 충분히 크게 할당해야 한다. 만약 변환 후의 길이를 잘 모른다면 마지막 인수에 0을 전달하여 길이를 조사할 수 있는데 출력 버퍼의 길이가 0이면 실제 변환은 하지 않고 필요한 버퍼 크기를 조사하여 리턴한다. 이 크기만큼 버퍼를 할당하여 함수를 한 번 더 호출하면 안전하게 변환할 수 있다. 하지만 이 함수를 두 번 호출하는 것은 번거롭기 때문에 보통 원본보다 두 배 정도의 메모리를 정적 할당하는 것이 더 편리하다.

WideCharToMultiByte 함수는 두 개의 인수를 더 가지는데 lpDefaultChar는 변환할 수 없는 문자 대신 사용할 문자를 지정하며 lpUsedDefultChar 인수는 디폴트 변환된 문자가 있었는지의 여부를 돌려받기 위한 출력용 인수이다. 디폴트 변환을 별도로 지정하지 않을 경우 두 인수를 모두 NULL로 지정할 수 있는데 이렇게 되면 시스템의 디폴트값이 사용된다. 다음 예제는 이 두 함수로 유니코드와 안시 문자열을 변환한다.

예 제 : CodeConvert

```
LRESULT CALLBACK WndProc(HWND hWnd,UINT iMessage,WPARAM wParam,LPARAM lParam)
{
    HDC hdc;
    PAINTSTRUCT ps;
    TCHAR *Mes="마우스 좌우 버튼을 누르면 안시, 유니코드간을 변환합니다.";
    char *ansi="안시 문자열을 유니코드로 변환합니다.";
    wchar_t atow[250];
    wchar_t *uni=L"유니코드 문자열을 안시로 변환합니다.";
    char wtoa[250];

    switch (iMessage) {
    case WM_LBUTTONDOWN:
        MultiByteToWideChar(CP_ACP,0,ansi,-1,atow,250);
        MessageBoxW(hWnd,atow,L"안시 -> 유니코드",MB_OK);
        return 0;
    case WM_RBUTTONDOWN:
        WideCharToMultiByte(CP_ACP,0,uni,-1,wtoa,250,NULL,NULL);
        MessageBoxA(hWnd,wtoa,"유니코드 -> 안시",MB_OK);
        return 0;
    case WM_PAINT:
        hdc=BeginPaint(hWnd, &ps);
        TextOut(hdc,10,10,Mes,lstrlen(Mes));
        EndPaint(hWnd, &ps);
        return 0;
    case WM_DESTROY:
        PostQuitMessage(0);
        return 0;
    }
    return(DefWindowProc(hWnd,iMessage,wParam,lParam));
}
```

좌우 마우스 버튼을 누르면 각 포맷의 문자열을 반대쪽으로 변환하여 메시지 박스로 확인만 했다. 이 예제의 코드대로 변환하되 출력 버퍼 길이만 여유 있게 잡아 주면 쉽게 변환할 수 있다. 참고로 wsprintf 함수의 %S 서식으로도 변환을 할 수 있는데 짧은 문자열을 변환할 때는 아주 간편하게 쓸 수 있다. 다음과 같이 작성해도 결과는 동일하다.

```
case WM_LBUTTONDOWN:
    wsprintfW(atow,L"%S",ansi);
    MessageBoxW(hWnd,atow,L"안시 -> 유니코드",MB_OK);
    return 0;
case WM_RBUTTONDOWN:
    wsprintfA(wtoa,"%S",uni);
    MessageBoxA(hWnd,wtoa,"유니코드 -> 안시",MB_OK);
    return 0;
```

소문자 %s가 아니라 대문자 %S임의 유의하기 바란다. wsprintf의 %S 서식은 현재 프로젝트 설정의 반대 포맷으로 프로젝트에 맞게 변환한다. 예를 들어 안시 컴파일 상태에서 wsprintf(a, "%S", b) 호출은 유니코드 포맷 b를 안시로 변환하여 a 버퍼에 대입한다. 위 코드는 설정에 상관없이 테스트하기 위해 명시적으로 wsprintf 함수 뒤에 W, A 접미를 직접 붙였다.

55-3-나. 한글 코드 변환

유니코드는 세계의 모든 문자를 표현할 수 있는 체계지만 각국의 고유한 코드 체계까지 지원하지는 않는다. 한글의 경우 완성형 이전에 조합형을 주로 많이 사용했으며 아직도 조합형으로 작성되어 있는 문서들이 많이 있다. 유니코드가 조합형을 직접 지원하지는 않지만 윈도우즈의 코드 변환 함수들이 조합형을 지원하므로 윈도우즈 환경에서는 조합형을 쉽게 완성형이나 유니코드로 변환할 수 있다.

조합형은 한글을 초성, 중성, 종성의 낱글자로 분해하여 각 5비트씩 할당함으로써 모든 한글의 조합을 표현할 수 있는 코드 체계이며 완성형에 비해 글자 조립이 쉽다는 장점이 있다. 과거에는 완성형이 일부 조립 글자를 지원하지 못했으나 지금은 완성형에 모든 한글 음절이 다 포함되어 이런 차이점은 없어졌다. 하지만 조합형은 아직도 한글 처리에 여러 모로 활용 가치가 높은 코드이다. 다음 예제를 실행해 보자.

예 제 : JohabHangul

```
#include <windows.h>
#include "JohabUtil.h"
#include "resource.h"

BOOL CALLBACK MainDlgProc(HWND hDlg,UINT iMessage,WPARAM wParam,LPARAM lParam);
HINSTANCE g_hInst;
HWND hDlgMain;

int APIENTRY WinMain(HINSTANCE hInstance,HINSTANCE hPrevInstance
    ,LPSTR lpszCmdParam,int nCmdShow)
{
    g_hInst=hInstance;
    DialogBox(g_hInst, MAKEINTRESOURCE(IDD_DIALOG1), HWND_DESKTOP, MainDlgProc);
    return 0;
}

BOOL CALLBACK MainDlgProc(HWND hDlg,UINT iMessage,WPARAM wParam,LPARAM lParam)
```

```
{
     TCHAR Text[1024],Text2[1024];
     TCHAR szCount[128];

     switch (iMessage) {
     case WM_INITDIALOG:
          hDlgMain = hDlg;
          SetDlgItemText(hDlg,IDC_STCOUNT,"문장을 입력하세요");
          return TRUE;
     case WM_COMMAND:
          switch (LOWORD(wParam)) {
          case IDOK:
               GetDlgItemText(hDlg,IDC_EDSRC,Text,1024);
               BreakHangul(Text,Text2);
               SetDlgItemText(hDlg,IDC_EDDEST,Text2);
               wsprintf(szCount,"총 글자 수 : %d",GetHanStringCount(Text));
               SetDlgItemText(hDlg,IDC_STCOUNT,szCount);
               return TRUE;
          case IDCANCEL:
               EndDialog(hDlg,IDCANCEL);
               return TRUE;
          }
          return FALSE;
     }
     return FALSE;
}
```

간단한 대화상자 기반의 예제인데 위쪽 에디트에 한글을 입력한 후 변환 버튼을 누르면 음소를 분리하여 표시한다.

완성형에서 "한"자는 하나의 코드로만 표현되므로 ㅎ,ㅏ,ㄴ의 낱글자로 구성되어 있다는 것을 알 수 없지만 조합형으로 변환하면 개별 낱글자를 추출할 수 있다. 이런 음소 분리는 한글 처리에 꼭 필요한데 형태소 분석기를 작성한다거나 오타 점검 기능을 작성할 때 반드시 음소를 먼저 분리해야 한다. 예를 들어 "철수가 미영이를 좋아한다."라고 써야지 "철수이 미영이을 좋아한다"라고 쓰면 문법상 맞지 않은데 이/가, 을/를 같은 조사를 붙일 때는 앞 글자에 받침이 있는지, 없는지를 알아야 하는 것이다.

특정 문자열을 입력하기 위해서는 키보드를 몇 번 두드려야 하는지 등의 정보를 알고 싶을 때도 음소 분리가 필요하다. 완성형은 코드와 음절을 일대일로 대응시키기만 할 뿐 글자의 구성에 대한 정보는 제공하지 못한다. 이런 처리를 위해 음소 분리가 필요하며 음소 분리가 가능한 코드는 조합형밖에 없다. 예제의 JohabUtil 모듈에는 한글 처리에 관한 몇 가지 도우미 함수들이 작성되어 있으므로 이 함수들을 활용하면 음수 분리 및 코드 변환을 쉽게 할 수 있을 것이다. 이 모듈의 함수를 분석하기 위해서는 조합형의 구성과 상용 조합형 한글표를 이해해야 한다. 여기서는 모듈 소개만 하고 함수에 대한 분석은 생략한다.

다음 예제는 한글 타자 연습 프로그램인데 타수 계산을 위해 한글 조합형을 사용한다. 조합형으로 변환하지 않으면 문장의 총 타수를 알 수 없으며 타이핑 속도를 계산하는 것도 불가능하다. 한글, 영문은 물론이고 예비 개발자를 위한 코드 연습 기능도 있으며 단문, 장문 등의 연습 모드가 제공된다. 글꼴 크기나 폰트를 변경할 수도 있고 타이핑 소리를 내는 기능도 있어 실용적인 타이핑 연습 프로그램으로도 충분한 가치가 있다. 지면에 싣기에는 소스가 너무 길어 소스 리스트는 생략하되 약간의 시간만 투자하면 충분히 분석할 수 있는 정도다.

예 제 : LpaTaja

소스 생략

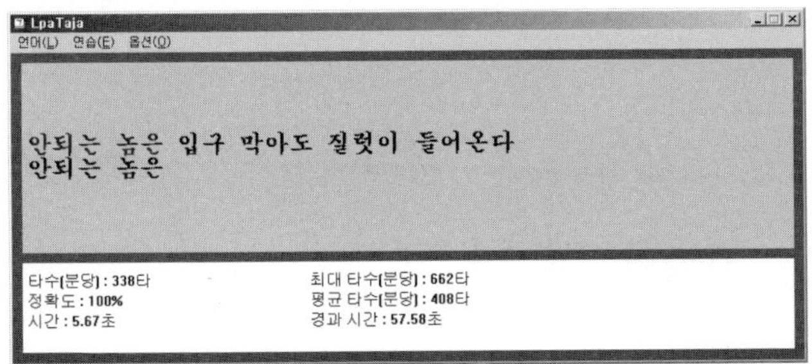

단, 예제이다 보니 예문이 많이 입력되어 있지는 않은데 ExamText.h에 예문을 더 입력하기만 하면 얼마든지 확장 가능하다. 개발자에게 머리에 떠오르는 코드를 바로 바로 입력할 수 있는 정도의 타이핑 실력은 그야말로 기본 자질이므로 타이핑 속도가 너무 느린 사람은 이 프로그램으로 타이핑 연습도 틈틈이 하기 바란다.

A. 과제 해설

이 문서는 각 장의 중간 중간에 있는 연습 과제의 해설과 여러 가지 변형예, 주의 사항을 담고 있다. 과제는 배운 내용을 복습하고 응용력을 키우기 위한 프로젝트이므로 설명 문서를 읽기 전에 반드시 스스로 문제를 해결해 보기 바란다. 과제를 푸는 과정에서 윈도우즈 API가 어떻게 사용되는지 경험할 수 있으며 시행착오를 통해 정확한 문법과 활용예를 확실하게 익힐 수 있을 것이다.

과제 프로젝트는 긴 프로젝트 몇 개만 제외하고 실행 파일과 설명만 제공되며 소스는 제공되지 않는다. 과제의 소스를 제공할 경우 프로젝트를 너무 쉽게 열어서 볼 수 있어 독자 스스로의 도전을 방해하게 될 것이다. 과제는 문제를 풀면서 배우기 위한 것이지 또 하나의 예제가 아니므로 가급적이면 설명을 읽기 전에 꼭 먼저 풀어보기 바란다. 실무에서 만나게 되는 문제에는 정답이 없으며 스스로 해결해야 하므로 힘들고 시간이 걸리더라도 과제를 통해 미리 문제를 푸는 방법을 익힐 필요가 있다.

4-KeyDown2

KeyDown 예제에서 공백키를 누를 때 출력되는 문자를 A와 #으로 토글하는 문제이다. 공백키 입력을 받아 다음에 출력할 문자를 변경하는 것이 주된 문제이므로 간단할 것 같지만 굉장히 다양한 방식으로 문제를 풀 수 있다.

예 제 : KeyDown2

```
LRESULT CALLBACK WndProc(HWND hWnd,UINT iMessage,WPARAM wParam,LPARAM lParam)
{
    HDC hdc;
    PAINTSTRUCT ps;
    static int x=100;
    static int y=100;
    static TCHAR m[2]="A";

    switch (iMessage) {
```

```
    case WM_KEYDOWN:
        switch (wParam) {
        case VK_LEFT:
            x-=8;
            break;
        case VK_RIGHT:
            x+=8;
            break;
        case VK_UP:
            y-=8;
            break;
        case VK_DOWN:
            y+=8;
            break;
        case VK_SPACE:
            m[0]=(m[0]=='A' ? '#':'A');
            break;
        }
        InvalidateRect(hWnd,NULL,TRUE);
        return 0;
    case WM_PAINT:
        hdc=BeginPaint(hWnd,&ps);
        TextOut(hdc,x,y,m,1);
        EndPaint(hWnd,&ps);
        return 0;
    case WM_DESTROY:
        PostQuitMessage(0);
        return 0;
    }
    return(DefWindowProc(hWnd,iMessage,wParam,lParam));
}
```

TextOut에서 출력하는 문자열 상수 "A"를 조건에 따라 바꿔야 하므로 변수를 출력해야 한다. TCHAR의 배열 m을 선언하되 길이가 한 문자로 고정되어 있으므로 배열의 크기는 2이면 충분하다. 값을 계속 기억해야 하므로 이 변수는 반드시 static이거나 전역이어야 한다. m을 "A"로 초기화하고 TextOut에서 m을 출력하면 최초의 예제와 똑같다. WM_KEYDOWN에서 공백키(VK_SPACE)를 누를 때 m의 첫번째 글자를 'A'와 '#'으로 토글한 후 다시 그리기만 하면 된다.

변수 m은 TextOut 함수의 인수로 사용되므로 문자 배열로 선언했는데 이 변수가 현재 'A'의 값을 가지고 있는지 '#'의 값을 가지고 있는지는 첫 번째 문자 m[0]를 점검해 보면 된다. 또한 변경 대상도 m[0]뿐이며 m[1]에 있는 NULL문자는 그대로 두기만 하면 된다. m이 문자열이므로 lstrcmp, lstrcpy 등의 함수를 사용하는 것도 가능하지만 첫 번째 문자만 관심 대상이므로 m[0]만 조작하는 것이 더 간단하다. 이 과제는 변수 m의 형태와 입력을 받는 방법에 다라 여러 가지 변형이 가능하다.

① VK_SPACE 입력을 WM_KEYDOWN에서 받는 대신 WM_CHAR에서 받을 수도 있다. 공백키는 일종의 문자키이므로 WM_CHAR에서 입력받아도 동일하다.

```
case WM_CHAR:
    if (wParam == ' ') {
        m[0]=(m[0]=='A' ? '#':'A');
    }
    return 0;
```

변수값만 변경하고 InvalidateRect는 호출하지 않아도 되는데 WM_KEYDOWN에서 키 입력시마다 무효화를 하기 때문이다. 그러나 원칙적으로는 여기서도 InvalidateRect 호출이 있는 것이 좋다.

② m을 문자형 배열로 선언하는 대신 문자형 변수로 선언하고 출력할 때는 &m으로 포인터를 전달한다. 어차피 TextOut은 널 종료 문자를 인식하지 않고 길이를 지정하므로 문자가 들어 있는 번지만 전달하면 지정한 길이만큼 출력한다. 예제의 경우 길이가 1로 고정되어 있으므로 &m번지의 1문자를 출력하면 m문자만으로 된 길이 1의 문자열이 출력된다.

```
static TCHAR m='A';
.....
case WM_CHAR:
    if (wParam == ' ') {
        m=(m=='A' ? '#':'A');
    }
    return 0;
....
case WM_PAINT:
    hdc=BeginPaint(hWnd,&ps);
    TextOut(hdc,x,y,&m,1);
    EndPaint(hWnd,&ps);
    return 0;
```

토글하는 대상은 m[0]가 아니라 m 그 자체이다. 문자형 변수의 번지를 취하면 그 자체가 길이 1의 문자열임을 응용한 것인데 이런 코드를 자유 자재로 구사하려면 문자열과 포인터의 관계에 대해 정확하게 이해하고 있어야 한다.

③ 어떤 문자를 출력할 것인지를 기억하는 별도의 변수를 선언하고 WM_PAINT에서는 이 변수값에 따라 출력할 문자를 선택한다. 둘 중 하나의 문자를 출력할 것이므로 BOOL형의 플래그를 선언하고 공백키를 누를 때 이 플래그를 반전한다.

```
static BOOL bIsA=TRUE;
....
case WM_CHAR:
    if (wParam == ' ') {
        bIsA=!bIsA;
    }
    return 0;
....
case WM_PAINT:
    hdc=BeginPaint(hWnd,&ps);
    if (bIsA) {
        TextOut(hdc,x,y,"A",1);
    } else {
        TextOut(hdc,x,y,"#",1);
    }
    EndPaint(hWnd,&ps);
    return 0;
```

WM_PAINT의 코드는 삼항 조건 연산자를 사용하여 TextOut(hdc,x,y,bIsA ? "A":"#",1);로 좀 더 간단하게 쓸 수 있다. 이외에 계속 증가하는 정수 카운트를 두고 홀짝수를 판별해서 문자열을 선택하는 방법, 문자열 배열을 만든 후 배열의 첨자를 토글하는 방법들이 있다. 어떤 방법을 사용하든지 요구대로 동작한다면 정답이다.

다음은 이 과제에서 흔히 하는 실수들에 대해 알아 보자. 대부분의 경우는 이런 실수를 잘 하지 않으며 무척 황당하게 들리겠지만 처음 윈도우 프로그래밍을 하는 사람은 또 누구나 이런 실수를 할 수도 있다. 숙련자들도 가끔 이런 실수를 하는 경우가 있는데 잘 알고 있더라도 주의해야 한다.

① 메시지 처리문의 case 문 다음에 return 0 또는 break를 생략하는 경우가 가장 흔하다. 이 실수가 위험한 이유는 컴파일러가 어떠한 에러도 보고하지 않기 때문이다.

```
case WM_CHAR:
    if (wParam == ' ') {
        m[0]=(m[0]=='A' ? '#':'A');
    }
case WM_DESTROY:
```

case문은 별도의 탈출 명령이 없으면 아래쪽으로 흘러 내려가는데 이렇게 되면 다음 case의 메시지가 발생한 것처럼 되어 버린다. 다행히 아래쪽의 case가 별다른 부작용이 없고 두 번 실행해도 상관없는 명령이라면 문제가 없지만 위의 코드처럼 WM_DESTORY라면 공백키를 누르는 즉시 프로그램이 종료될 것이다.

② 정보를 기억할 변수를 static으로 선언하지 않는 경우도 흔하다. 출력할 문자를 기억하는 m이 단순한 지역 변수라면 WndProc이 호출될 때마다 초기화되며 값을 유지할 수 없다. 전역이거나 아니면 WndProc안에 두고 싶으면 반드시 static이어야 한다.

③ WM_KEYDOWN 또는 WM_CHAR에서 직접 문자열을 출력해서는 안된다. 과제의 요구 사항이 공백키를 누를 때 변경하는 것으로 되어 있어 공백키를 누를 때 출력을 변경하려는 생각을 할 수도 있다. 도스에서는 이런 방식이 자연스럽지만 윈도우즈에서는 이렇게 해서는 안된다. 일단은 제대로 되는 것처럼 보일지 몰라도 언커버될 때 제대로 복구되지 않는다. 항상 출력 상태를 어딘가에 저장해 두고 WM_PAINT에서는 이 상태대로 복구할 수 있도록 준비해야 한다.

④ 문자열 m을 다음과 같이 선언 및 초기화하고 이 값을 변경하려고 시도해서는 안된다.

```
static char *m="A";
m[0]='#';
```

포인터 m은 정적 데이터 영역의 문자열 상수를 가리킨다. m자체는 변수이지만 이 포인터가 가리키는 곳은 실행 파일의 한 부분이므로 쓸 수 없다. 이 코드를 실행하면 액세스 위반으로 다운된다. m은 반드시 배열로 선언해야 하며 정 포인터로 쓰고 싶으면 동적으로 할당해야 한다.

4-SanSu

타이머를 이용하는 아주 기본적인 과제이다. 시계 예제와 비슷하되 출력 대상이 덧셈식이고 주기가 조금 다르다는 정도의 차이밖에 없다.

예 제 : SanSu

```
LRESULT CALLBACK WndProc(HWND hWnd,UINT iMessage,WPARAM wParam,LPARAM lParam)
{
    HDC hdc;
    PAINTSTRUCT ps;
    int a,b;
    static TCHAR str[128];

    switch (iMessage) {
    case WM_CREATE:
        hWndMain=hWnd;
        srand(GetTickCount());
        SetTimer(hWnd,1,3000,NULL);
        SendMessage(hWnd, WM_TIMER, 1, 0);
        return 0;
    case WM_TIMER:
        a=rand()%30;
        b=rand()%30;
        wsprintf(str,"%d + %d = ?",a,b);
        InvalidateRect(hWnd,NULL,TRUE);
        return 0;
    case WM_PAINT:
        hdc=BeginPaint(hWnd, &ps);
        TextOut(hdc,100,100,str,lstrlen(str));
        EndPaint(hWnd, &ps);
        return 0;
    case WM_DESTROY:
        PostQuitMessage(0);
        return 0;
    }
    return(DefWindowProc(hWnd,iMessage,wParam,lParam));
}
```

WM_CREATE에서는 난수 발생기를 초기화하고 3초 간격의 타이머를 설치했다. WM_TIMER에서는 a와 b에 30미만의 난수 두 개를 선언하고 이 난수의 덧셈식으로 문자열 str에 조립한 후 작업영역을 무효화한다. WM_PAINT는 조립된 str을 화면으로 출력하기만 한다. str은 WM_TIMER에서 조립되고 WM_PAINT에서 출력되므로 두 메시지간에도 값을 계속 유지해야 하며 따라서 반드시 static 또는 전역으로 선언해야 한다.

4-TimerText

시계 예제와 비슷하지만 출력 대상이 미리 정해진 문자열들이며 이 문자열들을 일정 주기로 순회해야 한다는 점이 다르다. 여러 가지 방법으로 과제를 풀 수 있는데 다음 소스가 가장 간결하게 작성한 것이다.

예 제 : TimerText

```
TCHAR *str[]={"펄펄 나는 저 꾀꼬리","암수 서로 정답구나",
    "외로워라 이내 몸은","뉘와 함께 돌아갈꼬"};
int idx;
```

```
LRESULT CALLBACK WndProc(HWND hWnd,UINT iMessage,WPARAM wParam,LPARAM lParam)
{
    HDC hdc;
    PAINTSTRUCT ps;

    switch (iMessage) {
    case WM_CREATE:
        SetTimer(hWnd,1,2000,NULL);
        idx=0;
        return 0;
    case WM_TIMER:
        idx = (idx==sizeof(str)/sizeof(str[0])-1 ? 0:idx+1);
        InvalidateRect(hWnd,NULL,TRUE);
        return 0;
    case WM_PAINT:
        hdc=BeginPaint(hWnd, &ps);
        TextOut(hdc,10,10,str[idx],lstrlen(str[idx]));
        EndPaint(hWnd, &ps);
        return 0;
    case WM_DESTROY:
        KillTimer(hWnd,1);
        PostQuitMessage(0);
        return 0;
    }
    return(DefWindowProc(hWnd,iMessage,wParam,lParam));
}
```

str 포인터 배열에 4개의 문자열을 정의하고 idx가 현재 출력할 문자열의 첨자를 기억한다. 실행중에 변경되지 않는 문자열이므로 이차 배열을 쓸 필요는 없으며 포인터 배열이면 충분하다. WM_CREATE에서 2초 간격으로 타이머를 설치하고 idx는 0으로 초기화하였다. WM_PAINT는 10, 10 좌표에 무조건 str[idx]를 출력하며 타이머 메시지를 받았을 때 idx를 다음 첨자로 이동하고 InvalidateRect를 호출하여 다시 그린다.

2초마다 타이머 메시지가 발생하고 idx가 다음 첨자로 변경되어 무효화되므로 4개의 문자열이 번갈아가며 출력된다. 타이머를 하나만 설치했으므로 WM_TIMER에서 wParam은 굳이 점검하지 않았다. 윈도우가 종료될 때는 타이머를 해제해야 한다. idx의 다음값을 찾는 식이 다소 복잡한데 다음과 같이 좀 더 간단하게 쓸 수도 있다.

```
case WM_TIMER:
    idx++;
    InvalidateRect(hWnd,NULL,TRUE);
    return 0;
case WM_PAINT:
    hdc=BeginPaint(hWnd, &ps);
    TextOut(hdc,10,10,str[idx%4],lstrlen(str[idx%4]));
    EndPaint(hWnd, &ps);
    return 0;
```

idx는 무조건 증가하도록 해 놓고 출력문에서는 idx%4의 문자열을 취했다. 나머지 연산자 자체가 순환하는 값을 만들어 내는 점을 이용한 것이다. 원칙대로 하자면 상수 4를 바로 쓰는 것보다 sizeof 연산자로 배열 크기를 계산하여 쓰는 것이 더 좋다. 이 과제를 풀 때 흔히 다음과 같은 실수를 할 수 있다.

① 이 과제는 문자열을 주기적으로 교체하기를 계속 반복하므로 전통적인 C 구문으로 기술한다면 루프를 생각할 수 있다. 도스나 콘솔에서 C 언어를 공부해 온 사람들은 가장 먼저 for 반복문을 떠올리고 전체적인 제어 구조를 다음과 같이 설계한다.

```
for (;;) {
    for (idx=0;idx < sizeof(str)/sizeof(str[0]);idx++) {
        TextOut(hdc,10,10,str[idx],lstrlen(str[idx]);
        Sleep(2000);
    }
}
```

콘솔에서는 이런 루프를 흔히 만들어 썼지만 윈도우즈에서는 이런 식의 무한 루프를 쓸 수 없다. 설사 가능하다 하더라도 이 코드를 작성할 만한 장소도 마땅치 않으며 만약 WM_PAINT에 이 코드를 작성하면 프로그램은 어떠한 다른 메시지에도 반응하지 못할 것이다. 그래서 반복적인 루프 대신 주기적으로 호출되는 타이머 메시지를 사용해야 한다. 타이머를 주기적으로 반복되는 루프로 생각할 수 있다.

② 가장 흔하게 하는 실수는 idx값을 증가시키는 코드를 WM_PAINT에 작성하는 것이다. 문자열을 출력하기 전에 idx를 조정해야 한다는 절차를 중요시하면 다음과 같은 코드를 작성하게 된다.

```
case WM_TIMER:
    InvalidateRect(hWnd,NULL,TRUE);
    return 0;
case WM_PAINT:
    hdc=BeginPaint(hWnd, &ps);
    idx = (idx==sizeof(str)/sizeof(str[0])-1 ? 0:idx+1);
    TextOut(hdc,10,10,str[idx],lstrlen(str[idx]));
    EndPaint(hWnd, &ps);
    return 0;
```

이 코드를 실행해 보면 정상적으로 동작하는 것처럼 보인다. 타이머 메시지가 발생할 때마다 무효화되고 이때마다 WM_PAINT가 호출되어 idx의 다음 값을 찾은 후 출력하기 때문이다. 그러나 이 윈도우 위에서 다른 윈도우를 이동해 보면 문자열이 깨지는 것을 확인할 수 있다. WM_PAINT는 조금이라도 무효한 영역이 있을 때마다 전달되므로 idx가 그 때마다 증가하기 때문이다.

idx는 정확하게 2초(또는 설정한 시간)마다 한 번씩 증가되어야 하며 따라서 WM_TIMER에서 관리해야 한다. WM_PAINT는 화면을 복구하는 작업만 해야 하며 프로그램의 상태를 변경하는 연산을 해서는 안된다. 프로그램의 상태 변경은 적당한 메시지가 전달되었을 때 하되 이때 프로그램의 상태는 전역 또는 정적 변수에 저장되어야 한다. WM_PAINT는 다른 루틴에서 설정한 정보를 참조하여 오로지 현재 설정된 상태를 화면에 그리기만 해야 한다.

③ MyTimer 예제처럼 타이머 생성 후에 곧바로 출력하기 위해 타이머 설치 후 강제로 WM_TIMER 메시지를 보내는 경우를 보자.

```
case WM_CREATE:
    SetTimer(hWnd,1,2000,NULL);
    idx=0;
    SendMessage(hWnd,WM_TIMER,1,0);
    return 0;
```

이렇게 하지 않더라도 WM_PAINT는 최초 str[0]를 출력하므로 윈도우가 만들어지자 마자 첫 번째 문자열이 잘 보인다. 뿐만 아니라 강제로 보내진 WM_TIMER 메시지에 의해 idx가 곧바로 1 증가해 버리므로 두 번째 문자열부터 보이는 부작용이 있다. 시계 예제는 시간을 일단 조립해야 하므로 WM_TIMER를 강제로 보냈지만 이 예제는 idx가 최초 0으로 초기화되어 있으므로 굳이 타이머 메시지를 강제 발생할 필요가 없다.

④ 문자열을 교체해야 하는 문제로 해석하여 별도의 포인터 변수를 선언하고 이 포인터가 출력할 문자열을 가리키도록 작성하는 경우도 있다. 또는 TCHAR str2[256]; 같은 정적 배열을 선언하고 이 배열에 출력 대상 문자열을 복사해 놓기도 한다. 다음과 같이 작성해도 일단은 똑같이 동작한다.

```
TCHAR *pc;
LRESULT CALLBACK WndProc(HWND hWnd,UINT iMessage,WPARAM wParam,LPARAM lParam)
{
    switch (iMessage) {
    case WM_CREATE:
        SetTimer(hWnd,1,2000,NULL);
        idx=0;
        pc=str[idx];
        return 0;
    case WM_TIMER:
        idx = (idx==sizeof(str)/sizeof(str[0])-1 ? 0:idx+1);
        pc=str[idx];
        InvalidateRect(hWnd,NULL,TRUE);
        return 0;
    case WM_PAINT:
        hdc=BeginPaint(hWnd, &ps);
        TextOut(hdc,10,10,pc,lstrlen(pc));
        EndPaint(hWnd, &ps);
        return 0;
```

이렇게 하면 WM_PAINT에서는 pc 또는 str2만 무조건 출력하면 되므로 더 간단한 것 같지만 사실 이런 변수들은 불필요하다. idx만 관리하면 idx로부터 언제든지 출력 대상 문자열을 구할 수 있으며 이 프로그램의 현재 상태를 기억하는 최소한의 값은 오로지 idx뿐이다. 불필요한 변수는 단순히 프로그램의 용량만 키우는 정도가 아니라 전체적인 유지, 보수 비용을 증가시키므로 가급적 간결하게 작성하는 것이 좋다. 만약 포인터를 꼭 사용하려면 pc자체를 증가시키면서 사용하는 것은 가능하다.

그 외의 경우로 KillTimer를 생략하는 사람도 종종 있는데 어차피 윈도우가 종료되면 타이머가 자동으로 파괴되기는 하지만 뭔가를 생성했으면 해제하는 습관을 들이는 것이 좋다.

4-TimerText2

문자열이 반복적으로 올라오기를 여러 문자열에 대해 반복하므로 콘솔에서라면 다음과 같은 이중 루프를 떠올릴 수 있다.

```
for (n=0~4 순회) {
    for (y=100~10) {
        y에 n 문자열 출력
    }
    잠시 대기
}
```

그러나 알다시피 윈도우즈 환경에서는 이런 루프를 쓸 수 없으며 타이머를 사용해야 한다. 이 문제를 푸는 데는 두 개의 타이머가 필요하다. 첫 번째 타이머는 문자열을 교체하는데 2초의 시간 간격을 설정하고 두 번째 타이머는 문자열을 스크롤하는데 0.01초의 시간 간격을 설정한다.

예 제 : TimerText2

```
TCHAR *str[]={"펄펄 나는 저 꾀꼬리","암수 서로 정답구나",
    "외로워라 이내 몸은","뉘와 함께 돌아갈꼬"};
int idx;
int y;
LRESULT CALLBACK WndProc(HWND hWnd,UINT iMessage,WPARAM wParam,LPARAM lParam)
{
    HDC hdc;
    PAINTSTRUCT ps;

    switch (iMessage) {
    case WM_CREATE:
        SetTimer(hWnd,1,2000,NULL);
        idx=0;
        y=10;
        return 0;
    case WM_TIMER:
        switch (wParam) {
        case 1:
            idx = (idx==sizeof(str)/sizeof(str[0])-1 ? 0:idx+1);
            y=100;
            SetTimer(hWnd,2,10,NULL);
            break;
        case 2:
            y--;
            InvalidateRect(hWnd,NULL,TRUE);
            if (y == 10) {
                KillTimer(hWnd,2);
            }
            break;
        }
        return 0;
    case WM_PAINT:
        hdc=BeginPaint(hWnd, &ps);
        TextOut(hdc,10,y,str[idx],lstrlen(str[idx]));
        EndPaint(hWnd, &ps);
```

```
        return 0;
    case WM_DESTROY:
        KillTimer(hWnd,1);
        KillTimer(hWnd,2);
        PostQuitMessage(0);
        return 0;
    }
    return(DefWindowProc(hWnd,iMessage,wParam,lParam));
}
```

전역 변수 y가 하나 더 추가되었는데 이 변수는 문자열을 출력할 수직 좌표이다. WM_CREATE에서는 첫 번째 타이머만 2초 간격으로 설치해 두고 WM_PAINT에서는 (10,y) 위치에 str[idx]를 출력한다. 첫 번째 타이머 메시지가 발생했을 때 문자열을 교체하는데 새로 교체되는 문자열은 y좌표 100에서 시작하고 0.01초에 한 픽셀씩 위로 스크롤하기 위해 두 번째 타이머를 설치한다.

두 번째 타이머는 y를 계속 감소시키며 InvalidateRect를 호출하여 화면을 다시 그린다. y가 10이 되면 타이머를 파괴하고 문자열은 다음 교체될 때까지 이 좌표에 머무를 것이다. 2초 간격으로 이 작업을 반복적으로 실행하면 문자열이 스크롤되면서 계속 교체된다. 타이머를 파괴하는 것이 번거롭다면 아예 설치해 놓고 계속 사용할 수도 있다.

```
switch (iMessage) {
case WM_CREATE:
    SetTimer(hWnd,1,2000,NULL);
    SetTimer(hWnd,2,10,NULL);
    idx=0;
    y=10;
    return 0;
case WM_TIMER:
    switch (wParam) {
    case 1:
        idx = (idx==sizeof(str)/sizeof(str[0])-1 ? 0:idx+1);
        y=100;
        break;
    case 2:
        if (y > 10) {
            y--;
            InvalidateRect(hWnd,NULL,TRUE);
        }
        break;
    }
    return 0;
```

2번 타이머에서 y가 10보다 클 때만 y를 감소시키므로 10보다 위쪽으로 올라가지는 않는다. 하지만 이 방법은 문자열이 정지해 있는 동안에도 불필요한 타이머 메시지가 주기적으로 발생한다는 점에서 불리하다. 필요없어진 타이머는 즉시 해제하고 다시 필요해질 때 또 설치하는 것이 효율상 더 유리하다. 2번 타이머 처리문을 다음과 같이 작성하면 더 느려진다.

```
case 2:
    if (y > 10) {
        y--;
    }
    InvalidateRect(hWnd,NULL,TRUE);
    break;
}
```

타이머 메시지만 발생하는 것이 아니라 계속 무효화되므로 불필요한 WM_PAINT 메시지를 반복적으로 계속 처리해야 한다. 그릴 내용이 많을 경우 속도상의 불이익이 심하다. 타이머는 언제든지 설치할 수 있고 필요없으면 해제할 수 있으므로 설치와 해제를 반복하는 것이 더 좋다. 다음은 잘못 만들어진 코드이다.

```
TCHAR *str[]={"펄펄 나는 저 꾀꼬리","암수 서로 정답구나",
    "외로워라 이내 몸은","뉘와 함께 돌아갈꼬"};
int idx;
int y;
LRESULT CALLBACK WndProc(HWND hWnd,UINT iMessage,WPARAM wParam,LPARAM lParam)
{
    HDC hdc;
    PAINTSTRUCT ps;

    switch (iMessage) {
    case WM_CREATE:
        SetTimer(hWnd,1,10,NULL);
        y=100;
        idx=0;
        return 0;
    case WM_TIMER:
        if (y == 10) {
            Sleep(1000);
            idx = (idx==sizeof(str)/sizeof(str[0])-1 ? 0:idx+1);
            y=100;
        } else {
            y--;
        }
        InvalidateRect(hWnd,NULL,TRUE);
        return 0;
    case WM_PAINT:
        hdc=BeginPaint(hWnd, &ps);
        TextOut(hdc,10,y,str[idx],lstrlen(str[idx]));
        EndPaint(hWnd, &ps);
        return 0;
    case WM_DESTROY:
        PostQuitMessage(0);
        return 0;
    }
    return(DefWindowProc(hWnd,iMessage,wParam,lParam));
}
```

타이머를 하나만 설치하고 y를 감소시키되 y가 10이 될 때 일정 시간 대기했다가 다음 문자열로 교체한다. 간단해 보이지만 Sleep 하는동안 프로그램이 사용자의 입력에 반응하지 않는다는 점이 문제이다. 가급적이면 빠른 시간안에 메시지를 처리해야 사용자의 다음 입력을 대기할 수 있다. 다음은 더 좋지 않은 방식이다.

```
TCHAR *str[]={"펄펄 나는 저 꾀꼬리","암수 서로 정답구나",
    "외로워라 이내 몸은","뉘와 함께 돌아갈꼬"};
int idx;
BOOL bAni=FALSE;
LRESULT CALLBACK WndProc(HWND hWnd,UINT iMessage,WPARAM wParam,LPARAM lParam)
{
    HDC hdc;
    PAINTSTRUCT ps;
    int y;

    switch (iMessage) {
    case WM_CREATE:
        SetTimer(hWnd,1,2000,NULL);
        idx=0;
        return 0;
    case WM_TIMER:
        idx = (idx==sizeof(str)/sizeof(str[0])-1 ? 0:idx+1);
        bAni=TRUE;
        InvalidateRect(hWnd,NULL,TRUE);
        UpdateWindow(hWnd);
        hdc=GetDC(hWnd);
        for (y=100;y>10;y--) {
            TextOut(hdc,10,y,str[idx],lstrlen(str[idx]));
            Sleep(10);
        }
        ReleaseDC(hWnd,hdc);
        bAni=FALSE;
        return 0;
    case WM_PAINT:
        hdc=BeginPaint(hWnd, &ps);
        if (bAni == FALSE) {
            TextOut(hdc,10,10,str[idx],lstrlen(str[idx]));
        }
        EndPaint(hWnd, &ps);
        return 0;
    case WM_DESTROY:
        PostQuitMessage(0);
        return 0;
    }
    return(DefWindowProc(hWnd,iMessage,wParam,lParam));
}
```

타이머를 하나만 설치하고 타이머 메시지내에서 y 루프를 돌며 직접 y좌표에 문자열을 출력한다. WM_PAINT에서는 10,10 좌표에 문자열을 출력하되 단 애니메이션중에는 이 위치에 출력하지 말아야 하므로 bAni 전역 변수로 출력 여부를 통제한다. 잘 동작하는 것처럼 보이지만 이렇게 되면 루프가 실행되는 0.9초 동안에는 WM_TIMER에서 제어가 멈추어 버리므로 윈도우를 움직인다거나 하는 조작을 할 수 없다. 초단위를 넘는 작업은 루프를 돌려서는 안되며 타이머나 기타 다른 방식으로 백그라운드 작업을 진행해야 한다.

6-RopMode2

자유 곡선을 그리는 코드는 4장의 Mouse 예제의 코드를 그대로 재사용할 수 있고 직선, 원, 사각형을 그리는 코드는 RopMode의 예제 코드를 참조하여 작성하면 된다. 모두 도형이라는 공통점이 있으므로 변수들은 공유할 수 있다.

예 제 : RopMode2

```
enum tag_Mode { CURVE, LINE, ELLIPSE, RECTANGLE } Mode;
LRESULT CALLBACK WndProc(HWND hWnd,UINT iMessage,WPARAM wParam,LPARAM lParam)
{
    HDC hdc;
    static int sx,sy,oldx,oldy;
    static BOOL bNowDraw = FALSE;
    HBRUSH OldBrush;

    switch (iMessage) {
    case WM_CREATE:
        hWndMain=hWnd;
        return 0;
    case WM_LBUTTONDOWN:
        oldx = sx = LOWORD(lParam);
        oldy = sy = HIWORD(lParam);
        bNowDraw = TRUE;
        return 0;
    case WM_MOUSEMOVE:
        if (bNowDraw == FALSE) {
            return 0;
        }
        hdc=GetDC(hWnd);
        OldBrush=(HBRUSH)SelectObject(hdc,GetStockObject(NULL_BRUSH));
        if (Mode != CURVE) {
            SetROP2(hdc,R2_NOT);
        }
        switch (Mode) {
        case CURVE:
            MoveToEx(hdc,sx,sy,NULL);
            sx=LOWORD(lParam);
            sy=HIWORD(lParam);
            LineTo(hdc,sx,sy);
            break;
        case LINE:
            MoveToEx(hdc,sx,sy,NULL);
            LineTo(hdc,oldx,oldy);
            oldx = LOWORD(lParam);
            oldy = HIWORD(lParam);
            MoveToEx(hdc,sx,sy,NULL);
            LineTo(hdc,oldx,oldy);
            break;
        case ELLIPSE:
            Ellipse(hdc,sx,sy,oldx,oldy);
            oldx = LOWORD(lParam);
            oldy = HIWORD(lParam);
            Ellipse(hdc,sx,sy,oldx,oldy);
```

```
            break;
        case RECTANGLE:
            Rectangle(hdc,sx,sy,oldx,oldy);
            oldx = LOWORD(lParam);
            oldy = HIWORD(lParam);
            Rectangle(hdc,sx,sy,oldx,oldy);
            break;
        }
        SelectObject(hdc,OldBrush);
        ReleaseDC(hWnd,hdc);
        return 0;
    case WM_LBUTTONUP:
        if (bNowDraw == FALSE) {
            return 0;
        }
        bNowDraw = FALSE;
        hdc=GetDC(hWnd);
        OldBrush=(HBRUSH)SelectObject(hdc,GetStockObject(NULL_BRUSH));
        switch (Mode) {
        case CURVE:
            break;
        case LINE:
            MoveToEx(hdc,sx,sy,NULL);
            LineTo(hdc,oldx,oldy);
            break;
        case ELLIPSE:
            Ellipse(hdc,sx,sy,oldx,oldy);
            break;
        case RECTANGLE:
            Rectangle(hdc,sx,sy,oldx,oldy);
            break;
        }
        SelectObject(hdc,OldBrush);
        ReleaseDC(hWnd, hdc);
        return 0;
    case WM_COMMAND:
        switch (LOWORD(wParam)) {
        case IDM_DRAW_CURVE:
            Mode=CURVE;
            break;
        case IDM_DRAW_LINE:
            Mode=LINE;
            break;
        case IDM_DRAW_ELLIPSE:
            Mode=ELLIPSE;
            break;
        case IDM_DRAW_RECT:
            Mode=RECTANGLE;
            break;
        case IDM_DRAW_EXIT:
            DestroyWindow(hWnd);
            break;
        }
        return 0;
```

```
    case WM_DESTROY:
        PostQuitMessage(0);
        return 0;
    }
    return(DefWindowProc(hWnd,iMessage,wParam,lParam));
}
```

도형의 종류가 유한하므로 열거형으로 정의하고 이 값을 저장하는 전역 변수 Mode를 선언했다. WM_COMMAND에서는 메뉴 항목을 선택할 때 Mode에 그릴 도형의 종류만 선택해 놓으며 마우스 메시지에서는 Mode값을 참조하여 어떤 도형을 그릴 것인가를 결정해야 한다. 메뉴 항목은 어디까지나 도형의 종류만 입력받는 것이므로 여기서 그리기를 할 필요는 없다.

마우스 버튼을 누르면 현재 위치를 sx, sy 및 oldx, oldy에 저장해 두고 bNowDraw를 TRUE로 변경하여 그리기가 시작되었음을 표시한다. 마우스가 이동할 때인 WM_MOUSEMOVE에서는 Mode에 따라 다중 분기하여 그리고 있는 도형을 적절히 보여 준다. 자유 곡선인 경우는 곧바로 화면에 출력하고 선, 원, 사각형은 마우스 버튼을 놓을 때까지 반전 모드로 도형을 계속 이동시킨다. 원, 사각형을 그릴 때는 NULL_BRUSH를 선택하여 도형 안쪽을 채색하지 않아야 한다.

WM_MOUSEMOVE는 Mode에 따라 다중 분기하되 공통된 부분은 가급적이면 switch 문 이전에 배치하여 코드의 중복을 방지했다. GetDC, ReleaseDC 등은 Mode와 상관없이 무조건 구해야 하는 것이며 널 브러시를 선택해 놓는 것도 Mode에 따라 달라지는 것은 아니므로 일단 선택해 놓아도 무방하다. SetROP2 호출은 자유 곡선 그리기일 때만 제외하고 호출하면 된다. 다음처럼 매 Mode마다 DC를 얻고 해제하는 코드를 일일이 적을 필요가 없다.

```
case WM_MOUSEMOVE:
    switch (Mode) {
    case CURVE:
        if (bNowDraw == TRUE) {
            hdc=GetDC(hWnd);
            MoveToEx(hdc,sx,sy,NULL);
            sx=LOWORD(lParam);
            sy=HIWORD(lParam);
            LineTo(hdc,sx,sy);
            ReleaseDC(hWnd,hdc);
        }
        break;
```

마우스 버튼을 놓을 때인 WM_LBUTTONUP에서는 확정된 그림을 다시 한번 그려 마우스 이동중의 임시 그리기에 의해 반전된 영역을 제거해야 한다. Ellipse와 Rectangle 함수의 원형이 동일하므로 두 함수를 처리하는 부분을 함수 포인터로 통합할 수도 있다.

```
LRESULT CALLBACK WndProc(HWND hWnd,UINT iMessage,WPARAM wParam,LPARAM lParam)
{
    HDC hdc;
    static int sx,sy,oldx,oldy;
    static BOOL bNowDraw = FALSE;
    HBRUSH OldBrush;
    static int (__stdcall *pDraw)(HDC,int,int,int,int);

    switch (iMessage) {
```

```
case WM_MOUSEMOVE:
    ....
    case ELLIPSE:
    case RECTANGLE:
        pDraw(hdc,sx,sy,oldx,oldy);
        oldx = LOWORD(lParam);
        oldy = HIWORD(lParam);
        pDraw(hdc,sx,sy,oldx,oldy);
        break;
    }
    SelectObject(hdc,OldBrush);
    ReleaseDC(hWnd,hdc);
    return 0;
case WM_LBUTTONUP:
    ....
    case ELLIPSE:
    case RECTANGLE:
        pDraw(hdc,sx,sy,oldx,oldy);
        break;
    }
    SelectObject(hdc,OldBrush);
    ReleaseDC(hWnd, hdc);
    return 0;
case WM_COMMAND:
    switch (LOWORD(wParam)) {
    ....
    case IDM_DRAW_ELLIPSE:
        Mode=ELLIPSE;
        pDraw=Ellipse;
        break;
    case IDM_DRAW_RECT:
        Mode=RECTANGLE;
        pDraw=Rectangle;
        break;
    ....
```

pDraw는 Ellipse와 Rectangle 함수를 가리킬 수 있는 함수 포인터 타입으로 선언해 두었다. 메뉴에서 사각형이나 타원을 선택할 때 pDraw에 적절한 그리기 함수를 선택해 놓는다. 이렇게 함수를 미리 선택해 놓으면 WM_MOUSEMOVE와 WM_LBUTTONDOWN에서 사각형과 타원에 대한 처리를 통합할 수 있어 코드가 좀 더 짧아지는 효과가 있다. 함수 포인터를 이런 식으로 활용할 수도 있다는 것을 보여 주기에 적절한 예제이다.

WM_LBUTTONUP의 선두에 있는 bNowDraw 점검은 불필요한 것 같지만 마우스 버튼을 누르지 않고도 UP만 전달될 수도 있어 점검해야 한다. 예를 들어 메뉴바를 누르고 작업영역으로 이동한 후 마우스 버튼을 놓을 때도 이 메시지가 전달된다. 그래서 확실히 그리기 상태인지를 점검할 필요가 있다. 이 코드가 없으면 이전에 그렸던 sx, sy, oldx, oldy의 도형을 한 번 더 그리는 오동작을 한다.

7-SimplePaint

자유 곡선을 그리는 Mouse 예제는 디폴트 펜으로 그리므로 펜 오브젝트를 사용할 필요가 없었지만 이 예제는 펜의 색상과 굵기를 변경할 수 있어야 하므로 CreatePen으로 전달할 색상, 굵기를 라디오 버튼과 체크 박스로 선택할 수 있도록 한다.

예 제 : SimplePaint

```
struct tag_Color {
    TCHAR *Caption;
    COLORREF Color;
    HWND hWnd;
};
tag_Color Colors[]={
    {"검정",RGB(0,0,0),NULL},
    {"흰색",RGB(255,255,255),NULL},
    {"빨간색",RGB(255,0,0),NULL},
    {"초록색",RGB(0,255,0),NULL},
    {"파란색",RGB(0,0,255),NULL},
    {"노란색",RGB(255,255,0),NULL},
    {"분홍색",RGB(255,0,255),NULL},
    {"하늘색",RGB(0,255,255),NULL},
};
#define RADIOS (sizeof(Colors)/sizeof(Colors[0]))
int x,y;
BOOL bNowDraw;
HWND hBold,hReset;

LRESULT CALLBACK WndProc(HWND hWnd,UINT iMessage,WPARAM wParam,LPARAM lParam)
{
    HDC hdc;
    int i,Width;
    HPEN hPen,OldPen;

    switch (iMessage) {
    case WM_CREATE:
        hWndMain=hWnd;
        for (i=0;i<RADIOS;i++) {
            Colors[i].hWnd=CreateWindow("button",Colors[i].Caption,
                WS_CHILD | WS_VISIBLE | BS_AUTORADIOBUTTON,
                10,10+i*18,100,16,hWnd,(HMENU)i,g_hInst,NULL);
        }
        hBold=CreateWindow("button","굵게",WS_CHILD | WS_VISIBLE | BS_AUTOCHECKBOX,
            120,10,100,25,hWnd,(HMENU)(RADIOS),g_hInst,NULL);
        hReset=CreateWindow("button","다시 그리기",WS_CHILD | WS_VISIBLE | BS_PUSHBUTTON,
            120,35,100,25,hWnd,(HMENU)(RADIOS+1),g_hInst,NULL);
        CheckRadioButton(hWnd, 0, RADIOS-1, 0);
        return 0;
    case WM_LBUTTONDOWN:
        x=LOWORD(lParam);
        y=HIWORD(lParam);
        bNowDraw=TRUE;
        return 0;
    case WM_MOUSEMOVE:
        if (bNowDraw==TRUE) {
            hdc=GetDC(hWnd);
            if (SendMessage(hBold,BM_GETCHECK,0,0)==BST_CHECKED) {
                Width=5;
            } else {
                Width=1;
```

```
        }
        for (i=0;i<RADIOS;i++) {
            if (SendMessage(Colors[i].hWnd,BM_GETCHECK,0,0) == BST_CHECKED) break;
        }
        hPen=CreatePen(PS_SOLID,Width,Colors[i].Color);
        OldPen=(HPEN)SelectObject(hdc,hPen);
        MoveToEx(hdc,x,y,NULL);
        x=LOWORD(lParam);
        y=HIWORD(lParam);
        LineTo(hdc,x,y);
        DeleteObject(SelectObject(hdc,OldPen));
        ReleaseDC(hWnd,hdc);
    }
    return 0;
case WM_LBUTTONUP:
    bNowDraw=FALSE;
    return 0;
case WM_COMMAND:
    switch (LOWORD(wParam)) {
    case RADIOS+1:
        InvalidateRect(hWnd,NULL,TRUE);
        break;
    }
    return 0;
case WM_DESTROY:
    PostQuitMessage(0);
    return 0;
}
return(DefWindowProc(hWnd,iMessage,wParam,lParam));
}
```

WM_CREATE에서 8개의 라디오 버튼을 만들되 캡션과 각 버튼의 색상, 그리고 버튼의 윈도우 핸들을 저장할 구조체 배열을 선언하고 루프를 돌리면 8개의 컨트롤을 쉽게 생성할 수 있다. CreateWindow를 일일이 나열하여 생성할 수도 있지만 코드의 반복이 심해 좋지 않다. 구조체 배열을 사용하면 이후의 코드 관리도 편리하다. 컨트롤의 간격을 조정하고 싶으면 생성문의 곱해지는 수만 더 크게 만들면 된다. 이 프로젝트에서는 핸들을 사용하지 않지만 생성된 라디오 버튼의 핸들도 일단은 대입해 두었다. 굵기를 선택하는 체크 박스와 다시 그리기 버튼도 만들고 라디오 버튼은 검정색을 선택해 두었다.

마우스 처리 메시지들의 동작은 전반적으로 4장의 Mouse 예제와 거의 동일하되 마우스 이동시 컨트롤에 선택된 옵션값을 읽어 펜의 굵기와 색상을 결정한다는 점이 다르다. 그리는 동작은 동일하되 DC에 선택되는 펜의 속성만 달라지며 사용자는 컨트롤을 통해 이 펜의 속성을 실행중에 마음대로 변경할 수 있다. 다시 그리기 버튼은 단순히 전 작업영역을 무효화하는데 그리기 정보를 저장하지 않기 때문에 무효화만 하면 모두 지워진다.

8-SimplePaint2

예 제 : SimplePaint2

```
int Width;
COLORREF NowColor;
int x,y;
BOOL bNowDraw;
BOOL CALLBACK PaintDlgProc(HWND hDlg,UINT iMessage,WPARAM wParam,LPARAM lParam)
{
    int i;
    static COLORREF Colors[8]={RGB(0,0,0),RGB(255,255,255),RGB(255,0,0),RGB(0,255,0),
        RGB(0,0,255),RGB(255,255,0),RGB(255,0,255),RGB(0,255,255)};

    switch (iMessage) {
    case WM_INITDIALOG:
        for (i=0;i<8;i++) {
            if (Colors[i] == NowColor) break;
        }
        CheckRadioButton(hDlg,IDC_RADIO1,IDC_RADIO8,IDC_RADIO1+i);
        CheckDlgButton(hDlg,IDC_CHKBOLD,Width==5 ? BST_CHECKED:BST_UNCHECKED);
        return TRUE;
    case WM_COMMAND:
        switch (LOWORD(wParam)) {
        case IDOK:
            for (i=0;i<8;i++) {
                if (IsDlgButtonChecked(hDlg,IDC_RADIO1+i)==BST_CHECKED) break;
            }
            NowColor=Colors[i];
            if (IsDlgButtonChecked(hDlg,IDC_CHKBOLD)==BST_CHECKED) {
                Width=5;
            } else {
                Width=1;
            }
            EndDialog(hDlg,IDOK);
            return TRUE;
        case IDCANCEL:
            EndDialog(hDlg,IDCANCEL);
            return TRUE;
        }
        break;
    }
    return FALSE;
}

LRESULT CALLBACK WndProc(HWND hWnd,UINT iMessage,WPARAM wParam,LPARAM lParam)
{
    HDC hdc;
    HPEN hPen,OldPen;

    switch (iMessage) {
    case WM_CREATE:
        hWndMain=hWnd;
        Width=1;
```

```
            NowColor=RGB(0,0,0);
            return 0;
      case WM_LBUTTONDOWN:
            x=LOWORD(lParam);
            y=HIWORD(lParam);
            bNowDraw=TRUE;
            return 0;
      case WM_MOUSEMOVE:
            if (bNowDraw==TRUE) {
                  hdc=GetDC(hWnd);
                  hPen=CreatePen(PS_SOLID,Width,NowColor);
                  OldPen=(HPEN)SelectObject(hdc,hPen);
                  MoveToEx(hdc,x,y,NULL);
                  x=LOWORD(lParam);
                  y=HIWORD(lParam);
                  LineTo(hdc,x,y);
                  DeleteObject(SelectObject(hdc,OldPen));
                  ReleaseDC(hWnd,hdc);
            }
            return 0;
      case WM_LBUTTONUP:
            bNowDraw=FALSE;
            return 0;
      case WM_RBUTTONDOWN:
            DialogBox(g_hInst,MAKEINTRESOURCE(IDD_DIALOG1),hWnd,PaintDlgProc);
            return 0;
      case WM_KEYDOWN:
            if (wParam == VK_SPACE)
                  InvalidateRect(hWnd,NULL,TRUE);
            return 0;
      case WM_DESTROY:
            PostQuitMessage(0);
            return 0;
      }
      return(DefWindowProc(hWnd,iMessage,wParam,lParam));
}
```

현재 옵션 설정 상태를 저장할 Width, NowColor 전역 변수를 선언하고 이 변수의 값을 대화상자로 보여 주고 변경할 수 있도록 한다. 관련 컨트롤들은 모두 대화상자 템플릿에 정의되므로 캡션이나 윈도우 핸들을 별도로 정의할 필요는 없다. 대화상자는 열릴 때 Width, NowColor 전역 변수를 읽어 컨트롤의 상태를 변경하고 확인 버튼을 누르면 컨트롤의 상태로부터 이 두 변수를 변경한다.

메인 윈도우는 이 대화상자를 부르기만 할 뿐 대화상자의 리턴값은 점검할 필요가 없다. 왜냐하면 변경한 옵션이 이미 그려진 그림에는 영향을 주지 않으며 앞으로 그려질 그림에만 영향을 미치기 때문이다. 대화상자에서 확인 버튼을 누르면 Width, NowColor가 변경될 것이고 취소를 누르면 원래값을 유지하므로 메인 윈도우는 어떤 버튼을 누르나 다음 마우스 입력시까지는 아무런 동작도 할 필요가 없다.

8-SimplePaint3

모달 대화상자를 모델리스로 변경하는 절차는 거의 공식에 가까우므로 InfoDlg 예제를 Mless로 변경하는 절차와 동일한 방법으로 SimplePaint2를 변경하면 된다.

예 제 : SimplePaint3

```
int Width;
COLORREF NowColor;
int x,y;
BOOL bNowDraw;

BOOL CALLBACK PaintDlgProc(HWND hDlg,UINT iMessage,WPARAM wParam,LPARAM lParam)
{
    int i;
    static COLORREF Colors[8]={RGB(0,0,0),RGB(255,255,255),RGB(255,0,0),RGB(0,255,0),
        RGB(0,0,255),RGB(255,255,0),RGB(255,0,255),RGB(0,255,255)};

    switch (iMessage) {
    case WM_INITDIALOG:
        for (i=0;i<8;i++) {
            if (Colors[i] == NowColor) break;
        }
        CheckRadioButton(hDlg,IDC_RADIO1,IDC_RADIO8,IDC_RADIO1+i);
        CheckDlgButton(hDlg,IDC_CHKBOLD,Width==5 ? BST_CHECKED:BST_UNCHECKED);
        return TRUE;
    case WM_COMMAND:
        if (LOWORD(wParam) >= IDC_RADIO1 && LOWORD(wParam) <= IDC_RADIO8) {
            for (i=0;i<8;i++) {
                if (IsDlgButtonChecked(hDlg,IDC_RADIO1+i)==BST_CHECKED) break;
            }
            NowColor=Colors[i];
            return TRUE;
        }
        switch (LOWORD(wParam)) {
        case IDC_CHKBOLD:
            Width=(IsDlgButtonChecked(hDlg,IDC_CHKBOLD)==BST_CHECKED)*4+1;
            return TRUE;
        case ID_RESET:
            InvalidateRect(hWndMain,NULL,TRUE);
            return TRUE;
        case IDCANCEL:
        case ID_CLOSE:
            DestroyWindow(hDlg);
            g_hDlg=NULL;
            return TRUE;
        }
        break;
    }
    return FALSE;
}

LRESULT CALLBACK WndProc(HWND hWnd,UINT iMessage,WPARAM wParam,LPARAM lParam)
{
```

```
    HDC hdc;
    HPEN hPen,OldPen;

    switch (iMessage) {
    case WM_CREATE:
        hWndMain=hWnd;
        Width=1;
        NowColor=RGB(0,0,0);
        return 0;
    case WM_LBUTTONDOWN:
        x=LOWORD(lParam);
        y=HIWORD(lParam);
        bNowDraw=TRUE;
        return 0;
    case WM_MOUSEMOVE:
        if (bNowDraw==TRUE) {
            hdc=GetDC(hWnd);
            hPen=CreatePen(PS_SOLID,Width,NowColor);
            OldPen=(HPEN)SelectObject(hdc,hPen);
            MoveToEx(hdc,x,y,NULL);
            x=LOWORD(lParam);
            y=HIWORD(lParam);
            LineTo(hdc,x,y);
            DeleteObject(SelectObject(hdc,OldPen));
            ReleaseDC(hWnd,hdc);
        }
        return 0;
    case WM_LBUTTONUP:
        bNowDraw=FALSE;
        return 0;
    case WM_RBUTTONDOWN:
        if (!IsWindow(g_hDlg)) {
            g_hDlg=CreateDialog(g_hInst,MAKEINTRESOURCE(IDD_DIALOG1),
                hWnd,PaintDlgProc);
            ShowWindow(g_hDlg,SW_SHOW);
        }
        return 0;
    case WM_DESTROY:
        PostQuitMessage(0);
        return 0;
    }
    return(DefWindowProc(hWnd,iMessage,wParam,lParam));
}
```

메인 윈도우에서는 마우스 오른쪽 버튼을 누를 때 모델리스 대화상자를 생성했다. 대화상자는 두 전역 변수값을 읽어 컨트롤에 보여 주며 옵션을 바꾸는 즉시 전역 변수를 변경한다. 변수의 값만 바꿔 놓으면 메인 윈도우가 그리기를 할 때 이 변수값을 참조할 것이다. 색상 선택 라디오 버튼은 일정 범위의 ID를 가지므로 if문으로 비교했으며 나머지 체크, 푸시 버튼은 switch 문으로 다중 분기한다.

굵게 버튼을 선택하면 Width 전역 변수값을 변경하고 모두 지우기 버튼을 선택하면 메인 윈도우를 무효화한다. 이 예에서 보다시피 InvalidateRect 함수는 반드시 자신만 무효화하는 것이 아니라 부모나 자식 등 다른 윈도우를 무효화할 수도 있다. 그래서 이 함수는 무효화할 대상 윈도우의 핸들을 첫 번째 인수로 전달받는 것이다.

9-Hexa2

헥사는 테트리스와 내용이 거의 유사하다. 게임판의 구조나 벽돌을 이동하는 방법, 비트맵 초기화, 전체적인 구조도 흡사하다. 다만 벽돌을 회전하는 방법과 벽돌이 바닥에 착륙했을 때를 처리하는 TestFull 함수만 조금 다를 뿐이다. 비트맵은 테트리스의 것을 그대로 가져와 사용하되 헥사의 레벨이 10단계이므로 회색 비트맵 하나만 더 추가했다.

예 제 : Hexa2

소스 생략

벽돌을 회전하는 코드와 가득참을 처리하는 TestFull 함수는 콘솔 버전의 것을 거의 그대로 옮겨 놓은 것이다. 제거 에니메이션은 임시적인 그리기이므로 GetDC로 DC를 얻은 후 제거대상 벽돌의 삭제와 출력을 반복하면 된다. 나머지 코드는 분석이 필요할 정도로 어려운 부분이 없다. 실행중의 모습은 다음과 같다.

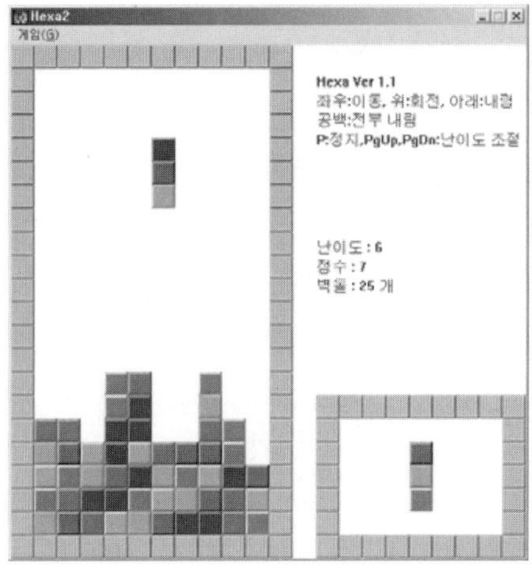

소스를 짧게 만들기 위해 별다른 장식이나 추가 기능을 넣지는 않았고 원본에 충실하게 그래픽 버전으로 옮기기만 했다. 사각형의 단순한 벽돌 모양을 아기자기하고 예쁜 비트맵으로만 바꿔도 게임이 훨씬 더 볼만해진다. 다음은 추가 개작 힌트들이다.

① 소리를 내 보고 점 보이기 옵션을 만들어 보자. 벽돌이 회전할 때나 사라질 때 깜찍한 소리를 내면 훨씬 더 재미있어진다.

② 사라지는 벽돌이 깜박거리다가 없어지는데 폭파되는 모양의 애니메이션을 해 보자. 여섯 개의 비트맵을 준비해 두었다가 차례대로 출력하면 된다.

③ 벽돌을 회전할 수 있도록 게임 규칙을 변경하면 더 재미있어질 것 같다. 테트리스처럼 세로로 된 벽돌을 가로로 돌릴 수 있다면 훨씬 더 다양한 기교를 부릴 수 있을 것이다. 이 기능은 근본적인 자료 구조의 수정이 필요해 보기보다는 훨씬 더 어렵다.

④ 4개 또는 그 이상의 벽돌이 일치해야 없애도록 해 보자. 난이도가 더 높아지는데 대신 벽돌의 종류를 줄이면 밸런스를 맞출 수 있을 것이다.

이 외에도 다양한 형식으로 개작해볼 여지가 많은 게임이다. 이 예제를 확장해서 더 재미있는 게임으로 만들어 보아라.

11-Childs2

종이에 원하는 배치 상태를 그려 놓고 각 윈도우의 좌상단 좌표와 폭, 높이를 구해 부모 윈도우의 WM_SIZE에서 위치와 크기대로 차일드를 배치하면 된다. 먼저 부모 윈도우에서 세 개의 차일드를 요구대로 배치한다. 가장 쉬운 코드는 다음과 같다.

```
LRESULT CALLBACK WndProc(HWND hWnd,UINT iMessage,WPARAM wParam,LPARAM lParam)
{
    ....
    case WM_SIZE:
        if (wParam != SIZE_MINIMIZED) {
            GetClientRect(hWnd,&crt);
            MoveWindow(hC2,0,0,crt.right,200,TRUE);
            MoveWindow(hC1,0,200,crt.right/2,crt.bottom-200,TRUE);
            MoveWindow(hC3,crt.right/2,200,crt.right/2,crt.bottom-200,TRUE);
        }
        return 0;
```

hC2를 상단에 높이 200으로 먼저 배치하고 hC1은 부모 윈도우 폭의 절반폭을 가지도록 했으며 hC3는 hC1 바로 옆에 같은 폭으로 배치한다. 차일드끼리 겹치지는 않으므로 배치 순서는 중요하지 않다. 실행해 보면 제대로 배치되는 것 같지만 크기를 변경해가면서 잘 관찰해 보면 hC3 오른쪽에 한 픽셀이 비는데 메인 윈도우의 배경 브러시를 흰색으로 바꿔 놓고 보면 더 잘 보인다.

이렇게 되는 이유는 / 연산자가 정수 나눗셈을 하기 때문에 홀수를 나눌 때 각각 0.5씩의 값을 잃어 버리기 때문이다. 폭이 500일 때 250씩 좌우를 나누면 되지만 폭이 501일 때는 250.5씩 나눌 수가 없으므로 양쪽이 250이 되고 1픽셀이 할당되지 못하는 것이다. 이런 오차를 제거하려면 왼쪽 윈도우의 폭을 먼저 계산하고 그 나머지를 오른쪽 윈도우가 차지해야 한다.

```
int t;
GetClientRect(hWnd,&crt);
t=crt.right/2;
MoveWindow(hC2,0,0,crt.right,200,TRUE);
MoveWindow(hC1,0,200,t,crt.bottom-200,TRUE);
MoveWindow(hC3,t,200,crt.right-t,crt.bottom-200,TRUE);
```

지역 변수 t가 hC1의 폭이며 hC3는 t에서 시작해서 부모폭-t만큼의 폭을 가져 나머지를 다 차지하면 된다. 부모의 폭이 501이면 hC1이 250이 되고 hC2는 251이 되어 남는 여백없이 두 윈도우가 부모의 폭을 공평하게 나누어 가질 것이다. 지역 변수를 쓰는 것이 번거롭다면 다음과 같이 삼항 연산자를 사용하여 좀 더 간단하게 처리할 수 있다.

```
GetClientRect(hWnd,&crt);
MoveWindow(hC2,0,0,crt.right,200,TRUE);
MoveWindow(hC1,0,200,crt.right/2,crt.bottom-200,TRUE);
MoveWindow(hC3,crt.right/2,200,crt.right/2+(crt.right%2),crt.bottom-200,TRUE);
```

hC3의 폭은 일단 부모폭의 절반이되 폭을 2로 나눈 나머지를 더하면 홀수일 경우 1이 더해질 것이다. hC1의 차일드는 바닥에 정렬한다.

```
LRESULT CALLBACK ChildLeftProc(HWND hWnd,UINT iMessage,WPARAM wParam,LPARAM lParam)
{
    ....
    case WM_SIZE:
        MoveWindow(hList,10,10,190,HIWORD(lParam)-20,TRUE);
        MoveWindow(hBtn,210,HIWORD(lParam)-10-25,80,25,TRUE);
        MoveWindow(hEdit,210,HIWORD(lParam)-10-25-10-25,80,25,TRUE);
        return 0;
```

버튼은 부모의 바닥에서 10만큼 여유를 두고 버튼 자신의 높이 25만큼 더 위쪽에 배치한다. 에디트의 위치는 여기에 버튼과의 간격 10을 두고 자신의 높이 25를 더 빼면 된다. 두 컨트롤 모두 폭과 높이는 80, 25를 그대로 유지한다.

이 실습은 단순한 산수 계산만 하면 되므로 어렵다고 할 수는 없다. 단 아무리 쉬워도 머리속으로만 배치를 생각해서는 좌표와 크기가 얼른 파악되지 않으므로 가급적이면 연습장에 배치 상태를 그려 본 후 코드로 옮기도록 하자. 이런 연습을 몇 번만 해 보면 이후부터는 그림을 그리지 않고도 머리속으로 좌표와 크기를 암산해낼 수 있다.

12-ParentCenter

다음 함수는 hWnd를 부모 윈도우의 중앙으로 옮긴다. 대화상자의 WM_INITDIALOG 메시지에서 이 함수를 불러 자신이 초기화될 때 부모의 중앙으로 이동하면 된다. 이 함수는 재사용성이 높으므로 필요한 프로젝트에 복사해 사용할 수 있다.

예 제 : ParentCenter

```
void MoveToParentCenter(HWND hWnd)
{
    RECT wrt,crt;
    HWND hParent;

    hParent=GetParent(hWnd);
    if (IsIconic(hParent)) {
        ShowWindow(hParent,SW_RESTORE);
    }

    GetWindowRect(hParent,&wrt);
    GetWindowRect(hWnd,&crt);
    SetWindowPos(hWnd,NULL,wrt.left+(wrt.right-wrt.left)/2-(crt.right-crt.left)/2,
        wrt.top+(wrt.bottom-wrt.top)/2-(crt.bottom-crt.top)/2,0,0,SWP_NOSIZE | SWP_NOZORDER);
}
```

부모 윈도우의 핸들은 GetParent 함수로 구할 수 있으며 GetWindowRect 함수로 부모의 화면상 위치와 크기를 알 수 있다. 부모의 수평 중앙 좌표는 왼쪽변에서 폭의 절반만큼 더하면 되고 수직 중앙 좌표는 위쪽변에서 높이의 절반을 더하면 된다. 그러나 이 위치에 대화상자를 배치하면 대화상자의 좌상단이 부모의 중앙에 오므로 정확한 중앙이 아니다. 대화상자의 중앙과 부모의 중앙을 맞추기 위해 대화상자 자신의 크기 절반만큼 더 왼쪽 위로 이동해야 한다.

예제의 SetWindowPos 인수는 이런 계산에 의해 구해진 것이다. 이외에 추가로 해야 할 처리는 부모가 최소화되어 있을 때 부모를 복구시키는 것이다. 부모가 숨겨져 있는 상태에서 팝업 대화상자를 띄워야 한다면 부모가 먼저 복구되고 그 중앙에 대화상자가 나타나야 한다. 예제에서는 오른쪽 버튼을 누를 때 3초후에 대화상자를 띄움으로써 이 기능을 테스트한다. 만약 부모 복구 기능을 선택적으로 사용하고 싶다면 bRestoreParent 인수를 추가로 전달받으면 된다.

12-Adhere

요구가 다소 복잡한데 이런 문제를 풀 때는 실행 파일의 동작을 잘 관찰한 후 정확하게 구현해야 한다. 개발자에게는 요구 조건을 잘 분석하는 것도 중요한 능력이다. WinMain에서 팝업 윈도우용의 윈도우 클래스를 먼저 정의하되 배경 브러시로 COLOR_BTNFACE 시스템 색상을 지정했으며 CS_NOCLOSE 스타일을 주어 닫기 버튼을 사용 금지시켰다. 그 외 WinMain에 특이한 코드는 없으므로 두 윈도우의 프로시저만 보인다.

예 제 : Adhere

```
HWND hPopup;
LRESULT CALLBACK WndProc(HWND hWnd,UINT iMessage,WPARAM wParam,LPARAM lParam)
{
    HDC hdc;
    PAINTSTRUCT ps;
    RECT prt,crt;
    TCHAR *Mes="부모 윈도우";
    int Height;

    switch (iMessage) {
    case WM_CREATE:
        hPopup=CreateWindow("PopupClass","팝업 윈도우",
            WS_POPUPWINDOW | WS_CAPTION | WS_VISIBLE | WS_THICKFRAME,
            0,0,200,0,
            hWnd,(HMENU)0,g_hInst,NULL);
        return 0;
    case WM_SIZE:
        if (wParam != SIZE_MINIMIZED) {
            GetWindowRect(hWnd,&prt);
            GetWindowRect(hPopup,&crt);
            Height=min(max(crt.bottom-crt.top,(prt.bottom-prt.top)/4),prt.bottom-prt.top);
            SetWindowPos(hPopup,HWND_TOP,0,0,crt.right-crt.left,Height,SWP_NOMOVE);
        }
        return 0;
    case WM_PAINT:
        hdc=BeginPaint(hWnd, &ps);
        TextOut(hdc,10,10,Mes,lstrlen(Mes));
        EndPaint(hWnd, &ps);
        return 0;
    case WM_DESTROY:
        PostQuitMessage(0);
        return 0;
    }
    return(DefWindowProc(hWnd,iMessage,wParam,lParam));
```

```
}

LRESULT CALLBACK PopupProc(HWND hWnd,UINT iMessage,WPARAM wParam,LPARAM lParam)
{
    HDC hdc;
    PAINTSTRUCT ps;
    LPMINMAXINFO mmi;
    LPWINDOWPOS wp;
    RECT prt;
    TCHAR *Mes="팝업 윈도우(툴 팔레트)";

    switch (iMessage) {
    case WM_GETMINMAXINFO:
        GetWindowRect(GetParent(hWnd),&prt);
        mmi=(LPMINMAXINFO)lParam;
        mmi->ptMinTrackSize.x = 200;
        mmi->ptMinTrackSize.y = (prt.bottom-prt.top)/4;
        mmi->ptMaxTrackSize.x = 200;
        mmi->ptMaxTrackSize.y = prt.bottom-prt.top;
        return 0;
    case WM_WINDOWPOSCHANGING:
        wp=(LPWINDOWPOS)lParam;
        GetWindowRect(GetParent(hWnd),&prt);
        if (wp->y < prt.bottom && wp->y+wp->cy > prt.top) {
            if (abs(wp->x-prt.right) < 30) {
                wp->x=prt.right;
            }
            if (abs(wp->x-prt.left) < 30) {
                wp->x=prt.left;
            }
            if (abs(wp->x+wp->cx-prt.right) < 30) {
                wp->x=prt.right-wp->cx;
            }
            if (abs(wp->x+wp->cx-prt.left) < 30) {
                wp->x=prt.left-wp->cx;
            }
        }
        return 0;
    case WM_PAINT:
        hdc=BeginPaint(hWnd, &ps);
        SetBkMode(hdc,TRANSPARENT);
        TextOut(hdc,10,10,Mes,lstrlen(Mes));
        EndPaint(hWnd, &ps);
        return 0;
    }
    return(DefWindowProc(hWnd,iMessage,wParam,lParam));
}
```

메인 윈도우의 WM_CREATE에서 팝업 윈도우를 생성하되 폭 조정은 안되지만 높이 조정이 가능해야 하므로 일단은 WS_THICKFRAME 스타일을 주어 크기를 변경할 수 있게 했다. 크기에 대한 나머지 제약 사항은 팝업 윈도우가 직접 처리해야 한다. 팝업 윈도우의 WM_GETMINMAXINFO 메시지에서는 부모 윈도우의 높이를 조사한 다음에 이 높이를 최대 높이로 설정하고 부모 높이의 1/4을 최소 높이로 지정한다. 폭은 최소, 최대 모두 200픽셀로 지정함으로써 조정 불가능하도록 하였다.

조건을 정확하게 맞추기 위해서는 부모 윈도우의 크기가 바뀔 때 변경된 부모 윈도우의 높이에 맞게 팝업 윈도우의 높이를 강제로 조정해야 한다. 팝업 윈도우 스스로도 WM_GETMINMAXINFO 메시지를 처리하지만 부모 윈도우의 크기가 바뀔 때는 팝업 윈도우에게 별도의 메시지가 전달되지 않으므로 부모가 직접 팝업의 크기를 조정한다. 이렇게 하지 않으면 팝업 윈도우가 요구 조건과 맞지 않는 크기를 가질 수 있다.

WM_WINDOWPOSCHANGING에서 밀착 처리를 하되 일단 자신과 부모의 수직 위치가 일부라도 겹쳐 있을 때만 밀착 처리를 해야 한다. 그렇지 않고 단순히 좌표만으로 비교를 하면 부모의 위 아래쪽 허공에서도 밀착 처리되어 비정상적인 동작을 하는 것처럼 보일 것이다. 예제 코드의 if (wp->y < prt.bottom && wp->y+wp->cy > prt.top) 조건문을 빼 보면 무슨 말인지 알 수 있을 것이다. 자신의 좌우, 부모의 좌우 각각에 대해 4번 좌표를 비교하여 음양으로 30픽셀 미만의 차이가 날 때는 부모의 좌표로 밀착시킨다.

13-UserMes2

WM_SORI 메시지를 사용하는 대신 등록한 메시지를 사용하면 된다. WM_CREATE에서 SoriMessage라는 이름으로 메시지를 등록하고 이 메시지를 받았을 때 소리를 낸다. 문자열로 등록한 메시지는 상수가 아니므로 case문에 쓸 수 없으며 if문으로 점검해야 한다.

예 제 : UserMes2

```
UINT SoriMes;
LRESULT CALLBACK WndProc(HWND hWnd,UINT iMessage,WPARAM wParam,LPARAM lParam)
{
    HDC hdc;
    PAINTSTRUCT ps;
    TCHAR *Mes="마우스 왼쪽 버튼을 누르면 WM_SORI메시지를 전달합니다.";
    int i;
    RECT rt;

    if (iMessage == SoriMes) {
        hdc=GetDC(hWnd);
        MessageBeep(0);
        SelectObject(hdc,GetStockObject(NULL_BRUSH));
        for (i=0;i<100;i+=5) {
            Ellipse(hdc,200-i,200-i/2,200+i,200+i/2);
            Sleep(10);
        }
        Sleep(100);
        SetRect(&rt,100,100,300,300);
        FillRect(hdc,&rt,(HBRUSH)GetStockObject(WHITE_BRUSH));
        ReleaseDC(hWnd,hdc);
        return 0;
    }

    switch (iMessage) {
    case WM_CREATE:
        SoriMes=RegisterWindowMessage(TEXT("SoriMessage"));
        return 0;
    case WM_LBUTTONDOWN:
```

```
        SendMessage(hWnd,SoriMes,0,0);
        return 0;
    ....
```

이 메시지를 보내는 쪽에서도 똑같은 방법으로 메시지를 등록하고 등록된 ID로 메시지를 보낸다. 메시지의 ID는 실행할 때마다 달라지겠지만 똑같은 문자열로 등록한 메시지의 ID는 항상 같음을 보장받을 수 있다.

예 제 : SendUserMes2

```
UINT SoriMes;
LRESULT CALLBACK WndProc(HWND hWnd,UINT iMessage,WPARAM wParam,LPARAM lParam)
{
    HDC hdc;
    PAINTSTRUCT ps;
    HWND hWndSori;
    TCHAR *Mes="UserMes 프로그램에게 메시지를 보냅니다";
    switch (iMessage) {
    case WM_CREATE:
        SoriMes=RegisterWindowMessage(TEXT("SoriMessage"));
        return 0;
    case WM_LBUTTONDOWN:
        hWndSori=FindWindow(NULL,"UserMes2");
        if (hWndSori==NULL) {
            MessageBox(hWnd,"UserMes 프로그램이 실행되어 있지 않습니다","이럴수가",MB_OK);
        } else {
            SendMessage(hWndSori,SoriMes,0,0);
        }
        return 0;
    ....
```

실행 결과는 WM_SORI 사용자 정의 메시지를 사용했을 때와 동일하다.

14-SimplePaint4

무한대의 정보를 저장할 수 있는 자료 구조라면 어떤 것이라도 사용할 수 있다. 다음은 동적 배열로 이 문제를 풀어본 것이다.

예 제 : SimplePaint4

```
int Width;
COLORREF NowColor;
BOOL bNowDraw;

struct tag_Line {
    int x,y;
    BOOL Move;
    int Width;
    COLORREF Color;
};
```

```
#define ELETYPE tag_Line
....

LRESULT CALLBACK WndProc(HWND hWnd,UINT iMessage,WPARAM wParam,LPARAM lParam)
{
    HDC hdc;
    PAINTSTRUCT ps;
    HPEN hPen,OldPen;
    tag_Line L;
    unsigned i;

    switch (iMessage) {
    case WM_CREATE:
        hWndMain=hWnd;
        Width=1;
        NowColor=RGB(0,0,0);
        InitArray(1000,500);
        return 0;
    case WM_LBUTTONDOWN:
        bNowDraw=TRUE;
        L.x=LOWORD(lParam);
        L.y=HIWORD(lParam);
        L.Move=TRUE;
        Append(L);
        return 0;
    case WM_MOUSEMOVE:
        if (bNowDraw==TRUE) {
            hdc=GetDC(hWnd);
            hPen=CreatePen(PS_SOLID,Width,NowColor);
            OldPen=(HPEN)SelectObject(hdc,hPen);
            MoveToEx(hdc,ar[num-1].x,ar[num-1].y,NULL);
            L.x=LOWORD(lParam);
            L.y=HIWORD(lParam);
            L.Color=NowColor;
            L.Width=Width;
            L.Move=FALSE;
            Append(L);
            LineTo(hdc,ar[num-1].x,ar[num-1].y);
            DeleteObject(SelectObject(hdc,OldPen));
            ReleaseDC(hWnd,hdc);
        }
        return 0;
    case WM_LBUTTONUP:
        bNowDraw=FALSE;
        return 0;
    case WM_RBUTTONDOWN:
        DialogBox(g_hInst,MAKEINTRESOURCE(IDD_DIALOG1),hWnd,PaintDlgProc);
        return 0;
    case WM_KEYDOWN:
        if (wParam == VK_SPACE) {
            num=0;
            InvalidateRect(hWnd,NULL,TRUE);
        }
```

```
            return 0;
        case WM_PAINT:
            hdc=BeginPaint(hWnd,&ps);
            for (i=0;i<num;i++) {
                if (ar[i].Move == TRUE) {
                    MoveToEx(hdc,ar[i].x, ar[i].y, NULL);
                } else   {
                    hPen=CreatePen(PS_SOLID,ar[i].Width,ar[i].Color);
                    OldPen=(HPEN)SelectObject(hdc,hPen);
                    LineTo(hdc,ar[i].x, ar[i].y);
                    DeleteObject(SelectObject(hdc,OldPen));
                }
            }
            EndPaint(hWnd,&ps);
            return 0;
        case WM_DESTROY:
            free(ar);
            PostQuitMessage(0);
            return 0;
        }
        return(DefWindowProc(hWnd,iMessage,wParam,lParam));
}
```

그려진 선의 정보를 저장할 구조체를 선언하고 이 구조체에 대한 배열을 유지하면 개수에 상관없이 연속적인 정보를 저장할 수 있다. tag_Line 구조체는 마우스가 지나간 점 하나의 정보를 가지는데 각 멤버의 의미는 다음과 같다.

멤버	설명
x,y	점의 좌표. 이 점들을 연결하면 사용자가 그린 선이 된다.
Move	이 값이 TRUE이면 단순한 이동, FALSE이면 그리기이다.
Width	선의 굵기
Color	선의 색상

동적 배열과 관련된 코드는 이미 작성된 것들을 그대로 가져온 것이므로 관련 함수 설명편을 참조하기 바란다. WM_CREATE에서 동적 배열을 초기화할 때 처음 크기로 비교적 충분한 1000을 주었고 재할당 여유분을 500으로 주었으므로 재할당에 대한 속도 감소도 별로 없다. 그 외 나머지 코드는 Mouse3 예제와 거의 유사하다. 마우스 왼쪽 버튼을 눌렀을 때 누른 점의 정보를 구조체에 작성하여 배열에 추가하되 이때는 선을 그리지 않고 이동만 하므로 선의 색상이나 굵기는 저장할 필요가 없다. 마우스가 이동할 때 마우스 커서 위치의 점에 대한 정보들을 배열에 연속적으로 추가하는데 좌표는 현재 마우스 위치를 기록하며, 색상과 굵기는 전역 변수 Width와 NowColor를 참조하고 이전 점에서 현재 점까지 선을 그려야 하므로 Move는 FALSE이다. 마우스 버튼을 놓으면 한 곡선의 그리기가 종료된다.

WM_PAINT에서는 ar 구조체 배열을 처음부터 끝까지 순회하면서 이 구조체의 정보를 꺼내 펜을 만들고 선을 긋거나 또는 현재 위치만 이동시킴으로써 사용자가 그린 그림을 그대로 복구했다. 이미 그린 그림을 지우는 기능은 없으므로 윈도우의 클래스에는 CS_HREDRAW, CS_VREDRAW 스타일을 줄 필요가 없으며 이 스타일을 주면 윈도우 크기를 바꿀 때 깜박거림이 발생한다. 그려진 모든 선을 지울 때는 배열의 요소 개수 num을 0으로 만들고 작업영역 전체를 무효화한다.

이 예제의 코드를 조금 최적화하면 속도를 증가시키고 크기는 감소시킬 수 있다. 우선 WM_PAINT에서 모든 선에 대해 일일이 펜을 다시 만들고 있는데 같은 속성을 가지는 선은 펜을 한 번만 만든 후 계속 재사용하도록 수정하여 그리기 속도를 향상시킬 수 있다. 또한 점의 정보를 저장하기 위한 tag_Line 구조체는 총 20바이트 크기를 가지는데 치밀하게 압축하면 다음과 같이 8바이트로 줄일 수도 있다.

```
struct tag_Line {
     short x,y;
     DWORD ColorWidth;
};
```

좌표 범위가 40억씩이나 되지는 않으므로 x, y는 16비트 범위의 short 타입으로 줄였다. 색상값을 기억하는 Color 멤버의 상위 1바이트가 미사용으로 남아 있으므로 이 기억 공간을 활용하여 상위 니블에 Move를, 하위 니블에 Width를 저장하면 된다. 이렇게 하면 선의 굵기는 최대 15픽셀까지만 지정할 수 있으며 이 구조체를 작성, 참조하는 코드는 ColorWidth에서 원하는 값을 비트 연산자로 추출해서 사용해야 하는 번거로움이 있다.

연결 리스트로도 구현할 수 있다. 전체 순회만 필요하므로 링크가 하나만 있는 단순 연결 리스트로도 충분하나 일반적으로 이중 연결 리스트가 훨씬 활용성이 높으므로 이중 연결 리스트로 구현해 보았다. 연결 리스트는 공개된 소스가 많으므로 그 중 하나를 가져 와 사용하면 된다. 다음 예제는 혼자 연구하는 C/C++의 19장에서 작성한 이중 연결 리스트를 활용했다.

예 제 : SimplePaint4-list

```
struct Node {
     int x,y;
     BOOL Move;
     int Width;
     COLORREF Color;
     Node *prev;
     Node *next;
};
Node *head;
....
LRESULT CALLBACK WndProc(HWND hWnd,UINT iMessage,WPARAM wParam,LPARAM lParam)
{
     switch (iMessage) {
     case WM_CREATE:
          ...
          InitList();
          return 0;
```

```
        case WM_LBUTTONDOWN:
            ....
            AppendNode(&Temp);
            return 0;
        case WM_MOUSEMOVE:
            if (bNowDraw==TRUE) {
                ....
                AppendNode(&Temp);
            }
            return 0;
        case WM_PAINT:
            hdc=BeginPaint(hWnd,&ps);
            for (Now=head->next;Now;Now=Now->next) {
                if (Now->Move == TRUE) {
                    MoveToEx(hdc,Now->x, Now->y, NULL);
                } else  {
                    hPen=CreatePen(PS_SOLID,Now->Width,Now->Color);
                    OldPen=(HPEN)SelectObject(hdc,hPen);
                    LineTo(hdc,Now->x, Now->y);
                    DeleteObject(SelectObject(hdc,OldPen));
                }
            }
            EndPaint(hWnd,&ps);
            return 0;
        case WM_DESTROY:
            UnInitList();
            PostQuitMessage(0);
            return 0;
        }
        return(DefWindowProc(hWnd,iMessage,wParam,lParam));
}
```

tag_Line 구조체를 Node로 이름을 바꾸고 prev, next 양방향 링크를 포함시켰다. 나머지 연결 리스트 관리 코드는 복사해온 것이다. main에서 연결 리스트를 초기화하고 마우스 왼쪽 버튼을 누를 때 노드에 좌표를 기록하여 리스트에 추가한다. 마우스 이동시 최후 노드를 찾아 이 위치로 이동한 후 선을 긋고 새 좌표의 정보를 노드로 작성하여 추가한다. 이 노드에는 색상, 굵기 정보도 같이 포함된다. WM_PAINT에서는 연결 리스트를 순회하면서 기록된 정보대로 펜을 만들어 선을 긋는다.

C++의 STL 컨테이너를 사용하면 좀 더 쉽게 만들 수 있다. SimplePaint4-vector 예제는 C++ 표준이 정의하는 벡터 컨테이너로 선의 정보를 저장한다. 벡터가 동적 배열을 알아서 관리하므로 가져다 쓰기만 하면 된다. list나 deque를 사용해도 물론 잘 동작한다. 코드 작성량이나 신뢰성, 속도 모든 면에서 역시 C++이 한 수 위이다.

예 제 : SimplePaint4-vector

```
struct tag_Line {
    int x,y;
    BOOL Move;
    int Width;
    COLORREF Color;
};
vector<tag_Line> ar;
```

```
....
LRESULT CALLBACK WndProc(HWND hWnd,UINT iMessage,WPARAM wParam,LPARAM lParam)
{
    switch (iMessage) {
    case WM_LBUTTONDOWN:
        ....
        ar.push_back(L);
        return 0;
    case WM_MOUSEMOVE:
        if (bNowDraw==TRUE) {
            ....
            ar.push_back(L);
        }
        return 0;
    case WM_PAINT:
        hdc=BeginPaint(hWnd,&ps);
        for (i=0;i<ar.size();i++) {
            if (ar[i].Move == TRUE) {
                MoveToEx(hdc,ar[i].x, ar[i].y, NULL);
            } else  {
                hPen=CreatePen(PS_SOLID,ar[i].Width,ar[i].Color);
                OldPen=(HPEN)SelectObject(hdc,hPen);
                LineTo(hdc,ar[i].x, ar[i].y);
                DeleteObject(SelectObject(hdc,OldPen));
            }
        }
        EndPaint(hWnd,&ps);
        return 0;
        ....
```

기본 자료 구조로 동적 배열과 연결 리스트, C++ 벡터를 사용해 봤는데 실행 결과는 완전히 동일하지만 내부적인 관리 정책이 다르고 속도나 메모리 사용량 면에서 차이가 많이 난다. 동적 배열은 임의 참조가 빠르고 연결 리스트는 삽입, 삭제가 빠른 이점이 있는데 이 예제의 경우 순방향 순회만 하며 삽입, 삭제를 하는 경우도 없으므로 두 자료 구조의 장점이 전혀 드러나지 않는다. 개인의 취향에 따라 마음에 드는 자료 구조를 자유롭게 선택할 수 있다. 이렇게 작성된 배열이나 리스트를 파일로 출력하면 그림을 영구적으로 저장할 수도 있다.

14-RopMode3

SimplePaint4 예제와 마찬가지로 여러 가지 자료 구조를 사용할 수 있는데 여기서는 동적 배열로 구현해 보기로 한다. 먼저 배열에 저장할 자료 구조를 만들어야 하는데 자유곡선, 선, 원, 사각형을 모두 기억할 수 있는 구조체를 다음과 같이 선언한다.

```
struct tag_Shape {
    tag_Mode Mode;
    RECT rt;
};
```

도형의 종류와 좌표를 저장할 RECT 구조체 하나만 있으면 된다. 자유곡선은 직선의 집합이므로 선분들의 집합으로 관리하기로 한다. 선, 원, 사각형은 모두 RECT로 표현할 수 있다. C의 동적 배열

코드를 가져오고 ELETYPE을 tag_Shape로 지정한다.

```
#define ELETYPE tag_Shape
```

배열 요소의 타입만 변경하고 나머지 관리 코드는 그대로 쓸 수 있다. WndProc의 코드를 다음과 같이 수정한다. 화면으로 출력하는 코드 외에 배열에 정보를 기록하는 코드를 추가로 작성해야 한다.

예 제 : ROPMode3

```
LRESULT CALLBACK WndProc(HWND hWnd,UINT iMessage,WPARAM wParam,LPARAM lParam)
{
    HDC hdc;
    static int sx,sy,oldx,oldy;
    static BOOL bNowDraw = FALSE;
    HBRUSH OldBrush;
    tag_Shape t;
    PAINTSTRUCT ps;
    unsigned i;

    switch (iMessage) {
    case WM_CREATE:
        InitArray(1000,500);
        hWndMain=hWnd;
        return 0;
    case WM_LBUTTONDOWN:
        ....
    case WM_MOUSEMOVE:
        ....
        switch (Mode) {
        case CURVE:
            t.Mode=LINE;
            MoveToEx(hdc,sx,sy,NULL);
            t.rt.left=sx;
            t.rt.top=sy;
            t.rt.right=sx=LOWORD(lParam);
            t.rt.bottom=sy=HIWORD(lParam);
            LineTo(hdc,sx,sy);
            Append(t);
            break;
        case LINE:
            ....
    case WM_LBUTTONUP:
        if (bNowDraw == FALSE) {
            return 0;
        }
        if (Mode != CURVE) {
            t.Mode=Mode;
            SetRect(&t.rt,sx,sy,oldx,oldy);
            Append(t);
        }
        bNowDraw = FALSE;
        InvalidateRect(hWnd,NULL,FALSE);
        return 0;
```

```
    case WM_PAINT:
        hdc=BeginPaint(hWnd,&ps);
        OldBrush=(HBRUSH)SelectObject(hdc,GetStockObject(NULL_BRUSH));
        for (i=0;i<num;i++) {
            switch (ar[i].Mode) {
            case LINE:
                MoveToEx(hdc,ar[i].rt.left,ar[i].rt.top,NULL);
                LineTo(hdc,ar[i].rt.right,ar[i].rt.bottom);
                break;
            case ELLIPSE:
                Ellipse(hdc,ar[i].rt.left,ar[i].rt.top,ar[i].rt.right,ar[i].rt.bottom);
                break;
            case RECTANGLE:
                Rectangle(hdc,ar[i].rt.left,ar[i].rt.top,ar[i].rt.right,ar[i].rt.bottom);
                break;
            }
        }
        SelectObject(hdc,OldBrush);
        EndPaint(hWnd,&ps);
        return 0;
    case WM_COMMAND:
        ....
    case WM_DESTROY:
        UnInitArray();
        PostQuitMessage(0);
        return 0;
    }
    return(DefWindowProc(hWnd,iMessage,wParam,lParam));
}
```

WM_CREATE에서 동적 배열을 초기화하고 WM_DESTROY에서 해제한다. 배열에 기록하는 시점은 두 군데로 나누어져 있는데 자유 곡선은 마우스가 이동할 때, 나머지 도형은 마우스 버튼을 놓아 도형을 확정할 때이다. 도형의 타입과 좌표를 tag_Shape 타입의 지역 변수 t에 대입하고 Append를 호출하여 배열에 추가한다. WM_PAINT에서는 배열을 순회하며 그리기만 하면 된다.

배열에 기록된 정보는 WM_PAINT에서 완벽하게 복구되므로 마우스 버튼을 놓을 때 일부러 도형을 다시 그릴 필요없이 InvalidateRect만 호출하면 된다. 이때 새로운 도형이 추가된 것이므로 화면을 지울 필요는 없다. WM_PAINT의 코드는 이미 그려져 있는 도형은 물론이고 배열에 새로 기록된 도형까지 다시 그림으로써 화면을 갱신한다.

15-TimerMessageBox

대화상자 템플릿은 일단 리소스로 작성한다. 재활용성을 높이기 위해서는 메모리 템플릿을 쓰는 것이 좋지만 지나치게 복잡하며 과제의 의도와도 부합하지 않는다. 메시지의 길이도 원칙상 무한대의 길이까지 지원할 수 있어야 하며 글꼴도 시스템 글꼴을 사용하는 것이 좋지만 적당한 길이만 지원하고 고정된 글꼴을 사용하자.

예 제 : TimerMessageBox

```
#include <commctrl.h>
#include "resource.h"

struct tag_TMParam {
    const TCHAR *Message;
    const TCHAR *Title;
    int MiliSec;
};

void MoveToParentCenter(HWND hWnd)
{
    RECT wrt,crt;
    HWND hParent;

    hParent=GetParent(hWnd);
    if (IsIconic(hParent)) {
        ShowWindow(hParent,SW_RESTORE);
    }

    GetWindowRect(hParent,&wrt);
    GetWindowRect(hWnd,&crt);
    SetWindowPos(hWnd,HWND_NOTOPMOST,wrt.left+(wrt.right-wrt.left)/2-(crt.right-crt.left)/2,
        wrt.top+(wrt.bottom-wrt.top)/2-(crt.bottom-crt.top)/2,0,0,SWP_NOSIZE);
}

BOOL CALLBACK TimerDlgProc(HWND hDlg,UINT iMessage,WPARAM wParam,LPARAM lParam)
{
    static tag_TMParam *Param;
    static HWND hProg;
    static ProgTime;

    switch (iMessage)
    {
    case WM_INITDIALOG:
        Param=(tag_TMParam *)lParam;
        SetWindowText(hDlg,Param->Title);
        SetDlgItemText(hDlg,IDC_TMMESSAGE,Param->Message);
        MoveToParentCenter(hDlg);
        ProgTime=0;
        hProg=GetDlgItem(hDlg,IDC_TMPROGRESS);
        SendMessage(hProg, PBM_SETRANGE, 0, MAKELPARAM(0,Param->MiliSec/100));
        SendMessage(hProg, PBM_SETPOS, ProgTime, 0);
        SetTimer(hDlg,1,100,NULL);
        return TRUE;
    case WM_TIMER:
        ProgTime++;
        SendMessage(hProg, PBM_SETPOS, ProgTime, 0);
        if (ProgTime >= Param->MiliSec/100) {
            SendMessage(hDlg,WM_COMMAND,MAKEWPARAM(IDOK,BN_CLICKED),
                (LPARAM)GetDlgItem(hDlg,IDOK));
        }
        return TRUE;
    case WM_COMMAND:
```

```
        switch (wParam) {
        case IDOK:
        case IDCANCEL:
            KillTimer(hDlg,1);
            EndDialog(hDlg,0);
            return TRUE;
        }
        break;
    }
    return FALSE;
}

void TimerMessageBox(HWND hParent,LPCTSTR Message,LPCTSTR Title,int MiliSec)
{
    tag_TMParam Param;
    Param.Message=Message;
    Param.Title=Title;
    Param.MiliSec=MiliSec;
    DialogBoxParam(GetModuleHandle(NULL),MAKEINTRESOURCE(IDD_TIMERMESSAGEBOX),hPar
ent,
        TimerDlgProc,(LPARAM)&Param);
}

LRESULT CALLBACK WndProc(HWND hWnd,UINT iMessage,WPARAM wParam,LPARAM lParam)
{
    HDC hdc;
    PAINTSTRUCT ps;
    TCHAR *Mes="지정한 시간이 지나면 사라지는 메시지 박스";

    switch (iMessage) {
    case WM_CREATE:
        InitCommonControls();
        return 0;
    case WM_LBUTTONDOWN:
        TimerMessageBox(hWnd,"오늘도 즐거운 하루 되십시오.","타이머 메시지",2500);
        return 0;
    case WM_RBUTTONDOWN:
        TimerMessageBox(hWnd,"마우스 오른쪽 버튼을 눌렀습니다.\n이 메시지는 5초후에 사라집니
다.",
            "알림",5000);
        return 0;
    case WM_PAINT:
        hdc=BeginPaint(hWnd, &ps);
        TextOut(hdc,10,10,Mes,lstrlen(Mes));
        EndPaint(hWnd, &ps);
        return 0;
    case WM_DESTROY:
        PostQuitMessage(0);
        return 0;
    }
    return(DefWindowProc(hWnd,iMessage,wParam,lParam));
}
```

리소스에는 다음과 같은 대화상자 템플릿을 정의해 두었다. 메시지를 보여줄 스태틱, 확인 버튼,

그리고 경과 시간을 보여줄 프로그래스 컨트롤 등이 배치되어 있는데 프로그래스는 문자열로 대체할 수도 있다.

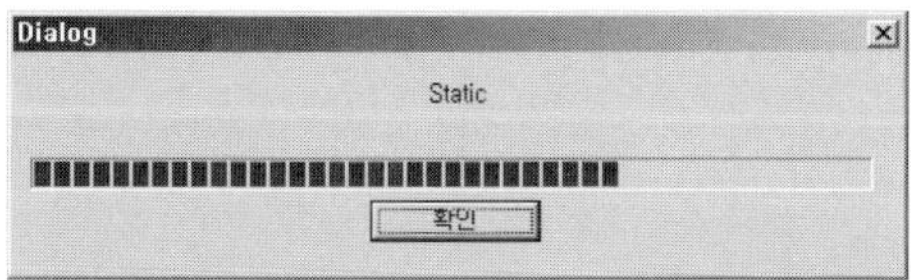

스태틱 컨트롤은 양쪽으로 폭을 넓게 잡고 높이도 적당히 높게 하여 두 줄 정도는 무리없이 출력할 수 있도록 했으며 텍스트 정렬 스타일을 Center로 설정하여 메시지가 대화상자 중앙에 정렬되게 했다. 컨트롤에 중앙 정렬 스타일이 있으므로 문자열을 중앙 정렬하는 별도의 코드는 작성할 필요가 없으며 스타일만 잘 선택하면 된다. 스태틱 컨트롤은 보통 ID를 가지지 않지만 이 대화상자의 스태틱은 실행중에 텍스트가 변경될 수 있어야 하므로 IDC_TMMESSAGE라는 ID를 주었다.

TimerMessageBox 함수는 대화상자로 메시지와 제목, 경과 시간을 전달하기 위해 tag_TMParam 구조체를 작성하고 그 포인터를 대화상자의 파라미터로 넘긴다. 대화상자 프로시저는 WM_INITDIALOG 메시지를 받았을 때 lParam으로 전달된 포인터를 별도의 정적 변수에 대입해 두고 파라미터의 내용대로 대화상자의 캡션과 스태틱 컨트롤을 초기화한다. 대화상자를 부모의 중앙으로 옮기는 작업은 앞에서 이미 만들어 본 MoveToParentCenter 함수에게 맡긴다.

경과 시간을 보여 주기 위해 프로그래스 컨트롤을 초기화하되 범위는 전달된 시간을 1/10초 단위로 환산하여 지정하였다. 초단위는 너무 주기가 크고 1/1000초 단위는 타이머의 해상도보다 높기 때문에 적절한 단계로 범위를 나누는 것이 좋다. 타이머도 동일한 주기로 설치한다. 이후 타이머 메시지에서 프로그래스를 한 단계씩 진행시키고 지정한 시간이 경과되면 IDOK 버튼을 눌러 대화상자를 닫는다.

시간이 남았더라도 사용자가 확인 버튼 또는 타이틀 바의 X 버튼을 누르면 대화상자가 즉시 닫히도록 하였다. WndProc에서는 좌우 마우스 버튼을 누를 때 각각 다른 메시지와 대기 시간으로 이 함수를 호출하여 동작을 테스트한다. 메시지가 지나치게 길 경우 지정한 시간안에 텍스트를 읽지 못할 수도 있으므로 별도의 홀드 버튼을 제공하는 기능도 추가하면 좋다.

18-SimplePaint5

마우스를 누를 때 캡처하고 놓을 때 릴리즈하며 파라미터의 좌표를 읽을 때 부호있는 타입으로 캐스팅만 하면 된다.

예제 : SimplePaint5

```
LRESULT CALLBACK WndProc(HWND hWnd,UINT iMessage,WPARAM wParam,LPARAM lParam)
{
    ....
    case WM_LBUTTONDOWN:
        bNowDraw=TRUE;
        L.x=(int)(short)LOWORD(lParam);
        L.y=(int)(short)HIWORD(lParam);
        L.Move=TRUE;
        Append(L);
```

```
        SetCapture(hWnd);
        return 0;
    case WM_MOUSEMOVE:
        if (bNowDraw==TRUE) {
            ....
            L.x=(int)(short)LOWORD(lParam);
            L.y=(int)(short)HIWORD(lParam);
            ....
        }
        return 0;
    case WM_LBUTTONUP:
        bNowDraw=FALSE;
        ReleaseCapture();
        return 0;
    ....
```

마우스가 작업영역 바깥으로 벗어나더라도 배열에는 좌표가 계속 기록되고 있으므로 그림을 그린 후 윈도우를 확대해 보면 바깥쪽에 그려진 그림도 잘 기억되어 있음을 확인할 수 있다.

26-SimplePaint6

일단 명령을 내릴 수 있는 메뉴 항목이 필요하므로 메뉴 리소스를 만들어 메인 윈도우에 붙인다. 메뉴에는 새 파일, 열기, 저장 항목을 작성해 두었다. 데이터 파일에는 그리기 정보뿐만 아니라 파일 자체에 대한 정보를 저장할 수 있는 헤더가 필요하다. 파일 헤더에는 파일의 종류를 확인하는 매직 넘버와 버전, 그리기 정보의 개수 등 파일 전체에 대한 주요한 정보가 기록된다. 파일 헤더는 다음 구조체로 선언한다.

```
struct tag_Header {
    TCHAR desc[32];
    int ver;
    int num;
};
```

간단한 설명과 버전 정보, 레코드의 개수를 포함하며 파일 선두에 기록된다. 파일 읽기 함수는 헤더를 먼저 읽어 제대로 된 파일인지를 확인하고 레코드 개수 등의 중요한 정보를 구한다. 다음 두 함수는 인수로 전달된 파일을 열거나 저장한다.

```
void SaveFile(TCHAR *Path)
{
    HANDLE hFile;
    DWORD dwWritten;
    tag_Header H;
    unsigned i;

    hFile=CreateFile(Path,GENERIC_WRITE,0,NULL,
        CREATE_ALWAYS,FILE_ATTRIBUTE_NORMAL,NULL);
    if (hFile == INVALID_HANDLE_VALUE) {
        return;
    }
```

```
    lstrcpy(H.desc,"간단한 그림 파일");
    H.ver=100;
    H.num=num;
    WriteFile(hFile,&H,sizeof(tag_Header),&dwWritten,NULL);
    for (i=0;i<num;i++) {
        WriteFile(hFile,&ar[i],sizeof(tag_Line),&dwWritten,NULL);
    }
    CloseHandle(hFile);
}

void LoadFile(TCHAR *Path)
{
    HANDLE hFile;
    DWORD dwRead;
    tag_Header H;
    unsigned i;
    tag_Line Temp;

    hFile=CreateFile(Path,GENERIC_READ,0,NULL,
        OPEN_EXISTING,FILE_ATTRIBUTE_NORMAL,NULL);
    if (hFile==INVALID_HANDLE_VALUE) {
        return;
    }
    ReadFile(hFile,&H,sizeof(tag_Header),&dwRead,NULL);
    if (lstrcmp(H.desc,"간단한 그림 파일") != 0) {
        goto error;
    }
    if (H.ver != 100) {
        goto error;
    }

    num=0;
    for (i=0;i<(unsigned)H.num;i++) {
        ReadFile(hFile,&Temp,sizeof(tag_Line),&dwRead,NULL);
        Append(Temp);
    }

    InvalidateRect(hWndMain,NULL,TRUE);
error:
    CloseHandle(hFile);
}
```

파일 헤더를 먼저 저장하고 그리기 정보를 가진 배열을 뒤쪽에 저장한다. 그리기 정보를 가지는 ar은 구조체 배열이므로 루프를 돌며 구조체 개수만큼 파일로 출력하면 된다. 파일을 다시 읽어올 때는 헤더를 먼저 읽어 제대로 된 파일인지를 먼저 확인한다. 매직 넘버가 틀리다거나 버전이 다르면 에러로 처리한다. 읽을 수 있는 파일이면 동적 배열을 초기화하고 구조체를 헤더에 기록된 개수만큼 읽어들인다.

다 읽은 후 작업영역을 무효화하면 WM_PAINT가 배열의 내용대로 화면을 다시 그릴 것이다. WM_COMMAND에서는 파일열기 공통 대화상자를 통해 파일명을 입력받고 각 명령을 수행하는 파일 관리 함수를 호출한다.

```
    OPENFILENAME OFN;
    TCHAR lpstrFile[MAX_PATH]="";
```

```
....
case WM_COMMAND:
    switch (LOWORD(wParam)) {
    case IDM_FILE_NEW:
        num=0;
        InvalidateRect(hWnd,NULL,TRUE);
        break;
    case IDM_FILE_OPEN:
        memset(&OFN, 0, sizeof(OPENFILENAME));
        OFN.lStructSize = sizeof(OPENFILENAME);
        OFN.hwndOwner=hWnd;
        OFN.lpstrFilter="Simple Paint 파일\0*.spf;*.doc\0모든 파일(*.*)\0*.*\0";
        OFN.lpstrFile=lpstrFile;
        OFN.nMaxFile=256;
        if (GetOpenFileName(&OFN)!=0) {
            LoadFile(lpstrFile);
        }
        break;
    case IDM_FILE_SAVE:
        memset(&OFN, 0, sizeof(OPENFILENAME));
        OFN.lStructSize = sizeof(OPENFILENAME);
        OFN.hwndOwner=hWnd;
        OFN.lpstrFilter="Simple Paint 파일\0*.spf;*.doc\0모든 파일(*.*)\0*.*\0";
        OFN.lpstrFile=lpstrFile;
        OFN.nMaxFile=256;
        OFN.lpstrDefExt="spf";
        if (GetSaveFileName(&OFN)!=0) {
            SaveFile(lpstrFile);
        }
        break;
    }
    return 0;
```

디폴트 확장자를 spf로 지정하여 SimplePaint로 작성된 파일은 spf 확장자를 가지도록 했다. 그림 지우기 명령이 새파일 메뉴 항목으로 이동되었으므로 WM_KEYDOWN의 임시 코드는 삭제한다. 기본적인 파일 입출력 코드만 작성했는데 좀 더 정교하게 작성하려면 미저장 문서 확인, 새 이름으로 저장하기 등의 기능이 더 필요하다.

27-ChildsPopup

이미 만들어져 있는 윈도우에 메뉴 리소스를 작성하고 붙이기만 하면 된다. ChildsPopup이라는 프로젝트를 만들고 Childs의 소스를 그대로 복사한다. 그리고 리소스 스크립트를 만든 후 세 개의 팝업 메뉴를 작성한다. 메뉴의 내용은 중요하지 않으므로 아무 문자열로 메뉴를 만들어 보자. 여기서는 스타 크래프트의 유닛을 팝업 메뉴로 작성해 보았다.

예 제 : ChildsPopup

```
#include "resource.h"
....
LRESULT CALLBACK ChildLeftProc(HWND hWnd,UINT iMessage,WPARAM wParam,LPARAM lParam)
{
```

```
    static HWND hList, hEdit,hBtn;
    TCHAR str[256];
    HMENU hMenu, hPopup;

    switch (iMessage) {
    ....
    case WM_CONTEXTMENU:
        hMenu=LoadMenu(g_hInst, MAKEINTRESOURCE(IDR_MENU1));
        hPopup=GetSubMenu(hMenu, 0);
        TrackPopupMenu(hPopup, TPM_LEFTALIGN, LOWORD(lParam), HIWORD(lParam),
            0, hWnd, NULL);
        DestroyMenu(hMenu);
        return 0;
    ....
}
```

resource.h를 인클루드하고 각 윈도우의 WM_CONTEXTMENU에서 자신과 연결된 팝업 메뉴를 열기만 하면 된다. 왼쪽 차일드에게는 0번 팝업 메뉴를 붙였다. 나머지 윈도우의 코드도 동일하되 GetSubMenu의 두 번째 인수만 1, 2로 달라질 뿐이다. 오른쪽 마우스 버튼을 누르는 위치에 따라 팝업 메뉴가 다르게 나타난다.

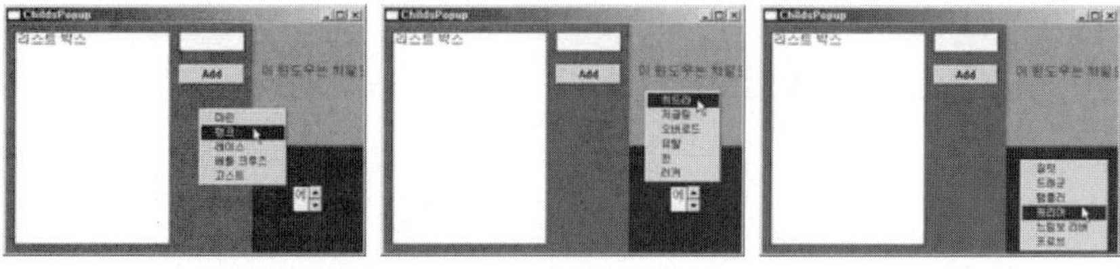

물론 팝업 메뉴를 선택했을 때의 코드는 각 윈도우의 WM_COMMAND에 작성하면 된다. 팝업 메뉴는 원하는만큼 작성할 수 있고 필요한 곳에서 GetSubMenu로 핸들을 구해 출력할 수 있다.

30-Fighter2

콘솔 버전의 원본에 충실하게 작성했다. 캐릭터는 갤러그라는 80년대 아케이드 게임에서 빌려왔으며 사용하는 논리는 콘솔과 유사하되 픽셀 단위로 섬세하게 이동할 수 있으므로 시분할 방식은 굳이 사용하지 않아도 상관없다.

예 제 : Fighter2

소스 생략

실행 모습은 다음과 같다. 그래픽이 들어가니 확실히 좀 게임같아 보이고 재미있어 보인다. 그런데 실제로 해 보면 별로 재미는 없다.

원본과 동일하게 만드느라 추가 기능은 작성하지 않았는데 적의 이동 경로를 좀 더 복잡하게 만들고 파이터도 아래 위로 이동할 수 있도록 하면 그나마 좀 더 재미있어질 것이다.

34-Calendar

간단해 보이는 과제이지만 출력 형태가 복잡하고 스크롤에 의해 달력 전체가 갱신되어야 하므로 더블 버퍼링을 해야 깜박임이 덜하다.

예제 : Calendar

소스 생략

전역 변수 NowYear, NowMonth가 현재 출력 대상인 년도와 월을 가리킨다. WM_CREATE에서 오늘 날짜를 조사하여 출력 대상 년도의 1월달을 출력하도록 한다. DrawCalendar 함수가 hBit 비트맵에 달력을 그리며 WM_PAINT는 이 비트맵을 화면으로 전송하기만 한다. 그 외 WndProc에는 키 입력을 받아 3개월씩, 1년 단위로 이동하는 코드와 휠 마우스 메시지를 받아 스크롤하는 코드 정도밖에 없다.

DrawCalendar 함수는 전역 변수 NowYear, NowMonth 달부터 화면 끝까지 달력을 출력하는데 매 달 간의 간격은 MXGAP만큼 띄워 한 줄에 3개월씩 출력하며 3개월 단위로 MYGAP만큼의 간격을 둔다 이 두 매크로 상수의 값을 조정하면 달력의 전체 레이아웃을 변경할 수 있다. 각 달의 달력을 출력하는 작업은 DrawMonth 함수가 처리하는데 원하는 년도와 달, 그리고 출력할 좌표를 인수로 전달한다.

DrawMonth 함수가 실제 달력을 출력하는 핵심 함수이다. 위쪽에 사각형을 그리고 안쪽에 굴림체의 큰 폰트로 년월을 출력하고 1일부터 그 달의 끝가지 루프를 돌며 출력을 시작한다. 각 날짜간의 간격은 DGAP만큼 띄우고 각 줄의 간격은 LGAP만큼 띄웠다. 출력 대상 날짜의 요일을 구해 요일의 위치에 숫자를 출력하기만 하면 된다.

단, 여기에 몇 가지 특수한 처리가 추가되는데 오늘 날짜는 사각형 테두리를 친다는 것과 일요일은 빨간색의 굵은 글꼴로 출력한다는 정도만 다르다. 굵은 글꼴 출력을 위해 별도의 폰트를 생성하지는 않으며 단순히 바로 오른쪽에 똑같은 숫자를 한 번 더 출력함으로써 굵게 보이게 만들었다. 다음은 추가 개작 힌트이다.

① 국경일, 음력 기념일까지 표시한다면 더 좋다. 음력을 구하는 라이브러리는 많이 공개되어 있으므로 설날, 추석, 부처님 오신날 등의 공휴일도 구할 수 있다.

② 개인적인 기념일까지 등록해 놓을 수 있다면 년력으로써 충분히 쓸만하다. 음력으로 된 기념일까지 등록할 수 있도록 한다.

③ 날짜를 선택하면 해당 날짜가 어떤 국경일인지, 기념일인지를 상태란에 출력한다. 화면이 좁아 날짜에 직접 출력하기는 어렵다.

④ Shift 클릭하여 날짜의 범위를 지정할 수 있게 하고 두 날짜간의 거리를 계산한다.

⑤ 1행에 3개월씩 출력하는데 이런 간격과 색상, 글꼴, 배경 비트맵 등에 대한 다양한 설정 변경이 가능하다면 실용적으로 가치가 높은 프로그램이 된다.

이 프로그램은 아주 간단하지만 잘 만들면 꽤 실용성이 있는 제품이 될 수 있다. 각 날짜에 일정 계획표를 작성할 수 있다면 개인 정보 관리 시스템으로도 쓸만하다.

35-SimplePaint7

레지스트리 입출력 함수를 래핑해 놓은 ShReg.h, ShReg.cpp 파일을 복사하여 프로젝트에 포함시키고 Width와 NowColor 변수의 값을 레지스트리에 저장하기만 하면 된다. SimplePaint6 프로젝트의 사본을 만든 후 다음 코드를 작성한다.

예 제 : SimplePaint7

```
#include <windows.h>
#include "resource.h"
#include "ShReg.h"
#define KEY "software\\MiyoungSoft\\SimplePaint\\"

LRESULT CALLBACK WndProc(HWND hWnd,UINT iMessage,WPARAM wParam,LPARAM lParam)
{
    HDC hdc;
    switch (iMessage) {
    case WM_CREATE:
        hWndMain=hWnd;
        Width=SHRegReadInt(SHCU,KEY"Setting","Width",1);
        NowColor=SHRegReadInt(SHCU,KEY"Setting","Color",RGB(0,0,0));
        InitArray(1000,500);
        return 0;
    ....
    case WM_DESTROY:
```

```
        SHRegWriteInt(SHCU,KEY"Setting","Width",Width);
        SHRegWriteInt(SHCU,KEY"Setting","Color",NowColor);
        UnInitArray();
        PostQuitMessage(0);
        return 0;
    }
    return(DefWindowProc(hWnd,iMessage,wParam,lParam));
}
```

레지스트리 경로는 일반적인 권고대로 회사명과 응용 프로그램 이름을 사용했다. WM_CREATE에 있는 변수 초기화문은 레지스트리 읽기 함수의 디폴트 값으로 대체되며 윈도우를 종료하기 전에 이 두 변수의 값을 레지스트리에 다시 기록한다. 이 예제를 여러 번 실행해 보면 최후로 선택한 색상과 굵기가 다음 번 실행할 때 그대로 복구됨을 알 수 있다.

44-PutMes

함수를 작성하되 DLL에 작성해 본다는 정도의 의미밖에 없는 간단한 과제이다. PutMes라는 이름으로 DLL 프로젝트를 작성하고 다음 소스를 입력한다.

예 제 : PutMes

```
#include <windows.h>

extern "C" __declspec(dllexport) void PutMes(HWND hParent)
{
    MessageBox(hParent, "안녕하세요", "인사", MB_OK);
}
```

과제에서 지시한 바대로 PutMes 함수를 작성하되 엑스포트를 위한 지시자가 함수앞에 추가되었다. 이 프로젝트를 작성하는 과정에서 제일 첫 줄의 #include <windows.h>를 누락하는 실수를 흔히 하는데 HWND라는 타입과 MessageBox라는 함수가 윈도우즈 API에 의해 정의된다는 것을 생각해 보면 당연히 인클루드해야 한다. 하지만 DLL은 단순한 함수의 집합일 뿐이라고 오해함으로써 헤더 파일을 빼먹는 경우가 많다.

더 큰 문제는 헤더 파일 누락 후 에러 메시지의 의미를 해석하지 못하는 사람도 있다는 점인데 HWND라는 타입이 C의 표준 타입이 아니라는 것을 미처 생각하지 못하는 것 같다. C언어는 함수와 타입을 사용하기 전에 반드시 선언이 앞서야 한다. 다음은 이 DLL이 과연 함수를 제대로 엑스포트하는지 점검하기 위한 테스트 예제를 작성한다.

예 제 : PutMesTest

```
extern "C" __declspec(dllimport) void PutMes(HWND hParent);
LRESULT CALLBACK WndProc(HWND hWnd,UINT iMessage,WPARAM wParam,LPARAM lParam)
{
    HDC hdc;
    PAINTSTRUCT ps;
    TCHAR *Mes="왼쪽 버튼을 누르면 DLL의 메시지 출력 함수를 호출합니다.";
```

```
    switch (iMessage) {
    case WM_LBUTTONDOWN:
        PutMes(hWnd);
        return 0;
    case WM_PAINT:
        hdc=BeginPaint(hWnd, &ps);
        TextOut(hdc,10,10,Mes,lstrlen(Mes));
        EndPaint(hWnd, &ps);
        return 0;
    case WM_DESTROY:
        PostQuitMessage(0);
        return 0;
    }
    return(DefWindowProc(hWnd,iMessage,wParam,lParam));
}
```

마우스 왼쪽 버튼을 누를 때 PutMes 함수를 호출했다. DLL에 의해 제공되는 함수이므로 함수 원형앞에 임포트 선언을 반드시 해야 하며 프로젝트 설정에서 PutMes.lib 임포트 라이브러리를 링크해야 한다. 마우스 왼쪽 버튼을 누르면 메시지 박스가 출력될 것이다.

B. 평가 문제

1.API의 원어는

① Application Programming Interface
② Application Programmer's Instruction
③ Application Power Instruction
④ Application Permittable Instruction

2.DC의 역할이 아닌 것은

① 화면의 일정한 영역에만 출력을 하도록 제한한다.
② 정확한 화면 좌표를 계산한다.
③ 장치 독립적인 출력을 할 수 있도록 한다.
④ 출력 속도를 증가시킨다.

3.WM_CHAR 메시지를 발생시키는 함수는

① ReadKey ② getch
③ TranslateMessage ④ GetMessage

4.무효화 영역에 대한 설명중 틀린 것은

① 다시 그려져야 할 필요가 있는 영역
② 무효영역을 없애려면 WM_PAINT 메시지를 보내야 한다.
③ 가려졌다 드러난 영역은 무효화 영역이다.
④ 무효영역이 있으면 WM_PAINT 메시지가 전달된다.

5.WM_LBUTTONDOWN 메시지 발생시 어떤 값을 읽어 마우스의 (x,y) 좌표를 알 수 있나?

① HIWORD(lParam), LOWORD(lParam)
② LOWORD(lParam), HIWORD(lParam)
③ HIWORD(wParam), LOWORD(wParam)
④ LOWORD(wParam), HIWORD(wParam)

6.SetTimer 함수로 설치하는 타이머의 주기는?

① 1/1000초 ② 1/100초
③ 1/10초 ④ 1초

7.콜백함수의 정의에 대해 올바로 서술한 것은?

① 운영체제가 호출하는 프로그램 내부의 함수
② 프로그램이 호출하는 운영체제 내부의 함수
③ 사용자 함수가 호출하는 운영체제 내부의 함수
④ 인수의 순서를 역으로 전달하는 함수

8.프로그램에서 정의한 액셀러레이터 Ctrl+A를 사용자가 눌렀을 때 프로그램이 처리하는 메시지는?

① WM_CHAR② WM_KEYDOWN
③ WM_COMMAND ④ WM_KEYUP

9.다음 중 GDI 오브젝트가 아닌 것은

① 브러시 ② 폰트
③ 비트맵 ④ DC

10. 버튼 컨트롤을 만들 때 사용하는 함수는?

① CreateButton ② CreateWindow
③ MakeButton ④ CreateControl

11.ID 100번의 버튼 컨트롤을 사용자가 클릭하였다. 다음중 틀린 것은?

① WM_COMMAND 메시지가 부모 윈도우로 전달된다.
② HIWORD(wParam)은 BN_CLICKED이다.
③ LOWORD(wParam)은 100의 값이 전달된다.
④ lParam에는 부모 윈도우의 핸들이 전달된다.

12.표준 컨트롤 여섯 가지를 바로 기술한 것은?

① 버튼, 리스트 박스, 콤보 박스, 에디트, 스크롤 바, 스태틱
② 버튼, 체크 박스, 라디오 버튼, 리스트 박스, 콤보 박스, 에디트
③ 버튼, 체크 박스, 라디오 버튼, 리스트 박스, 에디트, 스크롤 바
④ 버튼, 체크 박스, 리스트 박스, 에디트, 스크롤 바, 스태틱

13.모델리스형 대화상자를 만들 때 호출하는 함수는?

① CreateDialog ② DoModal
③ CreateWindow ④ DoModeless

14.윈도우의 정의에 해당하지 않는 것은

① 반드시 화면상의 사각영역을 차지한다.
② 윈도우 핸들을 가진다.
③ 메시지 처리 능력이 있다.
④ 고유의 메시지 큐를 가진다.

15.윈도우 클래스의 멤버 중 윈도우의 동작에 영향을 주는 것은?

① hInstance ② lpfnWndProc ③ hbrBackground ④ lpszMenuName

16.윈도우 클래스의 스타일로 지정할 수 없는 것은?

① 윈도우의 크기가 변경될 때 다시 그리기 방법을 지정한다.
② 윈도우의 경계선 종류를 지정하여 크기 변경 가능성을 통제한다.
③ 시스템 메뉴의 닫기 버튼 사용 여부를 지정한다.
④ 더블클릭 메시지의 수신 여부를 지정한다.

17.윈도우의 배경 브러시를 변경하고 싶을 때 사용하는 함수는?

① SetClassLong ② SetWindowLong ③ RegisterClass ④ ShowWindow

18.윈도우를 크게 세 종류로 분류할 때 이 분류에 포함되지 않는 것은

① 대화상자 ② 오버랩드 ③ 차일드 ④ 팝업

19.다음 중 경계선을 지정하는 스타일이 아닌 것은 ?

① WS_BORDER ② WS_THICKFRAME ③ WS_DLGFRAME ④ WS_CHILD

20.팝업 윈도우의 특징이 아닌 것은

① 전체 화면 좌표를 사용한다.
② 부모가 파괴되면 같이 파괴된다.
③ 부모가 이동하면 같이 이동한다.
④ 항상 부모보다 수직으로 더 위에 존재한다.

21.SetWindowPos가 MoveWindow보다 기능적으로 더 뛰어난 점이 아닌 것은

① 크기와 위치를 한꺼번에 변경할 수 있다.
② Z 순서를 변경할 수 있다.
③ 위치는 그대로 유지한채로 크기만 바꿀 수 있다.
④ 윈도우의 경계선이 바뀔 때 다시 그리기를 할 수 있다.

22.캡션에 ".cpp" 문자열이 포함된 윈도우를 찾고 싶을 때 적절한 함수는?

① FindWindow ② FindWindowEx ③ WindowFromPoint ④ EnumWindows

23.미저장 문서를 확인하기에 가장 적절한 시점은

① DestroyWindow에서 윈도우를 파괴하기 직전
② WM_DESTROY 메시지를 받았을 때
③ WinMain을 종료하기 직전
④ WM_CLOSE 메시지를 받았을 때

24.윈도우의 크기를 최소 300*200으로 제한하고 싶을 때 처리하는 메시지는?

① WM_GETMINMAXINFO
② WM_WINDOWPOSCHANGING
③ WM_SIZE
④ WM_SIZING

25.윈도우 프로시저에 대한 설명중 틀린 것은?

① 이름은 WndProc이어야 한다.
② 반드시 4개의 인수를 취한다.
③ LRESULT형을 리턴한다.
④ 사용자가 이 함수를 직접 호출하는 경우는 없다.

26.API 함수 호출에 의해 발생하는 메시지의 쌍이 옳지 않은 것은

① CreateWindow - WM_CREATE
② ShowWindow - WM_TIMER
③ MoveWindow - WM_SIZE
④ TranslateMessage - WM_CHAR

27.PeekMessage 함수에 대한 GetMessage 함수의 특징이 아닌 것은?

① 메시지를 무조건 제거한다.
② 메시지가 없으면 무한 대기한다.
③ 대기중에 시간을 양보한다.
④ 메시지를 큐에서 꺼낸다.

28.서브 클래싱에 대한 설명 중 옳은 것은

① 전역 서브클래싱은 윈도우 클래스 핸들에 대해 서브클래싱한다.
② 인스턴스 서브클래싱은 이미 만들어진 윈도우에 대해서만 가능하다.
③ 인스턴스 서브클래싱은 WM_CREATE 메시지도 처리할 수 있다.

④ 슈퍼클래싱을 하려면 최소한 하나의 윈도우가 만들어져 있어야 한다.

29.슈퍼클래싱을 하는 핵심 함수는?

① SetClassLong ② SetWindowLong ③ CallWindowProc ④ GetClassInfo

30.메시지 크래커 기법을 제공하는 주체는?

① 운영체제
② 컴파일러
③ 헤더파일
④ 라이브러리

31.커먼 DC에 대한 설명 중 틀린 것은

① 윈도우당 하나씩 배정된다.
② 발급받으면 항상 디폴트 상태이다.
③ 원하는 출력 속성을 일일이 선택해야 한다.
④ 일관된 방법으로 쓸 수 있고 안전하다.

32.WM_PAINT 메시지의 특징이 아닌 것은

① 우선 순위가 가장 늦다.
② 대기중인 다른 메시지가 있으면 처리되지 않는다.
③ 무효영역이 있어야 전달된다.
④ 메시지 큐에 결코 두 개 이상 들어가지 않는다.

33.클리핑 영역에 대한 설명중 틀린 것은

① 이 영역 안쪽은 잘려서 출력되지 않는다.
② 무효영역과 가시영역의 교집합 영역
③ 무효영역에서 비가시영역을 뺀 영역
④ BeginPaint가 계산하여 DC에 선택한다.

34.그리기와 관련이 없는 스타일은

① WS_CLIPCHILDREN ② WS_CLIPSIBLINGS ③ CS_HREDRAW ④ WS_BORDER

35. [주관식]서브 클래싱의 원리에 대해 서술하시오.

36. [주관식]서브 클래스 프로시저가 전달받은 메시지를 처리하는 세 가지 방식을 쓰시오.

37. [주관식]무효화된 최소 부분만 다시 그리기를 할때 참조할 수 있는 정보는

38.하나의 대화상자로 여러 개의 대상을 편집하고 싶을 때 사용하는 함수는

① CreateDialog ② DialogBox ③ DialogBoxParam ④ DialogBoxIndirect

39.대화상자의 크기와 컨트롤의 위치, 크기에 영향을 주는 요소는

① 폰트 ② 스타일 ③ 대화상자 프로시저 ④ 서브클래싱

40.공통 대화상자를 사용하는 목적이 아닌 것은

① 빠른 개발 ② 통일된 인터페이스 ③ 사용자의 편의 ④ 특이한 인터페이스

41.공통 대화상자가 아닌 것은
① 파일 열기 ② 디렉토리 선택 ③ 색상 선택 ④ 인쇄 대화상자

42.다 사용한 파일 핸들을 닫는 함수는
① CloseHandle ② CloseFile ③ FileClose ④ DeleteFile

43.[주관식] CreateFile 함수의 다섯 번째 인수 dwCreationDisposition의 CREATE_NEW 플래그와 CREATE_ALWAYS 플래그의 차이점을 기술하시오.

44.파일의 현재 위치(FP)를 조사하는 함수는?
① GetFilePointer ② SetFilePointer ③ GetOffset ④ SetOffset

45.[단답식] 시스템에 CD-ROM 드라이브가 장착되어 있는지 조사하고 싶을 때 어떤 함수를 사용해야 하는가?

46.FindFirstFile 등의 함수가 사용하는 WIN32_FIND_DATA 구조체에 포함되어 있지 않은 정보는?
① 파일명 ② 소속 디렉토리 ③ 파일의 속성 ④ 최후 액세스한 시간

47.메뉴에서 명령 항목과 팝업 항목의 가장 큰 차이점은
① 팝업 항목은 메뉴 바에 있고 명령 항목은 메뉴 리스트에 있다.
② 명령 항목은 사용 금지할 수 있지만 팝업은 항상 사용 가능하다.
③ 명령 항목만 WM_COMMAND 메시지를 발생시킨다.
④ 팝업 항목은 최대 개수가 제한되어 있다.

48.메뉴의 기능을 쓸 수 없다는 것을 사용자에게 표시할 때 쓰는 속성은
① Checked ② Disabled ③ Inactive ④ Grayed

49.팝업 메뉴를 출력하는 함수는
① TrackPopupMenu ② SetMenu ③ AppendMenu ④ CreatePopupMenu

50.메인 메뉴 항목의 체크 상태, 사용 금지 등을 변경하는 가장 적절한 메시지는
① WM_COMMAND ② WM_INITMENU ③ WM_MENUSELECT ④ WM_CONTEXTMENU

51.[단답식] 커서는 일반적으로 32*32의 평면인데 비해 커서는 화면상의 한 지점을 가리킨다. 그래서 커서 이미지 중 대표되는 한 점을 지정하는데 이를 무엇이라 하는가? ( )

52.캐럿을 관리하는 가장 일반적인 방법은
① WM_CREATE에서 만들고 WM_DESTROY에서 파괴한다.
② WM_SETFOCUS에서 만들고 WM_KILLFOCUS에서 파괴한다.
③ WM_SETFOCUS에서 보이고 WM_KILLFOCUS에서 숨긴다.
④ WM_CREATE에서 만들고 WM_KILLFOCUS에서 숨기기만 한다.

53.[단답식] 비트맵에 장치에 독립적인가 종속적인가에 따라 두 가지 종류로 나누어진다. 두 비트

맵 형식의 이름을 쓰라. (,)

54.BITMAPINFOHEADER 구조체에 포함되지 않는 정보는

① 버전 ② 크기 ③ 색상 ④ 제작 날자

55.[단답식] 비트맵은 화면으로 바로 출력할 수 없으며 반드시 ( ) 에 선택해 놓고 BitBlt으로 전송해야 한다. 이런 식으로 내부에서 미리 그림을 그리고 고속 전송함으로써 화면 깜박임을 제거하고 예비 동작을 취하는 기법을 ( ) 이라고 하며 게임 및 일반 응용 프로그램 등에 널리 사용된다.

56.[단답식] 트루타입 폰트는 벡터 폰트에 비해 크기가 축소되더라도 가독성을 유지할 수 있도록 추가적인 정보인 ( )를 가지고 있다.

57.[단답식] CreateFont로 글꼴을 생성할 때 다음과 같은 여러 가지 정보를 인수로 전달한다. 이때 폰트 매퍼가 폰트를 선택할 때 가장 중요하게 생각하는 3가지를 순서대로 선택하시오.

높이, 폭, Bold, Italic, Underline, StrikeOut, 문자셋, 피치와 패밀리, 타입페이스, 출력 정확도, 클립 정확도

58.RECT 구조체가 가진 사각영역을 확장하고 싶을 때 쓰는 함수는

① OffsetRect ② InflateRect ③ IntersectRect ④ PtInRect

59.시스템이 정의한 윈도우 배경색으로 채색을 하고 싶을 때 가장 편리한 함수는

① GetStockObject ② GetSysColor ③ GetSysColorBrush ④ CreateSolidBrush

60.배경 벽지를 바꿀 때 사용하는 함수는

① GetSystemMetrics ② SetSystemMetrics ③ SystemParametersInfo ④ SetLocalTime

61.SYSTEMTIME 구조체에 대한 설명 중 틀린 것은

① GetLocalTime 함수로 지역 시간을 구한다.
② 시간을 다차원적인 요소로 분해하여 표현한다.
③ 두 시간끼리 계산에 유리한 포맷이다.
④ 언제든지 FILETIME으로 변환할 수 있다.

62.INI 파일에 대한 레지스트리의 장점이 아닌 것은

① 보안 지정이 가능하므로 훨씬 더 안전하다.
② 손상되었을 경우 백업 대책이 있다.
③ 시스템이 캐시를 유지하므로 훨씬 더 빠르게 읽고 쓸 수 있다.
④ 필요할 경우 메모장으로 직접 편집할 수 있다.

63.클립보드에 복사해 넣은 데이터가 삭제되는 시점은

① 다른 프로그램이 OpenClipboard를 호출할 때
② 다른 프로그램이 CloseClipboard를 호출할 때
③ 다른 프로그램이 EmptyClipboard를 호출할 때

④ 다른 프로그램이 GetClipboardData를 호출할 때

64.16비트 메모리 환경의 문제점이 아닌 것은?

① 응용 프로그램간에 포인터 교환이 어렵다.
② 용량의 제한이 있어 메모리를 확장하기 어렵다.
③ 입체적인 메모리 구조로 인해 포인터의 타입을 구분해야 한다.
④ 응용 프로그램이 임의의 번지를 마음대로 액세스할 수 있어 위험하다.

65.다음중 가상 메모리의 정확한 정의는

① 페이징 파일 + RAM
② 가상 주소 공간
③ 페이지 테이블 + 페이징 파일
④ RAM + 페이지 테이블

66.32비트 환경에서 응용 프로그램의 주소 공간 크기는

① 16M ② 32M ③ 4G ④ 32G

67가상 메모리에 대한 예약과 확정의 뜻은?

① 예약 - 가상 메모리 할당, 확정 - 가상 메모리 사용
② 예약 - 주소 공간 할당, 확정 - 가상 메모리 연결
③ 예약 - 가상 메모리 할당, 확정 - 페이징 파일 할당
④ 예약 - 힙 할당, 확정 - 힙 사용

68.Win32 환경에서 응용 프로그램간의 데이터 교환에 사용할 수 있는 방법이 아닌 것은

① 메모리 맵 파일
② WM_COPYDATA 메시지
③ 메시지를 통한 포인터 전달
④ 파이프

69.프로세스를 생성하는 명령이 아닌 것은?

① WinExec ② CreateThread ③ CreateProcess ④ ShellExecute

70.프로세스 ID에 대한 설명 중 틀린 것은?

① 프로세스를 제어하고 관리할 때 사용한다.
② 시스템 전역적으로 유일한 값을 가진다.
③ 프로세스간의 구분을 위해 사용하는 값이다.
④ OpenProcess 함수로 프로세스 핸들을 얻을 때 사용한다.

71.스레드가 소유하는 것이 아닌 것은

① 메모리 ② 윈도우 ③ 메시지 큐 ④ 메시지 루프

72.[단답식] 백그라운드 작업을 할 때 사용할 수 있는 기법들을 아는대로 쓰시오(4가지)

73.프로세스와 함께 생성되는 스레드를 무엇이라 하는가?

① 두목 스레드 ② 주 스레드 ③ UI 스레드 ④ 작업자 스레드

74.멀티 스레드로 인해 발생하는 두 가지 전형적인 문제는

① 실행 순서의 예측 불가능, 스케줄링의 복잡성
② 실행 속도의 감소, 메모리 소모
③ CPU 과열, IPC의 어려움
④ 경쟁 상태, 교착 상태

75.다음 중 이름을 가질 수 없는 것은?

① 메시지 ② 세마포어 ③ 파일 맵핑 ④ 윈도우

76.다음 중 대기 함수의 특징이 아닌 것은?

① 일정한 조건이 만족될 때까지 스레드의 실행을 블록시킨다.
② 대기하는 동안 CPU는 아무 것도 하지 못한다.
③ 수동 리셋 이벤트를 제외하고 동기화 객체의 상태를 변경한다.
④ 지정한 시간동안만 대기할 수도 있다.

77.딱 한번만 실행되어야 하는 프로그램을 만들기 위해 가장 적합한 장치는?

① 전역 변수 ② 정적 변수 ③ 뮤텍스 ④ 이벤트

78.다음 중 커널 객체가 아닌 것은

① 크리티컬 섹션 ② 스레드 ③ 뮤텍스 ④ 이벤트

79.작업 스레드가 일정량의 작업을 완료했다는 것을 주 스레드에게 알리기에 가장 적합한 동기화 방법은

① 메시지 ② 이벤트 ③ 세마포어 ④ 스레드

80.주 스레드가 작업 스레드의 실행을 종료시키고 싶을 때 가장 적합한 동기화 방법은?

① 메시지 ② 이벤트 ③ 세마포어 ④ 스레드

81.[주관식] 자동 리셋 이벤트와 수동 리셋 이벤트의 차이점에 대해 기술하시오.

82.WM_COPYDATA 메시지에 대해 틀린 설명은

① 정수 하나와 포인터 하나를 보낼 수 있다.
② 같은 컴퓨터 내에서만 통신할 수 있다.
③ PostMessage로 큐에 붙여야 한다.
④ 받은 쪽은 데이터를 변경해서는 안된다.

83.DLL의 장점이 아닌 것은

① 단독 실행 파일을 만들 수 있다.
② 메모리와 하드 디스크 공간을 절약할 수 있다.
③ DLL을 교체하여 프로그램의 성능을 향상시키기 쉽다.
④ 다른 언어끼리 혼합 프로그래밍을 할 수 있다.

84.[단답식] DLL은 자신을 사용하는 클라이언트가 단 하나라도 있으면 메모리에 계속 남아 있어야 한다. 이를 위해 자신이 사용되는 회수를 기억하는 값을 무엇이라 하는가?

85.[단답식] 함수를 제공하는 DLL에서 자신이 제공하고자 하는 함수에 대한 정보를 밖으로 공개

하는 동작을 ( )라고 하며 클라이언트에서 외부의 함수를 사용하겠다고 선언하는 것을 ( ) 라고 한다.

86.임포트 라이브러리의 역할은
① DLL의 버전에 대한 정보를 제공한다.
② DLL이 저장되어 있는 경로를 제공한다.
③ DLL에 포함된 함수의 실제 코드를 정의한다.
④ DLL에 포함된 함수의 목록을 제공한다.

87.명시적 연결에 의한 DLL 사용의 장점이 아닌 것은
① 필요할 때만 DLL을 읽어 오므로 메모리가 절약된다.
② 경우에 따라 사용할 DLL을 교체할 수 있다.
③ DLL이 없더라도 최소한 프로그램을 실행시킬 수는 있다.
④ 함수 호출 속도가 빠르다.

정답 및 해설

1. ①

2. ④ 출력 속도는 오히려 느려진다.

3. ③ WM_CHAR는 WM_KEYDOWN에 의해 생성된다.

4. ② 무효영역이 있으면 WM_PAINT 메시지가 자동으로 전달된다.

5. ② 항상 LOWORD가 x 좌표이다.

6. ①

7. ①

8. ③ 액셀러레이터는 WM_COMMAND로 전달된다.

9. ④ DC는 GDI 오브젝트를 담는 통이다.

10. ② 버튼도 일종의 윈도우이다.

11. ④ lParam으로는 버튼의 윈도우 핸들이 전달된다.

12. ①

13. ①

14. ④ 메시지 큐는 스레드가 소유한다.

15. ②

16. ② 경계선의 종류는 윈도우의 스타일로 지정한다.

17. ① 배경 브러시에 대한 정보는 윈도우 클래스에 있다.

18. ①

19. ④

20. ③ 팝업은 부모가 이동해도 자신의 자리를 지킨다.

21. ①

22. ④ FindWindow(Ex) 함수는 부분 문자열을 검색할 수 없다.

23. ④ DestroyWindow 호출시우 내가 직접 윈도우를 파괴할 때만 가능하며 시스템 메뉴 더블클릭 등의 방법으로 파괴할 때는 일반적으로 이 시점이 존재하지 않는다.

24. ①

25. ①

26. ②

27. ④

28. ②

29. ④

30. ③

31. ①

32. ①

33. ①

34. ④

35. 메시지를 처리하는 윈도우 프로시저를 교체하는 기술이다.

36. 통과, 직접 처리, 변형

37. PAINTSTRUCT 구조체의 rcPaint 사각영역

38. ③

39. ①

40. ④

41. ②

42. ①

43. 파일이 이미 존재할 때 기존 파일을 파괴하고 만들 것인가 아닌가가 다르다.

44. ② SetFilePointer의 리턴값으로 조사한다.

45. GetDriveType

46. ② 검색식에 소속 디렉토리 정보가 이미 지정되어 있다.

47. ③

48. ④

49. ①

50. ②

51. 핫스팟
52. ②
53. DIB, DDB
54. ④
55. 메모리 DC, 더블 버퍼링
56. 힌트
57. 문자셋, 피치와 패밀리, 타입페이스
58. ②
59. ②
60. ③
61. ③
62. ④
63. ③
64. ① 포인터 교환이 너무 쉬워서 오히려 위험하다.
65. ①
66. ③
67. ②
68. ③
69. ②
70. ①
71. ①
72. 타이머, 메시지 펌핑, 아이들 타임, 스레드
73. ②
74. ④
75. ④
76. ②
77. ③
78. ①
79. ②
80. ②
81. 자동 리셋 이벤트는 대기함수가 대기를 풀면서 비신호상태가 되지만 수동 리셋 이벤트는 그

렇지 않다.

82. ③

83. ①

84. 사용 카운트 또는 참조 카운트

85. 엑스포트, 임포트

86. ④

87. ④ 호출 속도는 오히려 느리다.

C. 찾아보기

이 책은 워낙 방대한 내용을 다루기 때문에 지면에 색인(Index)을 제공하지 않습니다. 대신 훨씬 더 빠르고 편리하게 본문 전체를 검색할 수 있는 본문 검색기를 제공합니다. 예제 쉘인 ApiExam.exe에 본문 검색기가 내장되어 있으며 툴바에서 "본문검색"버튼을 누르면 쉘 하단에 검색창이 열립니다. 검색어 콤보 박스에 찾고자 하는 문자열을 입력한 후 Enter를 누르거나 검색 버튼을 누르면 됩니다.

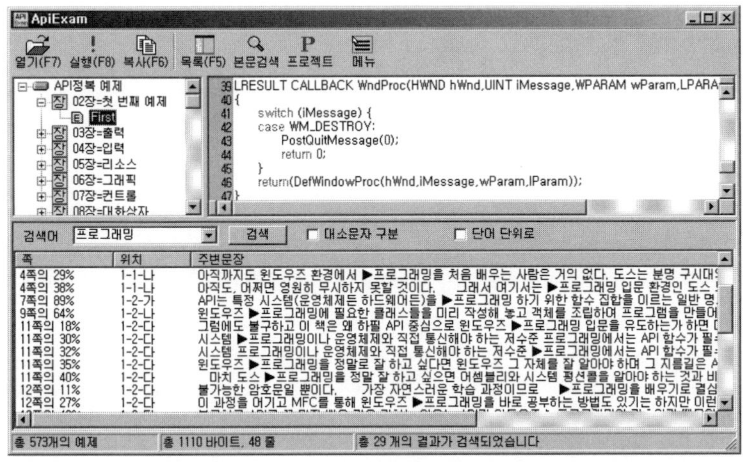

검색 결과는 아래쪽의 리스트 뷰에 출력되며 다음 세 개의 항목으로 구성됩니다.

- 쪽 : 검색어가 발견된 본문의 페이지 번호와 페이지 내에서 검색어의 위치를 백분율로 보여 줍니다. 페이지의 중간쯤에 검색어가 있다면 50%라고 표시되며 페이지의 첫 부분에 있다면 0%에 가까운 위치, 페이지의 뒷 부분에 있다면 100%에 가까운 위치로 표시됩니다.
- 위치 : 검색어가 발견된 목차상의 위치입니다. 이 책은 장-절-항의 계층 구조로 되어 있으며 "6-3-다"는 6장 3절 다항을 의미합니다.
- 주변 문장 : 검색어 주변의 문장을 보여주며 검색어앞에 ▶표식을 달아 주변 문장에서 검색어를 쉽게 구분할 수 있도록 하였습니다.

검색 결과는 최대 10000개까지 출력됩니다. 검색어 콤보 박스는 히스토리 기능을 가지고 있어 한 번 검색했던 내용을 재검색할 때 편리합니다. 대소문자 구분, 단어 단위로 등의 일반적인 검색 옵션도 제공됩니다.